中华经典普及文库

綱鑒易知録

〔清〕吴乘权等　辑

上

中華書局

图书在版编目(CIP)数据

纲鉴易知录/(清)吴乘权等辑.—北京:中华书局,2009.4
(2023.4 重印)
(中华经典普及文库)
ISBN 978-7-101-06662-3

Ⅰ.纲… Ⅱ.吴… Ⅲ.中国-古代史-编年体 Ⅳ.K204.3

中国版本图书馆 CIP 数据核字(2009)第 045898 号

书　　名　纲鉴易知录(全二册)
辑　　者　〔清〕吴乘权等
丛 书 名　中华经典普及文库
责任编辑　王守青　王水涣　张彩梅
责任印制　陈丽娜
出版发行　中华书局
　　　　　(北京市丰台区太平桥西里 38 号　100073)
　　　　　http://www.zhbc.com.cn
　　　　　E-mail:zhbc@zhbc.com.cn
印　　刷　三河市中晟雅豪印务有限公司
版　　次　2009 年 4 月第 1 版
　　　　　2023 年 4 月第 10 次印刷
规　　格　开本/880×1230 毫米　1/32
　　　　　印张 52　字数 1200 千字
印　　数　37001-40000 册
国际书号　ISBN 978-7-101-06662-3
定　　价　116.00 元

“中华经典普及文库”出版缘起

中华民族五千年历史孕育了优秀的中华文化，产生了大量优秀的经典著作。对于中国人，特别是对于当代读者来说，在浩瀚的优秀文化海洋里，哪些是最基本的，哪些是最经典的？换句话说，作为一个中国人最应该知晓、阅读的基本书是什么？作为一个中国家庭最应该拥有并收藏的经典是什么？

多年来，中华书局一直致力于向广大读者提供优秀传统文化经典读本，推出的《史记》、《资治通鉴》等白文普及本图书受到了读者的欢迎和好评。在此基础上，中华书局编辑部推出“中华经典普及文库”。

本套文库有三个特点。第一是经典。入选本文库的都是我国优秀传统文化中的精品，是经史子集中的顶峰，堪称“经典中的经典”。如列“二十四史”之首，被誉为“史家之绝唱，无韵之《离骚》”的《史记》，又如被称为中国传统文化核心的“四书五经”等。第二是精品。中华书局成立九十多年来，以弘扬优秀传统文化为己任，出版了大批由国内一流学者精心校勘整理的传统典籍。本套丛书或以中华书局原整理本为底本，或约请著名学者精加整理，从而保证了其学术可靠性、文字准确性，堪称质量上乘的版本。第三是方便。对于广大读者来说，本书最大的特点是阅读方便。众所周知，古代图书中涉及大量古代的人名、地名、书名，即便是专业研究人员，也不是很容易识别的。因此本书保留了古籍整理图书人名、地名下加专名线（____），书名下加波浪线(﹏﹏)的做法,使读者一目了然,不会因为不熟悉这些专有名词而误读、错读。另外,为了保证阅读的连贯性,删除了原整理本中的古注、校勘记及不便当代读者阅读的部分。可以说,本套丛书是方便现代读者阅读经典巨著的较好的白文普及本。

热忱希望广大读者对这套文库提出批评建议,以便于我们加以改进,将这套旨在为中国人提供基本书的文库编辑好,出版好。

中华书局编辑部

2008 年 12 月

出版说明

北宋司马光的《资治通鉴》开了编年体通史的先例，是一部伟大的史学名著。但是这部 294 卷的巨著，对于普通读者来说仍有两点不便，一是篇幅太大，一般读者少有心力仔细读完全篇；二是像正史一样按卷开列，史实与议论混合，缺乏层次感，同样不利于一般性阅读。

南宋时朱熹意识到《资治通鉴》的这些弱点，编成《资治通鉴纲目》59 卷，用提纲挈领的话表明对某一事件或人物的看法，这称为纲，再用简略的叙事说明事件或人物的原委，这称为目。纲目体由此成为中国古代史书编纂的一种特殊形式，并且层次清晰，线索一贯，便于读者整体把握。另外也因其仿效《春秋》的"经""传"分体，暗含了历史评判功能，为儒学正统教育体系所接受认可，对后世产生了很大影响。历朝历代均有文人学者仿效这一体裁编纂的历史读物。

从宋初到明末，积累了 700 年的历史事实和相关著作又有进行整理统合的需要，民间也有了对于这种概括时段更长的通史读物的需求，于是清朝的文人学士编出了一部后来风行数百年不衰的纲目体通史读物，这就是《纲鉴易知录》。

《纲鉴易知录》是清朝康熙年间，浙江文人吴乘权和他的朋友周之炯、周之灿合作编纂的一部中国通史读物。吴乘权字楚材，浙江山阴人，他在文、史方面都有不小的成就。古文选本中流行最广的《古文观止》，就是他选注的。吴乘权等以为《资治通鉴》"卷帙太烦，岂能一概记诵"，因此起意编一部篇幅适中繁简适度的历史书，他们三人为此工作了六个寒暑。吴乘权在自序中说了此书的编辑方法和编辑思想："苦简编之汗漫，为之摘要而删繁；虑大义之不明，为之提纲而挈领。"他们编辑的依据，从太古神话传说时代直到战国，主要依据北宋刘恕的《通鉴外纪》和元朝金履祥的《通鉴前编》；从战国到五代这一千三百多年，据朱熹的《资治通鉴纲目》，"纲"和"目"分列的体例也仿照此书；宋元两朝据明代商辂的《续资治通鉴纲目》；明朝部分，也叫《明鉴易知录》,依据则是朱国标从清初谷应泰《明史纪事本末》节抄的《明纪钞略》。这样时间跨度就足够长远,并且用纲目体分出层次,在特定正统观指导下形成连续一贯的编年时间线索,对后世读者来说,这就是一部上起太古,下迄明代的明晰易读的中国通史了。

《纲鉴易知录》沿袭了传统史书编纂的一般体例,即按照确定好的体例编排好史料大纲,在"纲"下直接叙述历代史实,而不过多地议论阐发,能以一种具有亲和力的方式为读者提供一个历史框架,线索分明。同时编者注意用生动的人物故事和历史事件串联整体,不会显得单调枯燥。而近代和现代人写的史书,多取概括论述的形式,重要史实常常只作举例性的说明,或仅见于附注中,这对于已有基本历史知识的读者困难还不大,至于一般初学者,常常只能得到一些空洞的概念,而缺乏真正的史实基础,难以形成整体的历史知识印象。《纲鉴易知录》等传统通史读物,在这方面的优势是很明显的。

《纲鉴易知录》刊行之后即受到广泛的好评,风行天下,有多种版本存世。此次出版,我们选择了错误较少的扫叶山房石印本为底本进行整理,并参考了中华书局 1959 年繁体字本,吸收了学术界的一些研究成果,订正了原书中存在的一些文字错误,以保证本书的史实可靠性和文字准确性。底本中卷首有吴存礼"序"、"先儒姓氏"、"发凡",文中也有"书法"、"发明"、"广义"以及眉批和繁琐的注释,都是为了适应清代学子的学习而作的,今天看来,不仅观念陈旧,还有不少错误,已经远远不适合当代读者的需要,更会干扰对本书正文的阅读,因此此次整理时一并删去。

众所周知,古代历史著作中存在的大量人名、地名和书名,阅读中稍不小心就会造成误解和费解,而有些专名即使专业读者也不容易辨别,因此本书采用了人名、地名下加专名线(____),书名下加波浪线(~~~~)的做法,以便广大读者在阅读时能一目了然,不会因为不熟悉这些专有名词而误读。可以说,本书是帮助读者直接接触古人史实记录,快速了解清代之前中国通史全貌的较好的普及读物。

中华书局编辑部

二〇〇九年三月

目　录

上　册

下　册

纲鉴易知录卷一

三皇纪

盘古氏

纲　盘古氏首出御世。

纪　太极生两仪，两仪生四象，四象变化而庶类繁矣。相传首出御世者曰盘古氏，又曰浑敦氏。

天皇氏

纲　天皇氏，继盘古氏以治。

纪　一姓十三人，继盘古氏以治。澹泊无为而俗自化。始制干支之名，以定岁之所在，十干曰阏逢、旃蒙、柔兆、强圉、著雍、屠维、上章、重光、玄黓、昭阳。十二支曰困敦、赤奋若、摄提格、单阏、执徐、大荒落、敦牂、协洽、涒滩、作噩、阉茂、大渊献。兄弟各一万八千岁。

地皇氏

纲　地皇氏，继天皇氏以治。

纪　一姓十一人，继天皇氏以治。爰定三辰，是分昼夜，以三十日为一月。兄弟各一万八千岁。

人皇氏

纲　人皇氏，继地皇氏以治。

纪　一姓九人，继地皇氏以治。相厥山川，分为九区，人居一方，故又曰居方氏。当是时也，万物群生，淳风汤穆，主不虚王，臣不虚贵，政教君臣所自起，饮食男女所自始。亦号九皇氏，兄弟合四万五千六百年。

有巢氏

纲　有巢氏构木为巢。

纪　太古之民，穴居野处，与物相友，无有妨伤之心。逮后人民机智，而物始为敌，爪牙角毒概不足以胜禽兽。有巢氏作，构木为巢，教民居之，以避其害。未知稼穑，食草木之实。未有火化，饮禽兽之血而茹其毛。先取其皮蔽前，后取而蔽后。号曰有巢氏之民。

燧人氏

纲　燧人氏钻木取火。

纪　自有巢氏教民巢居，然犹未知熟食也。燧人氏作，观星辰而察五行，知空有火，丽木则明，于是钻木取火，教民以烹饪，而民利之，故号燧人氏。以为燧者，火之所生也，乃别五木以改火，顺四时而遂天之意，由是火之功用洽矣。时未有文字，燧人氏始作结绳之政。立传教之台，兴交易之道，人情以遂，故又谓之遂皇。有四佐焉，曰明由、必育、成博、陨丘。

五帝纪

太昊伏羲氏

纲　太昊伏羲氏，以木德王。

纪　太昊之母居于华胥之渚，生帝于成纪。以木德继天而王，故风姓。有圣德，象日月之明，故曰太昊。

纲　作都于陈。

纲　教民佃渔畜牧。

纪　人生之始也，与禽兽无异，知有母而不知其父，知有爱而不知其礼。卧则呿呿，起则吁吁，饥则求食，饱则弃余，茹毛饮血而衣皮革。太昊始作网罟，以佃以渔，以赡民用，故曰伏羲氏。养牺牲，以充庖厨，故又曰庖牺氏。

纲　画八卦，造书契。

纪　太昊德合上下，天应以鸟兽文章，地应以龙马负图，于是仰观象于天，俯观法于地，中观万物之宜，始画八卦。卦有三爻，因而重之为卦六十有四，以通神明之德。作书契，以代结绳之政。书制有六：一曰象形；二曰假借；三曰指事；四曰会意；五曰转注；六曰谐声。使天下义理必归文字，天下文字必归六书。

纲　作甲历，定四时。

纪　起于甲寅，支、干相配为十二辰，六甲而天道周矣。岁以是纪而年不乱，月以是纪而时不易，昼夜以是纪而人知度，东西南北以是纪而方不惑。

纲 制嫁娶。

纪 上古男女无别，太昊始制嫁娶，以俪皮为礼。正姓氏，通媒妁，以重人伦之本，而民始不渎。

纲 以龙纪官。

纪 太昊时有龙马负图出于河之瑞，因而名官，始以龙纪，号曰龙师。命朱襄为飞龙氏，造书契；昊英为潜龙氏，造甲历；大庭为居龙氏，治屋庐；浑沌为降龙氏，驱民害；阴康为土龙氏，治田里；栗陆为水龙氏，繁滋草木，疏导泉源。又命五官：春官为青龙氏，又曰苍龙；夏官为赤龙氏；秋官为白龙氏；冬官为黑龙氏；中官为黄龙氏。于是共工为上相，柏皇为下相，朱襄、昊英常居左右，栗陆居北，赫胥居南，昆连居西，葛天居东，阴康居下，分理宇内，而政化大洽。

纲 造琴瑟。

纪 太昊作荒乐，歌扶徕，咏网罟，以镇天下之人，命曰立基。斫桐为琴，绳丝为弦。弦二十有七，命之曰离徽，以通神明之贶，以合天人之和。缅桑为三十六弦之瑟，以修身理性，反其天真，而乐音自是兴焉。

纲 帝崩，葬于陈，神农氏继世践位。

炎帝神农氏

纲 炎帝神农氏，以火德王。

纪 少典氏之君娶于有蛴氏之女曰安登，生二子焉，长曰石年，育于姜水，故以姜为姓。以火德代伏羲氏治天下，故曰炎帝。

纲 都陈，迁于曲阜。

纲 初蓺五谷。尝百草，制医药。

纪 古者，民茹草木之实，食禽兽之肉，未知耕稼，炎帝因天时，相地宜，斫木为耜，揉木为耒，始教民蓺五谷，而农事兴焉。民有疾病，未知药石，炎帝始味草木之滋，察其寒、温、平、热之性，辨其君、臣、佐、使之义，尝一日而遇七十毒，神而化之，遂作方书以疗民疾，而医道自此始矣。复察水泉甘、苦，令人知所避就。由是斯民居安食力，而无夭札之患，天下宜之，故号曰神农氏。

纲 始为日中之市。

纪 炎帝之世，其俗朴重端悫，不忿争而财足，始列廛于国，日中为市，致天下之民，聚天下之货，交易而退，各得其所。

纲 以火纪官。

纪 因火德王，故以火纪官，为火帝。春官为大火，夏官为鹑火，秋官为西火，冬官为北火，中官为中火。

纲 帝崩于长沙茶乡。

传八世，至榆罔而亡，有熊氏继世而立。

黄帝有熊氏

纲 黄帝有熊氏，以土德王。

初，神农氏母弟世嗣少典为诸侯。帝榆罔之世，少典国君之妃曰附宝者，感电光绕斗而有娠，生帝于轩辕之丘，因名轩辕，姓公孙。轩辕生而神灵，弱而能言，幼而徇齐，长而敦敏，成而聪明。国于有熊，故号有熊氏。长于姬水，故又以姬为姓。

纲 及炎帝战于阪泉。

纪 神农氏衰，诸侯相侵伐，炎帝榆罔弗能征。于是轩辕习用干戈，以征不享，诸侯咸来宾从。榆罔欲侵陵诸侯，诸侯益叛之。轩辕修德振兵，教熊、罴、貔、貅、貙、虎，以与榆罔战于阪泉之野。三战，然后得其志。

纲 诛蚩尤于涿鹿。

纪 蚩尤姜姓，炎帝之裔也。好兵喜乱，作刀戟大弩以暴虐天下。轩辕乃征师诸侯，与蚩尤战于涿鹿之野。蚩尤能作大雾，军士昏迷。轩辕为指南车，以示四方，遂擒蚩尤戮之。

纲 诸侯尊帝为天子，代神农氏以治天下。

纪 轩辕自涿鹿诛蚩尤还，天下诸侯共尊为天子，以代神农氏治天下。因其有土德之瑞，故号曰黄帝。

纲 以云纪官。

纪 帝初受命，适有云瑞之应，因以云名官，号为云师。春官为青云，夏官为缙云，秋官为白云，冬官为黑云，中官为黄云。

纲 立六相暨史官。

纪 黄帝得六相而天地治，神明至。风后明乎天道，太常察乎地利，苍龙辨乎东方，祝融辨乎南方，大封辨乎西方，后土辨乎北方。帝命仓颉为左史，沮诵为右史。仓颉见鸟兽之迹，体类象形而制字。

纲　立占天官。

纪　帝受河图，得其五要，乃设灵台，立五官以叙五事。命鬼臾区占星，斗苞授规，正日月星辰之象，于是乎有星官之书。命羲、和占日，尚仪占月，车区占风。

纲　命大挠作甲子。

纪　帝命大挠探五行之情，占斗纲所建，始作甲子。

纲　命容成作盖天及调历。

纪　帝命容成作盖天，以象周天之形。综六术，以定气运。问鬼臾区上下周纪，以作调历，岁纪甲寅，日纪甲子，而时节定。是岁己酉朔旦，日南至，而获神策，得宝鼎。鬼臾区曰："是谓得天之纪，终而复始。"乃迎日推策，造十六神历，积邪分以置闰，配甲子而设蔀。于是时惠而辰从矣。

纲　命隶首作数。

纪　帝命隶首定数，以率其羡，要其会，而律、度、量、衡由是而成焉。

纲　命伶伦造律吕。

纪　帝命伶伦取竹嶰谿之谷，以生空窍厚钧者，断两节间吹之，以为黄钟之宫。又制十二筩以象凤凰之鸣，而别十二律，其雄鸣为六，雌鸣亦六，以比黄钟之宫，生六律、六吕，候气之应，以立宫、商、角、徵、羽之声，治阴阳之气，节四时之变，推律历之数，起消息，正闰余。

纲　命荣猨作十二钟。

纪　帝命荣猨铸十二钟，协月筒以和五音，立天时，正人位焉。

纲　命大容作咸池之乐。

纪　帝命大容作承云之乐，是为云门、大卷，命曰咸池。

纲　作冕旒，正衣裳。

纪　帝作冕，垂旒充纩。为玄衣黄裳，以象天地之正色。旁观翚翟、草木之华，乃染五采为文章，以表贵贱，于是衮冕衣裳之制兴。

纲　作器用。

纪　帝命甯封为陶正，赤将为木正，以利器用。挥作弓，夷牟作矢，以威天下。

纲 作舟车。

纪 帝命共鼓、化狐刳木为舟，剡木为楫，以济不通；邑夷法斗之周旋，作大辂以行四方，由是车制备。服牛乘马，引重致远，而天下利矣。

纲 作合宫。

纪 帝广宫室之制，遂作合宫，祀上帝，接万灵，布政教焉。

纲 作货币。

纪 范金为货，制金刀，立五币，以制国用，而货币行矣。

纲 作内经。

纪 帝以人之生也，负阴而抱阳，食味而被色，寒暑荡之于外，喜怒攻之于内，夭昏凶札，君民代有。乃上穷下际，察五气，立五运，洞性命，纪阴阳，咨于岐伯，而作内经。复命俞跗、岐伯、雷公察明堂，究脉息；巫彭、桐君处方饵，而人得以尽年。

纲 命元妃西陵氏教民蚕。

纪 西陵氏之女嫘祖为帝元妃，始教民育蚕，治丝茧以供衣服，而天下无皴瘃之患，后世祀为先蚕。

纲 画野分州，经土设井。

纪 帝画野分州，得百里之国万区。命匠营国邑，置左右太监监于万国，万国以和。遂经土设井以塞争端，立步制亩以防不足。使八家为井，井开四道，而分八宅。井一为邻，邻三为朋，朋三为里，里五为邑，邑十为都，都十为师，师十为州。分之于井而计于州，则地著而数详。

纲 屈轶生于庭，凤凰巢于阁，麒麟游于囿。

纪 有草生于庭，佞人入则指之，名曰屈轶。凤凰巢于阿阁，麒麟游于苑囿焉。

纲 帝崩于荆山之阳，葬桥山。子玄嚣践位。

纪 帝采首山之铜，铸三鼎于荆山之阳。鼎成，崩焉；其臣左彻取衣、冠、几、杖而庙祀之。

少昊金天氏

纲 少昊金天氏，以金德王。

纪 名挚，姓己，黄帝之子玄嚣也。母曰嫘祖，感大星如虹下临华渚之祥而生帝。黄帝之世降居江水，邑于穷桑，故号穷桑氏。国于青阳，因号青阳氏。以金德王天下，遂号金天氏。能修太昊之法，故曰少昊。

纲 徙都于曲阜。

纲 凤鸟来集，以鸟纪官。

纪 少昊之立也，凤鸟适至，因以鸟纪官。凤鸟氏，历正也；玄鸟氏，司分者也；伯赵氏，司至者也；青鸟氏，司启者也；丹鸟氏，司闭者也；祝鸠氏，司徒也；雎鸠氏，司马也；鸤鸠氏，司空也；爽鸠氏，司寇也；鹘鸠氏，司事也。五鸠，鸠民者也。五雉，为九工正，利器用，正度量，夷民者也。九扈，为九农正，扈民无淫者也。

纲 作大渊之乐。

纪 时诸福之物毕至，作大渊之乐以谐人神，和上下，是曰九渊。

纲 帝崩，葬于曲阜，高阳氏践位。

纪 葬于云阳，故又曰云阳氏。

颛顼高阳氏

纲 颛顼高阳氏以水德王，色尚赤。

纪 帝姬姓，祖黄帝，父昌意。初，昌意娶蜀山氏女曰昌仆，是为女枢，感瑶光贯月之祥生帝于若水。年十岁佐少昊，年二十即帝位，以水德绍金天氏政。初国高阳，故号高阳氏。

纲 都于帝丘。

纲 命五官。

纪 以少昊之四子重、该、修、熙实能金、木及水，乃俾重为木正，曰句芒；该为金正，曰蓐收；修、熙相代为水正，曰玄冥；又以炎帝之子句龙为土正；而帝之孙黎为火正，曰祝融：是为五官。

纲 改作历象，以建寅月为历元。

纪 帝制历，以孟春为元。是岁正月朔旦立春，五星会于天，历营室，冰冻始泮，蛰虫始发，鸡始三号，鸟兽万物，莫不应和，故帝为历宗。

纲 作承云之乐。

纪 帝命飞龙氏会八风之音，为圭水之曲。以召气而生物，浮金效珍，于是铸为之钟，作五基、六英之乐以调阴阳，享上帝，朝群后，名曰承云。

纲　帝崩，葬于濮阳，高辛氏践位。

帝喾高辛氏

纲　帝喾高辛氏，以木德王，色尚黑。

纪　帝姬姓，名夋。祖曰少昊，父曰蟜极。生而神灵。年十五，佐颛帝，受封于辛。年三十，以木德代高阳氏为天子。以其肇基于辛，故号高辛氏。

纲　都于亳。

纲　作六英之乐。

纪　帝命咸黑典乐，为声歌，名曰六英。

纲　帝崩，葬于顿丘，子挚践位。

纪　帝普施利物，不私其身。聪以知远，明以察微。顺天之义，知民之急。仁而威，惠而信，修身而天下服。其色郁郁，其德嶷嶷。其动也时，其服也士。帝既执中而遍天下，日月所照，风雨所至，莫不服从。帝元妃有邰氏女曰姜嫄，与帝禋祀上帝而生弃，为舜后稷，其后为周。次妃有娀氏女曰简狄，祈于高禖，有飞燕之祥而生契，为舜司徒，其后为商。三妃陈锋氏女曰庆都，有赤龙之祥而生尧，是为陶唐氏。四妃娵訾氏女曰常仪，生挚。帝崩，子挚嗣立。

纲　帝挚尸位九年而废，诸侯尊弟放勋践位。

纪　挚在位九年，荒淫无度，不修善政，诸侯于是废之，而推尊尧为天子。

帝尧陶唐氏

纲　甲辰，唐帝尧元载，帝自唐侯践天子位于平阳，以火德王。

纪　帝姓伊耆，名放勋，帝喾高辛氏之子，帝挚之弟，黄帝轩辕氏之曾孙也。帝母陈锋氏女，曰庆都，为高辛氏妃，感赤龙之祥，孕十有四月而生尧于丹陵，育于母家伊侯之国，后徙耆，故曰伊耆氏。年十有三佐帝挚封植，受封于陶；年十有五复封于唐，为唐侯，故又号陶唐氏。挚在位九年，天人厌弃，诸侯尊帝为天子。年十有六，践天子之位于平阳。以火德王，以建寅之月为岁首。

纲　命羲、和作历象，以授民时。

纲　乙巳，二载，命羲、和置闰法，定四时成岁。

纲 戊申，五载，南夷越裳氏来朝，献大龟。

纪 南夷有越裳氏，重译来朝，献神龟，盖千岁，方三尺余，背有科斗文，记开辟以来；尧命录之，谓之龟历。

尧之庭有草生焉，曰蓂荚，十五之前日生一叶，十五之后日落一叶，小余则一叶厌而不落，观之可以知旬朔，故又名历草。

纲 庚戌，七载，麒麟游于郊薮，凤凰巢于阿阁。

纲 乙卯，十有二载，巡狩方岳。

纲 癸巳，五十载，游于康衢，观于华。

纪 帝治天下五十载，游于康衢，儿童歌曰："立我烝民，莫匪尔极，不识不知，顺帝之则。"有老人击壤而歌于路曰："日出而作，日入而息，凿井而饮，耕田而食，帝力何有于我哉！"观于华，华封人祝曰："使圣人富、寿、多男子。"帝曰："辞，多男子则多惧，富则多事，寿则多辱。"封人曰："天生万民，必授之职。多男子而授之职，何惧之有？富而使人分之，何事之有？天下有道，与物皆昌；天下无道，修德就闲。千岁厌世，去而上仙，乘彼白云，至于帝乡，何辱之有？"

纲 癸卯，六十载，虞舜以孝闻。

纪 舜母死，瞽瞍更娶妻而生象，象傲。瞽瞍爱妻后子，常欲杀舜，舜避逃；及有小过，则受罪。顺适不失子道，孝而慈于弟，日以笃谨。年二十，以孝闻。耕历山，历山之人皆让畔。渔雷泽，雷泽之人皆让居。陶河滨，河滨之器不苦窳。作什器于寿丘，就时于负夏。所居一年成聚，二年成邑，三年成都。

纲 甲辰，六十有一载，洪水为患，咨四岳，举鲧，命为司空，俾乂。

纲 壬子，六十有九载，鲧治水，绩用弗成。

纲 癸丑，七十载，征虞舜登庸，二女嫔于虞。

纪 尧之子丹朱不肖，乃求贤自代，访诸四岳，岳曰："有鳏民曰虞舜，瞽瞍之子。父顽，母嚚，弟傲，舜以孝道谐其家，使不至于恶。"帝曰："我其试哉。"乃召用，命以位，以二女妻舜。

纲 帝试舜以事。

纪 尧将逊位于舜，先试之以事，以观其才德。乃使之慎徽五典，五典克从。纳于百揆，百揆时叙。宾于四门，四门穆穆。纳于大麓，烈风雷雨弗迷。

纲 舜举十六族。

纪 高阳氏有才子八人，曰苍舒、隤敳、梼戭、大临、龙降、庭坚、仲容、叔达，天下谓之“八恺”。高辛氏有才子八人，曰伯奋、仲堪、叔献、季仲、伯虎、仲熊、叔豹、季狸，天下谓之“八元”。此十六族也，世济其美，不陨其名。舜举“八恺”，使主后土，以揆百事；举“八元”，使布五教于四方。

纲 甲寅，七十有一载，舜流四凶族。

纪 帝鸿氏有不才子，号曰“浑沌”；少昊氏有不才子，号曰“穷奇”；颛顼氏有不才子，号曰“梼杌”；缙云氏有不才子，号曰“饕餮”：天下谓之“四凶”。舜皆投之四裔。

纲 乙卯，七十有二载，舜使禹平水土，益掌火，弃教民播种，契为司徒，敷五教。

纲 丙辰，七十有三载，春正月，帝荐舜于天。舜受终于文祖。

纲 己未，七十有六载，制五刑。

纲 庚申，七十有七载，作大章乐。

纲 辛酉，七十有八载，舜巡狩方岳。

纲 神龟负文出于洛。

纲 癸亥，八十载，禹治水成功，因定九州贡赋，秉玄圭入觐告成。

纲 甲子，八十有一载，肇十有二州，封十有二山，浚川。

纲 癸未，一百载，帝崩于阳城。

纪 帝之为君也，其仁如天，其智如神，就之如日，望之如云，富而不骄，贵而不舒。黄收纯衣，彤车白马，茅茨不剪，朴桷不斫，素题不枅，大路不画，越席不缘，太羹不和，粢食不毁。藜藿之羹，饭于土簋，饮于土铏。金银珠玉不饰，锦绣文绮不展，奇怪异物不视，玩好之器不宝，淫泆之乐不听，宫垣室屋不垩色。布衣掩形，鹿裘御寒，衣履不敝尽不更为也。

纲 乙酉，一百有二载，舜避尧之子居于南河之南，天下不归尧之子而归舜，舜于是践天子位。

帝舜有虞氏

纲 丙戌，虞帝舜元载，春正月元日，帝格于文祖，践天子位于蒲阪，以土德王。

纪 帝姚姓，名重华，瞽瞍之子。帝尧登庸而禅以帝位，摄政二十有八载。尧崩，丧毕，始践天子之位于蒲阪。以土德王，仍以建寅之月为岁首。

纲 在璇玑玉衡，以齐七政。

纲 命九官。

纪 禹为司空，弃为后稷，契为司徒，皋陶为士，垂为共工，益为虞，伯夷为秩宗，后夔典乐，龙作纳言，是所谓九官也。

纲 封朱于丹，以奉先祀。

纲 帝朝于瞽瞍，封弟象于有庳。

纲 禹、皋陶、益、稷相与陈谟。

纲 巡狩四岳八伯。

纲 丁亥，二载，求贤才，纳谏，立诽谤木。

纪 帝广视听，求贤才以自辅。欲纳谏，以闻其失。立诽谤之木，使天下得攻其过。置敢谏之鼓，使天下得尽其言。

纲 造五弦琴。

纪 帝弹五弦之琴，歌南风之诗曰："南风之薰兮，可以解吾民之愠兮。南风之时兮，可以阜吾民之财兮。"

纲 戊子，三载，考绩。

纲 庚寅，五载，作箫韶乐九成，凤凰来仪。

帝以夔为乐正，命夔为二十三弦之瑟。夔修九招、六列、六英以明帝德，正六律，和五音，以通八风。重、黎欲益求人，帝曰："一夔足矣。"

纲 甲午，九载，三考，黜陟幽明。

纲 己亥，十有四载，帝庸作歌。

纪 时景星出，卿云兴，百工相和而歌。帝乃歌之曰："卿云烂兮，纠缦缦兮，日月光华，旦复旦兮。"八伯咸进稽首曰："明明上天，烂烂星陈，日月光华，弘于一人。"

纲 丁巳，三十有二载，帝命禹摄政总师。

纲 戊午，三十有三载，春正月朔旦，禹受命于神宗，率百官，若帝之初。

纲 帝命禹叙洪范九畴。

纲 复九州。

纲 庚申,三十有五载,命禹征有苗。

纪 时有苗弗率,帝命禹徂征。三旬,苗民逆命,禹班师。帝乃诞敷文德,舞干、羽于两阶。七旬有苗格。

纲 癸酉,四十有八载,帝南巡狩,崩于苍梧之野。

纲 乙卯,五十载,禹避舜之子,居于阳城。天下不归舜之子而归禹,禹于是践天子位。

夏纪

大禹

纲 丙子,夏后禹元岁,春正月,禹践天子之位于韩。以金德王,仍以寅月为岁首,改"载"曰"岁"。

纪 帝姒姓,名文命,崇伯鲧之子,黄帝轩辕氏之玄孙也。母有莘氏女,曰修已,生禹。长九尺二寸。帝舜举禹,使续父业。居外八年,陆行乘车,水行乘船,泥行乘橇,山行乘樺。以开九州,通九道,陂九泽,度九山。至是受帝舜之禅,践天子之位于安邑,即韩国也。以金德王,仍有虞以建寅之月为岁首。色尚黑,牲用玄,以黑为徽号。

纲 巡狩,会诸侯于涂山。

纪 禹南巡狩,会诸侯于涂山,执玉帛者万国。

初,禹娶涂山氏女,名曰峤,生子启,辛、壬、癸、甲,启呱呱而泣,禹弗子,惟荒度土功。

纲 作大夏乐。建旗、旄以辨等级。

纪 禹命皋陶为夏籥九成,昭其成功也。

初,黄帝作车,少昊加牛,奚仲加马,禹命奚仲为车正,建旌旗、斿旄,以别尊卑等级。

悬钟、鼓、磬、铎、鞀,以待四方之士,曰:"导以道者击鼓,谕以义者击钟,告以事者振铎,启以忧者击磬,有狱讼者摇鞀。"常曰:"吾不恐四海之士留于道路,恐其留吾门也。"一馈而十起,一沐三握发,以劳天下之民。

古有醴酪,禹时仪狄作酒,禹饮而甘之,遂疏仪狄,绝旨酒,曰:"后世必有以酒亡其国者。”

是时天雨金三日。

纲 丁丑，二岁，皋陶薨。帝荐益于天。

纲 己卯，四岁，铸九鼎。

纪 禹收九牧之金铸九鼎，象九州。

纲 庚辰，五岁，巡狩。

纪 禹出，见罪人，下车问而泣之。左右曰：“罪人不顺道，君王何为痛之？”禹曰：“尧、舜之人皆以尧、舜之心为心。寡人为君，百姓各自以其心为心，是以痛之。”

禹以历山之金铸币，赎民之无饘卖子者。

禹济江，黄龙负舟，舟中人惧。禹仰天叹曰：“吾受命于天，竭力以劳万民。生，寄也；死，归也；予何忧于龙焉？视龙犹蝘蜓！”须臾，龙俯首低尾而逝。

纲 癸未，八岁，巡狩江南，会诸侯，戮防风氏。帝崩于会稽。

纪 初，禹到大越，上茅山，大会计，爵有德，封有功，更名茅山曰会稽。会稽者，会计也。至是禹巡狩江南，致群臣于会稽之山，防风氏后至，禹杀而戮之。禹崩于会稽，因葬焉。

帝启

纲 甲申，夏后启元岁，诸侯奉嗣子践天子位。

纲 乙酉，二岁，伯益归政就国。帝亲政，大飨于诸侯。

纪 伯益归政就国于箕山之阴，启亲政，乃即钧台以飨于诸侯。

纲 丙戌，三岁，有扈氏大战于甘。

纪 时有扈氏无道，威侮五行，怠弃三正，启召六卿征之，大战于甘。不胜，六卿请复之。启曰：“今兹不胜，是吾德薄而教不善也。”于是班师，琴瑟不张，钟鼓弗考，不因席，不仍味，亲亲长长，尊贤委能，隐神期月，而有扈服，遂灭之。

纲 壬辰，九岁，王崩，子太康践位。

太康

纲 癸巳，夏太康元岁，王尸位，不修先王之政。

纲 辛亥，十有九岁，王畋于洛表，羿拒于河。五弟御母以从，遂都阳夏。

纪 太康畋猎于洛水之表，十旬弗归。有穷后羿，因民弗忍，拒之于河，不得归国。厥弟五人，御其母以从，徯于洛之汭。五子咸怨，述大禹之戒以作歌。太康既失国，不得归，遂都阳夏。

纲 辛酉，二十九岁，王崩于阳夏，后羿立太康弟仲康。

仲康

纲 壬戌，夏仲康元岁，命胤侯掌六师。

纲 秋九月朔，辰弗集于房。

纲 癸亥，二岁，命胤侯征羲和。

纪 惟时羲和沉乱于酒，遐弃厥司，至于日食大变，尚罔闻知；王命胤侯往征之。

纲 甲戌，十有三岁，王崩，子相践位。

帝相

纲 乙亥，夏后相元岁，徙都商丘。

纪 时权归后羿，相为羿所逐，居商丘，依同姓诸侯斟灌、斟鄩氏。

纲 壬午，八岁，寒浞杀羿。

纪 有穷后羿因夏民以代夏政。羿恃其善射，不修民事，淫于原兽。弃武罗、伯因、熊髡、龙圉而用寒浞。浞行媚于内，施赂于外，娱羿于畋，外内咸叛。羿归自畋，家众杀而烹之。羿篡夏自立凡八岁，至是浞复杀羿而代之，不改有穷之号。浞因羿室，生浇及豷。

纲 壬寅，二十有八岁，寒浞弑王于商丘。

纪 浞使浇灭斟灌、斟鄩而弑帝相。后缗方娠，逃出自窦，归于有仍。夏遗臣靡奔有鬲氏。

纲鉴易知录卷二

夏纪

少康

纲　癸卯，夏少康元岁，相后缗生少康于有仍。

纲　甲子，二十有二岁，夏少康自有仍奔虞。

纪　少康为仍牧正，浇使椒求之。逃奔有虞，为之庖正，虞思妻之二姚而邑诸纶。有田一成，有众一旅，能布其德而兆其谋，以收夏众，抚其官职。

纲　辛巳，夏少康三十有九岁。

纲　壬午，四十岁，夏遗臣靡兴师讨浞，伏诛，奉王践天子位。王命诛浇及豷，复禹旧绩，夏道复兴，诸侯毕朝。

纪　夏之旧臣靡，自有鬲氏收二国之烬，以灭浞而立少康。使女艾灭浇于过，使季杼灭豷于戈。有穷由是遂亡，少康乃归故都。于是夏道复兴，诸侯来朝。

纲　癸巳，五十有二岁，封庶子无馀于越，以奉先王墓祀。

纪　少康恐禹墓之绝祀，乃封其庶子于越，号曰无馀，春、秋祀禹墓于会稽。

纲　癸卯，六十有一岁，王崩，子季杼践位。

帝杼

纲　甲辰，夏后杼元岁。

纲　庚申，十有七岁，王崩，子槐践位。

帝槐

纲　辛酉，夏后槐元岁。

纲　丙戌，二十有六岁，王崩，子芒践位。

帝芒

纲 丁亥，夏后芒元岁。

纲 甲辰，十有八岁，王崩，子泄践位。

帝泄

纲 乙巳，夏后泄元岁，命东夷，命西羌。

纲 庚申，十有六岁，王崩，子不降践位。

帝不降

纲 辛酉，夏后不降元岁。

纲 己未，五十有九岁，王崩，弟扃立。

帝扃

纲 庚申，夏后扃元岁。

纲 庚辰，二十有一岁，王崩，子廑践位。

帝廑

纲 辛巳，夏后廑元岁。

纲 辛丑，二十有一岁，王崩，不降之子孔甲立。

帝孔甲

纲 壬寅，夏后孔甲元岁。

纲 甲辰，三岁，采铁铸剑。

纲 戊辰，二十有七岁，商主癸生子履。

纪 主癸之妃扶都，见白气贯月而生汤。

纲 壬申，三十有一岁，王崩，子皋践位。

帝皋

纲 癸酉，夏后皋元岁。

纲 癸未，十有一岁，王崩，子发践位。

帝发

纲 甲申，夏后发元岁，诸夷宾于王门。

纲 壬寅，十有九岁，王崩，子癸践位。

桀癸

纲 癸卯，夏后癸元岁。

纲 甲子，二十有二岁，公刘迁国于豳。

纪 后稷封邰，别姓姬氏，至公刘迁于豳。公刘虽在戎、狄之间，复修后稷之业，务耕种，行地宜，自漆、沮渡渭，取材用，行者有资，居者有畜积，民赖其庆，百姓怀之，多从而保归焉。周道之兴自此始。

纲 乙亥，三十有三岁，伐蒙山，有施氏献妹喜，王嬖之。

纪 桀能申钩索铁，负恃其力，不务德而武伤百姓。有赵梁者，教为无道，劝以贪狠。伐蒙山有施氏，有施氏进女妹喜，桀嬖之，所言皆听。为之为琼室、象廊、瑶台、玉床，行淫纵乐。为肉山、脯林，酒池可以运舟，一鼓而牛饮者三千人，以为戏剧。

纲 丁丑，三十有五岁，商主癸薨，子履嗣位。

纲 商汤始居亳。

纪 自契封商至于成汤凡八迁，汤始居亳，从先王所居。

纲 戊寅，三十有六岁，商汤始用师征葛。

纲 己卯，三十有七岁，商汤遣使以币聘伊尹于有莘。

纲 商汤进伊尹于夏王桀。

纪 伊尹适夏，告以尧、舜之道，桀不听。

纲 壬午，四十岁，伊尹复归于亳。

纲 甲申，四十有二岁，夏王桀囚商汤于夏台，既而释之。

纪 是时田者张网，四面合围，以殄天物，于是成汤出田，命去网三面，曰："欲左者左，欲右者右，惟不用命者乃入吾网。"汉南诸侯闻之曰："汤仁及禽兽，而况于人乎？"皆归心焉。桀疾其大得诸侯和也，召之，囚于重泉夏台，已而释之。

纲 癸巳，五十有一岁，太史令终古出奔商。

纪 夏桀凿池为夜宫，男女杂处，三旬不朝。太史令终古执其图法泣谏，不听；终古出奔商。

大费之裔曰费昌，见二日东出，焰西沈。问于冯夷，夷曰："西夏东商。"费昌乃归汤。

纲 甲午，五十有二岁，杀谏臣关龙逄。

纪 关龙逄进谏曰："人君谦恭敬信，节用爱人，故天下安而社稷宗庙固。今王侈靡嗜杀，民惟恐君之后亡矣！人心已去，天命不佑，盍少悛乎？"不听。龙逄立而不去，桀怒，遂杀之。

纲 夏亡。

是时，两日斗，众星殒，泰山崩，地震，伊、洛竭。

右夏十七主，计四百三十九年。

商纪

成汤

纲 乙未，商王成汤十有八祀。

纲 王誓师伐夏桀，放之于南巢。

纪 桀暴戾不悛，王乃誓师伐桀。伊尹相汤，费昌为御，与桀战于鸣条，桀师败绩，汤遂放桀于南巢。桀曰：“吾悔不遂杀汤于夏台！”

纲 仲虺作诰以告王。

纲 王归自夏，诞告万方。

纲 三月，商王践天子位于亳，定都，建国号曰商。改正朔，易服色，改岁曰祀。

纪 三月，汤归于亳，践天子位，定都焉。以建丑冬十二月为岁首。色尚白，牲用白牡，以白为徽号。

纲 王至东郊，论诸侯功罪，立禹后与古圣贤有功者之后，封孤竹等国各有差。

纲 是岁大旱。

纲 丙申，十有九祀，大旱。

纲 丁酉，二十祀，大旱。夏桀卒于亭山。

纲 戊戌，二十有一祀，大旱，发庄山之金铸币赈民。

纲 己亥，二十有二祀，大旱。

纲 庚子，二十有三祀，大旱。

纲 辛丑，二十有四祀，大旱。祷于桑林，以六事自责，雨。

纪 时大旱七年，汤以身祷于桑林之野，祝曰：“无以予一人之不敏伤民之命。”以六事自责曰：“政不节欤？民失职欤？宫室崇欤？女谒盛欤？苞苴行欤？谗夫昌欤？”言未已，大雨方数千里。

纲 作大濩乐。

纪 时天雨岁则大熟，天下欢洽，遂作桑林之乐名曰大濩。作诸器用之铭以为警戒。

纲 祀弃为稷。

纲 丁未，三十祀，王崩，嫡孙太甲践位。

太甲

纲 戊申，商王太宗太甲元祀，冬十有二月，伊尹祠告于先王，奉嗣王祗见厥祖，百官总己以听冢宰。伊尹乃明言烈祖之德以训于王。

纲 王徂桐宫居忧。

纪 王不明厥德，颠覆汤之典刑。伊尹营宫于桐，俾王居忧于桐宫，乃自摄政当国以朝诸侯。

纲 己酉，二祀，王在桐宫。

纲 庚戌，三祀，冬十有二月朔，伊尹奉王归于亳。

纪 太甲居桐三年，自怨自艾，处仁迁义，伊尹乃以冕服奉太甲归于亳。太甲增修厥德，诸侯咸归，保惠庶民，不敢侮鳏寡。

纲 伊尹既复政，将告归，乃陈戒于王。

纲 庚辰，三十有三祀，王崩，庙号太宗，子沃丁践位。

沃丁

纲 辛巳，商王沃丁元祀。

纲 戊子，八祀，阿衡伊尹薨，葬于亳。咎单训伊尹事。

纲 己酉，二十有九祀，王崩，立弟太庚。

太庚

纲 庚戌，商王太庚元祀。

纲 甲戌，二十有五祀，王崩，子小甲践位。

小甲

纲 乙亥，商王小甲元祀。

纲 辛卯，十有七祀，王崩，弟雍己立。

雍己

纲 壬辰，雍己元祀，商道衰，诸侯或不朝。

纲 癸卯，十有二祀，王崩，弟太戊立。

太戊

纲 甲辰，商王中宗太戊元祀，亳有祥。伊陟相王，大修成汤之政。

纪 太戊立,伊陟为相。亳有祥,桑、榖共生于朝,一暮大拱。太戊惧,问于伊陟。陟曰:“妖不胜德。王之政其有缺与?王其修德。”太戊从之,大修先王之德,三日而祥桑枯死。

纲 丙午,三祀,诸侯毕朝。

纪 太戊侧身修行,明养老之体,早朝晏退,问疾吊丧,三年而远方重译来朝者七十六国。又有贤臣巫咸、臣扈共辅佐之,商道复兴。

命中衍为车正。

纲 戊午,七十有五祀,王崩,庙号中宗,子仲丁践位。

仲丁

纲 己未,商王仲丁元祀。

纲 甲子,六祀,迁都于嚣。

纲 蓝夷作寇。

纲 辛未,十有三祀,王崩,国内乱,弟外壬立。

外壬

纲 壬申,商王外壬元祀。

纲 丙戌,十有五祀,王崩,国内复乱,弟河亶甲立。

河亶甲

纲 丁亥,商王河亶甲元祀,徙都于相。商道浸衰。

纲 乙未,九祀,王崩,子祖乙践位。

祖乙

纲 丙申,商王祖乙元祀,圮于相,徙都于耿。

纲 甲辰,九祀,圮于耿,徙都于邢。巫贤作相,商道复兴,诸侯宾服。

纲 甲寅,十有九祀,王崩,子祖辛践位。

祖辛

纲 乙卯,商王祖辛元祀。

纲 庚午,十有六祀,王崩,弟沃甲立。

沃甲

纲 辛未,商王沃甲元祀。

纲 乙未,二十有五祀,王崩,国乱,祖辛之子祖丁立。

祖丁

纲 丙申，商王祖丁元祀。

纲 丁卯，三十有二祀，王崩，国乱，沃甲之子南庚立。

南庚

纲 戊辰，商王南庚元祀。

纲 壬辰，二十有五祀，王崩，国乱，祖丁之子阳甲立。

阳甲

纲 癸巳，商王阳甲元祀，商道复衰，诸侯莫朝。

纲 己亥，七祀，王崩，弟盘庚立。

盘庚

纲 庚子，殷王盘庚元祀，迁都于殷，改国号曰殷。

纪 时商道浸衰，乃谋迁都于殷。臣民皆安土重迁，盘庚作书以告谕臣民，遂归于亳。改商曰殷。盘庚行汤之政，商道复兴。

纲 丁卯，二十有八祀，王崩，弟小辛立。

小辛

纲 戊辰，殷王小辛元祀，殷道复衰。

纲 戊子，二十有一祀，王崩，弟小乙立。

小乙

纲 己丑，殷王小乙元祀。

纲 甲寅，二十有六祀，古公亶父自豳迁于岐，改国号曰周。

纲 丙辰，二十有八祀，王崩，子武丁践位。

武丁

纲 丁巳，殷王高宗武丁元祀，王宅忧，甘盘为相。

纪 武丁居丧，弗言。以甘盘为相，百官总己以听。

纲 己未，三祀，免丧，弗言。得傅说，爰立作相，总百官。资学于说。

纪 武丁既免丧，犹弗言，恭默思道。梦上帝赉以良弼，乃使人以形旁求于天下。说为胥靡，筑于傅岩，求得之，命以为相，以总百官。又置诸左右，朝夕纳诲，以受学焉。说乃陈说命三篇，用训于王。

纲 壬戌，六祀，重译来朝者六国。

纪 武丁祭成汤，有飞雉升鼎耳而雊。祖己训诸王，武丁内反诸己以思王道，蛮夷重译来朝者六国，自是章服多用翟羽。

纲 戊子，三十有二祀，伐鬼方。

纪 鬼方无道，武丁伐之，三年乃克，自是内外无患，而殷道复兴。

纲 丁酉，四十有一祀，周古公亶父生子季历。

纲 乙卯，五十有九祀，王崩，庙号高宗，子祖庚践位。

祖庚

纲 丙辰，殷王祖庚元祀。

纲 壬戌，王崩，弟祖甲立。

祖甲

纲 癸亥，殷王祖甲元祀。

纲 庚寅，二十有八祀，周世子季历生子昌。

纪 古公之妃太姜生少子季历，季历娶太任，皆贤妇人。太任生子昌，有圣瑞，古公曰："我后世当有兴者，其在昌乎？"

纲 周古公亶父薨，少子季历嗣立。

纪 古公三子：长曰太伯；次曰仲雍，一名虞仲；少曰季历。太伯、虞仲知古公欲立季历以传昌。古公病，二人托名采药，遂之荆蛮，国民君事之，号为句吴。

纲 乙未，三十有三祀，王崩，子廪辛践位。

廪辛

纲 丙申，殷王廪辛元祀。

纲 辛丑，六祀，王崩，弟庚丁立。

庚丁

纲 壬寅，殷王庚丁元祀。

纲 壬戌，二十有一祀，王崩，子武乙践位。

武乙

纲 癸亥，殷王武乙元祀，迁都于河北。

纲 丙寅，四祀，王出畋，崩于河、渭之间，子太丁践位。

纪 武乙无道，为偶人，谓之天神；与之博，令人为行。天神不胜，乃僇辱之。为革囊，盛血，仰射之，命曰“射天”。畋猎于河、渭之间，为暴雷震死。

太丁

纲 丁卯，殷王太丁元祀，周公季历伐燕京之戎。

纲 己巳，三祀，王崩，子帝乙践位。

帝乙

纲 庚午，殷王帝乙元祀，命周公季历为牧师。

纪 周公季历伐始呼、翳徒之戎，王赐之圭瓒秬鬯，为侯伯。

纲 丙子，七祀，周公季历薨，世子昌嗣立。

纲 丁丑，八祀。

纲 辛巳，十有二祀，周西伯治岐，发政施仁。

纪 西伯行于野，见枯骨，命瘗之。吏曰：“此无主矣。”西伯曰：“有天下者天下之主，有一国者一国之主。吾即其主。”遂葬之。天下闻之曰：“西伯泽及枯骨，况于人乎！”西伯笃仁、敬老、慈少、礼下贤者，日中不暇食以待士，士以此归之。太颠、闳夭、散宜生、鬻子、辛甲，皆往归焉。

纲 凤凰鸣于岐山。

纲 甲申，十有五祀，岐周地震。

纪 西伯寝疾，五日而地震，东西南北不出郊圻。西伯曰：“天之见妖以罚有罪，率德改行，其可免乎？”未几疾愈。

纲 壬辰，二十有三祀，周西伯昌生子发。

纪 初昌为世子，取于有莘氏，曰太姒。太姒不妒忌，生十子，长曰伯邑考，蚤卒；次曰发，性慈和，有圣德，西伯以为世子；次曰旦，旦师于虢叔，仁圣多材艺，西伯任以政事。

纲 癸巳，二十有四祀，命西伯昌距昆夷，备猃狁。

纲 丙午，三十有七祀，王崩，子辛践位。

纪 帝乙妾生微子，又生仲衍，已而为后，生辛。帝乙及后以微子贤，欲立为太子。太史据法争曰：“有妻之子，不可立妾之子。”乃立纣为后。

纣辛

纲 丁未，殷王纣辛元祀，王拒谏、崇侈、嗜酒色。

纪 纣资辩捷疾，闻见甚敏；材力过人，手格猛兽；智足以拒谏，言足以饰非；矜人臣以能，高天下以声，以为皆出己之下。

纣性汰侈，好酒色，始为象箸，箕子叹曰："今为象箸，必为玉杯。玉杯、象箸，必将食熊蹯、豹胎，他又将称是。王求足欲，天下殆哉！"

纲 甲寅，八祀，伐有苏氏，获妲己，嬖之。纵淫乐，重刑辟，百姓颤怨。

纪 纣伐有苏氏，有苏氏以妲己女焉。妲己有宠，其言是从，所好者贵之，所恶者诛之。于是使师涓作朝歌北鄙之音，北里之舞，靡靡之乐。造鹿台，为琼室玉门，台广三里，高千尺，七年乃成。厚赋敛以实鹿台之财，盈钜桥之粟。益收狗马、奇物，充牣宫室。益广沙丘苑台。大聚乐戏于沙丘，以酒为池，悬肉为林，男女裸相逐其间，宫中九市，为长夜之饮。诸侯有叛者，妲己以为罚轻诛薄，故威不立。乃重为刑辟，为熨斗以火烧热，使人举之，手烂。更为铜柱，以膏涂之，加于炭火之上，使有罪者缘之，足滑坠火中，与妲己观之，大乐，名曰炮烙之刑。天下颤怨。

纲 丁巳，十有一祀，醢九侯。鄂侯谏，脯之。囚西伯于羑里。

纪 纣以西伯昌、九侯、鄂侯为三公。九侯有女入之纣；女不喜淫，纣怒杀之，而醢九侯。鄂侯争之强，辩之疾，并脯鄂侯。又剖孕妇视其胎，斮朝涉之胫，视其髓。西伯闻之窃叹；崇侯虎知之以告纣，纣乃囚西伯于羑里。

纲 戊午，十有二祀，周西伯演易于羑里。

纲 己未，十有三祀，释西伯。西伯因献洛西之地，请除炮烙之刑，从之。遂赐西伯弓矢铁钺，使得专征伐。

纪 西伯之臣散宜生、闳夭之徒患之，乃求有莘氏美女、骊戎之文马、有熊之九驷及奇怪之物，因殷嬖臣费仲而献之。纣大悦曰："此一物足以释西伯，况其多乎！"乃赦西伯。西伯因献洛西之地，请除炮烙之刑。纣大喜，许之，赐之弓矢铁钺，使专征伐。

纲 庚申，十有四祀，虞、芮质成于周。

纪 虞、芮之君相与争田，久而不平，乃相与朝周。入其境，耕者让畔，行者让路。入其邑，男女异路，班白者不提挈。入其庙，士让为大夫，大夫让为卿。二国之君感而相谓曰："我等小人，不可以履君子之庭！"乃相让，以其所争之田为闲田而退。天下闻之而归者，四十余国。

纲 辛酉，十有五祀，周西伯得吕尚，立为师。

纪 吕尚者，其先祖尝为四岳，佐禹平水土，虞、夏之际封于吕，姓姜氏，尚其苗裔也。西伯将出猎，卜之曰："非龙，非彲，非熊，非罴，非虎，非貔，所获霸王之辅。"果遇吕尚于渭水之阳，与语，大悦。曰："自吾先公太公曰：'当有圣人适周，周因以兴。'子真是耶！吾太公望子久矣！"故号之曰"太公望"，载与俱归，立为师，谓之"师尚父"。

纲 乙丑，十有九祀，西伯伐崇，因作丰邑，徙都之。

纲 周西伯立灵台。

纲 丙寅，二十祀，周西伯昌薨。世子发嗣。

纪 西伯寝疾，谓世子曰："见善勿怠，时至勿疑，去非勿处：此三者，道之所以止也。"世子再拜受教。西伯薨，葬于毕。

纲 丁卯，二十有一祀。

纲 癸酉，二十有七祀，周西伯发生元子诵。

纪 西伯纳吕尚之女曰邑姜，邑姜贤，立未尝倚，坐未尝倨，怒未尝厉，是年生子诵。

纲 丁丑，三十有一祀，周西伯东观兵，戡黎。

纪 西伯上祭于毕。东观兵于盟津。渡河中流，白鱼跃入王舟中，王俯取以祭。既渡，有火自上复于下，至于王屋，流为乌，其色赤，其声魄。是时诸侯皆畔殷归周，不期而会盟津者八百。皆曰："纣可伐矣！"王曰："汝未知天命，未可也。"乃引师还。

黎为不道，西伯举兵伐之。既戡黎，祖伊恐，奔告于王。王曰："我生不有命在天！"弗听。

纲 戊寅，三十有二祀，微子谏，不听，去之。箕子谏，被囚，因佯狂为奴。比干固争，死之。

纪 纣有贤臣梅伯，性忠直，数谏诤；纣怒，杀而醢之。有雷开者，阿佞进谀言，纣赐金玉而封之，赏以夏田。微子数谏不听，遂去。箕子谏，亦不听。人或曰："可以去矣！"箕子曰："为人臣谏不听而去，是彰君之恶而自说于民，吾不忍为也！"乃被发佯狂而为奴，遂隐而鼓琴以自悲，传之曰箕子操。比干极谏，陈先王艰难，天命不易，国家将亡之明征，请王洗心易行；伏于象魏之门。纣大怒曰："比干自以为圣人，吾闻圣人之心有七窍。”遂剖视之。

纲 商亡。

右商二十八主，计六百四十四年。

周纪

武王

纲 己卯，周武王十有三年，冬一月癸巳，周王发帅师会诸侯伐商，告于皇天后土、所过名山大川。

纪 王闻纣暴虐滋甚，杀王子比干，囚箕子，微子抱其祭器奔周，于是遍告诸侯曰：“殷有重罪，不可以不伐！”遂东伐纣。

纲 春正月，周王大会诸侯于孟津，誓师伐商。二月癸亥，周王陈师于商郊。甲子，商受帅其旅会战于牧野。

纲 商师溃，受反奔鹿台自燔死。王即位，国号周，复商旧政。

纪 纣闻武王来，亦发兵七十万人拒武王。武王使师尚父与百夫致师，以大卒驰纣师。纣师虽众，皆无战心，倒兵以战，以开武王。武王驰之，纣兵皆崩畔。纣反走，登鹿台之上，衣珠玉，自燔而死。武王斩妲己。于是封比干之墓，表商容之闾，发钜桥之粟，散鹿台之财，归顷宫之女。殷人咸喜曰：“王之于仁人也，死者封其墓，况于生者乎？王之于贤人也，亡者表其闾，况于在者乎？王之于财也，聚者散之，况于复籍乎？王之于色也，在者归其父母，况于复征乎？”

纲 封纣子武庚为殷侯，使管叔、蔡叔、霍叔监殷。

纲 夏四月，王来自商，诸侯受命于周。

纪 诸侯尊王为天子，王始改正朔，以建子月为岁首，改祀曰年。色尚赤，服以冕。

归马华山之阳，放牛桃林之野，倒载干戈，包之虎皮，车甲衅而藏之府库，示天下不复用。

纲 大封建诸侯于天下。

纪 王追思元圣，封神农之后于焦，黄帝之后于祝，帝尧之后于蓟，帝舜之后于陈，大禹之后于杞。于是封功臣谋士，而师尚父为首，封于营丘，曰齐；封周公于曲阜，曰鲁；召公奭于北燕；毕公高于毕；叔鲜于管；叔度于蔡；叔振铎于曹；叔武于郕；叔虔于霍；康叔封于卫。兄弟之国十有五人，同姓者四十余人。班赐宗彝，分殷之器物于诸侯。

纲 祀于周庙，追王太王、王季、文王，因定谥法。

纪 祀于太庙，始定祀先之礼。讳名立谥，贱不诔贵，幼不诔长，惟天子称天以诔之，诸侯不得相诔。追王古公亶父曰太王，季历曰王季，文考曰文王。

纲 柴于上帝，望于山川，大告武成。

纲 王受丹书之戒，为铭以自警。

纪 王践阼三月，召士大夫而问焉，曰："恶有藏之约，行之博，万世可以为子孙恒者乎？"师尚父对曰："在丹书，有之曰：'敬胜怠者吉，怠胜敬者灭，义胜欲者从，欲胜义者凶。'凡事不强则枉，弗敬则不正；枉者灭废，敬者万世。藏之约，行之博，可以为子孙恒者，此言之谓也。"王闻书之言，惕然恐惧，退而为戒，书于席之四端及几、鉴、盥盘、楹、杖、带、履屦、觞豆、户牖、剑、弓、矛，各为铭焉。

纲 王访道于箕子，箕子陈洪范。

纪 王克殷，释箕子之囚，访问以天道，箕子以洪范陈之，乃封于朝鲜而不臣。

纲 殷故臣伯夷、叔齐去周，隐于首阳山，不食而死。

纪 伯夷、叔齐，孤竹君之二子也。父欲立叔齐；及父卒，叔齐逊伯夷。伯夷曰："父命也。"遂逃去。叔齐亦不肯立而逃之，国人立其中子。及武王伐纣，夷、齐乃相与叩马陈君臣以谏。左右欲兵之，太公曰："此义人也！"扶而去之。武王已平殷乱，天下宗周，而夷、齐耻之，隐于首阳山，义不食周粟，采薇而食之。及饿且死，作歌曰："登彼西山兮，采其薇矣，以暴易暴兮，不知其非矣。神农、虞、夏忽焉没兮，我安适归矣？吁嗟徂兮，命之衰矣！"遂饿死于首阳山。

纲 立彻法。

纲 迁都于镐。

纲 建学养老。作大武乐。

纲 肃慎氏来贡。

纪 时九夷、八蛮，各以方物来贡。肃慎氏贡楛矢、石砮，其长尺有咫。王欲昭令德之致远，铭其括曰"肃慎氏之贡矢"。

纲 庚辰，十有四年，西旅献獒，召公奭作书戒王。

纪 西旅底贡厥獒，召公以獒非常贡，易启人主异好，不可以示诸侯，乃作书名曰旅獒，用训于王。

纲　王有疾，周公旦祝告三后，求以身代王。

纪　武王有疾，周公以王室未安，殷民未服，根本易摇，故请命太王、王季、文王，欲以身代王死。史录其册祝之文，藏于金縢之匮。王翼日乃瘳。

纲　辛巳，十有五年，春，巡狩方岳，祀百神，朝诸侯。

纲　壬午，十有六年，夏，箕子来朝。

纪　箕子朝周，过故殷墟，伤宫室毁圮，禾黍生焉，欲哭不可，欲泣则为近妇人，故作麦秀之歌曰："麦秀渐渐兮，禾黍油油兮，彼狡童兮，不与我好兮！"殷之遗民闻之，莫不流涕。

纲　乙酉，十有九年，冬十有二月，王崩，世子诵践位。周公旦位冢宰，正百工。

纲鉴易知录卷三

周纪

成王

纲　丙戌，周成王元年，周公旦相王，践阼而治。

纪　成王幼，不能涖阼，周公摄政，践阼而治，南面负扆，以朝诸侯。

抗世子法于伯禽，欲令成王之知父子、君臣、长幼之道也。成王有过，则挞伯禽，所以示成王世子之道也。

纲　周公旦作诰以告召公奭。

纪　时召公为三公，自陕以西召公主之，自陕以东周公主之。成王既幼，周公摄政，当国。召公疑之，周公作君奭，于是召公乃说。

纲　夏六月，葬武王于毕。

纲　王冠。

纪　既葬武王，冠成王，而朝于祖以见诸侯。周公命祝雍作颂，曰："祝王辞达而已，勿多也。"祝雍辞曰："使王近于民，远于佞，啬于时，惠于财，亲贤而任能。"其颂曰："令月吉日，王始加元服，去王幼志服衮职。钦若昊天，六合是式，率尔祖考，永永无极！"

纲　命周公元子伯禽代就封于鲁。

纪　伯禽就封于鲁，周公谓伯禽曰："我文王之子，武王之弟，今王之叔父，吾于天下不贱矣。然我一沐三握发，一饭三吐哺，起以待士，犹恐失天下之贤人。子之鲁，慎无以国骄人！"

纲　管叔及蔡叔、霍叔流言，周公居东。

纪　管叔及其群弟流言于国曰："公将不利于孺子！"王疑周公，周公乃避位居东，取易之三百八十四爻，各系以辞。

纲　丁亥，二年，王听政。周公居东，罪人斯得。

纲　戊子，三年，周公居东，作诗以贻王，名之曰鸱鸮。

纲 秋，大雷风。王迎周公于东，出郊，雨，反风。

纪 秋，大熟，未获，天大雷电以风，禾尽偃，大木斯拔。王大恐，与大夫尽弁，以启金縢之匮，见周公请代武王之事，执书以泣。乃出郊迎周公，天乃雨，反风，禾尽起，岁则大熟。

纲 管叔及蔡叔、霍叔与武庚叛，奄、淮夷、徐戎皆叛。

纪 成王既迎周公归，三叔惧，遂与武庚及淮夷等叛。

纲 命周公东征，周公作大诰于天下。

纲 鲁侯伯禽帅师伐淮夷、徐戎。

纲 讨武庚诛之，封微子启于宋，以绍殷后。

纲 致辟管叔于商，囚蔡叔于郭邻，降霍叔于庶人。遂定奄及淮夷，东土以宁。

纲 周公东征凯还，作诗以劳士卒。

纪 己丑，四年，王免丧，朝先王庙，延访于群臣。

周公归政于王，王中立听政，而四圣维之。周公常立于前，导天子以道；太公常立于左，辅天子之意；召公常立于右，拂天子之过；史佚常立于后，承天子之遗忘：是以虑无失计而举无过事。

纲 辛卯，六年，董正百官，制礼乐。

纪 周公相成王，六卿制礼、作乐、颁量，天下大治。

纲 越裳氏来朝。

纪 交趾南有越裳氏，重三译而来献白雉。周公曰："德泽不加，君子不飨其贽。政令不施，君子不臣其人。"译曰："吾国之黄耇曰：'天无烈风淫雨，海不扬波，三年矣，意中国有圣人乎？'于是来朝。"周公致荐于宗庙。使者迷其归路，周公锡以軿车五乘，皆为指南之制，使者载之，由扶南、林邑海际，期年而至其国，故指南车常为先导，示服远人以正四方。

纲 壬辰，七年，春二月，王命太保召公相宅。三月，周公至洛，兴工营筑。王至新邑，命周公留后治洛。

纪 初，武王作邑于镐京，谓之宗周，是为西都。将营成周，居于洛邑，而未果。至是王欲如武王之志，定鼎于郏鄏，卜曰："传世三十，历年七百。"二月，使召公先相宅。三月，周公至洛，兴工营筑，谓之王城，是为东都。曰："此天下之中，四方入贡道里均也。"周公又营成周。

王至洛邑，迁殷顽民于成周，留周公治洛，王复还归西都。

纲 设南郊，建明堂，立大社。

纲 癸巳，八年，周公分正东都。

纲 王命蔡仲复封之蔡。

纪 蔡仲，蔡叔之子也。叔没，周公以仲贤，命诸成王，复封之蔡。

纲 甲午，九年，封弟叔虞为唐侯。

纪 王与叔虞戏，削桐叶为珪以与叔虞曰："以此封若。"史佚因请择日立叔虞。王曰："吾与之戏耳。"史佚曰："天子无戏言，言则史书之，礼成之，乐歌之。"于是遂封叔虞于唐，故曰唐叔虞。

纲 丙申，十有一年，周公在丰，作无逸以戒王。

纲 周公薨于丰，葬周文公于毕。

纪 周公在丰，病将殁，曰："必葬我成周，以明吾不敢离王。"周公既卒，成王亦让，葬周公于毕，从文王，以明其不敢臣周公也。

成王以周公有勋劳于天下，赐鲁公世世祀周公以天子之礼乐。是以季夏六月，以禘礼祀周公于太庙，以文王为所出之帝，而周公配之。

纲 命君陈分正东郊成周。

纪 周公既没，命君陈分正东郊成周。

纲 丁酉，十有二年，巡狩，朝诸侯于方岳，因行黜陟之典。

纲 戊戌，十有三年，作九府圜法。

纪 初，唐、虞、夏、商之世，币金有三品，至是太公望乃立九府圜法。钱圆函方，轻重以铢，通九府之用。布帛广二尺二寸为幅，长四丈为匹。

纲 壬戌，三十有七年，夏四月，王命太保奭及群臣受顾命。

纲 王崩，太子钊即位。

康王

纲 癸亥，周康王元年，遍告诸侯朝于酆宫。

纪 诸侯来朝，王作康诰遍告之，宣示文、武之功业，乃朝见诸侯于酆宫，由是诸侯率服。

纲 甲戌，十有二年，夏六月，命毕公保厘东郊。

纲 戊子，二十有六年，太保召公奭薨。

纪 初，召公治西方，甚得民和。有司请召民，召公曰："不劳一身而劳百姓，非吾先君文王之志也。"乃巡行乡邑，听断于棠树之下。至是卒，人思其政，不忍伐棠树，作甘棠之诗歌咏之。

纲 王崩，子瑕践位。

纪 成、康之际，天下安宁，刑错四十年不用。

昭王

纲 己丑，周昭王元年。

纲 壬寅，十有四年，鲁侯弟溃，弑其君幽公而自立。

纲 己卯，五十有一年，有光五色贯紫微。井水溢。王巡狩至汉，崩，子满践位。

纪 时周道渐衰，王南巡狩，反济汉，汉滨之人以胶船进王，至中流，胶液船解，王及祭公皆溺死。

穆王

纲 庚辰，周穆王元年。

纲 壬午，三年，命君牙为大司徒，伯冏为太仆正。

纲 丙申，十有七年，王西征。徐戎作乱，王归征徐戎，克之。

纪 有造父者，以善御幸于王，得八骏马，西巡狩，乐而忘反。

徐子，嬴姓，地方五百里。行仁义，得朱弓矢，自以为天瑞，乃称偃王，四方诸侯朝于徐者三十六国。王闻徐子僭号，造父为御，长驱而归以救乱。与楚连谋伐徐。徐子不忍斗其民，北走彭城，百姓随之以万数。徐子将死曰："吾赖于文德，而不明武备，故至此！"王乃以赵城封造父，其族由此为赵氏。

纲 甲寅，三十有五年，征犬戎。

纪 王将征犬戎；祭公谋父谏曰："不可！先王耀德不观兵。夫兵，戢而时动，动则威；观则玩，玩则无震。是故，先王之制：邦内甸服，邦外侯服，侯卫宾服，蛮夷要服，戎翟荒服。甸服者祭，侯服者祀，宾服者享，要服者贡，荒服者王。日祭，月祀，时享，岁贡，终王。先王之训也，不祭、不祀、不享、不贡、不王，于是乎有刑罚之辟，有攻伐之兵，有征讨之备，有威让之令，有文告之辞；布令、陈辞而又不至，则又增修于德，无勤民于远。是以近无不听，远无不服。今犬戎氏以其职来王，而必以不享征之，且观之兵，其无乃废先王之训，而王几顿乎？"王不听，遂征之，得四白狼、四白鹿以归。自是荒服者不至。

纲 己巳，五十年，作吕刑诰四方。

纲 甲戌，五十有五年，王崩于祗宫，子繄扈践位。

纪 初，穆王欲肆其心，周行天下，将皆必有车辙马迹焉。祭公谋父作祈招之诗以止王心，其诗曰："祈招之愔愔，式昭德音，思我王度，式如玉，式如金。形民之力，而无醉饱之心！"王以是获没于祗宫。

共王

纲 乙亥，周共王元年。

纲 丁丑，三年，王游于泾上。

纪 王游于泾上，密康公从，有三女奔之。其母曰："必致之于王。夫兽三为群，人三为众，女三为粲。粲，美物也，汝何德以堪之？王犹不堪，况尔小丑乎！小丑备物，终必亡！"康公私而不献。一年，王灭密。

纲 丙戌，十有二年，王崩，子囏践位。

懿王

纲 丁亥，周懿王元年，徙都于槐里。

纲 戊子，二年，王室衰微，诗人作刺。

纲 辛亥，二十有五年，王崩，共王之弟辟方立。

孝王

纲 壬子，周孝王元年。

纲 甲子，十有三年，封非子为附庸，邑之秦。

纪 恶来革之后有非子者，好马，善养息之。王命主马汧、渭之间，马大蕃息。王封为附庸之君，邑于秦，使续伯翳后。

纲 大雨雹，牛马死，江、汉冰。

纲 丙寅，十有五年，王崩，诸侯复立懿王太子燮。

夷王

纲 丁卯，周夷王元年，天子始下堂见诸侯，觐礼废。

纲 己巳，三年，命虢公伐太原之戎。

纪 时荒服不至，命虢公帅六师以伐太原之戎，至俞泉，获马千匹。

纲 甲戌，八年，楚子熊渠伐庸、扬粤，至于鄂。

纲 壬午，十有六年，王崩，子胡践位。

纲 杀齐侯不辰，立其弟静。王暴虐，诗人作刺。

厉王

纲 癸未，周厉王元年，楚子自去其僭号。

纲 癸巳，十有一年，淮夷入寇，命虢仲帅师征之。

纲 辛丑，十有九年，齐公子山弑其君胡公而自立。

纲 齐侯徙治临淄。

纲 壬子，三十年，以荣夷公为卿士。

纪 王好利，近荣夷公，大夫芮良夫谏曰："荣公好专利而不知大难。夫利，百物之所生也，天地之所载也，而或专之，其害多矣。夫王人者，将导利而布之上下者也，使神人百物无不得其极，犹日怵惕惧怨之来也。今独专利，其可乎？匹夫专利，犹谓之盗，王而行之，其归鲜矣。荣公若用，周必败！"王不听，卒以荣公为卿士，诸侯不享。

纲 乙卯，三十有三年，使人监谤，杀言者。

纪 厉王虐，国人谤王。召公告曰："民不堪命矣！"王怒，得卫巫，使监谤者；以告，则杀之。国人莫敢言，道路以目。王喜，告召公曰："吾能弭谤矣。"召公曰："是障之也！防民之口，甚于防川。川壅而溃，伤人必多，民亦如之。是故，为川者决之使导，为民者宣之使言。夫民虑之于心而宣之于口，成而行之，胡可壅也？若壅其口，其与能几何！"王弗听，于是国人莫敢出言。

纲 丙辰，三十有四年，召公作诗讽王。

纲 凡伯作诗，切责僚友，因以讽王。

纲 丁巳，三十有五年，王暴虐滋甚，芮伯作诗刺之。

纲 国人作诗刺王。

纲 己未，三十有七年，国人叛，王出居彘。太子靖匿于召公家。

纪 王心戾虐，万民弗忍，乃相与叛，袭王；王出奔于彘。太子靖匿于召公之家，国人乃围之。召公曰："昔吾骤谏王，王不从，以及此难也。今杀王太子，王其以我为雠而怼怒乎？夫事君者，险而不怼，怨而不怒，况事王乎！"乃以其子代王太子，太子竟得脱。

纲 庚申，三十有八年，春，王在彘，召公、周公行政，号共和。

纪 召公、周公二相，以太子靖幼，相与和协，共理国事，号曰"共和”。

纲 癸酉，五十有一年，王死于彘。周公、召公奉太子靖即位。

宣王

纲 甲戌，周宣王元年，周公、召公辅政。

纪 周公、召公辅王修政，法文、武、成、康之遗风，任申伯、仲山甫、张仲，诸侯复宗周。

纲 命秦仲为大夫，讨西戎。

纲 命尹吉甫帅师北伐猃狁。

纲 乙亥，二年，旱。

纲 命方叔将兵南征荆蛮。

纲 遣召穆公虎帅师伐淮南之夷。

纲 王自将亲征淮北徐夷。

纲 己卯，六年，大旱，王侧身修行。

纪 宣王承厉王之烈，内有拨乱之志，遇灾而惧，侧身修行，欲消去之。天下喜于王化复行，百姓见忧，故仍叔作诗以美之。

纲 乙酉，十有二年，鲁侯来朝，以其二子括、戏见王，王命戏为鲁世子。

纲 王不藉千亩。

纪 王不藉千亩。虢文公谏曰：“夫民之大事在农，上帝之粢盛于是乎出，民之蕃庶于是乎生，事之共给于是乎在，和协辑睦于是乎兴，财用蕃殖于是乎始，敦庬纯固于是乎成。是故，稷为大官，惟农是务，无有求利于其官以干农功。三时务农，而一时讲武，故征则有威，守则有财。若是则能媚于神而和于民，享祀时至而布施优裕也。今天子欲修先王之绪而弃其大功，匮神乏祀而困民之财，将何以求福用民？”王弗听。

纲 乙未，二十有二年，王后姜氏脱簪珥谏王，王勤政中兴。

纪 王尝晏起，姜后脱簪珥待罪于永巷，使其傅母通言于王曰：“妾不才，至使君王乐色而忘德，失礼而晏朝。夫苟乐色必好奢，好奢必穷乐。穷乐者乱之所兴也，原乱之兴自婢子始，敢请罪！”王曰：“寡人不德，实自生过，非夫人之罪也。”自是勤于政事，早朝晏罢，卒成中兴之名。

纲 癸卯，三十年，有马化为人。

纪 时有马化为人，有兔舞于镐京。

纲 壬子，三十有九年，伐姜戎，战于千亩，王师败绩。

纲 癸丑，四十年，料民于太原。

纪 王既丧南国之师，乃料民于太原。仲山甫谏曰："民不可料也！夫古者不料民而知其多少，司民协孤终，司商协民姓，司徒协旅，司寇协奸，牧协职，工协革，场协入，廪协出。是则少多死生出入往来者，皆可知也。于是又审之以事，王治农于藉，搜于农隙，耨获亦于藉，狝于既烝，狩于毕时。是皆习民数者也，又何料焉？且无故而料民，天所恶也，害于政而妨于后嗣！"王弗听。

纲 丙辰，四十有三年，杀大夫杜伯；左儒争，死之。

纪 王将杀杜伯而非其罪，伯之友左儒争之于王，九复之而王不许。王曰："汝别君而异友也。"儒曰："君道友逆，则顺君以诛友；友道君逆，则顺友以违君。"王怒曰："易而言则生，不易则死！"儒曰："士不枉义以从死，不易言以求生。臣能明君之过，以正杜伯之无罪。"王杀杜伯，左儒死之。

纲 己未，四十有六年，王崩，太子涅立。

幽王

纲 庚申，周幽王元年。

纲 壬戌，三年，王嬖宠褒氏。

纪 初，褒人有罪，请入女子于王以赎罪，是为褒姒。幽王三年，之后宫，见而爱之，生子伯服。

纲 西周三川皆震。泾、渭、洛竭，岐山崩。

纪 西周泾、渭、洛三川皆震。伯阳父曰："周将亡矣！夫天地之气不失其序，若过其序，民乱之也。阳伏而不能出，阴迫而不能烝，于是有地震。今三川实震，是阳失其所而镇阴也。阳失而在阴，川源必塞。源塞，国必亡。夫水土演而民用足也；土无所演，民乏财用，不亡何待！昔伊、洛竭而夏亡，河竭而商亡。今周德若二代之季矣，其川源又塞，塞必竭。夫国必依山川；山崩、川竭，亡之征也。川竭山必崩，若国亡，不过十年，数之纪也。夫天之所弃，不过其纪。"是岁也，三川皆竭，岐山崩。十一年幽王乃灭，周乃东迁。

纲 癸亥，四年，卫侯和作诗悔过，因以讽王。

纲 群臣作诗刺谗，因以讽王。

纲 诗人伤时之乱，征役不息，作诗以刺时政。

纲 乙丑，六年，冬十月朔，日有食之。

纲 丙寅，七年，用尹氏，家父作诗刺之。

纲 丁卯，八年，以郑伯友为司徒。

纲 戊辰，九年，夏六月，陨霜。

纲 王废申后及太子宜臼，以褒姒为后，其子伯服为太子。宜臼奔申。

纪 王废申后及太子宜臼，宜臼奔申。太史伯阳曰："祸成矣，无可奈何！"

褒姒不好笑。王欲其笑，万方，故不笑。王与诸侯约，有寇至举烽火为信，则举兵来援。王欲褒姒笑，乃无故举火，诸侯至而无寇，褒姒大笑。褒姒好闻裂缯声，王发缯裂之以适其意。虢石父为人佞，善谀，好利，王以为卿，用事，国人皆怨。

纲 庚午，十有一年，伐申。申侯与犬戎入寇，戎弑王于骊山下，郑伯友死之。晋、卫、秦以兵来援，平戎，与郑世子掘突，共立故太子宜臼。

纪 王欲杀故太子宜臼，求之于申。申侯弗予，王伐之。申侯与鄫人召西夷犬戎伐王。王举烽火征兵，兵莫至；犬戎遂杀王于骊山下，虏褒姒，并杀郑桓公，尽取周宝赂而去。晋文侯、卫武公、秦襄公将兵救周，平戎，与郑世子掘突即申国共立故太子宜臼，是为平王，而西周遂亡。

平王

纲 辛未，周平王元年，迁都于东都洛邑。

纪 平王立，东迁于洛邑，避戎寇也。是时周室衰微，诸侯强并弱，齐、楚、秦、晋始大，政由方伯。

纲 命秦襄为诸侯，赐以岐、丰之地。

纪 王东徙洛邑，秦襄公以兵送王。王封襄公为诸侯，赐之岐、丰之地。襄公于是始国，而与东诸侯通使聘享之礼。

纲 命卫侯和为公，锡晋侯仇命。

纲 秦祀上帝于西畤。

纲 癸酉，三年，以郑掘突为司徒。

纲 己卯，九年，秦东徙汧、渭之会。

纲 癸未，十有三年，卫武公薨，子扬嗣。

纪 初，武公年九十有五，犹箴儆于国，曰："自卿以下，至于师长士，苟在朝者，无谓我老耄而舍我，必交戒训导我。在舆有旅贲之规，位宁有官师之典，倚几有诵训之谏，居寝有暬御之箴，临事有瞽史之道，宴居有师工之诵。史不失书，矇不失诵，以训御之。"于是乎作懿戒以自警。及其没也，谓之叡圣武公。

纲 乙酉，十有五年，秦作鄜畤。

纪 秦文公梦黄蛇自天下属地，其口止于鄜衍。文公问史敦，敦曰："此上帝之征，君其祠之。"于是作鄜畤，用三牲郊祭白帝焉。

纲 己丑，十有九年，遣畿内之民戍申。

纲 辛卯，二十有一年，秦伯大败戎师，收岐西之地。自岐以东归于王。

纲 壬辰，二十有二年，王室衰微，诸侯背叛。

纲 甲午，二十有四年，宗周宫室圮，诗人作黍离。

纲 秦初有三族之罪。

纲 丙申，二十有六年，晋侯封其叔父成师于曲沃。

纲 戊午，四十有八年，鲁初请郊庙之礼。

纪 鲁惠公使宰让请郊庙之礼于天子，王使史角往鲁，公止之，其后在鲁，于是有墨翟之学。鲁之用郊始于此。

纲 鲁惠公薨，国人立其子息姑。

纲 己未，四十有九年，春王正月。

纪 是时天子微弱，诸侯放恣，赏罚不行。故孔子因鲁史修春秋，以寓王法，托始于此年，首书"春王正月"。

纲 秋七月，王使宰咺锡鲁惠公仲子之赗。

纲 辛酉，五十有一年，春二月己巳，日有食之。

纲 三月，王崩，孙林践位。

纲 秋，武氏如鲁求赙。

纲 郑祭足帅师入寇。

纪 郑武公、庄公为平王卿士，王贰于虢，郑伯怨王，王曰："无之。"故周、郑交质，王子狐为质于郑，郑公子忽为质于周。王崩，周人将畀虢公政。夏四月，郑祭足帅师取温之麦；秋，又取成周之禾。

桓王

纲 壬戌，周桓王元年，春二月，卫州吁弑其君桓公而自立。

纲 丙寅，五年，春三月，郑伯使宛归祊田于鲁。

纲 己巳，八年，冬十一月，鲁公子翚弑其君隐公而自立。

纪 羽父请杀桓公，将以求太宰。隐公曰："为其少故也，吾将授之矣。使营菟裘，吾将老焉。"羽父惧，反谮公于桓公而请弑之。壬辰，羽父使贼弑公于寪氏，立桓公。

纲 庚午，九年，春三月，郑伯以璧假鲁许田。

纪 桓公即位，修好于郑。郑人请复祀周公，卒易祊田。公许之，郑伯以璧假许田，为周公祊故也。

纲 甲戌，十有三年，秋，蔡人、卫人、陈人从王伐郑。

纪 初，王夺郑伯政，郑伯不朝。王以诸侯伐郑，郑伯御之，战于繻葛。蔡、卫、陈皆奔，王卒大败。祝聃射王中肩，王亦能军，祝聃请从之。郑伯曰："君子不欲多上人，况敢陵天子乎？苟自救也，社稷无陨多矣！"郑伯使祭足劳王，且问左右。

纲 甲申，二十有三年，春二月，王使家父如鲁求车。

纲 三月，王崩，子佗践位。

庄王

纲 乙酉，周庄王元年。

纲 丁亥，三年，春正月，鲁侯会齐侯于泺，鲁侯与夫人姜氏遂如齐。夏四月，齐侯杀鲁桓公，立其子同。

纪 鲁侯将有行，与姜氏如齐。申繻曰："女有家，男有室，无相渎也，谓之有礼。易此必败。"公会齐侯于泺，遂及文姜如齐，齐侯通焉。公谪之，以告。夏，享公，使公子彭生乘公，公薨于车。齐人立其子同。

纲 秋，周公黑肩谋弑王，伏诛。王子克奔燕。

纪 周公黑肩欲弑庄王而立王子克，辛伯告王，遂与王杀周公。王子克奔燕。初，子仪有宠于桓王，王属诸周公。辛伯谏曰："并后匹嫡，两政耦国，乱之本也！”周公弗从，故及。

纲 戊子，四年，夏，单伯送王姬。秋，鲁筑王姬之馆于外。冬，王使荣叔如鲁，锡桓公命，王姬归于齐。

纲 甲午，十年，夏四月，辛卯夜，恒星不见。夜中，星陨如雨。

纲 乙未，十有一年，冬十一月，齐无知弑其君诸儿。

纪 僖公之母弟曰夷仲年，生公孙无知，有宠于僖公，襄公绌之。公使连称、管至父戍葵丘；瓜时而往，曰“及瓜而代”。期戍，请代，弗许。二人遂因无知以作乱，弑襄公而立无知。初，襄公立，无常。鲍叔牙曰：“君使民慢，乱将作矣！”奉公子小白奔莒。乱作，管夷吾、召忽奉公子纠奔鲁。

纲 丙申，十有二年，春，齐人杀无知。鲁侯及齐大夫盟于蔇。

纲 夏，鲁侯伐齐纳纠。齐小白入于齐。

纲 秋八月，鲁及齐师战于乾时，鲁师败绩。

纲 九月，齐公子小白立。齐人取子纠于鲁杀之。

纪 鲍叔帅师言于鲁曰：“子纠，亲也，请君讨之。管、召，雠也，请受而甘心焉。”乃杀子纠于生窦。召忽死之；管仲请囚。

纲 齐侯以管夷吾为相。

纪 初，桓公自莒反于齐，使鲍叔为宰，辞曰：“君加惠于臣，使不冻馁，则君之赐也，若必治国家，则非臣之所能也，其管夷吾乎！臣所不若夷吾者五：宽惠柔民，弗若也；治国家不失其柄，弗若也；忠信可结于百姓，弗若也；制礼义可法于四方，弗若也；执枹鼓立于军门，使百姓加勇焉，弗若也。”桓公曰：“夫管夷吾射寡人中钩，是以滨于死。”鲍叔曰：“夫为其君动也，君若宥而反之，夫犹是也。”桓公于是请诸鲁。庄公以问施伯，对曰：“此非欲戮之也，欲用其政也。夫管子天下之才也，所在之国，则必得志于天下。令彼在齐，则必长为鲁忧矣！请杀而以其尸授之。”庄公弗听，使束缚以予齐使。比至，桓公亲逆于郊，解其缚而与之坐，问焉。公曰：“成民之事若何？”对曰：“四民者勿使杂处，杂处则其言哤，其事易。昔圣王之处士也，使就闲燕；处工，就官府；处商，就市井；处农，就田野。少而习焉，其心安焉，不见异物而迁焉。是故其父兄之教不肃而成，其子弟之学不劳而能。”公曰：“定民之居若何？”对曰：“制国以为二十一乡，工、商之乡六，士、农之乡十五。公帅十一乡焉，国子帅五乡焉，高子帅五乡焉。”公曰：“吾何以富国？”对曰：

“唯官山、海为可耳。谨盐策与铁官之数，其余轻重准此而行，然则举臂胜事，无不服籍者。”公曰：“吾欲从事于诸侯，为之奈何？”对曰：“作内政而寄军令，于是制国。五家为轨，轨为之长；十轨为里，里置有司；四里为连，连为之长；十连为乡，乡有良人焉。以为军令，五家为轨，故五人为伍，轨长帅之。十轨为里，故五十人为小戎，里有司帅之。四里为连，故二百人为卒，连长帅之。十连为乡，故二千人为旅，乡良人帅之。五乡一帅，故万人为一军，五乡之帅帅之。春以蒐振旅，秋以狝治兵。是故卒伍整于里，军旅整于郊。内教既成，令勿迁徙。伍之人，祭祀同福，死丧同恤，祸灾共之。人与人相畴，家与家相畴，世同居，少同游，故夜战声相闻，可以不乖；昼战目相视，可以相识。其欢欣足以相死，居同乐，行同和，死同哀，是故守则同固，战则同强。君有此士也三万人，以方行天下，以诛无道，以屏周室，天下大国之君莫之能御也！”桓公悦，于是任管仲为相，号曰“仲父”。

纲　丁酉，十有三年，春正月，鲁侯败齐师于长勺。

纪　齐师伐鲁，战于长勺。庄公将鼓之，曹刿曰：“未可。”齐人三鼓，刿曰：“可矣。”齐师败绩，公将驰之，刿曰：“未可。”下视其辙，登轼而望之，刿曰：“可矣。”遂逐齐师。既克，公问其故，对曰：“夫战，勇气也。一鼓作气，再而衰，三而竭。彼竭我盈，故克之。夫大国，难测也，惧有伏焉。吾视其辙乱，望其旗靡，故逐之。”

纲　己亥，十有五年，冬十月，王崩，子胡齐践位。

纲鉴易知录卷四

周纪

釐王

纲　庚子，周釐王元年，春，齐侯、宋人、陈人、蔡人、邾人会于北杏。夏六月，齐人灭遂。

纪　会于北杏，以平宋乱。遂人不至，齐人灭遂而戍之。

纲　冬，鲁侯会齐侯盟于柯。

纪　齐桓公伐鲁，鲁将师败，鲁庄公请献遂邑以平。桓公许，与鲁（会）柯而盟。鲁将盟，曹沫以匕首劫桓公于坛上，曰："反鲁之侵地！"桓公许之。已而曹沫去匕首，北面就臣位。桓公后悔，欲无与鲁地而杀曹沫。管仲曰："许之而倍信杀之，愈一小快耳，而弃信于诸侯，失天下之援，不可！"于是与曹沫三败所亡地于鲁。诸侯闻之，皆信齐而欲附焉。

纲　辛丑，二年，冬，晋曲沃伯称灭晋，弑其君缗。

纲　癸卯，四年，冬十二月，王使虢公命曲沃伯以一军，为晋侯。

纲　甲辰，五年，春，王崩，子阆践位。

惠王

纲　乙巳，周惠王元年。

纲　丙午，二年，秋，五大夫以王子颓作乱。颓出奔温，复奔卫。卫人、燕人立颓。

纪　初，庄王爱少子子颓，欲立为太子而不克。至是大夫边伯等五人怨王，作乱，奉子颓以伐王。不克，出奔温，苏子奉子颓奔卫。卫师、燕师伐周，冬，立子颓。

纲　丁未，三年，春，郑伯执燕仲父。王处于栎。

纪　郑伯和王室不克，执燕仲父。夏，郑伯遂以王归，王处于栎。

纲　戊申，四年，春，虢公、郑伯胥命于弭，奉王归于王城，杀子颓及五大夫。王赐郑伯虎牢以东。

纲　己酉，五年，春，晋人伐骊戎，获骊姬以归。

纲　陈人杀其太子御寇，公子完与颛孙奔齐。

纪　陈厉公生子完，字敬仲。及宣公，有嬖姬生子款，欲立之，乃杀其太子御寇。御寇素爱厉公之子完，完惧祸及，于是与颛孙奔齐。齐侯使敬仲为卿，辞曰："羁旅之臣，幸若获宥免于罪戾，君之惠也，敢辱高位以速官谤！请以死告！"使为工正。饮桓公酒，乐。公曰："以火继之。"辞曰："臣卜其昼，未卜其夜，不敢！"

纲　辛亥，七年，冬，郭亡。

纪　齐桓公之郭，问父老："郭何故亡？"曰："以其善善而恶恶。"公曰："若子言，乃贤君也，何至于亡？"父老曰："郭君善善不能用，恶恶不能去，所以亡也。"

纲　甲寅，十年，夏，王使召伯廖赐齐侯命。

纲　己未，十有五年，秋七月，鲁公子牙卒。八月，鲁庄公卒，子般立，冬十月，鲁庆父弑般，启方立。

纪　鲁庄公疾，问后于叔牙，对曰："庆父材。"问于季友，对曰："臣以死奉般！"公曰："乡者牙曰'庆父材'。"成季使以君命鸩叔牙，曰："饮此，则有后于鲁国；不然，死且无后。"饮之卒，立叔孙氏。公薨，子般立。冬，庆父使圉人荦贼子般，成季奔陈，立闵公。

纲　公子庆父如齐。

纲　庚申，十有六年，春正月，齐人救邢。

纪　狄人伐邢，管仲言于齐侯曰："戎狄豺狼，不可厌也，诸夏亲昵，不可弃也。宴安鸩毒，不可怀也。"齐人救邢。

纲　秋八月，鲁季子归于鲁。

纲　晋侯作二军。灭耿、霍、魏。为太子申生城曲沃。封赵夙于耿，毕万于魏。

纪　晋侯作二军。公将上军，太子申生将下军，赵夙御戎，毕万为右，以灭霍，灭耿，灭魏。还，为太子城曲沃；赐赵夙耿，赐毕万魏，以为大夫。士蒍曰："太子不得立矣！分之都城，而位以卿，先为之极，又焉得立！不如逃之，无使罪至！为吴太伯，不亦可乎，犹有令名，与其及也！”

纲 辛酉，十有七年，秋，鲁庆父弑其君闵公，季友以公子申如邾。哀姜、庆父皆出奔。

纲 冬，齐高子如鲁盟，鲁公子申入立。取庆父于莒，杀之。

纲 十二月，狄入卫，杀懿公。戴公立，卒，弟燬立。

纪 狄人伐卫。卫懿公好鹤，鹤有乘轩者。将战，国人受甲者皆曰：“使鹤！”战于荥泽，卫师败绩，杀懿公，卫众溃。济河，立戴公，以庐于曹。卒，齐人立其弟毁。文公大布之衣，大帛之冠，务材训农，通商惠工，敬教劝学，授方任能，元年革车三十乘，季年乃三百乘。

纲 壬戌，十有八年，春，齐师、宋师、曹师次于聂北，救邢。

纲 夏六月，邢迁于夷仪，齐师、宋师、曹师城邢。

纲 冬十月，鲁公子友帅师败莒师于郦，获莒挐。鲁侯赐季友汶阳之田及费。

纲 癸亥，十有九年，春正月，诸侯城楚丘以封卫。

纲 夏五月，虞师、晋师伐虢，灭下阳。

纪 晋荀息以屈产之乘与垂棘之璧假道于虞以伐虢，虞公许之。宫之奇谏不听，遂起师。夏，晋里克、荀息帅师会虞师伐虢，灭下阳。

纲 乙丑，二十有一年，春正月，齐侯、宋公、鲁侯、陈侯、卫侯、郑伯、许男、曹伯侵蔡；蔡溃，遂伐楚。次于陉。楚屈完来盟于师，盟于召陵。

纪 齐侯以诸侯之师侵蔡；蔡溃，遂伐楚。楚子使问师故。管仲对曰：“昔召康公命我先君太公曰：‘五侯九伯，女实征之，以夹辅周室！’尔贡包茅不入，王祭不共，无以缩酒，寡人是征！昭王南征而不复，寡人是问！”对曰：“贡之不入，罪也，敢不共给？明王之不复，君其问诸水滨！”师进，次于陉。楚子使屈完如师，师退，盟于召陵。

纲 丙寅，二十有二年，春，晋侯杀其世子申生。

纪 初，晋献公以骊姬为夫人，生奚齐，其娣生卓子。及将立奚齐，姬谓太子曰：“君梦齐姜，必速祭之。”太子祭于曲沃，归胙于公。公田，姬寘诸宫六日。公至，毒而献之。公祭之地，地坟。与犬，犬毙。与小臣，小臣亦毙。姬泣曰：“贼由太子！”太子奔新城，公杀其傅杜原款。或谓太子：“子辞，君必辨焉。”太子曰：“君非骊姬，居不安，食不饱。我辞，姬必有罪。君老矣，吾又不乐。”曰：“子其行乎？”太子曰：

"君实不察其罪，被此名也。以出，人谁纳我！"缢于新城。姬遂谮二公子，曰："皆知之。"重耳奔蒲，夷吾奔屈。

纲 夏，齐侯、宋公、鲁侯、陈侯、卫侯、郑伯、许男、曹伯，会王世子于首止。

纪 惠王以惠后故，将废太子郑而立王子带，故齐桓公帅诸侯会王世子，以定其位。

纲 秋九月，虞大夫百里奚奔秦。秦始得志于诸侯。

纲 冬十二月，晋人灭虢，虢公丑奔京师。遂灭虞，执虞公，归其职贡于王。

纲 己巳，二十有五年，冬十二月，二崩，太子郑践位。

襄王

纲 庚午，周襄王元年，夏，宰周公会齐侯、鲁侯、宋子、卫侯、郑伯、许男、曹伯于葵丘。

纪 王使宰孔赐齐侯胙，使无下拜。对曰："天威不违颜咫尺，小白余敢贪天子之命无下拜！恐陨越于下，以遗天子羞，敢不下拜！"下拜，登受。

纲 晋献公卒，奚齐立。冬，晋里克杀其君之子奚齐，荀息立奚齐之弟卓。里克弑其君卓及其大夫荀息。

纪 初，献公使荀息傅奚齐。公疾，召之曰："以是藐诸孤，辱在大夫。其若之何？"对曰："臣竭股肱之力，加之以忠贞。其济，君之灵也；不济，则以死继之。"冬十月，里克杀奚齐于次，书曰"杀其君之子"，未葬也。荀息将死之，人曰："不如立卓子而辅之。"荀息立公子卓，以葬。十一月，里克杀公子卓于朝，荀息死之。

纲 辛未，二年，夏四月，周公忌父、王子党会秦师及齐隰朋，立晋公子夷吾为晋侯。

纲 壬申，三年，春，王使召武公、内史过赐晋侯命。

纪 晋侯受玉，惰。过归告王曰："晋侯其无后乎？王赐之命，而惰于受瑞。先自弃也已，其何继之有！礼，国之干也。敬，礼之舆也。不敬则礼不行，礼不行则上下昏，何以长世？"

纲 癸酉，四年，秋，王子带奔齐。

纪 王子带以戎入寇，王讨之，王子带奔齐。齐侯使管夷吾平戎于王，王以上卿之礼飨之。辞曰："臣，贱有司也，有天子之二守国、高在。若节春、秋，来承王命，何以礼焉！陪臣敢辞！"王曰："舅氏，余嘉乃勋，应乃懿德，谓督不忘，往践乃职，无逆朕命！"管仲受下卿之礼而还。

纲 丙子，七年，冬，齐大夫管仲卒。

纪 仲病，桓公问："群臣谁可相者？"仲曰："知臣莫如君。"公曰："易牙如何？"对曰："杀子以适君，非人情，不可！""开方如何？"曰："倍亲以适君，非人情，难近！""竖刁如何？"曰："自宫以适君，非人情，难亲！"仲死而桓公不用其言，近用三子，三子专权。

纲 丁丑，八年，春正月，陨石于宋五；六鹢退飞过宋都。

纲 戊寅，九年，冬十二月，齐侯小白卒，五子争立。

纪 桓公卒，五公子各树党争立，遂相攻；以故宫中空，莫敢棺桓公。尸在床上六十七日，尸虫出于户。易牙立无亏，孝公奔宋。

纲 壬午，十有三年，秋，宋公、楚子、陈侯、蔡侯、郑伯、许男、曹伯会于盂，执宋公以伐宋。

纲 癸未，十有四年，夏，王召叔带于齐。

纲 冬十一月，宋公及楚人战于泓，宋师败绩。

纪 郑伯如楚，宋公伐郑，楚人伐宋以救郑，宋公及楚人战于泓。宋人既成列，楚人未既济，司马子鱼曰："彼众我寡，请及其未既济击之。"公曰："不可。"既济而未成列，又以告，公曰："未可。"既陈而后击之，宋师败绩，公伤股，门官歼焉。国人皆咎公，公曰："君子不重伤，不禽二毛。古之为军也，不以阻隘也；寡人虽亡国之余，不鼓不成列。"世笑以为宋襄之仁。

纲 甲申，十有五年，秋九月，晋惠公卒，子圉嗣。

纲 乙酉，十有六年，春正月，晋公子重耳入于晋。

纲 王使王子虎、内史兴锡晋侯命。

纲 晋侯赏从亡之臣。

纪 初，文公出奔，十九年而后反国。尝馁于曹，介子推割股以食之。及归，赏从亡者狐偃、赵衰、颠颉、魏犨而不及子推。子推之从者悬书宫门曰："有龙矫矫，顷失其所。五蛇从之，周流天下。龙饥乏食，一蛇刲股。龙返于渊，安其壤土。四蛇入穴，皆有处所。一蛇无穴，号于中野。"公曰："噫！寡人之过也！"使人求之不得，隐绵上山中。

焚其山，子推死焉，后人为之寒食。文公环绵上田封之，号曰介山。

纲　秋，王废狄后。王子带以狄入寇，王出居于郑，告难于诸侯。

纲　丙戌，十有七年，夏四月，晋侯逆王入于王城，王赐之田。

纪　秦伯师于河上，将纳王。狐偃言于晋侯曰："求诸侯莫如勤王。诸侯信之，且大义也。"晋侯辞秦师而下，右师围温，左师逆王。王入于王城。取叔带于温杀之。晋侯朝王，请隧。王弗许，曰："王章也。未有代德，而有二王，亦叔父之所恶也。"乃赐以阳樊、温、原、欑茅之田。

冬，晋侯围原，命三日之粮，原不降。命去之，谍出曰："原将降矣。"军吏请待之，公曰："信，国之宝也，民之所庇也。得原失信，何以庇之？所亡滋多。"退一舍而原降。

纲　戊子，十有九年，冬，楚人、陈侯、蔡侯、郑伯、许男围宋。

纪　楚子及诸侯围宋，宋公孙固如晋告急。先轸曰："报施救患，取威定霸，于是乎在矣。"狐偃曰："楚始得曹而新昏于卫。若伐曹、卫，楚必救之，则宋免矣。"于是搜于被庐，作三军。谋元师，赵衰曰："郤縠可。说礼、乐而敦诗、书。诗、书义之府也，礼、乐德之则也；德、义利之本也。"乃使郤縠将中军。

纲　己丑，二十年，春，晋侯侵曹。晋侯伐卫，楚人救卫。

纲　三月，晋侯入曹，执曹伯畀宋人。

纲　夏四月，晋侯、齐师、宋师、秦师及楚人战于城濮，楚师败绩。

纲　冬，王狩于河阳。

纪　诸侯会于温。晋侯召王，以诸侯见，且使王狩。仲尼曰："以臣召君，不可以训！"故书曰"天王狩于河阳"。

纲　癸巳，二十有四年，冬，晋侯重耳卒，子驩嗣。

纲　甲午，二十有五年，春二月，秦人入滑。夏四月，晋人及姜戎败秦师于殽。

纲　冬十二月，鲁僖公卒，子兴嗣。

纲　丁酉，二十有八年，春，秦人伐晋。

纪　秦伯伐晋，济河焚舟，取王官及郊。晋人不出，遂自茅津济，封殽尸而还，遂霸西戎，用孟明也。

纲　庚子，三十有一年，夏，秦穆公卒，子罃嗣。

纪 穆公卒，葬雍。以子车氏之三子奄息、仲行、鍼虎为殉，皆秦之良也，国人哀之，为之赋黄鸟。

纲 壬寅，三十有三年，秋八月，王崩，子壬臣践位。

顷王

纲 癸卯，周顷王元年，春，毛伯如鲁求金。二月，鲁叔孙得臣如京师。辛丑，葬襄王。

纲 丁未，五年，夏，邾文公卒，子貜且嗣。

纪 初，邾文公卜迁于绎，史曰："利于民而不利于君。"邾子曰："苟利于民，孤之利也。天生民而树之君，以利之也。"左右曰："命可长也，君何弗为？"邾子曰："命在养民。死之短长，时也。民苟利矣，迁也，吉莫如之。"遂迁于绎。五月，邾子卒，君子曰"知命"。

纲 戊申，六年，春，王崩，子班践位。

匡王

纲 己酉，周匡王元年，冬十一月，齐侯侵鲁西鄙，遂伐曹，入其郛。

纪 齐侯侵鲁，遂伐曹，入其郛，讨其朝鲁也。季文子曰："齐侯其不免乎？己则无礼，而讨于有礼者。曰：'女何故行礼！'礼以顺天，天之道也。己则反天，而又以讨人，难以免矣！"

纲 壬子，四年，春，鲁文公卒，子赤嗣。秋，鲁公子遂弑其君之子赤及公子视，立公子倭。

纲 甲寅，六年，秋九月，晋赵盾弑其君夷皋，迎襄公弟黑臀于周立之。

纪 初灵公不君，厚敛以雕墙；从台上弹人而观其避丸也。宰夫胹熊蹯不熟，杀之，寘诸畚，使妇人载以过朝。宣子骤谏，公患之，使鉏麑贼之。晨往，寝门辟矣，盛服将朝，尚早，坐而假寐。麑退，叹而言曰："不忘恭敬，民之主也。贼民之主，不忠；弃君之命，不信：有一于此，不如死也！"触槐而死。秋九月，晋侯饮赵盾酒，伏甲，将杀之，灵辄免之，遂自亡也。赵穿攻灵公于桃园，宣子未出境而复。太史书曰："赵盾弑其君。"以示于朝。宣子曰："不然。"对曰："子为正卿，亡不越境，反不讨贼，非子而谁？"宣子曰："呜呼，'我之怀矣，自贻伊戚'，其我之谓矣！"

纲　冬十月，王崩，弟瑜立。

定王

纲　乙卯，周定王元年，春，楚子伐陆浑之戎，王使王孙满劳楚子。

纪　楚子伐陆浑之戎，遂至于雒，观兵于周疆。王使王孙满劳之，楚子问鼎之大小轻重焉。对曰："在德不在鼎。昔夏之方有德也，铸鼎象物，用能协于上下，以承天休。德之休明，虽小，重也。其奸回昏乱，虽大，轻也。天祚明德，有所底止，周德虽衰，天命未改，鼎之轻重未可问也。"

纲　甲子，十年，春，楚子围郑。夏六月，晋荀林父帅师及楚子战于邲，晋师败绩。

纲　晋屠岸贾杀赵朔于下宫，灭其家。

纪　晋景公时，赵盾卒，子朔嗣。朔娶晋成公姊庄姬。屠岸贾始有宠于灵公，至景公三年，贾为司寇，乃治灵公之贼，遍告诸将曰："盾虽不知，犹为贼首。以臣弑君，子孙在朝，何以惩罪!"遂攻赵氏于下宫；杀赵朔，灭其族。朔妻有遗腹，走公宫匿。既免身，生男。贾闻之，索于宫中。夫人置儿绔中，祝曰："赵宗灭乎，若号；即不灭，若无声。"及索，儿无声。已脱，朔客公孙杵臼谓朔友程婴曰："立孤与死孰难?"婴曰："死易，立孤难耳。"杵臼曰："子强为其难者；吾为其易者，请先死。"杵臼取他儿匿山中。婴出，谬曰："与我千金，吾告赵氏孤处。"贾喜，乃使人随婴杀杵臼及儿。而赵氏真孤在，婴与俱匿山中，名曰武。

纲　丁卯，十有三年，秋，鲁初税亩。

纲　庚午，十有六年，冬十月，鲁宣公卒，子黑肱嗣。

纲　辛未，十有七年，春三月，鲁作丘甲。

纲　壬申，十有八年，夏四月，卫孙良夫帅师及齐战于新筑，卫师败绩。卫与新筑人曲县、繁缨。

纪　卫孙桓子帅师及齐师战于新筑，败绩。新筑人仲叔于奚救之，桓子是以免。卫赏之邑，辞，请曲县、繁缨以朝，许之。孔子曰："惜也，不如多与之邑。唯器与名，不可以假人；若以假人，与人政也。政亡，则国家从之。"

纲　六月，鲁季孙行父、臧孙许、叔孙侨如、公孙婴齐帅师会晋郤克、卫孙良夫、曹公子首及齐侯战于鞍，齐师败绩。

纲 乙亥，二十有一年，冬十一月，王崩，子夷践位。

简王

纲 丙子，周简王元年，夏四月，晋迁于新田。

纲 丁丑，二年，秋八月，吴入州来。

纪 初，楚之讨陈夏氏也，楚庄欲纳夏姬，申公巫臣谏止之。楚令尹子反欲取之，巫臣又谏，子反亦不敢取。夏姬，郑女也，楚庄使之归郑。及楚共即位，巫臣奉命聘齐，遂过郑取之以奔晋。子反以为卖己，遂族巫臣之家。巫臣怨楚，晋、楚世为仇敌。巫臣请于晋侯，乞通吴于晋，合力以牵制楚师。于是晋侯使巫臣聘吴，吴子寿梦说之，巫臣乃教吴车战，使之伐楚。八月，吴入州来，楚于是始疲于奔命。

纲 庚辰，五年，秋，晋程婴攻屠岸贾，灭其族，复赵氏。

纪 晋景公疾，韩厥言于晋侯曰："成季之勋，宣孟之忠，而无后，为善者其惧矣！"景公因韩厥之众以胁诸将而见赵武。诸将乃曰："昔下宫之难，屠岸贾矫命为之。今君有命立赵后，群臣之愿也。"于是召赵武、程婴，遍拜诸将；遂与攻屠岸贾，灭其族；复与武田邑如故。及赵武冠，成人，程婴乃辞诸大夫，谓武曰："昔下宫之难，我非不能死，思立赵氏之后。今武既立，我将下报宣孟与公孙杵臼。"遂自杀。武服齐衰三年，为之祭邑，春、秋世祀勿绝。

纲 乙酉，十年，春三月，诸侯立曹公子臧，辞不受，奔宋。

纪 晋侯会诸侯于戚，讨曹成公也，执而归诸京师。诸侯将见子臧于王而立之，子臧辞曰："'圣达节，次守节，下失节。'为君，非吾节也。虽不能圣，敢失守乎！"遂逃奔宋。

纲 丙戌，十有一年，夏六月，晋侯及楚子、郑伯战于鄢陵。楚子、郑师败绩，楚杀其大夫公子侧。

纪 郑叛晋即楚，晋伐郑，楚救之。六月，晋、楚遇于鄢陵，诸将请从之，范文子独不欲战，曰："唯圣人能内外无患。自非圣人，外宁必有内忧，盍释楚以为外惧乎？"栾书、郤至不从，遂战。大败楚师，射楚子中目。子反醉，不能见。楚子宵遁，子反自杀。

纲 丁亥，十有二年，冬，晋杀其大夫郤锜、郤犨、郤至。

纲 戊子，十有三年，春正月，晋杀其大夫胥童。庚申，晋栾书、中行偃弑其君州蒲，晋人逆公孙周于京师立之。

纪 晋范文子反自鄢陵，使其祝宗祈死，曰："君骄侈而克敌，是天益其疾也，难将作矣！爱我者，惟祝我，使我速死，无及于难，范氏之福也。"六月，士燮卒。晋厉公侈，多外嬖。反自鄢陵，欲尽去群大夫而立其左右。胥童以胥克之废也，怨郤氏，而嬖于厉公。既杀三郤，胥童以甲劫栾书、中行偃于朝。公曰："朝而杀三卿，余不忍益也！"公使胥童为卿。公游于匠丽氏，栾书、中行偃遂执公，杀胥童。正月庚申，使程滑弑厉公。晋荀罃、士鲂逆公孙周于京师而立之。悼公生十四年矣，而甚贤明，使魏相、士鲂、魏颉、赵武为卿，民无谤言，所以复霸也。

纲 秋八月，鲁成公卒，子午嗣。

纲 己丑，十有四年，秋九月，王崩，子泄心践位。

灵王

纲 庚寅，周灵王元年，冬，晋荀罃、齐崔杼、宋华元、鲁仲孙蔑、卫孙林父、曹人、邾人、滕人、薛人、小邾人会于戚，遂城虎牢。

纲 壬辰，三年，冬，晋大夫魏绛盟诸戎。

纪 无终子嘉父使孟乐如晋，因魏庄子纳虎豹之皮，以请和诸戎。晋侯曰："戎、狄无亲，不如伐之。"魏绛曰："和戎有五利焉：戎、狄荐居，贵货易土，土可贾焉，一也；边鄙不耸，民狎其野，穑人成功，二也；戎、狄事晋，四邻振动，诸侯畏怀，三也；以德绥戎，师徒不勤，甲兵不顿，四也；鉴于后羿，而用德度，远至迩安，五也。"公说，使绛盟诸戎。

纲 丁酉，八年，冬，晋侯、宋公、鲁侯、卫侯、曹伯、莒子、邾子、滕子、薛伯、杞伯、小邾子、齐世子光伐郑。十一月，同盟于戏。

纪 盟于戏，郑服也。晋侯归，谋所以息民。魏绛请施舍，输积聚以贷。自公以下，苟有积者，尽出之。国无滞积，亦无困人，公无禁利，亦无贪民。祈以币更，宾以特牲，器用不作，车服从给。行之期年，国乃有节，三驾而楚不能与争。

纲 己亥，十年，秋，晋侯、宋公、鲁侯、卫侯、曹伯、齐世子光、莒子、邾子、滕子、薛伯、杞伯、小邾子伐郑，会于萧鱼。

纪 会于萧鱼，及郑平。郑人赂晋以歌钟、镈、磬、女乐，晋侯以其半赐魏绛，曰："子教寡人和诸戎狄以正诸夏。八年之中，九合诸侯，如乐之和，无所不谐。请与子乐之。"辞曰："夫和戎、狄，国之福也。九合诸侯，诸侯无慝，君之灵也，二三子之劳也，臣何力之有焉？抑臣愿君安其乐而思其终也！”公曰：“子之教，敢不承命。夫赏，国之典也，子其受之。”绛于是始有金、石之乐。

纲 庚子，十有一年，秋九月，吴子乘卒，长子诸樊嗣。

纪 寿梦有子四人：长曰诸樊，次曰馀祭，次曰馀昧，次曰季札。季札贤，寿梦欲立之，札让不可，于是立长子诸樊。

纲 庚戌，二十有一年，冬十一月，孔子生。

纲 癸丑，二十有四年，夏五月，齐崔杼弑其君光，立其弟杵臼。

纪 崔武子见棠姜而美之，遂取之。庄公通焉，崔子弑之。太史书曰：“崔杼弑其君！”崔子杀之。其弟嗣书，而死者二人；其弟又书，乃舍之。南史氏闻太史尽死，执简以往，闻既书矣，乃还。

纲 丙辰，二十有七年，冬，王崩，太子晋母弟贵践位。

景王

纲 丁巳，周景王元年，夏，吴子使札聘于鲁。

纪 吴使季札聘于鲁，请观于周乐，鲁人为奏六代之乐。过徐，徐君爱其宝剑，季子心知而许之。使还，徐君已殁，遂解剑悬其墓而去。

纲 戊午，二年，冬，郑使公孙侨为政。

纪 子产为政，使都鄙有章，上下有服，田有封洫，庐井有伍。从政一年，舆人诵之曰：“取我衣冠而褚之，取我田畴而伍之。孰杀子产，吾其与之！”及三年，又诵之曰：“我有子弟，子产诲之。我有田畴，子产殖之。子产而死，谁其嗣之！”

郑人游于乡校，以论执政。然明谓子产：“毁乡校如何？”子产曰：“夫人朝夕退而游焉，以议执政之善否。其所善者，吾则行之；其所恶者，吾则改之。是吾师也，若之何毁之！我闻忠善以损怨，不闻作威以防怨，岂不遽止。然犹防川，大决所犯，伤人必多，吾不克救也，不如小决使道，不如吾闻而药之也。”仲尼闻之曰：“人谓子产不仁，吾不信也！”

纲 己未，三年，夏六月，鲁襄公卒于楚宫，子野立。秋九月，子野卒，公子裯立。

纲 辛酉，五年，春，晋使韩起聘于鲁。

纪　晋侯使韩宣子聘于鲁，观书于太史氏，见易象与鲁春秋，曰："周礼尽在鲁矣，吾乃今知周公之德与周之所以王也！"

纲　癸亥，七年，秋，郑作丘赋。

纪　郑子产作丘赋，国人谤之曰："其父死于路，己为虿尾。以令于国，国将若之何！"子宽以告，子产曰："何害。苟利社稷，死生以之。诗曰：'礼义不愆，何恤于人言！'吾不迁矣。"浑罕曰："君子作法于凉，其敝犹贪；作法于贪，敝将若之何？"

纲　乙丑，九年，春，郑人铸刑书。

纲　己巳，十有三年，秋七月，孔子生伯鱼。

纪　孔子年十九，娶于宋幵官氏，一岁而生伯鱼。鱼之生也，鲁昭公以鲤赐，孔子荣君之贶，故因以名曰鲤而字伯鱼。

纲　己卯，二十有三年，冬十二月，郑大夫公孙侨卒。

纪　子产有疾，谓子太叔曰："我死，子必为政。唯有德者能以宽服民，其次莫如猛。夫火烈，民望而畏之，故鲜死焉。水懦弱，民狎而玩之，则多死焉。故宽难！"子产卒，仲尼闻之出涕曰："古之遗爱也！"

纲　辛巳，二十有五年，夏四月，王崩，子猛践立。冬十月，王子猛卒，母弟匄立。

纪　初，太子寿先卒；次子猛，少子朝。朝有宠，王欲立之，未果。至是，王崩，单子、刘子立猛，子朝因旧官百工之丧职秩者，帅要、饯之甲以逐刘子；刘子奔扬。单子奉子猛于庄宫。子朝之徒夜使人取猛以归。单子出奔，子朝之徒奉王猛以追单子。晋人帅师纳王猛于王城。冬，王猛卒，立其母弟王子匄。

敬王

纲　壬午，周敬王元年，秋七月，天王居于狄泉。尹氏立子朝。

纲　乙酉，四年，冬十月，王入于成周，尹氏、召伯、毛伯以王子朝奔楚。

纲　丁亥，六年，秋七月，鲁颜回生。

纲　辛卯，十年，冬十二月，鲁昭公卒于乾侯。

纲　壬辰，十有一年，夏六月，鲁季孙意如废世子而立昭公之弟宋。

纲　乙未，十有四年，冬十一月，蔡侯以吴子及楚人战于柏举，楚师败绩。楚囊瓦出奔郑。庚辰,吴入郢。

纪 初,蔡昭侯朝楚,楚令尹子常不加礼而求赂。蔡侯怨之,以其子为质于吴,乞师伐楚。于是吴王阖闾与蔡侯、唐侯伐楚;子常御之。二师陈于柏举,阖闾之弟夫概王先击子常之卒,卒奔,楚师乱,吴师大败之,子常奔郑,吴师及郢,楚子出奔于随。吴人入郢,处于其宫。

纲 丙申,十有五年,夏六月,楚申包胥以秦师至,败吴师。

纪 初,伍员与申包胥友,皆楚人也。员父为楚平王所杀,员奔吴,与包胥别,员曰:"我必覆楚!"包胥曰:"我必复之!"员既奔吴,遂道吴伐楚。既入郢,遂鞭平王之尸。包胥乃如秦乞师,秦伯使就馆。包胥依于庭墙而哭,日夜不绝,饮食不入口七日。秦哀公为之赋无衣,乃为之出师。申包胥以秦师至,吴师大败,吴子乃还。秋,楚子入于郢。

纲 冬,鲁曾参生。

纲 庚子,十有九年,夏,鲁以孔子为中都宰。

纪 孔子为中都宰,制为养生送死之节,长幼异食,强弱异任,男女别途,路无拾遗,器不雕伪。为四寸之棺,五寸之椁,因丘陵为坟,不封不树。行之一年,而四方诸侯则焉。定公谓孔子曰:"学子此法以治鲁国,何如?"孔子对曰:"虽天下可平,何但鲁国而已哉!"

纲 辛丑,二十年,春,鲁以孔子为司空,进为大司寇。

纲 夏,鲁侯会齐侯于夹谷。

纪 齐使使告鲁为好会,会于夹谷。孔子相,曰:"臣闻有文事者必有武备。请具左、右司马以从。"既会,齐有司请奏四方之乐,于是旌旄剑戟,鼓噪而至。孔子趋而进曰:"吾两君为好,夷狄之乐何为于此!"齐侯心怍,麾之。齐有司请奏宫中之乐,优倡侏儒戏而前。孔子趋而进曰:"匹夫荧惑诸侯者罪当诛!请命有司!"加法焉,首足异处。景公惧,归语其臣曰:"鲁以君子之道辅其君,而子独以夷狄之道教寡人。"于是齐人乃归所侵鲁郓、汶阳、龟阴之田。

纲 癸卯,二十有二年,夏,鲁叔孙州仇帅师堕郈,鲁季孙斯、仲孙何忌帅师堕费。冬,鲁侯围成,弗克。

纪 孔子言于定公曰:"家不藏甲,邑无百雉之城。"使仲由为季氏宰,将堕三都。于是叔孙氏堕郈,季氏堕费,公敛处父不肯堕成。冬,公围成,不克。

纲　甲辰，二十有三年，冬，鲁以孔子摄相事，与闻国政。

纪　孔子为鲁相，摄朝七日而诛少正卯。门人问曰："少正卯，鲁之闻人也。夫子为政而始诛之，得无失乎？"孔子曰："人有大恶者五，而盗窃不与焉：一曰心达而险，二曰行僻而坚，三曰言伪而辩，四曰记丑而博，五曰顺非而泽。此五者有一于人，则不免于君子之诛，而少正卯兼有之。其居处足以聚徒成群，言谈足以饰邪荧众，强足以反是独立，此小人之桀雄也，不可以不诛也！是以汤诛尹谐，文王诛潘正，周公诛管叔，太公诛华仕，管仲诛付里乙，子产诛邓析、央何：此七子者，皆异世同心，不可不诛也。"

初，鲁之贩羊有沈犹氏者，常朝饮其羊以诈市人。有公慎氏者，妻淫不制。有慎溃氏者，奢侈逾法。鲁之鬻六畜者，饰之以储价。及孔子之为政也，则沈犹氏不敢朝饮其羊，公慎氏出其妻，慎溃氏越境而徙。三月，则鬻牛马者不储价，卖羔豚者不加饰，男女行者别于涂，道不拾遗，男尚忠信，女尚贞顺。

纲　齐人归女乐于鲁，孔子适卫。

纲　己巳，二十有四年，夏五月，於越败吴于槜李。

纪　吴阖闾伐越；越句践御之，陈于槜李，大败之。阖闾伤将指而卒。子夫差立，誓以复雠，使人立于庭，苟出入，必谓己曰："夫差，而忘越王之杀而父乎？"则对曰："唯，不敢忘！"三年，乃报越。

纲　秋，卫世子蒯聩出奔宋。

纪　卫侯为夫人南子召宋朝，太子蒯聩献盂于齐，过宋野，野人歌曰："既定尔娄猪，盍归吾艾豭？"太子羞之，谓戏阳速曰："我从而朝少君，少君见我，我顾，乃杀之。"速曰："诺。"乃朝夫人。太子三顾，速不进。夫人见其色，啼而走，曰："蒯聩将杀余！"公执其手以登台。太子奔宋。

纲　孔子自卫适陈。畏于匡，复反于卫。

纲　丙午，二十有五年，春，孔子去卫过曹。夏五月，鲁定公卒，子蒋嗣。

纲　秋九月，孔子自曹适宋，及郑，至陈。

纪　孔子去曹适宋，与弟子习礼大树下。宋司马桓魋欲杀孔子，伐其树。孔子去。适郑，与弟子相失。孔子独立郭东门。郑人曰："东门有人，其颡似尧，其项类皋陶，其肩类子产，然自要以下不及禹三寸，累累若丧家之狗。”孔子遂至陈，主于司城贞子家。

纲 丁未，二十有六年，春，吴子败越于夫椒。

纪 吴王夫差败越于夫椒，报檇李也。遂入越。越句践以甲楯五千保于会稽，使大夫种因吴太宰嚭以行成。夫差将许之，伍员曰：“不可。臣闻之树德莫如滋，去疾莫如尽。昔夏少康有田一成，有众一旅，能布其德而兆其谋，遂灭过、戈，复禹之绩。今吴不如过而越大于少康，或将丰之，不亦难乎！句践能亲而务施。施不失人，亲不弃劳，与我同壤，而世为仇雠。于是乎克而弗取，将又存之。违天而长寇雠，后虽悔之，不可及已！”弗听。退而告人曰：“越十年生聚，而十年教训，二十年之外，吴其为沼乎！”越及吴平。

纲 戊申，二十有七年，春，孔子自陈反于卫。孔子自卫如晋，不果，反乎卫，复如陈。

纪 孔子既不得用于卫，将西见赵简子。至于河，闻窦鸣犊、舜华之死也，临河而叹曰：“美哉水，洋洋乎！丘之不济此，命也夫！”子贡问曰：“何谓也？”孔子曰：“窦鸣犊、舜华，晋国之贤大夫也。简子未得志之时，须此两人而后从政；今得志，乃杀之。君子恶伤其类，故余云然。”又反乎卫，复如陈。

纲 庚戌，二十有九年，夏，孔子在陈，思归鲁，寻如蔡。

纲 壬子，三十有一年，春，孔子自蔡如叶，楚子遣使来聘孔子。

纪 楚子闻孔子在陈、蔡之间，使人聘孔子。陈、蔡大夫谋曰：“孔子用于楚，则陈、蔡危矣。”相与发徒围之于野；不得行，绝粮。使子贡至楚。楚子兴师迎孔子，然后得行。楚子将以书社地封孔子，楚令尹子西曰：“王之使诸侯有如子贡者乎？”曰：“无有。”“王之辅相有如颜回者乎？”曰：“无有。”“王之将帅有如子路者乎？”曰：“无有。”“王之官尹有如宰予者乎？”曰：“无有。”“且楚之祖封于周，号为子男五十里。今孔丘述三王之法，明周、召之业，王若用之，则楚安得世世堂堂方数千里乎？夫文王在丰，武王在镐，百里之君，卒王天下。今孔丘得据土壤，贤弟子为佐，非楚之福也！”昭王乃止。

纲 秋，孔子自楚反于卫。

纲 丁巳，三十有六年，冬，孔子自卫反鲁。孔子叙书，记礼，删诗，正乐，序易彖、系、象、说卦、文言。

纪　鲁终不能用孔子，孔子亦不求仕。时周室微而礼、乐废，诗、书缺。孔子追述三代之礼，序书，上自唐、虞，下至秦缪。删古诗三千余篇为三百五篇，皆弦歌之，以求合韶、武、雅、颂之音。礼、乐自此可得而述。晚而喜易，序彖、象、系辞、说卦、文言。读易韦编三绝。孔子以诗、书、礼、乐教，弟子盖三千焉，身通六艺者七十有二人。

纲　庚申，三十有九年，春，鲁西狩获麟。

纪　鲁人西狩于大野，叔孙氏之车子钼商获麟，以为不祥，弃之郭外。孔子往观之，曰："麟也！胡为来哉！"反袂拭面，涕泗沾襟，曰："吾道穷矣！"

纲　孔子作春秋。

纪　孔子因鲁史作春秋，上自隐公元年，下讫哀公十四年，凡十有二公。绝笔于获麟。笔则笔，削则削，游、夏之徒不能赞一辞。

纲　辛丑，四十年，夏，荧惑守心。

纪　荧惑守心，心，宋之分野也，景公忧之。司星子韦曰："可移于相。"公曰："相，吾之股肱。"曰："可移于民。"公曰："君者待民。"曰："可移于岁。"公曰："岁饥民困，吾谁为君？子韦曰："天高听卑。君有君人之言三，荧惑宜有动。"于是候之，果徙三度。

纲　壬戌，四十有一年，夏四月，大圣孔子卒于鲁。

纪　夏四月，孔子卒。鲁哀公诔之曰："旻天不吊，不慭遗一老，俾屏余一人以在位！茕茕余在疚！呜呼哀哉！尼父，无自律！"子贡曰："君其不没于鲁乎！夫子之言曰：'礼失则昏，名失则愆。失志为昏，失所为愆。'生不能用，死而诔之，非礼也；称'一人'，非名也：君两失之。"

纲　乙丑，四十有四年，秋，王崩，子仁践位。

元王

纲　丙寅，周元王元年。

纲　戊辰，三年，冬十一月，越灭吴。

纪　初，越句践为吴所败，栖于会稽，使大夫种行成于吴，吴王夫差许之。句践反国，乃苦身焦思，卧薪尝胆，身自耕作，夫人自织，折节下贤，厚遇宾客，赈贫吊死，与百姓同劳苦。二十余年，其民生长可用，乃以伐吴。吴王兵败，栖于姑苏。使人行成于越，请曰："孤臣异日得罪于会稽，孤臣不敢逆命，得与君王成以归。今君王诛孤臣，孤臣意者亦欲如会稽之赦罪。”句践不忍，欲许之。范蠡曰：“会稽之事，天以越赐吴，吴不取。今天以吴赐越，越岂可逆天乎？且君早朝晏罢，非为吴耶？谋之二十年，一旦弃之，可乎？且天与不取，反受其咎。”吴王乃自杀。

纲 越子会齐、晋及诸侯于徐州。

纲 越人致贡，王赐越子胙，命为伯。越范蠡去越。越子杀其大夫文种。

纪 范蠡辞于句践，乘轻舟以浮于五湖，遗大夫种书曰：“飞鸟尽，良弓藏。狡兔死，走狗烹。敌国破，谋臣亡。越王长颈乌喙，可与共患难，不可与共安乐。子何不去？”种见书，称病不朝。人或谗种且作乱，越王乃赐种剑，种自杀。

纲 壬申，七年，冬，王崩，子介践位。

贞定王

纲 癸酉，周贞定王元年，夏，鲁侯出奔越。

纪 鲁哀公欲以越去三桓，不克，遂逊于邾，乃如越。

纲 鲁哀公卒于有山氏，鲁人立公之子宁。

纲 癸未，十有一年，晋荀瑶与赵氏、韩氏、魏氏灭范氏、中行氏，而分其地。晋侯出奔齐。

纪 晋智氏、赵氏、韩氏、魏氏、范氏、中行氏，号为六卿。是岁，智伯与韩、赵、魏共灭范、中行氏，而分其地。晋侯告于齐、鲁，请伐四卿；四卿反攻其君，晋侯奔齐。

纲 戊子，十有六年，齐田盘使其宗人尽为齐都邑大夫。

纪 初，陈公子完奔齐，更姓田，子孙盛多。其后齐乱，公室卑弱，权归田氏。田恒之子盘为齐相，至是与三晋通使，尽以其兄、弟、宗人为都邑大夫。

纲 晋赵无恤使新稚狗伐狄。

纪 赵襄子使新稚穆子伐狄，胜之，取左人、中人。遽人来告，襄子方食而有忧色。侍者曰：“狗之事大矣，而主色不怡，何也？”襄子曰：“夫江、河之大也不过三日，飘风暴雨不终朝，日中不须臾。今赵氏之德无所积，一朝而两城下，亡其及我哉！”

纲　丁酉，二十五年，秦伐义渠，执其君以归。晋伐伊、洛阴戎，灭之。

纲　庚子，二十有八年，春，王崩，子去疾践位。弟叔弑王自立。秋八月，王子嵬杀叔而自立。

纲　封弟揭于河南，以续周公之职。

考王

纲　辛丑，周考王元年。

纲　甲辰，四年，晋侯反朝于韩、赵、魏氏，晋独有绛、曲沃地。

纲　乙卯，十有五年，王崩，子午践位。

纲　西周公封其少子班于巩。以奉王，是为东周。

威烈王

纲　丙辰，周威烈王元年。

纲　壬申，十有七年，鲁侯尊礼孔伋。

纲　鲁侯以公仪休为相。

纪　公仪子相鲁，之其家，见织帛，怒而出其妻；食于舍而茹葵，愠而拔其葵。曰："吾已食禄，又夺园夫、红女利乎！"

纲　戊寅，二十有三年，九鼎震。

纲鉴易知录卷五

周纪

威烈王

纲　戊寅，周威烈王二十三年，初命晋大夫魏斯、赵籍、韩虔为诸侯。

目　初，智宣子将以瑶为后，智果曰："不如宵也。瑶之贤于人者五，其不逮者一也。美须长大则贤，射御足力则贤，技艺毕给则贤，巧文辩慧则贤，强毅果敢则贤；如是，而甚不仁。夫以其五贤陵人而以不仁行之，其谁能待之？若果立瑶也，智宗必灭。"弗听。智果别族于太史，为辅氏。

赵简子之子，长曰伯鲁，幼曰无恤。将置后，不知所立，乃书训戒之辞于二简，以授二子曰："谨识之！"三年而问之，伯鲁不能举其辞；求其简，已失之矣。问无恤，诵其辞甚习；求其简，出诸袖中而奏之。于是简子以无恤为贤，立以为后。

简子使尹铎为晋阳，请曰："以为茧丝乎？抑为保障乎？"简子曰："保障哉！"尹铎损其户数。简子谓无恤曰："晋国有难，而无以尹铎为少，无以晋阳为远，必以为归。"

及智宣子卒，智襄子为政，与韩康子、魏桓子宴于蓝台。智伯戏康子而侮段规。智国闻之，谏曰："主不备，难必至矣！"智伯曰："难将由我。我不为难，谁敢兴之！"对曰："君子能勤小物，故无大患。今主一宴而耻人之君相，又不备，曰'不敢兴难'，无乃不可乎！蚋、蚁、蜂、虿，皆能害人，况君相乎！"弗听。

智伯请地于韩康子，康子欲弗与。段规曰："智伯好利而愎，不与将伐我，不如与之。彼狃于得地，必请于他人；他人不与，必向之以兵，然则我得免于患而待事之变矣。"康子乃与之，智伯悦。又求地于魏桓子，桓子以无故，欲弗与。任章曰："无故索地，诸大夫必惧；吾与之地，智伯必骄。彼骄而轻敌,此惧而相亲;以相亲之兵待轻敌之人,智氏之命必不长矣。不如与之,以骄智伯。”桓子亦与之。

智伯又求蔡、皋狼之地于赵襄子,襄子弗与。智伯怒,帅韩、魏之甲以攻之。襄子将出,曰:“吾何走乎?”从者曰:“长子近,且城厚完。”襄子曰:“民罢力以完之,又毙死以守之,其谁与我!”从者曰:“邯郸之仓廪实。”襄子曰:“浚民之膏泽以实之,又因而杀之,其谁与我!其晋阳乎,先主之所属也,尹铎之所宽也,民必和矣。”乃走晋阳。三家围而灌之,城不浸者三版;沉灶产蛙,民无叛意。

絺疵谓智伯曰:“韩、魏必反矣!”智伯曰:“子何以知之?”对曰:“以人事知之。夫从韩、魏而攻赵,赵亡,难必及韩、魏矣。今约胜赵而三分其地,城降有日,而二子无喜志,有忧色,是非反而何?”智伯不悛。

赵襄子使张孟谈潜出见二子,曰:“臣闻唇亡则齿寒。赵亡则韩、魏为之次矣。”二子乃阴与张孟谈约,为之期日而遣之。襄子夜使人杀守堤之吏,而决水灌智伯军。智伯军乱,韩、魏翼而击之,襄子将卒犯其前,大败其众,遂杀智伯,灭其族而分其地,唯辅果在。

赵襄子漆智伯之头,以为饮器。智伯之臣豫让欲为之报仇,乃诈为刑人,挟匕首,入襄子宫中涂厕。襄子如厕心动,索之,获豫让。左右欲杀之,襄子曰:“义士也,吾谨避之耳。”乃舍之。让又漆身为癞,吞炭为哑。行乞于市,其妻不识也。其友识之,为之泣曰:“以子之才,臣事赵孟,必得近幸。子乃为所欲为,顾不易耶?何乃自苦如此?”让曰:“委质为臣,而求杀之,是二心也。吾所以为此者,将以愧天下后世之为人臣而怀二心者也。”后襄子出,豫让伏于桥下。襄子至桥,马惊,索之,得豫让,乃杀之。

魏文侯以卜子夏、田子方为师。每过段干木之庐必式。四方贤士多归之。

文侯与群臣饮酒,乐,而天雨,命驾将适野。左右曰:“今日饮酒乐,天又雨,君将安之?”文侯曰:“吾与虞人期猎,虽乐,岂可无一会期哉!”乃往,身自罢之。文侯使乐羊伐中山,克之,以封其子击。他日问于群臣:“我何如主?”皆曰:“仁君。”任座曰:“君得中山,不以封君之弟,而以封君之子,何谓仁君!”文侯怒,座趋出。次问翟璜,对曰:“仁君也。”文侯曰:“何以知之?”对曰:“君仁则臣直。向者任座之言直,是以知之。”文侯悦,使璜召座而反之,亲下堂迎之,以为上客。

文侯与田子方饮，文侯曰："钟声不比乎？左高。"田子方笑。文侯曰："何笑？"子方曰："臣闻之，君明乐官，不明乐音。今君审于音，臣恐其聋于官也。"文侯曰："善。"

子击出，遭田子方于道，下车伏谒。子方不为礼。子击怒，谓子方曰："富贵者骄人乎？贫贱者骄人乎？"子方曰："亦贫贱者骄人耳，富贵者安敢骄人！国君而骄人则失其国，大夫而骄人则失其家。失其国家者，未闻有以国家待之者也。夫士贫贱，言不用，行不合，则纳履而去，安往而不得贫贱哉！"击乃谢之。

文侯谓李克曰："先生有言：'家贫思贤妻，国乱思良相。'今所置非成则璜，二子何如？"对曰："居视其所亲，富视其所与，达视其所举，穷视其所不为，贫视其所不取，五者足以定之矣。"文侯曰："先生就舍，吾之相定矣。"李克出，翟璜曰："闻君召先生卜相，果谁为之？"克曰："魏成。"璜忿然曰："西河守吴起，臣所进也。君内以邺为忧，臣进西门豹。君欲伐中山，臣进乐羊。中山已拔，无使守之，臣进先生。君之子无傅，臣进屈侯鲋。以耳目之所睹记，臣何负于魏成！"克曰："成食禄千钟，什九在外，是以东得卜子夏、田子方、段干木。此三人，君皆师之；子所进五人者，君皆臣之。子恶得与成比也！"璜再拜谢曰："鄙人失对，愿卒为弟子！"吴起者，卫人，仕于鲁。齐人伐鲁，鲁人欲以为将，起取齐女，鲁人疑之，起杀妻以求将，大破齐师。或谮之曰："起始事曾参，母死不奔丧，曾参绝之。今又杀妻以求为将。起，残忍薄行人也！"起恐得罪，闻魏文侯贤，乃往归之。文侯问诸李克，克曰："起贪而好色；然用兵，司马穰苴弗能过也。"于是文侯以为将，击秦，拔五城。

起为将，卧不设席，行不骑乘，亲裹赢粮，与士卒最下者同衣食，分劳苦。卒有病疽者，起为吮之。卒母闻而哭之。或问之，对曰："往年吴公吮其父，其父战不还踵，遂死于敌。吴公今又吮其子，妾不知其死所矣。"

赵烈侯好音，谓相国公仲连曰："寡人爱郑歌者枪、石二人，吾赐之田，人万亩。"连诺而不与。烈侯屡问，连乃称疾不朝。番吾君谓连曰："君实好善，而未知所持。公仲亦有进士乎？"连曰："未也。"曰："牛畜、荀欣、徐越皆可。"连进之。畜侍以仁义，烈侯逌然。明日，欣侍以举贤使能。明日，越侍以节财俭用。察度功德，所与无不充，君悦，乃谓连曰："歌者之田且止。"以畜为师，欣为中尉，越为内史。赐连衣二袭。

纲 己卯，二十四年，王崩，子骄立。

安王

纲 庚辰，安王元年。

纲 壬午，三年，虢山崩，壅河。

纲 甲申，五年，盗杀韩相侠累。

目 侠累与濮阳严仲子有恶。仲子闻轵人聂政之勇，以黄金百镒，为政母寿，欲以报仇。政不受，曰："老母在，政身未敢以许人也！"及母卒，仲子乃使政刺侠累。侠累方坐府上，兵卫甚严，聂政直入刺之，因自皮面抉眼。韩人暴尸于市，购问，莫能识。其姊嫈闻而往，哭之曰："是轵深井里聂政也！以妾在，故重自刑以绝踪。妾奈何畏没身之诛，终灭贤弟之名！"遂死政尸傍。

纲 庚寅，十一年，齐田和迁其君贷于海上，食一城。

纲 壬辰，十三年，齐田和会魏侯、楚人、卫人于浊泽，求为诸侯。

目 田和求为诸侯，魏文侯为之请于王及诸侯，王许之。

纲 甲午，十五年，魏吴起奔楚，楚以为相。

目 魏武侯浮西河而下，顾谓吴起曰："美哉山河之固，此魏国之宝也！"对曰："在德不在险。昔三苗氏，左洞庭，右彭蠡；德义不修，禹灭之。夏桀之居，左河、济，右泰华，伊阙在其南，羊肠在其北；修政不仁，汤放之。商纣之国，左孟门，右太行，常山在其北，大河经其南；修政不德，武王杀之。由此观之，在德不在险。若君不修德，舟中之人皆敌国也！"武侯曰："善。"

魏相田文，起不悦，谓文曰："请与子论功可乎？"文曰："可。"起曰："将三军，使士卒乐死，敌国不敢谋，子孰与起？"文曰："不如子。"起曰："治百官，亲万民，实府库，子孰与起？"文曰："不如子。"起曰："守西河而秦兵不敢东向，韩、赵宾从，子孰与起？"文曰："不如子。"起曰："此三者子皆出吾下，而位加吾上，何也？"文曰："主少国疑，大臣未附，百姓不信，方是之时，属之子乎，属之我乎？"起默然，良久曰："属之子矣！"

久之，武侯疑之，起惧诛，遂奔楚。楚悼王素闻其贤，至则任之为相。起明法审令，捐不急之官，废公族疏远者，以养战士，要在强兵，破游说之言从横者。于是南平百越，北却三晋，西伐秦，诸侯皆患楚之强，而楚之贵戚大臣多怨起者。

纲 乙未，十六年，初命齐田和为诸侯。

纲 庚子，二十一年，楚君类卒，楚人杀吴起。

目 悼王薨，贵戚大臣作乱，攻吴起杀之。

纲 壬寅，二十三年，齐侯贷卒，无子，田氏遂并齐。

纲 乙巳，二十六年，王崩，子喜立。

纲 三晋共废其君俱酒为家人而分其地。

烈王

纲 丙午，烈王元年。

纲 辛亥，六年，齐侯来朝。

目 时周室微弱，诸侯莫朝，而齐独朝之，天下以此贤威王。

纲 齐侯封即墨大夫，烹阿大夫。

目 齐威王召即墨大夫，语之曰："自子之居即墨也，毁言日至。吾使人视即墨，田野辟，人民给，官无事，东方以宁；是子不事吾左右以求助也！"封之万家。召阿大夫，语之曰："自子守阿，誉言日至。吾使人视阿，田野不辟，人民贫馁。赵攻鄄，子不救；卫取薛陵，子不知；是子厚币事吾左右以求誉也！"是日，烹阿大夫及左右尝誉者。于是群臣悚惧，莫敢饰诈，务尽其情，齐国大治，强于天下。

纲 壬子，七年，王崩，弟扁立。

显王

纲 癸丑，显王元年。

纲 丁巳，五年，秦败三晋之师于石门，赐以黼黻之服。

纲 己未，七年，秦伯卒。

目 秦献公薨，子孝公立。是时河、山以东强国六，淮、泗之间小国十余，楚、魏与秦接界，皆以夷狄遇秦，摈斥之，不得与中国之会盟。于是孝公发愤修政，欲以强秦。

纲 庚申，八年，彗星见西方。

纲 卫公孙鞅入秦。

目 秦孝公令国中曰："宾客群臣有能出奇计强秦者，吾且尊官，与之分土。"于是卫公孙鞅闻之，乃西入秦。

鞅，卫之庶孙也，好刑名之学。事魏相公叔座，座知其贤，未及进。会病，魏惠王往问之曰："公叔病，如有不可讳，将奈社稷何？"公叔曰：

“座之中庶子卫鞅,年虽少,有奇才,愿君举国而听之!”王默然。公叔曰:“君即不听用鞅,必杀之,无令出境!”王许诺而去。公叔召鞅谢曰:“吾先君而后臣,故先为君谋,后以告子。子必速行矣!”鞅曰:“君不能用子之言任臣,又安能用子之言杀臣乎!”卒不去。王出谓左右曰:“公叔病甚,悲乎,欲令寡人以国听卫鞅也!既又劝寡人杀之,岂不悖哉!”鞅既至秦,因嬖臣景监以求见,说以富国强兵之术;孝公大悦,与议国事。

纲 壬戌,十年,秦以卫鞅为左庶长,定变法之令。

目 卫鞅欲变法,秦人不悦。鞅言于孝公曰:“夫民不可与虑始,而可与乐成。论至德者不和于俗,成大功者不谋于众。是以圣人苟可以强国,不法其故。”甘龙曰:“不然。因民而教者不劳而成功,缘法而治者吏习而民安之。”卫鞅曰:“常人安于故俗,学者溺于所闻,以此两者,居官守法可也,非所与论于法之外也。智者作法,愚者制焉;贤者更礼,不肖者拘焉。”公曰:“善。”乃以鞅为左庶长,卒定变法之令。令民为什伍而相收司,连坐,告奸者与斩敌首同赏,匿奸者与降敌同罚。民有二男以上,不分异者,倍其赋。有军功者,各以率受爵;为私斗者,各以轻重被刑大小。僇力本业,耕织致粟帛多者,复其身;事末利及怠而贫者,举以为收孥。宗室非有军功论,不得为属籍。明尊卑爵秩等级,各以差次名田宅、臣妾、衣服。有功者显荣,无功者虽富无所芬华。令既具未布,恐民之不信,乃立三丈之木于国都南门,募民能徙置北门者予十金。民怪之,莫敢徙。复曰:“能徙者予五十金。”有一人徙之,辄予五十金。乃下令。

令行期年,民之国都言新令之不便者以千数。于是太子犯法。卫鞅曰:“法之不行,自上犯之。太子君嗣,不可施刑。”刑其傅公子虔,黥其师公孙贾。明日,秦人皆趋令。行之十年,道不拾遗,山无盗贼,民勇于公战,怯于私斗,乡邑大治。秦民初言令不便者,有来言令便。鞅曰:“此乱法之民也!”尽迁之于边。其后民莫敢议令。

纲 丙寅,十四年,齐、魏会田于郊。

目 魏惠王问齐威王曰:“齐亦有宝乎?”威王曰:“无有。”惠王曰:“寡人国虽小,尚有径寸之珠,照车前后各十二乘者十枚。岂以齐大国而无宝乎?”威王曰:“寡人之所以为宝者,与王异。吾臣有檀子者,使守南城,则楚人不敢为寇。有盼子者,使守高唐,则赵人不敢东渔于河。有黔夫者，使守徐州，则燕、赵之人从而徙者七千余家。有种首者，使备盗贼，则道不拾遗。此四臣者，将照千里，岂特十二乘哉！”惠王有惭色。

纲 丁卯，十五年，魏伐赵，围邯郸。

纲 戊辰，十六年，齐伐魏以救赵。魏克邯郸还战，败绩。

目 初，孙膑与庞涓俱学兵法，涓仕魏为将军，自以能不及膑，乃召之；至，则断其足而黥之，欲使终身废弃。齐使者至魏，膑阴见之，使者窃载以归。田忌客之，进之威王。威王问兵法，遂以为师。至是谋救赵，以膑为将；辞以刑余之人不可，乃使田忌为将，而孙子为师，居辎车中，坐为计谋。忌欲引兵之赵，孙子曰：“夫解杂乱纷纠者不控拳，救斗者不搏撠，批亢捣虚，形格势禁，则自为解耳。今梁之轻兵锐卒竭于外，而老弱疲于内；若引兵疾走其都，彼必释赵而自救。是我一举解赵之围，而收弊于魏也。”忌从之。十月，邯郸降魏。魏师还，与齐战于桂陵，魏师大败。

纲 庚午，十八年，韩以申不害为相。

目 申不害者，郑之贱臣也，学黄、老、刑名，以干韩昭侯。昭侯用以为相，内修政教，外应诸侯，十五年，终申子之身，国治兵强。

昭侯有弊袴，命藏之。侍者曰：“君亦不仁者矣，不赐左右而藏之！”昭侯曰：“吾闻明主爱一嚬一笑，嚬有为嚬，笑有为笑。今袴岂特嚬笑哉！吾必待有功者。”

纲 辛未，十九年，秦徙都咸阳。始废井田。

目 卫鞅筑冀阙宫庭于咸阳，徙都之，并诸小乡聚，集为一县，县置令、丞，凡三十一县。废井田，开阡陌。平斗、桶、权、衡、丈、尺。

纲 癸酉，二十一年，秦更赋税法。

纲 乙亥，二十三年，卫贬号曰侯，服属三晋。

目 初，子思言苟变于卫侯曰：“其材可将五百乘。”公曰：“吾知其可将，然变尝为吏，赋于民，而食人二鸡子，故弗用也。”子思曰：“夫圣人之官人，犹匠之用木也，取其所长，弃其所短，故杞梓连抱而有数尺之朽，良工不弃。今君处战国之世，选爪牙之士，而以二卵弃干城之将，此不可使闻于邻国也。”

卫侯言计非是，而群臣和者如出一口。子思曰：“以吾观卫，所谓君不君，臣不臣者也。夫不察事之是非，而悦人赞己，暗莫甚焉。不度理之所在，而阿谀求容，谄莫甚焉。君暗臣谄，以居百姓之上，民不与也。若此不已，国无类矣。”

子思言于卫侯曰：“君之国事，将日非矣。君出言自以为是，而卿大夫莫敢矫其非。卿大夫出言自以为是，而士庶人莫敢矫其非。君臣既自贤矣，而群下同声贤之；贤之则顺而有福，矫之则逆而有祸。如此则善安从生？诗曰：‘具曰予圣，谁知乌之雌雄？’抑亦似君之君臣乎？”

纲鉴易知录卷六

周纪

显王

纲　庚辰，二十八年，魏伐韩。齐伐魏以救韩，杀其将庞涓，虏太子申。

目　魏使庞涓伐韩，韩请救于齐。齐威王召大臣而谋之。孙膑曰："夫韩、魏之兵未弊而救之，是吾代韩受魏之兵，顾反听命于韩也。且魏有破国之志，韩见亡，必东面而愬于齐。吾因深结韩之亲而晚承魏之弊，则可以受重利而得尊名也。"王曰："善。"乃阴许韩使而遣之。韩因恃齐，五战不胜，而东委国于齐。

齐因起兵，使田忌将，孙子为师，以救韩，直走魏都。庞涓闻之，去韩而归。魏人亦大发兵，使太子申将以御齐师。孙子曰："彼三晋之兵素悍勇而轻齐，齐号为怯。善战者因其势而利导之。兵法：'百里而趣利者蹶上将，五十里而趣利者军半至。'"乃使齐军入魏地为十万灶，明日为五万灶，又明日为二万灶。庞涓行三日，大喜曰："我固知齐军怯，入吾地三日，士卒亡者过半矣！"乃弃其步军，率轻锐倍日并行逐之。孙子度其暮当至马陵，马陵道狭，而旁多阻隘，可伏兵，乃斫大树，白而书之曰："庞涓死此树下！"令万弩夹道而伏，期日暮见火举而俱发。涓果夜至，见白书，以火烛之，读未毕，万弩俱发，魏师大乱。涓乃自刎，曰："遂成竖子之名！"齐因乘胜大败魏师，虏太子申。

纲　辛未，二十九年，秦卫鞅伐魏，诱执其将公子卬而败之。魏献河西地于秦，徙都大梁。秦封鞅为商君。

目　卫鞅言于孝公曰："秦之与魏，譬若人有腹心之疾，非魏并秦，即秦并魏。今以君之贤圣，国赖以盛；而魏往年大破于齐，诸侯叛之，可因此时伐魏。魏不支秦，必东徙，然后秦据河、山之固，东向以制诸侯，此帝王之业也。"公从之，使鞅将兵伐魏。魏使公子卬将而御之。

军既相距，鞅遗卬书曰："吾始与公子欢；今俱为两国将，不忍相攻，欲与公子面相见盟，乐饮而罢兵，以安秦、魏之民。"卬以为然，乃与会。盟而饮，鞅伏甲袭卬，虏之，因大破魏师。

魏惠王恐，献河西地于秦以和，因去安邑徙大梁。乃叹曰："吾恨不用公叔之言！"秦封鞅商、於十五邑，号曰商君。

纲 癸未，三十一年，秦伯卒。秦人诛卫鞅，灭其族。

目 秦孝公薨，太子立，是为惠文王。公子虔之徒告商君欲反，发吏捕之。商君出亡，欲止客舍，舍人曰："商君之法，舍人无验者坐之。"商君叹曰："为法之弊，一至此哉！"去之魏，魏人不受，内之秦。秦人攻杀之，车裂以徇，尽灭其家。

初，商君用法严酷，步过六尺者有罚，弃灰于道者被刑。尝临渭论囚，渭水尽赤。为相十年，人多怨之。尝问赵良曰："我治秦，孰与五羖大夫贤？"良曰："千人之诺诺，不如一士之谔谔。仆请终日正言而无诛，可乎？"商君曰："诺。"良曰："五羖大夫，荆之鄙人也，穆公举之牛口之下，而加之百姓之上，秦国莫敢望焉。相秦六七年而东伐郑，三置晋君，一救荆祸。其为相也，劳不坐乘，暑不张盖。及其死也，男女流涕，童子不歌谣，舂者不相杵。今君之见也，因景监以为主；其从政也，陵轹公族，残伤百姓。公子虔杜门不出已八年矣。诗曰：'得人者兴，失人者崩。'此数者，非所以得人也。君之危若朝露，而尚贪商、於之富，宠秦国之政，畜百姓之怨，而无变计。秦王一旦捐宾客而不立朝，秦国之所以收君者岂其微哉！"商君不听，居五月而难作。

纲 乙酉，三十三年，孟轲至魏。

目 孟子，邹人，名轲，受业于孔子之孙子思。是岁魏惠王卑辞厚礼以招贤者，于是孟子至梁。

纲 丁亥，三十五年，楚灭越。

纲 戊子，三十六年，韩侯卒。

目 韩昭侯作高门，屈宜臼曰："君必不出此门。""何也？""不时。前年秦拔宜阳，今年旱。君不以此时恤民之急，而顾益奢，此所谓时诎举赢也，故曰不时。"至是门成，而昭侯薨。

纲 燕、赵、韩、魏、齐、楚，合从以摈秦，以苏秦为从约长，并相六国。

目 初，洛阳人苏秦说秦王以兼天下之术，不用。乃去说燕文公曰："燕之所以不被兵者，以赵之为蔽其南也。愿王与赵从亲，天下为一，则燕必无患矣。"

文公从之，资秦车马以说赵肃侯曰："当今之时，山东之国莫强于赵，秦之所害亦莫如赵。而秦不敢举兵伐赵者，畏韩、魏之议其后也。秦攻韩、魏，无名山大川之限，稍蚕食之。韩、魏不能支，必入臣于秦；秦无韩、魏之规，则祸必中于赵矣。臣以天下之图，按诸侯之地五倍于秦，度诸侯之卒十倍于秦。而衡人日夜务以秦权恐喝诸侯，使之割地以事秦。秦成，则其身富荣，国被秦患而不与其忧。故臣窃为大王计，莫如一韩、魏、齐、楚、燕、赵为从亲以摈秦，令其将相会盟洹水之上，约曰：'秦攻一国，则五国各出锐师以挠秦，或救之。有不如约者，五国共伐之！'则秦甲必不敢出函谷以害山东矣。"肃侯大悦，厚赐赉之，以约于诸侯。

秦乃说韩宣惠王曰："韩地方九百余里，带甲数十万，天下之强弓、劲弩、利剑皆从韩出。今大王事秦，秦必求宜阳、成皋；今兹效之，明年又复求割地。韩地有尽，而秦求无已。鄙谚曰：'宁为鸡口，无为牛后。'夫以大王之贤，挟强韩之兵，而有牛后之名，臣窃为大王羞之！"韩王从其言。

秦说魏惠王曰："大王之地方千里，武士、苍头、奋击各二十万，厮徒十万；车六百乘，骑五千匹；乃听群臣之说，而欲臣事秦！臣愿大王熟计之也。"魏王听之。

秦说齐王曰："齐四塞之国，地方二千余里，带甲数十万，粟如丘山。临淄之涂，车毂击，人肩摩，连衽成帷，挥汗成雨。夫韩、魏之所以重畏秦者，为与秦接境也。秦之攻齐则不然，虽欲深入，恐韩、魏之议其后，则秦之不能害齐亦明矣。不深料此，而欲西面事之，是群臣之计过也。"齐王许之。

乃说楚威王曰："楚，天下之强国也，地方六千余里，带甲百万，粟支十年，此霸王之资也。故秦之所害莫如楚，楚之与秦其势不两立。从亲则诸侯割地以事楚，衡合则楚割地以事秦，此两策者相去远矣，大王何居焉？"楚王亦许之。

于是苏秦为从约长，并相六国，北报赵，车骑辎重拟于王者。

纲 己丑，三十七年，秦以齐、魏之师伐赵。苏秦去赵适燕，从约皆解。

目 秦使公孙衍欺齐、魏以伐赵，赵肃侯让苏秦，秦恐，请使燕，必报齐。乃去赵，而从约皆解。

纲 癸巳，四十一年，秦客卿张仪伐魏，取蒲阳；既而归之，魏尽入上郡以谢。秦以仪为相。

目 张仪者，魏人，与苏秦俱事鬼谷先生，学从横之术。游诸侯，无所遇，苏秦召而辱之。仪怒入秦，秦王说之，以为客卿。至是将兵伐魏，取蒲阳。言于秦王，请复以与魏。仪因说魏王曰："秦之遇魏甚厚，魏不可以无礼于秦。"魏因尽入上郡十五县以谢焉。仪归而相秦。

纲 丙申，四十四年，夏四月，秦初称王。

纲 丁酉，四十五年，秦张仪伐魏，取陕。

纲 苏秦自燕奔齐。

目 苏秦通于燕文公之夫人，恐得罪，说易王曰："臣居燕不能使燕重，而在齐则燕重。"王许之。乃伪得罪于燕而奔齐，齐王以为客卿。秦说齐王高宫室，大苑囿，以明得意，欲以敝齐而为燕。

纲 戊戌，四十六年，秦相张仪免，出相魏。

纲 庚子，四十八年，王崩，子定立。

纲 齐号薛公田文为孟尝君。

目 初，齐王封田婴于薛，号曰靖郭君。婴言于齐王曰："五官之计，不可不日听而数览也。"王从之；已而厌之，悉以委婴。婴由是得专齐权。

婴有子四十余人，其贱妾之子曰文，倜傥饶智略，说靖郭君以散财养士。靖郭君使文主家待宾客，宾客争誉其美，请以文为嗣。婴卒，文嗣立，号孟尝君。招致诸侯游士及有罪亡人，食客常数千人，名重天下。

孟尝君聘于楚，楚王遗之象床。登徒直送之，不欲行，谓公孙戌曰："足下能使仆无行者，有先人之宝剑，愿献之。"戌许诺，入见曰："小国所以皆致相印于君者，悦君之义，慕君之廉也。今始至楚而受象床，则未至之国何以待君哉！"孟尝君曰："善。"遂不受。戌趋出，未至中闺，孟尝君召而反之，曰："子何足之高，志之扬也？"戌以实对。孟尝君乃书门版曰："有能扬文之名，止文之过，私得宝于外者，疾入谏！"

慎靓王

纲 辛丑，慎靓王元年，卫更贬号曰君。

纲 壬寅，二年，魏君䓨卒。孟轲去魏适齐。

纲 癸未，三年，楚、赵、魏、韩、燕伐秦，攻函谷关。秦出兵逆之，五国皆败走。

纲 甲辰，四年，齐大夫杀苏秦。

纲 魏请成于秦。张仪归，复相秦。

目 张仪说魏王曰："梁，地四平，无名山大川之限，地势固战场也。夫诸侯约从，结为兄弟以相坚也。今亲兄弟同父母，尚有争钱财相杀伤，而欲恃反覆苏秦之余谋，其不可成亦明矣。"魏王乃倍从约，而因仪以请成于秦。仪归，复相秦。

纲 乙巳，五年，秦伐蜀，取之。

目 巴、蜀相攻，俱告急于秦。秦惠王欲伐蜀，韩又来侵。司马错请伐蜀。张仪曰："不如伐韩。"王曰："请闻其说。"仪曰："亲魏，善楚，下兵三川，以临二周之郊，据九鼎，按图籍，挟天子以令天下，此王业也。臣闻争名者于朝，争利者于市。今三川、周室，天下之朝市也，而王不争焉，顾争于戎翟，去王业远矣。"错曰："不然。臣闻之。欲富国者务广其地，欲强兵者务富其民，欲王者务博其德：三资者备而王随之矣。夫蜀，西僻之国而戎翟之长也，有桀、纣之乱；以秦攻之，譬如使豺狼逐群羊。拔一国而天下不以为暴，利尽西海而天下不以为贪，而又有禁暴止乱之名，是我一举而名实附焉。今攻韩，劫天子，恶名也，而攻天下之所不欲，又未必利也。不如伐蜀。"惠王从之，起兵伐蜀，取之。秦益富强。

纲 燕君哙以国让其相子之。

目 燕相子之与苏秦之弟代婚，欲得燕权。苏代使齐而归，燕王问曰："齐王其霸乎？"对曰："不能。"王曰："何故？"对曰："不信其臣。"于是燕王专任子之。鹿毛寿谓燕王曰："人谓尧贤者，以其能让天下也。今王以国让子之，是王与尧同名也。"燕王因属国于子之。子之南面行王事，而哙老，不听政，顾为臣。

纲 丙午，六年，王崩，子延立。

赧王

纲　丁未，赧王元年，齐伐燕，取之，醢子之，杀故燕君哙。

纲　孟轲去齐。

纲　戊申，二年，楚屈匄伐秦。

目　秦欲伐齐，患其与楚从亲，乃使张仪说楚王曰："大王诚能闭关绝约于齐，臣请献商、於之地六百里。"楚王悦而许之。群臣皆贺，陈轸独吊。王怒曰："何吊也？"对曰："夫秦之所以重楚，以其有齐也。今绝齐则楚孤，秦奚贪夫孤国，与之商、於之地六百里哉！仪至秦，必负王。是王北绝齐交而西生患于秦也，两国之兵必俱至矣。"王曰："愿子闭口毋复言！"乃厚赐张仪，而闭关绝约于齐，使一将军随张仪至秦。

仪详堕车，不朝三月。楚王闻之曰："仪以寡人绝齐未甚耶？"乃使勇士宋遗借宋之符，北骂齐王。齐王大怒，折节而事秦。齐、秦之交合，仪乃朝，见楚使者曰："子何不受地？自某至某，广袤六里。"使者还报，楚王大怒，欲发兵攻秦。陈轸曰："轸可发口言乎？攻之不如赂以一名都，与之并兵而攻齐，是我亡地于秦，而取偿于齐也。今已绝齐，而又责欺于秦，是我合齐、秦之交而来天下之兵也，国必大伤矣！"王不听，使屈匄帅师伐秦。秦亦发兵，使庶长章击之。

纲　己酉，三年，秦大败楚师于丹阳，虏屈匄，遂取汉中。楚复袭秦，又大败于蓝田。韩、魏袭楚，楚割两城以和于秦。

纲　燕人立太子平为君。

目　昭王即位于破燕之后，吊死问孤，与百姓同甘苦，卑身厚币以招贤者。问郭隗曰："齐因孤之国乱而袭破燕，孤极知燕小不足以报，然诚得贤士与之共国，以雪先王之耻，孤之愿也。先生视可者，得身事之！"隗曰："古之人君有以千金使涓人求千里马者，马已死，买其骨五百金而返。君怒，涓人曰：'死马且买之，况生者乎！马今至矣。'不期年而千里马至者三。今王必欲致士，先从隗始，况贤于隗者，岂远千里哉！"于是昭王为隗改筑宫而师事之。于是士争趣燕。乐毅自魏往，王以为亚卿，任以国政。

纲　庚戌，四年，秦使张仪说楚、韩、齐、赵、燕连衡以事秦。秦君卒，诸侯复合从。

目　秦惠王使告楚怀王，请以武关之外易黔中地，楚王曰："不愿，愿得张仪而献黔中。”仪请行，秦王曰：“楚将甘心于子，奈何？”仪曰：“秦强而楚弱，大王在，楚不宜敢取臣。且臣善其嬖臣靳尚，尚得事幸姬郑袖，袖言，王无不听者。”遂往。楚王囚，将杀之，尚谓袖曰：“秦王甚爱张仪，将以六县及美女赎之。王重地尊秦，秦女必贵而夫人斥矣。”于是袖日夜泣于王曰：“臣各为其主耳。今杀张仪，秦必大怒。妾请子母俱迁江南，毋为秦所鱼肉也！”王乃赦仪而厚礼之。仪因说曰：“夫为从者无异于驱群羊而攻猛虎，不格明矣。今王不事秦，秦劫韩驱梁而攻楚，则楚危矣。大王诚听臣，请令秦、楚长为兄弟之国。”楚王已得仪而重出地，乃许之。

仪遂说韩王曰：“山东之士被甲蒙胄而会战，秦人捐甲徒裼以趋敌，此无异垂千钧于鸟卵之上，必无幸矣。大王不事秦，秦下甲据宜阳，塞成皋，则王之国分矣。为大王计，莫如事秦而攻楚，以转祸而悦秦。”韩王许之。

仪归报秦，封以六邑，号武信君。复使东说齐王曰：“从人说大王者必曰：‘齐蔽于三晋，地广兵强，虽有百秦，将无奈齐何。’今秦、楚嫁娶，韩献宜阳，梁效河外，赵割河间。大王不事秦，秦驱韩、梁、赵攻之，虽欲事秦，不可得也。”齐王许之。

仪西说赵王曰：“大王收率天下以摈秦，秦兵不敢出函谷关者十五年。今楚与秦为昆弟，韩、梁称藩臣，齐献鱼盐之地，此断赵之右肩也。夫断右肩而与人斗，失其党而孤居，求欲无危得乎！为大王计，莫若与秦约为兄弟之国也。”赵王许之。

仪北说燕王曰：“赵已事秦，大王不事秦，秦下甲云中、九原，驱赵攻燕，则易水、长城非王之有矣。”燕王请献常山之尾五城以和。

仪归报，未至，而惠王薨，子武王立。武王自为太子时不悦仪，诸侯闻之，皆畔衡，复合从。

纲　辛亥，五年，秦张仪复出相魏。

目　张仪诡说秦武王而相魏，一岁卒。

仪与苏秦皆以从横之术游诸侯，致位富贵，天下争慕之。又有魏人公孙衍者，号“犀首”，及秦弟代、厉，又周最、楼缓之徒，纷纭遍于天下，务以辩诈相高，不可胜载，而仪、秦、衍最著。

纲　壬子，六年，秦初置丞相。

纲 癸丑，七年，秦甘茂伐韩宜阳。

目 秦王使甘茂约魏以伐韩，茂至魏，乃使人还谓王曰："魏听臣矣，然愿王勿伐！"王迎茂息壤而问其故，对曰："宜阳大县，其实郡也。今倍数险，行千里，攻之难。鲁人有与曾参同姓名者杀人，人告其母，母织自若也。及三人告之，则其母投杼下机，逾墙而走。臣之贤不若曾参，王之信臣不如其母，疑臣者非特三人，臣恐大王之投杼也。魏文侯令乐羊攻中山，三年拔之。返而论功，文侯示之谤书一箧。乐羊再拜稽首曰：'此非臣之功，君之力也！'今臣羁旅之臣也，樗里子、公孙奭挟韩而议之，王必听之，是王欺魏王，而臣受公仲侈之怨也，故臣愿王之勿伐也。"王曰："寡人勿听也，请与子盟！"乃盟于息壤。

纲 甲寅，八年，秦拔宜阳。

目 甘茂攻宜阳，五月而不拔，樗里子、公孙奭果争之。秦王欲罢兵，茂曰："息壤在彼。"王乃悉起兵佐茂，斩首六万，遂拔宜阳。

纲 秦君卒，弟稷立。母芈氏治国事，以舅魏冉为将军。

纲 赵始胡服，招骑射。

目 赵武灵王与肥义谋胡服骑射以教百姓，国人皆不欲。公子成称疾不朝，王自往请之曰："吾国无骑射之备，将何以守？先时中山负齐之强，侵暴吾地，引水围鄗，几于不守。先君丑之，故寡人变服骑射，欲以备四境之难，报中山之怨也。"公子成听命，乃赐胡服以朝，而始出令焉。

纲 丙辰，十年，彗星见。

纲 戊午，十二年，彗星见。

纲 庚申，十四年，日食，昼晦。

纲 壬戌，十六年，赵君废其太子章而传国于少子何，自号"主父"。

目 初，武灵王以长子章为太子。后纳吴广之女孟姚，有宠。生子何，爱之，欲及其生而立之，乃废章而传国焉。使肥义为相国傅王，而自号"主父"。

纲 秦伐楚，取八城。遂诱楚君槐于武关，执之以归。楚人立太子横。

目 秦伐楚，取八城。秦王乃遗楚王书曰："寡人愿与君王会武关，面相约，结盟而去。”楚王欲往恐见欺，欲不往恐秦怒。昭雎、屈平曰：“毋行而发兵自守耳！秦，虎狼也，有并诸侯之心，不可信也！”王稚子子兰劝王行，王乃入秦。秦王令一将军诈为王，伏兵武关，劫之与西，遂留之。时楚太子横方质于齐，昭雎诈赴于齐，齐王归楚太子，楚人立之。初，屈平为怀王左徒，志洁行廉，明于治体，王甚任之。后以谗见疏，而眷顾不忘，作离骚之辞以自怨，尚冀王之一寤，而王终不寤也。其后子兰又谮之于顷襄王，王怒，迁之于江南。原遂怀石自投汨罗以死。

纲 秦以田文为丞相。

目 秦王闻田文贤，使请于齐以为相。

纲 癸亥，十七年，田文自秦逃归。

目 或谓秦王曰：“文相秦，必先齐而后秦；秦其危哉！”王囚文，欲杀之。使人求解于王之幸姬，姬欲得其狐白裘，而文先以献于秦王矣。文客有善为狗盗者，盗裘以献。姬言于王而遣之。王后悔，使追之。文至关，关法，鸡鸣乃出客，时尚蚤，追者将至，客有善为鸡鸣者，野鸡皆应之。文乃得脱归。

纲 齐、韩、魏伐秦，败其军于函谷关，河、渭绝一日。秦割河东三城以和，三国乃退。

目 孟尝君怨秦，与韩、魏攻之，入函谷关。秦昭王谓丞相楼缓、公子池曰：“三国之兵深矣，寡人欲割河东而讲。”对曰：“讲亦悔，不讲亦悔。”王曰：“何也？”对曰：“王割河东而讲，三国虽去，王必曰：‘惜矣！三国且去，吾特以三城从之。’此讲之悔也。王不讲，三国入函谷，咸阳必危，王又曰：‘惜矣！吾爱三城而不讲。’此不讲之悔也。”王曰：“钧吾悔也。宁亡三城而悔，无危咸阳而悔也。”乃使公子池以三城讲于三国，遂罢兵。

纲 赵君封弟胜为平原君。

目 平原君好士，食客常数千人。有公孙龙者，善为坚白同异之辩，平原君客之。孔子之玄孙穿自鲁适赵，与龙论臧三耳，龙甚辩析，穿弗应。平原君问之，穿曰：“几能令臧三耳矣。然谓三耳甚难而实非也，谓两耳甚易而实是也，不知君将从易而是者乎，其亦从难而非者乎？”平原君谓龙曰：“公无复与孔子高辩事也！其人理胜于辞，公辞胜于理；辞胜于理，终必受诎。”

纲 乙丑，十九年，楚君槐卒于秦。

目 怀王发病薨于秦，秦人归其丧。楚人怜之，如悲亲戚。诸侯由是不直秦。

纲 丙寅，二十年，赵故太子章作乱，公子成、李兑诛之，遂弑主父于沙丘。

目 赵主父及王游沙丘异宫，公子章、田不礼作乱，诈以主父令召王。肥义先入，杀之。公子成、李兑起兵距难，章败，走主父，成、兑因围主父宫，杀章及不礼而灭其党。成、兑相与谋曰："以章故，围主父；即解兵，吾属夷矣！"乃遂围之，令："宫中人后出者夷！"主父欲出不得，探雀鷇食之，三月余饿死。

纲 己巳，二十三年，楚君迎妇于秦。

纲 乙亥，二十九年，齐灭宋。

纲 丙子，三十年，齐杀狐咺、陈举。燕使亚卿乐毅如赵。

目 齐湣王灭宋而骄，乃侵楚及三晋，欲并二周，为天子。狐咺正议，陈举直言，皆杀之。燕昭王日夜抚循其人，乃谋伐齐。于是使乐毅约赵啗秦，连楚及魏。诸侯害齐之骄暴，皆许之。

纲 丁丑，三十一年，燕上将军乐毅以秦、魏、韩、赵之师伐齐，入临淄。齐君地出走，其相淖齿杀之。毅下齐七十余城，燕封毅为昌国君。

目 燕悉起兵，使乐毅为上将军，并将秦、魏、韩、赵之师以伐齐，战于济西，齐师大败。毅身率燕师，长驱逐北，遂入临淄。湣王出走。毅取宝物、祭器，输之于燕。燕王封毅为昌国君，留徇齐城未下者。

齐王走莒。楚使淖齿将兵救齐，因为齐相。齿欲与燕分齐地，乃执湣王而数之曰："千乘、博昌之间，方数百里，雨血沾衣，王知之乎？"曰："知之。""嬴、博之间，地坼及泉，王知之乎？"曰："知之。""有人当阙而哭者，求之不得，去则闻其声，王知之乎？"曰："知之。"齿曰："雨血者，天以告也；地坼者，地以告也；当阙而哭者，人以告也。而王不戒焉，何得无诛！"遂擢王筋，悬之庙梁，宿昔而死。

乐毅闻画邑人王蠋贤，令军中环画三十里无入。使人请蠋，蠋不往。燕人曰："不来，吾且屠画！"蠋曰："吾闻忠臣不事二君，烈女不更二夫。齐王不用吾谏，吾退耕于野。国破君亡，吾不能存，而又欲劫之以兵；与其不义而生，不若死！”遂自经死。

毅整军，禁侵掠，礼逸民，宽赋敛，除暴令，修旧政，齐民喜悦。祀桓公、管仲于郊，封王蠋之墓。六月之间，下齐七十余城，皆为郡县。

纲 戊寅，三十二年，齐人讨杀淖齿，而立其君之子法章，保莒城。

目 淖齿之乱，湣王子法章变名姓为莒太史敫家佣。敫女奇法章状貌，怜而窃衣食之，因与私通。湣王从者王孙贾失王处而归，其母曰：“汝朝出而晚来，则吾倚门而望；汝暮出而不还，则吾倚闾而望。汝今事王，王走，汝不知其处，汝尚何归焉！”贾乃入市呼曰：“淖齿乱齐国，杀湣王。欲与我诛之者，袒右！”市人从者四百人，与攻淖齿，杀之。于是齐亡臣相与求湣王子法章立以为齐王，保莒城以拒燕，布告国中曰：“王已立在莒矣！”

纲 赵使蔺相如献璧于秦。

目 赵得楚和氏璧，秦王请以十五城易之。赵欲勿与，畏秦强；欲与之，恐见欺。蔺相如曰：“以城求璧而不与，曲在我矣。与之璧而不与我城，则曲在秦。臣愿奉璧而往；城不入，则臣请完璧而归！”王遣之。相如至秦，既献璧，视秦王无意偿城，乃绐取璧，遣从者怀之，间行归赵，而以身待命于秦。秦王贤而归之，赵王以为上大夫。

纲 卫君卒。

目 嗣君好察微隐，县令有发褥而席弊者，嗣君闻之，乃赐之席；令大惊，以为神。又使人过关市，赂之以金，既而召关市，问有客过与汝金，汝回遣之；关市大恐。又爱泄姬，重如耳，而恐其因爱重以壅己也，乃贵薄疑以敌如耳，尊魏妃以偶泄姬，曰：“以是相参也。”卫有胥靡，亡之魏，嗣君使以五十金买之，不得，乃以左氏易之。左右曰：“以一都买一胥靡可乎？”嗣君曰：“治无小，乱无大，法不立，诛不必，虽有十左氏无益也。法立，诛必，虽失十左氏无害也。”

纲 庚辰，三十四年，楚谋入寇，王使东周公喻止之。

目 楚欲图周，王使东周武公谓楚令尹昭子曰：“西周之地，不过百里，而名为天下共主。裂其地不足以肥国，得其众不足以劲兵。而攻之者，名为弑君。然而犹有欲攻之者，见祭器在焉故也。夫虎肉臊而兵利身，人犹攻之；若使泽中之麋蒙虎之皮，人之攻之必万倍矣。裂楚之地，足以肥国，诎楚之名，足以尊主。今子欲诛残天下之共主，居三代之传器，器南，则兵至矣！”于是楚计不行。

纲 壬午，三十六年，秦、赵会于渑池。

目 秦王告赵王，愿为好会于河外渑池。赵王行，蔺相如从。及会，饮酒，秦王请赵王鼓瑟，赵王鼓之。相如请秦王击缶，秦王不肯。相如曰：“五步之内，臣请得以颈血溅大王矣！”左右欲刃相如，相如张目叱之，左右皆靡。秦王乃一击缶。罢酒，秦终不能有加于赵；赵人亦盛为之备，秦不敢动。

赵王归，以相如为上卿，位在廉颇右。颇曰：“我为将，有攻城野战之功。相如素贱，徒以口舌而位加我上，我见必辱之。”相如闻之，不肯与会；每朝，常称病。出而望见，辄引车避匿。其舍人皆以为耻。相如曰：“子视廉将军孰与秦王？”曰：“不若。”相如曰：“夫以秦王之威，而相如廷叱之；相如虽驽，独畏廉将军哉！顾吾念之，秦所以不敢加兵于赵，徒以吾两人在也。今两虎共斗，其势不俱生。吾所以为此者，先国家之急而后私雠也！”颇闻之，肉袒负荆，至门谢罪，遂为刎颈交。

纲 燕君平卒。乐毅奔赵，齐田单击破燕军，尽复齐地。齐君入临淄，封单为安平君。赵封乐毅为望诸君。

目 时齐地皆已属燕，独莒、即墨未下，乐毅并军围之。即墨大夫战死。即墨人曰：“安平之战，田单宗人以铁笼得全，是多智习兵。”立以为将。乐毅围二邑，期年不克，乃令解围，去城九里而为垒，令曰：“城中民出者勿获，困者赈之，使即旧业。”三年而犹未下。或谗之于昭王曰：“乐毅智谋过人，呼吸之间克七十余城，今不下者两城耳，非其力不能拔，欲久仗兵威以服齐人，遂南面而王耳。”昭王于是置酒大会，引言者斩之，遣国相立毅为齐王。毅皇恐不受，拜书，以死自誓。由是齐人服其义，诸侯畏其信，莫敢复有谋者。

顷之，昭王薨。惠王自为太子时，不快于乐毅，田单乃纵反间曰：“乐毅与燕新王有隙，畏诛，欲连兵王齐。齐人未附，故且缓攻即墨以待其事。齐所惧，惟恐他将之来，即墨残矣。”惠王闻之，即使骑劫代将，毅遂奔赵。将士由是愤惋不和。

田单乃令城中人食，必祭先祖于庭，飞鸟皆翔舞而下。燕人怪之，单因宣言曰：“当有神师下教。”俄有一卒曰：“臣可以为师乎？”单遂师之。每有约束，必称神师。又宣言曰：“吾惟惧燕人劓所得齐卒，置之前行，即墨败矣！”燕人如其言。城中皆怒，坚守，惟恐见得。

单又言："吾惧燕人掘吾城外冢墓，可为寒心！"燕军掘烧之。齐人望见，皆涕泣，欲出战。单知其可用，乃身操版锸，与士卒分功；妻妾编于行伍之间；尽散饮食飨士。令甲卒皆伏，使老弱、女子乘城，遣使约降；燕军益懈。单收城中得牛千余，为绛缯衣，画以五采龙文，束兵刃于其角，灌脂束苇于其尾，凿城数十穴，夜纵牛，烧苇端，壮士五千人随之。牛热怒奔燕军，所触尽死伤。燕军大惊，而城中鼓噪从之，燕军败走。齐人杀骑劫，追亡逐北，至河上，七十余城皆复为齐。乃迎王自莒入临淄。

王以太史敫之女为后，是为君王后。生太子建。以单为相，封安平君。太史敫曰："女不取媒，因自嫁，污吾世！"终身不见君王后，君王后亦不以不见故，失人子之礼。

田单尝出见老人涉淄，而寒不能行，解裘衣之。襄王恶之，曰："单将欲以是取吾国乎！"岩下有贯珠者闻之，言于王曰："王不如因以为己善。下令曰：'寡人忧民之饥也，单收而食之。寡人忧民之寒也，单收而衣之。称寡人之意。'单有是善而王嘉之，单之善亦王之善也。"王曰："善。"乃赐单牛酒。

王有幸臣九人，语王曰："安平君内抚百姓，外怀戎翟，礼天下之贤士，其志欲有为也。"异日，王曰："召相单来！"单所任貂勃闻之，稽首于王曰："周文王得吕尚以为太公，齐桓公得管夷吾以为仲父，今王得安平君而独曰'单'，安得此亡国之言乎！夫安平君以惴惴即墨三里之城，五里之郭，而反千里之齐。当是时而自王，天下莫之能止。然计之于道，归之于义，以为不可，故栈道木阁，而迎王于城阳。今国已定，民已安矣，王乃曰'单'，婴儿之计不为此也。"王乃杀九人，而益封安平君万户。

赵王欲与乐毅谋伐燕，毅泣曰："臣畴昔之事昭王，犹今日之事大王也。若复得罪在他国，终身不敢谋赵之奴隶，况子孙乎！"赵王乃止，而封毅于观津，号望诸君。燕惠王恐赵用之以乘其敝，乃使人让毅，且谢之曰："将军捐燕归赵，自为计则可矣，而何以报先王所以遇将军之意乎！"毅报书曰："免身立功，以明先王之迹，臣之上计也。罹毁辱之谤，堕先王之名，臣之所大恐也。临不测之罪，以幸为利，义之所不忍出也。古之君子交绝不出恶声，忠臣去国不洁其名。臣虽不佞，数奉教于君子矣。"燕乃复以毅子闲为昌国君，而毅往来复通燕，竟卒于赵。

纲 薛公田文卒。

目 初，齐湣王既灭宋，欲去孟尝君。孟尝君奔魏，魏以为相，与诸侯共伐破齐。襄王复国，而孟尝君中立为诸侯，无所属。襄王畏之，与连和。至是卒，诸子争立，齐、魏共灭之。

纲 癸未，三十七年，秦白起伐楚拔郢，烧夷陵。楚徙都陈。秦置南郡，封起为武安君。

纲 乙酉，三十九年，魏封公子无忌为信陵君。

纲 戊子，四十二年，赵、魏伐韩，秦救之，大破其军，魏割南阳以和。

目 秦救韩，败赵、魏之师。魏段干子请割南阳予秦以和。苏代谓魏王曰："欲玺者，段干子也。欲地者，秦也。今王使欲玺者制地，欲地者制玺，魏地尽矣！夫以地事秦，犹抱薪救火，薪不尽，火不灭。"王曰："是则然矣。然事始已行，不可更矣。"对曰："夫博之所以贵枭者，便则食，不便则止。今何王之用智不如用枭也？"王不听，卒以南阳为和。

纲 辛卯，四十五年，秦伐赵，围阏与，赵奢击却之。赵封奢为马服君。

目 初，赵奢为田部吏，收租税，平原君家不肯出，奢以法杀其用事者九人。平原君怒，将杀之。奢曰："君于赵为贵公子，今纵君家而不奉公则法削，法削则国弱，国弱则诸侯加兵，是无赵也。君安得有此富乎！以君之贵，奉公如法则上下平，上下平则国强，国强则赵固，而君为贵戚，岂轻于天下邪！"平原君贤之，言于王。使治国赋，国赋大平，民富而府库实。及秦围阏与，王召群臣问之，廉颇、乐乘皆曰："道远险狭，难救。"奢曰："道远险狭，如两鼠斗于穴中，将勇者胜。"王乃令奢将兵救之，秦师大败，解阏与而还。赵封奢为马服君。

纲 秦以范雎为客卿。

目 初，魏人范雎从中大夫须贾使于齐，齐王闻其辩口，私赐之金。贾疑雎以国阴事告齐也，归告其相魏齐。齐怒，笞击雎，折胁，折齿，置厕中。雎佯死，得出，魏人郑安平持雎亡匿，更姓名曰张禄。

秦谒者王稽使魏，载与俱归。荐之王，王见之离宫。雎未敢言内，先言外事，以观秦王之俯仰。因进曰："穰侯越韩、魏而攻齐，非计也。今王不如远交而近攻，得寸则王之寸也，得尺亦王之尺也。今夫韩、魏，中国之处而天下之枢也。王若欲霸，必亲中国以为天下枢，而威楚、赵，则齐附，而韩、魏因可虏矣。"王曰："善。"乃以睢为客卿，与谋国事。

纲鉴易知录卷七

周纪

赧王

纲　乙未，四十九年，秦君废其母，不治事。逐魏冉、芈戎、公子市、公子悝。以范睢为丞相，封应侯。

目　范睢日益亲，用事，因说秦王曰："臣居山东时，闻齐之有孟尝君，不闻有王；闻秦有太后、穰侯，不闻有王。夫擅国之谓王，能利害之谓王，制杀生之谓王。今太后擅行不顾，穰侯出使不报，华阳、泾阳击断无讳，高陵进退不请，四贵备而国不危，未之有也。臣又闻之，木实繁者披其枝，披其枝者伤其心；大其都者危其国，尊其臣者卑其主。淖齿管齐而弑湣王，李兑管赵而囚主父。今臣观四贵之用事，此亦齿、兑之类也。窃恐万世之后，有秦国者，非王子孙也！"王以为然，于是废太后，逐穰侯、华阳君、芈戎、高陵君市、泾阳君悝于关外，以睢为丞相，封应侯。

纲　丙申，五十年，秦伐赵，取三城，齐救却之。遂以赵师伐燕，取中阳；伐韩，取注人。

目　秦攻赵，赵王新立，太后用事，求救于齐。齐人曰："必以长安君为质。"太后不可。齐师不出，大臣强谏。太后明谓左右曰："有复言者，老妇必唾其面！"左师触龙请见，曰："贱息舒祺，最少，不肖，而臣衰，窃爱之，愿得补黑衣之缺，以卫王宫。"太后曰："诺。年几何矣？"对曰："十五岁矣。虽少，愿及臣未填沟壑而托之。"太后曰："丈夫亦爱少子乎？"对曰："甚于妇人。"太后笑曰："妇人异甚。"对曰："老臣窃以为媪之爱燕后贤于长安君。"太后曰："君过矣！不如长安君之甚。"左师曰："父母爱其子则为之计深远。媪之送燕后也，持其踵而哭，念其远也，亦哀之矣。已行，非不思也，祭祀则祝之曰：'必勿使反！'岂非为之计长久，为子孙相继为王也哉？"太后曰："然。"左师曰："今三世以前，至于赵王之子孙为侯者，其继有在者乎？”曰：“无有。”曰：“此其近者祸及身，远者及其子孙。岂人主之子侯则不善哉？位尊而无功，奉厚而无劳，而挟重器多也。今媪尊长安君之位，封以膏腴之地，多与之重器，而不及今令有功于赵，一旦山陵崩，长安君何以自托于赵哉？”太后曰：“诺，恣君之所使之！”于是为长安君约车百乘质于齐。齐师乃出，秦师退。

纲 戊戌，五十二年，楚太子完自秦逃归。楚君横卒，完立。以黄歇为相，封春申君。

纲 己亥，五十三年，秦白起伐韩，拔野王。上党降赵。

目 秦武安君伐韩，拔野王。上党路绝，上党守冯亭献之赵。赵王以问平阳君豹，对曰：“圣人甚祸无故之利。”王曰：“人乐吾德，何谓无故？”豹曰：“秦蚕食韩地，中绝，不令相通，固自以为坐而受上党也。韩氏所以不入之秦者，欲嫁其祸于赵也。秦服其劳而赵受其利，虽强大不能得之于弱小，弱小顾能得之于强大乎！岂得谓之非无故哉？不如勿受。”平原君请受之。王乃使平原君往受地，封冯亭为华阳君。亭垂涕，不见使者，曰：“吾不忍卖主之地而食之也！”

纲 辛丑，五十五年，秦王龁攻赵上党，拔之。白起代将，大破赵军，杀其将赵括，坑降卒四十万。

目 秦王龁攻上党，拔之。上党民走赵。赵廉颇军长平，以按据之。龁遂攻赵。赵军数败，廉颇坚壁不出，又失亡多。赵王怒，数让之。应侯又使人行千金为反间，曰：“秦独畏马服君之子括为将耳！廉颇易与，且降矣！”赵王遂以赵括代颇将。蔺相如曰：“王以名使括，若胶柱鼓瑟。括徒能读其父书传，不知合变也。”王不听。括自少时学兵法，以天下莫能当；与奢言之，奢不能难，然不谓善也。括母问其故，奢曰：“兵，死地也，而括易言之。使赵将之，破赵军者必括也。”及括将行，母上书言括不可使。王曰：“吾已决矣。”母因曰：“即有不称，妾请无随坐！”王许之。

秦王闻括已将，乃阴使武安君为上将军，而龁为裨将，令军中敢泄者斩。括至军，悉更约束，易置军吏，出击秦军。武安君佯败走，张二奇兵以劫之。括乘胜追造秦壁，壁坚拒不得入，而秦奇兵绝其后。军分为二，粮道绝。赵军食绝四十六日，人相食，急攻秦垒，欲出不得。括自出搏战，秦射杀之，卒四十万人皆降。武安君曰：“秦已拔上党，其民不乐为秦而归赵。赵卒反覆,恐为乱。"乃挟诈尽坑之,遗其小者二百余人归赵。

纲　壬寅,五十六年,魏以孔斌为相,寻以病免。

目　魏王闻子顺贤,聘以为相,陈大计不用,乃以病致仕。

秦之始伐赵也,魏王问于诸大夫,皆曰:"秦若不胜,则可乘敝而击之;胜则因而服焉,于我何损?"斌曰:"不然。秦,贪暴之国也,胜赵必复他求,吾恐于时魏受其师也。先人有言:燕雀处屋,子母相哺,呴呴相乐,自以为安矣。灶突炎上,栋宇将焚,燕雀颜不变,不知祸之将及己也。今子不悟赵破而患将及己,可以人而同于燕雀乎!"斌,穿之子也。

纲　癸卯,五十七年,秦伐赵,围邯郸。

目　秦武安君病,使王陵伐赵,攻邯郸,少利。武安君病愈,王欲使代之。武安君曰:"邯郸实未易攻也,且诸侯之救日至。秦虽胜于长平,然士卒死者过半,国内空,远绝山河,而争人国都,赵应其内,诸侯攻其外,破秦军必矣。"王又使应侯请之,终辞不行;及以王龁代陵。

纲　赵公子胜如楚乞师,楚黄歇帅师救赵。

目　赵王使平原君求救于楚,约其门下文武备具者二十人与俱,得十九人,余无可取者。毛遂自荐。平原君曰:"夫贤士之处世,如锥处囊中,其末立见。今先生处胜门下,三年于此矣,胜未有所闻,是先生无所有也。"遂曰:"臣乃今日请处囊中耳,使臣得蚤处囊中,乃脱颖而出,非特其末见而已。"平原君乃与俱至楚,与楚王言合从之利,久不决。毛遂按剑历阶而上,曰:"从之利害,两言而决耳!今日出而言,日中不决,何也?"王怒叱之,遂按剑而前曰:"王之所以叱遂者,以楚国之众也。今十步之内,王不得恃楚国之众也!王之命悬于遂手。吾君在前,叱者何也?今以楚之强,天下弗能当。白起小竖子耳,一战而举鄢郢,再战而烧夷陵,三战而辱王之先人,此百世之怨,赵之所羞,而王不知恶焉。合从者为楚,非为赵也。"王曰:"唯唯。"乃与楚王歃血定从而归。平原君曰:"胜不敢复相天下士矣!"因以毛遂为上客,而楚使春申君将兵救赵。

纲　魏晋鄙帅师救赵,次于邺,公子无忌袭杀鄙,夺其军以进。

目　魏王使晋鄙救赵。秦王使谓魏曰:"吾攻赵,旦暮且下,诸侯敢救者,必移兵先击之!"魏王恐,止晋鄙,壁邺。又使新垣衍入邯郸说赵，欲共尊秦为帝，以却其兵。鲁仲连闻之，往见衍曰："彼秦者弃礼义而上首功之国也。彼即肆然而为帝于天下，则连有蹈东海而死耳，不愿为之民也！且梁未睹秦称帝之害故耳。昔者九侯、鄂侯、文王，纣之三公也。纣醢九侯，鄂侯争之强，故脯鄂侯；文王闻之，喟然而叹，故拘之羑里之库，欲令之死。今秦、梁俱据万乘之国，各有称王之名，奈何睹其一战之胜，欲从而帝之，卒就脯醢之地乎！且秦无已而帝，则将行其天子之礼以号令天下，变易诸侯之大臣，夺其所憎而与其所爱，又使女子谗妾为诸侯妃姬，梁王安得晏然而已乎！而将军又何以得故宠乎！"衍起再拜曰："吾乃今知先生天下士也！吾请出，不敢复言帝秦矣！"

初，魏公子无忌爱人下士，致食客三千人。有隐士侯嬴，家贫，为夷门监者。公子置酒，大会宾客，坐定，从车骑，虚左，自迎侯生。至，公子引侯生坐上坐，宾客皆惊。及秦围赵，赵平原君夫人，无忌姊也，使者冠盖相属于魏，让公子。公子患之，数请魏王敕晋鄙救赵，及宾客辩士游说万端，王终不听。公子乃过见侯生，再拜问计。生曰："吾闻晋鄙兵符，在王卧内，而如姬最幸，力能窃之。且公子尝为报其父仇，如姬欲为公子死无所辞。诚一开口，则得虎符，夺鄙兵，北救赵，西却秦，此五伯之功也。"公子如其言，得兵符。侯生曰："将在外，君令有所不受。有如鄙疑而复请之，则事危矣。臣客朱亥，力士，可与俱。鄙不听，使击之。"公子至邺，晋鄙合符，果疑之。亥袖四十斤铁椎，椎杀鄙。公子勒兵下令曰："父子俱在军中者，父归！兄弟俱在军中者，兄归！独子无兄弟者，归养！"得选兵八万人，将之而进。

纲　甲辰，五十八年，秦杀白起。

目　王龁战不利，武安君曰："不听吾计，今何如矣？"王闻之，怒，强起之。武安君称病笃，乃免为士伍，迁之阴密。行至杜邮，应侯曰："起之迁，意尚怏怏，有余言。"王乃使赐之剑，武安君遂自杀。秦人怜之。应侯乃任郑安平，使将击赵。

纲　魏公子无忌大破秦军邯郸下。

目　信陵君大破秦军于邯郸下，王龁解围走。郑安平以二万人降赵。

信陵君不敢归魏，使将将其军以还。赵王欲以五城封公子，公子闻之，有自功之色。客有说公子曰："物有不可忘，有不可不忘。人有德于公子，公子不可忘也。公子有德于人，愿公子忘之也。且矫令夺兵以救赵，于赵则有功矣，于魏则未为忠臣也。公子乃自骄而功之，窃为公子不取也！”于是公子立自责，若无所容。赵王自迎，与公子饮至暮，以公子退让，竟不忍言献五城。

平原君欲封鲁仲连，仲连亦不受，乃以千金为寿。连笑曰：“所贵为天下之士者，为人排患难解纷乱而无取也。即有取者，是商贾之事，连不忍为也！”遂辞去，终身不复见。

纲 秦太子之子异人自赵逃归。

目 秦太子妃曰华阳夫人，无子。夏姬生子异人，质于赵。秦数伐赵，赵不礼之，困不得意。阳翟大贾吕不韦适邯郸，见之，曰：“此奇货可居！”乃说之曰：“秦王老矣。太子爱华阳夫人而无子。子之兄弟二十余人，子居中，不甚见幸，太子即位，子不得争为嗣矣。”异人曰：“奈何？”不韦曰：“能立适嗣者独华阳夫人耳。不韦虽贫，请以千金为子西游，立子为嗣。”异人曰：“必如君策，秦国与子共之。”不韦乃与五百金令结宾客，复以五百金买奇物玩好，自奉而西，见夫人姊，而以献于夫人，因誉异人之贤，宾客遍天下，日夜泣思太子及夫人，曰：“异人也以夫人为天！”夫人喜。不韦因使其姊说曰：“夫人爱而无子，不以繁华时蚤自结于诸子中贤孝者，举以为适，即色衰爱弛，虽欲开一言，尚可得乎！今异人贤，而自知中子，不得为适，诚以此时拔之，是异人无国而有国，夫人无子而有子也，则终身有宠于秦矣。”夫人以为然，乘间言之。太子与夫人又刻玉符，约以为嗣，因请不韦傅之。

不韦娶邯郸姬绝美者与居，知其有娠，异人见而请之。不韦佯怒，既而献之，期年而生子政，异人遂以为夫人。邯郸之围，赵人欲杀之，不韦赂守者得脱，亡赴秦军，遂归。异人楚服而见夫人，夫人曰：“吾楚人也，当自子之。”更名曰楚。

纲 乙巳，五十九年，秦伐韩、赵，王命诸侯讨之。秦遂入寇，王入秦，尽献其地，归而卒。

目 秦伐韩，取阳城、负黍，斩首四万。伐赵，取二十余县，斩首九万。赧王恐，倍秦，与诸侯约从，欲伐秦。秦使将军摎攻西周，赧王入秦，顿首受罪，尽献其邑三十六，口三万。秦受其献而归赧王于周，是岁卒。

东周君

纲 丙午。

纲 秦丞相范雎免。

目 秦河东守王稽坐与诸侯通，弃市。王临朝而叹，应侯请其故。王曰："武安君死，而郑安平、王稽皆畔，内无良将，外多敌国，吾是以忧！"应侯惧，不知所出。燕客蔡泽闻之，西入秦，先使人宣言于应侯曰："蔡泽见王，必夺君位。"应侯召泽让之，泽曰："吁，君何见之晚也！夫四时之序，成功者去。商君、吴起、大夫种，何足愿与？"应侯谬曰："何为不可！君子有杀身以成名，死无所恨。"泽曰："身名俱全者，上也；名可法而身死者，次也。三子之可愿，孰与闳夭、周公哉？语曰：'日中则移，月满则亏。'进退赢缩，与时变化。今君怨已雠而德已报，意欲至矣而无变计，窃为君危之！"应侯曰："善。"遂荐泽于王，因谢病免。王悦泽计，以为相，数月免。

纲 楚以荀况为兰陵令。

目 荀卿，赵人，春申君以为兰陵令。

荀卿尝与临武君论兵于赵孝成王前。王曰："请问兵要。"卿对曰："要在附民。夫仁人之兵，上下一心，三军同力；臣之于君也，下之于上也，若子弟之事父兄，若手臂之扞头目而覆胸腹也。故兵要在于附民而已。故齐之技击不可以遇魏之武卒，魏之武卒不可以遇秦之锐士，秦之锐士不可以当桓、文之节制，桓、文之节制不可以敌汤、武之仁义。故招延募选，隆势诈，尚功利，是渐之也。礼义教化，是齐之也。故兵大齐则制天下，小齐则制邻敌。"王曰："善。请问为将。"卿曰："号令，欲严以威；赏罚，欲必以信；处舍，欲周以固；徙举进退，欲安以重，欲疾以速；窥敌观变，欲潜以深，欲伍以参；遇敌决战，必行吾所明，无行吾所疑，夫是之谓六术。无欲将而恶废，无怠胜而忘败，无威内而轻外，无见利而不顾其害，凡虑事欲熟而用财欲泰，夫是之谓五权。可杀而不可使处不完，可杀而不可使击不胜，可杀而不可使欺百姓，夫是之谓三至。凡百事之成也必在敬之，其败也必在慢之，故敬胜怠则吉，怠胜敬则灭，计胜欲则从，欲胜计则凶。战如守，行如战，有功如幸。慎行此六术、五权、三至，而处之以恭敬无旷，夫是之谓天下之将。"临武君曰："善。"陈嚣问曰："先生议兵，常以仁义为本，然则又何以兵为哉？"

卿曰:“仁者爱人,故恶人之害之也;义者循理,故恶人之乱之也。故兵者所以禁暴除害也,非争夺也。”

纲 周民东亡,秦取其宝器,迁西周公于悬狐之聚。

纲 楚人迁鲁于莒而取其地。

纲 丁未,韩王入朝于秦。

纲 戊申,秦王郊见上帝于雍。

纲 庚戌,秋,秦王稷薨,太子柱立。

纲 辛亥,冬十月,秦王薨,子楚立。

目 孝文王即位三日而薨,子楚立,尊华阳夫人为华阳太后,夏姬为夏太后。

纲 燕伐齐,拔聊城;齐伐取之。

目 燕将攻齐聊城,拔之;或谮之燕王。燕将保聊城,不敢归。齐田单攻之,岁余不下。鲁仲连乃为书,约之矢以射城中,遗燕将,曰:“为公计者,不归燕则归齐。今独守孤城,齐兵日益而燕救不至,将何为乎?”燕将见书,泣三日,犹豫不能决,遂自杀。聊城乱,田单克之。归,言仲连于齐王,欲爵之。仲连逃之海上,曰:“吾与富贵而诎于人,宁贫贱而轻世肆志焉!”魏王问天下之高士于子顺,子顺曰:“世无其人也;抑可以为次,其鲁仲连乎!”

纲 壬子,秦以吕不韦为相国,封文信侯。

纲 秦灭东周,迁其君于阳人聚。

目 东周君与诸侯谋伐秦;王使相国帅师灭之,迁东周君于阳人聚。周遂不祀。周比亡,凡七邑。

右周三十七王,并东周君计八百七十三年。

秦纪

庄襄王

纲 甲寅,秦伐魏,魏公子无忌帅五国之师败之,追至函谷还。

目 蒙骜伐魏,取高都、汲。魏王患之,使人请信陵君。信陵君不肯还,其客毛公、薛公见曰:“公子所以重于诸侯者,徒以有魏也。今魏急而公子不恤,一旦秦克大梁,夷先王之宗庙,公子何面目立天下乎!”语未毕,信陵君色变,趣驾还魏。魏王持信陵君而泣,以为上将军。求援于诸侯,诸侯闻之,皆遣兵救魏。信陵君遂率五国之师,败骜于河外，追至函谷关而还。

安陵人缩高之子仕于秦，守管。信陵君攻之不下，使人召高，将以为五大夫，执爵尉，而使攻管。高对曰：“父攻子守，人之笑也；见臣而下，是倍主也。父教子倍，亦非君之所喜。敢辞！”信陵君怒，使谓安陵君：“生束缩高而致之！不然，无忌将帅十万之师以造城下。”安陵君曰：“吾先君成侯受诏襄王以守此城也，手受太府之宪，其上篇曰：‘子弑父，臣弑君，有常不赦。国虽大赦，降臣亡子不得与焉。’今缩高辞大位以全父子之义，而君曰‘必生致之’，是使我负襄王之诏而废太府之宪也。”缩高闻之曰：“信陵君为人悍猛而自用，此辞反，必为国祸。吾已全己，无违人臣之义矣，岂可使吾君有魏患乎！”乃之使者舍，刎颈而死。信陵君闻之，缟素避舍，而遣使谢安陵君。

纲　五月，秦王薨，子政立。

目　政生十三年矣，国事皆委于文信侯，号仲父。

后秦纪

始皇帝

纲　乙卯，秦凿泾水为渠。

目　韩欲疲秦，使无东伐，乃使水工郑国为间于秦，凿泾水为渠。中作而觉，欲杀之。国曰：“臣为韩延数年之命，然渠成亦秦万世之利也。”乃使卒为之。注填阏之水溉舄卤之地四万余顷，收皆亩一钟，由是秦益富饶。

纲　丙辰，赵王薨。廉颇奔魏。

目　赵使廉颇伐魏，取繁阳。孝成王薨，悼襄王立，使乐乘代颇。颇怒，攻之，遂出奔魏；魏不能用。赵师数困，王复思之，使视颇尚可用否。颇之仇郭开多与使者金，令毁之。颇见使者，一饭斗米，肉十斤，被甲上马，以示可用。使者还报曰：“廉将军老，尚善饭，然与臣坐，顷之三遗矢矣。”王遂不召。楚人迎之。颇一为楚将，无功，曰：“我思用赵人！”遂卒于楚。

纲　丁巳，赵李牧伐燕，取武遂、方城。

目　李牧者，赵之北边良将也，尝居代、雁门备匈奴，以便宜置吏，市租皆输入莫府，为士卒费，日击数牛飨士。习骑射，谨烽火，多间谍。为约曰："匈奴入盗则急收保，有敢捕虏者斩！"如是数岁，无所亡失，匈奴皆以为怯。士日得赏赐而不用，皆愿一战。于是大破匈奴十余万骑，单于奔走，十余岁不敢近赵边。

纲 戊午，秋七月，秦蝗、疫，令民纳粟拜爵。

纲 庚申，楚、赵、魏、韩、卫合从以伐秦，至函谷，皆败走。

目 诸侯患秦攻伐无已时，故五国合从以伐之。楚王为从长，春申君用事，取寿陵。至函谷，秦师出，五国兵皆败走。

纲 楚迁于寿春。

纲 癸亥，夏四月，秦大寒，民有冻死者。

纲 秋九月，秦嫪毐作乱，伏诛，夷三族。秦王迁其太后于雍。

目 初，秦王即位，年少，太后时时与文信侯私通。王益壮，文信侯恐事觉及祸，乃以舍人嫪毐诈为宦者进之。生二子，封毐为长信侯，政事皆决于毐。至是有告毐实非宦者，王下吏治毐。毐惧，矫王御玺发兵为乱。王使相国昌平君、昌文君攻之，毐战败走，获之，夷三族。迁太后于雍萯阳宫，杀其二子。下令敢谏者死，谏而死者二十七人。齐客茅焦请谏，王大怒，趣召镬欲烹之。焦徐行至前，曰："臣闻有生者不讳死，有国者不讳亡。死生存亡，圣主所欲急闻也，陛下欲闻之乎？"王曰："何谓也？"焦曰："陛下有狂悖之行，不自知耶？车裂假父，囊扑二弟，迁母于雍，残戮谏士；桀、纣之行不至于是矣！令天下闻之，尽瓦解，无向秦者，臣窃为陛下危之！臣言已矣！"乃解衣伏质。王下殿，手接之，爵以上卿。自驾，虚左方，迎太后归，复为母子如初。

纲 楚王完薨。盗杀黄歇。

目 楚考烈王无子，春申君求妇人宜子者进之，甚众，卒无子。赵人李园进其妹于春申君，既有娠，园使妹说春申君曰："楚王无子，即百岁后将更立兄弟，彼亦各贵其故所亲，君又安得长保此宠乎！且君贵，用事久，多失礼于王之兄弟，兄弟立，祸且及身矣。今妾有娠而人莫知，诚以君之重，进妾于王，赖天而有男，则是君之子为王也。楚国可尽得，孰与身临不测之祸哉！"春申君乃出之，谨舍而言诸王。王召幸之，遂生男，立为太子。园妹为后，园亦贵用事，恐春申君泄其语，阴养死士，欲杀春申君以灭口。王薨，园先入，伏死士于棘门之内，刺杀春申君，灭其家。太子立。

纲 甲子，冬十月，秦相国吕不韦以罪免，出就国。

目 秦王以不韦奉先王功大，不忍诛，免就国。

纲 秦大索，逐客。客卿李斯上书，召复故官，遂除其令。

目 秦宗室大臣议曰："诸侯人来仕者，皆为其主游间耳，请一切逐之。"于是大索，逐客。客卿楚人李斯亦在逐中，行，且上书曰："昔穆公取由余于戎，得百里奚于宛，迎蹇叔于宋，求丕豹、公孙支于晋，并国二十，遂霸西戎。孝公用商鞅，诸侯亲服，至今治强。惠王用张仪，散六国从，使之事秦。昭王得范雎，强公室，杜私门。由此观之，客何负于秦哉！今乃弃黔首以资敌国，却宾客以业诸侯，此所谓借寇兵而赍盗粮者也。臣闻泰山不让土壤，故能成其大；江河不择细流，故能就其深；王者不却众庶，故能明其德；此五帝、三王之所以无敌也。惟大王图之。"王乃召李斯，复其官，除逐客之令，卒用斯谋兼天下。

纲 丙寅，秦吕不韦徙蜀，自杀。

目 不韦就国岁余，诸侯使者请之，相望于道。王恐其为变，赐不韦书曰："君何功于秦，封河南十万户？何亲于秦，号称仲父？其徙处蜀！"不韦恐诛，饮鸩死。

纲 戊辰，韩遣使称藩于秦。

目 初，韩诸公子非善刑名法术之学，见韩削弱，数以书干韩王，王不能用。于是作孤愤、五蠹、说难等篇，十余万言。至是王使纳地效玺于秦，请为藩臣。非因说秦王曰："大王诚听臣说，一举而天下之从不破，赵不举，韩不亡，荆、魏不臣，齐、燕不亲，则斩臣徇国，以戒为王谋不忠者。"王悦之，未用。李斯谮之，下吏自杀。

纲 己巳，燕太子丹自秦亡归。

目 初，丹尝质于赵，与秦王善。及秦王即位，丹质于秦，秦王不礼焉。丹怒，亡归。

纲 辛未，秦内史胜灭韩，虏王安，置颍川郡。

纲 壬申，秦王翦伐赵，下井陉。赵杀其大将军李牧。

目 秦王翦伐赵，赵使李牧御之。秦多与赵嬖臣郭开金，使言牧欲反。赵王使赵葱、颜聚代之；牧不受命，遂杀之。

纲 癸酉，秦灭赵，虏王迁。秦王如邯郸。

目 故与母家有仇者皆杀之。

纲 赵公子嘉自立为代王。与燕合兵，军上谷。

纲 楚王薨，弟郝立。三月，郝庶兄负刍杀之自立。

纲 甲戌，燕太子丹使盗劫秦王，不克。秦遂击破燕、代兵，进围蓟。

目 初，丹既亡归，怨秦王，欲报之，以问其傅鞠武。武请约三晋，连齐、楚，媾匈奴以图之。太子曰："太傅之计，旷日弥久，令人心惛然，恐不能须也。"顷之，秦将军樊於期得罪，亡之燕，太子受而舍之。鞠武谏不听。太子闻卫人荆轲贤，卑辞厚礼而请见之。谓曰："秦已虏韩临赵，祸且至燕。燕小，不足以当秦。诸侯又皆服秦，莫敢合从。丹以为诚得天下之勇士使于秦，劫秦王，使悉反诸侯侵地，若曹沫之与齐桓公盟，则善矣；不可，则因而刺杀之。彼大将擅兵于外而内有乱，则君臣相疑，以其间，诸侯得合从，破秦必矣。惟荆卿留意焉！"轲许之。乃舍轲上舍，丹日造门，所以奉养轲无不至。

会秦灭赵，丹惧，欲遣轲。轲曰："行而无信，则秦未可亲也。愿得樊将军首及燕督亢地图以献秦王，秦王必悦见臣，臣乃有以报。"丹曰："樊将军穷困来归丹，丹不忍也！"轲乃私见於期曰："秦王遇将军，可谓深矣，父母宗族皆为戮没！今闻购将军首，金千斤，邑万家，将奈何？"於期太息流涕曰："计将安出？"轲曰："愿得将军之首以献秦王，秦王必喜而见臣，臣左手把其袖，右手揕其胸，则将军之仇报而燕见陵之愧除矣！"於期曰："此臣之日夜切齿腐心者也！"遂自刎。丹奔往伏哭，然已无可奈何，乃函盛其首。又尝豫求天下之利匕首，以药淬之，以试人，血濡缕，无不立死者。乃装遣轲至咸阳，见秦王。奉图以进，图穷而匕首见，把王袖而揕之；未至身，王惊起，轲逐王，环柱而走。秦法，群臣侍殿上者不得操尺寸之兵，左右以手共搏之，且曰："王负剑！负剑！"王遂拔以击轲，断其左股，遂体解以徇。

王大怒，益发兵就王翦于中山，与燕、代战易水西，大破之，遂围蓟。

纲 乙亥，冬十月，秦拔蓟，燕王走辽东，斩其太子丹以献于秦。

纲 秦李信伐楚。

目 秦王问于李信曰："吾欲取荆，度用几何人？"对曰："不过二十万。"问王翦，翦曰："非六十万人不可。"王曰："将军老矣，何怯也！"

乃使信及蒙恬将二十万人伐楚；翦谢病，归频阳。

纲 丙子，秦王政伐魏，引河沟以灌其城。魏王假降，杀之，遂灭魏。

纲 楚人大败秦军，李信奔还秦，王翦代之。

目 李信大败楚军，引兵西，与蒙恬会城父。楚人因随之，三日不顿舍，大败之，入两壁，杀七都尉。信奔还，王怒，自至频阳谢王翦，强起之。翦曰："老臣罢病悖乱，大王必不得已用臣，非六十万人不可！"王许之。于是翦将六十万人伐楚，王自送至霸上，翦请美田宅甚众。王曰："将军行矣，何忧贫！"翦曰："为大王将，有功，终不得封侯，故及大王之乡臣，请田宅为子孙业耳。"王大笑。既行，又数使使者归请之。或曰："将军之乞贷亦已甚矣！"翦曰："王怚中而不信人，今空国而委我，不有以自坚，顾令王坐而疑我矣。"

纲 丁丑，秦王翦大败楚军，杀其将项燕。

目 王翦取陈以南至平舆，楚人悉国中兵以御之；翦坚壁不战，日休士洗沐，而善饮食，抚循之。久之，问："军中戏乎？"对曰："方投石、超距。"翦曰："可矣！"楚既不得战，引而东。翦追击，大破之，至蕲南，杀其将项燕，楚师遂败走。翦乘胜略定城邑。

纲 戊寅，秦灭楚，虏王负刍，置楚郡。

纲 己卯，秦王贲灭燕，虏王喜。还灭代，虏王嘉。

纲 秦王翦遂定江南，降百越，置会稽郡。

纲鉴易知录卷八

后秦纪

始皇帝

纲　庚辰，秦始皇帝二十六年，王贲袭齐，王建降，遂灭齐。

目　初，齐君王后事秦谨，与诸侯信，齐亦东边海上。秦日夜攻五国，五国各自救，以故王建立四十余年不受兵。君王后死，后胜相齐，与宾客多受秦间金，劝王朝秦，不修战备，不助五国攻秦，秦以故得灭五国。至是王贲自燕南攻齐，猝入临淄，民莫敢格者。建遂降，秦迁之共，处之松柏之间，饿而死。齐人怨建听奸人宾客，不蚤与诸侯合从，以亡其国，歌之曰："松邪，柏邪！住建共者客邪！"疾建用客之不详也。

纲　王初并天下，更号"皇帝"。

目　王初并天下，自以为德兼三皇，功过五帝，乃更号曰"皇帝"，命为"制"，令为"诏"，自称曰"朕"。追尊庄襄王为太上皇。

纲　除谥法。

目　制曰："死而以行为谥，则是子议父，臣议君也，甚无谓。自今以来，除谥法。朕为始皇帝，后世以计数，二世、三世至于万世，传之无穷。"

纲　定为水德，以十月为岁首。

目　初，齐人邹衍论著终始五德之运，始皇采用其说，以为周得火德，秦代周，从所不胜，为水德。始改年，朝贺皆自十月朔；衣服、旌旄、节、旗皆尚黑；数以六为纪。以为水德之始，刚毅戾深，事皆决于法，刻削毋仁恩和义，然后合于五德之数。于是急于法，久不赦。

纲　分天下为三十六郡。销兵器。一法度。徙豪杰于咸阳。

目　丞相绾等言："燕、齐、荆地远，请立诸子为王以镇之。"始皇下其议，廷尉斯曰："周封子弟同姓甚众，然后属疏远，相攻击如仇雠，天子弗能禁。今海内赖陛下神灵一统，皆为郡、县，诸子功臣以公税赋重赏赐之，甚足，易制，天下无异意，则安宁之术也。置诸侯不便。”始皇曰：“天下苦战斗不休，以有侯王。赖宗庙，天下初定，又复立国，是树兵也，而求其宁息，岂不难哉！廷尉议是。”

分天下为三十六郡，郡置守、尉、监。

收天下兵，销以为钟鐻、金人，置宫庭中。一法度、衡、石、丈尺。徙天下豪杰于咸阳十二万户。

纲 壬午，二十八年，帝东巡，上邹峄山，立石颂功业。封泰山，立石；下禅梁父。遂登琅邪，立石。遣徐市入海求神仙，渡淮浮江，至南郡而还。

目 始皇东行郡县，上邹峄山，立石颂功德。上泰山阳，至巅，封祠祀，立石颂德；从阴道下，禅于梁父。遂东游海上，南登琅邪，作台，刻石。

方士徐市等上书，请得与童男女入海求三神山诸仙人不死药。于是遣市发童男女数千人求之。曰：“未能至，望见之焉。”

始皇还过彭城，斋戒祷祠，欲出周鼎泗水，使千人没水求之，弗得。乃西南渡淮浮江，至湘山祠，逢大风，几不能渡。上问：“湘君何神？”对曰：“尧女，舜妻。”始皇大怒，伐赭其山。遂自南郡由武关归。

纲 癸未，二十九年，帝东游，至阳武，韩人张良狙击，误中副车；令天下大索十日，不得。遂登之罘，刻石而还。

目 初，韩人张良，五世相韩。及韩亡，良散千金之产，弟死不葬，欲为韩报仇。始皇东游至阳武博浪沙中，良令力士操铁椎狙击始皇，误中副车。始皇惊，求弗得，令天下大索十日。

纲 丙戌，三十二年，帝巡北边，遣将军蒙恬伐匈奴。

目 初，始皇之碣石，使卢生求羡门子高，还奏得录图书，曰：“亡秦者胡也。”始皇乃巡北边，遣将军蒙恬发兵三十万人，北伐匈奴。

纲 丁亥，三十三年，蒙恬收河南地；筑长城。

目 蒙恬斥逐匈奴，收河南地，为四十四县。筑长城，起临洮，至辽东，延袤万余里。暴师于外十余年，恬常居上郡统治之。

纲 彗星见。

纲 戊子，三十四年，烧诗、书、百家语。

目 始皇置酒咸阳宫，仆射周青臣进颂曰："陛下神圣，平定海内，以诸侯为郡县，无战争之患，上古所不及。"始皇悦。博士淳于越曰："殷、周之王千余岁，封子弟功臣，自为枝辅。今陛下有四海，而子弟为匹夫，卒有田恒、六卿之臣，何以相救？事不师古而能长久，非所闻也。今青臣又面谀以重陛下之过，非忠臣也！"始皇下其议。丞相李斯言："五帝不相复，三代不相袭。今陛下创大业，建万世之功，固非愚儒所知。且越言乃三代之事，何足法也！异时诸侯并争，厚招游学。今天下已定，法令出一，百姓当家则力农工，士则习法令。今诸生不师今而学古，以非当世，惑乱黔首。人闻令下，则各以其学议之。入则心非，出则巷议，夸主以为名，异趣以为高，率群下以造谤。如此弗禁，则主势降乎上，党与成乎下。禁之便！臣请史官非秦记皆烧之；非博士官所职，天下有藏诗、书、百家语者，皆诣守、尉杂烧之；偶语诗、书者弃市；以古非今者族。所不去者，医、药、卜筮、种树之书。欲学法令者，以吏为师。"制曰："可。"

纲 己丑，三十五年，营朝宫，作前殿阿房。

目 始皇以咸阳人多，先王宫庭小，乃营朝宫渭南上林苑中。先作前殿阿房，东西五百步，南北五十丈，上可以坐万人，下可以建五丈旗，周驰为阁道，自殿下直抵南山，表山巅以为阙。复道渡渭，属之咸阳。隐宫、徒刑者，七十余万人，分作阿房、骊山。关中计宫三百，关外四百余。因徙三万家骊邑，五万家云阳。

卢生说始皇为微行，以辟恶鬼。所居宫毋令人知，然后不死之药殆可得也。始皇乃令咸阳旁三百里内，宫观复道相连，帷帐、钟鼓、美人充之，各按署，不移徙。所行幸，有言其处者死。尝从梁山宫望见丞相车骑众，弗善也。或告丞相，丞相损之。始皇怒曰："此中人泄吾语！"捕时在旁者尽杀之。是后，莫知行之所在。群臣受决事者，悉于咸阳宫。

纲 坑诸生四百六十余人，使长子扶苏监蒙恬军。

目 侯生、卢生相与讥议始皇，因亡去。始皇闻之，大怒曰："诸生或为妖言以乱黔首！"使御史按问之。诸生传相告引，乃自除犯禁者四百六十余人，皆坑之咸阳。长子扶苏谏曰："诸生皆诵法孔子。今以重法绳之，臣恐天下不安。"始皇怒，使北监蒙恬军于上郡。

纲　庚寅，三十六年，陨石东郡。

目　有陨石于东郡。或刻之曰“始皇死而地分”。使御史逐问，莫服；尽诛石旁居人，燔其石。

纲　辛卯，三十七年，冬十月，帝东巡，至云梦，祀虞舜。上会稽，祭大禹，立石颂德。秋七月，至沙丘，崩。丞相李斯、宦者赵高，矫遗诏立少子胡亥为太子，杀扶苏、蒙恬。还至咸阳，胡亥袭位。九月，葬骊山。

目　十月，始皇东巡，少子胡亥、丞相李斯从。至云梦，望祀虞舜于九疑山。浮江下，渡海渚，过丹阳，至钱塘，临浙江，上会稽，祭大禹，望于南海，立石颂德。北至琅邪、之罘。西至平原津而病。

始皇恶言死，群臣莫敢言死事。病益甚，乃令中车府令行符玺事赵高，为书赐扶苏曰：“与丧，会咸阳而葬。”未付使者。七月，始皇崩于沙丘，秘不发丧，棺载辒辌车中，所至，上食、奏事如故，独胡亥、赵高与幸宦者五六人知之。

初，始皇尊宠蒙氏，恬任外将，毅常居中参谋议，名为忠信。赵高者，生而隐宫；始皇闻其强力、通狱法，以为中车府令，使教胡亥决狱。尝有罪，使毅治之，当死；始皇赦之。高既雅得幸于胡亥，又怨蒙氏，乃与胡亥谋，诈以始皇命诛扶苏，而立胡亥为太子。胡亥然之。高曰：“不与丞相谋，恐事不成。”乃见李斯曰：“上赐长子书及符玺，皆在胡亥所。定太子，在君侯与高之口耳。事将何如？”斯曰：“安得亡国之言！此非人臣所当议也！”高曰：“君侯材能智虑，功高无怨，长子信之，孰与蒙恬？”斯曰：“皆不及也。”高曰：“长子即位，必用恬为丞相，君侯终不怀通侯之印归乡里，明矣！胡亥慈仁笃厚，可以为嗣。愿君审计而定之！”斯以为然，乃相与矫诏立胡亥为太子；更为书赐扶苏，数以不能立功，数上书诽谤怨望，而恬不矫正，皆赐死。扶苏发书，泣，欲自杀。恬曰：“陛下使臣将三十万众守边，公子为监，此天下重任也。今一使者来，安知其非诈！复请而死，未暮也。”扶苏曰：“父赐子死，尚安复请！”即自杀。恬不肯死，系诸阳周。

胡亥至咸阳，发丧，袭位，是为二世皇帝。

九月，葬始皇帝于骊山，下锢三泉，奇器珍怪，徙藏满之。令匠作机弩，有穿近者辄射之。后宫无子者，皆令从死。工匠为机者，皆闭之墓中。

二世欲遂杀蒙恬兄弟，兄子子婴谏曰："蒙氏，秦之大臣、谋士也，一旦弃之，而立无节行之人，是使群臣不相信，而斗士之意离也！"弗听。恬曰："吾积功信于秦，三世矣。今将兵三十余万，其势足以倍畔，然自知必死而守义者，不敢辱先人之教以不忘先帝也！"乃吞药自杀。

二世皇帝

纲 壬辰，二世皇帝元年，夏四月，杀诸公子、公主。

目 二世谓赵高曰："吾已临天下矣，欲悉耳目之所好，穷心志之所乐，以终吾年寿，可乎？"高曰："此贤主之所能行，而昏乱主之所禁也。然沙丘之谋，诸公子及大臣皆疑焉。今陛下初立，此其属意怏怏皆不服，恐为变；陛下安得为此乐乎！"二世曰："为之奈何？"高曰："严法刻刑，诛灭大臣、宗室，更置所亲信，陛下则高枕肆志宠乐矣。"二世乃更为法律，益务刻深，大臣、诸公子有罪，辄下高鞫治之。公子十二人僇死咸阳市，十公主矺死于杜，公子将闾呼天自杀。公子高欲奔，不敢，乃上书："请从死先帝，得葬骊山之足。"二世大悦，赐钱以葬。

纲 复作阿房宫。

纲 秋七月，楚人陈胜、吴广起兵于蕲。胜自立为楚王，以广为假王，击荥阳。

目 是时发闾左戍渔阳者九百人，屯大泽乡。阳城人陈胜、阳夏人吴广为屯长。会天大雨，道不通，度已失期，法皆斩。胜、广因天下之愁怨，乃杀将尉，令徒属曰："公等皆失期当斩；假令毋斩，而戍死者固什六七。且壮士不死则已，死则举大名耳！王、侯、将、相宁有种乎！"众皆从之。乃诈称公子扶苏、项燕，为坛而盟，称大楚。攻蕲，蕲下。行收兵，比至陈，卒数万人，入据之。

大梁张耳、陈馀诣门上谒，胜素闻其贤，大喜。豪杰父老请立胜为楚王，胜以问耳、馀。耳、馀曰："秦为无道，暴虐百姓；将军出万死之计，为天下除残也。今始至陈而王之，示天下私。愿将军毋王，急引兵而西，遣人立六国后，自为树党，为秦益敌。敌多则力分，与众则兵强。如此野无交兵，县无守城，诛暴秦，据咸阳，以令诸侯，则帝业成矣！"不听，遂自立为王，号"张楚"。郡县苦秦法，争杀长吏以应之。

使从东方来，以反者闻，二世怒，下之吏。后至者曰："群盗鼠窃狗偷，郡守、尉方捕逐，今尽得，不足忧也。”乃悦。胜以广为假王，监诸将击荥阳。

纲 楚遣诸将徇赵、魏，以周文为将军，将兵伐秦。至戏，秦遣少府章邯拒之，楚军败走。

目 张耳、陈馀复请奇兵略赵地。胜以所善陈人武臣为将军，耳、余为校尉，予卒三千人徇赵。又令魏人周市徇魏。闻周文，陈之贤人，习兵，使西击秦。武臣等收兵得数万人，号武信君，下赵十余城。周文行收兵，卒数十万，至戏，军焉。二世乃大惊，遣少府章邯击败之，文走。

纲 八月，楚将武臣至赵，自立为赵王。

目 张耳、陈馀闻诸将为陈王徇地者，多以谗毁诛，乃说武信君自立为赵王。从之。使韩广略燕，李良略常山，张黡略上党。

纲 九月，楚人刘邦起兵于沛，自立为沛公。

目 沛人刘邦，字季，隆准龙颜。爱人喜施，意豁如也。有大度，不事家人生产作业。初为泗上亭长，单父人吕公奇其状貌，以女妻之。为县送徒骊山，徒多道亡，自度比至皆亡之，乃解纵所送徒曰：“公等皆去，吾亦从此逝矣！”徒中壮士愿从者十余人。季被酒，夜径泽中，有大蛇当径，季拔剑斩之。有老妪哭曰：“吾子，白帝子也，今为赤帝子所杀！”因忽不见。季亡匿芒、砀山泽间。沛令欲应陈涉，主吏萧何、曹参曰：“君为秦吏，今背之，恐子弟不听。愿召诸亡在外者以劫众。”乃召刘季，季之众已数十百人矣。令悔，闭城，季乃书帛射城上，遗沛父老，为陈利害。父老乃率子弟杀令，迎季，立以为沛公。萧、曹为收子弟得二三千人，以应诸侯，旗帜皆赤。

纲 楚人项梁起兵于吴。

目 项梁者，下相人，楚将项燕子也。尝杀人，与兄子籍避仇吴中。籍少时学书，不成，去；学剑，又不成。梁怒。籍曰：“书足以记名姓而已！剑，一人敌，不足学；学万人敌！”于是梁乃教籍兵法，籍大喜，略知其意，又不肯竟学。长八尺余，力能扛鼎。才器过人。会稽守殷通欲应陈涉，使梁将。梁使籍斩通，乃召故所知豪吏，喻以所为起大事，举吴中兵，收下县，得精兵八千人。梁自为会稽守，以籍为裨将。籍时年二十四。

纲　齐人田儋自立为齐王。

目　儋，故齐王族也。与从弟荣、横，皆豪健，宗强，能得人，遂自立为齐王。东略定齐地。

纲　赵将韩广略燕地，自立为燕王。

纲　燕军获赵王，既而归之。

目　赵王与张耳、陈馀略地，王间出，为燕军所得。囚之，以求割地；使者往请，燕辄杀之。有厮养卒往见燕将曰："君知张耳、陈馀何如人也？"曰："贤人也。"曰："知其志何欲？"曰："欲得其王耳。"养卒笑曰："君未知此两人所欲也。夫武臣、张耳、陈馀，杖马箠下赵数十城，此亦各欲南面而王。顾其势初定，且以少长先立武臣。今赵地已服，此两人亦欲分赵而王。今君乃囚赵王，此两人名为求之，实欲燕杀之而分赵自立。夫以一赵尚易燕，况以两贤王左提右挈，而责杀王之罪，灭燕易矣！"燕将乃归赵王，养卒为御而归。

纲　楚将周市，立魏公子咎为魏王而相之。

纲　秦废卫君角为庶人。

目　初，秦并天下，而卫独存，至是二世废之，卫遂绝祀。

纲　癸巳，二年，冬十一月，赵将李良弑其君武臣。秦嘉起兵于郯。

纲　秦益遣兵击楚。腊月，楚庄贾弑其君胜，以降于秦。吕臣讨贾，杀之，复以陈为楚。

目　二世益遣长史司马欣、董翳佐章邯击楚。腊月，楚王至下城父，其御庄贾杀之以降。胜故涓人吕臣起攻陈，杀贾，复以陈为楚。葬胜于砀，谥曰隐王。

纲　春正月，赵将张耳、陈馀立赵歇为王。

目　张耳、陈馀收散兵，得数万人，击李良；良败走。客有说之者曰："两君羁旅，难可独立。立赵后，辅以谊，可就功。"乃求得歇立之，居信都。

纲　秦嘉立景驹为楚王。

纲　秦攻陈下之，吕臣走，得英布军，还复取陈。

目　布，六人也，尝坐法黥，论输骊山。骊山之徒数十万人，布皆与其徒长豪杰交通，乃亡之江中为群盗。番阳令吴芮，甚得江、湖间心,号曰番君。布往见之,其众已数千人。番君以女妻之,使将其兵击秦。

纲 沛公得张良,以为厩将。

目 楚王景驹在留,沛公往从之。张良亦聚少年百余人,欲从驹,道遇沛公,遂属焉。公以良为厩将,良数以太公兵法说沛公;公善之,常用其策。良与他人言,辄不省,良曰:“沛公殆天授!”遂从不去。

纲 项梁击楚王驹杀之。夏六月,立楚怀王孙心为楚怀王,韩公子成为韩王。

目 广陵人召平,为楚徇广陵,未下。闻陈王败,乃渡江,矫王令拜项梁为上柱国,曰:“江东已定,急引兵西击秦。”梁乃以八千人渡江而西。东阳少年杀令,相聚,得二万人,以故令史陈婴素谨信长者,欲立以为王。婴母曰:“暴得大名,不祥,不如有所属。事成犹得封侯,事败易以亡,非世所指名也。”婴乃谓军吏曰:“项氏世世将家,有名于楚。今欲举大事,将非其人不可。我倚名族,亡秦必矣!”众从之。于是婴及英布、蒲将军皆以兵属梁,众遂六七万。梁曰:“陈王首事,战不利,未闻所在。今秦嘉立景驹,大逆无道!”乃进击杀嘉,驹走死。

居鄛人范增,年七十,好奇计,往说梁曰:“陈胜败,固当。夫秦灭六国,楚最无罪。自怀王入秦不反,楚人怜之至今。故楚南公曰:‘楚虽三户,亡秦必楚。’今胜首事,不立楚后而自立,其势不长。今君起江东,楚蜂起之将皆争附君者,以君世世楚将,为能复立楚之后也。”梁然其言,乃求得怀王孙心于民间,为人牧羊;六月,立以为楚怀王,从民望也。都盱眙。以陈婴为上柱国,梁自号武信君。

张良说梁曰:“君已立楚后,韩诸公子横阳君成最贤,可立为王,益树党。”梁从之,立为韩王。以良为司徒,西略韩地。

纲 章邯击魏,齐、楚救之;齐王儋、魏相市败死,魏王咎自杀。

纲 章邯击魏,魏使周市求救于齐、楚;齐王及楚将项它皆将兵随市救魏。章邯大破之,杀齐王及周市。魏王自烧死,其弟豹亡走楚,楚予兵复徇魏地。

纲 齐人立田假为王。秋七月,大霖雨。齐王儋弟荣,逐王假,立儋子市为王而相之。

纲 秦下右丞相冯去疾、左丞相李斯吏。去疾自杀,要斩斯,夷三族。以赵高为中丞相。

目　二世数诮让左丞相李斯："居三公位，如何令盗如此！"斯恐惧，重爵禄，乃阿二世意，以书对曰："夫贤主者，必能行督责之术者也。故申子曰：'有天下而不恣睢，命之曰以天下为桎梏。'夫不能行督责之术，专以天下自适，而徒劳形、苦神，以身徇百姓，若尧、禹然，则是黔首之役，非畜天下者也，故谓之桎梏也。惟明主能行督责，以独断于上，则权不在臣下，然后能灭仁义之涂，绝谏说之辩，荦然行恣睢之心，而莫之敢逆。如此，群臣、百姓救过不给，何变之敢图！"二世说。于是行督责益严，刑者相半于道，而死人日成积于市，秦民益骇惧思乱。

郎中令赵高恃恩专恣，多以私怨杀人；恐大臣言之，乃说二世曰："天子所以贵者，但以闻声，群臣莫得见其面也。今坐朝廷，谴举有不当，则见短于大臣，非所以示神明于天下也。不如深拱禁中，与臣及侍中习法者待事；事来有以揆之，则大臣不敢奏疑事，天下称圣主矣。"二世乃不坐朝廷，事皆决于高。李斯以为言，高乃见斯曰："关东群盗多，而上益发繇，治阿房宫。臣欲谏，为位贱，此真君侯之事，君何不谏？"斯曰："上居深宫，欲谏无间。"高曰："请候上间语君。"于是待二世方燕乐，妇女居前，使人告斯"可奏事矣"。斯至上谒，如此者三。二世怒，高因曰："沙丘之谋，丞相与焉。今陛下为帝，而丞相贵不益，其意亦裂地而王矣。且其长男由守三川，楚盗皆其傍县子，以故公行过三川。闻其文书相往来，未得其审，故未敢以闻。且丞相居外，权重于陛下。"二世乃使人按验三川守与盗通状。斯闻之，乃上书言高罪，又与右丞相冯去疾、将军冯劫进谏曰："群盗并起，皆以戍、漕、转、作事苦，赋税大也。请且止阿房宫作者，减四边戍、转。"二世曰："君不能禁盗，又欲罢先帝所为，是上无以报先帝，次不为朕尽忠力，何以在位！"下吏按罪。去疾、劫自杀。斯自负其辩，有功，无反心，乃就狱。二世属高治之，高皆妄为反辞以相傅，遂具斯五刑论，腰斩咸阳市。斯顾谓其中子曰："吾欲与若复牵黄犬，俱出上蔡东门逐狡兔，岂可得乎！"遂父子相哭，而夷三族。二世乃以高为中丞相，事皆决焉。

纲　章邯击破楚军于定陶，项梁死。

目　梁再破秦军，益轻秦，有骄色。宋义谏曰："战胜而将骄卒惰者败。臣为君畏之！"弗听。二世悉起兵益章邯击楚军，大破之定陶，梁死。怀王徙都彭城，并项羽、吕臣军自将之，号羽为鲁公。

纲 楚立魏豹为魏王。

纲 章邯击赵，围赵王于巨鹿，楚以宋义为上将军救之。

目 章邯北击赵，破邯郸。张耳以赵王走巨鹿，王离围之。陈馀北收兵，得数万人，军其北，章邯军其南。赵数请救于楚。楚王闻宋义先策武信君必败，召与计事，大悦之，因以为上将军，项羽为次将，范增为末将，以救赵。义号“卿子冠军”，诸别将皆属焉。

纲 楚遣沛公伐秦。

目 初，楚怀王与诸将约：“先入定关中者王之。”是时秦兵尚强，诸将莫利先入关；独项羽怨秦，奋身愿与沛公西。诸老将曰：“羽慓悍猾贼，所过无不残灭，不如更遣长者，扶义而西，无侵暴，宜可下。羽不可遣；独沛公素宽大长者，可遣。”王乃遣沛公收陈王、项梁散卒以伐秦。

纲 甲午，三年，冬十一月，楚次将项籍矫杀宋义而代之；大破秦军，虏其将王离。

目 宋义至安阳，留四十六日不进。项羽曰：“秦围赵急，宜疾引兵渡河；楚击其外，赵应其内，破秦军必矣！”宋义曰：“今秦攻赵，战胜则兵罢，我乘其敝；不胜，则我鼓行而西，必举秦矣。”因下令曰：“有猛如虎，很如羊，贪如狼，强不可使者，皆斩之！”遣其子襄相齐，送之无盐，饮酒高会。项羽曰：“今岁饥民贫，卒食半菽，而饮酒高会。不引兵渡河，因赵食，并力攻秦，乃曰‘承其敝’。夫以秦之强，攻新造之赵，其势必举，何敝之承？且国兵新破，主坐不安席，扫境内而属将军，国家安危，在此一举。今不恤士卒，而徇其私，非社稷之臣也！”十一月，羽晨朝义，即其帐中斩之。遣使报命于王，王因以羽为上将军。羽乃悉引兵渡河，已渡，皆沉船破甑，烧庐舍，持三日粮，以示士卒必死，无还心。与秦军遇，九战，皆破之。章邯引却，遂虏王离。时诸侯军救巨鹿者十余壁，莫敢纵兵；及楚击秦，皆从壁上观。楚战士无不一当十，呼声动天地，观者人人惴恐。既破秦军，诸侯将入辕门，膝行而前，莫敢仰视。羽由是始为诸侯上将军，诸侯兵皆属焉。

纲 春二月，沛公击昌邑，彭越以兵从。

目 越，昌邑人，常渔巨野泽中，为群盗。楚兵起，泽间少年相聚百余人，请越为长。略地收散卒，得千余人，至是以其兵归沛公。

纲 沛公使郦食其说陈留，下之。

目 沛公过高阳，高阳人郦食其，家贫落魄，为里监门。其里人有为沛公骑士者，食其谓曰："吾闻沛公慢而易人，多大略，此真吾所愿从游。"骑士曰："公不好儒，客冠儒冠来者，辄解而溺其中。与人言，常大骂。未可以儒生说也。"郦生曰："第言之。"骑士从容言之。沛公至传舍，则使人召郦生。生至，入谒，沛公方踞床，使两女子洗足而见生。生长揖不拜，曰："足下必欲诛无道秦，不宜倨见长者！"公乃辍洗而起，延生上坐，问计。生曰："足下兵不满万，欲以径入强秦，此所谓探虎口者也。夫陈留，天下之冲，又多积粟。臣善其令，请得使之令下。"于是遣生行，而引兵随之，遂下陈留。号生为广野君，为说客，使诸侯。其弟商亦聚众四千人，来属沛公。

纲 夏四月，沛公攻颍川，略南阳。秋七月，南阳守齮降。

目 四月，沛公攻颍川，因张良略韩地。六月，略南阳。七月，郡守齮降。引兵而西，无不下者。所过亡得卤掠，秦民皆喜。

纲 章邯以军降楚。

目 章邯军棘原，项羽军漳南。秦兵数却，二世使人让邯。邯恐，使长史欣请事咸阳，留司马门三日，赵高不见。欣恐，走还报曰："赵高用事于中，下无可为者。今战胜，高疾吾功；不胜，不免于死。"邯遂与羽约，请降。乃与盟于洹水上，立邯为雍王，置楚军中，而使欣将其军为前行。

纲 八月，沛公入武关。赵高弑帝于望夷宫，立子婴为王。九月，子婴讨杀高，夷三族。

目 初，中丞相赵高欲专秦权，恐群臣不听，乃持鹿献于二世曰："马也。"二世笑曰："丞相误邪，谓鹿为马？"问左右，或默，或言鹿。高因阴中诸言鹿者以法。后群臣皆莫敢言其过。

八月，沛公攻入武关。高前数言"关东盗无能为"，至是二世使责让高。高惧，乃与其婿咸阳令阎乐谋，诈为有大贼，召吏发卒，使乐将之入望夷宫。乐前数二世曰："足下骄恣，诛杀无道，天下皆畔。其自为计！"二世曰："吾愿得一郡为王。"弗许。"愿为万户侯。"又弗许。"愿与妻子为黔首。"乐曰："臣受命丞相，为天下诛足下；足下虽多言，臣不敢报！"麾其兵进。二世自杀。赵高乃立子婴为秦王。

九月，高令子婴朝见受玺，子婴称疾不行。高自往请，子婴遂刺杀高，三族其家以徇。

纲 沛公击峣关，破之。

目 秦遣兵拒峣关，沛公欲击之。张良曰："未可。愿益张旗帜为疑兵，而使郦生、陆贾往说秦将，啖以利。"秦将果欲连和，沛公欲许之。良又曰："不如因其怠而击之。"沛公遂引兵击秦军，大破之。

右秦自庄襄王至子婴，合四十三年。子婴为王四十六日降于汉。

纲鉴易知录卷九

汉纪

太祖高皇帝

纲　乙未，冬十月，沛公至霸上，秦王子婴奉玺、符、节以降。

目　沛公至霸上，秦王子婴素车、白马，系颈以组，封皇帝玺、符、节，降轵道旁。诸将请诛之。沛公曰："始怀王遣我，固以能宽容。且人已降，杀之不祥。"乃以属吏。

纲　沛公入咸阳，还军霸上，除秦苛法。

目　沛公西入咸阳，诸将皆争取金帛财物；萧何独先入收丞相府图籍藏之，以此得具知天下厄塞、户口多少、强弱之处。沛公见秦宫室、帷帐、宝货、妇女，欲留居之。樊哙谏曰："凡此奢丽之物，皆秦所以亡也，公何用焉！愿急还霸上，无留宫中！"不听。张良曰："秦为无道，故公得至此。夫为天下除残贼，宜缟素为资。今始入秦，即安其乐，此所谓'助桀为虐'。且忠言逆耳利于行，毒药苦口利于病，愿听哙言！"公乃还军霸上。悉召父老豪杰谓曰："父老苦秦苛法久矣！诸侯约，先入关者王之；吾当王关中。与父老约，法三章耳：杀人者死，伤人及盗抵罪。余悉除去。凡吾所以来，为父老除害，非有所侵暴，毋恐！"乃使人与秦吏行县、乡、邑，告谕之。秦民大喜，惟恐沛公不为秦王。

纲　项籍诈坑秦降卒二十余万于新安。

目　项羽率诸侯兵欲西入关。先是，诸侯吏卒、徭戍过秦中，秦人遇之多无状。及秦军降楚，诸侯吏卒乘胜折辱，奴虏使之，秦吏卒多怨，窃言。羽计众心不服，至关必危。于是夜击坑二十余万人新安城南，而独与章邯及长史欣、都尉翳入秦。

纲　沛公遣兵守函谷关，项籍攻破之。遂屠咸阳，杀子婴，掘始皇帝冢，大掠而东。

目　或说沛公："急遣兵守函谷关，无内诸侯军。"沛公从之。项羽至，大怒，攻破之，进至戏，飨士卒，欲击沛公。时羽兵四十万，在鸿门；沛公兵十万，在霸上。范增曰："沛公居山东时，贪财、好色；今入关，财物无所取，妇女无所幸，此其志不在小。急击勿失！"羽季父项伯素善张良，夜驰告之，欲与俱去。良曰："良为韩王送沛公；今有急亡去，不义。"因固要伯入见沛公，公奉卮酒为寿，约为婚姻。曰："吾入关，秋毫不敢有所近，籍吏民，封府库，而待将军，所以守关者，备他盗耳。日夜望将军至，岂敢反乎！愿伯具言臣之不敢倍德。"项伯许诺，曰："旦日不可不蚤自来谢。"去，具以告羽，且曰："人有大功而击之，不义；不如因善遇之。"羽曰："诺。"

沛公旦日从百余骑来见羽，谢。羽因留饮，范增数目羽，举所佩玉玦示之者三，羽不应。增出，使项庄入前为寿，请以剑舞，因击沛公杀之。庄入为寿，毕，拔剑起舞。项伯亦拔剑起舞，常以身翼蔽沛公，庄不得击。于是张良出见樊哙，告以事急。哙带剑拥盾直入，瞋目视羽，头发上指，目眦尽裂。羽曰："壮士！"赐斗卮酒，一生彘肩，哙立饮啖之。羽曰："能复饮乎？"哙曰："臣死且不避，卮酒安足辞！夫秦有虎狼之心，天下皆叛。怀王与诸将约曰：'先入咸阳者王之。'今沛公先破秦入咸阳，劳苦功高，未有封爵之赏，而将军听细人之说，欲诛有功之人。此亡秦之续耳，窃为将军不取也！"羽无以应，命之坐。沛公遂起如厕，脱身独骑，哙等步从趣霸上，留张良使谢羽。羽问："沛公安在？"良曰："闻将军有意督过之，脱身独去，已至军矣。"因以白璧一双献羽，玉斗一双与增。羽受璧。增拔剑撞破玉斗，曰："唉，竖子不足与谋！夺将军天下者，必沛公也，吾属今为之虏矣！"

居数日，羽引兵西，屠咸阳，杀秦降王子婴，烧宫室，火三月不灭。掘始皇帝冢，收货宝、妇女而东。秦民大失望。韩生说羽曰："关中阻山带河，四塞之地，地肥饶，可都以霸。"羽见秦残破，又思东归，曰："富贵不归故乡，如衣绣夜行耳！"韩生退曰："人言楚人沐猴而冠，果然！"羽闻之，烹韩生。

纲　春正月，项籍尊楚怀王为义帝。

目　项羽既入关，使人致命怀王。王曰："如约。"羽怒曰："怀王者，吾家所立耳，非有功伐，何以得专主约！"乃阳尊怀王为义帝，徙于江南，都郴。

纲 二月，项籍自立为西楚霸王。

目 王梁、楚地九郡，都彭城。

纲 立沛公为汉王。

目 项羽与范增疑沛公，而业已讲解，又恶负约，以巴、蜀道险，秦之迁人居之，乃曰："巴、蜀亦关中地也。"故立沛公为汉王，王巴、蜀、汉中，都南郑。而三分关中。王秦降将，以距塞汉路。

纲 夏四月，诸侯罢兵就国。

纲 汉以萧何为丞相，遣张良归韩。

目 初，汉王以项羽负约，怒欲攻之。萧何曰："虽王汉中之恶，不犹愈于死乎？"王曰："何也？"何曰："今众不如，百战百败，不死何为！夫能绌于一人之下，而信于万乘之上者，汤、武是也。臣愿大王王汉中，养其民以致贤人，收用巴、蜀，还定三秦，天下可图也。"王曰："善。"乃就国，以何为丞相。

项王使卒三万人从汉王之国。张良送至褒中，王遣良归韩；良因说王烧绝所过栈道，以备盗兵，且示羽无东意。

纲 五月，齐田荣击走齐王都，遂弑胶东王市，自立为齐王。秋七月，使彭越击杀济北王安，又击破西楚军。

目 田荣闻项羽徙田市而立田都为齐王，大怒。拒击都，走之，因留市不令之胶东。市畏羽，窃亡之国，荣怒，追击杀之。是时彭越在巨野，有众数万人，无所属。荣与越将军印，使击田安杀之，遂并王三齐。又使越击楚，大破其军。

纲 西楚杀韩王成，张良复归汉。

目 项王以张良从汉王，废韩王成而杀之，良遂间行归汉。良多病，未尝特将，常为画策臣，时时从汉王。

纲 汉王以韩信为大将，留萧何给军食。八月，还定三秦，雍王邯迎战，败走废丘；塞王欣、翟王翳降。

目 初，淮阴人韩信，家贫，无行，数从其下乡南昌亭长寄食。数月，亭长妻患之，乃晨炊蓐食，食时，信往，不为具食。信怒，竟绝去。钓于城下，有漂母见其饥而饭之。信喜，曰："吾必有以重报母。"母怒曰："大丈夫不能自食。吾哀王孙而进食，岂望报乎！"淮阴少年或众辱之曰："若虽长大，好带刀剑，中情怯耳。能死，刺我。不能死，出我胯下!”于是信熟视之,俯出胯下。一市皆笑。

及项梁渡淮,信仗剑从之;后又数以策干羽,不用。亡归汉,未知名。坐法,当斩,其辈皆已斩,次至信,信仰视,适见滕公,曰:“上不欲就天下乎,何为斩壮士?”滕公奇其言,壮其貌,释不斩,与语,说之,言于王;王亦未之奇也。

信数与萧何语,何奇之。王至南郑,将士皆歌讴思归,多道亡者。信度何等已数言,王不我用,即亡去。何不及以闻,自追之。人言于王曰:“丞相何亡。”王怒,如失左右手。居一、二日,何来谒,王骂曰:“若亡,何也?”曰:“臣不敢亡,追亡者耳。”王曰:“所追者谁?”曰:“韩信也。”王复骂曰:“诸将亡者以十数,公无所追;追信,诈也!”何曰:“诸将易得;如信,国士无双。王必欲长王汉中,无所事信;必欲争天下,非信无足与计事者。顾王策安决耳!”王曰:“吾亦欲东耳,安能郁郁久居此乎!”于是王欲召信拜大将。何曰:“王素慢无礼,今拜大将,如呼小儿,此信之所以亡也。必欲拜之,择日,斋戒,设坛,具礼,乃可耳。”王许之。诸将皆喜,人人自以为得大将。至拜,乃韩信也,一军皆惊。礼毕,上坐。王曰:“丞相数言将军,将军何以教寡人乎?”信辞谢,因曰:“大王自料,勇悍仁强孰与项王?”王默然良久,曰:“不如也。”信再拜贺曰:“惟信亦以为大王不如也。然臣尝事项王,请言项王之为人也:项王喑恶叱咤,千人皆废,然不能任属贤相,此匹夫之勇耳。见人慈爱,言语呕呕,至人有功当封爵者,印刓敝忍不能予,此妇人之仁也。虽霸天下,不居关中而都彭城;逐义帝置江南,所过残灭;民不亲附,名虽为霸,实失天下心,故其强易弱。今大王诚能反其道,任天下武勇,何所不诛?以天下城邑封功臣,何所不服?以义兵从思东归之士,何所不散?且三秦王将秦子弟数岁,所杀亡不可胜计;又欺其众降诸侯,及项王坑秦卒,惟此三人得脱。秦父兄怨之,痛入骨髓,而楚强以威王之。大王入关,秋毫无所害,除秦苛法。于诸侯之约,又当王关中,而失职入汉中,秦民无不恨者。今举而东,三秦可传檄而定也。”王大喜,自以为得信晚,遂部署诸将,留萧何收巴、蜀租,给军粮食。

八月,从故道出,章邯迎战,败走废丘。王至咸阳,欣、翳皆降。张良遗项王书曰:“汉王失职,欲得关中;如约即止,不敢东。”又以齐、梁反书遗之,羽以故无西意,而北击齐。

纲 王陵以兵属汉。

目 陵，沛人，聚党居南阳，至是始以属汉。楚执其母，欲以招之。其母因使者语陵曰："汉王长者，终得天下；无以我故持二心。"遂伏剑而死。

纲 丙申，冬十月西楚霸王项籍弑义帝于江中。

目 项籍使人趣义帝行，其大臣稍稍叛之。籍乃密使吴芮、黥布、共敖，击杀之江中。

纲 汉王如陕，镇抚关外父老。

纲 十一月，汉王还都栎阳。

纲 春正月，楚击齐，王荣败走死。楚复立田假为齐王。

纲 三月，汉王渡河，魏王豹降。虏殷王卬。以陈平为护军中尉。

目 阳武人陈平，家贫，好读书。里中社，平为宰，分肉食甚均。父老曰："善，陈孺子之为宰！"平曰："嗟乎，使平得宰天下，亦如是肉矣！"事魏王咎，为太仆。不用，去事项羽。殷王反，羽使平击降之；还，拜都尉，赐金二十镒。及汉下殷，羽怒，将诛定殷将吏。平惧，乃封其金与印，使使归羽，乃挺身仗剑间行归汉。因魏无知求见，王与语，悦之。问："居楚何官？"曰："为都尉。"即拜都尉，使参乘，典护军。诸将尽谨；王闻之，益厚平。周勃等言于王曰："陈平虽美如冠玉，其中未必有也。居家时，尝盗其嫂。平为护军，多受诸将金。愿王察之！"王召让魏无知，无知曰："臣所言者，能也；王所问者，行也。今有尾生、孝己之行，而无益胜负之数，王何暇用之乎？"王召让平曰："先生事魏不中，事楚而去，今又从吾游，信者固多心乎？"平曰："魏王不能用臣，故去。项王不能信人，所任爱，非诸项，即妻之兄弟。臣闻汉王能用人，故来归。然裸身来，不受金无以为资。诚臣画计有可采者，愿大王用之；使无可用者，金具在，请封输官，得乞骸骨。"王乃谢平，厚赐之，拜护军中尉，尽护诸将。诸将乃不敢复言。

纲 汉王至洛阳，为义帝发丧，告诸侯讨项籍。

目 汉王至洛阳新城，三老董公遮说曰："顺德者昌，逆德者亡。兵出无名，事故不成。故曰：'明其为贼，敌乃可服。'项羽无道，放杀其主，天下之贼也。夫仁不以勇，义不以力，大王宜率三军为之素服，以告诸侯而伐之，则四海之内莫不仰德，此三王之举也。”于是汉王发丧，哀临三日，告诸侯曰：“天下共立义帝，北面事之。今项羽弑之，大逆无道！寡人悉发关中兵，收三河士，愿从诸侯王击楚之杀义帝者！”

纲 夏四月，齐王荣弟横立荣子广为王，击王假走之。

纲 汉王率五诸侯兵伐楚，入彭城。项籍还破汉军，以汉太公、吕后归。

目 项羽虽闻汉东，欲遂破齐而后击汉，以故汉王得率五诸侯兵，凡五十六万人伐楚。彭越收魏地，得十余城，至是将其兵三万人归汉，请立魏后。汉王曰：“西魏王豹，真魏后。”乃以彭越为魏相国，将其兵略梁地。遂入彭城，收其货宝美人，日置酒高会。羽闻之，自以精兵三万，还击破汉军。汉军入谷、泗、睢水，死者二十余万人，水为不流。围汉王三匝，会大风，昼晦，王乃得与数十骑遁去。欲过沛，收家室，道逢子盈及女，载以行，而太公、吕后为楚军所获。诸侯复背汉与楚。王间往从吕后兄周吕侯于下邑，收其兵。

纲 汉王遣随何使九江。

目 初，项羽击齐，征兵九江，黥布称疾，遣将将数千人往。及汉入彭城，布又不佐楚。羽由是怨之。至是，汉王西过梁地，问群臣曰：“吾欲捐关以东等弃之，谁可与共功者？”张良曰：“九江与楚有隙，彭越与齐反梁地，此两人可急使，而汉将独韩信可属大事，当一面。捐之此三人，则楚可破也。”王谓左右曰：“孰能为我使九江，令倍楚，留项王数月，我取天下可以百全。”谒者随何请使，王遣之。

纲 五月，汉王至荥阳。

目 王至荥阳，诸败军皆会，萧何发关中老弱未傅者，悉诣荥阳，汉军复大振。楚以故不能过荥阳而西。汉遂筑甬道，属之河，以取敖仓粟。

纲 魏王豹叛汉。

纲 汉王还栎阳，立子盈为太子。

纲 关中饥，人相食。

纲 秋八月，汉王如荥阳，命萧何守关中，立宗庙、社稷。

目 王如荥阳，命萧何侍太子，守关中，为法令约束，立宗庙、社稷。事有不及奏决者，辄以便宜施行，上来以闻。计关中户口，转漕、调兵以给军，未尝乏绝。

纲　汉韩信击魏，虏王豹，遂北击赵代。

目　汉使郦生说魏王豹，且召之。豹不听曰："汉王慢而侮人，骂诸侯、群臣如骂奴耳，吾不忍复见也！"于是汉王以韩信为左丞相，与灌婴、曹参俱击魏。王问食其："魏大将谁也？"对曰："柏直。"王曰："是口尚乳臭，安能当韩信！""骑将谁也？"曰："冯敬。"曰："虽贤，不能当灌婴。步卒将谁也？"曰："项它。"曰："不能当曹参。吾无患矣！"信亦问："魏得无用周叔为大将乎？"曰："柏直也。"信曰："竖子耳！"遂击虏豹，定魏地。

信请兵三万人，愿以北举燕、赵，东击齐，南绝楚粮道。王遣张耳与俱。九月，破代兵，禽夏说。

纲　丁酉，冬十月，韩信大破赵军，禽王歇，斩代王馀，遣使下燕。

目　韩信、张耳击赵，赵聚兵井陉口，号二十万。广武君李左车谓陈馀曰："信、耳乘胜远斗，其锋不可当。今井陉之道，车不得方轨，骑不得成列，其势粮食必在后。愿假臣奇兵三万，从间道绝其辎重，足下深沟高垒勿与战。彼前不得斗，退不得还，野无所掠，不十日而两将之头可致麾下，否则必为二子所禽矣。"馀常自称义兵，不用诈谋奇计，不用左车策。

信间视知之，大喜，乃敢遂下。未至井陉口，止舍。夜半，传发，遣轻骑二千人，人持一赤帜，从间道革山而望赵军。戒曰："赵空壁逐我，即疾入赵壁，拔其帜而易之。"令裨将传餐，曰："今日破赵会食！"乃使万人先行，出，背水阵；赵望见皆大笑。平旦，信建大将旗鼓，鼓行出井陉口；赵开壁击之，大战良久。于是信、耳佯弃旗鼓，走水上军，赵果空壁逐之。信所遣骑驰入赵壁，拔赵帜立汉帜。水上军皆殊死战，赵军已不能得信等，欲归壁，见帜，大惊，遂乱，遁走。汉兵夹击，大破之，斩陈馀，禽赵王歇。诸将问曰："兵法：'右倍山陵，前左水泽。'今背水而胜，何也？"信曰："兵法不曰'陷之死地而后生，置之亡地而后存'乎？且信非得素拊循士大夫也，所谓'驱市人而战之'，非置死地，使人自为战，彼将皆走，尚可得而用之乎！"诸将皆服。

信以千金募生得李左车者，解其缚，东乡坐，师事之。问曰："仆欲北攻燕，东伐齐，何若而有功？"左车谢曰："臣，败亡之虏，何足以权大事！"信曰："诚令成安君听足下计，信亦已禽矣！今愿委心归计，足下勿辞。”左车曰：“将军虏魏王，禽夏说，不终朝而破赵二十万众，威震天下，此将军之所长也。然众劳卒罢，其实难用。燕若不服，齐必自强，此将军之所短也。善用兵者，不以短击长，而以长击短。为将军计，莫若按甲休兵，北首燕路，而遣辩士奉书于燕，暴其所长，燕必不敢不听从。燕已从而东临齐，虽有智者不知为齐计矣。兵固有‘先声而后实’者，此之谓也。”信从其策，燕从风而靡。遣使报汉，请以张耳王赵，汉王许之。

纲　是月晦，日食。十一月，晦，日食。

纲　十二月，随何以九江王布归汉。

目　随何至九江，说黥布曰：“汉王使臣敬进书大王御者，窃怪大王与楚何亲也？”布曰：“寡人北乡而臣事之。”何曰：“大王与楚俱为诸侯，而北乡臣事之者，必以楚为强，可托国也。项王伐齐，身负版筑，为士卒先。大王宜悉众自将，为楚前锋；乃发四千人以助楚。汉入彭城，项王未出齐也。大王宜悉兵渡淮，日夜会战彭城下；乃无一人渡淮者，垂拱而观其孰胜。夫托国于人者，固若是乎？大王提空名以乡楚，而欲厚自托，臣窃为大王不取也！然大王不倍楚者，以汉为弱也。夫楚虽强，天下负之以不义之名，以其背盟约而杀义帝也。今汉王收诸侯，守荥阳，下蜀、汉之粟，坚守而不动。楚人深入敌国，老弱转粮，进不得攻，退不能解。楚不如汉，其势亦易见矣。大王不与万全之汉，而自托于危亡之楚，臣窃为大王不取也！”布阴许之，未敢泄。

楚使者在传舍，方急责布发兵，何直入曰：“九江王已归汉，楚何以得发兵？”因说布杀楚使而攻楚。楚击破之，布乃间行与何归汉。十二月，至汉。汉王方踞床洗足，召布入见。布悔，怒，欲自杀。及出就舍，帐御、食饮、从官皆如汉王居，布又大喜过望。汉益其兵，与俱屯成皋。

纲　汉遣郦食其立六国后，未行而罢。

目　楚数侵夺汉甬道，汉军乏食。郦食其曰：“昔汤放桀，武王伐纣，皆封其后。秦伐诸侯，灭其社稷。今诚能立六国后，其君臣、百姓，必皆戴德慕义，愿为臣妾。大王南乡称霸，楚必敛衽而朝。”王曰：“善。趣刻印，先生因行佩之矣。”未行，张良来谒。王方食，具以告良。良曰：“臣请借前箸，为大王筹之：昔汤、武封桀、纣之后者，度能制其死生之命也；今大王能制项籍之死命乎？武王入殷，发粟散财，休马放牛，示不复用；今大王能之乎？且天下游士，离亲戚，弃坟墓，从大王游者，徒欲望咫尺之地，今复立六国后，游士各归事其主，大王谁与取天下乎？且夫楚唯无强，六国复桡而从之，大王焉得而臣之乎？诚用客谋，大事去矣！"汉王辍食，吐哺，骂曰："竖儒几败而公事！"令趣销印。

纲 夏四月，楚围汉王于荥阳。亚父范增死。

目 汉王谓陈平曰："天下纷纷，何时定乎？"平曰："项王骨鲠之臣，亚父、钟离昧之属，不过数人耳。项王为人，意忌信谗，诚能捐金行间，以疑其心，破楚必矣。"王乃与平黄金四万斤，不问其出入。平多纵反间，言昧等功多，不得裂地，欲与汉灭楚而分其地。羽果疑昧等。及楚围荥阳急，汉王请和。羽使至汉，陈平为太牢具举进，而佯惊曰："吾以为亚父使也！"乃持去，而更以恶草具进。使归以报，羽大疑亚父。亚父欲急攻下荥阳，羽不听。亚父怒曰："天下事大定矣，君王自为之，愿请骸骨归！"未至彭城，疽发背死。

纲 五月，汉王走入关。彭越击楚，楚还兵击之，汉王复军成皋。

目 楚围荥阳益急，汉将军纪信曰："事急矣！臣请诳楚。"于是陈平夜出女子东门二千余人，楚因击之。信乃乘王车，出东门，曰："食尽，汉王降楚。"楚皆之城东观。王乃令周苛守荥阳，而与数十骑出西门去。羽烧杀信。

王入关，收兵欲复东。辕生曰："愿君王出武关，羽必南走。王深壁勿战，令荥阳、成皋间且得休息，而韩信等亦得安辑赵地，连燕、齐，王乃复还荥阳，则楚备多而力分，复与之战，破之必矣！"王从之。羽果南，王不与战。会彭越破楚军杀薛公，羽东击越，汉王复军成皋。

纲 六月，楚破彭越，还拔荥阳及成皋。汉王走渡河，夺韩信军，遣信击齐。

目 项羽既破彭越，还拔荥阳，烹周苛，遂围成皋。汉王逃去，北渡河，宿小修武。晨，自称汉使，驰入赵壁。张耳、韩信未起，即卧内夺其印符，以麾召诸将，易置之。令耳守赵，信收赵兵未发者击齐。

楚遂拔成皋欲西。王欲捐成皋以东而屯巩、洛以距楚。郦生曰："王者以民为天，而民以食为天。大敖仓，大卜转输久矣，闻其下藏粟甚多。楚拔荥阳不坚守敖仓，乃引而东，此天所以资汉也。愿急进兵，收取荥阳，据敖仓之粟，塞成皋之险，杜太行之道，距蜚狐之口，守白马之津，以示诸侯形制之势，则天下知所归矣。"王乃复谋取敖仓。

纲 秋七月，有星孛于大角。八月，汉王军小修武，遣人烧楚积聚。

目 汉王得韩信军，复大振。引兵临河，南乡，欲复与楚战。郑忠说止。王乃使刘贾、卢绾渡白马津，入楚地，佐彭越，烧楚积聚，以破其业。

纲 彭越下梁十七城，楚复击取之。

目 彭越下梁地十七城。项羽闻之，使曹咎守成皋，戒曰："即汉欲战，慎勿与战！"而自引兵东击越所下城。围外黄，数日乃降，羽欲尽坑之。外黄令舍人儿，年十三，说羽曰："彭越强劫外黄，外黄恐，故且降，以待大王。今又坑之，百姓安所归心哉！且如此，则从此以东十余城皆莫可下矣！"羽从之。梁复为楚。

纲 汉王遣郦食其说齐，下之。

目 郦食其说汉王曰："今燕、赵已定，惟齐未下。诸田宗强，近楚，多诈；虽遣数万之师，未可以岁月破也。臣请得奉明诏说齐王，使为东藩。"王曰："善。"郦生乃说齐王曰："王知天下之所归乎？"王曰："不知也。"请问之，生曰："归汉。"王曰："何也？"生曰："汉王先入咸阳，收天下兵，以责义帝之处，立诸侯之后，与天下同其利，天下贤才乐为之用。项王有倍约之名，有弑义帝之负，记人之罪，忘人之功，贤才怨之，莫为之用。故天下之事归于汉王，可坐而策也。今又已据敖仓，塞成皋，守白马，距蜚狐，天下后服者先亡矣。"齐王纳之，遂与汉平，而罢守备，日与生纵酒为乐。

韩信欲东兵，闻之而止。蒯彻说曰："将军受诏击齐，而汉独发间使下之，宁有诏止将军乎？且郦生一士，伏轼，掉三寸舌，下齐七十余城；将军以数万众，岁余乃下赵五十城耳。为将数岁，反不如一竖儒之功乎！"信遂渡河。

纲 戊戌，冬十月，汉韩信袭破齐，齐王烹郦食其，走高密。

纲 汉王复取成皋，与楚皆军广武。

目 汉数挑楚战，曹咎不出。使人辱之，咎怒，渡兵汜水。半渡，汉击破之，咎自刭。汉王乃引兵渡河，复取成皋，军广武，就敖仓食。羽闻之，亦还军广武，相守。楚食少，乃为高俎，置太公其上，告汉王曰："今不急下，吾烹太公。"王曰："吾与若俱北面受命怀王，约为兄弟，吾翁即若翁;必欲烹而翁,幸分我一杯羹!"羽怒,欲杀之。项伯曰:"为天下者不顾家,杀之无益,只益祸耳!"羽谓汉王曰:"天下匈匈数岁,徒以吾两人。愿与王挑战,决雌雄,毋徒苦天下父子为也!"王笑谢曰:"吾宁斗智,不能斗力。"因数之曰:"羽负约,王我于汉,罪一;矫杀卿子冠军,罪二;救赵不报,而擅劫诸侯入关,罪三;烧秦宫室,掘始皇帝冢,私其财,罪四;杀秦降王子婴,罪五;诈坑秦子弟新安二十万,罪六;王诸将善地,而徙逐故主,罪七;出逐义帝,自都彭城,夺韩、梁地,罪八;使人阴杀义帝江南,罪九;为政不平,主约不信,天下所不容,大逆无道,罪十也。"羽大怒,伏弩射汉王,伤胸,王乃扪足曰:"虏中吾指。"因病创卧,张良强请起行劳军,以安士卒,王从之。疾甚,因驰入成皋。

纲 楚救齐。十一月,汉韩信击破之,杀其将龙且,虏齐王广。田横自立为齐王,战败走,信遂定齐地。

目 楚使龙且将兵二十万救齐。或曰:"汉兵远斗穷战,其锋不可当,不如深壁。汉兵客居,其势无所得食,可不战而降也。"且曰:"吾知韩信为人,易与耳!寄食于漂母,无资身之策;受辱于胯下,无兼人之勇;不足畏也!"进与汉军夹潍水而陈。信夜令人囊沙,壅水上流。旦渡击且,佯败还走,且喜曰:"吾固知信怯也。"遂追之。信使决壅囊,水大至,且军大半不得渡。信急击杀且。追至城阳,虏齐王广。田横遂自立为齐王,灌婴击走之,尽定齐地。

纲 汉立张耳为赵王。

纲 汉王还栎阳,留四日,复如广武。

纲 春二月,汉立韩信为齐王,征其兵击楚。

目 韩信使人言于汉王曰:"齐伪诈多变,反覆之国也,请为假王以镇之。"汉王大怒,骂曰:"吾困于此,旦暮望若来;乃自立邪!"张良、陈平蹑王足,附耳语曰:"汉方不利,宁能禁信之自王乎?不如因而立之,使自为守;不然,变生。"王悟,复骂曰:"大丈夫定诸侯,即为真王,何以假为!"二月,遣良操印立信为齐王,征其兵击楚。

项羽闻龙且死,大惧,使武涉说信,欲与连和,三分天下。信谢之曰:"臣事项王官不过郎中,位不过执戟;言不听,画不用,故倍楚而归汉。汉王授我上将军印,予我数万众,解衣衣我,推食食我,言听计用,故吾得至于此。夫人深亲信我,我倍之,不祥;虽死不易!幸为信谢项王。"

武涉已去，蒯彻以相人之术说信曰："仆相君之面，不过封侯；相君之背，贵不可言。"信曰："何谓也？"彻曰："楚、汉分争，智勇俱困，两主之命，县于足下。莫若两利而俱存之，三分天下，鼎足而居，其势莫敢先动。足下据强齐，从燕、赵，因民之欲，西向为百姓请命，则天下风走而响应矣。盖闻'天与不取，反受其咎；时至不行，反受其殃'。愿足下熟虑之！"信曰："汉王遇我甚厚，吾岂可以乡利而倍义乎？"彻曰："勇略震主者身危，功盖天下者不赏。今足下戴震主之威，挟不赏之功，欲持是安归乎？"信谢曰："先生休矣，吾方念之。"数日，彻复说曰："夫功者，难成而易败；时者，难得而易失。时乎，时乎，不再来！"信犹豫，不忍倍汉；又自以功多，汉终不夺我齐，遂谢彻。彻因去，佯狂为巫。

纲　秋七月，汉立黥布为淮南王。

纲　汉初为算赋。

目　民年十五以上至五十六，出赋钱，人百二十，为一算。治库兵车马。

纲　汉以周昌为御史大夫。

纲　楚与汉约，中分天下。九月，归太公、吕后于汉，解而东归。

目　项羽自知少助，食尽，韩信又进兵击之。汉遣侯公说羽，请太公。羽乃与汉约，中分天下，鸿沟以西为汉，以东为楚。九月，归太公、吕后，解而东归。汉王欲西归，张良、陈平曰："汉有天下大半，楚兵饥疲，今释弗击，此养虎自遗患也。"王从之。

纲鉴易知录卷十

汉纪

太祖高皇帝

纲　己亥，汉太祖高皇帝五年，冬十月，王追项籍至固陵，齐王信、魏相国越及刘贾诱楚周殷，迎黥布皆会。十二月，围籍垓下，籍走自杀。楚地悉定。

目　十月，汉王追项羽至固陵，齐王信、魏相国越，期会不至；楚击汉军大破之。汉王复坚壁自守，谓张良曰："诸侯不从，奈何？"对曰："楚兵且破，二人未有分地，其不至固宜。君王能与共天下，可立致也。信之立，非君王意，不自坚；且其家在楚，欲得故邑。越本定梁地，亦望王，而君王不早定。今能出捐此地以许两人，使各自为战，则楚易破也。"王从之。于是信、越皆引兵来。

十一月，刘贾围寿春，诱楚大司马周殷，殷畔楚，举九江兵迎黥布皆会。

十二月，羽至垓下，兵少食尽，信等以大军乘之，羽败入壁，汉及诸侯兵围之数重。羽夜闻汉军四面皆楚歌，乃大惊曰："汉皆已得楚乎，是何楚人之多也！"起饮帐中，悲歌慷慨，泣数行下；左右皆泣，莫能仰视。于是羽乃乘其骏马，从八百余骑，直夜，溃围南出，驰走渡淮。至阴陵，迷失道，问一田父，田父绐曰："左。"左，乃陷大泽中，汉骑将灌婴追及之。

至东城，乃有二十八骑，汉追者数千人。羽谓其骑曰："吾起兵八岁，七十余战，未尝败北。今卒困此，此天亡我，非战之罪也！今日固决死，必溃围斩将，令诸君知之。"于是大呼驰下，斩汉一将，一都尉，杀数十百人。谓其骑曰："何如？"皆曰："如大王言！"于是羽欲东渡乌江，亭长舣船待，曰："江东虽小，地方千里，亦足王也。愿大王急渡！"羽笑曰："籍与江东子弟八千人渡江而西，今无一人还；纵江东父兄怜而王我，我独不愧于心乎！”乃刎而死。

楚地悉定，独鲁不下，王欲屠之。至城下，犹闻弦诵之声。谓其守礼义之国，为主死节，因持羽头示之，乃降。以鲁公礼，葬羽于谷城。封项伯等四人为列侯，赐姓刘氏。

纲 王还至定陶，驰入齐王信壁，夺其军。

纲 春正月，更立齐王信为楚王，魏相国越为梁王。

目 韩信至楚，召漂母赐千金。召辱己少年以为中尉，曰：“此壮士也。”

纲 二月，王即皇帝位。

目 诸侯王皆请尊汉王为皇帝。二月甲午，即位于氾水之阳。

纲 帝西都洛阳。

纲 夏五月，兵罢归家。

纲 置酒南宫。

目 置酒洛阳南宫，上曰：“吾所以有天下者何？项氏所以失天下者何？”高起、王陵对曰：“陛下使人攻城略地，因以与之，与天下同其利；项羽不然，有功者害之，贤者疑之，战胜而不予人功，得地而不予人利，此其所以失天下也。”上曰：“公知其一，未知其二。夫运筹帷幄之中，决胜千里之外，吾不如子房；镇国家，抚百姓，给饷馈，不绝粮道，吾不如萧何；连百万之众，战必胜，攻必取，吾不如韩信。三者皆人杰，吾能用之，此吾所以取天下者也。项羽有一范增而不能用，此所以为我禽也。”群臣悦服。

纲 召故齐王横，未至自杀。

目 田横与其徒属五百余人入海，居岛中。帝恐其为乱，赦横罪，召之曰：“横来，大者王，小者侯；不来，且举兵加诛。”横乃与其客二人乘传诣洛阳。至尸乡厩置，谓其客曰：“横始与汉王俱南面称孤，今汉王为天子，而横乃为亡虏，北面事之，其耻固已甚矣。且吾烹人之兄，与其弟并肩而事主；纵彼不动，我独不愧于心乎！”遂自刭，令客奉其头，从使者驰奏之。帝为流涕，以王礼葬之。二客自刭，余五百人在岛中者，闻之亦皆自杀。

纲 以季布为郎中。斩丁公以徇。

目 初，楚人季布为项籍将，数窘辱帝。籍灭，帝购求布千金；敢有舍匿，罪三族。布乃髡钳为奴，自卖于鲁朱家。朱家心知其季布也，买置田舍；身之洛阳见滕公，曰："季布何罪！臣各为其主用，职耳。今上始得天下，而以私怨求一人，何示不广也！且以布之贤，汉求之急，此不北走胡，南走越耳。夫忌壮士以资敌国，此伍子胥所以鞭荆平之墓也。"滕公言于上，上乃赦布，召拜郎中，朱家遂不复见之。

布母弟丁公，亦为项羽将，逐窘帝彭城西。短兵接，帝急，顾谓丁公曰："两贤岂相厄哉！"丁公乃还。至是来谒，帝以徇军中，曰："丁公为臣不忠，使项王失天下者也。"遂斩之，曰："使后为人臣无效丁公也！"

纲 帝西都关中。以娄敬为郎中，赐姓刘氏。

目 齐人娄敬戍陇西，过洛阳，求见上曰："陛下都洛阳，岂欲与周室比隆哉？"上曰："然。"敬曰："洛邑天下之中，有德则易以王，无德则易以亡。夫秦地，被山带河，四塞以为固；卒然有急，百万之众可具。此亦扼天下之亢而拊其背也。"帝问群臣。群臣皆山东人，争言："周王数百年，秦二世即亡。洛阳东有成皋，西有渑池，倍河向洛，其固足恃也。"上问张良。良曰："洛阳虽有此固，四面受敌，非用武之国也。关中左殽、函，右陇、蜀，沃野千里。阻三面而固守，独以一面东制诸侯，此所谓金城千里，天府之国，敬说是也。"上即日西都关中。拜敬郎中，号奉春君，赐姓刘氏。

纲 张良谢病辟谷。

目 良素多病，入关，即杜门，道引不食谷。曰："家世相韩；及韩灭，不爱万金之资，为韩报雠强秦，天下振动。今以三寸舌，为帝者师，封万户侯，此布衣之极，于良足矣。愿弃人间事，欲从赤松子游耳。"

纲 秋七月，赵王张耳卒。

目 子敖嗣。敖尚帝长女鲁元公主为后。

纲 后九月，治长乐宫。

纲 庚子，六年，冬十二月，帝会诸侯于陈，执楚王信以归。至洛阳，赦为淮阴侯。

目 楚王信初之国，行县邑，陈兵出入。人有上书告信反者，帝以问诸将，皆曰："亟发兵坑竖子耳！"帝默然。又问陈平。平曰："陛下兵精孰与楚，诸将用兵孰过信？"上曰："皆不及也。"平曰："如此而举兵攻之，是趣之战也。古者天子有巡狩，会诸侯。陛下第出，伪游云梦，会诸侯于陈。陈，楚之西界，信闻天子以会出游，其势必无事，而郊迎谒；谒而因擒之，此特一力士之事耳。”帝以为然。乃告诸侯会陈：“吾将南游云梦。”因随以行。上至陈，信谒上；上令武士缚信，载后车。信曰：“果若人言：‘狡兔死，走狗烹；高鸟尽，良弓藏；敌国破，谋臣亡。’天下已定，我固当烹！”遂械系以归。

田肯贺曰：“陛下得韩信，又治秦中。秦，形胜之国也，带河阻山，地势便利；其以下兵于诸侯，譬犹于高屋之上建瓴水也。夫齐，东有琅邪、即墨之饶，南有泰山之固，西有浊河之限，北有渤海之利；地方二千里，持戟百万，此东西秦也。非亲子弟，莫可使王齐者。”上曰：“善！”至洛阳，赦信，封淮阴侯。

信知帝畏恶其能，多称病，不朝从。居常鞅鞅，羞与绛、灌等列。上尝从容与信言诸将能将兵多少。上问曰：“如我能将几何？”信曰：“陛下不过能将十万。”上曰：“于君何如？”曰：“臣多多益善。”上笑曰：“多多益善，何为为我擒？”信曰：“陛下不能将兵，而善将将，此信之所以为陛下擒也。且陛下乃所谓‘天授’，非人力也。”

纲 始剖符封功臣为彻侯。

目 始封功臣，酂侯萧何食邑独多。功臣皆曰：“臣等身被坚执锐，多者百余战，少者数十合。今萧何未尝有汗马之劳，徒持文墨议论，顾反居臣等上，何也？”帝曰：“诸君知猎乎？追杀兽兔者，狗也；发纵指示者，人也。今诸君徒能得走兽耳，功狗也；至如萧何，发纵指示，功人也。”群臣皆莫敢言。张良亦无战斗功，帝使自择齐三万户。良曰：“臣始起下邳，与上会留，此天以臣授陛下。陛下用臣计，幸而时中。臣愿封留足矣，不敢当三万户。”乃封良为留侯。封陈平为户牖侯，平辞曰：“此非臣之功也。”上曰：“吾用先生谋，战胜克敌，非功而何？”平曰：“非魏无知，臣安得进？”上曰：“子可谓不背本矣！”乃赏无知。

纲 春正月，立从兄贾为荆王，弟交为楚王，兄喜为代王，子肥为齐王。

纲 以曹参为齐相国。

目 参之至齐，尽召诸先生，问所以安集百姓。而齐故诸儒以百数，言人人殊。参闻胶西有盖公，善治黄、老言，使人请之。盖公为言：“治道贵清静，而民自定。”参乃避正堂以舍之。用其言，齐国安集，称贤相焉。

纲 更以太原郡为韩国，徙韩王信王之。

纲 封雍齿为什方侯。

目 上已封大功臣二十余人，其余争功不决，未得行封。上从复道望见诸将，往往相与坐沙中语。曰："此何语？"留侯曰："陛下起布衣，以此属取天下。今所封皆故人所亲爱，所诛皆平生所仇怨。此属畏陛下不能尽封，又恐见疑平生过失及诛，故相聚谋反耳。"上乃忧曰："为之奈何？"留侯曰："陛下平生所憎，群臣所共知，谁最甚者？"上曰："雍齿与我有故怨，数尝窘辱我。"留侯曰："今急先封雍齿，则群臣人人自坚矣。"于是乃封雍齿为什方侯，而急趣丞相、御史定功行封。群臣皆喜，曰："雍齿尚为侯，我属无患矣。"

纲 诏定元功位次。赐丞相何剑履上殿，入朝不趋。

目 诏定元功十八人位次。皆曰："曹参功最多，宜第一。"鄂千秋进曰："参虽有野战略地之功，此特一时之事耳。上与楚相距五岁，失军亡众，跳身遁者数矣，萧何常从关中遣军补其处。又军无见粮，何转漕关中，给食不乏。陛下虽数亡山东，何常全关中以待陛下。此万世之功也。今奈何以一旦之功，而加万世之功哉！何第一，参次之。"上曰："善。"于是乃赐何带剑履上殿，入朝不趋。上曰："吾闻进贤受上赏。"乃封千秋为安平侯。

纲 帝归栎阳。

纲 夏五月，尊太公为太上皇。

目 上五日一朝太公，太公家令说曰："皇帝虽子，人主也；太公虽父，人臣也。奈何令人主拜人臣，而使威重不行乎？"后上朝，太公拥彗、迎门、却行。上大惊，下扶太公。太公曰："帝，人主，奈何以我乱天下法！"上乃诏尊太公为太上皇，赐家令金五百斤。

纲 秋，匈奴寇边，围马邑。韩王信叛与连兵。

目 初，匈奴畏秦，北徙。及秦灭，复稍南渡河。单于头曼有太子曰冒顿；后有少子，欲杀冒顿而立之。冒顿遂杀头曼自立。悉复蒙恬所夺故地，控弦之士三十余万。至是，围韩王信于马邑。信使使求和解，汉疑信有二心，使人让之。信恐诛，遂以马邑降之。匈奴遂攻太原，至晋阳。

纲 令博士叔孙通起朝仪。

目　帝悉去秦苛仪，法为简易。群臣饮酒争功，醉或妄呼，拔剑击柱，帝益厌之。叔孙通说上曰："夫儒者难与进取，可与守成。臣愿征鲁诸生共起朝仪。"帝曰："得无难乎？"通曰："五帝异乐，三王不同礼。礼者，因时世、人情为之节文者也。臣愿颇采古礼，与秦仪杂就之。"上曰："可试为之，令易知，度吾所能行者为之！"于是通使征鲁诸生。有两生不肯行，曰："今死者未葬，伤者未起，又欲起礼、乐。礼、乐所由起，积德百年而后可兴也。吾不忍为公所为，公去矣！"通笑曰："若真鄙儒，不知时变！"遂与所征及上左右与其弟子百余人，为绵蕞，野外习之。月余，言于上曰："可试观矣。"上使行礼，曰："吾能为此。"乃令群臣习肄。

纲　辛丑，七年，冬十月，长乐宫成，朝贺，置酒。

目　长乐宫成，诸侯群臣皆朝贺。先平明，谒者治礼，以次引入殿门，陈东、西乡。卫官侠陛及罗立廷中，皆执兵，张旗帜。于是皇帝传警出房，引诸侯王以下至吏六百石，以次奉贺，莫不震恐肃敬。礼毕，置法酒。诸侍坐者皆俯，抑首；以次起上寿。觞九行，谒者奏"罢酒"；御史执法，举不如仪者，辄引去。竟朝罢酒，无敢喧哗失礼者。于是上曰："吾乃今日知为皇帝之贵也！"拜通太常。初，秦悉内六国礼仪，择其尊君、抑臣者存之。及通制礼，颇有所增损，大抵皆袭秦故。

纲　帝自将讨韩王信，信及匈奴皆败走。帝追击之，被围平城，七日乃解。

目　上自将击韩王信，破其军。信亡走匈奴。上闻冒顿居代谷，使人觇之。冒顿匿其壮士、肥牛马，但见老弱羸畜。使者十辈来，皆言匈奴可击。上复使刘敬往，使未还，悉兵二十二万北逐之。敬还报曰："两国相击，此宜矜夸，见所长。今臣往，徒见羸瘠边弱，此必欲见短，伏奇兵以争利。愚以为匈奴不可击也。"上怒骂曰："齐虏，以口舌得官，今乃妄言沮吾军！"械系敬广武。遂先至平城，兵未尽到，冒顿纵精兵四十万骑，围帝于白登七日，汉兵中外不得相救饷。帝用陈平秘计，使使间厚遗阏氏，冒顿乃解围去。汉亦罢兵归。斩前使十辈。赦刘敬，曰："吾不用公言，以困平城。"号为建信侯。更封陈平为曲逆侯。平常从征伐，凡六出奇计，辄益封邑焉。

纲　十二月，还至赵。

目 上还过赵，赵王敖执子婿礼甚卑，上箕踞慢骂之。赵相贯高、赵午等皆怒曰："吾王，孱王也！"乃说王，请杀之。敖啮其指出血，曰："君何言之误！先人亡国，赖帝得复，德流子孙，秋毫皆帝力也。愿君无复出言！"高等相谓曰："吾王长者，不倍德；且吾等义不辱，何污王为！事成，归王；事败，则独身坐耳。"

纲 匈奴寇代，代王喜弃国自归。立子如意为代王。

纲 春二月，帝至长安，始定徙都。

目 上至长安。萧何治未央宫，上见其壮丽，甚怒，曰："天下匈匈数岁，成败未可知，是何治宫室过度也！"何曰："天下方未定，故可因以就宫室。且天子以四海为家，非壮丽无以重威，且无令后世有以加也。"上说，遂自栎阳徙都之。

纲 壬寅，八年，冬，击韩王信余寇于东垣。

目 上东击韩王信余寇，过柏人。贯高等壁人于厕中，上欲宿，心动而去。

纲 十二月，还宫。

纲 癸卯，九年，冬，遣刘敬使匈奴，结和亲。

目 匈奴数苦北边，上患之。刘敬曰："天下初定，士卒罢于兵，未可以武服也。冒顿杀父妻母，以力为威，未可以仁义说也。诚以适长公主妻之，彼必慕以为阏氏，生子必为太子。冒顿在，固为子婿；死则外孙为单于；可无战以渐臣也。"帝曰："善！"乃取家人子，名为长公主，以妻单于；使刘敬结和亲约。

纲 十一月，徙齐、楚大族豪杰于关中。

目 刘敬言："匈奴河南地，去长安近者七百里，轻骑一日一夜可以至秦中。且诸侯初起时，非齐诸田、楚昭、屈、景莫能兴。今关中少民，北近匈奴，东有强族；一日有变，陛下未得高枕而卧也。愿徙六国后及豪杰、名家居关中，无事可以备胡，有变率以东伐，此强本弱末之术也。"于是徙昭、屈、景、怀、田氏及豪杰于关中，与利田宅，凡十余万口。

纲 春正月，赵王敖废，徙代王如意为赵王。

目 贯高怨家知其谋，上变告之。于是逮捕赵王敖及诸反者，诏敢从者族。赵午等皆自刭，高独怒骂曰："公等皆死，谁白王不反者？"

乃槛车胶致，诣长安。郎中田叔、客孟舒皆自髡钳，为王家奴，以从。高对狱曰："独吾属为之，王实不知。"搒笞刺爇，身无可击者，终不复言。廷尉以闻。上曰："壮士！谁知者？"泄公曰："臣素知之，此固赵国立义不侵为然诺者也。"上使泄公持节往问之曰："赵王果有谋不？"高曰："吾三族皆以论死，岂爱王过于吾亲哉。顾为王实不反。"具道所以王不知状。泄公以报，乃赦敖，废为宣平侯，而徙如意王赵。上贤高，赦之。高曰："所以不死者，白王不反也。今王已出，吾责已塞，死不恨矣。且人臣有篡弑之名，何面目复事上哉！"乃仰绝亢，遂死。上召叔等，与语，汉廷臣无能出其右者，尽拜守、相。

纲 夏六月晦，日食。以萧何为相国。

纲 甲辰，十年，夏五月，太上皇崩。秋七月，葬万年，令诸侯王国皆立庙。

纲 以周昌为赵相，赵尧为御史大夫。

目 定陶戚姬有宠，生赵王如意。吕后年长，益疏。上以太子仁弱，谓如意类己，常留之长安，欲废太子而立之。大臣争之，皆莫能得。御史大夫周昌廷争之强，上问其说。昌为人吃，又盛怒，曰："臣口不能言，然臣期期知其不可！陛下欲废太子，臣期期不奉诏！"上欣然而笑。吕后闻之，跪谢昌曰："微君，太子几废。"

时赵王年十岁，上忧万岁之后不全也；符玺御史赵尧请为赵王置贵强相，及吕后、太子、群臣素所敬惮者。上问其人，尧以昌对。上乃以昌相赵，而以尧代为御史大夫。

上犹欲易太子，于是吕后使建成侯吕释之，强要留侯画计。留侯曰："此难以口舌争也。顾上有所不能致者四人，曰东园公、绮里季、夏黄公、甪里先生。今令太子为书，卑辞安车，固请其来。来以为客，时从入朝，令上见之，则一助也。"于是吕后使人奉太子书招之；四人至，客建成侯家。

纲 九月，代相国陈豨反，帝自将击之。

目 初，上以阳夏侯陈豨为代相国，监赵、代边兵。豨常慕魏无忌之养士，及告归过赵，宾客随之者千余乘。周昌求见上，言豨宾客甚盛，擅兵数岁，恐有变。上令人覆案豨客诸不法事，多连引豨。豨恐，遂反。上自击之。至邯郸，喜曰："豨不南据邯郸而阻漳水，吾知其无能为矣！"昌奏："常山亡二十城，请诛守、尉。"上曰："守、尉反乎？"对曰："不。"上曰："是力不足，亡罪。"令昌选赵壮士可将者，白见四人，封各千户，以为将。左右谏曰："封此何功？"上曰："非汝所知。赵、代地皆豨有。吾征天下兵未至，今独邯郸中兵耳；吾何爱四千户，不以慰赵子弟！"又闻豨将皆故贾人，上曰："吾知所以与之矣。"乃多以金购之，豨将多降。

纲 乙巳，十一年，冬，破豨军。春正月，后杀淮阴侯韩信，夷三族。

目 冬，太尉周勃道太原，入代地，陈豨军败。

淮阴侯信舍人弟上变告："陈豨前过赵、代，过辞信，信辟左右曰：'公之所居，天下精兵处也；而公，陛下之信幸臣也。人言公畔，陛下必不信；再至，则疑矣；三至，必怒而自将。吾为公从中起，天下可图也。'豨曰：'谨奉教。'今信阴与豨通谋，欲与家臣夜诈赦诸官徒奴，发以袭吕后、太子。部署已定，待报未发。"吕后与萧何谋，诈言豨已得死，给信入贺。使武士缚信，斩之。信曰："吾悔不用蒯彻之计，乃为儿女子所诈！"遂夷三族。

纲 帝还至洛阳。

目 上还，闻韩信言"恨不用蒯彻计"，乃诏捕彻至。上曰："若教淮阴侯反乎？"对曰："然。"上怒曰："烹之！"彻曰："秦失其鹿，天下共逐之，高材疾足者先得。且当是时，臣独知信，非知陛下也。跖之狗吠尧；尧并不仁，狗固吠非其主。"上曰："置之。"

纲 立子恒为代王。

纲 二月，诏郡国求遗贤。

目 诏曰："盖闻王者莫高于周文，伯者莫高于齐桓，皆待贤人而成名。今天下贤者智能，岂特古之人乎？患在人主不交故也，士奚由进。今吾以天之灵、贤士大夫定有天下，以为一家，欲其长久，世世奉宗庙亡绝也。贤人已与我共平之矣，而不与我共安利之，可乎？贤士大夫有肯从我游者，诸侯王、郡守必身劝，为之驾，遣诣相国府；有而弗言，觉免；年老癃病，勿遣。"

纲 梁王越废徙蜀。三月，杀之，夷三族。

目 上之击陈豨也，征兵于梁；梁王称病，使将将兵诣邯郸。上怒，让之。梁王恐，欲自往谢。其将扈辄曰："往则为禽，不如遂反。"王不听。梁太仆得罪，亡走汉，告之。上使使掩梁王，囚之洛阳。有司治:“反形已具,论如法。”赦为庶人,传处蜀。至郑,逢吕后从长安来,王为吕后涕泣,自言无罪。后与俱至洛阳,白上曰:“彭王壮士,今徙之蜀,此自遗患;不如遂诛之。妾谨与俱来。”乃令人告越复谋反,夷三族。枭首洛阳,下诏:“收视者捕之。”梁大夫栾布使于齐,还,奏事头下,祠而哭之。吏捕以闻。上欲烹之,布曰:“方上之困彭城,败荥阳也,王与楚则汉破,与汉则楚破。且垓下之会,微彭王,项氏不亡。天下已定,而陛下以苛小案诛灭之,臣恐功臣人人自危也!”于是上乃释布,拜为都尉。

纲 夏四月,还宫。

纲 五月,立故秦南海尉赵佗为南粤王。

目 初,秦南海尉任嚣病且死,召龙川令赵佗,行南海尉事。嚣死,佗即移檄绝道,聚兵诛秦吏,击并桂林、象郡,自立为南越武王。至是,诏立以为南越王,使陆贾即授玺、绶,与剖符通使,使和集百越,无为南边患害。贾至,说佗令称臣奉汉约。归报,帝大悦,拜贾为大中大夫。

贾时时前说称诗、书,帝骂之曰:“乃公居马上得之,安事诗、书!”贾曰:“居马上得之,宁可以马上治之乎?且汤、武逆取而以顺守之;文武并用,长久之术也。乡使秦已并天下,行仁义,法先圣,陛下安得而有之!”帝有惭色,曰:“试为我著秦所以失天下,吾所以得之者,及古成败之国。”贾乃粗述存亡之征,凡著十二篇。每奏一篇,帝未尝不称善,号其书曰“新语”。

纲 帝有疾。

目 帝有疾,恶见人,诏户者无得入群臣,十余日。舞阳侯樊哙排闼直入,大臣随之。上独枕一宦者卧。哙等流涕曰:“始陛下与臣等起丰、沛,定天下,何其壮也!今天下已定,又何惫也!且陛下独不见赵高之事乎?”帝笑而起。

纲 秋七月,淮南王布反,帝自将击之。立子长为淮南王。布击杀荆王贾,又败楚军,遂引兵西。

目 初,淮阴侯死,黥布已心恐。及彭越诛,醢其肉以赐诸侯,布大恐,发兵反。上召故楚令尹薛公问之。令尹曰:“往年杀彭越,前年杀韩信;此三人者,同功一体之人也,自疑祸及身,故反尔!使布出于上计,山东非汉之有也;出于中计,胜败之数未可知也;出于下计,陛下高枕而卧矣。”上曰:“何谓也?”对曰:“东取吴,西取楚,并齐,取鲁,传檄燕、赵，固守其所，此上计也。东取吴，西取楚，并韩，取魏，据敖仓之粟，塞成皋之口，此中计也。东取吴，西取下蔡，归重于越，身居长沙，此下计也。"上曰："是计将安出？"对曰："布故骊山之徒，自致万乘，此皆为身，不顾后虑者也；必出下计。"于是上自将兵而东。

布之初反，谓其将曰："上老，厌兵，必不能来。淮阴、彭越皆死，余不足畏也。"东击荆，荆王贾走死；击楚，楚败；遂引兵西。

纲 丙午，十二年，冬十月，帝破布军于蕲西，布亡走，长沙王臣诱而诛之。

目 上与布兵遇于蕲西，布兵精甚。上望其置陈如项籍军，恶之。遥谓布曰："何苦而反？"布曰："欲为帝尔！"上怒骂之，遂大战。布军败走江南，长沙王臣使人诱与走越，杀之。

纲 帝还，过沛，复其民，世世无有所与。

目 上还，过沛，留，置酒沛宫，悉召故人、父老、诸母、子弟佐酒，道旧故为笑乐。酒酣，上击筑，自歌曰："大风起兮云飞扬，威加海内兮归故乡，安得猛士兮守四方！"于是起舞，慷慨伤怀，泣数行下，谓沛父兄曰："游子悲故乡。吾虽都关中，千秋万岁后，吾魂魄犹思沛。且朕自沛公以诛暴逆，遂有天下；其以沛为朕汤沐邑，复其民，世世无有所与。"

纲 太尉周勃诛陈豨，定代地。

纲 立兄子濞为吴王。

目 更以荆为吴国。濞，喜之子也。

纲 十一月，过鲁，以太牢祠孔子。

纲 遂还宫。

目 上还长安，疾益甚，愈欲易太子。张良谏，不听。叔孙通谏曰："晋献公以骊姬故，废太子，国乱数十年。秦以不蚤定扶苏，自使灭祀，此陛下所亲见。今必欲废适而立少，臣愿先伏诛，以颈血污地！"帝曰："吾直戏耳！"通曰："太子，天下本，本一摇，天下震动，奈何以天下为戏乎！"上佯许，而犹欲易之。后置酒，太子侍，留侯所招四人者从，年皆八十余，须眉皓白，衣冠甚伟。上怪问之，四人前对，各言姓名。上乃大惊曰："吾求公数岁，公避逃我；今何自从吾儿游乎？"四人曰："陛下轻士善骂，臣等义不辱，故恐而亡匿。今闻太子为人仁孝、恭敬、爱士，天下莫不延颈愿为太子死者，故臣等来耳。"上曰："烦公幸卒调护太子。"四人者出，上召戚夫人指视之曰："我欲易之，彼四人者辅之，羽翼已成，难动矣！”上起罢酒，遂不易太子，留侯本招此四人之力也。

纲 下相国何廷尉狱，数日赦出之。

目 萧何以长安地狭，上林中多空地，弃；请令民得入田，毋收藁，为禽兽食。上大怒，下何廷尉，械系之。数日，王卫尉侍，前问曰：“相国何大罪，陛下系之暴也？”上曰：“相国多受贾竖金，而为之请吾苑以自媚于民，故系治之。”王卫尉曰：“夫职事苟有便于民而请之，真宰相事；且陛下距楚数岁，相国一摇足，则关以西非陛下有也！相国不以此时为利，今乃利贾人之金乎？”帝不怿，即赦出之。何入谢，帝曰：“相国为民请苑，吾不许，我不过为桀、纣主，而相国为贤相。吾故系相国，欲令百姓闻吾过也。”

纲 燕王绾谋反。春二月，遣樊哙以相国将兵讨之，立子建为燕王。

纲 诏陈平斩樊哙，以周勃代将其军。平传哙诣长安。

目 帝病甚，人或言：樊哙党于吕氏，即一日上晏驾，欲以兵诛赵王如意之属。帝大怒，用陈平谋，召绛侯周勃受诏床下，曰：“陈平驰传载勃代哙将，至军，即斩哙头。”二人行，计之曰：“哙，帝之故人也，功多，又吕后弟媭之夫。今帝特以忿怒故，欲斩之，恐后悔；宁囚而致上，上自诛之。”未至军，为坛，以节召哙，反接，载槛车，传诣长安。令勃代将，定燕反县。

纲 夏四月，帝崩。

目 上击黥布时，为流矢所中，行道，疾甚。吕后迎良医，入见，上嫚骂之曰：“吾以布衣提三尺取天下，此非天命乎！命乃在天，虽扁鹊何益！”罢之。后问：“陛下百岁后，萧相国死，谁令代之？”曰：“曹参。”其次，曰：“王陵，然少戆陈平可以助之。平智有余，然难独任。周勃厚重少文，然安刘氏者必勃也。”复问其次，上曰：“此后亦非乃所知也。”遂崩于长乐宫。

纲 卢绾亡入匈奴。

纲 五月，葬长陵。

目 初，高祖不修文学，而性明达，好谋，能听，自监门、戍卒，见之如旧。初顺民心，作三章之约。天下既定，命萧何次律、令，韩信申军法，张苍定章程，叔孙通制礼仪，又与功臣剖符作誓，丹书铁券，金匮石室，藏之宗庙。虽日不暇给，规模弘远矣。

纲 太子盈即位，尊皇后曰皇太后。赦樊哙，复爵邑。令郡国立高庙。

纲鉴易知录卷十一

汉纪

孝惠皇帝

纲　丁未，孝惠皇帝元年，冬十二月，太后杀赵王如意。

目　太后令永巷囚戚夫人，令舂。召赵王如意，三反，相周昌曰："高帝属臣赵王，闻太后欲诛之，臣不敢遣。王亦病，不能奉诏。"太后怒，召昌至，复召赵王来。帝自迎入宫，挟与起居饮食。太后欲杀之，不得间。帝晨出射，赵王少，不能蚤起；太后使人持鸩饮之。遂断戚夫人手足，去眼，煇耳，饮瘖药，使居厕中，命曰"人彘"。召帝观，帝惊大哭，因病，岁余不能起。使人请太后曰："此非人所为。臣为太后子，终不能治天下。"遂日饮为淫乐，不听政。

纲　戊申，二年，冬十月，齐王肥来朝。

目　齐悼惠王来朝，饮太后前，帝以王，兄也，置之上坐。太后怒，酌鸩酒赐之。帝欲取饮；太后恐，自起泛之。齐王大恐，出，献城阳郡，为鲁元公主汤沐邑，乃得归。

纲　春正月，两龙见兰陵井中。

纲　陇西地震。

纲　夏，旱。

纲　秋七月，相国酂侯萧何卒，以曹参为相国。

目　相国何病，上问曰："君即百岁后，谁可代君？"对曰："知臣莫如主。"帝曰："曹参何如？"曰："帝得之矣！"七月薨，谥曰文终。何置田宅，必居穷僻处，为家，不治垣屋，曰："后世贤，师吾俭；不贤，毋为势家所夺。"

参闻何薨，告舍人："趣治行！"居无何，使者果召参。参去，属其后相曰："以齐狱、市为寄，慎勿扰也！"后相曰："治无大于此者乎？"参曰："狱、市，所以并容也；今扰之，奸人何所容乎？"

始参微时，与何善；及为将相，有隙。至何且死，所推贤唯参。参代何为相，举事无所变更，一遵何约束。择吏木讷重厚长者，召为丞相史；言文刻深，欲务声名者，辄斥去之。日夜饮醇酒。宾客见参不事事，皆欲有言，参辄饮以醇酒，莫得开说。见人有细过，专掩匿覆盖之，府中无事。参子窋为中大夫，帝怪参不治事，使窋私问之，参怒，笞窋曰："趣入侍！天下事非若所当言也。"至朝时，帝让参曰："乃者我使谏君也。"参免冠谢曰："陛下自察圣武孰与高帝？"上曰："朕乃安敢望先帝！""臣孰与萧何贤？"上曰："君似不及也。"参曰："陛下言是也。高帝与萧何定天下，法令既明。今陛下垂拱，参等守职，遵而勿失，不亦可乎！"帝曰："善。"参为相三年，百姓歌之曰："萧何为法，较若画一。曹参代之，守而勿失。载其清净，民以宁壹。"

纲　己酉，三年，春，与匈奴和亲。

目　匈奴冒顿方强，为书遗高后，辞极亵嫚。高后怒，议斩其使，发兵击之。樊哙曰："臣愿得十万众，横行匈奴中！"季布曰："哙可斩也！前匈奴围高帝于平城，汉兵三十二万，哙为上将军，不能解围。今歌吟未绝，伤夷甫起，而妄言以十万众横行，是面谩也。且夷狄，得其善言不足喜，恶言不足怒也。"高后曰："善。"报书逊谢，遗以车马。冒顿复使使来谢，因献马，遂和亲。

纲　庚戌，四年，冬十月，立皇后张氏。

目　后，帝姊鲁元公主女也，太后欲为重亲，故以配帝。

纲　春正月，举民孝弟力田者，复其身。

纲　三月，帝冠。

纲　除挟书律。

纲　立原庙。

目　帝以朝长乐宫，数跸烦民，乃筑复道武库南。叔孙通谏曰："此高帝月出游衣冠之道也，子孙奈何乘宗庙道上行哉！"帝惧曰："急坏之！"通曰："人主无过举。今已作，百姓皆知之矣。愿陛下为原庙于渭北，衣冠月出游之，益广宗庙大孝之本。"乃诏有司立原庙。

纲　宜阳雨血。

纲　辛亥，五年，冬，雷，桃、李华，枣实。

纲　夏，大旱。秋八月，相国、平阳侯曹参卒。

纲 壬子,六年,冬十月,以王陵为右丞相,陈平为左丞相。

纲 夏,留侯张良卒。

纲 以周勃为太尉。

纲 癸丑,七年,春正月朔,日食。

纲 夏五月,日食既。

纲 秋八月,帝崩。

纲 太后使吕台、吕产将南、北军。

目 帝崩,太后哭泣不止。张良孙辟疆,谓陈平曰:"帝无壮子,太后畏君等。今请拜吕台、吕产为将,居南、北军。诸吕皆居中用事,如此太后心安,君等脱祸矣。"从之,诸吕权由此起。

纲 九月,葬安陵。太子即位,太后临朝称制。

目 初,太后命张皇后取他人子养之,而杀其母,以为太子;至是即位。

高皇后吕氏

纲 甲寅。

纲 冬十一月,太后以王陵为帝太傅。陈平为右丞相,审食其为左丞相。任敖为御史大夫。

目 太后议欲立诸吕为王,王陵曰:"高帝刑白马盟曰:'非刘氏而王,天下共击之。'"陈平、周勃曰:"高帝定天下,王子弟;今太后称制,王诸吕,无所不可。"及退,陵让平、勃曰:"始与高帝啑血盟,诸君不在邪!今欲阿意背约,何面目见高帝地下乎?"平、勃曰:"面折廷争,臣不如君。全社稷,定刘氏之后,君亦不如臣。"于是太后以陵为帝太傅,实夺之相权;陵遂病免归。乃以平为右丞相;审食其为左丞相,不治事,令监宫中。食其故得幸于太后,公卿皆因而决事。太后怨赵尧,乃抵尧罪。任敖尝为沛狱吏,有德于太后,故以为御史大夫。

纲 夏四月,立张偃为鲁王。

纲 封山、朝、武为列侯。立强为淮阳王,不疑为恒山王。

目 皆太后所名孝惠子也。

纲 立吕台为吕王。

纲 秋,桃、李华。

纲 乙卯,二年,冬十一月,吕王台卒。

纲 春正月，地震，武都山崩。

纲 夏五月，太后封齐王弟章为朱虚侯，令入宿卫。

纲 六月晦，日食。

纲 秋七月，恒山王不疑卒。

纲 行八铢钱。

纲 太后立山为恒山王，更名义。

纲 丙辰，三年，夏，江、汉水溢。

纲 秋，星昼见。

纲 伊、洛、汝水溢。

纲 丁巳，四年，夏四月，太后封女弟媭为临光侯。

纲 废少帝，幽杀之。五月，立恒山王义为帝，更名弘。以朝为恒山王。

纲 戊午，五年，春，南越王佗反。

目 有司请禁南越关市、铁器。南越王曰："此必长沙王计，欲倚中国击灭南越而并王之，自为功也。"遂自称南越武帝，攻长沙，败数县而去。

纲 己未，六年，冬十月，太后废吕王嘉，立台弟产为吕王。

纲 春，星昼见。

纲 行五分钱。

纲 庚申，七年，春正月，日食，昼晦。

纲 二月，太后徙梁王恢为赵王，吕王产为梁王。

纲 秋七月，赵王恢自杀，太后立吕禄为赵王。

目 赵王恢以吕产女为后。王有爱姬，后鸩杀之。王悲愤，自杀。太后以为用妇人弃宗庙礼，废其嗣。使使告代王恒，欲徙王赵；代三谢，愿守代边，太后乃立兄子禄为赵王。

是时，诸吕擅权用事。朱虚侯章年二十，有气力，忿刘氏不得职。尝入侍燕饮，太后令为酒吏。章自请曰："臣将种也，请得以军法行酒。"太后许之。酒酣，章为耕田歌，曰："深耕概种，立苗欲疏；非其种者，锄而去之！"太后默然。顷之，诸吕有一人醉，亡酒，章追，斩之，还报，左右皆大惊，业已许其军法，无以罪也。自是诸吕惮之。

陈平尝燕居深念，陆贾往，直入坐，而平不见。陆生曰："何念之深也!”平曰:“生揣我何念?”生曰:“足下极富贵,无欲矣;不过患诸吕、少主耳。”平曰:“然。奈何?”生曰:“天下安,注意相;天下危,注意将。将相和调,则士豫附;天下虽有变,权不分。为社稷计,在两君掌握耳。君何不交欢太尉?”因为平画吕氏数事。平用其计,两人深相结,吕氏谋益衰。

纲 九月,遣将军周灶将兵击南越。

纲 辛酉,八年,夏,江、汉水溢。

纲 秋七月,太后崩,遗诏产为相国,禄女为帝后。审食其为帝太傅。

目 初,太后祓,还,过轵道,见物如苍犬,来撠掖。卜之,云“赵王如意为祟”,遂病掖伤。病甚,乃令禄为上将军,居北军;产居南军。戒曰:“我崩,大臣恐为变,必据兵卫宫,慎毋送丧,为人所制!”至是崩。

纲 齐王襄发兵讨诸吕,相国产使大将军灌婴击之。婴留屯荥阳,与齐连和。九月,太尉勃、丞相平、朱虚侯章诛产、禄及诸吕,齐王、灌婴兵皆罢。

目 诸吕欲为乱,未敢发。朱虚侯以吕禄女为妇,知其阴谋,告其兄齐王襄,令发兵西,已为内应,以诛诸吕,立齐王为帝。于是齐王发兵击济南,遗诸侯王书,陈诸吕罪。产等遣灌婴将兵击之。婴至荥阳,谋曰:“诸吕欲危刘氏,今我破齐,是益其资也。”乃谕齐王与连和,以待吕氏变,共诛之。齐王乃还兵西界待约。

时太尉勃不得主兵。郦商老病,其子寄与禄善,平、勃使人劫商,令寄绐说禄曰:“高帝与吕后共定天下,刘氏所立九王,吕氏所立三王,皆大臣之议,诸侯亦以为宜。今太后崩,帝少,而足下不急之国,乃将兵留此,为大臣诸侯所疑。何不归将印,以兵属太尉;请梁王归相印,与大臣盟而之国。齐兵必罢,足下高枕而王千里,此万世利也。”禄然其计,犹豫未决。

九月,平阳侯窋见产,会郎中令贾寿使从齐来,具以灌婴与齐、楚合从告产,且趣产急入宫。窋闻其语,驰告平、勃。勃欲入北军,不得,乃令襄平侯、纪通持节,矫内勃北军。复令寄语禄,解印以兵授勃。勃入军门,令曰:“为吕氏右袒,为刘氏左袒!”军中皆左袒。然尚有南军,平乃召朱虚侯章佐勃。勃令章监军门,令窋告卫尉:“毋入产殿门!”产欲入宫为乱,至殿门,弗得入,徘徊往来。勃尚恐不胜,未敢公言诛之,乃谓章曰："急入宫卫帝！"予卒千余人，入宫门，击产杀之。帝遣谒者持节劳章，章欲夺其节，不得，则从舆载，因节信驰斩长东卫尉吕更始。还报勃，勃起拜贺。遂遣人分部悉捕诸吕男女，无少长皆斩之，而废鲁王张偃。遣章告齐王罢兵，灌婴兵亦罢归。

纲 诸大臣迎立代王恒。后九月，至，即位。诛吕后所名孝惠子弘等。赦。

目 诸大臣谋曰："少帝及诸王，皆非真孝惠子也；吕后诈名他人子而立之，以强吕氏。即长用事，吾属无类矣！"或言："齐王，高帝长孙，可立。"大臣皆曰："吕氏几危宗庙。今齐王舅驷钧，虎而冠，即立齐王，复为吕氏矣。代王，高帝子，最长，仁孝宽厚；太后家薄氏，谨良。"乃召代王。

代郎中令张武等曰："汉大臣习兵，多诈。愿称疾毋往，以观其变。"中尉宋昌曰："秦失其政，豪杰并起，卒践天子之位者，刘氏也；天下绝望，一矣。高帝封王子弟地，犬牙相制，此所谓磐石之安也；天下服其强，二矣。除秦苛政，约法令，施德惠，人人自安，难动摇，三矣。夫以吕太后之严，立三王，擅权制；然而太尉以一节入北军，一呼士皆左袒。此乃天授，非人力也。今大臣虽欲为变，百姓弗为使，故因天下之心，而欲迎立大王。大王勿疑也！"王乃命昌参乘，武等六人乘传，诣长安，至渭桥，群臣拜谒称臣，王下车答拜。太尉勃进曰："愿请间。"昌曰："所言公，公言之；所言私，王者无私。"勃乃跪上天子玺、符。王谢曰："至邸而议之。"

后九月晦，至邸。丞相平等皆再拜言曰："愿大王即天子位！"王西乡让者三，南乡让者再，遂即位。章弟东牟侯兴居请除宫，乃与太仆滕公入宫，载少帝出。奉法驾迎帝，即夕入未央宫。夜，拜宋昌为卫将军，镇抚南、北军；以张武为郎中令，行殿中。有司分部诛少帝及诸王于邸。帝还至前殿，夜下诏书，赦天下。

太宗孝文皇帝

纲 壬戌，太宗孝文皇帝元年，冬十月，以陈平为左丞相，周勃为右丞相，灌婴为太尉。论功，益户有差。

目 陈平谢病，曰："高祖时，勃功不如臣，及诛诸吕，臣功亦不如勃；愿以右丞相让勃。"从之。

勃朝罢趋出，意得甚，上礼之恭，常目送之。郎中袁盎进曰："丞相何如人也？"上曰："社稷臣。"盎曰："丞相功臣，非社稷臣。夫社稷臣，主在与在，主亡与亡。方吕氏时，刘氏不绝如带。时丞相本兵柄，不能正。吕后崩，大臣共诛诸吕，丞相适会其成功。今丞相如有骄主色，而陛下谦让；臣主失礼，窃为陛下不取也！"后朝，上益庄，丞相益畏。

纲　十二月，除收孥相坐律令。

目　诏曰："法者，治之正也。今犯法已论，而使无罪之父母、妻子、同产坐之，及为收孥，朕甚不取！其除收孥诸相坐律令！"

纲　春正月，立子启为皇太子。

纲　三月，立窦氏为皇后。

目　后，太子母也，故立之。后弟广国与兄长君，厚赐田宅，家于长安。周勃、灌婴等曰："吾属不死，命且悬此两人。两人所出微，不可不为择师傅、宾客。又复效吕氏，大事也！"于是乃选士之有节行者与居。两人由此为退让君子，不敢以尊贵骄人。

纲　诏定振穷养老之令。

目　诏曰："方春和时，草木群生，皆有以自乐，而吾百姓鳏、寡、孤、独，或阽于危亡，而莫之省忧。为民父母，将何如？其议所以振贷之。"又曰："老者非帛不暖，非肉不饱。今岁首，不时使人存问长老，又无布帛、酒肉之赐，将何以佐天下子孙孝养其亲哉！具为令。"有司请八十已上，月赐米、肉、酒；九十已上，加帛、絮。

纲　夏四月，齐、楚地震，山崩，大水溃出。

纲　令四方毋来献。

目　时有献千里马者。帝曰："鸾旗在前，属车在后，吉行日五十里，师行三十里；朕乘千里马，独先安之？"下诏曰："朕不受献也，其令四方毋复来献！"

纲　封宋昌为壮武侯。

目　帝既施惠天下，诸侯、四夷，远近欢洽；乃修代来功，封宋昌为壮武侯。

纲　秋八月，右丞相勃免。

目　帝益明习国家事。朝而问右丞相勃曰："天下一岁决狱几何？"勃谢不知。又问："一岁钱谷出入几何？"勃又谢不知；惶愧，汗出沾背。上问左丞相平。平曰："有主者。陛下即问决狱，责廷尉；问钱谷，责治粟内史。”上曰：“然则君所主者何事也？”平谢曰：“宰相者，上佐天子，理阴阳，顺四时；下遂万物之宜；外镇抚四夷诸侯；内亲附百姓，使卿大夫各得任其职焉。”帝乃称善。勃大惭，乃谢病免，平专为丞相。

纲　遣大中大夫陆贾使南越，南越王佗称臣奉贡。

目　初，隆虑侯灶击南越，会暑湿，大役，不能逾岭。赵佗因此以兵威、财物赂遗闽越、西瓯、骆，役属焉，东西万余里。乘黄屋左纛，称制与中国侔。

帝乃为佗亲冢在真定者置守邑，岁时奉祀；召其昆弟厚赐之。复使陆贾使南越，赐佗书曰：“朕，高皇帝侧室之子也，弃外，奉北藩于代。孝惠皇帝即世，高后自临事，不幸有疾，诸吕为变，赖功臣之力诛之。朕以王、侯、吏不释之故，不得不立。乃者，闻王遗将军隆虑侯书，求亲昆弟，请罢长沙两将军。朕以王书，罢将军博阳侯。亲昆弟在真定者，已遣人存问，修治先人冢。前日闻王发兵于边，为寇不止，长沙苦之；虽王之国，庸独利乎？必多杀士卒，伤良将吏，寡人之妻，孤人之子，独人父母；得一亡十，朕不忍为也。虽然，王之号为帝。两帝并立，亡一乘之使以通其道，是争也；争而不让，仁者不为也。愿与王分弃前恶，终今以来，通使如故。”

贾至南越，佗恐，顿首谢罪，愿奉明诏，长为藩臣，奉贡职。下令国中曰：“两雄不俱立，两贤不并世。汉皇帝，贤天子，今去帝制、黄屋、左纛。”因为书，称“蛮夷大长老夫臣佗，昧死再拜上书皇帝陛下：老夫，故越吏也，高皇帝幸赐臣佗玺，以为南越王。孝惠皇帝义不忍绝，所赐老夫者甚厚。高后用事，别异蛮夷，出令曰：‘毋与蛮夷越金铁、田器、马、牛、羊；即予，予牡，毋予牝。’老夫处僻，马、牛、羊齿已长。自以祭祀不修，有死罪，使内史藩、中尉高、御史平，凡三辈上书谢过，皆不反。又风闻父母坟墓已坏削，兄弟宗族已诛论。吏相与议曰：‘今内不得振于汉，外无以自高异。’故更号为帝，自帝其国，非敢有害于天下。高皇后闻之，大怒，削去南越之籍，使使不通。老夫窃疑长沙王谗臣，故发兵以伐其边。老夫处越四十九年，于今抱孙焉。然夙兴夜寐，寝不安席，食不甘味者，以不得事汉也。今陛下幸怜，复故号，通使汉如故，老夫死，骨不腐矣”。

纲 召河南守吴公为廷尉。以贾谊为大中大夫。

目 上闻河南守吴公治平,为天下第一,召以为廷尉。吴公荐洛阳人贾谊,帝召以为博士,时年二十余。一岁中,超迁至大中大夫。请改正朔,易服色,定官名,兴礼乐,以立汉制,更秦法;帝谦让未遑也。

纲 癸亥,二年,冬十月,丞相、曲逆侯陈平卒。

纲 十一月,以周勃为丞相。

纲 是月,晦,日食,诏举贤良方正能直言极谏者。

目 颍阴侯骑贾山上书曰:"臣闻雷霆之所击,无不摧折者;万钧之所压,无不糜灭者。今人主之威,非特雷霆也;势重,非特万钧也。开道而求谏,和颜色而受之,用其言而显其身,士犹恐惧而不敢自尽,而况于纵欲、恣暴,恶闻其过乎!昔者周盖千八百国,以九州岛之民,养千八百国之君,君有余财,民有余力,而颂声作。秦皇帝以千八百国之民自养,力罢不能胜其役,财尽不能胜其求,身死才数月耳,天下四面而攻之,宗庙灭绝矣。秦皇帝居灭绝之中,而不自知者,何也?亡养老之义,亡辅弼之臣,退诽谤之人,杀直谏之士,是以天下已溃而莫之告也。今陛下使天下举贤良方正之士,天下之士,莫不精白以承休德;乃直与之驰驱射猎,一日再三出,臣恐朝廷之懈弛也。陛下节用爱民,平狱缓刑,天下莫不说喜。臣闻山东吏布诏令,民虽老羸癃疾,扶杖而往听之,愿少须臾毋死,思见德化之成也。今功业方就,名闻方昭,豪俊之臣,方正之士,直与之日日猎射,击兔、伐狐,以伤大业,绝天下之望,臣窃悼之!夫士,修之于家而坏之于天子之庭,臣窃愍之。陛下与众臣宴游,与大臣、方正朝廷论议,游不失乐,朝不失礼,议不失计,轨事之大者也。"上嘉纳其言。

上每朝,郎、从官上书疏,未尝不止辇受其言。言不可用置之,言可用采之,未尝不称善。

帝从霸陵上,欲西驰下峻坂。中郎将袁盎骑,并车揽辔。上曰:"将军怯邪!"盎曰:"臣闻'千金之子,坐不垂堂。'圣主不乘危,不傲幸。今陛下骋六飞,驰下峻山,有如马惊车败,陛下纵自轻,奈高庙、太后何!"上乃止。

上所幸慎夫人,在禁中常与皇后同席坐。及幸上林,布席,盎引却慎夫人坐。夫人怒,上亦怒。盎因前说曰:"臣闻尊卑有序,则上下和。

今已立后，夫人乃妾；妾、主岂可与同坐哉！且陛下独不见'人彘'乎？"上说，语夫人，赐盎金五十斤。

纲 春正月，亲耕藉田。

目 贾谊说上曰："一夫不耕，或受之饥；一女不织，或受之寒。生之有时，而用之亡度，则物力必屈。古之治天下，至纤，至悉，故其畜积足恃。今背本而趋末者甚众，淫侈之俗，日日以长，天下财产，何得不蹶！即不幸有方二三千里之旱，国胡以相恤？卒然边境有急，数十百万之众，国胡以馈之？夫积贮者，天下之大命也。苟粟多而财有余，何为而不成！以攻则取，以守则固，以战则胜，怀敌附远，何招而不至！今驱民而归之农，皆著于本，使天下各食其力，末技、游食之民转而缘南亩，则畜积足而人乐其所矣。"上感谊言，诏曰："夫农者，天下之本也。其开藉田，朕亲率耕，以给宗庙粢盛。"

纲 三月，立赵幽王子辟疆为河间王，朱虚侯章为城阳王，东牟侯兴居为济北王，子武为代王，参为太原王，揖为梁王。

目 有司请立皇子为诸侯王。诏先立河间、城阳、济北王，然后立皇子。

纲 夏五月，除诽谤、妖言法。

目 诏曰："古之治天下，朝有进善之旌，诽谤之木，所以通治道而来谏者也。今法有诽谤、妖言之罪，是使众臣不敢尽情，而上无由闻过失也；将何以来远方之贤良！其除之！"

纲 秋九月，赐天下今年田租之半。

目 诏曰："农，天下之大本也，民所恃以生也。而民或不务本而事末，故生不遂，朕今亲率群臣农以劝之。其赐天下民今年田租之半。"

纲 甲子，三年，冬十月晦，日食。十一月晦，又食。

纲 丞相绛侯勃免就国。

纲 以灌婴为丞相。罢太尉官。

纲 淮南王长来朝，杀辟阳侯审食其。

目 初，赵王敖献美人于高祖，得幸，有娠。及贯高事发，美人亦坐系。美人弟因审食其言吕后；吕后妒，弗肯白。美人已生子，恚，即自杀。吏奉其子诣上，上悔之，封以为淮南王。

王蚤失母，附吕后，故吕后时得无患。而常怨食其，以为不强争之,使其母恨而死也。及上即位,骄蹇不奉法;上常宽假之。是岁入朝,往见食其,自袖铁椎椎杀之,驰走阙下,肉袒谢罪。帝伤其志为亲,故赦弗治。以此归国益骄恣,警跸称制,拟于天子。袁盎谏曰:"诸侯太骄,必生患。"上不听。

纲 夏五月,匈奴入寇。帝如甘泉,遣丞相婴将兵击走之;遂如太原。济北王兴居反,遣大将军柴武击之。秋七月,还宫。八月,兴居兵败自杀。

目 初诛诸吕,朱虚侯功尤大,大臣许以赵王章,以梁王兴居。帝闻其初欲立齐王,故绌其功,割齐二郡以王之。兴居自以失职夺功,颇怏怏;闻帝幸太原,以为天子且自击胡,遂发兵反。帝遣柴武击之,济北王兴居兵败自杀。

纲 以张释之为廷尉。

目 释之初为骑郎,十年不得调。袁盎荐之为谒者。朝毕,因前奏事。上曰:"卑之毋甚高论,令今可行也。"释之乃言秦、汉间得失。上说,拜谒者仆射。

从行,登虎圈。上问上林尉诸禽兽簿,尉不能对。虎圈啬夫从旁代尉对,甚悉,欲以观其能。口对响应,无穷者。帝曰:"吏不当若是邪!"召释之拜啬夫为上林令。释之曰:"陛下以周勃、张相如何如人也?"上曰:"长者。"释之曰:"此两人言事曾不能出口,岂效此啬夫喋喋利口捷给哉!以啬夫口辩而超迁之,臣恐天下随风而靡,争为口辩而无其实。举错不可不审也!"帝曰:"善。"就车,召使参乘。徐行,问秦之敝。拜公车令。

顷之,太子与梁王共车入朝,不下司马门。释之追止之,劾不敬。薄太后闻之;帝免冠,谢教儿子不谨。后乃使使承诏赦太子、梁王,然后得入。帝由是奇释之,拜为中大夫;是岁为廷尉。

上行出中渭桥,有一人从桥下走,乘舆马惊;捕属廷尉。释之奏:"犯跸,当罚金。"上怒,释之曰:"法者,天子所与天下公共也。今法如是,更重之,是法不信于民也。且方其时,上使使诛之则已。今已下廷尉;廷尉,天下之平也,壹倾,天下用法皆为之轻重,民安所措其手足!"上曰:"廷尉言是也。"

其后人有盗高庙坐前玉环,得,下廷尉治。释之奏当:"弃市。"上大怒曰:"人无道,乃盗先帝器!吾欲致之族,而君以法奏之,非吾所以共承宗庙意也。"释之免冠,顿首谢曰:"法如是,足也。今盗宗庙器而族之,假令愚民取长陵一抔土,陛下且何以加其法乎?"帝乃白太后许之。

纲 乙丑,四年,冬十二月,丞相婴卒,以张苍为丞相。

目 苍好书,博闻,尤邃律历。

纲 召河东守季布至,罢归郡。

目 上召河东守季布,欲以为御史大夫。有言其使酒难近者;至,留邸一月,见罢。布因进曰:"臣待罪河东,陛下无故召臣,此人必有以臣欺陛下者。今臣至,无所受事,罢去,此人必有毁臣者。夫以一人之誉而召臣,以一人之毁而去臣,臣恐天下有以窥陛下之浅深也!"上良久曰:"河东,吾股肱郡,故特召君尔。"

纲 以贾谊为长沙王太傅。

目 上议以贾谊任公卿之位。大臣多短之曰:"年少初学,专欲擅权,纷乱诸事。"上于是疏之,不用其议,以为长沙王太傅。

后帝思谊,召至。入见,上方受釐,坐宣室,因感鬼神事,而问鬼神之本。谊具道所以然之故;至夜半,帝前席。既罢,曰:"吾久不见贾生,自以为过之,今不及也。"

纲 下绛侯周勃廷尉狱,既而赦之。

目 周勃既就国,每河东守、尉行县至绛,勃恐诛,常被甲,令家人持兵以见之。人有告勃欲反,下廷尉逮治。薄太后谓帝曰:"绛侯始诛诸吕,绾皇帝玺,居北军,不以此时反,今居一小县,顾欲反邪!"帝乃使使持节赦之,复爵邑。勃既出,曰:"吾尝将百万军,然安知狱吏之贵乎!"

纲 丙寅,五年,春二月,地震。

纲 夏四月,更造四铢钱,除盗铸令。

目 初,秦用半两钱,高祖嫌其重,更铸荚钱。于是物价腾踊,米石万钱。至是更造四铢钱,除盗铸钱令。

贾谊谏曰:"法使天下公得铸钱,敢杂以铅、铸者,其罪黥。然铸钱非殽杂为巧,则不可得赢;而殽之甚微,为利甚厚。夫事有召祸而法有起奸;今令细民人操造币之势,各隐屏而铸作,因欲禁其厚利微奸,虽黥罪日报,其势不止。不如收之。"贾山亦谏,以为:"钱者,无用器也,而可以易富贵。富贵者,人主之操柄也。令民为之,是与人主共操柄,不可长也。”皆不听。

时大中大夫邓通方宠幸，上欲其富，赐之蜀严道铜山，使铸钱。吴王濞有豫章铜山招致天下亡命者以铸钱，东煮海水为盐，以故无赋，而国用饶足。以是吴、邓钱布天下。

纲 徙代王武为淮阳王。

纲 丁卯，六年，冬十月，桃、李华。

纲 淮南王长谋反，废徙蜀，道死。

目 淮南王长谋反，事觉，召至长安。赦，徙处蜀。袁盎谏曰："上素骄淮南王，弗为置严傅、相，以故至此。今暴摧折之，臣恐卒逢雾露病死，陛下有杀弟之名，奈何？"上曰："吾特苦之尔！"王果愤恚不食死。上闻，哭甚悲，谥曰厉王。

纲 以贾谊为梁王太傅。

目 谊上疏曰："臣窃惟今之事势，可为痛哭者一，可为流涕者二，可为长太息者六。进言者皆曰：'天下已安已治矣。'臣独以为未也。夫抱火厝之积薪之下而寝其上，火未及然，因谓之安；方今之势，何以异此！

夫树国固必相疑之势，甚非所以安上而全下也。今或亲弟谋为东帝；亲兄之子西乡而击；今吴又见告矣。天子春秋鼎盛，行义未过，德泽有加焉，犹尚如是；况莫大诸侯，权力且十此者乎！屠牛坦一朝解十二牛，而芒刃不钝者，其排击剥割，皆众理解也；至于髋髀之所，非斤则斧。夫仁义恩厚，人主之芒刃也；权势法制，人主之斧斤也。今诸侯王皆众髋髀也，释斧斤之用，而欲婴以芒刃，臣以为不缺则折。欲天下之治安，莫若众建诸侯而少其力。力少则易使以义，国小则亡邪心。令海内之势，如身之使臂，臂之使指，莫不制从，下无倍畔之心，上无诛伐之志，法立而不犯，令行而不逆，卧赤子天下之上而安，植遗腹，朝委裘，而天下不乱。陛下谁惮而久不为此！

天下之势方病大瘇，一胫之大几如要，一指之大几如股，平居不可屈伸。失今不治，必为痼疾，后虽有扁鹊，不能为已。可痛哭者，此病是也！

天下之势方倒县。天子者，天下之首也；蛮夷者，天下之足也。今匈奴慢侮侵掠，而汉岁致金、絮、采、缯以奉之。足反居上，首顾居下，倒县如此，莫之能解，犹谓国有人乎？可为流涕者此也！今不猎猛兽而猎田彘，不搏反寇而搏畜菟，玩细娱而不图大患，德可远施，威可远加，而直数百里外，威令不伸，可为流涕者此也！今帝之身自衣皂绨，而富民墙屋被文绣；天子之后以缘其领，庶人孽妾以缘其履：此臣所谓舛也。夫百人作之，不能衣一人，欲天下亡寒，胡可得也。一人耕之，十人聚而食之，欲天下亡饥，不可得也。饥寒切于民之肌肤，欲其亡为奸邪，不可得也。可为长太息者此也！

商君遗礼义，弃仁恩，并心于进取；行之二岁，秦俗日败。故家富子壮则出分，家贫子壮则出赘；借父耰鉏，虑有德色；母取箕帚，立而谇语；抱哺其子，与公并倨；妇姑不相说，则反唇而相稽；其慈子、嗜利，不同禽兽者亡几矣。今其遗风余俗，犹尚未改，弃礼义、损廉耻日甚，月异而岁不同矣，今其甚者杀父兄矣。而大臣特以簿书不报期会之间，以为大故，至于俗流失，世坏败，因恬而不知怪，以为是适然尔。夫移风易俗，使天下回心乡道，类非俗吏之所能为也。管子曰：'礼、义、廉、耻，是谓四维。四维不张，国乃灭亡。'是岂可不为寒心哉！岂如今定经制，令君君、臣臣，上下有差，父子六亲，各得其宜。此业一定，世世常安，而后有所持循矣。若夫经制不定，是犹渡江、河，亡维楫，中流而遇风波，船必覆矣。可为长太息者此也！

夏、殷、周为天子，皆数十世；秦为天子，二世而亡。人性不甚相远也，何三代之君有道之长，而秦无道之暴也？古之王者，太子乃生，固举以礼，有司斋肃端冕，见之南郊，过阙则下，过庙则趋，故自为赤子而教固已行矣。孩提有识，三公、三少，明孝仁礼义，以道习之，逐去邪人，不使见恶行，选天下之端士有道术者，使与居处，故太子乃生而见正事，闻正言，行正道，左右前后皆正人也。夫三代之所以长久者，以其辅翼太子有此具也。秦使赵高傅胡亥，而教之狱，所习者非斩、劓人，则夷人之三族也。故今日即位，而明日射人，忠谏者谓之诽谤，深计者谓之妖言，其视杀人，若艾草菅然。岂惟胡亥之性恶哉？彼其所以道之者非其理故也。鄙谚曰：'前车覆，后车诫。'天下之命，县于太子，太子之善，在于蚤谕教与选左右。夫心未滥而先谕教，则化易成也；教得而左右正，则太子正，而天下定矣。

凡人之智，能见已然，不能见将然。夫礼者禁于将然之前，而法者禁于已然之后，是故法之所为用易见，而礼之所为用难知也。若夫庆赏以劝善，刑罚以惩恶，先王执此之政，坚如金石；行此之令，信如四时；据此之公，无私如天地；岂顾不用哉？然而曰礼云、礼云者，贵绝恶于未萌而起教于微眇，使民日迁善、远罪而不自知也。为人主计者，莫如先审取舍，取舍之极定于内，而安危之萌应于外矣。夫人之置器，置诸安处则安，置诸危处则危。天下，大器也，在天子之所置之。汤、武置天下于仁、义、礼、乐，累子孙数十世，此天下所共闻也。秦王置天下于法令刑罚，祸几及身，子孙诛绝，此天下所共见也。今或言礼义之不如法令，教化之不如刑罚，人主胡不引殷、周、秦事以观之也！人主之尊，譬如堂，群臣如陛，众庶如地。故陛九级上，廉远地，则堂高；陛无级，廉近地，则堂卑。高者难攀，卑者易陵，理势然也。故古者圣王制为等列，内有公、卿、大夫、士、外有公、侯、伯、子、男，然后有官师、小吏，延及庶人，等级分明，而天子加焉，故其尊不可及也。

谚曰：'欲投鼠而忌器。'此善喻也。鼠近于器尚惮不投，恐伤其器，况于贵臣之近主乎！廉耻节礼以治君子，故有赐死而亡戮辱，是以黥劓之罪不及大夫，以其离主上不远也。臣闻之：履虽鲜不加于枕，冠虽敝不以苴履。夫已尝在贵宠之位，天子改容而礼貌之矣，吏民尝俯伏以敬畏之矣；今而有过，帝令废之可也，退之可也，赐之死可也，灭之可也；若夫束缚之，系绁之，输之司寇，编之徒官，小吏詈骂而搒笞之，殆非所以令众庶见也。古者大臣有坐不廉而废者，曰'簠簋不饰'；坐污秽淫乱者，曰'帷薄不修'；坐罢软不胜任者，曰'下官不职'。故贵大臣定有罪矣，犹未斥然正以呼之也，尚迁就而为之讳也。其在大谴、大呵之域者，则白冠牦缨，盘水加剑，造请室而请罪尔，不执缚系引而行也。其有中罪者，闻命而自弛，上不使人颈盩而加也。其有大罪者，北面再拜，跪而自裁，上不使人捽抑而刑之也。曰：'子大夫自有过尔，吾遇子有礼矣。'遇之有礼，故群臣自憙；婴以廉耻，故人矜节行。化成俗定，则为人臣者皆顾行而忘利，守节而仗义，故可以托不御之权，可以寄六尺之孤，此厉廉耻、行礼谊之所致也，主上何丧焉！此之不为，而顾彼之久行，故曰可为长太息者此也。"

上深纳其言，养臣下有节。是后大臣重有罪，皆自杀，不受刑。

纲鉴易知录卷十二

汉纪

太宗孝文皇帝

纲 戊辰，七年，六月，未央宫东阙罘罳灾。

纲 己巳，八年，夏，封淮南厉王子四人为列侯。

目 民有歌淮南王者曰：“一尺布，尚可缝；一斗粟，尚可舂；兄弟二人不相容！”帝闻而病之。封王子安等四人为列侯。

纲 长星出东方。

纲 辛未，十年，冬，将军薄昭有罪，自杀。

目 薄昭杀汉使者，帝不忍加诛，使公、卿从之饮酒，欲令自引分。昭不肯，使群臣丧服往哭之，乃自杀。

纲 壬申，十一年，夏，梁王揖卒，徙淮阳王武为梁王。

目 梁怀王薨，无子。徙淮阳王武为梁王。后岁余，贾谊亦死，死时年三十三矣。

纲 匈奴寇狄道。

目 时匈奴数为边患，太子家令晁错言曰：“兵法曰：‘有必胜之将，无必胜之民。’由此观之，安边境，立功名，在于良将，不可不择也。臣又闻用兵之急者有三：一曰得地形；二曰卒服习；三曰器用利。故器械不利，以其卒予敌也；卒不可用，以其将予敌也；将不知兵，以其主予敌也；君不择将，以其国予敌也。四者，兵之至要也。臣又闻以蛮夷攻蛮夷，中国之形也。今匈奴地形、技艺，与中国异。上下山坂，出入溪涧，险道倾仄，且驰且射，风雨罢劳，饥渴不困，此匈奴之长技也。若夫平原易地，轻车突骑，劲弩长戟，射疏及远，下马地斗，剑戟相接，此中国之长技也。帝王之道，出于万全。今降胡、义渠，来归义者，长技与匈奴同，可赐之坚甲利兵，益以边郡之良骑，平地通道，则以轻车、材官制之；两军相为表里，而各用其长技，此万全之术也。”帝嘉之，赐书宠答焉。错为人峭直刻深，以其辩得幸太子，号曰“智囊”。

纲 募民徙塞下。

晁错又言曰：“胡人扰乱边境，备塞卒少则入。不救，则边民绝望而降敌；救之，才到则胡又已去。聚而不罢，为费甚大；罢之，则胡复入。如此连年，则中国贫苦，而民不安矣。陛下幸忧边境，发卒治塞，甚大惠也。然令远方之卒，守塞一岁而更，不知胡人之能。不知选常居者，先为室屋，具田器，乃募民，免罪，拜爵，复其家，予冬夏衣、廪食。胡人入驱，而能止其所驱者，以其半予之，如是则邑里相救助，赴胡不避死。其与东方之戍卒，不习地势而心畏胡者，功相万也。”上从其言，募民徙塞下。

纲 癸酉，十二年，冬十二月，河决酸枣，东溃金堤；兴卒塞之。

纲 春三月，除关，无用传。

纲 诏民入粟边，得拜爵、免罪。赐农民今年半租。

目 晁错言曰：“圣王在上而民不冻饥者，非能耕而食之，织而衣之也，为开其资财之道也。今海内为一，无有水旱之灾，而畜积未及者，何也？地有遗利，民有余力，生谷之土未尽垦，山泽之利未尽出，游食之民未尽归农也。夫腹饥不得食，肤寒不得衣，虽慈母不能保其子，君安能以有其民哉！夫珠、玉、金、银，饥不可食，寒不可衣；粟、米、布、帛，一日弗得，而饥寒至。是故明君贵五谷而贱金玉。方今之务，莫若使民务农而已矣。欲民务农，在于贵粟。今募天下入粟县官，得以拜爵、除罪，则富人有爵，农民有钱，粟有所渫。而贫民之赋可损，所谓损有余，补不足，令出而民利者也。爵者，上之所擅，出于口而无穷；粟者，民之所种，生于地而不乏。使人入粟于边，以受爵、免罪，不过三岁，塞下之粟必多矣。”帝从之。错复言：“边食足以支五岁，可令入粟郡县；郡县足支一岁，可时赦，勿收农民租。如此，德泽加于万民，民愈劝农，大富乐矣。”诏赐农民今年租税之半。

纲 甲戌，十三年，春二月，诏具亲耕、桑礼仪。

目 诏曰：“朕亲耕以供粢盛，皇后亲桑以奉祭服；其具礼仪。”

纲 夏，除秘祝。

目 初，秦时祝官有秘祝，即有灾祥，辄移过于下。至是诏曰：“祸自怨起，福由德兴，百官之非，宜由朕躬。今秘祝之官，移过于下，朕甚不取。其除之！”

纲 五月，除肉刑。

目 齐太仓令淳于意有罪，当刑，其少女缇萦上书曰："妾父为吏，齐中皆称其廉平，今坐法当刑。妾伤夫死者不可复生，刑者不可复属，虽欲改过自新，其道无由。愿没入为官婢，以赎父刑罪。"天子怜悲其意，诏："除肉刑，有以易之，具为令！"

上既躬修玄默，惩恶亡秦之政，论议务在宽厚，耻言人之过失；化行天下，告讦之俗易。吏安其官，民乐其业，畜积岁增，户口浸息。风流笃厚，禁罔疏阔，罪疑者予民，是以刑罚大省，至于断狱四百，有刑错之风焉。

纲 六月，除田之租税。

目 诏曰："农，天下之本，务莫大焉。今勤身从事而有租税之赋，是为本末者无以异也。其除之！"

纲 乙亥，十四年，冬，匈奴入寇；遣兵击之，出塞而还。

目 匈奴十四万骑，入朝那、萧关。上亲勒兵，欲自征匈奴。群臣谏，不听，皇太后固要，上乃止。以张相如、栾布为将军，击逐出塞而还。

纲 赦作徒魏尚复为云中守。

目 上辇过郎署，问郎署长冯唐曰："父家安在？"对曰："赵人。"上曰："昔有为我言赵将李齐之贤，战于巨鹿下。今吾每饭，意未尝不在巨鹿也。"对曰："尚不如廉颇、李牧之为将也。"上拊髀曰："嗟乎，吾独不得颇、牧为将耳！岂忧匈奴哉！"唐曰："陛下虽得之，弗能用也。"上曰："公何以知之？"对曰："上古王者之遣将也，跪而推毂，曰：'阃以内，寡人制之；阃以外，将军制之。'军功爵赏皆决于外，归而奏之，此非虚言也。李牧为赵将，军市租，皆自用飨士；赏赐不从中覆，委任而责成功，故牧得尽其智能，而赵几霸。今魏尚为云中守，其军市租，尽以飨士卒，匈奴远避，不近云中之塞。虏曾一入，尚击之，所杀甚众。上功幕府，一言不相应，文吏以法绳之。且尚坐上功首虏差六级，陛下下之吏，削其爵，罚作之。由此言之，陛下虽有颇、牧，弗能用也！"上说。是日，令唐持节赦魏尚，复以为云中守，而拜唐为车骑都尉。

纲 春，增诸祀坛场珪币。

目 诏广增诸祀坛场珪币，且曰："先王远施不求其报，望祀不祈其福,右贤左戚,先民后己,至明之极也。今吾闻祠官祝釐,皆归福于朕躬,不为百姓,朕甚愧之。其令祠官致敬,无有所祈!”

纲 丙子,十五年,春,黄龙见成纪。

目 初,张苍以汉得水德,鲁人公孙臣以为当土德,其应,黄龙见;苍以为非是,罢之。至是,帝召臣为博士,与诸生申明土德,草改历、服色事。苍由此自绌。

纲 夏四月,帝如雍,始郊见五帝。

纲 秋九月,亲策贤良能直言极谏者,以晁错为中大夫。

目 错以对策高第,擢为中大夫。又言宜削诸侯及法令可更定者,书凡三十篇。上虽不尽听,然奇其材。

纲 作渭阳五帝庙。

目 赵人新垣平言长安东北有神气,成五采。乃作渭阳五帝庙。

纲 丁丑,十六年,夏四月,亲祠之。以新垣平为上大夫。

目 上郊祠渭阳五帝庙,贵平至上大夫。而使博士、诸生刺六经中作王制,议巡狩、封禅事。

纲 分齐地,立悼惠王子六人为王。

目 立悼惠王肥子将闾为齐王,志为济北王,贤为菑川王,雄渠为胶东王,卬为胶西王,辟光为济南王。

纲 分淮南地,立厉王子三人为王。

目 安为淮南王,勃为衡山王,赐为庐江王。

纲 诏更以明年为元年。治汾阴庙。

目 新垣平言:“阙下有宝玉气。”而使人持玉杯诣阙献之,刻曰“人主延寿”。又言:“候日再中。”居顷之,日却,复中。于是始更以十七年为元年,令天下大酺。平言:“周鼎在泗水中。今河决,通于泗,而汾阴有金宝气,意鼎出乎!”于是治庙汾阴,欲祠出鼎。

纲 戊寅,后元年,冬十月,新垣平伏诛。

目 人有上书告平“所言皆诈也”,下吏治,诛夷平。

纲 诏议可以佐百姓者。

目 诏御史曰:“间者,数年不登,又有水旱、疾疫之灾,朕甚忧之。意朕之政有所失,而行有过与?何以致此?夫度田非益寡,计民未加益,而食之甚不足者,毋乃百姓之从事于末以害农者蕃,为酒醪以靡谷者多,六畜之食焉者众与?其与丞相、列侯、吏二千石、博士议之;

有可以佐百姓者,率意远思,无有所隐!”

纲 己卯,二年,夏,复与匈奴和亲。

目 匈奴连岁入边,杀略甚众。上患之,乃遗匈奴书。单于亦使当户报谢,复和亲。

纲 秋八月,丞相苍免,以申屠嘉为丞相。

目 张苍免。帝以后弟广国贤,有行,欲相之,曰:“恐天下以吾私广国,久念不可。”而申屠嘉故以材官蹶张从高帝,为人廉直,门不受私谒,遂以为丞相。

是时邓通方爱幸。嘉尝入朝,通居上旁,怠慢。嘉奏事毕,因言曰:“陛下幸爱群臣,即富贵之;至于朝廷之礼,不可以不肃。”罢朝,嘉坐府中,为檄召通:“不来,且斩!”通恐,言上;上曰:“汝第往。”通诣丞相,免冠徒跣,顿首谢。嘉坐自如,责曰:“朝廷者,高帝之朝廷也。通小臣,戏殿上,大不敬,当斩。吏,今行斩之!”通顿首出血,不解。上度丞相已困通,使使持节召通,而谢丞相曰:“此吾弄臣,君释之!”通至,为上泣曰:“丞相几杀臣!”

纲 癸未,六年,冬,匈奴寇上郡、云中,诏将军周亚夫等屯兵以备之。

目 匈奴入上郡、云中,杀略甚众,烽火通于甘泉、长安。遣将军令免屯飞狐,苏意屯句注,张武屯北地,周亚夫次细柳,刘礼次霸上,徐厉次棘门,以备胡。上自劳军,至霸上及棘门军,直驰入,将以下骑迎送。已而之细柳军,军士吏被甲,锐兵刃,彀弓弩持满,先驱至,不得入。曰:“天子且至!”军门都尉曰:“将军令曰:‘军中闻将军令,不闻天子之诏。’”上至,又不得入。于是上乃使使持节诏将军:“吾欲劳军。”亚夫乃传言“开壁门”。门士请车骑曰:“将军约:军中不得驱驰。”于是天子乃按辔徐行。至营,亚夫持兵揖曰:“介胄之士不拜,请以军礼见。”天子为动,改容,式车,使人称谢:“皇帝敬劳将军。”成礼而去。群臣皆惊。上曰:“嗟乎,此真将军矣! 曩者霸上、棘门军,若儿戏尔,其将固可袭而虏也。至于亚夫,可得而犯邪!”称善者久之。月余,匈奴远塞,兵罢。拜亚夫为中尉。

纲 夏,大旱,蝗。诏弛利、省费以振民。

纲 甲申,七年,夏六月,帝崩,遗诏短丧。

纲 葬霸陵。

目 帝即位二十三年，宫室、苑囿、车骑、服御，无所增益；有不便，辄弛以利民。尝欲作露台，召匠计之，直百金。上曰："百金，中人十家之产也。吾奉先帝宫室，常恐羞之，何以台为！"身衣弋绨，所幸慎夫人，衣不曳地；帷帐无文绣，以示敦朴，为天下先。治霸陵，皆瓦器，因其山，不起坟。吴王诈病不朝，赐以几杖。群臣袁盎等谏说虽切，常假借纳用焉。张武等受赂金钱，觉，更加赏赐，以愧其心。专务以德化民。是以海内安宁，后世鲜能及之。

纲 太子启即位。尊皇太后曰太皇太后，皇后曰皇太后。

纲 秋九月，有星孛于西方。

孝景皇帝

纲 乙酉，孝景皇帝元年，冬十月，尊高皇帝为太祖，孝文皇帝为太宗，令郡国立太宗庙。

纲 丞相嘉等奏："功莫大于高皇帝，德莫圣于孝文皇帝。高皇帝宜为太祖之庙，孝文皇帝宜为太宗之庙，天子世世献。郡国宜各立太宗庙。"制曰："可。"

纲 夏，复收民田半租，三十而税一。

纲 减笞法。

目 初，文帝除肉刑，外有轻刑之名，内实杀人；笞五百者率多死。是岁诏曰："加笞重罪无异；幸而不死，不可为人。其定律：笞五百曰三百，三百曰二百。"

纲 以张欧为廷尉。

目 欧事帝于太子宫，虽治刑名家，为人长者，未尝言案人。专以诚长者处官，官属亦不敢太欺。

纲 丙戌，二年，冬十二月，有星孛于西南。

纲 夏四月，太皇太后崩。

纲 六月，丞相嘉卒。

目 时内史晁错数请间言事，辄听。宠幸倾九卿，法令多所更定。丞相嘉自绌，疾错。内史门东出不便，更穿一门南出。南出者，太上皇庙堧垣也。嘉闻，为奏，请诛错。客有语错，错恐，夜入宫自归。至朝，嘉请，上曰："错所穿乃外堧垣，故冗官居其中；且我使为之，错无罪。”嘉罢朝，曰：“吾悔不先斩错，乃为所卖！”欧血而死。

纲 以陶青为丞相，晁错为御史大夫。

纲 彗星出东北。

纲 秋，衡山雨雹。

纲 荧惑逆行守北辰，月出北辰间，岁星逆行天廷中。

纲 丁亥，三年，冬十月，梁王武来朝。

目 梁孝王以窦太后少子，故有宠。居天下膏腴之地，赏赐不可胜道。上尝与宴饮，从容言曰：“千秋万岁后，传于王。”王辞谢，虽知非至意，然心内喜。詹事窦婴引卮酒进上曰：“天下者，高祖之天下。父子相传，汉之约也，何以得传梁王！”太后因此憎婴；婴因病免，太后除婴门籍。梁王以此益骄。

纲 春正月，长星出西方。洛阳东宫灾。

纲 吴王濞、胶西王卬、胶东王雄渠、菑川王贤、济南王辟光、楚王戊、赵王遂反。以周亚夫为太尉，将兵讨之。杀御史大夫晁错。二月，亚夫大破吴、楚军，濞亡走越，戊自杀。

目 初，孝文时，吴太子入见，得侍皇太子饮博，争道，不恭；皇太子引博局提杀之。吴王称疾不朝京师，始有反谋。文帝赐吴王几杖，老，不朝，吴谋益解。然以铜盐故，百姓无赋；他郡国吏欲来捕亡人者，公共禁弗予。如此者四十余年。

晁错数言吴过，可削；文帝不忍。及帝即位，错曰：“高帝封三庶孽，分天下半。今吴王不朝，于古法当诛。文帝不忍，德至厚，王当改过自新，反益骄，诱天下亡人谋作乱。今削之亦反，不削亦反。削之，其反亟，祸小；不削，其反迟，祸大。”上令列侯、公卿、宗室杂议，莫敢难；独窦婴争之。错又言楚、赵有罪，皆削一郡。胶西有奸，削其六县。

方议削吴，吴王恐，因发谋举事。闻胶西王勇，好兵，使人说之，又身至胶西面约。遂发使约齐、菑川、胶东、济南，皆许诺。

初，楚元王好书，与鲁申公、穆生、白生俱受诗于浮丘伯，及王楚，以三人为中大夫。穆生不嗜酒，元王每为设醴。及孙戊即位，常设，后忘设焉。穆生退曰：“可以逝矣！醴酒不设，王之意怠。不去，楚人将钳我于市。”遂谢病去。戊坐削地事，遂与吴通谋。申公、白生谏戊，戊胥靡之，使雅舂于市。

及削吴会稽、豫章郡书至，吴王遂起兵，杀汉吏；胶西、胶东、菑川、济南、楚、赵亦皆反。遗诸侯书，罪状晁错，欲合兵诛之。

初，文帝且崩，戒太子曰："即有缓急，周亚夫真可任将兵。"至是，上乃拜亚夫为太尉，将三十六将军往击吴、楚。遣郦寄击赵，栾布击齐；窦婴屯荥阳，监齐、赵兵。

初，错更令三十章，诸侯讙哗。错父闻之，从颍川来，谓错曰："上初即位，公为政用事，侵削诸侯，疏人骨肉，口语多怨，公何为也？"错曰："不如此，天子不尊，宗庙不安。"父曰："刘氏安矣而晁氏危！"遂饮药死，曰："吾不忍见祸逮身！"后十余日，七国反，以诛错为名。

上与错议出军事，错欲令上自将兵而身居守。错素与吴相袁盎不善。盎夜见窦婴，为言吴所以反，愿至上前，口对状。婴入言，上乃召盎。盎入，上方与错调兵食。问之，盎曰："愿屏左右。"上屏人，独错在，盎曰："臣所言，人臣不得知。"乃屏错。盎曰："吴、楚相遗书，言贼臣晁错擅适诸侯，削夺之地，以故反，欲西共诛错，复故地而罢。今独有斩错，发使赦之，复其故地，则兵可无血刃而俱罢。"上默然良久，曰："顾诚何如？吾不爱一人以谢天下。"错殊不知。上使中尉召错，绐载行市，错衣朝衣斩东市。乃使盎使吴。

谒者仆射邓公为校尉，以言军事见上，曰："吴为反计数十岁矣，以诛错为名，其意不在错也。夫晁错患诸侯强大不可制，故请削之，以尊京师，万世之利也。计画始行，卒受大戮。内杜忠臣之口，外为诸侯报仇，臣窃为陛下不取也！"帝喟然曰："吾亦恨之！"

盎至吴，吴欲劫使将，盎得间脱亡归报。

周亚夫言于上曰："楚兵剽轻，难与争锋，愿以梁委之，绝其饷道，乃可制也。"上许之。亚夫乘六乘传，将会兵荥阳。发至霸上，赵涉遮说亚夫曰："吴王知将军且行，必置人于殽、渑之间；且兵事尚神密，将军何不右去，走蓝田，出武关，抵洛阳，直入武库。诸侯闻之，以为将军从天而下也。"亚夫如其计，至洛阳，喜曰："今吾据荥阳，荥阳以东，无足忧者。"使吏搜殽、渑间，果得吴伏兵。乃请涉为护军，而东北走昌邑。

吴攻梁急，亚夫使轻骑出淮泗口，绝吴、楚兵后，塞其饷道。吴兵欲西，梁城坚守，不敢西；即走汉军，亚夫坚壁不战。军中夜惊，内相攻击，扰乱至帐下，亚夫坚卧不起，顷之，复定。吴奔壁东南陬，亚夫使备西北；已而其精兵果奔西北，不得入。吴、楚士卒多饥死叛散，乃引而去。二月，亚夫出精兵追击，大破之。吴王濞弃军夜亡走，楚王戊自杀。

纲 是月晦，日食。越人诛濞。齐王将闾及卬、遂皆自杀，雄渠、贤、辟光皆伏诛。

纲 戊子，四年，春，复置关，用传出入。

纲 夏四月，立子荣为皇太子，彻为胶东王。

纲 己丑，五年，春正月，作阳陵邑，募民徙居之。

纲 遣公主嫁匈奴单于。

纲 庚寅，六年，冬十二月，雷，大霖雨。

纲 秋九月，废皇后薄氏。

纲 辛卯，七年冬十一月，废太子荣为临江王。

目 初，燕王臧荼孙女臧儿嫁王仲，生男信与两女；仲死，更嫁田氏，生蚡。文帝时，臧儿长女为金王孙妇，生女俗。卜筮之，曰："两女皆当贵。"臧儿乃夺金氏妇，内之太子宫，生男彻。及帝即位，长公主嫖，欲以女嫁太子荣，其母栗姬以后宫诸美人皆因公主见帝，怒不许；公主欲予彻，王夫人许之。由是公主日谗栗姬，而誉彻之美，帝亦自贤之。王夫人知帝嗛栗姬，因怒未解，阴使人趣大行请立栗姬为皇后。帝怒曰："是而所宜言邪！"遂按诛大行，而废太子。太傅窦婴力争不能得，乃谢病免。栗姬恚恨而死。

纲 春，丞相青免，以周亚夫为丞相。罢太尉官。

纲 夏四月，立夫人王氏为皇后，胶东王彻为皇太子。

纲 以郅都为中尉。

目 始都为中郎将，敢直谏。尝从入上林，贾姬如厕，野彘卒入厕。上目都，都不行；欲自救姬。都伏上前曰："亡一姬，复一姬进，天下所少，宁贾姬等乎！陛下纵自轻，奈宗庙、太后何！"上乃还。都为人，勇悍公廉，不发私书，问遗无所受，请谒无所听。及为中尉，尤严酷，行法不避贵戚；列侯、宗室见都，侧目而视，号曰"苍鹰"。

纲 壬辰，中元年，夏四月，地震。

纲 衡山、原都雨雹。

目 大者尺八寸。

纲 癸巳，二年，春三月，征临江王荣，下吏，荣自杀。

纲 夏四月，有星孛于西北。

纲 秋九月，梁王武使人杀袁盎。

目 初，梁孝王以至亲有功，得赐天子旌旗，出跸入警。王宠信羊胜、公孙诡，胜、诡使王求为汉嗣。栗太子废，太后欲以梁王为嗣，尝因置酒谓帝曰："宫车晏驾，用梁王为继。"帝跪曰："诺。"袁盎等曰："昔宋宣公不立子而立弟，以生祸乱，五世不绝。小不忍，害大义，故春秋大居正。"由是太后议格。梁王由此怨盎，乃与胜、诡谋，阴使人刺杀盎及他议臣十余人。于是天子意梁，逐贼，果梁所为。遣田叔往按，捕胜、诡；胜、诡匿王后宫。内史韩安国见王，泣曰："大王诛邪臣浮说，犯上禁，挠明法。天子以太后故，不忍致法；太后日夜涕泣，幸大王自改，大王终不觉寤。有如太后宫车即晏驾，大王尚谁攀乎？"语未卒，王泣数行下，令胜、诡自杀，出之。

使邹阳见皇后兄王信曰："长君弟得幸于上，而长君行迹多不循道理者。今梁王即伏诛，太后无所发怒，切齿侧目于贵臣，窃为足下忧之。长君诚为上言，毋竟梁事；太后德长君入骨髓，而长君之弟幸于两宫，金城之固也。"长君乘闲言之，帝怒稍解。时太后忧梁事，不食，日夜泣不止，帝亦患之。田叔等还至霸昌厩，悉烧梁狱辞，空手来见。帝曰："梁事安有？"田叔曰："上毋以梁事为问也！今梁王不伏诛，是汉法不行也；伏法而太后食不甘味，卧不安席，此忧在陛下也。"上大然之，使叔等谒太后，曰："梁王不知也；为之者，幸臣羊胜、公孙诡之属耳，谨已伏诛，梁王无恙也。"太后立起坐餐，气平复。梁王因上书请朝，伏阙谢罪，太后、帝大喜，相泣，复如故。然帝益疏王，不与同车辇矣。以田叔为贤，擢为鲁相。

纲 甲午，三年，夏四月，地震。

纲 旱，禁酤酒。

纲 秋九月，蝗。有星孛于西北。是月晦，日食。

纲 丞相亚夫免。

目 初，上废栗太子，周亚夫固争之，不得。而梁王每与太后言亚夫短。太后欲侯王信，帝与亚夫议之。亚夫曰："高帝约：'非有功不侯。'信虽后兄，无功，侯之，非约也。"帝默然而止。后匈奴王徐卢等六人降，帝欲侯之以劝后。亚夫曰："彼背其王而降，侯之，则何以责人臣不守节者乎?”帝曰:“丞相议不可用。”乃悉侯之。亚夫因谢病,免。

纲 以刘舍为丞相。

纲 丙申,五年,秋八月,未央宫东阙灾。

纲 九月,诏狱疑者谳之。

目 诏曰:“狱者,人之大命,死者不可复生,朕甚悯之。诸狱疑,若虽文致于法,而于人心不厌者,辄谳之。”

纲 丁酉,六年,春二月,郊五畤。

纲 三月,雨雪。

纲 夏四月,梁王武卒。分梁地王其子五人。

目 梁孝王薨。太后哭,不食,曰:“帝果杀吾子!”帝哀惧不知所为,乃分梁为五国,尽立孝王男五人为王;女五人皆食汤沐邑。太后乃说,为帝加一餐。

纲 更减笞法。定箠令。

纲 既减笞法,笞者犹不全;乃更减笞三百曰二百,笞二百曰一百。又定箠令:箠长五尺,其本大一寸,竹也;末薄半寸,皆平其节。当笞者笞臀;毕一罪,乃更人。自是笞者得全。

纲 六月,匈奴寇雁门、上郡。

目 匈奴入雁门、上郡。李广为上郡守,尝从百骑出,卒遇匈奴数千骑,广骑欲驰还,广曰:“吾去大军数十里,今走,匈奴追射我立尽。今我留,匈奴必以我为大军之诱,不敢击。”令诸骑曰:“前!”未到匈奴陈二里所,令皆下马解鞍,以示不走。匈奴有白马将出,护其兵;广上马,与十余骑奔,射杀之而还,解鞍,令士卒皆纵马卧。会暮,胡兵终怪之,不敢击,夜引而去。

纲 秋七月晦,日食。

纲 以甯成为中尉。

目 自郅都死,长安宗室多暴犯法。上乃召甯成为中尉。其治效郅都,其廉不如,然宗室、豪杰人人惴恐。

纲 戊戌,后元年,春正月,诏治狱者务先宽。

目 诏曰:“狱,重事也。人有智愚,官有上下。狱疑者谳有司;有司所不能决,移廷尉;谳而后不当,谳者不为失。欲令治狱者务先宽。”

纲 夏，大酺五日，民得酤酒。

纲 地震。

目 震凡二十二日。

纲 丞相舍免。

纲 秋七月晦，日食。

纲 八月，以卫绾为丞相，直不疑为御史大夫。

目 初，绾以中郎将事文帝，醇谨无他。上为太子时，召文帝左右饮，而绾称病不行。文帝且崩，属上曰："绾长者，善遇之。"故上亦宠任焉。

不疑为郎，同舍有告归，误持其同舍郎金去。同舍郎疑不疑，不疑买金偿。后告归者至而归金，亡金郎大惭，以此称为长者。人或毁不疑，以为盗嫂。不疑曰："我乃无兄。"然终不自明也。

纲 下条侯周亚夫狱，亚夫不食死。

目 帝召周亚夫赐食，独置大胾，无切肉，又不置箸。亚夫心不平，顾谓尚席取箸。上视而笑曰："此非不足君所乎？"亚夫免冠谢上，上曰："起！"亚夫因趋出。上目送之曰："此鞅鞅，非少主臣也。"居无何，亚夫子为父买工官尚方甲楯可葬者，为人所告，事连污亚夫。召诣廷尉，不食五日，欧血而死。

纲 己亥，二年，春正月，地一日三动。

纲 夏四月，诏戒二千石修职事。

目 诏曰："雕文刻镂，伤农事者也；锦绣纂组，害女红者也。农事伤则饥之本也，女红害则寒之原也。夫饥寒并至，而能亡为非者寡矣。朕亲耕，后亲桑，以奉宗庙粢盛、祭服，为天下先，欲天下务农、蚕，素有蓄积，以备灾害。今岁或不登，民食颇寡，其咎安在？或诈伪为吏，以货赂为市，渔夺百姓，侵牟万民。其令二千石各修其职；不事官职、耗乱者，丞相以闻，请其罪。"

纲 秋，大旱。

纲 庚子，三年，冬十月，日、月皆赤。

纲 十二月，雷，日如紫；五星逆行守太微；月贯天廷中。

纲 春正月，诏劝农桑，禁采黄金、珠、玉。

纲 帝崩，太子彻即位。

纲 尊皇太后为太皇太后，皇后为皇太后。二月，葬阳陵。

纲鉴易知录卷十三

汉纪

世宗孝武皇帝

纲　辛丑，世宗孝武皇帝建元元年，冬十月，举贤良方正直言极谏之士，以董仲舒为江都相。治申、韩、苏、张之言者，皆罢之。

目　举贤良方正直言极谏之士，上亲策问之。广川董仲舒对曰："臣谨按春秋之中，视前世已行之事，以观天人相与之际，甚可畏也。国家将有失道之败，而天乃先出灾害以谴告之。不知自省，又出怪异以警惧之。尚不知变，而伤败乃至。以此见天心之仁爱人君，而欲止其乱也；自非大亡道之世者，天尽欲扶持而全安之。事在勉强而已矣，勉强学问，则闻见博而知益明；勉强行道，则德日起而大有功。此皆可使还至而立有效者也。道者，所繇适于治之路也，仁、义、礼、乐皆其具也。故圣王已没，而子孙长久，安宁数百岁，此皆礼乐教化之功也。夫周道衰于幽、厉，非道亡也，幽、厉不繇也。至于宣王，思昔先王之德，兴滞补敝，明文、武之功业，周道粲然复兴。故治乱兴废在于己，非天降命，不可反也。臣闻：命者，天之令也；性者，生之质也；情者，人之欲也。尧、舜行德则民仁寿，桀、纣行暴则民鄙夭，皆治乱之所生，故不齐也。王者欲有所为，宜求其端于天。天道之大者在阴阳。阳为德，阴为刑，刑主杀而德主生，是故阳常居大夏而以生育长养为事，阴常居大冬而积于空虚不用之处，以此见天之任德不任刑也。王者承天意以从事，故任德教而不任刑也。今废先王德教之官，独任执法之吏，而欲德教之被四海，难矣！为人君者，正心以正朝廷，正朝廷以正百官，正百官以正万民，正万民以正四方。四方正，远近莫敢不壹于正，而无有邪气奸其间者，是以阴阳调而风雨时，群生和而万物殖，诸福之物，可致之祥，莫不毕至，而王道终矣。今陛下贵为天子，富有四海，行高而恩厚，知明而意美，爱民而好士，可谓谊主矣。然而天地未应，而美祥莫至者，凡以教化不立，而万民不正也。夫万民之从利，如水之走下，不以教化堤防之，不能止也。古之王者，莫不以教化为大务。立学校以教于国，设庠序以化于邑，渐民以仁，摩民以谊，节民以礼，故其刑罚甚轻而禁不犯者，教化行而习俗美也。圣王之继乱世也，扫除其迹而悉去之。譬之琴瑟不调，甚者必解而更张之，乃可鼓也。为政而不行，甚者必变而更化之，乃可理也。古人有言曰：'临渊羡鱼，不如退而结网。'今临政愿治，不如退而更化。汉得天下以来，常欲治，而至今不可善治者，失之于当更化而不更化也。"

上复策之，仲舒对曰："臣闻圣王之治天下也，少则习之学，长则材诸位，爵禄以养其德，刑罚以威其恶，故民晓于礼谊而耻犯其上。武王行大谊，平残贼，周公作礼乐以文之；至于成、康，囹圄空虚四十余年：此教化之渐，而仁义之流也。至秦则不然，师申、韩之说，憎帝王之道，以贪狼为俗，诛名而不察实，为善者不必免，而犯恶者未必刑也。是以百官皆饰虚辞而不顾实，外有事君之礼，内有背上之心，造伪饰诈，趋利无耻；是以刑者甚众，死者相望，而奸不息，俗化使然也。今陛下并有天下，莫不率服，而功不加于百姓者，殆王心未加焉。曾子曰：'尊其所闻，则高明矣；行其所知，则光大矣。高明光大，不在于他，在乎加之意而已。'愿陛下因用所闻，设诚于内而致行之，则三王何异哉！陛下夙寤晨兴，务以求贤，亦尧、舜之用心也，而未云获者，士不素厉也。夫不素养士而欲求贤，譬犹不琢玉而求文采也。故养士莫大乎太学。太学者，贤士之所关也，教化之本原也。愿兴太学、置明师，以养天下之士，数考问以尽其材，则英俊宜可得矣。郡守、县令，民之师帅，所使承流而宣化也；师帅不贤，则主德不宣，恩泽不流。臣愚以谓使诸列侯、郡守，各择其吏民之贤者，岁贡各二人，以给宿卫，且以观大臣之能；所贡贤者有赏，所贡不肖者有罚。夫如是诸侯、吏二千石尽心于求贤，天下之士可得而官使也。毋以日月为功，实试贤能为上，量材而授官，录德而定位，则廉耻殊路，贤不肖异处矣。"

上三策之，仲舒复对曰："臣闻：天者，群物之祖，故遍覆包函而无所殊。圣人法天而立道，亦溥爱而亡私。春者，天之所以生也；仁者，君之所以爱也；夏者，天之所以长也；德者，君之所以养也；霜者，天之所以杀也；刑者，君之所以罚也。孔子作春秋，上揆之天道，下质诸人情，书邦家之过，兼灾异之变，以此见人之所为，其美恶之极，乃与天地流通而往来相应,此亦言天之一端也。天令之谓命,命非圣人不行;质朴之谓性,性非教化不成;人欲之谓情,情非制度不节。是故王者上谨于承天意,以顺命也;下务明教化民,以成性也;正法度之宜,别上下之序,以防欲也:修此三者,而大本举矣。人受命于天,固超然异于群生,入有父子兄弟之亲,出有君臣上下之谊,会遇相聚有耆老长幼之施,粲然有文以相接,欢然有恩以相爱。故孔子曰:'天地之性人为贵。'明于天性,知自贵于物,然后知仁谊,知仁谊然后重礼节,重礼节然后安处善,安处善然后乐循理,乐循理然后谓之君子。臣又闻之:聚少成多,积小至巨,故圣人莫不以晻致明,以微致显。言出于己,不可塞也;行发于身,不可掩也。故尽小者大,慎微者著。积善在身,犹长日加益,而人不知也;积恶在身,犹火销膏,而人不见也。此唐、虞之所以得令名,而桀、纣之可为悼惧者也。夫乐而不乱,复而不厌者,谓之道。道者,万世亡敝;敝者,道之失也。先王之道,必有偏而不起之处,故政有眊而不行,举其偏者以补其敝而已矣。三王之道,所祖不同,非其相反。夏尚忠,殷尚敬,周尚文者,所继之捄当用此也。道之大原出于天,天不变道亦不变,是以禹继舜,舜继尧,三圣相授而守一道,亡捄敝之政也。繇是观之,继治世者其道同,继乱世者其道变。今汉继大乱之后,若宜少损周之文致,用夏之忠者。夫天亦有所分予:予之齿者去其角,傅之翼者两其足,是所受大者不得取小也。古之所予禄者,不食于力,不动于末,与天同意者也。天子大夫者,下民之所视效,岂可以居贤人之位,而为庶人行哉!夫皇皇求财利,常恐乏匮者,庶人之意也;皇皇求仁义,常恐不能化民者,大夫之意也。若居君子之位,当君子之行,则舍公仪休之相鲁,无可为者矣。春秋大一统者,天地之常经,古今之通谊也。今师异道,人异论,百家殊方,指意不同,是以上无以持一统,法制数变,下不知守。臣愚以为诸不在六艺之科、孔子之术者,皆绝其道,勿使并进,邪辟之说灭息,然后统纪可一,而法度可明,民知所从矣。"天子善其对,以仲舒为江都相。

丞相卫绾因奏:"所举贤良,或治申、韩、苏、张之言,乱国政者,请皆罢。"奏可。

仲舒少治春秋,为博士,进退容止,非礼不行,学士皆师尊之。及为江都相,事易王。王,帝兄,素骄,好勇。仲舒以礼匡正,王敬重焉。尝问之曰:"粤王句践与大夫泄庸、种、蠡伐吴,灭之。寡人以为粤有三仁,何如?”仲舒对曰:“昔鲁君问伐齐于柳下惠,惠有忧色,曰:‘吾闻伐国不问仁人。此言何为至于我哉!’徒见问耳,犹且羞之,况设诈以行之乎?夫仁人者,正其谊,不谋其利;明其道,不计其功。是以仲尼之门,五尺之童,羞称五伯,为其先诈力而后仁义也。繇此言之,则粤未尝有一仁也。”王曰:“善。”

纲 春二月,行三铢钱。

纲 夏六月,丞相绾免。以窦婴为丞相,田蚡为太尉,赵绾为御史大夫,王臧为郎中令。迎申公为大中大夫。

目 上雅向儒术,婴、蚡俱好儒,推毂赵绾为御史大夫,王臧为郎中令。绾请立明堂,荐其师申公。上使使者奉安车蒲轮,束帛加璧迎之。既至,问治乱之事,申公年八十余,对曰:“为治者不在多言,顾力行何如耳!”时上方好文词,见申公对,默然;然已招致,则以为大中大夫,舍鲁邸,议明堂、巡狩、改历、服色事。

纲 壬寅,二年,冬十月,赵绾、王臧下吏,自杀。丞相婴、太尉蚡免;申公免归。以石建为郎中令,石庆为内史。

目 太皇太后好黄、老言,不悦儒术。赵绾请毋奏事东宫。太后大怒,阴求绾、臧奸利事,以让上;因废明堂事,下绾、臧吏,皆自杀。婴、蚡免,申公亦如疾免归。

初,景帝以石奋及四子皆二千石,号奋为“万石君”。万石君无文学,而恭谨无与比。子孙为小吏,来归谒,必朝服见之,不名。有过失,不责让,为便坐,对案不食;然后诸子相责,因长老肉袒谢罪,改之,乃许。子孙胜冠者在侧,虽燕居必冠。其执丧,哀戚甚悼。子孙遵教,皆以孝谨闻。及绾、臧获罪,太后以为儒者文多质少,今万石君不言而躬行,乃以其子建为郎中令,庆为内史。建在上侧,事有可言,屏人恣言极切;至廷见,如不能言者。上以是亲之。

纲 春二月朔,日食。

纲 三月,以许昌为丞相。

纲 以卫青为大中大夫。

目 陈皇后骄妒擅宠而无子,宠浸衰。上尝过姊平阳公主,悦讴者卫子夫,主因奉送入宫,恩宠日隆。子夫同母弟青,冒姓卫氏,为侯家骑奴。召为建章监、侍中。既而以子夫为夫人,青为大中大夫。

纲 夏四月，有星如日，夜出。

纲 置茂陵邑。

纲 癸卯，三年，冬十月，河水溢于平原。

纲 大饥，人相食。

纲 秋七月，有星孛于西北。

纲 闽越击东瓯，遣使发兵救之，遂徙其众于江、淮间。

纲 九月晦，日食。

纲 帝始为微行，遂起上林苑。

目 上招选天下文学材智之士，简拔其俊异者宠用之。庄助、朱买臣、吾丘寿王、司马相如、东方朔、枚皋、终军等，并在左右，每令与大臣辨论，中外相应以义理之文，大臣数屈焉。然相如特以辞赋得幸，朔、皋不根，持论好诙谐，上以俳优畜之。朔时直谏，有所补益。

是岁，上始为微行，常入南山下射猎，驰骛禾稼之地，民皆号呼骂詈。鄠、杜令欲执之，示以乘舆物，乃得免。又尝夜至柏谷，逆旅主人疑为奸盗，聚少年欲攻之；主人妪异上状貌，饮翁以酒而缚之，上始得脱。

又使吾丘寿王除上林苑，属之南山。东方朔谏曰："夫南山，天下之阻，陆海之地也。山出玉、石、金、银、铜、铁、良材，百工所取给，万民所仰足也。又有秔、稻、梨、栗、桑、麻、竹箭之饶，土宜姜、芋，水多蛙、鱼，贫者得以给足。今规以为苑，绝陂池水泽之利，而取民膏腴之地，上乏国用，下夺农桑，其不可一也。盛荆、棘之林，大虎、狼之墟，坏人冢墓，发人室庐，其不可二也。垣而囿之，骑驰车骛，有深沟大渠。夫一日之乐，不足以危无堤之舆，其不可三也。"上悦，乃拜朔为大中大夫、给事中，然遂起上林苑。

上又好自击熊、豕野兽，司马相如谏曰："天子清道而后行，中路而驰，犹时有衔橛之变；况乎涉丰草，骋丘墟，前有利兽之乐，而内无存变之意，其为害也不难矣。夫轻万乘之重不以为安乐，出万有一危之涂以为娱，臣窃为陛下不取。盖明者远见于未萌，而知者避危于无形，祸固多藏于隐微，而发于人之所忽者也。故鄙谚曰：'家累千金，坐不垂堂。'此言虽小，可以谕大。"上善之。

纲 甲辰，四年，夏，有风如血。

纲 秋九月，有星孛于东北。

纲 乙巳，五年，春，罢三铢钱，行半两钱。

纲 置五经博士。

纲 丙午，六年，春二月，辽东高庙灾。

纲 夏四月，高园便殿火；帝素服五日。

纲 五月，太皇太后崩。

纲 六月，丞相昌免，以田蚡为丞相。

目 蚡骄侈：治宅甲诸第，田园极膏腴，多受四方赂遗。每入奏事，坐语移日，所言皆听；荐人或起家至二千石，权移主上。上乃曰："君除吏已尽未？吾亦欲除吏。"尝请考工地益宅，上怒曰："君何不遂取武库！"是后乃稍退。

纲 秋八月，有星孛于东方，长竟天。

纲 闽越击南越；遣大行王恢等将兵击之。

纲 以汲黯为主爵都尉。

目 始黯为谒者，以严见惮。东越相攻，上使黯往视之；不至，还，报曰："越人相攻，固其俗然，不足以辱天子之使。"河内失火，延烧千余家，上使往视之，还，报曰："家人失火，屋比延烧，不足忧也。臣过河南，贫人伤水旱万余家，或父子相食，臣谨以便宜，持节发仓粟以赈之。臣请归节，伏矫制之罪。"上贤而释之。以数切谏，不得留内，迁为东海太守。好清静，择丞史任之，责大指而已，不苛小。黯多病，卧阁内不出；岁余，东海大治。召为主爵都尉。其治务在无为，引大体，不拘文法。为人，性倨少礼，面折，不能容人之过。时天子方招文学，尝曰："吾欲云云。"黯对曰："陛下内多欲而外施仁义，奈何欲效唐、虞之治乎！"上怒，罢朝，谓左右曰："甚矣汲黯之戆也！"群臣或数黯，黯曰："天子置公卿辅弼之臣，宁令从谀承意，陷主于不义乎！且已在其位，纵爱身，奈辱朝廷何？"黯多病，赐告者数，不愈。庄助复为请告，上曰："汲黯何如人哉？"助曰："使黯任职居官，无以逾人；然至其辅少主，守成深坚，招之不来，麾之不去，虽自谓贲、育，亦不能夺之矣。"上曰："然。古有社稷之臣，至如黯，近之矣！"

纲 丁未，元光元年，冬十一月，初令郡国举孝、廉各一人。

目 从董仲舒之言也。

纲 遣将军李广、程不识将兵屯北边。

目 广与不识俱以将兵有名当时。广行无部伍、行陈，就善水草舍止，人人自便，不击刁斗自卫，莫府省约文书；然亦远斥候，未尝遇害。不识正部曲、行伍、营陈，击刁斗，治军簿至明，军不得休息；亦未尝遇害。然匈奴畏李广之略，士卒亦多乐从广而苦程不识。

纲 夏五月，诏举贤良文学，亲策之。

纲 戊申，二年，冬十月，帝如雍，祠五畤。

纲 始亲祠灶，遣方士求神仙。

目 李少君以祠灶却老方见，上尊之。少君善为巧发奇中。言："祠灶则致物，而丹砂可化为黄金，蓬莱仙者可见；见之，以封禅则不死。"于是天子始亲祠灶，遣方士入海求蓬莱安期生之属，而事化丹砂诸药齐为黄金。久之，少君病死，天子以为化去，不死；而海上燕、齐怪迂之士，多更来言神仙事矣。

纲 立太一祠。

纲 夏六月，遣间诱匈奴单于入塞，将军王恢等伏兵邀之，不获，恢以罪下吏，自杀。

目 马邑豪聂壹，因大行王恢言："匈奴初和亲，亲信，边可诱以利，伏兵袭击，必破之道也。"上召问公卿，王恢以为击之便。上从恢议，以韩安国、李广、王恢为将军，将车骑、材官三十余万，匿马邑旁谷中。阴使聂壹亡入匈奴，谓单于曰："吾能斩马邑令、丞、以城降，财物可尽得。"于是单于穿塞，将十万骑入武州塞。得雁门尉史，知汉兵所居。单于大惊，乃引兵还。汉兵追至塞，弗及，乃皆罢兵。上怒，下恢廷尉，恢自杀。自是匈奴绝和亲；然尚贪乐关市，嗜汉财物，汉亦关市不绝以中其意。

纲 庚戌，四年，冬十二月晦，杀魏其侯窦婴。

目 初，孝景时，窦婴为大将军，田蚡乃为诸郎。已而，蚡日益贵幸。婴失势，宾客益衰，独颍阴灌夫不去。婴乃厚遇夫，相为引重。夫刚直使酒，数因醉忤蚡。蚡乃奏案夫家属横颍川，得弃市罪。婴上书论救，上令与蚡东朝廷辩之。上问朝臣："两人孰是？"唯汲黯是婴，韩安国两是之；郑当时是婴，后不敢坚。太后怒，不食，曰："今我在也，而人皆藉吾弟；令我百岁后，皆鱼肉之乎！"上不得已，遂族灌夫，使有司案治婴，得弃市罪，论杀之。

纲 春三月，丞相蚡卒。

纲 夏四月，陨霜杀草。

纲 五月，以薛泽为丞相。

纲 辛亥，五年，冬十月，河间王德来朝，献雅乐，对诏策。春正月，还而卒。

目 河间献王修学好古，实事求是，以金帛招求四方善书，得书多与汉朝等。时淮南王安亦好书，所招致率多浮辨；献王所得，皆古文先秦旧书，周官、尚书、礼、礼记、孟子、毛氏诗、左氏春秋之属，采礼乐古事，稍稍增辑至五百余篇，被服造次必如儒者，山东诸儒多从之游。是岁十月来朝，献雅乐，对三雍宫及诏策所问三十余事，推道术而言，得事之中，方约指明。正月，王薨，谥曰献。

纲 通南夷，置犍为郡。通西夷，置一都尉。

目 番阳令唐蒙上书曰："南越王名为外臣，实一州主也。今以长沙、豫章往，水道多绝。窃闻夜郎精兵可十余万，浮船牂柯，出其不意，此制越一奇也。请通夜郎道，为置吏。"上乃拜蒙为中郎将，将千人，从筰关入，见夜郎侯多同，厚赐之，约为置吏。多同听约。蒙还报，上以为犍为郡。

时邛、筰君长闻南夷得赏赐多，欲请吏。上问司马相如，相如曰："邛、筰、冉、駹近蜀，易通；为置郡县，愈于南夷。"上乃拜相如为中郎将，建节往使，因巴、蜀吏币物以赂西夷；皆请为内臣。除边关；关益斥，西至沫、若水，南至牂柯为徼，为置一都尉。

纲 秋七月，大风拔木。

纲 皇后陈氏废。

目 后以祠祭厌胜，媚道；事觉，册收玺绶，退居长门宫，供奉如法。窦太主惭惧，稽颡谢，上慰谕之。

初，上尝置酒主家，主见所幸卖珠儿董偃，上使之侍饮，常从游戏、驰逐，观鸡、鞠，角狗、马，上大欢乐之。因为主置酒宣室，使谒者引内偃。中郎东方朔辟戟而前，曰："董偃有斩罪三，安得入乎！"上曰："何也？"朔曰："偃以人臣私侍公主，一也。败男女之化，乱婚姻之礼，伤王制，二也。陛下富于春秋，方积思于六经，而偃以靡丽奢侈，极耳目之欲，乃国家之大贼，人主之大蜮，三也。"上默然，良久曰："吾业已设饮，后而自改。"朔曰："不可。夫宣室者，先帝之正处也，非法度之政，不得入焉。淫乱之渐，其变为篡。"上曰："善。"诏更置酒北宫，引偃从东司马门入；赐朔黄金三十斤。偃宠由是日衰。

纲　诏大中大夫张汤、中大夫赵禹定律令。

目　上使张汤、赵禹共定律令，务在深文。拘守职之吏，作见知法，吏传相监司。用法益刻自此始。

纲　八月，螟。

纲　以公孙弘为博士。

目　是时征吏民有明当世之务，习先圣之术者，县次续食，令与计偕。菑川人公孙弘对策曰："臣闻尧、舜之时，不贵爵赏而民劝善，不重刑罚而民不犯，躬率以正而遇民信也。是故因能任官，则分职治；去无用之言，则事情得；不作无用之器，则赋敛省；不夺农时，不妨民力，则百姓富；有德者进，无德者退，则朝廷尊；有功者上，无功者下，则群臣逡；罚当罪，则奸邪止；赏当贤，则臣下劝。凡此八者，治之本也。故民者，业之则不争，理得则不怨，有礼则不暴，爱之则亲上，此有天下之急者也。礼义者，民之所服也，而赏罚顺之，则民不犯禁矣。气同则从，声比则应。今人主和德于上，百姓和合于下，故心和则气和，气和则形和，形和则声和，声和则天地之和应矣。故阴阳和，风雨时，五谷登，六畜蕃，山不童，泽不涸，此和之至也。臣闻：仁者，爱也；义者，宜也；礼者，所履也；智者，术之原也。四者，治之本也，得其要则天下安乐，不得其术则主蔽于上，官乱于下，此事之情也。"策奏，天子擢为第一，拜博士，待诏金马门。

齐人辕固，年九十余，亦以贤良征。弘仄目事固，固曰："公孙子，务正学以言，无曲学以阿世！"诸儒多疾毁固，遂以老罢归。

弘每朝会议，开陈其端，使人主自择，不肯面折廷争。于是上大悦之。尝与汲黯请间，黯先发之，弘推其后，天子常悦其言，皆听弘。尝与公卿约议，至上前，皆倍其约以顺上旨。汲黯廷诘弘多诈不忠。弘谢曰："知臣者以臣为忠，不知臣者以臣为不忠。"上益厚遇之。

纲　壬子，六年，冬，初算商车。

纲　春，匈奴寇上谷，遣车骑将军卫青等将兵击却之。

目　匈奴寇上谷，遣卫青等四将军击之。李广军败，为胡所得，络盛置两马间。广佯死。暂腾而上胡儿马，夺其弓，鞭马南驰，遂得归。下吏，当死，赎为庶人。两将军亦无功，唯青得首虏多，赐爵关内侯。青虽出于奴虏，然善骑射，材力绝人，遇士大夫以礼，与士卒有恩，众乐为用，有将帅材，故每出辄有功。

纲　夏，大旱，蝗。

纲　癸丑，元朔元年，冬，定二千石不举孝、廉罪法。

目　诏曰："朕深诏执事，兴廉，举孝，庶几成风，绍休圣绪。夫十室之邑，必有忠信，三人并行，厥有我师。今或至阖郡而不荐一人，是化不下究，而积行之君子壅于上闻也。且进贤受上赏，蔽贤蒙显戮，古之道也。其议二千石不举者罪！"有司奏："不举孝，不奉诏，当以不敬论。不察廉，不胜任也，当免。"奏可。

纲　皇子据生。春三月，立夫人卫氏为皇后，赦。

纲　秋，匈奴入寇，以李广为右北平太守。

目　匈奴号广曰"汉之飞将军"，避之，数岁不敢入右北平。

纲　以主父偃、严安、徐乐为郎中。

目　临淄人主父偃，上书阙下，朝奏，暮召入。所言九事，其八事为律令；一事谏伐匈奴。其辞曰："司马法曰：'国虽大，好战必亡；天下虽平，忘战必危。'夫怒者逆德也，兵者凶器也，争者末节也。夫务战胜穷武事者，未有不悔者也。昔秦吞战国，务胜不休，使蒙恬将兵攻胡，辟地千里。百姓靡敝，不能相养，盖天下始畔秦也。夫匈奴难得而制，非一世也；行盗侵驱，天性固然。虞、夏、殷、周，固弗程督。今上不观虞、夏、殷、周之统，而下循近世之失，此臣之所大忧，百姓之所疾苦也。"

偃同郡严安亦上书曰："今人用财侈靡，逐利无已，犯法者众。臣愿为民制度，以防其淫。昔秦王意广心逸，欲威海内，北攻胡，南攻越。天下大畔，灭世绝祀，穷兵之祸也。今徇西南夷，建城邑，深入匈奴，燔其龙城；此人臣之利，非天下之长策也。"

无终徐乐上书曰："臣闻天下之患，在土崩，不在瓦解。陈涉起穷巷，奋棘矜，偏袒大呼，天下从风。此其故何也？由民困而上不恤，下怨而上不知，俗已乱而政不修。此三者，涉之所以为资也，此之谓土崩。吴、楚七国，号皆万乘，威足以严其境内，财足以劝其士民；然不能西攘尺寸之地，而身为禽者，此其故何也？当是之时，先帝之德未衰，而安土乐俗之民众，故诸侯无境外之助，此之谓瓦解。间者，关东谷数不登，民多穷困，重之以边境之事，推数循理而观之，民宜有不安其处者矣。不安，故易动；易动者，土崩之势也。故贤主独观万化之原，明于安危之机，修之庙堂之上，而销未形之患，其要期使天下无土崩之势而已矣。”

书奏，召见，谓曰：“公等皆安在，何相见之晚也！”皆拜为郎中。偃尤亲幸，一岁中凡四迁，为中大夫。大臣畏其口，赂遗累千金。或谓偃曰：“太横矣！”偃曰：“吾生不五鼎食，死即五鼎烹耳！”

纲 甲寅，二年，冬，赐淮南王安几、杖，毋朝。

纲 春正月，诏诸侯王得分国邑封子弟为列侯。

目 主父偃说上曰：“古者诸侯不过百里，强弱之形易制。今诸侯或连城数十，地方千里，缓则骄奢，易为淫乱；急则阻其强，而合从以逆京师。以法割削之，则逆节萌起。然诸侯子弟或十数，而适嗣代立，余无尺寸之封，则仁孝之道不宣。愿陛下令诸侯得推恩分子弟，以地侯之，彼人人喜得所愿；上以德施，实分其国，不削而稍弱矣。”上从之。

纲 匈奴入寇，遣卫青等将兵击走之；遂取河南地，立朔方郡，募民徙之。

纲 三月，徙郡国豪杰于茂陵。

目 主父偃说上曰：“天下豪杰并兼乱众之民，皆可徙茂陵；内实京师，外销奸猾，此所谓不诛而害除。”上从之。轵人郭解，关东大侠也，亦在徙中。卫青为言：“郭解家贫，不中徙。”上曰：“解，布衣，权至使将军为言，此其家不贫。”卒徙解家。解平生睚眦杀人甚众，上闻之，下吏捕治，所杀皆在赦前。轵有儒生侍使者坐，客誉郭解。生曰：“解专以奸犯公法，何谓贤！”解客闻，杀此生，断其舌。吏以此责解，解实不知。吏奏解无罪，公孙弘议曰：“解，布衣，为任侠行权，以睚眦杀人；解虽不知，此罪甚于解杀之，当大逆无道。”遂族郭解。

纲 燕王定国、齐王次昌皆有罪，自杀，国除。诛齐相主父偃，夷其族。

目 燕王定国与父姬奸，夺弟妻。杀肥如令郢人，郢人家告之，主父偃从中发其事。公卿请诛之，定国自杀，国除。

齐厉王次昌亦与姊通。偃尝欲纳女于齐王，不许。因言于上曰：“临淄殷富，非亲爱子弟不得王。今齐王属疏，又与姊通，请治之。”于是拜偃为齐相。至齐，急治王后宫宦者，辞及王；王惧，自杀。上闻，大怒，以为偃劫其王令自杀，乃征下吏。偃辞不服，上欲弗诛，公孙弘曰："齐王自杀，国除，偃本首恶，不诛之无以谢天下。"乃族诛之。

纲 以孔臧为太常。

目 上欲以孔臧为御史大夫，辞曰："臣世以经学为业，乞为太常，典臣家业，与从弟侍中安国，纲纪古训，使永垂来嗣。"上乃以为太常，其礼赐如三公。

纲 乙卯，三年，以公孙弘为御史大夫。春，罢苍海郡。

目 时通西南夷，东置苍海，北筑朔方之郡。公孙弘数谏，以为罢敝中国以奉无用之地，愿罢之。天子使朱买臣等难以置朔方之便，发十策，弘不得一。乃谢曰："山东鄙人，不知其便若是，愿罢西南夷、苍海，而专奉朔方。"上乃许之。

弘为布被，食不重肉。汲黯曰："弘位三公，奉禄甚多；为此，诈也。"上问弘，弘谢曰："有之。臣诚饰诈，欲以钓名；且无黯忠，陛下安得闻此言！"上以为谦让，愈益厚之。

纲 以张骞为大中大夫。

纲 夏六月，皇太后崩。

纲 秋，以张汤为廷尉。

目 汤为人多诈，舞智以御人。汲黯数质责汤于上前，曰："君为正卿，上不能褒先帝之功业，下不能抑天下之邪心，安国富民，使囹圄空虚，何空取高皇帝约束纷更之为！"黯时与汤论议，汤辨常在文深小苛；黯伉厉守高，不能屈，忿发，骂曰："天下谓刀笔吏不可以为公卿，果然！必汤也，令天下重足而立，侧目而视矣！"

纲 罢西夷。

纲 丁巳，五年，冬十一月，丞相泽免，以公孙弘为丞相，封平津侯。

目 丞相封侯自弘始。时上方兴功业，弘于是开东阁以延贤人。弘外宽内深。诸尝有隙，无远近，虽阳与善，后竟报之。汲黯常面触弘，弘欲诛之以事，乃言上曰："右内史界部中多贵人、宗室，难治，非素重臣不能任，请徙黯为右内史。"上从之。

纲 春，匈奴寇朔方，遣卫青率六将军击之；还，以青为大将军。

目 匈奴右贤王数侵扰朔方，天子令将军卫青等出右北平击之。右贤王饮，醉。青等夜至，围之。右贤王惊，溃围北去。得裨王十余人，众万五千余人，畜数十百万，于是引兵还。天子使使者持大将军印，即军中拜青为大将军，诸将皆属。尊宠于群臣无二，公卿以下皆卑奉之，独汲黯与亢礼。人或说黯曰："大将军尊重，君不可以不拜。"黯曰："夫以大将军有揖客，反不重邪！"青闻，愈贤黯，数请问国家朝廷所疑，遇黯加于平日。青虽贵，有时侍中，上踞厕而视之；丞相弘燕见，上或时不冠。至如汲黯见，上不冠不见也。上尝坐武帐中，黯前奏事，上不冠；望见黯，避帷中，使人可其奏。其见敬礼如此。

纲 夏六月，为博士置弟子五十人。

目 诏曰："盖闻导民以礼，风之以乐。今礼坏乐崩，朕甚悯焉。其令礼官劝学兴礼，以为天下先！"于是丞相弘等奏："请为博士官置弟子五十人，复其身；第其高下，以补郎中、文学掌故；即有秀才异等，辄以名闻。又吏通一艺以上者，请皆选择以补右职。"上从之。自此公卿、大夫、士、吏彬彬多文学之士矣。

纲 秋，削淮南二县。赐衡山王赐书，不朝。

目 初，淮南王安好读书属文，招致宾客多轻薄士，常以厉王迁死感激安。安乃治战具，积金钱。郎中雷被愿奋击匈奴，安斥免之。是岁，被亡之长安，上书自明。事下廷尉，踪迹连安，诏削二县。安耻之，为反谋益甚。安与衡山王赐相责望，礼节间不相能。赐闻安有反谋，恐为所并，亦结宾客为反具。当入朝，过淮南，为昆弟语，除前隙，约束反具。上书谢病；上赐书，不朝。

纲 戊午，六年，春二月，遣卫青率六将军击匈奴。

目 大将军青出定襄，公孙敖、公孙贺、赵信、苏建、李广、李沮咸属；斩首数千级而还。

纲 夏四月，卫青复率六将军击匈奴，前将军赵信败降匈奴。

目 青复将六将军出定襄，击匈奴，斩首虏万余人。右将军建、前将军信并军逢单于兵，与战一日余，汉兵且尽。信将其余骑降匈奴。建尽亡其军，脱身亡，自归。议郎周霸曰："自大将军出，未尝斩裨将。今建弃军，可斩以明威。"青曰："青幸得以肺腑待罪行间，不患无威。职虽当斩将，然以臣之尊宠，而不敢自擅诛于境外，于以见为人臣不敢专权，不亦可乎？"遂囚建诣行在所，诏赎为庶人。

青姊子霍去病，年十八，善骑射，为票姚校尉，与轻勇骑八百，直弃大军数百里赴利，斩捕首虏过当。于是封为冠军侯。校尉张骞以知水草处，军得不乏，封博望侯。信教单于益北绝幕，以诱罢汉兵，徼极而取之，毋近塞。单于从之。

纲　六月，诏民得买爵赎罪。置武功爵。

目　是时汉比岁击胡，斩捕首虏之士受赐黄金二十余万斤，而汉军士马死者十余万，兵甲转漕之费不与焉。于是大司农经用竭，不足以奉战士。乃诏令民得买爵赎罪，置赏官，名曰武功爵，级十七。买爵至千夫者，得先除为吏。吏道杂而多端，官职耗废矣。

纲鉴易知录卷十四

汉纪

孝武皇帝

纲　己未，元狩元年，冬十月，祠五畤，获一角兽，以燎。始以天瑞纪元。

目　行幸雍，祠五畤，获兽，一角而足有五蹄。有司言："陛下肃祇郊祀，上帝报享，锡一角兽，盖麟云。"于是以荐五畤，畤加一牛，以燎。有司又言："元宜以天瑞命，一元曰建，二元以长星曰光，今元以郊得一角兽曰狩云。"

纲　淮南王安、衡山王赐谋反，自杀。

目　淮南王安与宾客左吴等，日夜为反谋。召中郎伍被与谋反事，且曰："汉廷大臣独汲黯好直谏，守节死义，难惑以非。至如说丞相弘等，如发蒙振落耳！"被自诣吏，告与安谋如此。上使宗正治安，未至，安自刭。诸所与谋反者皆族。捕得陈喜于衡山王子孝家。孝闻律：先自告，除其罪；即先自告所与谋反者陈喜等。公卿请逮捕赐治，赐自刭死。

纲　夏四月，立子据为皇太子。

纲　五月晦，日食。

纲　遣博望侯张骞使西域。始通滇国，复事西南夷。

目　初，张骞自月氏还，具为天子言西域诸国风俗："大宛在汉正西，可万里，其俗土著，耕田，多善马，有城郭、室屋。其东北则乌孙，东则于窴。于窴之西，则水皆西流注西海；其东，水东流注盐泽。盐泽潜行地下，其南则河源出焉。盐泽去长安可五千里。匈奴右方居盐泽以东，至陇西长城，南接羌，鬲汉道焉。乌孙、康居、奄蔡、大月氏，皆行国，随畜牧，与匈奴同俗。大夏在大宛西南，与大宛同俗。臣在大夏时，见邛竹杖，蜀布，问：'安得此？'曰：'市之身毒。'身毒在大夏东南可数千里，其俗土著，与大夏同。度大夏去汉万二千里，居汉西南；今身毒又居大夏东南数千里，有蜀物，此其去蜀不远矣。今使大夏，从羌中，险；少北，则为匈奴所得；从蜀，宜径，又无寇。”天子既闻诸国多奇物，而兵弱，贵汉财物，诚得而以义属之，则广地万里，重九译，致殊俗，威德遍于四海，欣然以骞言为然。乃令骞因蜀、犍为，发间使四道并出，求身毒国；各行一二千里，终莫得通。于是始通滇国，乃复事西南夷。

纲　庚申，二年，春三月，丞相弘卒。以李蔡为丞相，张汤为御史大夫。

纲　以霍去病为票骑将军，击匈奴。败之，过焉支，至祁连山而还。

目　霍去病为票骑将军，将万骑出陇西，击匈奴。转战六日，过焉支山千余里，斩首虏获甚众。夏，去病复深入二千余里，至祁连山，斩首虏获尤多。益封五千户。是时诸宿将皆不如去病，由此去病日以亲贵，比大将军矣。

纲　秋，匈奴浑邪王降，置五属国以处其众。

目　匈奴单于怒浑邪、休屠王为汉所杀虏数万人，欲召诛之。浑邪王与休屠王恐，谋降汉。休屠王后悔，浑邪王杀之，并其众以降汉。发车二万乘迎之，县官无钱，从民贳马，民或匿马，马不具。上怒欲斩长安令，右内史汲黯曰：“长安令无罪，独斩臣黯，民乃肯出马。且匈奴畔其主而降汉，何至罢敝中国以事夷狄之人乎！”上默然，曰：“吾久不闻汲黯之言，今又复妄发矣！”居顷之，乃分徙降者边五郡故塞外，因其故俗为五属国。休屠王太子日磾没入官，输黄门养马。帝游宴见马，后宫满侧，日磾等数十人牵马过殿下，莫不窃视，至日磾独不敢。日磾长八尺二寸，容貌甚严，马又肥大，上奇焉，即日拜为马监，迁侍中、驸马都尉、光禄大夫，甚信爱之。贵戚多窃怨曰：“陛下妄得一胡儿，反贵重之。”上愈厚焉。以休屠作金人为祭天主，故赐日磾姓金氏。

纲　辛酉，三年，春，有星孛于东方。

纲　秋，山东大水，徙其贫民于关西、朔方。

纲　作昆明池。

目　上将讨昆明，以昆明有滇池，方三百里，乃作昆明池以习水战。

纲 得神马于渥洼水中。

目 是岁得神马于渥洼水中。上方立乐府，及得神马，次以为歌。汲黯曰："凡王者作乐，上以承祖宗，下以化兆民。令陛下得马，诗以为歌，协于宗庙，先帝百姓岂能知其音邪？"上默然不悦。

上招延士大夫，常如不足；然性严峻，虽素所爱信者，小有犯法，辄按诛之。汲黯谏曰："陛下求贤甚劳，未尽其用，辄已杀之。以有限之士，恣无已之诛，臣恐天下贤才将尽，陛下谁与共为治乎！"上曰："何世无才，患人不能识之耳。且才，犹有用之器也，有才而不肯尽用，与无才同，不杀何施！"黯曰："臣虽不能以言屈陛下，而心犹以为非。愿陛下自今改之，无以臣为愚而不知理也。"居久之，坐法免。

纲 壬戌，四年，冬，造皮币、白金，铸三铢钱，置盐、铁官，算缗钱、舟车。

目 有司言："县官用度大空，请更钱造币以赡用。"时禁苑有白鹿，而少府多银、锡，乃以白鹿皮方尺，缘以藻缋，为皮币，直四十万。朝觐聘享，必以皮币荐璧，然后得行。又造银、锡为白金三品，大者直三千，次直五百，小直三百。销半两钱，更铸三铢钱。

于是以齐大煮盐东郭咸阳、南阳大冶孔僅为大农丞，领盐铁事。洛阳贾人子桑弘羊以心计，年十三，侍中。三人言利事析秋毫矣。又令诸贾人末作，各以其物自占，率缗钱二千而一算，及有船车者，皆有算。匿不自占，占不悉，没入缗钱。有能告者，以其半与之。其法大抵出张汤，百姓咸指怨之。

纲 以卜式为中郎，赐爵左庶长。

目 初，河南人卜式数输财县官以助边。天子使使问式："欲官乎？"式曰："臣少田牧，不习仕宦，不愿也。"使者问曰："家岂有冤，欲言事乎？"式曰："臣生与人无分争，邑人贫者贷之，不善者教之，何故有冤！无所欲言也。"使者曰："苟如此，子何欲？"式曰："天子击匈奴，愚以为贤者宜死节于边，有财者宜输委也。"上以问公孙弘，弘曰："此非人情。不轨之臣，不可以为化。"至是上以式终长者，欲尊显以风百姓，乃召拜式为中郎，赐爵左庶长。

纲 春，有星孛于东北。

纲 夏，长星出西北。

纲 遣卫青、霍去病击匈奴。青部前将军李广失道,自杀。去病封狼居胥山而还。诏以青、去病皆为大司马。

目 上与诸将议曰:"赵信为单于画计,常以为汉兵不能度幕轻留,今大发士卒,其势必得所欲。"乃令大将军青、票骑将军去病各将五万骑,而敢力战深入之士皆属去病。去病出代郡,青出定襄。李广为前将军,公孙贺为左将军,赵食其为右将军,曹襄为后将军,皆属大将军。

青既出塞,捕虏知单于所居,乃自以精兵走之,而令前将军广并于右将军,军出东道。广自请曰:"臣部为前将军,且结发而与匈奴战,今乃一得当单于,愿置前先死。"青阴受上诫,以为广老,数奇,毋令当单于。广固自辞于青,青不听。广不谢而起行,意甚愠怒。

青度幕,见单于兵陈而待。会日且入,大风起,砂砾击面,两军不相见,汉益纵左右翼绕单于。单于冒围而去,汉发轻骑夜追之,不得单于,捕斩万九千级。

广、食其军无导,惑失道,后期。青使长史急责广之幕府对簿。广谓其麾下曰:"广年六十余矣,终不能复对刀笔之吏!"遂自刭。广为人廉,得赏赐辄分其麾下,饮食与士共之,士以此爱乐为用。食其下吏,当死,赎为庶人。

去病出代、右北平二千余里,封狼居胥山,禅于姑衍,登临瀚海,斩七万级。

两军出塞,塞阅官、私马凡十四万匹,而复入塞者不满三万匹。

乃益置大司马位,青、去病皆为之。自是之后,青日退而去病日益贵。青故人、门下士,多去事去病,独任安不背。

去病为人,少言不泄,有气敢往。天子尝欲教之孙、吴兵法,对曰:"顾方略何如耳,不至学古兵法。"然少贵,不省士,其从军,天子为遣太官赍数十乘;既还,重车余弃粱肉,而士有饥者。其在塞外,卒乏粮,或不能自振,而去病尚穿域蹋鞠。事多此类。青为人仁,喜士,退让,以和柔自媚于上。两人志操如此。

是时汉所杀虏匈奴合八九万,而汉士卒物故亦数万。是后匈奴远遁,而幕南无王庭。

纲 匈奴请和亲,遣使报之,单于留不遣。

目 匈奴用赵信计，遣使于汉，好辞请和亲。天子下其议，丞相长史任敞曰："匈奴新破困，宜可使为外臣。"汉使敞于单于，单于大怒，留之不遣。博士狄山议以为和亲便，张汤曰："此愚儒无知。"山曰："臣固愚，愚忠；若汤，乃诈忠。"于是上作色曰："吾使生居一郡，能无使虏入盗乎？"曰："不能。"曰："居一县。"对曰："不能。"复曰："居一障间。"山自度，辩穷且下吏，曰："能。"于是上遣山乘障。至月余，匈奴斩山头而去。自是群臣震慑，无敢忤汤者。

纲 以义纵为右内史，王温舒为中尉。

目 先是，甯成为关都尉，吏民出入关者号曰："宁见乳虎，无值甯成之怒。"及义纵为南阳太守，至关，成侧行送迎，纵不为礼；至郡，遂按甯氏，破碎其家，南阳吏民重足敛迹。后徙定襄太守，初至，掩狱中重罪轻系，一日皆报，杀四百余人，其后郡中不寒而栗。时赵禹、张汤以深刻为九卿，然其治尚辅法而行；纵专以鹰击为治。是岁，汲黯坐法免，乃以纵为右内史。

王温舒始为广平都尉，择郡中豪敢往吏十余人，以为爪牙。纵使督盗贼，盗贼不敢近广平。迁河内太守，捕郡中豪猾，相连坐二千余家。上书请，大者至族，小者乃死。论报，至流血十余里。会春，温舒顿足叹曰："嗟乎！令冬月益展一月，足吾事矣！"上以为能，擢为中尉。

纲 方士文成将军少翁伏诛。

目 齐人少翁，以鬼神方见上。上有所幸王夫人卒，少翁以方夜致鬼，如王夫人貌，天子自帷中望焉。于是乃拜少翁为文成将军，以客礼之。文成又劝上为台室，而置祭具，以致天神。居岁余，其方益衰，乃为帛书以饭牛，言曰："此牛腹中有奇。"杀视得书，书言甚怪，天子识其手书，于是诛之。

纲 癸亥，五年，春三月，丞相蔡有罪，自杀。

目 坐盗孝景园堧地也。

纲 罢三铢钱，铸五铢钱。

纲 以汲黯为淮阳太守。

目 于是民多铸钱，楚地尤甚，乃召拜汲黯为淮阳太守。黯为上泣曰："臣常有狗马之心，病力不能任郡事。臣愿为中郎，出入禁闼，补过拾遗，臣之愿也。"上曰："君薄淮阳耶？吾今召君矣。顾淮阳吏民不相得,吾徒得君之重,卧而治之。"黯既辞行,过大行李息曰:"黯弃逐居郡,不得与朝廷议矣。"后上使黯以诸侯相秩居淮阳,十岁而卒。

纲 夏四月,以庄青翟为丞相。

纲 甲子,六年,冬十月,雨水,无冰。

纲 遣使治郡国缗钱,杀右内史义纵。

目 上既下缗钱令,而尊卜式,百姓终莫分财佐县官。于是杨可告缗钱纵矣。可告缗遍天下,中家以上,大抵皆遇告。杜周治之,少反者。分遣御史、廷尉正监,即治郡国缗钱,得民财物奴婢以亿万计,田宅亦如之。于是,商贾中家以上皆破,民偷食好衣,不事畜业。内史义纵以为此乱民,部吏捕其为可使者。上以纵为废格沮事,弃纵市。

纲 秋九月,大司马,票骑大将军、冠军侯霍去病卒。

纲 杀大农令颜异。

目 初,异以廉直,至九卿。上既造白鹿皮币,问异,异曰:"今王侯朝贺以苍璧,直数千,而其皮荐反四十万,本末不相称。"上不悦。人有告异他事,下张汤治。异与客语初令下有不便者,异不应,微反唇。汤奏当:"异见令不便,不入言而腹诽,论死。"自是之后,有腹诽之法比,而公卿大夫多谄谀取容矣。

纲 乙丑,元鼎元年,夏,赦。

纲 丙寅,二年,冬,十一月,张汤有罪,自杀。十二月,丞相青翟下狱,自杀。

目 初,御史中丞李文与汤有郤,汤所厚吏鲁谒居阴使人告文奸事,事下汤治,论杀之。上问:"变事踪迹安起?"汤佯惊曰:"此殆文故人怨之。"谒居病,汤亲为之摩足。赵王告:"汤大臣,乃与吏摩足,疑与为大奸。"事下廷尉。谒居病死,事连其弟。弟告汤与谒居谋共变告李文,事下减宣,穷竟,未奏。会盗发孝文园瘗钱,丞相青翟朝,与汤约俱谢,至前,汤独不谢。上使御史案丞相,汤欲致其文"丞相见知"。丞相长史朱买臣、王朝、边通皆素怨汤,欲死之,乃与丞相谋,使吏捕案贾人田信等,曰:"汤且欲奏请,信辄先知之,居物致富,与汤分之。"事辞颇闻。上问汤曰:"吾所为,贾人辄先知之,益居其物,是类有以吾谋告之者。"汤不谢,又佯惊曰:"固宜有。"减宣亦奏谒居等事。上以汤怀诈面欺,使赵禹切责汤,汤乃为书谢,因曰:"陷臣者,三长史也。"遂自杀。汤既死,家产直不过五百金。昆弟诸子欲厚葬汤,母曰:"汤为天子大臣，被污恶言而死，何厚葬乎！”载以牛车，有棺无椁。上闻之，乃尽案诛三长史；丞相青翟下狱，自杀。

纲 春，起柏梁台，作承露盘。

目 盘高二十丈，大七围，以铜为之，上有仙人掌以承露，和玉屑饮之，云可以长生。宫室之修，自此日盛。

纲 以赵周为丞相。

纲 三月，大雨雪。

纲 夏，大水，人饿死。

纲 置均输。禁郡国铸钱。

目 孔仅为大农令，而桑弘羊为大农中丞，稍置均输，以通货物。悉禁郡国无铸钱，专令上林三官铸，非三官钱不得行。

纲 西域始通，置酒泉、武威郡。

目 张骞建言：“以厚币招乌孙以益东，居故浑邪之地，则是断匈奴右臂也。既连乌孙，自其西大夏之属，皆可招来而为外臣。”上以为然，使骞使乌孙，因分遣副使使大宛、康居、大月氏、大夏、安息、身毒、于阗及诸旁国，于是西域始通于汉矣。汉乃于浑邪王故地置酒泉郡，后又分置武威郡，以绝匈奴与羌通之道。

上得宛汗血马，爱之，名曰“天马”，使者相望于道以求之。

纲 丁卯，三年，冬，徙函谷关于新安。

纲 夏，令株送徒入财补郎。

目 所忠言：“世家子弟、富人乱齐民。”乃征诸犯令相引数千人，名曰株送徒，入财者得补郎。郎选衰矣。

纲 关东饥，人相食。

纲 戊辰，四年，冬十一月，立后土祠于汾阴脽上，亲祠之。始巡郡国，至荥阳而还。

纲 封周后姬嘉为子南君。

纲 春，以方士栾大为五利将军，尚公主。

目 方士栾大，敢为大言，处之不疑。见上言曰：“臣常往来海上，见安期、羡门之属，曰：‘黄金可成，而河决可塞，不死之药可得，仙人可致也。’然臣师非有求人，人者求之。陛下必欲致之，则贵其使者，令为亲属，以客礼待之，则可使通言也。”乃拜大为五利将军，封乐通侯，以卫长公主妻之，贵震天下。于是海上燕、齐之间，莫不扼腕自言有禁方,能神仙矣。

纲 夏六月,汾阴得大鼎。

目 迎至甘泉,荐之郊庙,群臣皆贺。

纲 以兒宽为左内史。

是时吏治皆以惨刻相尚,独左内史兒宽,劝农桑,缓刑罚,理狱讼,务在得人心;择用仁厚士,推情与下,不求名声,吏民大信爱之。收租税时,裁阔狭,与民相假贷,以故租多不入。后有军发,左内史以负租课殿,当免;民闻当免,皆恐失之,大家牛车、小家担负输租,襁属不绝,课更以最。上由此愈奇宽。

纲 以方士公孙卿为郎。

目 上幸雍,且郊,齐人公孙卿曰:"汉兴,复当黄帝之时,宝鼎出而与神通。黄帝采首山铜,铸鼎于荆山下,鼎既成,有龙垂胡颡下迎,黄帝上骑龙,与群臣后宫七十余人俱登天。"于是上曰:"嗟乎!诚得如黄帝,吾视去妻子如脱屣耳!"拜卿为郎。

纲 遣使喻南越入朝。

纲 己巳,五年,冬十月,帝祠五畤,遂猎新秦中,以勒边兵。

纲 立泰乙及五帝祠坛于甘泉。十一月朔,冬至,亲郊见。

目 是为泰畤。自是,三岁天子一郊见。

纲 南越相吕嘉杀使者及其王兴,更立建德为王,发兵反。

纲 秋,遣将军路博德等将兵击南越。

目 遣伏波将军路博德、楼船将军杨仆等击之。

纲 赐卜式爵关内侯。

目 齐相卜式上书,请父子与齐习船者往死南越。诏褒美式,赐爵关内侯,布告天下;天下莫应。

纲 九月,尝酎,列侯百有六人皆夺爵,丞相周下狱,自杀。

目 时列侯以百数,皆莫求从军击越。会九月,尝酎,祭宗庙,列侯以令献金助祭。少府省金,金有轻及色恶者,上皆令劾以不敬,夺爵者百六人。丞相赵周,坐知列侯酎金轻,下狱,自杀。

纲 以石庆为丞相。

目 时国家多事,桑弘羊等致利,王温舒之属峻法,而兒宽等推文学,皆为九卿,更进用事;事不关决于丞相,庆醇谨而已。

纲 栾大伏诛。

目 大装，为入海求其师，乃之泰山。上使人随验，无所见。而大妄言见其师，方又多不售，坐诬罔，腰斩。

纲 庚午，六年，冬，路博德等平南越，获建德、吕嘉，置九郡。

目 南越平，遂以其地为南海、苍梧、郁林、合浦、交趾、九真、日南、珠崖、儋耳郡。

纲 帝如缑氏观大人迹。

目 公孙卿言见仙人迹缑氏城上。上亲往观，问卿："得毋效文成、五利乎？"卿曰："仙者非有求人主，人主自求之。其道非宽假，神不来，积以岁月，乃可致也。"上信之，于是郡国各除道，缮治宫观、名山、神祠，以望幸焉。

纲 平西南夷，置五郡。

目 平南夷为牂柯郡。夜郎侯入朝，上以为夜郎王。西夷冉、駹之属皆振恐，请臣置吏，乃以邛都为越巂郡，筰都为沈黎郡，冉、駹为汶山郡，广汉西白马为武都郡。

纲 置张掖、敦煌郡。

目 分武威、酒泉地置张掖、敦煌郡。

纲 以卜式为御史大夫。

目 式既在位，乃言"郡国多不便县官作盐铁，苦恶价贵，或强令民买之；而船有算，商者少，物贵"。上由是不悦。

纲 帝自制封禅仪。

目 初，司马相如病且死，有遗书劝上封泰山。会得宝鼎，上乃令诸儒草封禅仪，数年不成。以问兒宽，宽曰："封泰山，禅梁父，昭姓考瑞，帝王之盛节也；然享荐之仪，不著于经，非群臣之所能列。唯天子建中和之极，兼总条贯，金声而玉振之，以顺成天庆，垂万世之基。"上乃自制仪，颇采儒术以文之，尽罢诸儒不用。

纲 辛未，元封元年，冬十月，帝出长城，登单于台，勒兵而还。

目 上又以古者先振兵释旅，然后封禅，乃行自云阳历五原，出长城，北登单于台，勒兵十八万骑，旌旗径千余里。遣郭吉告单于令臣于汉。单于怒，留吉。上乃还，祭黄帝冢，而释兵。

纲 贬卜式为太子太傅，以兒宽为御史大夫。

纲 东越杀王馀善以降，徙其民江、淮间。

目 上以闽地险阻，数反复，终为后世患。乃悉徙其民于江、淮之间，遂虚其地。

纲 春正月，帝如缑氏，祭中岳。遂东巡海上求神仙。夏四月，封泰山，禅肃然，复东北至碣石而还。五月，至甘泉。

目 正月，上幸缑氏，礼祭中岳，从官在山下，闻若有言"万岁"者三。

上遂东巡海上，益发船求蓬莱，及与方士求神仙。四月，还至奉高，封泰山。封下有玉牒书，书秘。明日，禅泰山下址东北肃然山。祠，夜若有光，昼有白云出封中。天子还坐明堂，群臣上寿，下诏改元。

天子既已封泰山，无风雨，而方士更言蓬莱诸神若将可得。于是上欣然庶几遇之，复东至海上，欲自浮海求蓬莱。东方朔谏曰："夫仙者，得之自然，不必躁求。若其有道，不忧不得；若其无道，虽至蓬莱见仙人，亦无益也。臣愿陛下第还宫静处以须之，仙人将自至。"上乃还。是行凡周行万八千里云。

纲 赐桑弘羊爵左庶长。

目 先是桑弘羊领大农，尽斡天下盐铁。令远方各以其物如异时商贾所转贩者为赋，而相灌输。置平准于京师，都受天下委输，贵即卖之，贱即买之，欲使富商大贾无所牟大利，而万物不得腾踊。至是，巡狩所过，赏赐用帛百余万匹，钱金以钜万计，皆取足大农。弘羊又请令吏得入粟补官及罪人赎罪，民不益赋而天下用饶。于是赐弘羊爵左庶长。是时小旱，上令官求雨。卜式言曰："县官当食租衣税而已，今弘羊令吏坐市列肆，贩物求利。亨弘羊，天乃雨。"

纲 秋，有星孛于东井，又孛于三台。

目 望气王朔言："候独见填星出如瓜，食顷，复入。"有司皆曰："陛下建汉家封禅，天其报德星云。"

纲 壬申，二年，冬十月，帝祠五畤，还祠泰乙，以拜德星。

纲 春，如东莱。

目 公孙卿言："见神人东莱山，若云欲见天子。"于是幸东莱，留宿数日，无所见。时岁旱，天子既出无名，乃祷万里沙。还，过祠泰山。

纲 夏，还，临塞决河，筑宣防宫。

目　初,河决瓠子,二十余岁不塞,是岁发卒数万人塞之。上自泰山还,自临决河,沉白马、玉璧,令群臣负薪,卒填决河,筑宫其上,名曰宣防。

纲　至长安,立越祠。

目　越人勇之言:“越俗祠,皆见鬼有效,东瓯王敬鬼得寿。”乃令立越祠,亦祠天神、上帝、百鬼,而用鸡卜。

纲　作蜚廉、桂观、通天茎台。

目　公孙卿言仙人好楼居,于是上令长安、甘泉作诸台、观而候神人。

纲　甘泉房中产芝九茎;赦。

纲　旱。

目　上以旱为忧,公孙卿曰:“黄帝时,封则天旱,干封三年。”上乃下诏曰:“天旱,意干封乎!”

纲　秋,作明堂于汶上。

纲　以杜周为廷尉。

目　周外宽,内深次骨,其治大放张汤。时诏狱益多,一岁至千余章,逮至六、七万人,吏所增加十余万人。

纲　癸酉,三年,冬十二月,雷;雨雹。

目　雹大如马头。

纲　遣将军赵破奴击楼兰,虏其王姑师;遂击车师,破之。

目　楼兰王姑师攻劫汉使,为匈奴耳目,上遣赵破奴击之。破奴以七百骑虏楼兰王,遂破车师,因举兵威以困乌孙、大宛之属。封破奴浞野侯。于是酒泉列亭障至玉门矣。

纲　乙亥,五年,夏四月,大司马、大将军、长平侯卫青卒。

目　青凡七出击匈奴,再益封,并三子,凡二万二百户。后尚长公主。苏建尝责青以招选贤者,青曰:“招贤绌不肖,人主之柄也。人臣奉法,何与招士!”霍去病亦放此意。

纲　初置刺史。

目　冀、幽、并、兖、徐、青、扬、荆、豫、益、凉州及朔方、交趾,凡十三部。

纲　诏举茂材、异等,可为将相、使绝域者。

目　上以名臣文武欲尽，乃下诏曰："盖有非常之功，必待非常之人。故马或奔踶而致千里，士或有负俗之累而立功名。夫泛驾之马，跅弛之士，亦在御之而已。其令州、郡察吏、民有茂材、异等，可为将相及使绝国者。"

纲　丁丑，太初元年，冬十一月，柏梁台灾。

纲　春，作建章宫。

纲　夏五月，造太初历，以正月为岁首。

目　大中大夫公孙卿、壶遂、太史令司马迁等言："历纪坏废，宜改正朔。"兒宽议以为宜用夏正。乃诏卿等造汉太初历，以正月为岁首，色尚黄，数用五，定官名，协音律。

纲　秋，遣将军李广利将兵伐宛。

目　汉使入西域，言宛有善马，在贰师城。上使壮士持千金及金马以请之，宛王不肯。汉使怒，携金马而去，宛贵人令其东边郁成王遮杀之。于是上欲侯宠姬李氏，乃拜其兄广利为贰师将军，以伐宛，期至贰师城取善马，故以为号。

纲　关东蝗起，飞至敦煌。

纲　中尉王温舒有罪，自杀，夷三族。

目　温舒少文，居廷惛惛不辨，为中尉则心开。素习关中俗，豪恶吏皆为用。舞文巧请，行论无出者。至是坐为奸利，当族，自杀。时两弟及婚家，亦坐他罪族。光禄勋徐自为曰："古有三族，而温舒罪至五族乎！"

纲　戊寅，二年，春正月，丞相庆卒，以公孙贺为丞相。

目　时朝廷多事，督责大臣，丞相比坐事死。贺引拜，不受印绶，顿首涕泣。上起去，贺不得已拜，曰："我从是殆矣！"

纲　己卯，三年，秋，睢阳侯张昌有罪，国除。

目　初，高祖封功臣为列侯，百四十有三人。时兵革之余，民人散亡，大侯不过万家，小者五六百户。其封爵之誓曰："使黄河如带，泰山若砺，国以永存，爰及苗裔。"逮文、景间，流民既归，户口亦息，列侯大者至三四万户，小国自倍，富厚如之。子孙骄逸，多抵法禁，陨身失国。至是昌坐为太常乏祠，国除。见侯才四人，网亦少密焉。

纲　大发兵从李广利围宛。宛杀其王毋寡以降，得善马数十匹。

纲 庚辰，四年，春，封李广利为海西侯。

纲 秋，起明光宫。

纲 冬，匈奴呴犁湖单于死，弟且鞮侯单于立，使使来献。

目 上欲因伐宛之威遂困胡，乃下诏曰："高皇帝遗朕平城之忧；高后时，单于书绝悖逆。昔齐襄公复九世之雠，春秋大之。"且鞮侯初立，恐汉袭之，乃曰："我儿子，安敢望汉天子！汉天子，我丈人行也。"因尽归汉使之不降者路充国等，使使来献。

纲 辛巳，天汉元年，春三月，遣中郎将苏武使匈奴。

目 上嘉单于之义，遣苏武送匈奴使留在汉者。既至，单于使卫律召武，欲降之。武谓假吏常惠等曰："屈节辱命，虽生，何面目以归汉！"引佩刀自刺。卫律惊，自抱持之。武气绝，半日复息。单于壮其节，朝夕遣人候问武，而收系武副张胜，胜请降。

律谓武曰："苏君！律前负汉归匈奴，幸蒙大恩，赐号称王，拥众数万，马畜弥山，富贵如此！苏君今日降，明日复然；空以身膏草野，谁复知之！"武不应。律曰："今不听吾计，后虽欲复见我，尚可得乎！"武骂律曰："汝为人臣子，不顾恩义，畔主背亲，为降虏于蛮夷，何以汝为见！"律白单于，愈欲降之。乃幽武置大窖中，绝不饮食；天雨雪，武啮雪与旃毛并咽之，数日不死。匈奴以为神，乃徙武北海上无人处，使牧羝，曰："羝乳乃得归。"别其官属，各置他所。

纲 雨白氂。

纲 壬午，二年，夏，遣李广利将兵击匈奴，别将李陵战败降虏。

目 贰师出酒泉，击匈奴，斩万余级。师还，匈奴大围之，假司马赵充国与壮士百余人溃围陷陈，贰师引兵随之，遂得解。汉兵物故什六七。诏拜充国为中郎。

初，李广有孙陵，善骑射，爱人下士。帝以为有广之风，拜骑都尉，使将丹阳楚人五千人，教射酒泉、张掖以备胡。至是，上欲使为贰师将辎重，陵曰："臣所将皆荆楚勇士，奇材剑客，力扼虎，射命中，愿得自当一队，分单于兵，毋令专乡贰师军。"上曰："吾发军多，无骑予汝。"陵对："无所事骑，臣愿以步兵五千人，涉单于庭。"上壮而许之。陵于是出居延，至浚稽山，与单于相值，杀数千人。单于大惊，欲去，会军候管敢亡降匈奴，具言陵军无救，矢且尽。单于大喜，遮道急攻。陵军南行，一日五十万矢俱尽。陵曰："无面目报陛下！"遂降。

上闻陵降，怒甚，群臣皆罪陵，惟太史令司马迁盛言"陵事亲孝，与士信，常奋不顾身以徇国家之急，其素所畜积也，有国士之风。今举事一不幸，全躯保妻子之臣随而媒孽其短，诚可痛也！且陵提步卒不满五千，深蹂戎马之地，抑数万之师，虏救死扶伤不暇，悉举引弓之民共攻围之，转斗千里，矢尽道穷，士张空拳，冒白刃，北首争死敌，得人之死力，虽古名将不过也。身虽陷败，然其所摧败亦足暴于天下。彼之不死，宜欲得当以报汉也"。上以迁为诬罔，欲沮贰师，为陵游说，下迁腐刑。

纲　遣绣衣直指使者，发兵击东方盗贼。

目　上好尊用酷吏，吏民益轻犯法。东方盗贼滋起，上始使御史中丞、丞相长史督之，弗能禁，乃使光禄大夫范昆等，衣绣衣，持节，虎符，发兵以兴击。所至得擅斩二千石以下，诛杀甚众，一郡多至万余人。散亡复聚，无可奈何，于是作沉命法曰："盗起不发觉，发觉而捕弗满品者，二千石以下至小吏，主者皆死。"其后，虽有盗不敢发，上下相为匿，以文辞避法焉。

时暴胜之为直指使者，衣绣杖斧，所诛杀二千石以下尤多，威振州郡。至渤海，闻郡人隽不疑贤，请与相见。不疑曰："凡为吏，太刚则折，太柔则废，威行，施之以恩，然后树功扬名，永终天禄。"胜之深纳其戒；及还，表荐，召拜青州刺史。

王贺亦为绣衣御史，逐捕群盗，多所纵舍，以奉使不称免。叹曰："吾闻活千人，子孙有封。吾所活者万余人，后世其兴乎！"

纲　癸未，三年，春二月，初榷酒酤。

纲　甲申，四年，春正月，遣李广利等击匈奴，不利。族诛李陵家。

纲　夏四月，立子髆为昌邑王。

纲　令死罪入赎。

纲　乙酉，太始元年，春正月，徙豪杰于茂陵。

纲　丁亥，三年，春正月，皇子弗陵生。

目　弗陵母曰河间赵倢伃，居钩弋宫，任身十四月而生。上曰"闻昔尧十四月而生"，乃命门曰尧母门。

纲 以江充为水衡都尉。

目 初，充为赵王客，得罪，亡；诣阙告赵太子阴事，太子坐废。上召充与语，大悦之，拜为直指绣衣使者，使督察贵戚、近臣。尝从上甘泉，逢太子家使乘车马行驰道中，充以属吏。太子使人谢充曰："非爱车马，诚不欲令上闻之，以教敕无素者；唯江君宽之！"充不听，遂白上。上曰："人臣当如是矣！"大见信用，威震京师。

纲 己丑，征和元年，春三月，赵王彭祖卒。

纲 冬十一月，大搜长安十日。

目 上居建章宫，见一男子带剑入中龙华门，命收之，弗获。上怒，斩门候，发三辅骑士搜上林，索长安中，十一日乃解。巫蛊始起。

纲 庚寅，二年，春正月，丞相贺有罪，下狱死，夷其族。

目 贺子敬声为太仆，骄奢不奉法，擅用北军钱，发觉，下狱。时诏捕阳陵大侠朱安世甚急，贺自请逐捕安世以赎敬声罪。果得安世。安世笑曰："丞相祸及宗矣！"遂从狱中上书，告敬声与阳石公主私通，祝诅上，有恶言。遂下贺狱，父子死狱中，家族。

纲 以刘屈氂为左丞相。

纲 夏四月，大风，发屋折木。

纲 诸邑、阳石公主及长平侯卫伉皆坐巫蛊死。

纲 帝如甘泉。秋七月，皇太子据杀使者江充，白皇后，发兵反。诏丞相屈氂讨之。据败走湖，皇后卫氏及据皆自杀。

目 初，上年二十九乃生戾太子，甚爱之。及长，仁恕温谨，上嫌其材能少，不类己。皇后、太子常不自安，上觉之，谓大将军青曰："汉家庶事草创，加四夷侵陵中国，朕不变更制度，后世无法；不出师征伐，天下不安。若后世又如朕所为，是袭亡秦之迹也。太子敦重好静，必能安天下。欲求守文之主，安有贤于太子者乎！闻皇后与太子有不安之意，可以意晓之。"

上用法严；太子宽厚，多所平反，虽得百姓心，而用法大臣皆不悦。卫青薨后，臣下无复外家为据，竞欲构太子。

上与诸子疏，皇后希得见。太子尝谒皇后，移日乃出。黄门苏文告上曰："太子与宫人戏。"上益太子宫人。太子知之，衔文。文与小黄门宫融等常微伺太子过，辄增加白之。上尝小不平，使融召太子，融言

"太子有喜色",上默然。及太子至,上察其貌,有涕泣处,而佯语笑,乃诛融。

是时,方士及诸神巫多聚京师,惑众变幻,无所不为。女巫往来宫中,教美人度厄,埋木人祭祀之。更相告讦,以为祝诅。上心既疑,尝昼寝,梦木人数千,持杖欲击上,上为惊寤,因是体不平。江充见上年老,恐晏驾后为太子所诛,因言上疾祟在巫蛊。于是上以充为使者,治巫蛊狱。以巫蛊坐而死者,前后数万人。充因言:"宫中有蛊气。"上乃使充入宫。充掘地求蛊,云:"于太子宫得木人尤多,又有帛书,所言不道;当奏闻。"太子惧,问少傅石德。德惧并诛,因曰:"今无以自明,可矫以节收捕充等系狱,穷治其奸诈。且上疾在甘泉,皇后及家吏请问皆不报;存亡未可知,而奸臣如此,太子不念秦扶苏事邪!"太子曰:"吾人子,安得擅诛!不如归谢,幸得无罪。"将往甘泉,而充持之急,太子不知所出,遂从德计。七月,使客诈为使者,收捕充等,自临斩之。骂曰:"赵虏!前乱乃国王父子不足邪?乃复乱吾父子也!"使舍人持节夜入宫,白皇后,发兵。苏文亡归甘泉言状,上曰:"太子必惧,又忿充等,故有此变。"乃使使召太子,使者不敢进,归报云:"太子反已成,欲斩臣,臣逃归。"上大怒,赐丞相玺书曰:"捕斩反者,自有赏罚。坚闭城门,毋令反者得出!"太子宣言"帝病困,疑有变",上于是从甘泉来,幸城西建章宫,诏发三辅近县兵,丞相将之。太子亦矫制赦长安中都官囚徒,命石德及宾客张光等分将。召护北军使者任安,与节,令发兵。安拜受节;入,闭门不出。太子引兵,驱肆市人数万,至长乐西阙下,逢丞相军,合战五日,太子兵败,南奔覆盎城门。司直田仁部闭城门,以为太子父子之亲,不欲急之;太子得出亡。丞相欲斩仁,御史大夫暴胜之曰:"司直,吏二千石,当先请,奈何擅斩之!"丞相释仁。上闻大怒,下吏责问,胜之皇恐自杀。诏收皇后玺、绶,后自杀。上以为任安老吏,欲坐观成败,有两心,与田仁皆要斩。诸太子宾客尝出入宫门,皆坐诛;其随太子发兵,以反法族。

上怒甚,群下忧惧,不如所出。壶关三老茂上书曰:"皇太子为汉适嗣,承万世之业,体祖宗之重,亲则皇帝之宗子也。江充,布衣之人,闾阎之隶臣耳;陛下显而用之,衔至尊之命以迫蹴皇太子,造饰奸诈,群邪错谬。太子进则不得见上,退则困于乱臣,独冤结而无告,不忍忿忿之心,起而杀充,恐惧逋逃,子盗父兵,以救难自免耳,臣窃以为无邪心。往者,江充谗杀赵太子,天下莫不闻。陛下不察,深过太子,发盛怒,举大兵而求之,三公自将。智者不敢言,辩士不敢说,臣窃痛之!”书奏,天子感悟,然尚未显言赦之也。太子亡,东至湖,匿泉鸠里;主人家贫,常卖履以给太子。发觉;八月,吏围捕太子。太子自经,皇孙二人皆并遇害。初,上为太子立博望苑,使通宾客,从其所好,故宾客多以异端进。

纲鉴易知录卷十五

汉纪

孝武皇帝

纲 辛卯，三年，秋，以田千秋为大鸿胪。族灭江充家。

目 吏民以巫蛊相告言者，案验多不实。上颇知太子皇恐无他意，会高寝郎田千秋上急变讼太子冤，曰："子弄父兵罪当笞。天子之子过误杀人，当何罪哉？臣尝梦见一白头翁教臣言。"上乃大感寤，召见千秋，谓曰："父子之间，人所难言也，公独明其不然。此高庙神灵使公教我，公当遂为吾辅佐！"立拜千秋为大鸿胪，而族灭江充家，焚苏文于横桥上。上怜太子无辜，乃作思子宫，为归来望思之台于湖，天下闻而悲之。

纲 壬辰，四年，春正月，帝如东莱。

目 上欲浮海求神仙，群臣谏，弗听；会大风晦冥，海水沸涌，留十余日乃还。

纲 雍县无云如雷者三，陨石二，黑如黳。

纲 三月，帝耕于巨定。还，至泰山，罢方士候神人者。

目 上耕于巨定。还，幸泰山，修封禅，祀明堂。见群臣，乃言曰："朕即位以来，所为狂悖，使天下愁苦，不可追悔。自今事有伤害百姓糜费天下者，悉罢之！"田千秋曰："方士言神仙者甚众，而无显功，请皆罢斥遣之！"上曰："大鸿胪言是也。"于是悉罢诸方士候神人者。是后，上每对群臣自叹："向时愚惑，为方士所欺。天下岂有仙人？尽妖妄耳！节食服药，差可少病而已。"

纲 夏六月，还宫。

纲 以田千秋为丞相，封富民侯。以赵过为搜粟都尉。

目 千秋无他材能术学，又无阀阅功劳，特以一言寤意，数月取宰相，封侯，世未尝有也。然为人敦厚有智，居位自称，逾于前后数公。

先是，桑弘羊言："轮台东有溉田五千顷以上，可遣屯田卒，置校尉，募民壮健敢徙者诣田所，垦田，筑亭，以威西国。"上乃下诏，深陈既往之悔，曰："前有司奏欲益民赋三十，助边用，是重困老弱孤独也。今又请遣卒田轮台，轮台西于车师千余里，前击车师，虽降其王，以辽远乏食，道死者尚数千人，况益西乎！匈奴常言：'汉极大，然不耐饥渴，失一狼，走千羊。'乃者，贰师败，军士死略离散，悲痛常在朕心。今又请远田轮台，欲起亭隧，是扰劳天下，非所以优民也，朕不忍闻！当今务在禁苛暴，止擅赋，力本农，修马复令，以补缺、毋乏武备而已。"自是不复出军，而封田千秋为富民侯，以明休息，思富养民也。又以赵过为搜粟都尉。过教民为代田。一畮三甽，岁代处，故曰代田。每耨辄附根，根深能风旱。其耕耘田器皆有便巧，用力少而得谷多，民皆便之。

纲 癸巳，后元元年，秋七月，地震。

纲 杀钩弋夫人赵氏。

目 燕王旦自以次第当为太子，上书求入宿卫。上怒曰："生子当置齐、鲁礼义之乡；乃置之燕，果有争心。"乃斩其使。是岁钩弋夫人之子弗陵年七岁，形体壮大，多知，上奇爱之，心欲立焉。以其年稚，母少，犹与久之。欲以大臣辅之，察群臣，唯奉车都尉、光禄大夫霍光，忠厚可任大事，上乃使黄门画周公负成王朝诸侯以赐光。光，去病之弟也。后数日，帝谴责钩弋夫人；夫人脱簪珥，叩头。帝曰："引持去，送掖庭狱！"夫人还顾，帝曰："趣行，汝不得活！"卒赐死。顷之，帝闲居，问左右曰："外人言云何？"左右对曰："人言且立其子，何去其母乎？"帝曰："然，是非儿曹愚人之所知也。往古国家所以乱，由主少、母壮也。女主独居骄蹇，淫乱自恣，莫能禁也。汝不闻吕后邪？故不得不先去之也！"

纲 甲午，二年，春二月，帝如五柞宫，立弗陵为皇太子，以霍光为大司马、大将军，金日磾为车骑将军，上官桀为左将军，受遗诏辅少主。帝崩。

目 二月，上幸五柞宫，病笃，霍光涕泣问曰："如有不讳，谁当嗣者？"上曰："君未谕前画意邪？立少子，君行周公之事！"光顿首让曰："臣不如金日磾。"日磾亦曰："臣外国人，不如光；且使匈奴轻汉！"乃立弗陵为皇太子。明日，命光、日磾及上官桀受遗诏，辅少主，与御史大夫桑弘羊皆拜卧内床下。光出入禁闼二十余年，出则奉车，入侍左右，小心谨慎,未尝有过。为人沉静详审,每出入下殿门,进止有常处,郎、仆射窃识视之,不失尺寸。日磾在上左右,目不忤视者数十年;赐出宫女,不敢近;上欲纳其女后宫,不肯;其笃慎如此。日磾长子为帝弄儿,其后壮大,自殿下与宫人戏,日磾适见,遂杀之。上怒,日磾具言所以。上为之泣;而心敬日磾。桀,始以材力得幸,为未央厩令。上尝体不安,及愈,见马,马多瘦,上大怒曰:“令以我不复见马邪!”桀顿首曰:“臣闻圣体不安,日夜忧惧,意诚不在马。”言未卒,泣数行下。上以为爱己,由是亲近。又明日,帝崩。

纲 太子弗陵即位。姊鄂邑长公主共养省中,光、日磾、桀共领尚书事。

目 光辅幼主,政自己出,天下想闻其风采。殿中尝有怪,一夜,群臣相惊,光召尚符玺郎,欲收取玺。郎不肯授,光欲夺之。郎按剑曰:“臣头可得,玺不可得也!”光甚谊之。明日,诏增此郎秩二等。众庶莫不多光。

纲 三月,葬茂陵。

纲 秋七月,有星孛于东方。

纲 追尊钩弋夫人为皇太后,起云陵。

孝昭皇帝

纲 乙未,孝昭皇帝始元元年,秋七月,大雨,至于十月。

纲 燕王旦谋反,赦弗治;党与皆伏诛。

纲 以隽不疑为京兆尹。

目 不疑为京兆尹,吏民敬其威信。每行县,录囚徒还,其母辄问不疑:“有所平反,活几何人?”即多所平反,母喜笑异他时;或无所出,母怒,为不食。故不疑为吏,严而不残。

纲 九月,车骑将军秺侯金日磾卒。

目 初,武帝以日磾捕反者马何罗功,遗诏封为秺侯。日磾以帝少,不受封;及病困,光白封之,卧受印、绶;一日薨,谥曰敬。日磾两子赏、建,俱侍中,与上卧起。赏奉车,建驸马都尉。

纲 闰月,遣使行郡国,举贤良,问民疾苦。

纲 冬,无冰。

纲 丙申,二年,春正月,封大将军光为博陆侯。

纲　三月，遣使振贷贫民种食。秋，诏所贷勿收责，除今年田租。

纲　丁酉，三年，冬十月，遣祠凤皇于东海。

纲　戊戌，四年，春三月，立倢伃上官氏为皇后，赦。

目　霍光女为上官桀子安妻，生女，年甫五岁，安欲因光内之宫中；光以为尚幼，不听。盖长公主私近子客丁外人，安说外人曰："安子容貌端正，诚因长主时得入为后，以臣父子在朝而有椒房之重。汉家故事，常以列侯尚主，足下何忧不封侯乎！"外人言于长主，以为然，召安女入为倢伃，遂立为后。

纲　秋，令民勿出马。

纲　以上官安为车骑将军。

纲　己亥，五年，春正月，男子成方遂诣阙，诈称卫太子，伏诛。

目　有男子乘黄犊车诣北阙，自称卫太子。诏公卿、将军、中二千石杂识视，至者并莫敢发言。京兆尹隽不疑后到，叱从吏收缚，曰："昔蒯聩违命出奔，辄拒而不纳，春秋是之。卫太子得罪先帝，亡不即死，今来自诣，此罪人也！"遂送诏狱。上与大将军光闻而嘉之，曰："公卿大臣，当用有经术、明于大谊者。"由是不疑名重朝廷。廷尉验治，本夏阳人，姓成名方遂，居湖。有故太子舍人谓曰："子状貌甚似卫太子。"方遂利其言，冀以得富贵。坐诬罔不道，要斩。

纲　庚子，六年，春，诏问贤良、文学，民所疾苦。

目　谏大夫杜延年言："年岁比不登，流民未尽还。宜修孝文时政，示以俭约宽和，顺天心，说民意，年岁宜应。"光纳其言，诏有司问郡国所举贤良、文学，民所疾苦，教化之要。皆对："愿罢盐铁、酒榷、均输，官毋与天下争利，示以节俭，然后教化可兴。"桑弘羊难，以为"此国家大业，所以制四夷，安边足用之本，不可废也"。于是盐铁之议起焉。

纲　苏武还自匈奴，以为典属国。

目　初，苏武既徙北海上，杖汉节牧羊，卧起操持，节旄尽落。单于使李陵至海上，为武置酒设乐，谓曰："足下兄弟皆坐事自杀，太夫人已不幸，妇亦更嫁矣，独有女弟、男、女，存亡不可知。人生如朝露，何自苦如此！且陛下春秋高，法令无常，大臣无罪夷灭者数十家，安危不可知，子卿尚复谁为乎！"武曰："臣事君，犹子事父也。子为父死，无所恨。王必欲降武，请毕今日之欢，效死于前！"陵喟然叹曰："嗟乎！义士！陵与卫律之罪上通于天矣！"及是，匈奴国内乖离，常恐汉兵袭之，于是与汉和亲，乃归武及马宏等。于是陵置酒贺武曰："足下扬名匈奴，功显汉室，虽古竹帛所载，丹青所画，何以过子卿！陵虽驽怯，令汉贯陵罪。全其老母，使得奋大辱之积志，庶几乎曹柯之盟，此陵宿昔之所不忘也。收族陵家，为世大戮，陵尚复何顾乎！已矣，令子卿知吾心耳！"陵泣下数行，因与武决。官属随武还者九人。既至京师，诏武奉一太牢，谒武帝园庙，拜为典属国，秩中二千石，赐钱三百万，公田二顷，宅一区。武留匈奴凡十九岁，始以强壮出，及还须发尽白。

纲　秋七月，罢榷酤官。

目　罢榷酤，从贤良、文学之议也。武帝之末，海内虚耗，户口减半。霍光知时务之要，轻徭薄赋，与民休息。至是，匈奴和亲，百姓充实，稍复文、景之业焉。

纲　辛丑，元凤元年，秋七月晦，日食既。

纲　八月，鄂邑长公主、燕王旦、上官桀、安等谋反，皆伏诛。

目　上官桀父子为丁外人求封侯，霍光不许。长主以是怨光，而桀、安亦惭。燕王旦自以帝兄不得立，常怀咎望。桑弘羊欲为子弟得官，亦怨恨光。于是盖主、桀、安、弘羊皆与旦通谋，诈令人为燕王上书，言"光出，都肄郎、羽林，道上称跸，擅调益幕府校尉，专权自恣，疑有非常"。候光出沐日奏之。桀欲从中下其事，弘羊当与诸大臣共执退光。书奏，帝不肯下。明旦，光闻之，止画室中不入。上问："大将军安在？"桀对曰："以燕王告其罪，故不敢入。"有诏："召大将军。"光入，免冠，顿首谢。上曰："将军冠！朕知是书诈也，将军无罪。"光曰："陛下何以知之？"上曰："将军之广明都郎，属耳；调校尉以来，未能十日，燕王何以得知之！且将军为非，不须校尉。"是时帝年十四，尚书、左右皆惊。而上书者果亡，捕之甚急。桀等惧，白上："小事不足遂。"上不听。后桀党与有谮光者，上辄怒曰："大将军忠臣，先帝所属以辅朕身，敢有毁者坐之！"自是桀等不敢复言。

桀等谋令长公主置酒请光，伏兵格杀之，因废帝而立燕王。驿书往来，外连郡国豪杰以千数。旦以语相平，平曰："左将军素轻易，车骑少而骄，臣恐其不能成，又恐既成反大王也。"旦不听。安果谋诱燕王至而诛之，因废帝而立桀。会盖主舍人父燕仓知其谋，以告大司农杨敞。敞素谨，畏事，乃移病卧，以告杜延年；延年以闻。九月，诏捕桀、安、弘羊、外人等，并宗族悉诛之；盖主、燕王皆自杀。

纲 冬，以韩延寿为谏大夫。

目 文学魏相对策，以为："日者燕王为无道，韩义出身发谏，为王所杀。义无比干之亲而蹈比干之节，宜显赏其子以示天下，明为人臣之义。"乃擢义子延寿为谏大夫。

纲 以张安世为右将军，杜延年为太仆。

目 大将军光以朝无旧臣，安世自先帝时为尚书令，志行纯笃，乃白用安世为右将军兼光禄勋以自副焉。又以延年有忠节，擢为太仆右曹给事中。光持刑罚严，延年辅之以宽。安世，汤之子；延年，周之子也。

纲 癸卯，三年，春正月，泰山石立；上林僵柳复起生。

目 泰山有大石自起立；上林有僵柳自起生，有虫食柳叶曰："公孙病已立。"符节令眭弘上书，言："大石自立，僵柳复起，当有匹庶为天子。当求贤人，禅帝位，以顺天命。"坐设妖言惑众，伏诛。

纲 甲辰，四年，春正月，帝冠。

纲 丞相千秋卒。二月，以王䜣为丞相。

纲 夏五月，孝文庙正殿火，帝素服，遣使作治。

纲 遣使诱楼兰王安归杀之。

目 楼兰王安归数遮杀汉使；骏马监傅介子使大宛，诏因令责楼兰王，王谢服。介子还，谓大将军光曰："楼兰数反复，而不诛，无所惩艾。愿往刺之，以威示诸国。"大将军白遣之。介子赍金币，扬言以赐外国为名。至楼兰，王贪汉物，来见。介子与坐，饮醉，谓曰："天子使我私报王。"王起，随介子入帐中，壮士二人从后刺之。遂斩其首，驰传诣阙，县北阙下。立其弟在汉者尉屠耆为王，更名其国为鄯善。封介子为义阳侯。

纲 乙巳，五年，夏，大旱。

纲 冬，大雷。

纲 丞相䜣卒。

纲 丙午，六年，冬十一月，以杨敞为丞相。

纲 丁未，元平元年，春二月，有流星大如月，众星皆随西行。

纲 夏四月，帝崩。大将军光承皇后诏，迎昌邑王贺诣长安。六月，入即位，尊皇后曰皇太后。

目 帝崩，无嗣，时武帝子独有广陵王胥，群臣欲立之。胥本以行失道，先帝所不用；大将军光不自安。郎有上书言：“周太王废太伯立王季，文王舍伯邑考立武王，唯在所宜，虽废长立少可也。广陵王不可以承宗庙。”光即日承皇后诏，迎昌邑王贺诣长安邸。

贺，昌邑哀王髆之子，素狂纵，动作无节。武帝之丧，游猎不止。中尉王吉谏曰：“大王不好书术而乐逸游，非所以全寿命之宗也，又非所以进仁义之隆也。夫广厦之下，细旃之上，明师居前，劝诵在后，上论唐、虞之际，下及殷、周之盛，休则俯仰屈伸以利形，专意积精以适神，则心有尧、舜之志，体有乔、松之寿，福禄臻而社稷安矣。且诸侯骨肉，莫亲大王，于属则子，于位则臣，一身而二任之责加焉。恩爱行义，孅介有不具者，于以上闻，非享国之福也。”王赐吉酒脯，而放纵自若。郎中令龚遂，忠厚刚毅，有大节，见王游戏无度，涕泣鄰行，叩头曰：“臣数言危亡之戒，大王不说。夫国之存亡，岂在臣言哉！愿王内自揆度。大王诵诗三百五篇，人事浃，王道备。王之所行，中诗一篇何等也！”王终不改。及征书至，发书驰赴，王吉戒王曰：“大王以丧征，宜日夜哭泣悲哀而已，慎无有所发！大将军仁爱、勇智、忠信之德，天下莫不闻，愿大王事之、敬之。”王到霸上，使遂参乘，至广明东都门，遂曰：“礼，奔丧望见国都哭。此长安东郭门也。”王曰：“我嗌痛，不能哭。”至城门，遂复言，王曰：“城门与郭门等耳。”且至未央宫东阙，遂曰：“昌邑帐在是，大王宜下车，乡阙西面伏哭，尽哀止。”王曰：“诺。”到，哭如仪。六月，受玺、绶，袭尊号。

纲 葬平陵。

纲 昌邑王有罪，大将军光率群臣奏太后废之。

目 昌邑王淫戏无度，大将军光忧懑，以问故吏大司农田延年。延年曰：“将军为国柱石，审此人不可，何不建白太后，更选贤而立之？”光曰：“今欲如是，于古尝有此不？”延年曰：“伊尹相殷，废太甲以安宗庙，后世称其忠。将军若能行此，亦汉之伊尹也。”光乃引延年给事中，阴与张安世图计。王出游，光禄大夫夏侯胜当乘舆前谏曰：“天久阴而不雨，臣下有谋上者。陛下出，欲何之？”王怒，缚胜属吏。光让安世，以为泄语，安世实不言。乃召问胜，胜对言“在鸿范传”。光、安世大惊，以此益重经术士。

既定议，召丞相、御史、将军、列侯、中二千石、大夫、博士会议未央宫。光曰："昌邑王行昏乱，恐危社稷，如何？"群臣皆惊愕失色，莫敢发言。延年离席按剑曰："先帝属将军以幼孤，寄将军以天下，以将军忠贤，能安刘氏也。今群下鼎沸，社稷将倾；且汉之传谥常为'孝'者，以长有天下，令宗庙血食也。如汉家绝祀，将军虽死，何面目见先帝于地下乎？今日之议，不得旋踵，群臣后应者，臣请剑斩之！"光谢曰："九卿责光是也！"于是议者皆叩头曰："唯大将军令！"光即与群臣俱见，白太后，太后乃幸未央承明殿，盛服坐武帐中，召昌邑王伏前听诏。光令王起，拜受诏；脱其玺组，奉上太后；扶王下殿，送至邸。诏归贺昌邑，赐汤沐邑二千户；国除，为山阳郡。

昌邑群臣，坐在国时不举奏王罪过，令汉朝不闻知，又不能辅道，陷王大恶，皆下狱，诛杀二百余人，唯中尉吉、郎中令遂得减死。师王式系狱，当死，使者责曰："师何以无谏书？"式对曰："臣以诗三百五篇朝夕授王，至于忠臣、孝子之篇，未尝不为王反复诵之也；至于危亡失道之君，未尝不流涕为王深陈之也。臣以三百五篇谏，是以无谏书。"亦得减死论。

光以太后省政，宜知经术，白令夏侯胜用尚书授太后，迁胜长信少府。

纲　秋七月，迎武帝曾孙病已入即位，尊皇太后曰太皇太后。

目　初，卫太子纳史良娣，生子进，号史皇孙。皇孙纳王夫人，生子病已，号"皇曾孙"。生数月，遭巫蛊事，太子男、女、妻、妾皆遇害，独皇曾孙在，亦坐收系狱。故廷尉监丙吉受诏治狱，心知太子无事实，重哀皇曾孙无辜，择谨厚女徒胡组、郭征卿令乳养，日再省视。望气者言长安狱中有天子气，武帝诏狱系者，无轻重，一切皆杀之。使者夜至狱，吉闭门不纳，曰："他人无辜死者犹不可，况亲曾孙乎！"使者不得入，还，以闻。武帝亦寤，曰："天使之也！"因赦天下。

吉闻史良娣有母贞君及兄恭，乃载皇曾孙付之。后有诏掖庭养视。时掖庭令张贺尝事卫太子，思顾旧恩，哀曾孙，奉养甚谨，欲以女孙妻之。贺弟安世为右将军，辅政，怒曰："曾孙乃卫太子后也，勿复言予女事！"时暴室啬夫许广汉有女，贺以家财聘之，曾孙因依倚广汉兄弟及史氏，受诗于东海澓中翁，高材好学，然亦喜游侠，斗鸡、走马，上下诸陵，周遍三辅，以是具知闾里奸邪，吏治得失。

及是，吉奏记光曰："今社稷、宗庙、群生之命，在将军之一举。而武帝曾孙名病已在掖庭、外家者，今十八九矣，通经术，有美材，行安而节和，愿将军决定大策。"七月，光会丞相以下议定所立，遂上奏曰："孝武皇帝曾孙病已，年十八，师授诗、论语、孝经，躬行节俭，慈仁爱人，可以嗣孝昭皇帝后。"皇太后诏曰："可。"光迎曾孙入未央宫，见太后，即皇帝位。侍御史严延年劾奏："大将军光擅废立主，无人臣礼，不道。"奏虽寝，然朝廷肃然敬惮之。

纲 丞相敞卒，以蔡义为丞相。

纲 冬十一月，立皇后许氏。

目 公卿议立皇后，皆心拟霍将军女，亦未有言。上乃诏求微时故剑。大臣知指，白立许倢伃为皇后。霍光以后父广汉刑人，不宜君国；岁余，乃封为昌成君。

中宗孝宣皇帝

纲 戊申，中宗孝宣皇帝本始元年，春，大将军光请归政，不受。

目 诏有司论定策安宗庙功，大将军光等皆益封。光稽首归政，上谦让不受；诸事皆先关白光，然后奏御。自昭帝时，光子禹及兄孙云皆为中郎将，山奉车都尉、侍中，领胡、越兵；两女婿为东、西宫卫尉，昆弟诸婿外孙皆奉朝请，为诸曹、大夫、骑都尉、给事中，党亲连体，根据于朝廷。及昌邑王废，光之权益重，每朝见，上虚己敛容，礼下之已甚。

纲 夏四月，地震。

纲 凤凰集胶东，赦，勿收田租赋。

纲 追谥戾太子、戾夫人、悼考、悼后，置园邑。

目 诏曰："故皇太子在湖，未有号谥，岁时祠；其议谥，置园邑。"有司奏："礼，为人后者，为之子也。故降其父母，不得祭，尊祖之义也。陛下为孝昭皇帝后，承祖宗之祀，亲谥宜曰悼，母曰悼后；故皇太子谥曰戾，史良娣曰戾夫人。"皆改葬焉。

纲 召黄霸为廷尉正。

目 霍光既诛上官桀，遂以刑法痛绳群下，由是俗吏皆尚严酷，而河南丞黄霸独用宽和为名。上在民间时，知百姓苦吏急迫，闻霸持法平，乃召以为廷尉正；数决疑狱，庭中称平。

纲 己酉，二年，春，大司农田延年有罪，自杀。

目 昭帝之丧，大司农僦民车，延年诈增僦直，盗取钱三千万，为怨家所告。御史大夫田广明谓杜延年曰："春秋之义，以功覆过。当废昌邑王时，非田子宾之言，大事不成。今县官出三千万自乞之，何哉？愿以愚言白大将军！"延年言之，光曰："诚然，实勇士也！当发大议时，震动朝廷。"因自抚心曰："使我至今病悸。谢田大夫晓大司农，通往就狱，得公议之。"广明使人语延年，延年曰："幸宽我耳，何面目入牢狱！"遂自刎死。

纲 夏，尊孝武皇帝庙为世宗，所幸郡国皆立庙。

目 诏曰："孝武皇帝躬仁义，厉威武，功德茂盛，而庙乐未称，朕甚悼焉。其与列侯、二千石、博士议。"于是群臣皆曰："宜如诏书。"夏侯胜独曰："武帝虽有攘四夷、广土境之功，然多杀士众，竭民财力，奢泰无度，无德泽于民，不宜为立庙乐。"公卿共难胜曰："此诏书也。"胜曰："诏书不可用也。"于是丞相、御史劾奏胜非议诏书，毁先帝，不道；及丞相长史黄霸阿纵胜，不举劾；俱下狱。有司遂请尊武帝庙为世宗庙，奏盛德、文始、五行之舞。巡狩所幸郡国皆立庙。胜、霸既久系，霸欲从胜受尚书，胜辞以罪死。霸曰："朝闻道，夕死可矣。"胜贤其言，遂授之。系再更冬，讲论不怠。

纲 庚戌，三年，春正月，大将军光妻显弑皇后许氏。

目 时霍光夫人显欲贵其小女成君，道无从。会许后当娠，病，女医淳于衍者，霍氏所爱，尝入宫侍疾。显谓衍曰："将军素爱成君，欲奇贵之。今皇后当免身，若投毒药去之，成君即为皇后矣。事成，富贵共之。"衍即捣附子，赍入长定宫。皇后免身后，衍取附子并合太医大丸以饮皇后，有顷，曰："我头岑岑也，药中得无有毒？"对曰："无有。"遂加烦懑，崩。后有人上书告诸医侍疾无状者，皆收系诏狱。显恐急，即具语光曰："既失计为之，无令吏急衍！"光大惊，欲自发举，不忍。奏上，光署"衍勿论"，显因劝光内其女入宫。

纲 葬恭哀皇后于杜陵南园。

纲 夏六月，丞相义卒。以韦贤为丞相，魏相为御史大夫。

纲 以赵广汉为京兆尹。

目 初，广汉为颍川太守。颍川俗，豪杰相朋党。广汉为缿筩，受吏民投书，使相告讦，于是更相咎怨，奸党散落，盗贼不得发。由是入为京兆尹。广汉尤善为钩距以得事情,闾里铢两之奸皆知之,其发奸擿伏如神,京兆政清。长老传以为自汉兴,治京兆者莫能及。

纲 辛亥,四年,春三月,立大将军光女为皇后,赦。

纲 夏四月,地震,山崩二郡,坏祖宗庙。帝素服避殿,诏问经学及举贤良、方正之士。

纲 以夏侯胜为谏大夫,黄霸为扬州刺史。

目 上以地震,释胜、霸而用之。胜为人质朴守正,简易无威仪,或时谓上为君,误相字于前,上亦以是亲信之。尝见,出道上语,上闻而让胜,胜曰:"陛下所言善,臣故扬之。尧言布于天下,至今见诵。臣以为可传,故传耳。"朝廷每有大议,上谓曰:"先生建正言,无惩前事!"复为长信少府,迁太子太傅。年九十卒,太后素服五日,以报师傅之恩。

纲 五月,凤凰集北海。

纲 壬子,地节元年,春,有星孛于西方。

纲 冬十二月晦,日食。

纲 以于定国为廷尉。

目 定国为廷尉,乃迎师学春秋,备弟子礼。为人谦恭,虽卑贱皆与钧礼。其决狱平法,务在哀鳏寡,罪疑从轻,加审慎之心。朝廷称之曰:"张释之为廷尉,天下无冤民。于定国为廷尉,民自以不冤。"

纲 癸丑,二年,春三月,以霍禹为右将军。大司马、大将军、博陆侯霍光卒。

目 大将军光病,车驾自临问,为之涕泣。光上书谢恩,愿分国邑封兄孙山为列侯。即日拜光子禹为右将军。光薨,谥曰宣成。赐葬具如乘舆制度;置园邑三百家,长丞奉守;复其后世,畴其爵邑,世世无有所与。

纲 夏四月,以张安世为大司马、车骑将军,领尚书事。

目 魏相上封事,曰:"圣王褒有德以怀万方,显有功以劝百寮,是以朝廷尊荣。今新失大将军,宜显明功臣以镇藩国,毋空大位,以塞争权。车骑将军安世,忠信谨厚,国家重臣也,宜尊其位。"上乃拜安世大司马、车骑将军,领尚书事。

纲 凤凰集鲁,大赦。

纲 以霍山为奉车都尉，领尚书事。御史大夫魏相给事中。

目 上思报大将军德，乃封光兄孙山为乐平侯，使以奉车都尉领尚书事。魏相因许广汉奏封事，言："春秋讥世卿，恶宋三世为大夫。今光死，子复为右将军，兄子秉枢机，昆弟、诸婿据权势，任兵官，夫人显及诸女皆通籍长信宫，骄奢放纵，恐浸不制，宜有以损夺其权，破散阴谋，以固万世之基，全功臣之世。"又故事：诸上书者皆为二封，署其一曰"副"，领尚书者先发副封，所言不善，屏去不奏。相复因许伯白去副封以防壅蔽。帝善之，诏相给事中，皆从其议。

帝兴于闾阎，知民事之艰难。霍光既薨，始亲政事，厉精为治，五日一听事。自丞相以下各奉职奏事，敷奏其言，考试功能。侍中、尚书功劳当迁，及有异善，厚加赏赐，至于子孙，终不改易。及拜刺史、守、相，辄亲见问，观其所由，退而考察所行，以质其言，有名实不相应，必知其所以然。常称曰："庶民所以安其田里，而亡叹息愁恨之心者，政平讼理也。与我共此者，其惟良二千石乎！"以为"太守，吏民之本，数变易则下不安；民知其将久，不可欺罔，乃服从其教化"。故二千石有治理效，辄以玺书勉厉，增秩、赐金，或爵至关内侯；公卿缺，则选诸所表，以次用之。是故汉世良吏，于是为盛，称中兴焉。

纲鉴易知录卷十六

汉纪

孝宣皇帝

纲 甲寅，三年，春三月，赐胶东相王成爵关内侯。

目 诏曰："胶东相王成，劳来不怠，流民自占八万余口，治有异等之效。其赐成爵关内侯，秩中二千石。"后诏问郡、国上计长史、守丞以政令得失，或对言："前胶东相成，伪自增加，以蒙显赏。"是后俗吏多为虚名云。

纲 夏四月，立子奭为皇太子。

目 霍显闻立太子，怒不食，曰："此乃民间时子，安得立！即后有子，反为王邪？"复教后毒太子。数召赐食，保阿辄先尝之；后挟毒不得行。

纲 五月，丞相贤致仕。

目 贤以老病乞骸骨；赐黄金、安车、驷马，罢就第。丞相致仕，自贤始。

纲 六月，以魏相为丞相，丙吉为御史大夫。

纲 以疏广为太子太傅，兄子受为少傅。

目 太子外祖父平恩侯许伯，以为太子少，白使其弟中郎将舜监护太子家。上以问广，广对曰："太子，国储副君，师友必于天下英俊，不宜独亲外家。且太子官属已备，复使舜护太子家，示陋，非所以广太子德于天下也。"上善其言，以语魏相，相免冠谢曰："此非臣等所能及。"广由是见器重。

纲 大雨雹。以萧望之为谒者。

目 京师大雨雹，大行丞萧望之上疏言："陛下思政求贤，尧、舜之用心也；然而善祥未臻，阴阳不和，是大臣任政，一姓专权之所致也。附枝大者贼木心，私家盛者公室危。惟陛下躬万机，选同姓，举贤才，以为腹心，与参政谋，明陈其职，以考功能，则庶事理矣。”上素闻望之名，拜为谒者。

纲　秋九月，地震。诏求直言；省京师屯兵；罢郡国宫馆，假贷贫民。

纲　以张安世为卫将军，诸军皆属。以霍禹为大司马，罢其屯兵。

目　霍氏骄侈纵横，上颇闻霍氏毒杀许后，而未察，乃徙光女婿未央卫尉范明友、中郎将羽林监任胜、长乐卫尉邓广汉为他官，更以张安世为卫将军，两宫卫尉、城门、北军兵属焉。以霍禹为大司马，罢其屯兵官属，诸领胡、越骑、羽林及两宫卫尉屯兵，悉易以所亲信许、史子弟代之。

纲　冬十二月，置廷尉平。

目　初，孝武之世，使张汤、赵禹之属，条定法令，作见知故纵、监临部主之法，缓深故之罪，急纵出之诛。其后奸猾巧法，转相比况，郡国承用者，或罪同而论异，奸吏因缘为市，所欲活则傅生议，所欲陷则予死比，议者咸冤伤之。廷尉史路温舒上书曰：“臣闻秦有十失，其一尚存，治狱之吏是也。夫狱者，天下之大命也，死者不可复生，绝者不可复属。书曰：‘与其杀不辜，宁失不经。’今治狱吏则不然，上下相驱，以刻为明，深者获公名，平者多后患。故治狱之吏皆欲人死，非憎人也，自安之道，在人之死。夫人情，安则乐生，痛则思死，捶楚之下，何求而不得！故俗语曰：‘画地为狱，议不入；刻木为吏，期不对。’此皆疾吏之风，悲痛之辞也。唯陛下省法制，宽刑罚，则太平之风可兴于世。”上善其言，诏以“廷史任轻禄薄，置廷尉平，秩六百石，员四人，每季秋后请谳”。

涿郡太守郑昌上疏言：“明主躬垂明听，虽不置廷平，狱将自正；若开后嗣，不若删定律令。律令一定，愚民知所忌，奸吏无所弄矣。今不正其本，而置廷平以理其末，政衰听怠，则廷平将招权而为乱首矣！”

纲　乙卯，四年，夏五月，山阳、济阴雨雹杀人。

纲　秋七月，霍氏谋反，伏诛，夷其族。皇后霍氏废。

目　霍显及禹、山、云自见日侵削，数相对啼泣自怨。谋令太后为博平君置酒，召丞相、平恩侯以下，使范明友、邓广汉承太后制引斩之，因废天子而立禹。事觉，七月，云、山、明友自杀，禹要斩，显及诸女昆弟皆弃市；与霍氏相连坐诛灭者数十家。皇后霍氏废，处昭台宫。封告者皆为列侯。

初，霍氏奢侈，茂陵徐生上疏言："霍氏泰盛，陛下即爱厚之，宜以时抑制，无使至亡！"书三上，辄报闻。至是，人为徐生上书曰："臣闻客有过主人者，见其竈直突，旁有积薪，客谓主人：'更为曲突，远徙其薪，不者且有火患！'主人不应。俄而失火，邻里共救之，幸而得息。于是杀牛置酒，谢其邻人，灼烂者坐于上行，余各以功次坐，而不录言曲突者。人谓主人曰：'乡使听客之言，不费牛酒，终无火患。今论功而请宾，曲突徙薪无恩泽，焦头烂额为上客邪？'主人乃寤而请之。今茂陵徐福，数上书言霍氏且有变，宜防绝之。乡使福说得行，则国无裂土出爵之费，臣无逆乱诛灭之败。往事既已，而福独不蒙其功，唯陛下察之。"上乃赐福帛十匹，以为郎。

帝初立，谒见太庙，大将军光骖乘，上严惮之，若有芒刺在背。后张安世代光骖乘，上从容肆体，甚安近焉。故俗传霍氏之祸，始于骖乘。

纲　九月，以朱邑为大司农。

目　邑少为桐乡啬夫，廉平不苛，以爱利为行，未尝笞辱人，存问孤老，吏民爱敬之。迁北海太守，以治行第一。入为大司农，惇厚笃于故旧，公正不可交以私。身为列卿，居处俭节，禄赐以共族党，家无余财。及卒，天子下诏称扬，赐其子金百斤以奉祀。

纲　以龚遂为水衡都尉。

目　先是，渤海岁饥，盗贼并起。上选能治者，丞相、御史举龚遂，拜渤海太守。召见，问："何以治盗贼？"对曰："海濒遐远，不沾圣化，其民困于饥寒而吏不恤，故使陛下赤子盗弄陛下之兵于潢池中耳。今欲使臣胜之邪，将安之也？"上曰："选用贤良，固欲安之也。"遂曰："臣闻治乱民，犹治乱绳，不可急也；惟缓之，然后可治。臣愿丞相、御史且无拘臣以文法，得一切便宜从事。"上许焉，加赐黄金赠遣。乘传至渤海界，郡发兵以迎，遂皆遣还。移书敕属县："罢逐捕吏，诸持田器者皆为良民，吏无得问；持兵者乃为贼。"遂单车至府。盗贼闻遂教令，即时解散，弃其兵弩而持钩、钼，于是悉平，民安土乐业。遂乃开仓廪假贫民，选用良吏尉安牧养焉。齐俗奢侈，好末技，不田作。遂躬率以俭约，劝民务农桑。民有带持刀剑者，使卖剑买牛，卖刀买犊，曰："何为带牛佩犊！"劳来循行，郡中皆有畜积，讼狱止息。至是入为水衡都尉。

纲 丙辰，元康元年，春正月，初作杜陵。

纲 夏五月，追尊悼考为皇考，立寝庙。

目 有司复言悼园宜称尊号曰“皇考”，于是立庙。

纲 杀京兆尹赵广汉。

目 赵广汉好用世吏子孙，新进年少者，见事风生，无所回避，率多果敢之计，莫为持难。以私怨论杀男子荣畜，人上书言之，事下丞相、御史按验。广汉疑丞相夫人杀侍婢，欲以胁丞相。乃将吏卒入丞相府，召其夫人跪庭下受辞，收奴婢十余人去。丞相上书自陈，事下廷尉治，不如广汉言。上恶之，下广汉廷尉。吏民守阙号泣者数万人，竟坐要斩。广汉廉明，威制豪强，小民得职，百姓追思歌之。

纲 以萧望之为平原太守，复征入守少府。

目 上选博士、谏官通政事者补郡、国守、相，以谏大夫萧望之为平原太守。望之上疏曰：“陛下哀愍百姓，出谏官以补郡吏。然朝无诤臣，则不知过，所谓忧其末而忘其本者也。”上乃征望之入守少府。

纲 以尹翁归为右扶风。

目 翁归为人，公廉明察。为东海太守，过辞廷尉于定国，定国欲托邑子与翁归，语终日，不敢见。曰：“此贤将，汝不任事也，又不可干以私。”郡中吏民贤不肖及奸邪罪名，尽知之。县各有记籍，披籍取人，以一警百，吏民皆服，改行自新。以治郡高第，入为右扶风，选用廉平，以为右职。接待以礼，好恶同之。其负翁归，罚亦必行。缓于小弱，急于豪强，课常为三辅最。其在公卿间，清洁自守，语不及私，然温良谦退，不以行能骄人，故尤得名誉。

纲 莎车叛，卫候冯奉世矫发诸国兵击破之；以奉世为光禄大夫。

目 上令群臣举可使西域者，前将军韩增举冯奉世，以卫候使持节送诸国客。会莎车王弟呼屠征，与旁国共杀其王万年及汉使者自立，歃血叛汉。奉世以节谕告诸国，发其兵，进击莎车，攻拔其城。莎车王自杀，传首长安。帝召见韩增曰：“贺将军所举得其人。”议封奉世，萧望之以为“奉世擅矫制发兵，虽有功效，不可以为后法。即封奉世，开后奉使者利要功万里之外，为国家生事于夷狄，渐不可长”。乃以为光禄大夫。

纲 丁巳，二年，春二月，立倢伃王氏为皇后。

目 上欲立皇后，惩艾霍氏欲害皇太子，乃选后宫无子而谨慎者，立长陵王倢伃为皇后，令母养太子。

纲 夏五月，诏二千石察其官属治狱不平者。郡国被疾疫者，毋出今年租。

纲 匈奴扰车师田者，诏郑吉还屯渠犁。

目 匈奴大臣皆以为“车师地肥美，使汉得之，多田积谷，必害人国，不可不争”，数遣兵击车师田者。郑吉将渠犁田卒救之，为匈奴所围。吉上言“愿益田卒”。上与赵充国等议，欲因匈奴衰弱，击其右地，使不敢复扰西域。魏相谏曰：“臣闻救乱诛暴，谓之义兵，兵义者王。敌加于己，不得已而起者，谓之应兵，兵应者胜。争恨小故，不忍愤怒者，谓之忿兵，兵忿者败。利人土地货宝者，谓之贪兵，兵贪者破。恃国家之大，矜民人之众，欲见威于敌者，谓之骄兵，兵骄者灭。间者，匈奴未有犯于边境，虽争屯田车师，不足致意中。今闻诸将军欲兴兵入其地，臣愚不知此兵何名者也！按今年计子弟杀父兄、妻杀夫者，凡二百二十八人，臣愚以为此非小变也。今左右不忧此，乃欲报纤介之忿于远夷，殆孔子所谓‘吾恐季孙之忧不在颛臾而在萧墙之内也’。”上乃遣常惠将骑往车师迎郑吉吏士还渠犁。

相好观汉故事，数条汉兴已来国家便宜行事，及贾谊、晁错、董仲舒等所言，奏请施行之。敕掾史按事郡国，及休告，还府，辄白四方异闻。或有逆贼、灾变，郡不上，相辄奏言之。与丙吉同心辅政。

纲 以萧望之为左冯翊。

目 帝以萧望之经明持重，论议有余，材任宰相，欲详试其政事，复以为左冯翊。望之从少府出为左迁，即移病。上使侍中谕意曰：“所用皆更治民以考功。君前为平原太守日浅，故复试之于三辅，非有所闻也。”望之即起视事。

纲 戊午，三年，春三月，封故昌邑王贺为海昏侯。

纲 封丙吉等为列侯，故人阿保赐物有差。

目 丙吉为人深厚，不伐善，自曾孙遭遇，绝口不道前恩。会掖庭宫婢自陈尝有阿保之功，辞引使者丙吉知状。上亲见问，然后知吉有旧恩而终不言，大贤之。

初，张贺尝为弟安世称皇曾孙之材美及征怪，安世辄绝止，以为少主在上，不宜称述曾孙。及帝即位而贺已死，上谓安世曰："掖庭令平生称我，将军止之，是也。"诏曰："朕微眇时，丙吉、史曾、许舜皆有旧恩，张贺辅导朕躬，修文学经术，恩惠卓异，厥功茂焉。诗不云乎：'无德不报。'封贺子彭祖及吉、曾、舜皆为列侯。"故人尝有阿保之功者，皆受官禄、田宅、财物，各以恩深浅报之。吉临当封，病，上忧其不起。夏侯胜曰："有阴德者，必享其禄。今吉未获报，非死疾也。"果愈。张安世自以父子封侯，在位太盛，乃辞禄。安世谨慎周密，每定大政，已决，辄移病出。闻有诏令，乃惊，使吏之丞相府问焉。自朝廷大臣，莫知其与议也。尝有所荐，其人来谢，安世大恨，以为"举贤达能，岂有私谢邪"！绝弗复为通。有郎功高不调，自言，安世曰："君之功高，明主所知，人臣执事何短长，而自言乎！"绝不许。已而郎果迁。

纲　夏六月，立子钦为淮阳王。

纲　疏广、疏受请老，赐金遣归。

目　皇太子年十二，通论语、孝经，太傅疏广谓少傅受曰："吾闻'知足不辱，知止不殆'。今宦成名立如此，不去，惧有后悔。"即日俱移病，上疏乞骸骨。上皆许之，加赐黄金二十斤，皇太子赠以五十斤。公卿、故人设祖道，供张东都门外，送者车数百两。道路观者皆曰："贤哉二大夫！"或叹息为之下泣。广、受归乡里，日令其家卖金供具，请族人、故旧、宾客，与相娱乐。或劝以为子孙立产业者，广曰："吾岂老悖不念子孙哉！顾自有旧田庐，令子孙勤力其中，足以共衣食，与凡人齐。今复增益之，以为赢余，但教子孙怠惰耳。贤而多财则损其志，愚而多财则益其过。且夫富者，众之怨也。吾既无以教化子孙，不欲益其过而生怨。又此金者，圣主所以惠养老臣也，故乐与乡党、宗族共飨其赐，以尽吾余日，不亦可乎！"于是族人悦服。

纲　以颍川太守黄霸守京兆尹，寻罢归故官。

目　以黄霸为颍川太守，力行教化而后诛罚，务在成就全安长吏。许丞老，病聋，督邮白欲逐之。霸曰："许丞廉吏，虽老，尚能拜起送迎，重听何伤？"或问其故，霸曰："数易长吏，送故迎新之费，及奸吏因缘，绝簿书，盗财物，公私费耗甚多，皆出于民。所易新吏，又未必贤，或不如其故，徒相益为乱。凡治道，去其泰甚者耳。"霸以外宽内明，得吏民心，户口岁增，治为天下第一。征守京兆尹，寻坐法，贬秩，诏复归颍川为太守。

纲 己未,四年,春正月,右扶风尹翁归卒。

纲 大司马、卫将军、富平侯张安世卒。

纲 以韦玄成为河南太守。

目 初,扶阳节侯韦贤薨,长子弘有罪系狱,家人矫贤令,以次子玄成为后。玄成深知其非贤雅意,即佯狂不应召。大鸿胪奏状,章下丞相、御史案验。玄成友人侍郎章奕上疏言:"圣王贵以礼让为国,宜优养玄成,勿枉其志,使得自安衡门之下。"而丞相、御史遂以玄成实不病,劾奏之。有诏勿劾,引拜;玄成不得已受爵。帝高其节,以为河南太守。

纲 庚申,神爵元年,春正月,帝如甘泉,郊泰畤;三月,如河东祠后土。遣谏大夫王褒求金马、碧鸡之神。

目 上颇修武帝故事,谨斋祀之礼。以方士言,增置神祠。闻益州有金马、碧鸡之神,遣褒持节求之。

初,上闻褒有俊才,召见,使为圣主得贤臣颂,其辞曰:"夫贤者,国家之器用也,故君人者,勤于求贤,而逸于得人。昔贤者之未遭遇也,图事揆策,则君不用其谋;陈见悃诚,则上不然其信。及其遇明君也,运筹合上意,谏诤即见听,进退得关其忠,任职得行其术。故世必有圣知之君,而后有贤明之臣。故虎啸而风烈,龙兴而致云,蟋蟀俟秋唫,蜉蝤出以阴。明明在朝,穆穆布列,聚精会神,相得益彰。故圣主必待贤臣而弘功业,俊士必俟明主以显其德。上下俱欲,欢然交欣,翼乎如鸿毛遇顺风,沛乎如巨鱼纵大壑,休征自至,寿考无疆,何必偃仰屈伸若彭祖,呴嘘呼吸如乔、松哉!"上颇好神仙,故褒对及之。后京兆尹张敞亦劝上斥远方士,游心帝王之术,由是悉罢尚方待诏。

纲 谏大夫王吉谢病归。

目 上颇修饰宫室、车服,外戚许、史、王氏贵宠。谏大夫王吉上疏曰:"陛下惟思世务,将兴太平,诏书每下,民欣然若更生。臣伏思之,可谓至恩,未可谓本务也。臣闻宣德流化,必自近始。故宜谨选左右,审择所使。左右所以正身,所使所以宣德,此其本也。安土治民,莫善于礼。愿陛下述旧礼,明王制,驱一世之民,跻之仁寿之域,则俗何以不若成、康,寿何以不若高宗!古者衣服、车马,贵贱有章;今上下僭差,是以贪财诛利,不畏死亡。外家及故人,可厚以财,不宜居位。"

上以其言为迂阔，吉遂谢病归。

纲 先零羌杨玉叛，夏四月，遣后将军赵充国将兵击之。

目 先零羌侯杨玉背畔，攻城邑，杀长吏。赵充国年七十余，上老之，使丙吉问"谁可将者"？对曰："无逾于老臣者矣！"上问"度当用几人"？充国曰："百闻不如一见。兵难隃度，臣愿驰至金城，图上方略。羌戎小夷，逆天背畔，灭亡不久，愿陛下以属老臣，勿以为忧！"上笑曰："诺。"大发兵，遣充国将之，以击西羌。

纲 六月，有星孛于东方。

纲 秋七月，充国引兵击叛羌，叛羌多降。诏复遣将军辛武贤等将兵击之。寻诏罢兵，留充国屯田湟中。

目 六月，赵充国至金城，常以远斥候为务，行必为战备，止必坚营壁，尤能持重，爱士卒，先计而后战。西至部都尉府，日飨军士，士皆欲为用。虏数挑战，充国坚守，欲以威信招降罕、幵及劫略者，解散虏谋，徼其疲剧，乃击之。酒泉太守辛武贤奏言："以七月分兵出击罕、幵，冬复击之，虏必震坏。"天子下其书。充国以为"先零首为畔逆，当捐罕、幵暗昧之过，先行先零之诛，以震动之，宜悔过反善，此全师保胜安边之策"。天子下其书。议者咸以为"先零兵盛，而负罕、幵之助，不先破罕、幵，则先零未可图也"。上乃拜许延寿强弩将军，武贤破羌将军，诏充国引兵并进击罕、幵。充国上书，以为"先诛先零，则罕、幵之属不烦兵而服；不服，涉正月击之"。七月，玺书报从充国计，后罕、幵竟不烦兵而下。

上诏武贤等以十二月与充国合击先零。时羌降者万余人矣，充国度其必坏，欲罢骑兵，屯田以待其敝。作奏未上，会得进兵玺书，遂上屯田奏曰："羌易以计破，难用兵碎也，故臣愚以为击之不便！计度临羌东至浩亹，羌虏故田及公田，民所未垦，可二千顷以上。臣愿罢骑兵，留步兵分屯要害处，浚沟渠，治湟陿，人二十晦，益积畜，省大费。谨上田处及器用簿。"上报曰："即如将军之计，虏当何时伏诛？兵当何时得决？熟计其便，复奏！"充国上状曰："臣闻帝王之兵，以全取胜，是以贵谋而贱战。百战而百胜，非善之善者，故先为不可胜，以待敌之可胜。臣谨条不出兵留田便宜十二事，留屯田得十二便，出兵失十二利，唯明诏采择！"

充国奏每上，辄下公卿议。魏相曰："臣愚不习兵事利害。后将军数画军策，其言常是，臣任其计可必用也。”上于是诏罢兵，独充国留屯田。

纲 以张敞为京兆尹。

目 初，敞为山阳太守，时胶东盗贼起，敞自请治之。拜胶东相，明设购赏，传相斩捕，国中遂平。时长安多盗，上以问敞。敞以为可禁，乃以为京兆尹，敞求得偷盗酋长数人，召见责问，令致诸偷以自赎，一日得数百人，由是市无偷盗。敞赏罚分明，而时时越法，有所纵舍；本治春秋，以经术自辅，不纯用诛罚，以此能自全。朝廷有大议，引古今处便宜，公卿皆服。

纲 辛酉，二年，春二月，凤皇、甘露降集京师，赦。

纲 夏五月，赵充国振旅而还。秋，羌斩杨玉以降，置金城属国以处之。

目 赵充国奏言：“羌本可五万人，除斩、降、溺、饥死、定计遗脱，不过四千人。羌靡忘等自诡必得，请罢屯兵！”奏可。充国振旅而还。秋，羌若零等共斩杨玉首，帅四千余人降；初置金城属国以处降羌。

纲 秋九月，司隶校尉盖宽饶自到北阙下。

目 司隶校尉盖宽饶刚直公清，数犯上意。时方用刑法，任中书官，宽饶奏封事曰：“方今圣道浸微，儒术不行，以刑余为周、召，以法律为诗、书。”又引易传言：“五帝官天下，三王家天下。家以传子孙，官以传贤圣。”书奏，上以为宽饶怨谤，下其书。执金吾议，以为“宽饶旨意欲求禅，大逆不道”！谏大夫郑昌上书讼宽饶曰：“臣闻山有猛兽，藜藿为之不采；国有忠臣，奸邪为之不起。宽饶进有忧国之心，退有死节之义，上无许、史之属，下无金、张之托；直道而行，多仇少与。上书陈事，有司劾以大辟。臣幸得从大夫之后，官以谏为名，不敢不言。”上竟下宽饶吏；宽饶引佩刀自到北阙下，众庶莫不怜之。

纲 以郑吉为西域都护。

目 匈奴日逐王先贤掸，与握衍朐鞮单于有隙，率其众降汉，使人至渠犁与郑吉相闻。吉发诸国五万人迎之，将诣京师。吉威振西域，遂并护车师以西北道，故号都护。都护之置自吉始。于是中西域而立幕府，治乌垒城，去阳关二千七百余里，督察乌孙、康居等三十六国，汉之号令班西域矣。

纲 壬戌，三年，春三月，丞相高平侯魏相卒。

纲 夏四月，以丙吉为丞相。

目 吉尚宽大，好礼让，掾吏有罪，辄与长休告，务掩过扬善，终无所案。曰："以公府而有案吏之名，吾窃陋焉！"后人因以为故事。尝出，逢群斗死伤，不问；逢牛喘，使问"逐牛行几里矣"？或讥吉失问，吉曰："民斗，京兆所当禁；宰相不亲小事，非所当问也。方春，未可热，恐牛近行，用暑故喘，此时气失节；三公调阴阳，职当忧。"时人以为知大体。

纲 秋七月，以萧望之为御史大夫。

纲 八月，益小吏俸。

目 诏曰："吏不廉平，则治道衰。今小吏皆勤事，而俸禄薄，欲无侵渔百姓，难矣！其益吏百石已下俸十五。"

纲 以韩延寿为左冯翊。

目 始延寿为颍川太守，承赵广汉之后，俗多怨雠，延寿教以礼让。黄霸代之，因其迹而大治。延寿接待下吏，恩施甚厚而约誓明。或欺负之者，延寿痛自刻责，吏闻者自伤悔，或自刺死。为东郡太守三岁，令行禁止，断狱大减，由是入为冯翊。行县至高陵，民有昆弟讼田，延寿大伤之，曰："幸得备位为郡表率，不能宣明教化，至令民有骨肉争讼，咎在冯翊！"是日移病，入卧传舍，闭阁思过。于是讼者自悔，愿以田相移，终死不敢争。郡中歙然，传相敕厉。恩信周遍二十四县，莫敢以辞讼自言者，推其至诚，吏民不忍欺绐。

纲 癸亥，四年，夏四月，赐颍川太守黄霸爵关内侯。

目 霸在郡八年，政事愈治。是时凤皇、神爵数集郡国，颍川尤多，于是赐爵关内侯。后数月，征霸为太子太傅。

纲 冬十月，凤皇集杜陵。

纲 河南太守严延年弃市。

目 延年阴鸷酷烈，冬月传属县囚，会论府上，流血数里，河南号曰"屠伯"。延年素轻黄霸，见其以凤皇被褒赏，心内不服。郡界有蝗，府丞义出行蝗，延年曰："此蝗岂凤皇食邪？"义恐见中伤，乃上书言延年罪，因自杀以明不欺。事下按验，得其怨望、诽谤数事，坐不道，弃市。初，延年母从东海来，适见报囚，大惊，谓延年曰："天道神明，人不可独杀。我不意当老见壮子被刑戮也！行矣，去汝东归，扫除墓地耳！”后岁余果败，东海莫不贤智其母。

纲 甲子，五凤元年，冬十二月朔，日食。

纲 杀左冯翊韩延寿。

目 韩延寿代萧望之为左冯翊。望之闻延寿在东郡时，放散官钱千余万，使御史案之。延寿即部吏案较望之在冯翊时禀牺官钱，放散百余万。望之自奏：“职在总领天下，闻事不敢不问，而为延寿所拘持。”上由是不直延寿，各令穷竟。望之卒无事实，而延寿以车服、侍卫奢僭逾制等数事，竟坐弃市，百姓莫不流涕。

纲 乙丑，二年，秋八月，左迁萧望之为太子太傅。

纲 免光禄勋、平通侯杨恽为庶人。

目 杨恽廉洁无私，然伐其行能，又性刻害，好发人阴伏，由是多怨。与太仆戴长乐相失，长乐上书告恽以主上为戏，语尤悖逆；诏免为庶人。

纲 丙寅，三年，春正月，丞相博阳侯丙吉卒。

目 吉病，上临，问以“谁可以自代者”？吉荐杜延年、于定国、陈万年。薨，谥曰定。后三人居位皆称职，上称吉为知人。

纲 二月，以黄霸为丞相。

目 霸材长于治民，及为丞相，功名损于治郡。时京兆尹张敞舍鹖雀飞集丞相府，霸以为神雀，议欲以闻。后知从敞舍来，乃止。敞奏“挟诈伪以奸名誉者，必先受戮，以正明好恶”。霸甚惭。时史高以外戚贵重，霸荐高可太尉。天子使尚书召问霸：“太尉官罢久矣。夫宣明教化，通达幽隐，使狱无冤刑，邑无盗贼，君之职也。将相之官，朕之任焉。高帷幄近臣，朕所自亲，君何越职而举之？”霸免冠谢罪，数日，乃决，自是后不敢复有所请。然自汉兴言治民吏，以霸为首。

纲 丁卯，四年，春，匈奴呼韩邪单于称臣，遣弟入侍。减戍卒什二。

纲 籴三辅近郡谷供京师，初置常平仓。

目 自元康以来，比年丰稔，谷石五钱，大司农中丞耿寿昌奏言：“岁丰谷贱，农人少利。故事：岁漕关东谷四百万斛，用卒六万人。宜籴三辅、弘农、河东、上党、太原郡谷供京师，可省漕卒过半。”又白：“令边郡皆筑仓，以谷贱增其价而籴，以利农，谷贵时减价而粜，名曰常平仓。"民便之,诏赐寿昌爵关内侯。

纲 夏四月朔,日食。

纲 杀故平通侯杨恽。

目 恽既失爵位,家居治产业,以财自娱。其友人孙会宗与恽书,为言"大臣废退,当阖门惶惧,为可怜之意;不当治产业,通宾客,有称誉"。恽,宰相子,有材能,少显朝廷,一朝以晻昧语言见废,内怀不服,报书曰:"窃自思念,过已大矣,行已亏矣,当为农夫以没世矣。田家作苦,岁时伏腊,烹羊、炰羔,斗酒自劳,酒后耳热,仰天拊缶而呼乌乌,其诗曰:'田彼南山,芜秽不治;种一顷豆,落而为萁。人生行乐耳,须富贵何时!'是日也,拂衣而喜,奋褎低昂,顿足起舞,诚淫荒无度,不知其不可也。"又恽兄子谭谓恽曰:"侯罪薄,又有功,且复用。"恽曰:"有功何益?县官不足为尽力!"谭曰:"县官实然。盖司隶、韩冯翊皆尽力吏也,俱坐事诛。"或上书告"恽骄奢,不悔过,日食之咎,此人所致"。章下,廷尉当恽大逆无道,腰斩。

纲 匈奴郅支单于攻呼韩邪单于走之,遂都单于庭。

纲 戊辰,甘露元年,春,免京兆尹张敞官,复以为冀州刺史。

目 杨恽之诛,公卿奏敞恽之党友,不宜处位。上惜敞材,独寝其奏,不下。敞使掾絮舜案事,舜私归其家曰:"五日京兆耳,安能复案事。"敞闻,即收舜系狱验治,竟致其死事。会立春,行冤狱使者出,舜家载尸自言,使者奏敞贼杀不辜;上欲令敞得自便,即先下前奏,免为庶人。敞诣阙上印绶,便从阙下亡命。数月,京师吏民解弛,枹鼓数起,而冀州部中有大贼,天子使使者即家召敞,妻子皆泣,敞独笑曰:"吾身亡命为民,郡吏当就捕。今使者来,此天子欲用我也。"装随使者诣公车。上引见,拜冀州刺史,到部,盗贼屏息。

纲 以韦玄成为淮阳中尉。

目 皇太子柔仁好儒,见上所用多文法吏,以刑绳下,尝侍燕,从容言:"陛下持刑太深,宜用儒生。"帝作色曰:"汉家自有制度,本以霸、王道杂之;奈何纯任德教用周政乎!且俗儒不达时宜,好是古非今,使人眩于名实,不知所守,何足委任!"乃叹曰:"乱我家者太子也!"上由是疏太子,而爱次子淮阳宪王钦,常欲立之,然因太子起于微细,上少依许氏,及即位而许后以弑死,故弗忍也。久之,上拜韦玄成为淮阳中尉,以玄成尝让爵于兄,欲以感喻宪王,由是太子遂安。

纲 匈奴两单于,皆遣子入侍。

纲 夏四月,黄龙见。

纲 己巳,二年,夏四月,营平侯赵充国卒。

纲 匈奴款塞请朝。

目 匈奴呼韩邪单于款五原塞,愿奉国珍,朝三年正月。诏有司议其仪,丞相、御史曰:“圣王之制,先京师而后诸夏,先诸夏而后夷狄。单于朝贺,宜如诸侯王,位次在下。”萧望之以为“单于非正朔所加,故称敌国,宜待以不臣之礼,位在诸侯王上”。天子采之,诏令单于位在诸侯王上,赞谒称臣而不名。

纲鉴易知录卷十七

汉纪

孝宣皇帝

纲　庚午，三年，春正月，匈奴呼韩邪单于来朝，还居幕南塞下。

目　上幸甘泉，郊泰畤。匈奴呼韩邪单于来朝，上还，单于就邸长安，置酒建章宫飨赐之。二月，遣归国。单于请居光禄塞下，自是乌孙以西至安息诸国近匈奴者，咸尊汉矣。

纲　画功臣于麒麟阁。

目　上以戎狄宾服，思股肱之美，乃图画其人于麒麟阁，署其官爵姓名；惟霍光不名，曰“大司马、大将军、博陆侯，姓霍氏”，其次张安世、韩增、赵充国、魏相、丙吉、杜延年、刘德、梁丘贺、萧望之、苏武，凡十一人，皆有功德，知名当世。

纲　凤皇集新蔡。

纲　丞相霸卒，以于定国为丞相。

纲　诏诸儒讲五经异同于石渠阁。

目　诏诸儒论五经异同，萧望之等平奏，上亲称制临决。立梁丘易、夏侯尚书、穀梁春秋博士。

纲　皇孙骜生。

目　皇太子所幸司马良娣，病死，太子忽忽不乐。帝令皇后择后宫家人子，得元城王政君，送太子宫。政君，故绣衣御史贺之孙女也，是岁生成帝于甲馆画堂，为世适皇孙。帝爱之，自名曰骜，字太孙，常置左右。

纲　壬申，黄龙元年，春三月，有星孛于王良、阁道，入紫微宫。

纲　帝寝疾，以史高为大司马、车骑将军，萧望之为前将军、光禄勋，周堪为光禄大夫，受遗诏辅政，领尚书事。冬十二月，帝崩。

纲　太子奭即位，尊皇太后曰太皇太后，皇后曰皇太后。

孝元皇帝

纲 癸酉,孝元皇帝初元元年,春正月,葬杜陵。

纲 三月立倢伃王氏为皇后。

纲 以公田及苑振业贫民,赋贷种食。

纲 夏六月,大疫,诏损膳,减乐府员,省苑马,以振困乏。

纲 秋九月,关东大水,饥。

纲 以贡禹为谏大夫。罢宫馆希幸者,减谷食马、肉食兽。

目 上素闻王吉、贡禹皆明经洁行,遣使者征之。吉道病卒。禹至,拜为谏大夫。问以政事,禹言:"古者人君节俭,什一而税,亡他赋役,故家给人足。惟陛下深察古道,从其俭者。天生圣人,盖为万民,非独使自娱乐而已也。"天子善其言,下诏令诸宫馆希御幸者,勿缮治;太仆减谷食马,水衡省肉食兽。

纲 置戊、己校尉,屯田车师故地。

纲 甲戌,二年,春正月,下萧望之、周堪及宗正刘更生狱,皆免为庶人。

目 史高以外属领尚书事,萧望之、周堪为之副。望之、堪皆以师傅旧恩,天子任之,数言治乱,陈王事。选白宗室明经有行谏大夫更生给事中,与侍中金敞并拾遗左右。四人同心谋议,史高充位而已,由是与望之有隙。

中书令弘恭、仆射石显,自宣帝时久典枢机;帝即位多疾,以显中人,无外党,遂委以政,事无大小,因显白决,贵幸倾朝。显为人巧慧习事,能深得人主微指,内深贼,持诡辞,以中伤人,与高为表里。

望之等患苦许、史放纵,又疾恭、显擅权,建白以为:"中书政本,国家枢机,宜以通明公正处之。武帝游宴后庭,故用宦者,非古制也。宜罢中书宦官,应古不近刑人之义。"议久不定,出更生为宗正。恭、显奏:"望之、堪、更生朋党,相称誉,数谮诉大臣,毁离亲戚,欲以专擅权势。为臣不忠,诬上不道,请谒者召致廷尉。"时上初即位,不省召致廷尉为下狱,乃可其奏。后上召堪、更生,曰"系狱"。上大惊曰:"非但廷尉问邪?"以责恭、显,皆叩头谢。上曰:"令出视事。"恭、显使高言:"上新即位,未以德化闻于天下,而先验师傅。既下狱,宜因决免。"于是赦望之罪,收印绶,及堪、更生皆免为庶人。

纲 陇西地震。

纲 罢黄门狗马，以禁囿假贫民，举直言极谏之士。

纲 夏四月，立子骜为皇太子。

纲 赐萧望之爵关内侯，给事中，朝朔望。

纲 关东饥。秋七月，地复震。

纲 以周堪、刘更生为中郎，寻系狱，免。冬十二月，萧望之自杀，以宦者石显为中书令。

目 上复征周堪、刘更生，欲以为谏大夫；恭、显白以为中郎。上器重萧望之不已，欲倚以为相；恭、显、许、史皆侧目。更生乃使其外亲上变事，言"地震殆为恭等，宜退恭、显以章蔽善之罚，进望之等以通贤者之路"。恭、显疑其更生所为，白请考奸诈，辞服，遂逮系狱，免为庶人。会望之子伋亦上书讼望之前事，事下有司，复奏："望之教子上书，失大臣体，不敬，请逮捕。"恭、显等知望之素高节，不诎辱，建白："望之前幸不坐，复赐爵邑，不悔过服罪，深怀怨望，自以托师傅，终必不坐，非颇屈望之于牢狱，塞其怏怏心，则圣朝无以施恩厚！"上曰："太傅素刚，安肯就吏！"显等曰："人命至重，望之所坐，语言薄罪，必无所忧。"上乃可其奏。显等令谒者召望之，望之以问门下生朱云，云好节士，劝望之自裁。望之仰天叹曰："吾尝备位将相，年逾六十矣，老入牢狱，苟求生活，不亦鄙乎！"饮鸩自杀。天子闻之惊，拊手曰："曩固疑其不就牢狱，果然杀吾贤傅！"却食涕泣，哀动左右。召显等责问，以议不详，皆免冠谢，良久然后已。是岁恭死，遂以显为中书令。

纲 乙亥，三年，春，罢珠厓郡。

目 珠厓、儋耳郡，在海中洲上，率数年一反，杀吏；汉辄发兵击定之。至是，诸县叛，上谋于群臣，欲大发军。待诏贾捐之曰："臣闻尧、舜、禹三圣之德，地方不过数千里，东渐于海，西被于流沙，朔南暨声教。言欲与声教则治之，不欲与者不强治也。臣愿遂弃珠厓，专用恤关东为忧！"上从之。

纲 夏，以周堪为光禄勋。张猛为光禄大夫，给事中。

纲 丁丑，五年，春正月，以周子南君为周承休侯。

纲 夏六月，以贡禹为御史大夫。罢盐铁官、常平仓及博士弟子员数。

纲 匈奴郅支单于杀汉使者，西走康居。

纲 戊寅，永光元年，春，郊泰畤。

目 上郊泰畤，礼毕，因留射猎。御史大夫薛广德曰："关东困极，人民流离；陛下日撞亡秦之钟，听郑、卫之乐，臣诚悼之。今士卒暴露，从官劳倦，陛下亟反宫，思与百姓同忧乐，天下幸甚！"上即日还。

纲 诏举质朴、敦厚、逊让、有行者。

纲 三月，雨雪、陨霜，杀桑。

纲 秋，上酎祭宗庙。

目 上出便门，欲御楼船。薛广德当乘舆车，免冠顿首曰："宜从桥。"诏曰："大夫冠。"广德曰："陛下不听臣，臣自刎，以血污车轮，陛下不得入庙矣！"上不悦。先驱张猛进曰："臣闻主圣臣直。乘船危，乘桥安；圣主不乘危。御史大夫言可听。"上曰："晓人不当如是邪！"遂从桥。

纲 大饥。丞相定国、御史大夫广德罢。

纲 城门校尉诸葛丰有罪，免；左迁周堪为河东太守，张猛为槐里令。

目 石显惮堪、猛等，数谮毁之。刘更生惧其倾危，上书曰："臣闻舜命九官，济济相让，和之至也。众贤和于朝，则万物和于野，故箫韶九成，而凤皇来仪。至周幽、厉之际，朝廷不和，转相非怨，则日月薄食，水泉沸腾，山谷易处，霜降失节。由此观之，和气致祥，乖气致异，祥多者其国安，异众者其国危，天地之常经，古今之通义也。正臣进者，治之表也；正臣陷者，乱之机也。夫执狐疑之心者，来谗贼之口；持不断之意者，开群枉之门。谗邪进则众贤退，群枉盛则正士消。今以陛下明知，诚深思天地之心，考祥应之福，灾异之祸，杜闭群枉之门，广开众正之路，使是非炳然可知，则百异消灭而众祥并至，太平之基，万世之利也。"

是岁，夏寒，日青，显及许、史皆言堪、猛用事之咎。上内重堪，又患众口之浸润，无所取信。时长安令杨兴以材能幸，常称誉堪，上欲以为助，乃问兴："朝臣断断不可光禄勋，何邪？"兴倾巧，谓上疑堪，因顺指曰："堪非独不可于朝廷，自州里亦不可也。臣见众人前以堪为当诛，故言堪不可诛伤，为国养恩也。"上曰："然，今宜奈何？"兴曰："臣愚以为可赐爵食邑，勿令典事。明主不失师傅之恩，此最策之得也。”上于是疑之。城门校尉诸葛丰以刚直著名，上书告堪、猛罪。上不直丰，乃诏御史：“丰前数称言堪、猛之美，今怨堪、猛。告按无证之辞，暴扬难验之罪，毁誉恣意，不顾前言，其免为庶人！丰言堪、猛贞信不立，朕闵而不治，又惜其材能未有所效，其左迁堪为河东太守，猛槐里令。”

纲　待诏贾捐之弃市。

目　贾捐之与杨兴善。捐之数短石显，以故不得官，希复进见。兴新以材能得幸，捐之谓曰：“使我得见，言君兰，京兆尹可立得。”兴曰：“君房下笔，言语妙天下。使君房为尚书令，胜五鹿充宗远甚。”捐之曰：“令我得代充宗，君兰为京兆，京兆郡国首，尚书百官本，天下真大治，士则不隔矣！”捐之复短显，兴曰：“显方信用；今欲进，且与合意，即得入矣。”即共为荐显奏，称誉其美，又共为荐兴奏，以为可试守京兆尹。显闻，白之上，乃下兴、捐之狱，令显治之。捐之竟坐罔上不道，弃市；兴髡钳为城旦。

纲　己卯，二年，春二月，赦。

纲　以韦玄成为丞相。

纲　三月朔，日食。

纲　夏六月，赦。

纲　以匡衡为光禄大夫。

目　上问给事中匡衡以地震日食之变，衡上疏曰：“臣窃见大赦之后，奸邪不为衰止，今日大赦，明日犯法，相随入狱，此殆导之未得其务也。夫朝廷者，天下之桢干也。公卿相与循礼恭让，则民不争；好仁乐施，则下不暴；上义高节，则民兴行；宽柔和惠，则众相爱。此四者，明主之所以不严而成化也。教化之流，非家至而人说之也；朝廷崇礼，百僚敬让，道德之行，由内及外，自近者始，然后民知所法，迁善日进而不自知也。臣闻天人之际，事作乎下者，象动乎上，阴变则静者动，阳蔽则明者晻。陛下只畏天戒，哀闵元元，近中正，远巧佞，然后大化可成，礼让可兴也。”上说，迁衡为光禄大夫。

纲　秋七月，陇西羌反，遣右将军冯奉世将兵击之；冬十一月，大破之。

目　陇西羌反，右将军冯奉世曰：“羌虏近在境内背叛，不以时诛，无以威制远蛮，臣愿帅师讨之！”上问用兵之数，对曰：“今反虏无虑三万人，法当倍用六万人。”于是遣奉世到陇西，上为发六万余人。十一月，羌虏大破，斩首数千级，余皆走出塞。诏罢吏士，颇留屯田备要处，赐奉世爵关内侯。

纲 庚辰，三年，春三月，立子康为济阳王。

纲 冬十一月，地震，雨水。

纲 复盐铁官。置博士弟子员千人。

纲 辛巳，四年，夏六月晦，日食。以周堪为光禄大夫；张猛为大中大夫。猛自杀。

目 上以日食，召诸前言日变在周堪、张猛者责问，皆稽首谢；因下诏称堪之美，征拜光禄大夫，领尚书事；猛复为大中大夫、给事中。石显筦尚书，尚书五人皆其党，堪希得见，常因显白事，事决显口。会堪疾瘖，不能言而卒。显诬谮猛，令自杀于公车。

纲 冬十月，罢祖宗庙在郡国者。

纲 作初陵，不置邑徙民。

纲 壬午，五年，秋，颍川大水。

纲 冬十二月，以匡衡为太子少傅。

目 上好儒术、文辞，颇改宣帝之政，言事者多进见，人人自以为得上意。又傅昭仪及济阳王康，爱幸逾于皇后、太子。衡上疏曰：“臣闻治乱安危之机，在乎审所用心。传曰：‘审好恶，理性情，而王道毕矣。’治性之道，必审己之所有余，而强其所不足，盖聪明疏通者戒于太察，寡闻少见者戒于壅蔽，勇猛刚强者戒于太暴，仁爱温良者戒于无断，湛静安舒者戒于后时，广心浩大者戒于遗亡。必审己之所当戒，而齐之以义，然后中和之化应，而巧伪之徒不敢比周而望进。臣又闻室家之道修，则天之理得，故诗始国风，礼本冠、婚，所以原情性而明人伦，正基兆而防未然也，故圣王必慎后妃之际，别适长之位。卑不逾尊，新不先故，所以统人情而理阴气也；如当亲者疏，当尊者卑，则巧佞之奸因时而动，以乱国家。故圣人慎防其端，禁于未然，不以私恩害公义。传曰：‘正家而天下定矣！’”

纲 河决。

目 初，武帝既塞宣房，后河复北决于馆陶，分为屯氏河，东北入海，广深与大河等，故因其自然，不堤塞也。是岁，河决清河灵鸣犊口，而屯氏河绝。

纲 癸未，建昭元年，春正月，陨石于梁。

纲 甲申，二年，秋，杀魏郡太守京房。

目 房学易于焦延寿。延寿常曰：“得我道以亡身者，京生也。”其说长于灾变，分六十卦，更直日用事，以风雨寒温为候，各有占验。以孝廉为郎，屡言灾异有验，天子说之，数召见问。房对曰：“古帝王以功举贤，则万化成，瑞应著；末世以毁誉取人，故功业废而致灾异。宜令百官各试其功，灾异可息。”诏使房作其事，房奏考功课吏法，上意乡之。时石显颛权，五鹿充宗为尚书令，用事。房尝宴见，问上曰：“幽、厉之君何以危，所任者何人也？”上曰：“君不明，而所任者巧佞。”房曰：“齐桓公、秦二世亦尝闻此君而非笑之，然则任竖刁、赵高，政治日乱，盗贼满山，何不以幽、厉卜之而觉寤乎？”上曰：“唯有道者能以往知来耳。”房因免冠顿首曰：“陛下视今为治邪，乱邪？”上曰：“亦极乱耳；今为乱者谁哉？”房曰：“明主宜自知之。”上曰：“不知也；如知，何故用之！”房曰：“上最所信任，与图事帷幄之中，进退天下之士者是矣。”房指谓石显，上亦知之，谓房曰：“已谕。”房罢出，后上亦不能退显也。显、充宗疾房，欲远之，建言以房为魏郡太守，得以考功法治郡。房去月余，竟征下狱。显告房与妻父张博为淮阳宪王作求朝奏草，诽谤天子，诖误诸侯王，皆征下狱，弃市。

纲 下御史中丞陈咸狱，髡为城旦。

目 陈咸数毁石显，久之，坐与槐里令朱云善，漏泄省中语，与云皆下狱，髡为城旦。

显威权日盛，与中书仆射牢梁、少府五鹿充宗结为党友，诸附倚者皆得宠位。民歌之曰：“牢邪，石邪，五鹿客邪！印何累累，绶若若邪！”显闻众人匈匈，言己杀萧望之，恐天下学士讪已，以贡禹明经著节，乃使人致意，深自结纳，因荐禹历位九卿，礼事之甚备。议者于是或称显，以为不妒谮望之矣。显之设变诈以自解免，取信人主者，皆此类也。

纲 闰八月，太皇太后上官氏崩。

纲 冬，齐、楚地震，大雨雪。

纲 乙酉，三年，夏六月，丞相玄成卒。秋七月，以匡衡为丞相。

纲 冬，西域副校尉陈汤矫制发兵，与都护甘延寿袭击匈奴郅支单于于康居，斩之。

目 汉遣使三辈至康居求谷吉等死，郅支困辱使者，不奉诏。陈汤为人沉勇，有大虑，与甘延寿谋袭击郅支。延寿欲奏请，汤曰："国家与公卿议，大策非凡所见，事必不从。"会延寿病，汤独矫制发诸国兵及屯田吏士合四万余人，进薄康居城下，四面围城。发薪烧木城，四面火起，吏士大呼乘之，钲鼓声动地，康居引兵却；汉兵四面并入，郅支被创死，斩其首。

纲 丙戌，四年，春正月，传首至京师，县稿街十日。

纲 蓝田地震，山崩，壅霸水。安陵岸崩，壅泾，水逆流。

纲 丁亥，五年，秋七月，徙济阳王康为山阳王。

纲 戊子，竟宁元年，春正月，匈奴单于来朝。

目 匈奴呼韩邪单于闻郅支既诛，且喜且惧；入朝，自言愿婿汉氏以自亲。帝以后宫良家子王嫱字昭君赐之。单于上书："愿保塞，请罢边备塞吏卒，以休天子人民。"议者皆以为便。郎中侯应习边事，以为不可许，上十策论之。对奏，天子使车骑将军嘉谕单于，单于称谢，归。号昭君为宁胡阏氏。

纲 三月，以张谭为御史大夫。

目 初，石显见冯奉世父子为公卿著名，女又为昭仪，心欲附之，荐"昭仪兄逡修敕，宜侍帷幄"。天子召见，逡因言显颛权，上怒，罢逡。及御史大夫缺，在位多举逡兄大鸿胪野王。上以问显，显曰："九卿无出野王者；然亲昭仪兄，臣恐后世必以陛下度越众贤，私后宫亲以为三公。"上曰："善，吾不见是！"因诏曰："刚强坚固，确然无欲，大鸿胪野王是也。心辨善辞，可使四方，少府五鹿充宗是也。廉洁节俭，太子少傅张谭是也。其以少傅为御史大夫。"

纲 以召信臣为少府。

目 信臣先为南阳太守，后迁河南，治行常第一。视民如子，好为民兴利，躬劝耕稼，开通沟渎，户口增倍。吏民亲爱，号曰"召父"。征为少府，请诸离宫希幸者勿复治，省乐府诸戏及太官不时非法之物，岁省费数十万。

纲 夏，封甘延寿为义成侯，赐陈汤爵关内侯。

目 甘延寿、陈汤既至，论功，石显、匡衡以为"延寿、汤擅兴师矫制，幸得不诛；如复加爵土，则后奉使者争欲乘危徼幸，生事于蛮夷，为国招难"。帝内嘉延寿、汤功，而重违衡、显之议，久之不决。刘向上疏曰："论大功者不录小过，举大美者不疵小瑕。贰师将军李广利捐五万之师，靡亿万之费，经四年之劳，而仅获骏马三十匹，虽斩宛王毋寡之首，其私罪恶甚多，孝武以为万里征伐，不录其过，遂封拜为侯。今康居之国强于大宛，郅支之号重于宛王，杀使者罪甚于留马，而延寿、汤不烦汉士，不费斗粮，比于贰师，功德百之。"于是诏赦延寿、汤罪，令公卿议封焉。封延寿为义成侯，赐汤爵关内侯。

纲 五月，帝崩。六月，太子骜即位，尊皇太后曰太皇太后，皇后曰皇太后。

纲 以元舅王凤为大司马、大将军，领尚书事。

纲 秋七月，葬渭陵。

孝成皇帝

纲 己丑，孝成皇帝建始元年，春正月，石显以罪免归故郡，道死。

纲 有星孛于营室。

纲 封舅王崇为安成侯，赐谭、商、立、根、逢时爵关内侯。

纲 夏四月，黄雾四塞。

目 诏博问公卿、大夫无有所讳。谏大夫杨兴等对，皆以为"阴盛侵阳之气也。高祖之约，非功臣不侯；今太后诸弟皆以无功为侯，外戚未曾有也"。大将军凤惧，上书辞职，优诏不许。

纲 秋八月，有两月相承，晨见东方。

纲 庚寅，二年，春三月，立皇后许氏。

目 后，车骑将军嘉之女也。元帝伤母恭哀后居位日浅，而遭霍氏之辜，故选嘉女以配太子。

纲 辛卯，三年，秋，大雨，京师民讹言大水至。

目 关内大雨四十余日。京师民相惊，言大水至，奔走相蹂躏，老弱号呼，长安中大乱。大将军凤以为："太后与上及后宫可御船，令吏民上城避水。"群臣皆从凤议。左将军王商独曰："自古无道之国，水犹不冒城郭；今何因当有大水一日暴至，此必讹言！不宜令上城，重惊百姓。"上乃止。有顷，稍定，问之，果讹言。上于是美壮商之固守，数称其议，而凤大惭恨。

纲 冬十二月朔，日食。夜，地震未央宫殿中。诏举直言极谏之士。

纲 越嶲山崩。

纲 丞相乐安侯匡衡有罪，免为庶人。

目 坐多取封邑四百顷，监临盗所主守直十金以上，免为庶人。

纲 壬辰，四年，春正月，陨石于亳四，于肥累二。

纲 罢中书宦官；初置尚书员五人。

纲 以王商为丞相。

纲 夏四月，雨雪。复召直言极谏之士，诣白虎殿对策。

目 时上委政王凤，议者多归咎焉。谷永知凤方柄用，阴欲自托，乃曰："方今四夷宾服，皆为臣妾。骨肉大臣有申伯之忠，无重合、安阳、博陆之乱。窃恐陛下听晻昧之瞽说，归咎无辜，重失天心，不可之大者也。陛下诚深察愚言，解偏驳之爱，平天覆之施，使列妾得人人更进。益纳宜子妇人，毋择好丑，毋避尝字，以慰释皇太后之忧愠，解谢上帝之谴怒，则继嗣蕃滋，灾异讫息矣。"杜钦亦仿此意。上皆以其书示后宫。以永为光禄大夫。

纲 秋，桃、李实。

纲 河决。

目 时大雨水十余日，河大决东郡金堤，凡灌四郡三十二县。

纲 以王尊为京兆尹。

纲 大将军凤奏以陈汤为从事中郎。

目 上即位之初，丞相匡衡复奏："陈汤奉使颛命，盗所收康居财物。"汤坐免。后以言事不实，下狱，当死。谷永上疏讼汤曰："'君子闻鼓鼙之声，则思将帅之臣。'汤前斩郅支，威震百蛮；今坐言事非是，幽囚久系，欲致之大辟。夫犬马有劳于人，尚加帷盖之报，况国之忠臣者哉！窃恐陛下忽于鼓鼙之声，而忘帷盖之施，非所以励死难之臣也！"书奏，诏出汤，夺爵为士伍。会西域都护段会宗为乌孙所围，驿骑上书，愿发城郭、敦煌兵以自救。大将军凤言："汤多筹策，习外国事，可问。"上召汤，示以会宗奏。汤对曰："臣以为此必无可忧也。"上曰："度何时解？"汤知乌孙瓦合，不能久攻，屈指计其日曰："不出五日，当有吉语闻。"居四日，军书到，言已解。大将军凤奏以为从事中郎，幕府事壹决于汤。

纲　癸巳，河平元年，春，以王延世为河堤使者，塞河决。

目　杜钦荐王延世为河堤使者。延世以竹落长四丈，大九围，盛以小石，两船夹载而下之。三十六日，堤成。赐延世爵关内侯。

纲　甲午，二年，春正月，沛郡铁官冶铁飞。

纲　夏，徙山阳王康为定陶王。

纲　悉封诸舅为列侯。

目　王谭为平阿侯，商为成都侯，立为红阳侯，根为曲阳侯，逢时为高平侯。五人同日封，故世谓之"五侯"。

纲　免京兆尹王尊官，复以为徐州刺史。

目　御史大夫张忠奏京兆尹王尊罪，尊坐免官，吏民多称惜之。湖三老公乘兴等上书讼："尊治京兆，尽节劳心，夙夜思职，拨剧整乱，诛暴禁邪，皆前所稀有。昨以京师贼乱，选用为卿；贼乱既除，即以佞巧废黜。一尊之身，三期之间，乍贤乍佞，岂不甚哉！"于是复以尊为徐州刺史。

纲　乙未，三年，春二月，犍为地震，山崩，壅江，水逆流。

纲　秋八月晦，日食。

纲　求遗书。

目　上以中秘书颇散亡，使谒者陈农求遗书于天下。诏光禄大夫刘向较之。向以王氏权位太盛，而上方向诗、书古文，乃因尚书洪范，集合上古以至秦、汉符瑞、灾异之记，推迹行事，连傅祸福，著其占验，比类相从，各有条目，凡十一篇，号曰洪范五行传论，奏之。天子心知向忠精，故为凤兄弟起此论也，然终不能夺王氏权。

纲　丙申，四年，春正月，匈奴单于来朝。

目　丞相王商多质，有威重，容貌绝人。单于来朝，拜谒商，仰视，大畏之，迁延却退。上闻而叹曰："真汉相矣。"

纲　三月朔，日食。

纲　夏四月，诏收丞相乐昌侯商印、绶，商以忧卒。

目　琅邪太守杨肜与王凤连昏，其郡有灾害，商按问之。凤以为请，商不听，竟奏免肜。奏寝不下，凤以是怨商，阴求其短，使人告商淫乱事。天子以为暗昧之过，不足以伤大臣。凤固争之，诏收商丞相印、绶。商免相三日，发病欧血薨。有司奏请除国邑；诏子安嗣侯。

纲 以张禹为丞相。

纲 罽宾遣使来献。

纲 山阳火生石中。

纲 丁酉，阳朔元年，春二月晦，日食。

纲 冬，下京兆尹王章狱，杀之。

目 时大将军凤用事，上谦让无所颛。左右尝荐刘向少子歆，召见，说之，欲以为中常侍；召取衣冠，临当拜，左右皆曰："未晓大将军。"上曰："此小事，何须关大将军！"左右叩头争之，上于是语凤，凤以为不可，乃止。

京兆尹王章素刚直敢言，虽为凤所举，非凤专权，不亲附凤，乃奏封事，言："日食之咎，皆凤专权蔽主之过。"上召见谓章曰："君试为朕求可以自辅者。"于是章荐琅邪太守冯野王忠信质直。上自为天子时，数闻野王名，方倚欲以代凤。凤闻之，称病，上疏乞骸骨。上优诏报凤，强起之。上使尚书劾章罪，下章吏。廷尉致其大逆，章竟死狱中。自是公卿见凤，侧目而视。

纲 以薛宣为左冯翊。

目 宣为郡，所至有声迹。宣子惠为彭城令，宣尝过其县，心知惠不能，不问以吏事。或问宣"何不教戒惠以吏职"？宣笑曰："吏道以法令为师，可问而知；及能与不能，自有资材，何可学也！"宣为冯翊，属令有杨湛、谢游，皆贪猾不逊，皆解印、绶去。又频阳多盗，令薛恭本孝者，职不办；粟邑僻小，易治，令尹赏久用事吏。宣即奏二人换县，数月两县皆治。宣得吏民罪名，即告其县长吏，使自行罚，曰："不欲代县治，夺贤令长名也。"

纲 戊戌，二年，夏四月，以王音为御史大夫。

目 于是王氏愈盛，郡国守相、刺史皆出其门。五侯群弟争为奢侈，赂遗珍宝，四面而至。音通敏人事，好士养贤，倾财施予以相高尚；宾客竞为之声誉。刘向上封事极谏曰："王氏与刘氏势不并立，如下有泰山之安，则上有累卵之危。陛下为人子孙，守持宗庙，而令国祚移于外亲，降为皂隶，纵不为身，奈宗庙何！妇人内夫家而外父母家，此亦非皇太后之福也。"书奏，天子召见向，叹息悲伤其意，曰："君且休矣，吾将思之！"然终不能用其言。

纲 秋，关东大水。

纲 定陶王康卒。

纲 己亥，三年，春，陨石东郡八。

纲 秋八月，大司马、大将军凤卒。九月，以王音为大司马、车骑将军。诏王谭位特进，领城门兵。

目 凤病疾，上临问之，执手涕泣曰："将军病，如有不可言，平阿侯谭次将军矣！"凤顿首泣曰："谭等虽至亲，行皆奢僭，不如御史大夫音谨敕，臣敢以死保之！"初，谭倨，不肯事凤，而音敬凤，卑恭如子，故凤荐之。凤薨，上以音代凤，而诏谭领城门兵；由是谭、音相与不平。

纲 庚子，四年，夏四月，雨雪。

纲 以王骏为京兆尹。

目 先是京兆有赵广汉、张敞、王尊、王章，至骏，皆有能名，故京师称曰："前有赵、张，后有三王。"

纲 辛丑，鸿嘉元年，春正月，以薛宣为御史大夫。

纲 二月，帝始为微行。

目 上始为微行，出入市里郊野，远至旁县，斗鸡、走马，常自称富平侯家人。富平侯者，侍中张放也，宠幸无比，故假称之。

纲 三月，丞相禹罢。夏四月，以薛宣为丞相。

纲 壬寅，二年，春三月，飞雉集未央宫承明殿。

纲 夏五月，陨石于杜邮三。

纲 癸卯，三年，夏，大旱。

纲 冬十一月，废皇后许氏。

目 初，许皇后与班倢伃皆有宠。上尝游后庭，欲与倢伃同辇，辞曰："观古图画，圣贤之君皆有名臣在侧，三代末主乃有嬖妾；今欲同辇，得无近似之乎！"上善其言而止。太后闻之，喜曰："古有樊姬，今有班倢伃！"后上微行过阳阿主家，悦歌舞者赵飞燕，召入宫，大幸；有女弟，复召入，姿性尤醲粹。有宣帝时披香博士淖方成在帝后，唾曰："此祸水也，灭火必矣！"姊、弟俱为倢伃，贵倾后宫。于是谮告许皇后、班倢伃祝诅主上。许后废处昭台宫。考问班倢伃，对曰："妾闻'死生有命，富贵在天'。修正尚未蒙福，为邪欲以何望！使鬼神有知，不受不臣之愬；如其无知，愬之何益！故不为也。"上善其对，赦之。倢伃恐久见危，乃求共养太后于长信宫，上许焉。

纲 甲辰，四年，秋，河水溢。

纲 冬，王谭卒，诏王商位特进，领城门兵。

纲 乙巳，永始元年，夏四月，封赵临为成阳侯。下谏大夫刘辅狱，为鬼薪论。

目 上欲立赵倢伃为皇后，皇太后嫌其所出微，甚难之，乃先封倢伃父临为成阳侯。谏大夫刘辅上言："臣闻天之所兴，必先赐以符瑞；天之所违，必先降以灾变，此自然之占验也。昔武王、周公，承顺天地，以飨鱼、乌之瑞，然犹君臣祗惧，动色相戒。况于季世，不蒙继嗣之福，屡受威怒之异者乎！虽夙夜自责，改过易行，畏天命，念祖业，妙选有德之士，考卜窈窕之女，以承宗庙，顺神祇心，塞天下望，子孙之祥，犹恐晚暮！今乃触情纵欲，倾于卑贱之女，欲以母天下，惑莫大焉！"书奏，诏收缚，系掖庭秘狱。于是将军辛庆忌、廉褒、光禄勋师丹、大中大夫谷永俱上书救援，乃徙系辅共工狱，减死一等，论为鬼薪。

纲 五月，封太后弟子莽为新都侯。

目 太后兄弟八人，独弟曼早死不侯，子莽幼孤。五侯子乘时侈靡，以舆马声色佚游相高。莽因折节为恭俭，勤身博学，外交英俊，内事诸父，曲有礼意。大将军凤病，莽侍病，亲尝药。凤且死，以托太后及帝，拜黄门郎。久之，成都侯商又请分户邑封莽，当世名士戴崇、金涉、陈汤亦咸为莽言，由是封为新都侯，迁骑都尉、光禄大夫、侍中。宿卫谨敕，爵位益尊，节操愈谦，振施宾客，家无所余，虚誉隆洽，倾其诸父矣。敢为激发之行，处之不惭恧。尝私买侍婢，昆弟怪之，莽因曰："后将军朱子元无子，莽闻此儿种宜子，为买之。"即日以婢奉博，其匿情求名如此。

纲 六月，立倢伃赵氏为皇后。

目 后既立，宠少衰，而其女弟绝幸，为昭仪，居昭阳宫，皆以黄金、白玉、明珠、翠羽饰之，自后宫未尝有焉。后居别馆，多通侍郎、宫奴多子者，然卒无子。光禄大夫刘向以为"王教由内及外，自近者始"，于是采取诗、书所载贤妃、贞妇，兴国显家及孽嬖为乱亡者，序次为列女传，及采传记行事，著新序、说苑，奏之。数上疏言得失，陈法戒，上虽不能尽用，然内嘉其言，常嗟叹之。

纲 秋八月，太皇太后王氏崩。

纲 九月，黑龙见东莱。

纲 是月晦，日食。

纲 丙午，二年，春正月，大司马、车骑将军音卒。

目 王氏唯音为修整，数谏正，有忠直节。

纲 二月，星陨如雨。是月晦，日食。

纲 三月，以王商为大司马、卫将军。

纲 侍中张放，以罪左迁北地都尉。

目 上尝与张放等宴饮禁中，时乘舆幄坐屏风，画纣醉踞妲己，作长夜之乐。侍中班伯久疾新起，上顾指画而问曰："纣为无道，至于是乎？"对曰："书云'乃用妇人之言'，何有踞肆于朝？所谓众恶归之，不如是之甚者也！"上曰："苟不若此，此图何戒？"对曰："'沉湎于酒'，微子所以告去也。'式号式呼'，大雅所以流连也。诗、书淫乱之戒，其原皆在于酒。"上乃喟然叹曰："吾久不见班生，今日复闻谠言！"放等因罢出。后上诸舅风丞相、御史奏放罪恶，上不得已，左迁放为北地都尉。

纲 冬十一月，策免丞相宣及御史大夫翟方进；复以方进为丞相，孔光为御史大夫。

目 方进以经术进，其为吏，用法刻深，任势立威，峻文深诋，中伤甚多。孔光领尚书，典枢机十余年，守法度，修政事，上有所问，据经法，以心所安而对，不希旨苟合；如或不从，不敢强争，以是久而安。时有所言，辄削草稿，以为彰主之过以奸忠直，人臣大罪也。有所荐举，惟恐其人之闻知。沐日归休，兄弟妻子燕语，终不及朝省政事。或问光："温室省中树，皆何木也？"光默不应，更答以他语，其不泄如是。

纲鉴易知录卷十八

汉纪

孝成皇帝

纲　丁未，三年，春正月晦，日食。

纲　冬十一月，故南昌尉梅福上书，不报。

目　福数因县道上变事，辄报罢。至是复上书曰："昔高祖纳善若不及，从谏如转圜，故天下之士云合归汉，此高祖所以无敌于天下也。孝文皇帝循高祖之法，加以恭俭，天下治平。孝武皇帝好忠谏，说至言，天下布衣各厉志竭精以赴阙廷，汉家得贤，于此为盛。士者国之重器，得士则重，失士则轻。臣数上书求见，辄复报罢。臣闻齐桓之时，有以九九见者，桓公不逆，欲以致大也。今臣所言，非特九九也。陛下距臣者三矣，此天下士所以不至也；今欲致天下之士，有上书言可采取者，秩以升斗之禄，赐以一束之帛，则嘉谋日闻于上矣。故爵禄者，天下之砥石，高祖所以厉世摩钝也。今陛下既不纳天下之言，又加戮焉。天下以言为戒，最国家之大患也。方今君命犯而主威夺，外戚之权日以益隆，陛下不见其形，愿察其景！建始以来，日食、地震，以率言之，三倍春秋，水灾亡与比数，阴盛阳微，金铁为飞，此何景也？汉兴以来，社稷三危，吕、霍、上官，皆母后之家也。自霍光之贤，不能为子孙虑，故权臣易世则危。势陵于君，权隆于主，然后防之，亦无及已！"上不纳。

纲　戊申，四年，夏，大旱。

纲　秋七月晦，日食。

纲　以何武为京兆尹。

目　武为吏，守法尽公，进善退恶，其所居无赫赫名，去后常见思。

纲　己酉，元延元年，春正月朔，日食。

纲 夏四月，无云而雷，有流星东南行，四面如雨。

纲 秋七月，有星孛于东井。

目 上以灾变，博谋群臣。谷永对曰："建始以来，群灾大异，多于春秋所书。下有其萌，然后变见于上。愿陛下正君臣之义，无复与群小媟黩燕饮；修后宫之政，抑远骄妒之宠；朝觐法驾而后出，陈兵清道而后行，无复轻身独出，饮食臣妾之家。三者既除，内乱之路塞矣。比年郡国伤于水旱，而有司奏请加赋，市怨趋祸之道也。愿陛下勿许其奏，益减奢泰，振赡困乏，诸夏之乱，庶几可息！"

刘向上书曰："秦、汉之易世，惠、昭之无后，昌邑之不终，孝宣之绍起，皆有变异著于汉纪。天之去就，岂不昭昭然哉！天文难以相晓，愿赐清燕之闲，指图陈状。"上辄入之，然终不能用也。

纲 冬十二月，大司马、卫将军商卒，以王根为大司马、骠骑将军。

纲 故槐里令朱云言事得罪，既而释之。

目 安昌侯张禹，以天子师，每有大政，必与定议。时吏民多上书言灾异王氏专政所致，上至禹第，辟左右，亲以吏民所言示禹。禹自见年老，子孙弱，恐为王氏所怨，谓上曰："春秋日食、地震，或为诸侯相杀，夷狄侵中国。灾变之意，深远难见，故圣人罕言命，不语怪神，性与天道，自子贡之属不得闻，何况浅见鄙儒之所言。陛下宜修政事以善应之，此经义意也。新学小生，乱道误人，宜无信用。"上雅信爱禹，由此不疑王氏。

故槐里令朱云上书求见，公卿在前，云曰："今朝廷大臣，上不能匡主，下无以益民，皆尸位素餐，孔子所谓'鄙夫不可与事君，苟患失之，无所不至'者也。臣愿赐尚方斩马剑，断佞臣一人头，以厉其余！"上问"谁也？"对曰："安昌侯张禹。"上大怒曰："小臣居下讪上，廷辱师傅，罪死不赦！"御史将云下，云攀殿槛，槛折。云呼曰："臣得下从龙逄、比干游于地下，足矣！未知圣朝何如耳！"于是左将军辛庆忌免冠，叩头殿下曰："此臣素著狂直，使其言是，不可诛；其言非，固当容之。臣敢以死争！"庆忌叩头流血，上意解，然后得已。及后当治槛，上曰："勿易，因而辑之，以旌直臣！"

纲 辛亥，三年，春正月，岷山崩，壅江三日，江水竭。

目 刘向曰："昔周岐山崩，三川竭，而幽王亡。岐山者，周所兴也。汉家本起于蜀、汉，今所起之地山崩、川竭，星孛又及摄提、大角，从参至辰，殆必亡矣！"

纲 壬子，四年，春正月，中山王兴、定陶王欣来朝。

纲 陨石于关东二。

纲 大司农谷永免。

目 王根荐谷永，征为大司农。永前后所上四十余事，略相反复，专攻上身与后宫而已；党于王氏，上亦知之，不甚亲信也。岁余，以病免，数月卒。

纲 癸丑，绥和元年，春二月，立定陶王欣为皇太子。

纲 封孔吉为殷绍嘉侯。三月，与周承休侯皆进爵为公。

目 初，诏求殷后，分散为十余姓，推求其嫡，不能得。匡衡、梅福皆以为宜封孔子世为汤后，上从之。

纲 夏，建三公官。大司马根去将军号，改御史大夫何武为大司空。

纲 秋八月，中山王兴卒。

纲 冬十一月，立楚孝王孙景为定陶王。

纲 卫尉淳于长有罪，下狱死；废后许氏自杀。以王莽为大司马。

目 卫尉、侍中淳于长有宠，贵倾公卿，许后赂遗长，欲求复为倢伃。长受，诈许为白上，立以为左皇后。王莽心害长宠，白之，下长狱，死狱中。废后自杀。上以莽首发大奸，称其忠直，王根因荐莽自代；遂以莽为大司马，时年二十八。莽既拔出同列，继四父而辅政，欲令名誉过前人，遂克己不倦，聘诸贤良以为掾史，赏赐、邑钱悉以享士。愈为俭约，母病，公卿列侯遣夫人问疾，莽妻迎之，衣不曳地，布蔽膝，见之者以为僮使，问知其夫人，皆惊。其饰名如此。

纲 罢刺史，置州牧。

纲 诏立辟雍，未作而罢。

目 犍为郡于水滨得古磬十六枚，议者以为善祥。刘向因是说上："宜兴辟雍，设庠序，陈礼乐，以风化天下。或曰：不能具礼。礼以养人为本，如有过差，是过而养人也。刑罚之过，或至死伤，今之刑非皋陶之法也，而有司请定法，削则削，笔则笔。至于礼乐，则曰不敢，是敢于杀人，不敢于养人也。夫教化之比于刑法，刑法轻，是舍所重而急所轻也。教化，所恃以为治也；刑法，所以助治也；今废所恃而独立其所助，非所以致太平也。"帝以向言下公卿议，丞相、大司空奏请立辟雍，未作而罢。

时又有言："孔子布衣，养徒三千人，今天子太学弟子少。"于是增弟子员三千人，岁余复如故。

向常显讼宗室，讥刺王氏，其言痛切，发于至诚。上数欲用向，辄下为王氏及丞相、御史所持，故终不迁，居列大夫前后三十余年而卒。后十三岁而王氏代汉。

纲 甲寅，二年，春二月，丞相方进卒。

目 时荧惑守心，郎贲丽善为星，言大臣宜当之。上乃召见方进，赐册责让，使尚书令赐上尊酒十石，养牛一。方进即日自杀。上秘之，遣九卿册赠印、绶，赐乘舆秘器，亲临吊者数至，礼赐异于他相故事。

纲 三月，帝崩。

目 帝素强，无疾病。时楚王、梁王来朝，明旦当辞去；又欲拜孔光为丞相，已刻侯印，书赞。昏夜平善，乡晨欲起，不能言而崩。民间讙哗，咸归罪赵昭仪。皇太后诏大司马莽杂治，问皇帝起居发病状，赵昭仪自杀。

纲 以孔光为丞相。

纲 夏四月，太子欣即位，尊皇太后曰太皇太后，皇后曰皇太后。

纲 葬延陵。

纲 追尊定陶共王为定陶共皇。

纲 五月，立皇后傅氏。

纲 尊定陶太后傅氏曰定陶共皇太后，丁姬曰定陶共皇后。封丁明、傅晏皆为列侯。

纲 六月，诏刘秀典领五经。

目 王莽荐刘歆为侍中，贵幸，更名秀。上复令典领五经，卒父前业。秀于是总群书而奏其七略，有辑略、六艺略、诸子略、诗赋略、兵书略、术数略、方技略。其叙诸子，分为九流：曰儒，曰道，曰阴阳，曰法，曰名，曰墨，曰纵横，曰杂，曰农。以为"九家皆起于王道既微，诸侯力政，时君世主，好恶殊方，是以九家之术，蜂出并作，各引一端，崇其所善，虽有蔽短，合其要归，亦六经之支流余裔；使其人遭明王圣主，得其所折中，皆股肱之材已。仲尼有言：'礼失而求诸野。'方今去圣久远，道术缺废，无所更索，彼九家者，不犹愈于野乎！若能修六艺之术，而观此九家之言，舍短取长，则可以通万方之略矣”。

纲　诏限民名田，不果行。

目　初，董仲舒说武帝，以“秦除井田，民得卖买，富者田连阡陌，贫者无立锥之地，小民安得不困？古井田法虽难卒行，宜少近古。限民名田以赡不足，塞并兼之路；去奴婢，除专杀之威；薄赋敛，省徭役，以宽民力，然后可善治也”！至是，师丹复建言：“今累世承平，豪富吏民，赀数巨万，而贫弱愈困，宜略为限。”天子下其议，丞相、大司空奏请：“自诸侯王、列侯、公主名田各有限；关内侯、吏、民名田皆毋过三十顷；奴婢毋过三十人，期尽三年；犯者没入官。”时田宅、奴婢贾为减贱，贵戚近习皆不便也，诏书且须后，遂寝不行。

纲　秋七月，罢大司马莽就第，以师丹为大司马。

目　初，太皇太后诏大司马莽就第，避帝外家；莽即上疏乞骸骨，罢就第，乃以师丹为大司马。

纲　九月，地震。

目　自京师至北边，郡国三十余处地震。

纲　求能浚川疏河者。

目　骑都尉平当使领河堤，奏：“按经义，治水有决河深川，而无堤防壅塞之文。宜博求能浚川疏河者。”上从之。待诏贾让奏言：“治河有上、中、下策。夫土之有川，犹人之有口也，治土而防其川，犹止儿啼而塞其口，岂不遽止，然其死可立而待也。故曰：'善为川者决之使道，善为民者宣之使言。'今徙冀州之民当水冲者，决黎阳遮害亭，放河使北入海，此上策也。多穿漕渠于冀州地，使民得以溉田，分杀水势，此中策也。若乃缮完故堤，增卑倍薄，劳费无已，数逢其害，此下策也。”

纲　冬十月，策免大司空武，遣就国，以师丹为大司空。

孝哀皇帝

纲　乙卯，孝哀皇帝建平元年，春正月，陨石于北地十六。

纲 以傅喜为大司马。

纲 秋九月，陨石于虞二。

纲 策免大司空、高乐侯丹为庶人，复赐爵关内侯。

目 冷褒、段犹等奏言："定陶共皇太后、共皇后，皆不宜复引定陶藩国之言，以冠大号；车马、衣服宜皆称皇之意，又宜为共皇立庙京师。"上下其议，群下多顺指，言："母以子贵，宜立尊号以厚孝道。"惟丞相光、大司马喜、大司空丹以为不可。丹曰："圣王制礼，取法于天地。尊卑之礼明，则人伦之序正。尊卑者，所以正天地之位，不可乱也。今定陶共皇太后、共皇后车服与太皇太后并，非所以明'尊无二上'之义也。定陶共皇号谥已前定，义不得复改。'为人后者为之子'，故为所后服斩衰三年，而降其父母期，明尊本祖而重正统也。孝成皇帝为共皇立后，奉承祭祀，令共皇长为一国太祖，万世不毁。陛下既继体先帝，义不可复奉定陶共皇祭。今欲立庙于京师，而使臣下祭之，是无主也。又亲尽当毁，空去一国太祖不堕之祀，而就无主当毁不正之礼，非所以尊厚共皇也。"丹由是浸不合上意。又使吏书奏，吏私写其草；丁、傅子弟闻之，使人上书告"丹上封事，行道人遍持其书"。事下廷尉，劾丹大不敬；遂策免丹，诏丹上大司空、高乐侯印绶，罢归。尚书令唐林上疏曰："丹亲傅圣躬，位在三公，所坐者微，免爵太重，惟陛下裁之！"诏赐丹爵关内侯。

纲 冬十月，以朱博为大司空。

纲 中山王太后冯氏及其弟宜乡侯参皆自杀。

目 中山王箕子，幼有眚病，祖母冯太后自养视，数祷祠解。上遣中郎谒者张由将医治之。由素有狂易病，病发西归，因诬冯太后祝诅上及傅太后。初，傅太后与冯太后并事元帝为倢伃，尝从幸虎圈，熊逸出攀槛，傅倢伃等皆惊走，冯倢伃直前当熊而立。上问之，对曰："猛兽得人而止。妾恐熊至御坐，故以身当之。"帝嗟叹，倍敬重焉。傅倢伃惭，由是有隙，常追怨之。因是遣中谒者令史立治之，立受傅太后指，诬奏云："祝诅，谋杀上立中山王。"责问冯太后，无服辞。立曰："熊之上殿何其勇，今何怯也！"太后还谓左右："此乃中语，前世事，吏何用知之？欲陷我故也！"乃饮药自杀。弟宜乡侯参，召诣廷尉，亦自杀。

纲 丙辰，二年，春正月，有星孛于牵牛。

纲 策免大司马喜。罢三公官,复以朱博为御史大夫,丁明为大司马、卫将军。

纲 夏,遣高武侯傅喜就国。

纲 策免丞相、博山侯光为庶人,以朱博为丞相。

目 孔光自议继嗣持异,又重忤傅太后指,策免为庶人。以朱博为丞相,临延登受策,有大声如钟鸣殿中。以问黄门侍郎扬雄及李寻。寻对曰:"此洪范所谓鼓妖者也。人君不聪,为众所惑,空名得进,则有声无形,不知所从生。宜退丞相以应天变。"雄亦以为"听失之象",且曰:"博为人强毅多权谋,宜将不宜相,恐有凶恶亟疾之怒。"上不听。

纲 诏共皇去定陶之号,立庙京师。尊共皇太后傅氏为帝太太后,共皇后丁氏为帝太后。

纲 免关内侯师丹为庶人。遣新都侯王莽就国。

纲 罢州牧,复置刺史。

纲 六月,太后丁氏崩。

纲 秋八月,丞相博有罪,自杀。

纲 冬十月,以平当为丞相。

纲 丁巳,三年,春三月,丞相当卒。

目 上召欲封当,当病笃,不应召。或谓当:"不可强起受印,为子孙邪?"当曰:"吾居大位,已负素餐;受印还死,死有余罪。不起,所以为子孙也!"乞骸骨,不许。至是薨。

纲 有星孛于河鼓。

纲 夏四月,以王嘉为丞相。

纲 嘉上疏曰:"孝文时吏居官者,或长子孙,以官为氏,仓氏、库氏,则仓库吏之后也;其二千石长吏亦安官乐职,然后上下相望,莫有苟且之意。其后稍稍变易,公卿以下转相促急,举劾苛细,发扬阴私,送故迎新,交错道路。二千石益轻贱,吏民慢易之。唯陛下留神于择贤,记善忘过,容忍臣子,令尽力者有所劝,此方今急务也。"

纲 冬十一月,无盐危山土起,瓠山石立。东平王云坐祠祭祝诅自杀;以孙宠为南阳太守,息夫躬为光禄大夫。

目 无盐危山土自起覆草,如驰道状;又瓠山石转立。东平王云及后谒,自之石所祭祀之。息夫躬、孙宠相与谋曰:"此取封侯之计也!”乃因中常侍宋弘上变事,告焉。时上被疾,多所恶,逮谒验治。云自杀,谒弃市。擢宠为南阳太守,弘、躬皆光禄大夫。

纲 戊午,四年,春正月,大旱。

纲 关东民讹言行筹。

目 关东民无故惊走,持稿或掫一枚,传相付与,曰:“行西王母筹。”

纲 封傅商为汝昌侯。

纲 二月,下尚书仆射郑崇狱,杀之。免司隶孙宝为庶人。

目 侍中董贤为人,美丽自喜,性和柔便辟,得幸于上,贵震朝廷。常与上卧起,妻得通籍殿中。女弟为昭仪,父恭为少府。诏将作大匠为贤起大第北阙下,穷极技巧。又为贤起冢茔义陵旁,周垣数里。郑崇谏上,由是数以职事见责。尚书令赵昌因奏“崇与宗族通,疑有奸”。上怒,下崇狱。司隶孙宝上书曰:“崇狱覆治,搒掠将死,卒无一辞;道路称冤。疑昌与崇内有纤芥,浸润相陷。臣请治昌以解众心!”诏曰:“司隶宝附下罔上,国之贼也!免为庶人。”崇死狱中。

纲 夏六月,尊帝太太后傅氏为皇太太后。

纲 秋八月,封董贤为高安侯,孙宠为方阳侯,息夫躬为宜陵侯。

纲 左迁执金吾毋将隆为沛郡都尉。

目 上发武库兵送董贤及上乳母王阿舍。执金吾毋将隆奏言:“古者方伯专征,乃赐斧钺,汉家边吏距寇,赐武库兵。春秋之谊,家不藏甲,所以抑臣威,损私力也。今便辟弄臣,私恩微妾,而以天下公用,给其私门,契国威器,共其家备,建立非宜,以广骄僭,非所以示四方也。臣请收还武库。”上不悦。以其前有安国之言,左迁为沛郡都尉。

纲 谏大夫鲍宣上书。

目 曰:“窃见孝成皇帝时,外亲持权,浊乱天下,奢泰无度,穷困百姓,是以日蚀且十,彗星四起。危亡之征,陛下所亲见也,今奈何反复剧于前乎!朝臣亡有大儒骨鲠之士,论议通古今,忧国如饥渴者。敦外亲、小僮、幸臣董贤等,在省户下,陛下欲与此共承天地,安海内,甚难!官爵,非陛下之官爵,乃天下之官爵也。陛下官非其人,而望天说、民服,岂不难哉!孙宠、息夫躬,奸人之雄,惑世尤剧,宜以时罢退;及外亲幼童,未通经术者,皆宜令休,就外傅。急征傅喜,使领外亲;何武、师丹、孔光、彭宣、龚胜,可大委任。陛下尚能容亡功德者甚众,曾不能忍武等邪！治天下者，当用天下之心为心，不得自专快意而已也。”宣语虽刻切，上以宣名儒，优容之。

纲 匈奴单于上书请朝。

目 匈奴单于请朝五年，上问公卿，以为“虚费府帑，可且勿许”。单于使辞去，未发，扬雄上书曰：“臣闻六经之治，贵于未乱，兵家之胜，贵于未战。今单于来朝，国家辞之，臣愚以为汉与匈奴从此隙矣。匈奴本五帝所不能臣，三王所不能制。以秦始皇之强，然不敢窥西河。以高祖之威灵，三十万众困于平城。高皇后时，匈奴悖慢；及孝文时，候骑至雍甘泉。孝武设马邑之权，欲诱匈奴，徒费财劳师，一虏不可得见，况单于之面乎！其后深惟社稷之计，规恢万载之策，乃大兴师数十万，前后十余年，穷极其地，追奔逐北。自是之后，匈奴震怖，益求和亲，然而未肯称臣也。夫前世岂乐倾无量之费，役无罪之人，快心于狼望之北哉？以为不一劳者不久佚，不暂费者不永宁，是以忍百万之师，以推饿虎之喙，运府库之财，填卢山之壑，而不悔也。逮至元康、神爵之间，大化神明，鸿恩博洽，匈奴内乱争立，呼韩邪归化称臣，然尚羁縻之计，欲朝不距，不欲不强。今单于归义怀诚，国家虽费，不得已者也，奈何距之以开将来之隙乎！夫百年劳之，一日失之，费十而爱一，臣窃为国不安也！唯陛下少留意于未乱、未战，以遏边萌之祸。”书奏，天子寤焉，召还匈奴使者，更报书而许之。单于未发，会病，复遣使愿朝明年；上许之。

纲 己未，元寿元年，春正月朔，以傅晏为大司马、卫将军，丁明为大司马、骠骑将军。是日，日食。寻罢晏，就第。

纲 皇太太后傅氏崩，合葬渭陵，号孝元傅皇后。

纲 孙宠、息夫躬以罪免，就国。以鲍宣为司隶。

纲 下丞相新甫侯王嘉狱，杀之。

目 上托傅太后遗诏，益封董贤二千户。王嘉封还诏书，谏曰：“臣闻爵禄、土地，天之有也。书曰：‘天命有德，五服五章哉！’王者代天爵人，尤宜慎之；不得其官，则众庶不服，感动阴阳，其害疾自深。高安侯贤，佞幸之臣，陛下倾爵位以贵之，单货财以富之，损至尊以宠之，流闻四方，皆同怨疾。里谚曰：‘千人所指，无病而死。’臣常为之寒心！臣骄侵罔，阴阳失节，气感相动，害及身体。陛下寝疾久不平，继嗣未立，宜思正万事，顺天人之心，以求福佑，奈何轻身肆意，不念高祖之勤苦，垂立制度，欲传之于无穷哉！”

初，廷尉梁相治东平王云狱，心疑云冤，欲更覆治。尚书令鞠谭等以为可许。上以为顾望两心，幸云逾冬，无讨贼意，免相等皆为庶人。后数月，大赦，嘉荐“相等皆有材行，臣窃为朝廷惜之”。书奏，上不能平。

及封还董贤事，上乃发怒，召嘉诣尚书责问以相等事。孔光等劾嘉“迷国罔上，不道”。诏召丞相诣廷尉诏狱。嘉喟然仰天叹曰：“幸得充备宰相，不能进贤、退不肖，以是负国，死有余责！”吏问贤、不肖主名，嘉曰：“贤孔光、何武不能进，恶董贤父子不能退。罪当死，死无所恨！”遂不食，呕血而死。元始中追谥曰忠，绍其封。

纲 秋七月，以孔光为丞相。八月，以何武为前将军，彭宣为御史大夫。

目 上览王嘉之对，思其言，故有是命。光复故爵。

纲 下司隶鲍宣狱，髡钳之。

目 丞相光行园陵，官属以令行驰道中。宣出逢之，使吏钩止，没入其车马，摧辱宰相。事下御史中丞。侍御史欲捕从事，宣闭门不纳，遂以距闭使者，大不敬不道，下狱。诸生举幡太学下，曰：“欲救鲍司隶者会此。”会者千人，遮丞相自言，又守阙上书；上竟抵宣罪。

纲 冬十二月，以董贤为大司马、卫将军。

目 上故令贤私过孔光。光闻贤来，警戒衣冠，出门待望，见贤车，却入，贤至中门，光入阁，既下车，乃出拜谒，送迎甚谨，不敢以宾客钧敌之礼。上喜，立拜光两兄子为谏大夫、常侍。贤由是权与人主侔矣。后置酒麒麟殿，上从容视贤笑曰：“吾欲法尧禅舜，何如？”中常侍王闳进曰：“陛下承宗庙，当传子孙于无穷。统业至重，天子无戏言！”上默然，左右遣闳出。闳遂上书曰：“昔文帝幸邓通不过中大夫，武帝幸韩嫣赏赐而已，皆不在大位。今董贤无功封侯，列备鼎足，喧哗道路，不当天心。”上不从，亦不罪也。

纲 庚申，二年，夏四月晦，日食。

纲 五月，正三公分职。董贤为大司马，孔光为大司徒，彭宣为大司空。

纲 六月，帝崩。

目　帝睹孝成之世禄去王室，及即位，屡诛大臣，欲强主威以则武、宣，然以宠信谗谄，憎疾忠直，汉业由是遂衰。

纲　董贤以罪罢，即日自杀。

目　太皇太后闻帝崩，即日驾之未央宫，收取玺、绶。召大司马贤，问以丧事调度；贤忧惧，不能对。太后曰："新都侯莽前奉送先帝大行，晓习故事，吾令莽佐君。"贤顿首："幸甚！"太后遣使者驰召莽。莽以太后指，使尚书劾贤不亲医药，禁止不得入宫殿。贤诣阙免冠徒跣谢，莽以太后诏，即阙下册收贤印、绶，罢归第。即日与妻皆自杀，家惶恐，夜葬。莽疑其诈死，发其棺至狱诊视，因埋狱中。收没入家财四十三万万，父恭与家属徙合浦。

纲　太皇太后以王莽为大司马，领尚书事。

目　太皇太后诏公卿举可大司马者，孔光以下皆举莽，独前将军何武、左将军公孙禄以为"惠、昭之世，外戚持权，几危社稷。今比世无嗣，方当选立近亲幼主，不宜令外戚持权"。于是武举禄，而禄亦举武。太皇太后自用莽为大司马，领尚书事。

纲　秋七月，迎中山王箕子为嗣。

目　太皇太后与莽议，遣车骑将军王舜使持节迎之。

纲　贬皇太后为孝成皇后，徙孝哀皇后于桂宫，追贬傅太后为定陶共王母，丁太后为丁姬。

纲　以甄邯为侍中。策免将军何武、公孙禄。遣红阳侯王立就国。

目　莽以孔光名儒，相三主，太后所敬，天下信之，于是盛尊事光，引光女婿甄邯为侍中。劾奏何武、公孙禄，互相称举，免官就国。红阳侯立虽不居位，莽畏立，令光奏立罪恶，请遣就国。于是附顺者拔擢，忤恨者诛灭。以王舜、王邑为腹心，甄丰、甄邯主击断，平晏领机事，刘秀典文章，孙建为爪牙。莽色厉而言方，欲有所为，微见风采，党与承其指意而显奏之；莽稽首涕泣，固推让，上以惑太后，下用示信于众庶焉。

纲　八月，废孝成、孝哀皇后就其园，皆自杀。

纲　策免大司空宣，遣就国。

目　彭宣以王莽专权，乃上印、绶，乞骸骨归乡里。莽白太后，策免宣，使就国，数年薨。

纲　以王崇为大司空。

纲　九月，中山王箕子即位。

纲　太皇太后临朝，大司马莽秉政，百官总己以听。

纲　以孔光为帝太傅，马宫为大司徒。

纲　冬十月，葬义陵。

孝平皇帝

纲　辛酉，孝平皇帝元始元年，春正月，益州塞外蛮夷献白雉。二月以孔光为太师，王舜为太保，甄丰为少傅。王莽为太傅，号安汉公。褒赏宗室、群臣。

目　莽风益州，令塞外蛮夷自称越裳氏，重译献白雉。莽白太后，以荐宗庙。于是群臣盛陈莽功德："宜赐号曰安汉公，益户，畴爵邑。"太后诏尚书具其事。莽上书言："臣与孔光、王舜、甄丰、甄邯共定策；今愿独条光等功，寝置臣莽。"固让数四，称疾不起，太后乃诏光为太师，舜为太保，丰为少傅，邯封承阳侯。莽尚未起，群臣复上言："宜以时加赏元功。"太后乃以莽为太傅，干四辅之事，号曰安汉公，益封二万八千户。于是莽为惶恐，不得已，起受太傅、安汉公号，让还益封事，复建言褒赏宗室、群臣，下至庶民鳏寡，恩泽之政，无所不施。又风公卿奏言："太后春秋高，不宜亲省小事。"令太后诏曰："自今以来，唯封爵乃以闻，他事安汉公平决。"于是莽权与人主侔矣。

纲　夏五月，拜帝母卫姬为中山孝王后。

目　王莽恐帝外家卫氏夺其权，白太后："前哀帝立，背恩义，自贵外家，几危社稷。今帝以幼年复奉大宗，宜明一统之义，以戒前事，为后代法。"乃遣使即拜帝母卫姬为中山孝王后，赐帝舅宝、玄爵关内侯，皆留中山，不得至京师。

纲　封公子宽为褒鲁侯，孔均为褒成侯。

纲　壬戌，二年，春，黄支国献犀牛。

目　黄支在南海中，去京师三万里。王莽欲耀威德，故厚遗其王，令遣使贡献。

纲　越巂郡上黄龙游江中。

目　太师光等咸称"莽功德比周公，宜告祠宗庙"。大司农孙宝曰:"周公上圣,召公大贤,尚犹有不相悦,著于经典,两不相损。今风雨未时,百姓不足,每有一事,群臣同声,得无非其美者?"时大臣皆失色。会宝遣吏迎母,母道病,留弟家,独遣妻子。司直陈崇劾奏宝,坐免,终于家。

纲 帝更名衎。

纲 大司空崇免,以甄丰为大司空。

纲 大旱、蝗。

纲 陨石于巨鹿二。

纲 大夫龚胜、邴汉罢归。

目 光禄大夫楚国龚胜、大中大夫琅邪邴汉,以王莽专政,皆乞骸骨。莽令太后策诏之曰:"朕愍以官职之事烦大夫,大夫其修身守道,以终高年。"皆加优礼而遣之。梅福亦知莽必篡汉,一朝弃妻子去,不知所之。人传以为仙,其后人有见福于会稽者,变姓名为吴市门卒云。

纲 秋九月晦,日食。

纲 癸亥,三年,春,聘安汉公莽女为皇后。

纲 夏,安汉公莽杀其子宇,灭中山孝王后家,杀敬武公主及汜乡侯何武、故司隶鲍宣等数百人。

目 莽长子宇非莽隔绝卫氏,私与卫宝通书,教卫后上书求至京师。莽不听,宇与师吴章及妇兄吕宽议,章以为莽好鬼神,可为变怪以惊惧之,因推类说令归政卫氏。宇即使宽夜持血洒莽第门,吏发觉之,莽执宇送狱,饮药死。尽灭卫氏支属,唯卫后在。吴章要斩。

初,章为当世名儒,教授千余人。莽以为恶人党,皆当禁锢,不得仕宦,门人尽更名他师。平陵云敞时为大司徒掾,自劾吴章弟子,收抱章尸归,棺敛葬之。莽因是狱,穷治党与,连引素所恶者悉诛之。元帝女弟敬武长公主,素非议莽;红阳侯立,莽尊属;平阿侯仁,素刚直;皆以太皇太后诏,迫令自杀。郡国豪杰,及汉忠直臣不附莽者,何武、鲍宣及王商、辛庆忌诸子,皆坐死,凡数百人,海内震焉。北海逄萌谓友人曰:"三纲绝矣,不去,祸将及人!"即解冠挂东都城门,归,将家属浮海,客于辽东。

纲 甲子,四年,春二月,加安汉公莽号"宰衡"。

纲 起明堂、辟雍、灵台，立乐经，征天下通经异能之士。

纲 乙丑，五年，夏四月，太师光卒，以马宫为太师。

纲 五月，加安汉公莽九锡。

纲 冬十二月，安汉公莽弑帝。

目 帝益壮，以卫后故，怨不悦。莽因腊日，上椒酒，置毒酒中；帝有疾。莽作策请命于泰畤，愿以身代，藏策金縢，置于前殿，敕诸公勿敢言。帝崩，葬康陵。

纲 以平晏为大司徒。

纲 太皇太后诏征宣帝玄孙，又诏安汉公莽居摄践阼。

目 太后与群臣议立嗣。时元帝世绝，而宣帝曾孙莽皆恶其长大，曰："兄弟不得相为后。"乃悉征宣帝玄孙，选立之。

初，泉陵侯刘庆上书，言："皇帝富于春秋，宜令安汉公摄行天子事，如成王、周公故事。"至是前辉光谢嚣奏，浚井得白石，有丹书，文曰"告安汉公莽为皇帝"。太后曰："此诬罔天下，不可施行！"太保舜谓太后："莽非敢有他，但欲称摄以重其权，镇服天下耳。"太后力不能制，乃下诏曰："已征孝宣皇帝玄孙二十三人，差度宜者，以嗣孝平皇帝之后。玄孙年在襁褓，不得至德君子，孰能安之！其令安汉公居摄践阼，如周公故事，具礼仪奏！"于是群臣奏言："请安汉公践阼，如天子之制，祭赞曰'假皇帝'，民臣谓之'摄皇帝'，自称曰'予'。平决朝事，常以皇帝之诏称'制'，其朝见太皇太后、皇帝、皇后皆服臣节。"诏曰："可。"

右西汉十二帝，共二百十四年，并王莽篡位合二百三十年。

纲鉴易知录卷十九

汉纪　附王莽

孺子婴

纲　丙寅，孺子婴居摄元年，春三月，立宣帝玄孙婴为皇太子，号曰“孺子”。

纲　夏四月，安众侯刘崇起兵讨莽，不克，死之。

目　安众侯刘崇与相张绍谋曰：“莽必危刘氏，天下非之，莫敢先举，此乃宗室之耻也。吾帅宗族为先，海内必和。”从者百余人，遂进攻宛，不得入而败。

纲　五月，太皇太后诏莽朝见称“假皇帝”。

纲　冬十月朔，日食。

纲　丁卯，二年，秋九月，东郡太守翟义起兵讨莽，立刘信为天子，三辅豪杰起兵应之。莽遣兵拒击，义战不克，死之，信亡走。

目　东郡太守翟义与姊子陈丰谋，举兵西诛不当摄者，立宗室严乡侯刘信为天子。义自号大司马、柱天大将军，移檄郡国，众十余万。莽闻之，惶惧不能食，乃拜孙建等为将军，击义。三辅豪杰赵朋、霍鸿等闻义兵起，自称将军，众至十余万。莽复拜王级为将军，击朋等。日抱孺子祷郊庙，会群臣而称曰：“昔周公摄政而管、蔡挟禄父以畔。今翟义亦挟刘信而作乱。自古大圣犹惧此，况臣莽之斗筲！”群臣皆曰：“不遭此变，不章圣德。”莽依周书作大诰，谕天下以当反位孺子之意。诸将东至陈留，与翟义会战，义败死；竟不得信。

纲　戊辰，初始元年，春，地震。

纲　三辅兵皆破灭。

目　王级等击赵朋、霍鸿，皆殄灭，诸县悉平。莽乃置酒白虎殿，自谓威德日盛，大获天人之助，遂谋即真之事矣。

纲　冬十一月，太皇太后诏莽号令、奏事毋言摄。

纲　十二月,哀章作铜匮以献莽。莽自称新皇帝,更号太皇太后为新室文母太皇太后。

目　梓潼哀章,学问长安,素无行,作铜匮为两简,日昏时,持至高庙,仆射以闻。莽至高庙,拜受金匮神禅,还坐未央宫前殿,即真天子位,建有天下之号曰新。以十二月朔为始建国元年正月之朔。莽请玺,太后不肯授。莽使王舜谕指,太后怒骂之曰:"而属父子宗族,蒙汉家力,富贵累世,既无以报,受人孤寄,乘便利时夺取其国,不复顾恩义。人如此者,狗猪不食其余,天下岂有而兄弟邪! 且若自以金匮符命为新皇帝,变更正朔,亦当自更作玺,传之万世,何用此亡国不祥玺为! 我汉家老寡妇,旦暮且死,欲以此玺俱葬,终不可得!"因涕泣。舜言:"莽必欲得玺,太后宁能终不与邪!"太后闻舜语切,恐莽欲胁之,乃出玺投之地曰:"我老已死,如而兄弟今族灭也!"于是张永献符命,言太皇太后当为新室文母太皇太后,莽从之。

纲　己巳,春正月,莽废孺子为定安公,孝平皇后为定安太后。

纲　夏四月,徐乡侯刘快起兵讨莽,不克,死之。

纲　莽禁不得买卖田及奴婢。

目　莽更名天下田曰"王田",奴婢曰"私属",皆不得买卖。其男口不盈八,而田过一井者,分余田予九族乡里。敢有非井田圣制,无法惑众者,投诸四裔,以御魑魅。

纲　冬,雷,桐华,大雨雹。

纲　庚午,春二月,莽废汉诸侯王为民。

纲　冬十二月,雷。

纲　莽改匈奴单于为"降奴服于",遣其将军孙建等击之。

目　莽恃府库之富,欲立威匈奴,乃遣孙建等率十二将分道并出。

纲　辛未,匈奴诸部分道入塞,杀守尉,略吏民,州郡兵起。

目　单于怒曰:"先单于受汉宣帝恩,不可负也。今天子非宣帝子孙,何以得立!"遣兵入云中塞,大杀吏民。历告左右部诸边王入塞,杀太守都尉,略吏民畜产,不可胜数。是时诸将在边,以大众未集,未敢出击。严尤谏曰:"臣闻匈奴为害,所从来久矣,未闻上世有必征之者也。后世三家周、秦、汉征之,然皆未有得上策者也。周得中策,汉得下策，秦无策焉。周宣王时猃狁内侵，至于泾阳；命将征之，尽境而还。其视猃狁之侵，譬犹蟁虻，驱之而已，故天下称明，是为中策。汉武帝选将练兵，深入远戍，兵连祸结，二十余年，中国罢敝，匈奴亦创艾，而天下称武，是为下策。秦始皇筑长城之固，延袤万里，转输之行，起于负海，疆境既完，中国内竭，以丧社稷，是为无策。今天下比年饥馑，西北边尤甚，大用民力，功不可必立，臣伏忧之。"莽不听，转兵谷如故。吏民屯边者，所在放纵，而内郡愁于征发，民弃城郭，始流亡为盗贼。北边自宣帝以来，数世不见烟火之警，人民炽盛，牛马满野；及莽扰乱匈奴，与之构难，边民死亡系获，数年之间，北边虚空，野有暴骨矣。

纲　莽太师王舜死。

纲　莽迎龚胜为太子师友祭酒；胜不食而卒。

目　莽遣使者奉玺书、印绶迎龚胜，即拜为太子师友祭酒。胜称病笃，使者以印绶就加胜身，胜辄推不受，谓两子及门人高晖曰："吾受汉家厚恩，无以报；今年老矣，旦暮入地，谊岂以一身事二姓，下见故主哉！"语毕，遂不复饮食，积十四日死。

是时清名之士，又有琅邪纪逡、齐薛方、沛唐林、唐尊，皆以明经饬行显名。逡、两唐皆仕莽。莽以安车迎方，方因使者辞谢曰："尧、舜在上，下有巢、由。今明主方隆唐、虞之德，小臣欲守箕山之节。"莽说其言，不强致。隃麋郭钦为南郡太守，杜陵蒋诩为兖州刺史，亦以廉直为名。莽居摄，钦、诩皆以病免官，归乡里，卧不出户，卒于家。沛国陈咸，以律令为尚书，见何武、鲍宣死，叹曰："易说'见几而作，不俟终日'。吾可以逝矣！"即乞骸骨去职。莽篡位，召咸为掌寇大夫，咸谢病不肯应。三子参、丰、钦皆在位，咸悉令解官归乡里，闭门不出入，犹用汉家祖腊。人问其故，咸曰："我先人岂知王氏腊乎！"悉收敛其家律令、书文，壁藏之。又齐栗融，北海禽庆、苏章，山阳曹竟，皆儒生，去官，不仕于莽。

纲　壬申，春，令民得卖田。

目　莽性躁扰，不能无为，每有所兴造，动欲慕古，不度时宜，制度又不定；吏缘为奸，天下謷謷，陷刑者众。莽知民愁怨，乃令民食王田者，皆得卖之。

纲 癸酉，春二月，太皇太后王氏崩。

目 莽既改号太后为新室文母，绝之于汉，乃隳坏孝元庙，更为太后起庙，独置孝元庙故殿，以为文母篹食堂，名曰长寿宫；置酒，请太后。既至，见庙废彻涂地，惊泣曰："此汉家宗庙，皆有神灵，与何治而坏之！且使鬼神无知，又何用庙为！如令有知，我乃人之妃妾，岂宜辱帝之堂以陈馈食哉！"私谓左右曰："此人慢神多矣，能久得佑乎！"饮酒不乐而罢。莽更汉家黑貂着黄貂；又改汉正朔、伏腊日。太后令其官属黑貂；至汉家正腊日，独与其左右相对饮食。至是崩，年八十四。葬渭陵。

纲 十一月，彗星出。

纲 甲戌，春三月晦，日食。

纲 夏四月，陨霜杀草木。

纲 六月，黄雾四塞。

纲 乙亥，春，民讹言黄龙死。

纲 丁丑，秋，临淮、琅邪及荆州绿林兵起。

目 莽法令烦苛，民摇手触禁，不得耕桑，于是并起为盗贼。临淮瓜田仪等，依阻会稽长洲；琅邪吕母聚党数千人，杀海曲长，入海中为盗，其众浸多，至万数；荆州饥馑，更相侵夺，新市人王匡、王凤推为渠帅，众数百人，诸亡命者马武、王常、成丹等皆往从之，藏于绿林山中，数月间至七八千人。

纲 戊寅，春，莽大夫扬雄死。

目 成帝之世，雄以奏赋为郎，给事黄门，与莽及刘秀并列；哀帝之初，又与董贤同官。莽、贤为三公，权倾人主，所荐莫不拔擢，而雄三世不徙官。及莽篡位，雄以耆老久次，转为大夫。恬于势利，好古乐道，欲以文章成名于后世，乃作太玄、法言。用心于内，不求于外，人皆忽之，唯刘秀及范逡敬焉，而桓谭以为绝伦，巨鹿侯芭师事焉。刘棻尝从雄学作奇字，及棻坐事诛，辞连及雄。时雄校书天禄阁上，使者来欲收之；雄恐不能自免，乃从阁上自投下，几死。莽闻之，以雄不知情，诏勿问。然雄所作法言卒章，盛称莽功德可比伊尹、周公，后又作剧秦美新之文，以颂莽，君子病焉。

纲 琅邪樊崇、东海刁子都等，兵皆起。

目　琅邪樊崇起兵于莒，众百余人。群盗以崇猛勇，皆附之，一岁间至万余人。又有东海刁子都，亦起兵钞击徐、兖。莽遣使者发兵击之，不能克。

纲　莽孙宗自杀。

纲　庚辰，秋九月，大雨六十余日。

纲　巨鹿男子马适求等谋诛莽，不克，死。

纲　辛巳，春正月，莽妻死，太子临谋杀莽，事觉，自杀。

纲　秋，关东大饥，蝗。

纲　南郡秦丰兵起。

目　丰聚众万人，平原女子迟昭平亦聚数千人。

纲　壬午，春二月，关东人相食。

纲　夏四月，樊崇兵自号赤眉，莽遣其太师王匡、将军廉丹击之。

目　初，樊崇等众既浸盛，乃相与为约："杀人者死，伤人者偿创。"莽遣太师王匡、更始将军廉丹讨之。崇等恐其众与莽兵乱，乃皆朱眉以相识别，由是号曰赤眉。匡、丹合将锐士十余万人，所过放纵，东方为之语曰："宁逢赤眉，不逢太师！太师尚可，更始杀我！"卒如田况之言。

纲　蝗飞蔽天。

纲　秋七月，荆州平林兵起。

目　新市王匡等进攻随，平林人陈牧、廖湛复聚众千余人，号"平林兵"以应之。

纲　赤眉破廉丹，诛之。

纲　汉宗室刘缜及弟秀起兵舂陵，兴复帝室，新市、平林兵皆附之。

目　初，长沙定王发生舂陵节侯买，买生戴侯熊渠，熊渠生考侯仁。仁以南方卑湿，徙封南阳之白水乡，与宗族往家焉。仁子敞嗣，莽时国除。节侯少子外为郁林太守，外生巨鹿都尉回，回生南顿令钦。钦娶湖阳樊重女，生三男：缜、仲、秀。缜性刚毅慷慨，有大节。秀隆准日角，性勤稼穑；缜常非笑之，比于高祖兄仲。秀尝过穰人蔡少公，少公颇学图谶，言"刘秀当为天子"。或曰："是国师公刘秀乎？"秀戏曰："何由知非仆邪！"坐者皆大笑。宛人李守好星历、谶记，尝谓其子通曰："刘氏当兴，李氏为辅。"及新市、平林兵起，南阳骚动，通从弟轶谓通曰："今四方扰乱，汉当复兴。南阳宗室，独刘伯升兄弟泛爱容众，可与谋大事。"通笑曰："吾意也！"会秀卖谷于宛，通遣轶往迎秀，与相约结，定谋，归舂陵举兵。会縯召诸豪杰计议，分遣亲客于诸县起兵，縯自发舂陵子弟。子弟恐惧，皆亡匿；及见秀绛衣大冠，皆惊曰："谨厚者亦复为之！"乃稍自安。凡得子弟七八千人，部署宾客，自称"柱天都部"。秀时年二十八。縯使族人招说新市、平林兵，杀湖阳尉，进拔棘阳，李轶、邓晨皆将宾客来会。

纲 冬十一月，汉兵与莽守将甄阜、梁丘赐战，不利，遂与下江合兵，袭取其辎重。

目 刘縯欲进攻宛，与甄阜、梁丘赐战败，縯复收兵保棘阳。阜、赐乘胜留辎重于蓝乡，引精兵十万南临沘水，会下江兵五千余人至宜秋。縯与秀见王常，说以合从之利，常等即引军与汉军及新市、平林合，于是诸郡齐心同力，锐气益壮。十二月晦，潜师夜起袭取蓝乡，尽获其辎重。

淮阳王

纲 癸未，春二月，新市、平林诸将共立更始将军刘玄为皇帝，大赦，改元。

目 舂陵戴侯曾孙玄，在平林兵中，号"更始将军"。时汉兵已十余万，诸将议以兵无统一，欲立刘氏以从人望。南阳豪杰欲立刘縯，而新市、平林将帅惮縯威名，贪玄懦弱，先定策立之，然后召縯示其议。縯以为"宜且称王以号令；破莽，降赤眉，然后举尊号"。张卬不从。二月朔，设坛场于淯水上，玄即皇帝位，南面朝群臣；羞愧流汗，举手不能言。置公卿，拜縯为大司徒。

纲 三月，刘秀徇昆阳、定陵、郾，皆下之。

纲 莽遣其司徒王寻、司空王邑，大发兵，会严尤、陈茂，夏五月，围昆阳。

目 莽遣王寻、王邑发兵平定山东；征诸明兵法六十三家以备军吏，以长人巨无霸为垒尉，又驱诸猛兽虎、豹、犀、象之属以助威武。兵四十二万，号百万。五月，出颍川，与严尤、陈茂合。刘秀使王凤、王常守昆阳，夜与李轶等出城南门，于外收兵。时莽兵到城下者且十万，秀等几不得出。寻、邑纵兵围昆阳。

纲　莽棘阳长岑彭以宛城降汉，玄入都之。

目　岑彭守宛城，汉兵攻之数月，城中人相食，乃降。更始入都之。诸将欲杀彭，刘缜曰："彭执心坚守，是其节也。今举大事，当表义士。"更始乃封彭为归德侯。

纲　六月，刘秀大破莽兵于昆阳下，诛王寻。

目　刘秀至郾、安陵，悉发诸营兵。六月朔，秀自将步骑千余为前锋，去大军四五里而陈，寻、邑亦遣兵数千合战。秀奔之，斩首数十级。诸将喜曰："刘将军平生见小敌怯，今见大敌勇，甚可怪也！"秀复进，寻、邑兵却，诸部共乘之，斩首数百、千级。连胜，遂前，诸将胆气益壮，无不一当百。寻、邑陈乱，汉兵乘锐崩之，遂杀寻。城中亦鼓噪而出，中外合势，震呼动天地，莽兵大溃。会大雷、风，屋瓦皆飞，雨下如注，滍川盛溢，虎、豹皆股战，士卒溺死以万数，水为不流。邑、尤、茂轻骑逃去，尽获其军实辎重，关中震恐。于是海内豪杰翕然响应，皆杀其牧、守，自称将军，用汉年号，以待诏命。

纲　刘秀徇颍川，冯异以五县降。

目　刘秀复徇颍川，屯兵巾车乡，郡掾冯异监五县，为汉兵所获。异曰："异有老母在父城，愿归据五城，以效功报德。"秀许之。异归谓父城长苗萌曰："诸将多暴横，独刘将军，所到不虏略，观其言语、举止，非庸人也。"遂与萌率五县以降。

纲　玄杀大司徒缜，以刘秀为破虏大将军。

目　新市、平林诸将以刘缜兄弟威名益盛，阴劝更始除之。缜部将刘稷闻更始立，怒曰："本起兵图大事者，伯升兄弟也。今更始何为者邪！"更始收稷，将诛之；缜固争，李轶、朱鲔因劝更始并执缜杀之。秀自父城驰诣宛谢。司徒官属迎吊秀，秀不与交私语，惟深引过而已，未尝自伐昆阳之功；又不敢为缜服丧，饮食言笑如平常。更始以是自惭，乃拜秀为破虏大将军，封武信侯。

纲　秋，莽将军王涉、国师刘秀自杀。

目　道士西门君惠谓涉曰："谶文刘氏当复兴，国师公姓名是也。"涉遂与秀及大司马董忠等谋劫莽降汉。谋泄，皆自杀。莽以军师外破，大臣内叛，左右无所信，忧懑不能食，但饮酒，啖鳆鱼；读军书倦，因凭几寐，不复就枕矣。

纲 成纪隗嚣起兵应汉。

目 成纪人隗崔、隗义同起兵以应汉。崔兄子嚣素有名，好经书，共推为上将军，移檄郡国，勒兵十万，徇陇西、武都皆下之。

纲 公孙述起兵成都。

目 茂陵公孙述起兵成都，自称辅汉将军，兼益州牧。

纲 遣上公王匡攻洛阳，大将军申屠建攻武关。析人邓晔起兵，开关迎建。九月，入长安。孝平皇后自焚崩；众共诛莽，传首诣宛。

目 更始遣王匡攻洛阳，申屠建、李松攻武关，三辅震动。析人邓晔、于匡起兵应汉。晔开武关迎汉兵，以弘农掾王宪为校尉，所过迎降。诸县大姓各起兵称汉将，率众随宪。李松、邓晔引军至华阴，而长安旁兵四会城下。九月朔，兵入；明日城中少年烧作室门，火及掖庭，黄皇室主曰："何面目以见汉家！"自投火中而死。莽避火宣室，火辄随之。莽旋席随斗柄而坐，曰："天生德于予，汉兵其如予何！"又明日，群臣扶莽之渐台，欲阻池水，餔时，众兵上台，斩莽首，分莽身，节解脔分之。申屠建以王宪得玺绶不上，收斩之。传莽首诣宛，县于市；百姓共提击之，或切食其舌。

纲 王匡拔洛阳，诛莽守将王匡、哀章。

纲 冬十月，玄北都洛。

目 更始将都洛阳，以刘秀行司隶校尉，使前修宫。秀乃置僚属，作文移，从事司察，一如旧章。时三辅吏士东迎更始，见诸将过皆冠帻而服妇人衣，莫不笑之；及见司隶僚属，皆欢喜不自胜，老吏或垂涕，曰："不图今日复见汉官威仪！"由是识者皆属心焉。更始遂北都洛。

纲 以彭宠为渔阳太守。

纲 以刘秀行大司马事，遣徇河北。

纲 大司马秀至河北，除莽苛政，复汉官名。

目 大司马秀至河北，所过郡县，考察官吏，黜陟能否，平遣囚徒，除王莽苛政，复汉官名；吏民喜悦，争持牛、酒迎劳，秀皆不受。

南阳邓禹杖策追秀，及于邺。秀曰："我得专封拜，生远来，宁欲仕乎？"禹曰："不愿也。但愿明公威德加于四海，禹得效其尺寸，垂功名于竹帛耳！"秀笑，因留宿；禹进说曰："今山东未安，赤眉、青犊之属动以万数。更始既是常才，而不自听断，诸将皆庸人屈起，志在财币，争用威力，朝夕自快而已，非有忠良明智，深虑远图，欲尊主安民者也。明公素有盛德大功，为天下所向服，军政齐肃，赏罚明信。为今之计，莫如延揽英雄，务悦民心，立高祖之业，救万民之命，以公而虑，天下不足定也！”秀大悦，因令禹常宿止于中，与定计议；每任使诸将，多访于禹，皆当其才。

秀自缜死，每独居辄不御酒肉，枕席有涕泣处，主簿冯异独叩头宽譬；因进说曰：“更始政乱，百姓无依；人久饥渴，易为充饱。宜分遣官属，循行郡县，宣布惠泽。”秀纳之。骑都尉耿纯谒秀，退，见官属将兵法度不与他将同，遂自结纳。

纲　十二月，王郎称帝于邯郸。

目　王莽时长安中有自称成帝子子舆者，莽杀之。邯郸卜者王郎缘是诈称真子舆，刘林等信之，与赵国大豪李育等入邯郸，立郎为天子；州郡响应。

纲　甲申，二年，春正月，大司马秀北徇蓟。

纲　二月，玄迁都长安。

目　申屠建等迎更始迁都长安，居长乐宫。升前殿，郎吏以次列庭中；更始羞怍，俯首刮席，不敢视。诸将后至者，更始问：“虏掠得几何？”左右皆宫省久吏，惊愕相视。

纲　以李松为丞相，赵萌为右大司马。

目　更始纳萌女为夫人，故委政于萌，日夜饮燕后庭，以至群小、膳夫皆滥授官爵。长安为之语曰：“灶下养，中郎将。烂羊胃，骑都尉。烂羊头，关内侯。”由是关中离心，四海怨叛。

纲　大司马秀以耿弇为长史。

目　耿况遣其子弇诣长安，弇时年二十一，至宋子，会王郎起，从吏曰：“子舆，成帝正统；舍此不归，远行安之！”弇按剑曰：“子舆弊贼，卒为降虏耳！我至长安，陈渔阳、上谷兵马，归发突骑以辚乌合之众，如摧枯折腐耳！公等不识去就，族灭不久也！”

弇闻大司马秀在卢奴，乃驰北上谒；秀留署长史，与俱北至蓟。秀将南归，弇曰：“今兵从南方来，不可南行。渔阳太守彭宠，公邑人，上谷太守即弇父也，发此两郡，控弦万骑，邯郸不足虑也！”秀官属皆曰：“死尚南首，奈何北行入囊中！”秀指弇曰：“是我北道主人也。”

纲　蓟城反，应王郎；大司马秀走信都、和戎，发兵击邯郸。

目　蓟中反，应王郎，城内扰乱；于是秀趣驾出城，晨夜南驰，至芜蒌亭。时天寒，冯异上豆粥。至下曲阳，传闻王郎兵在后。至滹沱河，候吏还白"河水流澌，无船，不可济"。秀使王霸往视之。霸恐惊众，还即诡曰："冰坚可渡。"遂前至河，河水亦合，乃渡，未毕数骑而冰解。至南宫，遇大风雨，入道傍空舍，冯异抱薪，邓禹爇火，秀对灶燎衣，冯异复进麦饭。至下博城西，惶惑不知所之。有白衣老人指曰："努力！信都为长安城守，去此八十里。"秀即驰赴之。时郡国皆已降王郎，独信都太守任光、和戎太守邳彤不肯。光自恐不全，闻秀至，大喜，彤亦来会。议者多欲西还，彤曰："王郎假名乌合，无有根本之固。明公奋二郡之兵以讨之，何患不克！今释此而归，岂徒空失河北，必更惊动三辅，堕损威重，非计之得者也。若明公无复征伐之意，则虽信都之兵犹难会也。何者？明公既西，则邯郸势成，民不肯捐父母，背成主，而千里送公，其离散亡逃可必也！"秀乃止。秀拜光、彤大将军，将兵以从。众稍合，至万人。移檄边郡，共击邯郸，郡县还复响应。

纲　延岑据汉中，汉中王嘉击降之。

纲　大司马秀以贾复、祭遵为将军。

目　汉中王嘉荐校尉贾复及陈俊于大司马秀，秀以复为将军，俊为掾。秀舍中儿犯法，军市令祭遵格杀之，秀怒，命收遵。主簿陈副谏曰："明公常欲众军整齐，今遵奉法不避，是教令所行也。"乃以为刺奸将军，谓诸将曰："当备祭遵！吾舍中儿犯法尚杀之，必不私诸卿也。"

纲　大司马秀拔广阿。

目　大司马秀引兵东北拔广阿。披舆地图，指示邓禹曰："天下郡国如是，今始乃得其一。子前言以吾虑天下不足定，何也？"禹曰："方今海内殽乱，人思明君，犹赤子之慕慈母。古之兴者在德厚薄，不以大小也。"

纲　耿弇以上谷、渔阳兵行定郡县，会大司马秀于广阿，秀以其将寇恂、吴汉等为将军。夏四月，进拔邯郸，斩王郎。

目　蓟中之乱，耿弇与大司马秀相失，北走昌平，说其父况击邯郸。寇恂曰："大司马伯升母弟，尊贤下士，可归。恂请东约渔阳，齐心合众，邯郸不足图也。"况遣恂约彭宠，宠吏吴汉、盖延、王梁亦方劝宠从秀，会恂至，乃发步骑三千人，以汉、延、梁将之。恂还，与长史景丹及弇将兵与渔阳军合，所过击斩王郎大将以下三万级，会大司马秀于广阿。秀以丹等皆为偏将军，加况、宠大将军。四月，进军邯郸，连战破之。五月，拔邯郸。郎走，追斩之。收郎文书，得吏民与郎交关谤毁者数千章；秀不省，会诸将烧之，曰："令反侧子自安！"秀部将吏卒，皆言愿属大树将军。大树将军者，冯异也，为人谦退不伐，敕吏士非交战受敌，常行诸营之后。每所止舍，诸将并坐论功，异常独屏树下，故军中号曰"大树将军"。

纲　玄立大司马秀为萧王。

目　更始遣使立秀为萧王，令罢兵。耿弇曰："王郎虽破，天下兵革乃始耳。今使者从西方来，欲罢兵，不可听也。铜马、赤眉之属数十辈，辈数十百万人，所向无前，圣公不能办也，败必不久。百姓患苦王莽，复思刘氏，闻汉兵起，莫不欢喜，如去虎口，得归慈母。今更始为天子，而诸侯擅命于山东，贵戚纵横于都内，元元叩心，更思莽朝，是以知其必败也。公功名已著，以义征伐，天下可传檄而定也。天下至重，公可自取，毋令他姓得之！"王乃辞以河北未平，不就征，始贰于更始矣。

纲　秋，萧王击铜马诸贼，悉收其众。南徇河内，降之。

目　是时，诸贼合数百万人，所在寇掠。萧王击铜马于鄡，吴汉将突骑来会，王以朱浮为幽州牧，治蓟。铜马夜遁，王追击，大破之。受降未尽，而高湖、重连来与其余众合；王复与战，悉破降之。诸将未能信，贼降者亦不自安。王知其意，敕令降者各归营勒兵，自乘轻骑按行部陈。降者更相语曰："萧王推赤心置人腹中，安得不投死乎！"悉以分配诸将，众遂数十万。赤眉别帅与青犊、上江、大肜、铁胫、五幡十余万众在射犬，王击破之。南徇河内，太守韩歆降。

纲　公孙述自称蜀王。

纲　冬，赤眉西攻长安。

纲　萧王遣将军邓禹将兵入关，寇恂守河内，冯异拒洛阳，自引兵徇燕、赵。

目　萧王将北徇燕、赵，度赤眉必破长安，乃拜邓禹为前将军，中分麾下精兵二万人，遣西入关。时朱鲔、李轶守洛阳，鲍永、田邑在并州。王以河内险要富实，欲择守者而难其人，问于邓禹。禹曰："寇恂文武备足，有牧民御众之才，非此子莫可使也！"乃拜恂河内太守，谓曰："昔高祖留萧何守关中，吾今委公以河内；当给足军粮，率厉士马，防遏他兵，勿令北渡。"拜冯异为孟津将军，统兵河上，以拒洛阳。王乃引兵而北。恂调糇粮，治器械以供军，未尝乏绝。

纲 梁王永据国起兵。

东汉纪

世祖光武皇帝

纲 乙酉，世祖光武皇帝建武元年，夏四月，公孙述称成帝。

纲 萧王击尤来、大枪、五幡，败之。

纲 萧王遣将追尤来等，又大破之。

目 王引军还蓟，复遣吴汉等追尤来等，破散略尽。贾复伤疮甚，王大惊曰："我所以不令贾复别将者，为其轻敌也。果然，失吾名将！闻其妇有孕，生女邪，我子娶之；生男邪，我女嫁之；不令其忧妻子也。"复病寻愈。

纲 六月，萧王即皇帝位，改元，大赦。

目 王还至中山，诸将请上尊号；不听。到南平棘，复固请之；不许。耿纯进曰："天下士大夫，捐亲戚，弃土壤，从大王于矢石之间者，其计固欲攀龙鳞，附凤翼，以成其志耳。今大王留时逆众，不正号位，纯恐士大夫望绝计穷，则有去归之思，无为久自苦也。大众一散，难可复合。"王深感曰："吾将思之。"行至鄗，召冯异问四方动静。异曰："更始必败，宗庙之忧在于大王，宜从众议。"会儒生强华自关中奉赤伏符来诣王，曰："刘秀发兵备不道，四夷云集龙斗野，四七之际火为主。"群臣因复奏请，乃即位于鄗南。

纲 赤眉以刘盆子称帝。

目 赤眉进至华阴，以西向帝城，而无称号，名为群贼，不可以久；议立宗室，挟义诛伐。乃立刘盆子为上将军，诸将皆称臣拜。盆子时年十五，被发徒跣，敝衣赭汗，见众拜，恐畏欲啼。

纲 秋七月，以邓禹为大司徒，王梁为大司空，吴汉为大司马，伏湛为尚书令。

目 帝使使持节拜禹为大司徒，封酂侯，禹时年二十四。又按赤伏符，以梁为大司空。又欲以谶文用孙咸行大司马，众不悦，乃以吴汉为大司马。初，更始以湛为平原太守，时天下起兵，湛独晏然，抚循百姓，一境赖以全。征为尚书，使典定旧制。又以禹西征，拜湛为司直，行司徒事。

纲　九月，赤眉入长安。

目　更始单骑走，将相皆降。

纲　封更始为淮阳王。

目　诏："敢贼害者，罪同大逆。"

纲　以卓茂为太傅，封褒德侯。

目　宛人卓茂，宽仁恭爱，恬淡乐道，雅实不为华貌，行己在于清浊之间，自束发至白首，与人未尝有争竞，乡党故旧，虽行能与茂不同，而皆爱慕欣欣焉。哀、平间为密令，视民如子，举善而教，口无恶言，吏民亲爱，不忍欺之。民尝有言部亭长受其米肉遗者，茂曰："亭长为从汝求乎，为汝有事嘱之而受乎，将平居自以恩意遗之乎？"民曰："往遗之耳。"茂曰："遗之而受，何故言邪？"民曰："窃闻贤明之君，使民不畏吏，吏不取民。今我畏吏，是以遗之；吏既卒受，故来言耳。"茂曰："汝为敝民矣！凡人所以群居不乱，异于禽兽者，以有仁爱礼义，知相敬事也。汝独不欲修之，宁能高飞远走，不在人间邪！吏顾不当乘威力强请求耳，亭长素善吏，岁时遗之，礼也。"民曰："苟如此，律何故禁之？"茂笑曰："律设大法，礼顺人情。今我以礼教汝，汝必无怨恶；以律治汝，汝何所措其手足乎！一门之内，小者可论，大者可杀也；且归念之。"初，茂到县，有所废置，吏民笑之，邻城闻者皆蚩其不能。河南郡为置守令；茂不为嫌，治事自若。数年，教化大行，道不拾遗。迁京部丞，密人老少皆涕泣随送。及王莽居摄，以病免归。上即位，先访求茂，茂时年七十余，诏曰："夫名冠天下，当受天下重赏。今以茂为太傅，封褒德侯。"

纲　朱鲔以洛阳降；冬十月，帝入都之。

目　诸将围洛阳数月，朱鲔坚守不下。帝以岑彭尝为鲔校尉，令往说之。鲔曰："大司徒被害时，鲔与其谋，又谏更始无遣萧王北伐，自知罪深，不敢降！"彭还言之，帝曰："举大事者，不忌小怨。鲔今若降，官爵可保，况诛罚乎！河水在此，吾不食言！"彭复往告，鲔即降；拜平狄将军，封扶沟侯。侍御史杜诗，安集洛阳。将军萧广纵兵暴横，诗敕晓不改，遂格杀广。上召见，赐棨戟，擢任之。十月，车驾入洛阳，幸南宫，遂定都焉。

纲 淮阳王降于赤眉。

纲 邓禹引军屯栒邑。

目 刘盆子居长乐宫。兵士暴掠，百姓不知所归，闻邓禹乘胜独克，而师行有纪，皆望风相携负以迎军，降者日以千数，众号百万。禹所止，辄停车持节以劳来之，父老、童稚，垂髫、戴白，满其车下，莫不感悦，于是名震关西。诸将豪杰皆劝禹径攻长安。禹曰："不然。今吾众虽多，能战者少，前无可仰之积，后无转馈之资；赤眉新拔长安，财谷充实，锋锐未可当也。吾且休兵北道，就粮养士，以观其敝，乃可图也。"禹于是引军北至栒邑，所到，诸营堡郡邑皆开门归附。

纲 十一月，梁王永称帝。

纲 十二月，赤眉杀淮阳王。

纲 隗嚣据天水，自称西州上将军。

目 隗嚣归天水，复聚其众，自称西州上将军。三辅士大夫避乱者多归之，嚣倾身引接，为布衣交；以范逡为师友，郑兴为祭酒，申屠刚、杜林为治书，马援等为将军，班彪之属为宾客，名震西州。马援少时，以家贫，欲就边郡田牧。兄况曰："汝大才，当晚成；良工不示人以朴，且从所好。"遂之北地田牧。常谓宾客曰："丈夫为志，穷当益坚，老当益壮。"后有畜数千头，谷数万斛，既而叹曰："凡殖财产，贵能赈施也，否则守钱虏耳！"乃尽散于亲旧。闻隗嚣好士，往从之。嚣甚敬重，与决筹策。

纲 窦融据河西，自称五郡大将军。

目 窦融累世仕宦河西，知其土俗。更始时，私谓兄弟曰："天下安危未可知；河西殷富，带河为固，张掖属国精兵万骑，一旦缓急，杜绝河津，足以自守，此遗种处也！"乃因赵萌求往，更始以为张掖属国都尉。融既到，抚结雄杰，怀辑羌虏，得其欢心。与太守都尉梁统等五人尤厚善。及更始败，乃推融行河西五郡大将军事，以梁统为武威太守，史苞为张掖太守，竺曾为酒泉太守，辛肜为敦煌太守，唯库钧为金城太守如故，而融亦仍居属国，领都尉职，置从事，监察五郡。

纲鉴易知录卷二十

东汉纪

光武皇帝

纲 丙戌，二年，春正月朔，日食。

纲 悉封诸功臣为列侯。

目 梁侯邓禹、广平侯吴汉，皆食四县。阴乡侯阴识，贵人之兄也，以军功当增封，识曰："臣托属掖庭，仍加爵邑，此为亲戚受赏，国人计功也。"帝从之。吏郎中魏郡冯勤典诸侯封事，勤差量功次轻重，国土远近，地势丰薄，不相逾越，莫不厌服焉。帝以为能，尚书众事皆令总录之。故事，尚书郎以令史久次补，帝始用孝廉为之。

纲 立宗庙、郊社于洛阳。

目 起郊庙于洛阳，四时合祀高祖、太宗、世宗；建社稷于宗庙之右，立郊兆于城南。

纲 赤眉大掠长安，西入安定、北地。

纲 邓禹入长安。

目 禹入长安，谒高庙，收神主送洛阳。行园陵，置吏士奉守。

纲 大司空梁罢，以宋弘为大司空。

目 王梁屡违诏命，帝怒，欲诛之，既而赦之，以为中郎将。以宋弘为大司空。弘荐桓谭为议郎、给事中。帝令谭鼓琴，爱其繁声。弘闻之，不悦；伺谭出，朝服坐府上，遣吏召之。谭至，不与席而让之；谭顿首辞谢，良久乃遣之。后大会群臣，帝使谭鼓琴；谭见弘，失其常度。帝怪而问之，弘乃离席免冠谢曰："臣所以荐谭者，望能以忠直导主；而令朝廷耽悦郑声，臣之罪也。"帝改容谢之。

湖阳公主新寡，帝与共论朝臣，微观其意。主曰："宋公威容德器，群臣莫及。"后弘被引见，帝令主坐屏风后，因谓弘曰："谚言'贵易交，富易妻'，人情乎？"弘曰："臣闻贫贱之交不可忘，糟糠之妻不下堂。"帝顾谓主曰:"事不谐矣!"

纲 渔阳太守彭宠反。

目 帝之讨王郎也,彭宠发突骑,转粮食,前后不绝。自负其功,意望甚高,帝接之不能满,宠甚怏怏。至是征宠,宠遂发兵反,幽州牧朱浮与宠书曰:"辽东有豕,生子白头,将献之,道遇群豕皆白。以子之功,论于朝廷,辽东豕也;奈何以渔阳而结怨天子,此犹捧土以塞孟津也!"宠怒,攻朱浮于蓟。

纲 夏四月,遣将军盖延等击刘永,围睢阳。

纲 封兄缜子章为太原王,兴为鲁王,淮阳王子三人为列侯。

纲 六月,立贵人郭氏为皇后,子强为皇太子。

纲 秋,贾复击召陵、新息,皆平之。

目 贾复部将杀人于颍川,太守寇恂戮之。复以为耻,欲杀恂。恂知之,不欲与相见。姊子谷崇曰:"崇,将也,得带剑侍侧,有变足以相当。"恂曰:"不然。昔蔺相如不畏秦王,而屈于廉颇者,为国也。"乃敕属县盛供具,储酒醪;执金吾军入界,一人皆兼二人之馔。恂出迎于道,称疾而还。复勒兵欲追之,而吏士皆醉,遂过去。恂遣谷崇以状闻,帝乃征恂。恂至引见,时复先在坐,欲起避之,帝曰:"天下未定,两虎安得私斗!今日朕分之。"于是并坐极欢,遂共车同出,结友而去。

纲 八月,遣将军邓隆讨彭宠,不克。

纲 盖延克睢阳,刘永走湖陵。

纲 青、徐群盗张步等降。

目 帝使伏隆持节,使青、徐二州,群盗闻刘永破败,皆惶怖请降,张步遣其掾随隆诣阙。

纲 将军邓奉反。

目 吴汉徇南阳,多侵暴。将军邓奉谒归新野,怨汉掠其乡里,遂反,击破汉军,与诸贼合从。

纲 九月,赤眉发掘诸陵,复入长安。邓禹战不利,走云阳;延岑屯杜陵。

纲 冬,遣将军岑彭、王常等讨邓奉。

目 帝于大会中指常谓群臣曰:"此家率下江诸军辅翼汉室,心如金石,真忠臣也!"即日拜常忠将军,使与岑彭率七将军讨邓奉。

纲 遣将军冯异入关，征邓禹还京师。

目 邓禹自冯愔叛后，威名稍损，又乏粮食，战数不利，归附者日益离散。帝乃遣偏将军冯异代禹，送至河南，敕异曰："三辅遭王莽、更始之乱，重以赤眉、延岑之酷，元元涂炭，无所依诉。将军今奉辞讨诸不轨，营堡降者，遣其渠帅诣京师；散其小民，令就农桑；坏其营壁，无使复聚。征代非必略地、屠城，要在平定安集之耳。诸将非不健斗，然好虏掠。卿本能御吏士，念自修饬，无为郡县所苦！"异顿首受命，引而西；所至布威信，群盗多降。又诏征邓禹还，曰："慎毋与穷寇争锋！赤眉无谷，自当来降。吾以饱待饥，以逸待劳，折箠笞之，非诸将忧也，无得复妄进兵！"

纲 遣光禄大夫伏隆拜张步为东莱太守。

纲 丁亥，三年，春正月，以冯异为征西大将军。

纲 邓禹、冯异与赤眉战，败绩。

目 邓禹惭于受任无功，数以饥卒徼赤眉战，辄不利；乃率车骑将军邓弘等自河北度至湖，要冯异共攻赤眉。异曰："赤眉众尚多，可以恩信倾诱，难卒用兵破也。上今使诸将屯渑池，要其东，而异击其西，一举取之，此万成计也。"禹、弘不从，弘遂大战移日，军溃。异与禹合兵救之，赤眉小却。异以士卒饥倦，可且休；禹不听，复战，大为所败，禹以二十四骑脱归宜阳。异弃军走，与麾下数人归营，复收散卒，坚壁自守。

纲 立四亲庙于洛阳。

目 祀父南顿君以上至舂陵节侯。

纲 冯异大破赤眉于崤底，贼众东走。帝勒军宜阳降之，得传国玺绶。

目 冯异与赤眉约期会战，使壮士变服与赤眉同，伏于道侧。旦日，赤眉使万人攻异前部，异少出兵以救之；贼见势弱，遂悉众攻异，异乃纵兵大战。日昃，贼气衰，伏兵卒起，衣服相乱，赤眉不复识别，众遂惊溃；追击，大破之于崤底，降男女八万人。帝降玺书劳异曰："始虽垂翅回溪，终能奋翼渑池，可谓失之东隅，收之桑榆。"赤眉余众东向宜阳，帝亲勒六军，严陈以待之。赤眉忽遇大军，惊震，乃遣刘恭乞降，曰："盆子将百万众降陛下，何以待之？"帝曰："待汝以不死耳！"丙午，盆子及丞相徐宣以下肉袒降，上所得传国玺绶。赤眉众尚十余万人，帝令县厨皆赐食。明旦，大陈兵马，令盆子君臣列而观之。帝谓樊崇等曰："得无悔降乎？"徐宣等叩头曰："今日得降，犹去虎口归慈母，诚欢诚喜，无所恨也！"帝曰："卿所谓铁中铮铮，佣中佼佼者也！"赐樊崇等洛阳田宅。帝怜盆子，以为赵王郎中。

纲　二月，刘永立董宪为海西王，张步为齐王；步执伏隆杀之。

目　刘永闻伏隆至剧，亦遣使立张步为齐王。步贪王爵，犹豫未决。隆晓譬曰："高祖与天下约，非刘氏不王；今可得十万户侯耳！"步欲留隆，与共守二州，隆不听，求得反命，步遂执隆而受永封。隆遣间使上书曰："臣隆奉使无状，受执凶逆；虽在困阨，受命不顾。愿以时进兵，无以臣隆为念。"帝得隆奏，召其父湛流涕示之曰："恨不且许而遽求还也！"其后步遂杀之。

纲　三月，以伏湛为大司徒。

纲　涿郡太守张丰反，彭宠自称燕王。

目　丰反，与彭宠连兵。朱浮以帝不自征彭宠，上疏求救。诏报曰："度此反虏，势无久全，其中必有内相斩者。今军资未充，故须后麦耳！"浮城中粮尽，人相食，会耿况遣骑来救，浮乃得脱身走，蓟城遂降于彭宠。宠自称燕王。

纲　帝自将征邓奉。夏四月，奉降，斩之。

纲　冯异击延岑，破之；岑走南阳，关中平。

纲　六月，大将军耿弇击延岑，走之，其将邓仲况以阴降。

目　仲况据阴县，而刘歆孙龚为其谋主。前侍中扶风苏竟以书说之，仲况与龚降。竟终不伐其功，隐身乐道，寿终于家。

纲　睢阳人斩刘永以降，诸将立其子纡，复称梁王。

目　耿弇从容言于帝，自请北收上谷兵，定彭宠于渔阳，取张丰于涿郡，还收富平、获索，东攻张步，以平齐地。帝壮其意，许之。

纲　冬十一月，遣大中大夫来歙使隗嚣。

目　帝谓大中大夫来歙曰："今西州未附，子阳称帝，道里阻远，诸将方务关东，思西州方略，未知所在，奈何？"歙曰："臣尝与隗嚣相遇长安。其人始起，以汉为名。臣愿得奉威命，开以丹青之信，嚣必束手自归，则述自亡之势，不足图也。"帝然之，始令歙使于嚣。嚣奉奏诣阙，帝报以殊礼，言称字，用敌国之仪，所以慰藉之甚厚。

纲 戊子，四年，春，遣邓禹将兵击延岑，破之。岑奔蜀，公孙述以为大司马。

纲 夏四月，帝如鄴，遣吴汉击五校于临平，破之。遣耿弇、祭遵等讨张丰，斩之；弇遂进击彭宠。

纲 秋九月，以侯霸为尚书令。

目 王莽末，天下乱，临淮大尹侯霸独能保全其郡。帝征霸会寿春，拜尚书令。时朝廷无故典，又少旧臣；霸明习故事，收录遗文，条奏前世善政法度施行之。

纲 冬十月，隗嚣遣马援奉书入见。

目 隗嚣使马援往观公孙述。援与述旧同里闬，相善，以为既至，当握手欢如平生，而述盛陈陛卫，以延援入，交拜礼毕，使出就馆。更为援制都布单衣、交让冠，会百官于宗庙中，立旧交之位，述鸾旗、旄骑，警跸就车，磬折而入，礼飨官属甚盛，欲授援以封侯大将军位。宾客皆乐留，援晓之曰："天下雌雄未定，公孙不吐哺走迎国士，与图成败，反修饰边幅，如偶人形，此子何足久稽天下士乎！"因辞归，谓嚣曰："子阳，井底蛙耳，而妄自尊大！不如专意东方。"

嚣乃使援奉书雒阳。援初到，帝在宣德殿南庑下，袒帻，坐迎，笑谓援曰："卿遨游二帝间；今见卿，使人大惭。"援顿首辞谢，因曰："当今之世，非但君择臣，臣亦择君耳！臣与公孙述同县，少相善。臣前至蜀，述陛戟而后进臣；臣今远来，陛下何知非刺客奸人，而简易若是！"帝复笑曰："卿非刺客，顾说客耳。"援曰："天下反覆，盗名字者不可胜数。今见陛下恢廓大度，同符高祖，乃知帝王自有真也。"

纲 太傅褒德侯卓茂卒。

纲 己丑，五年，春正月，遣来歙送马援归陇右。

目 嚣与援共卧起，问以东方事，曰："前到朝廷，上引见数十，每接燕语，自夕至旦，才明勇略，非人敌也。且开心见诚，无所隐伏，阔达多大节，略与高帝同。经学博览，政事文辩，前世无比。"嚣曰："卿谓何如高帝？"援曰："不如也。高帝无可无不可；今上好吏事，动如节度，又不喜饮酒。"嚣意不怿，曰："如卿言，反复胜耶！"

纲 二月，彭宠奴斩宠来降；夷其族，封奴为不义侯。

纲 吴汉、耿弇击富平、获索于平原，大破之；弇遂进讨张步。

纲　以郭伋为渔阳太守。

目　伋乘离乱之后，养民训兵，开示威信，盗贼销散，匈奴远迹；在职五年，户口增倍。

纲　遣将军庞萌、盖延击董宪。萌反，帝自将讨之。

目　庞萌为人逊顺，帝信爱之，尝称曰："可以托六尺之孤，寄百里之命者，庞萌是也。"使与盖延共击董宪。时诏书独下延而不及萌，萌以为延谮己，自疑，遂反袭延军，破之；与董宪连和，自号东平王。帝闻之大怒，自将讨萌，与诸将书曰："吾尝以庞萌为社稷之臣，将军得无笑其言乎！老贼当族，其各厉兵马会睢阳。"

纲　夏四月，窦融遣使奉书入见，诏以融为凉州牧。

目　初，窦融等闻帝威德，心欲东向，以河西隔远，未能自通，乃从隗嚣受建武正朔；嚣皆假其将军印、绶。嚣外顺人望，内怀异心，使辩士张玄说融等曰："更始事已成，寻复亡灭，此一姓不再兴之效也。当各据土宇，兴陇、蜀合从，高可为六国，下不失尉佗。"融等召豪杰议之，其中识者皆曰："今皇帝姓名见于图书；况今称帝者数人，而洛阳土地最广，甲兵最强，号令最明，观符命而察人事，他姓殆未能当也。"融遂决策东向，遣长史刘钧等奉书诣洛阳。帝赐融玺书曰："今益州有公孙子阳，天水有隗将军。方蜀、汉相攻，权在将军，举足左右，便有轻重。以此言之，欲相厚岂有量哉！欲遂立桓、文，辅微国，当勉卒功业；欲三分鼎足，连衡、合从，亦宜以时定。今之议者，必有任嚣教尉佗制七郡之计。王者有分土，无分民，自适己事而已。"因授融凉州牧。玺书至河西，河西皆惊，以为天子明见万里之外。

纲　六月，董宪、刘纡使苏茂、佼强救庞萌；帝自将击破之。秋七月，强以众降，茂奔张步，宪、萌奔朐。梁人斩纡以降。

纲　冬十月，帝如鲁。

纲　耿弇拔祝阿、济南、临菑，与张步战；大破之；帝劳弇军。步斩苏茂以降。齐地悉平。

目　张步闻耿弇将至，使其大将军费邑军历下，又令屯祝阿。弇渡河，先击祝阿，拔之。费邑将精兵三万余人来合战，弇大破之，斩邑；遂定济南。时张步都剧，使其弟蓝将精兵二万守西安，诸郡太守合万余人守临菑，相去四十里。弇进军，居二城之间。弇视西安城小而坚，且蓝兵又精，临菑名虽大而实易攻；遂攻临菑，半日拔之，入据其城。张蓝闻之，将其众亡归剧。弇乃令军中无得虏掠，须张步至乃取之，以激怒步。步兵二十万，至临菑大城东攻弇。弇故示弱，以盛其气，乃引归小城，陈兵于内，自引精兵以横突步陈于东城下，大破之，至暮，罢；弇明旦复勒兵出。是时帝在鲁，闻弇为步所攻，自往救之。未至，陈俊谓弇曰："剧虏兵盛，可且闭营休士，以须上来。"弇曰："乘舆且到，臣子当击牛酾酒，以待百官，反欲以贼虏遗君父邪！"乃出兵大战。自旦及昏，复大破之。弇知步困将退，豫置左右翼为伏以待之；人定时，步果引去，伏兵起纵击，追至巨昧水上，僵尸相属。步还剧。后数日，车驾至临菑，自劳军，群臣大会。帝谓弇曰："昔韩信破历下以开基，今将军攻祝阿以发迹，此皆齐之西界，功足相方。而韩信袭击已降，将军独拔勍敌，其功乃难于信也。将军前在南阳，建此大策，常以为落落难合，有志者事竟成也！"帝进幸剧。

耿弇复追张步，苏茂将万余人来救之。帝遣使告步、茂能相斩降者，封为列侯。步遂斩茂，诣耿弇军门肉袒降，封步为安丘侯。齐地悉平，弇振旅，还京师。弇为将，凡平郡四十六，屠城三百，未尝挫折焉。

纲　初起太学，帝还视之。

目　帝幸太学，稽式古典，修明礼乐，焕然文物可观矣。

纲　十一月，大司徒伏湛免，以侯霸为大司徒。

目　霸闻太原闵仲叔之名而辟之，既至，霸不及政事，徒劳苦而已。仲叔恨曰："始蒙嘉命。且喜且惧，今见明公，喜惧皆去。以仲叔为不足问邪？不当辟也。辟而不问，是失人也！"遂辞出，投劾而去。

纲　十二月，隗嚣遣子入侍。

目　帝遣来歙说嚣遣子入侍。嚣闻刘永、彭宠皆已破灭，乃遣长子恂随歙诣阙。郑兴因恂请与妻子俱东，马援亦将家属随恂归洛阳。嚣将王元说嚣曰："今天水完富，士马最强，元请以一丸泥为大王东封函谷关，此万世一时也。若计不及此，且畜士马，据隘自守，以待四方之变；图王不成，其敝犹足以霸。要之，鱼不可脱于渊，神龙失势，与蚯蚓同！"嚣心然元计，虽遣子入侍，犹负其险阨，欲专制方面。

纲　征处士周党、严光、王良至京师。党、光不屈，以良为谏议大夫。

目 党入见，伏而不谒，自陈愿守所志。博士范升奏曰："伏见太原周党、东海王良、山阳王成等，蒙受厚恩，使者三聘，乃肯就车；及陛见帝庭，党不以礼屈，伏而不谒，偃蹇骄悍，同时俱逝。党等文不能演义，武不能死君，钓采华名，庶几三公之位。臣愿与坐云台之下，考试图国之道。"书奏，诏曰："自古明王、圣主，必有不宾之士，伯夷、叔齐不食周粟，太原周党不受朕禄，亦各有志焉。其赐帛四十匹，罢之。"

光字子陵，少与帝同游学，及帝即位，光乃变姓名，隐身不见，帝以物色访之，得于齐国，累征乃至。车驾即日幸其馆，光卧不起；帝即其卧所抚光腹曰："咄咄子陵，不可相助为理耶？"光乃张目熟视曰："昔唐尧著德，巢父洗耳。士固有志，何至相迫乎！"帝曰："子陵，我竟不能下汝耶！"于是升舆叹息而去。复引光入论道旧故，相对累日；因共偃卧，光以足加帝腹上，明日，太史奏"客星犯御座甚急"，帝笑曰："朕故人严子陵共卧尔。"拜谏议大夫，不肯受，去，耕钓于富春山中，以寿终于家。

王良后历沛郡太守、大司徒司直，在位恭俭，布被瓦器，妻子不入官舍。后以病归，一岁复征；至荥阳，疾笃，不任进道，过其友人。友人拒不肯见，曰："不有忠言奇谋而取大位，何其往来屑屑不惮烦也！"良惭，后征不应，卒于家。

纲 庚寅，六年，春正月，以舂陵乡为章陵县，复其徭役。

纲 吴汉等拔朐，斩董宪、庞萌，江、淮、山东悉平。

目 吴汉等诸将还京师，置酒赏赐。帝积苦兵间，以隗嚣遣子内侍，公孙述远据边陲，乃谓诸将曰："且当置此两子于度外耳。"因休诸将于雒阳，分军士于河内，数腾书陇、蜀，告示祸福。帝与述书曰："君非吾贼臣乱子，仓卒时人皆欲为君事耳。天下神器，不可力争，宜留三思！"署曰"公孙皇帝"。述不答。

纲 冯异入朝。

目 异治关中，出入三岁，上林成都。人有上章言异威权至重，百姓归心，号为"咸阳王"。帝以章示异，异惶惧，上书陈谢。诏报曰："将军之于国家，义为君臣，恩犹父子，何嫌何疑，而有惧意！"至是自长安入朝，帝谓公卿曰："是我起兵时主簿也，为吾披荆棘，定关中。"既罢，赐珍宝、钱帛，诏曰："仓卒芜蒌亭豆粥，滹沱河麦饭，厚意久不报。"异稽首谢曰："臣闻管仲谓桓公曰：'愿君无忘射钩，臣无忘槛车。'齐国赖之。臣今亦愿国家无忘河北之难，小臣不敢忘巾车之恩。”留十余日，令与妻子还西。

纲 夏四时，遣耿弇等七将军从陇道伐蜀。

纲 五月，隗嚣反，使其将王元据陇坻；诸将与战，大败而还。

纲 六月，并省县国，减损吏员。

目 诏曰：“夫张官置吏，所以为民也。今百姓遭难，户口耗少，而县官吏职，所置尚繁。其令司隶、州牧，各实所部，省减吏员，县国不足置长吏者并之。”于是并省四百余县，吏职减损，十置其一。

纲 秋九月晦，日食。

目 执金吾朱浮上疏曰：“昔尧、舜之盛，犹加三考；大汉之兴，亦累功效，吏皆积久，至长子孙。而间者守宰数见换易，迎新相代，疲劳道路。寻其视事日浅，未足昭见其职，既加严切，人不自保，故争饰诈伪以希虚誉，斯所以致日月失行之应也。愿陛下游意于经年之外，望治于一世之后，天下幸甚！”帝采其言，自是牧、守易代颇简。

纲 冬十二月，大司空弘免。

纲 复田租旧制。

目 诏曰：“顷者师旅未解，用度不足，故行十一之税。今粮储差积，其令郡国收见田租，三十税一，如旧制。”

纲 隗嚣降蜀。

目 先是，隗嚣问于班彪曰：“往者周亡，战国并争，数世然后定。意者从横之事，复起于今乎？将乘运迭兴，在于今日也？”彪曰：“周之废兴，与汉殊异。昔周爵五等，诸侯从政，本根既微，枝叶强大，故其末流有从横之事，势数然也。汉承秦制，改立郡县，主有专己之威，臣无百年之柄，至于成帝，假借外家，哀、平短祚，国嗣三绝，故王氏擅朝，能窃号位。危自上起，伤不及下，是以即真之后，天下莫不引领而叹。十余年间，中外骚扰，远近俱发，假号云合，咸称刘氏，不谋同辞。方今雄杰带州域者，皆无六国世业之资，而百姓讴吟思仰，汉必复兴，已可知矣。”嚣曰：“生言周、汉之势可也；至于但见愚人习识刘氏姓号之故，而谓汉复兴，疏矣！昔秦失其鹿，刘季逐而掎之，时民复知汉乎？”彪乃为之著王命论以风切之，曰：“俗见高祖兴于布衣，不达其故，至比天下于逐鹿，不知神器有命，不可以智力求也。悲夫！此世所以多乱臣贼子者也。夫饥馑流隶，饥寒道路，所愿不过一金，然终转死沟壑。何则？

贫穷亦有命也。况乎天子之贵，四海之富，神明之祚，可得而妄处哉？故虽遭罹厄会，窃其权柄，勇如信、布，强如梁、籍，成如王莽，然卒润镬伏质，烹醢分裂，又况么麽不及数子，而欲暗奸天位者虖！英雄诚知觉寤，远览深识；审神器之有授，毋贪不可冀，则福祚流于子孙，天禄其永终矣。”嚣不听。马援闻隗嚣欲贰于汉，数以书责譬之；嚣得书增怒。及嚣发兵反，援上书极陈灭嚣之术，又为书与嚣将杨广，使晓劝于嚣，广竟不答。隗嚣上疏谢，帝复赐嚣书；嚣知帝审其诈，遂遣使称臣于公孙述。

纲　辛卯，七年，春三月，罢郡国车、骑、材官，还复民伍。

纲　是月晦，日食。诏百僚各上封事，不得言圣。

目　大中大夫郑兴上疏曰："顷年日食，每多在晦，先时而合，皆月行疾也。日君象而月臣象，君亢急则臣下促迫，故月行疾。今陛下高明而群臣惶促，宜留思柔克之政，垂意洪范之法。"帝躬勤政事，颇伤严急，故兴奏及之。

纲　夏五月，以李通为大司空。

纲　以杜诗为南阳太守。

目　诗政治清平，兴利除害，百姓便之。又修治陂池，广拓土田，郡内比室殷足，时人方于召信臣。南阳为之语曰："前有召父，后有杜母。"

纲　壬辰，八年，春，遣中郎将来歙伐隗嚣，取略阳，斩其守将。夏闰四月，帝自将征嚣，窦融等率五郡兵以从；嚣众皆降。嚣奔西城，吴汉引兵围之。

目　来歙将二千余人，伐山开道，径袭略阳，斩隗嚣守将金梁。嚣大惊曰："何其神也！"帝闻得略阳，甚喜，曰："略阳，嚣所依阻，心腹已坏，则制其支体易矣！"嚣自悉其大众数万人围略阳，来歙与将士固死坚守。

夏闰四月，帝自征嚣，光禄勋郭宪谏曰："东方初定，车驾未可远征。"乃当车拔佩刀以断车靷。帝不从，西至漆。诸将多以王师之重，不宜远入险阻，计犹豫未决。帝召马援问之，援因说隗嚣将帅有土崩之势，兵进有必破之状。又于帝前聚米为山谷，指画形势，开示众军所从道径，往来分析，昭然可晓。帝曰："虏在吾目中矣！"明旦，遂进军至高平第一。窦融率五郡太守与大军会，遂数道上陇。使王遵以书招牛邯,下之,拜邯大中大夫。于是嚣大将十三人,属县十六,众十余万皆降。嚣将妻子奔西城从杨广,而田弇、李育保上邽。略阳围解。帝劳赐来歙,班坐绝席,在诸将之右,赐歙妻缣千匹。进幸上邽,诏告隗嚣曰:"若束手自诣,父子相见,保无他也。若遂欲为黥布者,亦自任也。"嚣终不降,于是诛其子恂。使吴汉、岑彭围西城,耿弇、盖延围上邽。以四县封窦融为安丰侯,弟友为显亲侯,及五郡太守皆封列侯,遣西还所镇。

纲 颍川盗起。秋九月,帝还宫。六日,自将讨平之。

目 颍川盗群起,寇没属县,河东守兵亦叛,京师骚动。帝闻之曰:"吾悔不用郭子横之言。"秋八月,帝自上邽晨夜东驰,赐岑彭等书曰:"两城若下,便可将兵南击蜀虏。人苦不知足,既平陇,复望蜀。每一发兵,头须为白。"九月乙卯,车驾还宫。帝谓执金吾寇恂曰:"颍川迫近京师,当以时定。惟念独卿能平之耳,从九卿复出以忧国可也!"对曰:"颍川闻陛下有事陇、蜀,故狂狡乘间相诖误耳。如闻乘舆南向,贼必惶怖归死,臣愿执锐前驱。"帝从之。庚申,车驾南征,颍川盗贼悉降。寇恂竟不拜郡,百姓遮道曰:"愿从陛下复借寇君一年。"乃留恂长社,镇抚吏民,受纳余降。

东郡、济阴盗贼亦起,帝遣李通、王常击之。以耿纯尝为东郡太守,威信著于卫地,遣使拜大中大夫,使与大兵会东郡。东郡闻纯入界,盗贼九千余人皆诣纯降,大兵不战而还;玺书复以纯为东郡太守。

纲 冬,公孙述遣兵救隗嚣,吴汉引兵下陇。

目 杨广死,隗嚣穷困。岑彭壅谷水灌西城,城未没丈余。会王元等将蜀兵五千余乘高卒至,决围殊死战,遂行入城,迎嚣归冀。吴汉等军食尽,乃引兵下陇。校尉太原温序为嚣将苟宇所获,宇欲降之。序大怒叱宇等曰:"虏何敢迫胁汉将!"因以节挝杀数人。宇众争欲杀之,宇止之曰:"此义士,死节,可赐以剑。"序受剑,衔须于口,顾左右曰:"既为贼所杀,无令须污血!"遂伏剑而死。从事王忠持其丧归洛阳,诏赐以冢地,拜三子为郎。

纲 癸巳,九年,春正月,征虏将军、颍阳侯祭遵卒于军,诏冯异领其营。

目 遵为人,廉约小心,克己奉公,赏赐尽与士卒;约束严整,所在吏民不知有军。取士皆用儒术,对酒设乐,必雅歌投壶。临终,遗戒薄葬；问以家事，终无所言。其后朝会，帝每叹曰："安得忧国奉公如祭征虏者乎！"

纲　隗嚣死，诸将立其子纯。

纲　夏六月，遣来歙、马援护诸将冯异等屯长安。

纲　秋八月，歙率异等讨隗纯于天水。

纲　甲午，十年，夏，征西大将军、夏阳侯冯异卒于军。

纲　秋八月，帝如长安，遂至汧，隗嚣将高峻降。

目　初，隗嚣将高峻拥兵据高平第一，耿弇等围之，一岁不拔。帝自将征之，进幸汧。遣寇恂往降之。恂至第一，峻遣军师皇甫文出谒，辞礼不屈；恂怒，斩之，遣其副归告峻曰："军师无礼，已戮之矣！欲降急降，不欲固守。"峻惶恐，即日开城门。诸将皆贺，因曰："敢问杀其使而降其城，何也？"恂曰："皇甫文，峻之腹心，其所取计者也。今来辞意不屈，必无降心。全之则文得其计，杀之则峻亡其胆，是以降耳。"诸将皆曰："非所及也。"

纲　冬十月，来歙等攻破落门，隗纯降，王元奔蜀。陇右悉平。

纲　乙未，十一年，春三月，遣吴汉等将兵会岑彭伐蜀，破其浮桥，遂入江关。

目　岑彭屯津乡，数攻田戎等，不克。帝遣吴汉率诛虏将军刘隆等三将发荆州兵，与彭会荆门。彭装战船数十艘，吴汉以诸郡棹卒多费粮谷，欲罢之。彭以为蜀兵盛，不可遣，上书言状。帝报彭曰："大司马习用步骑，不晓水战，荆门之事，一由征南公为重而已。"闰月，岑彭令军中募攻浮桥，先登者上赏。于是偏将军鲁奇应募而前。时东风狂急，鲁奇船逆流而上，直冲浮桥，而攒柱有反杷钩奇船，不得去。奇等乘势殊死战，因飞炬焚之，风怒火盛，桥楼崩烧。岑彭悉军顺风并进，所向无前，蜀兵大乱，溺死者数千人，斩任满，生获程汎，而田戎走保江州。彭上刘隆为南郡太守，自率辅威将军臧宫、骁骑将军刘歆长驱入江关。令军中无得虏掠；百姓大喜，争开门降。

纲　夏，先零羌反，以马援为陇西太守，击破之。

纲　公孙述遣王元拒河池；六月，诸将击破之。述使盗杀监护使者来，来歙，诏以将军马成代之。

目　公孙述以王元为将军，使与领军环安拒河池。六月，来歙与盖延等进攻元、安，大破之，乘胜遂进。蜀人大惧，使刺客刺歙，未殊，驰召盖延。延见歙，因伏悲哀，不能仰视。歙叱延曰："虎牙何敢然！今使者中刺客，无以报国，故呼巨卿，欲相属以军事，而反效儿女子涕泣乎！刃虽在身，不能勒兵斩公邪！"延收泪强起，受所诫。歙自书表曰："臣夜人定后，为何人所贼伤，中臣要害。臣不敢自惜，诚恨奉职不称，以为朝廷羞。夫理国以得贤为本，大中大夫段襄，骨鲠可任，愿陛下裁察。又臣兄弟不肖，终恐被罪，陛下哀怜，数赐教督。"投笔抽刀而绝。帝闻，大惊，省书揽涕。以扬武将军马成代之。歙丧还洛阳，乘舆缟素临吊，送葬。

纲　帝自将征蜀；秋七月，次长安。

纲　岑彭及将军臧宫大破蜀兵。延岑走，王元以其众降。

目　公孙述使其将延岑、王元等悉兵拒广汉及资中，又遣将侯丹拒黄石。岑彭使臧宫从涪水上平曲，拒延岑，自分兵浮江下还江州，溯都江而上，袭击侯丹，大破之；因晨夜倍道，兼行二千余里，径拔武阳。使精骑驰击广都，去成都数十里，势若风雨，所至皆奔散。初，述闻汉兵在平曲，故遣大兵逆之。及彭至武阳，绕出延岑军后，蜀地震骇，述大惊，以杖击地曰："是何神也！"臧宫晨夜进兵，延岑不意汉军卒至，大震恐；宫因纵击，大破之。延岑奔成都，王元举众降。

纲　冬十月，公孙述使盗刺杀征南大将军、舞阴侯岑彭。

目　公孙述使刺客诈为亡奴，降岑彭，夜刺杀彭；监军郑兴领其营，以俟吴汉至而授之。彭持军整齐，秋毫无犯，蜀人为立庙祠之。

纲　马成等破河池，平武都，遂与马援击破先零羌。

纲　以郭伋为并州牧。

目　郭伋为并州牧，过京师，帝问以得失。伋曰："选补众职，当简天下贤俊，不宜专用南阳人。"是时在位多乡曲故旧，故伋言及之。

纲　丙申，十二年，春正月，吴汉大破蜀兵，遂拔广都。

纲　秋七月，将军冯骏拔江州，获田戎。

纲　吴汉进攻成都；九月，入其郛，臧宫拔绵竹，引兵与汉会。

目　吴汉乘利，自将步骑二万进逼成都；去城十余里，阻江北营，作浮桥，使副将刘尚屯于江南，为营相去二十余里。述使谢丰、袁吉将众出攻汉，使别将劫刘尚，令不得相救。汉乃召诸将属之曰："吾欲潜师就尚于江南，并兵御之。若能同心一力，人自为战，大功可立；如其不然，败必无余。成败之机，在此一举。"诸将皆曰："诺。"于是夜衔枚引兵与尚合军。明日，汉悉兵迎战，大破之，斩丰、吉。于是引还广都，留尚拒述。自是汉与述战于广都、成都之间，八战八克，遂军于其郭中。臧宫拔绵竹，与吴汉会于成都。

纲 冬十一月，公孙述引兵出战，吴汉击杀之。延岑以成都降，蜀地悉平。

目 臧宫军咸阳门，述自将数万人攻汉，使延岑扼宫。大战，岑三合三胜，军士并疲，汉因使护军高午、唐邯将锐卒数万击之，述兵大乱；高午奔陈刺述，洞胸堕马死。延岑以城降。吴汉夷述妻子，尽灭公孙氏，并族延岑。

初，述征广汉李业为博士，业固称疾不起。述羞不能致，使大鸿胪尹融奉诏命以劫业："若起则授公侯之位，不起赐以毒酒。"业乃叹曰："古人危邦不入，乱邦不居，为此故也。君子见危授命，乃诱以高位重饵乎！"融曰："宜呼室家计之。"业曰："丈夫断之于心久矣，何妻子之为！"遂饮毒而死。述耻有杀贤之名，遣使吊祠，赙赠百匹，业子翚逃，辞不受。又聘巴郡谯玄，玄不诣，亦遣使者以毒药劫之。太守自诣玄庐劝之行。玄曰："保志全高，死亦奚恨！"遂受毒药。玄子瑛泣血叩头于太守，愿奉家钱千万以赎父死；太守为请，述许之。述又征蜀郡王皓、王嘉，恐其不至，先系其妻子，使者谓嘉曰："速装，妻子可全。"对曰："犬马犹识主，况于人乎！"王皓先自刎，以首付使者。述怒，遂诛皓家属。王嘉闻而叹曰："后之哉！"乃对使者伏剑而死。犍为费贻不肯仕述，漆身为癞，阳狂以避之。同郡任永、冯信皆托青盲以辞征命。帝既平蜀，诏赠常少为太常，张隆为光禄勋，谯玄已卒，祠以中牢，敕所在还其家钱，而表李业之闾。征费贻、任永、冯信，会永、信病卒，独贻仕至合浦太守。上以述将程乌、李育有才干，皆擢用之。于是西土皆悦，莫不归心焉。

纲 参郎羌寇武都，马援击破之。

目 是岁，参狼羌与诸种寇武都，陇西太守马援击破之，降者万余人，于是陇右清静。援务开恩信，宽以待下，任吏以职，但总大体，而宾客故人日满其门。诸曹时白外事，援辄曰："此丞、掾之任，何足相烦！颇哀老子，使得遨游；若大姓侵小民，黠吏不从令，此乃太守事耳。"

纲 诏边吏料敌战守,不拘以逗留法。

纲 窦融及五郡太守入朝,以融为冀州牧。

目 上诏窦融与五郡太守入朝。融等奉诏而行,官属宾客相随,驾乘千余两。既至,赏赐恩宠,倾动京师。寻拜融冀州牧,又以梁统为大中大夫,姑臧长孔奋为武都郡丞。姑臧在河西最为富饶,天下未定,士多不修简操;奋在职四年,力行清洁,为众人所笑,以为身处脂膏,不能自润。及从融入朝,诸守令财货连毂,唯奋无资,单车就道,帝以是赏之。

纲 雍奴侯寇恂卒。

纲 丁酉,十三年,春正月,诏太官勿受郡国异味。

目 诏曰:"郡国献异味,其令太官勿复受。远方口实,所以荐宗庙,自如旧制。"时异国有献名马者,日行千里,又进宝剑,价值百金。诏以剑赐骑士,马驾鼓车。上雅不喜听音乐,手不持珠玉。尝出猎,车驾夜还,上东门候郅恽拒关不开。上令从者见面于门间,恽曰:"火明辽远。"遂不受诏。上乃回,从东中门入。明日,恽上书谏曰:"陛下远猎山林,夜以继日,如社稷、宗庙何!"书奏,赐恽布百匹,贬东中门候为参封尉。

纲 诏诸王皆降为公侯。

纲 以绍嘉公孔安为宋公,承休公姬常为卫公。

纲 以韩歆为大司徒。

纲 夏四月,吴汉军还,大飨将士,诸功臣皆增邑更封。

目 汉自蜀振旅而还;四月,至京师。于是大飨将士、功臣,增邑更封凡三百六十五人,其外戚,恩泽封者四十五人。定封邓禹为高密侯,食四县;李通为固始侯;贾复为胶东侯,食六县;余各有差。已殁者益封其子孙,或更封支庶。

帝在兵间久,厌武事,且知天下疲耗,思乐息肩,自陇、蜀平后,非警急未尝复言军旅。皇太子尝问攻战之事,帝曰:"昔卫灵公问陈,孔子不对。此非尔所及。"邓禹、贾复知帝偃干戈,修文德,不欲功臣拥众京师,乃去甲兵,敦儒学。帝思念欲完功臣爵土,不令以吏职为过,遂罢左、右将军官。耿弇等亦上大将军印、绶,皆以列侯就第,加位特进,奉朝请。

邓禹内行淳备，有子十三人，各使守一艺，修整闺门，教养子孙，皆可以为后世法。

贾复为人刚毅方直，多大节，既还私第，阖门养威重。朱祜等荐复宜为宰相，帝方以吏事责三公，故功臣并不用。

纲　以窦融为大司空。

纲鉴易知录卷二一

东汉纪

光武皇帝

纲　戊戌，十四年，莎车、鄯善遣使奉献，请置都护，不许。

目　莎车王贤、鄯善王安，皆遣使奉献。西域苦匈奴重敛，皆愿属汉，复置都护；上以中国新定，不许。

纲　大中大夫梁统请更定律，不报。

目　统上疏曰："臣窃见元帝轻殊死刑三十四事，哀帝轻殊死刑八十一事，其四十二事手杀人者，减死一等。自后著为常准，故人轻犯法，吏易杀人。臣闻刑罚在衷，无取于轻。谨表其尤害于体者，傅奏于左。愿陛下宣诏有司，详择其善，定不易之典！"事下公卿。光禄勋杜林以为"宜如旧制"。统复上言曰："臣之所奏，非曰严刑。经曰：'爰制百姓，于刑之衷。'衷之为言，不轻不重之谓也。自高祖至于孝宣，海内称治；至初元、建平，而盗贼浸多，皆刑罚不衷，愚人易犯之所致也。由此观之，则刑轻之作反生大患，惠加奸轨，而害及良善也！"事寝，不报。

纲　己亥，十五年，春正月，免大司徒歆归田里，歆自杀。

目　韩歆好直言无隐，帝每不能容。歆于上前证岁将饥凶，指天画地，言甚刚切，故坐免归田里。帝犹不释，复遣使宣诏责之；歆及子婴皆自杀。歆素有重名，死非其罪，众多不厌；帝乃追赐钱谷，以成礼葬之。

纲　有星孛于昴。

纲　夏四月，追谥兄縯为齐武公。

纲　诏州郡检核垦田、户口。

目　帝以天下垦田，多不以实自占，又户口、年纪，互有增减，乃诏下州郡检核。于是刺史、太守多为诈巧，苟以度田为名，聚民田中，并度庐屋、里落，民遮道啼呼；或优饶豪右，侵刻羸弱。

时诸郡各遣使奏事，帝见陈留吏牍上有书，视之，云“颍川、弘农可问，河南、南阳不可问”。帝诘吏由，抵言“于长寿街上得之”。帝怒。时皇子东海公阳年十二，在幄后言曰：“吏受郡敕，当欲以垦田相方耳。”帝曰：“即如此，何故言河南、南阳不可问？”对曰：“河南帝城，多近臣；南阳帝乡，多近亲；田宅逾制，不可为准。”帝令虎贲将诘问吏，吏乃首服，如东海公对。上由是益奇爱阳。遣谒者考实二千石长吏阿枉不平者。

纲　冬十一月，遣马成缮治障塞。以张堪为渔阳太守。

目　使扬武将军马成缮治障塞，十里一堠，以备匈奴。骑都尉张堪击破匈奴于高柳，拜堪渔阳太守。堪视事八年，匈奴不敢犯塞，劝民耕稼，以致殷富。百姓歌曰：“桑无附枝，麦穗两岐。张君为政，乐不可支！”

纲　庚子，十六年，春二月，交趾女子征侧、征贰反。

纲　三月晦，日食。

纲　秋九月，群盗起；冬十月，诏许相斩除罪，遂皆解散。

纲　复行五铢钱。

纲　辛丑，十七年，春二月晦，日食。

纲　冬十月，废皇后郭氏，立贵人阴氏为皇后。

目　郭后宠衰，数怀怨怼，上怒之，废后，立贵人阴氏为皇后。诏曰：“异常之事，非国休福，不得上寿称庆。”郅恽言于帝曰：“臣闻夫妇之好，父不能得之于子，况臣能得之于君乎！是臣所不敢言。虽然，愿陛下念其不可，勿乱大伦，使天下有议社稷者！”帝曰：“恽善恕己量主，知我必不有所左右而轻天下也！”

纲　帝如章陵。

目　帝幸章陵，修园庙，祠旧宅，观田庐，置酒作乐，赏赐。时宗室诸母，因酣悦，相与语曰：“文叔少时谨信，与人不款曲，唯直柔耳。今乃能如此！”帝闻之，大笑曰：“吾治天下，亦欲以柔道行之。”

纲　十二月，以马援为伏波将军，讨交趾。

纲　壬寅，十八年，春三年，马援与征侧、征贰战，大破之。

纲　癸卯，十九年，春正月，尊孝宣皇帝庙为中宗。始祠元帝以上于太庙，成帝以下于长安。徙四亲庙于章陵。

目　五官中郎将张纯与太仆朱浮奏议:"礼,为人子事大宗,降其私亲。当除今亲庙四,以先帝四庙代之。"大司徒戴涉等奏立元、成、哀、平四庙。上自以昭穆次第,当为元帝后,遂追尊宣帝曰中宗。始祠昭帝、元帝于太庙,成帝、哀帝、平帝于长安,舂陵节侯以下于章陵;其长安、章陵,皆太守、令、长侍祠。

纲　马援斩徵侧、徵贰。

纲　六月,废皇太子强为东海王。立东海王阳为皇太子,改名庄。

目　郭后既废,太子强意不自安。郅恽说太子曰:"久处疑位,上违孝道,下近危殆,不如辞位,以奉养母氏。"太子从之,数因左右及诸王陈其恳诚,愿备藩国。上不忍,迟回者数岁。六月,诏曰:"春秋之义,立子以贵。东海王阳,皇后之子,宜承大统。皇太子强,崇执谦退,愿备藩国,父子之情,重久违之。其以强为东海王,立阳为皇太子,改名庄。"

帝以太子舅阴识守执金吾,阴兴为卫尉,皆辅导太子。识性忠厚,入虽极言正议,及与宾客语,未尝及国事,帝敬重之。兴虽礼贤好施,而门无游侠,与张宗、鲜于裒不相好,知其有用,犹称所长而达之;友人张汎、杜禽与兴厚善,以为华而少实,但私之以财,终不为言;是以世称其忠。后帝欲以兴为大司徒,兴固辞曰:"臣不敢惜身,诚亏损盛德,不敢苟冒。"帝遂听之。

以沛国桓荣为议郎,使授太子经。车驾幸太学,会诸博士论难于前,荣辨明经明经义,每以礼让相厌,不以辞长胜人,儒者莫之及。

纲　赐雒阳令董宣钱三十万。

目　陈留董宣为雒阳令。湖阳公主苍头白日杀人,因匿主家,吏不能得。及主出行,以奴骖乘,宣候之,驻车叩马,以刀画地,大言数主之失;叱奴下车,因格杀之。主即还宫诉帝,帝大怒,召宣,欲箠杀之。宣叩头曰:"愿乞一言而死。"帝曰:"欲何言?"宣曰:"陛下圣德中兴,而纵奴杀人,将何以治天下乎?臣不须箠,请自杀!"即以头击楹,流血被面。帝令小黄门持之。使宣叩头谢主,宣不从;强使顿之,宣两手据地,终不肯俯。主曰:"文叔为白衣时藏亡匿死,吏不敢至门;今为天子,威不能行一令乎?"帝笑曰:"天子不与白衣同。"因敕"强项令出"!

赐钱三十万，宣悉以班诸吏。由是能搏击豪强，京师莫不震栗。

纲 秋九月，帝如南顿，赐复二岁。

目 上幸南阳，进幸汝南南顿县舍，置酒会，赐吏民，复南顿田租一岁。父老前叩头言："愿赐复十年。"帝曰："天下重器，常恐不任，日复一日，安敢远期十岁乎！"吏民又言："陛下实惜之，何言谦也！"帝大笑，复增一岁。

纲 甲辰，二十年，夏五月，大司马广平侯吴汉卒。

目 汉病笃，车驾亲临，问所欲言。对曰："臣愚无所知识，愿陛下慎无赦而已。"汉每从征伐，或战不利，诸将多惶惧，失其常度，汉意气自若。帝叹曰："吴公差强人意，隐若一敌国矣！"每当出师，朝受诏，夕则引道，初无办严之日。及在朝廷，斤斤谨质，形于体貌。汉尝出征，妻子在后买田宅，汉还让之曰："军师在外，吏士不足，何多买田宅乎！"遂尽以分与昆弟、外家。故能任职，以功名终。

纲 以郭况为大鸿胪。

目 帝数幸况第，赏赐金帛，丰盛莫比，京师号况家为"金穴"。

纲 冬十二月，遣马援屯襄国。

目 马援自交趾还平陵，孟冀迎劳之。援曰："方今匈奴、乌桓尚扰北边，欲自请击之，男儿要当死于边野，以马革裹尸还葬耳，何能卧床上在儿女子手中邪！"冀曰："谅！为烈士当如是矣！"十二月，匈奴寇天水、扶风、上党，援自请击，帝许之，使出屯襄国，诏百官祖道。援谓黄门郎梁松、窦固曰："凡人富贵，当使可复贱也；如卿等欲不可复贱，居高坚自持。勉思鄙言！"

纲 乙巳，二十一年，冬，西域十八国遣子入侍；请都护，不许。

目 莎车王贤欲兼并西域，诸国愁惧。车师、鄯善等十八国俱遣子入侍；愿得都护。帝以中国初定，北边未服，皆还其侍子，厚赏赐之。诸国闻都护不出，而侍子皆还，大忧恐，乃与敦煌太守檄，"愿留侍子以示莎车，言侍子见留，都护寻至"。裴遵以状闻，帝许之。

纲 丙午，二十二年，冬，以刘昆为光禄勋。

目 初，昆为江陵令，县有火灾，昆向火叩头，火寻灭。后为弘农太守，虎皆负子渡河。帝闻而异之，征昆代林为光禄勋。帝问昆曰："前在江陵，反风灭火；后守弘农，虎北渡河；行何德政而致是事？"对曰："偶然耳。"左右皆笑。帝叹曰："此乃长者之言也！"顾命书诸策。

纲 西域复请都护,不许,遂附于匈奴。

目 西域诸国侍子久留敦煌,皆愁思亡归。莎车王贤知都护不出,击破鄯善,攻杀龟兹王。鄯善王安上书:"愿复遣子入侍,更请都护。都护不出,诚迫于匈奴。"帝报曰:"今使者大兵未能得出;如诸国力不从心,东西南北自在也。"于是鄯善、车师复附匈奴。

纲 戊申,二十四年,春正月,匈奴南边八部立日逐王比为南单于,款塞内附。

目 匈奴南边八部大人共议立日逐王比为呼韩邪单于,款五原塞,愿永为藩蔽,扞御北虏。事下公卿,议者皆以为"天下初定,中国空虚,不可许"。五官中郎将耿国,独以为"宜如孝宣故事,受之,令东扞鲜卑,北拒匈奴,率厉四夷,完复边郡"。帝从之。于是分为南、北匈奴。

纲 秋七月,遣马援征武陵蛮。

目 武陵蛮寇临沅,遣李嵩、马成讨之,不克。马援请行,帝愍其老,未许。援曰:"臣尚能被甲上马。"帝令试之,援据鞍顾盼,以示可用。帝笑曰:"矍铄哉是翁!"遂遣率马武、耿舒等将四万余人征五溪。援谓友人杜愔曰:"吾受厚恩,年迫日索,常恐不得死国事;今获所愿,甘心瞑目,但畏长者家儿,或在左右,与从事,殊难得调,介介独恶是耳!"

纲 冬十月,匈奴南单于遣使入贡。

目 南单于奉藩称臣,上以问朗陵侯臧宫,宫曰:"匈奴饥疫分争,臣愿得五千骑以立功。"帝笑曰:"常胜之家难与虑敌,吾方自思之。"

纲 己酉,二十五年,春三月晦,日食。

纲 夏,新息侯马援卒于军,诏收其印绶。

目 马援军至临乡,击破蛮兵。初,援尝有疾,虎贲中郎将梁松来候之,独拜床下,援不答。松意不平。诸子问曰:"梁伯孙帝婿,贵重朝廷,公卿以下莫不惮之,大人奈何独不为礼?"援曰:"我乃松父友也,虽贵,何得失其序乎!"

援兄子严、敦并喜讥议,通轻侠,援前在交趾,还书诫之曰:"吾欲汝曹闻人过失,如闻父母之名,耳可得闻,口不可得言也。好议论人长短,妄是非政法,此吾所大恶;宁死,不愿闻子孙有此行也。龙伯高敦厚周慎，口无择言，谦约节俭，廉公有威，吾爱之重之，愿汝曹效之。杜季良豪侠好义，忧人之忧，乐人之乐，父丧致客，数郡毕至，吾爱之重之，不愿汝曹效也。效伯高不得，犹为谨敕之士，所谓‘刻鹄不成尚类鹜’者也。效季良不得，陷为天下轻薄子，所谓‘画虎不成反类狗’者也。”伯高者，山都长龙述也。季良者，越骑司马杜保也。会保仇人上书，讼保为行浮薄，乱群惑众，伏波将军万里还书以诫兄子，而梁松、窦固与之交结。帝召松、固以讼书及援诫书示之，松、固叩头流血而得不罪。诏免保官，擢拜龙述为零陵太守。松由是恨援。

及援讨武陵蛮，军次下隽，有两道可入，从壶头则路近而水险，从充则涂夷而运远。耿舒欲从充道，援以为弃日费粮，不如进壶头。以事上之，帝从援策。进营壶头，贼乘高守隘，水疾，船不得上；会暑甚，士卒多疫死，援亦中病。耿舒与兄弇书，言“壶头竟不得进，大众怫郁行死，诚可痛惜！前到临乡，贼无故自致，若夜击之，即可殄灭。伏波类西域贾胡，到一处辄止，以是失利。今果疫疾”。弇得书奏之，帝乃使梁松乘驿责问援，因代监军。会援卒，松因是构陷援。帝大怒，追收援新息侯印、绶。

初，援在交趾，尝饵薏苡实，能轻身，胜瘴气，军还，载之一车。及卒后，有上书谮之者，以为昔所载还皆明珠、文犀，帝益怒。援妻孥惶惧，不敢以丧还旧茔，稿葬城西。前云阳令朱勃诣阙上书曰：“窃见故伏波将军马援，事朝廷二十二年，北出塞漠，南渡江海，触冒毒气，僵死军事，名灭爵绝，国土不传，家属杜门，葬不归墓，怨隙并兴，宗亲怖栗，臣窃伤之！愿下公卿，评援功罪，宜绝宜续，以厌海内之望。”帝意稍解。

纲 冬十月，监军谒者宋均，矫制告谕群蛮，降之。

目 谒者宋均监援军，援既卒，军士疫死者大半，蛮亦饥困。均乃与诸将议曰：“夫忠臣出境，有可以安国家，专之可也。”乃矫制调伏波司马吕种守沅陵长，命种奉诏书入虏营，告以恩信，因勒兵随其后。蛮夷震怖，冬十月，共斩其大帅而降，群蛮遂平。上嘉其功，迎赐以金帛。

纲 庚戌，二十六年，春正月，初作寿陵。

目 帝曰：“古者帝王之葬，皆陶人瓦器，木车茅马，使后世之人不知其处。太宗识终始之义，景帝能述遵孝道，遭天下反覆，而霸陵独完受其福，岂不美哉！今所制地，不过二三顷，无为山陵陂池，裁令流水而已，使迭兴之后，与丘陇同体。”

纲 辛亥，二十七年，夏五月，诏三公去大名，改司马曰太尉。

纲 北匈奴求和亲，不许。

目 北匈奴遣使诣武威，求和亲，帝召公卿廷议，不决。皇太子言曰：“南单于新附，今交通北虏，臣恐南单于将有二心。”帝然之，告武威太守，勿受其使。臧宫、马武上书曰：“虏今人畜疫死，旱蝗赤地，疲困乏力，不当中国一郡。今命将临塞，厚县购赏，北虏之破，不过数年。”诏报曰：“今国无善政，灾变不息，百姓惊惶，人不自保，而复欲远事边外乎！诚能举天下之半以灭大寇，岂非至愿！苟非其时，不如息民。”自是诸将莫敢言兵事者。

纲 壬子，二十八年，春，以鲁益东海。

目 徙鲁王兴为北海王，以鲁益东海。帝以东海王强去就有礼，故优以大封，食二十九县，赐虎贲旄头，设钟簴之乐，拟于乘舆。

纲 夏六月，沛太后郭氏薨。

纲 秋八月，以张佚为太子太傅，桓荣为少傅。

目 上大会群臣，问“谁可傅太子者”？群臣承望上意，皆言“太子舅阴识可”。博士张佚正色曰：“今陛下生太子为阴氏乎？为天下乎？即为阴氏，则阴侯可；为天下，则固宜用天下之贤才。”帝称善，曰：“欲置傅者，以辅太子也；今博士不难正朕，况太子乎！”即拜佚为太子太傅，以博士桓荣为少傅，赐以辎车、乘马。荣大会诸生，陈其车马、印绶，曰：“今日所蒙，稽古之力也，可不勉哉！”

纲 北匈奴乞和亲，许之。

纲 甲寅，三十年，春二月，帝东巡。

目 群臣上言：“即位三十年，宜封禅泰山。”诏曰：“即位三十年，百姓怨气满腹。‘吾谁欺，欺天乎！’‘曾谓泰山不如林放乎？’何事污七十二代之编录！”于是群臣不敢复言。

纲 闰月，有星孛于紫宫。

纲 夏，大水。

纲 胶东侯贾复卒。

目 复从征伐，未尝丧败。诸将每论功伐，复未尝有言，帝辄曰：“贾君之功，我自知之。”

纲 乙卯，三十一年，夏五月，大水。晦，日食。蝗。

纲 丙辰，建武中元元年，春正月，以第五伦为会稽太守。

目 京兆掾第五伦领长安市，公平廉介，市无奸枉。每读诏书，叹息曰："此圣主也，一见决矣。"后补淮阳王医工长，王入朝，伦随官属得会见。帝问以政事，伦因此酬对，帝大悦，拜会稽太守。为政清而有惠，百姓爱之。

纲 二月，帝东巡，封泰山，禅梁阴。

目 上读河图会昌符曰："赤刘之九，会命岱宗。"上感此文，乃诏梁松等按索河、洛谶文，言九世当封禅者，凡三十六事。于是张纯等复奏请封禅，上乃许焉。丁卯，车驾东巡，二月，幸鲁，进幸泰山。辛卯，祭天于泰山下南方。事毕，天子御辇登山，尚书令奉玉牒简，天子以寸二分玺亲封之，事毕，上乃到山下。甲午，禅祭地于梁阴。

纲 夏四月，帝还宫。

纲 六月，京师醴泉出，赤草生，郡国言甘露降。

纲 秋，蝗。

纲 冬十一月晦，日食。

纲 起明堂、灵台、辟雍。宣布图谶于天下。

目 初，上以赤伏符即帝位，由是信用谶文，多以决定嫌疑。桓谭上疏谏曰："凡人忽于见事，而贵于异闻。观先王之所纪述，咸以仁义正道为本，非有奇怪虚诞之事。盖天道性命，圣人所难言也，自子贡以下，不得而闻，况后世浅儒能通之乎！今诸巧慧小才、伎数之人，增益图书，矫称谶记，以欺惑贪邪，诖误人主，焉可不抑远之哉！臣谭伏闻陛下穷折方士黄白之术，甚为明矣；而乃欲听纳谶记，又何误也！其事虽有时合，譬犹卜数只偶之类。陛下宜垂明听，发圣意，屏群小之曲说，述五经之正义。"疏奏，帝不悦。会议灵台所处，帝谓谭曰："吾欲以谶决之。"谭默然，良久曰："臣不读谶。"帝问其故，谭复极言谶之非经。帝大怒曰："桓谭非圣无法，将下斩之！"谭叩头流血，良久，乃得解。出为六安郡丞，道病卒。

纲 丁巳，二年，春二月，帝崩。

目 帝崩于南宫前殿，年六十三。帝每旦视朝，日昃乃罢，数引公卿、郎将，讲论经理，夜分乃寐。皇太子见帝勤劳不怠，乘间谏曰：

"陛下有禹、汤之明，而失黄、老养性之福，愿颐养精神，优游自宁。"帝曰："我自乐此，不为疲也。"虽以征伐济大业，及天下既定，乃退功臣而进文吏，明慎政体，总揽权纲，量时度力，举无过事，故能恢复前烈，身致太平。

纲　太子庄即位，尊皇后曰皇太后。

纲　三月，葬原陵。

纲　夏四月，以邓禹为太傅，东平王苍为骠骑将军。

目　诏曰："高密侯禹，元功之首；东平王苍，宽博有谋。其以禹为太傅，苍为骠骑将军。"苍尝荐西曹掾吴良，帝曰："荐贤助国，宰相之职也。萧何举韩信，设坛而拜，不复考试，今以良为议郎。"

显宗孝明皇帝

纲　戊午，显宗孝明皇帝永平元年，春正月，朝原陵。

目　帝率公卿以下朝于原陵，如元会仪。太官上食，太常奏乐，是后遂以为常。

纲　夏五月，太傅高密侯邓禹卒。

纲　东海王强卒。

纲　好畤侯耿弇卒。

纲　己未，二年，春正月，宗祀光武皇帝于明堂。始服冠冕玉佩，登灵台，望云物。

纲　三月，临辟雍，行大射礼。

纲　冬十月，行养老礼。

目　上幸辟雍，初行养老礼，以李躬为三老，桓荣为五更。礼毕，引桓荣及弟子升堂，上自为下说，诸儒执经问难于前，冠带搢绅之人，圜桥门而观听者，盖亿万计。于是下诏赐荣爵关内侯。上自为太子，受尚书于桓荣，及即位，犹尊荣以师礼。荣卒，帝以荣子郁为侍中。

纲　庚申，三年，春二月，立贵人马氏为皇后，子炟为皇太子。

目　后，援之女也，光武时选入太子宫，能奉承阴后，傍接同列，礼则修备，上下安之，遂见宠异；及帝即位，为贵人。时后前母姊女贾氏亦以选入，生皇子炟；帝以后无子，命养子，谓曰："人未必当自生子，但患爱养不至耳。"后于是尽心抚育，劳悴过于所生。太子亦孝性纯笃，母子慈爱，始终无纤介之间。后常以皇嗣未广，荐达左右，若恐不及。及有司奏立长秋宫，帝未有所言，皇太后曰："马贵人德冠后宫，即其人也。"后既正位宫闱，愈自谦肃，好读书。常衣大练，裙不加缘；朔望诸姬、主朝谒，望见后袍衣疏粗，以为绮縠，就视，乃笑。后曰："此缯特宜染色，故用之耳。"

纲 图画中兴功臣于云台。

目 帝思中兴功臣，乃图二十八将于南宫云台。以邓禹为首，次马成、吴汉、王梁、贾复、陈俊、耿弇、杜茂、寇恂、傅俊、岑彭、坚镡、冯异、王霸、朱祐、任光、祭遵、李忠、景丹、万修、盖延、邳彤、姚期、刘植、耿纯、臧宫、马武、刘隆，又益以王常、李通、窦融、卓茂，合三十二人。马援以椒房之亲，独不与焉。

纲 夏六月，有星孛于天船北。

纲 大起北宫，既而罢之。

目 时天旱，尚书仆射钟离意诣阙免冠上疏曰："昔成、汤遭旱，以六事自责。窃见北宫大作，民失农时。自古非苦宫室小狭，但患民不安宁，宜且罢止，以应天心。"帝策诏报曰："汤引六事，咎在一人，其冠履，勿谢。"又敕大匠止作诸宫；遂应时澍雨。

帝性褊察，好以耳目隐发为明，公卿大臣数被诋毁，近臣尚书以下至见提曳。尝以事怒郎药崧，以杖撞之；崧走入床下，帝怒甚，疾言曰："郎出！"崧乃曰："'天子穆穆，诸侯皇皇'，未闻人君，自起撞郎。"帝乃赦之。

是时朝廷莫不悚栗，争为严切以避诛责，唯钟离意独敢谏争，数封还诏书，臣下过失，辄救解之。

钟离意荐全椒长刘平，诏征拜议郎。平在全椒，政有恩惠，民或增赀就赋，或减年从役。太守行部，狱无系囚，人自以得所，不知所问，但班诏书而去。

纲 秋八月晦，日食。

纲 冬十月，帝奉皇太后如章陵。

目 车驾从皇太后幸章陵，荆州刺史郭贺，官有殊政，上赐以三公之服，黼黻、冕旒；敕行部去襜帷，使百姓见其容服，以章有德。

辛酉，四年，冬十月，陵乡侯梁松下狱，死。

纲 松坐怨望、县飞书诽谤，下狱，死。初，上为太子，大中大夫郑兴子众以通经知名，太子及山阳王荆因梁松以缣帛请之，众曰："太子储君，无外交之义；汉有旧防，藩王不宜私通宾客。"松曰："长者意不可逆。”众曰:“犯禁触罪,不如守正而死。”遂不往。及松败,宾客多坐之,唯众不染于辞。

纲 甲子,七年,春正月,皇太后阴氏崩。二月,葬光烈皇后。

纲 以宋均为尚书令。

目 初,均为九江守,五日一听事,悉省掾、史,闭督邮府内,属县无事,百姓安业。九江旧多虎暴,常募设槛穽,而犹多伤害。均下记属县曰:“夫江、淮之有猛兽,犹北土之有鸡豚也,今为民害,咎在残吏,而劳勤张捕,非忧恤之本也。其务退奸贪,思进忠善,可一去槛穽,除削课制。”其后无复虎患。帝闻均名,故任以枢机。均谓人曰:“国家喜文法、廉吏,以为足止奸也;然文吏习为欺谩,而廉吏清在一己,无益百姓流亡、盗贼为害也。均欲叩首争之,时未可改也。久将自苦之,乃可言耳!”

纲 乙丑,八年,冬十月,诏听有罪亡命者赎。

目 募死罪系囚诣度辽营,有罪亡命者,令赎各有差。楚王英奉黄缣、白纨诣国相曰:“托在藩辅,过恶累积,欢喜大恩,奉遂缣帛,以赎愆罪。”国相以闻,诏报曰:“楚王诵黄、老之微言,尚浮图之仁祠,洁斋三月,与神为誓,何嫌何疑,当有悔吝!其还赎以助伊蒲塞、桑门之盛馔。”

初,帝闻西域有神,其名曰佛,因遣使之天竺,求其道;得其书及沙门以来。其书大抵以虚无为宗,贵慈悲不杀,以为人死精神不灭,随复受形;生时所行善恶,皆有报应,故所贵修练精神,以至为佛。善为宏阔胜大之言,以劝诱愚俗。精于其道者,号曰沙门。于是中国始传其术,图其形像,而王公贵人,独楚王英最先好之。

纲 是月晦,日食既,诏群司极言,复以示百官。

纲 丙寅,九年,大有年。

纲 匈奴遣子入学。

目 帝崇尚儒学,自皇太子诸王侯及大臣子弟、功臣子孙,莫不受经。又为外戚樊氏、郭氏、阴氏、马氏诸子立学于南宫,号“四姓小侯”,置五经师,搜选高能,以授其业。自期门、羽林之士,悉令通孝经章句。匈奴亦遣子入学。

纲 丁卯,十年,冬十二月,以丁鸿为侍中。

目 初,陵阳侯丁綝卒,子鸿当袭封,上书称病,让国于弟盛,不报。既葬,乃挂衰绖于冢庐而逃去。友人九江鲍骏遇鸿于东海,让之曰："昔伯夷、吴札，乱世权行，故得申其志耳。今子以兄弟私恩，而绝不灭之基，可乎？"鸿感悟垂涕，乃还就国。鲍骏因上书荐鸿经学至行，上征鸿为侍中。

纲 戊辰，十一年，春正月，东平王苍来朝。

目 苍与诸王俱来朝，月余，还国。帝临送归宫，凄然怀思，乃遣使手诏赐东平国中傅曰："乱别之后，独坐不乐，因就车归，伏轼而吟，瞻望永怀，实劳我心。诵及采菽，以增叹息。日者，问东平王：'处家何等最乐？'王言：'为善最乐。'其言甚大，副是要腹矣。今送列侯印十九枚，诸王子年五岁已上能趋拜者，皆令带之。"

纲 庚午，十三年，冬十一月，楚王英有罪，废徙丹阳。

目 楚王英与方士作金龟、玉鹤，刻文字为符瑞。男子燕广告英与渔阳王平、颜忠等造作图书，有逆谋。事下案验，有司奏英大逆不道，请诛之。帝以亲亲不忍，十一月，废英，徙丹阳泾县。

纲 辛未，十四年，夏四月，故楚王英自杀。

目 楚王英至丹阳，自杀。

是时穷治楚狱，遂至累年，其辞语相连，自京师亲戚、诸侯、州郡豪杰及考案吏，阿附坐死、徙者以千数，而系狱者尚数千人。

英阴疏天下名士，上得其录，有吴郡太守尹兴名，乃征兴及掾、史五百余人诣廷尉就考。诸吏不胜掠治，死者大半，唯门下掾陆续、主簿梁宏、功曹史驷勋，备受五毒，肌肉消烂，终无异辞。续母自吴来雒阳，作食以馈。续虽见考，辞色未尝变，而对食悲泣不自胜。治狱者问其故，续曰："母来不得见，故悲耳。"问："何以知之？"续曰："母截肉未尝不方，断葱以寸为度，故知之。"使者以状闻，上乃赦兴等，禁锢终身。

颜忠、王平辞引隧乡侯耿建、朗陵侯臧信、濩泽侯邓鲤、曲成侯刘建。是时上怒甚，吏皆惶恐，诸所连及，率一切陷入，无敢以情恕者。侍御史寒朗心伤其冤，乃上言："建等无奸，专为忠、平所诬；疑天下无辜，类多如此。"帝怒，促提下捶之。左右方引去，朗曰："臣今所陈，诚死无悔！"帝意解，诏遣朗出。后二日，车驾自幸洛阳狱，录囚徒，理出千余人。时天旱，即下雨。马后亦以楚狱多滥，乘间为帝言之，帝恻然感悟，夜起彷徨，由是多所降宥。

纲 初作寿陵。

目 初作寿陵，制："裁令流水而已，无得起坟。"

纲鉴易知录卷二二

东汉纪

孝明皇帝

纲　壬申，十五年，春二月，帝东巡，耕于下邳。三月，至鲁，诣孔子宅。

目　幸孔子宅，亲御讲堂，命皇太子诸王说经。

纲　封皇子六人为王。

目　封皇子恭为巨鹿王，党为乐成王，衍为下邳王，畅为汝南王，昞为常山王，长为济阴王。帝亲定其封域，裁令半楚、淮阳。马后曰："诸子食数县，于制不已俭乎？"帝曰："我子岂宜与先帝子等，岁给二千万足矣。"

纲　冬，遣都尉耿秉、窦固将兵屯凉州。

纲　癸酉，十六年，春二月，遣太仆祭肜及窦固等伐北匈奴，固取伊吾卢地；肜不见虏而还，下狱，免，卒。

纲　西域诸国遣子入侍。

目　窦固使假司马班超，与从事郭恂，俱使西域。超行到鄯善，鄯善王广奉超礼敬甚备，后忽更疏懈，超谓其官属曰："此必虏使来，狐疑未知所从故也。明者睹未萌，况已著邪！"乃召侍胡诈之曰："匈奴使来数日，今安在乎？"侍胡惶恐曰："到已三日，去此三十里。"超乃闭侍胡，悉会其吏士三十六人，曰："不入虎穴，不得虎子。当今之计，独有因夜以火攻虏，使彼不知我多少，必大震怖，可殄尽也。灭此虏，则鄯善破胆，功成事立矣。"众曰："当与从事议之。"超怒曰："吉凶决于今日；从事，文俗吏，闻此必恐，而谋泄，死无所名，非壮士也。"众曰："善。"初夜，超遂将吏士往奔虏营。会天大风，超令十人持鼓藏虏舍后，约曰："见火燃，皆当鸣鼓大呼。余人悉持兵弩，夹门而伏。"超乃顺风纵火；前后鼓噪，虏众惊乱，超手格杀三人，吏兵斩其使及从士三十余级，余众百许人悉烧死。明日，乃还告郭恂，恂大惊。超于是召鄯善王广，以虏使首示之，一国震怖。广叩头，“愿属汉，无二志”。遂纳子为质。还白窦固，固大喜，具上超功效，并求更选使使西域。帝曰：“吏如班超，何故不遣而更选乎！今以超为军司马，令遂前功。”

固复使超使于寘。是时于寘王广德雄张南道，而匈奴遣使监护其国。超既至于寘，广德素闻超在鄯善诛灭虏使，大惶恐，即杀匈奴使者而降。于是诸国皆遣子入侍，西域与汉绝六十五载，至是乃复通焉。

纲 秋七月，北匈奴大入云中。

目 北匈奴大入云中，云中太守廉范拒之。吏以众少，欲移书傍郡求救，范不许。会日暮，范令军士各交缚两炬，三头爇火，营中星列。虏谓汉兵救至，大惊，待旦将退。范令军中蓐食，晨，往赴之，斩首数百级，虏自相辚藉，死者千余人，由此不敢向云中。

纲 甲戌，十七年，春正月，北海王睦卒。

目 睦少好学，光武及上皆爱之。尝遣中大夫诣京师朝贺，召而谓之曰：“朝廷设问寡人，大夫将何辞以对？”使者曰：“大王忠孝慈仁，敬贤乐士，臣敢不以实对！”睦曰：“吁，子危我哉！此乃孤幼时进趋之行也。大夫具对以孤袭爵以来，志意衰惰，声色是娱，犬马是好，乃为相爱耳！”其智虑畏慎如此。

纲 白狼等国入贡。

目 益州刺史朱辅，宣示汉德，威怀远夷，自汶山以西，前世所不至，正朔所未加，白狼、槃木等百余国，皆举种称臣奉贡。

纲 夏五月，百官上寿。

目 公卿百官以威德怀远，祥物显应，并集朝堂，奉觞上寿。制曰：“天生神物，以应王者；远人慕化，实由有德；朕以虚薄，何以享斯！唯高祖、光武圣德所被，不敢有辞，其敬举觞，太常择吉日，策告宗庙。”仍推恩赐民爵及粟有差。

纲 冬十一月，遣窦固等击车师，降之，复置西域都护，戊、己校尉。

纲 乙亥，十八年，春二月，窦固军还。

纲 北匈奴击车师后王安得，杀之，遂攻戊校尉耿恭；恭击却之。

目 北单于遣左鹿蠡王率二万骑击车师，耿恭遣司马将兵三百人救之，皆为所杀，匈奴遂破杀车师后王安得而攻金蒲城。恭以毒药傅矢，语匈奴曰："汉家箭神，其中疮者必有异。"虏中矢者，视创皆沸，大惊。会天暴风雨，随雨击之，杀伤甚众。匈奴震怖，相谓曰："汉兵神，真可畏也！"遂解去。

纲 夏六月，有星孛于太微。

纲 秋八月，帝崩。

目 帝崩于东宫前殿，年四十八。帝遵奉建武制度，无所变更，后妃之家不得封侯与政。馆陶公主为子求郎，不许，而赐钱千万，谓群臣曰："郎官上应列宿，出宰百里，苟非其人，则民受其殃，是以难之。"公车以反支日不受章奏，帝闻而怪曰："民废农桑，远来诣阙，而复拘以禁忌，岂为政之意乎！"于是遂蠲其制。是以吏得其人，民乐其业，远近畏服，户口滋殖焉。

纲 太子炟即位，尊皇后曰皇太后。葬显节陵。

纲 冬十月，以赵憙为太傅，牟融为太尉，并录尚书事。

纲 十一月，以第五伦为司空。

目 伦为蜀郡太守，在郡公清，所举吏多得其人，故帝自远郡用之。

纲 西域攻没都护陈睦，北匈奴围己校尉关宠。车师叛，与匈奴共围耿恭。诏酒泉太守段彭将兵救之。

目 焉耆、龟兹攻没都护陈睦，北匈奴围关宠于柳中城。会中国有大丧，救兵不至，车师复叛，与匈奴共攻耿恭。恭率士众御之，数月，食尽穷困，乃煮铠弩，食其筋革。恭与士卒推诚同死生，故皆无二心，而稍稍死亡，余数十人。单于知恭已困，欲必降之，遣使招恭。恭诱其使上城，手击杀之，委诸城上。单于大怒，更益兵围恭，不能下。关宠上书求救，帝遣征西将军耿秉屯酒泉，行太守事，遣酒泉太守段彭与谒者王蒙、皇甫援发张掖、酒泉、敦煌三郡及鄯善兵，合七千余人以救之。

纲 是月晦，日食。

纲 以马廖为卫尉，防为中郎将，光为越骑校尉。

目 太后兄弟，终明帝世未尝改官。帝以廖为卫尉，防为中郎将，光为越骑校尉。廖等倾身交结，冠盖之士争赴趣之。

纲 大旱。

肃宗孝章皇帝

纲 丙子，肃宗孝章皇帝建初元年，春正月，诏廪赡饥民。

纲 诏二千石劝农桑，慎选举，顺时令，理冤狱。

目 时承永平故事，吏政尚严切。尚书陈宠以帝新即位，宜改前世苛俗，乃上疏曰："臣闻先王之政，赏不僭，刑不滥；与其不得已，宁僭无滥。往者断狱严明，所以威惩奸慝；奸慝既平，必宜济之以宽。夫为政犹张琴瑟，大弦急者小弦绝。陛下宜隆先王之道，涤荡烦苛之法，以济群生，全广至德。"帝深纳宠言，每事务于宽厚。

第五伦亦上疏曰："光武承王莽之余，颇以严猛为政，后代因之，遂成风俗。郡国所举，类多办职俗吏，殊未有宽博之选，以应上求者也。陈留令刘豫、冠车令驷协，并以刻薄之资，务为严苦，吏民愁怨，莫不疾之，而议者反以为能，违天心，失经义。非徒应坐豫、协，亦宜谴举者，务进仁贤以任时政，不过数人，则风俗自化矣。"上善之。伦虽天性峭直，然常疾俗吏苛刻，论议每依宽厚云。

纲 关宠败没。段彭击车师，匈奴走，车师复降。罢都护及戊、己校尉官。班超留屯疏勒。

纲 八月，有星孛于天市。

纲 丁丑，二年，夏四月，大旱。

目 上欲封爵诸舅，太后不听。会大旱，言事者以为不封外戚故。太后诏曰："王氏五侯同日俱封，黄雾四塞，不闻澍雨之应。夫外戚贵盛，鲜不倾覆，故先帝防慎舅氏，不令在枢机之位，又言'我子不当与先帝子等'，今有司奈何欲以马氏比阴氏乎！"帝省诏悲叹，复重请之。太后曰："常观富贵之家，禄位重叠，犹再实之木，其根必伤。吾计之熟矣，勿有疑也！夫至孝之行，安亲为上。今数遭变异，谷价数倍，忧惶昼夜，不安坐卧，而欲先营外家之封，违慈母之拳拳乎！若阴阳调和，边境清静，然后行子之志；吾但当含饴弄孙，不能复关政矣。"

马廖上疏曰："昔元帝罢服官，成帝御浣衣，哀帝去乐府，然而侈费不息，至于衰乱者，百姓从行不从言也。夫改政移风，必有其本。传曰：'吴王好剑客，百姓多创瘢。楚王好细腰，宫中多饿死。'长安语曰：'城中好高结，四方高一尺。城中好广眉，四方且半额。城中好大袖，四方全匹帛。'斯言如戏，有切事实。前下制度未几，后稍不行，虽或吏不奉法，良由慢起京师。"太后深纳之。

纲 戊寅，三年，春三月，立贵人窦氏为皇后。

纲 己卯,四年,夏四月,立子庆为皇太子。

纲 五月,封马廖等为列侯,以特进就第。

目 有司请封诸舅,帝以天下丰稔,方垂无事,从之。太后闻之曰:“吾少壮时,但慕竹帛,志不顾命。今虽已老,犹戒之在得,故日夜惕厉,思自降损。何意老志不从,万年之日长恨矣!”廖等辞让,不许;乃受爵而辞位,许之,皆以特进就第。

纲 六月,皇太后马氏崩。秋七月,葬明德皇后。

纲 冬十一月,诏诸儒会白虎观,议五经同异。

目 杨终言:“章句之徒,破坏大体,宜如宣帝石渠故事,永为后世则。”诏太常:“将、大夫、博士、郎官及诸儒会白虎观,议五经同异。”帝亲称制临决,作白虎议奏,丁鸿、楼望、成封、桓郁、班固、贾逵及广平王羡皆与。固,超之兄也。

纲 庚辰,五年,春二月朔,日食,举直言极谏。

目 诏:“所举以岩穴为先,勿取浮华。”

纲 夏五月,以直言士补外官。

目 诏曰:“朕思迟直士,侧席异闻,其先至者,各已发愤吐懑,略闻子大夫之志矣。皆欲置于左右,顾问省纳。建武诏书又曰:‘尧试臣以职,不直以言语笔札。’今外官多旷,并可以补任。”

纲 辛巳,六年,秋七月,以廉范为蜀郡太守。

目 成都民物丰盛,邑宇逼侧,旧制,禁民夜作以防火灾,而更相隐蔽,烧者日属。范乃毁削先令,但严使储水而已。百姓以为便,歌之曰:“廉叔度,来何暮!不禁火,民安作。昔无襦,今五袴。”

纲 壬午,七年,夏六月,废太子庆为清河王,立子肇为皇太子。

目 初,帝纳扶风宋杨二女为贵人,大贵人生太子庆;梁竦二女亦为贵人,小贵人生皇子肇。窦皇后无子,养肇为子;谋陷宋氏,诬言欲为厌胜之术,乃废庆为清河王,以肇为皇太子。出宋贵人,使小黄门蔡伦案之;皆饮药自杀。庆时虽幼,亦知避嫌畏祸,言不敢及宋氏。帝更怜之,敕皇后令衣服与太子齐等。太子亦亲爱庆,入则同室,出则同舆。

纲 秋八月,东平王苍归国。

目 有司复奏遣苍归国,手诏苍曰:“骨肉天性,诚不以远近为亲疏；然数见颜色，情重昔时。念王久劳，思得还休，欲署大鸿胪奏，不忍下笔，顾授小黄门；中心恋恋，恻然不能言。”于是车驾祖送，流涕而诀。

纲 癸未，八年，春正月，下梁竦狱，杀之。

目 太子肇之立也，梁氏私相庆；皇后以是忌梁贵人，数谮之。诸窦遂作飞书，陷竦以恶逆，竦死狱中，家徙九真，两贵人皆以忧死。

纲 马廖、马防有罪，免官就国。

目 马廖谨笃自守，而性宽缓，不能教敕子弟，皆骄奢不谨。杨终与廖书戒之，廖不能从。防、光大起第观，食客常数百人。防又多牧马畜，赋敛羌、胡，帝数加谴敕，禁遏甚备。由是权势稍损，宾客亦衰。廖子豫投书怨诽，于是有司并奏防、光兄弟，悉免就国。光比防稍为谨密，帝特留之，后复有诏还廖京师。

诸马既得罪，窦氏益贵盛。皇后兄宪、弟笃，喜交通宾客。第五伦上疏曰：“窦宪椒房之亲，典司禁兵，出入省闼；诸出入贵戚者，类多瑕衅禁锢之人，尤少守约安贫之节，更相贩卖，云集其门，盖骄佚所从生也。三辅论议者，至云‘以贵戚废锢，当复以贵戚浣濯之，犹解酲当以酒也。’臣愚愿陛下、中宫严敕宪等，闭门自守，无妄交通士大夫，防其未萌，令宪永保福禄，此臣之所至愿也！”宪以贱直请夺沁水公主园田，主逼畏不敢计。后帝出过园，指以问宪，宪阴喝不得对。后发觉，帝大怒，召宪切责曰：“深思前过夺主田园时，何用愈赵高指鹿为马！久念使人惊怖，贵主尚见枉夺，况小民哉！国家弃宪，如孤雏、腐鼠耳！”宪大惧，皇后为毁服深谢，良久乃得解，使以田还主。

纲 下雒阳令周纡狱，寻赦出之。

目 周纡为雒阳令，下车，先问大姓主名；吏数闾里豪强以对。纡厉声曰：“本问贵戚若马、窦等辈，岂能知卖菜佣乎！”于是部吏争以激切为事，贵戚跼蹐，京师肃清。窦笃夜至止奸亭，亭长拔剑肆詈。诏遣剑戟士收纡，送廷尉诏狱，数日贳出之。

纲 以班超为西域将兵长史。

目 帝拜班超为将兵长史：以徐幹为军司马，别遣卫候李邑护送乌孙使者。邑到于寘不敢前，因上书陈西域之功不可成，又盛毁超：“拥爱妻，抱爱子，安乐外国，无内顾心。”超闻之叹曰：“身非曾参而有三至之谗，恐见疑于当时矣！”遂去其妻。帝知超忠，乃切责邑，令诣超受节度，超即遣邑将乌孙侍子还京师。幹谓超曰：“邑前毁君，欲败西域,今何不缘诏书留之,更遣他吏送侍子乎? 超曰:"是何言之陋也!以邑毁超,故今遣之,内省不疚,何恤人言! 快意留之,非忠臣也。"

纲 甲申,元和元年,夏六月,诏议贡举法。

目 陈事者多言:"郡国贡举,率非功次,故守职益懈,而吏事浸疏。"诏公卿朝臣议。大鸿胪韦彪曰:"夫国以简贤为务,贤以孝行为首,是以'求忠臣必于孝子之门'。夫人才行少能相兼,是以'孟公绰优于赵、魏老,不可以为滕、薛大夫'。忠孝之人,持心近厚;锻炼之吏,持心近薄。士宜以才行为先,不可纯以阀阅。然其要归,在于选二千石。二千石贤,则贡举皆得其人矣。"帝纳之。

纲 秋八月,帝南巡。冬十月,至宛,以朱晖为尚书仆射。

目 晖尝为临淮太守,有善政,民歌之曰:"强直自遂,南阳朱季,吏畏其威,民怀其惠。"时坐法免,家居,故上召而用之。后尚书张林上言:"县官经用不足,宜自煮盐,修均输法。"晖曰:"王制:'天子不言有无,诸侯不言多寡,食禄之家不得与百姓争利。'均输之法,与贾贩无异,盐利归官,则下民穷愁,诚非明主所宜行。"帝怒,切责诸尚书,晖等皆自系狱。三日,诏敕出之,曰:"国家乐闻驳议,黄发无愆,诏书过耳,何故自系!"

纲 十一月,还宫。

纲 以孔僖为兰台令史。

目 鲁国孔僖、涿郡崔骃同游太学,相与论"武帝始崇圣道,号胜文、景;及后恣己,忘其前善"。邻房生上书,告"骃、僖诽谤先帝,刺讥当世"。事下有司,僖以书自讼曰:"凡言诽谤者,谓实无此事而虚加诬之也。至如孝武皇帝,政之美恶,显在汉史,是为直说书传实事,非虚谤也。陛下即位以来,政教未过,德泽有加,臣等独何讥刺哉! 假使所非实是,则固应悛改;倘其不当,亦宜含容,又何罪焉! 齐桓公亲扬其先君之恶以唱管仲,然后群臣得尽其心。今陛下乃欲为十世之武帝,远讳实事,岂不与桓公异哉! 谨诣阙伏待重诛。"书奏,诏"勿问",拜僖兰台令史。

纲 赐毛义、郑均谷各千斛。

目 庐江毛义,东平郑均,皆以行义称于乡里。南阳张奉慕义名,往候之,坐定而府檄适至,以义守安阳令。义奉檄而入,喜动颜色。奉心贱之,辞去。后义母死,征辟皆不至,奉乃叹曰:"贤者固不可测。

往日之喜，乃为亲屈也。”

均兄为县令，颇受礼遗，均谏不听，乃脱身为佣，岁余得钱帛归，以与兄曰：“物尽可复得；为吏坐赃，终身损弃。”兄感其言，遂为廉洁。均仕为尚书，免归。帝下诏褒宠义、均，赐米各千斛。

纲 乙酉，二年，春正月，诏戒俗吏矫饰者。

目 诏曰：“俗吏矫饰外貌，似是而非，朕甚厌之，甚苦之！安静之吏，悃愊无华，日计不足，月计有余。如襄城令刘方，吏民同声谓之不烦，虽未有他异，斯亦殆近之矣！夫以苛为察，以刻为明，以轻为德，以重为威，四者或兴，则下有怨心。吾诏书数下，冠盖接道，而吏不加治，民或失职，其咎安在？勉思旧令，称朕意焉！”

纲 二月，帝东巡。

目 帝之为太子也，受书于汝南张酺。至是东巡，酺为东郡太守，帝幸东郡，引酺及门生、掾、吏会庭中，先备弟子之仪，使酺讲尚书一篇，然后修君臣之礼。行过任城，幸郑均舍，赐尚书禄以终其身，时人号为“白衣尚书”。

纲 耕于定陶。柴告岱宗；宗祀明堂。三月，至鲁，祀孔子。

目 帝祀孔子及七十二弟子于阙里，作六代之乐，大会孔氏男子六十二人。帝谓孔僖曰：“今日之会，宁于卿宗有光荣乎？”对曰：“臣闻明王圣主，莫不尊师贵道。今陛下亲屈万乘，辱临敝里，此乃崇礼先师，增辉圣德，非臣家之私荣也！”帝大笑曰：“非圣者子孙，焉有斯言乎？”拜僖郎中。

纲 夏四月，还宫，假于祖祢。

纲 丙戌，三年，夏五月，司空伦罢。

目 第五伦以老病乞身，赐策罢，以二千石俸终其身。伦奉公尽节，言事无所依违。性质悫，少文采，在位以贞白称。或问伦曰：“公有私乎？”对曰：“昔人有与吾千里马者，吾虽不受，每三公有所选举，心不能忘，而亦终不用也。吾兄子病，一夜十往，退而安寝；吾子有疾，虽不省视，而竟夕不眠。若是者，岂可谓无私乎。”

纲 诏侍中曹褒定汉礼。

目 博士曹褒请著汉礼，班固以为“宜广集诸儒，共议得失”。帝曰：“谚言：‘作舍道边，三年不成。’会礼之家，名为聚讼，互生疑异，笔不得下。昔尧作大章，一夔足矣。”乃拜褒侍中，授以叔孙通汉仪十二篇，曰："此制散略，多不合经；今宜依礼条正，使可施行。"

纲 丁亥，章和元年，秋，改元。

目 是时屡有嘉瑞，言者咸以为美，遂诏改元章和。太尉掾何敞独恶之，谓宋由、袁安曰："夫瑞应依德而至，灾异缘政而生。今异鸟翔于殿屋，怪草生于庭际，不可不察！"由、安惧，不敢答。

纲 八月晦，日食。

纲 曹褒奏所撰制度。

目 曹褒依准旧典，杂以五经、谶记之文，撰次天子至于庶人冠、婚、吉、凶终始制度，凡百五十篇，奏之。帝以众论难一，故但纳之，不复令有司平奏。

纲 戊子，二年，春正月，帝崩。

纲 年三十一。遗诏："无起寝庙，一如先帝法制。"

纲 太子肇即位，尊皇后曰皇太后。

纲 三月，葬敬陵。

纲 太后临朝。

目 窦宪以侍中内干机密，出宣诏命；弟笃、景、环皆在亲要。崔骃以书戒宪曰："传曰：'生而富者骄，生而贵者傲。'生富贵而能不骄傲者，未之有也。昔冯野王称为贤臣，近阴卫尉克己复礼，终受多福。外戚所以获讥于时，垂愆于后者，盖在满而不挹，位有余而仁不足。汉兴，外家二十，保族全身，四人而已。书曰'鉴于有殷'，可不慎哉！"

纲 冬十月，侍中窦宪杀都乡侯畅；太后以宪为车骑将军，使击北匈奴以赎罪。

目 都乡侯畅来吊国忧，太后数召见之，窦宪惧畅分宫省之权，遣客刺杀畅于屯卫之中，而归罪于畅弟刚，使侍御史与青州刺史杂考之。尚书韩稜以为贼在京师，不宜舍近问远，恐为奸臣所笑。何敞请独奏案之，于是推举，具得事实。太后怒，闭宪于内宫。宪惧诛，因自求击匈奴以赎死；乃以宪为车骑将军，执金吾耿秉为副，发兵伐北匈奴。

孝和皇帝

纲 己丑，孝和皇帝永元元年，春，下尚书仆射郅寿吏，寿自杀。

目 窦宪将行，公卿诣朝堂上书谏，以为"匈奴不犯边塞，而无故劳师远涉，损费国用，徼功万里，非社稷之计”。书连上辄寝。袁安、任隗免冠固争，前后十上，众皆危惧，安、隗正色自若。侍御史鲁恭上疏曰：“万民者，天之所生。天爱其所生，犹父母爱其子。一物有不得其所者，则天气为之舛错，况于人乎！故爱民者必有天报。夫戎狄者，四方之异气也，是以圣王之制，羁縻不绝而已。今匈奴远藏，去塞数千里，而欲乘其虚耗，利其微弱，是非义之所出也。今始征发，而大司农调度不足，上下相迫，民间之急亦已甚矣。群僚百姓咸曰不可，陛下独奈何以一人之计，弃万人之命，不恤其言乎！”太后不听。

又诏使者为笃、景起邸第。侍御史何敞上疏言：“宜且罢工匠，以忧边恤民。”书奏，不省。

窦宪尝使门生赍书诣尚书仆射郅寿，有所请托，寿遂诏狱，上书陈宪骄恣，引王莽以诫国家。又因朝会，厉音正色，讥宪等以伐匈奴、起第宅事。宪怒，陷寿以诽谤，下吏，当诛，减死，徙合浦，未行自杀。

纲　夏六月，窦宪击北匈奴，大破之，登燕然山，刻石勒功而还。

目　窦宪、耿秉出朔方塞，与北单于战于稽落山，大破之，斩获甚众，降二十余万人。出塞三千余里，登燕然山，命中护军班固刻石勒功，纪汉威德而还。

纲　秋七月，会稽山崩。

纲　九月，以窦宪为大将军。

目　窦氏兄弟骄纵，尚书何敞上封事曰：“爱而不教，终至凶戾，犹饥而食之以毒，适所以害之也。伏见大将军宪兄弟专朝，虐用百姓，奢侈僭逼，诛戮无罪。臣敞区区，诚不欲上令皇太后捐文母之号，陛下有誓泉之讥，下使宪等得长保其福佑。”宪乃白出敞为济南太傅。

纲　大水。

纲　辛卯，三年，春二月，窦宪遣兵击北匈奴于金微山，大破之。

目　窦宪以北匈奴微弱，欲遂灭之，遣左校尉耿夔围北单于于金微山，大破之。出塞五千余里而还，自汉出师，所未尝至也。

纲　窦宪杀尚书仆射乐恢。

目　窦宪以耿夔、任尚为爪牙，邓叠、郭璜为心腹，班固、傅毅典文章，刺史、守、令多出其门，赋敛吏民，共为赂遗。尚书仆射乐恢上疏曰：“陛下富于春秋，纂承大业，诸舅不宜干正王室，示天下之私。若上能以义自割，下能以谦自引，则四舅可长保爵土之荣，而皇太后永无惭负宗庙之忧矣。"书奏，不省。恢乞骸骨，归；宪风州郡，迫胁恢饮药死。于是朝臣震慑，无敢违者。袁安以天子幼弱，外戚擅权，每朝会进见，及与公卿言国家事，未尝不喑呜流涕；天子大臣，皆恃赖之。

纲 壬辰，四年，夏六月朔，日食。地震。旱，蝗。

纲 大将军窦宪伏诛。

目 窦氏父子兄弟充满朝廷，遂谋为逆。帝知其谋，而外臣莫由亲接，以钩盾令郑众，谨敏有心计，不事豪党，遂与众定议诛宪。诏执金吾、五校尉勒兵屯卫南、北宫，闭城门，收宪大将军印、绶，与笃、景、环皆就国。选严能相，迫令自杀。

窦氏宗族、宾客皆免归故郡。班固死狱中。固尝著汉书，尚未就，诏固女弟曹寿妻昭踵成之。

纲 以宦者郑众为大长秋。

目 帝策勋班赏，众每辞多受少，帝由是贤之，常与之议论政事，宦官用权自此始矣。

纲 乙未，七年，夏四月朔，日食。秋七月，易阳地裂。九月，地震。

纲 丙申，八年，春二月，立贵人阴氏为皇后。夏，蝗。

纲 丁酉，九年，春三月，陇西地震。夏六月，旱、蝗。除田租及山泽税。

纲 秋闰八月，皇太后窦氏崩。

目 初，梁贵人既死，宫省事秘，莫有知帝为梁氏出者。舞阴公主子梁扈奏记三府，求得申议。太尉张酺言状，帝感恸良久。酺因请追上尊号，存录诸舅，帝从之。会贵人姊上书自讼，乃知贵人枉殁之状。三公请奏："贬窦太后尊号，不宜合葬先帝。"帝手诏曰："窦氏虽不遵法度，而太后常自减损。朕奉事十年，深惟大义：礼，臣子无贬尊上之文。恩不忍离，义不忍亏，其勿复议！"

纲 葬章德皇后。冬十月，追尊梁贵人为恭怀皇太后，葬西陵。

纲 戊戌，十年，夏五月，大水。

纲 冬十二月，以刘恺为郎。

目 初，居巢侯刘般薨，子恺当嗣，称父遗意，让其弟宪，遁逃十余岁，有司奏请绝其国。贾逵上书曰："孔子称'能以礼让为国乎何有'。有司不原乐善之心，而绳以循常之法，非所以长克让之风，成含弘之化也。”诏听宪嗣爵，征恺为郎。

纲 壬寅，十四年，夏六月，皇后阴氏废，死。

目 阴后妒忌恚恨。有言后挟巫蛊道者，后坐废，以忧死。

纲 征班超还京师。

目 班超年老乞归，久之未报，超妹曹大家上书为超求哀，帝感其言，乃征超还。八月，至洛阳；九月，卒。

任尚代为都护，谓超曰：“小人猥承君后，任重虑浅，宜有以诲之。”超曰：“塞外吏士，本非孝子顺孙，皆以罪过徙补边屯；而蛮夷怀鸟兽之心，难养易败。今君性严急，水清无大鱼，察政不得下和，宜荡佚简易，宽小过，总大纲而已。”超去后，尚私谓所亲曰：“我以班君当有奇策，今所言平平耳。”尚后竟失边和，如超言。

纲 冬十月，立贵人邓氏为皇后。

目 初，邓禹尝谓人曰：“吾将百万之众，未尝妄杀一人，后世必有兴者。”其子训有女曰绥，性孝友，好书传。选入宫为贵人，恭肃小心，动有法度，承事阴后，接抚同列，常克己以下之，虽宫人隶役，皆加恩恤，帝深嘉焉。及为皇后，郡国贡献，悉令禁绝，岁时但供纸墨而已，帝每欲官爵邓氏，后辄哀请谦让，故兄骘终帝世不过中郎将。

纲 封郑众为鄛乡侯。

目 宦者封侯自此始。

纲 乙巳，元兴元年，冬十二月，帝崩，太子隆即位。

目 初，帝失皇子十数，后生者辄隐秘，养于民间，群臣无知者。及帝崩，皇后乃收皇子于民间。太子胜，有痼疾。少子隆，生始百余日，迎立以为太子，即位。

纲 尊皇后曰皇太后，太后临朝。

纲 雒阳令王涣卒。

目 涣居身平正，能以明察发摘奸伏，外猛内慈，人皆悦服。至是卒官，百姓莫不流涕，为立祠，作诗弦歌以祭。太后诏曰：“夫忠良之吏，国家所以为治也，求之甚勤，得之至寡。其以涣子石为郎中。”

孝殇皇帝

纲 丙午，孝殇皇帝延平元年，春正月，以张禹为太傅，徐防为太尉，参录尚书事。

目 太后以帝在襁褓,欲令重臣居禁内。乃诏禹舍宫中,五日一归府,每朝见特赞,与三公绝席。

纲 三月,葬慎陵。

纲 夏四月,以邓骘为车骑将军、仪同三司。

纲 秋八月,帝崩。太后迎清河王子祜入即位,太后犹临朝。

纲 九月,大水。葬康陵。

纲 陨石于陈留。

纲 冬十月,大水,雨雹。十二月,清河王庆卒。

孝安皇帝

纲 丁未,孝安皇帝永初元年,春三月,日食。夏四月,封邓骘及弟悝、弘、阊皆为列侯,骘辞不受。

纲 秋九月,以寇贼、雨水,策免太尉防、司空勤。

目 三公以灾异免以此始。

纲 戊申,二年,春正月,邓骘击钟羌,大败。

纲 夏,旱。五月,太后亲录囚徒。

目 皇太后幸洛阳寺及若卢狱,录囚徒。洛阳有囚,实不杀人,而被考自诬,羸困舆见,畏吏不敢言,将去,举头若欲自诉。太后呼还问状,具得枉实,即收令抵罪。行未还宫,澍雨大降。

纲 六月,大水,大风,雨雹。秋七月,太白入北斗。

纲 冬十一月,征邓骘为大将军。

目 邓骘在位,颇能推进贤士,荐何熙、李郃等列于朝廷,又辟弘农杨震、巴郡陈禅等置之幕府,天下称之。震孤贫好学,通达博览,诸儒为之语曰:"关西孔子杨伯起。"骘闻而辟之,累边荆州刺史、东莱太守。当之郡,道经昌邑,故所举荆州茂才王密为令,夜怀金遗震。震曰:"故人知君,君不知故人,何也!"密曰:"暮夜无知者。"震曰:"天知,地知,我知,子知,何谓无知者!"密愧而出。子孙常疏食、步行;故旧或欲令为开产业,震曰:"使后世称为清白吏子孙,以此遗之,不亦厚乎!"

纲 己酉,三年,春正月,京师大饥,民相食。夏四月,令吏民入钱谷,得拜官赐爵有差。冬十二月,并、凉大饥,人相食。

纲 庚戌,四年,春正月,诏以凉州牧守子弟为郎。

目 庞参说邓骘"徙边郡不能自存者入居三辅",骘然之,欲弃凉州，并力北边。郎中虞诩言于太尉张禹曰："若大将军之策，不可者三：先帝开拓土宇，劳而后定，今惮小费，举而弃之，一也。凉州既弃，即以三辅为塞，园陵单外，二也；谚曰：'关西出将，关东出相。'烈士武臣，多出凉州，土风壮猛，便习兵事。今羌、胡所以不敢入据三辅为心腹之害者，以凉州在后故也。凉州士民所以推锋执锐，父死子战，无反顾之心者，为臣属于汉故也。今割而弃之，民庶安土重迁，必引领而怨曰：'中国弃我于夷狄！'如卒然起谋，因天下之饥敝，驱氐、羌以为前锋，席卷而东，则函谷以西，园陵旧京，非复汉有，三也。"禹以为然。诩因说禹："网罗凉土雄杰，引其牧守子弟于朝，外以劝励答其功勤，内以拘致防其邪计。"禹善其言，更集四府，皆从诩议。于是辟西州豪杰为掾属，拜牧守长吏子弟为郎，以安慰之。

纲　以虞诩为朝歌长，讨县境群盗，平之。

目　邓骘以前议恶虞诩，欲以法中之。会朝歌贼数千人攻杀长吏，屯聚连年，州郡不能禁，乃以诩为朝歌长。故旧皆吊之，诩笑曰："事不避难，臣之职也。不遇盘根错节，无以别利器，此乃吾立功之秋也。"及到官，设三科以募壮士，掾吏以下各举所知，攻劫者为上，伤人偷盗者次之，不事家业者为下，收得百余人，贳其罪，使入贼中诱令劫掠，乃伏兵以待之，杀数百人。又潜遣贫人能缝者佣作贼衣，以采线缝其裾，有出市里者，吏辄禽之。贼于是骇散，县境皆平。

纲　甲寅，元初元年，春二月，日南地坼。

目　长百余里。

纲　夏，旱、蝗。六月，河东地陷。

纲　乙卯，二年，夏四月，立贵人阎氏为皇后。

目　后性妒忌，后宫李氏生皇子保，后鸩杀李氏。

纲　冬，以虞诩为武都太守。击羌，破之。

目　太后闻虞诩有将帅之略，以为武都太守。羌众数千遮诩于陈仓崤谷，诩即停车不进，而宣言上书请兵，须到当发。羌闻之，乃分钞傍县，诩因其兵散，日夜进道，兼行百余里，令吏士各作两灶，日增倍之，羌不敢逼。或问曰："孙膑减灶，而君增之；兵法日行不过三十里，而今日且二百里，何也？"诩曰："虏众多，吾兵少，徐行则易为所及，速进则彼所不测。虏见吾灶日增，必谓郡兵来迎，众多行速，必惮追我。孙膑见弱，吾今示强，势有不同故也。"既到郡，兵不满三千，而羌众万余，攻围赤亭数十日。诩乃令军中强弩勿发，而潜发小弩；羌以为矢力弱，不能至，并力急攻。诩于是使二十强弩共射一人，发无不中，羌大震，退；诩因出城奋击，多所伤杀。明日，悉陈其兵众，令从东郭门出，北郭门入，贸易衣服，回转数周；羌不知其数，更相恐动。诩计贼当退，乃潜遣五百余人于浅水设伏，候其走路；虏果大奔，因掩击，大破之，贼由是败散。诩乃占相地势，筑营壁百八十所，招还流亡，假赈贫民，开通水运。视事三年，人足家给，一郡遂安。

纲 己未，六年，冬十二月朔，日食，既。地震。

纲 豫章芝草生。

目 豫章有芝草生，太守刘祗欲上之，以问郡人唐檀。檀曰："方今外戚豪盛，君道微弱，斯岂嘉瑞乎！"祗乃止。

纲鉴易知录卷二三

东汉纪

孝安皇帝

纲　庚申，永宁元年，夏四月，立子保为皇太子。以杨震为司徒。

纲　辛酉，建光元年，春三月，皇太后邓氏崩。封邓骘为上蔡侯。

目　太后自临朝以来，水旱十载，四夷外侵，盗贼内起；每闻民饥，或达旦不寐，躬自减彻，以救灾厄，故天下复平，岁仍丰穰。然帝已年长，久不还政，颍川杜根尝上书言之；太后大怒，盛以缣囊扑杀之，载出城外，得苏，逃窜为宜城山中酒家保，积十五年。平原成翊世亦坐谏太后不归政，抵罪。至是尚书陈忠荐之，帝拜根侍御史，翊世尚书郎。或问根曰："往者遇祸，何至自苦如此？"根曰："周旋民间，非绝迹之处，邂逅发露，祸及亲知，故不为也。"

纲　葬和熹皇后。追尊清河孝王曰孝德皇，皇妣曰孝德后。

纲　夏，诏举有道之士。

目　尚书陈忠以诏书既开谏争，虑言事者必多激切，致不能容，乃上疏豫广帝意曰："臣闻仁君广山薮之度，纳切直之谋；忠臣尽蹇谔之节，不畏逆耳之害。今明诏引咎克躬，谘访群吏，言者见杜根、成翊世等新蒙表录，显列二台，必承风响应，争为切直。嘉谋异策，宜辄纳用；如其管穴，妄有讥刺，虽苦口逆耳，不得事实，且优游宽容，以示圣朝无讳之美。"从之。

纲　以薛包为侍中，不拜。

目　初，汝南薛包，少有至行，父娶后妻而憎包，分出之。包日夜号泣，不忍去，至被殴扑，不得已，庐于外，旦入洒扫。父怒，又逐之，乃庐于里门，昏晨不废。积岁余，父母惭而还之。及父母亡，弟子求分财异居；包不能止，乃中分其财，奴婢引其老者，曰："与我共事久，若不能使也。"田庐取其荒顿者，曰："我少时所治，意所恋也。"器物取朽败者，曰:"我素所服食,身口所安也。"弟子数破其产,辄复赈给。帝闻其名,令公车征至,拜侍中,包以死自乞,诏赐告归,加礼如毛义。

纲 徙封邓骘为罗侯。遣就国,骘自杀。贬平原王翼为都乡侯。

纲 以耿宝监羽林车骑。封宋杨四子及宦者江京、李闰皆为列侯。

目 帝以耿贵人兄宝监羽林车骑,宋氏封侯为卿、校、侍中者十余人。阎后兄弟显、景、耀并典禁兵。江京、李闰皆为列侯,与中常侍樊丰、刘安、陈达及王圣、圣女伯荣扇动内外,竞为侈虐,出入宫掖,传通奸赂。司徒杨震上疏曰:"臣闻政以得贤为本,治以去秽为务。方今九德未事,嬖幸充庭,王圣贱微,得奉圣躬,虽有推燥居湿之勤,前后赏惠,过报劳苦,而外交属托,损辱清朝。宜速出阿母,令居外舍,断绝伯荣,莫使往来。"帝以疏示圣等,皆忿恚。

纲 秋八月,以刘恺为太尉。

目 居延都尉范邠犯赃罪,吏议欲增锢二世;刘恺以为"春秋之义,善善及子孙,恶恶止其身,所以进人于善也。今以轻从重,惧及善人,非先王祥刑之意也"。

纲 壬戌,延光元年,秋九月,遣宦者及乳母王圣、女伯荣诣甘陵。

目 尚书仆射陈忠上疏曰:"窃闻使者所过,威动郡县,王、侯、二千石至为伯荣独拜车下,修道缮亭,征役无度,赂遗仆从,人数百匹。伯荣之威重于陛下,陛下之柄在于臣妾。昔韩嫣托副车之乘,受驰视之使,江都误为一拜,而嫣受欧刀之诛。臣愿明主严天元之尊,正乾刚之位,不宜复令女使干错万机。"书奏,不省。

纲 汝南黄宪卒。

目 汝南太守王龚,政崇温和,好才爱士,以袁阆为功曹,引进黄宪、陈蕃;宪不屈,蕃就吏。阆不修异操,蕃性气高明。宪世贫贱,父为牛医。宪年十四,颍川荀淑遇于逆旅,竦然异之,揖与语,移日不能去,谓曰:"吾之师表也。"前见袁阆,未及劳问,逆曰:"子国有颜子,宁识之乎?"阆曰:"见吾叔度耶?"同郡戴良,才高倨傲,而见宪未尝不正容,及归,罔然若有失也。其母问曰:"汝复从牛医儿来耶?"对曰:"良不见叔度,自以为无不及;既睹其人,则瞻之在前,忽然在后,固难得而测矣。"陈蕃、周举常相谓曰:"时月之间,不见黄生,则鄙吝之萌,复存乎心矣！”太原郭泰，少游汝南，过袁阆，不宿而退；从宪，累日乃还。或问之，泰曰：“奉高之器，譬之氿滥，虽清而易挹，叔度汪汪，若千顷波，澄之不清，淆之不浊，不可量也。”

纲 癸亥，二年，夏四月，封王圣为野王君。

纲 以班勇为西域长史，将兵屯柳中。

纲 冬，以杨震为太尉。

目 耿宝荐李闰兄于震曰：“李常侍国家所重，欲令公辟其兄，宝唯传上意耳。”震曰：“如此则宜有尚书敕。”宝大恨而去。阎显亦荐所亲，震又不从；司空刘授闻而辟之，震益见怨。

纲 十二月，地震。

纲 聘处士周燮、冯良，不至。

目 陈忠荐汝南周燮、南阳冯良学行深纯，隐居不仕。帝以羔币聘之。燮宗族劝之曰：“夫修德立行，所以为国，君独何为守东冈之陂乎？”燮曰：“夫修道者度时而动，动而不时，焉得亨乎！”与良皆自载至近县，称病而还。

纲 甲子，三年，春二月，帝东巡。三月，还。未入宫，策收太尉震印、绶，遣归故郡。震自杀。

目 樊丰等愤怨杨震，会赵腾上书指陈得失，帝发发怒，欲诛腾。震救之，帝不听，竟杀之。及帝东巡，丰等共谮震云：“自赵腾死后，深怀怨怼；且邓氏故吏，有恚恨心。”帝然之。及还京师，便临太学，即其夜遣使者策收震太尉印、绶。震于是柴门绝宾客。丰等复恶之，令耿宝奏震恚望。有诏，遣归故郡。至城西夕阳亭，乃慷慨谓其诸子、门人曰：“死者，士之常分。吾蒙恩居上司，疾奸臣狡猾而不能诛，恶嬖女倾乱而不能禁，何面目复见日月！”因饮鸩而卒。太仆来历曰：“耿宝倾侧奸臣，伤害忠良，祸将至矣！”

纲 秋八月，以耿宝为大将军。

纲 九月，废太子保为济阴王。

纲 是月晦，日食。地震，大水，雨雹。

纲 乙丑，四年，春二月，帝南巡。三月朔，日食。

纲 帝崩于叶，还宫发丧。

目 帝崩于乘舆，皇后与阎显兄弟、江京、樊丰等谋，以济阴王在内，恐公卿立之，乃伪云“帝疾甚”，徙御卧车驰归，四日至洛阳。

纲 尊皇后曰太皇后，太后临朝。以阎显为车骑将军、仪同三司。迎北乡侯懿入即位。

目 太后欲久专国政，贪立幼年，与显等定册，迎章帝孙济北惠王子北乡侯懿为嗣。济阴王以废黜，不得上殿亲临梓宫，悲号不食，内外群僚莫不哀之。

纲 樊丰等下狱死，耿宝自杀，王圣、伯荣徙雁门。

目 阎显忌樊丰、耿宝，风有司奏贬宝为亭侯，遣就国；宝自杀。丰及谢恽、周广下狱，死。圣母子徙雁门。而以弟景等为卿校，并处权要，威福自由。

纲 葬恭陵。

纲 冬十月，北乡侯薨。

目 阎显白太后，秘不发丧，而更征诸王子，闭宫门，屯兵自守。

纲 十一月，地震。

纲 中黄门孙程等迎济阴王保入即位。诛阎显等，迁太后于离宫；封程等十九人为列侯。

纲 改葬故太尉杨震，祠以中牢。

目 诏以杨震二子为郎，赠钱百万，以礼改葬。葬日，有大鸟高丈余，集震丧前。郡以状上，帝感震忠直，诏复以中牢具祠之。

孝顺皇帝

纲 丙寅，孝顺皇帝永建元年，春正月，帝朝太后于东宫。

纲 皇太后阎氏崩。二月，葬安思皇后。

纲 秋七月，以来历为车骑将军。

纲 下司隶校尉虞诩狱，寻赦出之，以为尚书仆射。左雄为尚书。

纲 司隶校尉虞诩到官数月，奏太傅冯石、太尉刘熹，免之，又劾中常侍程璜、陈秉、孟生、李闰等，百官侧目。三公劾诩："盛夏拘系无辜，为吏民患。"诩上书自讼曰："法禁者，俗之堤防；刑罚者，民之衔辔。今州曰任郡，郡曰任县，更相委远，百姓怨穷；以苟容为贤，尽节为愚。臣所发举，赃罪非一。三府恐为臣所奏，遂加诬罪；臣将从史鱼死节，以尸谏耳！"又案中常侍张防，屡寝不报。诩不胜愤，乃自系廷尉，奏言曰："昔樊丰几亡社稷，今张防复弄威柄，臣不忍与防同朝，谨自系以闻。"书奏,坐论输左校。二日之中,传考四狱。浮阳侯孙程等乞见,言"虞诩尽忠,更被拘系;张防赃罪明正,反构忠良"。于是防坐徙边,即赦出诩。程复上疏,云诩有功,语甚激切,帝感悟,征拜议郎,数日迁仆射。

诩上疏曰:"方今公卿以下,类多拱默,至相戒曰:'白璧不可为,容容多后福。'伏见议郎左雄,有王臣蹇蹇之节,宜擢在喉舌之官,必有匡弼之益。"由是拜雄尚书。

纲 丁卯,二年,夏六月,追尊李氏为恭愍皇后。

纲 秋七月,聘处士樊英,以为五官中郎将。

目 初,南阳樊英,少有学行,隐于壶山之阳,州郡礼请,公卿举贤良、有道,安帝赐策书征,皆不至。是岁,帝复以策书、玄纁,备礼征之,英固辞疾笃,不听;英不得已到京,称疾,强舆入殿,犹不能屈。帝乃设坛,赐几、杖、待以师傅之礼,延问得失,拜五官中郎将。数月,英称疾笃,诏以为光禄大夫,赐告归。英初被诏命,众皆以为必不降志。南郡王逸与书,劝使就聘。及后应对,无奇谋深策,谈者失望。河南张楷谓曰:"天下有二道,出与处也。吾前以子之出,能辅是君也,济斯民也;而子始以不訾之身,怒万乘之主,及其享受爵禄,又不闻匡救之术,进退无所据矣。"

纲 以处士杨厚、黄琼为议郎。

目 时又征广汉杨厚、江夏黄琼。厚至,豫陈汉有三百五十年之厄以为戒,拜议郎。琼将至,李固以书逆遗之曰:"伯夷隘,柳下惠不恭。不夷不惠,可否之间,圣贤居身之所珍也。自生民以来,善政少而乱俗多,必待尧、舜之君,此为士行其志终无时矣。语曰:'峣峣者易缺,皦皦者易污。'盛名之下,其实难副。近鲁阳樊君被征初至,朝廷设坛席,犹待神明,虽无大异,而言行所守,亦无所缺;而毁谤布流,应时折减者,岂非观听望深,声名太盛乎!是故俗论皆言'处士纯盗虚声',愿先生弘此远谟,令众人叹服,一雪此言耳!"琼至,拜议郎,稍迁尚书仆射,数上疏言事,上颇采用之。

固,郃之子也,少好学。郃为司徒,固改姓名,杖策驱驴,负笈从师,不远千里。每到太学,密入公府定省,不令同业诸生知其为郃子也。

纲　己巳，四年，夏五月，桂阳献大珠，还之。

纲　辛未，六年，春二月，以沈景为河间相。

目　河间王政，傲很不奉法，帝以侍御史沈景有强能，擢为河间相。景到国谒王，王不正服，箕踞殿上；侍郎赞拜，景峙不为礼，问王所在。虎贲曰："是非王邪！"景曰："王不正服，常人何别！今相谒王，岂谒无礼者邪！"王惭而更服，景然后拜；出，请王傅责之曰："前发京师，陛见受诏，以王不恭，使相简督。诸君空受爵禄，曾无训导之义！"因捕诸奸人，奏案其罪，出冤狱百余人。政遂改节，悔过自修。

纲　秋九月，起太学。

目　初，安帝薄于艺文，博士不复讲习，朋徒怠散，学舍颓敝，鞠为园蔬。将作大匠翟酺上疏请更修缮，诱进后学，帝从之。

纲　壬申，阳嘉元年，春正月，立贵人梁氏为皇后。

目　帝欲立后，而贵人有宠者四人，莫知所建，议欲探筹以定。仆射胡广等谏曰："恃神任筮，不必当贤；就值其人，犹非德选。宜参良家，简求有德，德同以年，年钧以貌，稽之典经，断之圣虑。"帝从之。恭怀皇后弟子乘氏侯商之女，选为贵人，常特被引御，从容辞曰："夫阳以博施为德，阴以不专为义。愿陛下思云雨之均泽，小妾得免于罪。"帝由是贤之，立以为后。

纲　夏四月，以梁商为执金吾。

纲　冬，立孝廉限年课试法。

目　尚书令左雄上疏曰："宁民之道，必在用贤；用贤之道，必存考黜。吏数变易，则下不安业；久于其事，则民服教化。今俗浸雕敝，巧伪滋萌，典城百里，转动无常，各怀一切，莫虑长久。臣愚以为守、相长吏有显效者，可就增秩，勿移徙；非父母丧，不得去官。"帝诏悉从之，而宦官不便，终不能行。雄又言："孔子曰'四十不惑'，礼称'强仕'。请自今孝廉，年不满四十，不可察举，皆先诣公府，诸生试家法，文吏课笺奏，副之端门，练其虚实。若有茂才、异行，自可不拘年齿。"帝从之，令"郡国举孝廉，限年四十以上；诸生通章句，文吏能笺奏，乃得应选。其有茂才、异行，若颜渊、子奇，不拘年齿。"雄亦公直精明，能审核真伪，决志行之。顷之，胡广出为济阴太守，与诸郡守十余人皆坐谬举免黜；唯汝南陈蕃、颍川李膺、下邳陈球等三十余人，得拜郎中。自是牧守畏栗，莫敢轻举。迄于永嘉，察选清平，多得其人。

纲 癸酉，二年，春正月，征郎𫖮以为郎中，不就。

目 上召郎𫖮，问以灾异。𫖮上章曰："三公上应台阶，下同元首，政失其道，则寒阴反节。今之在位，竞托高虚，纳累钟之奉，亡天下之忧；以此消伏灾眚，兴致升平，其可得乎！"因条便宜七事："一，园陵火灾，宜念百姓之劳，罢缮修之役；二，立春以后，阴寒失节，宜采纳良臣，以助圣化；三，今年少阳，春旱、夏水，宜务节约；四，去年八月，荧惑出入轩辕，宜简出宫女；五，去冬有白气从西方天苑，趋参左足，入玉井，恐有羌寇，宜为备御；六，近者白虹贯日，宜令中外官司，并须立秋然后考事；七，汉兴以来三百二十九岁，于时三期，宜大蠲法令，有所变更。王者之法，譬犹江、河，当使易避而难犯。"书奏，特拜郎中，辞病不就。

纲 封乳母宋娥为山阳君。

目 帝之立也，娥与其谋，故封之。又封梁商子冀为襄邑侯。左雄上封事曰："高皇帝约，非有功不侯。不宜追录小恩，亏失大典。"帝不听。

纲 夏四月，京师地震。诏公卿直言，举敦朴之士。

纲 京师地拆，诏引敦朴士对策。

目 洛阳宣德亭地拆八十五丈；帝引公卿所举敦朴士对策。李固对曰："汉兴以来三百余年，贤圣相继十有八主，岂无阿乳之恩，岂无贵爵之宠？然上畏天威，俯案经典，知义不可，故不封也。今宋阿母虽有功勤，但加赏赐，足酬其劳；裂土开国，实乖旧典。闻阿母体性谦虚，必有逊让，陛下宜许其辞国之高，使成万安之福。夫妃、后之家，所以少完全者，岂天性当然，但以爵位尊显，颛总权柄，天道恶盈，不知自损，故至颠仆。今梁氏子弟群从，荣显兼加，永平、建初故事，殆不如此。宜令还居黄门之官，使权去外戚，政归国家。陛下之有尚书，犹天之有北斗；斗为天喉舌，尚书亦为陛下喉舌。斗斟酌元气，运乎四时；尚书出纳王命，赋政四海。今与陛下共天下者，外则公卿、尚书，内则常侍、黄门，譬犹一门之内，一家之事，安则共其福庆，危则通其祸败。刺史、二千石，外统职事，内受法则。夫表曲者影必邪，源清者流必洁，犹叩树本，百枝皆动也。夫人君之有政，犹水之有堤防。堤防完全，虽遭霖潦，不能为变；政教一立，暂遭凶年，不足为忧。今堤防虽坚，渐有孔穴。譬之一人之身：本朝者，心腹也，州郡者，四支也。心腹痛则四支不举，故臣之所忧，在心腹之疾，非四支之患也。苟坚堤防，务政教，先安心腹，整理本朝，虽有寇贼、水旱之变，不足介意；不然，则虽无水旱之灾，天下固可忧矣。又宜罢退宦官，去其权重，裁置常侍二人，方直有德者省事左右；小黄门五人，才智闲雅者给事殿中。如此，则论者厌塞，升平可致也。”上览众对，以李固为第一，即时出阿母还舍，诸常侍悉叩头谢罪，朝廷肃然。以固为议郎。

纲 秋七月，太尉庞参免。

目 太尉庞参，在三公中最名忠直，数为左右所毁。司隶乘风按之，参称疾。后参夫人疾前妻子，杀之；雒阳令奏参罪，竟以灾异免。

纲 甲戌，三年，夏五月，旱。

目 上露坐德阳殿东厢请雨，问尚书周举以消变之术。举对曰：“臣闻阴阳闭隔，则二气否塞，风雨不时，水旱成灾。陛下废文帝、光武之法，而循亡秦奢侈之欲，内积怨女，外有旷夫。自枯旱以来，弥历年岁，未闻陛下改过之效，徒劳至尊暴露风尘，诚无益也。宜出后宫不御之女，除太官重膳之费，慎官人，去贪佞。”张衡亦言：“前年京师地震土裂，裂者威分，震者民扰也。愿陛下思惟所以稽古率旧，勿令刑德八柄，不由天子，然后神望允塞，灾消不至矣。”

衡又以中兴之后，儒者争学图、纬，上疏言：“图谶成于哀、平之际，皆虚伪之徒，以要世取资，欺罔较然，莫之纠禁。且律历、卦候、九宫、风角，数有征效，世莫肯学，而竞称不占之书，譬犹画工恶图犬马而好作鬼魅，诚以实事难形，而虚伪不穷也！宜收藏图谶，一禁绝之，则朱紫无所眩，典籍无瑕玷矣！”

纲 乙亥，四年，春二月，初听中官得以养子袭爵。

纲 夏四月，以梁商为大将军。

目 商少通经传，谦恭好士，辟李固为从事中郎。固以商柔和自守，不能有所整裁，乃奏记曰：“数年以来，灾怪屡见。孔子曰：‘智者见变思形，愚者睹怪讳名。’天道无亲，可为祇畏！诚令王纲一整，道行忠立，明公踵伯成之高，全不朽之誉，岂与此外戚凡辈耽荣好位者同日而论哉！”商不能用。

纲 秋闰八月朔，日食。冬十二月，地震。

纲 丙子，永和元年，冬十二月，以王龚为太尉，以梁冀为河南尹。

纲 丁丑，二年，冬十月，帝如长安。征处士法真，不致。

目 扶风法真，博通内、外学，隐居不仕，帝欲致之，四征不屈。友人郭正称之曰："真名可得闻，身难得见。逃名而名我随，避名而名我追，可谓百世之师者矣！"

纲 地震。

纲 十二月，还宫。

纲 戊寅，三年，秋九月，诏举武猛任将帅者。

目 初，左雄荐周举为尚书，至是雄为司隶校尉，举冯直任将帅。直尝坐赃受罪，举以此劾奏雄。雄曰："诏书使选武猛，不使选清高。"举曰："诏书使君选武猛，不使君选贪污也！"雄曰："进君，适所以自伐也。"举曰："昔赵宣子任韩厥为司马，而厥戮其仆，宣子谓诸大夫曰：'可贺我矣'！今君不以举之不才，误升诸朝，不敢阿君以为君羞，不寤君之意与宣子殊也。"雄悦，谢曰："是吾过也！"天下益以此贤之。

是时宦官竞卖恩势，唯大长秋良贺清俭退厚。及诏举武猛，贺独无所荐。帝问其故，对曰："臣生自草茅，长于宫掖，既无知人之明，又未尝交知士类。昔卫鞅因景监以见，有识知其不终。今得臣举者，匪荣伊辱，是以不敢！"

纲 辛巳，六年，秋八月，大将军梁商卒。以梁冀为大将军，不疑为河南尹。

纲 以周举为谏议大夫。

目 初，梁商疾笃，帝亲临幸，问以遗言。对曰："臣从事中郎周举，清高忠正，可重任也。"由是用之。

纲 冬十一月，徙荆州刺史李固为泰山太守。

目 荆州盗起，弥年不定；以李固为刺史。固到，遣吏劳问境内，赦寇盗前衅，与之更始。于是贼帅自缚归首，固皆原之，遣还相招，半岁间余类悉降。奏南阳太守高赐等赃秽；赐等重赂梁冀，冀为之千里移檄，而固持之愈急，冀遂徙固为泰山太守。时泰山盗贼屯聚历年，郡兵常千人，追讨不能制；固到，悉罢遣归农，但选留任战者百余人，以恩信招诱之，未满岁，贼皆弭散。

纲 壬午，汉安元年，秋八月，遣八使分行州郡。

目 遣杜乔、周举、周栩、冯羡、栾巴、张纲、郭遵、刘班分行州郡，表贤良，显忠勤；其贪污有罪者，刺史、二千石驿马上之，墨绶以下，便辄收举。乔等受命之部，张纲独埋其车轮于雒阳都亭，曰："豺狼当道，安问狐狸！"遂劾奏大将军冀、河南尹不疑无君之心十五事，京师震悚。帝虽知纲言直，不能用也。

纲 以李固为将作大匠。

目 杜乔奏李固政为天下第一，故有是命。

纲 以张纲为广陵太守。

目 梁冀恨张纲，思有以中伤之。时广陵贼张婴寇乱扬、徐间，积十余年；乃以纲为广陵太守。纲单车径诣婴垒门，婴大惊，走闭垒。纲于门外罢遣吏兵，留十余人，以书喻婴，请与相见。婴乃出拜谒，纲延置上坐，譬之曰："前后二千石多肆贪暴，故致公等怀愤相聚。二千石信有罪矣，然公所为者又非义也。主上仁圣，欲以文德服叛，故遣太守来；今诚转祸为福之时也！"婴闻，泣下曰："荒裔愚民，不堪侵枉，相聚偷生，若鱼游釜中，知其不可久，且以喘息须臾间耳！今闻明府之言，乃婴等更生之辰也！"乃辞还营，明日将所部万余人与妻子面缚归降。论功当封，梁冀遏之。在郡一岁卒。

时二千石长吏有能政者，有雒阳令任峻、冀州刺史苏章、胶东相吴祐。雒阳自王涣之后，皆不称职；峻能选用文武，各尽其用，发奸不旋踵，民间不畏吏，其威禁猛于涣，而文理政教不如也。章有故人为清河太守，章行部，欲案其奸赃，乃为设酒，甚欢。太守喜曰："人皆有一天，我独有二天！"章曰："今夕苏孺文与故人饮者，私恩也；明日冀州刺史案事者，公法也。"遂举正其罪，州境肃然。祐政崇仁简，民不忍欺。啬夫孙性，私赋民钱，市衣以进其父，父得而怒曰："有君如是，何忍欺之！"促归伏罪。性惭惧自首，具谈父言。祐曰："掾以亲故，受污秽之名，所谓'观过知仁矣'。"使归谢其父，还以衣遗之。

纲 癸未，二年，冬十一月，地震。

目 凉州自九月以来，地百八十震，山谷拆裂，坏败城寺，民压死者甚众。

纲 增孝廉为四科。

目 尚书令黄琼以左雄所上孝廉之选，专用儒学、文吏，于取士之义犹有所遗，乃奏增孝悌及能从政者为四科，帝从之。

纲 甲申，建康元年，夏四月，立皇子炳为太子。

目 太子居承光宫，帝使侍御史种暠监其家。中常侍高梵从中单驾出迎太子，时太傅杜乔等疑不欲从而未决，暠乃手剑当车曰："太子，国家储副，人命所系。今常侍来，无诏信，何以知非奸邪？今日有死而已！"梵辞屈，不敢对，驰还奏之。诏报，太子乃得去。乔退而叹息，愧暠临事不惑；帝亦嘉其持重，称善者良久。

纲 秋八月，帝崩；太子炳即位。

纲 尊皇后曰皇太后。太后临朝。以李固为太尉，录尚书事。

纲 九月，葬宪陵。

纲 地震，诏举贤良、方正之士策问之。

目 皇甫规对曰："陛下摄政之初，拔用忠贞，远近翕然，望见太平，而灾异不息，寇贼纵横，殆以奸臣权重之所致也。其常侍尤无状者，宜亟黜遣，以答天诫。大将军冀、河南尹不疑，亦宜增修谦节，辅以儒术。夫君者，舟也；民者水也；群臣，乘舟者也；将军兄弟，操楫者也。若能平志毕力，以度元元，所谓福也；如其怠弛，将沦波涛，可不慎乎！夫德不称禄，犹凿墉之趾以益其高，岂安固之道哉！"冀忿之，以规为下第，拜郎中；托疾，免归。

纲 冬十月，群盗发宪陵。

孝冲皇帝

纲 乙酉，孝冲皇帝永嘉元年，春正月，帝崩。

纲 征清河王蒜及渤海孝王子缵至京师。大将军冀白太后，迎缵入即位，罢蒜归国。

目 蒜、缵皆章帝曾孙。蒜为人严重，动止有法度，公卿皆归心焉。而缵年八岁，李固谓梁冀曰："立帝宜择长年有德，任亲政事者，愿将军审详大计，察周、霍之立文、宣，戒邓、阎之利幼弱！"冀不从，与太后定策禁中，迎缵入南宫，即皇帝位。蒜罢归国。

纲 葬怀陵。

目 太后委政李固，宦官为恶者一皆斥遣，而梁冀尤疾之。初，顺帝时除官多不以次，固奏免百余人。此等遂作飞章，言固"离间近戚,自隆支党",冀以白太后,太后不听。

孝质皇帝

纲 丙戌,孝质皇帝本初元年,夏四月,诏郡国举明经诣太学;受业者岁满课试,拜官有差。

目 自是公卿皆遣子受业,游学增盛,至三万余生。

纲 海水溢。

纲 闰六月,大将军冀进毒弑帝。白太后,策免太尉固。迎蠡吾侯志入即位,太后犹临朝。

目 帝少而聪慧,尝因朝会,目梁冀曰:"此跋扈将军也!"冀深恶之,使左右置毒于煮饼以进。帝苦烦甚,召李固。固入前,问,帝曰:"食煮饼腹闷,得水尚可活。"冀曰:"恐吐,不可饮水。"语未绝而崩。固伏尸号哭,推举侍医。

议立嗣,固与司徒胡广、司空赵戒先与冀书曰:"先世废立,未尝不询访公卿,广求群议,令上应天心,下合众望。国之兴衰,在此一举。"冀乃召百官入议,固、广、戒及大鸿胪杜乔皆以为"清河王蒜明德著闻,又属最尊亲,宜立为嗣"。中常侍曾腾夜往说冀曰:"将军秉摄万几,宾客纵横,多有过差。清河严明,若果立,则将军受祸矣!不如立蠡吾侯富贵可长保也。"冀然其言。明日,重会公卿,冀意气凶凶,广、戒慑惮曰:"惟大将军令!"独固、乔守本议。冀厉声曰:"罢会!"说太后,策免固。迎蠡吾侯志入南宫即位,时年十五,太后犹临朝政。

纲 秋七月,葬静陵。

纲 九月,追尊河间孝王为孝穆皇,蠡吾先侯曰孝崇皇。冬十月,尊母匽氏为博园贵人。

孝桓皇帝

纲 丁亥,孝桓皇帝建和元年,春正月朔,日食,三月,黄龙见谯。

纲 夏四月,地震。

纲 六月,以杜乔为太尉。

目 自李固之废,内外丧气,群臣侧足而立,唯乔正色无所回挠,由是朝野皆倚望焉。

纲 秋,论定策功,益封梁冀万三千户,又封其子弟及宦者刘广等皆为列侯。

纲 八月，立皇后梁氏。

纲 九月，地震，策免太尉乔。

纲 冬十一月，贬清河王蒜为尉氏侯，徙桂阳，蒜自杀。下李固、杜乔狱，杀之。

目 宦者唐衡、左悺等共谮杜乔，帝亦怨之。会刘文等谋共立清河王蒜，劫其相谢暠杀之。蒜坐贬爵为尉氏侯，徙桂阳，自杀。梁冀因诬李固、杜乔，云与文交通，收固下狱；固死狱中。冀使人胁杜乔，使自引决，乔不听，收系之，亦死狱中。

纲 己丑，三年，夏四月晦，日食。秋八月，有星孛于天市。大水。九月，地再震，山崩。

纲 前朗陵侯相荀淑卒。

目 淑少博学，有高行，李固、李膺等皆师宗之。尝举贤良，对策讥刺贵幸，梁冀忌之，出为朗陵相。莅事明治，称为"神君"。有子八人，俭、绲、靖、焘、汪、爽、肃、尃，并有名称，时人谓之"八龙"。颍阴令苑康，更命其里曰高阳里。

膺性简亢，唯以淑为师，以同郡陈寔为友。爽尝谒膺，因为其御。既还，喜曰："今日乃得御李君矣！"

寔出单微，同郡钟皓以笃行称，九辟公府，年辈远在寔前，引与为友。皓为郡功曹，辟司徒府；太守高伦问："谁可代卿者？"皓曰："明府欲必得其人，西门亭长陈寔可。"伦从之。中常侍侯览托伦用吏，寔怀檄请见曰："此人不宜用，而览不可违，寔乞从外署，不足以尘明德。"于是乡论怪其非举，寔终无所言。伦后被征，乃谓人曰："吾前为侯常侍用吏，陈君密持教还，而于外白署。陈君可谓'善则称君，过则称己'者也。"寔固自引愆，由是天下服其德。后为太丘长，修德清静，百姓以安。邻县民归附者，寔辄训导，令还本司官。行部，吏虑民有讼者，白欲禁之。寔曰："讼以求直，禁之，理将何申！"亦竟无讼者。以沛相赋敛违法，解印绶去，吏民追思之。

皓素与淑齐名，膺常叹曰："荀君清识难尚，钟君至德可师。"皓兄子瑾好学慕古，有退让风，与膺同年，俱有声名。其母，膺之姑也，膺祖太尉修常言："瑾似我家性，'邦有道，不废；邦无道，免于刑戮'。"复以膺妹妻之。膺谓瑾曰："弟何太无皂白邪！"瑾以白皓。皓曰："国武子好招人过，以致怨恶，今岂其时邪！必欲保身全家，尔道为贵。”

纲 庚寅，和平元年，春正月，太后归政；二月，崩。三月，帝还北宫。葬顺烈皇后。封大将军冀妻孙寿为襄城君。

纲 夏五月，尊博园匽贵人曰孝崇后。

纲 辛卯，元嘉元年，春正月朔，尚书张陵劾大将军冀罪，诏以俸赎。

目 群臣朝贺，大将军冀带剑入省。尚书张陵叱出，敕羽林、虎贲夺剑。冀跪谢，陵不应，即劾奏冀，请廷尉论罪。有诏："以一岁俸赎。"百僚肃然。河南尹不疑尝举陵孝廉，谓曰："举君，适所以自罚也。"陵曰："明府不以陵不才，误见擢序，今申公宪以报私恩。"不疑有愧色。不疑好经书，喜待士，冀疾之，转为光禄勋；以其子胤为河南尹。

纲 夏四月，帝微行，至河南尹梁胤府舍。是日大风，拔树，昼昏。

纲 冬十一月，地震，诏举独行之士。

目 涿郡崔寔以独行举，诣公车，称病，不对策；退而论世事，名曰政论。其辞曰："凡天下所以不治者，常由人主承平日久，俗渐敝而不悟，政寖衰而不改。凡为天下者，自非上德，严之则治，宽之则乱。何以明其然也？近孝宣皇帝明于君人之道，审于为政之理，故严刑峻法，破奸轨之胆，海内清肃，天下密如，算计见效，优于孝文。及元帝即位，多行宽政，卒以堕损，威权始夺，遂为汉室基祸之主。政道得失，于斯可鉴。故圣人能与世推移，而俗士苦不知变，以为结绳之约，可复治乱秦之绪，干戚之舞，足以解平城之围。盖为国之法，有似治身，平则致养，疾则攻焉。夫刑罚者，治乱之药石也；德教者，兴平之粱肉也。夫以德教除残，是以粱肉治疾也；以刑罚治平，是以药石供养也。自数世以来，政多恩贷，驭委其辔，马骀其衔，四牡横奔，皇路险倾，方将拑勒鞬辀以救之，岂暇鸣和鸾，清节奏哉！昔文帝虽除肉刑，当斩右趾者弃市，笞者往往至死。是文帝以严致平，非以宽致平也。"山阳仲长统尝见其书，叹曰："凡为人主，宜写一通，置之坐侧。"

纲 癸巳，永兴元年，秋七月，蝗。

纲 河溢，民饥，以朱穆为冀州刺史；寻征下狱，输作左校。

目 冀州民饥，流亡数十万户。诏以朱穆为刺史。令长闻穆济河，解印绶去者四十余人。及到，奏劾诸郡贪污者，有至自杀。宦者赵忠丧父归葬，僭为玉匣；穆下郡案验，吏发墓剖棺出之。帝闻，大怒，征穆诣廷尉，输作左校。太学生刘陶等数千人，诣阙上书讼穆曰："中官近习，窃持国柄，手握王爵，口含天宪，运赏则使饿隶富于季孙，呼嗡则令伊、颜化为桀、跖。而穆独亢然不顾身害，非恶荣而好辱，恶生而好死也，徒感王纲之不摄，惧天网之久失，故竭心怀忧，为上深计。臣愿黥首系趾，代穆校作。"帝乃赦之。

纲鉴易知录卷二四

东汉纪

孝桓皇帝

纲 乙未，永寿元年，秋，南匈奴左薁鞬台耆等反，属国都尉张奂击破，降之。

目 南匈奴左薁鞬台耆等反，东羌复举种应之。安定属国都尉张奂初到职，壁中唯有二百许人，闻之，即勒兵出；军吏叩头争止之。不听，遂进屯长城，收兵，遣将王卫招诱东羌，因据龟兹县，使匈奴不得交通。东羌诸豪遂相率与奂共击薁鞬等，破，降之。羌豪遗奂马二十匹，金镰八枚。奂以酒酹地曰："使马如羊，不以入厩；使金如粟，不以入怀。"悉以还之。前此八部尉率好财货，为羌所患苦；及奂正身洁己，无不悦服，威化大行。

纲 丙申，二年，秋，以韩韶为嬴长。

目 公孙举等聚众至三万人，寇青、兖、徐州，讨之连年，不克。尚书选能治剧者，以韶为嬴长。贼闻其贤，相戒不入境。流民万余户入县界；韶开仓赈之，主者争不可。韶曰："长活沟壑之人，而以此伏罪，含笑入地矣。"韶与同郡荀淑、钟皓、陈寔皆尝为县长，以德政称，时人谓之"颍川四长"。

纲 戊戌，延熹元年，夏五月晦，日食。

目 太史令陈授陈："日食之变，咎在梁冀。"冀收考授，死于狱中。帝由是怒冀。

纲 己亥，二年，秋七月，皇后梁氏崩。葬懿献皇后于懿陵。

纲 八月，大将军梁冀伏诛，太尉胡广、司徒韩缜、司空孙朗皆以罪免为庶人。

目 梁氏七侯、三后、六贵人、三大将军，卿、将、尹、校五十七人。冀专擅威柄，凶恣日积，秉政几二十年，以私憾杀人至众。威行内外，天子拱手。邓香妻宣，生女猛，香卒，宣更适孙寿舅梁纪；寿引猛入掖庭为贵人，冀因认为己女。遣客杀宣，登屋欲入，宣家觉之，驰入白帝；帝大怒，因如厕，独呼小黄门史唐衡问："左右与外舍不相得者谁乎？"衡对："单超、左悺与梁氏有隙，徐璜、具瑗亦忿疾之。"于是帝呼超、悺入室定议，帝啮超臂出血为盟。冀心疑之，使中黄门张挥入宿，以防其变。瑗收挥，请帝御前殿，使尚书令尹勋持节勒承、郎以下皆操兵守省阁，敛诸符节送省中，使瑗将厩驺、虎贲、羽林、都候剑戟士；合千余人，与司隶张彪共围冀第，收大将军印、绶。冀、寿皆自杀；悉收梁氏、孙氏，无长少皆弃市。胡广、韩缤、孙朗皆坐阿附，减死免为庶人。故吏宾客免黜者三百余人，朝廷为空。百姓称庆。收冀财货，县官斥卖，合三十余万万，以充王府用，减天下税租之半，散其苑囿，以业穷民。

纲　立贵人邓氏为皇后，追废梁后为贵人。

纲　封宦者单超等五人为列侯。

目　世谓之"五侯"。

纲　以黄琼为太尉。

目　时新诛梁冀，天下想望异政。琼首居公位，乃举奏州郡贪污，死徙十余人。辟汝南范滂。滂少厉清节，尝为清诏使，按察冀州，登车揽辔，慨然有澄清天下之志。守令赃污者，皆望风解印绶去；奏权豪之党二十余人。尚书责滂所劾猥多，对曰："臣闻农夫去草，嘉谷必茂；忠臣除奸，王道以清。"尚书不能诘。

纲　征处士徐穉、姜肱、袁闳、韦著、李昙，皆不至。

目　尚书令陈蕃荐五处士，以安车玄纁征之，不至。

穉，豫章人。家贫，尝自耕稼，非其力不食，恭俭义让，所居服其德；屡辟，不起。蕃为太守，以礼请署功曹；穉既谒而退。蕃性方峻，不接宾客，穉来，特设一榻，去则悬之。穉虽不应诸公之辟，然闻其死丧，辄负笈赴吊。常豫炙一鸡，以酒渍绵一两，暴干，裹之，到冢隧外，以水渍绵，白茅藉饭，以鸡置前，醊毕留谒，不见丧主而行。

肱，彭城人，与二弟仲海、季江俱以孝友著闻，常同被而寝。尝俱诣郡，夜遇盗，欲杀之，肱曰："弟年幼，父母所怜，又未聘娶，愿杀身济弟。"季江曰："兄弟德在前，家之珍宝，国之英俊，乞自受戮，以代兄命。"盗两释焉，但掠夺衣资而已。既至，郡中见肱无衣服，怪问其故，肱托以他辞，终不言盗。盗闻而感悔，就肱叩头谢罪，还所掠物。肱不受,劳以酒食而遣之。既征不至,诏图其形状。肱卧于幽暗,以被韬面,言肱疾畏风,工竟不得见。

闳,汝南人,安之玄孙也。苦身修节,以耕学为业。

著,京兆人,隐居讲授。

昙,颍川人。继母酷烈,昙奉之谨。

帝又征安阳魏桓,其乡人劝之行,桓曰:"夫干禄求进,所以行其志也。今后宫千数,其可损乎?厩马万匹,其可减乎?左右权豪,其可去乎?"皆对曰:"不可。"桓乃慨然叹曰:"使桓生行死归,于诸子何有哉!"遂隐身不出。

纲 封皇后兄子邓康、宦者侯览等为列侯,杀白马令李云、弘农掾杜众。

目 帝既诛梁冀,故旧恩私,多受封爵:封后兄子康、秉皆为列侯,宗族皆列校、郎将,赏赐巨万。侯览上缣五千匹,封高乡侯;又封小黄门八人为乡侯,自是权势专归宦官矣。五侯尤贪纵,倾动内外。时灾异数见,白马令李云露布上书,移副三府,曰:"梁冀虽恃权专擅,虐流天下,今以罪行诛,犹召家臣搤杀之耳,而猥封谋臣万户以上;高祖闻之,得无见非!西北列将,得无解体!帝者,谛也。今官位错乱,小人谄进,财货公行,政化日损,是帝欲不谛乎!"帝怒,逮云送狱,使管霸考之。弘农掾杜众,伤云以忠谏获罪,上书"愿与云同死",帝愈怒,并下之狱,皆死狱中。

纲 冬十月,以宦者单超为车骑将军。

纲 以陈蕃为光禄勋。

纲 以爰延为五官中郎将。

目 帝问侍中爰延:"朕何如主?"对曰:"陛下为汉中主。"帝曰:"何以言之?"对曰:"尚书令陈蕃任事则治,中常侍黄门与政则乱,是以知陛下可与为善,可与为非。"帝曰:"敬闻阙矣。"拜五官中郎将。

纲 辛丑,四年,春正月,南宫嘉德殿火。大疫。二月,武库火。

纲 夏,以刘矩为太尉。

纲 五月,有星孛于心。雨雹。六月,地震。

纲 岱山及博尤来山裂。

纲 秋七月,减百官奉,贷王侯半租。卖关内侯以下官。

纲 九月，以刘宠为司空。

目 宠尝为会稽太守，除烦苛，禁非法，郡中大治；被征。有五六老叟，自若邪山谷间出，人赍百钱送宠曰："山谷鄙生，未尝识郡朝，他守时，吏发求民间，至夜不绝，或狗吠竟夕，民不得安。自明府下车以来，狗不夜吠，民不见吏；年老遭值圣明，今闻当见弃去，故自扶奉送。"宠曰："吾政何能及公言邪！勤苦父老！"为人选一大钱受之。

纲 癸卯，六年，冬十月，上较猎广成，遂至上林苑。

目 陈蕃上疏谏曰："安平之时，游畋宜有节，况今有三空之厄哉！田野空，朝廷空，仓库空。加之兵戎未戢，四方离散，是陛下焦心毁颜，坐以待旦之时也，岂宜扬旗耀武，骋心舆马之观乎！"不省。

纲 甲辰，七年，春二月，邟乡侯黄琼卒。

目 琼薨，谥曰忠。四方名士会其葬者六七千人。

初，琼教授于家，徐穉从之咨访大义，及琼贵，穉绝不复交。至是，往吊，进酹，哀哭而去，人莫知者。诸名士曰："必徐孺子也。"于是选能言者陈留茅容轻骑追及，为沽酒市肉，穉为饮食。容问国家事，穉不答。更问稼穑，穉乃答之。容还，以语诸人，或曰："可与言而不与言，孺子其失人乎？"太原郭泰曰："不然。孺子之为人，清洁高廉，饥不可得食，寒不可得衣，而为季伟饮食，此为已知季伟之贤故也！所以不答国事者，是其智可及，其愚不可及也！"泰博学，善谈论。初游雒阳，时人莫识，陈留符融一见嗟异，因以介于河南尹李膺，膺与为友。后归乡里，诸儒送至河上，车数千两，膺唯与泰同舟而济。

泰性明知人，好奖训士类。茅容，年四十余，耕于野，与等辈避雨树下，众皆夷踞，容独危坐；泰见而异之，因请寓宿。旦日，容杀鸡，食母，馀半庋置，自以草蔬与客同饭。泰曰："卿贤哉远矣！郭林宗犹减三牲之具以供宾旅，而卿如此，乃我友也。"起，对之揖，劝令从学。巨鹿孟敏，荷甑堕地，不顾而去。泰见问之，对曰："甑已破矣，视之何益！"泰以为有分决，亦劝令游学。陈留申屠蟠为漆工，鄢陵庾乘为门士，泰奇之，后皆为名士。自馀或出于屠沽、卒伍，因泰奖进成名者甚众。

或问范滂曰："郭林宗何如人？"滂曰："隐不违亲，贞不绝俗，天子不得臣，诸侯不得友，吾不知其他。"泰举有道，不就；或劝之仕，泰曰：

"吾夜观乾象,昼察人事,天之所废,不可支也,吾将优游卒岁而已。"然犹周旋京师,诲诱不息。徐穉以书戒之曰:"夫大木将颠,非一绳所维,何为栖栖不遑宁处!"泰感悟曰:"谨拜斯言,以为师表。"

济阴黄允,以隽才知名,泰见而谓曰:"卿高才绝人,足成伟器,然当深自匡持,不然,将失之矣!"后司徒袁隗欲为从女求姻,见允,叹曰:"得婿如是,足矣。"允闻而黜遣其妻。妻请大会宗亲,数允隐慝而去,允由是废。

陈留仇香,至行纯嘿,乡党无知者。年四十为蒲亭长,劝人生业,为制科令,令子弟就学,赈恤穷寡,期年大化。民有陈元,独与母居,母诣香告元不孝,香亲到元家,为陈人伦,譬以祸福;元感悟,卒为孝子。考城令王奂署香主簿,谓之曰:"闻在蒲亭,陈元不罚而化,得无少鹰鹯之志邪?"香曰:"以为鹰鹯不若鸾凤,故不为也。"奂曰:"枳棘非鸾凤所集,百里非大贤之路。"乃以一月俸资香,使入太学。与符融比宇,融宾客盈室,香常自守。融谓之曰:"今英雄四集,志士交结之秋。"香正色曰:"天子设太学,岂但使人游谈其中邪!"高揖而去。融以告郭泰,因就房谒之;泰嗟叹,起,拜床下曰:"君,泰之师,非泰之友也。"

纲 乙巳,八年,春正月,遣中常侍左悺之苦县祠老子。

纲 废皇后邓氏,幽杀之。

目 帝多内宠,邓氏骄忌,废送暴室,以忧死。

纲 夏五月,太尉秉卒。以刘瑜为议郎。

目 秉清白寡欲,尝称"我有三不惑:酒、色、财也"。秉既没,所举贤良刘瑜乃至,拜为议郎。

纲 秋七月,以陈蕃为太尉。

纲 九月,地震。

纲 立贵人窦氏为皇后。

目 后,窦融之玄孙,武女,拜武为特进,封槐里侯。

纲 以李膺为司隶校尉。

目 时小黄门张让弟朔为野王令,贪残无道,畏膺威严,逃还京师,匿于兄家合柱中。膺率吏卒破柱取朔,付狱受辞毕,即杀之。自此,诸宦官皆鞠躬屏气,休沐不敢出宫省。帝问其故,并叩头泣曰:"畏李校尉。"时朝廷日乱,纪纲颓弛,而膺独持风裁,以声名自高,士有被其容接者,名为登龙门云。

纲 以刘宽为尚书令。

目 宽历典三郡，温仁多恕，虽在仓卒，未尝疾言遽色。吏民有过，但用蒲鞭罚之，示辱而已，终不加苦。有功善，推之于下；有灾异，则引躬自责。每见父老，慰以农里之言；少年，勉以孝弟之训；人皆悦而化之。

纲 丙午，九年，春正月朔，日食，诏举至孝。

目 太常赵典所举至孝荀爽对策曰："昔者圣人建天地之中而谓之礼。礼者，所以兴福祥之本，止祸乱之源也。众礼之中，婚礼为首。阳性纯而能施，阴体顺而能化，以礼济乐，节宣其气，故能丰子孙之祥，致老寿之福。臣窃闻后宫采女六千，侍使复在其外。空赋不辜之民，以供无用之女，百姓困穷于外，阴阳隔塞于内，故感动和气，灾异屡臻。臣愚以为诸未幸御者，一皆遣出，使成配合，此诚国家之大福也。"诏拜郎中。

纲 以皇甫规为度辽将军。

目 规欲求退，数上病，不见听。会友人丧至，规越界迎之，因令客密告并州刺史胡芳，言规擅远军营，当急举奏。芳曰："威明欲避第仕途，故激发我耳。吾当为朝廷爱才，何能申此子计邪！"遂无所问。

纲 夏四月，河水清。

纲 帝亲祠老子于濯龙宫。

纲 秋七月，杀南阳太守成瑨、太原太守刘瓆，捕司隶校尉李膺、太仆杜密，部党二百余人下狱，遂策免太尉蕃。

目 初帝为蠡吾侯，受学于甘陵周福，及即位，擢福为尚书。时同郡房植有名当朝，乡人为之谣曰："天下规矩房伯武，因师获印周仲进。"二家宾客互相讥揣，遂成尤隙。由是甘陵有南北部，党人之议自此始矣。

汝南太守宗资以范滂为功曹，南阳太守成瑨以岑晊为功曹，皆委心听任，使之褒善纠违，肃清朝府。于是二郡为之谣曰："汝南太守范孟博，南阳宗资主画诺；南阳太守岑公孝，弘农成瑨但坐啸。"太学诸生三万余人，郭泰、贾彪为其冠，与李膺、陈蕃、王畅更相褒重。学中语曰："天下模楷李元礼，不畏强御陈仲举，天下俊秀王叔茂。"于是中外承风，竞以臧否相尚，自公卿以下，莫不畏其贬议，屣履到门。

宛有富贾张汎，恃后宫中官，用势纵横。岑晊劝瑨收捕；既而遇赦，瑨竟诛之，后乃奏闻。小黄门晋阳赵津贪横放恣，太原太守刘瓆亦于赦后杀之。于是侯览使汎妻上书讼冤，宦官因缘谮诉瑨、瓆。帝大怒，征下狱。有司承旨，奏"当弃市"。

山阳太守翟超，以张俭为督邮。侯览家在防东，残暴百姓；大起茔冢。俭举奏览，破其冢宅，藉没资财。

徐璜兄子宣为下邳令，求故汝南太守李暠女不得，遂将吏卒至暠家，载其女归，射杀之。东海相黄浮收宣家属，无少长，悉案弃市。于是宦官诉冤，帝大怒，超、浮并坐髡钳，输作。

陈蕃与司空刘茂共谏，请四人罪；帝不悦。茂不敢复言，蕃乃独上疏曰："今寇贼在外，四支之疾；内政不理，心腹之患。臣寝不能寐，食不能饱，实忧左右日亲，忠言日疏，内患渐积，外难方深。小家畜产百万之资，子孙尚耻失其先业，况乃产兼天下，受之先帝，而欲懈怠以自轻忽！诚不爱己，不当念先帝得之勤苦邪！刘瓆、成瑨，诚心去恶，而令伏欧刀；翟超、黄浮，奉化不挠，并蒙刑坐。昔申屠嘉召责邓通，董宣折辱公主，文帝从而请之，光武加以重赏，未闻二臣有专命之诛。陛下深宜割塞近习与政之源，引纳尚书朝省之士，简练清高，斥黜佞邪；则天和于上，地治于下矣！"帝不纳。宦官由此疾蕃弥甚，选举奏议，辄以中诏谴却，长史已下多至抵罪。平原襄楷上疏曰："臣闻皇天不言，以象设教。臣窃见太微天庭五帝之坐，而金、火罚星扬光其中，于占，天子凶；又俱入房、心，法无继嗣。前冬大寒，竹柏伤枯。臣闻于师曰：'柏伤竹枯，不出三年，天子当之。'今春夏，霜雹、大雨、雷电，臣作威作福，刑罚急刻之所感也。刘瓆、成瑨，志除奸邪，而还加考逮；三公乞哀，而严被谴让。汉兴以来，未有拒谏诛贤，用刑太深如今日者也！按春秋以来，及古帝王，未有河清。臣以为河者，诸侯位也。清者，属阳；浊者，属阴。河当浊而反清者，阴欲为阳，侯欲为帝也。唯京房易传曰：'河水清，天下平。'今天垂异，地吐妖，人疠疫，三者并时而有河清，犹春秋麟不当见而见，孔子书之以为异也。愿赐清间，极尽所言。"书奏，不省。尚书奏楷违经诬上，司寇论刑。

瑨、瓆竟死狱中。岑晊逃窜，亲友竞匿之；贾彪独闭门不纳，曰："传言'相时而动，无累后人'。公孝以要君致衅，自遗其咎，吾可容隐之乎！"晊竟获免。彪尝为新息长，小民困贫，多不养子；彪严为其制，与杀人同罪。城南有盗劫害人者,北有妇人杀子者,彪出案验,掾吏欲引南;彪怒曰:"贼寇害人,此则常理,母子相残,逆天违道!"遂驱车北行,案致其罪。贼闻之,亦面缚自首。数年间,人养子者以千数。曰:"此贾父所生也。"皆名之为贾。

河内张成者,善风角,推占当赦,教子杀人。李膺收捕,逢宥;竟案杀之。宦官教成弟子牢修上书,告"膺等养太学游士,共为部党,诽讪朝廷,疑乱风俗"。于是天子震怒,班下郡国,逮捕党人,布告天下,使同忿疾。案经三府,陈蕃却之曰:"今所案者,皆海内人誉,忧国忠公之臣,此等犹将十世宥也,岂有罪名不章而致收掠者乎!"不肯平署。帝愈怒,遂下膺等北寺狱,辞连太仆杜密及陈寔、范滂之徒二百余人。或逃遁不获,皆悬金购募,使者四出。寔曰:"吾不就狱,众无所恃。"乃往请囚。陈蕃复上书极谏,帝讳其言切,托以辟召非人,策免之。

时党狱所染,皆天下名贤,皇甫规自以西州豪杰,耻不得与,乃自上言:"臣前荐故大司农张奂,是附党也。太学生张凤等上书讼臣,是为党人之所附也,臣宜坐之。"朝廷不问。

杜密素与李膺名行相次,时人谓之"李、杜"。尝为北海相,行春,到高密,见郑玄为乡啬夫,知其异器,即署郡职,遣就学,卒成大儒。去官还家,每谒守令,多所陈托。同郡刘胜,亦自蜀郡告归乡里,闭门扫轨,无所干及。太守王昱谓曰:"刘季陵清高士,公卿多举之者。"密对曰:"刘胜位为大夫,见礼上宾,而知善不荐,闻恶无言,隐情惜己,自同寒蝉,此罪人也。今志义力行之贤而密达之,违道失节之士而密纠之,使明府赏刑得中,令问休扬,不亦万分之一乎!"昱惭服,待之弥厚。

纲　以窦武为城门校尉。

目　武在位,多辟名士,清身疾恶,礼赂不通;妻子衣食裁足而已,得两宫赏赐,悉散与太学诸生及匄施贫民,由是众誉归之。

纲　丁未,永康元年,夏五月,地裂。是月晦,日食。

纲　六月,赦党人归田里,禁锢终身。

目　陈蕃既免,朝臣震栗,莫敢复为党人言者。贾彪曰:"吾不西行,大祸不解。"乃入雒阳,说窦武及尚书霍谞等,使讼之。武上疏曰:"膺等建忠抗节,志经王室,此诚陛下稷、卨、伊、吕之佐;而虚为奸臣贼子所诬枉,天下寒心,海内失望。唯陛下留神澄省,时见理出,以厌人鬼喁喁之心。"书奏,霍谞亦为表请。帝意稍解,使中常侍王甫就狱讯党人,甫诘曰:"卿等更相拔举,迭为唇齿,其意如何?"范滂曰:"滂欲使善善同其清,恶恶同其污,谓王政之所愿闻,不谓更以为党。身死之日,愿埋滂于首阳山侧,上不负皇天,下不愧夷、齐。"甫愍然为之改容,乃得并解桎梏。膺等又多引宦官子弟,宦官惧,请帝以天时宜赦。遂赦,改元;党人二百余人皆归田里,书名三府,禁锢终身。

滂往候霍谞而不谢,或让之,滂曰:"昔叔向不见祁奚,吾何谢焉!"滂归汝南,南阳士大夫迎之者,车数千两,乡人殷陶、黄穆侍卫于旁,应对宾客。滂曰:"是重吾祸也!"遂遁还。

初,诏书下举钩党,郡国所奏,多至百数,唯平原相史弼独无所上。诏书迫切,州郡髡笞掾史。从事坐傅舍责曰:"青州六郡,其五有党,平原何治,而得独无?"弼曰:"先王疆理天下,画界分境,水土异齐,风俗不同。他郡自有,平原自无,胡可相比!若承望上司,诬陷良善,则平原之人,户可为党。相有死而已,所不能也!"

纲　秋八月,巴郡言黄龙见。

纲　大水,海溢。

纲　冬十二月,帝崩。尊皇后曰皇太后。太后临朝。

纲　遣使迎解渎亭侯宏诣京师。

目　窦武召侍御史河间刘儵,问以国中宗室之贤者,儵称孝王曾孙宏。武白太后,定策禁中,以儵守光禄大夫,持节奉迎。

孝灵皇帝

纲　戊申,孝灵皇帝建宁元年,春正月,以窦武为大将军,陈蕃为太傅,与司徒胡广参录尚书事。解渎亭侯宏至,入即位。

纲　二月,葬宣陵。

纲　闰月,追尊皇祖为孝元皇,夫人为孝元后,考为孝仁皇,尊母董氏为慎园贵人。

纲　夏五月朔,日食。六月,大水。

纲　录定策功,封窦武为闻喜侯。

纲　封陈蕃为高阳乡侯,不受。

纲　秋九月,太傅陈蕃、大将军窦武奏诛宦者曹节等;节等杀之,遂迁太后于南宫。

目　初,窦太后之立也,陈蕃有力焉。及临朝,政无大小,皆委于蕃。蕃与窦武同心戮力，以奖王室，征天下名贤李膺、杜密、尹勋、刘瑜等，皆列于朝廷，与共参政事。于是天下之士，莫不延颈想望太平。而帝乳母赵娆及诸女尚书，旦夕在太后侧，中常侍曹节、王甫等共相朋结，谄事太后，太后信之，数出诏命，有所封拜。蕃、武疾之，尝共会朝堂，蕃私谓武曰："曹节、王甫操弄国柄，浊乱海内，今不诛之，后必难图。"武深然之。蕃大喜，以手推席而起。武乃引尚书令尹勋共定计策。会有日食之变，蕃谓武曰："昔萧望之困一石显，况今石显数十辈乎！蕃以八十之年，欲为将军除害，今可因此斥罢宦官，以塞天变。"武乃白太后曰："故事，黄门常侍但当给事省内门户，主近署财物耳；今乃使与政事，任重权，子弟布列，专为贪暴，天下匈匈，正以此故。宜悉诛废以清朝廷。"太后曰："故事，世有宦官，但当诛其有罪者，岂可尽废邪！"时中常侍管霸，颇有才略，专制省内，武先白收霸及苏康等，皆坐死。武复数白诛节等，太后犹豫未忍。蕃上疏言："侯览、曹节、公乘昕、王甫、郑飒等，与赵夫人、诸尚书并乱天下，今不急诛，必生变乱。愿出臣章宣示左右，并令天下诸奸知臣疾之。"太后不纳。八月，太白犯房之上将，入太微。刘瑜恶之，上书皇太后曰："案占书：宫门当闭，将相不利，奸人在主傍。愿急防之。"又与武、蕃书，劝以速断大计。于是武、蕃以朱寓为司隶校尉，刘祐为河南尹，虞祈为雒阳令。奏免黄门令魏彪，以所亲小黄门山冰代之，收长乐尚书郑飒，送北寺狱。蕃曰："此曹子便当收杀，何复考为！"武令冰与尹勋杂考，辞连曹节、王甫。勋、冰即奏收节等，使刘瑜内奏。九月，武出宿归府。典中书者先以告长乐五官史朱瑀，瑀盗发武奏，骂曰："放纵者自可诛耳，我曹何罪，而当尽见族灭！"因大呼曰："陈蕃、窦武奏白太后废帝，为大逆！"乃夜召所亲共普等十七人，歃血共盟，曹节请帝出御前殿，拔剑踊跃，赵娆等拥卫左右，闭诸禁门，召尚书官属，挟以白刃，使作诏版，拜王甫为黄门令，持节至北寺狱，收勋、冰，杀之。出飒，还兵劫太后，夺玺绶。使飒等持节收武等。武驰入步兵营，召会北军五校士数千人屯都亭，下令军士曰："黄门、常侍反，尽力者封侯重赏。"陈蕃闻难，将官属诸生八十余人，并拔刃突入尚书门，攘臂呼曰："大将军忠以卫国，黄门反逆，何云窦氏不道邪！"王甫使剑士收蕃，蕃拔剑叱甫，辞色愈厉。遂被执，送北寺狱，即日杀之。时张奂征还，节等以奂新至，不知本谋，矫制使奂率五营士讨武。甫将千余人出与奂合，使其士大呼武军曰："窦武反，汝皆禁兵，当宿卫宫省，何故随反者乎！营府素畏服中官，于是武兵稍稍归甫，自旦至食时，兵降略尽。武自杀，枭首都亭，收捕宗亲宾客，悉诛之，及刘瑜、冯述，皆夷其族。迁皇太后于南宫，徙武家属于日南；门生故吏皆免官禁锢。议郎巴肃始同谋，节等不知，但坐禁锢，后乃知而收之。肃自载诣县，县令解印绶欲与俱去。肃曰："为人臣者，有谋不敢隐，有罪不逃刑。"遂被诛。

曹节迁长乐卫尉，与王甫等六人皆封列侯。

蕃友朱震收葬蕃尸，匿其子逸，事觉，系狱。震受考掠，誓死不言，逸由是得免。武掾胡腾殡敛武尸，行丧，亦坐禁锢。武孙辅年二岁，诈以为己子，与令史张敞共匿之，亦得免。张奂迁大司农，封侯。奂深病为节等所卖，固辞不受。

纲 己酉，二年，春正月，尊慎园贵人董氏为孝仁皇后，以其兄子重为五官中郎将。

纲 夏四月，青蛇见御座上。大风，雨，雷电，诏公卿言事。

纲 冬十月，复治钩党，杀前司隶校尉李膺等百余人。

目 初，李膺等虽废锢，天下士大夫皆高尚其道而污秽朝廷，更相标榜，为之称号：以窦武、陈蕃、刘淑为"三君"，君者，言一世之所宗也；李膺、荀昱、杜密、王畅、刘祐、魏朗、赵典、朱寓为"八俊"，俊者，言人之英也；郭泰、范滂、尹勋、巴肃、宗慈、夏馥、蔡衍、羊陟为"八顾"，顾者，言能以德行引人者也；张俭、翟超、岑晊、苑康、刘表、陈翔、孔昱、檀敷为"八及"，及者，言其能导人追宗者也；度尚、张邈、王孝、刘儒、胡毋班、秦周、蕃向、王章为"八厨"，厨者，言能以财救人者也。及陈、窦用事，复举拔膺等；陈、窦诛，膺等复废。

宦官疾恶膺等，每下诏书，辄申党人之禁。侯览怨张俭尤甚，览乡人朱并，上书告俭与同乡二十四人别相署号，共为部党，图危社稷；诏刊章捕俭等。十月，曹节讽有司奏"诸钩党者虞放、李膺、杜密、朱寓、荀昱、翟超、刘儒、范滂等，请下州郡考治"。是时上年十四，问节等曰："党人何用为恶而欲诛之邪？"对曰："相举群辈，欲为不轨。"上曰："不轨欲如何？"对曰："欲图社稷。"上乃可其奏。或谓李膺曰："可去矣！"对曰："事不辞难，罪不逃刑，臣之节也。吾年已六十，死生有命，去将安之！"乃诣诏狱，考死。

汝南督邮吴导受诏捕范滂，至征羌，抱诏书闭传舍，伏床而泣，一县不知所为。滂闻之曰："必为我也。"即自诣狱。县令郭揖大惊，出解印绶，引与俱亡，曰："天下在矣，子何为在此！"滂曰："滂死则祸塞，何敢以罪累君，又令老母流离乎！"其母就与之诀曰："汝今得与李、杜齐名，死亦何恨！"滂跪受教，再拜而辞。

凡党人死者百余人，妻子皆徙边，天下豪杰及儒学有行义者，宦官一切指为党人；其死徙废禁者又六七百人。郭泰闻之，私为之恸曰："诗云：'人之云亡，邦国殄瘁。'汉室灭矣，但未知'瞻乌爰止，于谁之屋'耳！"泰虽好臧否，而不为危言激论，故能处浊世而怨祸不及焉。

张俭亡命困迫，望门投止，莫不重其名行，破家相容。后流转东莱，止李笃家。外黄令毛钦操兵到门，笃引钦就席曰："张俭负罪，岂得藏之！若审在此，此人名士，明廷宁宜执之乎？"钦因起抚笃曰："蘧伯玉耻独为君子，足下如何专取仁义！"笃曰："今欲分之，明廷载半去矣。"钦叹息而去。俭与鲁国孔褒有旧，亡抵褒，不遇，褒弟融，年十六，匿之。事泄，俭亡走，国相收褒、融送狱，未知所坐。融曰："保纳舍藏者，融也。"褒曰："彼来求我，非弟之过。"吏问其母，母曰："家事任长，妾当其辜。"一门争死，郡县疑不能决，乃上谳之，诏独坐褒。及党禁解，俭乃还乡里。夏馥闻俭亡命，叹曰："孽自己作，空污良善，一人逃死，祸及万家，何以生为！"乃自剪须变形，入林虑山中，隐姓名，为治家佣，人无知者。

初，中常侍张让父死，归葬颍川，虽一郡毕至，而名士无往者，让耻之，陈寔独吊焉。及诛党人，让以寔故，多所全宥。

初，范滂等非讦朝政，自公卿以下皆折节下之，太学生争慕其风，申屠蟠独叹曰："昔战国之世，处士横议，列国之王至于拥篲先驱，卒有坑儒烧书之祸，今之谓矣。"乃绝迹于梁、砀之间，因树为屋，自同佣人。居二年，滂等果罹党锢之祸。

纲 辛亥，四年，春二月，地震，海溢。三月朔，日食，大疫。

纲 秋七月，立贵人宋氏为皇后。

纲 壬子，熹平元年，春三月，太傅胡广卒。

目 广周流四公，三十余年，历事六帝，礼任极优。所辟多天下名士，练达故事，明解朝章，京师谚曰："万事不理问伯始；天下中庸有胡公。"然温柔谨悫，常逊言恭色以取媚于时，无忠直之风，天下以此薄之。

纲 夏六月，大水。皇太后窦氏崩，秋七月，葬桓思皇后。

纲 冬十一月，会稽妖贼许生称帝。

纲 甲寅，三年，冬十一月，吴郡司马孙坚讨许生，斩之。

目 坚，富春人，召募精勇得千余人，助州郡讨许生，大破，斩之。

纲 乙卯，四年，春三月，立石经于太学门外。

目 诏诸儒正五经文字，命议郎蔡邕为古文、篆、隶三体书之，刻石立于太学门外，使后学取正焉。碑始立，观模写者车乘日千余两。

纲 丙辰，五年，夏，杀永昌太守曹鸾，更考党人禁锢五属。

目 永昌太守曹鸾上书曰："夫党人者，或耆年渊德，或衣冠英贤，皆宜股肱王室，左右大猷者也；而久被禁锢，辱在涂泥，所以灾异屡见，水旱荐臻，皆由于斯。宜加沛宥，以副天心。"帝大怒，监军收鸾，送狱，掠杀之。于是诏州郡更考党人门生、故吏、父子、兄弟在位者，悉免官禁锢，爰及五属。

纲 丁巳，六年，夏四月，大旱，蝗。

纲 以宣陵孝子为太子舍人。

目 市贾小民有相聚为宣陵孝子者数十人，诏皆除太子舍人。蔡邕上封事曰："宣陵孝子，虚伪小人，本非骨肉，群聚山陵，假名称孝义，无所依。太子官属，宜搜选令德，岂有但取丘墓凶丑之人！其为不祥莫大焉。宜遣归田里，以明诈伪。"书奏，帝乃诏宣陵孝子为舍人者，悉改为丞尉焉。

纲 冬十月朔，日食。地震。

纲 鲜卑寇辽西，太守赵苞破之。

目 辽西太守赵苞到官，遣吏迎母，道经柳城，值鲜卑万余人入塞寇钞，劫质苞母，载以击郡。苞出战，对陈，贼出母示苞，苞悲号，谓母曰："为子无状，欲以微禄奉养朝夕，不图为母作祸。昔为母子，今为王臣，义不得顾私恩，毁忠节，唯当万死，无以塞罪。"母遥谓曰："人各有命，何得相顾以亏忠义，尔其勉之！"苞即时进战，贼悉摧破，其母为贼所害。苞归葬讫，谓乡人曰："食禄而避难，非忠也；杀母以全义，非孝也。如是，有何面目立于天下！"遂欧血而死。

纲 戊午，光和元年，春二月朔，日食。地震。

纲 置鸿都门学。

目 鸿都门学诸生，皆敕州郡、三公举用辟召，或出为刺史、太守，入为尚书、侍中，有封侯赐爵者；士君子皆耻与为列焉。

纲 夏四月，地震。侍中寺雌鸡化为雄。

纲 六月，有黑气堕温德殿庭中。

目 气如龙，长十余丈。

纲 秋七月，青虹见玉堂殿庭中。

目 上以灾异诏问消复之术，蔡邕对曰："臣伏思诸异，皆亡国之怪也。天于大汉殷勤不已，故屡出祆变以当谴责，欲令人君感悟，改危即安。蜺堕、鸡化，皆妇人干政之所致也。前者乳母赵娆，谗谀骄溢，门史霍玉，依阻为奸。今道路纷纷，复云有程大人者，察其风声，将为国患；宜高为堤防，明设禁令，深惟赵、霍，以为至戒，则天道亏满，鬼神福谦矣。"章奏，帝览而叹息；因起更衣，曹节于后窃视之，悉宣语左右。中常侍程璜使人飞章言邕私事，下雒阳狱，劾大不敬，弃市。中常侍河南吕强愍邕无罪，力为申请，诏："减死一等，与家属髡钳徙朔方，不得以赦令除。"

纲 冬十月，废皇后宋氏，幽杀之。

纲 是月晦，日食。

纲 初开西邸卖官。

目 初开西邸卖官，二千石，二千万；四百石，四百万；其以德次应选者半之，或三分之一；令长，随县丰约有贾。富者先入，贫者到官倍输。又私令左右卖公卿，公千万，卿五百万。尝问侍中杨奇曰："朕何如桓帝？"对曰："陛下之于桓帝，亦犹虞舜比德唐尧。"帝不悦曰："卿强项，真杨震子孙，死后必复致大鸟矣。"

纲 己未，二年，夏四月，封中常侍吕强为都乡侯，不受。

目 强清忠奉公，帝以众例封为都乡侯，强固辞不受。

纲鉴易知录卷二五

东汉纪

孝灵皇帝

纲 庚申，三年，冬十二月，立贵人何氏为皇后。

目 后本南阳屠家，以选入掖庭，生皇子辩，故立之。征其兄进为侍中。后王美人生皇子协，后鸩杀美人。帝怒，欲废后，中官固请乃止。

纲 作罼圭、灵昆苑。

目 司徒杨赐谏曰："先王造囿，裁足以修三驱之礼，薪、莱、刍、牧皆悉往焉。先帝左开鸿池，右作上林，不奢不约。今废田园，驱居人，畜禽兽，殆非'若保赤子'之义。宜惟卑宫、露台之意，以慰民劳。"帝欲止，侍中任芝、乐松曰："昔文王之囿百里，人以为小；齐宣四十里，人以为大。今与百姓共之，无害于政也。"帝悦，遂为之。

纲 辛酉，四年，秋九月朔，日食。

纲 作列肆于后宫。

目 是岁，帝作列肆于后宫，使诸采女贩卖，更相盗窃争斗；帝着商贾服，从之饮宴为乐。

纲 壬戌，五年，秋七月，有星孛于太微。

纲 八月，起四百尺观。

纲 冬，以桓典为侍御史。

目 典为御史，宦官畏之。典常乘骢马，京师为之语曰："行行且止，避骢马御史！"

纲 甲子，中平元年，春二月，黄巾贼张角等起。

目 初，巨鹿张角事黄、老，以妖术教授。遣弟子游四方，转相诳诱，十余年间，徒众数十万。角遂置三十六方。方，犹将军也，大方万余人，小方六七千，各立渠帅。讹言"岁在甲子，天下大吉"，以白土书京城寺门及州郡官府，皆作“甲子”字。大方马元义等先收荆、扬数万人，以中常侍封谞、徐奉等为内应，约以三月五日内外俱起。至是，角弟子唐周告之，于是收元义，车裂。诏三公、司隶，案验宫省直卫及百姓事角道者，诛杀千余人；下冀州逐捕。角等知事已露，驰敕诸方，一时俱起，皆着黄巾为识。角自称“天公将军”，弟宝称“地公将军”，梁称“人公将军”。所在燔劫，长吏逃亡，旬月之间，天下响应。

纲　三月，以何进为大将军，屯都亭。

纲　赦党人，遣中郎将卢植讨张角，皇甫嵩、朱儁讨颍川黄巾。

目　帝召群臣会议，北地太守皇甫嵩以为宜解党禁。吕强曰：“党锢久积，人情怨愤，若不赦宥，与角合谋，为变滋大。”帝惧而从之。发天下精兵，遣中郎将卢植讨张角，皇甫嵩、朱儁讨颍川黄巾。

纲　杀中常侍吕强、侍中向栩、郎中张钧。

目　诸常侍共谮吕强，云与党人共议朝廷，数读霍光传。帝使中黄门持兵召强，强怒曰：“丈夫欲尽忠国家，岂能对狱吏乎！”遂自杀。侍中向栩讥刺左右，张让诬栩与张角为内应，杀之。郎中张钧上书曰：“张角所以能兴兵作乱，万民所以乐附之者，其源皆由十常侍宗亲、宾客典据州郡，侵掠百姓；百姓冤无所诉，故聚为盗贼。宜斩十常侍，悬头南郊，以谢百姓，遣使者布告天下，可不须师旅而大寇自消。”帝怒钧曰：“此真狂子也！十常侍固当有一人善者不！”御史遂诬奏钧学黄巾道，收掠，死狱中。

纲　夏五月，皇甫嵩、朱儁与骑都尉曹操合军，讨三郡黄巾，破平之。

目　朱儁与贼波才战败，贼遂围皇甫嵩于长社。依草结营，会大风，嵩敕军士皆束苣乘城，使锐士间出围外，纵火大呼，城上举燎应之，嵩从城中鼓噪而出，奔击贼陈；贼惊，乱奔走。会骑都尉沛国曹操将兵适至，合军与战，大破之，斩首数万，遂讨汝南、陈国黄巾，皆破之，三郡悉平。

操父嵩，为中常侍曹腾养子，不能审其生出本末，或云夏侯氏子也。操少机警，有权数，而任侠放荡，不治行业；时人未之奇也，唯桥玄及南阳何颙异焉。谓操曰：“天下将乱，非命世之才，不能济也。能安之者，其在君乎！”颙见操，叹曰：“汉家将亡，安天下者，必是人也。”时汝南许劭与从兄靖，有高名，好共核论乡党人物，每月辄更其题品，故汝南俗有月旦评焉。尝为郡功曹，府中莫不改操饰行。操往造劭而问之曰："我何如人?"劭鄙之，不答。操劫之，劭曰："子，治世之能臣，乱世之奸雄。"操大喜而去。后举孝廉为郎，至是平贼，迁济南相。

纲 卢植围张角于广宗。槛车征还，遣中郎将董卓代之。

纲 秋八月，遣皇甫嵩讨张角，角死。冬十月，与角弟梁、宝战，皆破斩之。以嵩为车骑将军，领冀州牧。

纲 乙丑，二年，春二月，南宫云台灾。

纲 三月，以崔烈为司徒。

目 时，三公往往因常侍、阿保入钱西园而得之。烈本冀州名士，至是，因傅母入钱五百万，故得为司徒，而声誉顿衰。

纲 夏四月，大雨雹。

纲 六月，封宦者张让等十三人为列侯。

纲 丁卯，四年，冬十月，前太丘长陈寔卒。

目 寔在乡间，平心率物，其有争讼，辄求判正，晓譬曲直，退无怨者；至乃叹曰："宁为刑罚所加，不为陈君所短!"杨赐、陈耽，每拜公卿，群僚毕贺，辄叹寔未登大位，愧于先之。及卒，海内赴吊者三万余人。

纲 己巳，六年，夏四月，帝崩。皇子辩即位，尊皇后曰皇太后。太后临朝。封皇弟协为陈留王。

纲 葬文陵。

纲 秋七月，大将军进召董卓将兵诣京师。太后诏罢诸宦官。八月，宦官张让等入宫杀进，劫太后、帝出至河上。司隶校尉袁绍捕宦者，悉诛之。帝还宫，以卓为司空。

目 袁绍说何进悉诛诸宦官。进白太后，太后不听。绍又为画策，多召四方猛将，使并引兵向京城，以胁太后，进然之。主簿陈琳谏曰："谚称'掩目捕雀'，夫微物尚不可欺以得志，况国之大事，其可以诈立乎！今将军总皇威，握兵要，龙骧虎步，高下在心，此犹鼓洪炉燎毛发耳。但当速发雷霆，行权立断，则天人顺之。而反委释利器，更征外助，大兵聚会，强者为雄，所谓倒持干戈，授人以柄，功必不成，只为乱阶耳!"进不听。曹操闻而笑曰："宦者之官，古今宜有，但世主不当假之权宠，使至于此。既治其罪，当诛元恶，一狱吏足矣，何至纷纷召外兵乎！欲尽诛之，事必宣露，吾见其败也。"

时，董卓驻兵河东，何进召之，使将兵诣京师。尚书郑泰、卢植皆谏，进不从。卓闻召，即时就道，并上书曰："张让等窃幸承宠，浊乱海内。臣闻扬汤止沸，莫若去薪；溃痈虽痛，胜于内食。今辄鸣钟鼓如雒阳，请收让等以清奸秽！"太后乃恐，悉罢中常侍、小黄门。进入长乐宫，白太后，请尽诛之。张让等使潜听，具闻其语。乃率其党数十人，持兵伏省户下，斩进。进部曲将吴匡，引兵烧南宫青琐门。让等将太后、少帝及陈留王劫省内官属，从复道走北宫。袁绍引兵屯阙下，遂闭北宫门，勒兵捕诸宦者，无少长皆杀之，凡二千余人。进攻省内，让等困迫，遂将帝与陈留王数十人步出縠门，公卿无从者，唯卢植及河南中部掾闵贡夜至河上，贡厉声责让等，因手剑斩数人。让等惶怖，遂投河而死。

贡扶帝与陈留王夜逐荧光还，至雒舍。明旦，帝乘一马，陈留王与贡共乘一马，南行，公卿稍有至者。董卓亦到，因与公卿奉迎于北芒阪下。卓与帝语，语不可了；乃更与陈留王语，问祸乱之由，王答，自初至终，无所遗失。卓大喜，以为贤，遂有废立之意。是日，帝还宫。失传国玺。

卓步骑不过三千，率四五日辄夜潜出，明旦乃大陈旌鼓而还，以为西兵复至，雒中无知者。俄而进及弟苗部曲皆归之，卓又阴使武猛都尉丁原部曲吕布杀原而并其众。于是讽朝廷，以久雨，策免司空刘弘而代之。蔡邕亡命江海，积十二年，卓闻其名而辟之，称疾不就。卓怒，詈曰："我能族人！"邕惧而应命，到，署祭酒，甚见敬重，三日之间，周历三台，迁为侍中。

纲　九月，袁绍出奔冀州。卓废帝为弘农王，奉陈留王协即位，遂弑太后何氏。

目　董卓谓袁绍曰："天下之主，宜得贤明，每念灵帝，令人愤毒！董侯似可，今欲立之，能胜史侯否？"绍曰："今上富于春秋，未有不善宣于天下。公欲废嫡立庶，恐众不从公议也！"卓按剑叱绍曰："竖子敢然！天下之事，岂不在我！"绍勃然，径出，逃奔冀州。卓遂胁太后策废少帝为弘农王，立陈留王协为帝。迁太后于永安宫，鸩杀之。

纲　卓自为太尉，领前将军事。

纲　遣使吊祭陈蕃、窦武及诸党人，复其爵位。

目　董卓与三公诣阙上书，追理蕃、武及诸党人，悉复爵位，遣使吊祠，擢用子孙。

纲　自六月雨至于是月。

纲　冬十月，葬灵思皇后。十一月，卓自为相国，赞拜不名，入朝不趋，剑履上殿。

纲　十二月，征处士申屠蟠，不至。以黄琬为太尉，杨彪为司徒，荀爽为司空。

目　初，尚书周毖、城门校尉伍琼，说董卓"矫桓、灵之政，擢用天下名士，以收众望"，卓从之，于是征荀爽、申屠蟠等。就拜爽平原相，行至宛陵，迁光禄勋，视事三日，进拜司空。自征至是，九十五日。爽等皆畏卓之暴，无敢不至。独蟠得征书，人劝之行，笑而不答，竟以寿终。

纲　以袁绍为渤海太守。

目　董卓购求袁绍急，周毖、伍琼曰："绍恐惧出奔，非有他志。今急购之，势必为变。袁氏树恩四世，门生故吏遍天下，若收豪杰以聚徒众，则山东非公之有也。不如赦之，拜一郡守，绍喜于免罪，必无患矣。"卓乃即拜绍渤海太守。又以绍从弟术为后将军，曹操为骁骑校尉。术奔南阳。操变易姓名，间行东归，至陈留，散家财，合兵得五千人。

孝献皇帝

纲　庚午，孝献皇帝初平元年，春正月，关东州郡起兵讨卓，推袁绍为盟主。

目　绍自号车骑将军，与河内太守王匡屯河内，韩馥留邺，给军粮。孔伷屯颍川，刘岱、张邈、邈弟广陵太守超、山阳太守袁遗、济北相鲍信与桥瑁、曹操俱屯酸枣，袁术屯鲁阳，众各数万。豪杰多归心袁绍者；鲍信独谓操曰："君略不世出，殆天之所启乎！"

纲　卓弑弘农王。

纲　卓奏免太尉琬、司徒彪，以王允为司徒。杀城门校尉伍琼、尚书周毖。

目　卓以山东兵盛，欲迁都以避之，杨彪曰："关中残破，都雒已久，今无故捐宗庙，弃园陵，恐百姓惊动，必有糜沸之乱。天下动之至易，安之甚难，惟明公虑焉！”卓作色曰：“公欲沮国计邪！”黄琬曰：“此国之大事，杨公之言，得无可思！”卓不答。以灾异奏免琬、彪等，以王允为司徒。伍琼、周毖固谏迁都，卓大怒，收斩之。彪、琬惶恐谢罪。

纲 三月，卓迁都长安，烧洛阳宫庙，发诸帝陵，车驾西迁。

目 董卓徙民数百万口于长安，自留屯毕圭苑中，悉烧宫庙、官府、居家，又使吕布发诸帝陵及公卿冢墓，收其珍宝。三月，帝至长安，董卓未至，朝政大小皆委之王允。允外相弥缝，内谋王室，甚有大臣之度，自天子及朝中皆倚允；允屈意承卓，卓亦雅信焉。

纲 长沙太守孙坚举兵讨卓。将军袁术据南阳，表坚领豫州刺史。

目 孙坚起兵杀荆州刺史王睿，前至南阳，已数万人。杀太守张咨，至鲁阳，与袁术合兵。术由是得据南阳，表坚行破虏将军，领豫州刺史。

纲 以刘表为荆州刺史。

纲 曹操与卓兵战于荥阳，不克，还屯河内。

纲 袁绍以臧洪领青州。

纲 夏四月，以刘虞为太傅。

目 幽州牧刘虞，务存宽政，劝督农桑，民悦年登，谷石三十，青、徐士庶避难归虞者百余万口，虞皆收视温恤，为安立生业，流民皆忘其迁徙焉。至是拜太傅，而道路壅塞，命不得通。

纲 司空荀爽卒。

纲 卓坏五铢钱，更铸小钱。

纲 以公孙度为辽东太守。

纲 辛未，二年，春正月，关东诸将奉大司马刘虞为帝，虞不受。

目 关东诸将议：以朝廷幼冲，逼于董卓，远隔关塞，不知存否。幽州牧刘虞，宗室贤儁，欲共立为主。韩馥、袁绍遣张岐等赍议上虞尊号。虞厉色叱之曰：“今天下崩乱，主上蒙尘，吾被重恩，未能清雪国耻；诸君各据州郡，宜共戮力王室，而反造逆谋以相垢污邪！”欲奔匈奴以自绝，绍等乃止。

纲 二月，卓自为太师。

纲 孙坚进兵击卓，卓败，西走。坚入洛阳，修塞诸陵而还。

目 孙坚进屯阳人，卓遣步骑迎战，坚击破之，复进军大谷，距洛九十里。卓自出与战，败走，却屯渑池。坚进至洛阳，扫除宗庙，祠以太牢，得传国玺于城南甄宫井中；分兵邀卓，卓自引兵还长安。坚修塞诸陵，引军还鲁阳。

纲 夏四月，卓至长安。

纲 六月，地震。

纲 袁绍逐冀州牧韩馥，自领州事。

纲 袁绍表曹操为东郡太守。

纲 冬十月，公孙瓒攻袁绍。以刘备为平原相。

目 是时关东州、郡务相兼并，以自强大，袁绍、袁术亦自相离二。术遣孙坚击董卓未返，绍遣周昂袭夺坚阳城。坚叹曰："同举义兵，将救社稷，逆贼垂破而各若此，吾当谁与戮力乎！"引兵击昂，走之。袁术遣公孙越助坚攻昂，越为流矢所中死。公孙瓒怒曰："余弟死，祸起于绍。"逐出军屯磐河，数绍罪恶，进兵攻之。冀州诸城多畔从瓒。

初，涿郡刘备，中山靖王之后也，少孤贫，与母以贩履为业，有大志，少言语，喜怒不形于色。尝与瓒同师卢植，因往依瓒。至是，瓒使与其将田楷徇青州，有功，因以为平原相。备少與河东关羽、涿郡张飞友善；以羽、飞为别部司马，分统部曲。备与二人寝则同床，恩若兄弟，而稠人广坐，侍立终日，随备周旋，不避艰险。常山赵云为郡将兵诣瓒，刘备见而奇之，深加接纳，云遂从备至平原，为备主骑兵。

纲 袁术使孙坚击刘表，表军射杀之。

纲 管宁、邴原、王烈适辽东。

目 公孙度威行海外，中国人士避乱者多归之，北海管宁、邴原、王烈皆往依焉。宁少时与华歆为友，尝共锄菜，见地有金，宁挥锄不顾，歆捉而掷之，人以是知其优劣。邴原游学，八九年而归，师友以原不饮酒，会米肉送之。原曰："本能饮酒，但以荒思废业，故断之耳。今当远别，可一饮。"于是共饮，终日不醉。宁、原俱以操尚称，度虚馆以候之。宁既见度，乃庐于山谷，避难者渐来从之，旬月而成邑。宁每见度，语唯经典，不及世事。原性刚直，清议以格物。宁谓原曰："潜龙以不见成德，言非其时，皆招祸之道也。"密遣原逃归，度亦不复追也。烈器业过人，善教诱，有盗牛者，主得之，盗请罪曰："刑戮是甘，乞不使王彦方知也"，烈闻，使人谢之，遗布一端。或问其故，烈曰："盗惧吾闻其过，是有耻恶之心，既知耻恶，则善心将生，故与布以劝为善也。"后有老父遗剑于路，行道一人见而守之。至暮，老父还，寻得剑，怪之，以事告烈，烈使推求，乃先盗牛者也。诸有争讼曲直将质之于烈，或至涂而反，或望庐而还，皆相推以直，不敢使烈闻。度欲以为长史，烈辞之，为商贾以自秽，乃免。

纲　壬申，三年，春正月，卓遣校尉李傕、郭汜、张济击朱儁于中牟，破之，遂掠颍川。

目　初，荀淑有孙曰彧，少有才名，何颙见而异之，曰："王佐才也！"及天下乱，彧谓父老曰："颍川，四战之地，宜亟避之。"乡人多怀土不能去，彧独率宗族去依韩馥。会袁绍已夺馥位，待以上宾之礼。彧度绍终不能定大业，闻曹操有雄略，乃去从操。操与语，大悦，曰："吾子房也！"以为奋武司马。至傕、汜既破中牟，遂掠颍川，其乡人留者多为所杀。

纲　夏四月，王允使中郎将吕布诛董卓。诏允录尚书事，以布为奋威将军，共秉朝政。

目　董卓忍于诛杀，诸将言语有蹉跌，便戮于前，人不聊生。司徒王允与司隶校尉黄琬、仆射士孙瑞密谋诛卓。中郎将吕布，便弓马，膂力过人，卓爱信之，誓为父子。尝小失卓意，卓拔手戟掷布，布拳捷，避之，卓意亦解。允素善待布，布见允，言状，允因以诛卓之谋告之，使为内应。布曰："如父子何？"曰："君自姓吕，本非骨肉。掷戟之时，岂有父子情邪！"布遂许之。四月，帝有疾新愈，大会未央殿。卓朝服乘车而入，王允使士孙瑞自书诏以授布，布令勇士十余人伪着卫士服，守北掖门。卓入，以戟刺之；卓伤臂，堕车，顾大呼曰："吕布何在！"布曰："有诏讨贼臣！"应声持矛刺卓，趣兵斩之。即出怀中诏版以令吏士曰："诏讨卓耳，余皆不问。"吏士皆称万岁，百姓歌舞于道。暴卓尸于市。卓素充肥，守吏为大炷，置脐中然之，光明达曙，如是积日。以王允录尚书事，吕布为奋威将军，封温侯，共秉朝政。

卓之死也，蔡邕在王允坐，闻之惊叹。允勃然，叱之曰："董卓，国之大贼，几亡汉室，君为王臣，所宜同疾，而怀其私遇，反相伤痛，岂不共为逆哉！"即收付廷尉。邕谢曰："身虽不忠，愿鲸首刖足，继成汉史。”太尉马日磾谓允曰：“伯喈旷世逸才，多识汉事，当续成后史，为一代大典。”允曰：“昔武帝不杀司马迁，使作谤书流于后世。方今国祚中衰，戎马在郊，不可令佞臣执笔在幼主左右，既无益圣德，复使吾党蒙其讪议。”日磾退而告人曰：“王公其无后乎！善人，国之纪也；制作，国之典也；灭纪废典，其能久乎！”邕遂死狱中。

纲 黄巾寇兖州，杀刺史刘岱。曹操入据之，自称刺史。

目 青州黄巾寇兖州，刘岱与战，为贼所杀。曹操部将陈宫谓操曰：“州今无主，而王命断绝，宫请说州中纲纪，明府寻往牧之，资之以收天下，此霸王之业也。”宫因往说别驾、治中，迎操领兖州刺史。操击黄巾，悉降之，得卒三十余万，收其精锐，号青州兵。诏以金尚为兖州刺史，将之部，操逆击之，尚奔袁术。

纲 李傕、郭汜等举兵犯阙，杀司徒王允；吕布走，出关。

目 李傕、郭汜等还至陕，遣使诣长安求赦，不得。傕等乃相与结盟，率军数千，晨夜西行，随道收兵，比至长安，已十余万，与卓故部曲樊稠、李蒙等合围长安城。吕布军有叟兵内反，引傕众入城，吕布与战不胜。傕、汜屯南宫掖门。王允扶帝上宣平门避兵，傕等于城门下伏地叩头，曰：“董卓忠于陛下，而无故为吕布所杀，臣等为卓报雠，非敢为逆也。”共表请王允出，问“太师何罪”？允穷蹙，乃下见之。傕等收司隶黄琬并允，杀之。

吕布自武关奔南阳，袁术待之甚厚。布恣兵抄掠，术患之，布不自安，去从张杨于河内。傕等购求布急，又逃归袁绍，既而复归张杨。始允自专讨卓之劳，士孙瑞归功不侯，故得免于难。

纲 秋九月，李傕、郭汜、樊稠、张济自为将军。

纲 冬十月，以刘表为荆州牧。

纲 癸酉，四年，春正月朔，日食。

纲 袁术进兵封丘，曹操击破之。术走寿春，自领扬州事。

纲 袁绍以其子谭为青州刺史。

纲 二月，以陶谦为徐州牧。

纲 夏六月，大雨雹。

纲 华山崩裂。

纲 秋，曹操击徐州，陶谦走保郯。

纲 冬十月，大司马刘虞讨公孙瓒，不克，见杀。

纲 甲戌，兴平元年，春二月，刘备救陶谦，谦表备为豫州刺史。

纲 夏四月，曹操复攻陶谦，还击刘备，破之。陈留太守张邈，迎吕布以拒操，操还攻之。

纲 六月，京师地再震。是月晦，日食。秋七月，自四月不雨至于是月。

纲 九月，曹操攻吕布，不克，还走鄄城。

纲 刘焉卒，以其子璋为益州牧。

纲 陶谦卒，刘备兼领徐州。

目 谦疾笃，谓别驾麋竺曰："非刘备不能安此州。"谦卒，竺率州人迎备。备未敢当，曰："公路四世五公，海内所归，今近在寿春，君可以州与之。"北海相孔融谓备曰："袁公路岂忧国忘家者邪！冢中枯骨，何足介意！今日之事，百姓与能；天与不取，悔不可追。"备遂领徐州。

纲 袁术表孙策为怀义校尉。

目 初，孙坚娶钱塘吴氏，生四男，策、权、翊、匡及一女。坚从军于外，留家寿春。策年十余岁，已交结知名。舒人周瑜与策同年，亦英达夙成，自舒来造，推结分好，劝策徙居舒。及坚死，策年十七，还葬曲阿；已而渡江，居江都，结纳豪俊，有复雠之志。策往见袁术，术甚奇之，术以坚余兵千余人还策，拜怀义校尉。

纲 以刘繇为扬州刺史。

纲 乙亥，二年，春正月，曹操败吕布于定陶。

纲 即拜袁绍为右将军。

纲 二月，李傕杀樊稠。攻郭汜，劫帝入其营。

纲 夏四月，立贵人伏氏为皇后。

纲 曹操攻拔定陶，吕布走归刘备，留广陵太守张超守雍丘。

目 吕布将薛兰、李封屯巨野，曹操攻之，斩兰等。操以陶谦已死，欲遂取徐州，还乃定布。荀彧曰："昔高祖保关中，光武据河内，皆深根固本以制天下，进足以胜敌，退足以坚守，故虽有困败而终济大业。将军本以兖州首事，且河、济天下之要地，是亦将军之关中、河内也，不可以不先定。"操乃止。布复与陈宫将万余人来战，操兵大破之，攻拔定陶。布东奔刘备，张邈从之，留弟超守雍丘。布见备，甚尊敬之；备见布语言无常，外然之而内不悦。

纲 六月，将军张济迎帝东归。秋七月，发长安，以济为骠骑将军，开府。

纲 八月，曹操围雍丘，张邈为其下所杀。冬十月，以曹操为兖州牧。

纲 十二月，帝至弘农。张济与傕、汜合，追帝至陕，帝渡河，入李乐营。

纲 孙策击刘繇于曲阿，破走之。

目 孙坚旧将丹阳朱治，见袁术政德不立，劝孙策归取江东。策说术曰："家有旧恩在江东，愿助舅讨横江；横江拔，因投本土召募，可得三万兵，以佐明使君定天下。"术知其恨，而以刘繇据曲阿，王朗在会稽，谓策未必能定，乃许之。

策进攻横江，拔之，渡江转斗，所向皆破，莫敢当其锋者。百姓闻孙郎至，皆失魂魄。及策至，军士奉令，不敢虏略，鸡、犬、菜、茹，一无所犯，民乃大悦。策为人，美姿颜，能笑语，性阔达听受，善用人，是以士民见者莫不尽心，乐为致死。策攻刘繇于曲阿，繇兵败走。策入曲阿，劳赐将士，发恩布令，告谕诸县，威震江东。策以张纮为正义校尉，彭城张昭为长史，常令一人居守，一人从征讨。待昭以师友之礼，文武之事，一以委之。每得北方士大夫书，专归美于昭，策欢笑曰："昔管子相齐，一则仲父，二则仲父，而桓公为霸者宗。今子布贤，我能用之，其功名独不在我乎！"

纲 雍丘溃，张超自杀。袁绍围东郡，执太守臧洪，杀之。

目 张超在雍丘，曹操围之急，超曰："惟臧洪当来救吾。"众曰："袁、曹方睦，洪为袁所表用，必不败好以招祸。"超曰："子源，天下义士，终不背本；但恐见制强力，不相及耳。"洪时为东郡太守，徒跣号泣，从绍请兵，将赴其难。绍不许，雍丘遂溃，超自杀。

洪由是怨绍，绝不与通。绍兴兵围之，历年不下。令陈琳以书喻之，洪复书曰："仆蒙主人倾盖，遂窃大州，自谓究竟大事，共尊王室。岂期本州岛被侵，郡将遘厄，请师见拒，辞行被拘，使洪故君遂至沦没。区区微节，无所获申，斯所以忍悲挥戈，收泪告绝者也。行矣孔璋，足下徼利于境外，臧洪投命于君亲；子谓余身死而名灭，仆亦笑子生而无闻焉！"绍遂增兵急攻。城陷，生执洪。谓曰："今日服未？"洪据地瞋目曰:“诸袁事汉,四世五公,可谓受恩。今王室衰弱,无扶翼之意,欲因际会,希冀非望,多杀忠良以立奸威。惜洪力劣,不能推刃为天下报仇,何谓服乎!”绍杀之。洪邑人陈容,少亲慕洪,时在绍坐,起谓绍曰:“将军举大事,欲为天下除暴,而先诛忠义,岂合天意!”绍惭,使人牵出,谓曰:“汝非臧洪俦,空复尔为!”容顾曰:“仁义岂有常,蹈之则君子,背之则小人。今日宁与臧洪同日而死,不与将军同日而生也!”遂复见杀,在坐无不叹息,窃相谓曰:“如何一日杀二烈士!”

纲 刘虞故吏鲜于辅,迎虞子和,攻公孙瓒,破之。

纲 丙子,建安元年,夏六月,刘备与袁术战于盱眙,吕布袭取下邳。备降于布,遂与并兵击术。

纲 秋七月,帝还雒阳。

目 杨奉、韩暹奉帝东还,张杨以粮迎道路。七月,至雒阳。时宫室烧尽,百官披荆棘,依墙壁间。

纲 曹操入朝,自为司隶校尉,录尚书事。

目 曹操在许,谋迎天子。众以为“山东未定,韩暹、杨奉负功恣睢,未可卒制”。荀彧曰:“昔晋文公纳周襄王而诸侯景从,汉高祖为义帝缟素而天下归心。自天子蒙尘,将军首唱义兵,徒以山东扰乱,未遑远赴。今銮驾旋轸,东京榛芜,诚因此时,奉主上以从人望,大顺也;秉至公以服天下,大略也;扶弘义以致英俊,大德也。四方虽有逆节,其何能为!若不时定,使豪杰生心,后虽为虑,亦无及矣。”操乃遣曹洪将兵西迎天子,董承等拒之,洪不得进。

议郎董昭以杨奉兵马最强而少党援,作操书结奉。奉得书喜,语诸将,共表操为镇东将军。韩暹矜功专恣,董承患之,因潜召操;操乃将兵诣雒阳。既至,奏韩暹、张杨之罪。帝以暹、杨有功,诏勿问。以操领司隶校尉、录尚书事。操于是诛有罪,赏有功,矜死节,封董承等十三人为列侯。

纲 曹操迁帝于许。自为大将军,封武平侯。

目 操引董昭问计,昭曰:“此中诸将,人殊意异,今留匡弼,事势不便,惟有移驾幸许耳。然朝廷播越,新还旧京,跂望获安,今复徙驾,不厌众心。夫行非常之事,乃有非常之功,愿将军算其多者。”操曰:“此孤本志也。”乃奉车驾东迁,自为大将军,封武平侯。始立宗庙社稷于许。自是,政归曹氏,天子守位而已。

纲 孙策取会稽，太守王朗降。

目 孙策引兵渡浙江。会稽功曹虞翻说太守王朗避之，朗不从。发兵拒策，策破之。朗遁走，策追击，大破之，朗乃降。策自领会稽太守，复命翻为功曹，待以交友之礼。策好游猎，翻谏曰："明府喜轻出微行，从官不暇严，吏卒常苦之。夫白龙鱼服，困于豫且；愿少留意！"策曰："君言是也。"然不能改。

纲 冬十月，以袁绍为太尉，曹操自为司空。

纲 曹操以荀彧为侍中、尚书令，荀攸为军师，郭嘉为祭酒。

目 操以荀彧为侍中，守尚书令。问以策谋之士，彧荐其从子攸及颍川郭嘉。操征攸，与语，大悦，曰："公达，非常人也。吾得与之计事，天下当何忧哉！"以为军师。初，郭嘉往见袁绍，以其好谋无决，去之。操召见，与论天下事，喜曰："使孤成大业者，必此人也！"嘉出，亦喜曰："真吾主也！"操表嘉为司空祭酒。

纲 以孔融为将作大匠。

纲 募民屯田许下，州郡并置田官。

目 中平以来，民弃农业，诸军并起，率乏粮谷，饥则寇略，饱则弃余，瓦解流离，无敌自破者，不可胜数。袁绍军仰桑椹，袁术取给蒲蠃。枣祗请建置屯田，曹操从之，以祗为屯田都尉，任峻为典农中郎将。募民屯田许下，得谷百万斛。于是州郡例置田官，所在仓廪皆满。故操征伐四方，无运粮之劳。

纲 吕布复攻刘备，备走归许。诏以为豫州牧，遣东屯沛。

目 袁术遣将纪灵等攻刘备，备求救于吕布。布驰往救之，灵等乃罢。备合兵得万余人，布恶之，攻备，备败走，归曹操，操厚遇之。以为豫州牧。或谓操曰："备有英雄之志，今不早图，后必为患。"操以问郭嘉，嘉曰："有是。然公起义兵，为百姓除暴，推诚杖信以招俊杰，犹惧其未也。今备有英雄名，以穷归己而害之，是以害贤为名也。如此，则智士将自疑，回心择主，公谁与定天下乎！夫除一人之患以沮四海之望，安危之机也，不可不察。"操笑曰："君得之矣！"遂益其兵，给粮食，使东至沛，收散兵以图吕布。

纲 丁丑，二年，春正月，以钟繇为司隶校尉，督关中诸军。

目 袁绍与操书，辞语骄慢。操语荀彧、郭嘉曰："今将讨不义而力不敌,何如?”对曰:“刘、项之不敌,公所知也。今绍有十败,公有十胜,绍虽强,无能为也。绍繁礼多仪,公体任自然,此道胜也;绍以逆动,公奉顺以率天下,此义胜也;桓、灵以来,政失于宽,绍以宽济宽,故不摄,公纠之以猛,而上下知制,此治胜也;绍外宽内忌,用人而疑之,所任唯亲戚子弟,公外易简而内机明,用人无疑,唯才所宜,不间远近,此度胜也;绍多谋少决,失在后事,公得策辄行,应变无穷,此谋胜也;绍高议揖逊以收名誉,士之好言饰外者多归之,公以至心待人,不为虚美,士之忠正远见而有实者皆愿为用,此德胜也;绍见人饥寒,恤念之,形于颜色,其所不见,虑或不及,公于目前小事,时有所忽,至于大事,与四海接,恩之所加,皆过其望,虽所不见,虑无不周,此仁胜也;绍大臣争权,谗言惑乱,公御下以道,浸润不行,此明胜也;绍是非不可知,公所是进之以礼,所不是正之以法,此文胜也;绍好为虚势,不知兵要,公以少克众,用兵如神,军人恃之,敌人畏之,此武胜也。”操笑曰:“如卿所言,孤何德以堪之!”操恐绍侵扰关中。彧曰:“侍中钟繇有智谋,若属以西事,公无忧矣。”操乃表繇以侍中守司隶校尉,持节督关中诸军。

纲 袁术称帝,杀故兖州刺史金尚。

目 术僭号于寿春,欲以金尚为太尉,尚不许而逃去,术杀之。

纲 三月,以袁绍为大将军,兼督冀、青、幽、并四州。

纲 夏五月,蝗。

纲 以吕布为左将军。布击袁术兵,破之。

目 袁术遣使以称帝告吕布,因求迎妇,布遣女随之。陈珪恐徐、扬合从,为难未已,往说布曰:“曹公奉迎天子,辅赞国政,将军宜与协同策谋,共存大计。今与术结婚,必受不义之名,将有累卵之危矣!”布女已在途,乃追还绝婚,会诏以布为左将军,曹操复遗布手书,深加慰纳。布大喜,即遣珪子登奉章谢恩,并答操书。登见操,因陈布勇而无谋,轻于去就,宜早图之。操即增珪秩中二千石,拜登广陵太守。令阴合部众为内应。始布因登求徐州牧不得,登还,布怒,拔戟斫几曰:“卿父劝吾协同曹操,绝婚公路;今吾所求无获,而卿父子显重,但为卿所卖耳!”登不为动,徐对之曰:“登见曹公言:‘养将军譬如养虎,当饱其肉,不饱则将噬人。’公曰:‘不如卿言。譬如养鹰,饥即为用,饱则飏去。’其言如此。”布意乃解。袁术遣其大将张勋等与韩暹、杨奉步骑数万七道攻布。布用珪策,与暹、奉书。暹、奉大喜,从布进军。暹、奉兵同时叫呼，并到勋营，勋等散走，杀伤堕水死者殆尽。

纲 以孙策为会稽太守，讨袁术。

纲 秋九月，曹操击袁术，走破之。

目 曹操东征袁术。术走渡淮，时天旱岁荒，士民冻馁，术由是遂衰。沛国许褚，勇力绝人，聚众归操，操曰："此吾樊哙也！"即日拜都尉。

纲 戊寅，三年，秋九月，吕布复攻刘备。冬，曹操击布，杀之。

目 吕布复与袁术通，遣高顺、张辽攻刘备。九月，破沛城，虏备妻子，备单身走。荀攸劝曹操自击布。操围下邳久，疲敝，欲还。荀攸、郭嘉曰："吕布勇而无谋，陈宫有智而迟。今及布气之未复，宫谋之未定，急攻之，布可拔也。"乃引沂、泗灌城，月余，布益困迫，乃降。布见操曰："明公之所患不过于布，今已服矣。若令布将骑，明公将步，天下不足定也。"操命缓布缚，刘备曰："不可。明公不见吕布事丁建阳、董太师乎！"操颔之。

操谓宫曰："奈卿老母妻子何？"宫曰："宫闻以孝治天下者不害人之亲，施仁政于天下者不绝人之祀。老母妻子存否，在明公，不在宫也。"操为之泣涕，并布、顺皆缢杀之。召宫母养之终其身，嫁宫女，抚视其家，皆厚于初。张辽、臧霸等皆降。

纲 以刘备为左将军。

纲 备从操还许，操表以为左将军，礼之愈重。

纲 以孙策为讨逆将军，封吴侯。

目 孙策遣张纮献方物，曹操欲抚纳之，表策为讨逆将军，封吴侯；以纮为侍御史。袁术以周瑜为居巢长，临淮鲁肃为东城长。瑜、肃知术无成，弃官渡江从策。

纲 袁绍攻公孙瓒，围之。

纲 乙卯，四年，春三月，瓒自焚死。

纲 夏，袁术北走，诏刘备将兵邀之，术还走，死。

目 术既称帝，淫侈滋甚，既而资实空尽，不能自立，乃遣使归帝号于绍。袁谭迎术，欲从下邳北过。曹操遣刘备邀之，复走寿春。六月，至江亭，坐箦床而叹曰："袁术乃至此乎！"因愤慨欧血死。

纲 秋八月，曹操进军黎阳。九月，还许，分兵守官渡。

目 袁绍益骄，简精兵欲攻许。沮授谏曰："夫救乱诛暴，谓之义兵；恃众凭强，谓之骄兵；义者无敌，骄者先灭。曹操事天子以令天下，今举师南向，于义则违。且庙算之策，不在强弱。今弃万安之术而兴无名之师，窃为公惧之！”郭图、审配曰：“武王伐纣，不为不义；况兵加曹操而云无名？且以公今日之强，将士思奋，不及时以定大业，所谓‘天与不取，反受其咎’。”绍纳图言。令图等攻许。八月，曹操进军黎阳。九月，操还许，分兵守官渡。

纲 冬十一月，刘表遣从事中郎韩嵩诣许。

目 袁绍使人求助于刘表，表许之，而竟不至，亦不援曹操。从事中郎韩嵩曰：“曹操善用兵，贤俊多归之，其势必举袁绍，然后移兵以向江、汉，恐将军不能御也。今莫若举荆州以附曹操，操必重德将军；长享福祚，此万全之策也。”表狐疑不断，乃遣嵩诣许曰：“君为我观其衅。”嵩曰：“‘圣达节，次守节。’嵩，守节者也。夫君臣名定，以死守之。将军能上顺天子，下归曹公，使嵩可也；如其犹豫，嵩至京师，天子假嵩一职，不获辞命，则成天子之臣，将军之故吏耳。在君为君，则嵩守天子之命，义不得复为将军死也。惟加重思，无为负嵩！”表强之。至许，诏拜嵩侍中、零陵太守。及还，盛称朝廷之德，劝表遣子入侍。表大怒，以为怀贰，大会，陈兵，将斩之。嵩不为动，徐曰：“将军负嵩，嵩不负将军！”具陈前言，表乃囚之。

纲 孙策袭庐江，取之；徇豫章，太守华歆降。

目 孙策袭庐江太守刘勋，取之。将徇豫章，谓虞翻曰：“华子鱼自有名字，然非吾敌也。若不开门让成，金鼓一震，不得无所伤害。卿便在前，具宣孤意。”翻乃往见华歆，说之，歆乃夜作檄，明旦遣吏赍迎。策便进军，歆葛巾迎策。策曰：“府君年德名望，远近所归；策年幼稚，宜修子弟之礼。”便向歆拜，礼为上宾。

纲 刘备起兵徐州，讨曹操；操遣兵击之。

目 初，董承称受帝衣带中密诏，与刘备谋诛曹操。操从容谓备曰：“今天下英雄，惟使君与操耳。本初之徒，不足数也！”备方食，失匕箸；值雷震，备因曰：“圣人云‘迅雷风烈必变’，良有以也。”遂与承及种辑等同谋。会操遣备邀袁术，备遂杀徐州刺史，留关羽守下邳，身还小沛。郡县多叛操为备。备众数万人，遣使与袁绍连和。操遣长史刘岱击之，不克。备谓曰：“使汝百人来，无如我何；曹公自来，未可知耳！”

纲鉴易知录卷二六

东汉纪

孝献皇帝

纲　庚辰，五年，春正月，操杀车骑将军董承，遂击备，破之。备奔冀州。

目　董承谋泄，操杀承等，皆夷三族。操欲自讨刘备，诸将皆曰："与公争天下者，袁绍也。今绍方来而弃之东，绍乘公后，若何？"操曰："刘备，人杰也，今不击，必为后患。"郭嘉曰："绍性迟而多疑，来必不速。备新起，众心未附，急击之，必败。"操师遂东。田丰说袁绍曰："曹、刘连兵，未可卒解。公举军而袭其后，可一往而定。"绍辞以子疾，丰举杖击地曰："嗟乎，遭难遇之时，而以婴儿病失其会，惜哉，事去矣！"

操击刘备，破之，获其妻子；进拔下邳，禽关羽。备奔冀州，归袁绍，绍去邺二百里迎之；驻月余，亡卒稍归之。

纲　二月，曹操还官渡。袁绍进军黎阳。夏四月，绍遣兵攻白马，操击破之，斩其将颜良、文丑。

目　操还官渡，绍乃议攻许；二月，进军黎阳。绍遣颜良攻白马。操引军兼行趣白马，良来逆战。关羽望见良麾盖，策马刺良于万众之中，斩其首而还，绍军莫能当者。遂解白马之围，徙其民而西。绍渡河追之，沮授临济叹曰："上盈其志，下务其功，悠悠黄河，吾其济乎！"遂以疾辞。绍不许而意恨之。绍军至延津南，操陈辎重饵敌，率将纵击，大破之，斩绍骑将文丑。丑、良皆绍名将，再战禽之，绍军夺气。

初，操壮关羽之为人，而察其无留意，使张辽以其情问之。羽叹曰："吾极知曹公待我厚；然吾受刘将军恩，誓以共死，不可背之。要当立效以报曹公乃去耳。"辽以报操，操义之。及杀良，操知其必去，重加赏赐。羽尽封其所赐，拜书告辞，而奔刘备于袁军。左右欲追之，操曰："彼各为其主，勿追也。"

纲 孙策卒，弟权代领其众。

目 策欲乘虚袭许，部署未发；会先所杀吴郡太守许贡奴客，因其出猎，伏篁竹中射之，中颊；创甚，召张昭等谓曰："中国方乱，以吴、越之众，三江之固，足以观成败，公等善相吾弟！"呼权，佩以印绶，谓曰："决机于两陈之间，与天下争衡，卿不如我；举贤任能，各尽其心以保江东，我不如卿。"遂卒，时年二十六。权悲号，未视事，昭曰："孝廉！此宁哭时邪！"乃易权服，使出巡军。张昭、周瑜等谓权可与共成大业，遂委心而服事焉。

纲 秋九月，袁绍攻曹操于官渡。冬十月，操袭破其辎重，绍军大溃。

目 袁绍军阳武，曹操坚壁持之。绍运谷车数千乘至官渡，操击烧之；十月，绍复遣军运谷，使淳于琼等将兵送之，操击破之，斩琼等，尽燔其粮谷。于是绍军惊扰，大溃。绍与八百骑渡河。操追之不及，尽收其辎重、图书、珍宝。绍走，至黎阳北岸，入其将蒋义渠营。众闻绍在，稍复归之。

或谓田丰曰："君必见重矣。"丰曰："公貌宽而内忌，不亮吾忠，若胜而喜，犹能赦之；今战败而恚，吾不望生。"绍谓逢纪曰："田别驾前谏止吾，吾亦惭之。"纪曰："丰闻将军之退，拊手大笑，喜其言之中也。"绍于是谓僚属曰："吾不用田丰言，果为所笑。"遂杀之。

绍为人宽雅，有局度，喜怒不形于色，而性矜愎自高，短于从善，故至于败。

纲 以孙权为讨虏将军。

目 曹操闻孙策死，欲因丧伐之。张纮谏曰："乘人之丧，既非古义，若其不克，成雠弃好，不如因而厚之。"操即表权为讨虏将军，领会稽太守。操欲令纮辅权内附，乃以纮为会稽都尉。鲁肃将北还，周瑜止之，因荐于权。权即见肃，与语，悦之。宾退，独引肃合榻对饮，问计。肃曰："汉室不可复兴，曹操不可卒除，为将军计，唯有保守江东，以观天下之衅耳。若因北方多务，剿除黄祖，进伐刘表，竟长江所极，据而有之，此王业也。"

纲 辛巳，六年，秋九月，操击刘备于汝南，备奔荆州。

目 操击备于汝南，备奔刘表。表闻备至，自出郊迎，以上宾礼待之，益其兵，使屯新野。备在荆州数年，尝于表坐起至厕，慨然流涕。表怪，问备，备曰："平常身不离鞍，髀肉皆消。今不复骑，髀里肉生。日月如流，老将至矣，而功业不建，是以悲耳。"

纲 壬午，七年，春正月，曹操复进军官渡。夏五月，袁绍卒。幼子尚袭行州事，长子谭出屯黎阳。操攻，败之。

目 袁绍惭愤，发病呕血，薨。初，绍有三子，谭、熙、尚。绍后妻刘氏爱尚，绍欲以为后，乃以谭继兄后，出为青州刺史。逢纪、审配素为谭所疾，辛评、郭图皆附于谭，而与配、纪有隙。及绍薨，众以谭长，欲立之。配等恐谭立而评等为害，遂矫绍遗命，奉尚为嗣。谭至，不得立，自称"车骑将军"，屯黎阳。尚少与之兵，而使纪随之。谭求益兵，配等不与。谭怒，杀纪。曹操攻谭，尚自将助之，与操相拒，谭、尚数败。

纲 曹操责孙权任子，权不受命。

目 曹操下书责孙权任子，权引周瑜诣吴夫人前定议，瑜曰："将军承父、兄馀资，兼六郡之众，兵精粮多，将士用命，铸山煮海，境内富饶，有何逼迫而欲送质？质一入，不得不与曹氏相首尾；与相首尾，则命召不得不往；如此见制于人，极不过一侯印，仆从十余人，车数乘，马数匹，岂与南面称孤同哉！"吴夫人曰："公瑾议是也。公瑾与伯符同年，小一月耳，我视之如子，汝其兄事之。"遂不送质。

纲 癸未，八年，春二月，曹操攻黎阳，谭、尚败走。夏四月，操追至邺而还。谭攻尚，不克。

目 曹操攻黎阳，谭、尚败，走还邺。操追至邺，留贾信守黎阳而还。谭谓尚曰："今曹军退，人怀归志，及其未济，出兵掩之，可令大溃，此策不可失也。"尚疑之。谭大怒，攻尚。谭败，引兵还南皮。谭别驾王修，自青州来救，谭欲更还攻尚，修曰："兄弟者，左右手也。今与人斗而断其右手，曰'我必胜'，其可乎？"谭不从。

纲 秋八月，操击刘表。尚围谭于平原，冬十月，操还救，却之。

目 操击刘表军于西平。袁尚攻袁谭，大破之，谭奔平原。尚围之急，谭遣辛评弟毗诣曹操请救。毗至西平，操群下多以为刘表方强，宜先平之，荀攸曰："天下方有事，而刘表坐保江、汉之间，其无四方之志可知矣。袁氏据四州之地，带甲数十万；使二子和睦，则天下之难未息也。今及其乱而取之，天下定矣。”操从之。十月，至黎阳，尚闻操渡河，乃释平原还邺。操引军退。

纲 甲申，九年，春二月，袁尚复攻谭。夏四月，曹操攻邺。秋七月，尚还战，败走幽州。操遂入邺，自领冀州牧。

纲 冬十二月，曹操攻平原，拔之。袁谭走保南皮。

纲 乙酉，十年，春正月，曹操攻南皮，克之，斩袁谭。

目 王修诣操，乞收葬谭尸，许之，辟为司空掾。

官渡之战，袁绍使陈琳为檄书，数操罪恶，连及家世，极其丑诋。及是，琳归操，操曰：“卿昔为本初移书，但可罪状孤身，何乃上及父祖邪！”琳谢罪，操释之，使与阮瑀俱管记室。

纲 幽州将吏逐刺史袁熙，遣使降操。熙、尚俱奔乌桓。

目 袁熙为其将焦触、张南所攻，与尚俱奔辽西乌桓。触自号幽州刺史，驱率守令，背袁向曹，令曰：“敢违者斩！”别驾韩珩曰：“吾受袁公父子厚恩，今其破亡，智不能救，勇不能死，于义阙矣；若乃北面曹氏，所不能为也。”一座失色。触曰：“夫举大事，当立大义，事之济否，不待一人，可卒珩志，以厉事君。”乃舍之。

纲 冬十月，以荀悦为侍中。

目 时，政在曹氏，悦志在献替，而谋无所用，故作申鉴五篇，奏之。其大略曰：“为政之术，先屏四患，乃崇五政。伪乱俗，私坏法，放越轨，奢败制，是谓四患。兴农桑以养其生，审好恶以正其俗，宣文教以章其化，立武备以秉其威，明赏罚以统其法，是谓五政。四患既蠲，五政又立，行之以诚，守之以固，而海内平矣。”悦，爽之兄子也。

纲 丁亥，十二年，夏，操击乌桓。秋八月，破之，斩蹋顿。袁熙、袁尚奔辽东，公孙康斩之。

纲 冬十月，刘备见诸葛亮于隆中。

目 初，琅邪诸葛亮寓居襄阳隆中，每自比管仲、乐毅；时人莫之许也，惟颍川徐庶、崔州平然之。刘备访士于襄阳司马徽。徽曰：“儒生俗士，岂识时务。识时务者在乎俊杰，此间自有伏龙、凤雏。”备问为谁？曰：“诸葛孔明、庞士元也。”徐庶亦谓备曰：“诸葛孔明，卧龙也，将军岂愿见之乎？”备曰：“君与俱来。”庶曰：“此人可就见，不可屈致也，将军宜枉驾顾之。”备由是诣亮，凡三往，乃见。因屏人曰：“汉室倾颓，奸臣窃命，孤不度德量力，欲信大义于天下，而智术浅短，遂用猖獗，至于今日。然志犹未已，君谓计将安出？”亮曰：“今曹操已拥百万之众，挟天子以令诸侯，此诚不可与争锋。孙权据有江东，已历三世，国险而民附，贤能为之用，此可与为援而不可图也。荆州北据汉、沔，利尽南海，东连吴会，西通巴、蜀，此用武之国，而其主不能守，此殆天所以资将军也。益州险塞，沃野千里，天府之土；刘璋暗弱，张鲁在北，民殷国富而不知存恤，智能之士思得明君。将军既帝室之胄，信义著于四海，若跨有荆、益，保其岩阻，西和诸戎，南抚夷越，外结孙权，内修政理，天下有变，则命一上将将荆州之军以向宛、洛；将军身率益州之众出于秦川，百姓孰敢不箪食壶浆以迎将军者乎！诚如是，则霸业可成，汉室可兴矣。”备曰：“善！”于是与亮情好日密。关羽、张飞不悦，备解之曰：“孤之有孔明，犹鱼之有水也。愿诸君勿复言。”羽、飞乃止。徽清雅有知人之鉴。同县庞德公素有重名，徽兄事之。亮每至其家，独拜床下，德公初不令止。士元名统，德公从子也，少朴钝，未有识者，唯德公与徽重之。德公尝谓孔明为卧龙，士元为凤雏，德操为冰鉴；故徽与备语而称之。

纲 戊子，十三年，春正月，孙权击江夏太守黄祖，破斩之。

纲 夏六月，罢三公官，曹操自为丞相。

目 操以崔琰为西曹掾，毛玠为东曹掾，司马朗为主簿，弟懿为文学掾。

琰、玠并典选举，其所举用皆清正之士，由是士以廉节自励。操闻之，叹曰：“用人如此，使天下人人自治，吾复何为哉！”

懿少聪达，多大略。琰谓朗曰：“君弟聪亮明允，刚断英特，非子所及也！”操闻而辟之，懿辞以风痹。操怒，欲收之，懿惧，就职。

纲 秋七月，曹操击刘表。

纲 八月，操杀大中大夫孔融，夷其族。

目 融恃其才望，数戏侮曹操，御史大夫郄虑承操旨，奏融“昔在北海，招合徒众，欲为不轨。又与祢衡更相赞扬。衡谓‘仲尼不死’，融答‘颜回复生’，大逆不道”。操遂收融，并其妻子皆杀之。

初京兆脂习与融善，每戒融刚直太过，必罹世患。及融死，许下莫敢收者。习往抚尸曰：“文举舍我死，吾何用生为！”操收习，欲杀之，既而赦之。

纲 刘表卒。九月，操至新野，表子琮举州降。

目 初，刘表二子，琦、琮。表为琮娶其后妻蔡氏之侄，蔡氏遂爱琮而恶琦。琦不自宁，与诸葛亮谋自安之术，亮不对。后乃与亮升楼，去梯，谓曰："今日上不至天，下不至地，言出子口，而入吾耳，可以言未？"曰："君不见申生在内而危，重耳居外而安乎？"琦意感悟，会黄祖死，琦求代其任，表乃以琦为江夏太守。表卒，琮嗣。未几，曹操军至，蒯越等曰："逆顺有大体，强弱有定势。以人臣而拒人主，逆道也；以新造之楚而御中国，必危也。"琮从之。操至新野，琮举州降，操遂进兵。

纲 刘备奔江陵，操追至当阳，及之。备走夏口。

目 刘备屯樊，琮降而不以告备。久乃觉，则操已在宛矣。备乃大惊，或劝备攻琮，荆州可得。备曰："刘荆州临亡托我以孤遗，背信自济，死何面目以见刘荆州乎！"将其众去，过襄阳，呼琮；琮惧，不能起。琮左右及荆州人多归备。比到当阳，众十余万人，辎重数千两，日行十余里，别遣关羽乘船会江陵。或谓备宜速行保江陵，备曰："夫济大事必以人为本，今人归吾，吾何忍弃去！"

目 曹操以江陵有军实，恐刘备据之，乃释辎重，将精兵急追之，及于当阳之长阪。备弃妻子，与诸葛亮、张飞、赵云等数十骑走。徐庶母为操所获，庶辞备，指其心曰："本欲与将军共图王霸之业者，以此方寸地也。今已失老母，方寸乱矣，无益于事，请从此别。"遂诣操。张飞拒后，据水断桥，瞋目横矛曰："身是张翼德也，可来共决死！"操兵无敢近者。云抱备子禅，与关羽船会，得济沔，遇刘琦众万余人，与俱到夏口。

纲 操进军江陵。

目 曹操进军江陵，释韩嵩之囚，以和洽、刘廙为掾属，从人望也。刘璋遣别驾张松致敬于操。松为人短小放荡，操已定荆州，走刘备，不存录松。松怨之，归劝璋绝操，与刘备相结，璋从之。

纲 冬十月，曹操东下，孙权遣周瑜、鲁肃等与刘备迎击于赤壁，大破之。操引还。

目 初，鲁肃言于孙权曰："荆州与国邻接，江山险固，沃野万里，士民殷富，若据而有之，此帝王之资也。肃请得奉命说刘备，使抚刘表众，同心一意，共治曹操；如其克谐，天下可定也。今不速往，恐为操所先。"权即遣肃行。到夏口,闻操已向荆州,晨夜兼道,比至南郡,而刘琮已降,肃遂迎备于当阳长阪。宣权旨,致殷勤之意。且曰:"孙讨虏聪明仁惠,敬贤礼士,兵精粮多,足以立事。今为君计,莫若遣腹心自结于东,以共济世业。"备甚悦。进住樊口。

操将顺江东下。诸葛亮谓备曰:"事急矣,请奉命求救于孙将军。"遂与肃俱诣孙权。见于柴桑,说曰:"海内大乱,将军起兵江东,刘豫州收众汉南,与曹操并争天下。今操芟夷大难,略已平矣,遂破荆州,威震四海。英雄无用武之地,故豫州遁逃至此,愿将军量力而处之!若能以吴、越之众,与中国抗衡,不如早与之绝;若不能,何不按兵束甲,北面而事之!今将军外托服从之名,而内怀犹豫之计,事急而不断,祸至无日矣。"权曰:"苟如君言,刘豫州何不遂事之乎?"亮曰:"田横,齐之壮士耳,犹守义不辱;况刘豫州王室之胄,英才盖世,安能为之下乎!"权勃然曰:"吾不能举全吴之地,受制于人。吾计决矣!非刘豫州莫可以当曹操者;然豫州新败,安能抗此难乎?"亮曰:"豫州军虽败于长阪,今战士还者及关羽水军精甲万人,刘琦合江夏战士亦不下万人。曹操之众,远来疲敝,闻追豫州,轻骑一日一夜行三百余里,此所谓'强弩之末势不能穿鲁缟'者也。故兵法忌之,曰'必蹶上将军'。且北方之人,不习水战;又荆州之民附操者,逼兵势耳,非心服也。今将军诚能与豫州协规同力,破操军必矣。操军破,必北还;如此,则荆、吴之势强,鼎足之形成矣。成败之机,在于今日!"权大悦。

时操遗权书曰:"近者奉辞伐罪,刘琮束手。今治水军八十万众,方与将军会猎于吴。"权以示群下,莫不失色。张昭等曰:"将军大势可以拒操者,长江也;今操得荆州水军,长江之险已与我共之矣,愚谓大计不如迎之。"鲁肃密言于权曰:"向察众人之议,专欲误将军,不足与图大事。愿早定大计。"

时周瑜受使至番阳,肃劝权召瑜还。瑜至,谓权曰:"操虽托名汉相,实汉贼也。将军割据江东,兵精足用,当横行天下,为国家除残去秽;况操自送死,而可迎之邪!请为将军筹之:今北土未平,马超、韩遂为操后患;而操舍鞍马,杖舟楫,与吴、越争衡;又今盛寒,马无稿草,驱中国士众远涉江、湖之间,不习水土,必生疾病。此数者用兵之患也,而操皆冒行之,将军禽操,宜在今日。瑜请得精兵数万人,进住夏口,保为将军破之!"权曰:"老贼欲废汉自立久矣,徒忌二袁、吕布、刘表与孤耳；今数雄已灭，惟孤尚存。孤与老贼，势不两立！君言当击，甚与孤合，此天以君授孤也。”因拔剑斫前奏案曰：“诸将吏敢有复言当迎操者，与此案同！”因抚瑜背曰：“公瑾，卿言至此，甚合孤心。子布、元表，各顾妻子，深失所望；独卿与子敬与孤同耳，此天以卿二人赞孤也。已选三万人，船粮战具俱办。卿与子敬、程公便在前发，孤当续发人众，多载资粮，为卿后援。”逐以周瑜、程普为左右督，与备并力逆操；以鲁肃为赞军校尉，助画方略。

刘备望见瑜船，乘单舸往见瑜，问“战卒有几”？瑜曰：“三万人。”备曰：“恨少。”瑜曰：“此自足用，豫州但观瑜破之。”进与操遇于赤壁。

时操军已有疾疫。初一交战，操军不利，引次江北。瑜等在南岸，瑜部将黄盖曰：“今寇众我寡，难与持久。操军方连船舰，首尾相接，可烧而走也。”乃取蒙冲斗舰十艘，载燥荻、枯柴，灌油其中，裹以帷幕，上建旌旗，豫备走舸，系于幕尾。先以书遗操，诈云欲降。时东南风急，盖以十舰最著前，中江举帆，馀船以次俱进。操军吏士皆出营立观，指言盖降。去北军二里余，同时发火，火烈风猛，船往如箭，烧尽北船，延及岸上营落。顷之，烟焰张天，人马烧溺死者甚众。瑜等率轻锐继其后，雷鼓大进，北军大溃。操引军走，刘备、周瑜水陆并进，追至南郡。操军死者大半。操乃留曹仁守江陵，乐进守襄阳，引军北还。于是将士形势自倍，瑜乃渡江，屯北岸，与仁相拒。

纲 十二月，刘备徇荆州江南诸郡，降之。

目 刘备表刘琦为荆州刺史，引兵南徇武陵、长沙、桂阳、零陵，皆降。庐江营帅雷绪率部曲数万口归备。备以诸葛亮为军师中郎将，督诸郡赋税以充军实。

纲 己丑，十四年，孙权表刘备领荆州牧。

目 周瑜攻曹仁岁余，所杀伤甚众，仁委城走。权以瑜领南郡太守，屯江陵。会刘琦卒，权以备领荆州牧，周瑜分南岸地以给备。备立营于油口，改名公安。权以妹妻备。妹才捷刚猛，有诸兄风，侍婢百余人，皆执刀侍立，备每入，心常凛凛。

曹操密遣辩士蒋幹，布衣葛巾私行说周瑜。瑜出迎，立谓之曰：“子翼良苦，远涉江、湖，为曹氏作说客邪！”因延幹，与周观营中，行视仓库、军资、器仗讫，还饮宴，因谓幹曰：“丈夫处世，遇知己之主，外托君臣之义，内结骨肉之恩，言行计从，祸福共之，假使苏、张复生，能移其意乎!"幹但笑,终无所言。还白操,称瑜雅量高致,非言辞所能间也。

纲 庚寅,十五年,冬,曹操作铜爵台于邺。

纲 十二月,操让还三县。

目 操下令曰:"孤始于谯东五十里筑精舍,欲秋夏读书,冬春射猎,为二十年规,待天下清乃出仕耳。然不能如意,征为典军校尉,意遂更欲为国家讨贼立功,使题墓道言'汉故征西将军曹侯之墓',此其志也。遭值董卓之难,兴举义兵。破降黄巾,又讨击袁术,摧破袁绍,枭其二子;复定刘表,遂平天下。身为宰相,人臣之贵已极,意望已过矣。设使国家无有孤,不知当几人称帝,几人称王。或者见孤强盛,妄相忖度,言有不逊之志,每用耿耿,然欲孤便尔委兵归国,实不可也。何者?诚恐离兵为人所祸,既为子孙计,又己败则国家倾危,是以不得慕虚名而处实祸也!然封兼四县,食户三万,何德堪之!今上还阳夏、柘、苦三县,户二万,但食武平万户,且以分损谤议,少减孤之责也!"

纲 孙权南郡守将周瑜卒,权以鲁肃代领其兵。

目 刘表故吏士多归刘备,备以周瑜所给地少,不足以容其众,乃自诣孙权,求都督荆州。瑜上疏曰:"刘备以枭雄之姿,而有关羽、张飞熊虎之将,必非久屈为人用者。恐蛟龙得云雨,终非池中物也!"权不从。备还,乃闻之,叹曰:"天下智谋之士,所见略同。前时孔明谏孤莫行,其意亦虑此也。"瑜诣京见权,曰:"今曹操新败,忧在腹心,未能与将军连兵相事也。乞与奋威俱进,取蜀而并张鲁,因留奋威固守其地,与马超结援,瑜还与将军据襄阳以蹙操,北方可图也。"权许之。周瑜还治行装,道病困,与权笺曰:"今曹操在北,疆埸未静;刘备寄寓,有似养虎;此朝士旰食之秋,至尊垂虑之日也。鲁肃忠烈,临事不苟,可以代瑜。倘所言可采,瑜死不朽矣!"卒于巴丘。权闻之,哀恸曰:"公瑾有王佐之才,今忽短命,孤何赖哉!"为子登娶其女;而以女妻其子循、胤。

初,程普以年长,数陵侮瑜,瑜折节下之,终不与校。普后自敬服,乃告人曰:"与公瑾交,若饮醇醪,不觉自醉。"

权以肃代瑜。肃劝权以荆州借刘备,与共拒曹操,权从之。

初,权谓吕蒙曰:"卿今当涂掌事,不可不学!"蒙辞以军中多务。权曰:"孤岂欲卿治经为博士邪!但当涉猎,见往事耳。卿言多务,孰若孤？孤常读书，自以为大有所益。”蒙乃始就学。及肃过浔阳，与蒙议论，大惊曰：“卿今者才略，非复吴下阿蒙！”蒙曰：“士别三日，即更刮目相待，大兄何见事之晚乎！”肃遂拜蒙母，结友而去。

纲 刘备以庞统为治中从事。

目 刘备以庞统守耒阳令，不治，免。鲁肃遗备书曰：“士元非百里才也，使处治中、别驾之任，始当展其骥足耳！”诸葛亮亦言之。备与统谭，大器之，遂用统为治中，亲待亚亮。

纲 辛卯，十六年，春正月，曹操以其子丕为五官中郎将，为丞相副。

纲 三月，遣钟繇击张鲁。

纲 马超、韩遂等反。秋，曹操击破之。

目 初，操遣钟繇讨张鲁，而使夏侯渊等出河东，与繇会。关中诸将疑之，马超、韩遂等十部皆反，其众十万，屯据潼关。秋，操自将击破之，遂、超奔凉州。操追至安定而还。诸将问曰：“初，贼守潼关，渭北道缺，不从河东击冯翊而反守潼关，引日而后北渡，何也？”操曰：“若吾入河东，贼必引守诸津，则西河未可渡，吾故盛兵向潼关；使贼悉众南守，而西河之备虚，故吾得取西河；然后引军北渡，贼不能与吾争。连车树栅，为甬道而南，既为不可胜，且以示弱。渡渭为坚垒，虏至不出，所以骄之也；故贼不为营垒而求割地。吾顺言许之，使不为备，因畜士卒之力，一旦击之，所谓疾雷不及掩耳。兵之变化，固非一道也。”乃留夏侯渊屯长安。以张既为京兆尹。招怀流民，兴复县邑。

纲 冬，刘璋遣使迎刘备。备留兵守荆州而西。璋使备击张鲁。

目 扶风法正为刘璋军议校尉，璋不能用，正邑邑不得志。别驾张松与正善，亦自负其才，忖璋不足与有为，因劝璋结刘备，璋曰：“谁可使者？”松乃举正。正辞谢，佯为不得已而行。还，为松说备有雄略，密议奉戴以为州主。会钟繇欲向汉中，璋惧。松因说曰：“曹公兵无敌于天下，若因张鲁之资以取蜀土，谁能御之！刘豫州，使君之宗室而曹公之深雠也，善用兵；若使之讨鲁，鲁必破。鲁破，则益州强，曹公虽来，无能为也！”璋然之，遣正迎备。主簿黄权、从事王累俱谏，璋一无所纳。

正至荆州，阴说备取益州，备疑未决。庞统曰：“荆州荒残，人物殚尽，难以得志。今益州户口百万，土沃财富，诚得以为资，大业可成也!”备曰:“今指与吾水火者,曹操也。操以急,吾以宽;操以暴,吾以仁;操以谲,吾以忠:每与操反,事乃可成耳。今以小利而失信义于天下,奈何?”统曰:“逆取顺守,古人所贵。若事定之后,封以大国,何负于信!今日不取,终为人利耳。”备以为然。乃留诸葛亮、关羽等守荆州,自将步卒数万而西。巴郡太守严颜拊心叹曰:“此所谓‘独坐穷山,放虎自卫’者也。”备至涪,璋率兵三万往会之。增备兵,厚加资给,使击张鲁。备比到葭萌,厚树恩德,以收众心。

纲 壬辰,十七年,春正月,曹操还邺,赞拜不名,入朝不趋,剑履上殿。

纲 秋七月,孙权徙治建业。

目 初,张纮以秣陵山川形胜,劝孙权以为治所,刘备亦劝权居之。权于是作石头城,徙治秣陵,改号建业。

纲 权作濡须坞。

目 吕蒙闻曹操欲东兵,说孙权夹濡须水口立坞。权从之。

纲 冬十月,曹操击孙权,至濡须,侍中光禄大夫参军事荀彧自杀。

董昭言于操曰:“自古以来,人臣匡世,未有今日之功;有今日之功,未有久处人臣之势者也。今明公耻有惭德,乐保名节;然使人以大事疑己,诚不可不重虑也。”乃与诸将议,以丞相宜进爵国公,九锡备物,以彰殊勋。荀彧以为:“曹公本兴义兵以匡朝宁国,秉忠贞之诚,守退让之实;君子爱人以德,不宜如此。”操由是不悦。及击孙权,表请彧劳军于谯,因辄留彧,以侍中、光禄大夫、持节、参丞相军事。操向濡须,彧以病留寿春,饮药而卒。彧行义修整而有智谋,好推贤进士,故时人皆惜之。

纲 十二月,刘备据涪城。

目 备在葭萌,庞统言于备曰:“今阴选精兵,昼夜兼道,径袭成都,一举便定,此上计也。杨怀、高沛,璋之名将,各仗强兵,据守关头,闻数谏璋,使遣将军还荆州;将军遣与相闻,说荆州有急,欲还救之,二子喜,必来见,因此执之,进取其兵,乃向成都,此中计也。还退白帝,连引荆州,徐还图之,此下计也。若沉吟不去,将至大困,不可久矣。”备然其中计。召怀、沛斩之,勒兵径至关头,并其兵,进据涪城。

纲 癸巳，十八年，春正月，曹操引兵还。

目 操进军濡须口，号四十万，孙权率众七万御之，相守月余。操见其舟船、器仗、军伍整肃，叹曰："生子当如孙仲谋；如刘景升儿子，豚犬耳！"操撤军还。

纲 夏五月，曹操自立为魏公，加九锡。

纲 刘璋遣将吴懿等拒刘备，败绩，皆降。备进围雒城。

纲 秋七月，魏始建宗庙、社稷。

纲 魏公操纳三女为贵人。

纲 甲午，十九年，春三月，魏公操进位诸侯王上。

纲 夏五月，雨水。

纲 闰月，马超奔刘备。备入成都，自领益州牧，以诸葛亮为军师将军。

目 诸葛亮留关羽守荆州，与张飞、赵云将兵溯流克巴东。破巴郡，获太守严颜，飞呵颜曰："何以不降？"颜曰："卿等无状，侵夺我州。我州但有断头将军，无降将军也！"飞壮而释之，引为宾客。分遣云从外水定江阳、犍为，飞定巴西、德阳。

庞统中流矢，卒。雒城溃，备进围成都。亮、飞、云引兵来会。

马超知张鲁不足与计事，亦来请降，备令引军屯城北。时刘璋城中尚有精兵三万人，谷帛支一年，吏民咸欲死战。璋言："父子在州二十余年，无恩德以加百姓。何心能安！"遂开城出降，备迁璋于公安，尽归其财物。备入成都，自领益州牧，以诸葛亮为军师将军。

初，璋迎备，刘巴谏曰："备，雄人也，入必为害。"既入，巴复谏曰："若使备讨张鲁，是放虎于山林也。"璋不听，巴闭门称疾。备攻成都，令军中曰："有害巴者，诛及三族。"及得巴，甚喜，以为西曹掾。

时，益州郡县皆望风景附，独黄权闭城坚守，须璋稽服，乃降。备以为将军。李严，本璋所授用；吴懿、费观等，璋之婚亲；彭羕，璋所摈弃；备皆处之显任，尽其器能，有志之士，无不竞劝，益州之民，是以大和。军用不足，备以为忧，刘巴请铸直百钱，平诸物价，令吏为官市。备从之。数月之间，府库充实。

法正一飧之德，睚眦之怨，无不报复。或谓诸葛亮曰："法正太横，宜稍抑之。"亮曰："主公之在公安也，北畏曹操，东惮孙权，近则惧孙夫人生变于肘腋。法孝直为之辅翼，令翻然翱翔，不可复制。今奈何禁止孝直，使不得少行其意邪！”

亮治颇尚严峻，人多怨者。法正谓曰：“昔高祖入关，约法三章，秦民知德。愿君缓刑弛禁，以慰此州之望。”亮曰：“君知其一，未知其二。秦以无道，政苛民怨，匹夫大呼，天下土崩；高祖因之，可以弘济。刘璋暗弱，德政不举，威刑不肃，君臣之道，渐以陵替。宠之以位，位极则贱；顺之以恩，恩竭则慢。所以致敝，实由于此。吾今威之以法，法行则知恩；限之以爵，爵加则知荣。荣恩并济，上下有节，为治之要，于斯著矣。”

备以蒋琬为广都长，不治，大怒。亮请曰：“蒋琬社稷之器，非百里之才也。其为政以安民为本，不以修饰为先，愿主公重加察之。”备雅敬亮，乃不加罪。

纲　秋七月，魏公操击孙权。

目　操留少子植守邺。以邢颙为植家丞；颙防闲以礼，无所屈挠，由是不合。庶子刘祯美文辞，植亲爱之。祯曰：“君侯采庶子之春华，忘家丞之秋实，为上招谤，其罪不小，愚实惧焉。”

纲　魏荀攸卒。

目　攸深密有智防，谋谟帷幄，时人及子弟莫知其所言。操尝称：“荀文若之进善，不进不休；荀公达之去恶，不去不止。”又称：“二荀论人，久而益信，吾没世不忘。”

纲　冬十一月，魏公操弑皇后伏氏及皇子二人。

目　初，董承女为贵人，操诛承，求贵人杀之。帝以贵人有妊为请，不得。伏后惧，与父完书，令密图之。至是，事泄，操使郗虑持节策收皇后玺绶，以尚书令华歆为之副，勒兵入宫，收后。后闭户，藏壁中。歆坏户发壁，就牵后出。时帝在外殿，后被发、徒跣、行泣，过诀曰：“不能复相活邪？”帝曰：“我亦不知命在何时！”顾谓虑曰：“郗公，天下宁有是邪！”遂将后下暴室，以幽死；所生二皇子，皆鸩杀之。

纲鉴易知录卷二七

东汉纪

孝献皇帝

纲　乙未，二十年，春正月，立贵人曹氏为皇后。

纲　夏五月，刘备、孙权分荆州，备使关羽守江陵；权使鲁肃屯陆口。

目　初，刘备在荆州，周瑜、甘宁等数劝孙权取蜀。权遣使谓备，备报曰："备与刘璋托为宗室，冀凭英灵以匡汉朝。今得罪于左右，愿加宽贷。"权不听，遣瑜率水军住夏口。备遏之不得过，谓曰："汝欲取蜀，吾当被发入山，不失信于天下也。"权不得已召瑜还。及备攻蜀，留关羽守江陵，权曰："猾虏，乃敢挟诈如此！"备已得益州，权令诸葛瑾从备求荆州诸郡。备不许，权遂置长沙、零陵、桂阳三郡长吏。羽逐之。权遣吕蒙取三郡，备闻之，自至公安，遣羽争三郡。孙权进住陆口，使鲁肃将万人屯益阳以拒羽。肃邀羽相见，因责数羽，羽曰："乌林之役，左将军身在行间，戮力破敌，岂得徒劳，无一块土，而足下来欲收地邪！"肃曰："不然。始与豫州觐于长阪，豫州之众，不当一校，计穷虑极，图欲远窜，主上矜愍豫州身无处所，不爱土地人民之力，以济其患，而豫州私独饰情，愆德隳好。今已藉手西州，又欲剪并荆土，斯盖凡夫所不忍行，而况整领人物之主乎！"羽无以答。会闻曹操将攻汉中，备乃求和于权。权令诸葛瑾报命，遂分荆州，以湘水为界：长沙、江夏、桂阳以东属权，南郡、零陵、武陵以西属备。瑾每奉使至蜀，与其弟亮但公会相见，退无私面。

纲　秋七月，魏公操取汉中，走张鲁，留将军夏侯渊、张郃守之而还。

纲　八月，孙权攻合肥，大败而还。

目　曹操之征张鲁也，为教与合肥护军薛悌，署函边曰："贼至，乃发。”及是，孙权率众十万围合肥。悌发函，教曰：“若孙权至者，张、李将军出战，乐将军守，护军勿得与战。”乐进等以众寡不敌，疑之。张辽将独出。李典素与辽不睦，慨然曰：“此国家大事，顾君计何如耳，吾岂可以私憾而忘公义乎！请从君而出。”于是夜募敢从之士。明旦，陷阵冲垒，入至麾下。权大惊，走至逍遥津北，贺齐率三千人在津南迎。权入船，齐涕泣曰：“至尊人主，常当持重，愿以此为终身之戒！”权自前收其泪曰：“大惭，谨已刻心，非但书绅也。”

纲 冬十一月，张鲁出降，以为镇南将军，封其属阎圃为列侯。

纲 丙申，二十一年，夏四月，魏公操进爵为王。操杀尚书崔琰。

纲 秋八月，魏以钟繇为相国。

纲 丁酉，二十二年，春正月，魏王操击孙权军，三月，权降。

纲 夏四月，魏王操用天子车服，出入警跸。

纲 六月，魏以华歆为御史大夫。

纲 冬十月，魏以世子丕为王太子。

目 初，操娶丁夫人，无子；妾刘氏，生子昂；卞氏生四子，丕、彰、植、熊。于是出丁夫人而立卞氏为继室。植性机警、多艺能，才藻敏赡，操爱之。欲以为嗣，以函密访于外，尚书崔琰露版答曰：“春秋之义，立子以长。五官将仁孝聪明，宜承正统，琰以死守之。”丕使人问大中大夫贾诩以自固之术。诩曰：“愿将军恢崇德度，躬素士之业，朝夕孜孜，不违子道，如此而已。”他日，操屏人问诩，诩默然不对。操问其故，诩曰：“属有所思，故不即对耳。”操曰：“何思？”诩曰：“思袁本初、刘景升父子也。”操大笑。

丕立为太子，抱议郎辛毗颈而言曰：“辛君知我喜不？”毗以告其女宪英，宪英曰：“太子，代君主宗庙、社稷者也。代君，不可以不戚；主国，不可以不惧。宜戚宜惧，而反以为喜，何以能久！魏其不昌乎！”

纲 刘备进兵汉中，魏王操遣将军曹洪拒之。

目 法正说刘备曰：“曹操一举而降张鲁，定汉中，不因此时以图巴、蜀，而留夏侯渊、张郃屯守，身遽北还，此非其智不逮，而力不足也，必将内有忧逼故耳。今策渊、郃才略，不胜国之将帅，举众往讨，必可克之。此盖天以与我，时不可失也。”备乃进兵，遣张飞、马超、吴兰等屯下辨。操遣曹洪拒之。

纲 孙权陆口守将鲁肃卒，权以吕蒙代之。

纲 戊戌，二十三年，春正月，少府耿纪、司直韦晃起兵讨魏王操，不克，死之。

目 时有金祎者，自以世为汉臣，乃发愤与纪、晃起兵，欲挟天子以伐魏。南援刘备，不克而死。

纲 夏四月，刘备击张郃，不克。

纲 秋七月，魏王操击刘备；九月，至长安。

纲 己亥，二十四年，春正月，刘备击夏侯渊，破斩之。

纲 三月，魏王操出斜谷，刘备将赵云击其军，败之。夏五月，操引还，备遂取汉中。

目 操自长安出斜谷，军遮要以临汉中。刘备曰："曹公虽来，无能为也，我必有汉川矣。"乃敛众拒险，终不交锋。操运米北山下，黄忠引兵欲取之，过期不还。赵云将数十骑出营视之，值操扬兵大出，云遂前突其阵，且斗且却。魏兵散而复合，追至营下。云入营，开门偃旗息鼓。魏兵疑云有伏，引去；云以劲弩射魏兵。魏兵惊骇，自相蹂践，堕水死者甚多。相守积月，魏军士多亡。五月，操引兵还长安，备遂有汉中。

纲 秋七月，刘备自立为汉中王。

纲 八月，汉中将关羽取襄阳。

目 关羽使麋芳守江陵，傅士仁守公安，羽自率众攻曹仁于樊。仁使于禁、庞德等屯樊北。八月，大霖雨，汉水溢，平地数丈，禁与诸将登高避水，羽乘大船，遂攻之，禁等穷迫，遂降。庞德力战，矢尽，乘小船欲还仁营，船覆，为羽所得，立而不跪。羽谓曰："何不早降！"德骂羽，羽杀之。急攻樊城，羽又遣别将围襄阳，刺史胡修、太守傅方皆降。操闻庞德死，流涕曰："吾知于禁三十年，何意临危反不及庞德邪！"

纲 冬十月，孙权使吕蒙袭取江陵。魏王操帅师救樊关。羽走还，权邀斩之。十二月，蒙卒。

目 自许以南，往往遥应关羽，羽威震华夏。曹操议徙许都以避其锐，司马懿、蒋济曰："刘备、孙权，外亲内疏，关羽得志，权必不愿也。可遣人劝权蹑其后，许割江南以封权，则樊围自解。"操从之。

初，鲁肃尝劝孙权以曹操尚存，宜且抚辑关羽，与之同仇，不可失也。及吕蒙代肃，以为羽素骁雄，有兼并之心，且居国上流，其势难久，密言于权曰："关羽君臣，矜其诈力，所在反覆，不可以腹心待也。不如取羽，全据长江，形势益张，易为守也。"权善之。

权尝为其子求婚于羽，羽骂其使，不许。至是，蒙上疏曰："羽讨樊而多留备兵，必恐蒙图其后故也。蒙常有病，乞分士众还建业，以治疾为名，羽闻之必撤备兵，尽赴襄阳。大军浮江，昼夜驰上，袭其空虚，则南郡可下而羽可禽也。"遂称病笃。权乃露檄召蒙还。蒙至都，权问："谁可代卿者？"蒙对曰："陆逊意思深长，才堪负重，而未有远名，非羽所忌，无复是过也。若用之，当令外自韬隐，内察形便，然后可克。"权乃召逊代蒙。逊至陆口，为书与羽，称其功美，深自谦抑。羽意大安，稍撤兵以赴樊。逊具启形状，权遂发兵袭羽。以蒙为大督。

曹操使徐晃屯宛，以助曹仁。孙权为笺与操，请以讨羽自效，及乞不漏，令羽有备。群臣咸言宜密之，董昭曰："军事尚权，宜内露之。使羽闻权上，而还自护，则围速解。"羽闻之，犹豫不能去。徐晃攻羽，破之。羽撤围退，然舟船犹据沔水。

吕蒙至浔阳，尽伏其精兵𦪇𦨴中，使白衣摇橹，作商贾服，昼夜兼行，羽所置江边屯候，尽收缚之。麋芳、傅士仁，素皆嫌羽轻己，于是即降。蒙入江陵，释于禁，得关羽及将士家属，皆抚慰之，令军中："不得干历人家，有所求取。"蒙麾下同郡人，取民家一笠以覆官铠，蒙犹以为犯军令，垂涕斩之。于是军人震栗，道不拾遗。关羽走还。

权至江陵，荆州将吏悉归附；独治中从事潘濬称疾不见，权遣人舆致，濬伏而不起，涕泣交横。权慰谕恳恻。濬起拜谢，即以为治中，荆州军事，一以谘之。从事樊伷诱导诸夷，西附汉中。外白遣万人讨之，濬曰："以五千兵往，足矣。"权曰："卿何以轻之？"濬曰："伷能弄唇吻，而实无才略。尝为州人设馔，比至日中，食不可得，而十余自起，此亦侏儒观一节之验也。"权大笑，即遣濬将五千人往，果斩平之。权使逊屯夷陵，守峡口。关羽遁走，兵皆解散，才十余骑。权先使潘璋断其径路。十二月，获羽，斩之，遂定荆州。吕蒙未及受封，疾发卒。

权后谓陆逊曰："公瑾雄烈，胆略兼人，遂破孟德，开拓荆州，邈焉寡俦。子敬因公瑾致达于孤，一见便及帝王大略，此一快也。后孟德东下，诸人皆欲迎之，子敬驳言不可，劝孤急呼公瑾，付任以众，逆而击之，此二快也。后虽劝吾借玄德地，是其一短，不足以损其二长，故孤常以方邓禹也。子明少时，孤谓不辞剧易，果敢有胆而已；及身长大，学问开益，筹略奇至，可次公瑾，但言议英发不及之耳。图取关羽，胜于子敬。子敬云：'羽不足忌。'此内不能办，外为大言耳，孤亦恕之，不苟责也。然其作军屯营，不失令行禁止，路不拾遗，法亦美矣。"

纲 以孙权为票骑将军，领荆州牧。

目 曹操表孙权为票骑将军，假节，领荆州牧，封南昌侯。权上书称臣于操，称说天命。操以示外曰："是儿欲踞吾著炉火上邪！"陈群等皆曰："汉祚已终，非适今日。殿下功德巍巍，群生注望，故孙权在远称臣。此天人之应，异气齐声，殿下宜正大位，复何疑哉！"操曰："若天命在吾，吾为周文王矣。"

纲 庚子，二十五年，春正月，丞相冀州牧魏王曹操还至洛阳，卒。太子丕立，自为丞相、冀州牧。

目 操知人善察，难眩以伪。识拔奇才，不拘微贱，随能任使，皆获其用。与敌对阵，意思安闲，如不欲战；及决机乘胜，气势盈溢。勋劳宜赏，不吝千金；无功妄施，分毫不与。用法峻急，有犯必戮，或对之涕泣，然终无所赦。雅性节俭，不好华丽。故能芟刈群雄，几平海内。至是，薨。太子丕以王后令，即王位，帝遣御史大夫华歆奉策诏，授丞相印、绶，魏王玺、绶，领冀州牧。尊王后曰王太后。葬武王于高陵。

纲 二月，魏以贾诩为太尉，华歆为相国，王朗为御史大夫。

纲 魏王丕遣其弟鄢陵侯彰等皆就国。

目 丕遣其弟皆就国。临淄监国谒者希指奏："临淄侯植醉酒悖慢，劫胁使者。"丕贬植为安乡侯。

纲 魏立九品法；置州、郡中正。

目 尚书陈群，以天朝选用不尽人才，乃立九品官人之法；州郡皆置中正，择有识鉴者为之，区别人物，第其高下。

纲 夏六月，以贾逵为豫州刺史。

目 时天下初定，刺史多不能摄郡。逵察二千石以下，阿纵不如法者，皆奏免之。外修军旅，内治民事，兴陂田，通运渠，吏民称之。曹丕曰："真刺史矣。"

纲 冬十月，魏王曹丕称皇帝，废帝为山阳公。

目 帝遣使持节奉玺绶诏策，禅位于魏。魏王丕即皇帝位，改元黄初。奉汉帝为山阳公。追尊武王曰武皇帝，庙号太祖；尊王太后曰皇太后。

右东汉十二帝，共一百九十六年。

后汉纪 附魏吴二僭国

昭烈皇帝

纲 辛丑，昭烈皇帝章武元年。

纲 夏四月，汉中王即皇帝位。

目 蜀中传言帝已遇害，于是汉中王发丧制服，谥曰孝愍皇帝。群下竞劝王称尊号。司马费诗上疏曰："殿下以曹操父子篡位，故羁旅万里，合众讨贼。今大敌未克而先自立，恐人心疑也。"王不悦，左迁之。遂即位于武担之南，大赦，改元。以诸葛亮为丞相，许靖为司徒。

纲 孙权徙治武昌。

目 权自公安徙都于鄂，更名鄂曰武昌。

纲 立宗庙，祫祭高皇帝以下。

纲 五月，立夫人吴氏为皇后；子禅为皇太子。

纲 秋七月，帝自将伐孙权。

目 帝耻关羽之没，将击孙权。将军赵云曰："国贼，曹操，非孙权也。若先灭魏，则权自服。今操虽毙，子丕篡位，当因众心，早图关中，居河、渭上流以讨凶逆，关东义士必裹粮策马以迎王师。不应置魏，先与吴战。兵势一交，不得卒解，非良策也。"群臣谏者甚众，帝皆不听。乃留诸葛亮辅太子，守成都，而自率诸军东下。

纲 车骑将军张飞为其下所杀。

目 飞雄猛亚于关羽；羽善待卒伍而骄于士大夫，飞爱礼君子而不恤军人。帝常戒之，飞不悛。至是，当率万人会江州。临发，为帐下所杀，以其首奔孙权。帝闻飞营都督有表，曰："噫，飞死矣！"

纲 孙权请和，不许；遂遣陆逊督诸军拒守。

目 孙权遣使求和。诸葛瑾因致笺曰："关羽之亲，何如先帝？荆州大小，孰与海内？俱应仇疾，谁当先后？若审此数，易于反掌矣。"帝不听。时吴人或言瑾别遣亲人与汉相闻者，权曰："孤与子瑜，有死生不易之誓，子瑜之不负孤，犹孤之不负子瑜也。"陆逊亦表明瑾必无此，权报曰："玄德昔遣孔明至吴，孤尝语子瑜曰：'卿与孔明同产，何不留之？'子瑜言'亮已委质于人，义无二心。弟之不留，犹瑾之不往也'。

其言足贯神明，今岂当有此乎！孤与子瑜，可谓神交，非外言可间。知卿意至，辄封来表示之矣。”帝遣吴班、冯习攻破权将李异等于巫，进军秭归。权以陆逊为大都督，督朱然等五万人拒守。

纲 八月，孙权遣使降魏，魏封权为吴王。

目 权遣使称臣，送于禁等还魏。朝臣皆贺，刘晔独曰：“权无故求降，必内有急。恐中国往乘其衅，故委地求降，一以却中国之兵，二假中国之援，以强其众而疑敌人耳。夫吴、蜀各保一州，有急相救，此小国之利也；今自相攻，天亡之也，宜大兴师，径渡江袭之。蜀攻其外，我攻其内，吴之亡不出旬月。吴亡，则蜀亦不能久存矣。”魏主不听，遂受吴降。遣太常邢贞奉策拜权为吴王，加九锡。刘晔谏曰：“夫王位去天子一阶耳，今信其伪降，崇其位号，以封殖之，是为虎傅翼也。”魏主不听。贞至吴，权出都亭候贞，贞入门，不下车。张昭曰：“君敢自尊大，岂以江南寡弱，无方寸之刃乎！”贞即下车。中郎将徐盛愤怒，谓同列曰：“盛等不能奋身出命，为国家并许、洛，吞巴、蜀，而令吾君与贞盟，不亦辱乎！”因涕泣横流。贞闻之，谓其徒曰：“江东将、相如此，非久下人者也。”

魏主令于禁诣邺谒高陵。豫于陵屋画关羽战克、庞德愤怒、禁降服之状；禁见，惭恚，病死。

纲 冬十月，孙权遣使如魏。

目 吴遣中大夫赵咨入谢于魏。魏主丕问曰：“吴王何等主也？”咨对曰：“聪明、仁智、雄略之主也。”魏主问其状，对曰：“纳鲁肃于凡品，聪也；拔吕蒙于行阵，明也；获于禁而不害，仁也；取荆州而兵不血刃，智也；据有三州虎视西方，雄也；屈身于陛下，略也。”丕曰：“颇知学乎？”对曰：“吴王任贤使能，志存经略，虽有余闲，博览经史；然不效书生寻章摘句而已。”曰：“吴可征不？”对曰：“大国有征伐之兵，小国有备御之固。”曰：“吴难魏乎？”对曰：“带甲百万，江、汉为池，何难之有！”曰：“吴如大夫者几人？”对曰：“聪明特达者，八九十人；如臣之比，车载斗量，不可胜数。”

纲 孙权立子登为太子。

目 吴王权为登妙选师友，以诸葛瑾子恪、张昭子休、顾雍子谭、陈武子表为中庶子，入讲诗、书，出从骑射，待以布衣之礼，谓之“四友”。

纲 壬寅,二年,春正月朔,日食。

纲 二月,帝进军猇亭。

纲 夏六月,吴陆逊进攻猇亭,诸军败绩,帝还永安。

目 帝自巫峡建平连营至夷陵界,立数十屯,自正月与吴相拒,至六月不决。遣吴班将数千人于平地立营,吴将帅欲击之,陆逊曰:“此必有谲,且观之。”帝知计不得行,乃引伏兵八千从谷中出,逊曰:“所以不听诸君击之者,以此故也。”逊将进攻汉军,诸将曰:“攻当在初,今诸要害皆已固守,击之必无利。”逊曰:“彼更事多,其军始集,思虑精专,未可干也。今住既久,不得我便,兵疲意沮,计不复生。掎角此寇正在今日。”乃先攻一营,不利,逊曰:“吾已晓破之之术。”乃敕各持一把茅,以火攻,拔之;遂率诸军同时俱攻,破四十余营。帝升马鞍山,陈兵自绕,逊促兵四面蹙之,土崩瓦解,死者万数。帝夜遁,仅得入白帝城,舟械军资略尽。帝大惭恚曰:“吾乃为陆逊所折辱,岂非天邪!”

初,诸葛亮与法正好尚不同,而以公义相取,亮每奇正智术。及是,正已卒,亮叹曰:“孝直若在,必能制主上东行;就行,必不危矣。”

初,魏主丕闻汉兵树栅连营七百余里,谓群臣曰:“彼不晓兵,岂有七百里营可拒敌乎!‘苞原隰险阻而为军者,为敌所禽’,此兵忌也。孙权上事今至矣。”七日,吴破汉书到。

纲 秋八月,将军黄权叛降魏。

目 帝既败退,黄权在江北,道绝,不得还,率其众降魏。有司请收权妻子,帝曰:“孤负权,权不负孤也。”待之如初。魏主丕谓权曰:“君欲追踪陈、韩邪?”对曰:“臣受刘主厚遇,降吴不可,还蜀无路,是以归命。且败军之将,免死为幸,何古人之可慕也!”丕善之,拜为镇南将军。

纲 九月,魏遣将军曹休等击孙权。

纲 冬十月,吴王权改元,拒魏;十一月,魏主丕自将击之。

纲 吴人来聘,遣大中大夫宗玮报之。

纲 癸卯,后主建兴元年。

纲 春,魏师攻濡须,别将围江陵,皆不克,引还。

纲 夏四月,帝崩于永安,丞相亮受遗诏辅政。五月,太子禅即位，尊皇后曰皇太后。封亮为武乡侯，领益州牧。

目 诸葛亮至永安。帝病笃，命亮辅太子禅，以尚书令李严为副。帝谓亮曰："君才十倍曹丕，必能安国，终定大事。嗣子可辅，辅之；如其不可，君可自取。"亮涕泣曰："臣敢不竭股肱之力，效忠贞之节，继之以死！"帝又诏敕禅曰："勿以恶小而为之，勿以善小而不为！惟贤惟德，可以服人。汝父德薄，不足效也。汝与丞相从事，事之如父。"帝崩。亮奉丧还成都，以严为中都护，留镇永安。禅即位，时年十七。大赦，改元。封亮为武乡侯，领益州牧，政事咸取决焉。亮乃约官职，修法制，发教与群下曰："夫参署者，集众思，广忠益也。若远小嫌，难相违覆，旷阙损矣。违覆而得中，犹弃敝蹻而获珠玉。然人心苦不能尽，惟徐元直处兹不惑。又董幼宰参署七年，事有不至，至于十反，来相启告。苟能慕元直之十一，幼宰之勤渠，有忠于国，则亮可少过矣。"又曰："昔初交州平，屡闻得失；后交元直，勤见启诲；幼宰每言则尽；伟度数有谏正。虽资性鄙暗，不能悉纳，然与此四子终始好合，亦足以明其不疑于直言也。"

亮尝自校簿书，主簿杨颙谏曰："为治有体，上下不可相侵。是故古人称'坐而论道，谓之三公；作而行之，谓之士大夫'。丙吉不问死人，陈平不知钱谷，彼诚达于位分之体也。今公躬校簿书，流汗终日，不亦劳乎！"亮谢之。

纲 六月，益州郡耆帅雍闿等以四郡叛。

目 初，益州郡耆帅雍闿杀太守，求附于吴。又使郡人孟获诱扇诸夷，牂柯、越巂皆叛应闿。丞相亮以新遭大丧，抚而不讨，务农殖谷，闭门息民，民安食足而后用之。

纲 秋八月，遣尚书邓芝使吴。

目 帝遣芝修好于吴。时吴王犹未与魏绝，不时见芝。芝请见曰："臣今来，亦欲为吴，非但为蜀也。"吴王权见之，曰："孤诚愿与蜀和亲，然恐蜀主幼国小，为魏所乘，不自全耳。"芝曰："大王命世之英，诸葛亮一时之杰。蜀有重险，吴有三江，共为唇齿，进可兼并天下，退可鼎足而立。今若委质于魏，魏必望大王入朝，求太子内侍，若不从命，则奉辞伐叛，蜀亦顺流见可而进，如此，则江南之地非复大王有也。"权默然良久曰："君言是也。"遂绝魏，专与汉连和。

纲 立皇后张氏。

后皇帝

纲 甲辰，二年，夏四月，吴人来聘，复遣邓芝报之。

目 吴使张温来聘，复遣邓芝报之。芝至吴，权谓曰："若天下太平，二主分治，不亦乐乎？"芝对曰："天无二日，土无二王。如并魏之后，大王未识天命，君各茂其德，臣各茂其忠，则战争方始耳。"权大笑曰："君之诚款，乃当尔邪！"

纲 秋八月，魏主丕以舟师击吴，临江而还。

目 魏主丕大兴军伐吴，留尚书仆射司马懿镇许昌。亲御龙舟，至广陵。吴将军徐盛，列舟舰于江，而植木衣苇，为疑城假楼。时江水盛长，丕临望，叹曰："魏虽有武骑千群，无所用之，未可图也。"会暴风至，龙舟几覆，于是旋师。

纲 乙巳，三年，春三月，丞相亮南征。

目 亮率众讨雍闿等，问计于参军马谡。谡曰："南中恃其险远，不服久矣；今日破之，明日复反。夫用兵之道，攻心为上，攻城为下，心战为上，兵战为下，愿公服其心而已。"亮纳之。

纲 夏五月，魏主丕以舟师伐吴。

纲 六月，吴以顾雍为丞相。

目 雍为人寡言，举动时当，权尝叹曰："顾公不言，言必有中。"至宴乐之际，左右恐有酒失，而雍必见之，是以不敢肆情。权亦曰："顾公在坐，使人不乐。"其见惮如此。初领尚书令，封侯还而家人不知。及为相，所用文武吏，各随其能，心无适莫。时访逮民间及政职所宜，辄密以闻，用则归之于上；不用终不宣泄；权以此重之。

纲 秋七月，丞相亮讨雍闿，斩之，遂平四郡。

目 亮至南中，所在战捷。由越嶲入，斩雍闿等。孟获素为夷、汉所服，收馀众拒亮。亮募生致之，既得，使观于营陈间。获曰："向者不知虚实，故败。今只如此，即易胜耳。"乃纵使更战。七纵七禽而亮犹遣获，获止不去，曰："公，天威也，南人不复反矣！"遂入滇池，益州、永昌、牂柯、越嶲四郡皆平。

纲 冬十月，魏师临江而还。

目 八月，魏主丕以舟师自谯循涡入淮。十月，于广陵故城，临江观兵,戎卒十余万,旌旗数百里,有渡江之志。吴人严兵固守。时大寒,冰,舟不得入江。丕见波涛汹涌,叹曰:"嗟乎,固天所以阻南北也!"遂归。

纲 丙午,四年,夏五月,魏主丕卒。

目 初,郭后无子,魏主丕使母养平原王叡;叡母被诛,故未建为嗣。叡事后甚谨,后亦爱之。丕与叡猎,见子母鹿,既射其母,命叡射其子;叡泣曰:"陛下已杀其母,臣不忍复杀其子。"丕释弓矢,为之恻然。及是,疾笃,立为太子。召中军大将军曹真、镇军陈群、抚军司马懿,并受遗诏辅政而卒。太子叡即位。

初,太子在东宫,不交朝臣,不问政事,惟潜思书籍;即位后,群下想闻风采。居数日,独见侍中刘晔,语尽日。晔出,或问:"何如?"曰:"秦皇、汉武之俦,才具微不及耳。"莅政之始,陈群首上疏曰:"臣下雷同,是非相蔽,固国之大患;然若不和睦,则有雠党,而毁誉失实。二者,不可不深察也。"

纲 冬,魏征处士管宁,不至。

目 宁在辽东三十七年,魏主丕征之,乃浮海西归,以为大中大夫,不受。至是,华歆为太尉,让位于宁,不许。征为光禄大夫,敕青州给安车吏从,以礼发遣,宁复不至。

纲 丁未,五年,春三月,丞相亮率诸军出屯汉中,以图中原。

目 亮率诸军北驻汉中,使长史张裔、参军蒋琬统留府事。临发,上疏曰:"先帝创业未半而中道崩殂,今天下三分,益州疲敝,此诚危急存亡之秋也。然侍卫之臣不懈于内,忠志之士忘身于外者,盖追先帝之殊遇,欲报之于陛下也。诚宜开张圣听,以光先帝遗德,恢弘志士之气,不宜妄自菲薄,引喻失义,以塞忠谏之路也。

宫中、府中,俱为一体,陟罚臧否,不宜异同。若有作奸犯科及为忠善者,宜付有司论其刑赏,以昭陛下平明之理,不宜偏私,使内、外异法也。

侍中、侍郎郭攸之、费祎、董允等,此皆良实,志虑忠纯,是以先帝简拔以遗陛下。愚以为宫中之事,事无大小,悉以咨之,然后施行,必能裨补阙漏,有所广益。将军向宠,性行淑均,晓畅军事,试用于昔日,先帝称之曰能,是以众议举宠为督。愚以为营中之事,悉以咨之,必能使行陈和睦,优劣得所。

亲贤臣，远小人，此先汉所以兴隆也；亲小人，远贤臣，此后汉所以倾颓也。先帝在时，每与臣论此事，未尝不叹息痛恨于桓、灵也。侍中、尚书、长史、参军，此悉端良、死节之臣，愿陛下亲之，信之，则汉室之隆，可计日而待也。

臣本布衣，躬耕南阳，苟全性命于乱世，不求闻达于诸侯。先帝不以臣卑鄙，猥自枉屈，三顾臣于草庐之中，谘臣以当世之事；由是感激，遂许先帝以驱驰。后值倾覆，受任于败军之际，奉命于危难之间，尔来二十有一年矣。先帝知臣谨慎，故临崩寄臣以大事也。

受命以来，夙夜忧惧，恐托付不效，以伤先帝之明。故五月渡泸，深入不毛。今南方已定，兵甲已足，当奖率三军，北定中原，庶竭驽钝，攘除奸凶，兴复汉室，还于旧都，此臣所以报先帝，而忠陛下之职分也。至于斟酌损益，进尽忠言，则攸之、祎、允之任也。愿陛下托臣以讨贼兴复之效；不效，则治臣之罪，以告先帝之灵；若无兴德之言，则责攸之、祎、允等之慢以彰其咎。陛下亦宜自谋，以谘诹善道，察纳雅言，深追先帝遗诏，臣不胜受恩感激。今当远离，临表涕零，不知所言。”

纲　戊申，六年，春正月，丞相亮伐魏，战于街亭，败绩；诏贬亮右将军，行丞相事。

目　初，魏以夏侯渊子楙都督关中。至是，丞相亮将伐魏，与群下谋之。司马魏延曰：“楙，怯而无谋。今假延精兵五千，直从褒中出，循秦岭而东，当子午而北，不过十日，可到长安。楙闻延奄至，必弃城走。比东方合聚，尚二十许日，而公从斜谷来，亦足以达。如此，则一举而咸阳以西可定矣。”亮以此为危计，不如安从坦道，可以平取陇右，十全必克而无虞，故不用延计。乃率大军攻祁山，戎陈整齐，号令明肃。始魏以昭烈既崩，数岁寂然无闻，是以略无备豫；而卒闻亮出，朝野恐惧，魏主叡如长安，右将军张郃率步骑五万拒之。亮使参军马谡督诸军与郃战于街亭。谡违亮节度，举措烦扰，舍水上山，不下据城。郃绝其汲道，击，大破之。亮乃拔西县千余家还汉中。初，亮以谡才术过人，深加器异，昭烈临终谓曰：“谡言过其实，不可大用，君其察之！”亮未以为然，引谡参军事，每与谈论，自昼达夜。至是，乃收杀之而自临祭，为之流涕，抚其遗孤，恩若平生。亮上疏请自贬三等；诏以右将军，行丞相事。亮于是引咎责躬，布所失于天下，厉兵讲武，以为后图。亮之出祁山也，天水参军姜维诣亮降。亮美其胆智，使典军事。

纲 夏五月，吴人诱魏扬州牧曹休，战于石亭，大败之。

目 吴使鄱阳太守周鲂诈以郡降于魏。魏扬州牧曹休率步骑十万向皖以应之。八月，吴主权至皖，以陆逊为大都督，朱桓、全琮为左右督，各督三万人以击休。战于石亭，逊令桓、琮为左右翼，三道俱进，冲休伏兵，因驱走之，追至夹石，斩获万余，资仗略尽。

纲 冬十二月，右将军亮伐魏，围陈仓，不克而还。斩其追将王双。

目 右将军亮闻曹休败，魏兵东下，关中虚弱，欲出兵击魏，群臣多以为疑。亮言于帝曰："先帝以汉、贼不两立，王业不偏安，故托臣以讨贼。以先帝之明，量臣之才，固知臣才弱敌强；然不伐贼，王业亦亡，惟坐而待亡，孰与伐之！是故托臣而弗疑也。臣受命之日，寝不安席，食不甘味，思惟北征，宜先入南，故五月渡泸，深入不毛。臣非不自惜也，顾王业不可偏安于蜀都，故冒危难以奉先帝之遗意也，而议者谓为非计。今贼适疲于西，又务于东，兵法乘劳，此进趋之时也。且高帝明并日月，谋臣渊深，然涉险被创，危然后安。今陛下未及高帝，谋臣不如良、平，而欲以长计取胜，坐定天下，此臣之未解一也。刘繇、王朗各据州郡，论安言计，动引圣人，群疑满腹，众难塞胸，今岁不战，明年不征，使孙策坐大，遂并江东。此臣之未解二也。臣到汉中，中间期年，已丧赵云等及曲长、屯将七十余人，突将、武骑一千余人，皆数十年所纠合四方之精锐，非一州之所有；若复数年，则损三分之二，当何以图敌！此臣之未解三也。今民穷兵疲而事不可息，事不可息则住与行劳费正等，而不及虚图之，欲以一州之地与贼支久，此臣之未解四也。夫难平者事也，昔先帝兵败于楚，曹操拊手，谓天下已定矣。然先帝东连吴、越，西取巴、蜀，举兵北征，夏侯授首，此操之失计而汉事将成也。其后吴更违盟，关羽毁败，秭归蹉跌，曹丕称帝。凡事如是，难可逆见。臣鞠躬尽力，死而后已，至于成败利钝，非臣之明所能逆睹也。"十二月，引兵数万出散关，围陈仓，不克。亮粮尽，引还。魏将军王双追亮，亮击斩之。

纲鉴易知录卷二八

后汉纪

后皇帝

纲　己酉，七年，春，右将军亮伐魏，拔武都、阴平，复拜丞相。

纲　夏四月，吴王孙权称皇帝。

目　吴王权即皇帝位，大赦改元。追尊父坚为武烈皇帝，兄策为长沙桓王，立子登为太子。以诸葛恪为太子左辅，张休为右弼，顾谭为辅正，陈表为翼正，谢景、范慎、羊衜等为宾客，于是东宫号多士。太子使侍中胡综作宾友目曰："英才卓越则诸葛恪，精识时机则顾谭，凝辩宏达则谢景，究学甄微则范慎。"羊衜私驳之曰："元逊才而疏，子嘿精而很，叔发辩而浮，孝敬深而陿。"恪等恶之。其后皆败，如衜所言。

纲　秋九月，吴迁都建业，使上大将军陆逊辅太子登守武昌。

目　南阳刘廙尝著先刑后礼论，同郡谢景称之于逊，逊呵景曰："礼之长于刑久矣；廙以细辩而诡先圣之教，君侍东宫，宜遵仁义以彰德音，若彼之谈，不须讲也！"

纲　庚戌，八年，春二月，魏立郎吏课试法。尚书诸葛诞等有罪，免。

目　魏尚书诸葛诞、中书郎邓飏等结为党友，更相题表，以夏侯玄等为"四聪"，诞辈为"八达"。中书监刘放子熙，中书令孙资子密，吏部尚书卫臻子烈，以父居势位，容之为"三豫"。行司徒事董昭上疏曰："凡有天下者，莫不贵朴忠之士，疾虚伪之人，以其毁教乱治，败俗伤化也。窃见当今年少不复以学问为本，专以交游为业；国士不以孝悌清修为首，乃以趋势游利为先。合党连群，互相褒叹，此皆法之所不取，刑之所不赦也。"魏主叡善其言，诏："郎吏学通一经，才任牧民，博士课试，擢其高第者，亟用；其浮华不务道本者，罢退之！"仍免诞、飏等官。

纲 秋七月，魏寇汉中，丞相亮出次成固。九月，魏师还。

纲 冬十二月，丞相亮以蒋琬为长史。

目 亮数外出，琬常足食足兵，以相供给。亮每言："公琰托志忠雅，当与吾共赞王业者也。"

纲 辛亥，九年，春二月，丞相亮伐魏，围祁山。

纲 自十月不雨至于三月。

纲 夏五月，亮败魏司马懿于卤城，杀其将张郃。

目 魏遣司马懿屯长安，督将军张郃、郭淮等以御汉。懿留精兵四千守上邽，馀众悉救祁山。亮分兵攻祁山，自逆懿于上邽，与懿遇于上邽之东；懿敛军依险，兵不得交，亮引还。懿蹑其后，至于卤城，又登山掘营，不肯战。贾诩、魏平数请战，曰："公畏蜀如虎，奈天下笑何！"懿病之。乃使张郃攻南围，自按中道向亮。亮使魏延等逆战，魏兵大败，懿还保营。亮以粮尽退军，懿遣郃追之，至木门，与亮战，中伏弩而卒。

纲 秋八月，中都护李平有罪，废徙梓潼。

目 丞相亮之攻祁山也，命李严以中都护署府事，更名平。会天霖雨，平主督运，恐粮不继，遣参军谕指，呼亮来还；亮既退军，平乃更言"军粮饶足，何为而退"！欲杀督运以解不办之责。又表言："军伪退，以诱贼。"亮出其前后手书，本末违错。平辞穷谢罪，于是亮表其前后过恶，免官，削爵土，徙梓潼郡。复以平子丰为中郎将、参军事，出教敕之曰："吾与君父子戮力以奖王室，谓至心感动，终始可保，何图中乖乎！若都护思负一意，君与公琰推心从事，否可复通，逝可复还也。"又与蒋琬、董允书曰："孝起前为吾说正方腹中有鳞甲，乡党以为不可近。吾谓鳞甲者但不当犯之耳，不图复有苏、张之事也。"

纲 癸丑，十一年，春正月，青龙见魏摩陂井中。二月，魏主叡往观之。

纲 甲寅，十二年，春二月，丞相亮伐魏。

目 初，丞相亮劝农讲武，作木牛、流马，运米集斜谷口，治邸阁；息民休士，三年而后用之。至是，悉众十万由斜谷伐魏，遣使约吴同时大举。

纲 三月，魏山阳公卒。

纲 夏四月,丞相亮进军渭南。魏大将军司马懿引兵拒守,亮始分兵屯田。

目 丞相亮至郿,军于渭水之南。司马懿引军渡渭,背水为垒以拒之,谓诸将曰:"亮若出武功,依山而东,诚为可忧;若西止五丈原,诸将无事矣。"亮果屯五丈原。亮以前者数出,皆以运粮不继,使己志不伸,乃分兵屯田为久驻之基,耕者杂于渭滨居民之间,而百姓安堵,军无私焉。

纲 秋八月,丞相、武乡侯诸葛亮卒于军。长史杨仪引军还。前军师魏延作乱,仪击斩之。

目 亮数挑战,懿不出。乃遗以巾帼妇人之服;懿怒,上表请战。亮谓姜维曰:"彼本无战情,所以固请者,以示武于众耳。"亮遣使者至懿军,懿问其寝食及事之烦简,而不及戎事。使者曰:"诸葛公夙兴夜寐,罚二十已上,皆亲览焉;所啖食不至数升。"懿告人曰:"孔明食少事烦,其能久乎!"

亮病笃,帝使仆射李福省侍,因谘大计。亮曰:"公所问者,公琰其宜也。"又请其次,亮曰:"文伟可。"又问,亮不答。八月,薨。长史杨仪整军而出,百姓奔告懿,懿追之。姜维令仪反旗鸣鼓,若将向懿者,懿不敢逼。于是仪结陈而去,入谷然后发丧。百姓为之语曰:"死诸葛走生仲达。"懿闻之,笑曰:"吾能料生,不能料死故也。"

亮尝推演兵法,作八阵图。至是,懿案行其营垒,叹曰:"天下奇才也!"追至赤岸,不及而还。

初,前军师魏延,勇猛过人,善养士卒。每欲请兵万人,与亮异道会于潼关,如韩信故事,亮不许。延常谓亮怯,不能尽用己才。仪为人干敏,亮每出军,仪规画分部,筹度粮谷,咸取办焉。延性矜高,当时皆下之,惟仪不假借,延以为至忿。亮病笃,作退军节度,令延断后,姜维次之。亮薨,延曰:"魏延何人,当为杨仪作断后将乎!"仪等案亮成规引还,延率所领先归,逆击仪等;仪遣将斩之,夷三族。

初,亮表于帝曰:"臣成都有桑八百株,薄田十五顷,子弟衣食,自有余饶,不别治生以长尺寸。臣死之日,不使内有余帛,外有赢财,以负陛下。"至是,卒如其言。长史张裔尝称亮曰:"公赏不遗远,罚不阿近,爵不可以无功取,刑不可以贵势免,此贤愚所以佥忘其身者也。"

初，长水校尉廖立，自谓才名宜为亮副，怏怏怨谤，亮废立为民，徙之汶山。及亮薨，立垂泣曰："吾终为左衽矣！"李平闻之，亦发病死。平常冀亮复收己，得自补复，策后人不能故也。

纲　以吴懿为车骑将军，督汉中；蒋琬为尚书令，总统国事。

目　时新丧元帅，远近危悚，琬拔处群僚之右，既无戚容，又无喜色，神守举止，有如平日，由是众望渐服。

纲　冬十一月，魏洛阳地震。

纲　乙卯，十三年，夏四月，以蒋琬为大将军，录尚书事；费祎为尚书令。

纲　魏作洛阳宫。

目　魏主叡好土功，既作许昌宫，又治洛阳宫，起昭阳太极殿，筑总章观，高十余丈，力役不已，农桑失业。陈群谏曰："昔禹承唐、虞之盛，犹卑宫室而恶衣服。况今丧乱之后，人民至少，边境有事乎！汉明帝欲起德阳前殿，钟离意谏而止，后复作之；谓群臣曰：'钟离尚书在，不得成此殿也。'夫王者岂惮一臣，盖为百姓也。"叡为之少省。

纲　秋七月，魏崇华殿灾。

纲　八月，魏立子芳为齐王，询为秦王。

目　魏主叡无子，养二王为己子，宫省事秘，莫知其所由来者。或云：芳，任城王楷之子也。

纲　魏复立崇华殿。

目　魏主叡复立崇华殿，更名九龙。作者三四万人。陵霄阙始构，有鹊巢其上。魏主以问高堂隆，对曰："诗曰：'惟鹊有巢，惟鸠居之。'今始构阙，而鹊巢之，天意若曰：宫室未成，身不得居，将有他姓制御之耳。'天道无亲，惟与善人。'今宜休罢百役，增崇德政，则可以转祸为福矣。"

叡性严急，督修宫室有稽限者，亲召问之，言犹在口，身首已分。散骑常侍王肃谏曰："人命至重，难生易杀，是以圣贤重之。昔汉文帝欲杀犯跸者，张释之曰：'方其时，上使诛之则已；今下廷尉，廷尉，天下之平，不可倾也。'臣以为大失其义。廷尉，天子之吏也，犹不可以失平，而天子之身反可以惑谬乎！斯重于为己而轻于为君，不忠之甚也，不可不察。"

纲 冬十月，魏张掖涌石负图。

目 张掖柳谷口水溢涌，宝石负图，有文曰："大讨曹。"诏书班天下，以为嘉瑞。任令于绰以问巨鹿张臶，臶曰："夫神以知来，不追已往，祥兆先见而后废兴从之。今汉久亡，魏已得之，何所追兴祥兆乎！此石，当今之变异，而将来之符瑞也。"

纲 丙辰，十四年，春，吴铸大钱。

目 一当五百。

纲 二月，吴娄侯张昭卒。

目 昭容貌矜严，有威风，吴主权以下皆惮之。卒年八十一。

纲 冬十月，有星孛于大辰，又孛于东方。

目 魏高堂隆上疏曰："夫采椽、卑宫，唐、虞、大禹之所以重皇风也；玉台、琼室，夏癸、商辛之所以犯昊天也。今宫室过盛，天彗章灼，斯乃慈父恳切之训。当崇孝子祗耸之礼，不宜有忽，以重天怒。"魏主叡不悦。侍中卢毓进曰："臣闻君明则臣直，古之圣王惟恐不闻其过，此臣等所以不及隆也。"叡意乃解。

纲 魏司空陈群卒。

目 群前后数上封事，辄削其草，虽子弟莫知也。或讥其居位拱默；及正始中，诏撰名臣奏议，朝士乃见群谏事，皆叹息焉。

纲 魏令公卿举才德兼备之士。

目 时司马懿以兖州刺史王昶应选。昶为人谨厚，名其兄子曰默，曰沉，子曰浑，曰深，为书戒之曰："吾以四者为名，欲尔曹顾名思义，不敢违也。夫物速成则疾亡，晚就则善终，朝华之草，夕而零落，松柏之茂，隆寒不衰，是以君子戒于阙党也。夫能屈以为伸，让以为得，弱以为强，鲜不遂矣。毁誉者，爱恶之原而祸福之机，不可轻也。人或毁己，当退而求之于身。若己有可毁则彼言当矣；无可毁则彼言妄矣。当则无怨于彼，妄则无害于身，又何报焉！谚曰'救寒莫如重裘，止谤莫如自修'，斯言善矣。"

纲 丁巳，十五年，春正月，魏黄龙见。以二月为夏四月。

目 高堂隆以"魏得土德，故其瑞黄龙见，宜改正朔，易服色，以变民耳目"。魏主叡从之，遂以建丑之月为正，服色尚黄，牲用白。

纲 夏六月，魏地震。

纲 魏以陈矫为司徒。

目 魏主叡尝卒至尚书门，矫跪问曰："陛下欲何之？"曰："欲案行文书耳。"矫曰："此自臣职分，非陛下所宜临也；若臣不称职，请就黜退。"叡惭而反。叡尝问矫："司马公忠贞，可谓社稷之臣乎？"矫曰："朝廷之望也，社稷未之知也。"

纲 秋七月，皇后张氏崩。

纲 冬十月，魏铸铜人，起土山于芳林园。

目 魏主叡徙长安钟簴、橐佗、铜人、承露盘于洛阳。盘折，声闻数十里。铜人重，不可致，大发铜铸铜人二，号曰"翁仲"，列坐于司马门外。又铸黄龙、凤皇，置内殿前。起土山于芳林园，使公卿皆负土，树杂木善草，捕禽兽致其中。

纲 魏光禄勋高堂隆卒。

目 隆疾笃，口占上疏曰："黄初之际，天兆其戒，异类之鸟，育长燕巢，此大异也。宜防鹰扬之臣于萧墙之内；可选诸王，使典兵棋跱，镇抚皇畿，翼亮帝室。"魏主叡手诏慰劳之。未几而卒。

纲 魏作考课法，不果行。

目 魏主叡深疾浮华之士，诏吏部尚书卢毓曰："选举勿取有名，名如画地作饼，不可啖也。"毓对曰："名不足以致异人而可以得常士；常士畏教慕善，然后有名，非所当疾也。今考绩之法废，而以毁誉为进退，故真伪浑杂，虚实相蒙。"叡纳其言。诏散骑常侍刘邵作都官考课法七十二条，下百官议。议久不决，事竟不行。

纲 戊午，延熙元年，春正月，魏遣太尉司马懿击辽东。

纲 二月，立皇后张氏。

纲 立子璿为皇太子。

目 大司农孟光问太子读书及情性好尚于秘书郎却正，正曰："奉亲虔恭，举动仁恕，有古世子之风。"光曰："此皆家户所有耳，吾欲知其权略智调何如也。"正曰："世子之道，在于承志竭欢，既不得妄有施为；智调藏于胸怀，权略应时而发，此之有无，焉可豫知也！"光曰："今天下未定，智意为先，储君读书，宁当效吾等竭力博识以待访问，如博士探策讲试以求爵位邪！当务其急者。"正深然之。

纲 吴铸当千大钱。

纲 秋八月,魏司马懿克辽东,斩公孙渊。

纲 冬十二月,蒋琬出屯汉中。

纲 魏主叡有疾,立郭夫人为后,召司马懿入朝,以曹爽为大将军。

纲 己未,二年,春正月,魏司马懿至洛阳,与爽受遗辅政。魏主叡卒,太子芳立。

纲 司马懿至洛阳,入见,魏主叡执其手曰:"吾以后事属君,君与曹爽辅少子。死乃可忍,吾忍死待君,得相见无恨矣!"乃召二王示懿,别指齐王芳曰:"此是也,君谛视之,勿误也!"又教芳前抱懿项。懿顿首流涕。于是芳年八岁,即日立为太子。叡寻卒。

芳嗣位,尊皇后曰皇太后,爽、懿并加侍中,都督中外诸军、录尚书事。

纲 二月,魏以司马懿为太傅,何晏为尚书。

纲 夏,以蒋琬为大司马。

目 东曹掾杨戏素简略,琬与言论,戏时不应。或谓琬曰:"戏慢公矣!"琬曰:"人心不同,各如其面,面从后言,古人所诫。戏欲赞吾是邪,则非其本心;欲反吾言,则显吾之非,是以默然耳。"督农杨敏尝毁琬曰:"作事愦愦,诚不及前人。"主者请推治之,琬曰:"吾实不及前人,无可推。"主者请问愦愦之状,琬曰:"苟其不如,则事不理,事不理,则愦愦矣。"后敏坐事系狱,众犹惧其必死,琬心无适莫,敏得免重罪。

纲 冬十二月,魏复以建寅之月为正。

纲 辛酉,四年,夏四月,吴太子登卒。

纲 蒋琬徙屯涪。

纲 魏置淮南北屯田,广漕渠。

纲 管宁卒于魏。

目 宁名行高洁,人望之者邈然若不可及,即之熙熙和易。能因事导人于善,人皆化服。年八十四卒,天下知与不知,闻之无不嗟叹。

纲 壬戌,五年,春正月,监军姜维自汉中徙屯涪。

纲 吴立子和为太子,霸为鲁王。

纲 癸亥,六年,夏五月朔,日食既。

纲 冬十月,遣前监军王平督汉中。

纲 十一月，以费祎为大将军，录尚书事。

纲 甲子，七年，春正月，吴以陆逊为丞相。

纲 三月，魏曹爽寇汉中；闰月，费祎督诸军救之。

目 魏征西将军夏侯玄，爽姑子也。辟李胜为长史，胜及邓飏欲爽立威名于天下，劝使伐蜀；司马懿止之，不得。三月，爽至长安，发卒十余万，与玄自骆谷入汉中。汉中守兵不满三万，诸将皆恐，欲守城不出以待涪兵。王平曰："此去涪垂千里，贼若得关，便为深祸。"遂遣护军刘敏据兴势，多张旗帜，弥亘百余里。闰月，帝遣费祎救汉中，将行，光禄大夫来敏诣祎别，求共围棋；时羽檄交至，人马擐甲，严驾已讫，祎与对戏，了无倦色。敏曰："向聊观试君耳；君信可人，必能办贼也。"

纲 夏五月，魏军退走。

纲 冬，以费祎兼益州刺史，董允守尚书令。

目 蒋琬以病固让州职于祎。时国务烦猥，祎识悟过人，为尚书令，省读文书，举目究意，终亦不忘。常以朝晡听事，其间接纳宾客，饮食博戏，尽人之欢，而事无废阙。及允代祎，始欲敩之，旬日之中，已多愆滞。乃叹曰："人才相远如此，非吾所及也！"乃听事终日，而犹有不暇焉。

纲 乙丑，八年，春，吴丞相陆逊卒。

纲 秋八月，皇太后吴氏崩。冬十一月，大司马蒋琬卒。

纲 十二月，尚书令董允卒，以宦者黄皓为中常侍。

目 董允秉心公亮，献替尽忠，帝甚惮之。宦者黄皓，便辟佞慧，有宠；允数责之。皓畏允，不敢为非，终允之世，位不过黄门丞。费祎以选曹郎陈祗代允为侍中，祗矜厉有威容，多技艺，挟智数，祎以为贤，越次用之。祗与皓相表里，皓始预政，迁中常侍，操弄威柄，终以覆国。

纲 丙寅，九年，秋九月，赦。

目 大司农孟光于众中责费祎曰："赦者，偏枯之物，非明世所宜有也。必不得已，乃可权而行之。今有何急而数施非常之恩，以惠奸宄乎！"祎顾谢，踧踖而已。

初，丞相亮时，有言公惜赦者，亮答曰："治世以大德，不以小惠，故匡衡、吴汉不愿为赦。先帝亦言：'吾周旋陈元方、郑康成间，每见启告，治乱之道悉矣，曾不语赦也。若刘景升父子，岁岁赦宥，何益于治乎!'”

纲 以姜维为卫将军,与费祎并录尚书事。

纲 丁卯,十年,春二月,魏迁其太后于永宁宫。

目 曹爽用何晏等谋,迁太后,擅朝政,多树亲党。司马懿不能禁,遂称疾,不与政事。

纲 戊辰,十一年,夏四月,魏以徐邈为司空,不受。

目 魏以光禄大夫徐邈为司空。邈叹曰:“三公论道之官,无其人则阙,岂可以老病忝之哉!”遂固辞不受。

纲 五月,费祎出屯汉中。

纲 己巳,十二年,春正月,魏司马懿杀曹爽及何晏等,夷其族。

目 曹爽骄奢无度,饮食衣服拟于乘舆。又私取先帝才人以为伎乐,作窟室,与何晏等纵酒其中。弟羲泣谏,不听。又兄弟数俱出游,司农桓范谓曰:“总万机,典禁兵,不宜并出。若有闭城门,谁复内入者?”爽曰:“谁敢尔邪!”

是月,魏主芳谒高平陵,爽与弟羲、训、彦皆从。司马懿与子师、昭谋诛之,以太后令召桓范。范欲应命,其子曰:“车驾在外,不如南出。”范乃出。懿谓蒋济曰:“智囊往矣!”济曰:“驽马恋栈豆,必不能用也。”

范劝爽以天子诣许昌,发四方兵自辅。爽兄弟不从,自甲夜至五鼓,爽乃投刀于地曰:“我亦不失作富家翁!”范哭曰:“曹子丹佳人,生汝兄弟,豘犊耳!何图今日坐汝族灭也!”

爽兄弟归家,懿发吏卒围守之。有司奏:“黄门张当私以所择才人与爽,疑有奸。”收付廷尉考实,辞云:“爽与何晏、邓飏、丁谧、毕轨、李胜等谋逆。”于是收爽、羲等并桓范、张当俱夷三族。

先是宗室曹冏上书曰:“古者必建同姓,以明亲亲;必树异姓,以明贤贤:亲疏并用,故能保其社稷。今州、郡牧、守,皆跨有千里,兼军武之任,或比国数人,或兄弟并据;而宗室子弟,王空虚之地,君不使之民,曾无一人间厕其间,与相维制,非所以强干弱枝,备万一之虞也。语曰:‘百足之虫,至死不僵。’以其扶之者众也。此言虽小,可以譬大。”冏欲以感寤曹爽,爽不能用。

及懿闭门,爽司马鲁芝闻变,欲出赴难。呼参军辛敞欲与俱,敞谋于其姊宪英曰:“天子在外,太傅闭城门,人云将不利国家,于事可得尔乎?”宪英曰:“以吾度之,太傅诛曹爽耳。”“然则事就乎?”曰:“得无殆就！爽才非太傅偶也。”“然则可以无出乎？”曰：“职守，人之大义也。凡人在难，犹或恤之；执鞭而弃其事，不祥莫大焉。且为人任，为人死，亲昵之职也，从众而已。”敞遂出。事定之后，叹曰：“吾不谋于姊，几不获于义！”先是，爽辟王沉、羊祜，沉劝祜应命。祜曰：“委质事人，复何容易！”沉遂行。及爽败，沉以故吏免，谓祜曰：“吾不忘卿前语。”祜曰：“此非始虑所及也！”

爽从弟文叔妻夏侯令女，早寡无子，其父欲嫁之；令女截耳自誓，居常依爽。爽诛，其家上书绝婚，强迎以归，复将嫁之；令女又断其鼻。其家惊惋，谓之曰：“人生世间，如轻尘栖弱草，何至自苦乃尔！且夫家夷灭已尽，守此欲谁为哉！”令女曰：“吾闻仁者不以盛衰改节，义者不以存亡易心。曹氏前盛时，尚欲保终，况今衰亡，何忍弃之！此禽兽之行，吾岂为乎！”懿闻而贤之，听使乞子字养，为曹氏后。

何晏等方用事，自以为一时才杰，人莫能及。尝为名士品目曰：“‘唯深也故能通天下之志’，夏侯泰初是也；‘唯几也故能成天下之务’，司马子元是也；‘唯神也故不疾而速，不行而至’，吾闻其语，未见其人。”盖以自况也。

晏闻平原管辂明术数，请与论易。邓飏在座，谓辂曰：“君自谓善易，而语不及易中词义，何也？”辂曰：“夫善易者不言易也。”晏笑而赞之曰：“可谓要言不烦！”因谓辂曰：“试为作一卦，当至三公不？”又问：“连梦青蝇数十来集鼻上，何也？”辂曰：“元、恺辅舜，周公佐周，皆以和惠谦恭，享有多福。今君侯位尊势重，而怀德者鲜，畏威者众，殆非小心求福之道。愿君侯裒多益寡，非礼不履，然后三公可至，青蝇可驱也。”飏曰：“此老生之常谈。”辂曰：“老生者见不生，常谈者见不谈。”辂舅闻之，责其言太切。辂曰：“与死人语，何所畏邪！”舅怒以为狂。至是，辂之舅谓辂曰：“尔前何以知何、邓之败？”辂曰：“邓之行步，筋不束骨，脉不制肉，起立倾倚，若无手足，此为鬼躁；何之视候，魂不守宅，血不华色，精爽烟浮，容若槁木，此为鬼幽：二者皆非遐福之象也。”

晏性自喜，粉白不去手，行步顾影。尤好老、庄书，与夏侯玄、荀粲、王弼之徒竞为清谈，祖尚虚无，谓六经为圣人之糟粕。由是天下士大夫慕效之，遂成风俗，不可复制。

纲 魏以司马懿为丞相，加九锡，不受。

纲 秋，姜维伐魏雍州，不克。

纲 冬十二月，魏光禄大夫徐邈卒。

目 卢钦曰："徐公志高行洁，才博气猛，其施之也，高而不狷，洁而不介，博而守约，猛而能宽。"或问钦："徐公当武帝之时，人以为通；自为凉州刺史还，人以为介，何也？"钦曰："往者毛孝先、崔季珪用事，贵清素之士，时皆变易车服以求名，而徐公不改其常，故人以为通。比来天下奢靡相效，而徐公雅尚自若，故前日之通，乃今日之介也，是世人无常而徐公有常耳。"

纲 庚午，十三年，秋，吴废其太子和，杀鲁王霸及将军朱据。冬十一月，立子亮为太子。

目 初，潘夫人有宠于吴主权，生少子亮，权爱之。全公主与太子和有隙，欲豫自结，数称亮美。权以鲁王霸结朋党以害其兄，心亦恶之，谓侍中孙峻曰："子弟不睦，将有袁氏之败，为天下笑。若使一人立者，安得不乱乎！"遂有废和立亮之意，至是，乃幽太子和。将军朱据谏曰："太子，国之本根；加以雅性仁孝，天下归心。昔晋献用骊姬而申生不存，汉武信江充而戾太子冤死，臣窃惧太子不堪其忧，虽立思子之宫，无及矣！"不听。遂废和为庶人，赐霸死。据寻亦赐死。明年，立潘氏为后。

纲 辛未，十四年，夏四月，魏司马懿杀王凌及楚王曹彪，遂置诸王公于邺。

目 初，魏扬州都督王凌，与其甥兖州刺史令狐愚，并典重兵，阴谋以魏主制于强臣，楚王彪有智勇，欲共立之，迎都许昌；愚遣其将与楚王相闻。凌子广谏，凌不从，会愚病卒。至是，凌遣将军杨弘以废立事告兖州刺史黄华，华、弘连名以白司马懿。懿将中军乘水道讨凌，凌势穷，面缚水次，懿解其缚，送诣京师，道饮药死。懿至洛阳，穷治其事，诸相连者悉夷三族。发凌、愚冢，剖棺暴尸；赐楚王彪死。尽录诸王公置邺，使有司察之，不得与人交关。

初，愚为白衣时，常有高志，众谓必兴令狐氏。族父邵独以为："愚性倜傥，不修德而愿大，必灭我宗。"愚甚不平。及愚仕进有名称，从容谓邵曰："先时闻大人谓愚为不继，今竟云何邪？"邵熟视而不答，私谓妻子曰："公治性度，犹如故也。不知我当坐之不邪？必逮汝曹矣。"邵没十余年而愚灭族。

纲　秋八月，魏太傅司马懿卒，以其子师为抚军大将军，录尚书事。

纲　冬十一月，吴以诸葛恪为太子太傅，总统国事。

目　时权颇寤太子和之无罪，十一月，祀南郊还，得风疾，欲召和还；全公主及侍中孙峻、中书令孙弘固争之，乃止。权以太子亮幼，议所付托，峻荐恪可付大事。权嫌其刚很自用，峻曰："朝臣才无及恪者。"乃召之。恪将行，吕岱戒之曰："世方多难，子每事必十思。"恪曰："昔季文子三思而后行，夫子曰：'再斯可矣。'今君令恪十思，明恪之劣也！"岱无以答，时咸谓之失言。恪至建业，见吴主于卧内，受诏床下，以大将军领太子太傅，孙弘领少傅；有司诸务，一统于恪。

纲　费祎北屯汉寿，以陈祗守尚书令。

纲　壬申，十五年，春正月，魏以司马师为大将军。

纲　吴立故太子和为南阳王。

目　吴主权复封和为南阳王，居长沙；奋为齐王，居武昌；休为琅邪王，居虎林。

纲　夏四月，吴主权卒，太子亮立，以诸葛恪为太傅。

纲　吴徙其齐王奋于豫章。

目　诸葛恪不欲诸王处滨江兵马之地，乃徙齐王奋于豫章，琅邪王休于丹阳。奋不肯徙，恪遗之笺曰："帝王之尊，与天同位，是以仇雠有善，不得不举，亲戚有恶，不得不诛，所以承天理物，先国后身，盖圣人立制，百代不易之道也。闻大王顷至武昌以来，多违诏敕，不循制度，擅发诸将，私杀左右，小大惊怪，莫不寒心。俚语曰：'明鉴所以照形，古事所以知今。'大王宜深以鲁王为戒，改易其行，若弃忘先帝法教，怀轻慢之心，臣下宁负大王，不敢负先帝遗诏。"奋惧，遂行。

纲　冬十月，吴诸葛恪修东兴堤。十二月，魏人击之，恪与战于徐塘，魏人败走。

纲　癸酉，十六年，春正月，盗杀大将军费祎。

目　初，姜维攻魏西平，获中郎郭循，以为左将军。循欲刺帝，不得近，每因上寿，且拜且前，为左右所遏，事辄不果。至是，费祎与诸将大会于汉寿，欢饮沉醉，循刺杀之。祎泛爱不疑，待新附太过，张嶷尝与书，引岑彭、来歙为戒。祎不从，故及。

纲 一月,吴诸葛恪击魏。

纲 夏四月,姜维伐魏,围狄道。

目 维负其才武,每欲大举,费祎常裁制不从,与兵不过万人,曰:“丞相犹不能定中夏,况吾等乎!不如保国治民,谨守社稷,如其功业,以俟能者;无为徼幸,决成败于一举。若不如志,悔之无及!”及祎死,维遂将数万人伐魏,围狄道。

纲 吴师围魏新城,不克。

纲 冬十月,吴杀其太傅诸葛恪,以孙峻为丞相。

目 恪还建业,陈兵入府,愈治威严,多所罪责。孙峻因民怨众嫌,构恪于吴主亮,云欲为变。遂与亮谋置酒请恪,伏兵杀之,以苇席裹尸,投之石子冈,并夷三族。初,恪少有盛名,大帝深器重之,而恪父瑾常以为戚,曰:“非保家之子也。”陆逊常谓恪曰:“在我前者,吾必奉之同升,在我下者,则扶接之;今君气陵其上,意蔑其下,非安德之基也。”至是果败。

吴群臣共推峻为太尉,滕胤为司徒。有媚峻者言:“万机宜在公族。”乃表峻为丞相、大将军,都督中外诸军事。峻骄矜淫暴,国人侧目。

纲 吴杀其南阳王和。

目 和妃张氏,恪甥也,峻因此赐和死,张妃亦自杀。其妾何氏曰:“若皆从死,谁当字孤!”遂抚育其子皓,及诸姬子德、谦、俊,皆赖以全。齐王奋亦坐废为庶人。

纲 甲戌,十七年,春二月,魏司马师杀中书令李丰及太常夏侯玄、光禄大夫张缉,遂废其后张氏。

目 初,李丰年十七、八,已有清名,其父恢不悦,敕使闭门断客。后司马师秉政,以丰为中书令。时太常夏侯玄有天下重名,以曹爽亲,故不得在势任,居常怏怏;张缉以后父家居,亦不得意:丰皆与亲善。虽为师所擢用,而心在玄。魏主芳又数独召丰语,师知其议己,诘之,不以实告;师怒,以刀镮筑杀之,遂收玄、缉下廷尉,皆夷三族,并废张后。

纲 夏,姜维伐魏。

纲 秋九月,魏司马师废其主芳为齐王,迁之河内。冬十月,迎高贵乡公髦立之。

纲 乙亥，十八年，春正月，魏扬州都督毌丘俭、刺史文钦起兵讨司马师，师击败之，钦奔吴，俭走死。

纲 魏大将军司马师卒，二月，师弟昭自为大将军，录尚书事。

目 师疾笃，还许昌，昭自洛阳往省之，师令总统诸军而卒。诏以昭为大将军，录尚书事。

纲 秋八月，姜维伐魏，败其兵于洮西，遂围狄道；不克而还。

纲 丙子，十九年，春正月，以姜维为大将军。

纲 夏四月，魏司马昭始服兖冕、赤舄。

纲 秋七月，姜维伐魏，与其将邓艾战，败绩。

目 秋，维复出祁山，闻邓艾有备，乃回，趣南安；艾与战于段谷，大破之。死者甚众，蜀人由是怨维。

纲 八月，魏司马昭自为大都督，奏事不名，假黄钺。

纲 吴孙峻卒，以其从弟綝为侍中，辅政。

纲 吴大司马吕岱卒。

目 始岱亲近徐原，赐以巾褠，与共言论，后遂荐拔，官至侍御史。原好直言，岱有得失，辄谏诤，又公论之；或以告岱，岱叹曰："是我所以贵德渊者也！"及原死，哭之甚哀，曰："德渊，岱之益友，今不幸，岱复于何所闻过乎！"

纲 冬十月，魏以卢毓为司空。

目 魏以卢毓为司空。毓固让司隶校尉王祥，诏不许。

祥至孝，继母朱氏遇之无道，祥愈恭谨。朱氏子览，年数岁，每见祥被箠，辄涕泣抱其母；母以非理使祥，览辄与俱。及长，娶妻，母虐使祥妻，览妻亦趋之，母为少止。祥渐有时誉，母深疾之，密使鸩祥。览径起取酒，祥不与，母夺而反之。后母赐祥馔，览辄先尝，母惧，遂止。汉末遭乱，隐居三十余年，不应州郡之命。母终，毁瘁，杖而后起。徐州刺史吕虔檄为别驾，委以州事，政化大行，时人歌之曰："海、沂之康，实赖王祥；邦国不空，别驾之功。"

纲 丁丑，二十年，夏四月，吴主亮始亲政。

目 吴主亮亲政事。大将军孙綝表奏，多见难问，数出中书视大帝时旧事，问左右侍臣曰："先帝数有特制，今大将军问事，但令我书可邪?"尝食生梅，使黄门至中藏取蜜，蜜中有鼠矢；召问藏吏，藏吏叩头。

亮曰:"黄门从尔求蜜邪?"吏曰:"向求,实不敢与。"黄门不服。亮令破鼠矢,矢中燥,因大笑谓左右曰:"若矢先在蜜中,中外俱湿;今外湿里燥,必黄门所为也。"诘之,果服;左右惊悚。

纲 魏扬州都督诸葛诞起兵讨司马昭。六月,昭奉其主髦攻之,吴人救之,不克而还。

纲 姜维伐魏。

目 姜维闻魏分关中兵赴淮南,率数万人出骆谷。时长城积谷多而守兵少,魏都督司马望及邓艾进据之,以拒维。维数挑战,不应。

是时,维数出兵,蜀人愁苦,谯周作仇国论讽之,曰:"或问:'往古能以弱胜强者,其术何如?'曰:'吾闻之,处大无患者常多慢,处小有忧者常思善;多慢则生乱,思善则生治,理之常也。故周文养民,以少取多,句践恤众,以弱毙强,此其术也。'或曰:'曩者项强汉弱,约分鸿沟,各归息民,张良以为民志既定,则难动也,率兵追羽,终毙项氏。岂必由文王之事乎?'曰:'商、周之际,王侯世尊,君臣久固,深根者难拔,据固者难迁。当此之时,虽汉祖安能杖剑鞭马取天下乎!及秦罢侯置守之后,民疲秦役,天下土崩,于是豪强并争,虎裂狼分,疾搏者获多,迟后者见吞。今我与彼皆传国易世矣,既非秦末鼎沸之时,实有六国并据之势,故可为文王,难为汉祖。'"

纲 戊寅,景耀元年,春二月,魏司马昭拔寿春,杀诸葛诞。

纲 姜维引兵还。

目 维闻诸葛诞死而还。

纲 夏五月,魏司马昭自为相国,封晋公。加九锡,复辞不受。

纲 秋九月,吴孙𬘭废其主亮为会稽王。冬十月,迎立琅邪王休。休以𬘭为丞相,封兄子皓为乌程侯。

纲 十二月,吴孙𬘭伏诛。

纲 诏汉中兵屯汉寿,守汉、乐二城。

纲鉴易知录卷二九

后汉纪

后皇帝

纲　己卯，二年，春正月，黄龙二见魏宁陵井中。

目　先是魏地井中，屡有龙见，群臣以为吉祥，魏主髦曰："龙者，君德也。上不在天，下不在田，而数屈于井，非嘉兆也。"作潜龙诗以自讽，司马昭见而恶之。

纲　庚辰，三年，春正月朔，日食。

纲　夏五月，魏司马昭弑其主髦于南阙下，尚书王经死之。

目　魏主髦见威权日去，不胜其忿，召侍中王沈、尚书王经、散骑常侍王业谓曰："司马昭之心，路人所知也。吾不能坐受废辱，今日当与卿自出讨之。"于是入白太后。沈、业奔走告昭，呼经欲与俱，经不从。髦遂拔剑升辇，率殿中宿卫苍头官僮鼓噪而出。中护军贾充入，与战南阙下。太子舍人成济问充曰："事急矣，当云何？"充曰："司马公畜养汝等，正为今日。今日之事，无所问也！"济即抽戈前刺髦，殒于车下。昭闻之，大惊，自投于地。太傅孚奔往，枕其股而哭甚哀，曰："杀陛下者，臣之罪也！"

昭入殿中，召群臣会议。尚书仆射陈泰不至，昭使其舅尚书荀顗召之。泰曰："论者以泰方舅，今舅不如泰也。"子弟逼之，乃入，见昭，悲恸，昭亦对之泣曰："玄伯，卿何以处我？"泰曰："独有斩贾充，少可以谢天下耳！"昭久之曰："更思其次。"泰曰："泰言惟有进于此者，不知其次。"昭乃不复言。以太后令，罪状髦，废为庶人，葬以民礼。收王经及其家属付廷尉。经谢其母，母笑曰："人谁不死，正恐不得其所；以此并命，何恨之有！"及就诛，故吏向雄哭之，哀恸一市。王沈以功封安平侯。太傅孚等请以王礼葬髦，许之。昭言成济大逆不道，夷三族。

纲　六月，魏主奂立。

目 奂，燕王宇之子也。本名璜，封常道乡公，司马昭迎立之，更名奂，年十五矣。

纲 辛巳，四年，冬，以董厥、诸葛瞻为将军，共平尚书事，樊建为尚书令。

目 时中常侍黄皓用事，厥、瞻皆不能矫正，士大夫多附之，唯建不与皓往来。秘书令郤正久在内职，与皓比屋，周旋三十余年，澹然自守，以书自娱，既不为皓所爱，亦不为所憎，故官不过六百石，而亦不罹其祸。

纲 壬午，五年，冬十月，姜维伐魏洮阳，不克。

纲 魏司马昭杀中散大夫嵇康。

目 康文辞壮丽，好言老、庄而尚奇任侠，与阮籍、籍兄子咸、山涛、向秀、王戎、刘伶相友善，号"竹林七贤"。皆崇尚虚无，轻蔑礼法，纵酒昏酣，遗落世事。

籍为步兵校尉，其母卒，方与人围棋，对者求止，籍留与决睹。既而饮酒二斗，举声一号，吐血数升，毁瘠骨立。居丧，饮酒无异平日。司隶何曾面质籍于司马昭座曰："卿纵情背礼，败俗之人，不可长也！"因谓昭曰："公方以孝治天下，而听籍以重哀饮酒食肉于公座，何以训人！宜摈之四裔，无令污染华夏。"昭爱籍才，常拥护之。

咸素幸姑婢；姑将婢去，咸方对客，遽借客马追之，累骑而还。

伶尤嗜酒，常乘鹿车，携一壶酒，使人荷锸随之，曰："死便埋我。"当时士大夫皆以为贤，争慕效之，谓之放达。

钟会闻康名，造之，康箕踞而锻，不为之礼。会将去，康曰："何所闻而来，何所见而去？"会曰："闻所闻而来，见所见而去！"遂深衔之。

涛为吏部郎，举康自代；康与涛书，自说不堪流俗，而非薄汤、武。昭闻而怒之。康与东平吕安亲善，安兄巽诬安不孝，康为证其不然。会因谮"康尝欲助毌丘俭，与安皆有盛名于世，而言论放荡，害时乱教，宜因此除之"。昭遂杀安及康。康尝诣隐者孙登，登曰："子才多识寡，难乎免于今之世矣！"

纲 魏以钟会都督关中军事。

目 魏司马昭患姜维数北伐，欲大举伐汉，朝臣多以为不可，独钟会劝之。昭谕众曰："自定寿春以来，息役六年，治兵缮甲以拟二虏。

今吴地广大而下湿，攻之用力差难，不如先定巴、蜀；三年之后，因顺流之势，水陆并进，此灭虢取虞之势也。今绊姜维于沓中，使不得东顾，直指骆谷，出其空虚之地以袭汉中，以刘禅之暗，而边城外破，士女内震，其亡可知也。"乃以会为镇西将军，督关中。邓艾以蜀未有衅，屡陈异议；昭使人谕之，艾乃奉命。

姜维表遣左、右车骑张翼、廖化，督诸军分护阳安关口及阴平之桥头，以防未然。黄皓信巫鬼，谓敌终不自致，启帝寝其事，群臣莫知。

纲　癸未，炎兴元年，秋，魏遣邓艾、钟会将兵入寇，关口守将傅佥死之，姜维战败，还守剑阁。

目　魏遣邓艾督三万余人自狄道、甘松、沓中以缀姜维。雍州刺史诸葛绪督三万余人自祁山趣武街桥头，绝维归路。钟会统十万余众，分从斜谷、骆谷、子午谷趣汉中。以卫瓘持节监军事，行镇西军司。

会过幽州刺史王戎，问计。戎曰："道家有言，'为而不恃'。非成功难，保之难也。"或以问参相国军事刘寔曰："钟、邓其平蜀乎？"寔曰："破蜀必矣，而皆不还。"客问其故，寔笑而不答。

八月，军发洛阳，汉人遣廖化为姜维继援，张翼、董厥诣阳安关口为诸围外助。敕诸围不得战，退保汉、乐二城。会平行至汉中，使兵围二城，径趣阳安口。使护军胡烈为先锋，攻关口；守将傅佥拒守，其下蒋舒率众迎降，烈乘虚袭城，佥格斗而死。会遂长驱而前。

维闻会已入汉中，引兵还，艾遣兵追蹑于疆川口，大战，维败走。还至阴平，遇化、翼、厥等，合兵守剑阁以拒会。

纲　冬十月，魏司马昭始称相国、晋公，受九锡。

纲　卫将军诸葛瞻及邓艾战于绵竹，败绩，及其子尚皆死之。

目　邓艾进至阴平，欲与诸葛绪自江油趋成都；绪以西行非本诏，遂引兵与钟会合。会欲专军势，密白绪畏懦不进，槛车征还，军悉属会。姜维列营守险，会攻之不能克，粮道险远，军食乏，欲引还。艾上言："贼已摧折，宜遂乘之。"遂自阴平行无人之地七百余里，凿山通道，造作桥阁。山高谷深，又粮运将匮，濒于危殆，艾以毡自裹，推转而下。将士皆攀木缘崖，鱼贯而进。先登至江油，守将马邈降。诸葛瞻督诸军拒艾，至涪不进。尚书郎黄崇屡劝瞻速行据险，无令敌得入平地，瞻不从。艾遂长驱而前，瞻退往绵竹。艾以书诱瞻曰："若降者，表为琅邪王。"瞻斩其使，列陈以待。艾大破之，斩瞻及崇。瞻子尚曰：

"父子荷国重恩,不早斩黄皓,使败国殄民,用生何为!"策马冒陈而死。

纲 邓艾至成都,帝出降,皇子北地王谌死之,汉亡。

目 汉人不意魏兵卒至,不为城守调度;闻艾已入平地,帝使群臣会议,或劝奔吴,或劝入南中。谯周以为:"自古无寄他国为天子者,魏能并吴,吴不能并魏。等为称臣,为小孰与为大,再辱何与一辱!若欲奔南,当早为计;今大敌已近,群心无可保者,恐发道之日,其变不测。"乃遣使奉玺绶,诣艾降。北地王谌怒曰:"若理穷力屈,祸败将及,便当父子君臣背城一战,同死社稷,以见先帝可也,奈何降乎!"帝不听。谌哭于昭烈之庙,先杀妻子,而后自杀。帝别敕姜维使降。艾至成都城北,帝率群臣面缚舆榇,诣军门降。艾收黄皓,将杀之,皓赂左右以免。维等得敕,诣会降。

右后汉二帝共四十三年。合两汉二十六帝,共四百六十九年。

纲 甲申,春正月,魏以槛车征邓艾。钟会谋反,伏诛。监军卫瓘袭艾,杀之。

目 邓艾在成都,颇自矜伐,以书言于晋公昭曰:"兵有先声而后实者,今因平蜀之势以乘吴,吴必震恐,席卷之时也。然大举之后,将士疲劳,不可便用,宜留陇右及蜀兵煮盐兴冶,并作舟船,豫为顺流之事。且王刘禅以显归命之宠,如此则吴人畏威怀德,望风而从矣!"昭使卫瓘喻艾:"事当须报,不宜辄行。"艾曰:"春秋之义,'大夫出疆,有可以安社稷、利国家者,专之可也'。今吴人未宾,势与蜀连,不可拘常,以失事机。艾虽无古人之节,终不自嫌以损国家计也!"

钟会有异志,姜维知之,欲构成扰乱,乃说会曰:"君自淮南已来,算无遗策,今复定蜀,威德振世,欲以此安归乎!何不法陶朱公泛舟绝迹,全功保身邪!"会曰:"君言远矣,我不能行。"维曰:"其他则君智力之所能,无烦于老夫矣。"由是情好欢甚。因艾承制专事,乃与瓘密白艾有反状。诏以槛车征艾。昭恐艾不从命,敕会进军成都。会遣瓘先至成都收艾。瓘夜至成都,平旦,开门,瓘乘使者车径入;艾卧未起,遂执艾父子,置之于槛车。会至成都,送艾赴京师。

会所惮惟艾,艾既就擒,遂决意谋反。会郭太后卒,会乃悉召诸将,为太后发哀,称遗诏,使起兵废司马昭。

维欲使会尽杀北来诸将,已因杀会,复立故汉帝。会护军胡烈给言会欲尽坑外兵,一夜,转相告,皆遍。诸军鼓噪,争先赴城,斩会及维，死丧狼藉。瓘分部诸将，数日乃定。

艾本营将士，追出艾于槛车，迎还。瓘自以与会共陷艾，恐其为变，乃遣护军田续袭艾父子于绵竹西，斩之。艾之入江油也，续不进，艾欲斩续，既而舍之。及是，瓘谓曰："可以报江油之辱矣。"镇西长史杜预言于众曰："伯玉其不免乎！身为名士，位望已高，既无德音，又不御下以正，将何以堪其责乎！"瓘闻之，不候驾而谢预。艾余子在洛阳者悉被诛。

会功曹向雄收葬会尸，昭召而责之曰："往者王经之死，卿哭于东市而我不问。今会为叛逆，又辄收葬；若复相容，其如王法何！"雄曰："昔先王掩骼埋胔，仁流朽骨，当时岂卜其功罪而后收葬哉！今王诛既加，于法已备，雄感义收葬，教亦无阙。法立于上，教弘于下，以此训物，不亦可乎！"昭悦，与宴谈而遣之。

会之伐汉也，辛宪英谓其夫之从子羊祜曰："会在事纵恣，非持久处下之道，吾畏其有他志也。"会请其子琇为参军，宪英忧曰："他日吾为国忧，今日难至吾家矣。"琇固辞，不听。宪英谓曰："行矣，戒之，军旅之间，可以济者，其惟仁恕乎！"琇竟以全归。诏以琇尝谏会反，赐爵关内侯。

纲　三月，魏晋公昭进爵为王。

目　太尉王祥、司徒何曾、司空荀顗共诣晋王，顗谓祥曰："相王尊重，何侯与朝臣皆已尽敬，今日便当相率而拜，无疑也。"祥曰："王、公、相去一阶而已，安有天子三公可辄拜人者！君子爱人以礼，我不为也。"及入，顗拜而祥独长揖。昭谓祥曰："今日然后知君见顾之重也！"

纲　魏封故汉帝禅为安乐公。

目　禅举家迁洛阳，大臣无从行者，惟秘书令郤正及殿中督张通舍妻子单身从行。正相导宜适，举动无阙，禅乃慨然叹息，恨知正之晚。

魏封禅为安乐公，他日与宴，为之作蜀技，旁人皆感怆，而禅喜笑自若。昭谓贾充曰："人之无情，乃至于是；虽使诸葛亮在，不能辅之久全，况姜维邪！"他日，问禅曰："颇思蜀否？"禅曰："此间乐，不思蜀也。"正闻之，谓曰："若王复问，宜泣而答曰：'先人坟墓，远在岷、蜀，乃心西悲，无日不思。'因闭其目。"会昭复问，禅对如前，昭曰："何乃似郤正语邪！"禅惊视曰："诚如尊命。"左右皆笑之。

纲 秋七月，吴主休殂，乌程侯皓立。

纲 八月，魏晋王昭以其子中抚军炎为副相国，冬十月，立为晋世子。

目 初，晋王昭娶王肃之女，生炎及攸，以攸继景王后。攸性孝友，多材艺，清和平允，名过于炎，昭爱之，常曰："天下者，景王之天下也，吾百年后，大业宜归攸。"炎立发委地，手垂过膝；羊琇又教以宜察时政所宜损益，豫记以备访问。昭欲以攸为世子，山涛曰："废长立少，违礼不祥。"贾充、何曾、裴秀曰："中抚军聪明神武，有超世之才，人望既茂，天表如此，固非人臣之相也。"乃立炎为世子。

晋纪

世祖武皇帝

纲 乙酉，夏五月，魏晋王昭号其妃曰后，世子曰太子。

纲 秋八月，魏晋王昭卒，太子炎嗣。

纲 冬，吴迁都武昌。

纲 十二月，晋王炎称皇帝，废魏主为陈留王。

目 魏主禅位于晋；出舍金墉城。太傅司马孚拜辞，流涕歔欷不自胜，曰："臣死之日，固大魏之纯臣也。"晋王即皇帝位，奉魏主为陈留王。即宫于邺，追尊宣王、景王、文王为皇帝；尊王太后曰皇太后。时晋主承魏氏刻薄奢侈之后，欲矫以仁俭。将有事于太庙，有司言御牛青丝纼断，诏以青麻代之。

纲 晋以傅玄、皇甫陶为谏官。

右魏五主，共四十六年。

纲 丙戌，秋八月，晋主谒崇阳陵。

目 文帝之丧，臣民皆从权制，三日除服。既葬，晋主亦除之；然犹素冠疏食，哀毁如居丧者。至是谒陵，诏以"衰绖从行，群臣自依旧制"。尚书令裴秀奏曰："既除复服，义无所依。"遂止。中军将军羊祜谓傅玄曰："三年之丧，虽贵遂服，礼也，而汉文除之，毁礼伤义。今主上至孝，虽夺其服，实行丧礼。若因此复先王之法，不亦善乎！"玄曰："以日易月，已数百年，一旦复古，殆难行也。"祜曰："不能使天下如礼，且使主上遂服，不犹愈乎！"玄曰："主上不除而天下除之，此为有父子而无君臣也。”乃止。群臣请易服复膳，诏曰：“每念不得终苴绖之礼，以为沉痛。况食稻、衣锦乎！朕本诸生家，传礼来久，何至一旦易此情于所天，可试省孔子答宰我之言，无事纷纭也！”遂以疏素终三年。

纲　吴以陆凯、万彧为左、右丞相。

目　吴主居武昌，扬州之民溯流供给，甚苦之。凯上疏曰：“武昌土地险瘠，非王者之都；且童谣云：‘宁饮建业水，不食武昌鱼；宁还建业死，不止武昌居。’此足明民心与天意矣。”

纲　冬十二月，吴还都建业。

纲　丁亥，春正月，晋立子衷为太子。

目　有司奏：“东宫施敬二傅，其仪不同。”晋主曰：“崇敬师傅，所以尊道、重教也，何言臣不臣乎！其令太子申拜礼。”

纲　晋杀其故立进令刘友。

目　司隶校尉李熹劾奏故立进令刘友及前尚书山涛、中山王睦、尚书仆射武陔各占官稻田。诏曰：“友侵剥百姓，其考竟以惩邪佞。涛等不贰其过，皆勿问。熹亢志在公，当官而行，可谓邦之司直矣。其申敕群僚，各慎所司，宽宥之恩，不可数遇也！”

纲　晋征犍为李密，不至。

目　晋主征犍为李密为太子洗马，密以祖母老，固辞，许之。密与人交，每公议其得失而切责之，常言：“吾独立于世，顾影无俦；然而不惧者，以无彼此于人故也。”

纲　戊子，春三月，晋太后王氏殂。

目　晋主居丧，一遵古礼。既葬，有司请除衰服。诏曰：“受终身之爱而无数年之报，情所不忍也。”有司固请，诏曰：“患在不能笃孝，勿以毁伤为忧。前代礼典，质文不同，何必限以近制，使达丧阙然乎！”群臣请不已，乃许之；然犹素服以终三年。

纲　夏四月，晋太保王祥卒。

目　祥卒，门无杂吊之宾。其族孙戎叹曰：“太保当正始之世，不在能言之流；及间与之言，理致清远，岂非以德掩其言乎！”

纲　秋七月，众星西流如雨而陨。

纲　己丑，春二月，晋以羊祜都督荆州军事。

目　晋主有灭吴之志，使祜都督荆州，镇襄阳；东莞王伷都督徐州，镇下邳。祜绥怀远近，甚得江、汉之心，与吴人开布大信，降者欲去，皆听之，减戍逻之卒，以垦田八百余顷。其始至也，军无百日之粮；及其季年，乃有十年之积。祜在军，常轻裘缓带，身不被甲，铃阁之下，侍卫不过十数人。

纲　晋录用故汉名臣子孙。

目　济阴太守文立言："故蜀名臣子孙，宜量才叙用，以慰巴、蜀之心，倾吴人之望。"晋主从之。诏曰："诸葛亮在蜀，尽其心力，子瞻临难死义，其孙京宜随才署吏。蜀将傅佥父子死于其主，息著、募没入奚官，宜免为庶人。"又以立为散骑常侍。汉故尚书程琼雅有德业，与立深交，晋王闻其名，以问立。对曰："臣至知其人，但年垂八十，禀性谦退，无复当时之望，故不以上闻耳。"琼闻之，曰："广休可谓不党矣，此吾所以善夫人也。"

纲　庚寅，夏四月，吴以陆抗都督诸军，治乐乡。

纲　辛卯，春正月，吴主大举兵，游华里，不至而还。

目　吴人刁玄诈增谶文云："黄旗紫盖，见于东南，终有天下者，荆、扬之君。"吴主信之，大举兵出华里，载太后及后宫数千人，西上。行遇大雪，兵士寒冻殆死，皆曰："若遇敌，便当倒戈。"吴主乃还。

纲　冬十一月，晋安乐公刘禅卒。

纲　壬辰，春二月，晋太子衷纳妃贾氏。

目　晋主初欲为太子娶卫瓘女，贾充妻郭槐赂杨后左右，使后说纳其女。晋主曰："卫公女有五可，贾公女有五不可；卫氏种贤而多子，美而长、白；贾氏种妒而少子，丑而短、黑。"后固以为请，至是，荀勖又与荀觊、冯紞皆称充女绝美，且有才德，晋主遂从之。贾妃年十五，长太子二岁，妒忌多权诈，太子嬖而畏之。

纲　夏，晋益州杀其刺史，广汉太守王浚讨平之，以浚为益州刺史。

目　时汶山白马胡掠诸种，益州刺史皇甫晏欲讨之。牙门张弘作乱，杀晏。广汉太守王浚发兵讨弘，斩之。诏以浚为益州刺史。

初，浚为羊祜参军，祜深知之。浚至益州，明立威信，蛮夷归附；俄迁大司农。时晋主与羊祜谋伐吴，祜以为宜藉上流之势，密表留浚，加龙骧将军，监梁、益军。诏使罢屯田兵，大作舟舰。时作船木柿，蔽江而下，吴建平太守吾彦，取以白吴主曰："晋必有攻吴之计，宜增建平兵以塞其冲。"吴主不从，彦乃为铁锁横断江路。

纲 秋七月，晋以贾充为司空。

纲 九月，吴步阐据西陵，叛降晋。

纲 冬十一月，吴陆抗拔西陵，诛步阐；晋羊祜等救之，不及。

目 吴主既克西陵，志益张大，使术士尚广筮取天下，对曰："吉，庚子岁，青盖当入洛阳。"吴主喜，不修德政，专为兼并之计。

羊祜归自江陵，务修德信以怀吴人。每交兵，刻日方战，不为掩袭之计。将帅有欲进谲计者，辄饮以醇酒，使不得言。军行吴境，刈谷为粮，皆计所侵，送绢偿之。每游猎，常止晋地，所得禽兽或先为吴人所伤者，皆送还之。于是，吴边人皆悦服。祜与陆抗对境，使命常通：抗遗祜酒，祜饮之不疑；抗疾，祜与之成药，抗即服之。人多谏抗，抗曰："岂有鸩人羊叔子哉！"抗告其边戍曰："彼专为德，我专为暴，是不战而自服。各保分界而已，无求细利。"

羊祜不附结中朝权贵，荀勖、冯纨之徒皆恶之。从甥王衍尝诣陈事，辞甚清辩；祜不然之，衍拂衣去。祜顾谓客曰："王夷甫方当以盛名处大位，然败俗伤化，必此人也。"及攻江陵，祜以军法将斩王戎。衍，戎之从弟也，故皆憾之。时人为之语曰："二王当国，羊公无德。"

纲 晋免其国子祭酒庾纯官，寻复用之。

目 贾充与朝士宴，河南尹庾纯醉，与充争言。充曰："父老，不归养，卿为无天地！"纯曰："高贵乡公何在？"充惭怒，上表解职；纯亦自劾。诏免纯官，仍下五府正其臧否。石苞以纯荣宦忘亲，当除名；齐王攸以为纯于礼律未有违者；诏复以纯为祭酒。

纲 癸巳，夏四月，晋以邓艾孙朗为郎中。

目 初，邓艾之死，人皆冤之，而无为之辨者。及晋主即位，议郎段灼上疏谓："宜听艾归葬，还其田宅，继封定谥，则艾死无所恨，而天下徇名之士，思立功之臣，必投汤火，乐为陛下死矣！"晋主善其言而不能从也。至是，问给事中樊建以诸葛亮之治蜀，曰："吾独不得如亮者而臣之乎？"建稽首曰："陛下知邓艾之冤而不能直，虽得亮，得无如冯唐之言乎！"晋主笑曰："卿言起我意。"乃以朗为郎中。

纲 甲午，秋七月，晋以山涛为吏部尚书。

目 涛典选十余年，甄拔人物，各为题目而奏之，时称"山公启事"。

纲 晋后杨氏殂。

纲 晋以嵇绍为秘书丞。

目 绍以父康得罪，屏居私门。至是，山涛荐征之，绍辞不就。涛谓曰："为君思之久矣，天地四时，犹有消息，况于人乎！"绍乃应命。

初，东关之败，文帝问寮属曰："近日之事，谁任其咎？"安东司马王仪对曰："责在元帅。"文帝怒曰："司马欲委罪于孤邪！"斩之。仪子裒痛父非命，隐居教授，三征七辟，皆不就。未尝西向而坐，庐于墓侧，旦夕攀柏悲号，涕泪着树，树为之枯。读诗至"哀哀父母，生我劬劳"，未尝不三复流涕，门人为之废蓼莪。

纲 吴大司马、荆州牧陆抗卒。

目 抗疾病，上疏曰："西陵、建平，国之蕃表，既处上流，受敌二境。若敌泛舟顺流，星奔雷迈，非可恃援他郡以救倒悬，此乃社稷安危之机也。臣父逊昔上言：'西陵，国之西门，虽云易守，亦复易失。若有不守，非但失一郡，荆州非吴有也。'臣死之后，乞以西方为属。"及卒，吴主使其子晏、景、玄、机、云分将其兵。机、云皆善属文，名重于世。

初，周鲂之子处，膂力绝人，不修细行，乡里患之。处尝问父老曰："今时和岁丰而人不乐，何邪？"父老叹曰："三害不除，何乐之有！"处曰："何谓也？"曰："南山白额虎，长桥蛟，并子为三矣。"处曰："若所患止此，吾能除之。"乃射虎，杀蛟；遂从机、云受学。笃志读书，砥节砺行，比及期年，州府交辟。

纲 晋邵陵公曹芳卒。

目 初，芳之废也，太宰中郎陈留范粲素服拜送，哀动左右；遂称疾，阳狂不言，寝所乘车，足不履地。子乔等侍疾家庭，足不出邑里。及晋代魏，诏以二千石禄养病，加赐帛百匹，乔以父疾笃，辞不敢受。粲不言凡三十六年，年八十四，终于所寝之车。

纲 丙申，秋八月，吴临平湖开，石印封发。

目 吴人或言于吴主曰："临平湖自汉末薉塞，长老言：'湖塞，天下乱；湖开，天下平。'近者无故忽开，此天下当太平，青盖入洛之祥也。"初，吴人掘地得银尺，上有刻文，吴主因改元天册。至是，或献小石刻"皇帝"字，又改元天玺。八月，历阳长又上言："历阳山石印封发，俗谓当太平。"又改明年元曰天纪。

纲 冬十月，晋加羊祜征南大将军。

目 祜上疏请伐吴曰："期运虽天所授，而功业必因人而成，不一大举扫灭，则兵役无时得息也。夫蜀之为国，皆云一夫荷戟，千人莫当。及进兵之日，曾无藩篱之限，乘胜席卷，径至成都。今江、淮之险，不如剑阁；孙皓之暴，过于刘禅；吴人之困，甚于巴、蜀；而大晋兵力盛于往时，而不于此际平一四海，而更阻兵相守，使天下困于征戍，经历盛衰，不可长久也。今若引梁、益之兵，水陆俱下，虽有智者不能为吴谋矣。"晋主深纳之。议者多有不同，贾充、荀勖、冯纨尤以为不可。祜叹曰："天下不如意事，十常居八、九。天与不取，岂非更事者限于后时哉！"唯杜预及中书令张华与晋主意合，赞成其计。

纲 晋立后杨氏，以后父骏为车骑将军。

目 晋主初聘后，后叔父珧上表曰："自古一门二后，未有能全其宗者，乞藏此表于宗庙，异日得以免祸。"晋主许之。竟立后，而以骏为将军，封侯。骏骄傲自得，镇军胡奋谓曰："卿恃女更益豪邪！历观前世，与天家婚，未有不灭门者，但早晚事耳！"

纲 丁酉，春正月朔，日食。

纲 秋七月，晋诏遣诸王就国，封功臣为公侯。

目 羊祜封南城郡侯，固辞不受。祜每拜官爵，多避让，诚心素著，故特见申于分列之外。历事二世，职典枢要，凡谋议皆焚其草，世莫得闻；所进达之人，皆不知所由。常曰："拜官公朝，谢恩私门，吾所不取也。"

纲 戊戌，春正月朔，日食。

纲 夏六月，晋羊祜入朝。

目 祜以病求入朝，既至，面陈伐吴之计，晋主善之。以祜病，不宜数入，更遣张华就问筹策。祜曰："孙皓暴虐已甚，于今可不战而克。若皓没更立令主，虽有百万之众，长江未可窥也。"华深然之。祜曰："成吾志者，子也。"晋主欲使祜卧护诸军，祜曰："取吴不必臣行，但既平之后，当劳圣虑耳。功名之际，臣不敢居；若事了，当有所付授，愿审择其人也。"

纲 秋，晋大水，螟。

目 诏以水灾问主者："何以佐百姓？"杜预上疏，以为"今者水灾，东南尤剧，宜敕兖、豫等州，留汉氏旧陂，以畜水，余皆决沥，令饥者得鱼菜螺蚌之饶，此目下日给之益也。水去之后，填淤之田，亩取数钟，此又明年之益也。典牧种牛有四万五千余头，可给民，使耕种，责其租税，此又数年以后之益也”。晋主从之，民赖其利。预在尚书七年，损益庶政，不可胜数，时人谓之“杜武库”，言其无所不有也。

纲 冬，晋以卫瓘为尚书令。

目 是时，朝野咸知太子昏愚，不堪为嗣，瓘欲启而不敢；会侍宴凌云台，瓘阳醉，跪晋主前，欲言而止者三，因以手抚床，曰：“此座可惜！”晋主意悟，因谬曰：“公真大醉邪？”贾充密遣人语贾妃云：“卫瓘老奴，几破汝家！”

纲 十一月，晋诏毋得献奇技异服。

目 晋太医司马程据献雉头裘，晋主焚之于殿前，因有是诏。

纲 晋以杜预为镇南大将军，督荆州诸军事。钜平侯羊祜卒。

目 祜疾笃，举预自代而卒。晋主哭之甚哀。南州民闻祜卒，罢市巷哭，吴守边将士亦为之泣。祜好游岘山，襄阳人建碑立庙于其地，岁时祭祀，望其碑者无不流涕，因谓之“堕泪碑”。

纲 晋清泉侯傅玄卒。

目 玄性峻急，为司隶，每有奏劾，或值日暮，捧白简，整簪带，竦诵不寐，坐而待旦；由是贵游震慑，台阁生风。卒谥曰刚。

纲 己亥，春正月，树机能陷晋凉州，晋遣将军马隆讨之。

纲 晋以匈奴刘渊为左部帅。

目 渊，豹之子也，幼而俊异，师事上党崔游，博习经史。尝谓同门生曰：“吾常耻随、陆无武，绛、灌无文；随、陆遇高帝而不能建封侯之业，绛、灌遇文帝而不能兴庠序之教，岂不惜哉！”于是兼学武事。及长，猿臂善射，膂力过人，姿貌魁伟。为任子在洛阳，王浑及其子济皆重之，屡荐于晋主，晋主召与语，悦之。济曰：“渊有文武长才，陛下任以东南之事，吴不足平也。”孔恂、杨珧曰：“非我族类，其心必异。渊才器诚少比，然不可重任也。”及凉州覆没，晋主问将于李熹，对曰：“陛下诚能发匈奴五部之众，假渊一将军之号，使将之而西，树机能之首可指日而枭也。”恂曰：“渊果枭树机能，则凉州之患方更深耳。”晋主乃止。齐王攸言于晋主曰：“陛下不除刘渊，臣恐并州不得久安。”王浑曰：“大晋方以信怀殊俗，奈何以无形之疑杀人侍子乎？何德度之不弘也！”晋主然之。会豹卒，以渊代为左部帅。

纲 冬十一月，晋大举兵分道伐吴。

目 吴主每宴群臣，咸令沉醉。又置黄门郎十人为司过，宴罢之后，各奏阙失，或剥人面，或凿人眼。由是上下离心，莫为尽力。王濬上疏曰："孙皓荒淫凶逆，宜速征伐。若皓死，更立贤王，则强敌也。臣作船七年，且有朽败，臣年七十，死亡无日。三者一乖，则难图矣。愿陛下无失事机。"晋主于是决意伐吴。会王浑言孙皓欲北上，边戍皆戒严，乃更议明年出师。杜预上表曰："羊祜不博谋而与陛下计，故令朝臣多异同之议。凡事当以利害相校，今此举之利十有八九，而其害止于无功耳。自秋已来，讨贼之形颇露，今若又中止，孙皓怖而生计，徙都武昌，完修江南诸城，远其居民，城不可攻，野无所掠，则明年之计亦无及矣！"晋主方与张华围棋，预表适至，华推枰敛手曰："陛下圣武，国富兵强，吴主淫虐，诛杀贤能，今讨之可不劳而定，愿勿以为疑！"晋主乃许之。山涛退而告人曰："'自非圣人，外宁必有内忧。'今释吴为外惧，岂非算乎！"十一月，遣琅邪王伷、王浑、王戎、胡奋、杜预、王濬、唐彬分道伐吴，东西二十余万。

纲 十二月，晋马隆破树机能，斩之；凉州平。

纲 晋诏议省员吏。

目 诏问朝臣以政之损益，司徒长史傅咸上书，以为："公私不足，由设官太多。当今之急，在并官省役，务农而已。"遂议省州、郡、县半吏以赴农功。中书监荀勖以为"省吏不如省官，省官不如省事，省事不如清心。昔萧、曹相汉，载其清静，民以宁一，所谓清心也。抑浮说，简文案，略细苛，宥小失，变常以徼利者必诛，所谓省事也。以九寺并尚书，兰台付三府，所谓省官也。若直作大例，天下之吏悉省其半，恐郡国职业，剧易不同，不可以一概施之"。

纲 庚子，晋世祖武皇帝太康元年，春，诸军并进，吴丞相张悌迎战，死之。三月，龙骧将军王濬以舟师入石头，吴主皓出降。

目 正月，王浑出横江，所向皆克。二月，王濬、唐彬击破丹阳监盛纪。吴人于江碛要害处，并以铁锁横截之；又作铁锥长丈余，暗置江中，逆拒舟舰。濬作大筏数十，方百余步，缚草为人，披甲持杖，令善水者以筏先行，遇铁锥，锥辄著筏而去。又作大炬，长十余丈，大数十围，灌以麻油，在船前，遇锁，燃炬烧之，须臾，融液断绝，于是船无所碍，遂克西陵、荆门、夷道。杜预遣牙门周旨等帅奇兵八百夜渡江，袭乐乡，多张旗帜，起火巴山。吴都督孙歆惧，与江陵督伍延书曰："北来诸军，乃飞渡江也。"预进克江陵，斩吴将伍延。于是沅、湘以南，接于交、广，州郡皆望风送印绶。王戎遣罗尚与浚合攻武昌，降之。预与众军会议，或曰："百年之寇，未可尽克，方春水生，难于久驻，宜俟来冬，更为大举。"预曰："今兵威已振，譬如破竹，数节之后，皆迎刃而解，无复着手处也。"遂指授群帅方略，径造建业。

吴丞相张悌督沈莹、诸葛靓帅众至牛渚。三月，渡江与晋扬州刺史周浚战，大败于板桥。靓欲遁去，使迎悌，悌不肯，靓自往牵之。悌垂涕曰："仲思，今日是我死日也！且我为儿童时，便为卿家丞相所识拔，常恐不得其死，负名贤知顾。今以身徇社稷，复何道邪！"靓流涕而去，悌遂为晋兵所杀，并斩莹等，吴人大震。

浚自武昌顺流而下；吴主遣将军张象帅舟师万人御之，望旗而降。吴人大惧。时琅邪王伷亦临近境，吴主分遣使者奉书浑、浚请降，而送玺绶于伷。浚舟师过三山，浑遣信要与论事，浚举帆直指建业，报曰："风利，不得泊也。"是日，浚戎卒八万，方舟百里，鼓噪入于石头，吴主皓面缚舆榇，诣军门降。

朝廷闻吴已平，群臣皆贺上寿，帝执爵流涕曰："此羊太傅之功也。"票骑将军孙秀不贺，南向流涕曰："昔讨逆弱冠以一校尉创业，今后主举江南而弃之，悠悠苍天，此何人哉！"

右吴四主，共五十九年。

纲　夏四月，赐孙皓爵归命侯。遣使行荆、扬，除吴苛政。

目　赐孙皓爵归命侯。遣使分诣荆、扬抚慰牧、守已下，除其苛政，吴人大悦。

五月，皓至。帝临轩大会，引见皓。谓曰："朕设此座以待卿久矣。"皓曰："臣于南方，亦设此座以待陛下。"贾充谓皓曰："闻君在南方凿人目，剥人面，此何等刑也？"皓曰："人臣有弑其君及奸回不忠者，则加此刑耳。"充默然甚愧。

纲　封拜平吴功臣。

目　王浚之入建业也，其明日，王浑乃济江，以浚不待己，意甚愧忿，将攻浚。浚参军何攀劝浚送皓与浑，由是事得解。

浑、浚争功，帝命廷尉刘颂校其事，进浑爵为公，以浚为辅国大将军，与杜预、王戎皆封县侯。浚自以功大，而为浑父子党与所抑，每进见陈说，或不胜忿愤，径出不辞。益州护军范通谓曰："卿功则美矣，然恨所以居美者未尽善也。卿旋旆之日，角巾私第，口不言平吴之事；若有问者，辄曰：'圣主之德，群帅之功，老夫何力之有！'此蔺生所以屈廉颇也。"浚曰："吾始惩邓艾之祸，不得无言；其终不能遣诸胸中，是吾褊也。"时人咸以浚功重报轻，为之愤邑，博士秦秀等上表讼之，帝乃迁浚镇军大将军。

杜预还襄阳，以为天下虽安，忘战必危，乃勤于讲武，申严戍守。预身不跨马，射不穿札，而用兵制胜，诸将莫及。在镇数饷遗洛中贵要，或问其故，预曰："吾但恐为患，不求益也。"

纲 冬十月，诏罢州郡兵。

纲鉴易知录卷三十

晋纪

世祖武皇帝

纲 辛丑，二年，春三月，选吴伎妾五千人入宫。

目 帝既平吴，颇事游宴，怠于政事，掖庭殆将万人。常乘羊车，恣其所之，至便宴寝；宫人竞以竹叶插户，盐汁洒地，以引帝车。后父杨骏及弟珧、济始用事，势倾内外，时人谓之三杨，旧臣多被疏退。山涛数有规讽，帝虽知而不能改。

纲 冬十月，鲜卑慕容涉归寇昌黎。

目 初，鲜卑莫护跋始自塞外入居辽西棘城之北，号慕容部。至孙涉归，迁于辽东之北，世附中国，数从征讨有功，拜大单于。至是，始叛寇昌黎。

自汉、魏以来，羌、胡、鲜卑降者，多处之塞内诸郡。其后数因忿恨，杀害长吏，渐为民患。侍御史郭钦上疏曰："戎狄强犷，历古为患。宜及平吴之威，谋臣猛将之略，渐徙内郡杂胡于边地，峻四夷出入之防，明先王荒服之制，此万世长策也。"不听。

纲 壬寅，三年，春正月朔，帝亲祀南郊。

目 礼毕，帝问司隶校尉刘毅曰："朕可方汉何帝？"对曰："桓、灵。"帝曰："何至于此？"对曰："桓、灵卖官钱入官库，陛下卖官钱入私门，以此言之，殆不如也。"帝大笑曰："桓、灵不闻此言，今朕有直臣，固为胜之。"

中护军羊琇，景献后之从父弟也；后将军王恺，文明后之弟也；散骑常侍石崇，苞之子也。三人皆富于财，竞以奢侈相高。车骑司马傅咸上书曰："先王之治天下，食肉衣帛，皆有其制，奢侈之费，甚于天灾。古者人稠地狭，而有储蓄，由于节也。今土广人稀，而患不足，由于奢也。欲时人崇俭，当诘其奢，奢不见诘，转相高尚，无有穷极矣！"

纲 以张华都督幽州军事。

纲 夏四月，鲁公贾充卒。

目 充老病，自忧谥传，从子模曰："是非久自见，不可掩也！"至是薨，无嗣，妻郭槐欲以外孙韩谧为世孙，曹轸谏曰："礼无异姓为后之文。"槐表陈之，云充遗意，帝许之。及太常议谥，博士秦秀曰："充悖礼溺情，以乱大伦。昔鄫养外孙莒公子为后，春秋书'莒人灭鄫'。绝父祖之血食，开朝廷之乱原。按谥法'昏乱纪度曰荒'，请谥荒公。"帝更曰武。

纲 癸卯，四年，夏，琅邪王伷卒。

目 谥曰武，子觐嗣。

纲 冬，归命侯孙皓卒。

纲 甲辰，五年，春正月，龙见武库井中。

纲 乙巳，六年，春正月，尚书左仆射刘毅卒。

目 初，陈群以吏部不能审核天下之士，故令郡国及州各置中正，皆取本土之人，任朝廷官、德充才盛者为之使，铨次等级，以为九品，有言行修著则升之，道义亏缺则降之，吏部凭以补授。行之浸久，中正或非其人，奸敝日滋。毅尝上疏曰："中正之设，损政者八：高下逐强弱，是非随爱憎，一人之身，旬日异状，上品无寒门，下品无势族，一也。置州都者，本取州里清议所服，将以镇异同，一言议也；今重其任而轻其人，使驳论横于州里，嫌隙结于大臣，二也。本立格于九品者，谓才德有优劣，伦辈有首尾也；今乃优劣易地，首尾倒错，三也。陛下赏善罚恶，无不裁之以法；独中正无赏罚之防及禁人诉讼，使受枉者不获上闻，四也。一国之士多者千数，或流徙异邦，面犹不识，不过采誉于台府，纳毁于流言；任己则有不识之蔽，听受则有彼此之偏，五也。凡求人才以治民也；今当官著效者或附卑品，在官无绩者更获高叙，抑功实而隆虚名，长浮华而废考绩，六也。凡官不同事，人不同能；今不状其才之所宜，而但第为九品。以品取人，或非才能之所长，以状取人，则为本品之所限，徒结白论，品状相妨，七也。所下不彰其罪，所上不列其善，各任爱憎以植其私，天下之人焉得不懈德行而锐人事，八也。由此论之，职名中正，实为奸府；事名九品，而有八损。宜罢中正，更立一代之制。"帝虽善其言，而终不能改。

纲 冬，慕容廆寇辽西。

纲 丙子，七年，春正月朔，日食。

纲 司徒魏舒罢。

目 舒称疾，逊位。舒所为，必先行而后言，逊位之际，莫有知者。卫瓘与书曰："每与足下共论此事，日日未果，可谓'瞻之在前，忽焉在后'矣。"

纲 丁未，八年，春正月朔，日食。

纲 戊申，九年，春正月朔，日食。

纲 秋八月，星陨如雨。

纲 己酉，十年，夏四月，慕容廆降，以为鲜卑都督。

纲 冬十一月，尚书令荀勖卒。

目 勖有才思，善伺人主意，以是能固其宠。久在中书，专管机事。及迁尚书，甚罔怅。人有贺之者，勖曰："夺我凤凰池，诸君何贺邪！"

纲 遣诸王假节之国，督诸州军事。封子孙六人为王。

目 帝极意声色，遂至成疾。杨骏忌汝南王亮，以为大司马、都督豫州诸军事，镇许昌；又徙皇子南阳王柬为秦王，都督关中；玮为楚王，都督荆州；允为淮南王，都督扬、江二州诸军事；并假节之国。立皇子乂为长沙王，颖成都王，晏吴王，炽豫章王，演代王；孙遹广陵王。

初，帝以才人谢玖赐太子，生遹。宫中尝夜失火，帝登楼望之，遹年五岁，牵帝裾入暗中，曰："暮夜仓猝，宜备非常，不可令照见人主。"帝奇之。尝称遹似宣帝，故天下咸归仰之。帝知太子不才，然恃遹明慧，故无废立之心。帝为遹高选僚佐，以散骑常侍刘寔志行清素，命为之傅。寔以时俗喜进趣，少廉让，尝著崇让论，以为："人情争则欲毁己所不如，而优劣难分；让则竞推于胜己，而贤智显出。当此时也，能退身修己，则让之者多矣；驰骛进趣，而欲人见让，犹却行而求前也。"

纲 以刘渊为匈奴北部都尉。

目 渊轻财好施，倾心接物，五部豪杰，幽、冀名儒，多往归之。

孝惠皇帝

纲 庚戌，孝惠皇帝永熙元年，夏四月，以杨骏为太尉，辅政。

纲 帝崩，太子衷即位。尊皇后曰皇太后，立皇后贾氏。

纲 五月，葬峻阳陵。诏群臣增位赐爵有差。

纲 以杨骏为太傅、大都督，假黄钺，录朝政，百官总己以听。

纲 秋八月，立广陵王遹为太子。以刘渊为匈奴五部大都督。

纲 琅邪王觐卒。

目 谥曰恭，子睿嗣。

纲 辛亥，元康元年，春三月，皇后贾氏杀太傅杨骏，废皇太后为庶人。

目 贾后不以妇道事太后，又欲预政，而为杨骏所抑。殿中中郎孟观、李肇皆骏所不礼也，贾后使黄门董猛与观、肇谋诛骏，废太后。又使报楚王玮，玮许之，乃求入朝。至是，观、肇启帝，夜作诏，诬骏谋反，命东安公繇，帅殿中四百人讨之，玮屯司马门。皇太后题帛为书，射城外，曰："救太傅者有赏。"贾后因宣言太后同反。寻殿中兵出，烧骏府，骏逃于厩，就杀之。遂收珧、济，夷三族。珧临刑，告东安公繇曰："表在石函。"繇不听。贾后矫诏，送太后于永宁宫，有司奏请："废太后为庶人，诣金墉城。"诏可。

纲 征汝南王亮为太宰，与太保卫瓘录尚书事。

目 亮颇专权势，御史中丞傅咸谏，亮不从。贾后族兄模、从舅郭彰、女弟之子贾谧，与楚王玮、东安公繇，并预政。后暴戾日甚，繇密谋废后，繇兄澹素恶繇，屡谮于亮，诏免繇官，废徙带方，于是谧、彰权势愈盛。谧虽骄奢，而喜延士大夫，彰与石崇、陆机、机弟云、潘岳、挚虞、左思、牵秀、刘舆、舆弟琨等皆附于谧，号"二十四友"。

纲 夏六月，皇后杀太宰亮、太保瓘及楚王玮。

目 太宰亮、太保瓘以楚王玮刚愎好杀，谋遣玮之国。玮长史公孙宏、舍人岐盛，劝玮自昵于贾后；后留玮领太子少傅。盛素善于杨骏，瓘恶其反覆，将收之。盛乃因将军李肇矫称玮命，谮亮、瓘于贾后，云将谋废立。后素怨瓘，且患二公秉政，己不得专恣，六月，使帝作手诏赐玮曰："太宰、太保欲为伊、霍之事，王宜宣诏，屯诸宫门，免亮、瓘官。"玮亦欲因此复私怨，遂遣宏、肇以兵围亮府，清河王遐收瓘。亮遂为肇所执，与世子矩俱死。初，瓘为司空，帐下督荣晦有罪，斥遣之。至是，晦从遐收瓘，辄杀瓘及子孙共九人。张华使董猛说贾后曰："楚王既诛二公，则威权尽归之矣，人主何以自安！宜以专杀之罪诛之。"

遂执玮,斩之。宏、盛夷三族。

卫瓘女与国臣书曰:"先公名谥未显,一国无言,春秋之失,其咎安在?"太保主簿刘繇等执黄幡,挝登闻鼓,讼瓘冤。乃诏族诛荣晦,追复亮、瓘爵位;谥亮曰文成,谥瓘曰成。

纲 以贾模、张华、裴頠为侍中,并管机要。

目 华尽忠帝室,弥缝遗阙,后虽凶险,犹知敬重,与模、頠同心辅政,故数年之间,虽暗主在上,而朝野安静。

纲 壬子,二年,春二月,皇后贾氏弑故皇太后杨氏于金墉城。

目 时太后尚有侍御十余人,贾后悉夺之,绝膳八日而卒。贾后覆而殡之。

纲 甲寅,四年,司隶校尉傅咸卒。

目 咸性刚简,风格峻整,初为司隶,上言:"货赂流行,所宜深绝。"奏免河南尹澹等官,京师肃然。

纲 慕容廆徙居大棘城。

纲 丙辰,六年,春,以张华为司空。

纲 秋八月,秦、雍氐、羌齐万年反,冬十一月,遣将军周处等讨之。

目 初,御史中丞周处,弹劾不避权威,梁王肜尝违法,处按劾之。至是,秦、雍氐、羌悉反,其帅齐万年僭帝号,围泾阳。诏以处为建威将军,隶安西将军夏侯骏以讨之。万年闻处来,曰:"周府君有文武才,若专断而来,不可当也;或受制于人,此成禽耳!"

纲 丁巳,七年,春正月,将军周处及齐万年战,败,死之。

目 齐万年屯梁山,有众七万;梁王肜、夏侯骏使周处以五千兵击之。处曰:"军无后继,必败,不徒身亡,为国取耻。"肜、骏逼遣之。处攻万年,自旦战至暮,斩获甚众,弦绝矢尽,救兵不至。左右劝处退,处按剑曰:"是吾效节致命之日也!"遂力战而死。

纲 秋九月,以王戎为司徒。

目 戎为三公,与时浮沉,无所匡救,委事僚寀,轻出游放。性复贪吝,园田遍天下,每自执牙筹,昼夜会计,常若不足。家有好李,卖之恐人得种,常钻其核。凡所赏拔,专事虚名。阮咸之子瞻尝见戎,戎问曰:"圣人贵名教,老、庄明自然,其旨异同?"瞻曰:"将无同!"戎咨嗟良久,遂辟之。时人谓之"三语掾"。

是时，王衍为尚书令，乐广为河南尹，皆善清谈，宅心事外，名重当世，朝野争慕效之。衍与弟澄，好品题人物，举世以为仪准。衍神清明秀，少时山涛见之，曰："何物老妪，生宁馨儿！然误天下苍生者，未必非此人也！"广性冲约清远，与物无竞。每谈论，以约言析理，厌人之心，而其所不知，默如也。凡论人，必先称其所长，则所短不言自见。澄及阮咸、咸从子修、胡毋辅之、谢鲲、王尼、毕卓，皆以任放为达。辅之尝酣饮，其子谦之厉声呼之曰："彦国！年老，不得为尔！"辅之欢笑，呼入共饮。卓比舍郎酿熟，因夜至瓮间盗饮，为掌酒者所缚，明旦视之，乃毕吏部也。广闻而笑之曰："名教内自有乐地，何必乃尔！"

初，何晏等祖述老、庄，立论以为："天地万物，皆以无为本。无也者，开物成务，无往不存者也。阴阳恃以化生，贤者恃以成德。故无之为用，无爵而贵矣！"衍等爱重之。由是士大夫皆尚浮诞，废职业。裴頠著崇有论以释其蔽曰："利欲可损而未可绝有也，事务可节而未可全无也。谈者深列有形之累，盛称空无之美。遂薄综世之务，贱功利之用，高浮游之业，卑经实之贤。人情所徇，名利从之，于是立言藉于虚无，谓之玄妙；处官不亲所职，谓之雅远；奉身散其廉操，谓之旷达；故悖吉凶之礼，忽容止之表，渎长幼之序，混贵贱之级，无所不至。夫万物之生，以有为分者也。故心非事也，而制事必由于心，不可谓心为无也；匠非器也，而制器必须于匠，不可谓匠非有也。由此而观，济有者皆有也，虚无奚益于已有之群生哉！"

纲　戊午，八年，秋九月，遣将军孟观讨齐万年。

纲　己未，九年，春正月，观击万年，获之。

目　太子洗马江统，以为戎、狄乱华，宜早绝其原，乃作徙戎论以警朝廷曰："四夷之中，戎、狄为甚，弱则畏服，强则侵叛。是以有道之君，待之有备，御之有常，虽稽颡执贽而边城不弛固守，强暴为寇而兵甲不加远征，期令境内获安，疆埸不侵而已。夫关中帝王所居，未闻戎、狄宜在此土也。非我族类，其心必异。而士庶玩习，侮其轻弱，以贪悍之性，挟愤怒之情，候隙乘便，辄为横逆；此必然之势也。夫为邦者忧，不在寡而在不安，以四海之广，士民之富，岂须夷虏在内，然后取足哉！此等皆可申谕发遣，还其本域，慰彼土思，惠此中国，于计为长也。"朝廷不能用。

纲 秋八月，侍中贾模卒，以裴頠为尚书仆射。

目 贾后淫虐日甚，私于太医令程据等。贾模数为后言祸福，后反以模为毁己而疏之；模忧愤而卒。裴頠虽后亲属，然雅望素隆，四海惟恐其不居权位。頠拜尚书仆射，又诏专任门下事，頠上表固辞。或谓曰："君可以言，当尽言于中宫；言而不从，当远引而去。倘二者不立，虽有十表，难以免矣。"頠不能从。

帝为人戆骏，尝在华林园闻虾蟆，谓左右曰："此鸣者，为官乎，为私乎？"时天下荒馑，百姓饿死，帝闻之曰："何不食肉糜！"由是权在群下，政出多门，贾、郭恣横，货赂公行。南阳鲁褒作钱神论以讥之。

頠荐平阳韦忠于张华，华辟之，忠辞疾不起。人问其故，忠曰："张茂先华而不实，裴逸民欲而无厌，弃典礼而附贼后，此岂大丈夫之所为！常恐其溺于深渊而余波及我，况可褰裳而就之哉！"

关内侯索靖，知天下将乱，指洛阳宫门铜驼叹曰："会见汝在荆棘中耳！"

纲 冬十二月，废太子遹为庶人。

纲 庚申，永康元年，春正月，幽故太子遹于许昌。

纲 三月，尉氏雨血，妖星见南方，太白昼见，中台星拆。

目 张华少子韪劝华逊位，华曰："天道幽远，不如静以待之。"

纲 皇后杀故太子遹。

纲 夏四月，赵王伦废皇后贾氏为庶人，杀之；遂杀司空张华、仆射裴頠，自为相国，追复故太子位号。

目 赵王伦矫诏敕三部司马曰："中宫与贾谧等杀太子，今使车骑入废中宫，不从者诛三族。"众皆从之。遣齐王冏将百人排闼迎帝幸东堂，召贾谧斩之，遂废后为庶人。伦阴与孙秀谋篡位，欲先除朝望，且报宿怨，乃执张华、裴頠等于殿前，皆斩之，夷三族。伦送贾庶人于金墉城，诛董猛、孙虑、程据等。于是，伦自为都督中外诸军事、相国、侍中，孙秀等并据兵权。

伦素庸愚，复受制于秀。秀为中书令，威权振朝廷，天下皆事秀而无求于伦。诏追复故太子遹位号，立臧为临淮王。有司奏："尚书令王衍备位大臣，太子被诬，志在苟免，请禁锢终身。"从之。伦遂矫诏遣使赍金屑酒赐贾后，死于金墉城。

纲 五月，立临淮王臧为皇太孙。

纲 秋八月，淮南王允讨赵王伦，不克而死。

纲 赵王伦杀黄门郎潘岳、卫尉石崇等。

目 初，孙秀尝为小吏，岳屡挞之。崇之甥欧阳建素与伦有隙，崇有爱妾绿珠，秀求之，不与。及淮南王允败，秀因称崇、岳、建奉允为乱，收之。崇叹曰："奴辈利吾财耳！"收者曰："知财为祸，何不早散之！"崇不能答。

初，岳母常诮责岳曰："汝当知足，而干没不已乎！"及败，岳谢母曰："负阿母！"遂皆族诛。

纲 冬十一月，立皇后羊氏。

纲 辛酉，永宁元年，春正月，赵王伦自称皇帝，迁帝于金墉城，杀太孙臧。

目 赵王伦逼夺玺、绶，备法驾入宫，即位。帝出居金墉城，尊为太上皇。废皇太孙为濮阳王，杀之。以孙秀为侍中、中书监，其余党与皆为卿、将，奴卒亦加爵位。每朝会，貂蝉盈坐，时人为之谚曰："貂不足，狗尾续。"府库之储，不足以供赐与。应侯者多，铸印不给，或以白版封之。

纲 三月，齐王冏及成都王颖、河间王颙等，举兵讨伦，伦遣兵拒之。

纲 闰月朔，日食。

纲 自正月至于是月，五星互经天，纵横无常。

纲 夏四月，成都王颖击败伦兵，帅师济河，左卫将军王舆等迎帝复位，伦伏诛。

纲 六月，以齐王冏为大司马，辅政；成都王颖为大将军，河间王颙为太尉，各还镇。

目 齐、成都、河间三府，各置掾属四十人，武号森列，文官备员而已，识者知兵之未戢也。新野王歆说冏夺颖兵权，长沙王乂亦劝颖图冏，闻者忧惧。卢志谓颖曰："大王径前济河，功无与二。然两雄不俱立，宜因太妃微疾，求还定省，委重齐王，以收四海之心。"颖从之。表称冏功德，宜委以万机，即时归邺。由是士民之誉，皆归颖。

纲 壬戌，太安元年，夏，立清河王覃为皇太子。

目 齐王冏欲久专政，以帝子孙俱尽，大将军颖有次立之势；清河王覃，武帝孙也，方八岁，上表请立为皇太子。

纲 冬十二月，河间王颙使长沙王乂杀齐王冏。

目 齐王冏骄奢擅权，起府第与西宫等。侍中嵇绍上疏曰："存不忘亡，易之善戒也。臣愿陛下无忘金墉，大司马无忘颍上，大将军无忘黄桥，则祸乱之萌无由而兆矣。"冏耽于宴乐，不入朝见；坐拜百官，符敕三台；选举不均，嬖宠用事。

张翰、顾荣皆虑及祸，翰因秋风起，思菰菜、莼羹、鲈鱼鲙，叹曰："人生贵适志耳，富贵何为！"即引去。荣故酣饮，不省府事，以废职徙为中书侍郎。颍川处士庾衮，闻冏期年不朝，叹曰："晋室卑矣，祸乱将兴！"帅妻子逃于林虑山中。

冏以河间王颙本附赵王伦，恨之。颙长史李含因说颙曰："成都王，至亲，有大功，推让还藩，甚得众心。齐王越亲而专政，朝廷侧目。今檄长沙王使讨齐，齐王必诛长沙，吾因以为齐罪而讨之，去齐立成都，除逼建亲，以安社稷，大勋也。"颙从之。檄乂使讨冏；冏众大败，执冏斩之，同党皆夷三族。

纲 癸亥，二年，秋七月，河间王颙、成都王颖举兵反。九月，帝自将讨颖，颙将张方入城大掠。

目 成都王颖恃功骄奢，嫌长沙王乂在内，不得逞其欲，与河间王颙共表："乂论功不平，专擅朝政，请遣乂还国。"颙以张方为都督，将精兵七万，东趋洛阳。颖以陆机为前锋都督，督王粹、牵秀、石超等军二十余万向洛阳。机以羁旅事颖，一旦顿居诸将之右，粹等心皆不服。孙惠劝机让都督于粹。机曰："彼将谓吾首鼠两端，适所以速祸也。"帝如十三里桥。乂使皇甫商将万余人拒张方于宜阳，方袭败之。帝幸缑氏，击牵秀，走之。张方入京城大掠，死者万计。

纲 冬十月，长沙王乂奉帝及颖兵战于建春门，大破之。

目 帝自缑氏还宫。乂奉帝与陆机战于建春门，机军大败。初，宦者孟玖有宠于颖，与机有隙。至是，玖谮于颖曰："机有二心于长沙。"牵秀等素谄事玖，相与证之。颖大怒，使秀将兵收机。机闻秀至，释戎衣，着白帢，与秀相见，为笺辞颖，既而叹曰："华亭鹤唳，可复闻乎！"秀遂杀之。颖又收陆云及机司马孙拯下狱，玖催令杀云，夷三族。

狱吏掠拯数百，两踝骨见，终言机冤。吏知拯义烈，谓曰："二陆之枉，谁不知之！君何不爱身乎？"拯仰天叹曰："陆君兄弟，世之奇才，吾蒙知爱。今既不能救其死，忍复从而诬之乎！"玖等令狱吏诈为拯辞，亦夷三族。拯门人费慈、宰意诣狱明拯冤，拯譬遣之曰："吾义不负二陆，死自吾分；卿何为尔邪！"曰："君既不负二陆，仆又安可负君！"固言拯冤，玖又杀之。

纲 十一月，长沙王乂奉帝讨张方，不克。颖进兵逼京师，诏雍州刺史刘沉讨颙。

纲 甲子，永兴元年，春正月，东海王越使张方杀长沙王乂。颖入京师，自为丞相；寻还镇邺。

纲 雍州刺史刘沉及颙战，败，死之。

目 颙闻沉兵起，退入长安。沉渡渭而军，与颙战，颙党张辅横击之，沉兵败，沉南走，获之。沉谓颙曰："知己之惠轻，君臣之义重，沉不可违天子之诏，量强弱以苟全。投袂之日，期之必死，菹醢之戮，其甘如荠。"颙怒，斩之。

纲 二月，颖废皇后羊氏及太子覃。

纲 颙表颖为皇太弟，自为太宰、雍州牧。

纲 秋七月，东海王越奉帝征颖，复皇后、太子。颖遣兵拒战荡阴，侍中嵇绍死之，帝遂入邺。越走归国。

目 颖僭侈日甚，东海王越与右卫将军陈聆勒兵入云龙门，以诏召三公百僚，戒严讨颖。复皇后羊氏及太子覃。越奉帝北征，征前侍中嵇绍诣行在。侍中秦准谓绍曰："今往，安危难测，卿有佳马乎？"绍正色曰："臣子扈卫乘舆，死生以之，佳马何为！"越檄召四方兵，比至安阳，众十余万。颖遣石超率众拒战。陈聆弟自邺赴行在，云邺中皆已离散，由是不甚设备。超军奄至，乘舆败绩于荡阴，帝颊中三矢，百官侍御皆散。嵇绍朝服，登辇以身卫帝，被杀，血溅帝衣。颖迎帝入邺。左右欲浣帝衣，帝曰："嵇侍中血，勿浣也！"陈聆、上官巳奉太子覃守洛阳。越还东海。

纲 幽州都督王浚、并州刺史东嬴公腾起兵讨颖。

纲 八月，颖杀东安王繇，琅邪王睿走归国。

目 颖怨东安王繇前议，杀之。繇兄子琅邪王睿，沉敏有度量，为左将军，与东海参军王导善。导，识量清远，以朝廷多故，每劝睿之国。及繇死，睿从帝在邺，恐及祸，将逃归。颖先敕关津，无得出贵人，睿至河阳，为津吏所止。从者宋典自后来，以鞭拂睿而笑曰："舍长，官禁贵人，汝亦被拘邪？"吏乃听过。至洛阳，迎太妃夏侯氏俱归国。

纲　张方复入京城，废皇后、太子。

纲　刘渊自称大单于。

目　初，颖表匈奴左贤王刘渊监五部军事，使将兵在邺。渊子聪，骁勇绝人，博涉经史，善属文，弯弓三百斤；弱冠游京师，名士莫不与交。渊从祖宣谓其族人曰："汉亡以来，我单于徒有虚号，无复尺土；自余王侯，降同编户。今吾众虽衰，犹不减二万，奈何敛手受役，奄过百年！左贤王英武超世，天苟不欲兴匈奴，必不虚生此人也。今司马氏骨肉相残，四海鼎沸，复呼韩邪之业，此其时矣！"乃相与谋，推渊为大单于，使其党呼延攸诣邺告之。

渊白颖，请归会葬，颖勿许。渊令攸先归，告宣等使招集五部，声言助颖，实欲叛之。及幽、并起兵，渊说颖曰："今二镇跋扈，恐非宿卫及近郡士众所能御也，请还说五部赴国难。"颖曰："吾欲奉乘舆还洛阳，传檄天下，以逆顺制之，何如？"渊曰："殿下武皇帝之子，有大勋于王室，威恩远著。王浚竖子，东嬴疏属，岂能与殿下争衡邪！但殿下一发邺宫，示弱于人，洛阳不可得至；虽至洛阳，威权不复在殿下也。愿抚勉士众，靖以镇之，渊为殿下以二部摧东嬴，三部枭王浚，二竖之首，可指日而悬也。"颖悦，拜渊为北单于、参丞相军事。

渊至左国城，刘宣等上大单于之号，二旬之间，有众五万，都于离石。

纲　幽、并兵至邺，颖奉帝还洛阳。浚大掠邺中而还。

目　刘渊闻颖去邺，叹曰："不用吾言，遂自奔溃，真奴才也！然吾与之有言矣，不可以不救。"将发兵击鲜卑、乌桓，刘宣等谏曰："晋人奴隶御我，今其骨肉相残，是天弃彼而使我复呼韩邪之业也。鲜卑、乌桓，我之气类，可以为援，奈何击之！"渊曰："善！大丈夫当为汉高、魏武，呼韩邪何足效哉！"宣等稽首曰："非所及也。"

纲　冬十月，李雄自称成都王。

纲　刘渊自称汉王。

目　刘渊迁都左国城。胡、晋归之者愈众。渊谓群臣曰："昔汉有天下久长，恩结于民。吾汉氏之甥，约为兄弟；兄亡弟绍，不亦可乎!”乃建国号曰汉。依高祖称王。尊安乐公禅为孝怀皇帝,以右贤王宣为丞相,崔游为御史大夫,后部人陈元达为黄门郎,族子曜为建武将军。游固辞不就。元达事渊,屡进忠言,退而削草,虽子弟莫得知也。

曜生而眉白,目有赤光,幼聪慧,有胆量,早孤,养于渊。及长,仪观魁伟,性拓落高亮,与众不群,好读书,善属文,铁厚一寸,射而洞之。刘聪重之,以为汉世祖、魏武帝之流。

纲 十一月,张方迁帝于长安,仆射荀藩立留台于洛阳,复皇后羊氏。

纲 十二月,太宰颙废太弟颖,更立豫章王炽为皇太弟。

目 诏颖还第,而以颙都督中外;又以东海王越为太傅,与颙夹辅帝室,王戎参录朝政,王衍为左仆射,张方为中领军、录尚书事。越辞太傅不受。

纲 汉寇太原、西河郡。

目 汉王渊遣刘曜寇太原,取泫氏,乔晞寇西河,取介休。介休令贾浑不降,晞杀之;将纳其妻宗氏,宗氏骂晞而哭,晞又杀之。渊闻之,大怒曰:“使天道有知,乔晞望有种乎!”追还,降秩四等,收葬浑尸。

纲 乙丑,二年,夏四月,张方复废羊后。

纲 秋七月,成都故将公师藩寇掠赵、魏。

目 成都王颖既废,其故将公师藩等自称将军,起兵赵、魏,众至数万。

初,上党武乡羯人石勒,有胆力,善骑射。并州大饥,东嬴公腾执诸胡于山东,卖充军实。勒亦被掠,卖为茌平人师欢奴,欢奇其状貌而免之。勒乃与牧帅汲桑结壮士为群盗。及藩起,桑与勒帅数百骑赴之。桑始命勒以石为姓,勒为名。藩攻陷郡县,转前攻邺。范阳王虓遣其将苟晞击走之。

纲 八月,东海王越、范阳王虓发兵西,豫州刺史刘乔拒之。太宰颙遣张方助乔,冬十月,袭虓破之。

目 镇南将军刘弘遗乔及越书,使解怨释兵,同奖王室,皆不听。弘又上表曰:“自顷兵戈纷乱,构于群王,载籍以来,骨肉之祸,未有如今者也,万一四夷乘虚为变,此亦猛虎交斗自效于卞庄者也。”谓:“宜速诏越等,今两释猜疑,各保分局。自今有擅兴兵马者,天下共伐之。”时颙方拒关东,倚乔为助,不纳。

纲 十二月，陈敏据江东，刘弘遣江夏太守陶侃将兵讨破之。

目 初，陈敏既克石冰，自谓勇略无敌，遂据历阳以叛。又使钱瑞等南略江州，其弟斌东略诸郡。遂据江东，以顾荣为右将军，贺循为丹阳内史，周玘为安丰太守；循佯狂得免，玘亦称疾。刘弘遣江夏太守陶侃将兵讨敏。

侃与敏同郡，又同岁举吏。或谓弘曰："侃脱有异志，则荆州无东门矣！"弘曰："侃之忠能，吾得之已久，必无是也。"侃闻之，遣子洪诣弘以自固，弘引为参军，资而遣之，曰："匹夫之交，尚不负心，况大丈夫乎！"

敏遣陈恢寇武昌，侃御之。以运船为战舰。或以为不可，侃曰："用官船击官贼，何为不可！"侃与恢战，屡破之。

纲 丙寅，光熙元年，春正月朔，日食。

纲 太宰颙杀张方，成都王颖奔长安。

纲 夏四月，东海王越进屯温，遣祁弘入长安，奉帝东还。

纲 六月，至洛阳，复羊后。

纲 成都王雄称成皇帝。

纲 秋八月，以东海王越为太傅、录尚书事，范阳王虓为司空，镇邺。

纲 荆州都督新城公刘弘卒。

目 时天下大乱，弘专督江、汉，威行南服。事成，则曰"某人之功"，如败，则曰"老子之罪"。每有兴发，手书守、相，丁宁款密，人皆感悦，争赴之，咸曰："得刘公一纸书，贤于十部从事。"至是卒，谥曰元。

纲 九月，顿丘太守冯嵩执成都王颖，送邺。兖州刺史苟晞击斩公师藩。冬十月，范阳王虓卒。长史刘舆诛颖。

纲 十一月，帝中毒，崩。太弟炽即位，尊皇后曰惠皇后，立妃梁氏为皇后。

目 帝食饼中毒而崩，或曰太傅越之鸩也。羊后自以于太弟炽为嫂，恐不得为太后，将立清河王覃。侍中华混露版驰告太傅越，召太弟入宫，即帝位。尊后曰惠皇后，居弘训宫。怀帝始遵旧制，于东堂听政，每至宴会，辄与群臣论众务，考经籍。黄门侍郎傅宣叹曰："今日复见武帝之世矣！"

纲 十二月，南阳王模诛河间王颙。

目 太傅越以诏征颙为司徒，颙就征，模自许昌遣将邀杀之。

纲 葬太阳陵。

纲 以刘琨为并州刺史。

纲鉴易知录卷三一

晋纪

孝怀皇帝

纲　丁卯，孝怀皇帝永嘉元年，春三月，陈敏将顾荣、周玘，杀敏以降。

纲　立清河王覃弟诠为皇太子。

纲　太傅越出镇许昌。

目　帝亲览大政，留心庶事；越不悦，固求出藩。

纲　夏五月，群盗汲桑、石勒入邺，杀都督新蔡王腾，复攻兖州；太傅越遣苟晞讨之。

纲　秋七月，以琅邪王睿为安东将军、都督扬州诸军事，镇建业。

目　睿至建业，以王导为谋主，推心亲信，每事咨焉。睿名论素轻，吴人不附，居久之，士大夫莫有至者。会睿出观禊，导使睿乘肩舆，具威仪，导与诸名胜皆骑从，纪瞻、顾荣等见之惊异，相帅拜于道左。导因说睿曰："顾荣、贺循，此土之望，宜引之以结人心；二子既至，则无不来矣。"睿乃使导躬造之，循、荣皆应命。以循为吴国内史，荣为军司，加散骑常侍，凡军府政事，皆与之谋。又以纪瞻为军祭酒，卞壸为从事中郎，周玘、刘超、张闿、孔衍皆为掾属。导说睿"谦以接士，俭以足用，以清静为政，抚绥新旧"；故江东归心焉。

纲　苟晞击汲桑、石勒，大破之；桑走死，勒降汉。

纲　冬十一月，以王衍为司徒。

目　衍说太傅越曰："朝廷危乱，当赖方伯，宜得文武兼资以任之。"乃以弟澄为荆州都督，族弟敦为青州刺史，语之曰："荆州有江、汉之固，青州有负海之险，卿二人在外，而吾居中，足以为三窟矣。"

纲　慕容廆自称鲜卑大单于。

纲　戊辰，二年，春正月朔，日食。

纲 二月，太傅越杀清河王覃。

纲 夏五月，汉王弥寇洛阳；张轨遣督护北宫纯入卫，击破走之。

目 诏封张轨西平郡公，轨辞不受。时州郡之使，莫有至者，轨独贡献不绝。

纲 秋七月，汉徙都蒲子。

纲 冬十月，汉王渊称皇帝。

纲 己巳，三年，春正月朔，荧惑犯紫微。

纲 汉徙都平阳。

纲 三月，太傅越入京师，杀中书令缪播、帝舅王延等十余人。

目 帝之为太弟也，与缪播善，及即位，委以心膂；帝舅散骑常侍王延、尚书何绥、太史令高堂冲，并参机密。越乃诬播等欲为乱，执播等十余人于帝侧，付廷尉，杀之。帝叹息流涕而已。

绥，曾之孙也。初，何曾侍武帝宴，退，谓诸子曰："主上开创大业，吾每宴见，未尝闻经国远图，惟说平生常事，非贻厥孙谋之道也；及身而已，后嗣其殆乎！汝辈犹可以免。"指诸孙曰："此属必死于难。"及绥死，兄嵩哭之曰："我祖其殆圣乎！"曾日食万钱，犹云无下箸处。子劭，日食二万。绥及弟机、羡，汰侈尤甚；与人书疏，词礼简傲。王尼见绥书，谓人曰："伯蔚居乱世而矜豪乃尔，其能免乎！"人曰："伯蔚闻卿言，必相危害。"尼曰："伯蔚比闻我言，自已死矣！"及永嘉之末，何氏无遗种。

纲 以王衍为太尉。

纲 夏，大旱。

目 江、汉、河、洛可涉。

纲 汉石勒寇巨鹿、常山。

目 勒众至十余万，集衣冠人物，别为君子营。以张宾为谋主。初，宾好读书，阔达有大志，常自比张子房。及勒徇山东，宾谓所亲曰："吾历观诸将，无如此胡将军者，可与共成大业！"乃提剑诣军门，大呼请见，勒亦未之奇也。宾数以策干勒，已而皆如所言，由是奇之。

纲 庚午，四年，秋七月，汉主渊卒，太子和立；其弟聪弑而代之。

纲 氐酋蒲洪自称略阳公。

目 洪，略阳临渭氐酋也，骁勇多权略，群氐畏服之。汉拜洪平远将军，不受，自称秦州刺史、略阳公。

纲 流民王如寇南阳，以附汉。

纲 冬十月，汉石勒击并王如兵，遂寇襄阳。十一月，太傅越率兵讨之，次于项。

纲 辛未，五年，春三月，太傅越卒于项。以荀晞为大将军，督六州。

目 越以后事付王衍而卒，衍奉越丧还葬东海。

纲 夏四月，汉石勒追败越军于苦县，执王衍等，杀之。

目 勒帅轻骑追太傅越之丧，及于苦县，大败晋兵，纵骑围而射之，将士十余万人无一免者。执太尉衍等，问以晋故。衍具陈祸败之由，云计不在己；且自言少无宦情，不豫世事；因劝勒称尊号，冀以自免。勒曰："君少壮登朝，名盖四海，身居重任，何得言无宦情邪！破坏天下，非君而谁！"众人畏死，多自陈述。独襄阳王范神色俨然，顾呵之曰："今日之事，何复纷纭！"勒谓孔苌曰："吾行天下多矣，未尝见此辈人，当可存乎？"苌曰："彼皆晋之王公，终不为吾用。"勒曰："虽然，要不可加以锋刃。"夜使人排墙杀之。剖越柩，焚其尸，曰："乱天下者此人也，吾为天下报之！"

纲 五月，汉人入寇。六月，陷洛阳，杀太子诠，迁帝于平阳，封平阿公。

目 汉主聪使呼延晏将兵二万七千寇洛阳，比及河南，晋兵前后十二败，刘曜、王弥、石勒皆引兵会之。弥、晏克宣阳门，入宫大掠。帝欲奔长安，汉兵追执之。曜自西明门入，杀太子诠等，迁帝于平阳。汉以帝为左光禄大夫，封平阿公，以侍中庾珉、王儁为光禄大夫。

纲 琅邪王睿遣兵击江州刺史华轶，斩之。

目 时，海内大乱，独江东差安，中国士民避乱者多南渡江。王导说睿收其贤俊，辟掾属刁协、王承、卞壶、诸葛恢、陈頵、庾亮等百余人，时人谓之"百六掾"。及承荀藩檄，承制署置；江州刺史华轶及豫州刺史裴宪，皆不从命。睿遣王敦、甘卓、周访合兵击轶，斩之。宪奔幽州。

纲 冬十月，冯翊太守索綝等击败汉兵于长安，十二月，迎秦王业入雍城。

目 初,索綝为冯翊太守,与安夷护军麴允、安定太守贾疋谋复晋室,帅众五万向长安。大败刘曜于黄丘,兵势大振。阎鼎欲奉秦王业入关,据长安以号令四方,荀藩、周颉等皆山东人,不欲西行,中途逃散;颉奔江东,鼎与业至蓝田,遣人告疋,疋遣兵迎之;入于雍城。

纲 琅邪王睿以周颉为军谘祭酒。

目 前骑都尉桓彝避乱过江,见睿微弱,谓颉曰:"我以中州多故,来此求全,而单弱如此,将何以济!"既而见王导,共论世事,退谓颉曰:"向见管夷吾,无复忧矣!"诸名士游宴新亭,颉中坐叹曰:"风景不殊,举目有山河之异!"因相视流涕。导愀然变色曰:"当共戮力王室,克复神州,何至作楚囚对泣邪!"众皆收泪谢之。

纲 壬申,六年。

纲 春二月,汉封帝为会稽郡公。

目 汉主聪谓帝曰:"卿昔为豫章王,朕与王武子造卿,卿赠朕柘弓、银研,卿颇记否?"帝曰:"臣安敢忘之!但恨尔日不早识龙颜!"聪曰:"卿家骨肉何相残如此?"帝曰:"大汉将应天受命,故为陛下自相驱除,此殆天意,非人事也。"

纲 张轨遣兵诣长安。

纲 夏,雍州刺史贾疋等进围长安,汉刘曜败走;秦王业入长安。

纲 汉太保刘殷卒。

目 殷不为犯颜忤旨,然因事进规,补益甚多。尝戒子孙曰:"事君当务几谏。凡人尚不可面斥其过,况万乘乎!夫几谏之功,无异犯颜,但不彰君之过,所以为优耳。"

纲 秋九月,贾疋等奉秦王业为皇太子,建行台。

纲 冬十二月,盗杀贾疋,麴允领雍州刺史。

纲 前太子洗马卫玠卒。

目 玠,瓘之孙也,美风神,善清谈,常以为"人有不及,可以情恕,非意相干,可以理遣",故终身不见喜愠之色。

纲 羌酋姚弋仲,自称扶风公。

目 弋仲,南安赤亭羌也。东徙榆眉,戎、夏襁负随之者数万。

孝愍皇帝

纲 癸酉,孝愍皇帝建兴元年,春二月,汉主刘聪弑帝于平阳,庾珉、王隽死之。

目 正月朔，汉主聪宴群臣于光极殿，使帝着青衣行酒。庾珉、王隽等不胜悲愤，因号哭；聪恶之。二月，有告珉等谋以平阳应刘琨者，聪遂杀珉、隽等，帝亦遇害，谥曰孝怀。

纲 夏四月，太子业即位于长安，索綝领太尉。

目 帝凶问至长安，皇太子举哀，因加元服，即帝位。以梁芬为司徒，麴允、索綝为仆射，寻以綝为卫将军、领太尉，军国之事，悉以委之。

纲 琅邪王睿以华谭为军谘祭酒，陈頵为谯郡太守。

纲 五月，以琅邪王睿为左丞相，南阳王保为右丞相，分督陕东、西诸军事。

纲 左丞相睿以祖逖为豫州刺史。

目 逖，范阳人，少有大志，与刘琨俱为司州主簿，同寝，中夜闻鸡鸣，蹴琨觉曰："此非恶声也！"因起舞。及渡江，左丞相睿以为军谘祭酒。逖居京口，纠合骁健，言于睿曰："晋室之乱，非上无道而下怨叛也，由宗室争权，自相鱼肉，遂使戎狄乘隙，毒流中土。今遗民思奋，大王诚能命将出师，使如逖者统之以复中原，郡国豪杰必有望风响应者矣！"睿素无北伐之志，以逖为豫州刺史，给千人廪，布三千匹，不给铠仗，使自召募。逖将其部曲百余家渡江，中流，击楫而誓曰："祖逖不能清中原而复济者，有如大江！"遂屯淮阴，起冶铸兵，募得二千余人而后进。

纲 陶侃破走杜弢，王敦表侃为荆州刺史。

纲 冬十二月，石勒遣使奉表于王浚。

目 浚谋称尊号，矜豪日甚。石勒欲袭之，遣舍人王子春奉表于浚曰："勒本小胡，遭世饥乱，流离屯厄，窜命冀州，窃相保聚，以救性命。今晋祚沦夷，中原无主；为帝王者，非公复谁！愿殿下应天顺人，早登皇祚。勒奉戴殿下如天地父母，殿下察勒微心，亦当视之如子也。"浚甚喜，谓子春曰："石公可信乎？"子春曰："殿下中州贵望，威行夷、夏，石将军非恶帝王不为而让于殿下，顾以帝王自有历数，非智力之所取故也，又何怪乎！"浚大悦。

纲 左丞相睿遣世子绍镇广陵。

纲 甲戌，二年，春正月，有如日陨于地；又有三日相承东行。

纲 有流星陨于平阳北，化为肉。

纲 二月，以张轨为太尉、凉州牧，刘琨为大将军。

纲 三月，汉石勒袭蓟，陷之，杀王浚，师还；蓟降于段匹磾。

目 勒将袭王浚而未发，张宾曰："岂非畏刘琨及鲜卑、乌桓为吾后患乎？"勒曰："然。"宾曰："刘琨、王浚虽同名晋臣，实为仇敌。若修笺于琨，送质请和，琨必喜我之服而快浚之亡，终不救浚而袭我也。用兵贵神速，勿后时也。"勒遂以火宵行，遣使奉笺于琨，自陈罪恶，请讨浚自效。琨大喜。三日，勒军达易水，浚将佐皆曰："胡贪而无信，必有诡计，请击之。"浚怒曰："石公来，正欲奉戴我耳；敢言击者斩！"设飨以待之。勒晨至蓟，叱门者开门，浚始惧。勒升其听事，执浚于前。浚骂曰："胡奴调乃公，何凶逆如此！"勒曰："公位冠元台，手握强兵，坐观本朝倾覆，曾不救援，乃欲自尊为天子，非凶逆乎！"即斩之。

浚将佐等诣军门谢罪，前尚书裴宪、从事中郎荀绰独不至；勒召而让之。宪等请就死，不拜而出。勒谢之，待以客礼。勒籍浚将佐、亲戚家赀皆巨万，惟宪、绰止有书百余帙，盐米各十余斛而已。勒曰："吾不喜得幽州，喜得二子。"以宪为从事中郎，绰为参军。以故尚书刘翰行幽州刺史，戍蓟，置守宰而还。刘翰不欲从勒，乃归段匹磾，匹磾遂据蓟城。

纲 夏五月，太尉、凉州牧、西平公张轨卒，子寔嗣。

纲 乙亥，三年，春二月，以左丞相睿为丞相、都督中外诸军事，南阳王保为相国，刘琨为司空。

纲 进代公猗卢爵为代王。

纲 夏六月，陶侃击杜弢，破之。弢走死，湘州平。丞相睿加王敦都督江、扬等州军事。

纲 王敦徙陶侃为广州刺史。

目 时，王机盗据广州。侃至，遣督护讨机，走之，广州遂平。侃在州无事，辄朝运百甓于斋外，暮运于斋内。人问其故，答曰："吾方致力中原，过尔优逸，恐不堪事，故习劳耳。"

纲 丙子，四年，春二月，代六修弑其君猗卢，普根讨之而立；寻卒，郁律立。

纲 张寔遣兵入援。

目 寔遣将军王该帅步骑五千入援长安，且送诸郡贡计。诏拜寔都督陕西诸军事。

纲 秋七月，汉刘曜陷北地，进至泾阳。

目 曜取北地，进至泾阳，渭北诸城悉溃。曜获将军鲁充、梁纬，饮之酒曰："吾得子，天下不足定也！"充曰："身为晋将，国家丧败，不敢求生。若蒙公恩，速死为幸。"曜曰："义士也。"与之剑，令自杀。纬妻辛氏，美色，曜将妻之，辛氏大哭曰："妾夫已死，义不独生，且一妇人而事二夫，明公又安用之！"曜曰："贞女也。"亦听自杀，皆以礼葬之。

纲 冬十一月，汉刘曜陷长安，帝出降，御史中丞吉朗死之。汉封帝为怀安侯。

目 曜攻陷长安外城，麹允、索綝退守小城，内外断绝，城中饥甚。帝泣谓允曰："今穷厄如此，外无救援，当忍耻出降，以活士民。"因叹曰："误我事者，麹、索二公也！"使侍中宗敞送降笺于曜。綝潜留敞，使其子说曜曰："若许綝以车骑、仪同、万户郡公者，请以城降。"曜斩而送之，曰："帝王之师，以义行也。孤将兵十五年，未尝以诡计败人，必穷兵极势，然后取之。今綝所言如此，天下之恶一也，辄相为戮之。"帝乘羊车，肉袒出降。群臣号泣攀车，帝亦悲不自胜。御史中丞吉朗叹曰："吾智不能谋，勇不能死，何忍君臣相随，北面事贼虏乎！"乃自杀。曜送帝于平阳，汉主聪临光极殿，帝稽首于前。允伏地恸哭，聪怒，囚之，允自杀。聪以帝为光禄大夫，封怀安侯。斩綝于市。

纲 十二月，刘琨长史以并州叛降石勒，琨奔蓟。

纲 丞相睿出师露次，移檄北征。

右西晋四帝，共五十二年。

东晋纪

中宗元皇帝

纲 丁丑，中宗元皇帝建武元年，春三月，丞相睿即晋王位。

目 弘农太守宋哲为汉所攻，弃郡奔建康。称受愍帝诏，令丞相睿统摄万机。睿素服出次，举哀三日。官属上尊号，不许。请依魏、晋故事，称晋王，乃许之。遂即位，改元，置百官，立宗庙，建社稷。立世子绍为王太子;封次子裒为琅邪王,奉恭王后,镇广陵。以王敦为大将军,王导为扬州刺史、领中书监、录尚书事,刁协为仆射,周顗为吏部尚书,贺循为太常。时承丧乱之后,江东草创,协久宦中朝,谙练旧事,循为世儒宗,明习礼乐,凡有疑议,皆取决焉。

纲 刘琨、慕容廆,皆遣使劝进。

目 刘琨、段匹磾相与歃血同盟,翼戴晋室。琨檄告华、夷,遣右司马温峤,奉表诣建康劝进。琨谓峤曰:"晋祚虽衰,天命未改,吾当立功河朔,使卿延誉江南。行矣,勉之!"

峤至建康,王导、周顗、庾亮等皆爱其才,争与之交。

王以慕容廆为龙骧将军、大单于、昌黎公;廆不受。处士高诩曰:"霸王之资,非义不济。今晋室虽微,人心犹附之,宜遣使江东,示有所尊,然后仗大义以征诸部,不患无辞矣。"廆从之,遣长史王济浮海诣建康劝进。

纲 秋七月,汉立子粲为太子。

纲 冬十一月,以刘琨为太尉。

纲 立太学。

纲 十二月,汉主刘聪弑帝于平阳,辛宾死之。

目 汉主聪出畋,以帝行车骑将军,戎服执戟前导,见者指之曰:"此故长安天子也。"故老有泣者。十二月,聪飨群臣,使帝行酒洗爵,已而又使执盖。晋臣涕泣有失声者,尚书郎辛宾起,抱帝大哭,聪斩之。帝遂遇害,谥曰孝愍。

纲 戊寅,大兴元年,春三月,王即皇帝位。

目 愍帝凶问至建康,王斩缞居庐。百官请上尊号,不许。纪瞻曰:"晋氏统绝,于今二年,两都燔荡,宗庙无主,刘聪窃号于西北,而陛下高让于东南,此所谓揖让而救火也。"上犹不许,使殿中将军韩绩撤去御座。瞻叱绩曰:"帝座上应列星,敢动者斩!"王为之改容。奉朝请周嵩上疏曰:"古之王者,义全而后取,让成而后得,是以享世长久。今梓宫未返,旧京未清,宜开延嘉谋,训卒厉兵,先雪大耻,副四海之心,则神器将安适哉!"由是忤旨,出为新安太守。嵩,顗之弟也。王遂即皇帝位,百官皆陪列。命王导升御床共坐,导固辞曰:"若太阳下同万物,苍生何由仰照!"乃止。大赦,文武增位一等。

纲 立王太子绍为皇太子。

目 绍仁孝，喜文辞，善武艺，好贤礼士，容受规谏，与庾亮、温峤等为布衣之交。亮风格峻整，善谈老、庄，帝器重之，聘其妹为绍妃，使亮侍讲东宫。帝好刑名家，以韩非书赐太子。亮谏曰："申、韩刻薄伤化，不足留圣心。"太子纳之。

纲 汉螽斯则百堂灾。

目 烧杀汉主聪子二十一人。

纲 张寔遣使上表。

纲 夏四月，加王导骠骑大将军、开府仪同三司。

目 导遣从事行扬州郡国，还见，各言二千石官长得失，独顾和无言。导问之，和曰："明公作辅，宁使网漏吞舟，何缘采职风闻，以察察为政邪！"导咨嗟称善。

纲 五月，段匹磾杀太尉广武侯刘琨。

目 初，琨世子群，为段末杯所得。末杯厚礼之，许以琨为幽州刺史，欲与之袭匹磾。密遣使赍群书，请琨为内应，为匹磾逻骑所得。匹磾以书示琨，琨曰："与公同盟，庶雪国家之耻，若儿书密达，亦终不以一子之故负公而忘义也。"匹磾雅重琨，初无害琨意，会代郡太守辟闾嵩潜谋袭匹磾；事泄，匹磾收琨，缢杀之。温峤表琨"尽忠帝室，家破身亡，宜在褒恤"；后数岁，乃加赠太尉，谥曰愍。

峤之诣建康也，其母崔氏固止之，峤绝裾而去。既至，屡求返命，朝廷不许。会琨死，除散骑侍郎。峤闻母亡，阻乱不得奔丧，固让不拜，苦请北归。诏曰："今桀逆未枭，诸军奉迎梓宫犹未得进，峤可以私难而不从王命邪！"峤不得已受拜。

纲 秋七月，汉主聪卒，太子粲立，八月，靳准弑而代之；石勒引兵讨准。冬十月，刘曜自立于赤壁，封勒为赵公。

目 汉主聪寝疾，征刘曜、石勒受遗诏辅政。靳准为大司空。聪卒，粲即位；聪后四人，皆年未二十，粲多行无礼。八月，准遂勒兵升殿，执粲杀之，刘氏男女，无少长皆斩东市。发渊、聪二陵，斩聪尸，焚其庙。自号大将军、汉天王。曜闻乱，自长安赴之，勒帅精骑五万以讨准。十月，曜至赤壁即皇帝位，以勒为大司马，加九锡，进爵为赵公。

纲 十一月，日夜出，高三丈。

纲 以王敦为荆州刺史。

纲 诏州郡秀、孝复试经策。

纲 十二月，汉将军乔泰讨靳准，斩之。

纲 己卯，二年，春二月，石勒献捷于汉，汉斩其使。

目 勒遣左长史王修献捷于汉，汉主曜遣使授勒太宰，进爵赵王，加殊礼，称警跸。修舍人曹平乐留仕汉，言于曜曰："勒遣修来，实窥强弱，俟其复命，将袭乘舆。"时汉兵疲弊，曜乃追所遣使，斩修于市。勒大怒曰："孤事刘氏，于人臣之职有加矣。彼之基业，皆孤所为，今既得志，还欲相图。'赵王'、'赵帝'，孤自为之，何待于彼耶！"

纲 三月，诏琅邪恭王为皇考。既而罢之。

目 诏："琅邪恭王宜称皇考。"贺循曰："礼，子不敢以己爵加于父。"乃止。

纲 夏四月，汉徙都长安，立妃羊氏为后，子熙为太子。

纲 汉改号赵。

目 汉主曜立宗庙、社稷、南北郊于长安，改国号为赵，以冒顿配天。

纲 冬十一月，石勒称赵王。

目 勒即赵王位，称元年，是为后赵。加张宾大执法，专总朝政；以石虎为骠骑将军，督诸军。呼宾曰"右侯"，而不敢名。

纲 十二月，宇文氏攻慕容廆，廆大败之，遂取辽东。遣长史裴嶷来献捷。

纲 蒲洪降赵。

纲 庚辰，三年，春三月，以慕容廆为平州刺史。

目 裴嶷至建康，盛称廆之威德，贤隽皆为之用；朝廷始重之。帝欲留嶷，嶷曰："臣少蒙国恩，出入省闼，若得复奉辇毂，臣之至荣。但以旧京沦没，山陵穿毁，名臣宿将莫能雪耻，独龙骧竭忠王室，故使臣万里归诚。今臣不返，必谓朝廷以其僻陋而弃之，孤其向义之心，使懈于讨贼，此臣之所甚惜也。"帝然之。遣使随嶷拜廆为安北将军、平州刺史。

纲 夏五月，凉州杀其刺史张寔，弟茂立。

纲 赵以乔豫、和苞为谏议大夫。

目 赵主曜作酆明观及西宫、陵霄台，又营寿陵。侍中乔豫、和苞力谏，曜下诏曰："二侍中恳恳有古人之风，可谓社稷之臣矣；其悉罢诸役。以豫、苞领谏议大夫。"

纲 冬十二月，以谯王承为湘州刺史。

目 帝之始镇江东也，王敦与从弟导同心翼戴，帝亦推心任之，敦总征讨，导专机政，群从子弟布列显要，时人为之语曰："王与马，共天下。"后敦恃功骄恣，帝畏而恶之，乃引刘隗、刁协等以为腹心，稍抑损王氏权，导亦渐见疏外。导能任真推分，澹如也，而敦益怀不平。隗为帝谋，出心腹以镇方面，诏以左将军谯王承为湘州刺史。行至武昌，敦与之宴，谓承曰："大王雅素佳士，恐非将帅才也。"承曰："公未见知耳，铅刀岂无一割之用！"敦谓钱凤曰："彼不知惧而学壮语，无能为也。"乃听之镇。时湘土困弊，承躬自俭约，倾心绥抚，甚有能名。

纲 辛巳，四年，春三月，日中有黑子。

纲 后赵陷幽、冀、并州，抚军将军、幽州刺史段匹磾死之。

纲 秋七月，以戴渊都督司、豫，刘隗都督青、徐诸军事；王导为司空，录尚书事。

目 以渊为征西将军，督六州，镇合肥；隗为镇北将军，督四州，镇淮阴；皆假节领兵，名为讨胡，实备王敦也。

隗虽在外，而朝廷机事，进退士大夫，帝皆与之密谋。敦遗隗书言："欲与之戮力王室，共静海内。"隗答曰："'鱼相忘于江湖，人相忘于道术。''竭股肱之力，效之以忠贞'，吾之志也。"敦怒。帝以敦故，以导为司空、录尚书事，而实疏忌之。

纲 九月，豫州刺史祖逖卒，以其弟约代之。

目 逖以戴渊吴士，虽有才望，无弘致远识；且已剪荆棘、收河南地，而渊雍容，一旦来统之，意甚怏怏；又闻王敦与刘、刁构隙，将有内难，知大功不遂，感激发病；卒于雍丘。豫州士女，若丧父母。敦由是益无所惮。约无绥御之才，不为士卒所附。

纲 以慕容廆为车骑将军、平州牧、辽东公。

目 廆立子皝为世子。皝雄毅多权略，喜经术，国人称之。

纲 代弑其君郁律，子贺傉立。

目 拓跋猗㐌妻惟氏，忌代王郁律之强，恐不利其子，乃杀郁律而立子贺傉。郁律之子什翼犍，幼在襁褓，其母王氏匿于袴中，祝之曰：“天苟存汝，则勿啼。”久之，不啼，乃得免。

纲 壬午，永昌元年，春正月，王敦举兵反，谯王承、甘卓移檄讨之。敦分兵寇长沙。

目 初，敦将作乱，谓长史谢鲲曰：“刘隗奸邪，将危社稷，吾欲除君侧之恶，何如？”鲲曰：“隗诚始祸，然城狐社鼠。”敦怒曰：“君庸才，岂达大体！”至是，举兵武昌，上疏称：“刘隗佞邪谗贼，臣辄进军致讨，昔太甲颠覆厥度，幸纳伊尹之忠，殷道复昌。愿陛下深垂三思。”沈充亦起兵于吴兴以应敦。敦至芜湖，又上表罪状刁协。帝大怒，诏曰：“王敦凭恃宠灵，敢肆狂逆，方朕太甲，欲见幽囚。是可忍也，孰不可忍！今亲帅六军以诛大逆，有杀敦者，封五千户侯。”

敦初起兵，遣使告梁州刺史甘卓，约与俱下，卓许之。后更狐疑，不赴。敦遣参军桓罴说谯王承，请为己军司。承囚罴，移檄远近，列敦罪恶，州内皆应之。敦恐卓于后为变，又遣参军乐道融往邀之。道融忿其悖逆，反说卓曰：“王敦背恩肆逆，举兵向阙。君受国厚恩，而与之同，生为逆臣，死为愚鬼，不亦惜乎！为君之计，莫若伪许应命，而驰袭武昌，必不战而自溃矣。”卓意始决。遂露檄数敦逆状，帅所统致讨；遣参军至广州，约陶侃。侃遣参军高宝帅兵北下。武昌城中传卓军至，人皆奔散。

敦遣魏乂帅兵攻长沙。城池不完，资储又阙，人情震恐。或说承南投陶侃，或退据零、桂。承曰：“吾之志欲死忠义，岂可贪生苟免，为奔败之将乎！事之不济，令百姓知吾心耳。”乃婴城固守。甘卓亦遗承书劝之，且云：“当以兵出沔口，断敦归路，则湘围自解矣。”承复书曰：“足下能卷甲电赴，犹有所及；若其狐疑，则求我于枯鱼之肆矣。”卓不能从。

纲 封子昱为琅邪王。

纲 三月，敦据石头；杀骠骑将军戴渊、尚书仆射周顗。甘卓还襄阳。夏四月，敦还武昌。

目 帝征戴渊、刘隗入卫，隗与刁协劝帝尽诛王氏，帝不许。王导帅宗族，每旦诣台待罪。周顗将入，导呼之曰：“伯仁，以百口累卿！”顗直入不顾。既见帝，言导忠诚，申救甚至；帝纳其言。顗喜饮酒，至醉而出，导又呼之。顗不与言，顾左右曰：“今年杀诸贼奴，取金印如斗大，系肘后。”既出，又上表明导无罪，言甚切。导不知，恨之。帝命还导朝服，召见之。导稽首曰：“逆臣贼子，何代无之，不意今者近出臣族！”帝跣而执其手，曰：“茂弘，方寄卿以百里之命，是何言耶！”以为前锋大都督，诏曰：“导以大义灭亲，可以吾为安东时节假之。”

敦至石头，守将周札开门纳之。敦据石头，叹曰：“吾不复得为盛德事矣！”

帝命协、隗、渊、导、颢等分道出战，皆大败。协、隗败还，帝流涕执其手，劝令避祸；给人马，使自为计。协为人所杀，隗奔后赵。

帝令百官诣石头见敦，敦谓渊曰：“吾今此举，天下以为何如？”渊曰：“见形者谓之逆，体诚者谓之忠。”敦笑曰：“卿可谓能言。”又谓周颢曰：“伯仁，卿负我！”颢曰：“公戎车犯顺，下官亲帅六军，不能其事，使王旅奔败，以此负公！”敦参军吕猗素以奸谄为渊所恶，说敦曰：“周、戴皆有高名，足以惑众，近者之言，曾无怍色，公不除之，恐必有再举之忧。”敦然之，以问导，导不答。敦遂收颢并渊，杀之。

帝使敦弟彬劳敦，彬素与颢善，先往哭之，然后见敦。敦怪其容惨，问之。彬曰：“向哭伯仁，情不能已。”敦怒曰：“伯仁自致刑戮；且凡人遇汝，汝何哀而哭之？”彬勃然数之曰：“兄抗旌犯顺，杀戮忠良，图为不轨，祸及门户矣！”辞气慷慨，声泪俱下。敦大怒曰：“尔以吾为不能杀汝耶！”导劝彬起谢。彬曰：“脚痛不能拜；且此，复何谢！”敦曰：“脚痛孰若颈痛？”彬殊无惧色。导后料检中书故事，乃见颢表，执之流涕曰：“吾虽不杀伯仁，伯仁由我而死，幽冥之中，负此良友！”

初，敦闻甘卓起兵，大惧。卓兄子卬为敦参军，敦遣卬归，说卓使旋军。卓性多疑少决，径还襄阳。四月，敦还武昌。

纲 敦兵陷长沙，湘州刺史谯王丞死之。

纲 五月，敦杀甘卓。

纲 冬十月，后赵寇谯，祖约退屯寿春。

目 祖逖既卒，后赵屡寇河南，拔襄城、城父，围谯。祖约不能御，退屯寿春。后赵遂取陈留，梁、郑之间，复骚然矣。

纲 闰十一月，帝崩。司空导受遗诏辅政。太子绍即位。

目 帝恭俭有余，而明断不足，故大业未复，而祸乱内兴，竟以忧愤成疾而崩。太子即位，尊所生母荀氏为建安君。

纲 后赵右长史张宾卒。

目 宾卒，后赵王勒哭之恸，曰："天不欲成吾事邪，何夺吾右侯之早也！"程遐代为右长史。勒每与遐议，有不合，辄叹曰："右侯舍我去，岂非酷乎！"流涕弥日。

肃宗明皇帝

纲 癸未，肃宗明皇帝太宁元年，春二月，葬建平陵。

纲 夏四月，敦移屯姑孰，自领扬州牧，以王导为司徒。

目 敦谋篡位，讽朝廷征己；帝手诏征之。敦移镇姑孰，屯于湖，以导为司徒，自领扬州牧。敦欲为逆，王彬谏之甚苦。敦变色，目左右，将收之。彬正色曰："君昔岁杀兄，今又杀弟邪！"敦乃止。

纲 六月，立皇后庾氏，以庾亮为中书监。

纲 秋七月，赵封姚弋仲为平襄公。

纲 八月，敦表江西都督郄鉴为尚书令。

目 帝畏王敦之逼，以鉴为外援，使镇合肥。敦忌之，表鉴为尚书令。鉴还，过敦，敦与论西朝人士，曰："乐彦辅，短才耳，考其实，岂胜满武秋邪！"鉴曰："彦辅道韵平淡，愍怀之废，柔而能正；武秋失节之士，安能拟之！"敦曰："当是时，危机交急。"鉴曰："丈夫当死生以之。"敦恶其言。鉴还台，遂与帝谋讨敦。

纲 赵击凉州，张茂降，赵封茂为凉王。

纲 甲申，二年，夏五月，赵凉王张茂卒，世子骏嗣。

纲 六月，加司徒导大都督、扬州刺史，督诸军讨敦。敦复反。秋七月，至江宁，帝亲征，破之。敦死，众溃，其党钱凤、沈充伏诛。

目 敦无子，养兄含子应为嗣。至是，疾甚。矫诏拜为武卫将军以自副。钱凤曰："脱有不讳，便当以后事付应邪？"敦曰："非常之事，非常人所能为。且应年少，岂堪大事！我死之后，释兵归朝，保全门户，上计也；退还武昌，收兵自守，贡献不废，中计也；及吾尚存，悉众而下，万一侥幸，下计也。"凤谓其党曰："公之下计，乃上策也。"遂与沈充定谋。

初，帝亲任中书令温峤，敦恶之，请为左司马。峤乃缪为勤敬，综其府事，时进密谋以附其欲。深结钱凤，为之声誉，每曰："钱世仪精神满腹。"凤甚悦。会丹阳尹缺，峤言于敦曰："京尹，咽喉之地，公宜自选。"敦然之，问"谁可者？"峤荐钱凤，凤亦推峤，峤伪辞；敦不听，遂表用之，使觇伺朝廷。峤恐既去而凤于后间之，因敦饯别，起行酒，至凤，凤未及饮；峤伪醉，以手版系凤帻坠，峤作色曰："钱凤何人，温太真行酒而敢不饮！"敦以为醉，两释之。峤与敦别，涕泗横流，出阁复入者再三。行后，凤谓敦曰："峤于朝廷甚密，而与庾亮深交，未可信也。"敦曰："太真昨醉，小加声色，何便尔相谗！"

峤至建康，尽以敦逆谋告帝，与亮画计讨之。帝加导大都督、领扬州刺史，使峤与将军卞敦、应詹、郗鉴分督诸军。鉴请诏临淮太守苏峻、兖州刺史刘遐等入卫。帝屯于中堂。导闻敦疾笃，帅子弟为之发哀，众以为敦信死，咸有奋志。于是尚书腾诏下敦府，曰："敦辄立兄息以自承代，不由王命，顽凶相奖，志窥神器。天不长奸，敦以陨毙，凤复煽逆；今遣司徒导等讨之。诸为敦所授用者，一无所问。"敦见诏，甚怒；而病转笃。将起兵，使郭璞筮之，璞曰："无成。"敦素疑璞助峤，又问："吾寿几何？"璞曰："明公起事，祸必不久；若住武昌，寿不可测。"敦大怒曰："卿寿几何？"曰："命尽今日。"日中，敦收璞，斩之。使王含、钱凤、周抚等帅众向京师。七月，含水陆五万奄至江宁南岸。导遗含书曰："导门户大小，受国厚恩，今日之事，明目张胆，为六军之首，宁为忠臣而死，不为无赖而生矣！"含不答。帝帅诸军出屯南皇堂。夜募壮士，遣将军段秀等帅千人渡水，掩其未备。平旦，战于越城，大破之。敦闻含败，大怒，寻卒。应秘不发丧，裹尸以席，埋于厅事中。

帝使人说沈充，许以为司空。充不奉诏，遂与兵与含合。刘遐、苏峻等帅精卒万人至，击充、凤，大破之。浔阳太守周光帅千余人赴敦，求见。应辞以疾。光退，见其兄抚曰："王公已死，兄何为与钱凤作贼！"众皆愕然。含等遂烧营夜遁。明日，帝还宫。含奔荆州，王舒遣军迎之，沉其父子于江。周光斩凤，诣阙自赎。充为故将吴儒所杀，传首建康。敦党悉平。有司发敦瘗，焚其衣冠，跽而斩之。

纲 乙酉，三年，春二月，立子衍为皇太子。

纲 夏五月，以陶侃都督荆、湘等州军事。

目 侃复镇荆州，士女相庆。侃性聪敏恭勤，终日敛膝危坐，军府众事，检摄无遗，未尝少闲。常语人曰："大禹圣人，乃惜寸阴，至于众人，当惜分阴。岂可逸游荒醉，生无益于时，死无闻于后，是自弃也！"诸参佐以谈戏废事者，命取其酒器、蒲博之具，悉投之于江，将吏则加鞭扑，曰："摴蒱者，牧猪奴戏耳！老、庄浮华，非先王之法言，不益实用。君子当正其威仪，何有蓬头、跣足，自谓宏达邪！"有奉馈者，必问其所由，若力作所致，虽微必喜，慰赐参倍；若非理得之，则切厉诃辱，还其所馈。尝造船，其木屑竹头，侃皆令籍而掌之，人咸不解。后正会，积雪始晴，听事前犹湿，乃以木屑布地。及桓温伐蜀，又以所贮竹头作丁装船。其综理微密，皆此类也。

纲 秋闰七月，帝崩。司徒导、中书令庾亮、尚书令卞壸，受遗诏辅政。太子衍即位，尊皇后为皇太后。太后临朝称制。葬武平陵。

纲 冬十二月，代王贺傉卒，弟纥那立。

纲鉴易知录卷三二

东晋纪

显宗成皇帝

纲　丙戌，显宗成皇帝咸和元年，夏六月，以郄鉴为徐州刺史。

目　司徒导称疾不朝，而私送鉴。卞壶奏"导亏法从私，无大臣之节，请免官"。虽事寝不行，举朝惮之。壶俭素廉洁，裁断切直，当官干实，性不弘裕，不肯苟同时好，故为诸名士所少。阮孚谓曰："卿常无闲泰，如含瓦石，不亦劳乎！"壶曰："诸君子以道德恢弘，风流相尚，执鄙吝者，非壶而谁！"时贵游子弟多慕王澄、谢鲲为放达，壶厉色于朝曰："悖礼伤教，罪莫大焉；中朝颠覆，实由于此。"欲奏推之，导及庾亮不听，乃止。

纲　秋八月，以温峤为都督江州军事，王舒为会稽内史。

目　初，王导以宽和得众，及庾亮用事，任法裁物，颇失人心。祖约自以名辈不后郄、卞，而不预顾命；遗诏褒进大臣，又不及约与陶侃，二人皆疑亮删之。历阳内史苏峻，有功于国，威望渐著，卒锐器精，有轻朝廷之志。亮既疑峻、约，又畏侃之得众，乃以峤镇武昌，舒守会稽，以广声援；又修石头以备之。丹阳尹阮孚谓所亲曰："江东创业尚浅，主幼时艰，庾亮年少，德信未孚，以吾观之，乱将作矣。"遂求出为广州刺史。

纲　冬十月，杀南顿王宗，降封西阳王羕为弋阳县王。

目　宗自以失职怨望，又素与苏峻善；庾亮欲诛之，中丞钟雅劾宗谋反，亮收杀之。降封其兄太宰西阳王羕为弋阳县王。宗，宗室近属；羕，先帝保傅；亮一旦剪黜，由是愈失远近之心。宗之死也，帝不之知，久之，帝问亮曰："常日白头公何在？"亮对以谋反伏诛。帝泣曰："舅言人作贼，便杀之；人言舅作贼，当如何？"亮惧，变色。

纲　丁亥，二年，冬，征苏峻为大司农。峻与祖约举兵反。

目 庾亮以苏峻在历阳，终为祸乱，欲下诏征之。司徒导曰："峻必不奉诏，不如且包容之。"卞壸曰："峻拥强兵，逼近京邑，路不终朝，一旦有变，易为蹉跌，宜深思之！"温峤亦累书止亮。举朝以为不可，亮皆不听。征峻为大司农，峻上表辞，不许；峻遂不应命。

温峤即欲帅众下卫建康，亮报峤书曰："吾爱西陲，过于历阳，足下无过雷池一步也。"亮复遣使谕峻，峻曰："台下云我欲反，岂得活耶！我宁山头望廷尉，不能廷尉望山头。"峻知祖约亦怨朝廷，乃请共讨亮。约大喜，遣兄子沛、涣、婿许柳，以兵会峻。

纲 十二月，峻袭陷姑孰；诏庾亮督诸军讨之，宣城内史桓彝起兵赴难。

纲 戊子，三年，春正月，温峤以兵赴难，至浔阳。二月，尚书令成汤公卞壸督军讨峻，战败，死之。庾亮奔浔阳，峻兵犯阙。

目 温峤欲救建康，军于浔阳。峻济自横江，陶回谓庾亮曰："峻知石头有重戍，必向小丹阳，南道步来；宜伏兵邀之，可一战擒也。"亮不从。峻果如回言，而夜迷失道，无复部分。亮始悔之。诏以卞壸都督大桁东诸军，及峻战于西陵，大败。峻攻青溪栅，壸又拒击之，壸背痈新愈，疮犹未合，力疾苦战而死；二子昣、盱随之，亦赴敌死。其母抚尸哭曰："父为忠臣，子为孝子，夫何恨乎！"亮奔浔阳。

峻兵入台城，司徒导谓侍中褚翜曰："至尊当御正殿。"翜即入抱帝登太极前殿；峻兵既入，叱翜令下。翜呵之曰："苏冠军来觐至尊，军人岂得侵逼！"峻兵不敢上殿。峻以王导有德望，犹使以本官居己之右。以祖约为太尉，峻自录尚书事。

纲 三月，皇太后庾氏以忧崩。峻南屯于湖。

纲 葬明穆皇后。

纲 夏五月，温峤以陶侃入讨峻，峻迁帝于石头。郄鉴、王舒来赴难。

目 温峤将讨峻，遣督护王愆期诣荆州邀陶侃同赴难。侃犹以不豫顾命为恨，答曰："吾疆埸外将，不敢越局。"峤更遣使邀之，侃乃遣督护龚登帅兵诣峤。峤有众七千，于是洒泣登舟。

侃复追登还。峤遗书曰："峻、约无道，人皆切齿。今之进讨，如石投卵；若复召兵还，是为败于几成，而或者遂谓仁公缓于讨贼。此声难追，愿深察之！”愆期亦谓侃曰：“峻，豺狼也，如得遂志，公宁有容足之地乎！”侃深感悟，即戎服登舟，兼道而进。郄鉴在广陵，得诏书，即流涕誓众，入赴国难。峻闻之，自姑孰还，迁帝于石头。司徒导密令张闿以太后诏谕三吴，使起义兵。会稽内史王舒使庾冰将兵一万，西渡浙江；于是吴兴太守虞潭、吴国内史蔡谟、义兴太守顾众等皆应之。潭母孙氏谓潭曰：“汝当舍生取义，勿以吾老为累！”尽遣家僮从军，鬻环珮以给军费。鉴帅众渡江，与侃等会，舟师直指石头。峻望之有惧色。

纲 峻分兵陷宣城，内史桓彝死之。

目 桓彝闻京城不守，进屯泾县。长史裨惠劝彝与峻通使，以纾交至之祸。彝曰：“吾受国厚恩，义在致死，焉能忍耻与逆臣通问！知其不济，此则命也。”彝遣将军俞纵守兰石，韩晃攻之。将败，左右劝退军。纵曰：“吾受桓侯恩厚，当以死报。吾之不可负桓侯，犹桓侯之不负国也。”遂力战而死。晃遂进军，至是，城陷，执彝，杀之。

纲 秋七月，后赵攻寿春，约众溃，奔历阳。

纲 九月，陶侃、温峤讨峻于石头，斩之。峻弟逸代领其众。

目 西军与峻久相持不决，温峤军食尽，贷于陶侃。侃怒，欲西归。峤曰：“天子幽逼，社稷危殆，乃臣子肝脑涂地之日。峤等与公并受国恩，事若克济，则臣主同祚；如其不捷，当灰身以谢先帝耳。今之事势，义无旋踵，譬如骑虎，安可中下哉！公若违众独返，人心必沮；沮众败事，义旗将回指于公矣。”庐江太守毛宝说侃曰：“军政有进无退，可试与宝兵，断贼资粮；若不立效，然后公去，人心不恨矣。”侃然而遣之。竟陵太守李阳说侃曰：“大事不济，公虽有粟，安得而食诸？”侃乃分米五万石以饷峤军。宝烧峻句容、湖孰积聚，峻军乏食，侃遂不去，督水军向石头。庾亮、温峤帅步兵万人从白石南上，峻将八千人逆战，马蹶，侃部将斩之，三军皆称万岁。余众大溃。峻司马任让等共立峻弟逸为主，闭城自守。

纲 冬十二月，后赵主勒大破赵兵于洛阳，获赵主曜以归，杀之。

纲 己丑，四年，春正月，逸杀右卫将军刘超、侍中钟雅。

目 钟雅谋奉帝出赴西军；事泄，苏逸使任让将兵入宫收超、雅。帝抱持悲泣曰：“还我侍中、右卫！”让夺而杀之。

纲 冠军将军赵胤攻拔历阳，约奔后赵。

纲　赵太子熙奔上邽，后赵取长安。

纲　二月，诸军讨逸，斩之，及西阳王羕。

目　诸军攻石头。建威长史滕含大破其兵，获苏逸、韩晃，斩之。含部将曹据抱帝奔温峤船，群臣见帝，顿首号泣请罪。杀西阳王羕。陶侃与任让有旧，为请其死。帝曰："是杀吾侍中、右卫者，不可赦也。"乃杀之。司徒导入石头，令取故节，侃笑曰："苏武节似不如是。"导有惭色。

纲　以褚翜为丹阳尹。

目　时宫阙灰烬，峤欲迁都豫章，三吴之豪请都会稽，导曰："孙仲谋、刘玄德俱言：'建康，王者之宅。'古之帝王，不必以丰俭移都；苟务本节用，何忧凋弊！若农事不修，则乐土为墟矣。且北寇游魂，伺我之隙，一旦示弱，窜于蛮、越，求之望实，惧非良计。今特宜镇之以静，群情自安。"由是不复徙都。而以翜为丹阳尹。翜收集散亡，京邑遂安。

纲　三月，以陶侃为太尉，郗鉴为司空，温峤为骠骑将军、开府仪同三司，庾亮为豫州刺史。

纲　夏四月，骠骑将军始安公温峤卒，以刘胤为江州刺史。

目　温峤卒，时年四十二，谥曰忠武。胤，峤军司也。陶侃、郗鉴皆言胤非方伯才，王导不从。或谓导子悦曰："自江陵至于建康，三千余里，流民万计，国之南藩，要害之地，而胤以汰侈，卧而对之，不有外变，必有内患矣。"

纲　秋八月，后赵石虎攻拔上邽，杀赵太子熙，遂取秦、陇。

目　赵南阳王胤帅众数万自上邽趋长安。石虎救之，大破赵兵，乘胜追击。上邽溃，虎执赵太子熙及胤以下三千余人，皆杀之，徙其台省文武、关东流民、秦、雍大族于襄国；秦、陇悉平。蒲洪、姚弋仲俱降于虎。

纲　冬十二月，将军郭默杀刘胤。

目　胤矜豪纵酒，不恤政事。郭默被征为右将军，求资于胤，不得；诬胤以大逆，袭斩之，传首京师。

纲　代王纥那出奔宇文部，翳槐立。

目　翳槐，郁律之子也。

纲 庚寅，五年，春正月，太尉侃讨郭默，斩之。

目 刘胤首至建康，司徒导以郭默骁勇难制，以默为江州刺史。陶侃闻之，投袂起曰："此必诈也。"即将兵讨之。上表言状，且与导书曰："默杀方州即用为方州，害宰相便为宰相乎?"导答侃书曰："默据上流之势，加以船舰成资，故包含容忍，以俟足下，岂非遵养时晦以定大事者耶!"侃笑曰："是乃遵养时贼也!"兵至，默将缚默以降，侃斩之。

纲 二月，赵王勒称赵天王，以石虎为太尉，封中山王。

纲 赵诛祖约，夷其族。

纲 夏五月，诏太尉侃兼督江州。

目 侃遂移镇武昌。

纲 秋九月，赵王勒称皇帝。

纲 壬辰，七年，春正月，赵大飨群臣。

目 赵主勒谓徐光曰："朕可方自古何等主?"对曰："陛下神武谋略过于汉高。"勒笑曰："人岂不自知！卿言太过。朕若遇高祖，当北面事之，与韩、彭比肩；若遇光武，当并驱中原，未知鹿死谁手。大丈夫行事，宜礌礌落落，如日月皎然，终不效曹孟德、司马仲达欺人孤儿、寡妇，狐媚以取天下也。"

勒虽不学，好使诸生读书而听之，时以其意论古今得失，闻者悦服。尝使人读汉书，闻郦食其劝立六国后，惊曰："此法当失，何以遂得天下?"及闻留侯谏，乃曰："赖有此耳。"

纲 癸巳，八年，夏五月，辽东公慕容廆卒，世子皝嗣。

纲 秋七月，赵主勒卒，太子弘立。八月，赵石虎自为丞相、魏王；九月，弑其太后刘氏。冬十月，赵河东王石生等举兵讨之，不克而死。

纲 甲午，九年，夏六月，太尉、长沙公陶侃卒。

目 侃晚年深以盈满自惧，不预朝权，屡欲告老归国，佐吏等苦留之。至是，疾笃，上表逊位。薨，谥曰桓。侃在军四十一年，明毅善断，识察纤密，人不能欺；自南陵迄于白帝，数千里中，路不拾遗。尚书梅陶尝谓人曰："陶公机神明鉴似魏武，忠顺勤劳似孔明，陆抗诸人不能及也。"谢安每言："陶公虽用法，而恒得法外意。"

纲 成主雄卒，太子班立。

纲 以庾亮都督江、荆等州军事。

目 亮镇武昌，辟殷浩为记室参军。浩与褚裒、杜乂皆以识度清远，善谈老、易，擅名江东，而浩尤为风流所宗。桓彝尝谓裒曰："季野有皮里春秋。"言其外无藏否而内有褒贬也。谢安曰："裒虽不言，而四时之气亦备矣。"

纲 冬十月，成李越弑其主班而立其弟期。

纲 十一月，赵石虎弑其主弘，自立为居摄天王。

纲 乙未，咸康元年，春正月朔，帝冠。

纲 三月，幸司徒导府。

目 司徒导羸疾，不堪朝会，帝幸其府。导辟王濛、王述为掾属。濛不修小廉，而以清约见称。与沛国刘惔友善，惔常称濛性至通，而自然有节。濛曰："刘君知我，胜我自知。"当时称风流者，以惔、濛为首。述性沉静，每坐客辩论蜂起，而述处之恬如也。年三十，尚未知名，人谓有痴。导以门地辟之，既见，唯问江东米价，述张目不答。导曰："王掾不痴。"导每发言，一坐莫不赞美，述正色曰："人非尧、舜，何得每事尽善！"导改容谢之。

纲 秋九月，赵迁都邺。

纲 赵听其民事佛。

目 初，赵主勒以天竺僧佛图澄豫言成败，数有验，敬事之。及虎即位，奉之尤谨。诏中书曰："佛，国家所奉，里闾小人无爵秩者，应得事不？"著作郎王度等议曰："王者祭祀，典祀具存。佛，外国之神，非天子所应祠也。今且禁公卿以下毋得诣寺烧香礼拜；其赵人为沙门者，皆返初服。"虎诏曰："朕生自边鄙，忝君诸夏，至于飨祀，应从本俗。其夷、赵百姓乐事佛者，特听之。"

纲 冬十月，代王纥那复入，翳槐奔赵。

纲 张骏遣使上疏，请北伐。

目 初，张轨及寔、茂保据河右，军旅之事无岁无之。及骏嗣位，境内渐平。骏勤修庶政，总御文武，咸得其用，民富兵强，远近称为贤君。骏遣使上疏，以为："勒、雄既死，虎、期继逆，元老消落，后生不识，慕恋之心，日远日忘。乞敕司空鉴、征西亮等泛舟江、沔，首尾齐举。"

纲 丙申，二年，春正月，彗星见奎、娄。

纲 二月，立皇后杜氏。

纲 丁酉，三年，春正月，赵王虎称赵天王。

纲 秋七月，慕容皝自称燕王。

纲 赵纳代王翳槐于代，纥那奔燕。

纲 戊戌，四年，夏四月，成李寿弑其主期而立，改国号汉。

纲 五月，以司徒导为太傅，都督中外诸军事，郄鉴为太尉，庾亮为司空。六月，更以导为丞相，罢司徒官。

目 是时，亮虽居外镇，而遥执朝权，既据上流，拥强兵，趣势者多归之。导内不能平，尝遇西风尘起，举扇自蔽，徐曰："元规尘污人！"

纲 冬十月，光禄勋颜含致仕。

目 颜含以老逊位。时论者以"王导帝之师傅，百僚宜为降礼"；太常冯怀以问含。含曰："王公虽贵重，礼无偏敬。降礼之言，或是诸君事宜；鄙人老矣，不识时务。"既而告人曰："吾闻伐国不问仁人，向冯祖思问佞于我，我岂有邪德乎！"郭璞尝欲为之筮，含曰："年在天，位在人，修己而天不与者，命也；守道而人不知者，性也；自有性命，无劳蓍龟。"致仕二十余年，年九十三而卒。

纲 代王翳槐卒，弟什翼犍立。

目 代自猗卢卒，国多内难，部落离散。什翼犍雄勇有智略，能修祖业，百姓安之，有众数十万人。

纲 己亥，五年，秋七月，丞相始兴公王导卒，以何充为护军将军，庾冰为中书监、扬州刺史、参录尚书事。

目 导简素寡欲，辅相三世，仓无储谷，衣不重帛。

初，导与庾亮共荐丹阳尹何充于帝。及导薨，征庾亮为左相，亮固辞，遂以充及亮弟冰参录尚书事。冰经纶时务，不舍昼夜，宾礼朝贤，升擢后进，由是朝野翕然，称为贤相。

纲 八月，改丞相为司徒。

纲 太尉南昌公郄鉴卒，以蔡谟都督徐、兖军事。

目 鉴疾笃，上疏荐太常蔡谟，平简贞正，素望所归，可为徐州。鉴薨，即以谟代之。

纲 九月，赵以李巨为御史中丞。

目 赵王虎患贵戚豪恣，乃擢巨为中丞，中外肃然。虎曰："朕闻良臣如猛虎，高步旷野而豺狼避路，信哉！"

纲 庚子，六年，春正月，司空庾亮卒，以何充为中书令，庾翼都督江、荆等军州事。

纲 有星孛于太微。

纲 三月，代始都云中。

纲 辛丑，七年，春正月，燕筑龙城。

目 燕筑城于柳城之北，龙山之西，立宗庙、宫阙，命曰龙城。

纲 二月，封慕容皝为燕王。三月，皇后杜氏崩。夏四月，葬恭皇后。

纲 壬寅，八年，春正月朔，日食。

纲 夏六月，帝崩，琅邪王岳即位。

目 帝不豫；二子丕、奕皆在襁褓。庾冰恐易世之后，亲属愈疏，为人所间，请以母弟琅邪王岳为嗣，帝许之。中书令何充曰："父子相传，先王旧典，且今将如孺子何！"冰不听。帝乃诏冰、充及武陵王晞、会稽王昱、尚书令诸葛恢并受顾命而崩。琅邪王即位，亮阴不言，委政于冰、充。

纲 封成帝子丕为琅邪王，奕为东海王。

纲 秋七月，葬兴平陵。以何充都督徐州军事。

纲 冬十月，燕迁都龙城。

纲 十二月，立皇后褚氏。

目 时征后父豫章太守褚裒为侍中。裒以后父，不愿居中任事，乃除江州刺史，镇半洲。

康皇帝

纲 癸卯，康皇帝建元元年，秋七月，诏议经略中原。庾翼表遣梁州刺史桓宣伐赵。

目 翼为人慷慨，喜功名，不尚浮华。琅邪内史桓温，彝之子也，尚南康公主，豪爽有风概，翼与之友善，尝荐于成帝曰："温有英雄之才，愿勿以常婿畜之；宜委以方面之任，必有弘济之勋。"时杜乂、殷浩并才名冠世，翼独弗之重也，曰："此辈宜束之高阁，俟天下太平，然后徐议其任耳。"浩累辞征辟，屏居十年，时人拟之管、葛。谢尚、王濛尝伺其出处，以卜江左兴亡。尝相与省之，知浩有确然之志，既退，相谓曰:“深源不起,当如苍生何!”翼请浩为司马;诏除侍中、安西军司,浩不应。翼遗之书曰:“王夷甫立名非真,虽云谈道,实长华竞。明德君子,遇会处际,宁可然乎!”浩犹不起。翼以灭赵取蜀为己任,遣使约燕、凉,刻期大举,朝议多以为难。至是,诏议经略中原,翼欲悉众北伐,表桓宣督诸军,趣丹水;桓温为前锋小督,帅众入临淮。

纲 汉主寿卒,太子势立。

纲 庾翼移镇襄阳,诏以翼都督征讨军事,庾冰都督荆、江等州军事。征何充为扬州刺史、录尚书事。

纲 甲辰,二年,春正月,桓宣及赵兵战于丹水,败绩。

纲 秋九月,帝崩。太子聃即位,尊皇后曰皇太后。太后临朝称制。冬十月,葬崇平陵。

纲 荆、江都督庾冰卒,翼还镇夏口。

孝宗穆皇帝

纲 乙巳,孝宗穆皇帝永和元年,春正月,以会稽王昱为抚军大将军、录尚书六条事。

纲 二龙见于燕之龙山。

目 燕有黑白二龙见于龙山,交首游戏,解角而去。燕王皝祀以太牢,命所居新宫曰和龙。是岁,始不用晋年号,自称十二年。

纲 冬十月,江州都督庾翼卒,以桓温都督荆、梁等州军事。

目 翼病,表子方之为荆州刺史,委以后任。及卒,朝议以诸庾世在西藩,人情所安,欲从其请。何充曰:“荆楚,国之西门,户口百万,北带强胡,西邻劲蜀,得人则中原可定,失人则社稷可忧,陆抗所谓‘存则吴存,亡则吴亡’者也,岂可以白面少年当之哉!桓温英略过人,有文武器干,西夏之任,无出温者。”丹阳尹刘惔每奇温才,然知其有不臣之志,谓会稽王昱曰:“温不可使居形胜之地。”昱不听,以温代翼。

纲 冬十二月,张骏自称凉王。

纲 赵以姚弋仲为冠军大将军。

纲 丙午,二年,春正月,扬州刺史、都乡侯何充卒。

纲 二月,以光禄大夫蔡谟领司徒。

纲 三月,以顾和为尚书令,殷浩为扬州刺史。

目 褚裒荐顾和、殷浩,诏以和为尚书令,浩为扬州刺史。和有母丧，固辞不起，谓所亲曰："古人有释衰绖从王事者，以其才足干时故也；如和者，正足以亏孝道，伤风俗耳。"浩亦固辞。会稽王昱与浩书曰："足下去就，即时之废兴也，家国不异，宜深思之！"浩乃就职。

纲 夏五月，凉王张骏卒，世子重华立。

纲 冬十一月，桓温帅师伐汉。

目 桓温将伐汉，将佐皆以为不可。江夏相袁乔曰："夫经略大事，固非常情所及，智者了于胸中，不必待众言皆合也。李势无道，臣民不附，且恃其险远，不修战备。宜以精兵万人轻赍疾趋，比其觉之，我已出其险要，可一战擒也。"温拜表即行，委长史范汪以留事。朝廷以蜀道险远，温众少而深入，皆以为忧，惟刘惔以为必克。或问其故，惔曰："以博知之。温，善博者也，不必得则不为。但恐克蜀之后，专制朝廷耳。"

纲 丁未，三年，春三月，桓温败汉兵于笮桥，进至成都，汉主势降。诏以为归义侯。

目 温自将步卒，直指成都，李势悉众出战于笮桥，袁乔拔剑督士卒力战，遂大破之。温乘胜长驱至成都，纵火烧其城门。汉人惶惧，无复斗志。势舆榇面缚诣军门。温送势于建康，振旅还江陵。诏封势归义侯。

纲 戊申，四年，秋八月，加桓温征西大将军。

目 朝廷论平蜀之功，加温征西大将军，封临贺郡公。温既灭蜀，威名大振，朝廷惮之。会稽王昱以殷浩有盛名，朝野推服，乃引为心膂，与参综朝权，欲以抗温；由是与温浸相疑贰。浩以王羲之为护军将军。羲之以为内外协和，然后国家可安，劝浩不宜与温构隙，浩不从。

纲 九月，燕王皝卒，世子儁立。

纲 赵立子世为太子。

纲 己酉，五年，春正月，赵主虎称皇帝。夏四月，赵主虎卒，太子世立。其兄遵弑之，及其太后刘氏而自立。

纲 蒲洪遣使来降。

目 石闵言于赵主遵曰："蒲洪，人杰也；今镇关中，恐秦、雍之地，非复国家之有。宜改图之。"遵从之，罢洪都督。洪怒，归枋头，遣使来降。

纲 燕以慕容恪为辅国将军。

纲 秋七月,征讨都督褚裒率师伐赵,不克而还。

目 征北大将军褚裒上表请伐赵,加裒征讨大都督。裒帅众三万,径赴彭城,北方士民降附者日以千计。朝野皆以中原指期可复,蔡谟独谓所亲曰:“赵灭诚为大庆,然恐更贻朝廷之忧。”其人曰:“何谓也?”谟曰:“夫能顺天乘时济群生于艰难者,非上圣与英雄不能为也,自余则莫若度德量力。观今日之事,殆非时贤所及,必将经营分表,疲民以逞;既而材略疏短,不能副心,财殚力竭,智勇俱困,安得不忧及朝廷乎!”鲁郡民五百余家起兵附晋,求援于裒,裒遣部将王龛将卒迎之。与赵将李农战于代陂,败没不还。裒退屯广陵,还镇京口,解征讨都督。

纲 九月,张重华自称凉王。

纲 冬十一月,赵石鉴弑其主遵而自立。

纲 秦、雍流民立蒲洪为主。

目 秦、雍流民,相帅西归,路由枋头,共推蒲洪为主,众至十余万。

纲 十二月,徐、兖都督褚裒卒,以荀羡监徐、兖军事。

纲 庚戌,六年,春闰正月,赵石闵杀鉴而自立,改国号魏。

目 石闵、李农废鉴,杀之,并杀赵主虎三十八孙,尽灭石氏。

司徒申钟等上尊号于闵,闵以让农,农固辞。闵曰:“吾属,故晋人也,请与诸君分割州郡,各称牧、守、公、侯,奉天子还都洛阳,何如?”尚书胡睦曰:“陛下圣德应天,宜登大位,晋氏衰微,远窜江表,岂能总驭英雄,混一四海乎!”闵曰:“尚书可谓识机知命矣。”乃即皇帝位,国号大魏。

纲 以殷浩督扬、豫等州。

纲 蒲洪自称三秦王,改姓苻。

纲 二月,燕王儁击赵,拔蓟城,徙都之。

纲 魏主闵复姓冉氏。

纲 故赵将麻秋杀苻洪,洪子健斩秋,遣使来请命。

纲 赵石祗称帝于襄国。

纲 夏五月,杜洪据长安,苻健击败之。

纲 魏主闵征故散骑常侍辛谧为太常,谧不食而卒。

目 故晋散骑常侍陇西辛谧,有高名,历刘、石之世,征辟皆不就;魏主闵备礼征为太常。谧遗闵书,以为:"物极则反,致至则危。君王功已成矣,宜因兹大捷,归身晋朝,必有由、夷之廉,享乔、松之寿矣。"因不食而卒。

纲 冬十一月,苻健入长安,遣使来献捷。

纲 十二月,免蔡谟为庶人。

目 谟除司徒,三年不就职;诏书屡下,终不受。于是帝临轩,遣侍中黄门征之。谟陈疾笃,自旦至申,使者十余返。公卿奏谟傲违上命,请送廷尉。谟惧,帅子弟素服诣阙稽颡待罪。诏免谟为庶人。

纲 辛亥,七年,春正月,苻健自称秦天王。

纲 夏四月,赵刘显弑其主祗而自立。

纲 秋八月,姚弋仲遣使来降。

纲 冬十二月,桓温移军武昌,寻复还镇。

目 初,桓温请经略中原,事久不报,知朝廷仗殷浩以抗己,甚忿之;然素知浩之为人,亦不之惮。以国无他衅,遂得相持弥年,虽有君臣之迹,羁縻而已。屡求北伐,不听。至是,拜表辄行,帅众四五万,顺流而下,军于武昌。朝廷大惧。

浩欲去位以避温,吏部尚书王彪之谓浩曰:"彼若抗表问罪,卿为之首。欲作匹夫,岂有全地邪!且当静以待之。令相王手书,为陈成败,彼必旋师;若不从,乃当以正义相裁。奈何无故忽忽,先自猖獗乎!"浩曰:"决大事正自难。顷日来欲使人闷,闻卿此谋,意始得了。"抚军司马高崧为昱草书曰:"寇难宜平,时会宜接。此实为国远图,经略大算。然异常之举,众之所骇,苟或望风振扰,一时崩散,则望实并丧,社稷之事去矣。吾与足下,虽职有内外,安社稷,保家国,其致一也。当先思宁国而后图其外。"温即上疏,惶恐致谢,回军还镇。

纲 壬子,八年,春正月朔,日食。

纲 秦王健称皇帝。

纲 魏克襄国,杀刘显,迁其民于邺。

纲 三月,姚弋仲卒,子襄率众来归,诏屯谯城。

纲 夏四月。燕慕容恪等击魏,大破之,执其主闵以归,杀之。

纲 秋九月,殷浩进屯泗口。

目 浩之北伐也,中军将军王羲之以书止之,不听。既而无功,复谋再举。羲之遗浩书曰:"今以区区江左,天下寒心,固已久矣。力争武功,非所当作;莫若还保长江,督将各复旧镇,引咎责归,更为善治,省其赋役,与民更始,庶可以救倒悬之急也!"又与会稽王昱笺曰:"功未可期,遗黎歼尽,以区区吴、越,经纬天下十分之九,不亡何待!而不度德量力,不弊不已,此封内所痛心叹悼者也。"浩不从,进屯泗口。

纲 罢遣太学生徒。

目 浩以军兴,罢遣太学生徒,学校由此遂废。

纲 冬十一月,燕王儁称皇帝。

纲 癸丑,九年,秋七月,殷浩遣兵袭姚襄,不克。冬十月,遂率诸军北伐,襄邀败之,浩走谯城。

目 姚襄屯历阳,浩恶其强盛,屡遣刺客刺之,客皆以情告襄。浩潜遣将军魏憬帅众五千袭之,襄斩憬,并其众。浩愈恶之。冬,浩自寿春帅众七万北伐,欲进据洛阳,修复园陵。以襄为前驱。襄度浩将至,伪遁,而阴伏甲以邀之。浩追至山桑,襄纵兵击之;浩大败,走保谯城。

纲 十一月,西平公张重华卒,子曜灵立。

纲 十二月,姚襄徙屯盱眙。

纲 凉州废其主曜灵,立张祚为凉公。

纲 甲寅,十年,春正月,张祚自称凉王。

纲 殷浩以罪免为庶人,徙信安。以王述为扬州刺史。

目 浩连年北伐,师徒屡败,粮械都尽;桓温因朝野之怨,上疏请废之。朝廷不得已,免浩为庶人,徙之信安。自此,内外大权一归于温矣。

浩少与温齐名,而心竞不相下,温尝轻之。浩既废黜,虽愁怨不形辞色,常书空作"咄咄怪事"字。久之,温谓掾郄超曰:"浩有德有言,向为令、仆,足以仪刑百揆,朝廷用违其才耳。"将以浩为尚书令,以书告之。浩欣然许焉,将答书,虑有谬误,开闭者十数,竟达空函。温大怒,由是遂绝,卒于徙所。

纲 二月，桓温帅师伐秦。

纲 姚襄叛降于燕。

纲 夏四月，桓温大败秦兵于蓝田，进军灞上。三辅皆降。

目 桓温别将攻上洛，进击青泥，破之。秦主健遣太子苌等帅众五万拒温，战于蓝田，秦兵大败。温转战而前，进至灞上。苌等退屯城南，三辅郡县皆来降。温抚谕居民，使安堵复业。民争持牛酒迎劳，男女夹路观之，耆老有垂泣者，曰："不图今日复睹官军。"

纲 五月，桓温及秦兵战，不利；六月，师还。

目 北海王猛，少好学，倜傥有大志，不屑细务，人皆轻之。猛悠然自得，隐居华阴。闻温入关，披褐诣之，扪虱而谈当世之务，旁若无人。温异之，问曰："吾奉天子之命，将锐兵十万为百姓除残贼，而三秦豪杰未有至者，何也？"猛曰："公不远数千里，深入敌境，今长安咫尺而不度灞水，百姓未知公心，所以不至。"温默然无以应，徐曰："江东无卿比也！"乃署猛军谘祭酒。

温与秦丞相雄等战于白鹿原，温兵不利，死者万余人。初，温指秦麦以为粮，既而秦人悉芟麦，温军乏食，徙关中三千余户而归。欲与猛俱还，猛辞不就。

纲 秦东海王苻雄卒。

目 秦主健弟东海王雄卒，健哭之呕血，曰："天下欲吾平四海耶？何夺吾元才之速也！"子坚袭爵。坚性至孝，幼有志度，博学多能，交结英豪。

纲 乙卯，十一年，夏，秦立子生为太子。

纲 姚襄据许昌。

纲 六月，秦王健卒，太子生立。

纲 秋九月，凉州弑其君祚，立张玄靓为凉王。

纲 丙辰，十二年，春正月，以桓温为征讨大都督，督诸军讨姚襄。

纲 秋八月，桓温败姚襄于伊水，遂入洛阳，修谒诸陵，置戍而还。

纲 襄北走，据襄陵。

纲 丁巳，升平元年，春二月，太白入东井。

目 秦有司奏："太白，罚星；东井，秦分。必有暴兵起京师。"秦主生曰："太白入井，自为渴耳，何足怪乎！"

纲 夏四月，姚襄据黄落，秦遣兵击斩之。弟苌以众降秦。

纲 六月，秦苻坚弑其君生自立为天王。

目 生饮酒无昼夜，乘醉多所杀戮，群臣得保一日如度十年。东海王坚，素有时誉，与故姚襄参军薛赞、权翼善。赞、翼密说坚："宜早为计，勿使他姓得之！"坚以问尚书吕婆楼，婆楼曰："仆里舍有王猛者，其人谋略不世出，宜请而咨之。"坚因婆楼以招猛，一见如旧友；语及时事，坚大悦，自谓如玄德之遇孔明也。

坚与吕婆楼帅麾下三百人鼓噪而进，宿卫将士皆舍仗归坚。生犹醉寐，坚兵杀之。坚去帝号，称大秦天王。左仆射李威知王猛之贤，常劝坚以国事任之。坚谓猛曰："李公知君，犹鲍叔牙之知管仲也。"猛以兄事之。

纲 秋八月，立皇后何氏。

纲 冬十一月，燕徙都邺。

纲 秦以王猛为尚书左丞。

目 秦王坚行至尚书，以文案不治，免左丞程卓官，以王猛代之。举异才，修废职，课农桑，恤困穷，礼百神，立学校，旌节义，继绝世；秦民大悦。

纲 戊午，二年，秋八月，以谢万监司、豫等州军事。

目 会稽王昱欲以桓温弟云为豫州刺史，仆射王彪之曰："温居上流，已割天下之半，其弟复处西藩；兵权萃于一门，非深根固蒂之宜也。"昱乃以谢万代之。王羲之与温笺曰："谢万才流经通，使主廊庙，固是后来之秀；今以之俯顺荒余，则违才易务矣。"又遗万书曰："以君迈往不屑之韵，而俯同群辟，诚难为意也。然所谓通识，正当随事行藏耳。愿君每与士卒之下者同甘共苦，则尽善矣。"万不能用。

纲 秦大旱。

目 秦王坚减膳彻乐，命后妃以下悉去罗纨。开山泽之利，息兵养民。旱不为灾。

纲 秦杀其特进樊世。

目 王猛日亲幸用事，勋旧多疾之。樊世本氐豪，佐秦主健定关中,谓猛曰:“吾辈耕之,君食之邪?”猛曰:“非徒使君耕之,又将使君炊之!”世大怒曰:“要当悬汝头于长安城门;不然,吾不处世!”猛以白坚,坚曰:“必杀此老氐,然后百寮可肃。”会世入言事,与猛争论于坚前,欲起击猛;坚怒,斩之。于是群臣见猛皆屏息。

纲 冬,燕使慕容垂守辽东。

纲 庚申,四年,春正月,燕主儁卒,太子暐立。

纲 二月,燕以慕容恪为太宰,专录朝政。

目 朝廷初闻儁卒,皆以为中原可图。桓温曰:“慕容恪尚在,忧方大耳。”

纲 三月,燕遣慕容垂守蠡台。

纲 秋八月朔,日食既。

纲 桓温以谢安为征西司马。

目 安,少有重名,前后征辟皆不就。寓居会稽,以山水、文籍自娱。虽为布衣,时人皆以公辅期之。士大夫至相谓曰:“安石不出,当如苍生何!”安每游东山,常以妓女自随。会稽王昱闻之,曰:“安石既与人同乐,必不得不与人同忧,召之必至。”安妻,刘惔之妹也,见家门贵盛而安独静退,谓:“丈夫不如此也!”安掩鼻曰:“恐不免耳。”年四十余,桓温请为司马,安乃赴召,温深礼重之。

纲 辛酉,五年,夏五月,帝崩,琅邪王丕即位。

纲 秋七月,葬永平陵。

纲 九月立皇后王氏。

纲 尊何皇后为穆皇后。

纲 冬十月,秦举四科。

目 秦王坚命牧、伯、守、宰各举孝悌、廉直、文学、政事,察其所举得人者赏之,非其人者罪之。由是人莫敢妄举,而请托不行,士皆自励。

纲鉴易知录卷三三

东晋纪

哀皇帝

纲 壬戌，哀皇帝隆和元年，春二月，燕吕护攻洛阳，桓温遣兵救之。秋七月，燕师引还。

目 吕护攻洛阳，守将陈祐告急。桓温遣庾希、竟陵太守邓遐，帅舟师三千人助祐守之。因上疏请迁都洛阳，自永嘉之乱播流江表者，一切北徙，以实河南。朝廷畏温，不敢为异。著作郎孙绰上疏曰："昔中宗龙飞，非惟信顺协于天人，实赖万里长江画而守之耳。丧乱已来，六十余年，河、洛丘墟，函夏萧条。士民播流江表，已经数世，存者老子长孙，亡者丘陇成行，虽北风之思，感其素心，目前之哀，实为交切。温今此举，诚为远图，而百姓震骇，岂不以反旧之乐赊，而趋死之忧促哉！臣愚以为宜遣将帅有威名、资实者，先镇洛阳，扫平凉、许，清壹河南。运漕之路既通，开垦之积已丰，豺狼远窜，中夏小康，然后可徐议迁徙耳。奈何舍百胜之长理，举天下而一掷哉！"绰，少慕高尚，尝著遂初赋以见志。温见绰表，不悦，曰："致意兴公，何不寻君遂初赋，而知人家国事邪！"

时朝廷忧惧，将遣侍中止温，王述曰："温欲以虚声威朝廷耳，非实事也；但从之，自无所至。"诏从其计，温果不行。温又议移洛阳钟簴，述曰："永嘉不竞，暂都江左，方当荡平区宇，旋轸旧京。若不尔，宜改迁园陵，不应先事钟簴！"温乃止。七月，护退。

纲 癸亥，兴宁元年，夏五月，加桓温大司马、都督中外诸军、录尚书事。

目 温以王坦之为长史，又以郗超为参军，王珣为主簿，每事必与二人谋之。府中为之语曰："髯参军，短主簿，能令公喜，能令公怒。"珣与谢玄皆为温掾，温俱重之。曰："谢掾年四十必拥旄杖节，王掾当作黑头公，皆未易才也。”

纲 凉张天锡弑其君玄靓而自立。

纲 甲子，二年，夏五月，以王述为尚书令。

目 述每受职，不为虚让，其所辞必于所不受。及为尚书令，子坦之白述：“故事当让。”述曰：“汝谓我不堪邪？”曰：“非也，但克让自美事耳。”述曰：“既谓堪之，何为复让！人言汝胜我，定不及也。”

纲 乙丑，三年，春正月，皇后王氏崩。

纲 大司马温移镇姑孰。以弟豁监荆、扬等州军事。

纲 三月，帝崩，琅邪王奕即位。

目 帝崩，无嗣，皇太后诏以奕承大统。

纲 燕陷洛阳，将军沈劲死之。

目 燕太宰恪及吴王垂共攻洛阳，克之。执沈劲。劲神气自若，恪将宥之，将军慕舆虔曰：“劲虽奇士，观其志度，终不为人用。”遂杀之。

纲 葬安平陵。

纲 秋七月，立皇后庾氏。

帝奕

纲 丙寅，帝奕太和元年，夏五月，皇后庾氏崩。

纲 秋七月。葬孝皇后。

纲 冬十月，以会稽王昱为丞相，录尚书事，加殊礼。

目 入朝不趋，赞拜不名，剑履上殿。

纲 丁卯，二年，春二月，燕太宰慕容恪卒。

目 恪疾病，燕王晴亲视之，问以后事。恪曰：“吴王垂文武兼资，管、萧之亚，若任以政，国家可安；不然，秦、晋必有窥窬之计。”言终而卒。

纲 己巳，四年，夏四月，大司马温帅师伐燕，秦人救之。秋九月，温及燕人战于枋头，不利而还。袁真以寿春叛，降于燕。

目 桓温请与徐、兖刺史郗愔，江州刺史桓冲，豫州刺史袁真等伐燕。夏，帅步骑五万发姑孰。七月，温至枋头。燕主晴遣乐嵩请救于秦，许赂虎牢以西之地。秦主坚遣苟池、邓羌帅步骑二万以救燕。九月，燕范阳王德使慕容宙帅骑一千为前锋，与晋兵遇，宙使二百骑挑战,分余骑为三伏。挑战者兵未交而走,晋兵追之,宙帅伏击之,晋兵死者甚众。温战数不利,粮储复竭,又闻秦兵将至,奔还。燕吴王垂帅八千骑追之,及于襄邑。德先帅劲骑伏于东涧中,与垂夹击温,大破之,斩首三万级。秦苟池邀击温于谯,又破之。

温收散卒,屯于山阳。深耻丧败,乃归罪袁真,奏免为庶人。真不伏,表温罪状,朝廷不报,遂据寿春叛降燕。

纲 燕遣郝晷、梁琛如秦。

目 秦、燕既结好,燕使郝晷,梁琛相继如秦。晷与王猛有旧,猛接以平生,问晷东方之事。晷知燕将亡,阴欲自托,颇泄其实。琛至长安,秦王坚方畋于万年,欲引见琛,琛曰:"秦使至燕,燕之君臣朝服备礼,洒扫宫庭,然后敢见。今秦王欲野见之,使臣不敢闻命!"尚书郎辛劲谓琛曰:"天子称乘舆,所至曰行在所,何常居之有! 又春秋亦有遇礼,何为不可乎!"琛曰:"天子以四海为家,故行曰乘舆,止曰行在。今海县瓜裂,天光分曜,安得以是为言哉! 礼'不期而见曰遇',盖因事权行,其礼简略,岂平居容与之所为哉! 客使单行,诚势屈于主人;然苟不以礼,亦不敢从也。"坚乃为设行宫,百僚陪位,然后延之。

琛从兄奕为秦尚书郎,坚使典客,馆琛于奕舍。琛曰:"昔诸葛瑾为吴聘蜀,与诸葛亮惟公朝相见,退无私面,今使之即安私室,所不敢也。"奕数问琛东事。琛曰:"兄弟本心,各有所在。欲言其美,恐非所欲闻;欲言其恶,又非使臣之所得论也。"

坚使太子延琛相见。秦人欲使琛拜,先讽之曰:"邻国之君,犹其君也;邻国之储君,亦何以异乎!"琛曰:"天子之子,尚不敢臣其父之臣,况他国之臣乎! 礼有往来,情岂忘恭,但恐降屈为烦耳。"乃不果拜。王猛劝坚留琛,坚不许。

纲 冬十一月,燕慕容垂出奔秦,秦以为冠军将军。

目 吴王垂自襄邑还邺,威名益振,太傅评忌之。垂奏将士功赏,皆抑而不行。太后可足浑氏素恶垂,与评谋诛之。太宰恪之子楷及垂舅兰建知之,以告垂,垂乃与段夫人及令、宝、农、隆、楷、建及郎中令高弼俱奔秦。

初,秦王坚闻恪卒,阴有图燕之志,惮垂不敢发。及闻垂至,大喜,郊迎,执手曰:"天生贤杰,必相与共成大功,此自然之数也。要当与卿共定天下,然后还卿本邦,世封幽州,不亦美乎!"坚复爱令及楷之才,皆厚礼之，王猛曰："垂父子，譬如龙虎，非可驯之物，若借以风云，将不可复制，不如早除之。"坚曰："吾方收揽英雄以清四海，奈何杀之！且其始来，吾已推诚纳之矣；匹夫犹不弃言，况万乘乎！"乃以垂为冠军将军。

纲 秦遣王猛等伐燕，十二月，取洛阳。

目 初，燕人许割虎牢以西赂秦。晋兵既退，燕人谓曰："行人失辞。有国有家者，分灾救患，理之常也。"秦王坚大怒，遣猛及将军梁成、邓羌帅步骑三万伐之。攻洛阳，洛阳降。

纲 大司马温徙镇广陵。

目 温发徐、兖州民，筑广陵城，徙镇之。时征役既频，加之疫疠，死者十四五，百姓嗟怨。秘书监孙盛作晋春秋，直书时事。温见之，怒，谓盛子曰："枋头诚为失利，何至乃如尊君所言！若此史遂行，自是关君门户事！"其子遽拜谢，请改之。时盛年老家居，性方严，有轨度，子孙虽班白，待之愈峻。至是诸子号泣稽颡，请为百口计。盛大怒，不许；诸子遂私改之。

纲 庚午，五年，春正月，慕容令自秦奔燕。

目 王猛之发长安也，请慕容令参其军事，以为乡导。将行，造慕容垂饮酒，从容谓曰："今当远别，卿何以赠我？使我睹物思人。"垂脱佩刀赠之。猛至洛阳，赂垂所亲，使诈为垂使者。谓令曰："吾父子来此，以逃死也。今王猛疾人如雠，秦主心亦难知。闻东朝比来悔寤，吾今还东，汝可速发。"令疑之，踌躇终日，又不可审覆。乃奔燕军。猛表令反状，垂惧而出走，及蓝田，为追骑所获。秦王坚劳之曰："卿家国失和，委身投朕。贤子心不忘本，亦各其志，然燕之将亡，非令所能存，惜其徒入虎口耳。且父子兄弟，罪不相及，卿何为过惧而狼狈如是乎！"待之如旧。燕人以令叛而复还，疑为反间，徙之沙城。

纲 夏六月，秦王猛督诸军复伐燕。

纲 秋八月，秦克壶关。

目 王猛攻壶关。燕主暐命太傅评将中外精兵三十万以拒之，畏猛不敢进。猛克壶关，所过郡县皆望风降附，燕人大震。申胤叹曰："邺必亡矣。然越得岁而吴伐之，卒受其祸。今福德在燕，秦虽得志，而燕之复建不过一纪耳。"

纲 九月,秦王猛入晋阳。冬十月,及燕慕容评战于潞川,败之,遂围邺。

目 猛入晋阳。评屯潞川,猛进兵与相持。遣将军徐成觇燕军,期以日中;及昏而返,猛将斩之。邓羌固请曰:"成,羌部将也,愿与效战以赎罪。"猛弗许。羌怒,还营,严鼓勒兵,将攻猛。猛赦之,羌诣猛谢。猛执其手曰:"吾试将军耳,将军于部将尚尔,况国家乎!"

燕主暐趣评使战。猛陈于渭源而誓之曰:"王景略受国厚恩,任兼内外,今与诸君深入贼地,当竭力致死,有进无退,共立大功,以报国家;受爵明君之朝,称觞父母之室,不亦美乎!"众皆踊跃,破釜弃粮,大呼竞进。猛望燕兵之众,谓邓羌曰:"今日非将军不能破勍敌,将军勉之!"羌曰:"若能以司隶见与者,公勿以为忧。"猛曰:"此非吾所及也。必以安定太守、万户侯相处。"羌不悦而退。俄而兵交,猛召羌,羌寝弗应。猛驰就许之,羌乃大饮帐中,与张蚝、徐成等跨马运矛,驰赴燕陈,出入数四,旁若无人,所杀伤数百。及日中,燕兵大败,俘斩五万余人,乘胜追击,所杀及降又十余万。评单骑走还邺。

秦兵长驱围邺。号令严明,军无私犯,法简政宽,燕民各安其业,更相谓曰:"不图今日复见太原王!"猛闻之叹曰:"慕容玄恭可谓古之遗爱矣!"设太牢以祭之。

纲 十一月,秦王坚入邺,执燕主暐。以王猛为冀州牧,都督关东六州军事。

目 秦王坚留李威辅太子,自帅精锐十万赴邺。燕主暐与慕容评等奔龙城。坚入邺宫,使将军郭庆追暐,及于高阳,执以诣坚。坚诘其不降之状,对曰:"狐死首丘,欲归死于先人坟墓耳。"坚哀而释之,令还宫,帅文武出降。

评之败也,暐疑梁琛知秦谋,收系狱。至是,坚召释之,谓曰:"卿不能见几而作,反为身祸,可谓智乎?"对曰:"臣闻'几者,动之微,吉凶之先见者也'。如臣愚暗,实所不及。然为臣莫如忠,为子莫如孝,是以烈士临危不改,见死不避,以徇君亲。彼知几者,心达安危,身择去就,不顾家国,臣虽知之,尚不忍为,况非所及邪!"

坚以猛为使持节、都督关东六州诸军事、冀州牧,镇邺。

纲 十二月,秦迁故燕主暐及鲜卑四万户于长安。

目　猛表留梁琛为主簿。他日，与僚属宴，语及燕吏，猛曰："人心不同，昔梁君专美本朝，郝君微说国弊。"参军冯诞曰："敢问取臣之道何先？"猛曰："郝君知几为先。"诞曰："然则明公赏丁公而诛季布也。"猛大笑。

秦封時为新兴侯，以评为给事中，皇甫真为奉车都尉。燕故太史黄泓叹曰："燕必中兴，其在吴王乎！恨吾老不及见耳！"

太宗简文皇帝

纲　辛未，太宗简文皇帝咸安元年，春正月，大司马温拔寿春，获袁瑾，斩之。

纲　秦徙关东豪杰及杂夷十五万户于关中。

纲　凉州张天锡称藩于秦。

纲　冬十一月，大司马温入朝。废帝为东海王，迎会稽王昱入即位。

目　温恃其材略位望，阴蓄不臣之志，尝抚枕叹曰："男子不能流芳百世，亦当遗臭万年！"温欲先立功河朔，以收时望，还受九锡。及枋头之败，威名顿挫。既克寿春，谓郗超曰："足以雪枋头之耻乎？"超曰："未也。"久之，超就温宿，中夜，谓曰："明公不为伊、霍之事，无以立大威权，镇压四海。"温遂与定议。以帝素谨无过，而床笫易诬，乃扬言"帝早有痿疾，嬖人朱灵宝等，参侍内寝，二美人生三男，将移皇基"，人莫能审其虚实。温乃诣建康，讽褚太后，请废帝而立会稽王昱，并作令草呈之太后。温集百官于朝堂，于是宣太后令，废帝为东海王，温帅百官迎昱即帝位。侍中谢安见温遥拜。温惊曰："安石，卿何事乃尔？"安曰："未有君拜于前，臣揖于后。"温遂还姑孰。

秦王坚闻温废立，谓群臣曰："温前败灞上，后败枋头，不能思愆自贬以谢百姓，方更废君以自说，六十之叟，举动如此，将何以容于四海乎！谚曰'怒其室而作色于父'，温之谓矣。"

纲　十二月，降封东海王为海西县公。

目　大司马温奏："废放之人，不可以临黎元。东海王宜依昌邑故事。"太后诏封海西县公。

温威震内外，帝虽处尊位，拱默而已。帝美风仪，善容止，留心典籍，凝尘满席，湛如也，虽神识恬畅，然无济世大略，谢安以为惠帝之流，但清谈差胜耳。

郗超以温故，朝中皆畏事之。谢安尝与左卫将军王坦之共诣超，日旰未得前，坦之欲去，安曰："独不能为性命忍须臾邪？"

纲 壬申，二年，夏四月，迁海西公于吴县。

纲 六月，秦以王猛为丞相，苻融为冀州牧。

纲 秋七月，帝崩，太子昌明即位。

目 帝不豫，急召大司马温入辅，温辞不至。诏立皇子昌明为皇太子，生十年矣。遗诏："温依周公居摄故事。"又曰："少子可辅者辅之，如不可，君自取之。"侍中王坦之持诏入，于帝前毁之。帝乃使改诏曰："家国事一禀大司马，如诸葛武侯、王丞相故事。"是日，帝崩。群臣曰："当须大司马处分。"王彪之正色曰："天子崩，太子代立，大司马何容得异！"朝议乃定。太子即位。

温望简文临终禅位，不尔便当居摄。既不副所望，与弟冲书曰："遗诏使吾依武侯、王公故事耳。"疑王坦之、谢安所为，心衔之。

纲 八月，秦加王猛都督中外诸军事。

目 猛至长安，复加都督中外诸军事。辞章三四上，秦王坚不许。猛为相，刚明清肃，善恶著白，放黜尸素，显拔幽滞，劝课农桑，练习军旅，官必当才，刑必当罪。由是国富兵强，战无不克，秦国大治。阳平公融，尝坐擅起学舍，为有司所纠，问申绍："谁可使者？"绍曰："燕尚书郎高泰，清辩有胆智，可使也。"使至长安，见猛曰："昔鲁僖公以泮宫发颂，齐宣王以稷下垂声，今阳平公开建学宫，乃烦有司举劾。明公惩劝如此，下吏何所逃罪乎！"猛曰："是吾过也。"事遂释。猛因叹曰："高子伯岂阳平所宜吏乎！"言于秦王坚，以为尚书郎；固请还州，许之。

纲 冬十月，葬高平陵。

烈宗孝武皇帝

纲 癸酉，烈宗孝宗皇帝宁康元年，春二月，大司马温来朝。

目 桓温来朝，诏吏部尚书谢安、侍中王坦之迎于新亭。时都下恟恟，云欲诛王、谢，因移晋祚。坦之甚惧，安神色不变，曰："晋祚存亡，决于此行。"温既至，百官拜于道侧。温大陈兵卫，延见朝士；坦之流汗沾衣，倒执手版。安从容就席，谓温曰："安闻诸侯有道，守在四邻，明公何须壁后置人邪！"温笑曰："正自不能不尔。"遂命撤之，与安笑语移日。郄超卧帐中听其言，风动帐开，安笑曰："郄生可谓入幕之宾矣。"时天子幼弱，外有强臣，安与坦之尽忠辅卫，卒安晋室。三月，温有疾，还姑孰。

纲　秋七月，大司马温卒，以桓冲都督扬、豫、江州军事。

目　初，温疾笃，讽朝廷求九锡，屡使人趣之。谢安、王坦之故缓其事。温以世子熙才弱，使冲领其众。温卒，熙及弟济谋杀冲，冲徙之长沙。称温遗命，以少子玄为嗣，时方五岁，袭封南郡公。冲既代温居任，尽忠王室，或劝诛除时望，冲不从。

纲　皇太后临朝摄政。以王彪之为尚书令、谢安为仆射。

纲　冬，秦寇梁、益，陷之。

目　秦王坚使王统、朱肜出汉川，毛当、徐成出剑门，以寇梁、益；梁州刺史杨亮拒之。战败，肜遂拔汉中。徐成亦克剑门。杨安进攻梓潼，太守周虓固守涪城，遣步骑送母、妻趣江陵，肜邀而获之，虓遂降。十一月，秦取二州。坚欲以周虓为尚书郎，虓曰："蒙晋厚恩，但老母见获，失节于此。母子获全，秦之惠也。虽公侯之贵，不以为荣。"遂不仕。

纲　以王坦之为中书令，领丹阳尹。

纲　彗星见。

目　彗星出于尾、箕，长十余丈，经太微，扫东井；自四月见，及冬不灭。秦太史令张孟言："尾、箕，燕分；东井，秦分也。今彗起尾、箕而扫东井，十年之后，燕当灭秦；二十年之后，代当灭燕。慕容氏布列朝廷，臣窃忧之，宜翦其魁杰以消天变。"坚不听。

纲　甲戌，二年，春二月，以王坦之都督徐、兖等州军事。诏谢安总中书。

目　安好声律，期功之惨，不废丝竹，士大夫效之，遂以成俗。坦之屡书苦谏曰："天下之宝，当为天下惜之。"安不能从。又尝与王羲之登冶城，悠然遐想，有高世之志。羲之谓曰："夏禹勤土，手足胼胝；文王旰食，日不暇给。今四郊多垒，宜思自效，而虚谈废务，浮文妨要，恐非当世所宜。"安曰："秦任商鞅，二世而亡，岂清言致患邪！"

纲　乙亥，三年，夏五月，徐、兖都督蓝田侯王坦之卒。

纲　以桓冲为徐州刺史，谢安领扬州刺史。

目 冲以安素有重望，以扬州让之，自求外出。桓氏族党莫不苦谏，冲处之澹然。

纲 秋七月，秦丞相清河侯王猛卒。

目 猛寝疾，上疏曰："臣闻报德莫如尽言。夫善作者不必善成，善始者不必善终，古先哲王，知功业之不易，战战兢兢，如临深谷。伏惟陛下，追踪前圣，天下幸甚。"坚览之悲恸。七月，坚亲至猛第视疾，访以后事。猛曰："晋虽僻处江南，然正朔相承，上下安和，臣没之后，愿勿以晋为图。鲜卑、西羌，我之仇敌，终为人患，宜渐除之。"言终而卒。坚谓太子宏曰："天不欲使吾平一六合邪，何夺吾景略之速也？"

纲 八月，立皇后王氏。

纲 九月，以徐邈为中书舍人。

纲 丙子，太元元年，春正月朔，帝冠；太后归政。以谢安为中书监，录尚书事。

纲 秋七月，秦遣兵击凉州。八月，败其兵，凉将掌据死之，张天锡降。

纲 冬十一月，秦遣兵击代，败之。十二月，代寔君弑其君什翼犍；秦讨杀之，遂分代为二部。

目 匈奴刘卫辰为代所逼，求救于秦。秦王坚遣行唐公洛、邓羌、朱彤等将兵击之，以卫辰为乡导。代王什翼犍使南部大人刘库仁将兵拒战，大败。什翼犍奔阴山之北，闻秦兵稍退，复还云中。

初，什翼犍世子寔早卒，寔子珪尚幼，慕容妃诸子皆长，继嗣未定。庶长子寔君遂杀诸弟，并弑什翼犍，秦兵趋云中，部众逃溃，国中大乱。珪母贺氏，以珪走依贺纳。

秦王坚召代长史燕凤，问代乱故，凤具以对。坚曰："天下之恶一也。"乃执寔君，至长安，车裂之。坚欲迁珪于长安，凤固请曰："代王遗孙冲幼，莫相统摄。库仁勇而有智，卫辰狡猾多变，皆不可独任。宜分诸部为二，令此两人统之；两人素有深雠，而势莫敢先发。俟其孙稍长，立之，是陛下有存亡继绝之德于代，使其子孙永为不侵不叛之臣，此安边之良策也。"坚从之。分代为二部，自河以东属库仁，自河以西属卫辰，使统其众。贺氏以珪依库仁。库仁招抚离散，恩信甚著，奉事拓跋珪恩勤周备，不以废兴易意，常谓诸子曰："此儿有高天下之志，必能恢隆祖业，汝曹当谨遇之。”

纲 丁丑，二年，冬十月，以桓冲都督江、荆等州军事，谢玄监江北军事。

目 时朝廷方以秦寇为忧，诏求文武良将可镇御北方者，谢安以兄子玄应诏。郗超闻之，叹曰：“安之明，乃能违众举亲，玄之才，足以不负所举。”众咸以为不然。超曰：“吾尝与玄共在桓公府，见其使才，虽履屐间，未尝不得其任，是以知之。”玄镇广陵，募骁勇之士，得彭城刘牢之等数人。以牢之为参军，常领精锐为前锋，战无不捷。时号“北府兵”，敌人畏之。

纲 散骑常侍王彪之卒。

目 初，谢安欲增修宫室，彪之曰：“今寇敌方强，岂可大兴功役，劳扰百姓邪！”安曰：“宫室弊陋，后世谓人无能。”彪之曰：“凡任天下之重者，当保国宁家，缉熙政事，乃以修室屋为能邪！”安不能夺，故终彪之之世，无所营造。

纲 临海太守郗超卒。

目 初，超党于桓氏，以父愔忠于王室，不令知之。及病甚，出一箱书授门生曰：“公年尊，我死之后，若以哀惋害寝食者，可呈此；不尔即焚之。”超卒，愔果成疾，门生呈箱，皆与桓温往反密计。愔大怒曰：“小子死已晚矣！”遂不复哭。

纲 戊寅，三年，秋九月，秦王坚宴群臣。

目 秦王坚与群臣饮酒，以极醉为限。赵整作酒歌曰：“地列酒泉，天垂酒池，杜康妙识，仪狄先知。纣丧殷邦，桀倾夏国，由此言之，前危后则。”坚大悦，命整书之以为酒戒，自是宴群臣，礼饮而已。

纲 己卯，四年，春二月，秦陷襄阳，执刺史朱序以归。

纲 夏四月，秦陷魏兴，太守吉挹死之。

目 秦韦钟拔魏兴，吉挹引刀欲自杀，左右夺其刀；会秦人至，执之，挹不言不食而死。秦王坚叹曰：“周孟威不屈于前，丁彦远洁己于后，吉祖冲闭口而死，何晋氏之多忠臣也！”

纲 庚辰，五年，秋九月，皇后王氏崩。冬十一月，葬定皇后。

纲 辛巳，六年，春正月，立佛精舍于内殿。

纲 壬午，七年，冬十月，秦会群臣于太极殿。

目 秦王坚会群臣于太极殿，议曰："今四方略定，唯东南一隅，未沾王化。计吾士卒，可得九十七万，欲自将讨之，何如？"左仆射权翼曰："今晋虽微弱，未有大恶；谢安、桓冲，皆江表伟人，君臣辑睦，未可图也！"太子左卫率石越曰："今福德在吴，伐之必有天殃。且彼处长江之险，民为之用，殆未可也！"坚曰："天道幽远，未易可知。以吾之众，投鞭于江，足断其流，又何险之足恃乎！"于是群臣各言利害，久之，不决。坚曰："此所谓筑室道旁，无时可成，吾当内断于心耳。"群臣皆出，独留阳平公融，问之。对曰："今伐晋有三难：天道不顺；晋国无衅；我数战兵疲，民有畏敌之心。群臣言晋不可伐者，皆忠臣也。"坚作色曰："汝亦如此，吾复何望！"融泣曰："晋未可灭，昭然甚明。且臣之所忧，不止于此。陛下宠育鲜卑、羌、羯，布满畿甸，太子独与弱卒留守京师，臣惧变生肘腋，不可悔也。王景略一时英杰，陛下尝比之诸葛武侯，独不记其临没之言乎！"坚不听。曰："以吾击晋，犹疾风之扫秋叶，而内外皆言不可，何也？"冠军慕容垂独言于坚曰："陛下神武，威加海外，而蕞尔江南，独违王命，岂可复留之以遗子孙哉！诗云：'谋夫孔多，是用不集。'陛下断自圣心足矣。"坚大悦曰："与吾共定天下者，独卿而已。"坚锐意欲取江东，寝不能旦。

纲 秦大熟。

纲 癸未，八年，秋八月，秦王坚大举入寇。诏征讨都督谢石、冠军将军谢玄等帅师拒之。

目 秦王坚下诏大举，遣阳平公融督张蚝、慕容垂等步骑二十五万为前锋；以姚苌为龙骧将军，督益、梁州诸军。

慕容绍言于垂曰："主上骄矜已甚，叔父建中兴之业，在此行也！"坚遂发长安，戎卒六十余万，骑二十七万。九月，融等兵三十万，先至颍口。

诏以谢石为征讨大都督，谢玄为前锋都督，与将军谢琰、桓伊、胡彬等督众八万拒之。

时都下震恐。玄入问计于谢安，安夷然，答曰："已别有旨。"既而寂然。遂命驾出游山墅，亲朋毕集，与玄围棋别墅。安棋常劣于玄，是日，玄惧，便为敌手而又不胜。安遂游陟，至夜乃还。

桓冲深以根本为忧，遣精骑三千入援；安固却之，曰："朝廷处分已定,兵甲无阙,宜留以防西藩。”冲叹曰:“安石有庙堂之量,不闲将略。今大敌垂至,方游谈不暇,遣诸不经事少年拒之,众又寡弱,天下事已可知,吾其左衽矣!”

纲 以琅邪王道子录尚书六条事。

纲 冬十一月,谢石、谢玄等大破秦兵于肥水,杀其大将苻融,秦王坚走还长安。

目 秦阳平公融等攻寿阳,克之。梁成等屯于洛涧,栅淮以遏东兵,谢石、谢玄等惮不敢进。坚引轻骑八千,兼道就融。遣朱序来说石等:“不如速降。”序私谓石等曰:“若秦众尽至,诚难与为敌。今乘诸军未集,宜速击之;若败其前锋,则彼已夺气,可遂破也。”

十一月,玄遣刘牢之帅精兵五千趣洛涧,成阻涧为陈以待之。牢之直前渡水,击成,大破,斩之;分兵断其归津,秦步骑崩溃,赴淮死者万五千人。于是石等水陆继进。坚与融登寿阳城望之,见晋兵部陈严整,又望见八公山上草木,皆以为晋兵,顾谓融曰:“此亦勍敌,何谓弱也!”怃然始有惧色。

秦兵逼肥水而陈。玄使谓融曰:“君悬军深入,而置陈逼水,此乃持久之计,非欲速战者也。若移陈小却,使我兵得渡,以决胜负,不亦善乎!”秦诸将皆曰:“我众彼寡,不如遏之,使不得上,可以万全。”坚曰:“但使半渡,我以铁骑蹙而杀之,蔑不胜矣!”融亦以为然,遂麾兵使却。秦兵遂退,不可复止;玄等引兵渡水击之。融驰骑略陈,欲以帅退者,马倒,为晋兵所杀,秦兵遂溃。玄等乘胜追击,至于青冈;秦兵大败,自相蹈藉而死者,蔽野塞川。其走者闻风声鹤唳,皆以为晋兵且至,昼夜不敢息,草行露宿,重以饥冻,死者什七、八。初,秦兵小却,朱序在陈后呼曰:“秦兵败矣!”众遂大奔。序因与张天锡皆来奔。复取寿阳。

坚中流矢,单骑走至淮北。是时,惟慕容垂所将三万人独全,坚以千余骑赴之。世子宝言于垂曰:“此时不可失,愿不以意气微恩忘社稷之重!”垂曰:“彼以赤心投我,若之何害之!天苟弃之,何患不亡。不若保护其危以报德,徐俟其衅而图之,既不负宿心,且可以义取天下。”慕容德曰:“此为报仇,非负宿心也。”垂曰:“吾昔为太傅所不容,置身无所,秦王以国士遇我,后复为王猛所卖,秦王独能明之,此恩何可忘也!若氐运必穷,吾当怀集关东,以复先业耳。”悉以兵授坚。

谢安得驿书，知秦兵已败，方与客围棋，摄书置床上，了无喜色，围棋如故。客问之，徐答曰："小儿辈遂已破贼。"既罢，还内，过户限，不觉屐齿之折。

坚收集离散，比至洛阳，众十余万，慕容农谓垂曰："尊不迫人于险，其义声足以感动天地。夫取果于未熟与自落，不过晚旬日之间，然其难易美恶，相去远矣！"垂善其言。行至渑池，言于坚曰："北鄙闻王师不利，轻相煽动，臣请奉诏书以镇慰之。"坚许之。权翼谏曰："垂勇略过人，世豪东夏。譬如养鹰，饥则附人，每闻风飙之起，常有凌霄之志，正宜谨其绦笼，岂可解纵，任所欲哉！"坚曰："卿言是也。然朕已许之，匹夫犹不食言，况万乘乎！若天命有废兴，固非智力所能移也。"翼曰："陛下重小信而轻社稷，臣见其往而不返，关东之乱，自此始矣。"坚不听。

坚至长安，哭阳平公融而后入。

纲　以谢石为尚书令。进谢玄号前将军；固让不受。

纲　丁零翟斌起兵攻洛阳，秦使慕容垂讨之。垂叛秦，与斌合。

目　慕容垂至安阳，长乐公丕馆垂于邺西。垂潜与燕故臣谋复燕祚，会丁零翟斌叛秦，谋攻洛阳，秦王坚驿书使垂讨之。石越言于丕曰："垂有恢复旧业之心，今复资之以兵，此为虎傅翼也。"丕曰："垂在此，常恐为肘腋之变，今远之于外，不犹愈乎！"乃以羸兵弊铠给之，又遣苻飞龙帅氐骑一千为之副。密戒飞龙曰："垂为三军之帅，卿为谋垂之将，行矣，勉之！"垂留慕容农及楷、绍于邺，行至安阳，闻丕与飞龙谋，乃夜袭飞龙氐兵，尽杀之，以书遗秦王坚，言其故，而慕容凤等亦各帅部曲归翟斌。垂遣人告农等，使起兵。农等遂将数十骑，微服出邺，奔列人。

纲　甲申，九年，春正月，慕容垂自称燕王。大破秦兵，斩其将石越。

目　慕容凤劝翟斌奉垂为盟主，斌从之。垂至洛阳，斌劝垂称尊号。垂曰："新兴侯，吾主也，当迎归反正耳。"垂以洛阳四面受敌，欲取邺而据之，乃引兵东至荥阳。群下固请上尊号，垂乃称燕王。封德为范阳王，楷为太原王，翟斌为河南王，帅众二十余万，长驱向邺。而农亦驱列人居民为卒，使赵秋说东夷、乌桓，各帅部众数千赴之，攻破馆陶，于是步骑云集，众至数万。

长乐公丕使石越讨之。农大败秦兵，斩越。秦人骚动，盗贼群起。垂至邺，改元。农引兵会垂。遂立世子宝为太子。

纲 二月，荆、江都督、丰城公桓冲卒。

目 冲闻谢玄等有功，自以失言，惭恨成疾而卒。

纲 燕王垂围邺。

纲 三月，以谢安为太保。

纲 燕慕容泓起兵华阴，慕容冲起兵平阳。秦遣苻睿击泓，败死。夏四月，叡司马姚苌起兵北地，自称秦王。

目 泓为秦北地长史，闻燕王垂攻邺，攻奔关东，收集鲜卑，还屯华阴，其众遂盛，自称雍州牧。

秦王坚谓权翼曰："不用卿言，使鲜卑至此。关东之地，吾不复争，将若泓何？"乃使广平公熙镇蒲坂。征巨鹿公睿都督中外诸军事，配兵五万；以窦冲为长史，姚苌为司马，以讨泓。

平阳太守慕容冲亦起兵于平阳，进攻蒲坂；坚使窦冲讨之。泓闻秦兵且至，惧，帅众将奔关东。睿粗猛轻敌，欲驰兵邀之。姚苌谏曰："鲜卑皆有思归之志，故起而为乱，宜驱令出关，不可遏也。夫执鼷鼠之尾，犹能反噬于人。但可鸣鼓随之，彼将奔败不暇矣。"睿弗从，与战，果败，见杀。苌遣其长史诣坚谢罪；坚怒，杀之。苌惧，奔渭北马牧，于是天水尹纬、尹详、南安庞演等，纠煽羌豪五万余家，推苌为盟主。苌自称秦王。进屯北地，羌、胡降者十余万。

纲 秦遣兵击慕容冲，破之；冲奔华阴。泓遂进逼长安。六月，崇德太后褚氏崩。

纲 燕诸将杀慕容泓，立冲为皇太弟。

纲 燕将军慕容麟拔常山、中山。慕容冲大破秦兵，遂据阿房城。

纲 秋七月，葬康献皇后。

纲 八月，燕王垂解邺围，趋新城。

纲 慕容冲进逼长安。

纲 冬十月，燕慕舆文杀刘库仁。

纲 十二月，秦杀其新兴侯慕容暐。

纲 燕王垂复围邺。谢玄遣刘牢之救之，且馈之粟。

纲鉴易知录卷三四

东晋纪

孝武皇帝

纲　乙酉，十年，春正月，燕慕容冲称帝于阿房。

纲　夏四月，刘牢之进兵至邺；燕王垂逆战，败，走中山。牢之追击，大败而还。

纲　五月，西燕攻长安，秦王坚出奔五将山。

目　西燕主冲攻长安，秦王坚身自督战，飞矢满体。冲纵兵暴掠，士民流散，道路断绝。坚大惧，以谶书云"帝出五将久长得"，乃留太子宏守长安，帅骑数百奔五将山。

纲　六月，秦太子宏奔下辨，西燕主冲入长安。

纲　秋七月，后秦围五将山，执秦王坚以归。

纲　八月，太保建昌公谢安卒。

纲　以琅邪王道子领扬州刺史，录尚书、都督中外诸军事。

纲　后秦王苌弑秦王坚。

纲　秦苻丕称帝于晋阳。

目　秦长乐公丕将赴长安，时幽州刺史王永自蓟走壶关，遣使招之，丕乃帅邺中男女六万余口西如潞川，将军张蚝、并州刺史王腾迎入晋阳。永以骑来会，丕始知坚死，乃发丧，即位。

纲　刘显弑其君头眷而自立。

目　显，库仁之子也，既杀头眷，又将杀拓跋珪，珪遂奔贺兰部，依其舅贺讷。

纲　九月，乞伏国仁自称单于。

纲　冬十二月，燕慕容麟攻秦博陵，守将王兖死之。

目　麟攻秦博陵，城中粮竭矢尽，功曹张猗逾城出，聚众以应麟。兖临城数之曰："卿是秦民，吾是卿君，卿起兵应贼，而号'义兵'，何名实之相违也？古人求忠臣必于孝子之门，卿母在城，弃而不顾，吾何有焉！今人取卿一时之功则可矣，宁能忘卿不忠不孝之罪乎？不意中州礼义之邦，乃有如卿者也！”麟拔博陵，执兖，杀之。

纲 燕定都中山。

纲 丙戌，十一年，春正月，拓跋珪复立为代王。

纲 燕王垂称皇帝。

纲 二月，西燕弑其主冲，立段随为燕王。

纲 代徙都盛乐。

纲 三月，西燕人杀段随而东，至闻喜，立慕容忠，复称帝。

纲 夏四月，代改称魏。

纲 后秦王苌取长安，称皇帝。

目 鲜卑既东，长安空虚。苌取之，始称皇帝。

纲 六月，西燕弑其主忠，立慕容永为河东王。

纲 秋八月，秦以苻登为南安王。

纲 冬十月，西燕击秦，败之。秦王丕奔东垣，将军冯该击杀之。

纲 西燕慕容永称帝于长子。

纲 海西公奕薨于吴。

纲 十一月，秦苻登称帝于南安。

纲 十二月，吕光自称酒泉公。

目 初，光得秦主坚凶闻，举军缟素。至是，自称凉州牧、酒泉公。

纲 丁亥，十二年，春正月，以朱序为青、兖刺史，镇淮阴；谢玄为会稽内史。

纲 夏五月，征处士戴逵，不至。

目 诏征会稽处士戴逵，逵累辞不就；郡县敦逼不已，逵逃匿于吴。内史谢玄上疏曰：“逵自求其志，今王命未回，将罹风霜之患。陛下既已爱而器之，宜使其身名并存，请绝召命。”帝许之。

纲 秋八月，立子德宗为皇太子。

纲 戊子，十三年，春正月，康乐公谢玄卒。

纲 夏六月，西秦王乞伏国仁卒，弟干归立。

纲 己丑，十四年，春二月，吕光自称三河王。

纲 秋八月,秦主登击安定,后秦主苌袭破其辎重,秦后毛氏死之。

目 初,后秦主苌以秦战屡胜,谓得秦王坚之助,亦于军中立坚像而祷之。秦主登升楼遥谓之曰:“为臣弑君,而立像求福,庸有益乎!”久之,苌以军未有利,斩像首以送秦。至是,登留辎重于大界,自将轻骑攻安定。苌留兵守安定,夜,帅骑三万袭大界,克之,掠男女五万口。登后毛氏,美而勇,善骑射,兵入其营犹弯弓跨马,帅壮士力战,杀七百余人,众寡不敌,为后秦所执。苌将纳之,毛氏骂且哭曰:“姚苌,汝已杀天子,又欲辱皇后,皇天后土,宁汝容乎!”苌杀之。

纲 冬十一月,以范甯为豫章太守。

目 时,帝溺于酒色,委政于琅邪王道子;道子亦嗜酒,日夕与帝以酣歌为事。又崇尚浮屠,穷奢极费,所亲昵者皆姏姆、僧尼。近习弄权,交通请托,贿赂公行,官爵滥杂,刑狱谬乱。尚书令陆纳望宫阙叹曰:“好家居,纤儿欲撞坏之邪!”

道子势倾中外,帝渐不平。侍中王国宝以谗佞有宠于道子,讽八座启道子宜加殊礼。护军车胤曰:“此乃成王所以尊周公者;今主上当阳,岂得为此!”乃称疾不署。疏奏,帝大怒,而嘉胤有守。

中书侍郎范宁、徐邈数进忠言,指斥奸党。国宝,宁之甥也,宁尤疾其阿谀,劝帝黜之。国宝遂与道子谮宁,出为豫章太守。宁好儒学,性质直。常谓:“王弼、何晏之罪,深于桀、纣。”或以为贬之太过,宁曰:“王、何蔑弃典文,幽沉仁义,游辞浮说,波荡后生;以至礼坏乐崩,中原倾覆,遗风余俗,至今为患。桀、纣纵暴一时,适足以丧身覆国,为后世戒!故吾以为一世之祸轻,历代之患重;自丧之恶小,迷众之罪大也。”

纲 以王恭都督青、兖等州军事。

纲 辛卯,十六年,冬十二月,秦主登攻安定,后秦主苌击败之。

目 苌置酒高会,诸将皆曰:“若值魏武王,不令此贼至今,陛下将牢太过耳。”苌笑曰:“吾不如亡兄有四:身长八尺五寸,臂垂过膝,人望而畏之,一也;将十万之众,望麾而进,前无横阵,二也;温古知今,讲论道艺,收罗英俊,三也;董帅大众,人尽死力,四也。所以得建立功业,驱策诸贤者,正望算略中有片长耳。”

纲 壬辰,十七年,冬十一月,以殷仲堪都督荆、益、宁州军事。

目 仲堪虽有时誉，资望犹浅，到官好行小惠，纲目不举。南郡公玄负其才地，以雄豪自处，朝廷疑而不用；年二十三，始拜洗马。尝诣琅邪王道子，值其酣醉，张目谓众客曰："桓温晚涂欲作贼，云何？"玄伏地流汗，不能起；由是不自安，而切齿于道子。后出补义兴太守，郁郁不得志，叹曰："父为九州伯，儿为五湖长！"遂弃官归国。桓氏累世临荆州，玄复豪横，士民畏之。征虏参军胡藩过江陵，见仲堪曰："玄志趣不常，节下崇待太过，非计也。"藩内弟罗企生为仲堪功曹，藩谓曰："殷侯倒戈授人，必及于祸，君不早去，悔无及矣！"

纲 立子德文为琅邪王，徙道子为会稽王。

纲 李辽表请修孔子庙，不报。

目 清河人李辽上表请敕兖州修孔子庙，给户洒扫，仍立庠序，以教学者，曰："事有如赊而实急者，此之谓也！"疏奏，不省。

纲 癸巳，十八年，冬十二月，后秦主苌卒，太子兴帅兵击秦。

纲 甲午，十九年，春正月，三河王光以秃发乌孤为河西都统。

纲 夏五月，后秦主兴立。

纲 秋七月，后秦主兴击秦主登，杀之。秦太子崇立，奔湟中。

纲 八月，燕主垂围长子，拔之，杀西燕主永。

纲 乙未，二十年，夏五月，燕遣其太子宝击魏，秋七月，降其别部，进军临河。

纲 长星见。

目 有长星见自须女，至于哭星。帝心恶之，于华林园举酒祝之曰："长星，劝汝一杯酒，自古何有万岁天子邪！"

纲 九月，魏王珪将兵拒燕。冬十月，燕军夜遁，十一月，追至参合陂，大败之。

纲 丙申，二十一年，春闰三月，燕主垂袭魏平城，克之。夏四月，还，卒于上谷。太子宝立。

纲 夏六月，三河王光自称凉天王。

纲 秋九月，贵人张氏弑帝于清暑殿。太子德宗即位。会稽王道子进位太傅。冬十月，葬隆平陵。

目 帝嗜酒，流连内殿，外人罕得进见。张贵人宠冠后宫，时年近三十，帝戏之曰："汝以年亦当废矣，吾意更属少者。"已而醉寝清暑殿,贵人使婢以被蒙帝面而弑之,重赂左右,曰"因魇暴崩"。太子即位。会稽王道子进位太傅。

太子幼而不慧,口不能言,至于寒暑饥饱亦不能辨,饮食寝兴皆非己出。母弟琅邪王德文常侍左右,为之节适。侍中王国宝媚事道子,与王绪共为邪谄,道子倚为心腹,遂参管朝权,威震内外。

王恭入赴山陵,每正色直言,道子惮之。或劝恭诛国宝,王珣曰:"彼罪逆未彰,今先事而发,必失朝野之望。若其不改,恶布天下,然后顺众心以除之,亦无不济也。"恭乃止。既而谓珣曰:"比来视君一似胡广。"珣曰:"王陵廷争,陈平慎默,但问岁晏何如耳!"

纲 魏别将拓跋仪攻邺,燕慕容德击破之。

安皇帝

丁酉,安皇帝隆安元年,春正月,以王珣为尚书令,王国宝为左仆射。

纲 秃发乌孤自称西平王,攻凉,取金城。

纲 三月,尊皇太后李氏为太皇太后,立皇后王氏。

纲 夏四月,王恭举兵反,诏诛仆射王国宝、将军王绪,恭罢兵还镇。

目 王国宝、王绪依附会稽王道子,恶王恭、殷仲堪,劝道子裁损其兵权;恭遣使与仲堪谋讨国宝等。桓玄亦以仕不得志,欲假仲堪兵势以作乱,乃说仲堪曰:"孝伯疾恶深至,宜潜与之约,兴晋阳之甲以除君侧之恶,此桓、文之勋也。"仲堪然之,乃外结雍州刺史郄恢,内与从兄南蛮校尉觊、南郡相江绩谋之。觊曰:"人臣当各守职分,朝廷是非,岂藩屏所制也!晋阳之事,不敢预闻。"绩亦极言其不可,郄恢亦不肯从。仲堪疑未决,会恭使至,仲堪乃许之,恭大喜。上表罪状国宝,举兵讨之。表至,内外戒严,国宝惧,上疏解职待罪。道子暗懦,欲求姑息,乃赐国宝死,斩绪于市,遣使谢恭,恭乃罢兵还京口。仲堪初犹豫不敢下,闻国宝死,始抗表举兵。道子以书止之,仲堪乃还。

纲 凉沮渠蒙逊叛,拔临松,据金山。

纲 燕慕容详称帝于中山。

纲 凉段业叛,自称建康公,沮渠蒙逊以众归之。

纲 秋七月,燕慕容麟袭杀详而自立。魏袭中山,入其郛而还。

纲 九月，秦太后虵氏卒。

目 秦太后卒。秦主兴哀毁过礼，不亲庶政。群臣请依汉、魏故事，既葬即吉。尚书郎李嵩上疏曰："孝治天下，先王之高事也。宜尊圣性以光道训，既葬之后，素服临朝。"尹纬驳曰："嵩矫常越礼，请付有司论罪。"兴曰："嵩忠臣孝子，有何罪乎！其如嵩议。"

纲 冬十月，魏王珪及燕慕容麟战，大破走之。遂克中山。

目 中山饥甚，魏王珪进攻之。太史令晁崇曰："不吉，纣以甲子亡，谓之疾日。"珪曰："纣以甲子亡，武王不以甲子兴乎？"遂进与慕容麟战于义台，大破之，麟奔邺。魏克中山。麟至邺，复称赵王，说范阳王德曰："魏将乘胜攻邺，邺城大难固，且人心恇惧，不可守也。不如南起滑台，阻河以待魏，伺衅而动，河北庶可复也。"时鲁王和镇滑台，亦遣使迎德，许之。

纲 戊戌，二年，春正月，燕慕容德徙居滑台。称燕王。麟谋反，伏诛。魏拓跋仪入邺。

目 燕范阳王德自邺帅户四万南徙滑台。魏卫王仪入邺，追德至河，弗及。慕容麟上尊号于德，德用兄垂故事，称燕王，是为南燕。麟复谋反，德杀之。

纲 二月，魏封尔朱羽健于秀容川。

纲 三月，燕段速骨攻陷龙城，燕主宝出奔，尚书兰汗诱而杀之。

纲 秋七月，燕长乐王盛讨杀兰汗，摄行统制。

纲 魏迁都平城。

纲 王恭、殷仲堪及南郡公桓玄举兵反，玄陷江州。

目 豫州刺史庾楷，以会稽王道子割其四郡属王愉，遣其子鸿说王恭曰："尚之兄弟复秉机权，欲削方镇，宜早图之。"恭以为然，以告殷仲堪及玄，皆许之，推恭为盟主，刻期同趣京师。司马刘牢之谏，恭不从。上表请讨王愉、司马尚之兄弟。朝廷忧惧，内外戒严。道子不知所为，悉以事委世子元显，日饮醇酒而已。仲堪闻恭举兵，勒兵趣发，悉以军事委南郡相杨佺期兄弟。佺期帅舟师五千为前锋，桓玄次之，仲堪帅精兵二万继下。八月，佺期及玄奄至溢口，王愉无备，惶遽奔临川，玄追获之。

纲 九月，加会稽王道子黄钺，讨王恭。恭司马刘牢之执恭以降，斩之。以牢之都督青、兖七州军事，桓玄为江州刺史，杨佺期为雍州刺史。敕殷仲堪使回军。

目 九月，加会稽王道子黄钺，以世子元显为征讨都督；遣王珣将兵讨王恭。恭素以才地陵物，既杀王国宝，自谓威无不行；仗刘牢之为爪牙，而以部曲将遇之；牢之负才，怀恨。元显知之，遣人说牢之使叛恭，事成授以恭位号。恭使牢之帅帐下督颜延为前锋。牢之至竹里，斩延以降；遣其子敬宣还袭恭。恭兵溃，亡走，为人所获，送京师斩之。诏以牢之代恭为都督刺史，镇京口。俄而杨佺期、桓玄至石头，殷仲堪至芜湖，上表理王恭，求诛牢之。牢之帅北府之众驰赴京师，军于新亭，佺期、玄见之皆失色，回军蔡洲。朝廷忧逼，桓修言于道子曰："今若以重利啖玄及佺期，二人必内喜；玄能制仲堪，佺期可使倒戈取仲堪矣。"道子纳之，以玄为江州刺史；佺期为雍州刺史。黜仲堪为广州刺史，遣使宣诏，敕使回军。

纲 冬十月，燕长乐王盛称皇帝。

纲 复以殷仲堪督荆、益军，仲堪等罢兵还镇。

目 殷仲堪得诏书，大怒，趣桓玄、杨佺期进军。朝廷深惮之，乃复以荆州还仲堪，优诏慰谕，于是各还所镇。时诏书独不赦庾楷，玄以楷为武昌太守。

纲 十二月，魏王珪称皇帝。

纲 己亥，三年，春正月，南凉徙治乐都。

纲 二月，段业自称凉王。

纲 三月，魏分尚书诸曹，置五经博士。

目 魏主珪分尚书三十六曹及外署，凡置三百六十曹，令八部大人主之。置五经博士，增国子太学生员合三千人。珪问博士李先曰："天下何物可以益人神智?"对曰："莫若书籍。"珪曰："书籍有几，如何可集?"对曰："自书契以来，世有滋益，至今不可胜计。苟人主所好，何忧不集。"珪遂命郡县大索书籍，悉送平城。

纲 夏四月，以会稽世子元显为扬州刺史。

纲 秋八月，南凉王乌孤卒，弟利鹿孤立。徙治西平。

纲 南燕王德陷广固，杀幽州刺史辟闾浑，遂都之。

纲 冬十月，孙恩寇陷会稽，杀内史王凝之。诏徐州刺史谢琰及刘牢之讨破之；以琰为会稽太守。

目　会稽世子元显，性苛刻，生杀任意，东土嚣然。孙恩因民心骚动，自海岛攻会稽。内史王凝之，世奉天师道，谓官属曰："我已请大道，借鬼兵守诸津要，不足忧也。"恩遂陷会稽，杀凝之。恩自称征东将军，表会稽王道子及元显之罪，请诛之。

自帝即位以来，内外乖异，石头以南，皆为荆、江所据，以西皆豫州所专，京口及江北皆刘牢之及广陵相高雅之所制，朝政所行，三吴而已。及恩作乱，八郡皆为恩有，畿内盗贼蜂起，恩党亦有潜伏在建康者，人情危惧，于是内外戒严。加道子黄钺，元显领中军将军，命徐州刺史谢琰讨之；牢之亦发兵讨恩，拜表辄行。琰击斩义兴、吴郡群盗，与牢之转斗而前，所向皆克。琰留屯乌程，遣司马高素助牢之，进临浙江。诏以牢之都督吴郡诸军事。

初，彭城刘裕，勇健有大志。仅识文字，以卖履为业，好摴蒱，为乡闾所贱。至是，牢之引参军事，使将数十人觇贼。遇贼数千人，即迎击之，从者皆死，裕坠岸下。贼临岸欲下，裕奋长刀仰斫杀数人，乃得登岸，仍大呼逐之，杀伤甚众。刘敬宣怪裕久不返，引兵寻之，见裕独驱数千人，咸共叹息。因进击贼，大破之。恩驱男女二十余万口东走，复逃入海岛。朝廷忧恩复至，以琰为会稽太守，都督五郡军事。

纲　桓玄举兵攻江陵，杀殷仲堪、杨佺期。

目　殷仲堪恐桓玄跋扈，乃与佺期结婚为援。佺期屡欲攻玄，仲堪每止之。玄恐终为殷、杨所灭，乃发兵西上，声言救洛，先遣兵袭取巴陵积谷食之。江陵乏食，仲堪急召佺期自救。佺期帅步骑八千至江陵，与其兄广共击玄；大败，单骑奔还。仲堪亦奔酇城。玄遣将军冯该追获，皆杀之。

纲　凉王光卒，太子绍立，庶兄纂杀而代之。

纲　庚子，四年，春三月，诏桓玄都督荆、江八州军事，荆、江州刺史。北凉以李暠为敦煌太守。

纲　夏五月，孙恩复寇会稽，太守谢琰败死。恩转寇临海。遣兵讨之，不克。

纲　秋七月，秦击西秦，西秦王干归战败，奔南凉，遂奔秦。

纲　冬十一月，诏刘牢之讨孙恩，走之。

纲　李暠自称凉公。

纲 十二月，南燕王德称帝，更名备德。

目 备德尝问群臣，“朕可方古何主？”鞠仲曰：“陛下中兴圣主，少康、光武之俦也。”备德顾左右，赐仲帛千匹。仲以多辞。备德曰：“卿知调朕，朕不知调卿邪！”韩范进曰：“天子无戏言，今日之论，君臣俱失。”备德大悦，赐范绢五十匹。

纲 辛丑，五年，春二月，凉吕超弑其君纂而立其兄隆，纂后杨氏自杀。

纲 三月，孙恩寇海盐，刘牢之参军刘裕击破之。

纲 夏五月，北凉沮渠蒙逊弑其君业。

纲 六月，孙恩寇丹徒。刘裕击破之，恩北走，陷广陵。

纲 沮渠蒙逊自称张掖公。

纲 秋八月，以刘裕为下邳太守，讨孙恩于郁洲，大破之。

纲 燕段玑弑其君盛，太后丁氏立盛叔父熙，讨玑，杀之。

纲 壬寅，元兴元年，春正月，以尚书令元显为征讨大都督，加黄钺，讨桓玄。

目 下诏罪状桓玄，以元显为骠骑大将军、征讨大都督、加黄钺，刘牢之为前锋，谯王尚之为后部。

纲 桓玄举兵反。

目 玄闻大军将发，大惊，欲完聚保江陵。长史卞范之曰：“明公威振远近，元显口尚乳臭，刘牢之大失物情，若兵临近畿，示以祸福，土崩之势可翘足而待，何有延敌入境，自取穷蹙者乎！”玄从之，留桓伟守江陵，抗表传檄，罪状元显，举兵东下。元显大惧，下船而不发。

纲 二月，玄兵至姑孰。三月，刘牢之叛附于玄。元显军溃，玄入建康，自以太尉总百揆，杀元显等。以牢之为会稽内史，牢之自杀。

目 玄至历阳，谯王尚之众溃，玄捕获之。刘牢之素恶元显，又虑功高不为所容；自恃材武，拥强兵，欲假玄以除执政，复伺玄隙而自取之，遂与玄通。东海何无忌，牢之之甥也，与刘裕极谏，不听。元显将发，闻玄已至新亭，弃船退军，军人皆奔溃。玄入京师，称诏解严，自为丞相，总百揆，都督中外、录尚书事、扬州牧，复让丞相而为太尉。斩元显、尚之等。以刘牢之为会稽内史。牢之曰：“始尔，便夺我兵，祸其至矣。”于是牢之大集僚佐，议据江北以讨玄。参军刘袭曰：“事之不可者莫大于反。将军往年反王兖州，近日反司马郎君，今复反桓公。一人三反，何以自立！”语毕，趋出，佐吏多散走。牢之惧，帅部曲北走，至新洲，缢而死。

纲 孙恩寇临海，郡兵击破之，恩赴海死。玄以恩党卢循为永嘉太守。

纲 南凉王利鹿孤卒，弟傉檀立。

纲 夏四月，玄出屯姑孰。

纲 五月，卢循寇东阳，刘裕击走之。

纲 玄杀会稽王道子。

纲 癸卯，二年，春，桓玄自为大将军。秋九月，玄自为相国，封楚王，加九锡。

目 桓谦私问彭城内史刘裕曰：“楚王勋德隆重，朝廷之情，咸谓宜有揖让，卿以为何如？”刘裕曰：“楚王勋德盖世，晋室民望久移，乘运禅代，有何不可？”谦即喜曰：“卿谓之可即可耳。”

纲 冬十一月，楚王玄称皇帝，废帝为平固王，迁于寻阳。

目 玄表请归藩，使帝手诏固留之。诈言钱塘临平湖开，江州甘露降，使百僚集贺，为己受命之符。又以前世皆有隐士，耻独无之，求得皇甫希之，给其资用，使居山林；征为著作郎，又使固辞，然后下诏旌礼，号曰“高士”，时人谓之“充隐”。至是，卞范之为禅诏，逼帝书之。遣司徒王谧禅位于楚；出居永安宫；百官诣姑孰劝进。玄筑坛于九井山北，即帝位，改元永始。封帝为平固王，迁于寻阳。玄入建康宫，登御座而床忽陷，群下失色。殷仲文曰：“将由圣德深厚，地不能载。”玄大悦。

纲 甲辰，三年，春二月，刘裕起兵京口讨玄，玄使弟谦拒之。

纲 刘裕从徐、兖刺史桓修入朝。玄谓王谧曰：“裕风骨不常，盖人杰也。”玄妻刘氏亦谓玄曰：“裕龙行虎步，视瞻不凡，恐终不为人下，不如早除之。”玄曰：“我方平荡中原，非裕莫可用者；俟关、河平定，别议之耳。”裕与何无忌同舟还京口，密谋兴复。刘迈弟毅家于京口，亦与无忌谋之。无忌曰：“草泽之中非无英雄也。”毅曰：“所见唯有刘下邳。”无忌笑而不答，还以告裕，遂与定谋。

平昌孟昶为桓弘主簿，至建康还，裕谓之曰：“草间当有英雄起，卿颇闻乎？”昶曰：“今日英雄有谁，正当是卿耳！”于是裕、毅、无忌、昶及裕弟道规、诸葛长民等，相与合谋起兵。无忌夜草檄文，其母密窥之，泣曰："吾不及东海吕母明矣。汝能如此，吾复何恨！"

裕托以游猎，与无忌收合徒众，得百余人。诘旦，京口门开，无忌着传诏服，称敕使，居前，徒从随之入，斩桓修以徇。裕问无忌曰："急须一府主簿，何由得之？"无忌曰："无过刘道民。"道民者，东莞刘穆之也。裕曰："吾亦识之。"即驰信召焉。穆之坏布裳为袴，往见裕。裕曰："始举大义，须一军吏甚急，卿谓谁堪其选？"穆之曰："仓猝之际，略当无见逾者。"裕笑曰："卿能自屈，吾事济矣。"即于坐署主簿。

孟昶劝桓弘其日出猎，天未明，开门出猎；孟昶与刘毅、刘道规帅壮士数千人直入，斩之，因收众济江。众推裕为盟主，总督徐州事，以昶为长史，守京口。裕帅二州之众千七百人，军于竹里，移檄远近。

玄加桓谦征讨都督，遣吴甫之、皇甫敷相继北上。玄忧惧特甚。或曰："裕等乌合微弱，势必无成，何虑之深？"玄曰："刘裕足为一世之雄；刘毅家无儋石之储，摴蒱一掷百万；何无忌酷似其舅；共举大事，何谓无成！"

纲 三月，刘裕及桓谦战于覆舟山，大破之，玄出走。裕立留台于石头。

目 玄使桓谦屯东陵，卞范之屯覆舟山西，合众二万。裕军数道并前，裕与刘毅身先士卒，进突其陈，将士皆殊死战，因风纵火，谦等大溃。玄鞭马趣石头，浮江南走。裕入建康，明日，徙屯石头城，立留台百官，遣诸将追玄，尚书王嘏帅百官奉迎乘舆，诛玄宗族在建康者。

纲 玄至寻阳，逼帝西上，刘毅等率兵追之。

纲 夏四月，玄挟帝入江陵。

纲 玄挟帝东下。

纲 五月，刘毅等及玄战于峥嵘洲，大破之。玄复挟帝入江陵，宁州督护冯迁击玄，诛之，帝复位。

目 刘毅、何无忌、刘道规帅众自寻阳西上，与桓玄遇于峥嵘洲。道规麾众先进，毅等从之，乘风纵火，尽锐争先，玄众大溃。玄挟帝单舸西走，入江陵。毛璩之弟子修之为校尉，诱玄入蜀，会璩弟宁州刺史璠卒官，璩使兄孙祐之帅数百人送其丧，遇玄于枚回洲，迎击之。督护冯迁抽刀而前，玄曰："汝何人，敢杀天子！"迁曰："我杀天子之贼耳！"遂斩之。乘舆反正于江陵。

纲 秋九月，魏改官制。

目 魏王珪置六谒官，准古六卿。其官名多仿上古龙官、鸟官，谓诸曹之使为凫鸭，取其飞之迅疾也；谓候官伺察者为白鹭，取其延颈远望也；余皆类此。

纲 乙巳，义熙元年，春正月，秦以鸠摩罗什为国师。

目 秦王兴以鸠摩罗什为国师，奉之如神，帅群臣及沙门听讲。又命罗什翻译西域经、论，大营塔寺，沙门坐禅者常以千数。由是州郡化之，事佛者十室而九。

纲 二月，帝东还。三月，帝至建康，除拜琅邪王德文、武陵王遵、刘裕以下有差。

纲 夏四月，以刘裕都督十六州军事，出镇京口。

纲 以卢循为广州刺史。

目 时朝廷新定，未暇征讨，以循为广州刺史，徐道覆为始兴相。循遣使贡献，因遗刘裕益智粽，裕报以续命汤。循之陷番禺也，执刺史吴隐之。至是，裕与循书，令遣隐之还，循不从。长史王诞曰："孙伯符岂不欲留华子鱼邪？但以一境不容二君耳。"循乃遣之。

纲 秋九月，南燕主备德卒，太子超立。

纲 丁未，三年，夏六月，赫连勃勃自称大夏天王。

纲 秋七月，燕高云弑其主熙，自立为"天王"。

纲 戊申，四年，春正月，刘裕自为扬州刺史、录尚书事。

目 王谧既卒，刘毅等不欲刘裕入辅政，议以谢混为扬州刺史；或欲令裕于丹徒领扬州，以内事付孟昶。遣皮沈以二议谘裕，沈先见刘穆之，具道朝议。穆之密白裕曰："晋命已移，公勋高位重，岂得遂为守藩之将邪！刘、孟与公，俱起布衣，立大义以取富贵，一时相推，非委体心服，宿定臣主之分也；力敌势均，终相吞噬。扬州根本所系，不可假人。前者以授王谧，事出权道；今若复以他授，便应受制于人。一失权柄，何由可得？今但答以'此事既大，非可悬论，便暂入朝，其尽同异'。公至京邑，彼必不敢越公更授余人矣。"裕从之。朝廷乃征裕为侍中、扬州刺史、录尚书事。裕解兖州，以诸葛长民镇丹徒，刘道怜戍石头。

纲 冬十一月，南燕汝水竭。

纲 南凉复称王。

纲 己酉,五年,春三月,恒山崩。

纲 夏四月,刘裕伐南燕。六月,及燕师战于临朐,大破之,遂围广固。

纲 秋七月,西秦复称王。九月,秦王兴伐夏,夏王勃勃袭而败之。

纲 冬十月,燕弑其君云,冯跋自立为"大王"。

纲 魏清河王绍弑其君珪,齐王嗣讨绍,杀之而自立。

纲 十二月,太白犯虚、危。

纲 庚戌,六年,春二月,刘裕拔广固,执南燕主超,送建康斩之。

纲 卢循寇长沙、南康、庐陵、豫章,陷之。刘裕引军还。

目 初,徐道覆闻刘裕北伐,劝卢循袭建康,循许之。至是,循自始兴寇长沙,道覆寇南康、庐陵、豫章,皆陷之。道覆顺流而下,舟楫甚盛。朝廷急征裕,裕引兵还。

纲 三月,江、荆都督何无忌讨徐道覆,战败,死之。

目 无忌自寻阳引兵拒卢循,与徐道覆遇于豫章。贼令强弩数百,登山邀射,乘风暴急,以大舰逼之,众遂奔溃。无忌厉声曰:"取我苏武节来!"节至,执以督战。贼众云集,遂握节而死。

纲 夏四月,刘裕至建康。

目 刘裕至下邳,以船载辎重,自帅精锐步归。闻何无忌败死,卷甲兼行。将济江,风急,众咸难之。裕曰:"若天命助国,风当自息;不然,覆溺何害!"即命登舟,舟移而风止。四月,至建康。

纲 五月,豫州都督刘毅及卢循战于桑落洲,败绩。循进逼建康。

纲 六月,刘裕自为太尉、中书监,加黄钺;复辞官而受黄钺。

纲 秋七月,卢循退还寻阳,刘裕遣兵追之。

纲 刘裕遣将军孙处等率兵袭番禺。

纲 冬十一月,孙处攻番禺,拔之。

纲 辛亥,七年,春正月,秦王兴命群臣举贤才。

目 秦王兴命群臣搜举贤才。右仆射梁喜曰:"臣累受诏而未得其人,世可谓乏才矣。"兴曰:"自古帝王之兴,未尝取相于昔人,待将于将来，随时任才，皆能致治。卿自识拔不明，安得远诬四海乎？”群臣咸悦。

纲 刘藩等克始兴，斩徐道覆。

纲 三月，刘裕始受太尉、中书监之命。

纲 夏四月，卢循寇番禺，不克，走交州，刺史杜慧度击斩之。

纲 壬子，八年，夏四月，以刘毅都督荆、宁、秦、雍军事。

纲 六月，西秦乞伏公府弑其君干归。秋，世子炽磐讨杀之而自立。

纲 皇后王氏崩。葬僖皇后。

纲 冬，太尉裕帅师袭荆州，杀都督刘毅。

纲 北凉迁于姑臧。

纲 癸丑，九年，春，太尉裕还建康，杀豫州刺史诸葛长民。

目 初，裕之西征也，留长民监留府事而疑其难独任，乃加刘穆之建武将军，置吏给兵以防之。既而长民骄纵贪侈，为百姓患，惧裕归按之。闻刘毅被诛，谓所亲曰：“‘往年醢彭越，今年杀韩信’，祸其至矣！”因遗冀州刺史刘敬宣书曰：“盘龙专擅，自取夷灭。异端将尽，世路方夷，富贵之事，相与共之。”敬宣报曰：“下官常惧福过灾生，方思避盈居损。富贵之旨，非所敢当。”且使以书呈裕，裕曰：“阿寿故为不负我也。”至是，裕自江陵东还，潜入东府。长民闻之，惊趋至门。裕伏壮士丁旿等于幔中，引长民却人闲语。旿自幔后出，拉杀之。

纲 夏筑统万城。

纲 甲寅，十年，夏五月，西秦袭灭南凉，以傉檀归，杀之。

纲 乙卯，十一年，春，太尉裕帅师击荆州，都督司马休之拒战，众溃。

目 正月，刘裕收司马休之次子文宝、兄子文祖，赐死；自领荆州刺史，将兵击之。二月，休之上表罪状裕，勒兵拒之。裕密书招休之录事韩延之，延之复书曰：“刘裕足下，海内之人，谁不见足下之心，而欲欺诳国士！自谓‘处怀期物，有由来矣’，夫伐人之君，啖人以利，真可谓‘处怀期物，自有由来’乎！吾诚鄙劣，尝闻道于君子，以平西之至德，宁可无授命之臣乎！假令天长丧乱，九流浑浊，当与臧洪游于地下耳。”裕视书叹息，以示将佐曰：“事人当如此矣！”延之以裕父名翘，字显宗，乃更其字曰显宗，名其子曰翘，以示不臣刘氏。裕遂使参军檀道济、朱超石将步骑出襄阳。三月，裕帅诸将济江。休之兵临峭岸，裕腾之而上；直前力战。休之兵稍却。裕兵乘之，休之兵遂大溃。

纲 司马休之出奔秦，秦以为扬州刺史。

纲 太尉裕剑履上殿，入朝不趋，赞拜不名。秋八月，太尉裕还建康。以刘穆之为左仆射。

纲 荧惑不见八十余日，复出东井。秦大旱。

纲 丙辰，十二年，春正月，太尉裕自加都督二十二州军事。

纲 秦姚弼、姚愔作乱，伏诛。秦王兴卒，太子泓立。

纲 三月，太尉裕自加中外大都督，戒严伐秦。诏遣琅邪王德文修敬山陵。

纲 秋八月，太尉裕督诸军发建康。

目 裕以世子义符为中军将军，监留府事。刘穆之领军司，入居东府，总摄内外；司马徐羡之副之。遂发建康，遣将军王镇恶、檀道济将步军自淮、淝向许、洛；朱超石、胡藩趋阳城；沈田子、傅泓之趋武关；沈林子、刘遵考将水军出石门，自汴入河；以王仲德督前锋，开巨野入河。穆之谓镇恶曰："公今委卿以伐秦之任，卿其勉之！"镇恶曰："吾不克关中，誓不复济江！"穆之内总朝政，外供军旅，决断如流，事无壅滞。求诉咨禀，盈阶满室；穆之目览耳听，手答口酬，不相参涉，悉皆赡举。

裕至彭城。王镇恶、檀道济入秦境，所向皆捷。

纲 冬十月，将军檀道济克洛阳。

纲 十二月，太尉裕自加相国、扬州牧，封宋公，备九锡。复辞不受。

纲鉴易知录卷三五

东晋纪

安皇帝

纲　丁巳，十三年，春正月朔，日食。

纲　二月，西凉公李暠卒，世子歆立。

纲　三月，弘农人送义租给王镇恶等军。

纲　夏四月，太尉裕入洛阳。

目　齐郡太守王懿降魏，上书言："刘裕在洛，宜发兵绝其归路，可不战而克。"魏主嗣善之，以问崔浩，曰："刘裕克乎？"对曰："克之。"嗣曰："何故？"对曰："姚兴好事虚名而少实用，子泓懦弱，兄弟乖争。裕乘其危，兵精将勇，故必克。"嗣曰："裕既入关，不能进退，我以精骑直捣彭城，裕将若何？"对曰："诸将用兵，皆非裕敌。兴兵远攻，未见其利；不如静以待之。裕克秦而归，必篡其主。关中华、戎杂错，风俗劲悍；裕欲以荆、扬之化施之函秦，此无异解衣包火，张罗捕虎；虽留兵守之，人情未洽，趋向不同，适足资敌耳。愿且按兵息民以观其变，秦地终为国家之有，可坐而守也。"嗣笑曰："卿料之审矣。"浩曰："臣尝私论近世将相：若王猛之治国，苻坚之管仲也；慕容恪之辅幼主，慕容暐之霍光也；刘裕之平祸乱，司马德宗之曹操也。"

纲　秋七月，将军沈田子入武关。八月，秦主泓自将击之，大败而还。

纲　太尉裕至潼关，遣王镇恶帅水军自河入渭，大破秦兵，遂入长安。秦主泓出降。

纲　九月，太尉裕至长安，送姚泓诣建康，斩之。

纲　夏人进据安定。

目　夏王勃勃闻裕伐秦，曰："裕取关中必矣。然不能久留，必将南归；若留子弟及诸将守之，吾取之如拾芥耳。"乃秣马养士，进据安定。

纲 冬十月,太尉裕自进爵为王,增封十郡。复辞不受。

纲 十一月,刘穆之卒。

纲 十二月,太尉裕东还。留子义真都督雍、梁、秦州军事。

目 裕欲留长安经略西北,而诸将佐久役思归,多不欲留。会闻刘穆之卒,裕以根本无托,决意东归。乃以徐羡之为丹阳尹,管留任。而以次子义真为安西将军,守关中。王修为长史,王镇恶为司马,沈田子、毛德祖、傅弘之皆为参军、从事。关中人素重王猛,而是役也,镇恶功为多,故南人忌之。沈田子与镇恶争功,尤不平。裕将还,田子等屡言"镇恶家在关中,不可保信"。裕曰:"钟会不得遂其乱者,以有卫瓘故也。语曰'猛兽不如群狐',卿等十余人,何惧镇恶邪!"十二月,裕发长安,义真生十三年矣。

纲 夏王勃勃遣兵向长安。

目 夏王勃勃闻刘裕东还,大喜,召王买德问计。买德曰:"关中形胜之地,而裕以幼子守之,狼狈而归,正欲急成篡事,不暇复以中原为意。此天以关中赐我,不可失也。"勃勃乃使其子璝帅骑二万向长安,而自将大军为后继。

纲 戊午,十四年,春正月,王镇恶、沈田子帅师拒夏兵。田子矫杀镇恶。安西长史王修讨田子,斩之。参军傅弘之击夏兵,却之。

目 夏赫连璝至渭,关中民降之者属路。沈田子将兵拒之,畏其众盛,不敢进。王镇恶闻之,曰:"公以十岁儿付吾属,当共竭力,而拥兵不进,虏何由得平!"遂与田子俱出。田子与镇恶素有相图之志,至是益忿惧。军中又讹言:"镇恶欲尽杀南人,据关中反。"田子遂请镇恶至傅弘之营计事;因屏人语,使人斩之,矫称受太尉令。义真与王修被甲登门以察其变。修执田子,数以专戮而斩之。弘之破夏兵,夏兵乃退。

纲 太尉裕至彭城,解严。琅邪王德文还建康。

纲 以刘义隆为荆州刺史。

纲 夏六月,太尉裕受相国、宋公、九锡之命。

纲 冬十月,刘义真杀其长史王修,关中大乱。十一月,夏王勃勃陷长安,义真逃归。

纲 夏王勃勃称皇帝。

纲 彗星见。

目 彗星出天津,入太微,经北斗,络紫微,八十余日而灭。魏崔浩谓魏主嗣曰:“晋室陵夷,危亡不还;彗之为异,其刘裕将篡之应乎!”

纲 十二月,宋公刘裕弑帝于东堂。奉琅邪王德文即位。

目 裕以谶云:“昌明之后,尚有二帝。”乃使中书侍郎王韶之,与帝左右密谋弑帝而立德文。德文常在帝左右,韶之不得间。会德文有疾,出居于外,韶之以散衣缢帝于东堂。裕因称遗诏,奉德文即位。

恭皇帝

纲 己未,恭皇帝元熙元年,春正月,立皇后褚氏。葬休平陵。

纲 夏主勃勃杀隐士韦祖思。

目 夏主勃勃征隐士京兆韦祖思。既至,恭惧过甚。勃勃怒曰:“我以国士待汝,汝乃以非类遇我!汝昔不拜姚兴,今何独拜我?我在,汝犹不以我为帝王;我死,汝曹弄笔,当置我于何地邪!”遂杀之。

纲 夏主勃勃还统万。

纲 秋七月,宋公裕始受进爵之命,移镇寿阳。

纲 冬十月,以刘义真为扬州刺史。

纲 十二月,宋王裕加殊礼,进太妃为太后,世子曰太子。

纲 庚申,二年,夏四月,长星出竟天。六月,宋王裕还建康。称皇帝,废帝为零陵王;以兵守之。

目 宋王裕欲受禅而难于发言,乃集朝臣宴饮,从容言曰:“桓玄篡位,鼎命已移。我唱义兴复,平定四海,功成业著,遂荷九锡。今年将衰暮,崇极如此,物忌盛满,非可久安;今欲奉还爵位,归老京师。”群臣莫喻其意。日晚,坐散,中书令傅亮乃悟,叩扉请见,曰:“臣暂宜还都。”裕解其意,无复他言。亮出,见长星竟天,拊髀叹曰:“我常不信天文,今始验矣。”亮至建康,四月,征裕入辅。裕留子义康镇寿阳。以参军刘湛为长史,决府事。湛自幼年即有宰物之志,常自比管、葛,博涉书史,不为文章,不喜谈议。裕甚重之。

六月,裕至建康。亮具诏草,使帝书之。帝欣然操笔,谓左右曰:“桓玄之时,晋氏已无天下,重为刘公所延,将二十载;今日之事,本所甘心。”遂书赤纸为诏。逊于琅邪第,百官拜辞,秘书监徐广流涕哀恸。

裕为坛于南郊，即位。广又悲感流涕，侍中谢晦谓之曰："徐公得无小过！"广曰："君为宋朝佐命，身是晋室遗老，悲欢之事，固不可同。"

宋王临太极殿，大赦，改元。奉晋恭帝为零陵王，即宫于故秣陵县，使将军刘遵考将兵防卫。

纲　宋尊王太后为皇太后。

纲　北凉王蒙逊诱西凉公歆与战，杀之，遂灭西凉。

纲　秋八月，宋立子义符为皇太子。

纲　冬，凉李恂入敦煌，称刺史。

右东晋十一帝，共一百四年；合两晋一十五帝，共一百五十六年。

南北朝·宋纪　附北魏

高祖武帝

纲　辛酉，春二月，宋以庐陵王义真为司徒，徐羡之为尚书令、扬州刺史，傅亮为仆射。

纲　北凉屠敦煌，杀李恂。

纲　秋九月，宋主刘裕弑零陵王于秣陵。

目　初，宋主刘裕以毒酒一罂授前琅邪郎中令张伟，使鸩零陵王，伟叹曰："鸩君以求生，不如死！"乃自饮而卒。至是，裕令兵人逾垣而入，进药于王。王不肯饮，兵人以被掩杀之。裕帅百官临于朝堂三日。

纲　冬十一月，葬晋恭帝于冲平陵。

纲　宋豫章太守谢瞻卒。

目　初，宋台始建，瞻为中书侍郎，其弟晦为右卫将军。时晦权遇已重，自彭城还都迎家，宾客辐凑。瞻惊骇，谓晦曰："汝名位未多，而人归趣乃尔！吾家素以恬退为业，不愿干豫时事，交游不过亲朋，而汝遂势倾朝野，此岂门户之福邪！"乃以篱隔门庭曰："吾不忍见此。"及宋主即位，晦以佐命功，位任益重，瞻愈忧惧。至是，遇病不疗。临终，遗晦书曰："吾得启体幸全，亦何所恨！弟思自勉励，为国为家。"

纲　壬戌，春，宋以徐羡之为司空、录尚书事。

目　羡之起自布衣，无学术，直以志力局度，一旦居廊庙，朝野推服，咸谓有宰臣之望。沉密寡言，不以忧喜见色；颇工弈棋，观戏，常若未解。傅亮、蔡廓常言："徐公晓万事，安异同。"尝与傅亮、谢晦宴聚，亮、晦才学辩博，羡之风度详整，时然后言。郑鲜之叹曰："观徐、傅言论，不复以学问为长。"

纲 夏五月，宋主裕殂，太子义符立。

目 宋高祖疾甚，召太子义符诫之曰："檀道济虽有干略，而无远志、难御之气也。徐羡之、傅亮当无异图。谢晦数征伐，颇识机变，若有同异，必此人也。"又为手诏曰："后世若有幼主，朝事一委宰相，母后不烦临朝。"羡之、亮、晦、道济同被顾命，遂殂。义符即位，年十七，立妃司马氏为皇后。七月，葬初宁陵。

纲 六月，宋以傅亮为中书监、尚书令，谢晦为中书令，谢方明为丹阳尹。

营阳王

纲 癸亥，春正月，宋以蔡廓为吏部尚书；不受。

目 宋以廓为吏部尚书。廓谓傅亮曰："选事若悉以见付，不论；不然，不能拜也。"亮以语徐羡之，羡之曰："黄、散以下悉以委蔡；以上，故宜共参同异。"廓曰："我不能为徐干木署纸尾！"遂不拜。

纲 二月，魏筑长城。

目 柔然寇魏边。魏筑长城，自赤城至五原，二千余里，置戍以备之。

纲 冬十一月，魏主嗣殂，太子焘立。

纲 魏立天师道场。

目 魏光禄大夫崔浩，不好老、庄书，曰："此矫诬之说，不近人情。"尤不信佛法，曰："何为事此胡神！"左右多毁之；魏主不得已，命浩以公归第，然素知其贤，每有疑议，辄召问之。浩常自谓才比张良而稽古过之。既归第，因修服食养性之术。初，嵩山道士寇谦之，修张道陵之术，自言尝遇老子降，命继道陵为天师，授以辟谷轻身之术，使之清整道教。又遇神人李谱文，云老子之玄孙也。授以图箓真经，使之辅佐北方太平真君；出天宫静轮之法。谦之奉其书，献于魏主。朝野多未之信，浩独师受其术，且上书曰："圣王受命，必有天应，河图、洛书皆寄言于虫兽之文，未若今日人神接对，手笔粲然，辞旨深妙，自古无比；岂可以世俗常虑而忽上灵之命哉！"魏主欣然，使谒者奉玉帛、牲牢祭嵩岳，迎致谦之弟子，起天师道场于平城东南。

太祖文帝

纲　甲子，春正月，宋废其庐陵王义真为庶人。

纲　夏五月，宋徐羡之、傅亮、谢晦废其主义符为营阳王，迁于吴。六月，弑之。迎宜都王义隆于江陵，杀前庐陵王义真，以谢晦行都督荆、湘等州军事。

纲　秋八月，宋主义隆立。

纲　乙丑，春正月，宋主始亲听政。

纲　二月，燕有女子化为男。

纲　秋八月，夏主勃勃殂，世子昌立。

纲　丙寅，春正月，宋讨徐羡之、傅亮，诛之。以王弘为司徒、扬州刺史、录尚书事，彭城王义康都督荆、湘等州军事。谢晦举兵反江陵。

目　宋主下诏暴徐羡之、傅亮、谢晦杀二王之罪，命中领军到彦之、征北将军檀道济以时收翦。羡之走至新林，自经死。亮出走，被执，伏诛。

宋主问讨晦之策于檀道济，对曰："臣昔与晦同从北征，入关十策，晦有其九，才略明练，殆为少敌。然未尝孤军决胜，戎事恐非其长。臣悉晦智，晦悉臣勇。今奉王命以讨之，可未陈而擒也。"征王弘为侍中、司徒、录尚书事、扬州刺史，彭城王义康为荆湘都督、荆州刺史。晦闻徐、傅等已诛，自出射堂勒兵。奉表称羡之等忠贞，横被冤酷，皆王弘等谗构成祸。今当举兵以除君侧之恶。

纲　闰月，宋子劭生。

目　初，袁皇后生皇子劭，后自详视，使驰白帝曰："此儿形貌异常，必破国亡家，不可举。"即欲杀之。帝狼狈至后殿户外，禁之，乃止。以尚在谅暗，故秘之。至是，始言劭生。

纲　宋主自将讨谢晦。二月，诛之。

纲　三月，宋以谢灵运为秘书监，颜延之为中书侍郎。

目　宋主还建康，即征灵运、延之，用之。又以慧琳善谈论，因与议朝廷大事，遂参权要，宾客辐凑，四方赠赂相系。琳著高屐，披貂裘，置通呈书佐。会稽孔颉曰："遂有黑衣宰相，可谓冠屐失所矣！"

纲　夏五月，宋以檀道济为江州刺史，到彦之为南豫州刺史。

纲 六月，宋以王华、王昙首、殷景仁、刘湛为侍中，谢弘微为黄门侍郎。

目 王华与刘湛、王昙首、殷景仁俱为侍中，风力局干，冠冕一时，黄门侍郎谢弘微与华等皆宋主所重，当时号曰“五臣”。

弘微精神端审，时然后言，婢仆之前，不妄语笑；由是尊卑小大，敬之若神。从叔混特重之，常曰：“微子异不伤物，同不害正，吾无间然。”初，混尚晋晋陵公主。混死，诏绝婚；公主悉以家事委弘微。混仍世宰辅，僮仆千人，唯有二女，年数岁，弘微为之纪理生业，一钱尺帛皆有文簿。九年而晋亡，公主降号东乡君，听还谢氏。入门，屋宇、仓廪，不异平日；田畴、垦辟，有加于旧。东乡君叹曰：“仆射平生重此子，可谓知人；仆射为不亡矣！”

纲 冬十月，魏主自将攻夏。

纲 十一月，魏主入统万，别将取蒲坂及长安。

纲 丁卯，春正月，魏主还平城。

纲 宋主谒京陵。

目 初，高祖命藏微时耕具以示子孙。帝至故宫，见，有惭色。近侍或进曰：“大舜躬耕历山，伯禹亲事水土。陛下不睹遗物，安知先帝之至德，稼穑之艰难乎！”

纲 夏五月，魏主发平城。

纲 六月，夏主及魏主战于统万，败，走上邽。魏取统万。

纲 秋八月，魏主还平城。

纲 冬十一月，晋征士陶潜卒。

目 潜字渊明，浔阳人，侃之曾孙也。少有高趣，博学不群，以亲老、家贫为州祭酒；少日自解归。召主簿，不就。躬耕自资，遂抱羸疾。后复为彭泽令，不以家自随，送一力给其子，书曰：“此亦人子也，可善遇之。”在官八十余日，郡遣督邮至县，吏请曰：“应束带见之。”潜叹曰：“我岂能为五斗米，折腰向乡里小儿！”即日解印绶去。赋归去来辞，著五柳先生传以自见。征著作郎，不就。妻翟氏，亦与同志，能安勤苦，夫耕于前，妻锄于后。潜自以先世为晋辅，耻复屈身后代。自宋高祖王业渐隆，不复肯仕。是岁，将复征之，会卒。世号靖节先生。

纲 戊辰，春二月，魏人及夏战于上邽，执其主昌以归。夏赫连定称帝于平凉，魏人追之，败绩。夏复取长安。

纲　夏五月，秦乞伏炽磐卒，世子暮末立。

纲　己巳，春三月，宋立子劭为太子。

纲　冬十月，魏以崔浩为抚军大将军。

目　魏主加崔浩侍中、特进、抚军大将军，以赏其谋画之功。浩善占天文，魏主每如浩家，问以灾异。尝谓浩曰："卿才智渊博，著忠三世，故朕引以自近。卿宜尽忠规谏，勿有所隐。"尝指浩以示高车渠帅，曰："此人尪纤懦弱，不能弯弓持矛，然其胸中所怀，乃过于甲兵。朕之前后有功，皆此人所教也。"

纲　十一月朔，日食，星昼见。秦地震。

纲　庚午，春三月，宋遣将军到彦之等伐魏。

目　宋主有恢复河南之志。诏简甲卒五万给右将军到彦之，统将军王仲德、竺灵秀舟师入河。又使将军段宏将精骑直指虎牢，刘德武将兵继进，长沙王义欣监征讨诸军事，出镇彭城，为众军声援。先遣将军田奇告魏主曰："河南旧是宋土，中为彼所侵，今当修复旧境，不关河北。"魏主大怒曰："我生发未燥，已闻河南是我地。必若进军，当权敛戍相避，冬寒冰合，自更取之。"

纲　秋七月，魏河南诸军退屯河北。宋到彦之等取河南。

目　魏主诏造船三千艘，简幽州以南戍兵集河上。以司马楚之为安南大将军，封琅邪王，屯颍川。

到彦之自淮入泗，七月，至须昌，乃溯河西上。魏主以河南四镇兵少，命悉众北渡。彦之留朱修之守滑台，尹冲守虎牢，杜骥守金墉。诸军进屯灵昌津，列守南岸，至于潼关。于是司、兖既平，诸军皆喜，王仲德独有忧色，曰："诸贤不谙北土情伪，必堕其计。胡虏虽仁义不足，而凶狡有余，今敛戍北归，必并力完聚。若河冰既合，将复南来，岂可不以为忧乎！"

纲　八月，魏遣将军安颉击宋师。

纲　九月，燕王冯跋殂，弟弘杀其太子翼自立。

纲　西秦春正月不雨，至于是月。

纲　冬十月，宋铸四铢钱。

纲　宋到彦之保东平。魏攻宋金墉、虎牢，取之。

纲 十一月,宋遣将军檀道济伐魏。到彦之弃军走。魏攻宋滑台。

纲 辛未,春正月,宋檀道济救滑台,败魏师于寿张。

纲 夏灭秦。以秦王暮末归,杀之。

纲 二月,魏克滑台。

目 檀道济等至济上,与魏三十余战,道济多捷。至历城,魏叔孙建等纵轻骑邀其前后,焚烧谷草,道济军乏食,不能进,由是安颉、司马楚之等得专力攻滑台,魏主复使将军王慧龙助之。朱修之坚守数月,粮尽,与士卒熏鼠食之。魏遂克滑台,执修之,嘉其守节,以为侍中。

纲 宋檀道济引兵还。青州刺史萧思话弃城走。

目 道济等食尽,自历城还;士有亡走魏者,具告之。魏人追之,众恟惧,将溃。道济夜唱筹量沙,以所余少米覆其上。及旦,魏军见之,谓资粮有余,以降者为妄而斩之。道济引兵徐出,魏人以为有伏兵,不敢逼,道济全军而返。青州刺史萧思话弃城走,魏军竟不至。

纲 夏六月,夏主定击凉,吐谷浑袭败之,执定以归。

纲 秋九月,魏以崔浩为司徒,长孙道生为司空。

目 道生性清俭,一熊皮鄣泥,数十年不易。魏主使歌工历颂群臣曰:"智如崔浩,廉若道生。"

纲 癸酉,夏四月,凉王蒙逊卒,子牧犍立。

纲 冬十一月,宋谢灵运有罪诛。

目 灵运好为山泽之游,穷幽极险,从者数百人,伐木开径;百姓惊扰,以为山贼。会稽太守孟颛表其有异志;灵运诣阙自陈,上以为临川内史。灵运游放自若,为有司所纠。遣使收之;灵运执使者,兴兵逃逸,作诗曰:"韩亡子房奋,秦帝鲁连耻。"追讨,擒之。廷尉论正斩刑;上爱其才,降死,徙广州。或告灵运令人买兵器,结健儿,欲于三江口篡取之,不果。诏于广州弃市。

纲 甲戌,春,燕王弘称藩于魏。

目 燕王遣高颙称藩请罪于魏,以季女充掖庭;魏主许之,征其太子王仁入朝。燕王送魏使者于什门还平城。什门在燕二十一年,不屈节。魏主下诏褒称,以比苏武,拜治书御史,策告宗庙,颁示天下。

纲　丙子，春三月，宋杀其司空檀道济。

目　道济立功前朝，威名甚重，左右腹心并经百战，诸子又有才气，朝廷疑畏之。宋主久疾不愈，刘湛说司徒义康，以为宫车一日晏驾，道济不复可制。会宋主疾笃，义康请召道济入朝。至，留累月。将还，义康称诏召道济入祖道，因执之。三月，下诏称："道济因朕寝疾，规肆祸心。"收付廷尉，并其子植等十一人诛之。又杀其参军薛彤、高进之，二人皆道济腹心，有勇力，时人比之关、张。道济见收，愤怒，目光如炬，脱帻投地，曰："乃坏汝万里长城！"魏人闻之，喜曰："道济死，吴子辈不足复惮。"

纲　夏，魏伐燕，燕主弘奔高丽。

纲　冬，宋铸浑仪。

纲　戊寅，冬十一月，宋立四学。以雷次宗为给事中，不受。

目　豫章雷次宗好学，隐居庐山。尝征为散骑侍郎，不就。是岁，以处士征至建康，为开馆于鸡笼山，使聚徒教授。宋主雅好艺文，使丹阳尹何尚之立玄学，太子率更令何承天立史学，司徒参军谢元立文学，并次宗儒学为四学。宋主数幸次宗学馆，令次宗以巾褠侍讲，资给甚厚。又除给事中，不就。久之，还庐山。

宋主性仁厚恭俭，勤于为政；守法而不峻，容物而不弛。百官皆久于其职，守宰以六期为断，吏不苟免，民有所系。三十年间，四境之内，晏安无事，户口蕃息；出租供徭，止于岁赋，晨出暮归，自事而已。闾阎之内，讲诵相闻，士敦操尚，乡耻轻薄。江左风俗，于斯为美，后之言政治者，皆称元嘉焉。

纲　己卯，春二月，宋以衡阳王义季都督荆、湘等州军事。

目　义季尝春月出畋，有老父被苫而耕，左右斥之，老父曰："盘于游畋，古人所戒。今阳和布气，一日不耕，民失其时，奈何以从禽之乐而驱斥老农也！"义季止马曰："贤者也。"命赐之食，辞曰："大王不夺农时，则境内之民皆饱大王之食，老夫何敢独受大王之赐乎！"义季问其名，不告而退。

纲　夏六月，魏主伐凉。秋九月，姑臧溃，凉王牧犍降。

纲　冬十二月，宋太子劭冠。

纲　魏主还平城。

目 凉州自张氏以来，号为多士。沮渠牧犍尤喜文学，其臣阚骃、张湛、刘昞、索敞、阴兴、宗钦、赵柔、程骏、程弘，魏主皆礼而用之。河内常爽，世寓凉州，不受礼命，魏主以为宣威将军。以索敞为中书博士。时魏方尚武功，贵游子弟不以讲学为意。敞为博士十余年，勤于诱导，肃而有礼，贵游严惮，多所成立。常爽亦置馆于温水之右，教授七百余人；立赏罚之科，弟子事之如严君。由是，魏之儒风始振。

纲 魏命崔浩、高允修国史。

纲 庚辰，夏六月，魏大赦，改元。

纲 冬十月，宋领军刘湛有罪，诛。以彭城王义康为江州刺史，江夏王义恭为司徒、录尚书事，始兴王浚为扬州刺史。

目 宋司徒义康专总朝权，势倾远近，朝野辐凑。自谓兄弟至亲，不复存君臣形迹。领军刘湛与仆射殷景仁有隙，欲倚义康以倾之。义康权势已盛，湛愈推崇之，无复人臣之礼，宋主浸不能平。至是，收湛，下诏诛之。义康上表逊位，诏以为江州刺史，出镇豫章。

义康用事，人争求亲昵，唯主簿江湛，早能自疏，求出为武陵内史。檀道济尝为子求婚于湛，湛固辞，道济因义康以请，湛拒之愈坚，故不染于二公之难。义康问沙门慧琳曰："弟子有还理否？"琳曰："恨公不读数百卷书。"初，吴兴太守谢述，累佐义康，数有规益，早卒。至是，义康叹曰："昔谢述唯劝吾退，刘斑唯劝吾进。今斑存而述死，其败也宜哉！"

江夏王义恭惩彭城之败，虽为总录，奉行文书而已。以始兴王浚为扬州刺史，范晔、沈演之为左、右卫将军，对掌禁旅，庾炳之为吏部郎，俱参机密。

纲 壬午，春正月，魏主诣道坛受符箓。

纲 冬十二月，宋修孔子庙。

纲 甲申，春正月，宋主耕藉田，大赦。

纲 秋八月，魏主畋于河西。

目 魏主诏以肥马给猎骑。尚书令古弼留守，悉以弱马给之。魏主大怒，欲还台斩之。弼官属惶怖，恐并坐诛，弼曰："吾为人臣，不使人主盘于游田，其罪小；不备不虞，乏军国之用，其罪大。今蠕蠕方强，南寇未灭，吾为国远虑，虽死何伤！且吾自为之，非诸君之忧也。"

魏主闻之，叹曰："有臣如此，国之宝也。"赐衣一袭。他日复畋于山北，获麋鹿数千头。诏尚书发牛车五百乘以运之。既而谓左右曰："笔公必不与我，汝辈不如自以马运之。"寻果得弼表，曰："秋谷悬黄，麻菽布野，猪鹿窃食，鸟雁侵费，风雨所耗，朝夕三倍。乞赐矜缓，使得收载。"魏主曰："果如吾言，笔公可谓社稷之臣矣！"

纲　乙酉，春正月朔，宋行元嘉历。

纲　三月，魏诏中书以经义决疑狱。

纲　冬十二月，宋太子詹事范晔谋反，伏诛。

目　初，鲁国孔熙先博学文史，兼通数术；为员外散骑侍郎，愤愤不得志。父默之为广州刺史，以赃获罪，彭城王义康救解得免。及义康迁豫章，熙先密怀报效。且以为天文、图谶，宋主必以非道晏驾，祸由骨肉，而江州应出天子。以范晔志意不满，欲引与同谋，而素不为晔所重。乃厚结晔甥太子中舍人谢综，综引熙先见晔。熙先家饶于财，数与晔博，故为拙行，以物输之，由是情好款洽。熙先乃从容说晔弑宋主，立义康。晔愕然。熙先曰："丈人雅誉过人，谗夫侧目久矣，比肩竞逐，庸可遂乎！今建大勋，奉贤哲，图难于易，以安易危，岂可弃置而不取哉！"晔犹疑未决。熙先曰："又有过于此者，愚则未敢道耳。"晔曰："何谓也？"熙先曰："丈人奕叶清通，而不得连姻帝室，人以犬豕相遇，而丈人曾不耻之，欲为之死，不亦惑乎！"晔门无内行，故熙先以此激之。晔默然不应，反意乃决。事泄，宋主命有司收晔等赴廷尉。晔在狱为诗曰："虽无嵇生琴，庶同夏侯色。"十二月，晔、综、熙先及其子弟党与皆伏诛。晔母至市，涕泣责晔，晔色不怍；妹及妓妾来别，晔悲涕流连。综曰："舅殊不及夏侯色。"晔收泪而止。

纲　宋废其彭城王义康为庶人，徙安成郡。

目　义康在安成，读书，见淮南厉王事，废书叹曰："自古有此，我乃不知，得罪宜矣。"

纲　丙戌，春正月，宋伐林邑。

目　初，林邑王范阳迈虽贡奉于宋，而寇盗不绝，宋主遣交州刺史檀和之讨之。南阳宗悫，家世儒素。悫独好武事，常言"愿乘长风破万里浪"。至是，自请从军。和之进围区粟城，遣悫为前锋，击林邑别将，破之。

纲 三月，魏诛沙门，毁佛书、佛像。

目 魏崔浩素不信佛法，每言于魏主，以为佛法虚诞，为世费害，宜悉除之。及魏主至长安，入佛寺，沙门饮从官酒；入其室，见大有兵器，出以白魏主。魏主怒，命有司按诛阖寺沙门，阅其财产，大得酿具及窟室妇女。浩因说魏主，悉诛境内沙门，焚毁经像，魏主从之。诏曰："昔后汉荒君，信惑邪伪以乱天常，使政教不行，礼义大坏。朕欲除伪定真，灭其踪迹。有司其宣告征镇，诸有佛像胡书，皆击破焚烧，沙门无少长悉坑之。"太子晃素好佛法，乃缓宣诏书，沙门多亡匿获免，或收藏书像，唯塔庙无复孑遗。

纲 宋师克林邑。

目 檀和之等拔区粟，林邑王范阳迈倾国来战，以具装被象，前后无际。宗悫曰："吾闻外国有狮子，威服百兽。"乃制其形，与象相拒，象果惊走。和之遂克林邑，阳迈父子挺身走。所获未名之宝，不可胜计，悫一无所取，还家之日，衣栉萧然。

纲 秋七月，宋以杜坦为青州刺史。

目 初，杜预之子耽，避晋乱，居河西，仕张氏。秦克凉州，子孙始还关中。高祖灭后秦，坦兄弟从过江。时江东王、谢诸族方盛，北人晚渡者，朝廷悉以伧荒遇之，虽复人才可施，皆不得践清涂。宋主尝与坦论金日磾，曰："恨今无复此辈人！"坦曰："日磾假生今世，养马不暇，岂办见知！"宋主变色曰："卿何量朝廷之薄也！"坦曰："请以臣言之：臣本中华高族，世业相承，直以南渡不早，便以伧荒赐隔；况日磾胡人，身为牧圉乎！"宋主默然。

纲 丁亥，春三月，宋铸大钱。

纲 己丑，夏四月，宋罢大钱。

纲 秋七月，宋以随王诞为雍州刺史。

目 宋主欲经略中原，群臣争献策以迎合取宠。王玄谟尤好进言，宋主谓侍臣曰："观玄谟所陈，令人有封狼居须意。"御史中丞袁淑曰："陛下今当席卷赵、魏，检玉岱宗；臣逢千载之会，愿上封禅书。"宋主悦。以襄阳外接关、河，欲广其资力，乃罢江州军府文武，悉配雍州；湘州入台租税，悉给襄阳。

纲 庚寅，夏六月，魏杀其司徒崔浩，夷其族。

目　魏主使崔浩、中书侍郎高允等共撰国记，曰："务从实录。"著作令史闵湛、郄标，性巧佞，浩尝注易及论语、诗、书，湛、标上疏言："马、郑、王、贾，不如浩之精微，乞收境内诸书，颁浩所注，令天下习业。"浩亦荐湛、标有著述才。湛、标又劝浩刊所撰国史于石，以彰直笔。允闻之，谓著作郎宗钦曰："湛、标所营，分寸之间，恐为崔门万世之祸，吾徒亦无噍类矣！"浩竟刊石，立于郊坛东，方百步。所书魏之先世，事皆详实，列于衢路。北人无不忿恚，相与谮浩，以为暴扬国恶。魏主大怒，使有司按浩及秘书郎吏等罪状。

初，辽东公翟黑子奉使并州，受布千匹。事觉，谋于高允。允曰："公帷幄宠臣，有罪首实，庶或见原，不可重为欺罔。"崔鉴谓曰："首实，罪不可测，不如讳之。"黑子怨允曰："君奈何诱人就死地！"遂不以实对，魏主杀之。

魏主使允授太子经。及崔浩被收，太子召允谓曰："吾自导卿；至尊有问，但依吾语。"太子入，言"高允小心慎密，且制由崔浩，请赦其死"！魏主问曰："国书皆浩所为乎？"对曰："太祖记，前著作郎邓渊所为；先帝记及今记臣与浩共为之。然浩所领事多，总裁而已，至于著述，臣多于浩。"魏主怒曰："允罪甚于浩，何以得生！"太子惧曰："天威严重，允小臣，迷乱失次耳。臣向问，皆云浩所为。"魏主问："信如东宫所言乎？"对曰："臣罪当灭族，不敢虚妄。殿下哀臣，欲丐其生耳。"魏主顾谓太子曰："直哉！此人情所难，而允能为之！临死不易辞，信也；为臣不欺君，贞也。宜特除非罪以旌之。"遂赦之。

六月，诏诛浩，夷其族，余皆诛其身。他日，太子让允曰："吾欲为卿脱死，而卿终不从，激怒帝如此。每念之，使人心悸。"允曰："夫史者，所以记人主善恶，为将来劝戒，故人主有所畏忌，慎其举措。崔浩孤负圣恩，以私欲没其廉洁，爱憎蔽其公直，不为无罪。至于书朝廷起居，言国家得失，此为史之大体，未为多违。臣与浩实同其事，死生荣辱，义无独殊。诚荷殿下再造之慈，违心苟免，非臣所愿也。"太子动容称叹。允退谓人曰："我不奉东宫指导者，恐负翟黑子故也。"

纲　秋，宋人大举侵魏，取碻磝，围滑台。冬十月，魏主自将救之。宋将军王玄谟退走。

目　宋主欲伐魏，丹阳尹徐湛之、尚书江湛、宁朔将军王玄谟等并劝之;校尉沈庆之固陈不可;宋主使湛之等难之。庆之曰:“治国譬如治家,耕当问奴,织当访婢。陛下今欲伐国,而与白面书生辈谋之,事何由济!”宋主不从。七月,宋主遣王玄谟帅沈庆之、申坦水军入河,受督于青、冀刺史萧斌;建武司马申元吉趣碻磝。魏济、青刺史皆弃城走。萧斌与沈庆之留守碻磝,使王玄谟进围滑台。九月,魏主引兵南救滑台。王玄谟攻城,数月不下。十月,魏主夜渡河,众号百万;玄谟惧,退走。魏人追击之,死者万余人。萧斌遣沈庆之将五千人救玄谟,会玄谟遁还,斌将斩之,庆之固谏曰:“佛狸威震天下,控弦百万,岂玄谟所能当!且杀战将以自弱,非良计也。”斌乃止。斌欲守固碻磝,庆之曰:“今青、冀虚弱,而坐守穷城,若虏众东过,青东非国家有也。碻磝孤绝,复作朱修之滑台耳。”会诏使至,不听退师。斌复召诸将议之,庆之曰:“阃外之事,将军得以专之。诏从远来,不知事势。节下有一范增不能用,空议何施!”斌及坐者并笑曰:“沈公乃更学问!”庆之厉声曰:“众人虽知古今,不如下官耳学也。”斌乃使王玄谟戍碻磝,申坦、垣护之据清口,自将诸军还历城。

纲 十一月,魏主进至鲁郡,以太牢祠孔子。

纲 十二月,魏主引兵南下,攻盱眙,不克,进次瓜步。宋人戒严守江。

目 魏主引兵南下,所过无不残灭,城邑皆望风奔溃。初,盱眙太守沈璞到官,江、淮无警。璞以郡当冲要,乃缮城浚隍,积财谷,储石矢,为城守之备。魏人之南寇也,不赍粮用,唯以抄掠为资。及过淮,民多窜匿,抄掠无所得,人马饥乏;闻盱眙有积粟,欲以为北归之资。攻城不拔,即留数千人守盱眙,自帅大众南向。魏主至瓜步,坏民庐舍,及伐筀为筏,声言欲渡江。建康震惧,民皆荷担而立,内外戒严。宋主登石头城,有忧色,谓江湛曰:“北伐之计,同议者少。今日士民劳怨,予之过也。”又曰:“檀道济若在,岂使胡马至此!”

纲 魏及宋平。

纲鉴易知录卷三六

宋纪　附北魏

太祖文帝

纲　辛卯，春正月，魏师还。

纲　宋主杀其弟义康。

纲　二月，宋令民遭寇者，蠲其税调。

目　魏人凡破南兖、徐、兖、豫、青、冀六州，杀掠不可胜计，丁壮者即加斩戮，婴儿贯于槊上，盘舞以为戏。所过郡县，赤地无余，春燕归，巢于林木。魏之士马死伤亦过半。宋主每命将出师，常授以成律交战日时，是以将帅趑趄，莫敢自决。又江南白丁，轻进易退，此其所以败也。自是，邑里萧条，元嘉之政衰矣。

纲　三月，魏主还平城。

纲　夏六月，魏太子晃卒。

目　魏中常侍宗爱，性险暴，多不法，太子晃恶之。给事中仇尼道盛，有宠于晃，与爱不协。爱恐为所纠，遂构其罪。魏主怒，斩道盛于都街，东宫官属多坐死，晃以忧卒。

纲　壬辰，春二月，魏中常侍宗爱弑其君焘而立南安王余。

目　魏世祖追悼景穆太子不已；宗爱惧诛，二月，弑之，仆射兰延、和疋、薛提等秘不发丧。延、疋以皇孙浚冲幼，欲立长君，征秦王翰，置之秘室；提以浚嫡孙，不可废。议久不决。宗爱知之，自以得罪于景穆太子，而素恶翰，善南安王余，乃密迎余，矫皇后令召延等，而使宦者持兵伏禁中，以次收缚，斩之；杀翰，立余。余以爱为大司马、大将军。

纲　冬十月，魏宗爱弑其君余。魏主浚立。讨爱，诛之。

纲　魏复建佛图，听民出家。

纲　魏行玄始历。

纲 癸巳，春二月，宋太子劭弑其君义隆及其左卫率袁淑、仆射徐湛之、尚书江湛而自立。以何尚之为司空。

目 宋主欲废太子劭，赐始兴王濬死，先与侍中王僧绰谋之；使寻汉、魏典故，送徐湛之、江湛。武陵王骏素无宠，故屡出外藩，南平王铄、建平王宏皆为宋主所爱。铄妃，江湛之妹；随王诞妃，徐湛之之女也；湛劝立铄，湛之欲立诞。僧绰曰："建立之事，仰由圣怀。臣谓唯宜速断，不可稽缓。愿以义割恩，略小不忍；不尔，但应坦怀如初，无烦疑论。事机虽密，易致宣广，不可使难生虑表。"宋主曰："卿可谓能断大事。然此事至重，不可不殷勤三思。"宋主与湛之屏人语，或连日累夕。常使湛之自秉烛，绕壁简行，虑有窃听者。既而以其谋告潘淑妃，妃以告濬，濬驰报劭。劭乃谋为逆，夜呼前中庶子萧斌、左卫率袁淑、中舍人殷仲素入宫，流涕谓曰："主上信谗，将见罪废。内省无过，不能受枉。明日当行大事。"众惊愕，莫能对。久之，淑、斌皆曰："自古无此，愿加善思。"劭怒，变色。斌惧曰："当竭力奉令。"淑叱之曰："卿便谓殿下真有是邪？殿下幼尝患风，今疾动耳。"劭愈怒，因眄淑曰："事当克否？"淑曰："居不疑之地，何患不克！但既克之后，不为天地所容，大祸亦旋至耳。假有此谋，犹将可息。"左右引淑出曰："此何事，而云可罢乎！"淑还省，绕床行，至四更乃寝。明日，宫门未开，劭以朱衣加戎服上，乘画轮车，与萧斌同载，呼袁淑甚急，淑眠不起，劭停车催之。淑徐起，至车后；劭使登车，又辞不上，劭命杀之。门开而入。令张超之等数十人驰入斋阁，拔刃径上合殿。宋主其夜与徐湛之屏人语至旦，烛犹未灭，卫兵尚未起。宋主见超之入，举几捍之，五指皆落，遂弑之。湛之惊起，兵人杀之。江湛闻喧噪声，叹曰："不用王僧绰言，以至于此！"劭遣兵杀之。并使人杀潘淑妃。濬时在西州府，闻台内喧噪，不知事之济否，骚扰不知所为。俄而劭驰召濬，濬入见劭。劭曰："潘淑妃遂为乱兵所害。"濬曰："此是下情，由来所愿。"劭遂即位，下诏曰："徐湛之、江湛弑逆无状，今罪人斯得，可大赦，改元太初。"以萧斌为仆射，以何尚之为司空。劭不知王僧绰之谋，以为吏部尚书。

纲 三月，宋劭杀其吏部尚书王僧绰。

目 劭料简文帝巾箱，及江湛家书疏，得王僧绰所启飨士，并前代故事，收杀之。僧绰弟僧虔为司徒属，所亲咸劝之逃，僧虔泣曰："吾兄奉国以忠贞，抚我以慈爱，今日之事，苦不见及耳；若得同归九泉，犹羽化也。”劭因诬北第诸王侯，云与僧绰谋反，杀之。

纲　夏四月，宋江州刺史武陵王骏举兵讨劭，宋人立骏。五月，劭及弟浚皆伏诛。

纲　宋复以何尚之为尚书令。

世祖孝武帝

纲　甲午，春正月，宋铸孝建四铢钱。

纲　宋立子业为太子。

纲　乙未，春，宋镇北大将军沈庆之罢就第。

目　宋镇北大将军、南兖州刺史沈庆之请老，表数十上。诏听以公就第。顷之，宋主复欲用庆之，使何尚之往起之。庆之笑曰：“沈公不效何公，往而复返。”尚之惭而止。

纲　丙申，春正月，魏立贵人冯氏为后。二月，魏主立其子弘为太子。

纲　宋以宗悫为豫州刺史。

纲　冬十二月，宋金紫光禄大夫颜延之卒。

目　延之子竣贵重，凡所资供，一无所受，布衣茅屋，萧然如故。尝乘羸牛笨车，逢竣卤簿，即屏在道侧。常语竣曰：“吾平生不喜见要人，今不幸见汝！”竣起宅，延之谓曰：“善为之，无令后人笑汝拙也。”延之尝早诣竣，见宾客盈门，竣尚未起，延之怒曰：“汝出粪土之中，升云霞之上，遽骄傲如此，其能久乎！”竣丁忧，逾月，起为右将军，丹阳尹如故。

纲　戊戌，春二月，魏以高允为中书令。

目　魏中书侍郎高允，好切谏，事有不便，允辄求见，屏人极论。时有上事为激讦者，魏主谓群臣曰：“君有得失，不能面陈，而上表显谏，欲以彰君之短，明己之直，此岂忠臣所为乎！如高允者，乃真忠臣也。朕有过，未尝不面言，朕闻其过而天下不知，可不谓忠乎！”允所与同征者游雅等皆至大官，封侯，而允为郎二十七年不徙官。魏主谓群臣曰：“汝等虽执弓刀在朕左右，未尝有一言规正；唯伺朕喜悦，祈官乞爵，今皆无功而至王公。允执笔佐国家数十年，为益不少，不过为郎，汝等不自愧乎！”乃拜允中书令。帝重允，常呼为“令公”而不名。

游雅常曰："前史称卓子康、刘文饶之为人，褊心者或不之信。余与高子游处四十年，未尝见其喜愠之色，乃知古人为不诬耳。高子内文明而外柔顺，其言呐呐不能出口。昔崔司徒尝谓：'高生丰才博学，一代所推，所乏者，矫矫风节耳。'余亦以为然。及司徒得罪，诏指临责，声嘶股栗，殆不能言；高允独敷陈事理，辞义清辩，人主为之动容，此非所谓矫矫者乎！宗爱用事，威振四海。王公以下趋庭望拜，高子独升阶长揖，此非所谓风节者乎！夫人固未易知；吾既失之于心，崔又漏之于外，此乃管仲所以致恸于鲍叔也。"

纲　冬十月，宋以戴法兴、戴明宝、巢尚之为中书舍人。

目　时宋主亲览朝政，不任大臣；凡选授、迁徙、诛赏大处分，皆与法兴、尚之参怀；内外杂事，多委明宝。三人权重当时；而法兴、明宝大纳货贿，门外成市。吏部尚书顾觊之独不降意。蔡兴宗与觊之善，嫌其风节太峻，觊之曰："辛毗有言：'孙、刘不过使吾不为三公耳。'"觊之常以为"人禀命有定分，非智力所移，唯应恭己守道；而暗者不达，妄意侥幸，徒亏雅道，无关得丧"。乃著定命论以释之。

纲　己亥，夏五月，宋杀其东扬州刺史颜竣。

纲　秋七月，宋以沈庆之为司空。

纲　庚子，春正月，宋主耕藉田。三月，后亲蚕西郊，太后观礼。

纲　辛丑，夏，宋雍州刺史海陵王休茂反襄阳，为其下所杀。

目　宋主畋游无度，尝出，夜还，敕开门。侍中谢庄居守，以棨信或虚，执不奉旨，须黑敕乃开。宋主曰："卿欲效郅君章邪？"对曰："臣闻王者祭祀、畋游，出入有节。今陛下晨往宵归，臣恐不逞之徒，妄生矫诈，是以伏须神笔，乃敢开门耳。"

纲　秋九月，宋司空沈庆之罢就第。

纲　癸卯，夏，宋以蔡兴宗、袁粲为吏部尚书。

目　粲，淑之兄子也。宋主好狎侮群臣，常呼金紫光禄大夫王玄谟为老伧，仆射刘秀之为老悭，侍中颜师伯为䶗；其余短、长、肥、瘦皆有称目。又宠一昆仑奴，令以杖击群臣，惟惮蔡兴宗方严，不敢侵媟。议曹郎王耽之曰："蔡豫章昔在相府，亦以方严不狎，武帝宴私之日，未尝相召。蔡尚书今日可谓能负荷矣。"

纲　宋大修宫室。

目　宋主为人机警勇决,记问博洽,文章华敏;又善骑射,而奢欲无度。自晋氏渡江以来,宫室草创,孝武始作清暑殿。宋兴,无所增改。至是,始大修宫室,土木被锦绣,赏赐倾府藏。坏高祖所居阴室,于其处起玉烛殿,与群臣观之,床头有土障,壁上挂葛灯笼、麻蝇拂。侍中袁颛因盛称高祖俭素之德。宋主曰:"田舍公得此,已为过矣。"

纲　甲辰,夏闰五月,宋主骏殂,太子子业立。

目　宋主殂于玉烛殿。太子即位,年十六。蔡兴宗奉玺绶,太子受之,傲惰无戚容。兴宗出,告人曰:"家国之祸,其在此乎!"

废帝

纲　乙巳,春,宋铸二铢钱。

纲　夏五月,魏主浚殂,太子弘立。

纲　冬十一月,宋主杀其太尉沈庆之。

纲　宋主幽其诸父湘东王彧等于殿内。

纲　宋江州刺史晋安王子勋举兵寻阳。

目　宋主子业,以太祖、世祖在兄弟数皆第三,江州刺史晋安王子勋亦第三,故恶之。因何迈之谋,使左右朱景云送药赐子勋死。景云至湓口,停不进。子勋典签谢道迈闻之,驰告长史邓琬。琬曰:"身南土寒士,蒙先帝殊恩,以爱子见托,岂得惜门户百口,期当以死报效。幼主昏暴,社稷危殆,虽曰天子,事犹独夫。今便指帅文武,直造京师,与群公卿士废昏立明耳。"遂称子勋教令所部戒严,子勋戎服出听事,集僚佐,使主帅潘欣之宣旨谕之。四座未对,参军陶亮首请效死前驱,众皆奉旨。乃以亮为谘议中兵总统军事。旬日得五千人,出镇大雷,移檄远近。

纲　宋弑其君子业而立湘东王彧。

目　时三王久幽,不知所为。湘东王彧主衣阮佃夫及子业左右寿寂之、王敬则等阴谋弑子业。先是子业游华林园竹林堂,使宫人倮相逐;一人不从命,斩之。夜,梦在竹林堂,有女子骂曰:"悖虐不道,明年不及熟矣!"于是巫觋言竹林堂有鬼。子业出华林园,悉屏侍卫,与群巫彩女射鬼于竹林堂。寿寂之等抽刀前弑之,宣太皇太后令,数子业罪恶,命湘东王纂承皇极。彧即位,大赦。

纲　宋雍、郢、荆州、会稽郡皆举兵应寻阳。

太宗明帝

纲 丙午，春正月，宋遣建安王休仁讨江州。晋安王子勋遂称帝，二徐、司、豫、青、冀、湘、广、梁、益州皆应之。

目 时，宫省危惧，宋主谋于群臣。蔡兴宗曰："今普天同叛，人有异志，宜镇之以静，至信待人。叛者亲戚，布在宫省，若绳之以法，则土崩立至，宜明罪不相及之义。物情既定，人有战心，六军精勇，器甲犀利，以待不习之兵，其势相万矣！愿陛下勿忧。"

建武司马刘顺说豫州刺史殷琰，使应寻阳。琰初以家在建康，未许，后不得已而从之。宋主复谓兴宗曰："诸处未平，殷琰已复同逆；为之奈何?"兴宗曰："逆之与顺，臣无以辨。然今商旅断绝，而米甚丰贱，四方云合，而人情更安，以此卜之，清荡可必。但臣之所忧，更在事后，犹羊公之言耳。"宋主知琰附寻阳非本意，乃厚抚其家以招之。

纲 秋八月，宋台军克江州，杀子勋。

纲 冬十月，宋徐州刺史薛安都、汝南太守常珍奇叛降于魏。

目 宋徐州刺史薛安都、汝南太守常珍奇等，并遣使乞降于建康。宋主以南方已平，欲示威淮北，命张永、沈攸之将兵五万迎安都。蔡兴宗曰："安都归顺不虚，止须单使。今以重兵迎之，势必疑惧；如其外叛，招引北寇，将为朝廷旰食之忧。"宋主不从。安都果惧而叛，常珍奇亦以悬瓠降魏，皆请兵自救。

纲 宋立子昱为太子。

目 宋主无子，尝以宫人陈氏赐嬖人李道儿，已复迎还，生昱。又密取诸王姬有孕者，内之宫中，生男则杀其母，而使宠姬母之。

纲 丁未，春正月，魏取宋淮北四州及豫州淮西地。

目 宋张永等弃城夜走。尉元邀其前，薛安都乘其后，大破永等于吕梁之东，死者以万数。宋主召蔡兴宗以败书示之曰："我愧卿甚！"永及攸之皆坐贬，还屯淮阴。宋由是失淮北四州及豫州淮西之地。

纲 秋八月，宋遣中领军沈攸之击彭城，将军萧道成镇淮阴。

目 宋主复遣沈攸之等击彭城。攸之以清、泗方涸，粮运不继，固执以为不可。宋主怒，强遣之，而使行徐州事萧道成镇淮阴。道成收养豪俊，宾客始盛。

纲 戊申，秋七月，宋以萧道成为南兖州刺史。

纲 己酉，春正月，魏拔宋青州，执其刺史沈文秀。

目 沈文秀守东阳，魏人围之三年，外无救援，士卒昼夜拒战，甲胄生虮虱，无离叛之志。至是，魏人拔东阳，文秀解戎服，正衣冠，持节坐斋内。魏人执之，缚送慕容白曜，使之拜，文秀曰："各两国大臣，何拜之有！"白曜还其衣，为设馔，锁送平城。魏主宥之，待为下客，给恶衣、疏食；既而重其不屈，拜外都下大夫。于是，青、冀之地，尽入于魏矣。

纲 夏六月，魏立子宏为太子。冬十一月，魏遣使如宋修好。

纲 庚戌，夏六月，宋以南兖州刺史萧道成为黄门侍郎，寻复本任。

目 道成在军中久，民间或言其有异相，宋主疑之，征为黄门侍郎。道成惧，不欲内迁，而无计得留。参军荀伯玉教其遣数十骑入魏境，魏果遣游骑行境上；道成以闻，宋主乃使道成复本任。

纲 辛亥，春二月，宋主杀其弟晋平王休祐，以巴陵王休若为南徐州刺史。

纲 夏五月，宋主杀其弟建安王休仁。

纲 宋以袁粲为尚书令，褚渊为仆射。

纲 秋七月，宋主杀其弟巴陵王休若，以桂阳王休范为江州刺史。

纲 宋以萧道成为散骑常侍。

目 道成被征，所亲以朝廷方诛大臣，多劝勿行。道成曰："诸卿殊不见事，主上自以太子稚弱，剪除诸弟，何预他人！今唯应速发，不宜见疑。且骨肉相残，自非灵长之祚，祸难将兴，方与卿等戮力耳。"既至，拜散骑常侍。

纲 八月，魏主弘传位于太子宏，自称太上皇帝。

目 魏主聪睿夙成，刚毅有断；而好黄、老、浮屠之学，常有遗世之心。以尚书陆馛为太保，与太尉源贺持节奉玺绶传位于太子宏。时宏生五年矣，有至性，前年，魏主病痈，亲吮之。及是，悲泣不自胜。魏主问其故，对曰："代亲之感，内切于心。"宏即位，群臣奏曰："今皇帝幼冲，万机大政，陛下犹宜总之。谨上尊号曰太上皇帝。"从之。徙居北苑崇光宫，国大事乃以闻。

纲　冬十月，宋作湘宫寺。

目　宋主以故第为湘宫寺，备极壮丽。新安太守巢尚之罢还，宋主谓曰："卿至湘宫寺未？此是我大功德。"散骑侍郎虞愿侍侧曰："此皆百姓卖儿贴妇钱所为，佛若有知，当慈悲嗟愍，罪高浮图，何功德之有！"宋主怒，使人驱下殿。

纲　壬子，春二月，宋杀其扬州刺史江安侯王景文。

目　宋主虑晏驾后，皇后临朝，景文或有异图，遣使赍手敕并药赐死。景文正与客棋，叩函看已，复置局下，神色不变，局竟，敛子纳奁毕，徐曰："奉敕见赐以死。"方以敕示客，乃作黑启致谢，饮药而卒。

纲　夏四月，宋主彧殂，太子昱立。

目　宋主病笃，以桂阳王休范为司空，褚渊为护军将军，刘勔为右仆射，与尚书令袁粲、荆州刺史蔡兴宗、郢州刺史沈攸之并受顾命。渊素与萧道成善，荐之，诏以为右卫将军，共掌机事。宋主遂殂。太子昱即位，生十年矣。粲等秉政，承奢侈之后，务弘节俭，欲救其弊；而阮佃夫等用事，货赂公行，不能禁也。

苍梧王

纲　癸丑，春二月，魏以孔乘为崇圣大夫。

纲　冬十月，宋尚书令袁粲以母丧去职。

纲　甲寅，夏六月，宋以萧道成为中领军。

目　道成与袁粲、褚渊、刘秉更日入直决事，号为"四贵"。秋九月，宋以袁粲为中书监、领司徒，褚渊为尚书令，刘秉为丹阳尹。

纲　丙辰，夏六月，魏太后冯氏弑其主弘，复称制。

目　魏尚书李敷弟奕，得幸于冯太后，为太上所诛。冯太后由此怒太上。至是，密行鸩毒。大赦，改元，复临朝称制。

纲　宋加萧道成左仆射，刘秉中书令。

顺帝

纲　丁巳，秋七月，宋中领军萧道成弑其主昱，而立安成王准。自为司空、录尚书事。

目　宋主昱自京口既平，骄恣尤甚。尝直入领军府，道成昼卧裸袒，昱令起立，画腹为的，引满将射之。道成敛板曰："老臣无罪。"乃更以骲箭，射中其脐。投弓大笑。道成忧惧，密与袁粲、褚渊谋废立。粲曰:“主上幼年,微过易改。伊、霍之事,非季世所行;纵使功成,亦终无全地。”渊默然。

越郡校尉王敬则潜自结于道成。道成命敬则阴结昱左右杨玉夫、杨万年、陈奉伯等,使伺机便。至是,昱乘露车,与左右于台冈赌跳,仍往青园尼寺,晚,至新安寺偷狗,饮酒醉,还。玉夫、万年刎其首。奉伯袖之,称敕开门,出,与敬则。敬则驰诣领军府。道成以太后令召诸大臣入议。王敬则拔刃跳跃曰:“天下事皆应关萧公!敢有开一言者,血染敬则刃!”褚渊曰:“非萧公无以了此。”道成乃下议迎立安成王。遂以太后令,数昱罪恶,追废为苍梧王。仪卫至东府门,安成王令门者勿开,以待袁司徒。粲至,乃入即位,时年十一。以道成为司空、录尚书事、骠骑大将军,出镇东府;刘秉为尚书令;袁粲镇石头。粲性冲静,每有朝命,常固辞,不得已乃就职。至是,知萧道成有不臣之志,阴欲图之,即日受命。

纲　冬十一月,宋荆、襄都督沈攸之举兵江陵,讨萧道成。

纲　宋中书监袁粲、尚书令刘秉,谋诛萧道成,不克而死。

目　湘州刺史王蕴与沈攸之深相结。与袁粲、刘秉密谋诛道成。粲谋既定,将以告褚渊;众谓不可。粲曰:“渊与彼虽善,岂容大作同异!”乃以谋告渊,渊即以告道成。道成遣戴僧静等攻粲。刘秉逾城走。粲下城谓其子最曰:“本知一木不能止大厦之崩,但以名义至此。”僧静逾城独进,最以身卫粲,僧静直前斫之。粲谓最曰:“我不失忠臣,汝不失孝子!”遂父子俱死。百姓哀之,为之谣曰:“可怜石头城,宁为袁粲死,不作褚渊生!”秉父子亦为追者所杀。

纲　沈攸之攻郢城,不克。

纲　宋萧道成假黄钺,出顿新亭。

目　道成谓参军江淹曰:“天下纷纷,君谓何如?”淹曰:“成败在德,不在众寡。公雄武有奇略,宽容而仁恕,贤能毕力,民望所归,奉天子以伐叛逆,五胜也。彼志锐而器小,有威而无恩,士卒解体,缙绅不怀,悬兵数千里而无同恶相济,五败也:虽豺狼十万,终为我获必矣。”

纲　戊午,春正月,宋沈攸之军溃,走死。萧道成自为太尉,都督十六州诸军事。

纲　秋九月,宋萧道成自为太傅、扬州牧,加殊礼。

目 道成欲倾宋室，夜召长史谢朏，屏人与语，久之，朏无言；道成虑朏难提烛小儿，取烛遣出，朏又无言；道成乃呼左右。王俭知其旨，他日，请间言于道成曰："公今名位，故是经常宰相，宜绝礼群后，微示变革。然当先令褚公知之。"少日，道成造褚渊，曰："我梦得官。"渊曰："今授始尔，恐一二年间未容便移。"道成还以告俭。俭曰："褚未达耳。"即倡议加道成太傅，假黄钺。道成谓所亲任遐曰："褚公不从，奈何？"遐曰："彦回惜身保妻子，非有奇才异节；遐能制之。"渊果无违异。诏进道成假黄钺、大都督中外诸军事、太傅、领扬州牧，剑履上殿，入朝不趋，赞拜不名。

右宋八主，合六十年。

齐纪 附北魏

太祖高帝

纲 己未，春正月，宋以谢朏为侍中。

纲 三月，宋萧道成自为相国，封齐公，加九锡。

纲 夏四月，齐公道成进爵为王。

纲 齐王道成称皇帝，废宋主为汝阴王，徙之丹阳。以褚渊为司空。

目 宋主下诏禅位于齐，而不肯临轩。王敬则勒兵入迎，启譬令出，宋主收泪谓曰："欲见杀乎？"敬则曰："出居别宫耳。官先取司马家亦如此。"宋主泣而弹指曰："愿后身世世勿复生天王家！"是日，百僚陪位。侍中谢朏在直，当解玺绶，阳为不知，曰："有何公事？"传诏云："解玺绶授齐王。"朏曰："齐自应有侍中。"乃引枕卧。传诏惧，使朏称疾，朏曰："我无疾，何所道！"遂朝服步出。乃以王俭为侍中，解玺绶。礼毕，宋主出就东邸。司空褚渊奉玺绶，诣齐宫劝进。齐王即皇帝位。奉宋主为汝阴王，筑宫丹阳，置兵守卫。以褚渊为司徒。

纲 齐褚渊、王俭等进爵有差。

目 处士何点戏谓人曰："我作齐书已竟，其赞曰：'渊既世族，俭亦国华，不赖舅氏，遑恤国家。'"点，尚之之孙也。渊、俭母皆宋公主，故点云然。

纲 五月，齐主道成弑汝阴王，灭其家。

纲　齐立世子赜为太子，诸子皆封王。

纲　庚申，冬十二月，齐以褚渊为司徒。

目　渊入朝，以腰扇障日。征虏功曹刘祥曰："作如此举止，羞面见人，扇障何益！"渊曰："寒士不逊！"祥曰："不能杀袁、刘，安得免寒士！"祥好文章，性刚疏，撰宋书，讥斥禅代；王俭以闻，徙广州卒。

纲　壬戌，春三月，齐主道成殂，太子赜立。

目　高帝沉深有大量，博学能文。性清俭，主衣中有玉导，上曰："留此正长病源！"即命击碎；仍简按有何异物，皆随此例。每曰："使我治天下十年，当使黄金与土同价。"

纲　夏六月，齐立子长懋为太子。

纲　秋，齐南康公褚渊卒。

目　渊卒，世子贲耻其父失节，服除，遂不仕，以爵让其弟蓁，屏居墓下终身。

世祖武帝

纲　癸亥，夏闰四月，魏子恂生。

目　魏主后宫林氏生子恂。冯太后以恂当为太子，赐林氏死，自抚养之。

纲　秋七月，齐以王僧虔为特进光禄大夫。

目　初，齐主以侍中王僧虔为光禄大夫、开府仪同三司。僧虔固辞开府，谓兄子俭曰："汝行登三事；我若受此，是一门二台司也，吾实惧焉。"累年不拜，至是，许之，加特进。

纲　冬十月，荧惑逆行入太微。

目　齐有司请禳之，齐主曰："应天以实不以文，我克己求治，思隆惠政，灾若在我，禳之奚益！"

纲　十二月，魏始禁同姓为婚。

纲　甲子，春正月，齐以竟陵王子良为司徒。

目　子良，齐主之子也。少有清尚，倾意宾客，开西邸，多聚古人器服以充之。范云、萧琛、任昉、王融、萧衍、谢朓、沈约、陆倕并以文学见亲，号曰"八友"。柳恽、王僧孺、江革、范缜、孔休源亦预焉。

子良笃好释氏，招致名僧讲论，或亲为赋食、行水。范缜盛称无佛。子良曰："君不信因果，何得有富贵、贫贱？"缜曰："人生如树花同发，随风而散，或拂帘幌坠茵席之上，或关篱墙落粪溷之中。坠茵席者，殿下是也；落粪溷者，下官是也。贵贱虽殊，因果何在！”子良无以难。缜又著神灭论，以为：“形者神之质，神者形之用也。神之于形，犹利之于刀；未闻刀没而利存，岂容形亡而神在哉！”子良使王融谓之曰：“卿才美，何患不至中书郎；而故乖剌为此，甚可惜也，宜急毁之。”缜大笑曰：“使缜卖论取官，已至令、仆矣。”

萧衍好筹略，有文武才干，王俭深器之，曰：“萧郎出三十，贵不可言。”

纲　冬十月，齐以长沙王晃为中书监。

目　齐旧制：诸王在都，唯得置捉刀四十人。至是，晃自南徐刺史罢还，私载数百人仗。齐主闻之，大怒，遂不被亲宠。武陵王晔多才艺而疏悻，亦无宠。尝侍宴，醉伏地，貂抄肉柈。帝笑曰：“肉污貂。”对曰：“陛下爱羽毛而疏骨肉。”帝不悦。

纲　乙丑，夏五月，齐以王俭领国子祭酒。

目　自宋世祖好文章，士大夫无专经者。俭少好礼学及春秋，言论造次必于儒者，由是衣冠翕然，更尚儒术。俭作解散髻，斜插簪；朝野多慕效之。俭尝谓人曰：“江左风流宰相，唯有谢安。”意以自比也。上深委仗之，士流选用，奏无不可。

纲　丁卯，春正月，魏光禄大夫成阳公高允卒。

目　允历事五帝，出入三省，五十余年，未尝有谴；冯太后及魏主甚重之。允仁恕简静，虽处贵重，情同寒素；执书吟览，昼夜不去手；诲人以善，恂恂不倦；笃亲念故，无所遗弃。显祖徙青、徐望族于代，其人多允婚媾，流离饥寒；允倾家赈施，咸得其所，又随其才行，荐之于朝。议者多以初附间之，允曰：“任贤使能，何有新旧！必若有用，岂可以此抑之！”至是卒，年九十八。

纲　冬十二月，魏以高祐为西兖州刺史。

目　魏主问秘书令高祐曰：“何以止盗？”对曰：“昔宋均立德，猛虎渡河；卓茂行化，蝗不入境。况盗贼，人也；苟守宰得人，治化有方，止之易矣。”又言：“今之选举，不采识治之优劣，专简年劳之多少，非所以尽人才也。若停薄艺，弃朽劳，唯才是举，则官方穆矣。又勋旧之臣，才非抚民者，可加以爵赏，不宜委以方任，所谓王者可私人以财，不私人以官者也。”魏主善之。祐出镇滑台。命县立讲学，党立小学。

纲　己巳，冬十二月，齐以张绪领扬州中正，江敩为都官尚书。

目　长沙王晃属张绪用吴兴闻人邕，绪不许。晃便固请，绪正色曰："此是身家州乡，殿下安得见逼！"中书舍人纪僧真得幸于齐主，容表有士风，请于齐主曰："臣出自武吏，阶荣至此；无复所须，唯就陛下乞作士大夫。"齐主曰："此由江敩、谢瀹，可自诣之。"僧真诣敩，登榻坐定，敩顾左右曰："移吾床远客！"僧真丧气而退，告齐主曰："士大夫故非天子所命！"

纲　庚午，秋九月，魏太后冯氏殂。

纲　壬申，春，魏修尧、舜、禹、周公、孔子之祀。

纲　冬，齐诏太子家令沈约撰宋书。

纲　齐遣使如魏。

目　魏主甚重齐人，亲与谈论，顾谓群臣曰："江南多好臣。"侍臣李元凯对曰："江南多好臣，岁一易主；江北无好臣，百年一易主。"魏主甚惭。

纲　癸酉，春正月，齐以陈显达为江州刺史。

目　显达自以门寒位重，每迁官，常有愧惧之色，戒其子勿以富贵陵人；而诸子多事豪侈，显达曰："麈尾、蝇拂是王、谢家物，汝不须捉此！"取而烧之。

纲　齐太子长懋卒。夏四月，齐主立其孙昭业为太孙。

纲　秋七月，魏主立其子恂为太子。

纲　魏诏大举伐齐。

目　魏主以平城地寒，六月雨雪，风沙常起，将迁都洛阳；恐群臣不从，乃议大举伐齐，欲以胁众。命太常卿王谌筮之，遇革。魏主曰："'汤、武革命，顺乎天而应乎人。'吉孰大焉！"任城王澄曰："陛下奕叶重光，帝有中土；今出师而得革命之象，未为全吉也。"魏主厉声曰："社稷，我之社稷，任城欲沮众邪！"澄曰："社稷虽为陛下之有，臣为社稷之臣，安可知危而不言邪！"魏主还宫，召澄屏人谓曰："平城，用武之地，非可文治。移风易俗，其道诚难。朕欲因此迁宅中原，卿以为何如？"澄曰："陛下欲卜宅中土以经略四海，此周、汉之所以兴隆也。"魏主曰："北人习常恋故，必将惊扰，奈何？"澄曰："非常之事，故非常人之所及。陛下断自圣心，彼亦何所能为！"魏主曰："任城，吾之子房也！"于是戒严。齐主闻之，亦发扬、徐民丁，广设召募以备之。

纲 齐主赜殂，太孙昭业立。以竟陵王子良为太傅，萧鸾为尚书令。

目 世祖留心政事，务总大体，严明有断，郡县久于其职。长吏犯法，封刃行诛。故永明之世，百姓丰乐，盗贼屏息。然颇好游宴，华靡之事，常言恨之，未能顿遣。

纲 魏主发平城。

纲 九月，魏主至洛阳，罢兵。

目 魏主至洛阳，霖雨不止。诏诸军前发。魏主戎服，执鞭乘马而出。群臣稽颡于马前，曰："今者之举，天下所不愿，臣不知陛下独行何之？臣等敢以死请！"魏主乃谕群臣曰："今者兴发不小，动而无成，何以示后！苟不南伐，当迁都于此。"南安王桢进曰："'成大功者不谋于众。'今陛下苟辍南伐之谋，迁都洛邑，此臣等之愿，苍生之幸也。"群臣皆呼万岁。时旧人虽不愿内徙，而惮于南伐，无敢言者；遂定迁都之计。李冲曰："愿陛下暂还代都，俟经营毕功，然后临之。"魏主曰："朕将巡省州郡，至邺小停，春首即还，未宜归北。"乃遣任城王澄还平城，谕留司百官曰："此真所谓革矣。王其勉之！"又使将军于烈还镇平城。

纲 冬十月，魏营洛都。

纲 魏以王肃为辅国将军。

目 王肃见魏主于邺，陈伐齐之策。魏主与之言，不觉促席移晷。自是器遇日隆，人莫能间。或屏左右，语至夜分，自谓相得之晚。时魏主方议兴礼乐，变华风，凡威仪文物，皆肃所定。

高宗明帝

纲 甲戌，春三月，魏主还平城。

纲 秋七月，齐萧鸾弑其君昭业而立新安王昭文，自为骠骑大将军、录尚书事，封宣城公。

目 是时，萧谌、萧坦之握兵权，仆射王晏总尚书事。西昌侯鸾以废立之谋告晏及丹阳尹徐孝嗣，皆从之。鸾虑事变，以告坦之，坦之驰谓谌，谌惶遽从之。鸾使谌先入，自引兵入云龙门。齐主闻变，犹为手敕呼萧谌，俄而谌引兵入阁，齐主拔剑自刺，不入，舆接而出。行至西弄，弑之。以太后令，追废昭业为郁林王，迎立新安王昭文。吏部尚书谢瀹方与客棋,闻变,竟局,还卧,竟不问外事。大匠虞家窃叹曰:“王、徐遂缚袴废天子,天下岂有此理邪!”新安王即位,年十五。以鸾为骠骑大将军、录尚书事、扬州刺史,封宣城郡公。

纲　九月,魏主考绩,黜陟百官。

目　初,魏主诏:“三载考绩,即行黜陟;各令当曹考其优劣为三等。”于是亲临朝堂,黜陟百官。又谓陆睿曰:“人言‘北俗质鲁,何由知书!’然今知书者甚众,顾学与不学耳。朕修百官,兴礼乐,其志固欲移风易俗。使卿等子孙渐染美俗,闻见广博耳。”

纲　齐宣城公鸾杀鄱阳王锵等七人。

纲　冬十月,齐宣城公鸾自为太傅、扬州牧,进爵为王。

目　鸾谋继大统,多引名士与参筹策。侍中谢朏心不愿,乃求出为吴兴太守。至郡,致酒数斛,遗其弟吏部尚书瀹曰:“可力饮此,勿预人事!”

纲　鸾虽专政,人情未服。自以胛有赤志,以示王洪范而谓之曰:“人言此是日月相,卿幸勿泄!”洪范曰:“公日月在躯,如何可隐,当转言之!”

纲　齐宣城王鸾杀衡阳王钧等四人。

纲　魏主发平城。

纲　齐宣城王鸾废其主昭文为海陵王而自立。

目　鸾以皇太后令,废昭文为海陵王而自立。以王敬则为大司马,陈显达为太尉。尚书虞悰称疾不陪位,齐主鸾欲引参佐命,使王晏喻之。悰曰:“主上圣明,公卿戮力,宁假朽老以赞维新乎!不敢闻命。”因恸哭。朝仪欲纠之,徐孝嗣曰:“此亦古之遗直。”乃止。

纲　十一月,齐立子宝卷为太子。

纲　魏主至洛阳。

纲　齐主鸾弑海陵王。

纲　十二月,魏禁胡服。

纲　魏主自将伐齐。

纲鉴易知录卷三七

齐纪　附北魏

高宗明帝

纲　乙亥，春二月，魏主攻钟离，不克。遣使临江数齐主之罪而还。

纲　夏四月，魏主如鲁城祠孔子，封其后为崇圣侯。

目　魏主如鲁城，亲祠孔子；拜孔氏四人、颜氏二人官，仍选诸孔宗子一人封崇圣侯，奉孔子祀。命修其墓，建碑铭。

纲　五月，魏主至洛阳。

纲　六月，魏禁胡语，求遗书，法度量。

纲　秋八月，魏立国子太学、四门小学。

纲　魏以薛聪为直阁将军。

目　魏主好读书，手不释卷，又善属文，诏策皆自为之。好贤乐善，情如饥渴，所与游接，常寄以布素之意，如李冲、李彪、高闾、王肃之徒，皆以文雅见亲，贵显用事；制礼作乐，蔚然可观，有太平之风焉。

治书侍御史薛聪，弹劾不避强御，魏主或欲宽贷，聪辄争之。魏主每曰："朕见聪，不能不惮，况诸人乎！"自是贵戚敛手。累迁直阁将军，魏主外以德器遇之，内以心膂为寄，亲卫禁兵，委聪管领，时政得失，动辄匡谏，而厚重沈密，外莫窥其际。每欲进以名位，辄苦让不受。魏主亦雅相体悉，谓之曰："卿天爵自高，固非人爵之所能荣也。"

纲　九月，魏六宫、文武迁于洛阳。

纲　冬十二月，魏班品令，赐冠服。

目　魏主见群臣于光极堂，宣下品令，光禄勋于烈子登引例求迁官，烈表曰："圣明之朝，理应廉让，而登引例求进；是臣素无教训，乞行黜落！"魏主曰："此乃有识之言，不谓烈能辨此！"乃引见登，谓曰："以卿父有谦逊之美，直士之风，进卿校尉。"魏主谓群臣曰："国家从来有一事可叹:臣下莫肯公言得失是也。夫人君患不能纳谏,人臣患不能尽忠。自今朕举一人,如有不可,卿等直言其失;若有才能而朕所不识,卿等亦当举之。得人有赏,不言有罪。”

纲　魏行太和五铢钱。

纲　丙子,春正月,魏改姓元氏,初定族姓。

目　魏主下诏,以为“北人谓土为‘拓’,后为‘跋’。魏之先出于黄帝,以土德王,故为拓跋氏。夫土者,黄中之色,万物之元也;宜改姓元氏”。

魏主雅重门族,以范阳卢敏、清河崔宗伯、荥阳郑羲、太原王琼四姓,衣冠所推,咸纳其女以充后宫。又诏以:“代人穆、陆、贺、刘、楼、于、稽、尉八姓,勋著当世,位尽王公,勿充猥官,一同四姓。”

魏主与群臣论选调,李冲曰:“今日何为专取门品,不拔才能?傅说、吕望岂可以门地得之!”魏主曰:“非常之人,旷世乃有一二耳。”李彪曰:“鲁之三卿,孰若四科?”韩显宗曰:“陛下岂可以贵袭贵,以贱袭贱!”魏主曰:“必有高明卓然、出类拔萃者,朕亦不拘此制。”

纲　二月,魏诏:“群臣听终三年丧。”

纲　三月,齐诏:“去乘舆金银饰。”

目　齐主志慕节俭,故有是诏。太官元日上寿,有银酒枪,齐主欲坏之;王晏等咸称盛德,卫尉萧颖胄曰:“朝廷盛礼,莫若三元。此器旧物,不足为侈。”齐主不悦。后遇曲宴,银器满席。颖胄曰:“陛下前欲坏酒枪,恐宜移在此器。”齐主甚惭。

纲　秋八月,魏太子恂有罪,废为庶人。

目　恂不好学;体素肥大,苦河南地热,常思北归。魏主赐之衣冠,恂常私着胡服。中庶子高道悦数切谏,恂恶之。谋轻骑奔平城,手刃道悦于禁中。魏主大骇,引见群臣,议欲废之。太傅穆亮、太保李冲免冠谢,帝曰:“‘大义灭亲’,古人所贵。恂欲违父逃叛,跨据恒、朔,天下之恶孰大焉!若不去之,乃社稷之忧也。”乃废恂为庶人,置于河阳无鼻城,以兵守之。

纲　冬十月,魏置常平仓。

纲　魏除逋亡缘坐法。

目　初,魏主以有罪徙边者多逋亡,乃制一人逋亡,阖门充役。光州刺史崔挺谏曰:“善人少,恶人多。若一人有罪,延及阖门,则司马牛受桓魋之罚，柳下惠婴盗跖之诛，岂不哀哉！”魏主从之。

纲　丁丑，春正月，魏立子恪为太子。三月，魏主杀其故太子恂。

目　恂既废，颇自悔过。中尉李彪表恂复与左右谋逆，魏主赐恂死。

纲　戊寅，夏四月，齐大司马王敬则反会稽，至曲阿，败死。

目　齐大司马、会稽太守王敬则，自以高、武旧将，心不自安。齐主外虽礼之，而内实相疑，闻其衰老，且居内地，故得少宽。敬则世子仲雄善琴，齐主以蔡邕焦尾琴借之。仲雄作懊侬歌曰："常叹负情侬，郎今果行许。"又曰："君行不净心，那得恶人题！"齐主愈猜愧。会疾病，乃以张瓌为平东将军、吴郡太守，以防敬则。敬则闻之，曰："东今有谁，只是欲平我耳！东亦何易可平！"徐州行事谢朓，敬则子婿也。敬则子幼隆遣人告之，朓执其使以闻。敬则遂举兵反，帅实甲万人过浙江。张瓌遣人拒之，闻鼓声，皆散走，瓌逃民间。五月，齐主诏前军司马左兴盛、将军胡松等筑垒于曲阿长冈。敬则急攻之，松引骑兵突其后；敬则军大败，斩之。

谢朓以功迁吏部郎。三让，不许。中书疑朓官未及让，祭酒沈约曰："近世小官不让，遂成恒俗。谢今所让，又别有意。夫让出人情，岂关官之大小邪！"

纲　秋七月，魏省宫掖费用以给军赏。

纲　齐以萧衍为雍州刺史。

纲　齐主鸾殂，太子宝卷立。

目　齐主初有疾，甚秘之，至是殂。太子宝卷即位，恶灵在太极殿，欲速葬，尚书令徐孝嗣固争，得逾月。每当哭，辄云喉痛。大中大夫羊阐入临，无发，俯仰帻脱，宝卷辍哭大笑，谓左右曰："秃鹫啼来乎！"

东昏侯

纲　己卯，春正月，齐遣太尉陈显达帅师侵魏。

纲　魏后冯氏有罪，退处后宫。

纲　魏以彭城王勰为司徒。

纲　二月，齐师取魏马圈、南乡。三月，魏主自将御之，齐师败绩。

纲　夏四月，魏主宏殂于谷塘原，后冯氏伏诛，太子恪立。

纲　秋八月，齐主杀其仆射江祏、侍中江祀。始安王遥光起兵东城，右将军萧坦之讨平之。

纲　闰月，齐主杀其仆射萧坦之、领军刘暄。冬十月，齐主杀其司空徐孝嗣、将军沈文季。

纲　庚辰，春正月，齐豫州刺史裴叔业以寿阳叛，降于魏。魏遣司徒彭城王勰镇之。

纲　夏四月，齐遣将军崔慧景将兵讨寿阳。慧景还兵，奉江夏王宝玄逼建康，兵败，皆死。

目　齐主遣平西将军崔慧景将水军讨寿阳，过广陵数十里，会诸军士曰："吾荷三帝厚恩，当顾托之重。幼主昏狂，朝廷坏乱；危而不扶，责在今日。欲与诸君共建大功以安社稷，何如？"众皆响应。于是还军向广陵，司马崔恭祖纳之。齐主遣左兴盛督诸军以讨之。

慧景济江。遣使奉江夏王宝玄为主，宝玄斩其使，而密与相应，分部军众，随慧景向建康。攻竹里，拔之。万副儿说慧景曰："今平路皆为台军所断，不可议进；惟宜从蒋山龙尾上，出其不意耳。"慧景从之，分遣千余人，鱼贯缘山，自西岩夜下，鼓噪临城。台军惊散，宫门闭，慧景引众围之。左兴盛走逃淮渚，慧景擒杀之。

时豫州刺史萧懿将兵在小岘，齐主遣密使告之。懿方食，投箸而起，自采石济江。慧景独遣崔觉将数千人度南岸，战败，慧景将腹心数人潜去，为人所杀。宝玄逃亡，数日乃出，齐主杀之。

初，慧景欲交处士何点，点不顾。及围建康，逼召点；点往赴之，日谈佛义，不及军事。慧景败，齐主欲杀点。萧畅曰："点若不诱贼共讲，未易可量。以此言之，乃应得封！"齐主乃止。

纲　齐以萧懿为尚书令。

纲　秋八月，齐后宫火。

目　齐后宫火。时嬖幸之徒皆号为"鬼"。有赵鬼者，能读西京赋，言于齐主曰："柏梁既灾，建章是营。"齐主乃大起芳乐、玉寿等诸殿，以麝涂壁，刻画装饰，穷极绮丽。后宫服御，极选珍奇，凿金为莲花以贴地，令潘妃行其上，曰："此步步生莲花也。"嬖幸因缘为奸利，课一输十。百姓困尽，号泣道路。

纲 冬十月，齐主杀其尚书令萧懿。

目 初，齐主出入无度，或劝懿因其出门，举兵废之。懿不听。嬖臣茹法珍等惮懿，说齐主曰："懿将行隆昌故事。"齐主然之。长史徐曜甫知之，密具舟江渚，劝懿奔襄阳。懿曰："自古皆有死，岂有叛走尚书令邪！"至是，齐主赐懿药于省中。懿且死，曰："家弟在雍，深为朝廷忧之。"

纲 十一月，齐雍州刺史萧衍起兵襄阳，行荆州事萧颖胄亦以南康王宝融起兵江陵。

目 萧衍闻懿死，夜召张弘策等入宅定议。明日，集僚佐谓曰："昏主暴虐，当与卿等共除之！"时南康王宝融为荆州刺史，长史萧颖胄行府州事，齐主遣将军刘山阳就颖胄兵袭襄阳。衍知其谋，遣将军王天虎诣江陵，遍与州府书，声云："山阳西上，并袭荆、雍。"颖胄疑未决；山阳至巴陵，衍复令天虎赍书与颖胄及其弟颖达。山阳迟回不上，颖胄大惧，夜呼参军席阐文等闭斋定议。阐文曰："萧雍州蓄养士马，非复一日，必不可制；就能制之，岁寒复不为朝廷所容。今若杀山阳，与雍州举事，立天子以令诸侯，则霸业成矣。山阳既不信我，今斩送天虎，则彼疑可释。至而图之，罔不济矣。"颖达亦劝颖胄从阐文计。诘旦，颖胄谓天虎曰："卿与刘辅国相识，今不得不借卿头！"乃斩天虎送山阳，山阳大喜，单车诣颖胄。伏兵斩之。乃以南康王宝融教纂严以萧衍都督前锋，颖胄都督行留诸军事。

颖胄送刘山阳首于萧衍，衍遂表劝宝融称尊号；不许。十二月，颖胄及司马夏侯详移檄建康州郡，数齐主及梅虫儿、茹法珍罪恶。夏侯详之子亶为殿中主帅，自建康亡归。称奉宣德太后令："南康王(宜)纂承皇祚，方俟清宫，未即大号；可封十郡为宣城王、相国、荆州牧，选百官。"

初，陈显达、崔慧景之乱，上庸太守韦睿曰："陈虽旧将，非命世才；崔颇更事，懦而不武；其赤族宜矣。定天下者，殆必在吾州将乎？"乃遣二子自结于萧衍。及衍起兵，睿帅郡兵二千倍道赴之。冯道根居母丧，亦帅乡人子弟来赴。

和帝

纲 辛巳，春正月，齐南康王宝融称相国。萧衍发襄阳。

纲　二月，齐萧衍围郢城。

纲　三月，齐相国南康王宝融废其君宝卷为涪陵王而自立。

纲　秋八月，齐萧衍克寻阳。

纲　九月，齐萧衍引兵东下。

目　齐主宝融诏萧衍，若定京邑，得以便宜从事。衍留郑绍叔守寻阳，引兵东下，谓曰："卿，吾之萧何、寇恂也。"比克建康，绍叔督江、湘粮运，未尝乏绝。

纲　冬十月，齐萧衍围建康。

纲　十二月，齐人弑涪陵王宝卷。萧衍入建康，以太后令追废宝卷为东昏侯，自为大司马，承制。

目　衍入屯阅武堂，下令大赦。凡昏制谬赋，淫刑滥役，悉皆除荡。潘妃有国色，衍欲留之，以问领军王茂，茂曰："亡齐者此物，留之恐贻外议。"乃并茹法珍等诛之。

纲　齐大司马衍执豫州刺史马仙琕、吴兴太守袁昂，既而释之。

右齐七主合二十四年。

梁纪　附北魏

高祖武帝

纲　壬午，春正月，齐大司马衍迎宣德太后入宫称制；二月，衍自为相国，封梁公，加九锡。

目　初，衍与范云、沈约、任昉同在竟陵王西邸，至是，引云为谘议，约为司马，昉为记室，参谋议。谢朏、何胤先弃官居家，衍奏征为军谘祭酒，朏、胤皆不至。衍内有受禅之志，沈约进曰："齐祚已终，明公当承其运，虽欲谦光，不可得已。"衍曰："吾方思之。"约曰："公初建牙樊、沔，此时应思；今王业已成，何所复思！若天子还都，公卿在位，则君臣分定，无复异心，岂复有人方更同公作贼！"衍然之。召云等告之，云对略同约旨。衍曰："我起兵三年矣，诸将不为无功，然成帝业者，卿二人也。"乃诏进衍位相国、扬州牧，封十郡为梁公，备九锡，置百司。

纲　梁公衍进爵为王。

纲　三月，齐主发江陵，以萧憺都督荆、湘六州军事。

纲　夏四月，梁王衍称皇帝，废齐主为巴陵王，迁太后于别宫。

封拜其功臣有差。

纲 梁主衍弑巴陵王于姑孰，齐御史中丞颜见远死之。

目 梁主欲以南海郡为巴陵国，徙王居之。沈约曰："不可慕虚名而受实祸。"梁主颔之，乃使所亲郑伯禽诣姑孰，以生金进王。王曰："我死不须金，醇醪足矣。"乃饮沉醉，伯禽就折杀之。王之镇荆州也，琅邪颜见远为录事参军；及即位，为御史中丞；既禅位，见远不食，数日而卒。梁主闻之曰："我自应天从人，何预天下士大夫事，而颜见远乃至于此。"

纲 梁征谢朏、何胤、何点，不至。

纲 梁置谤木、肺石函。

目 梁主诏："公车府谤木、肺石各置一函，若肉食莫言，欲有横议，投谤木函；若有功劳才器，冤沉莫达者，投肺石函。"

纲 秋八月，梁定正雅乐。

纲 冬十一月，梁立子统为太子。

目 统生五岁，能遍诵五经。

纲 癸未，春正月，梁以沈约、范云为左、右仆射，尚书令王亮废为庶人。

纲 夏五月，梁仆射范云卒，以左丞徐勉、将军周舍同参国政。

纲 六月，梁以谢朏为司徒。

目 朏逃窜年余，一旦轻舟自出诣阙，以为司徒、尚书令。朏辞脚疾不堪拜谒，角巾白舆诣云龙门谢；诏乘小车就席。明日，梁主幸其宅，宴语尽欢。朏固陈本志，不许。朏素惮烦，不省职事，众颇失望。

纲 冬，十月，魏以仆射源怀为行台，巡北边。

目 魏既迁洛阳，北边荒远，因以饥馑，百姓困弊。乃加仆射源怀行台，使持节巡行北边，赈贫乏，考殿最，事之得失，先决后闻。怀通济有无，饥民赖之。沃野镇将于祚，后之世父，与怀通婚。时于劲方用事，势倾朝野，祚颇有受纳。怀将入镇，祚郊迎道左，怀不与语，即劾奏免官。怀朔镇将元尼须与怀旧交，贪秽狼藉，置酒，谓怀曰："命之长短，系卿之口。"怀曰："今日源怀与故人饮酒之坐，非鞫狱之所也。明日，公庭始为使者检镇将罪状之处耳。"竟案抵罪。

纲 梁吉翂请代父死，梁主赦之。

目　冯翊吉翂父为原乡令，为奸吏所诬，逮诣廷尉，罪当死。翂年十五，挝登闻鼓，乞代父命。梁主以其幼，疑人教之，使廷尉卿蔡法度讯之。翂曰："囚虽愚幼，岂不知死之可惮！顾不忍见父极刑，故求代之。此非细故，奈何受人教邪！"法度以闻上，乃宥其父罪。丹阳尹王志欲于岁首举充纯孝。翂曰："异哉王尹，何量翂之薄乎！父辱子死，道固当然；若翂当此举，乃是因父取名，何辱如之！"固拒而止。

纲　甲申，冬十一月，魏营国学。

目　时魏学业大盛，燕、齐、赵、魏间，教授者不可胜数，弟子著录多者千余人，州举茂异，郡贡孝廉，每年逾众。

纲　乙酉，春正月，梁置五经博士，立州、郡学。

目　梁主雅好儒术，以东晋、宋、齐虽置国学，而无讲授之实，乃下诏曰："二汉登贤，莫非经术，服习雅道，名立行成。魏、晋浮荡，儒教沦歇，风节罔树，抑此之由。其置五经博士，广开馆宇，招内后进，给其饩廪，其射策通明者即除为吏。"又选学生往云门山从何胤受业，命胤选经明行修者以闻。分遣博士、祭酒巡州、郡，立学。

纲　夏六月，梁初立孔子庙。

纲　秋八月，魏有芝生于太极殿。

目　侍中崔光上表曰："气蒸成菌，生于墟落湿秽之地，不当生于殿堂高华之处；今忽有之，诚足异也。夫野木生朝，野鸟入庙，古人皆以为败亡之象，故太戊、高宗惧灾修德，殷道以昌。今西南二方，兵革未息，郊甸之内，大旱逾时，民劳物悴，莫此之甚，承天育民者所宜矜恤；愿陛下侧躬耸意，惟新圣道，节夜饮之乐，养方富之年，则魏祚可以永隆，皇寿等于山岳矣。"

纲　冬十一月，梁大有年。

纲　丙戌，夏四月，魏罢盐池之禁。

目　初，魏御史中尉甄琛言："一家之长必惠养子孙，天下之君，必惠养兆民，未有为人父母而吝其醯醢，富有群生而榷其一物者也。今县官鄣护河东盐池而收其利，是专奉口腹而不及四体也。天子富有四海，何患于贫！乞弛盐禁，与民共之！"录尚书事勰、尚书峦奏曰："圣人敛山泽之货以宽田畴之赋，收关市之税以助什一之储，取此与彼，皆非为身，所谓资天地之产，惠天地之民也。窃谓宜如旧式。"魏主卒从琛议。

纲 丁亥，春三月，梁将军曹景宗、豫州刺史韦睿大败魏师于钟离。

目 魏中山王英与将军杨大眼等众数十万攻钟离。钟离城北阻淮水，魏人于邵阳洲两岸为桥，树栅数百步，跨淮通道。城中才三千人，昌义之随方抗御。二月，梁主命豫州刺史韦睿救钟离，受曹景宗节度。睿自合肥由阴陵大泽行，值涧谷，辄飞桥以济师。人畏魏兵盛，多劝缓行。睿曰："钟离凿穴而处，负户而汲，车驰卒奔，犹恐其后，而况缓乎！魏人已堕吾腹中，卿曹勿忧也。"旬日至邵阳，梁主豫敕景宗曰："韦睿，卿之乡望，宜善敬之！"景宗见睿，礼甚谨，梁主闻之曰："二将和，师必济矣。"

梁主命景宗等豫装高舰，与魏桥等，为火攻之计，睿攻其南，景宗攻其北。三月，淮水暴涨六七尺，睿使冯道根等乘舰击魏洲上军，尽殪。别以小船载草，灌膏焚其桥，风怒火盛，烟尘晦冥，死士拔栅斫桥，倏忽俱尽。道根等身自搏战，军人奋勇，呼声动天地，无不一当百，魏军大溃。英脱身走，大眼亦焚营去。

义之德景宗及睿，设钱二十万，官赌之。景宗掷得雉；睿徐掷得卢，遽取一子反之，曰："异事！"遂作塞。群帅争先告捷，睿独居后，世尤以此贤之。

纲 冬十月，梁以徐勉为吏部尚书。

目 勉精力过人，虽文案填积，坐客充满，应对如流，手不停笔。尝与门人夜集，客求官，勉正色曰："今夕止可谈风月，不可及公事。"时人咸服其无私。

纲 闰月，魏尚书令高肇，弑其主之后于氏及其子昌。

纲 戊子，秋七月，魏立贵嫔高氏为后。

目 高后既立，高肇益贵重用事。群臣宗室皆卑下之，唯度支尚书元匡与抗衡，肇恶之。会匡与刘芳议权量，肇主芳议，匡表肇"指鹿为马"。有司处匡死刑，诏贬其官。

纲 己丑，春正月，梁主遣使求成于魏，魏主不肯。

目 初，魏主遣中书舍人董绍慰劳叛城，白早生囚之，送建康。吕僧珍与之言，爱其文义，言于梁主，梁主遣谓绍曰："今听卿还，令卿通两家之好，彼此息民，岂不善也！"因召见，慰劳之，且曰："战争多年，民物涂炭，吾是以不耻先言，卿宜备申此意。夫立君以为民也，凡在民上，岂可不思此乎！”绍还魏言之，魏主不从。

纲　冬十一月，魏主亲讲佛书，作永明、闲居寺。

目　时魏主专尚释氏，不事经籍，中书侍郎裴延儁上疏曰：“汉光武、魏武帝，虽在戎马之间，未尝废书，先帝迁都行师，手不释卷，良以学问多益，不可暂辍故也。陛下亲讲大觉，尘蔽俱开。然五经治世之模楷，应物之所先，伏愿互览兼存，则内外俱周矣。”时佛教盛于洛阳，沙门自西域来者三千余人，魏主别为之立永明寺千余间以处之。处士冯亮有巧思，魏主使择嵩山形胜之地立闲居寺，极岩壑土木之美。由是远近承风，无不事佛，比及延昌，州、郡共有一万三千余寺。

纲　庚寅，春三月，魏主之子诩生。

纲　辛卯，春正月，梁以张稷为青、冀刺史。

目　仆射张稷，自谓功大赏薄，侍宴酒酣，怨望形于辞色。上曰：“卿兄杀郡守，弟杀其君，有何名称！”稷曰：“臣乃无名称，至于陛下，不为无勋。东昏暴虐，义师伐之，岂在臣而已！”上捋其须曰：“张公可畏人！”乃以为青、冀刺史。

纲　壬辰，春正月，魏以高肇为司徒，清河王怿为司空。

目　高肇自尚书令为司徒，自以去要任，怏怏形于言色。右丞高绰、博士封轨，素以方直自业，及肇为司徒，绰送迎往来，轨竟不诣肇。绰顾不见轨，乃遽归，叹曰：“吾平生自谓不失规矩，今日举措不如封生远矣。”清河王怿有才学闻望，惩彭城之祸，因侍宴，谓肇曰：“天子兄弟讵有几人，而剪之几尽！昔王莽头秃，藉渭阳之资，遂篡汉室。今君身曲，亦恐终成乱阶。”

纲　冬十月，魏立子诩为太子。

目　魏自是始不杀太子之母。以仆射郭祚领少师。祚尝从幸东宫，怀黄觚以奉太子；时应诏左右赵桃弓深为魏主所信任，祚私事之，时人谓之“桃弓仆射”、“黄觚少师”。

纲　癸巳，夏五月，魏寿阳大水。

目　寿阳久雨，大水入城，庐舍皆没。魏扬州刺史李崇勒兵泊于城上，城不没者二版。将佐劝崇弃城保北山，崇曰：“淮南万里，系于吾身，一旦动足，百姓瓦解，吾岂以爱身，而取愧于王尊哉！但怜此士民，无辜同死，可结筏随高，人规自脱，吾必与此城俱没。”治中裴绚，叛降于梁。崇遣从弟神等讨之，绚败走，执之，绚曰："吾何面目见李公乎！"乃投水死。崇表以水灾求解，魏主不许。崇沉深宽厚，有方略，得士心，在寿春十年，常养壮士数千人，寇来无不摧破，邻敌谓之"卧虎"。

纲 秋八月，魏恒、肆二州地震、山鸣。

目 逾年不已，民覆压死伤甚众。

纲 乙未，春正月，魏主恪殂，太子诩立。

纲 二月，魏司徒高肇伏诛。

纲 魏尊贵嫔胡氏为太妃，废其太后高氏为尼。秋八月，魏尊太妃胡氏为太后。

纲 九月，魏太后称制。以于忠为冀州刺史，司空澄领尚书令。

纲 丙申，夏四月，梁淮堰成。

目 堰长九里，下广百四十丈，上广四十五丈，高二十丈，树以杨柳，军垒列居其上。或谓康绚曰："四渎，天所以节宣其气，不可久塞，若凿湫东注，则游波宽缓，堰得不坏。"绚乃开湫东注。

纲 秋九月，梁淮堰坏。

目 淮水暴涨，堰坏，其声如雷，闻三百里，缘淮城戍村落十余万口皆漂入海。

纲 冬，魏作永宁寺。

目 胡太后作永宁寺于宫侧，又作石窟寺于伊阙口，皆极土木之美。为九层浮图，高九十丈，刹高十丈，塔庙之盛，未之有也。

纲 丁酉，春三月，梁诏文锦不得为人兽之形。

目 敕织官，文锦不得为仙人鸟兽之形，为其裁翦，有乖仁恕。

纲 夏四月，梁罢宗庙牲牢，荐以蔬果。

目 诏以宗庙用牲牢，有累冥道，宜皆以面为之。于是朝野喧哗，以为宗庙去牲，乃是不复血食。八座乃议以大脯代一元大武。寻诏以饼代脯，其余尽用蔬果。

纲 戊戌，秋九月，魏太后胡氏弑其故太后高氏。

纲 魏遣使如西域求佛书。

目 魏胡太后遣使者宋云与比丘慧生如西域求经。云等行四千里，至赤岭，乃出魏境；又西行，再期，至干罗国，得佛书百七十部而还。

纲 魏补三字石经。

纲　己亥，春二月，魏以崔亮为吏部尚书，立停年格。

目　时官员既少，应选者多，吏部尚书李韶铨注不行，大致怨嗟；乃更以崔亮为尚书。亮为格制，不问士之贤愚，专以停解日月为断，沉滞者称其能。洛阳令薛琡上书曰："黎元之命，系于长吏，若选曹唯取年劳，不简贤否，执簿呼名，一吏足矣，数人而用，何谓铨衡！"书奏，不报。其后甄琛等继亮为尚书，利其便己，踵而行之，魏之选举失人，自亮始也。

纲　庚子，春正月，梁左将军冯道根卒。

目　梁主春祠二庙，既出宫，有司以道根讣闻。梁主问中书舍人朱异曰："吉凶同日，可乎？"对曰："昔卫献公闻柳庄死，不释祭服而往哭之。道根有劳王室，临之，礼也。"梁主即幸其宅，哭之恸。

纲　秋七月，魏侍中元乂杀太傅清河王怿，幽太后于北宫。

目　魏太傅、侍中、清河王怿，美风仪，胡太后逼而幸之。然素有才能，辅政多所匡益，好学礼士，时望甚重。侍中、领军将军元乂，恃宠骄恣，怿每裁之以法。卫将军刘腾，权倾内外，吏部用其弟为郡，怿抑而不奏。乂、腾皆怨之，乃使主食胡定自列云："怿货定使毒魏主。"魏主时年十一，信之。乂奉魏主御显阳殿，腾闭永巷门，太后不得出。怿入，乂厉声止之，怿曰："汝欲反邪！"乂曰："正欲缚反者耳！"命宗士执怿。腾称诏集公卿议，论怿大逆；众畏，无敢异者，乂、腾遂杀怿。诈为太后诏，自称有疾，还政魏主。幽太后于北宫，魏主亦不得省见，裁听传食而已。太后不免饥寒，乃曰："养虎得噬，我之谓矣。"乂与腾表里擅权，乂为外御，腾为内防，常直禁省，威振内外。

纲　冬十月，魏以汝南王悦为太尉。

目　魏清河王怿死，汝南王悦了无恨元乂之意，以桑落酒候之，尽其私佞。乂大喜，以悦为侍中、太尉。

纲　壬寅，夏五月朔，日食既。

纲　冬十一月，梁西丰侯正德奔魏，既而逃归。

目　初，梁主养临川王宏之子正德为子。及太子统生，正德还本，赐爵西丰侯。怏怏不满意，常蓄异谋。是岁奔魏，魏人待之甚薄，正德逃归，梁主泣而诲之，复其封爵。

纲　癸卯，冬，魏司徒崔光卒。

目 光宽和乐善，终日怡怡，未尝忿恚。于忠、元乂用事，皆尊敬之，事多咨决，而不能救裴、郭、清河之死，时人比之张禹、胡广。且死，荐贾思伯为侍讲。帝从思伯受春秋，思伯倾身下士，或问曰："公何以能不骄?"思伯曰："衰至便骄，何常之有!"当世以为雅谈。

纲 十二月，梁铸铁钱。

纲 甲辰，秋八月，魏秀容人乞伏莫干等反，酋长尔朱荣讨平之。

目 荣，羽健之玄孙也。御众严整。时四方兵起，荣阴散其畜牧资财，招合骁勇，结纳豪杰，于是侯景、司马子如、贾显度、段荣、窦泰皆往依之。

纲 冬十二月，梁以散骑常侍朱异掌机政。

纲 乙巳，春二月，魏元乂解领军。

纲 夏四月，魏太后复临朝，诛其尚书令元乂，以元顺为侍中，郑俨、徐纥、李神轨为中书舍人。

目 乂虽解兵权，犹总内外，侍中穆绍劝太后速去之。潘嫔有宠于魏主，宦官说之云："乂欲害嫔。"嫔泣诉于魏主曰："乂非独欲杀妾，又将不利于陛下。"魏主信之，因乂出宿，解乂侍中。明旦，将入宫，门者不纳。太后遂复临朝摄政，清河国郎中令韩子熙上书为清河王怿讼冤，乞诛乂等；太后以乂妹夫故，未忍诛。先是黄门侍郎元顺，以刚直忤乂意，出为齐州刺史，太后征还，为侍中，侍坐于太后，顺曰："陛下奈何以一妹之故，不正元乂之罪，使天下不得伸其怨愤!"太后默然。未几，有告"乂谋诱六镇降户反于定州"，乃赐乂死。

初，郑俨为司徒胡国珍参军，私得幸于太后。至是，拜中书舍人，领尝食典御，昼夜禁中。徐纥初谄事清河王怿，怿死，复谄事元乂。太后以纥为怿所厚，亦召为中书舍人。

神轨亦得幸于太后，亦领中书舍人，尝求婚于散骑常侍卢义僖，义僖不许。侍郎王诵谓曰："昔人不以一女易众男，卿岂易之邪!"义僖曰："所以不从，正为此耳；从之，恐祸大而速。"诵乃坚握义僖手曰："我闻有命，不敢以告人。"女遂适他族。婚夕，太后遣中使宣敕停之，内外惶怖，义僖夷然自若。

纲 秋八月，魏柔玄镇民杜洛周反于上谷，魏遣兵讨之。

目 洛周反，高欢、蔡儁、尉景、段荣、彭乐皆从之。魏以常景为行台，与都督元谭讨之。

纲　丙午，夏四月；魏以元顺为太常卿。

目　城阳王徽与黄门侍郎徐纥毁侍中元顺，出为太常卿。顺奉辞，时纥侍侧，顺指之曰："此魏之宰嚭，魏国不亡，此终不死！"纥胁肩而出，顺叱之曰："尔刀笔小才，正堪供几案之用，岂应污辱门下，斁我彝伦！"因振衣而起。太后默然。

纲　冬十一月，魏幽州民执行台常景，叛降杜洛周。

目　魏盗贼日滋，征讨不息，国用耗竭，豫征六年租调，犹不足，乃罢百官酒肉，税入市者人一钱，百姓嗟怨。

纲　丁未，春正月，魏以房景伯为东清河太守。

目　魏东清河郡山贼群起，诏以房景伯为太守。郡民刘简虎尝无礼于景伯，举家亡去，景伯擒之，署其子为掾，令谕山贼。贼以景伯不念旧恶，相帅出降。景伯母崔氏，通经，有明识。贝丘妇人列其子不孝，景伯白其母，母曰："民未知礼义，何足深责！"乃召其母，与之对榻共食，使其子侍立堂下，观景伯供食。未旬日，悔过求还。崔氏曰："此虽面惭，其心未也，且置之。"凡二十余日，其子叩头流血，母涕泣乞还，然后听之，卒以孝闻。

纲　三月，梁主舍身于同泰寺。

纲　冬十月，梁将湛僧智、夏侯夔围魏广陵，克之。

目　湛僧智围魏东豫州刺史元庆和于广陵，魏将军元显伯救之，梁司州刺史夏侯夔引兵助僧智。庆和举城降。夔以让僧智，僧智曰："庆和欲降公，僧智今往，必乖其意。且僧智所将应募乌合之人，不可御以法；公持军素严，必无侵暴，受降纳附，深得其宜。"夔乃登城，拔魏帜，建梁帜；庆和束兵而出，吏民安堵。

纲鉴易知录卷三八

梁纪　附北魏东西魏

高祖武帝

纲　戊申，春正月，魏大赦。

目　魏潘嫔生女，胡太后诈言皇子，大赦、改元。

纲　魏太后胡氏进毒弑其主诩，而立临洮王世子钊。

目　太后再临朝以来，嬖幸用事，政事纵弛，盗贼蜂起，封疆日蹙。魏主年浸长，太后自以所为不谨，凡魏主所爱信者，辄以事去之，务为壅蔽，不使知外事。由是母子之间，嫌隙日深。

是时，车骑将军、六州大都督尔朱荣兵强，刘贵、段荣、尉景、蔡儁皆归之。贵屡荐高欢于荣，荣见其憔悴，未之奇也。厩有悍马，命欢翦之。欢不加羁绊而翦之，竟不蹄啮，起，谓荣曰："御恶人亦由是矣。"荣奇其言，坐之床下，屏左右，访以时事。欢曰："闻公有马十二谷，色别为群，畜此竟何用也？"荣曰："但言尔意！"欢曰："今天子暗弱，太后淫乱，嬖孽擅命，朝政不行。以明公雄武，乘时奋发，讨郑俨、徐纥之罪，以清帝侧，霸业可举鞭而成，此贺六浑之意也。"荣大悦，自是每参军谋。

并州刺史元天穆与荣善，荣兄事之。常与天穆及贺拔岳密谋举兵入洛，内诛嬖幸，外清群盗，二人皆劝成之。表请不听，遂举兵塞井陉。魏主亦恶俨、纥等，逼于太后，不能去，密诏荣举兵内向，欲以胁太后。荣以高欢为前锋，至上党，魏主复以私诏止之。俨、纥恐祸及己，阴与太后谋鸩魏主，杀之。伪立皇子为帝，既而下诏曰："潘嫔所生，实皇女也。临洮世子钊，高祖之孙，可立。"遂迎钊即位。生三年矣，太后欲久专政，故立之。尔朱荣闻之，大怒，谓元天穆曰："吾欲赴哀山陵，翦诛奸佞，更立长君，何如？"天穆曰："如此，则伊、霍复见于今矣。"

纲　三月，魏尔朱荣举兵晋阳。夏四月，至河阳，立长乐王子攸，而沉太后胡氏及幼主钊于河，杀王公以下二千人。自为都督中外诸军事，封太原王，遂入洛阳。

目　尔朱荣与元天穆议，以彭城武宣王有忠勋，其子长乐王子攸，素有令望，欲立之。遣从子天光告之，子攸许之；荣乃起兵发晋阳。太后用徐纥计，遣李神轨帅众拒之，别将郑先护、郑季明守河桥。四月，子攸潜自高渚渡河，会荣于河阳。济河，即位，以荣为都督中外诸军事，封太原王。先护、季明开城纳之，将军费穆亦降。徐纥、郑俨皆亡走，太后落发出家。荣召百官奉玺绶备法驾迎于河桥。遣骑执太后及幼主，至河阴，沉之河。荣至陶渚，引百官集于行宫西北，列胡骑围之，责以天下丧乱，肃宗暴崩，朝臣贪虐，不能匡弼之罪，因纵兵杀之，自丞相高阳王雍、司空元钦、仪同三司元略以下，死者二千余人。

荣所从胡骑杀朝士既多，不敢入洛，荣乃议欲迁都；其将泛礼固谏，乃奉魏主入城，大赦。荣犹执迁都议，都官尚书元谌争之，荣怒曰："河阴之役，君应知之。"谌曰："天下事当与天下论之，奈何以河阴之酷恐元谌乎！谌，国之宗室，位居常伯，正使今日碎首流肠，亦无所惧！"荣大怒，欲抵谌罪；谌颜色自若，乃舍之。后数日，荣与魏主登高，见宫阙壮丽，列树成行，乃叹曰："元尚书之言，不可夺也。"由是罢议。

纲　五月，魏立肃宗嫔尔朱氏为后。

目　荣女先为肃宗嫔，荣欲魏主纳以为后。魏主疑之，黄门侍郎祖莹曰："昔文公在秦，怀嬴入侍；事有反经合义，陛下独何疑焉！"遂从之，荣甚悦。

纲　尔朱荣还晋阳。以元天穆为侍中、录尚书事，兼领军将军。

目　荣令元天穆入洛阳，朝廷要官，悉用其腹心为之。

纲　秋九月，魏尔朱荣自为大丞相。

纲　冬十月，梁立元颢为魏王，遣将军陈庆之将兵纳之。

纲　己酉，夏四月，魏王颢拔荥城，称皇帝。

纲　五月，魏王颢取梁国、荥阳、虎牢。

纲　魏主子攸奔河内。

纲　颢入洛阳，以陈庆之为车骑大将军。

纲　闰六月，魏尔朱荣渡河。魏王颢走，死。陈庆之走，归梁。魏主子攸归洛阳，荣自为天柱大将军。

纲 秋七月，魏以高道穆为中尉。

目 魏主之姊寿阳公主行犯清路，道穆击破其车。公主泣诉之，魏主曰："中尉清直，岂可以私责之！"道穆见魏主，魏主劳之；道穆免冠谢，魏主曰："朕愧卿，卿何谢也。"

纲 魏始铸永安五铢钱。

纲 九月，梁主舍身于同泰寺。

目 梁主幸同泰寺，设大会。释御服，持法衣，行清净大舍，素床瓦器，乘小车，役私人。亲为四众讲涅槃经。群臣以钱一亿万奉赎，表请还宫；三请，乃许。

纲 庚戌，秋七月，魏以宇文泰为征西将军，行原州事。

目 宇文泰从贺拔岳入关，以功迁征西将军，行原州事。时关、陇凋弊，泰抚以恩信，民皆感悦，曰："早遇宇文使君，吾辈岂从乱乎！"

纲 九月，长星见。

纲 魏尔朱荣至洛阳，与太宰元天穆皆伏诛。

目 魏尔朱荣虽居外藩，遥制朝政；魏主性勤政事，数亲览词讼，理冤狱，荣闻之，不悦。城阳王徽、侍中李彧，劝魏主除荣。侍中杨侃、仆射元罗、胶东侯李侃晞亦预其谋。会荣请入朝，徽等劝因其入，刺杀之。魏主疑未定，而谋颇泄。尔朱世隆疑有变，乃为匿名书，云"天子欲杀天柱"，以白荣。荣恃其强，不以为意。九月，至洛阳，魏主即欲杀之，以元天穆在并州，恐为后患，故忍未发。并召天穆；天穆至，荣与天穆俱入，坐。李侃晞等抽刀从东户入，荣即起趋御坐，魏主先横刀膝下，遂手刃之，天穆亦死。内外喜噪，百僚入贺。魏主登门大赦。是夜，尔朱世隆帅荣部曲，走屯河阴。

纲 魏仆射尔朱世隆反，与汾州刺史尔朱兆立长广王晔于长子。冬十二月，入洛阳，迁其主子攸于晋阳而弑之。

纲 魏纥豆陵步蕃大破尔朱兆于秀容；兆及晋州刺史高欢击杀之。兆使欢统六镇。

纲 辛亥，春二月，魏乐平王尔朱世隆废其主晔而立广陵王恭。

目 尔朱世隆兄弟密议，以魏主晔疏远，无人望，欲立近亲。广陵王恭，羽之子也，好学有志度，以元乂擅权，阳得暗疾。郎中薛孝通说尔朱天光曰："广陵，高祖犹子，夙有令望，沉晦不言，多历年所，若奉以为主,则天人允协矣。"天光使尔朱产伯潜往胁之,恭乃曰:"天何言哉!"世隆等大喜,乃废晔而立之。邢子才为赦文,叙敬宗枉杀尔朱荣之状,魏主曰:"永安手翦强臣,非为失德,直以天未厌乱,故逢成济之祸耳。"魏主闭口八年,至是乃言,中外欣然,以为明主。

纲　魏河北大使高乾起兵信都,以冀州迎高欢。

目　乾与前河内太守封隆之等袭信都,奉隆之行州事,为敬宗举哀,誓众,移檄州郡共讨尔朱氏。高欢屯壶关,声言讨信都。众惧,高乾曰:"吾闻高晋州雄略盖世,其志不居人下。且尔朱无道,弑君虐民,正是英雄立功之会;今日之来,必有深谋,吾当轻马迎之,诸君勿惧。"乃潜谒欢于滏口,欢大悦。

初,赵郡太守李元忠好酒,无政绩。及尔朱兆弑敬宗,元忠弃官归,谋举兵讨之。会高欢东出,元忠乘露车,载素筝浊酒以迎欢,欢未即见。元忠下车独酌,谓门者曰:"今闻国士到门,不吐哺、辍洗,其人可知,还吾刺,勿通也!"门者以告,欢遽见之。引入,觞再行,取筝鼓之,长歌慷慨,歌阕,谓欢曰:"天下形势可见,公犹事尔朱邪?"欢曰:"富贵皆彼所致,敢不尽节!"元忠曰:"非英雄也!"欢曰:"赵郡醉矣。"使人扶出。长史孙腾曰:"此君天遣来,不可违也。"欢乃复留与语,元忠慷慨流涕,欢亦悲不自胜。元忠因进策曰:"殷州小,无粮、仗,不足以济大事。若向冀州,高乾兄弟必为明公主人。殷州便以赐委。冀、殷既合,沧、瀛、幽、定自当弥服矣。"欢急握元忠手而谢焉。欢至信都,封隆之、高乾纳之。

纲　魏封其故主晔为东海王。

纲　魏以高欢为渤海王。

目　魏封欢为渤海王,征之,不至;乃以为东道大行台、冀州刺史。

纲　夏四月,梁太子统卒。

目　统宽和容众,喜怒不形于色。好读书属文,引接才俊,不蓄声乐,每霖雨积雪,遣左右周行闾巷,视贫者赈之。天性孝谨,及卒,朝野惋愕,谥曰昭明。

纲　梁主立子纲为太子。六月,封孙欢为豫章王、誉为河东王、詧为岳阳王。

目 初，昭明太子葬丁贵嫔，有道士云："此地不利长子，请厌之。"乃为腊鹅及诸物，埋于墓侧。宫监鲍邈之密启梁主云："太子有厌祷。"梁主遣检掘，得鹅物，大惊，将穷其事，徐勉固谏而止。及太子卒，梁主欲立其子长子华容公欢为嗣，衔其旧事，犹豫久之，竟不立。

既而立太子母弟晋安王纲为太子。朝野多以为不顺，侍郎周弘正，以尝为纲主簿，乃奏记曰："谦让道废，多历年所。愿殿下抗目夷之义，执子臧之节，改浇竞之俗，以大吴国之风。"纲不能从。

纲以徐摛为家令，兼管记，摛文体轻丽，春坊学之，时人谓之"宫体"。梁主闻之，怒，召摛欲加诮责。及见应对明敏，意更释然，因问经史及释教，摛商校从横，梁主深叹异之，宠遇日隆。朱异不悦，谓所亲曰："徐叟渐来见逼，我须早为之所。"遂乘间白梁主曰："摛老，爱泉石，意在一郡。"梁主谓摛真欲之，乃谓曰："新安大好山水。"遂出为守。寻以人言不息，封欢、誉、詧等，以慰其心。

纲 魏冀州刺史高欢起兵讨尔朱氏。

纲 冬十一月，魏高欢立渤海太守元朗，自为丞相，败尔朱兆等军于广阿。

纲 壬子，春正月，梁封西丰侯正德为临贺王。

纲 魏丞相欢克相州，以杨愔为行台右丞。

纲 三月，魏主朗入居于邺，高欢自为太师。

纲 闰月，魏尔朱天光等会兵攻邺，高欢击破之。

纲 夏四月，魏将军斛斯椿执尔朱天光、度律送邺。世隆伏诛，仲远奔梁。

纲 高欢入洛阳，废其主恭及朗，而立平阳王修，自为大丞相。

纲 魏尔朱度律、天光伏诛。

纲 五月，魏封其故主朗为安定王。

纲 魏主修弑其故主恭。

纲 秋七月，魏大丞相欢讨尔朱兆，走之，遂据晋阳。

纲 冬十一月，魏主修弑安定王朗、东海王晔。

纲 十二月，魏立后高氏。

纲 癸丑，春正月，魏大丞相欢袭秀容，杀尔朱兆。

纲 魏以贺拔胜为荆州刺史。

纲　秋八月，魏以贺拔岳为雍州刺史。

目　初，贺拔岳遣行台郎冯景诣晋阳，高欢与景歃盟，约与岳为兄弟。景还，言于岳曰："欢奸诈有余，不可信也。"府司马宇文泰请使晋阳，以观欢之为人，欢奇其状貌，曰："此儿视瞻非常。"将留之，泰固求复命；欢既遣而悔之，发驿急追，至关不及而返。泰至，谓岳曰："欢所以未篡者，正惮公兄弟耳；侯莫陈悦之徒，非所忌也。公但潜为之备，图欢不难。"岳大悦，复遣诣洛阳请事，密陈其状。魏主喜，以岳为都督二十州军事、雍州刺史。岳遂引兵西屯平凉。岳以夏州被边要重，欲求良刺史，众举宇文泰，岳曰："左丞，吾左右手，何可废也！"沉吟累日，卒表用之。

纲　甲寅，春正月，魏秦州刺史侯莫陈悦杀贺拔岳，魏以宇文泰统其军。

纲　夏四月，魏宇文泰讨侯莫陈悦，诛之，遂走秦、陇。魏以泰为关西大都督。

纲　六月，魏大丞相欢举兵反。秋七月，魏主修奔长安。欢入洛阳，推清河王亶承制决事。魏主以宇文泰为大将军、尚书令。

目　高欢举兵向阙，中军将军王思政言于魏主曰："高欢之心，昭然可知。洛阳非用武之地，宇文泰乃心王室，今往就之，还复旧京，何虑不克？"魏主深然之，遣待郎柳庆见泰于高平。泰请奉迎舆驾。

时东郡太守裴侠帅兵诣洛，王思政问以西巡之计，侠曰："宇文泰已操戈矛，宁肯授人以柄！虽欲投之，恐无异避汤入火也。"思政曰："然则何如而可？"侠曰："图欢有立至之忧，西巡有将来之虑，且至关右徐思其宜耳。"思政然之，乃进侠于魏主，授左中郎将。七月，魏主西奔长安。欢遂入洛阳，杀仆射辛雄以下数人，推清河王亶为大司马，承制决事。宇文泰备仪卫迎魏主，谒见于东阳驿；魏主遂入长安，以泰为大将军、雍州刺史，兼尚书令。

先是，荧惑入南斗，去而复还，留止六旬。梁主以谚云"荧惑入南斗，天子下殿走"，乃跣而下殿以禳之。及闻魏主西奔，惭曰："虏亦应天象邪！"

纲　冬十月，魏大丞相欢立清河世子善见于洛阳。

目　欢集百官耆老，议所立，时清河王亶出入已称警跸，欢丑之，遂立其世子善见为帝，谓亶曰："欲立王，不如立王之子。"善见即位，时年十一。

纲 魏以宇文泰为大丞相。

纲 十一月，东魏迁于邺。

纲 闰十二月，魏大丞相泰进毒弑其君修。

纲 乙卯，春正月朔，魏大丞相泰立南阳王宝炬。

纲 魏大丞相泰自为都督中外诸军事，封安定公。

纲 魏立后乙弗氏。

纲 东魏大丞相欢自为相国，假黄钺，加殊礼；复辞不受。

纲 魏大丞相泰以苏绰为行台左丞。

目 宇文泰用苏绰为行台郎中，居岁余，未之知也，而台中皆称为能，有疑事皆就决之。泰与仆射周惠达论事，惠达请出议之。以告绰，绰为之区处，惠达入白之，泰称善，曰："谁与卿为此议者？"惠达以绰对，且称绰有王佐之才。泰召绰，问天地造化之始，历代兴亡之迹，绰应对如流。遂留至夜，问以政事，卧而听之；绰陈为治之要，泰起，整衣危坐，不觉膝之前席，语达曙不厌。诘朝，谓惠达曰："苏绰真奇士，吾方任之以政。"即拜左丞，参典机密，自是宠遇日隆。绰始制文案程式朱出、墨入，及计帐、户籍之法，后人多遵用之。

纲 夏五月，魏大丞相泰自加柱国。

纲 冬十一月，梁侍中徐勉卒。

目 勉虽骨鲠不及范云，亦不阿意苟合，故梁世言贤相者称范、徐云。

纲 东魏封高洋为太原公。

目 洋，欢之子也，内明决而外如不慧，众皆嗤鄙之；独欢异之，谓长史薛琡曰："此儿识虑过吾。"幼时，欢尝欲观诸子意识，使各治乱丝，洋独抽刀斩之，曰："乱者必斩！"

纲 丙辰，春二月，东魏大丞相欢遣其世子澄入邺辅政，东魏以为尚书令、京畿大都督。

纲 东魏大丞相欢以陈元康为功曹。

目 高季式荐元康于高欢曰："是能夜中暗书，快吏也。"欢召之，一见，即授功曹，掌机密。时军国多务，元康问无不知。与功曹赵彦深同知机密，而元康性柔谨，欢甚亲之，曰："此人天赐我也。"

纲　梁处士陶弘景卒。

目　弘景博学，好养生。仕齐为奉朝请，弃官，隐居茅山。梁主早与之游，及即位，恩礼甚笃，每得其书，焚香虔受。屡以手敕招之，弘景不出。国家每有大议，必先谘之，时人谓之“山中宰相”。将没，为诗曰：“夷甫任散诞，平叔坐论空。岂悟昭阳殿，遂作单于宫！”时士大夫竞谈玄理，不习武事，故弘景诗及之。

纲　夏四月，梁以江子四为右丞。

目　子四上封事，极言得失，梁主诏曰：“古人有言：‘屋漏在上，知之在下。’朕有过失，不能自觉，子四所言，尚书时加检括，速以启闻。”

纲　丁巳，秋八月，梁修长干塔。

目　梁主修长干寺阿育王塔，出佛爪、发、舍利。幸寺，设无碍食，大赦。

纲　闰九月，东魏大丞相欢侵魏。冬十月，魏大丞相泰迎战渭曲，大败之。

纲　戊午，春正月朔，日食。二月，东魏遣行台侯景治兵虎牢，复取汾、颍、豫、广四州。

纲　魏废其后乙弗氏，立柔然女郁久闾氏为后。

纲　秋七月，梁大赦。

目　以得如来舍利也。

纲　冬十二月，东魏改停年格。

纲　己未，春正月，梁以何敬容为尚书令。

纲　夏五月，东魏立后高氏。

纲　冬十月，魏置纸笔于阳武门以求言。

纲　魏制礼乐。

纲　庚申，春二月，柔然侵魏，魏主杀其故后乙弗氏。

纲　辛酉，秋九月，魏省官员，置屯田，颁六条。

目　宇文泰欲革时政，为强国富民之法，度支尚书苏绰赞成其事，减官员，置二长，并置屯田，以资军国。又为六条诏书：一曰清心；二曰敦教化；三曰尽地利；四曰擢贤良；五曰恤狱讼；六曰均赋役。泰常置诸坐右，令百司习诵之，非通六条及计帐者不得居官。既而又益新制十二条。

纲 冬十二月，东魏大稔。

纲 壬戌，秋八月，东魏以侯景为河南大行台。

纲 冬十二月，梁卢子略作乱，广州参军陈霸先讨平之。

目 孙冏、卢子雄讨李贲。以春瘴方起，请待至秋；武林侯谘趣之。众溃而归。谘诬奏冏及子雄逗留，赐死。子雄弟子略及杜僧明、周文育等帅众攻广州。参军吴兴陈霸先帅精甲三千击破之，擒僧明、文育。霸先以二人骁勇过人，释之，以为主帅。诏以霸先为直阁将军。

纲 癸亥，夏四月，魏以侯景为司空。

纲 冬十一月，东魏筑长城于肆州。

纲 甲子，春三月，东魏以高澄为大将军，领中书监。

目 高欢多在晋阳，委孙腾、司马子如、高岳、高隆之以朝政，邺中谓之"四贵"，权势熏灼，专恣骄贪。欢欲损夺其权，故以澄领中书监，移门下机事总归中书，文武赏罚皆禀于澄。

纲 夏四月，梁尚书令何敬容有罪，免。

目 敬容复为太子詹事。太子尝于玄圃自讲老、庄，敬容谓人曰："昔西晋祖尚玄虚，使中原沦于胡羯。今东宫复尔，江南亦将为戎乎？"

纲 五月，魏大都督、琅邪公贺拔胜卒。

目 宇文泰常谓人曰："诸将对敌，神色皆动，唯贺拔公临陈如平时，真大勇也！"

纲 秋七月，东魏以崔暹为中尉，宋游道为左丞。

目 魏自正光以后，政刑弛纵，在位多贪污。高欢启以宋游道为御史中尉，澄请以崔暹为之，以游道为尚书左丞。谓曰："卿一人处南台，一人处北省，当使天下肃然。"暹选毕义云等为御史，时称得人。澄与诸公出，之东山，遇暹于道，前驱为赤棒所击，澄回马避之。尚书令司马子如，太师咸阳王坦，贪黩无厌；暹弹之，削其官爵，其余死黜者甚众。游道奏驳尚书违失数百条，省中豪吏并鞭斥之。高隆之诬游道有不臣之言，罪当死。黄门侍郎杨愔曰："畜狗求吠；今以数吠杀之，恐将来无复吠狗。"游道竟坐除名。然暹实巧诈。高澄纳魏琅邪公主，意暹必谏；暹入谘事，不复假以颜色。居三日，暹怀刺坠之于前。澄问："何为？"暹悚然曰："未得通公主。"澄大悦，把暹臂入见之。崔季舒语人曰："崔暹常忿吾佞，及其自作，乃过于吾。"

纲　乙丑，春正月，东魏作晋阳宫。

纲　三月，魏遣使如突厥。

目　突厥本西方小国，姓阿史那氏，世居金山之阳，其酋长土门始强大，颇侵魏西边。至是，魏使至，其国人皆喜曰："大国使者至，吾国其将兴矣。"

纲　冬，梁散骑常侍贺琛上书论事，诏诘责之。

目　琛启陈四事。启奏，梁主大怒，召主书于前，口授敕书诘责之。琛但谢过而已，不敢复言。

梁主为人孝慈恭俭，博学能文，勤于政务，冬月视事，执笔触寒，手为皴裂。自天监中，用释氏法，长斋一食，惟菜羹、粝饭而已。身衣布衣，木绵皂帐，一冠三载，一衾二年，后宫衣不曳地。性不饮酒，非祭祀、飨宴及诸法事，未尝作乐。虽居暗室，恒理衣冠小坐，盛暑未尝褰袒，对内竖小臣，如遇大宾。然优假士人太过，牧守多侵渔百姓，使者干扰郡县。又好亲任小人，颇伤苛察。多造塔庙，公私费损。江南久安，风俗奢靡，故琛启及之。

梁主年老，又持佛戒，每断重罪，则终日不怿。或谋反逆事觉，亦泣而宥之也。由是王侯益横，或白昼杀人，暮夜剽掠，梁主深知其弊，而溺于慈爱，不能禁也。

纲　丙寅，春三月，梁主讲佛书于同泰寺。夏四月，同泰浮图灾，复作之。

目　梁主幸同泰寺，讲三慧经。四月，解讲。是夕，浮图灾，梁主曰："此魔也，更宜广为法事。"遂起十二层浮图；将成，值侯景乱，乃止。

纲　秋七月，梁禁用短钱。

纲　八月，东魏迁石经于邺。

纲　魏以韦孝宽为并州刺史，守玉壁。

纲　冬十月，梁以岳阳王詧为雍州刺史。

目　詧以梁主衰老，朝多秕政，遂蓄财下士，招募勇敢，左右至数千人。以襄阳形胜，梁业所基，可图大功。乃克己为政，抚循士民，数施恩惠，延纳规谏，所部称治。

纲　十一月，东魏大丞相欢侵魏，围玉壁，不克而还。

目 东魏高欢悉山东之众伐魏，至玉壁，围而攻之，昼夜不息。魏韦孝宽随机拒之，欢无如之何，乃使祖珽说之使降。孝宽曰："攻者自劳，守者常逸，孝宽关西男子，必不为降将军也！"欢乃解围去。

纲 东魏大将军澄如晋阳。

目 高欢病，使太原公洋镇邺，而征澄赴晋阳。

纲 魏度支尚书苏绰卒。

目 绰性忠俭，常以丧乱未平为己任，荐贤拔能，纪纲庶政。宇文泰推心任之，或出游；常预署空纸以授绰，有须处分，随事施行。绰常谓："为国之道，当爱人如慈父，训人如严师。"每与公卿论议，自昼达夜，事无巨细，若指诸掌，积劳成疾而卒。泰深痛惜之，谓公卿曰："苏尚书平生廉让，吾欲全其素志，则恐悠悠之徒，有所未达；如厚加赠谥，又乖宿昔相知之心；何为而可？"令史麻瑶越次进曰："俭约，所以彰其美也。"泰从之。归葬武功，载以布车一乘，泰与群公步送之，酹酒言曰："尔知吾心，吾知尔志，方欲共定天下，遽舍吾去，奈何！"因举声恸哭，不觉卮落于手。

纲 丁卯，春正月朔，日食。

纲 梁以湘东王绎为荆州刺史。

纲 东魏大丞相渤海王高欢卒。

目 欢性深密，终日俨然，人不能测。驭军严肃，听断明察。雅尚俭素，刀剑鞍勒，无金玉之饰。病笃，谓世子澄曰："侯景专制河南十四年矣，常有飞扬跋扈之志，顾我能畜养，非汝所能驾御也。今四方未定，勿遽发哀，库狄干、斛律金，并性遒直，终不负汝。堪敌侯景者，唯有慕容绍宗，我故不贵之，留以遗汝。"又曰："段孝先忠亮仁厚，智勇兼备，军旅大事，宜共筹之。"遂卒。澄秘不发丧，唯行台丞陈元康知之。

纲 东魏大行台侯景以河南降魏。

目 景右足偏短，弓马非其所长，而多谋算。诸将高敖曹、彭乐等，皆勇冠一时，景常轻之。尝言于高欢："愿得兵三万，横行天下，要须济江缚取萧衍老公，以为太平寺主。"欢使将兵十万，专制河南。景素轻高澄，尝曰："高王在，吾不敢有异；王没，吾不能与鲜卑小儿共事矣。"及闻欢疾笃，用其行台郎王伟计，拥兵自固。欢卒，遂以河南降魏。魏以景为太傅、大行台。

纲　二月，魏除宫刑。

纲　侯景复以河南叛附于梁。梁封景为河南王，遣兵援之。

目　景又遣郎中丁和奉表于梁，请举河南十三州内附。梁主召群臣廷议。仆射谢举等皆曰："顷与魏和，边境无事，不宜纳其叛臣。"梁主曰："机会难得，岂宜胶柱！"先是正月乙卯，梁主梦中原牧守，皆以地来降，旦见朱异告之，异曰："此宇内混一之兆也。"及丁和至，称景定计，实以正月乙卯，梁主愈神之，然意犹未决。尝独言："我国家如金瓯，无一伤缺，今忽受景地，讵是事宜？脱致纷纭，悔之何及！"朱异揣知梁主意，对曰："今景分魏土之半以来，自非天诱其衷，何以至此！若拒而不纳，恐绝后来之望。愿陛下无疑。"梁主乃以景为大将军，封河南王，都督河南、北诸军事。遣司州刺史羊鸦仁督桓和、湛海珍等，将兵三万趣悬瓠以应之。平西谘议周弘正善占候，前此谓人曰："国家数年后，当有兵起。"及闻纳景，曰："乱阶在此矣。"

纲　三月，梁主舍身于同泰寺。

纲　秋七月，东魏大将军澄入邺，幽其主于宫中，杀侍读荀济等而还。

目　东魏主多力，善射，好文学，时人以为有孝文风烈，高澄深忌之，使崔季舒察魏主动静。澄尝侍饮，举大觞属魏主，魏主不胜忿，曰："自古无不亡之国，朕亦何用此生为！"澄怒骂，使季舒拳殴魏主，奋衣而出。魏主不堪忧辱，咏谢灵运诗曰："韩亡子房奋，秦帝鲁连耻。"侍讲荀济知魏主意，乃与祠部郎中元瑾、华山王大器等谋诛澄。事觉，澄幽魏主于含章堂，烹济等于市，遂还晋阳。

纲　九月，梁堰泗水以攻东魏之彭城。冬十一月，东魏行台慕容绍宗击败之。获萧渊明。

目　梁主命侍中羊侃与渊明堰泗水于寒山以灌彭城，俟得彭城，乃进军与景掎角。堰成，东魏遣大都督高岳救彭城，欲以潘乐为副。陈元康曰："乐缓于机变，不如慕容绍宗；且先王之命也。"乃以绍宗为东南道行台，与岳、乐偕行。景闻绍宗来，叩鞍有惧色，曰："谁教鲜卑儿解遣绍宗来！若然，高王定未死邪！"绍宗帅众十万据橐驼岘。羊侃劝渊明乘其远来击之，不从，侃乃帅所领出屯堰上。绍宗将卒掩击之，梁兵大败，渊明为所虏，羊侃结陈徐还。

初，高澄以杜弼为军司，问以政要，弼曰："天下大务，莫过赏罚。赏一人使天下之人喜，罚一人使天下之人惧，二事不失，自然尽善。"澄大悦。至是使弼作檄移梁朝，略曰："侯景以鄙俚之夫，遭风云之会，位班三事，邑启万家，而离披不已，意亦可见。彼乃授之以利器，诲之以慢藏，使其势得容奸，时堪乘便。终恐倔强不掉，狼戾难驯，横使江、淮士子，荆、扬人物，死亡矢石之下，夭折雾露之中。彼梁主者，轻险有素，老耄及之。用舍乖方，废立戾所，矫情动俗，饰智惊愚。毒螫满怀，妄敦戒业，躁竞盈胸，谬治清净。灾异降于上，怨讟兴于下，傅险躁之风俗，任轻薄之子孙，朋党路开，兵权在外。必将祸生骨肉，衅起腹心，强弩冲城，长戈指阙；徒探雀鷇，无救府藏之虚，空请熊蹯，讵延晷刻之命。外崩中溃，今实其时。"其后梁室祸败，皆如弼言。

纲 戊辰，春正月，东魏慕容绍宗击侯景；景众溃走，袭据寿春，梁以为南豫州牧。

目 慕容绍宗以铁骑五千夹击侯景，景众大溃，景与数骑济淮，稍收散卒，得步骑八百人，昼夜兼行，追军不敢逼。使谓绍宗曰："景若就擒，公复何用！"绍宗乃纵之。

景走寿阳，夜至城下，监州事韦黯开门纳景，景遣其将分守四门。梁朝闻景败，咸以为忧。詹事何敬容言于太子曰："得景遂死，深为朝廷之福。"太子失色问故，敬容曰："景翻覆叛臣，终当乱国。"

景以败，乞自贬，梁主不许，以景为南豫州牧。光禄大夫萧介谏曰："臣闻凶人之性不移，天下之恶一也。侯景以凶狡之才，荷高欢卵翼之遇，欢坟土未干，即还反噬之。力不逮，乃复逃死关西，宇文不容，故复投身于我。陛下前者所以受之，正欲比属国降胡，冀获一战之效耳；今既亡师失地，直是境上之匹夫。陛下爱匹夫而弃与国，臣窃不取。若犹待其岁暮之效，则彼弃乡国如脱屣，背君亲如遗芥，岂知远慕圣德，为江、淮之纯臣乎！"梁主不能用。

纲 二月，东魏求成于梁。

目 高澄数遣书求好于梁，梁未之许。澄谓萧渊明曰："若梁主不忘旧好，诸人并即遣还，侯景家属，亦当同遣。"渊明遣人奉启还梁，梁主与朝臣议之。朱异等皆以为便，司农卿傅岐独曰："此高澄设间，欲令侯景自疑而作乱耳。若许通好，正堕其计中。"异等固执宜和，梁主亦厌用兵，乃许之。使还过寿阳，侯景知之，摄问具服。景乃诈为邺中书，求以渊明易景，梁主复书曰："贞阳旦至，侯景夕返。"景谓左右曰："我固知吴老公薄心肠！"王伟说景曰："今坐听亦死，举大事亦死，唯王图之！"于是始为反计。

纲　三月，梁交州司马陈霸先讨李贲平之。

纲　秋八月，梁侯景反寿阳，梁主遣邵陵王纶督诸军讨之。

目　景知临贺王正德屡以贪暴得罪，阴养死士，幸国家有变，遣徐思玉致笺曰："天子年尊，奸臣乱国，大王属当储贰，中被废黜，景虽不敏，实思自效。"正德大喜，报之曰："仆为其内，公为其外，何有不济？机事在速，今其时矣。"景遂反于寿阳，以诛中领军朱异等为名。梁主诏以鄱阳王范、封山侯正表、司州刺史柳仲礼、散骑常侍裴之高为四道都督，邵陵王纶持节，兼督众军以讨景。

纲　冬十月，梁临贺王正德叛，引侯景兵渡江；梁主命宣城王大器、将军羊侃督军御之。

目　侯景引兵临江，梁主以正德督诸军屯丹阳，正德遣大船数十艘，诈称载荻，密以济景，景乃济江。至慈湖，建康大骇，梁主悉以内外军付太子，以宣城王大器都督城内诸军事，羊侃为军师将军副之。

纲　萧正德引侯景围梁台城。十一月，景以正德称帝。

目　太子犹未知正德之情，使守宣阳门；俄而景至，正德帅众迎之，景军乘胜至阙下，列兵绕台城。十一月朔，正德即帝位，以景为丞相。

纲　梁荆州刺史湘东王绎，移檄遣兵赴援。

纲　梁邵陵王纶还军赴援，侯景击之，大溃。

纲　十二月，梁鄱阳王范、南康王会理将兵入援。

纲　梁将军羊侃卒。

纲　梁散骑常侍韦粲及东西道都督裴之高、柳仲礼等，各以兵入援，推仲礼为大都督。

纲　己巳，春正月，侯景袭梁援军，韦粲死之。柳仲礼击景，败之。

纲　梁中领军朱异卒。

目　朝野以侯景之祸，共尤朱异，异惭愤发疾卒。梁主痛惜，特赠仆射。

纲 二月，梁以侯景为大丞相，与之盟，敕止援军。湘东王绎次于武城。

目 初，台城之闭也，公卿以食为念，男女贵贱并出负米，取诸府藏钱帛，聚德阳堂，而不备薪、刍、鱼、盐。至是坏尚书省为薪；撤荐，剉以饲马；军士或煮铠、熏鼠、捕雀而食之。侯景众亦饥，东城有米，可支一年，援军断其路，景甚患之。王伟请伪求和，以缓其势。景从之，拜表求和；太子白梁主，报许之。梁主敕诸军不得复进，诏以景为大丞相、豫州牧，遣仆射王克与王伟等盟。既盟，而景围不解，了无去志。梁主常蔬食，至是蔬茹皆绝，乃食鸡子，邵陵王纶乃因使上鸡子数百枚。

湘东王绎军于郢州之武城，淹留不进。

纲 三月，侯景陷梁台城，自称大都督、录尚书事。邵陵王纶奔会稽，柳仲礼等叛降景。景废萧正德，以为大司马。

目 三月，侯景复攻城，昼夜不息，城陷。梁主安卧不动，叹曰："自我得之，自我失之，亦复何恨！"景入，见于太极东堂，以甲士五百人自卫，稽颡殿下，典仪引就三公榻。梁主神色不变，问曰："卿在军中日久，无乃为劳！"景不敢仰视，汗流被面，退谓王僧贵曰："吾常跨鞍对陈，矢刃交下，而意气安缓，了无怖心；今见萧公，使人自慑，岂非天威难犯！吾不可以再见之。"于是矫诏大赦，自加大都督中外诸军、录尚书事。

邵陵王纶奔会稽，柳仲礼及羊鸦仁、王僧辩、赵伯超并开营降贼。景更以正德为大司马。正德入见梁主，拜且泣。梁主曰："啜其泣矣，何嗟及矣！"

纲 夏五月，梁主衍殂，太子纲立。

目 梁主为侯景所制，所求多不遂志，饮膳亦为所裁节，忧愤成疾，口苦，索蜜不得，再曰："荷荷！"遂殂，年八十六。太子即位，立宣城王大器为太子。

纲 梁湘东王绎自称假黄钺大都督、中外诸军承制。

纲 六月，侯景杀萧正德。

目 正德怨侯景卖己，密书召鄱阳王范，使以兵入；景遮得其书，缢杀之。

纲　梁永安侯确谋讨侯景，不克而死。

目　景爱永安侯确之勇，常置左右。邵陵王纶潜遣人呼之，确曰："景轻佻，一夫力耳，我欲手刃之，恨未得其便，卿还启家王，勿以确为念。"景与确游钟山，确引弓射鸟，因欲射景；弦断，不发，景觉而杀之。

纲　秋七月，梁广州刺史元景仲谋反，西江督护陈霸先讨诛之。

目　霸先欲起兵讨侯景，景使人诱景仲，许奉以为主，使图霸先。霸先驰檄讨之，景仲众溃，缢死。霸先迎定州刺史萧勃镇广州，勃以霸先监始兴郡事。

纲　盗杀东魏大将军渤海王高澄于邺。

目　澄获衡州刺史兰钦子京，以为膳奴，京屡自诉，澄杖之曰："更诉，当杀汝！"京与其党六人谋作乱。一日与陈元康、杨愔、崔季舒屏左右，谋受禅。京进食，置刀盘下，杀之。元康以身蔽澄，亦被伤而卒。澄弟太原公洋闻之，入讨群贼，斩而脔之，秘不发丧。勋贵以重兵皆在并州，劝洋早如晋阳，洋从之。晋阳旧臣、宿将素轻洋；及至，大会文武，神彩英畅，言辞敏洽，众皆大惊。澄政令有不便者，洋皆改之。

纲　九月，侯景陷吴兴，梁太守张嵊、御史中丞沈浚死之。

目　景使侯子鉴寇吴兴。吴兴兵力寡弱，张嵊书生，不闲军旅，或劝嵊效袁君正迎降，嵊叹曰："袁氏世济忠贞，不意君正一旦隳之。吾岂不知此难久全，但以身许国，有死无贰耳！"战败还府，整服安坐，子鉴执送建康。景欲活之，嵊曰："吾忝任专城，朝廷倾危，不能匡复，速死为幸。"景犹欲存其一子，嵊曰："吾一门已在鬼录，不就尔虏求恩！"景怒，尽杀之，并杀沈浚。

纲　梁岳阳王詧攻江陵，湘东王绎遣兵袭襄阳；詧遁还，绎使竟陵太守王僧辩攻湘州。

纲　冬十一月，梁湘东王绎遣兵攻襄阳。岳阳王詧乞师于魏，魏遣开府杨忠率师救之。

目　詧遣使求援于魏，请为附庸。湘东王绎使柳仲礼镇竟陵，以图詧。詧惧，遣其妃王氏及世子嶚为质于魏。宇文泰欲经略江、汉，以杨忠都督三荆诸军，镇穰城。仲礼帅众趣襄阳，泰遣忠及仆射长孙俭将兵击仲礼，以救詧。

纲 十二月，梁始兴太守陈霸先起兵讨侯景。

目 霸先结郡中豪杰，欲讨侯景。郡人侯安都、张偲等各帅众千余人归之。霸先遣杜僧明将二千人顿于岭上。广州刺史萧勃遣人止之。霸先曰："京都覆没，君辱臣死。君侯体则皇枝，任重方岳，不能赴援，遣仆一军，犹贤乎已，而更止之乎！"乃遣使间道诣湘东王绎受节度。时南康土豪蔡路养起兵据郡，勃乃以谭世远为曲江令，与路养相结，同遏霸先。

纲 东魏取梁司州。

目 于是东魏尽有淮南之地。

纲鉴易知录卷三九

梁纪　附西魏北齐北周

太宗简文帝

纲　庚午，春正月，东魏高洋自为丞相、都督中外诸军、录尚书事，封齐王。

纲　梁以陈霸先为交州刺史。

目　霸先发始兴，至大庾岭，蔡路养拒之。其党萧摩诃，年十三，单骑出战，无敌当者。霸先击之，路养败走。进军南康，湘东王绎承制授霸先交州刺史。

纲　夏四月，梁湘东王绎移檄讨侯景。

目　绎以天子制于贼臣，不肯从大宝之号，犹称太清四年。下令大举讨侯景，移檄远近。

纲　五月，齐王洋称皇帝，废东魏主为中山王。

目　东魏徐之才、宋景业善图谶，因高德政劝齐王洋受魏禅。洋以告娄太妃，太妃曰："汝父如龙，汝兄如虎，犹以天位不可妄据，终身北面；汝独何人，欲行舜、禹之事乎！"洋以告之才，之才曰："正为不及父兄，故宜早升尊位耳。"洋铸像卜之而成，乃发晋阳。

洋至邺，使侍中张亮等见东魏主，逼以禅位。魏主敛容曰："推挹已久，谨当逊避。"乃下御坐，步就东廊，咏范晔汉献帝赞，遂迁于北城，遣彭城王韶等奉玺绶禅位于齐。齐王洋即皇帝位于南郊，封东魏主为中山王。追尊献武王、文襄王皆为皇帝。

纲　齐立子殷为太子。

纲　魏立萧詧为梁王。

目　魏人欲令岳阳王詧发哀嗣位，詧辞；乃遣使册命詧为梁王，建台置百官。

纲　秋九月，侯景自称汉王。

目 景又自加宇宙大将军，都督六合诸军事，梁主惊曰："将军乃有'宇宙'之号乎！"

纲 冬十月，魏初作府兵。

目 魏宇文泰始籍民之才力者为府兵，身、租、调、庸，一切蠲之，以农隙讲阅战陈，马畜粮备，六家供之；合为百府，每府一郎将主之，分属二十四军。

纲 辛未，春二月，梁陈霸先讨李迁仕，杀之。

目 李迁仕击南康，陈霸先遣杜僧明等擒斩之。湘东王绎使霸先进兵取江州，以为江州刺史。

纲 三月，魏主宝炬殂，太子钦立。

纲 秋八月，侯景废梁主纲，杀太子大器，而立豫章王栋。

纲 冬十月，侯景弑梁主纲。

纲 侯景废梁主栋，自称汉帝。

纲 十二月，齐主洋弑中山王。

世祖孝元帝

纲 壬申，春二月，梁湘东王绎遣王僧辩、陈霸先讨侯景。

纲 三月，梁王僧辩、陈霸先击败侯景，景亡走吴。

纲 梁湘东王绎杀豫章王栋。

纲 夏四月，侯景伏诛。

目 羊侃之子鹍，为景都督，杀之。送尸建康，传首江陵，截其手送于齐。暴景尸于市，士民争取食之，并骨皆尽；溧阳公主亦预食焉。景五子在北齐，皆杀之。

纲 盗窃梁传国玺，归之于齐。

纲 梁以王僧辩为司徒，陈霸先为征虏将军、开府仪同三司。

纲 王伟等伏诛。

目 湘东王诛王伟等于市。初，伟于狱中上诗，王爱其才，欲宥之；有言于王者曰："伟作檄文甚佳。"王求得之，见其有"湘东一目"之语，乃怒诛之。

纲 齐以辛术为吏部尚书。

目 自魏迁邺以来，大选之职，知名者数人，互有得失：高澄少年高朗，所蔽者疏；袁淑德沉密谨厚，所伤者细，杨愔风流辩给，取士失于浮华；惟术性尚贞明，取士必以才器，循名责实，新旧参举，管库必擢，门阀不遗，考之前后，最为折衷。

纲　冬十一月，梁主绎立。

纲　甲戌，春正月，魏作九命、九秩之典。

目　宇文泰始作九命之典，以叙内外官爵，改流外品为九秩。

纲　魏宇文泰废其主钦而立齐王廓，复姓拓跋氏。

纲　三月，齐主杀其尚书左丞卢斐、李庶。

目　齐中书令魏收撰魏书，颇用爱憎为褒贬，每谓人曰："何物小子，敢与魏收作色！举之则使升天，按之则使入地！"既成，中书舍人卢潜、左丞卢斐、李庶皆言其诬罔不直。收启齐主云："臣既结怨强宗，将为刺客所杀。"齐主怒，于是斐、庶皆坐谤史，鞭二百，配甲坊，潜亦坐系狱，斐、庶死狱中。然时人终不服，谓之"秽史"。

纲　夏四月，梁以陈霸先为司空。

纲　魏宇文泰弑其故主钦。

纲　秋八月，梁主讲老子于龙光殿。

纲　冬十月，魏遣柱国于谨帅师伐梁。十一月，入江陵。十二月，执梁主绎，杀之。

目　魏遣柱国于谨、中山公宇文护、大将军杨忠将兵五万伐梁。武宁太守宗均告魏兵且至，领军胡僧祐、黄罗汉曰："二国无隙，必应不尔。"乃复使王琛使魏。于谨至樊、邓，梁王詧帅众会之。梁主乃停讲，戒严。琛至石梵，驰报罗汉曰："境上帖然，前言皆儿戏耳。"梁主乃复讲，百官戎服以听。

征王僧辩为大都督，命陈霸先徙镇扬州。十一月，魏军济汉。梁主出城行栅，插木为之，周六十里。魏军至栅下，于谨令筑长围，中外遂绝。梁主巡城，犹口占为诗，群臣亦有和者。梁主又裂帛为书，趣王僧辩曰："吾忍死待公，可以至矣！"魏悉众攻栅，反者开西门纳魏师，梁主退保金城。日暝，闻城陷，梁主乃焚古今图书十四万卷，以宝剑击柱折之，叹曰："文武之道，今夜尽矣！"命御史中丞王孝祀作降文。梁主遂白马素衣出门，詧使铁骑拥之入营，囚于乌幔之下。或问梁主："何意焚书？"梁主曰："读书万卷，犹有今日，故焚之！"十二月，魏人杀梁主及愍怀太子元良等。

纲 魏取襄阳，徙梁王詧使称帝于江陵，屯兵守之。

目 魏立詧为皇帝，取其雍州之地，而资以荆州，延袤三百里，又置防主，将兵居西城，名曰助防，实以制詧也。

纲 梁王僧辩、陈霸先奉晋安王方智承制。

敬帝

纲 乙亥，春正月，梁王詧始称帝。

目 梁王詧即位改元于江陵，是为后梁。赏罚制度并同王者，惟上疏于魏则称臣，奉其正朔。

纲 齐遣梁贞阳侯渊明还梁称帝，以兵纳之。

纲 二月，梁王方智立。

目 晋安王自寻阳入建康，即梁王位，时年十三。以王僧辩为中书监、录尚书、骠骑大将军、都督中外军事，加陈霸先征西大将军。

纲 三月，魏免梁俘数千口。

目 魏宇文泰得庾季才，厚遇之，令参掌太史。季才散私财，购亲旧之为奴婢者，泰问其故，对曰："仆闻克国礼贤，古之道也。今郢都覆没，其君信有罪矣；搢绅何咎，皆为皂隶！鄙人羁旅，不敢献言，诚窃哀之，故私购之耳。"泰乃悟曰："吾之过也！微君，遂失天下之望！"因出令，免梁俘数千口。

纲 夏五月，梁王僧辩奉渊明归建康，以梁王方智为太子。

纲 六月，齐筑长城。

目 齐发民一百八十万筑长城，自幽州夏口西至恒州九百余里。

纲 秋八月，齐以道士为沙门。

目 齐主以佛、道二教不同，欲去其一，集二家学者论难于前，遂敕道士皆剃发为沙门；有不从者，杀四人，乃奉命。

纲 九月，梁陈霸先杀王僧辩，废渊明；冬十月，复立方智，称藩于齐。

目 初，王僧辩与陈霸先共灭侯景，情好甚笃，僧辩去石头城，霸先在京口。及僧辩纳渊明，霸先遣使争之，不从。霸先叹曰："武帝子孙甚多，唯孝元能复雠雪耻，其子何罪，而忽废之！吾与王公并处托孤之地，而王公一旦改图，外依戎狄，援立非次，其志欲何为乎！"乃举兵袭僧辩，杀之。渊明逊位，就邸。十月，方智即皇帝位。告齐以"僧辩阴图篡逆，仍请称藩于齐”；封渊明为建安公。

纲　梁陈霸先自为尚书令、都督中外诸军事。

纲　丙子，春正月，魏初建六官，以宇文泰为大冢宰。

纲　夏五月，梁建安公渊明卒。

纲　六月，齐大治宫室。

目　齐发丁匠三十余万修广三台宫殿。齐主初立，留心政术，务存简靖，又能以法驭下，内外肃然。每临行陈，亲当矢石，所向有功。数年之后，渐以功业自矜，遂嗜酒淫泆，肆行狂暴。一日，典御丞李集面谏，比之桀、纣。齐主令缚置流中，久之，引出，谓曰：“吾何如桀、纣？”集曰：“弥不及矣！”又令沉之，引出，更问，如此数四，集对如初。齐主大笑曰：“天下有如此痴人，方知龙逄、比干未是俊物！”遂释之。顷之，入见，似有所谏，竟斩之。

纲　秋八月，齐主如晋阳。

纲　九月，梁陈霸先自为丞相、录尚书事。

纲　冬十月，魏太师、大冢宰、安定公宇文泰卒，世子觉嗣。

目　时，泰北渡河，还至牵屯山而病，驿召中山公护至泾州，谓曰：“吾诸子皆幼，外寇方强，天下之事，属之于汝，宜努力以成吾志。”遂卒。世子觉嗣位，为太师、柱国、大冢宰、安定公，出镇同州，时年十五。

纲　十二月，魏太师觉自为周公。

右梁四主，合五十四年。

右魏十三主，合一百四十九年，而分为东、西魏，东魏一主，凡十七年；西魏三主，合二十二年。

陈纪　附北齐周

高祖武帝

纲　丁丑，春正月，周公觉称天王，废魏主为宋公。宇文护自为大司马。

纲　二月，周宇文护自为大冢宰。周冢宰护弑宋公。

纲　夏四月，梁铸四柱钱，禁细钱。

纲　秋九月，梁丞相霸先自为相国，封陈公，加九锡。

纲 周冢宰护弑其君觉及其柱国李远，而立宁都公毓。

纲 冬十月，梁陈公霸先进爵为王，遂称皇帝，废梁主为江阴王。

纲 戊寅，夏四月，陈主霸先弑江阴王。

纲 五月，陈主舍身于大庄严寺。

纲 己卯，春正月，周主始亲政。

纲 夏五月，齐主杀魏宗室二十五家。

目 齐太史令奏："今年当除旧布新。"齐主问于彭城公元韶曰："汉光武何故中兴？"对曰："为诛诸刘不尽。"于是齐主诛始平公世哲等二十五家，囚韶等十九家。韶幽于地牢，绝食而死。

纲 六月，霖雨。

纲 周王赐处士韦敻号"逍遥公"。征魏将军寇儁入见。

目 敻，孝宽之兄也，志尚夷简，魏、周之际，十征不屈。太祖重之，不夺其志，周王礼敬尤厚，号曰"逍遥公"。晋公护延之至第，访以政事；敻仰视叹曰："甘酒嗜音，峻宇雕墙，有一于此，未或不亡。"护不悦。

骠骑大将军、开府仪同三司寇儁，少有学行。家人尝卖物，多得绢五匹，儁知之，曰："得财失行，吾所不取。"访主还之。自大统中，称老疾，不朝谒；王欲见之，儁不得已入见。王引与同席，问以旧事；以御舆送之。

纲 陈主霸先殂，兄子临川王蒨立。

目 陈主临戎制胜，英谋独运，而为政务崇宽简，非军旅急务，不轻调发。性俭素，常膳不过数品，后宫无金翠之饰。及殂，子昌、顼，皆以江陵之陷，没于长安，群臣奉临川王蒨嗣位。

纲 齐主灭元氏之族。

目 齐主尽诛诸元，前后死者凡七百二十一人。定襄令元景安，欲请改姓高氏，其从兄景皓曰："安有弃其本宗而从人之姓者乎！丈夫宁可玉碎，何能瓦全！"景安以其言白齐主，齐主诛景皓，赐景安姓高氏。

纲 秋八月，周王始称皇帝。

纲 冬十月，齐主洋殂，太子殷立。

目 齐主嗜酒成疾，谓李后曰："人生必有死，何足惜！但怜正道尚幼，人将夺之耳！”又谓常山王演曰：“夺则任汝，慎勿杀也！”召尚书令杨愔等受遗诏辅政。十月，殂于晋阳，太子殷即位。

世祖文帝

纲　庚辰，春二月，齐太傅常山王演杀尚书令杨愔等，自为丞相、都督中外诸军事。

纲　三月，齐丞相常山王演如晋阳。

纲　夏四月，周冢宰护进毒弑其君毓，毓弟鲁公邕立。

纲　秋八月，齐常山王演废其主殷为济南王而自立。

纲　冬十二月，陈制春、夏不断死刑。

纲　齐以王晞为侍郎，不受。

目　齐主欲以司马王晞为侍郎，苦辞不受。或劝之，晞曰：“我少年以来，阅要人多矣，得志少时，鲜不颠覆。且吾性实疏缓，不堪时务，人主恩私，何由可保！万一披猖，求退无地。非不好作要官，但思之烂熟耳。”

纲　辛巳，春正月，周太师护自加都督中外诸军事。

纲　秋七月，周更铸钱。

目　文曰“布泉”，一当五，与五铢并行。

纲　九月，齐主演弑济南王。

目　初，齐主许以长广王湛为太弟；既而立太子百年，湛心不平。齐主在晋阳，湛守邺。散骑常侍高元海典机密。齐主以斛律羡为领军，分湛权。湛不听羡视事。是时，济南闵悼王在邺，望气者言：“邺中有天子气。”平秦王归彦恐王复立，劝齐主除之。齐主使归彦至邺，征济南王。湛内不自安，问计于高元海。元海曰：“有三策，请殿下从数骑入晋阳，见太后、主上，请去兵权，不干朝政，此上策也。不然，表请青、齐刺史，沉靖自居，此中策也。”更问下策，曰：“发言即恐族诛。”固逼之，元海曰：“济南世嫡，主上夺之。今集文武，示以征济南之敕，执斛律丰乐，斩高归彦，尊立济南，号令天下，以顺讨逆，此万世一时也。”湛大悦，然未能用。林虑令潘子密晓占候，潜谓湛曰：“殿下当为天下主。”湛乃送济南王于晋阳，齐主杀之。

冬十一月，齐主演殂，弟长广王湛立，废太子百年为乐陵王。

目　齐主演出畋，马惊坠地，绝肋。娄太后视疾，问济南所在者三，齐主不对。太后怒曰："杀之邪？不用吾言，死其宜矣！"遂去，不顾。齐主乃征湛立之。又与书曰："百年无罪，可以乐处置之，勿效前人。"遂殂。湛驰赴晋阳，即位，立百年为乐陵王。

纲　壬午，春闰二月，陈遣兵讨其江州刺史周迪于临川。

目　初，陈主征迪出镇湓城，不至。豫章太守周敷独先入朝，进号安西将军，还豫章。迪不平，阴与缙州刺史留异相结，遣兵袭敷；敷与战，破之。闽州刺史陈宝应亦阴与异合。虞寄流寓闽中，常从容讽以逆顺，宝应辄引他语以乱之。宝应尝使人读汉书，卧而听之，至蒯通说韩信曰："相君之背，贵不可言。"蹶然起坐，曰："可谓智士！"寄曰："通一说杀三士，何足言智！岂若班彪王命，识所归乎！"寄知宝应不可谏，恐祸及己，乃着居士服，居东山寺，阳称足疾。宝应使人烧其屋，寄安卧不动；纵火者自救之。陈主乃以吴明彻为江州刺史，督黄法氍、周敷共讨周迪。

纲　陈改铸五铢钱。

目　梁末丧乱，铁钱不行，民间私用鹅眼钱。至是，改铸五铢钱，一当鹅眼之十。

纲　后梁主詧殂，太子岿立。

纲　三月，陈安成王顼自周归于陈。

目　周遣杜杲送顼南归，陈以为中书监。陈主谓杲曰："家弟蒙礼遣，实周朝之惠；然鲁山不返，亦恐未能及此。"杲对曰："安成，长安一布衣耳，而陈之介弟也，其价岂止一城而已哉！本朝敦睦九族，恕己及物，上遵太祖遗旨，下思继好之义，是以遣之南归。今乃云以寻常之土易骨肉之亲，非使臣之所敢闻也。"陈主甚惭，曰："前言戏之耳。"待杲有加。顼妃柳氏及子叔宝犹在穰城，陈主复遣毛喜如周请之，周人皆归之。

纲　夏四月，齐青州言河水清。

纲　癸未，夏四月，周主养老于太学。

目　周主将视学，以太傅燕国于谨为三老，遂幸太学。谨入，升席，南面凭几而坐。周主北面立而记道。谨起，立于席后，对曰："木受绳则正，后从谏则圣。明王虚心纳谏以知得失，天下乃安。"又曰："去食去兵，信不可去；愿陛下守信勿失。"又曰："有功必赏，有罪必罚，则为善者日进，为恶者日止。"又曰："言行者，立身之基，愿陛下三思而言,九虑而行,勿使有过。天子之过,如日月之食,人莫不知,愿陛下慎之。”周主再拜受言,谨答拜,礼成而出。

纲　甲申,春三月,周初令百官执笏。

纲　夏六月,白虹贯日,齐主湛杀其兄之子乐陵王百年。

纲　秋九月,周封李昞为唐公。

目　以追录佐命元功封。昞,虎之子也。

纲　乙酉,夏四月,彗星见。

纲　齐主湛传位于太子纬,自称太上皇帝,以祖珽为秘书监。

纲　冬十月,周杀其中州刺史贺若敦。

目　周以函谷关城为通洛防,以贺若敦为中州刺史镇之。敦恃才负气,以湘州之役,全军而返,谓宜受赏,翻得除名,对台使出怨言。宇文护怒,征还,逼令自杀。临死,谓其子弼曰:“吾志平江南,今而不果;汝必成吾志!吾以舌死,汝不可不思。”因引锥刺弼舌出血以诫之!

纲　丙戌,夏四月,陈以孔奂为太子詹事。

目　陈主不豫,以太子伯宗柔弱,谓安成王顼曰:“吾欲遵太伯之事。”顼拜泣,固辞。陈主又谓仆射到仲举、尚书孔奂等曰:“今三方鼎峙,四海事理,宜须长君。卿等宜遵此意。”孔奂流涕对曰:“皇太子圣德日跻,安成王足为周旦。若有废立之心,臣诚不敢奉诏。”陈主曰:“古之遗直,复见于卿。”乃以奂为太子詹事。

纲　陈主蒨殂,太子伯宗立。

目　陈主起自艰难,知民疾苦。性明察俭约,每夜刺闺取外事分判者,前后相续。敕传更签于殿中者,必投签于阶石之上,令枪然有声,曰:“吾虽眠,亦令惊觉。”

纲　五月,陈以安成王顼为司徒、录尚书事,徐陵为吏部尚书。

纲　冬十二月,齐始用士人为县令。

目　魏末以来,县令多用厮役,因是士流耻为之。齐仆射元文遥以为县令治民之本,遂请革选,密择贵游子弟,发敕用之;悉召集神武门,令赵郡王睿宣旨慰谕而遣之。齐之士人为县令,自此始。

废帝

纲　丁亥,春正月朔,日食。

纲　二月,陈安成王顼杀中书舍人刘师知,又杀仆射到仲举。

纲 戊子，秋七月，周隋公杨忠卒。

目 忠子坚为小宫伯，宇文护欲引以为腹心。忠曰："两姑之间难为妇，汝其勿往！"坚乃辞之。至是，忠卒，坚袭爵。

纲 冬十一月朔，日食。

纲 陈安成王顼废其主伯宗为临海王，而杀始兴王伯茂。

纲 齐主湛殂。

目 齐上皇疾作，驿追徐之才，未至，疾亟，以后事属和士开，握其手曰："勿负我！"遂殂。

高宗宣帝

纲 己丑，春正月，陈主顼立。

纲 秋八月，陈广州刺史欧阳纥反。

纲 庚寅，春二月，陈人讨欧阳纥，斩之。封阳春太守冯仆母冼氏为石龙太夫人。

目 欧阳纥召阳春太守冯仆至南海，诱与同反。仆遣使告其母冼夫人。夫人曰："我忠贞两世，今不能惜汝而负国也。"遂发兵拒境，帅诸酋长迎章昭达。击纥，擒之，斩于建康市。

纥之反也，士人流寓者皆惶骇。前著作佐郎萧引独恬然，曰："管幼安、袁曜卿，亦但安坐耳。君子直己以行义，何忧惧乎！"至是，陈主征以为侍郎。

冯仆以其母功，封信都侯，迁石龙太守。遣使持节册命冼氏为石龙太夫人，赐以绣幰安车，鼓吹、麾、节，卤簿如刺史之仪。

纲 秋七月，齐以和士开为尚书令。

目 士开威权日盛，朝士不知廉耻者，或为之假子。士开伤寒，医云："应服黄龙汤。"士开有难色。有候之者请先尝之，一举而尽。

纲 辛卯，夏六月，齐太宰段韶围周定阳，克之，获汾州刺史杨敷。

目 齐段韶引兵围定阳，周汾州刺史杨敷固守不下。韶令壮士千余人伏于东南涧口。城中粮尽，敷走，伏兵击擒之，遂取汾州。

敷子素，少多才艺，以其父守节陷齐，未蒙赠谥，申理再三。周主大怒，命左右斩之。素大言曰："臣事无道天子，死其分也！"周主壮其言，赠敷大将军，谥曰忠壮。素渐见礼遇，命为诏书，下笔立成，词义兼美，周主曰："勉之，勿忧不富贵。"素曰："但恐富贵来逼臣，臣无心图富贵也。"

纲　秋，齐琅邪王俨杀和士开。

纲　壬辰，春三月，周主讨其太师宇文护，杀之。周主亲政。以其弟齐公宪为大冢宰，卫公直为大司徒。

纲　癸巳，春三月，周获白鹿。

目　周太子获白鹿以献，周主诏曰："在德不在瑞。"

纲　秋八月，周太子赟纳妃杨氏。

目　妃，隋公坚之女也。太子好昵近小人，左宫正宇文孝伯言于周主曰："皇太子春秋尚少，志业未成，请妙选正人为其师友，调护圣质。如或不然，悔无及矣！"周主敛容曰："正人岂复过卿！"乃复以尉迟运为右宫正。周主尝问万年丞乐运曰："太子何如人？"对曰："中人。"周主问运中人之状。对曰："如齐桓公是也，管仲相之则霸，竖貂辅之则乱，可与为善，可与为恶。"周主曰："我知之矣。"乃妙选宫官以辅之，太子不悦。

纲　冬十月，齐主杀其侍中张雕、崔季舒。

目　齐国子祭酒张雕，以经授齐主，因与宠胡何洪珍相结。洪珍荐雕为侍中，大见委信。雕欲立效以报恩，论议抑扬，无所回避，省宫掖不急之费，禁约左右骄纵之臣。贵幸侧目，阴谋陷之。左丞封孝琰、侍中崔季舒，皆祖珽所厚。尝谓："珽为衣冠宰相。"近习恶之。会齐主将如晋阳，季舒与雕议，以为："寿阳被围，大军出拒，信使往还，须禀节度。且道路相惊，以为大驾畏避南寇，则人情必致骇动。"遂与从驾文官，连名进谏。韩长鸾言于齐主曰："诸汉官连名总署，未必不反。"齐主悉召已署名者，集含章殿，斩雕、季舒等六人，遂如晋阳。

纲　甲午，春正月，周诏齐公宪等皆进爵为王。

纲　三月，周太后叱奴氏殂。

目　周叱奴太后殂。周主居倚庐，朝夕进一溢米。及葬，周主跣行至陵所，诏曰："三年之丧，达于天子。但军国务重，须自听朝。衰麻之节，苫庐之礼，率遵前典，以申罔极。百僚宜依遗令，既葬而除。"公卿固请依权制，周主不许，卒申三年之制。五服之内，亦令依礼。

纲　夏五月，周废佛、道教，毁淫祠。

目　初，周主定三教先后：以儒为先，道为次，释为后。至是，遂禁佛、道二教，经像悉毁，沙门、道士并还俗。诸淫祠，非祀典所载者尽除之。

纲　周更铸五行大布钱。

目　一当十，与布钱并行。

纲　周立通道观。

目　以壹圣贤之教也。

纲　乙未，春三月，周使开府仪同三司伊娄谦如齐，齐人留之。

目　齐主言语涩呐，不喜见朝士，非宠私昵狎，未尝交语。好自弹琵琶，为无愁之曲，民间谓之“无愁天子”。于华林园立贫儿村，自衣蓝缕之服，行乞其间以为乐。滥得富贵者，殆将万数，乃至狗马及鹰亦有仪同、郡君之号，皆食其禄。周主谋伐之，使开府仪同三司伊娄谦聘于齐以观衅。其参军高遵以情告齐人，齐人留谦等不遣。

纲　夏四月，陈焚文锦于云龙门。

目　陈监豫州陈桃根，得青牛以献，陈主还之。又表上织成罗文锦被，诏于云龙门外焚之。

纲　丙申，夏六月，陈太子詹事江总免。

目　初，陈太子叔宝欲以江总为詹事，孔奂曰：“江有潘、陆之华，而无园、绮之实，不可。”太子深以为恨，自言于陈主，许之。总遂与太子为长夜之饮，养良娣陈氏为女。太子亟微行，游总家。陈主怒，免总官。

纲　冬十月，周主伐齐，取平阳。十一月，齐主攻之，不克。十二月，周主复伐齐，齐主大败，走晋阳，遂奔邺。晋阳人立安德王延宗以守，周主拔而执之。

纲　丁酉，春正月朔，齐主纬传位于太子恒。周师围邺。纬出走，周主入邺。齐丞相高阿那肱引周师追纬及恒，获之，遂灭齐。

纲　三月，齐东雍州行台傅伏降周。

目　初，周主招齐东雍州刺史傅伏，不从。周主自邺还，至晋州，遣高阿那肱等百余人临汾水，召伏。伏隔水问：“至尊何在？”阿那肱曰：“已被擒矣。”伏仰天大哭，帅众入城；于听事前北面哀号，良久，然后出降。周主见之曰：“何不早下？”伏流涕对曰：“臣三世为齐臣，食齐禄，不能自死，羞见天地！”周主执其手曰：“为臣当如此。”乃以所食羊肋骨赐伏曰：“骨亲肉疏，所以相付。”遂引使宿卫，授上仪同大将军。

纲　夏四月，周主至长安，封高纬为温公。

纲　五月，周主毁其宫室之壮丽者。

纲　秋八月，周获九尾狐，焚之。

目　郑州获九尾狐，已死，献其骨。周主曰：“瑞应之来，必彰有德。今无其时，恐非实录。”命焚之。

纲　冬十月，周主杀温公高纬，夷其族。

纲　十一月，周省后宫妃嫔之数。

右北齐六主，合二十八年。

纲　戊戌，春三月，周主初服常冠。

目　其制以皂纱全幅，向后幞发，乃裁为四脚。

纲　夏五月，周主邕伐突厥，有疾而还。六月，殂，太子赟立。以郑译为内史中大夫。

纲　周主赟杀其叔父齐王宪。

目　周主以齐王宪属尊望重，忌之。乃与于智、郑译等谋，密使智告宪有异谋，召宪入殿，伏壮士执之。宪自辩理，周主使智证之。宪目光如炬，与智相质，既而叹曰：“死生有命，宁复图存！但老母在堂，恐留兹恨耳！”因掷笏于地，遂缢之。周主召宪僚属，使证成宪罪。参军李纲，以死自誓，终无挠辞，抚棺号恸，躬自瘗之，哭拜而去。

纲　闰月，周立后杨氏。秋七月，周以杨坚为上柱国、大司马。

纲　己亥，春正月，周作刑经圣制。

目　周主初立，以高祖刑书要制为太重而除之。既而民轻犯法，又自以奢淫多过失，恶人规谏，欲为威虐摄服群下，乃更为刑经圣制，用法益深。

纲　二月，周治洛阳宫。

纲　周主赟传位于太子阐，自称天元皇帝。

纲　周徙石经还洛阳。

纲　夏五月，周诸王皆就国。

纲　秋七月，陈初用大货六铢钱。

纲　冬十月，周主赟复道、佛像。

纲 十一月，周铸永通万国钱。

纲 庚子，春正月，周税入市者人一钱。

纲 夏五月，周主赟殂，隋公杨坚自为大丞相、假黄钺，居东宫。征诸王还长安。

目 天元昏暴滋甚。后父隋公坚，位望隆重，天元忌之，尝因忿谓后曰："必灭尔家！"天元不豫，坚称受诏居中侍疾，天元遂殂。周主入居天台，尊杨后为皇太后，以杨坚为大丞相、假黄钺、都督中外诸军事，以正阳宫为丞相府。时众情未壹，坚引司武上士卢贲置左右，潜令部伍仗卫，因召公卿，谓曰："欲求富贵者宜相随。"至东宫，门者拒不纳，贲叱之，坚乃得入。贲遂典丞相府宿卫。以郑译为长史，刘昉为司马，李德林为府属。内史下大夫高颎明敏有器局，习兵事，多计略，坚欲引之，遣杨惠谕意。颎欣然许之，曰："纵令公事不成，颎亦不辞灭族。"乃以为司录。坚革宣帝苛酷之政，更为宽大，删略旧律，作刑书要制，奏而行之；躬履节俭，中外悦之。坚夜召太史中大夫庾季才，问曰："天时人事何如？"季才曰："天道精微，难可意测。以人事卜之，符兆定矣。"独孤夫人亦谓坚曰："骑虎之势，必不得下，勉之！"

纲 周复佛、道二教。

纲 周相州总管蜀公尉迟迥举兵相州，讨丞相坚；坚遣韦孝宽将兵击之。

纲 秋八月，周尉迟迥兵败，自杀。周丞相坚以高颎为司马。

纲 周丞相坚以其世子勇为洛州总管。

纲 冬十一月，周相州总管郧公韦孝宽卒。

纲 十二月，周丞相坚自为相国，进爵隋王，加九锡。

纲鉴易知录卷四十

陈纪　附隋

高宗宣帝

纲　辛丑，春二月，隋王坚称皇帝。

目　周主逊居别宫，隋王即皇帝位。窦毅之女闻周主禅，自投堂下，抚膺太息曰："恨我不为男子，救舅氏之患！"毅及襄阳公主掩其口曰："汝勿妄言，灭吾族！"由是奇之。及长，以适唐公李渊。渊，昞之子也。

纲　隋追尊考为武元帝。

纲　隋立后独孤氏。

目　后家世贵盛，而能谦恭，雅好读书，言事多与隋主意合，甚宠惮之，宫中称为"二圣"。

纲　隋立世子勇为太子，诸子皆为王。

纲　隋废周主阐为介公，改封周太后杨氏为乐平公主。

纲　隋主尽灭宇文氏之族。

目　虞庆则劝隋主尽灭宇文氏，李德林固争，以为不可，隋主作色曰："君书生，不足与议此！"于是周太祖以下子孙皆死，而德林品位遂不进。

纲　隋征苏威为太子少保。

目　威，绰之子也，少有令名，周宇文护强以女妻之。威见护专权，恐祸及己，屏居山寺，以讽读为娱。周高祖闻其贤，除车骑大将军，辞疾不拜。隋主为丞相，高颎荐之，隋主召见，与语，大悦；居月余，闻将受禅，遁归田里。颎请追之，隋主曰："此不欲预吾事耳，置之。"及受禅，征拜太子少保，追封绰为邳公，以威袭爵。

纲　三月，隋以贺若弼为吴州总管，韩擒虎为庐州总管。

目　隋主有并吞江南之志，问将于高颎，颎荐弼与擒虎，故以弼镇广陵，擒虎守庐江，使潜为经略。

纲 隋以苏威为纳言。

目 初，苏绰在西魏，以国用不足，为征税法颇重，既而叹曰："今所为者，正如张弓，非平世法也。后之君子，谁能弛之！"威闻其言，每以为己任。至是，奏减赋役，务从轻简。隋主从之，谓朝臣曰："杨素才辩无双。至于斟酌古今，助我宣化，非威之匹也。威若逢乱世，南山四皓，岂易屈哉！"威尝言于隋主曰："臣先人每戒臣云：'唯读孝经一卷，足以立身治国，何用多为！'"隋主深然之。

纲 夏五月，隋主坚弑介公阐。

纲 秋七月，隋定服色。

目 隋主始服黄，百僚毕贺。

纲 九月，隋仆射高颎督诸军侵陈。

纲 隋铸五铢钱。

目 背面肉好，皆有周郭，每一千重四斤二两。

纲 隋上柱国郑译有罪，除名。

目 译自以被疏，阴呼道士醮章祈福，婢告以为巫蛊；译又与母别居，为宪司所劾，除名。隋主下诏曰："译若留之于世，在人为不道之臣；戮之于朝，入地为不孝之鬼。宜赐以孝经，令其熟读。"仍遣与母共居。

纲 冬十月，隋初行新律。

目 初，周法比于齐律，烦而不要。隋主命裴政等更加修定。始制死刑二，绞、斩；流刑二，自二千里至三千里；徒刑五，自一年至三年；杖刑五，自六十至百；笞刑五，自十至五十。

纲 十二月，隋听民出家，赋钱写书造像。

右北周五主合二十五年。

纲 壬寅，春正月，陈主顼殂，始兴王叔陵作乱，伏诛。太子叔宝立。

后主

纲 癸卯，春三月，隋迁于新都。

纲 隋诏求遗书。

目 秘书监牛弘上表曰："典籍屡经丧乱，率多散逸。周氏聚书，仅盈万卷，平齐所得，裁益五千。兴集之期，属膺圣世，为国之本，莫此为先。"隋主从之。诏献书一卷，赉缣一匹。

纲　冬十一月，隋罢郡为州。

纲　甲辰，春正月朔，日食。

纲　秋九月，隋诏公私文翰并宜实录。

目　隋主不喜辞华，故有是诏。时泗州刺史司马幼之文表华艳，诏付所司治罪。治书侍御史李谔亦上书曰："魏之三祖，崇尚文词，遂成风俗。江左、齐、梁，其弊弥甚：竞一韵之奇，争一字之巧；连篇累牍，不出月露之形，积案盈箱，唯是风云之状。世俗以之相高，朝廷以之擢士。以儒素为古拙，以词赋为君子。故其文日繁，其政日乱，良由弃大圣之轨模，构无用以为用也。今朝廷虽有是诏，而州县仍踵弊风，躬仁孝之行者，不加收齿，工轻薄之艺者，举送天朝。请加采察，送台推劾。"诏以其奏颁示四方。

纲　冬十一月，陈起临春、结绮、望仙阁。

目　陈主起三阁，各高数十丈，连延数十间，皆以沉檀为之，金玉珠翠为饰，珠帘、宝帐、服玩瑰丽，近古未有。其下积石为山，引水为池，杂植花卉。上自居临春，张贵妃居结绮，龚、孔二贵嫔居望仙，复道往来。以宫人袁大舍等为女学士。江总虽为宰辅，不亲政务，日与尚书孔范、散骑王瑳等文士十余人，侍宴后庭，谓之"狎客"。使诸妃嫔及女学士与狎客共赋诗，采其尤艳丽者，被以新声，其曲有玉树后庭花、临春乐等，人略皆美诸妃嫔之容色。君臣酣歌，自夕达旦。

纲　乙巳，春正月朔，日食。

纲　夏五月，隋初置义仓，貌阅户口，作输籍法。

目　度支尚书长孙平奏："令民间每秋家出粟麦一石以下，贫富为差，储之当社，委社司检校，以备凶年，名曰'义仓'。"隋主从之。

时民间多妄称老、小以免赋役，隋主命州县大索貌阅，以防容隐。高颎又言："民间课输无定簿，难以推校，请为输籍法。"隋主从之。

纲　梁主岿殂，太子琮立。

纲　秋八月，隋筑长城。

目　东距河，西至绥州，绵历七百里。

纲　丁未，春正月，隋制诸州岁贡士三人。

纲 秋九月，隋灭梁，以其主萧琮为莒公。

纲 冬十一月，陈临平湖开。

目 隋主问取陈之策于高颎，对曰："江北田收差晚，江南水田早熟。量彼收获之际，微征士马，声言掩袭，彼必屯兵守御，废其农时。彼既聚兵，我便解甲。再三如此，彼以为常；后更集兵，彼必不信。犹豫之顷，我乃济师，登陆而战，兵气益倍。江南土薄，舍多茅竹，储积皆非地窖，当密遣人因风纵火，待彼修立，复更烧之，不出数年，财力俱尽矣。"隋主用其策，陈人始困。

隋主谓高颎曰："我为民父母，岂可限一衣带水不拯之乎！"命大作战船。人请密之，隋主曰："吾将显行天诛，何密之有！"使投其柹于江，曰："若彼惧而能改，吾复何求！"时江南妖异特众，临平湖草久塞，忽然自开。陈主恶之，乃自卖于佛寺为奴以厌之。

纲 戊申，春三月，隋下诏伐陈。

纲 冬十月，隋以晋王广为淮南行省尚书令、行军元帅，帅师伐陈。

目 隋命晋王广、秦王俊、清河公杨素，皆为行军元帅。广出六合，俊出襄阳，素出永安，庐州总管韩擒虎出庐州，吴州总管贺若弼出广陵，凡总管九十，兵五十一万八千，皆受晋王节度。旌旗舟楫，横亘数千里。以高颎为元帅长史，王韶为司马，军事皆取决焉。

秦王俊督诸军屯汉口，为上流节度。陈以周罗睺督诸军拒之。杨素帅水军东下，舟舻被江，旌甲曜日。陈之镇戍相继以闻，中书舍人施文庆、沈客卿并抑而不言。及隋军临江，仆射袁宪等奏请防备再三。陈主从容谓侍臣曰："王气在此。齐兵三来，周师再来，无不摧败。彼何为者邪！"孔范曰："长江天堑，限隔南北，今日虏军岂能飞渡邪！"陈主以为然，故不为深备，奏伎、纵酒、赋诗不辍。

右陈五主合三十二年。

隋纪

高祖文皇帝

纲 己酉，隋高祖文皇帝开皇九年，春正月，总管贺若弼、韩擒虎进军灭陈，获其主叔宝。

目　正月朔，陈主会朝，大雾四塞。是日，贺若弼自广陵引兵济江，韩擒虎自横江济采石，守者皆醉，遂克之。陈主以萧摩诃、樊毅、鲁广达并为都督，司马消难、施文庆并为大监军，遣樊猛帅舟师出白下。既而贺若弼拔京口，韩擒虎拔姑孰。于是弼自北道，擒虎自南道并进，缘江诸戍，望风尽走。弼进据钟山。晋王广遣总管杜彦与韩擒虎合军，屯于新林。陈人大骇，降者相继。陈主使鲁广达陈于白土冈，任忠、樊毅、孔范、萧摩诃军以次而北，亘二十里，首尾进退不相知。韩擒虎自新林进军，任忠帅数骑迎降于石子冈，引擒虎军直入朱雀门。陈主皇遽，从宫人十余出景阳殿，自投于井。既而军人窥井，以绳引之，惊其太重，及出，乃与张贵妃、孔贵嫔同束而上。贺若弼乘胜至乐游苑，烧门而入。弼耻功在擒虎后，欲令叔宝作降笺归己，不果。

纲　晋王广入建康，诛陈都督施文庆等五人。

目　高颎先入建康，晋王广使人驰告之，令留张丽华，颎曰："昔太公蒙面以斩妲己，此岂可留也！"斩之。广闻之变色曰："昔人云'无德不报'，我必有以报高公矣！"由是恨颎。寻入建康，以施文庆谄佞，沈客卿聚敛，与阳慧朗、徐哲暨慧景皆为民害，斩之以谢三吴。

纲　以许善心为散骑常侍。

目　帝使以陈亡告许善心，善心衰服号哭于西阶之下，藉草东向坐三日；敕书唁焉。明日，就馆，拜散骑常侍。上曰："我平陈，唯获此人。既能怀其旧君，即我之诚臣也。"

纲　二月，置乡正、里长。

目　苏威奏请五百家置乡正，使治民，简辞讼。上从之，乃以百家为里，置里长一人。

纲　夏四月，晋王广班师，俘陈叔宝至京师，献于太庙。论功行赏有差。

目　进杨素爵为越公、贺若弼宋公。弼与韩擒虎争功于帝前。弼曰："臣在蒋山死战，破其锐卒，擒其骁将，震扬威武，遂平陈国。"擒虎曰："臣以轻骑五百，直取金陵，执陈叔宝；弼夕方至，臣启关纳之，安得与臣比！"帝曰："二将俱为上勋。"于是进擒虎上柱国，高颎爵齐公。从容命颎与弼论平陈事，颎曰："弼先献十策，后苦战破贼。臣文吏耳，焉敢与之论功！"帝大笑，嘉其有让。初，上尝使颎问方略于李德林，于是，赏其功，授柱国，封郡公。已宣敕，或说颎曰："今归功德林，诸将必当愤惋，而公亦为虚行矣。"颎入言之，乃止。贺若弼撰其所画策上之，谓之御授平陈七策。帝弗省，曰："我不求名，公可自载家传。"后突厥来朝，帝谓之曰："汝闻江南有陈国乎？"因召左右引突厥诣韩擒虎前曰："此是执得陈国天子者。"擒虎厉色顾之，突厥惶恐，不敢仰视。庞晃等短高颎，帝怒，皆黜之，亲礼逾密。因谓颎曰："公犹镜也，每被磨莹，皎然益明。"

纲 复故陈境十年，余州一年。

纲 以陈江总、袁宪等为开府仪同三司。

目 以江总、袁宪、萧摩诃、任忠为开府仪同三司。帝嘉袁宪雅操，下诏，以为江表称首。初，陈散骑常侍韦鼎聘于周，遇帝而异之，谓曰："公当大贵，贵则天下一家。岁一周天，老夫当委质于公矣。"及归，尽卖田宅，或问其故，鼎曰："江东王气，尽于此矣！"至是，召为上仪同三司。

纲 诏除毁兵仗。

纲 秋七月，群臣请封禅，不许。

纲 冬十二月，诏定雅乐。

纲 以辛公义为岷州刺史。

目 岷俗畏疫，一人病，阖家避之，病者多死。公义命皆舆置厅事，暑月，厅廊皆满，公义设榻，昼夜处其间，以秩禄具医药，身自省问。病者既愈，乃召其亲戚谕之曰："死生有命，岂能相染。若能相染，吾死久矣！"皆惭谢而去。其后人有病者，争就使君，其家亲戚固留养之，始相慈爱，风俗遂变。

后迁并州刺史，下车，先至狱中露坐验问。十余日间，决遣咸尽。还领新讼事，皆立决；有须禁者，公义即宿厅事，终不还阁。或谏曰："公事有程，何自苦！"公义曰："刺史无德，不能使民无讼，岂可禁人在狱而安寝于家乎！"罪人闻之，咸自叹服。后有讼者，乡闾父老遽晓之曰："此小事，何忍勤劳使君！"讼者多两让而止。

纲 庚戌，十年，春二月，杀楚州参军李君才于殿内。

目 帝性猜忌，不悦学，既任智以获大位，因以文法自矜，明察临下，恒令左右觇视内外，有过失则加以重罪。又患令史赃污，私使人以钱帛遗之，得犯立斩。每于殿廷捶人，挥楚不甚，即命斩之。李君才言:“帝宠高颎过甚。”帝怒,命杖之,而殿内无杖,遂以马鞭捶杀之。未几,怒甚,又于殿廷杀人;兵部侍郎冯基固谏,不从。寻悔,宣慰基而怒群臣之不谏者。

纲 冬十一月,江南乱,以杨素为行军总管,讨平之。

目 江表自东晋以来,刑法疏缓,世族陵驾寒门;平陈之后,尽反其政。苏威复作五教,使民诵之,士民嗟怨。民间复讹言隋欲徙之入关,远近惊骇。于是越州高智慧、苏州沈玄怆皆举兵反,自称天子,攻陷州县。陈之故境,大抵皆反,执县令杀之,曰:“更能使侬诵五教邪!”诏遣杨素讨之。素帅舟师自杨子津入击贼。玄怆败走,追擒之。智慧据浙江东岸为营。子总管来护儿曰:“吴人轻锐,利在舟楫,必死之贼,难与争锋,公宜严陈以待之,勿与接刃。请假奇兵数千潜度,掩破其壁,使退无所归,进不得战,此韩信破赵之策也。”素从之。大破智慧。智慧走保闽越,素分兵追捕,密令人说贼帅王国庆,使斩送智慧以自赎。余党悉降,江南大定。

纲 辛亥,十一年,春二月,以刘旷为莒州刺史。

目 平乡令刘旷有异政,以义理晓谕讼者,皆引咎而去,狱中草满,庭可张罗;高颎荐之,故有是命。

纲 壬子,十二年,秋七月,苏威以开府就第,尚书卢恺除名。

目 博士何妥与苏威争议事,积不相能。威子夔与妥议乐,复不同;议者以威故,同夔者什八九。妥恚,遂奏威与卢恺、薛道衡、王弘、李同和等共为朋党。帝大怒,威免官爵,以开府就第,卢恺除名。

威好立条章,每岁责民间五品不逊,答者或云:“管内无五品之家。”其不相应领,类如此。又为余粮簿,欲使有无相赡;民部侍郎郎茂以为烦迂不急,皆奏罢之。

茂,尝为卫国令,有民张元预,兄弟不睦,丞尉请加严刑,茂曰:“元预兄弟,本相憎疾,又坐得罪,弥益其忿,非化民之意也。”乃徐谕之以义。元预等各感悔,顿首请罪,遂相亲睦。

纲 冬十月,新义公韩擒虎卒。

纲 十二月,以杨素为仆射,与高颎专掌朝政。领军大将军贺若弼除名。

目 贺若弼自谓功名出朝臣之右,当为宰相。及杨素为仆射,不平形于言色,由是免官,怨望愈甚。久之,上下弼狱,公卿奏弼罪当死。

上谓弼曰："臣下守法不移，公可自求活理。"弼曰："臣将八千兵擒陈叔宝，窃以此望活。"上曰："此已格外重赏。"弼曰："臣今还格外望活。"上低回者数日，特令除名。岁余，复其爵位。

纲　癸丑，十三年，春二月，作仁寿宫。

纲　甲寅，十四年，夏四月，行新乐。

目　太常卿牛弘使协律郎祖孝孙参定雅乐，复附帝意，销毁前代金石，以息异议。又作武舞，以象功德。至是，乐成，诏行之。乐工万宝常闻新乐，泫然泣曰："淫厉而哀，天下不久尽矣！"宝常竟饿死。且死，悉取其书烧之，曰："用此何谓！"

纲　秋七月，以苏威为纳言。

纲　关中旱，饥。八月，帝如洛阳。

目　上遣左右视民食，得豆屑杂糠以献。上流涕以示群臣，深自咎责，为之不御酒肉者期年。至是，帅民就食于洛阳，敕斥候不得驱迫。男女参厕于仗卫之间，遇扶老携幼者，辄引马避之，至艰险处，见负担者，令左右扶助。

纲　冬十月，散骑侍郎王劭上皇隋灵感志。

目　帝好机祥小数，劭前后上表言上受命符瑞甚众，又探歌谣谶纬，捃摭佛书，曲加诬饰，撰皇隋灵感志三十卷奏之，上令宣示天下。

纲　乙卯，十五年，春正月，帝东巡，祀天于泰山。

目　以岁旱谢愆咎也。

纲　二月，收天下兵器。

纲　三月，还宫。

纲　仁寿宫成，以封德彝为内史舍人。

目　仁寿宫成，幸之。时天暑，役夫死者相次于道，杨素悉焚除之，帝不悦。及至，见制度壮丽，大怒曰："杨素为吾结怨天下。"素闻之，虑获谴。封德彝曰："公勿忧，俟皇后至，必有恩诏。"明日，帝果召素入对，后劳之曰："公知吾夫妇老，无以自娱，盛饰此宫，岂非忠孝！"赐赉甚厚。素屡荐德彝于帝，擢为内史舍人。

纲　夏六月，焚相州所贡绫文布于朝堂。

纲　秋七月，纳言苏威免，寻复其位。

目　威坐从祠不敬，免，俄而复位。帝谓群臣曰："世人言苏威诈清，家累金玉，此妄言也。然其性狠戾，不切世要，求名太甚，从己则说，违之必怒，此其大病耳。”

纲 冬十月，以韦世康为荆州总管。

目 世康和静谦恕，为吏部尚书十余年，时称廉平。常有止足之志，谓子弟曰：“禄岂须多，防满则退；年不待暮，有疾便辞。”因恳乞骸骨。不许，使镇荆州。

纲 十二月，敕：“盗边粮升以上，皆斩。”

纲 丙辰，十六年，夏六月，初制工商不得仕进。

纲 秋八月，诏：“死罪三奏，然后行刑。”

纲 丁巳，十七年，春三月，诏诸司论属官罪，听律外决杖。

目 帝以所在属官不敬惮其上，事难克举，故有是诏。于是上下相驱，迭行捶楚。

又以盗贼繁多，命盗一钱以上皆弃市，或三人共盗一瓜，事发即死。于是行旅皆晏起早宿，天下懔懔。有数人劫执事而谓之曰：“吾岂求财者邪！但为枉人来耳。而为我奏至尊：自古立法，未有盗一钱而死也。而不以闻，吾更来，而属无类矣！”帝闻，乃为停之。

又尝乘怒，欲以六月杖杀人，大理少卿赵绰固争，帝曰：“六月虽曰生长，此时必有雷霆；我则天而行，有何不可！”遂杀之。掌固来旷告绰滥免徒囚，推验无实。帝怒，命斩之。绰又固争，帝拂衣入阁。绰托奏他事复入，再拜曰：“臣有死罪三，不能制驭掌固，使触天刑，一也；囚不合死，不能死争，二也；本无他事，妄言求入，三也。”帝意解，旷因免死。

纲 冬，钦州刺史宁长真来朝。

目 初，散骑侍郎何稠使岭南，及还，钦州刺史宁猛力请随入朝，稠以其疾笃，遣还而卒。帝不怿。稠曰：“猛力与臣约，假令身死，当遣子入侍矣。”猛力临终，果诫其子长真，葬毕登路。至是，长真嗣为刺史，如言入朝。帝大悦曰：“何稠著信蛮夷，乃至于此。”

纲 戊午，十八年，冬十二月，置行宫十二所。

目 自京师至仁寿宫之道也。

纲 己未，十九年，秋九月，以牛弘为吏部尚书。

目 弘选举先德行而后文才，务在审慎，虽致停缓，而所进用多称职。侍郎高孝基鉴赏机悟，清慎绝伦，然爽俊有余，迹似轻薄，时宰多以此疑之，弘独推心任委，得人为多。

纲 庚申,二十年,春二月,贺若弼坐事下狱,赦出之。

目 弼复坐事下狱,帝数之曰:"公有三太猛:嫉妒心太猛,自是、非人心太猛,无上心太猛。"既而释之。他日帝谓侍臣曰:"弼将伐陈,谓高颎曰:'不作高鸟尽、良弓藏邪?'后又语颎曰:'皇太子于己,无所不尽。公终久何必不得弼力,何脉脉邪!'意图镇广陵,又图荆州,皆作乱之地也。"

纲 冬十月,废太子勇为庶人。

目 初,帝使太子勇参决政事,时有损益,帝皆纳之。勇性宽厚,率意任情,无矫饰之行。帝性节俭,勇尝饰蜀铠,帝见而不悦。后遇冬至,百官皆诣勇,勇张乐受贺。帝不悦,下诏停之。自是恩宠始衰,渐生猜阻。

勇多内宠,昭训云氏尤幸。其妃元氏无宠,遇疾而薨。独孤后意其有他,深以责勇。然昭训自是遂专内政,生俨、裕、筠;诸姬子又数人。后弥不平,遣人伺求勇过。晋王广知之,弥自矫饰,后庭有子皆不育,后由是数称广贤。帝与后尝幸其第,广悉屏匿美姬于别室,惟留老丑者,衣以缦彩,给事左右,帝见之喜,由是爱之特异诸子。

司马张衡为广画夺宗之策。广问计于安州总管宇文述,述曰:"废立大事,未易谋也。能移主上意者,惟杨素耳。"乃结素弟约以白素。素入侍宴,微称"晋王孝悌恭俭,有类至尊"。后曰:"公言是也!"素因盛言太子不才。后遂遗素金,使赞帝废勇立广。

勇颇知之,忧惧,计无所出,使人造诸厌胜;帝又使素观勇所为。素至东宫,还言:"勇怨望,恐有他变。"帝益疑之。十月,使人召勇。帝戎服陈兵,御武德殿,集百官诸亲,引勇及诸子列于殿庭,宣诏:"废勇及其男女并为庶人。"帝召东宫官属切责之,皆惶惧无敢对者。洗马李纲独曰:"废立大事,今文武大臣皆知其不可而莫敢发言,臣何敢畏死,不一为陛下别白言之乎!太子性本中人,可与为善,可与为恶,向使陛下择正人辅之,足以嗣守鸿基。今乃以唐令则为左庶子,邹文腾为家令,二人惟知以弦歌鹰犬娱悦太子,安得不至于是邪!此乃陛下之过,非太子之罪也。"又曰:"自古国家废立冢嫡,鲜不倾危,愿陛下深留圣意,无贻后悔。"帝不悦,罢朝。会尚书右丞缺,有司请人,帝指纲曰:"此佳右丞也!"即用之。

纲 十一月，立晋王广为皇太子；是日，天下地震。

目 初，帝之克陈也，天下皆以为将太平，监察御史房彦谦私谓所亲曰："主上忌刻而苛酷，太子卑弱，诸王擅权，天下虽安，方忧危乱。"其子玄龄亦密言于彦谦曰："主上本无功德，以诈取天下，诸子皆骄奢不仁，必自相诛夷，今虽承平，其亡可翘足待。"高孝基名知人，见玄龄，叹曰："仆阅人多矣，未见如此郎者，异日必为伟器，恨不见其大成耳。"见杜杲之兄孙如晦，谓曰："君有应变之才，必任栋梁之重。"俱以子孙托之。

纲 禁毁佛、天尊及神像。

纲 以王伽为雍令。

目 齐州行参军王伽，送流囚李参等七十余人诣京师，行至荥阳，谓曰："卿辈自犯国刑，身婴缧绁，固其职也；重劳援卒，岂不愧心！"参等辞至京师，悉脱其枷锁，停援卒，与约曰："某日当至京师，如致前却，吾当为汝受死。"遂舍之而去。流人感悦，如期而至，一无离叛。帝闻而惊异，召见与语，称善久之。于是悉召流人宴而赦之。因下诏曰："使官尽王伽，民皆李参，刑厝其何远哉！"乃擢伽为雍令。

纲 辛酉，仁寿元年，春正月，改元。

目 初，太史令袁充表曰："京房有言：'太平，日行上道；升平，行次道；霸代，行下道。'盖日去极近则景短而日长，去极远则景长而日短。今自隋兴，昼日渐长，开皇元年，冬至之景长一丈二尺七寸二分；自尔渐短，至十七年，短于旧三寸七分矣。"上临朝，谓百官曰："日长之庆，天之佑也。今当改元，宜取此意以为号。"仍命百工作役，并加程课，丁匠苦之。

纲 以苏威为仆射。

纲 夏六月，废太学及州县学，改国子为太学。

纲 壬戌，二年，秋七月，以韦云起为通事舍人。

目 兵部尚书柳述，尚兰陵公主，怙宠使气，自杨素之属皆下之。帝问符玺直长韦云起以外间不便事，述时在侧，云起曰："柳述骄豪，未尝经事，兵机要重，非其所堪。臣恐物议以为陛下官不择贤，专私所爱，斯亦不便之大者。"帝顾谓述曰："云起之言，汝药石也，可师友之。"会诏内外官各举所知，述举云起，除通书舍人。

纲 八月，皇后独孤氏崩。冬十月，葬献皇后。

纲 十二月，诏杨素三五日一入省，论大事。

目 素兄弟诸父并为尚书、列卿，诸子位至柱国、刺史；既废太子及蜀王，威权愈盛，朝廷莫不畏附。敢与抗者，独治书侍御史柳彧，及尚书右丞李纲、大理卿梁毗而已。毗见素专权，恐为国患，乃上封事，曰："杨素幸遇愈重，权势日隆，天下无事，容息异图；四海有虞，必为祸始。陛下若以素为阿衡，臣恐其心未必伊尹也。"书奏，帝大怒，收毗系狱，亲诘之。毗极言"素擅宠弄权，杀戮无道。又太子及蜀王罪废之日，百僚无不震悚，惟素扬眉奋肘，喜见容色，利国家有事，以为身幸"。帝乃释之。其后帝亦浸疏忌素，乃下诏曰："仆射，国之宰辅，不可躬亲细务，三五日一向省，评论大事。"外示优崇，实夺之权也。

太子尝问于贺若弼曰："杨素、韩擒虎、史万岁，皆称良将，其优劣何如？"弼曰："杨素猛将，非谋将；韩擒虎斗将，非领将；史万岁骑将，非大将。"太子曰："然则大将谁也？"弼拜曰："惟殿下所择！"弼意自许也。

纲 癸亥，三年，秋九月，龙门王通献策，不报。

目 通诣阙献太平十二策，帝不能用，罢归。通遂教授于河、汾之间，弟子自远至者甚众，累征不起。杨素甚重之，劝之仕，通曰："通有先人之弊庐足以庇风雨，薄田足以供饘粥，读书谈道足以自乐。愿明公正身以治天下，使时和年丰，通也受赐多矣，不愿仕也。"或谮通于素曰："彼实慢公，公何敬焉？"素以问通，通曰："使公可慢，则仆得矣；不可慢，则仆失矣：得失在仆，公何预焉！"素待之如初。弟子贾琼问息谤，通曰："无辨。"问止怨，曰："不争。"通尝称："无赦之国，其刑必平；重敛之国，其财必削。"又曰："闻谤而怒者，谗之囮也；见誉而喜者，佞之媒也：绝囮去媒，谗佞远矣。"大业末，卒于家，门人谥曰文中子。

纲 甲子，四年，春正月，帝如仁寿宫。

纲 秋七月，太子广弑帝于大宝殿而自立。遂杀故太子勇，流尚书柳述、侍郎元岩于岭南。

目 四月，帝不豫。七月，疾甚，卧与百僚辞诀，握手歔欷，越四日，崩于大宝殿。

高祖性严重，令行禁止。勤于政事，虽啬于财，至于赏赐有功，即无所爱。爱养百姓，劝课农桑，轻徭薄赋。自奉俭素，后宫皆衣浣濯之衣，天下化之。然猜忌苛察，信受谗言，功臣故旧，无始终保全者，乃至子弟，皆如仇敌。

初，文献皇后既崩，帝以陈高宗女为宣华夫人，有宠。及寝疾，仆射杨素、兵部尚书柳述、黄门侍郎元岩皆入阁侍疾，诏太子入居殿中。太子虑帝有不讳，须预防拟，手自为书，封出问素。素条录事状以报；宫人误送帝所，帝览而大恚。陈夫人旦出更衣，为太子所逼；拒之，得免；上怪其神色有异，问故。夫人泫然曰："太子无礼！"上恚，抵床曰："畜生！何足付大事！独孤误我！"乃呼柳述、元岩曰："召我儿！"述等将呼太子，上曰："勇也。"述、岩出阁为敕书。素闻，以白太子，矫诏执述、岩系狱；令右庶子张衡入殿侍疾，尽遣后宫出就别室。俄而上崩，故中外颇有异论。陈夫人闻变，战栗失色。晡后，太子封小金合遣使者赐夫人。夫人以为鸩毒，惧甚，发之，乃同心结也。夫人恚而却坐，不肯致谢；诸宫人共逼之，乃拜使者。其夜，太子烝焉。

明日，发丧，即位。会杨约来朝，太子遣约入长安，矫称高祖之诏，赐故太子勇死，缢杀之。追封为房陵王，不为置嗣。除述、岩名，徙之岭南。

纲　冬十月，葬泰陵。

纲　十一月，帝如洛阳。

目　章仇太翼言于帝曰："陛下酉命，雍州为破木之冲，不可久居。"又谶云："修治洛阳还晋家。"帝以为然，遂幸洛阳，留晋王昭守长安。

纲　陈叔宝卒。

纲　以洛阳为东京。

炀帝

纲　乙丑，炀帝大业元年，春正月，立皇后萧氏。立晋王昭为皇太子。

纲　二月，以杨素为尚书令。

纲　三月，命杨素营东京宫室。

目　诏杨素营东京，役丁二百万人。敕将作大匠宇文恺与内史舍人封德彝等，营显仁宫，发江、岭之间奇材异石，输之洛阳；又求海内嘉木、异草、珍禽、奇兽，以实苑囿。

纲 开通济渠,引汴水,开邗沟,置离宫,造龙舟。

目 命尚书右丞皇甫议发丁百万,开通济渠。引汴入泗,以达于淮。又发民十万,开邗沟,入江。沟广四十步,傍筑御道,树以柳。自长安至江都,置离宫四十余所。遣黄门侍郎王弘等,往江南造龙舟及杂船数万艘。官吏督役严急,役丁死者什四五。

纲 夏五月,筑西苑。

目 苑周二百里,其内为海,周十余里;为方丈、蓬莱、瀛洲诸山,高百余尺,台观宫殿,罗络山上。海北有渠,萦纡注海内。缘渠作十六院,门皆临渠,每院以四品夫人主之,穷极华丽。宫树凋落,则剪彩为花叶缀之。沼内亦剪彩为荷、芰、菱、芡,色渝则易以新者。十六院竞以殽羞精丽相高,求市恩宠。上好以月夜从宫女数千骑游西苑,作清夜游曲,于马上奏之。

纲 秋八月,帝如江都。

目 上幸江都,御龙舟。用挽士八万余人,舳舻相接二百余里,骑兵翊两岸而行。所过州县,五百里内,皆令献食,多者一州至百轝,极水陆珍奇;后宫厌饫,将发之际,多弃埋之。

纲 丙寅,二年,春二月,新作舆服仪卫。

目 课州县送羽毛,民求捕之,殆无遗类。乌程有高树,逾百尺,上有鹤巢,民欲取之,不可,乃伐其根;鹤恐杀其子,自拔氅毛投于地,时人或称以为瑞。

纲 夏四月,还东京。

纲 六月,以杨素为司徒。

纲 秋七月,太子昭卒。

纲 始建进士科。

纲 杨素卒。

目 越公素为帝所猜忌。太史言隋分野有大丧,乃徙素为楚公,意楚与隋同分,欲以厌之。素寝疾,不肯饵药,曰:"我岂须更活邪!"

纲 八月,封孙倓为燕王,侗为越王,侑为代王。

纲 冬十月,置洛口、回洛仓。

目 置洛口仓于巩东南原上,城周二十余里,穿三千窖。置回洛仓于洛阳北七里,城周十里,穿三百窖。窖皆容八千石。

纲 征天下散乐。

纲 丁卯，三年，春正月，突厥启民可汗来朝。

纲 夏四月，诏颁新律。

纲 改州为郡。

纲 六月，帝北巡，次榆林郡。启民可汗及义成公主来朝。吐谷浑、高昌皆入贡。

纲 秋七月，筑长城。

目 诏发丁男百余万筑长城，西距榆林，东至紫河。苏威谏，不听。

纲 杀太常卿高颎、尚书宇文弢、光禄大夫贺若弼。

目 帝之征散乐也，太常卿高颎谏，不听，退谓丞李懿曰："周天元以好乐而亡，殷鉴不远，安可复尔！"又以帝遇启民过厚，谓何稠曰："此虏颇知中国虚实，山川险易，恐为后患。"宇文弢私谓颎曰："天元之侈，以今方之，不亦甚乎？"贺若弼亦私议宴可汗太侈。并为人所奏。帝以为诽谤朝政，皆杀之。颎有文武大略，明达世务，以天下为己任；苏威、杨素、贺若弼、韩擒虎皆颎所荐。及死，天下莫不伤之。

纲 八月，帝至金河，幸启民可汗帐。

目 车驾发榆林，甲士五十余万，旌旗辎重千里不绝。帝幸启民庐帐，启民奉觞上寿，帝大悦。

纲 还至太原，营晋阳宫。

纲 宴御史大夫张衡宅。

目 至济源，幸衡宅。留宴三日。

纲 遂还东都。

纲 冬以裴矩为黄门侍郎，经略西域。

目 西域诸胡，多至张掖交市，帝使吏部侍郎裴矩掌之。矩知帝好远略，访诸商胡，以其国山川、风俗，撰西域图记三卷，入朝奏之。且云："今羌、胡之国，并因商人密送诚款，引领翘首，愿为臣妾。若服而抚之，务存安辑，混一戎、夏，其在兹乎！"帝大悦。矩因盛言"胡中多诸珍宝"。帝于是慨然将通西域。以矩为黄门侍郎，复使至张掖，引致诸胡，啖之以利，劝令入朝。自是，西域诸胡往来相继，所经郡县，糜费以万万计，卒令中国疲弊，以至于亡，矩唱之也。

纲鉴易知录卷四一

隋纪

炀帝

纲 己巳，五年，春正月，改东京为东都。

纲 禁民间兵器。

目 铁叉、搭钩、䂓刃之类皆禁之。

纲 三月，帝巡河右。夏四月，遣兵击吐谷浑，不克。西域诸国来朝，献地，置西海等郡。

纲 冬十一月，还东都。

纲 杀司隶大夫薛道衡。

目 道衡以才学有盛名，自潘州刺史召还，上高祖颂，帝不悦，曰："此鱼藻之义也。"拜司隶大夫，将罪之。司隶刺史房彦谦，劝以杜绝宾客，卑辞下气，道衡不能用。会议新令，久不决，道衡谓人曰："向使高颎不死，令决当久。"有人奏之，帝怒，付执法者推之。御史大夫裴蕴奏："道衡负才悖逆，有无君之心。"缢杀之。

纲 庚午，六年，春正月，诸蕃来朝，陈百戏于端门以示之。

目 帝以诸蕃酋长毕集洛阳，陈百戏于端门街，执丝竹者万八千人，自昏达旦，终月而罢，所费巨万。自是岁以为常。

诸蕃请入丰都市交易，许之。先命整饰店肆，盛设帷帐，珍货充积，人物华盛。胡客过酒食店，悉令邀入，醉饱而散，不取其直，绐之曰："中国丰饶，酒食例不取直。"胡客皆惊叹。其黠者颇觉之，见以缯帛缠树，曰："中国亦有贫者，衣不盖形，何如以此物与之，缠树何为？"市人惭不能答。

帝称裴矩之能，谓群臣曰："裴矩大识朕意，凡所陈奏，皆朕之成算而未发者，自非奉国尽心，孰能若是！"

纲 三月，帝如江都。

纲 除榆林太守张衡名，以王世充领江都宫监。

目 初，张衡谏营汾阳宫，帝意不平，乃出为榆林太守。久之，敕督役江都宫。礼部尚书杨玄感使至江都，衡谓之曰：“薛道衡真为枉死。”玄感奏之；江都郡丞王世充又奏衡频减顿具。帝怒，除名为民，以世充领江都宫监。

纲 冬十二月，文安侯牛弘卒。

目 弘宽厚恭俭，学术精博，隋室旧臣，始终信任，悔吝不及者，一人而已。弟弼，酗酒，射杀弘驾车牛。弘自外还，其妻迎谓之曰：“叔射杀牛。”弘无所问，直云：“作脯。”坐定，其妻又言，弘曰：“已知之矣。”颜色自若，读书不辍。

纲 征高丽王元入朝，不至。

目 帝之幸启民帐也，高丽使者在启民所，启民不敢隐，与之见帝。裴矩说帝曰：“高丽，汉、晋皆为郡县；今乃不臣，先帝欲征之久矣。今其使者亲见启民举国从化，可因其恐惧，胁使入朝。”帝从之。使牛弘宣旨，令使者还语高丽王入朝。至是不至，乃谋讨之。

纲 辛未，七年，春二月，帝自将击高丽。夏四月，至临朔宫，征天下兵会涿郡。

目 帝御龙舟渡河，遂下诏讨高丽。敕幽州总管元弘嗣往东莱海口，造船三百艘，官吏督役，昼夜立水中，不敢息，自腰以下皆生蛆，死者什三四。又敕河南、淮南、江南造戎车五万乘，发江、淮以南民夫及船运黎阳及洛口诸仓米，舳舻千里，往还常数十万人，昼夜不绝，死者相枕，天下骚动。

纲 冬十月，底柱崩。

纲 王薄、张金称、高士达、窦建德等兵起。

目 是时，百姓穷困，始相聚为群盗。邹平民王薄拥众据长白山，自称“知世郎”，言事可知矣；又作无向辽东浪死歌以相感动，避征役者多往归之。

漳南人窦建德，少尚气侠，胆力过人；会募人征高丽，建德以选为二百人长。同县孙安祖亦以骁勇选为征士。县令笞之，安祖杀令，亡抵建德，建德谓曰：“丈夫不死，当立大功，岂可但为亡虏邪！”乃集无赖少年，得数百人，使安祖将之，入高鸡泊中为群盗。时鄃人张金称聚众河曲，蓨人高士达聚众于清河，郡县疑建德与贼通，悉收其家属，杀之。建德帅麾下二百人亡归士达，士达自称东海公，以建德为司兵。顷之，安祖为金称所杀，其众尽归建德，建德兵至万余人。建德能倾身接物，与士卒均劳逸，由是人争附之，为之致死。

纲 壬申，八年，春正月，遣诸军分道击高丽。

纲 三月，诸军度辽水，击败高丽兵，遂围辽东。

纲 夏六月，帝至辽东，攻城，不克。

纲 秋七月，将军宇文述等九军，大败于萨水而还。

纲 九月，帝还东都，慰抚使刘士龙伏诛，诸将皆除名。

纲 杀张衡。

目 衡既放废，帝每令亲人觇之。及还自辽东，衡妾告衡怨望谤讪，诏赐自尽。衡临死大言曰："我为人作何等事，而望久活！"监刑者塞耳，促令杀之。

纲 癸酉，九年，春正月，命代王侑留守西京。

目 以刑部尚书卫文升辅之。

纲 二月，复宇文述官爵。

纲 三月，帝复自将击高丽，命越王侗留守东都。

目 帝议复伐高丽，光禄大夫郭荣谏曰："千钧之弩，不为鼷鼠发机，奈何亲辱万乘以敌小寇乎！"不听而行。命民部尚书樊子盖辅侗守东都。

纲 夏四月，帝度辽水，遣诸将击高丽。

纲 六月，楚公杨玄感起兵黎阳，围东都。

目 玄感骁勇，便骑射，好读书，喜宾客，海内知名之士多与之游。蒲山公李密，少有才略，志气雄远，轻财好士，为左亲侍。帝见之，谓宇文述曰："左仗下黑色小儿，瞻视异常，勿令宿卫！"述乃讽密使称病自免，密遂屏人事，专务读书。尝乘黄牛读汉书，杨素遇而异之，与语大悦，谓玄感等曰："汝等不及也！"由是玄感与为深交。

初，玄感以朝政日紊，与诸弟潜谋作乱。至是，帝命玄感于黎阳督运。六月，玄感入黎阳，选运夫少壮者得五千余人，刑三牲誓众，且谕之曰："主上无道，不以百姓为念，天下骚扰，死辽东者以万计。今与君等起兵以救兆民之弊，何如？"众皆踊跃称万岁。乃勒兵部分。

先是玄感阴遣召李密。密至，玄感大喜，问计。密曰："天子出征，远在辽外，去幽州犹隔千里。公拥兵出其不意，长驱入蓟，扼其咽喉。高丽闻之，必蹑其后，不过旬日，资粮皆尽，其众不降则溃，可不战而擒，此上计也。”玄感曰：“更言其次。”密曰：“关中四塞，天府之国，虽有卫文升，不足为意。今帅众鼓行而西，经城勿攻，直取长安，收其豪杰，抚其士民，据险而守之。天子虽还，失其根本，可徐图也。”玄感曰：“更言其次。”密曰：“简兵倍道，袭取东都，以号令四方。但恐先已固守，若引兵攻之，百日不克，天下之兵四面而至，非仆所知也。”玄感曰：“不然，今百官家口并在东都，若先取之，足以动其心。且经城不拔，何以示威！公之下计，乃上策也。”遂引兵向洛阳，围东都。

纲　帝引军还，遣宇文述、来护儿等击杨玄感。

纲　秋七月，杨玄感引兵趣潼关。八月，宇文述等追之，玄感败死。

纲　以唐公李渊为弘化留守。

目　帝以卫尉少卿李渊为弘化留守。渊御众宽简，人多附之。帝以渊相表奇异，又名应图谶，忌之。未几，征诣行在所，渊遇疾未谒。其甥王氏在后宫，帝问曰：“汝舅来何迟？”王氏以疾对，帝曰：“可得死否？”渊闻之，惧，因纵酒纳赂以自晦。

纲　杀杨玄感党与三万余人。

目　帝使御史大夫裴蕴等推玄感党与。谓曰：“玄感一呼而从者十万，益知天下人不欲多，多即相聚为盗耳。不尽加诛，无以惩后。”由是所杀三万余人，枉死者大半。玄感之围东都也，开仓赈给百姓。凡受米者，皆坑之于都城之南。

玄感所善文士王胄，坐徙边，亡命，捕得，诛之。帝善属文，不欲人出其右。薛道衡死，帝曰：“更能作‘空梁落燕泥’否！”胄死，帝诵其佳句曰：“‘庭草无人随意绿’，复能作此语邪！”

帝自负才学，每骄天下之士，帝谓侍臣曰：“天下皆谓朕承藉绪余而有四海，设令朕与士大夫高选，亦当为天子。”谓秘书郎虞世南曰：“我性不喜人谏，若位望通显而谏以求名者，弥所不耐。至于卑贱之士，虽少宽假，然卒不置之地上。汝其知之！”

纲　甲戌，十年，春二月，征天下兵伐高丽。三月，帝如涿郡。秋七月，次怀远镇。高丽遣使请降。

纲 冬十月，还西京。

纲 十二月，帝如东都，杀太史令庾质。

目 帝将如东都，太史令庾质谏曰："比岁伐辽，民实劳弊，陛下宜镇抚关内，使百姓尽力农桑，三五年间，四海稍丰实，然后巡省，于事为宜。"帝怒，下质狱，杀之。

纲 乙亥，十一年，春二月，孔雀集朝堂，百官称贺。

目 有二孔雀自西苑飞集朝堂，亲卫校尉高德儒等十余人见之，奏以为鸾，时孔雀已去，无可得验，于是百官称贺。拜德儒朝散大夫，赐物百段。

纲 夏四月，帝如汾阳宫。

纲 以李渊为山西、河东抚慰大使。

纲 秋八月，帝巡北边，突厥始毕可汗入寇。帝入雁门，始毕围之；九月，乃解。

目 帝巡北边，始毕可汗帅骑数十万谋袭乘舆，义成公主先遣使者告变。车驾驰入雁门，突厥围雁门。诏天下募兵，守令竞来赴难，李渊之子世民，年十六，应募隶屯卫将军云定兴，说之曰："始毕敢举兵围天子，必谓我仓猝不能赴援故也。宜昼则引旌旗，令数十里不绝，夜则钲鼓相应，虏必谓救兵大至，望风遁去。"定兴从之。诸郡援兵亦至；九月，始毕解围去。

纲 冬十月，帝还东都。

纲 诏江都更造龙舟。

纲 城父朱粲兵起。

纲 丙子，十二年，春正月，分遣使者发兵击诸起兵者。

纲 夏四月，大业殿火。五月朔，日食既。

纲 除纳言苏威名。

目 帝问侍臣盗贼，翊卫大将军宇文述曰："渐少。"纳言苏威引身隐柱，帝呼问之，对曰："臣非所司，不喻多少，但患渐近。"帝曰："何谓也？"威曰："他日贼据长白山，今近在汜水。且往日租赋丁役，今皆何在？岂非其人皆化为盗乎！"帝不悦。属五月五日，百僚多馈珍玩，威独献尚书。或谮之曰："尚书有五子之歌，威意甚不逊。"帝益怒。顷之，帝问威以伐高丽事，威欲帝知天下多盗，对曰："今兹之役，愿不发兵，但赦群盗，自可得数十万，遣之东征，高丽可灭。”帝不怿。威出，裴蕴奏曰：“此大不逊！天下何处有许多贼！”帝曰：“老革多奸，以贼胁我！”蕴遣河南白衣张行本奏：“威昔典选，滥授人官。”案验，狱成，诏除名为民。

纲 秋七月，帝如江都，命越王侗留守，杀谏者任宗、崔民象、王爱仁。

目 江都龙舟成，送东都。宇文述劝幸江都，帝从之。建节尉任宗上书极谏，即日于朝堂杖杀之。遂幸江都，命越王侗与光禄大夫段达等总留后事。奉信郎崔民象以盗贼充斥，于建国门上表谏；帝大怒，先解其颐，然后斩之。至汜水，奉信郎王爱仁复上表请还西京，斩之。

纲 冬十月，许公宇文述卒。

目 初，述子化及、智及皆无赖。化及事帝于东宫，帝宠昵之。从幸榆林，化及、智及冒禁与突厥交市，帝怒，将斩之，既而释之。述卒，帝复以化及为右屯卫将军，智及为将作少监。

纲 翟让、李密起兵攻荥阳，张须陁击之，败死。

目 韦城翟让为东郡法曹，坐事当斩，亡命于瓦岗为群盗。同郡单雄信骁健，善马槊，聚少年往从之。离狐徐世勣，年十七，有勇略，说让剽行舟商旅，让资用丰给，附者益众，至万余人。时又有外黄王当仁、济阳王伯当、韦城周文举、雍丘李公逸等，皆拥众为盗。

李密自雍丘亡命，往来诸帅间，说以取天下之策。始皆不信，久之，稍以为然，相谓曰：“今人皆云杨氏将灭，李氏将兴。吾闻王者不死，斯人再三获济，岂非其人乎！”由是渐敬密。密察诸帅唯翟让最强，乃因王伯当以见让，为让画策，说让先取荥阳；于是攻荥阳诸县多下之。帝以张须陁为荥阳通守以讨之。密分兵千余人伏林间，掩之，须陁败死。河南郡县为之丧气。

纲 十二月，鄱阳林士弘称楚帝，据江南。

纲 以李渊为太原留守，击甄翟儿，破之。

纲 太仆杨义臣击张金称、高士达，斩之。窦建德收其众，取饶阳。诏罢义臣兵。

目 内史郎虞世基以帝恶闻盗贼，诸将有告败求救者，皆不以闻，或杖其使者，以为妄言。由是盗贼遍海内，帝皆弗之知。杨义臣破降河北贼数十万，列状上闻，帝叹曰：“我初不闻，贼顿如此，义臣降贼何多也！”世基对曰：“小窃虽多，未足为虑，义臣克之，拥兵不少，久在阃外，此最非宜。”帝曰：“卿言是也。”遽追义臣，放散其兵，贼由是复盛。

纲 帝至江都。诏李渊击突厥。

纲 丁丑，十三年，春正月，窦建德称长乐王。

纲 二月，马邑校尉刘武周、朔方郎将梁师都，各据郡起兵。

纲 翟让、李密据兴洛仓，击败东都兵。让推密称魏公，略取河南诸郡。

纲 三月，突厥立刘武周为定杨可汗，取楼烦、定襄、雁门诸郡。

纲 梁师都取雕阴、弘化、延安等郡，自称梁帝。引突厥寇边。

纲 流人郭子和起兵榆林，突厥以为屋利设。

纲 夏四月，金城校尉薛举起兵陇西，自称西秦霸王。

纲 河南讨捕使裴仁基以虎牢降李密。密攻东都，入其郛。

目 密移檄郡县，数帝十罪，且曰：“罄南山之竹，书罪无穷；决东海之波，流恶难尽。”祖君彦之辞也。

纲 五月，李渊起兵太原，杀副留守王威、高君雅。

目 初，渊娶于神武肃公窦毅，生四男，建成、世民、玄霸、元吉；一女，适太子千牛备身临汾柴绍。世民聪明勇决，识量过人，见隋室方乱，阴有安天下之志，倾身下士，散财结客，咸得其欢心。晋阳宫监裴寂，晋阳令刘文静，相与同宿，见城上烽火，寂叹曰：“贫贱如此，复逢乱离，何以自存！”文静笑曰：“时事可知，吾二人相得，何忧贫贱！”文静见李世民而异之，深自结纳，谓寂曰：“此人虽少，命世才也。”寂初未然之。文静坐与李密连昏，系狱，世民就省之。文静曰：“天下大乱，非高、光之才不能定也。”世民曰：“安知其无，但人不识耳。我来相省，非儿女之情，欲与君议大事也。计将安出？”文静曰：“今主上南巡江、淮，李密围逼东都，群盗殆以万数。当此之际，有真主驱驾而用之，取天下如反掌耳。太原百姓皆避盗入城，文静为令数年，知其豪杰，一旦收集，可得十万人，尊公所将之兵复且数万，一言出口，谁敢不从！以此乘虚入关，号令天下，不过半年，帝业成矣。”世民笑曰：“君言正合我意。”乃阴部署宾客，渊不之知也。世民恐渊不从，久不敢言。渊与裴寂有旧，每相与宴语，文静欲因寂关说，乃引寂与世民交。世民以其谋告之，寂许诺。

会突厥寇马邑，世民乘间屏人说渊曰："今主上无道，百姓困穷，晋阳城外皆为战场；大人若守小节，下有寇盗，上有严刑，危亡无日。不若顺民心，兴义兵，转祸为福，此天授之时也。"渊大惊曰："汝安得为此言！"明日世民复说渊曰："今盗贼遍于天下，大人受诏讨贼，贼可尽乎！设能尽贼，则功高不赏，身益危矣！惟昨日之言，可以救祸，此万全之策也，愿大人勿疑。"渊乃叹曰："吾一夕思汝言，亦大有理。今日破家亡躯亦由汝，化家为国亦由汝矣！"先是，裴寂私以晋阳宫人侍渊，至是，渊从寂饮，酒酣，寂从容言曰："二郎阴养士马，欲举大事，正为寂以宫人侍公，恐事觉并诛耳。众情已协，公意如何？"渊曰："事已如此，当复奈何？正须从之耳。"及刘武周据汾阳宫，世民言于渊曰："大人为留守，而盗贼窃据离宫，不早建大计，祸今至矣！"渊乃命世民与刘文静、长孙顺德、刘弘基等各募兵，远近赴集，旬日间近万人，仍密遣使召建成、元吉于河东，柴绍于长安。王威、高君雅见兵大集，疑渊有异志，欲讨渊。渊使世民伏兵于晋阳宫城之外，文静与弘基、顺德等共执威、君雅系狱。会突厥数万众寇晋阳，众以为威、君雅实召之也，于是斩威、君雅以徇。突厥大掠而去。

纲 六月，李渊遣使如突厥。

目 六月，建成、元吉与柴绍偕至晋阳。刘文静劝李渊与突厥相结，资其士马，以益兵势。渊从之，自为手启，卑辞厚礼，遗始毕可汗。始毕复书，欲渊自为天子，乃以兵马助之。将佐皆喜，请从突厥之言。渊不可，曰："诸君宜更思其次。"裴寂等乃请尊天子为太上皇，立代王为帝，以安隋室；移檄郡县；改易旗帜，杂用绛白，以示突厥。渊曰："此可谓'掩耳盗铃'，然逼于时事，不得不尔。"乃许之，遣使以此告突厥。

纲 李渊遣世子建成及世民击西河郡，拔之，斩郡丞高德儒。

目 西河郡不从渊命，渊使建成、世民将兵击之。至西河城下，郡丞高德儒闭城拒守，攻拔之。执德儒至军门，世民数之曰："汝指野鸟为鸾，以欺人主，取高官。吾兴义兵，正为诛佞人耳！"遂斩之。自余不戮一人，秋毫无犯，各慰抚使复业，远近闻之大悦。建成等引兵还晋阳，往返凡九日。渊喜曰："以此行兵，虽横行天下可也。"遂定入关之计。

纲 李渊自称大将军，开府置官属。

纲 秋七月，李渊引兵至霍邑，代王侑遣郎将宋老生、将军屈突通将兵拒之。

目 李渊以子元吉为太原太守，留守晋阳宫。帅甲士三万发晋阳，誓众，移檄，谕以尊立代王之意；西突厥阿史那大奈亦帅其众以从。渊至西河，慰劳吏民，赈赡贫乏；至贾胡堡，去霍邑五十余里。代王侑遣郎将宋老生帅精兵二万屯霍邑，大将军屈突通将骁果数万屯河东，以拒渊。会积雨，渊不得进。

刘文静至突厥，见始毕可汗请兵。

渊以书招李密。密自恃兵强，欲为盟主，复书曰："所望左提右挈，戮力同心，执子婴于咸阳，殪商辛于牧野。"渊得书，笑曰："密妄自矜大，非折简可致。吾方有事关中，若遽绝之，乃是更生一敌；不如卑辞推奖以骄其志，使为我塞成皋之道，缀东都之兵，我得专意西征。俟关中平定，据险养威，徐观蚌鹬之势，以收渔人之功，未为晚也。"乃复书曰："天生烝民，必有司牧，当今为牧，非子而谁！老夫年逾知命，愿不及此。欣戴大弟，攀鳞附翼，唯弟早膺图箓，以宁兆民！宗盟之长，属籍见容，复封于唐，斯荣足矣。"密得书甚喜，以示将佐曰："唐公见推，天下不足定矣！"自是信使往来不绝。

雨久不止，渊军中粮乏；刘文静未返，或传突厥与刘武周乘虚袭晋阳；渊欲北还。裴寂等亦以为"隋兵尚强，未易猝下。李密奸谋难测，武周唯利是视，不如还救根本，更图后举"。李世民曰："今禾菽被野，何忧乏粮！老生轻躁，一战可擒。李密顾恋仓粟，未遑远略。武周与突厥外虽相附，内实相猜。武周虽远利太原，岂可近忘马邑！本兴大义，奋不顾身以救苍生，当先入咸阳，号令天下。今遇小敌，遽已班师，恐从义之徒一朝解体，还守太原一城之地为贼耳，何以自全！"建成亦以为然。渊不听，促令引发。世民将复入谏，会渊已寝；不得入，号哭于外，声闻帐中。渊召问之，世民曰："今兵以义动，进战则克，退还则散；众散于前，敌乘于后，死亡无日，何得不悲！"渊乃悟，曰："军已发，奈何？"世民曰："右军严而未发，左军去亦未远，请自追之。"渊笑曰："吾之成败皆在尔，惟尔所为。"世民乃与建成分道夜追左军复还。既而太原运粮亦至。

纲 武威司马李轨起兵河西，自称凉王。

纲 薛举自称秦帝，徙据天水。

纲 八月，李渊与宋老生战，斩之，遂取霍邑。

纲 李渊克临汾、绛郡，刘文静以突厥兵至，遂下韩城。

纲 九月，武阳郡降李密。

目 武阳郡丞元宝藏以郡降李密，密以为上柱国。宝藏使其客巨鹿魏徵为启谢密，且请帅所部南会诸将取黎阳仓。密喜，即以宝藏为魏州总管，召徵掌记室。徵少孤贫，好读书，有大志，落拓不事生业。始为道士，宝藏召典书记。密爱其文辞，故召之。

纲 李密遣徐世勣取黎阳仓。

目 李密遣徐世勣帅麾下五千人济河，会元宝藏、郝孝德共袭破黎阳仓，据之。开仓恣民就食，浃旬间，得胜兵三十余万。窦建德、朱粲之徒，亦遣使附密。泰山道士徐洪客献书于密，以为"大众久聚，恐米尽人散，师老厌战，难可成功"。劝密"乘进取之机，因士马之锐，沿流东指，直向江都，执取独夫，号令天下"。密壮其言，以书招之，洪客竟不出，莫知所之。

纲 冯翊太守萧造降于李渊。渊留兵围河东，自引军西。

目 时河东未下，三辅豪杰至者日以千数。渊欲引兵西趣长安，犹豫未决。裴寂曰："屈突通拥大众，凭坚城，吾舍之而去，若进攻长安不克，退为河东所踵，腹背受敌，此危道也。不若先克河东，然后西上。"李世民曰："不然。兵贵神速，吾席累胜之威，抚归附之众，鼓行而西，长安之人望风震骇，智不及谋，勇不及断，取之若振槁叶耳。若淹留自弊于坚城之下，彼得成谋、修备以待我，坐费日月，众心离沮，则大事去矣。且关中蜂起之将，未有所属，不可不早招怀也。屈突通自守虏耳，不足为虑。"渊两从之，留诸将围河东，自引军而西。

纲 李渊济河，遣建成守潼关，世民徇渭北。

目 李渊帅诸军济河，关中士民归之者如市。渊遣世子建成、刘文静帅王长谐等诸军屯永丰仓，守潼关以备东方兵；世民帅刘弘基等诸军徇渭北。冠氏长于志宁、安养尉颜师古及世民妇兄长孙无忌，谒见渊于长春宫。志宁、师古皆以文学知名，无忌乃有才略。渊皆礼而用之。

纲 柴绍妻李氏及李神通、段纶各起兵以应李渊，关中群盗悉降于渊。

目 柴绍之赴太原也，其妻李氏归鄠县别墅，散家赀，聚徒众。渊从弟神通亦在长安，亡入鄠县山中，与长安大侠史万宝等起兵以应渊。神通众逾一万，以令狐德棻为记室。左亲卫段纶娶渊女，亦聚徒于蓝田，得万余人。各遣使迎渊。渊使柴绍将数百骑迎李氏。关中群盗皆请降。

纲 冬十月，李渊合诸军围长安。

目 渊进屯冯翊。世民所至，吏民及群盗归之如流，世民收其豪俊以备僚属，李氏将精兵万余会世民于渭北，与柴绍各置幕府，号“娘子军”。隰城尉房玄龄谒世民于军门，世民一见如旧识，署记室参军，引为谋主。玄龄罄竭心力，知无不为。渊引军西行，十月，至长安，命诸军进围城。

纲 萧铣起兵巴陵，自称梁王。

纲 十一月，李渊克长安，杀留守官阴世师等十余人。

目 李渊克长安，迎代王于东宫，迁居大兴殿后听。与民约法十二条，悉除隋苛禁。渊之起兵也，留守官发其坟墓，毁其五庙。至是，卫文升已卒，执阴世师等十余人，斩之，余无所问。马邑郡丞三原李靖，素与渊有隙，渊将斩之，靖大呼曰：“公兴义兵，欲平暴乱，乃以私怨杀壮士乎！”世民为之固请，乃舍之，世民因召置幕府。靖少负志气，有文武才略，其舅韩擒虎每抚之曰：“可与言将帅之略者，独此子耳！”

纲 李渊立代王侑为皇帝，尊帝为太上皇。

纲 渊自为大丞相，封唐王。以建成为唐王世子，世民为秦公，元吉为齐公。

纲 十二月，唐王渊追谥其大父为景王，考为元王，夫人窦氏为穆妃。

纲 河池太守萧瑀以郡降唐。

纲 屈突通降唐，唐遣通招河东通守尧君素，不下。

恭帝侑

纲 戊寅，春正月，唐王渊自加殊礼。

纲 三月，隋宇文化及弑其君广于江都，立秦王浩。

目 炀帝至江都，荒淫益甚，酒卮不离口；然见天下危乱，亦不自安，退朝则幅巾短衣，遍历台阁，汲汲顾景，唯恐不足。常仰视天文，谓萧后曰："外间大有人图侬，然且共乐饮耳！"因引满沉醉。又引镜自照，曰："好头颈，谁当斫之！"后惊问故，帝笑曰："贵贱苦乐，更迭为之。亦复何伤！"

郎将赵行枢请以许公宇文化及为主。化及闻之，变色流汗，既而从之。郎将司马德戡遂引兵自玄武门入直阁，裴虔通逼帝出宫，露刃侍立。帝叹曰："我何罪至此？"贼党马文举曰："陛下违弃宗庙，巡游不息，外勤征讨，内极奢淫，四民丧业，盗贼蜂起；专任佞谀，饰非拒谏，何谓无罪！"帝曰："我实负百姓；至于尔辈，荣禄兼极，何乃如是！"虔通欲遂弑帝，帝曰："天子死自有法，何得加以锋刃！取鸩酒来！"文举等不许，使令狐行达缢杀之。

化及自称大丞相，总百揆。以皇后令立秦王浩为帝。

化及之入朝堂也，百官毕贺，苏威亦往，给事郎许善心独不至。化及杀之。其母范氏，年九十二，抚柩不哭，曰："吾有子矣！"不食而卒。

唐王闻变恸哭曰："吾北面事人，失道不能救，敢忘哀乎！"追谥曰炀。

纲 唐王渊自为相国，加九锡。

纲 宇文化及发江都。

纲 隋吴兴太守沈法兴起兵，据江表十余郡。

纲 夏四月，宇文化及至彭城，魏公密拒之，化及引兵入东郡。

纲 梁王铣称皇帝。

目 梁王萧铣即帝位，置百官，徙都江陵。修复园庙。引岑文本为中书侍郎，委以机密。

纲 五月，唐王渊称皇帝。

目 隋恭帝禅位于唐，唐王即皇帝位。推五运为土德，色尚黄。

纲 唐罢郡置州，以太守为刺史。

纲 隋越王侗称皇帝。

目 东都留守官闻炀帝凶问，奉越王侗即位。段达、王世充为纳言，元文都为内史令，共掌朝政。

纲 突厥遣使如唐。

目 时突厥强盛。唐初起兵，资其兵马，前后饷遗，不可胜纪。突厥恃功骄倨，每遣使者至长安，多暴横，唐主优容之。

纲 唐定律令，置学校。

目 命裴寂、刘文静等修律令，行之。置国子、太学、四门生，三百余员，郡县学亦置生员。

纲 六月，唐以秦公世民为尚书令，裴寂为右仆射、知政事，刘文静为纳言，窦威、萧瑀为内史令。

纲 唐立四亲庙。

纲 唐立世子建成为皇太子，世民为秦王，元吉为齐王。

纲 唐废隋帝侑为酅国公，而选用其宗室。

纲 唐以孙伏伽为治书侍御史。

目 万年县法曹孙伏伽上表曰："隋以恶闻其过亡天下，故陛下得之；然陛下徒知得之之易，而未知隋失之之不难也。谓宜易其覆辙，务尽下情。凡人君言动，不可不慎。陛下今日即位，明日有献鹞雏者，此乃少年之事，岂圣主所须哉！又百戏、散乐，亡国淫声。近太常于民间借妇女裙襦以充妓衣，拟五月五日玄武门游戏，此亦非所以为子孙法也。夫善恶之习，渐染易移，太子、诸王参僚左右，宜谨择其人；有门风不睦，素无行义，专好奢靡，以声色游猎为事者，皆不可近。自古骨肉乖离，以至败亡，未有不因左右离间而然也。"唐主大悦，下诏褒称，擢为治书侍御史，赐帛三百匹，仍颁示远近。

纲 魏公密败宇文化及于黎阳，奉表降隋。

纲 秋七月，隋王世充杀元文都，隋主以世充为仆射。魏公密如东都，不至而复。

纲 八月，秦主举卒，子仁杲立。

纲 唐立李轨为凉王。

纲 隋人葬炀帝于江都。

纲 魏公密与隋战，大败，遂以其众降唐。

纲 隋宇文化及弑秦王浩，自称许帝。

纲 冬十月，唐以李密为光禄卿，封邢国公。

纲 朱粲自称楚帝。取唐邓州，刺史吕子臧死之。

纲 隋以王世充为太尉。

纲 十一月，凉王李轨称帝。

纲 唐秦王世民破秦兵，围折墌，秦主仁杲出降。

纲 徐世勣降唐，赐姓李氏。

目 徐世勣据李密旧境，未有所属。魏徵随密至长安，无所知名，乃自请安集山东。唐主以为秘书丞，乘传至黎阳，劝世勣早降。世勣遂决意西向，谓长史郭孝恪曰："此民众土地，皆魏公有也；吾若献之，是利主之败，自为功以邀富贵也，吾实耻之。今宜籍郡县户口、士马之数以启魏公，使自献之。"乃使孝恪诣长安。唐主初怪世勣无表，既而闻之，叹曰："世勣不背德，不邀功，真纯臣也！"赐姓李氏。使孝恪与世勣经营虎牢以东。

纲 唐斩薛仁杲于市。

纲 唐遣李密收抚山东。

目 李密遇大朝会，职当进食，深耻之；退，以告王伯当。伯当曰："天下事，在公度内耳。"乃言于唐主曰："臣蒙荣宠，曾无报效；山东之众，皆臣故时麾下，请往收之。凭借国威，取世充如拾芥耳！"群臣皆以密狡猾好反，不可遣。唐主不听，引密升御榻，饮劳甚厚。又以王伯当为副而遣之。

纲 唐杀隋河东守将尧君素。

目 隋将尧君素守河东，唐遣独孤怀恩攻之，不下；招之，不从。遣其妻至城下，谓之曰："隋室已亡，君何自苦！"君素曰："天下名义，非妇人所知！"引弓射之，应弦而倒。久之，食尽，又闻江都倾覆，左右杀君素以降。

纲 唐李密叛，行军总管盛彦师讨斩之。

纲 唐以李素立为侍御史。

目 有犯法不至死者，唐主特命杀之。监察御史李素立谏曰："三尺法，王者所与天下共也；法一动摇，人无所措手足。陛下甫创鸿业，奈何弃法！臣不敢奉诏。"唐主从之。命所司授以七品清要官；拟雍州司户，唐主曰："要而不清。"又拟秘书郎，唐主曰："清而不要。"遂擢授侍御史。

纲 唐以舞胡安叱奴为散骑侍郎。

恭帝侗

纲 己卯，春二月，唐定租、庸、调法。

目 每丁租二石，绢二匹，绵三两；自兹以外，不得横敛。

纲 朱粲降唐，以为楚王。

纲 夏王建德破宇文化及于聊城，诛之。

纲 唐以宇文士及为上仪同，封德彝为内史侍郎。

纲 隋王世充自称郑王，加九锡。

纲 夏四月，郑王世充称帝。

纲 唐遣安兴贵袭执凉主轨以归，杀之，河西平。

纲 五月，郑王世充弑隋主侗。

目 世充以尚书裴仁基、裴行俨有威名，忌之。仁基父子知之，亦不自安，乃与尚书左丞宇文儒童谋杀世充，复立隋主；事泄，皆夷三族。齐王世恽言于世充曰："儒童等谋反，正为隋主尚在故也，不如早除之。"世充遣人鸩之，隋主请与太后诀，不许。乃布席礼佛曰："愿自今以往，不复生帝王家！"饮药，不能绝，以帛缢杀之，谥曰恭皇帝。

纲 秋七月，唐置十二军。

目 置十二军，分统关内诸府，皆取天星为名，每军将、副各一人，督以耕战之务。由是士马精强，所向无敌。

纲 八月，唐鄘公薨。

纲 唐杀其民部尚书刘文静。

目 文静自以材略功勋在裴寂之右，而位居其下，意甚不平。家数有妖，弟文起召巫厌胜。文静有妾无宠，使其兄上变告之。唐主以文静属吏，秦王世民为之固请曰："昔在晋阳，文静先建非常之策，始告寂知，及克京城，任遇悬隔；今文静觖望则有之，非敢谋反。"寂曰："文静材略过人，性复粗险，天下未定，留之必贻后患。"唐主素亲寂，低回久之，卒用寂言。杀文静，籍没其家。

纲 沈法兴称梁王于毗陵，李子通称吴帝于江都。

纲 唐以李纲为太子少保。

目 初，纲以尚书领太子詹事，太子建成以秦王世民功高，忌之；纲屡谏不听，乃乞骸骨。唐主骂曰："卿为何潘仁长史，乃耻为朕尚书邪！"纲曰："潘仁，贼也，每欲妄杀人，臣谏之则止，为其长史，可以无愧。陛下创业明主，臣所言如水投石，于太子亦然，臣何敢久污天台、辱东朝乎！"唐主曰："知公直士，勉留辅吾儿。"以为太子少保。

唐主尝考第群臣，以纲及孙伏伽为第一。谓裴寂曰："隋以主骄臣谄亡天下。朕即位以来，每虚心求谏，唯纲尽忠款，伏伽诚直，余人皆踵弊风，俯眉而已，岂朕所望哉！"

纲　冬，定杨将宋金刚取浍州，唐遣秦王世民击之。

纲　十一月，唐秦王世民击宋金刚，屯柏壁。

纲鉴易知录卷四二

唐纪

高祖神尧皇帝

纲　庚辰，春二月，唐以封德彝为中书令。

纲　夏四月，唐秦王世民击宋金刚，破之，定杨可汗武周及金刚皆走死。

目　宋金刚将尉迟敬德、寻相战屡败。四月，金刚食尽；北走。秦王世民追及寻相于吕州，大破之，乘胜逐北，一昼夜行二百余里，战数十合。追及金刚于雀鼠谷，一日八战，皆破之。引兵趣介休，金刚大败。敬德、寻相举介休及永安降。世民得敬德，喜甚，使其将旧众八千，与诸营相参。屈突通虑其为变，骤以为言，世民不听。刘武周闻金刚败，大惧，弃并州走突厥。金刚亦走突厥，皆死。世民入并州，武周所得州县皆入于唐。

纲　五月，唐立老子庙。

目　晋州人吉善行自言于羊角山见白衣老父曰："为吾语唐天子：'吾为老君，吾，而祖也。'"诏于其地立庙。

纲　秋七月，唐遣秦王世民督诸军伐郑。

目　唐诏秦王世民督诸军击世充。屈突通二子在洛阳，唐主谓通曰："今欲使卿东征，如卿二儿何？"通曰："臣为陛下尽节，但恐不获死所耳。今得备先驱，二儿何足顾乎！"唐主叹曰："徇义之士，一至此乎！"

纲　九月，唐攻郑轘辕，拔之。

目　秦王世民遣王君廓攻轘辕，拔之。于是河南州县相继降唐。刘武周降将寻相等多叛去。诸将疑尉迟敬德，囚之。屈突通、殷开山言于世民曰："敬德骁勇绝伦，留之恐为后患，不如杀之。"世民曰："敬德若叛，岂在寻相之后邪！"遽命释之，引入卧内，赐之金，曰："丈夫意气相期，勿以小嫌介意，吾终不信谗言以害忠良，公宜体之。必欲去者，以此金相资，表一时共事之情也。”已而世民以五百骑行战地，世充帅步骑万余猝至，围之，单雄信引槊直趣世民，敬德跃马大呼，横刺雄信坠马，翼世民出围。更帅骑兵还战，屈突通引大兵继至，世充大败，仅以身免。世民谓敬德曰：“公何相报之速也！”自是宠遇日隆。

纲　冬十二月，吴主子通败梁兵，取京口。杜伏威击之，子通败走。袭梁，梁王法兴走死。

纲　辛巳，春二月，唐秦王世民败郑主世充于谷水，进围洛阳。

纲　三月，夏王建德将兵救郑。夏五月，唐秦王世民大破擒之，郑主世充降。

目　世民入洛阳宫城，观隋宫殿，叹曰：“逞侈心，穷人欲，无亡得乎！”命撤端门楼，焚乾阳殿，毁则天门阙，废诸道场。

纲　秋七月，唐秦王世民至长安，献俘太庙。赦王世充，斩窦建德。

目　秦王世民至长安，俘王世充、窦建德献于太庙。诏赦世充为庶人，徙蜀；斩建德于市。以天下略定，大赦百姓，给复一年。世充未行，定州刺史独孤修德矫敕杀之；免修德官。

纲　唐初行开元通宝钱。

目　隋末钱币滥薄，至裁皮糊纸为之，民间不胜其弊。至是，初行开元通宝钱，径八分，积十钱重一两，轻重大小最为折衷，远近便之。

纲　窦建德故将刘黑闼起兵漳南。

纲　八月，刘黑闼据鄃县，唐遣兵击之。

纲　唐徐圆朗举兵应刘黑闼。

纲　冬十月，唐以秦王世民为天策上将。

目　唐主以秦王世民功大，前代官皆不足以称之，特置天策上将，位在王公上，以世民为之，开府置属。世民以海内浸平，乃开馆以延文学之士，杜如晦、房玄龄、虞世南、褚亮、姚思廉、李玄道、蔡允恭、薛元敬、颜相时、苏勖、于志宁、苏世长、薛收、李守素、陆德明、孔颖达、盖文达、许敬宗为文学馆学士，分为三番，更日直宿。世民暇日辄至馆中，讨论文籍，或至夜分。使库直阎立本图像，褚亮为赞，号十八学士。士大夫得预其选者，时人谓之“登瀛州”。

时府僚多补外官，如晦亦出为陕州长史。房玄龄曰：“余人不足惜，杜如晦王佐之才，大王欲经营四方，非如晦不可。”世民惊曰：“微公言，几失之。”即奏留之。使参谋帷幄，军中多事，如晦剖决如流。

世民每克城，诸将争取宝货，玄龄独收采人物，致之幕府。每令入奏事，唐主曰：“玄龄为吾儿陈事，虽隔千里，皆如面谈。”

纲 唐遣赵郡王孝恭、李靖伐梁，梁主铣降。

目 唐发巴、蜀兵，以孝恭、李靖统之，自夔州东击萧铣。时铣以罢兵营农，宿卫才数千人，闻唐兵至，仓猝征兵，未集，乃悉见兵出拒战。李靖纵兵奋击，大破之，乘胜直抵江陵，入其外郭。大获舟舰，靖使散之江中。诸将皆曰：“破敌所获，当籍其用，奈何弃以资敌？”靖曰：“吾悬军深入，若攻城未拔，援兵四集，吾表里受敌，进退不获，虽有舟楫，将安用之？今弃舟舰，使塞江而下，援兵见之，必谓江陵已破，未敢轻进，往来觇伺，动淹旬月，吾必取之矣。”援兵见之，果疑不进，遂围江陵。

铣内外阻绝，问策于岑文本，文本劝铣降。铣谓群臣曰：“天不祚梁，不可复支矣。必待力屈，则百姓蒙患，奈何以我之故，陷百姓于涂炭乎！”以太牢告庙，下令出降。

孝恭入城，禁止杀掠。诸将言：“梁将帅拒斗死者，请籍其家，以赏将士。”靖曰：“王者之师，宜使义声先路。彼为其主斗死，乃忠臣也，岂可同之叛逆之科乎！”于是城中安堵，秋毫无犯。南方州县闻之，皆望风款附。孝恭送铣长安，斩于都市。以孝恭为荆州总管；靖为上柱国，安抚岭南。

纲 十一月，唐杜伏威击李子通，执送长安。

纲 刘黑闼取唐定州，总管李玄通死之。

目 刘黑闼执玄通，爱其才，欲以为大将，玄通不可。故吏有以酒肉馈之者，玄通饮醉，谓守者曰；“吾能剑舞，愿假吾刀。”守者与之，玄通舞竟，太息曰：“大丈夫受国厚恩，镇抚方面，不能保全所守，亦何面目视息世间哉！”引刀自刺而死。

纲 壬午，春正月，刘黑闼自称汉东王。

纲 唐秦王世民破刘黑闼于洺水，黑闼奔突厥。

纲 夏六月，刘黑闼引突厥寇山东，又寇定州。

纲 冬十月，唐遣齐王元吉击刘黑闼，淮阳王道玄与黑闼战，败没。

纲 楚王林士弘卒,其众遂散。

纲 十一月,唐遣太子建成击刘黑闼。

目 淮阳王道玄之败也,山东震骇。刘黑闼尽复故地,进据洺州。齐王元吉不敢进,而太子建成请行,故遣之。

初,唐主之起兵晋阳也,皆秦王世民之谋,唐主谓世民曰:“事成,当以汝为太子。”将佐亦以为请,世民固辞而止。太子喜酒色,游畋;齐王多过失;皆无宠。世民功名日盛,建成内不自安,乃与元吉协谋共倾世民。曲意事妃嫔,谄谀赂遗,无所不至,以求媚于上。世民独不事之,由是诸妃嫔争誉建成、元吉而短世民。时世民、元吉皆居别殿,与上台、东宫昼夜通行,无复禁限。相遇如家人礼。太子令秦、齐王教与诏敕并行,有司莫知所从,唯据得之先后为定。世民以淮安王神通有功,给田数十顷。张婕妤求之,手敕赐之,神通以教给在先,不与。婕妤诉于唐主,唐主怒,以责世民,复谓裴寂曰:“此儿久典兵在外,为书生所教,非复昔日子也。”

秦王每侍宴宫中,思太穆皇后早终,不得见唐主有天下,或歔欷流涕,唐主不乐。诸妃嫔曰:“陛下春秋高,宜相娱乐,而秦王如此,正是憎疾妾等,陛下万岁后,妾子母必无孑遗矣!皇太子仁孝,陛下以妾子母属之,必能保全。”唐主为之怆然。由是无易太子意,待世民浸疏,而建成、元吉日亲矣。

太子中允王珪、洗马魏徵亦说太子曰:“秦王功盖天下,中外归心;殿下但以年长居东宫,无大功以镇服海内。今刘黑闼散亡之余,众不满万,以大军临之,势如拉朽,殿下宜自击之以取功名,因结纳山东豪杰,庶可自安。”于是太子请行。

纲 十二月,唐太子建成兵至昌乐,刘黑闼亡走。

纲 癸未,春正月,汉东将诸葛德威执其君黑闼降唐,唐斩之。

目 时太子遣骑将刘弘基追黑闼,黑闼奔走不得休息,至饶阳,从者才百余人,馁甚。黑闼所署刺史诸葛德威出迎,馈之食,未毕,勒兵执之,送诣太子,斩于洺州。黑闼临刑叹曰:“我幸在家钼菜,为高雅贤辈所误至此!”

纲 二月,徐圆朗走死,其地皆入于唐。

纲 唐废参旗等十二军。

纲 夏，高开道寇唐幽州，败走。

纲 秋八月，唐淮南道行台仆射辅公祏反。

纲 甲申，唐高祖神尧皇帝武德七年，春正月，置大中正。

目 依周、齐旧制，州置中正一人，掌知州内人物，品量望第，以门望高者领之，无品秩。

纲 二月，置州、县、乡学。

目 诏州、县、乡皆置学，有明一经以上者，咸以名闻。

纲 帝诣国子学，释奠于先圣、先师。

目 诏王公子弟各就学。

纲 改大总管府为大都督府。

纲 三月，初定官制。

纲 夏四月，颁新律令。

纲 初定均田租、庸、调法。

目 丁、中之民，给田一顷，笃疾减什之六，寡妻妾减七，皆以什之二为世业，八为口分。每丁岁入租，粟二石。调随土地所宜，绫、绢、绝、布。岁役二旬；不役则收其佣，日三尺；有事而加役者，旬有五日，免其调；三旬，租、调俱免。水、旱、虫、霜为灾，什损四以上免租，损六以上免调，损七以上课役俱免。凡民赀业分九等，百户为里，五里为乡，四家为邻，四邻为保。在城邑者为坊，田野者为村。食禄之家，无得与民争利；工商杂类，无预士伍。男女始生为黄，四岁为小，十六为中，二十为丁，六十为老。岁造计帐，三年造户籍。

纲 秋闰七月，突厥入寇，遣秦王世民将兵御之。

目 或说上曰："突厥所以屡寇关中者，以子女玉帛皆在长安故也。若焚长安而不都，则胡寇自息矣。"上欲从之，秦王世民谏曰："戎狄为患，自古有之。陛下以圣武龙兴，所征无敌，奈何为此以贻四海之羞，为百世之笑乎！愿假数年之期，臣请系颉利之颈致之阙下。若其不效，迁都未晚。"上曰："善。"建成与妃嫔共谮世民曰："突厥犯边，得赂则退。秦王外托御寇之名，内欲总兵权，成其篡夺之谋！"上大怒，召世民责之；会有司奏突厥入寇，上乃改容劳勉。诏世民、元吉将兵出豳州以御之。上每有寇盗，辄命世民讨之，事平之后，猜嫌益甚。

纲 八月，突厥受盟而还。

纲 乙酉,八年,春正月,以张镇周为舒州都督。

目 镇周,舒州人也,到州就故宅,召亲故,酣宴十日。赠以金帛,泣,与之别,曰:"今日张镇周犹得与故人欢饮,明日之后,则舒州都督治百姓耳。"自是犯法者一无所纵,境内肃然。

纲 夏四月,复置十二军。

纲 丙戌,九年,春正月,诏太常少卿祖孝孙定雅乐。

纲 二月,初令州、县、里闬各祀社稷。

纲 夏,沙汰僧、道。

目 太史令傅奕上疏曰:"佛在西域,言妖路远,汉译胡书,恣其假托。使不忠不孝削发而揖君亲,游手游食易服以逃租赋。伪启三途,谬张六道。遂使愚迷,妄求功德,不惮科禁,轻犯宪章。且生死寿夭,由于自然,刑德威福,关之人主,贫富贵贱,功业所招,而愚僧矫诈,皆云由佛。窃人主之权,擅造化之力,其为害政,良可悲矣!自汉以前,初无佛法,君明臣忠,祚长年久。自立胡神,羌、戎乱华,主庸臣佞,政虐祚短,梁武、齐襄,足为明镜。今天下僧尼,数盈十万。请令匹配,即成十余万户,产育男女,十年长养,一纪教训,可以足兵。"诏百官议之,惟太仆卿张道源是奕言。仆射萧瑀曰:"佛,圣人也,而奕非之。非圣人者无法,当治其罪。"奕曰:"人之大伦,莫如君父。佛以世嫡而叛其父,以匹夫而抗天子。萧瑀不生于空桑,乃遵无父之教。非孝者无亲,瑀之谓矣!"瑀不能对,但合手曰:"地狱之设,正为是人!"上亦恶沙门、道士,苟避征徭,不守戒律。诏:"命有司沙汰天下僧、尼、道士、女冠,其精勤练行者,迁大寺观;庸猥粗秽者,勒还乡里。"

纲 六月,太白经天。秦王世民杀太子建成、齐王元吉。立世民为皇太子,决军国事。

目 世民既与建成、元吉有隙,建成夜召世民,饮酒而鸩之,世民暴心痛,吐血数升。上谓世民曰:"首建大谋,削平海内,皆汝之功。吾欲立汝为嗣,而汝固辞;且建成为嗣日久,吾不忍夺也。观汝兄弟,似不相容,不可同处,当遣汝居洛阳,自陕以东皆王之。仍建天子旌旗,如梁孝王故事。"世民泣辞,不许。将行,建成、元吉相与谋曰:"秦王若至洛阳,不可复制;不如留之长安,则一匹夫,取之易矣。"乃密令数人上封事,言"秦王左右闻往洛阳,无不喜跃,观其志趣,恐不复来。"上乃止。

元吉密请杀世民，秦府僚佐皆惶惧不知所出。行台郎中房玄龄谓长孙无忌曰："今嫌隙已成，一旦祸机窃发，岂惟府朝涂地，乃实社稷之忧；莫若劝王行周公之事以安家国。存亡之机，正在今日！"无忌以告。世民召杜如晦谋之，亦劝世民如玄龄言。建成、元吉以秦府多骁将，欲诱之使为己用，密以金银器一车赠尉迟敬德。敬德辞不受，以告世民。世民曰："公心如山岳，虽积金至斗，知公不移。"元吉乃谮敬德于上，将杀之，世民固请，得免。

会突厥入塞，建成荐元吉将兵击之。率更丞王晊密告世民曰："太子语齐王：'吾与秦王饯汝于昆明池，使壮士拉杀之。因遣人说上，授我以国而立汝为太弟。'"世民以告长孙无忌，无忌等告世民先事图之。世民叹曰："骨肉相残，古今大恶。吾诚知祸在朝夕，欲俟其发，然后以义讨之，不亦可乎！"众曰："大王以舜为何如人？"曰："圣人也。"众曰："使舜浚井而不出，涂廪而不下，则井中之泥，廪上之灰耳，安能泽被天下，法施后世乎！是以小杖则受，大杖则走，盖所存者大也。"世民命卜之，幕僚张公谨自外来，见之，取龟投地，曰："卜以决疑；不疑何卜！卜而不吉，庸得已乎！"世民意乃决。

于是太白再经天。傅奕密奏："太白见秦分，秦王当有天下。"上以其状授世民，于是世民密奏建成、元吉淫乱后宫，且曰："兄弟专欲杀臣，似为世充、建德报雠。臣今永违君亲，亦实耻见诸贼于地下！"上惊，报曰："明当鞫问，汝宜早参。"明日，世民帅长孙无忌等入，伏兵于玄武门。建成、元吉俱入参，至临湖殿，觉有变，欲还。世民追射建成，杀之。尉迟敬德射杀元吉。上谓裴寂等曰："不图今日，乃见此事，当如之何？"萧瑀、陈叔达曰："建成、元吉本不豫义谋，又无功于天下，疾秦王功高望重，共为奸谋。今秦王已讨而诛之，陛下若处以元良，委之国务，无复事矣！"上曰："此吾之夙心也。"遂立世民为皇太子。军国庶事，悉委太子处决，然后奏闻。

纲　罢沙汰僧、道。

纲　以魏徵、王珪为谏议大夫。

目　初，洗马魏徵常劝建成早除秦王，及建成败，太子召徵谓曰："汝何为离间我兄弟！"徵举止自若，对曰："先太子早从徵言，必无今日之祸。"太子改容礼之，引为詹事主簿。亦召王珪、韦挺于巂州，皆以为谏议大夫。

纲 帝自称太上皇。秋八月，太子即位。

目 诏传位于太子；太子固辞，不许，乃即位。

纲 放宫女三千余人。

纲 立妃长孙氏为皇后。

目 后少好读书，造次必循礼法。上为秦王，后奉事高祖，承顺妃嫔，甚有内助。及为后，务崇节俭，服御取给而已。上深重之，尝与之议赏罚，后辞曰："'牝鸡之晨，惟家之索'，妾妇人，安敢预闻政事！"固问之，终不对。

纲 突厥入寇，至便桥，帝出御之。突厥请盟而退。

目 梁师都所部离叛，国寖衰弱，乃朝于突厥，劝令入寇。于是颉利、突利二可汗合兵十余万骑寇泾州。颉利进至渭水便桥之北，遣其腹心执矢思力入见，以观虚实。思力盛称"二可汗将兵百万，今至矣"。上让其背盟入寇，欲先斩思力。思力惧，乃囚之。

上乃自与高士廉、房玄龄等六骑径诣渭水上，与颉利隔水而语，责以负约。突厥大惊，皆下马罗拜。俄而诸军继至，旌甲蔽野，颉利见思力不返，而上轻出，军容甚盛，有惧色。上麾诸军使却而布陈，独留与颉利语。萧瑀叩马固谏，上曰："突厥所以敢倾国而来者，以我国内有难，朕新即位，谓我不能抗御也。我若示之以弱，虏必放兵大掠，不可复制。故朕轻骑独出，示若轻之；震曜军容，使知必战；虏既深入，必有惧心，与战则克，与和则固。制服突厥，在此举矣！"是日，颉利来请和，诏许之。斩白马，与盟于便桥之上。突厥引兵退。萧瑀请曰："突厥未和之时，诸将争欲战，陛下不许，而虏自退，其策安在？"上曰："突厥之众，多而不整，君臣之志惟贿是求，昨其达官皆来谒我，我若醉而缚之，因击其众，伏兵邀其前，大军蹑其后，覆之如反掌耳。然吾即位日浅，国家未安。一与虏战，结怨既深，彼或惧而修备，则吾未可以得志也。故卷甲韬戈，啖以金帛，彼既得所欲，志必骄惰，然后养威俟衅，一举可灭也。将欲取之，必固与之，此之谓也。"瑀谢不及。

纲 九月，引诸卫将卒习射于显德殿。

目 上日引诸卫将卒数百人习射殿庭，谕之曰："朕不使汝曹穿池筑苑，专习弓矢，居闲无事，则为汝师，突厥入寇，则为汝将，庶几中国之民可以少安！"群臣多谏曰："于律，以兵刃至御在所者绞。今使将卒习射殿庭，万一狂夫窃发，出于不意，非所以重社稷也。”上曰：“王者视四海为一家，封域之内，皆朕赤子，朕一一推心置其腹中，奈何宿卫之士亦加猜忌乎！”由是人思自励，数年之间，悉为精锐。

纲 定勋臣爵邑。

目 上面定勋臣爵邑，命陈叔达唱名示之，且曰：“所叙未当，宜各自言。”于是诸将争功，纷纭不已。淮安王神通曰：“臣举兵关西，首应义旗，今房玄龄、杜如晦等专弄刀笔，功居臣上，臣窃不服。”上曰：“叔父虽首唱举兵，盖亦自营脱祸。及窦建德吞噬山东，叔父全军覆没；刘黑闼再合余烬，叔父望风奔北。玄龄等运筹帷幄，坐安社稷，论功行赏，固宜居叔父之先。叔父，国之至亲，朕诚无所爱，但不可以私恩滥与勋臣同赏耳！”诸将乃相谓曰：“陛下至公，淮安王尚无所私，吾侪何敢不安其分。”遂皆悦服。

房玄龄尝言秦府旧人未迁官者皆嗟怨。上曰：“王者至公无私，故能服天下之心。设官分职，以为民也，当择贤才而用之，岂以新旧为先后哉！必也新而贤，旧而不肖，安可舍新而取旧乎！今不论其贤不肖而直言嗟怨，岂为政之体乎！”

纲 禁淫祀杂占。

纲 置弘文馆。

目 上于弘文殿聚四库书二十余万卷。置弘文馆于殿侧，选天下文学之士虞世南、褚亮、姚思廉、欧阳询、蔡允恭、萧德言等，以本官兼学士，令更日宿直，听朝之隙，引入内殿，讲论前言往行，商榷政事，或至夜分乃罢。又取三品以上子孙充弘文馆学生。

上谓侍臣曰：“朕观炀帝文辞奥博，亦知是尧、舜而非桀、纣；然行事何其相反也。”魏徵对曰：“人君虽圣哲，犹当虚己以受人，故智者献其谋，勇者竭其力。炀帝恃其俊才，骄矜自用，故口诵尧、舜之言，而身为桀、纣之行，曾不自知，以至覆亡也。”上曰：“前事不远，吾属之师也。”

上问给事中孔颖达曰：“论语：‘以能问于不能，以多问于寡，有若无，实若虚。’何谓也？”颖达具释其义以对，且曰：“非独匹夫如是，帝王内蕴神明，外当玄默；若位居尊极，炫耀聪明，以才陵人，饰非拒谏，则下情不通，取亡之道也。”

上曰：“朕每临朝，欲发一言，未尝不三思，恐为民害，是以不多言。”知起居事杜正伦曰：“臣职在记言，陛下之言失，臣必书之。岂徒有害于今，亦恐贻讥于后。”

上谓侍臣曰：“梁武帝惟谈苦空，侯景之乱，百官不能乘马；元帝为周师所围，犹讲老子，百官戎服以听，此深足为戒！朕所学者，惟尧、舜、周、孔之道，如鸟之有翼，鱼之有水，失之则死，不可暂无耳。”

上谓裴寂曰：“比多上书言事者，朕皆黏之屋壁，得出入省览。数思治道，或深夜方寝；公辈亦当恪勤职事，副朕此意。”

有上书请去佞臣者，上问佞臣为谁？对曰：“愿陛下与群臣言，或阳怒以试之。彼执理不屈者，直臣也；畏威顺旨者，佞臣也。”上曰：“君，源也；臣，流也；浊其源而求其流之清，不可得矣！君自为诈，何以责臣下之直乎！朕方以至诚治天下，见前世帝王好以权谲小数接其臣下者，常窃耻之。卿策虽善，朕不取也。”

上与群臣论止盗，或请重法以禁之。上曰：“朕当去奢省费，轻徭薄赋，选用廉吏，使民衣食有余则自不为盗，安用重法邪！”自是数年之后，海内升平，路不拾遗，外户不闭，商旅野宿焉。

上尝曰：“君依于国，国依于民。刻民以奉君，犹割肉以充腹，腹饱而身毙，君富而国亡矣。朕常以此思之，不敢纵欲也！”

上谓公卿曰：“昔禹凿山治水，而民无谤讟者，与人同利故也。秦始皇营宫室而民怨叛者，病人以利己故也。夫美丽珍奇，固人之所欲，若纵之不已，则危亡立至。朕欲营一殿，材用已具，鉴秦而止，王公已下宜体朕此意。”由是二十年间，风俗素朴，衣无锦绣，公私富给。

上谓侍臣曰：“吾闻西域贾胡，得美珠剖身以藏之，有诸？”侍臣曰：“有之。”上曰：“人皆知笑彼之爱珠而不爱其身也；吏受赇抵法，与帝王徇奢欲而亡国者，何以异于胡之可笑矣邪！”魏徵曰：“昔鲁哀公谓孔子曰：‘人有好忘者，徙宅而忘其妻！’孔子曰：‘又有甚者，桀、纣乃忘其身。’亦犹是也。”上曰：“然。朕与公辈宜戮力相辅，庶免为人笑也。”上患吏多受赇。密使左右试赂之。有司门令史受绢一匹，上欲杀之，民部尚书裴矩谏曰：“为吏受赂，罪诚当死。但陛下使人遗之而受，乃陷人于法也，恐非所谓道之以德，齐之以礼。”上悦，告群臣曰：“裴矩能当官力争，不为面从；倘每事皆然，何忧不治！”

纲 冬十月，诏追封故太子为息隐王，齐王为海陵剌王，改葬之。

目 后诏复息隐王为隐太子,海陵刺王号巢刺王。

纲 立子承乾为皇太子。

纲 诏民遭突厥暴践者,计口给绢。

纲 十二月,遣使点兵。

目 上厉精求治,数引魏徵入卧内,访以得失;徵知无不言,上皆欣然嘉纳。上遣使点兵,封德彝奏:"中男虽未十八,其壮大者,亦可并点。"上从之,敕出,徵固执以为不可。上怒,召而让之,对曰:"夫兵在御之得其道耳,何必多取细弱以增虚数乎!且陛下每云:'吾以诚信御天下',今即位未几,失信者数矣!"上愕然曰:"何也?"对曰:"陛下初诏:'悉免负逋官物。'有司以为负秦府国司者,非官物,征督如故。陛下以秦王升为天子,国司之物,非官物而何!又曰:'关中免二年租调,关外给复一年。'既而继有敕云:'已役已输者,以来年为始。'散还之后,方复更征,百姓固已不能无怪。今复点兵,何谓来年为始乎!又陛下所与共治天下者在于守宰;至于点兵,独疑其诈,岂所谓以诚信为治乎!"上悦,从之。

纲 以张玄素为侍御史。

目 上闻景州录事参军张玄素名,召见,问以政道。对曰:"隋主自专庶务,不任群臣。以一人之智决天下之务,借使得失相半,乖谬已多,下谀上蔽,不亡何待!陛下诚能择群臣而分任以事,高拱穆清而考其成败,何忧不治!"上善其言,擢为侍御史。

纲 以张蕴古为大理丞。

目 前幽州记室张蕴古上大宝箴,其略曰:"圣人受命,拯溺亨屯,故以一人治天下,不以天下奉一人。"又曰:"壮九重于内,所居不过容膝;彼昏不知,瑶其台而琼其室。罗八珍于前,所食不过适口;惟狂罔念,丘其糟而池其酒。"又曰:"勿没没而暗,勿察察而明,虽冕旒蔽目,而视于未形,虽黈纩塞耳,而听于无声。"上嘉之,赐以束帛,除大理丞。

太宗文武皇帝

纲 丁亥,太宗文武皇帝贞观元年,春正月,宴群臣。

目 上宴群臣,奏秦王破阵乐,上曰:"朕昔受委专征,民间遂有此曲,虽非文德之雍容,然功业所由,不敢忘也。"封德彝曰:"陛下以神武平海内,文德岂足比乎!”上曰:“戡乱以武,守成以文,文武之用,各随其时。卿谓文不及武,斯言过矣!”

纲 制谏官随宰相入阁议事。

纲 更定律令。

目 命吏部尚书长孙无忌与法官更议定律令,宽绞刑五十条为断右趾。上曰:“肉刑废已久,宜有以易之。”于是有司请改为加役流,流三千里,居作三年,从之。

纲 以戴胄为大理少卿。

目 上以选人多诈冒资荫,敕令自首,不首者死。未几,有诈冒事觉者,上欲杀之。胄奏:“据法应流。”上怒曰:“卿欲守法而使朕失信乎?”对曰:‘敕者出于一时之喜怒,法者国家所以布大信于天下也。陛下忿选人之多诈,故欲杀之,既而知其不可,复断之以法,此乃忍小忿而存大信也。”上曰:“卿能执法,朕复何忧!”胄前后犯颜执法,言如涌泉,上皆从之,天下无冤狱。将军长孙顺德受人馈绢,事觉,上于殿庭赐绢数十匹。大理少卿胡演以为不可。上曰:“彼有人性,得绢之辱甚于受刑;如不知愧,一禽兽耳,杀之何益!”

纲 二月,分天下为十道。

目 隋末豪杰据地,自相雄长;唐兴,相帅来归,上皇割置州、县以宠禄之。上以民少吏多,悉并省之,因山川形便,分为十道:曰关内,河南,河东,河北,山南,陇右,淮南,江南,剑南,岭南。

纲 三月,皇后帅内外命妇亲蚕。

纲 闰月,命京官五品以上更宿中书内省。

目 上谓太子少师萧瑀曰:“朕少得良弓十数,自谓无以加,近以示弓工,乃曰‘皆非良材。木心不正则脉理皆邪,弓虽劲而发矢不直’。朕以弓矢定四方,识之犹未能尽,况天下之务乎!”乃命京官五品以上更宿中书内省,数延见,问民疾苦,政事得失。

纲 夏六月,封德彝卒。

目 初,上令封德彝举贤,久无所举。上诘之,对曰:“非不尽心,但于今未有奇才耳。”上曰:“君子用人如器,各取所长;古之致治者岂借才于异代哉!正患己不能知,安可诬一世之人。”德彝惭而退。

纲 以萧瑀为左仆射。

目 上与侍臣论周、秦修短，萧瑀对曰："纣为不道，武王征之。周及六国无罪，始皇灭之。得天下虽同，立心则异。"上曰："公知其一，未知其二。周得天下，增修仁义；秦得天下，益尚诈力；此修短之所以殊也。盖取之或可以逆，而守之不可以不顺故也。"瑀谢不及。

纲 山东旱，诏所在赈恤，蠲其租赋。

纲 秋七月，以长孙无忌为右仆射。

目 无忌与上为布衣交，加以外戚，有安命功，上委以腹心，欲相者数矣。皇后固请曰："妾备位椒房，贵宠极矣，诚不愿兄弟执国政。吕、霍、上官，可为切骨之戒！"上不听，卒用之。

纲 九月，宇文士及罢。御史大夫杜淹参预朝政。

纲 冬十月，岭南酋长冯盎遣子入朝。

目 初，盎与诸酋长迭相攻击，诸州皆奏盎反。上欲发兵讨之，魏徵谏曰："岭南瘴疠险远，不可以宿大兵。且告者已数年，而盎兵未尝出境，此不反明矣。若遣信臣示以至诚，可不烦兵而服。"上乃遣使谕之，盎遣其子智戴随使者入朝。上曰："魏徵一言，胜十万之师，不可不赏。"乃赐绢五百匹。

纲 十二月，诏殿中侍御史崔仁师按狱青州。

目 青州有谋反者，逮捕满狱，诏崔仁师等覆按之。仁师至，悉去杻械，与饮食汤沐，止坐其魁首十余人。孙伏伽谓仁师曰："足下平反者多，恐人情贪生，见其徒侣得免，未肯甘心耳。"仁师曰："凡治狱当以仁恕为本，岂可自规免罪，知其冤而不为伸邪！万一误有所纵，以一身易十囚之死，亦所愿也。"及敕使至，更讯诸囚，皆曰："崔公平恕，无枉，请速就死。"无一人异辞者。

纲 以孙伏伽为谏议大夫。

目 上好骑射，孙伏伽谏，以为："天子居则九门，行则警跸，非欲苟自尊严，乃为社稷生民之计也。夫走马射的，乃少年诸王所为，非今日天子事业也。既非所以安养圣躬，又非所以仪刑后世，臣窃为陛下不取。"上悦。以伏伽为谏议大夫。

上神采英毅，群臣进见，皆失举措。上知之，每假以辞色。尝谓公卿曰："人欲自见其形，必资明镜，君欲自知其过，必待忠臣。苟其君愎谏自贤，其臣阿谀顺旨，君既失国，臣岂能独全！如隋炀帝、虞世基者，亦足以观矣。公辈宜用此为戒，事有得失，无惜尽言也。”

纲 令吏部四时选集，并省吏员。

目 隋世选人，十一月集，至春而罢，人患其期促。至是，吏部侍郎刘林甫奏“四时听选，随阙注拟”，人以为便。唐初，士大夫以乱离之后，不乐仕进，官员不充，州府多以赤牒补官。至是，皆勒赴省选，集者七千余人，林甫随才铨叙，各得其所，时人称之。上谓房玄龄曰：“官在得人，不在员多。”遂并省之，留文武总六百四十三员。

纲 征隋秘书监刘子翼，不至。

目 子翼有学行，性刚直，朋友有过，常面责之。李百药常称：“刘四虽复骂人，人终不恨。”是岁，有诏征之；辞以母老，不至。

纲 以李乾祐为侍御史。

目 鄃令裴仁轨私役门夫，上怒，欲斩之，殿中侍御史李乾祐谏曰：“法者，陛下所与天下共也。今仁轨坐轻罪而抵极刑，臣恐人无所措手足矣！”上悦，从之。以乾祐为侍御史。

上尝语及关中、山东人，意有同异。殿中侍御史张行成曰：“天子以四海为家，令有东、西之异，示人以隘。”上善其言，厚赐之。

纲 鸿胪卿郑元琦还自突厥。

目 初，突厥既强，敕勒诸部分散，有薛延陁、回纥、都播、骨利干、多滥葛、同罗、仆固、拔野古、思结、浑、斛薛、奚结、阿跌、契苾、白霫等十五部，皆居碛北。颉利政乱，薛延陁、回纥等叛之，颉利不能制。会大雪，羊马多死，民大饥，鸿胪卿郑元琦使还，言于上曰：“戎狄兴衰，专以羊马为候。今突厥民饥畜瘦，将亡之兆也。”群臣多劝上乘间击之，上曰：“背盟不信，利灾不仁，乘危不武。纵其种落尽叛，六畜无余，朕终不击，必待有罪，然后讨之。”

纲鉴易知录卷四三

唐纪

太宗文武皇帝

纲　戊子，二年，春正月，长孙无忌罢。

纲　三月，诏自今大辟，并令两省、四品及尚书议之。

目　大理进每月囚帐；上命自今大辟，皆令中书、门下四品已上及尚书议之，庶无冤滥。既而引囚至岐州刺史郑善果，上曰："善果官品不卑，岂可使与诸囚为伍。自今三品以上犯罪，听于朝堂俟进止。"

纲　关内旱饥，赦天下。

目　关内旱饥，民多卖子；诏出御府金帛赎以还之。上尝谓侍臣曰："古语有之：'赦者，小人之幸，君子之不幸；一岁再赦，善人喑恶。'夫养稂莠者害嘉谷，赦有罪者贼良民。故朕即位以来，不欲数赦，恐小人恃之，轻犯宪章故也。"至是，以连年水、旱赦天下，且曰："使年丰谷稔，天下乂安，移灾朕身，是所愿也。"所在有雨，民大悦。

纲　夏四月，突厥突利可汗请入朝。

目　初，突厥颉利可汗以薛延陁、回纥等叛，遣突利讨之。败还，拘而挞之，突利由是怨，表请入朝。上谓侍臣曰："向者突厥方强，凭陵中夏，用是骄恣以失其民。今困穷如是！朕闻之，且喜且惧。何则？突厥衰则边境安，故喜。然朕或失道，亦将如此！卿曹不惜苦谏，以辅不逮。"

纲　六月，祖孝孙奏唐雅乐。

目　初，上皇命祖孝孙定雅乐，孝孙以为梁、陈之音多吴、楚，周、齐之音多胡、夷，于是考古声，作唐雅乐。至是，奏之。上曰："礼乐者，圣人缘物以设教，治之隆替，岂由于此？"杜淹曰："齐之将亡，作伴侣曲，陈之将亡，作玉树后庭花，其声哀思，闻者悲泣，岂可谓治不在乐乎！"上曰："悲喜在心，非由乐也。将亡之政，民必愁苦，故闻乐而悲耳。今二曲具存,为公奏之,公岂悲乎?"魏徵曰:"乐在人和,不在声音也。"

纲 畿内蝗。

目 上入苑中,见蝗,掇数枚,祝之曰:"民以谷为命,而汝食之,宁食吾之肺肠。"欲吞之,左右谏曰:"恶物或成疾。"上曰:"朕为民受灾,何疾之避!"遂吞之。是岁,蝗不为灾。

纲 秋九月,诏非大瑞不得表闻。

目 上曰:"比见群臣屡上祥瑞,夫家给人足而无瑞,不害为尧、舜;百姓愁怨而多瑞,不害为桀、纣。后魏之世,吏焚连理木,煮白雉而食之,岂足为至治乎!"乃诏:"自今大瑞听表闻,余申所司而已。"尝有白鹊巢于寝殿槐上,合欢如腰鼓,左右称贺。上曰:"我常笑隋炀帝好祥瑞。瑞在得贤,此何足贺!"命毁其巢。

纲 出宫女三千余人。

目 天少雨,中书舍人李百药言:"往年虽出宫人,无用者尚多,阴气郁积,亦足致旱。"上命简出之,前后三千余人。

纲 冬十月,杀瀛州刺史卢祖尚。

目 上以卢祖尚廉平公直,欲遣镇抚交阯。祖尚既谢而复悔之,以疾辞。上遣杜如晦等谕旨,祖尚固辞。上大怒曰:"我使人不行,何以为政!"命斩于朝堂,寻悔之。他日,与侍臣论齐文宣帝之为人,魏徵对曰:"文宣狂暴,然人与之争,事理屈则从之。有青州长史魏恺使梁还,除光州长史,不肯行,文宣怒而责之。恺曰:'臣先任大州,有劳无过,更得小州,所以不行。'文宣赦之。此其所长也。"上曰:"然。向者卢祖尚虽失人臣之义,朕杀之亦为太暴,由此言之,不如文宣矣!"命复其官荫。

徵容貌不逾中人,而有胆略,善回人主意;每犯颜苦谏,或上怒甚,亦为之霁威。上尝得佳鹞,自臂之,望见徵来,匿怀中;徵奏事故久,鹞竟死怀中。

纲 十一月,以王珪为侍中。

目 故事:军国大事,则中书舍人各执所见,杂署其名,谓之"五花判事"。中书侍郎、中书令省审之,给事中、黄门侍郎驳正之。至是,上谓珪曰:"国家本置中书、门下以相检察,正以人心所见,互有不同;苟论杂往来,务求至当;舍己从人,亦复何伤?比来或护己短,遂成怨隙；或避私怨，知非不正，顺一人之颜情，为兆民之深怨。此乃亡国之政，炀帝之世是也。卿曹各当徇公忘私，勿雷同也。”后又谓侍臣曰：“中书、门下，机要之司，诏敕有不便者，皆应论执。比来惟睹顺从，不闻违异。若但行文书，则谁不可为，何必择才也！”房玄龄等皆顿首谢。

上又尝谓珪曰：“开皇中旱，隋文帝不许赈给，而令百姓就食山东。比至末年，天下储积可供五十年，炀帝恃之，卒亡天下。但使仓庾之积足以备凶年，其余何用哉！”

上尝问珪曰：“近世治不及古，何也？”对曰：“汉世尚经术，宰相多用儒士，故风俗淳厚，近世重文轻儒，参以法律，此治化之所以益衰也。”上然之。

上闲居与珪语，有美人侍侧，指示珪曰：“此庐江王瑗之姬也，瑗杀其夫纳之。”珪避席曰：“陛下以庐江纳之为是邪，非邪？”上曰：“杀人而取其妻，卿何问是非！”对曰：“昔齐桓公知郭公之所以亡，由善善而不能用，然弃其所言之人，管仲以为无异于郭公。今此美人尚在左右，臣以为圣心是之也。”上悦，即出之。

纲 诏举堪县令者。

目 上曰：“为朕养民者，惟在都督、刺史，朕常疏其名于屏风，坐卧观之，得其在官善恶之迹，皆注于名下，以备黜陟。县令尤为亲民，不可不择。”乃命五品以上各举堪为县令者，以名闻。

纲 诏自今奴告主者斩之。

目 上曰：“比有奴告主反者。夫谋反不能独为，何患不发，何必使奴告之邪！自今奴告主勿受，仍斩之。”

纲 己丑，三年，春正月，耕藉东郊。

纲 二月，以房玄龄、杜如晦为仆射，魏徵守秘书监，参预朝政。

目 上谓玄龄、如晦曰：“公为仆射，当广求贤人，随才授任。比闻听讼，日不暇给，安能助朕求贤乎！”因敕“尚书细务属左右丞，惟大事当奏者，乃关仆射。”

上又尝谓玄龄等曰：“为政莫若至公。昔诸葛亮窜廖立、李严于南夷，亮卒，而二人哭泣有死者，非至公能如是乎！又高颎相隋，公平识治体，隋之兴亡，系颎存没。朕慕前世之明君，卿等不可不法前世之贤相也。”

玄龄明达史事，辅以文学，夙夜尽心，惟恐一物失所。用法宽平，闻人有善若己有之，不以求备取人，不以己长格物。与如晦引拔士类，常如不及。上每与玄龄谋事，必曰："非如晦不能决。"及如晦至，卒用玄龄之策。盖玄龄善谋，如晦能断也。二人同心徇国，故唐世称贤相推房、杜焉。

玄龄监修国史，上语之曰："汉书载子虚、上林赋，浮华无用。其上书论事，词理切直者，朕从与不从，皆载之。"

或告魏徵私其亲戚，上使御史大夫温彦博按之，无状。上以徵不避嫌疑，让之曰："自今宜存形迹。"徵曰："君臣同体，宜相与尽诚，若但存形迹，则国之兴丧未可知也。臣不敢奉诏。"上曰："吾已悔之。"徵再拜曰："臣幸得奉事，愿使臣为良臣，勿使臣为忠臣。"上曰："忠、良有异乎？"对曰："稷、契、皋陶，君臣协心，俱享尊荣，所谓良臣；龙逢、比干，面折廷争，身诛国亡，所谓忠臣。"上悦。

上问魏徵曰："人主何为而明，何为而暗？"对曰："兼听则明，偏信则暗。昔尧清问下民，舜明目达聪，故共、鲧、驩、苗不能蔽也。秦二世偏信赵高，以成望夷之祸；梁武帝偏信朱异，以取台城之辱；隋炀帝偏信虞世基，以致彭城阁之变。是故人君兼听广纳，则贵臣不得壅蔽，而下情得以上通也。"上曰："善。"

上谓魏徵曰："齐后主、周天元皆重敛百姓，厚自奉养，力竭而亡；譬如馋人自啖其肉，肉尽而毙，何其愚也！然二主孰为最劣？"对曰："齐后主懦弱，政出多门，周天元骄暴，威福在己，虽同为亡国，齐主尤劣也。"

上谓侍臣曰："人言天子至尊，无所畏惮。朕则不然，上畏皇天之鉴临，下惮群臣之瞻仰，兢兢业业，犹恐不合天意，未副人望。"魏徵曰："此诚致治之要，愿陛下谨终如始，则善矣。"

房玄龄、王珪掌内外官考，侍御史权万纪奏其不平，上命推之。魏徵谏曰："二人素以忠直被委任，所考既多，其间能无一二不当！然察其情，终非阿私。且万纪比在考堂，曾无驳正；及身不得考，乃始陈论。此非竭诚徇国也。今推之，未足裨益朝廷，徒失委任大臣之意，臣所爱者治体，非敢私二臣也。"上乃释不问。

纲　夏四月，上皇徙居大安宫。

纲　六月，以马周为监察御史。

目 在平人马周，客游长安，舍于中郎将常何之家。会以旱求言，何武人不学，周代之陈便宜二十余条。上怪问之，何对曰："此臣家客马周为臣具草耳。"上即召见，与语，甚悦，除监察御史。以何为知人，赐绢三百匹。

纲 冬十一月，以荀悦汉纪赐凉州都督李大亮。

目 上遣使至凉州，都督李大亮有佳鹰，使者讽使献之，大亮密表曰："陛下久绝畋游而使者求鹰。若陛下之意，深乖昔旨；如其自擅，乃是使非其人。"上悦，手诏褒美，赐以荀悦汉纪。

纲 以李靖为定襄道行军总管，统诸军讨突厥。

目 代州都督张公瑾上言突厥可取之状，上以颉利既请和亲，复援梁师都，命李靖为行军总管讨之，以公瑾为副。拔野古、仆骨等酋长并率众来降，于是复以李世勣、柴绍、薛万彻为诸道总管，众合十余万，皆受靖节度，分道出击突厥。

纲 十二月，突厥突利可汗入朝。

目 上曰："往者太上皇以百姓之故，称臣于突厥，朕常痛心焉。今单于稽颡，庶几可雪前耻矣。昔人谓御戎无上策，朕今治安中国，而四夷自服，岂非上策乎！"

纲 闰月，蛮酋谢元深等来朝。

目 时远方诸国来朝贡者甚众，服装诡异，中书侍郎颜师古请作王会图以示后，从之。

纲 濮州刺史庞相寿有罪，免。

目 相寿坐赃免，上以其秦府旧人，复其官。魏徵曰："秦府左右甚多，若人人皆恃恩私，则为善者惧矣！"上悦，谓相寿曰："我昔为一府主；今为天下主，不得独私故人。"赐帛遣之。相寿流涕而去。

纲 庚寅，四年，春二月，李靖袭破突厥于阴山，颉利可汗遁走。

纲 以温彦博为中书令，戴胄参预朝政，萧瑀参议朝政。

纲 三月，四夷君长诣阙请帝为天可汗，许之。

目 四夷君长诣阙请上为天可汗，上曰："我为大唐天子，又下行可汗事乎！"群臣及四夷皆称万岁。是后以玺书赐西北君长，皆称天可汗。

纲 蔡公杜如晦卒。

目　如晦疾笃，上遣太子问疾，又自临视之。及卒，上语及，必流涕，谓房玄龄曰："公与如晦同佐朕，今独见公，不见如晦矣！"

纲　夏四月，行军副总管张宝相擒突厥颉利可汗以献。

目　颉利败走，往依沙钵罗设苏尼失部落。任城王道宗引兵逼之，使苏尼失执颉利，行军副总管张宝相取之以献，苏尼失举众来降，漠南遂空。上御楼受俘，馆之太仆。上皇闻之，叹曰："汉高祖困白登不能报；今我子能灭突厥，吾付托得人，复何忧哉！"

突厥既亡，其部落或北附薛延陁，或西奔西域，其降唐者尚十万口，诏群臣议区处之宜。朝士多言："戎狄自古为中国患，今幸破亡，宜悉徙之河南兖、豫之间，分其种落，散居州县，教之耕织，可以化为农民。"颜师古请"寘之河北，分立酋长，领其部落"。李百药以为："突厥虽云一国，然种类区分，各有酋帅。宜因其离散，各署君长，使不相臣属，则国分势敌，不能抗衡中国矣！仍于定襄置都护府，为其节度，此安边之长策也。"温彦博请"准汉建武故事，置于塞下，顺其土俗，以实空虚之地，使为中国扞蔽"。魏徵以为："戎狄，弱则请服，强则叛乱，若留之中国，数年之后，蕃滋倍多，必为腹心之疾。西晋之乱，前事之明鉴也！宜纵之使还故土便。"彦博曰："王者之于万物，天覆地载，靡有所遗。今突厥以穷来归，奈何弃之！若救其死亡，授以生业，数年之后，悉为吾民。选其酋长，使入宿卫，畏威怀德，何后患之有！"上卒用彦博策，处突厥降众，东自幽州，西至灵州；分突利故地为四州；又分颉利之地为六州，左置定襄、右置云中二都督府以统其众。以突利为顺州都督。初，颉利族人思摩，无宠于颉利。颉利之亡，亲近者皆离散，独思摩不去，竟与俱擒。上以颉利为右卫大将军，苏尼失、思摩皆封郡王，其余拜官有差，五品以上百余人，因而入居长安者近万家。

纲　林邑遣使入贡。

目　林邑献火珠，有司以其表辞不顺，请讨之，上曰："好战者亡，如炀帝、颉利皆所亲见也。小国胜之不武，况未可必乎！"

纲　六月，修洛阳宫。

目　给事中张玄素上书曰："洛阳未有巡幸之期而预修宫室，非今日之急务也。且陛下初平洛阳，凡隋氏宫室之宏侈者皆令毁之，曾未十年，复加营缮，何前日恶之而今日效之也！且以今日财力，何如隋世？陛下役疮痍之人，袭亡隋之弊，恐又甚于炀帝矣！”上叹曰：“吾思之不熟，乃至于是！”顾谓房玄龄曰：“玄素所言有理，可即罢之。后以事至洛阳，虽露居亦无伤也。”

纲 秋七月，敕百司：“诏敕未便者皆执奏。”

目 上问房玄龄、萧瑀曰：“隋文帝何如主也？”对曰：“文帝勤于为治，临朝或至日昃，五品以上，引坐论事，卫士传餐而食；虽性非仁厚，亦励精之主也。”上曰：“公得其一，未知其二。文帝不明而喜察；不明则照有不通，喜察则多疑于物，事皆自决，不任群臣。一日万机，岂能一一中理！群臣既知主意，则惟取决受成，虽有愆违，莫敢谏诤，此所以二世而亡也。朕则不然。择天下贤才，置之百官，使思天下之事，关由宰相，审熟便安，然后奏闻。有功则赏，有罪则刑，谁敢不竭心力以修职业，何忧天下之不治乎！”因敕有司：“自今诏敕未便者，皆应执奏，毋得阿从，不尽己意。”

纲 以李纲为太子少师，萧瑀为太子少傅。

纲 以李大亮为西北道安抚大使。

目 西突厥种落散在伊吾，诏以李大亮为安抚大使，贮粮碛口，以赈之。大亮言：“欲怀远者必先安近，中国如本根，四夷如枝叶，疲中国以奉四夷，犹拔本根以益枝叶也。今招致西突厥，但有劳费，未见有益。况河西州县萧条，不堪供亿，不如罢之。其或自立君长，求内属者羁縻受之，使居塞外，为中国藩蔽，此乃施虚惠而收实利也。”上从之。

纲 以李靖为右仆射。

目 靖性沉厚，每与时宰参议，恂恂似不能言。

纲 冬十一月，除鞭背刑。

目 上读明堂针灸书，云“人五脏之系，皆附于背”，故有是命。

纲 大有年。

目 上之初即位也，尝与群臣语及教化，上曰：“今承大乱之后，恐斯民未易化也。”魏徵对曰：“不然。久安之民骄佚，骄佚则难教；经乱之民愁苦，愁苦则易化。譬犹饥者易为食，渴者易为饮也。”上深然之。封德彝曰：“三代以还，人渐浇讹，故秦任法律，汉杂霸道，盖欲化而不能，岂能之而不欲邪！魏徵书生，未识时务，信其虚论，必败国家。”徵曰：“五帝、三王不易民而化，汤、武皆承大乱之后，身致太平；若谓古人淳朴，渐致浇讹，则至于今日，当悉化为鬼魅矣，人主安得而治之!”上卒从徵言。

元年,关中饥,米斗直绢一匹;二年,天下蝗;三年,大水。上勤而抚之,民虽东西就食,未尝嗟怨。是岁,天下大稔,流散者咸归乡里,米斗不过三、四钱,终岁断死刑才二十九人。东至于海,南及五岭,皆外户不闭,行旅不赍粮,取给于道路焉。

帝谓长孙无忌曰:“贞观之初,议者皆云:‘人主当独运威权,不可委之臣下。’又云:‘宜震耀威武,征讨四夷。’惟魏徵劝朕‘偃武修文,中国既安,四夷自服’。朕用其言,今颉利成擒,其酋长并带刀宿卫,皆袭衣冠,徵之力也,但恨不使封德彝见之耳!”徵再拜谢曰:“此皆陛下威德,臣何力之有焉!”帝曰:“朕能任公,公能称朕所任,则其功岂独在朕乎!”

上谓侍臣曰:“朕有二喜一惧:比年丰稔,斗粟三钱,一喜也;北虏久服,边鄙无虞,二喜也;治安则骄侈易生,骄侈则危亡立至,此一惧也。”

房玄龄奏:“阅府库甲兵,远胜隋世。”上曰:“甲兵武备,诚不可阙;然炀帝甲兵岂不足邪!卒亡天下。若公等尽力,使百姓乂安,此乃朕之甲兵也。”

纲 辛卯,五年,秋八月,杀大理丞张蕴古。

目 河内人李好德有心疾,为妖言,大理丞张蕴古按之。奏:“好德实被疾,不当坐。”治书侍御史权万纪劾奏:“蕴古相州人,而好德兄厚德为其刺史,故蕴古阿意纵之。”上怒,斩之。既而悔之,因诏:“自今有死罪,虽令即决,仍三复奏乃行刑。”

纲 九月,修洛阳宫。

目 上欲修洛阳宫,民部尚书戴胄表谏,以“乱离甫尔,百姓凋弊,营造不已,劳费难堪!”上甚嘉之。既而竟命将作大匠窦琎修之。琎凿池筑山,雕饰华靡;上怒,遽命毁之,免琎官。

纲 冬十月,诏议封建。

目 初,上问公卿以享国久长之策,萧瑀对曰:“三代封建而长久,秦孤立而速亡。”上以为然,令群臣议之。魏徵以为:“京畿税少,多资畿外,若尽以封建,经费顿阙。又燕、秦、赵、代俱带外夷,若有警急,追兵内地,难以奔赴。”李百药以为:“勋戚子孙皆有民社,易世之后,将骄淫自恣,攻战相残,害民尤深,不若守令之迭居也。”颜师古以为:“不若分王宗子，勿令过大，间以州县，杂错而居，互相维持，足扶京室；为置官僚，皆省司选用，法令之外，不得擅作威刑，朝贡礼仪，具为条式。一定此制，万代无虞。”于是诏：“宗室勋贤，宜令作镇藩部，贻厥子孙；所司明为条例，定等级以闻。”

纲 十二月，制自今决死刑者皆覆奏；决日，彻乐减膳。

目 上谓侍臣曰：“朕以死刑至重，故令三覆，盖欲思之详熟也。而有司须臾之间，三覆已讫。又断狱者，惟据律文，虽情在可矜，而不敢违法，其间岂能尽无冤乎！古者刑人，君为之彻乐减膳。朕庭无常设之乐，然常为之不啖酒肉，但未有著令耳。”于是制：“决死囚者，二日中五覆奏，下诸州者三覆奏；行刑之日，尚食勿进酒肉，内教坊及太常不举乐。皆令门下覆视。有据法当死而情可矜者，录状以闻。”由是全活甚众。

上尝谓执政曰：“朕常恐因喜怒妄行赏罚，故欲公等极谏。公等亦宜受人谏，不可以己之所欲，恶人违之。苟自不能受谏，安能谏人。”

纲 康国求内附。

目 康国求内附。上曰：“前代帝王，好招来绝域，以求服远之名，无益于用而糜弊百姓。今康国内附，倘有急难，于义不得不救。师行万里，岂不疲劳！劳百姓以取虚名，朕不为也。”遂不受。

上谓侍臣曰：“治国如治病，病虽愈，尤宜将护，倘遽自放纵，病复作，则不可救矣。今中国幸安，四夷俱服，诚自古所稀，然朕日慎一日，惟惧不终，故欲数闻卿辈谏争也。”魏徵曰：“内外治安，臣不以为喜，惟喜陛下居安思危耳。”

纲 壬辰，六年，春正月朔，日食。

纲 群臣请封禅，不许。

目 初，群臣表请，上曰：“卿等皆以封禅为帝王盛事，朕意不然。若天下乂安，家给人足，虽不封禅，庸何伤乎！昔秦始皇封禅，而汉文帝不封禅，后世岂以文帝不及始皇邪！且事天扫地而祭，何必登泰山之巅，封数尺之土，然后可以展其诚敬乎！”群臣请不已，上亦欲从之，魏徵独以为不可。上曰：“公不欲朕封禅者，以功未高邪？德未厚邪？中国未安邪？四夷未服邪？年谷未丰邪？符瑞未至邪？“对曰：“今虽有此六者，然户口未复，仓廪尚虚，车驾东巡，供顿劳费。又伊、洛以东，灌莽极目，而远夷君长皆当扈从；此乃引戎狄入腹中，而示之以虚弱也。况赏赉不赀，未厌远人之望；给复连年，不偿百姓之劳；崇虚名而受实害，陛下将焉用之！”会河南、北数州大水，事遂寝。明年群臣复以为请，上喻以旧有气疾，恐登高增剧，乃止。

纲 三月，如九成宫。

目 上幸九成宫避暑，监察御史马周上疏曰：“大安宫在城西，制度卑小，而车驾独为避暑之行；是太上皇留暑中，而陛下居凉处也，温凊之礼，臣窃有所未安焉。且太上皇春秋已高，陛下宜朝夕视膳。今九成宫去京师三百余里，太上皇或时思念陛下，陛下何以赴之？然今行计已成，不可复止，愿速示返期，以解众惑。仍亟增修大安，以称中外之望。”

纲 以长乐公主嫁长孙冲。

目 长乐公主将出，降敕有司资送倍于永嘉长公主。魏徵谏曰：“昔汉明帝欲封皇子，曰：‘我子岂得与先帝子比！’皆令半楚、淮阳。今奈何资送公主反倍于长主乎！”上入告皇后。后叹曰：“妾数闻陛下称重魏徵，不知其故，今观其引礼义以抑人主之私情，乃知真社稷之臣也！”

上尝罢朝，怒曰：“会须杀此田舍翁。”后问为谁，上曰：“魏徵每庭辱我。”后退，具朝服，曰：“妾闻主明臣直；今魏徵直，由陛下之明故也，妾敢不贺！”上乃悦。

纲 夏四月，邹公张公谨卒。

目 公谨卒，上出次发哀。有司奏，辰日忌哭。上曰：“君臣犹父子也，情发于哀，安避辰日！”遂哭之。

纲 秋闰七月，宴近臣于丹霄殿。

目 上宴近臣于丹霄殿，长孙无忌曰：“王珪、魏徵，昔日仇雠，不谓今日得同此宴。”上曰：“徵、珪尽心所事，故我用之。然徵每谏，我不从，我与之言辄不应，何也？”魏徵对曰：“臣以事为不可，故谏；若陛下不从而臣应之，则事遂施行，故不敢应。”上曰：“应而复谏，何伤！”对曰：“昔舜戒群臣：‘尔无面从，退有后言。’臣心知其非而口应陛下，乃面从也，岂稷、契事舜之意邪！”上大笑曰：“人言魏徵举止疏慢，我视之更觉妩媚，正为此耳！”徵起，拜谢曰：“陛下开臣使言，故臣得尽其愚；若陛下拒而不受，臣何敢数犯颜色乎！”

上谓王珪曰：“玄龄以下，卿宜悉加品藻，且自谓与数子何如？”曰：

“孜孜奉国，知无不为，臣不如玄龄。才兼文武，出将入相，臣不如李靖。敷奏详明，出纳唯允，臣不如彦博。处繁治剧，众务毕举，臣不如戴胄。耻君不及尧、舜，以谏诤为己任，臣不如魏徵。至于激浊扬清，嫉恶好善，臣于数子，亦有微长。”上深以为然，众亦服其确论。

上指殿屋谓侍臣曰：“治天下如建此屋，营构既成，勿数改易；苟易一榱，正一瓦，践履动摇，必有所损。若慕奇变法度，不恒其德，劳扰实多。”

上曰：“人主惟有一心，而攻之者甚众，或以勇力，或以辩口，或以谄谀，或以奸诈，或以嗜欲，辐凑攻之，各求自售，以取宠禄；人主少懈而受其一，则危亡随之，此其所以难也！”

纲 九月，如庆善宫。

目 庆善宫，上生时故宅也，因宴，赋诗，被之管弦，命曰功成庆善乐，使童子八佾为九功之舞，大宴会，与破阵舞偕奏于庭。同州刺史尉迟敬德与坐者争长，殴任城王道宗目几眇。上不怿而罢，谓敬德曰：“朕欲与卿等共保富贵，然卿居官数犯法，乃知韩、彭菹醢，非高祖之罪也。”敬德由是始惧而自戢。

纲 冬，以陈叔达为礼部尚书。

目 帝谓叔达曰：“卿武德中有谠言，故相报。”对曰：“臣见隋室父子相残以亡，当日之言，非为陛下，乃社稷之计耳！”

纲 癸巳，七年，春正月，宴玄武门，奏七德、九功舞。

目 更名破阵乐曰七德舞。太常卿萧瑀以为：“形容未尽，请并写武周、仁杲、建德、世充擒获之状。”上曰：“彼皆一时英雄，朝臣或尝北面事之，睹其故主屈辱之状，能不伤乎！”瑀谢不及。魏徵欲上偃武修文，每侍宴，见七德舞，辄俯首不视，见九功舞则谛观之。

纲 王珪罢，以魏徵为侍中。

目 上与侍臣论安危之本。温彦博曰：“愿陛下常如贞观初，则善矣。”帝曰：“朕比来怠于为政乎？”魏徵曰：“贞观之初，陛下节俭，求谏不倦。比来营缮微多，谏者颇有忤旨，此其所以异耳！”帝欣然纳之。

上问魏徵曰：“群臣上书可采，及召对，多失次，何也？”对曰：“臣观有司奏事，常数日思之，及至上前，三分不能道一，况谏者拂意触忌，非陛下借之辞色，岂敢尽其情哉！”上由是接群臣，辞色愈温。尝曰：“炀帝多猜忌，对群臣多不语；朕则不然，君臣相亲如一体耳。”

上谓侍臣曰："朕比来决事，或不能皆如律令，公辈以为事小，不复执奏。夫事无不由小以致大，此乃危亡之端也。昔龙逄忠谏而死，朕每痛之。炀帝骄暴而亡，公辈所亲见也。公辈常宜为朕思炀帝之亡，朕常为公辈念龙逄之死，何患君臣不相保乎！"

上谓魏徵曰："为官择人，不可造次。用一君子，则君子皆至；用一小人，则小人竞进。"对曰："然。天下未定，则专取其才，不考其行；丧乱既平，则非才行兼备不可用也。"

纲 造浑天仪。

目 直太史李淳风以灵台候仪，制度疏略，但有赤道，更请造浑天黄道仪。至是奏之。

纲 秋九月，山东四十余州水，遣使赈之。

纲 赦死囚三百九十人。

目 先是上亲录系囚，见应死者，悯之，纵使归家，期以来秋来就死。仍敕天下死囚皆纵遣，使至期来诣京师。至是，皆如期自诣朝堂，上皆赦之。

纲 冬十一月，以长孙无忌为司空。

目 无忌固辞，上曰："吾为官择人，惟才是与。苟不才，虽亲不用；如有才，虽仇不弃。今日之举，非私亲也。"

纲 十二月，帝奉太上皇置酒未央宫。

目 上从上皇宴故汉未央宫。上皇命颉利可汗起舞，冯智戴咏诗，既而笑曰："胡、越一家，古未有也。"帝捧觞上寿，曰："此皆陛下教诲，非臣智力所及。"上皇大悦。

纲 赐太子庶子于志宁、孔颖达等金帛。

目 帝谓志宁曰："朕年十八，犹在民间，民之疾苦情伪，无不知之。及区处世务，犹有差失。况太子生长深宫，百姓艰难，耳目所未涉，能无骄逸乎！卿等不可不极谏！"太子好嬉戏，颇亏礼法，志宁与颖达数直谏，上闻而嘉之，各赐金一斤，帛五百匹。

纲 削工部尚书段纶阶。

目 纶奏征巧匠，上令试之。纶使造傀儡。上曰："求巧工以供国事。今先造戏具，岂百工相戒毋作淫巧之意邪！"乃削纶阶。

纲 甲午，八年，春正月，以李靖等为黜陟大使，分行天下。

目 上欲分遣大臣循行黜陟，未得其人；李靖荐魏徵。上曰：“徵箴规朕失，不可一日离左右。”乃命靖等十三人分行天下，“察长吏贤不肖，问民间疾苦；礼高年，赈穷乏，褒善良，起淹滞，俾使者所至，如朕亲睹。”

纲 秋七月，山东、河南大水。

纲 冬十月，营大明宫。

目 营大明宫以为上皇清暑之所，未成而上皇寝疾，不果居。

纲 以李靖为特进。

目 靖以疾逊位，上曰：“朕嘉公意，欲以公为一代楷模，故不相违。”及拜特进，俟疾小瘳，间三二日至门下、中书平章政事。

纲 吐蕃遣使入贡。

纲 聘郑氏为充华，既而罢之。

目 帝聘郑仁基女为充华，册使将发，魏徵闻其尝许嫁士人陆爽，遽上表谏。帝大惊，自责，命停册使。房玄龄等奏许嫁无显状，爽亦表言初无此议。帝谓徵曰：“群臣或容希合，爽亦自陈，何也？”对曰：“彼以陛下为外虽舍之，或阴加罪谴，故尔。”帝笑曰：“朕之言不能使人必信如此邪！”

纲 以皇甫德参为监察御史。

目 中牟丞皇甫德参上言：“修洛阳宫，劳人；收地租，厚敛；俗好高髻，盖宫中所化。”上怒，谓房玄龄等曰：“德参欲国家不役一人，不收斗租，宫人皆无发，乃可其意邪！”欲罪之。魏徵曰：“言不激切，不能动人主之心，陛下择焉可也。”上曰：“朕罪此人，则谁复敢言者！”乃赐绢二十匹。他日徵奏言：“陛下近日不好直言，虽勉强含容，非曩时之豁如。”上乃更加优赐，拜监察御史。

纲 乙未，九年，夏五月，太上皇崩。冬十月，葬献陵。

纲 十一月，以萧瑀为特进，参预政事。

目 上曰：“武德季年，高祖有废立之心而未定，我不为兄弟所容，实有功高不赏之惧。斯人也，不可以利诱，不可以死胁，真社稷臣也！”因赐瑀诗曰：“疾风知劲草，板荡识诚臣。”

纲 丙申，十年，春二月，以荆王元景等为诸州都督。

目 诸王之藩，上与之别曰：“兄弟之情，岂不欲常共处邪！但以天下之重，不得不尔。诸子尚可复有，兄弟不可复得。”因流涕呜咽不能止。

魏王泰为相州都督，不之官。以上泰好文学，特命于其府别置文学馆，听自引召学士。泰有宠于上，或言诸大臣多轻之。上怒，召诸大臣让之曰：“隋文帝时，大臣皆为诸王所顿踬，我若纵之，岂不能折辱公辈邪！”房玄龄等皆谢。魏徵正色曰：“若纪纲大坏，固所不论；圣明在上，魏王必无顿辱群臣之理。隋文帝骄其诸子，卒皆夷灭，又足法乎！”上悦曰：“朕以私爱忘公义，及闻公言，方知理屈。人主发言何得容易乎！”

王珪尝奏：“三品以上道遇亲王降乘，非礼。”上曰：“卿辈轻我子邪！”魏徵曰：“诸王位次三公，今三品皆九卿、八座，为王降乘，诚非所宜。”上曰：“人命难期，万一太子不幸，安知诸王不为公辈之主乎！”对曰：“自周以来，皆子孙相继；不立兄弟，所以绝庶孽之窥窬，塞祸乱之源本，此为国者所深戒也！”上乃从珪奏。

纲　夏六月，皇后长孙氏崩。

目　后性仁孝俭素，好读书，常与上从容商略古事，因而献替，裨益弘多。抚视庶孽，逾于所生。妃嫔以下，无不爱戴。训诸子，常以谦俭为先，太子乳母以东宫器用少，请奏益之。后不许，曰：“太子患德不立，名不扬，何患无器用邪！”后得疾，太子请奏赦罪人，度人入道。后曰：“死生有命，非智力所移。赦者国之大事，不可数下。道、释异端之教，蠹国病民，皆上素所不为，奈何以吾一妇人使上为所不为乎！”

及疾笃，与上诀，时房玄龄以谴归第，后曰：“玄龄事陛下久，小心慎密，苟无大故，不可弃也。妾之本宗，因缘葭莩以致禄位，既非德举，易致颠危，欲保全之，慎勿处之权要。妾生无益于人，愿勿以丘垄劳费天下，但因山为坟，器用瓦木可也。更愿陛下亲君子，远小人，纳忠谏，屏谗慝，省作役，止游畋，则妾死不恨矣！”后尝采自古妇人得失事为女则三十卷。至是，宫司奏之，上览之悲恸，以示近臣曰：“皇后此书，足以垂范百世。朕非不知天命而为无益之悲，但入宫不复闻规谏之言，失一良佐，故不能忘怀耳！”乃召玄龄使复其位。

纲　秋，禁上书告讦者。

目　上谓群臣曰：“朕开直言之路，以利国也，而比来上封事者多讦人细事，自今复有为是者，朕当以谗人罪之。”

纲 冬十一月，葬文德皇后。

目 帝为文刻石，称皇后节俭，遗言薄葬，不藏金玉，当使子孙奉以为法。帝念后不已，于苑中作层观以望昭陵。尝引魏徵同登，使视之。徵熟视之曰："臣昏眊不能见。"上指示之，徵曰："臣以为陛下望献陵，若昭陵，则臣固见之矣。"上泣，为毁观。

纲 十二月，朱俱波、甘棠遣使入贡。

目 朱俱波在葱岭之北，去瓜州三千八百里。甘棠在大海南。上曰："中国既安，四夷自服，然朕不能无惧。昔秦始皇威振胡、越，二世而亡，惟诸公匡其不逮耳。"

纲 黜治书侍御史权万纪。

目 万纪上言："宣、饶银大发，采之岁可得数百万缗。"上曰："朕贵为天子，所乏者非财也，但恨无嘉言可以利民耳。与其得数百万缗，何如得一贤才！卿未尝进一贤才，而专言银利。昔尧、舜抵璧于山，投珠于谷；汉之桓、灵乃聚钱为私藏。卿欲以桓、灵俟我邪！"是日，黜万纪，使还家。

纲 更命统军、别将为折冲、果毅都尉。

目 凡十道，置府六百三十四，而关内二百六十一，皆隶诸卫，及东宫、六率。凡上府兵千二百人，中府千人，下府八百人。三百人为团，团有校尉；五十人为队，队有正；十人为火，火有长。每人兵甲粮装各有数，输之库，征行给之。二十为兵，六十而免。能骑射者为越骑，其余为步兵。每岁季冬，折冲都尉帅以教战，当给马者官予直。当宿卫者番上，兵部以远近给番，远疏、近数，皆一月而更。

纲鉴易知录卷四四

唐纪

太宗文武皇帝

纲 丁酉，十一年，春正月，作飞山宫。

纲 定律令。

目 房玄龄等先受诏定律令，凡定律五百条，立刑名二十等，比隋律减大辟九十二条，减流入徒者七十一条；凡削烦去蠹，变重为轻者，不可胜纪。又定令一千五百九十余条。

旧制释奠于太学，以周公为先圣，孔子配飨；玄龄等以孔子为先圣，颜回配飨。

自张蕴古之死，法官以出罪为戒；时有失入者，又不加罪。上尝问大理卿刘德威曰："近日刑网稍密，何也？"对曰："此在主上，不在群臣。律文，失入减三等，失出减五等。今乃失入无辜，失出获罪，是以吏各自免，竞就深文，陛下倘一断以律，则此风立变矣。"上悦，从之。由是断狱平允。上又尝曰："法令不可数变，数变则烦，官长不能尽记，吏得为奸。自今变法，宜详慎之。"

纲 二月，幸洛阳宫。

目 上至显仁宫，官吏以阙储偫，被谴。魏徵谏曰："陛下以储偫谴官吏，臣恐承风相扇，异日民不聊生，殆非行幸之本意也。昔炀帝讽郡县献食，视其丰俭以为赏罚，故海内叛之。此陛下所亲见，奈何欲效之乎！"上惊曰："非公不闻此言。"因谓长孙无忌等曰："朕昔过此，买饭而食，僦舍而宿；今供顿如此，岂得犹嫌不足乎！"至洛阳宫西苑，泛积翠池，顾谓侍臣曰："炀帝作此宫苑，结怨于民，今悉为我有，正由宇文述、虞世基之徒内为谄谀，外蔽聪明故也，可不戒哉！"

纲 三月，以王珪为魏王泰师。

目 上谓泰曰："汝事珪，当如事我。"泰见珪，辄先拜，珪亦以师道自居。

纲 以南平公主嫁王敬直。

目 敬直，珪之子也。先是，公主下嫁，皆不以妇礼事舅姑，珪曰："主上钦明，动循礼法，吾受公主谒见，岂为身荣，所以成国家之美耳。"乃与其妻就席坐，令公主执笲，行盥馈之礼。是后公主始行妇礼。

纲 诏议封禅礼。

目 秘书监颜师古等议其礼，房玄龄裁定之。

纲 秋七月，谷、洛溢，诏百官极言过失。

目 大雨，谷、洛溢、入洛阳宫，坏官寺、民居，溺死者六千余人。诏："水所毁宫，少加修缮，才令可居。废明德宫玄圃院，以其材给遭水者。令百官上封事，极言朕过。"

侍御史马周上疏，以为："三代及汉，历年多者八百，少者不减四百，良以恩结人心，人不能忘故也。自是以降，多者六十年，少者才二十余年，皆无恩于人，本根不固故也。今之户口不及隋之什一，而给役者兄去弟还，道路相继；营缮不休，器服华侈。陛下少居民间，知民疾苦，尚复如此，况皇太子生长深宫，不更外事，万岁之后，固圣虑所当忧也。臣观自古百姓愁怨，国未有不亡者。人主当修之于可修之时，不可悔之于既失之后。贞观之初，天下饥歉，斗米直匹绢，而百姓不怨者，知陛下忧念不忘故也。今比年丰穰，匹绢得粟十余斛，而百姓怨咨者，知陛下不复念之，多营不急之务故也。自古以来，国之兴亡，不以蓄积多少，在于百姓苦乐。且以近事验之，隋贮洛口仓而李密因之，东都积布帛而世充资之，西京府库亦为国家之用，至今未尽。夫蓄积固不可无，要当人有余力，然后收之，不可强敛以资寇敌也。夫俭以息人，贞观之初，陛下所亲行也，岂今日而难之乎！欲为长久之计，但如贞观之初，则天下幸甚。又陛下宠遇诸王过厚，亦不可不深思也。魏武帝爱陈思王，及文帝即位，遂遭囚禁，然则武帝爱之，适所以苦之也。又，百姓所以治安，惟在刺史、县令，今重内官而轻州县，刺史多用武臣，或京官不称职始补外任，边远之处，用人更轻。所以百姓未安，殆由于此。"疏奏，上称善久之，谓侍臣曰："刺史朕当自选，县令宜诏京官五品以上各举一人。"

魏徵上疏曰："人主善始者多，克终者寡，岂取之易而守之难乎？盖以殷忧则竭诚以尽下，安逸则骄恣而轻物；尽下则胡、越同心，轻物则六亲离德，虽震之以威怒，亦皆貌从而心不服故也。人主诚能见可欲则思知足，将兴缮则思知止，处高危则思谦降，临满盈则思抑损，遇逸乐则思撙节，在宴安则思后患，防壅蔽则思延纳，疾谗邪则思正己，行爵赏则思因喜而僭，施刑罚则思因怒而滥，兼是十思，而选贤任能，则可以无为而治矣！”

又曰：“陛下欲善之志不及于昔时，闻过必改少亏于曩日，谴罚积多，威怒微厉，乃知贵不期骄，富不期侈，非虚言也。在昔隋之未乱也，自谓必无乱，其未亡也，自谓必无亡，故赋役无穷，征伐不息，以致祸将及身而尚未之寤也。夫鉴形莫如止水，鉴败莫如亡国。伏愿取鉴于隋，去奢从约，亲忠远佞，以今之无事，行昔之恭俭，则尽善尽美矣。夫取之实难，守之甚易，陛下能得其所难，岂不能保其所易乎！”

又曰：“今立政致治，必委之君子；事有得失，或访之小人。其待君子也敬而疏，遇小人也轻而狎。狎则言无不尽，疏则情不上通。夫中智之人，岂无小慧，然才非经国，虑不及远，虽竭力尽诚，犹未免有败，况内怀奸宄，其祸岂不深乎！夫虽君子不能无小过，苟不害于正道，斯可略矣。陛下诚能慎选君子，以礼信用之，何忧不治！不然，危亡之期，未可保也。”上赐手诏褒美曰：“得公之谏，朕知过矣。当置之几案以比弦、韦。”

纲　冬十月，猎洛阳苑。

目　上猎洛阳苑，有群豕突出，前及马镫；民部尚书唐俭投马搏之，上拔剑斩豕，顾笑曰：“天策长史，不见上将击贼邪，何惧之甚！”对曰：“陛下以神武定四方，岂复逞雄心于一兽！”上悦，为之罢猎。

纲　以武氏为才人。

目　故荆州都督武士彟女，年十四，上闻其美，召入后宫。

纲　戊戌，十二年，春二月，赠隋尧君素蒲州刺史。

目　诏曰：“君素，虽桀犬吠尧，有乖倒戈之志，而疾风劲草，实表岁寒之心；可赠蒲州刺史。”

纲　闰月，帝还宫。

纲　宴五品以上于东宫。

目　上曰：“贞观之前，从朕经营天下，玄龄之功也。贞观以来，绳愆纠谬，魏徵之功也。”皆赐之佩刀。上谓徵曰：“朕政事何如往年？”对曰：“威德所加，比往年则远矣；人心悦服则不逮也。”上曰：“何也？”

对曰："陛下往以未治为忧，故日新；今以既治为安，故不逮。"上曰："今日所为，亦何以异于往年邪？"对曰："陛下初年，恐人不谏，常导之使言，中间悦而从之。今则勉强从之，而犹有难色也。"上曰："其事可得闻欤？"对曰："陛下昔欲杀元律师，孙伏伽以为法不当死，陛下赐以兰陵公主园，直百万。或云'太厚'，陛下云'朕即位以来，未有谏者，故赏之'，此导之使言也。司户柳雄妄诉隋资，陛下欲诛之，纳戴胄之谏而止，是悦而从之也。近皇甫德参上书谏修洛阳宫，陛下恚之，虽以臣言而罢，勉从之也。"上曰："非公不能及此。人苦不自知耳！"

纲 夏五月，永兴公虞世南卒。

目 世南外和柔而内忠直，上尝称世南有五绝：一德行；二忠直；三博学；四文辞；五书翰。世南尝献圣德论，上赐诏曰："卿论朕太高，朕何敢当！然卿适睹其始，未睹其终，若朕能慎终如始，则此论可传；不然，恐徒使后世笑卿也。"

纲 冬十二月，以马周为中书舍人。

目 周有机辨，岑文本常称："马君论事，援引事类，扬榷古今，举要删烦，会文切理，一字不可增减，听之靡靡，令人忘倦。"

纲 以霍王元轨为徐州刺史。

目 元轨好读书，恭谨自守，举措不妄。与处士刘玄平为布衣交。人问玄平王所长，玄平曰："无长。"问者怪之。玄平曰："人有所短，乃见所长，至于霍王，无所短，何以称其长哉！"

纲 己亥，十三年，春正月，加房玄龄太子少师。

目 房玄龄为太子少师。太子欲拜之，玄龄不敢谒见而归，时人美其有让。

玄龄以度支系天下利害，尝有阙，求其人未得，乃自领之。

上尝问侍臣："创业与守成孰难？"玄龄曰："草昧之初，与群雄并起，角力而后臣之，创业难矣！"魏徵曰："自古帝王，莫不得之于艰难，失之于安逸，守成难矣！"上曰："玄龄与吾共取天下，出百死得一生，故知创业之难；徵与吾共安天下，常恐骄奢生于富贵，祸乱生于所忽，故知守成之难。然创业之难既已往矣，守成之难方当与诸公慎之！"玄龄等拜曰："陛下之言及此，四海之福也。"

纲 永宁公王珪卒。

目 珪性宽裕,自奉养甚薄。三品以上当立家庙,珪祭于寝,为法司所劾。上不问,命有司为之立庙以愧之。

纲 二月,以尉迟敬德为鄜州都督。

目 上尝谓敬德曰:“人或言卿反,何也?”对曰:“臣从陛下征伐四方,身经百战,今之存者,皆锋镝之余也。天下已定,乃更疑臣反乎!”因解衣投地,出其瘢痍。上流涕而抚之。上又尝谓敬德曰:“朕欲以女妻卿,何如?”敬德谢曰:“臣妻虽陋,相与共贫贱久矣。臣虽不学,闻古人富不易妻,此非臣所愿也。”乃止。

纲 夏五月,旱。诏五品以上言事。

目 魏徵上疏,言:“陛下志业,比贞观之初,渐不克终者凡十条。”其一,以为“顷年轻用民力。乃云:‘百姓无事则骄佚,劳役则易使。’自古未有因百姓逸而败、劳而安者,此恐非兴邦之言也。”上深奖叹,报云:“已列诸屏障,朝夕瞻仰,仍录付史官。”

纲 冬十一月,以杨师道为中书令,刘洎为黄门侍郎、参知政事。

纲 十二月,太史令傅奕卒。

目 傅奕精究术数之书,而终不之信,遇病,不呼医饵药。有僧自西域来,能咒人使立死,复咒即生。上试之,验,以告奕。奕曰:“此邪术也。臣闻邪不干正,请使咒臣,必不能行。”上命僧咒奕,奕初无所觉,须臾,僧忽僵仆,遂不复苏。又有婆罗门僧,言得佛齿,所击辄碎,长安士女辐凑如市。奕谓其子曰:“吾闻有金刚石者,性至坚,物莫能伤,惟羚羊角能破之,汝往试焉。”其子如言,叩之,应手而碎,观者乃止。奕年八十五卒。临终戒其子,无得学佛书。又集魏、晋以来驳佛教者为高识传十卷,行于世。

纲 以侯君集为交河大总管,将兵击高昌。

纲 庚子,十四年,春二月,诣国子监。

目 上幸国子监,观释奠,命祭酒孔颖达讲孝经,赐诸生帛有差。是时上大征天下名儒为学官,数幸国子监,使之讲论,学生能明一经以上皆得补官。增筑学舍千二百间,增学生满三千二百六十员,自屯营飞骑,亦给博士,使授以经,有能通经者,听得贡举。于是四方学者云集京师,乃至高丽、百济、新罗、高昌、吐蕃诸酋长,亦遣子弟请入国学,升讲筵者至八千余人。上以师说多门,章句繁杂,命颖达与诸儒定五经疏，谓之正义，令学者习之。

纲　夏五月，侯君集灭高昌，以其地为西州。

纲　冬十一月，诏李淳风考定戊寅历。

纲　以太常卿韦挺为封禅使。

目　百官复请封禅，诏许之也。

纲　十二月，以张玄素为银青光禄大夫。

目　上闻玄素在东宫数谏争，擢银青光禄大夫，行左庶子。玄素尝为刑部令史，上尝对朝臣问之，玄素深以为耻。谏议大夫褚遂良上疏，以为："君能礼其臣，乃能尽其力。玄素虽出寒微，陛下重其才，擢至三品，翼赞皇储，岂可复对群臣穷其门户乎！"孙伏伽亦尝为令史，及贵，或于广坐自陈往事，一无所隐。

纲　辛丑，十五年，春正月，以文成公主嫁吐蕃。

纲　夏四月，命太常博士吕才刊定阴阳杂书。

目　上以近世阴阳杂书，讹伪尤多，命太常博士吕才刊定上之；才皆为之叙，质以经史。其叙宅经曰："近世巫觋妄分五姓，如张、王为商，武、庾为羽，似取谐韵；至于以柳为宫，以赵为角，又复不类。或同出一姓，分属宫商；或复姓数字，莫辨徵羽。此则事不稽古，义理乖僻者也。"叙禄命曰："禄命之书，多言或中，人乃信之。然长平坑卒，未闻共犯三刑；南阳贵士，何必俱当六合！今亦有同年同禄而贵贱悬殊，共命共胎而夭寿更异，此皆禄命不验之著明者也。"其叙葬曰："古者卜葬，盖以朝市变迁，泉石交侵，不可前知，故谋之龟筮。近代或选年月，或相墓田，以为穷达寿夭皆因卜葬所致。按礼：天子、诸侯、大夫葬皆有月数，是古人不择年月也。春秋：'九月丁巳，葬定公，雨，不克葬，戊午，日下昃，乃克葬。'是不择日也。郑葬简公，司墓之室当路，毁之则朝而窆，不毁则日中而窆，子产不毁，是不择时也。古之葬者皆于国都之北，兆域有常处，是不择地也。今以妖巫妄言，遂于辟踊之际，择地选时以希富贵。或云辰日不可哭泣，遂莞尔而对吊客；或云同属忌于临圹，遂吉服不送其亲。伤教败礼，莫斯为甚！"识者以为确论。

纲　五月，有星孛于太微，诏罢封禅。

纲　起复于志宁为太子詹事。

目　詹事于志宁遭母丧，起复旧职。太子治宫室，妨农功；好郑、卫之乐，宠昵宦官；役使司驭不许分番；私引突厥入宫。志宁上书切谏;太子大怒,遣刺客张师政、纥干承基杀之。二人入其第,见志宁寝处苫块,竟不忍杀。

纲 遣职方郎中陈大德使高丽。

目 大德初入其境,欲知山川风俗,所至城邑,以绫绮遗其守者,遂得游历。见中国人隋末从军没于高丽者,因问亲戚存没,大德曰:"皆无恙。"咸涕泣相告。数日后,隋人望之而哭者,遍于郊野。大德归言于上,上曰:"高丽本四郡地耳,吾发卒数万,取之不难。但山东州县凋瘵未复,吾不欲劳之耳!"

纲 冬十一月,以李世勣为兵部尚书。

目 并州长史李世勣,在州十六年,令行禁止,民夷怀服。上曰:"隋炀帝劳百姓,筑长城,以备突厥,卒无所益。朕惟置李世勣于晋阳,而边尘不惊,其为'长城',岂不壮哉!"因有是命。

纲 壬寅,十六年,春正月,魏王泰上括地志。

目 泰好学,司马苏勖说泰,以古之贤王皆招士著书,故泰奏请修括地志。于是大开馆舍,门庭如市。至是,上之。

纲 夏六月,诏太子用库物,有司勿为限制。

纲 秋七月,以长孙无忌为司徒,房玄龄为司空。

纲 九月,以魏徵为太子太师。

目 初,魏徵有疾,上手诏问之,且言:"不见数日,朕过多矣。若有闻见,可封状进来。"徵上言:"比者弟子陵师,奴婢忽主,下多轻上,渐不可长。"又言:"陛下临朝,常以至公为言,退而行之,未免私僻。或畏人知,横加威怒,欲盖弥彰,竟有何益!"征宅无堂,上命辍小殿之材以构之,五日而成,仍赐以素屏、褥、几、杖等以遂其所尚。徵上表谢,上手诏曰:"处卿至此,盖为黎元与国家,何事过谢!"会上问侍臣以国家急务,褚遂良曰:"太子、诸王宜有定分,此为最急。"时太子承乾失德,魏王泰有宠,群臣日有疑议,故遂良对及之。上乃曰:"方今群臣,忠直无逾魏徵,我遣傅太子,用绝天下之疑。"乃以徵为太子太师。徵以疾辞,上曰:"知公疾病,可卧护之。"徵乃受诏。

房玄龄、高士庆遇少府少监窦德素于路,问:"北门近何营缮?"德素奏之,上怒,让玄龄等曰:"君但知南牙政事,北门小营缮,何预君事!"玄龄等拜谢。魏徵进曰:"玄龄等为陛下股肱耳目,于中外事岂有不应知者!使所营是则当助成之,非则当请罢之;不知何罪而责,亦何罪而谢也!”上甚愧之。

纲 西突厥寇伊州,安西都护郭孝恪击败之。

目 初,高昌既平,岁发兵千余人戍守其地,褚遂良上疏曰:“陛下取高昌,调人屯戍,破产办装,死亡者众。设使张掖、酒泉有烽燧之警,陛下岂得高昌一夫斗粟之用?终当发陇右诸州兵食以赴之耳。然则河西者,中国之心腹;高昌者,他人之手足;奈何糜弊本根以事无用之土乎!愿择高昌子弟,使君其国,永为藩辅,内安外宁,不亦善乎!”上弗听。及是,上悔之,曰:“魏徵、褚遂良劝我复立高昌,吾不用其言,今方自咎耳。”

纲 冬十月,郢公宇文士及卒。

目 上尝止树下,爱之,士及从而誉之不已。上正色曰:“魏徵常劝我远佞人,我不知佞人是谁,意疑是汝,今果不谬!”士及叩头谢。至是卒,谥曰纵。

纲 许以新兴公主嫁薛延陀。

目 上谓侍臣曰:“薛延陀屈强莫比,今御之有二策:苟非发兵殄灭之,则与之婚姻以抚之耳。”房玄龄对曰:“兵凶战危,臣以为和亲便。”先是契苾何力归省其母于凉州,会契苾部落皆欲归薛延陀,何力不可,部落执之以降。何力拔佩刀东向大呼曰:“岂有大唐烈士而受屈虏庭。”因割左耳以自誓。上闻契苾叛,曰:“何力心如铁石,必不叛我。”会有使者自薛延陀来,具言其状。上即命兵部侍郎崔敦礼持节使薛延陀,许以新兴公主妻之,以求何力,何力由是得还。

纲 癸卯,十七年,春正月,郑公魏徵卒。

目 魏徵寝疾,上与太子同至其第,指衡山公主欲以妻其子叔玉。徵薨,陪葬昭陵。上自制碑文,书石,谓侍臣曰:“人以铜为镜,可以正衣冠,以古为镜,可以见兴替,以人为镜,可以知得失;魏徵没,朕亡一镜矣!”

纲 图功臣于凌烟阁。

目 上命图画功臣长孙无忌、赵郡王孝恭、杜如晦、魏徵、房玄龄、高士廉、尉迟敬德、李靖、萧瑀、段志玄、刘弘基、屈突通、殷开山、柴绍、长孙顺德、张亮、侯君集、张公谨、程知节、虞世南、刘政会、唐俭、李世勣、秦叔宝等于凌烟阁。

纲　夏四月，太子承乾谋反，废为庶人；立晋王治为皇太子，贬魏王泰为东莱郡王。

目　太子承乾喜声色畋猎，所为奢靡。魏王泰多能，有宠，潜有夺嫡之志，折节下士以求声誉。太子畏其逼，阴养刺客纥干承基等，谋杀之。吏部尚书侯君集怨望，以太子暗劣，欲乘衅图之，因劝之反，太子大然之。驸马都尉杜荷谓之曰："天文有变，当速发，但称暴疾危笃，主上必亲临视，因兹可以得志。"会承基坐事系狱，当死。上变，告太子谋反。敕大理、中书、门下参鞫之，反形已具。上谓侍臣曰："将何以处承乾？"群臣莫敢对，通事舍人来济进曰："陛下不失为慈父，太子得尽天年，则善矣！"上从之。诏废承乾为庶人，幽之。君集、荷等皆伏诛。

承乾既获罪，魏王泰日入侍奉，上面许立为太子，岑文本、刘洎亦劝之。长孙无忌固请立晋王治，上乃诏立晋王治为皇太子，时年十六。谓侍臣曰："我若立泰，则是太子之位可经营而得。自今太子失道，藩王窥伺者，皆两弃之，传诸子孙，永为后法。"乃降泰爵东莱郡王，幽之北苑。

纲　以太子太保萧瑀、詹事李世勣，同中书、门下三品。

目　诏以长孙无忌为太子太师，房玄龄为太傅，萧瑀为太保，李世勣为詹事，瑀、世勣并同中书、门下三品。同三品自此始。又以李大亮、于志宁、马周、苏勖、高季辅、张行成、褚遂良皆为僚属。

世勣尝得暴疾，方云"须灰可疗"，上自剪须，为之和药。又尝从容谓曰："朕求群臣可托幼孤者，无以逾公，公往不负李密，岂负朕哉！"世勣流涕辞谢，啮指出血。

上自立太子，遇物则诲之：见其饭，则曰："汝知稼穑之艰难，则常有斯饭矣。"见其乘马，则曰："汝知其劳，而不竭其力，则常得乘之矣。"见其乘舟，则曰："水所以载舟，亦所以覆舟。民犹水也，君犹舟也。"见其息于木下，则曰："木从绳则正，后从谏则圣。"

上疑太子柔弱，密谓长孙无忌曰："雉奴懦，恐不能守社稷；吴王恪英果类我，我欲立之，何如？"无忌固争，以为不可。上曰："公以恪非己之甥邪？"无忌曰："太子仁厚，真守文良主。储副至重，岂可数易！"上乃止。谓恪曰："父子虽至亲，及其有罪，则法不可私。汉立昭帝，燕王不服，霍光折简诛之，此不可以不戒！"

上谓群臣曰:“吾如治年时,颇不能循常度。治自幼宽厚,谚曰‘生狼犹恐如羊’,冀其稍壮,自不同耳。”无忌对曰:“陛下神武,乃拨乱之才;太子仁恕,实守文之德也。”

纲 六月,薛延陀来纳币,诏绝其昏。

纲 秋七月,贬杜正伦为交州都督。

目 初,太子承乾失德,上密谓庶子杜正伦曰:“吾儿果不可教,当来告我。”正伦屡谏,不听,乃以上语告之。承乾表闻,上责正伦,正伦对曰:“臣以此恐之,冀其迁善耳。”及承乾败,正伦左迁交州。

纲 踣魏徵碑。

目 初,魏徵尝荐杜正伦、侯君集有宰相才。至是,正伦以罪黜,君集谋反诛,上始疑徵阿党。又有言徵自录前后谏辞以示起居郎褚遂良者,上愈不悦。乃罢叔玉尚主,而踣所撰碑。

纲 房玄龄等上高祖、今上实录。

目 上尝谓褚遂良曰:“卿知起居注,所书可得观乎?”对曰:“史官书人君言动,备纪善恶,庶几人君不敢为非!未闻自取而观之也。”上曰:“朕有不善,卿亦记之邪?”对曰:“臣职当载笔,不敢不记!”黄门侍郎刘洎曰:“借使遂良不记,天下亦皆记之矣!”上又谓监修国史房玄龄曰:“朕之心异于前世帝王,所以欲观国史,盖欲知前日之恶,为后来之戒耳!公可撰次以闻。”谏议大夫朱子奢上言:“陛下独览起居,于事无失。若以此法传示子孙,或有饰非护短,史官不免刑诛,则莫不顺旨全身,千载何所信乎!”上不从。玄龄乃与给事中许敬宗等删为高祖、今上实录;书成,上之。上见书六月四日事,语多微隐,谓玄龄曰:“昔周公诛管、蔡以安周,季友鸩叔牙以存鲁,朕之所为,亦类是耳,史官何讳焉!”即命直书其事。

纲 九月,新罗乞兵伐高丽,遣使谕之。

目 新罗遣使言百济与高丽连兵,谋绝新罗入朝之路,乞兵救援。上遣使赍玺书谕之。盖苏文不奉诏。使还,上曰:“盖苏文弑君,不可以不讨。”谏议大夫褚遂良曰:“今中原清宴,四夷詟服,陛下之威望大矣。乃欲渡海远征小夷,万一蹉跌,伤威损望,更兴忿兵,则安危难测也。”李世勣劝上伐之。上遂欲自征高丽,遂良复谏曰:“天下譬犹一身:两京,心腹也;州县,四肢也;四夷,身外之物也。高丽罪大,诚当致讨,但命一、二猛将将四五万众,取之如反掌耳。今太子新立,幼稚,诸王陛下所知，一旦弃金汤之全，逾辽海之险，以天下之君，轻行远举，皆臣之所甚忧也。”群臣亦多谏者，上皆不听。

纲 徙故太子承乾于黔州，顺阳王泰于均州。

纲 甲辰，十八年，春三月，以薛万彻为右卫大将军。

目 上尝谓侍臣曰：“于今名将，惟世勣、道宗、万彻三人而已。世勣、道宗不能大胜，亦不大败；万彻非大胜，即大败。”

纲 秋七月，以刘洎为侍中，岑文本、马周为中书令。

目 文本既拜，还家，有忧色。母问其故，文本曰：“非勋非旧，滥荷宠荣，位高责重，所以忧惧。”语贺客曰：“今受吊，不受贺也。”

上文学辩敏，群臣言事者，引古今以折之，多不能对。刘洎上书谏曰：“以至愚而对至圣，以极卑而对至尊，虚襟以纳其说，犹恐未敢对扬；况动神机，纵天辩，饰辞而折其理，引古以排其议，欲令凡庶何阶应答！且多记损心，多语损气，愿为社稷自爱。”上飞白答之曰：“非虑无以临下，非言无以述虑，比有谈论，遂致烦多，轻物骄人，恐由兹道，形神志气，非此为劳。今闻谠言，虚怀以改。”

纲 九月，以褚遂良为黄门侍郎，参预朝政。

目 上尝问褚遂良曰：“舜造漆器，谏者十余人，此何足谏！”对曰：“奢侈者，危亡之本。漆器不已，将以金玉为之；忠臣爱君，必防其渐，若祸乱已成，无所复谏矣！”上曰：“然。朕见前世帝王拒谏者，多云业已为之，终不为改；如此，欲无危亡，得乎！”

上谓长孙无忌等曰：“人苦不自知其过，卿可为朕明言之。”无忌对曰：“陛下武功文德，臣等将顺之不暇，又何过之可言！”上曰：“朕问公以己过，公等乃曲相谀说。朕欲面举公等得失以相戒而改之，何如？”皆拜谢。上曰：“长孙无忌善避嫌疑，敏于决断，而总兵攻战，非其所长。高士廉临难不改节，当官无朋党，所乏者骨鲠规谏耳。唐俭言辞辨捷，善和解人，事朕三十年，遂无言及于献替。杨师道性行纯和，而情实怯懦，缓急不可得力。岑文本性质敦厚，持论恒据经远，自当不负于物。刘洎性最坚贞，有利益，然意尚然诺，私于朋友。马周见事敏速，直道而言，朕比任使，多能称意。褚遂良学问稍长，性亦坚正，每写忠诚，亲附于朕，譬如飞鸟依人，人自怜之。”

纲 冬十月，帝如洛阳，命房玄龄留守。十一月，以张亮、李世勣为行军大总管，诏亲征高丽。

目 十一月，上至洛阳。上闻洺州刺史程名振善用兵，召问方略，嘉其才敏，劳勉之。名振失不拜谢，上试责怒以观其所为。名振谢曰：“疏野之臣，未尝亲奉圣问，适方心思所对，故忘拜耳。”举止自若，应对愈明辩。上乃叹曰：“奇士也！”即日拜右骁卫将军。以张亮为平壤大总管，帅兵四万，舰五百，自莱州泛海趋平壤；又以李世勣为辽东大总管，帅步骑六万及兰、河降胡趋辽东，手诏谕天下，以“高丽盖苏文弑主虐民，今问其罪，所过营顿，无为劳费”。

纲 十二月，武阳公李大亮卒。

目 大亮恭俭忠谨，每直宿必坐寐达旦。房玄龄每称其有王陵、周勃之节，至是，副玄龄守京师。卒，遗表请罢高丽之师。谥曰懿。

纲 故太子承乾卒。

纲 乙巳，十九年，春正月，帝发洛阳。

纲 封比干墓。

目 诏谥殷太师比干曰忠烈，命所司封其墓，春秋祠以少牢，给五户洒扫。上至邺，自为文祭魏太祖，曰：“临危制变，料敌设奇，一将之智有余，万乘之才不足。”

纲 三月，至定州。诏皇太子监国。发定州。

纲 夏四月，诸军至玄菟、新城。

纲 李世勣拔盖牟城。

纲 五月，张亮拔卑沙城。

纲 帝渡辽，拔辽东城。

纲 进攻白岩城，六月，降之。

纲 进攻安市城，大破其救兵于城下。

目 车驾至安市城，攻之。高丽北部耨萨延寿、惠真，帅兵十五万救安市。上命李世勣将步骑万五千陈于西岭；长孙无忌将精兵万一千，自山北出狭谷以冲其后；上自将步骑四千为奇兵，挟鼓角，偃旗帜，登北山；敕诸军闻鼓角齐出奋击。延寿等见世勣布阵，勒兵欲战。上望见无忌军尘起，命作鼓角，举旗帜，诸军鼓噪并进，延寿等大惧，欲分兵御之，而阵已乱。会有龙门薛仁贵大呼陷阵，所向无敌；大军乘之，高丽兵大溃。延寿、惠真帅众请降。举国大骇，后黄城、银城皆自拔遁去，数百里无复人烟。上乃更名所幸山曰驻跸山，刻石纪功焉。驿书报太子及高士廉等曰:“朕为将如此,何如?”

纲 秋九月,帝攻安市城,不下,诏班师。

目 上以辽左早寒,草枯水冻,士马难久留,且粮食将尽,敕班师。

纲 冬十月,遣使祀魏徵,复立所仆碑。

目 凡征高丽,拔十城,斩首四万余级,战士死者几三千人,战马死者什七、八。上以不能成功,深悔之,叹曰:“魏徵若在,不使我有是行也!”命驰驿祀徵以少牢,复立所制碑,召其妻子诣行在,劳赐之。

纲 丙午,二十年,春正月,帝还京师。

纲 秋八月,遣李世勣击薛延陀,降之。敕勒诸部遣使请吏。

目 回纥等十一姓各遣使归命,乞置官司。上大喜,遣使纳之。诏曰:“朕聊命偏师,遂擒颉利;始弘庙略,已灭延陀。铁勒百万户,请为州郡;混元以降,殊未前闻,宜备礼告庙,仍颁示普天。”勒石于灵州。

纲 冬十月,贬萧瑀为商州刺史。

目 瑀性狷介,与同僚多不合,尝言:“房玄龄等朋党不忠,但未反耳。”上不听,瑀内不自得,因自请出家,既而悔之。上以瑀反覆不平,贬商州刺史。

纲 十二月,帝生日,罢宴乐。

目 上谓长孙无忌等曰:“今日吾生日,世俗皆为乐,在朕翻成伤感。今君临天下,富有四海,而承欢膝下,永不可得,此子路所以有负米之恨也。诗云:‘哀哀父母,生我劬劳。’奈何以劬劳之日更为欢乐乎!”因泣数行下,左右皆悲。

纲 幸房玄龄第。

目 房玄龄尝以微谴归第,褚遂良谏曰:“玄龄翼赞圣功,冒死决策,选贤立政,勤力为多。自非罪在不赦,不可遐弃。若以其衰老,亦当退之以礼。”上然之,因幸芙蓉园。玄龄敕子弟汛扫门庭,曰:“乘舆且至!”有顷,上幸其第,因载玄龄还宫。

纲 丁未,二十一年,春正月,诏以来年仲春有事于泰山。

纲 以牛进达、李世勣为行军大总管,伐高丽。

纲 夏四月,作翠微宫。

目 初,上得风疾,苦京师盛暑,命修终南山太和废宫为翠微宫。

纲 以李素立为燕然都护。

纲 五月,如翠微宫。

目 冀州进士张昌龄献翠微宫颂,上爱其文,命于通事舍人里供奉。初,昌龄与王公治皆有文名,考功员外郎王师旦知贡举,黜之,上问其故。师旦曰:"二人文体轻薄,终非令器。若置之高第,恐后进效之,伤陛下雅道。"上善其言。

纲 以李纬为洛州刺史。

目 初,上以纬为户部尚书。时房玄龄留守京师,有自京师来者,上问:"玄龄何言?"对曰:"玄龄但云李纬美髭鬓。"上遽改除洛州刺史。

纲 秋七月,作玉华宫。

纲 八月,诏停封禅。

目 以薛延陀新降,土功屡兴,河北水灾故也。

纲 骨利干遣使入贡。

目 骨利干于铁勒诸部为最远,昼长夜短,日没后,天色正曛,煮羊胛适熟,日已复出矣。

纲 立皇子明为曹王。

目 曹王明母杨氏,巢剌王之妃也,有宠于上。文德皇后之崩也,欲立为皇后,魏徵谏曰:"陛下方比德唐、虞,奈何以辰嬴自累!"乃止。寻以明继元吉后。

纲 冬十一月,徙顺阳王泰为濮王。

纲 十二月,遣阿史那社尔等击龟兹。

纲鉴易知录卷四五

唐纪

太宗文武皇帝

纲　戊申，二十二年，春正月，作帝范以赐太子。

目　上作帝范十二篇以赐太子，曰君体、建亲、求贤、审官、纳谏、去谗、戒盈、崇俭、赏罚、务农、阅武、崇文。且曰："修身治国，备在其中。一旦不讳，更无所言矣。然汝当更求古之哲王为师，如吾，不足法也。夫取法于上，仅得其中；取法于中，不免为下。吾即位已来，不善多矣，顾弘济苍生，肇造区夏，功大益多，故人不怨，业不堕，然比之尽美尽善，固多愧矣。汝无我之功勤，而承我之富贵，竭力为善，则国家仅安，骄惰奢纵，则一身不保。且成迟败速者，国也；失易得难者，位也；可不惜哉！可不慎哉！"

纲　中书令马周卒。

纲　遣薛万彻伐高丽。

纲　结骨俟利发入朝。

目　结骨人皆长大，赤发绿睛；自古未通中国，至是，其俟利发失钵屈阿栈来朝。请除一官，诏以为坚昆都督。是时四夷君长争入献见，每元正朝贺，常数百千人。上曰："汉武帝穷兵三十余年，所获无几，岂如今日绥之以德，使穷发之地，尽为编户乎！"

纲　如玉华宫。

目　上营玉华宫，务为俭约，惟寝殿覆瓦，余皆茅茨，然所费已巨亿计。充容徐惠上疏曰："今东征高丽，西讨龟兹，营缮相继，服玩华靡。夫以有尽之农功，填无穷之巨浪，图未获之他众，丧已成之我军。地广非常安之术，人劳乃易乱之源也。珍玩技巧，乃丧国之斧斤；珠玉锦绣，实迷心之鸩毒。作法于俭，犹恐其奢；作法于奢，何以制后！"上善其言，甚礼重之。

纲 三月，故隋后萧氏卒。

纲 夏五月，宋公萧瑀卒。

纲 杀华州刺史李君羡。

目 太白屡昼见，太史占云："女主昌。"民间又传秘记云："唐三世之后，女主武王代有天下。"上恶之。以武卫将军李君羡小名五娘，而官称封邑皆有"武"字，出为华州刺史。御史复奏君羡谋不轨，上遂诛之。上尝密问太史令李淳风："秘记所云，信有之乎？"对曰："臣仰稽天象，俯察历数，其人已在宫中，自今不过三十年，当王天下，杀唐子孙殆尽，其兆既成矣。"上曰："疑似者尽杀之，何如？"对曰："天之所命，人不能违也。王者不死，徒多杀无辜。且自今以往三十年，其人已老，庶几颇有慈心，为祸或浅。今借使得而杀之，天或生壮者肆其怨毒，恐陛下子孙无遗类矣！"上乃止。

纲 司空、梁公房玄龄卒。

目 玄龄留守京师，疾笃，上征赴玉华宫，肩舆入殿，相对流涕，因留宫下，候问不绝。玄龄谓诸子曰："吾受主上厚恩，今天下无事，惟东征未已，群臣莫敢谏，吾知而不言，死有余责。"乃上表曰："老子曰：'知足不辱，知止不殆。'陛下威名功德亦可足矣，拓地开疆亦可止矣。且陛下每决一重囚，必令三覆五奏、膳素止乐者，重人命也。今驱无罪之士卒，委之锋刃之下，使之肝脑涂地，独不足愍乎！向使高丽违失臣节，诛之可也；侵扰百姓，灭之可也；他日能为中国患，除之可也。今无此三条而坐烦中国，内为前代雪耻，外为新罗报仇，岂非所存者小，所损者大乎！愿陛下许高丽自新，焚凌波之船，罢应募之众，自然华、夷庆赖，远肃迩安。臣旦夕入地，倘蒙录此哀鸣，死且不朽！"上自临视，握手与诀，悲不自胜。卒，谥曰文昭。

纲 秋九月，以褚遂良为中书令。

纲 冬十月，帝还宫。

纲 十二月，阿史那社尔击龟兹，执其王布失毕。

纲 己酉，二十三年，春三月，帝有疾，诏太子听政。夏四月，如翠微宫。

纲 五月，以李世勣为叠州都督。

目 上谓太子曰："李世勣才智有余，然汝与之无恩。我今黜之，若其即行，俟我死，汝用为仆射，亲任之；若徘徊顾望，当杀之耳。"乃左迁世勣为叠州都督；世勣受诏，不至家而去。

纲 卫公李靖卒。

纲 帝崩，长孙无忌、褚遂良受遗诏辅太子。还宫发丧，罢辽东兵。

目 上苦痢增剧，太子昼夜不离侧，或累日不食，发有变白者。上召长孙无忌、褚遂良入卧内，谓之曰："太子仁孝，善辅导之！"谓太子曰："无忌、遂良在，汝勿忧天下！"又谓遂良曰："无忌尽忠于我，我有天下，多其力也，我死，勿令谗人间之。"仍令遂良草遗诏。有顷，上崩。秘不发丧。无忌等请太子先还，大行御马舆继至，发丧，宣遗诏，罢辽东之役及诸土木之功。

纲 以于志宁、张行成为侍中，高季辅为中书令。

纲 六月，太子即位。

目 高宗初即位，召朝集使谓曰："朕初即位，事有不便于百姓者悉宜陈，不尽者更封奏。"自是日引刺史十人入阁，问以百姓疾苦，及其政治。尝问大理卿唐临系囚之数，对曰："见囚五十余人，惟二人应死。"上悦。上尝录系囚，前卿所处者多号呼称冤，临所处者独无言。上怪问其故，囚曰："唐卿所处，本自无冤。"上叹息良久，曰："治狱者不当如是邪！"有洛阳人李泰弘诬告长孙无忌谋反，上立命杀之。无忌、遂良同心辅政，上亦尊礼二人，恭己以听之，故永徽之政，百姓阜安，有贞观之遗风。

纲 秋八月，地震。

纲 葬昭陵。

目 阿史那社尔、契苾何力请殉葬，上遣人谕以先旨，不许。蛮夷君长为先帝所擒服者，颉利等十四人，皆琢石为象，列于北司马门内。

纲 九月，以李勣为左仆射。

纲 冬十二月，诏濮王泰开府置僚属。

高宗皇帝

纲 庚戌，高宗皇帝永徽元年，春正月，立妃王氏为皇后。

纲 辛亥，二年，春正月，以黄门侍郎宇文节、中书侍郎柳奭同三品。

纲 壬子，三年，春正月，以褚遂良为吏部尚书、同三品。

纲 秋七月，立陈王忠为皇太子。

目 王皇后无子，其舅柳奭为后谋，以忠母微贱，劝后请立为太子；上从之。

纲 冬十一月，濮阳王泰卒。

纲 癸丑，四年，春二月，散骑常侍房遗爱及高阳公主谋反，伏诛，遂杀荆王元景、吴王恪，流宇文节于岭表。

目 初，房遗爱尚太宗女高阳公主，公主骄恣甚，与浮屠辩机等数人私通。事觉，怨望，遂使掖庭令陈玄运伺宫省机祥。遗爱亦与驸马都尉薛万彻、柴令武，谋奉荆王元景为主以举事。至是，公主谋黜遗爱兄遗直封爵，使人诬告遗直罪。上令长孙无忌鞫之，更获遗爱及主反状。吴王恪有文武才，素为物情所向，太宗欲立之，无忌固争而止，遂与无忌相恶，无忌欲因事诛之。遗爱因言与恪同谋，冀得免死。于是遗爱、万彻、令武皆斩，元景、恪、高阳、巴陵公主并赐自尽。恪且死，骂曰："长孙无忌窃弄威权，构害良善，宗社有灵，当族灭不久！"宇文节、江夏王道宗、执矢思力并坐与遗爱交通，流岭表。道宗素与无忌及褚遂良不协，故皆得罪。罢玄龄配飨。

纲 甲寅，五年，春三月，以太宗才人武氏为昭仪。

目 初，萧淑妃有宠，王后疾之。上之为太子也，入侍太宗，见才人武氏而悦之。太宗崩，武氏出为尼。忌日，上诣寺行香，见之，泣。后闻之，阴令长发，纳之后宫，欲以间淑妃之宠。武氏巧慧，多权数，初入宫，屈体事后；后数称其美，未几大幸，拜为昭仪，后及淑妃宠皆衰，更相与谮之，上皆不纳。昭仪欲追赠其父而无名，故托以褒赏功臣，遍赠屈突通等，而武士彟预焉。

纲 夏闰四月，帝在万年宫，夜大水。

目 上在万年宫，夜，大雨，山水冲玄武门；卫士皆走。郎将薛仁贵曰："天子有急，敢畏死乎！"登门桄大呼以警宫内。上遽出乘高，俄而水入寝殿，漂溺三千余人。

纲 六月，恒州大水。

目 漂溺五千余家。

纲　冬十月，筑长安外郭。

目　雍州参军薛景宣上言："汉惠帝城长安，寻晏驾；今复城之，必有大咎。"于志宁等以景宣言涉不顺，请诛之。上曰："景宣虽狂妄，若得罪恐绝言路。"遂赦之。

上尝出畋遇雨，问谏议大夫谷那律曰："油衣若为则不漏？"对曰："以瓦为之必不漏。"上悦，为之罢猎。

引驾卢文操盗左藏物，上命诛之。谏议大夫萧钧谏曰："文操情实难原，然法不至死。"上乃免之。顾侍臣曰："此真谏议也。"

上尝谓五品以上曰："顷在先帝左右，见五品以上论事，或仗下面陈，或退上封事，终日不绝；岂今日独无事邪！何公等皆不言也？"

纲　大稔。

纲　以长孙无忌子三人为朝散大夫。

目　王皇后、萧淑妃与武昭仪更相谮诉，后宠虽衰，然上未有意废也。会昭仪生女，后怜而弄之，后出，昭仪潜扼杀之。上至，昭仪阳欢笑，发被观之，女已死矣，即惊啼。问左右，左右皆曰："皇后适来此。"上大怒曰："后杀吾女！"昭仪因泣数其罪。后无以自明，上由是有废立之志。又恐大臣不从，乃与昭仪幸长孙无忌第，酣饮极欢，拜无忌宠姬子三人皆为朝散大夫，仍载金宝缯锦十车，以赐无忌。上因从容言皇后无子，以讽无忌，无忌对以他语，上与昭仪皆不悦而罢。礼部尚书许敬宗亦数劝无忌，无忌厉色折之。

纲　乙卯，六年，夏五月，以韩瑗为侍中，来济为中书令。

纲　秋七月，贬柳奭为荣州刺史。

目　初，武昭仪诬王后与其母为厌胜，禁不得入宫，因并贬奭。

纲　以李义府为中书侍郎。

目　中书舍人李义府为长孙无忌所恶，左迁壁州司马。义府问计于中书舍人王德俭，德俭曰："上欲立武昭仪，恐宰臣异议。君能建策立之，则转祸为福矣。"义府然之，叩阁表请。上悦，留之，超拜中书侍郎。于是卫尉卿许敬宗、御史大夫崔义玄、中丞袁公瑜皆潜布腹心于昭仪矣。

纲　八月，以裴行俭为西州长史。

目　长安令裴行俭闻将立武昭仪，以国家之祸必由此始，与长孙无忌、褚遂良私议其事。袁公瑜闻之，以告昭仪母杨氏，行俭坐左迁。

纲　九月，贬褚遂良为潭州都督。

目　上召长孙无忌、李勣、于志宁、褚遂良入内殿。遂良曰："今日之召，多为中宫，上意既决，逆之必死。太尉元舅，司空功臣，不可使上有杀元舅、功臣之名。遂良起于草茅，无汗马之劳，致位至此，且受顾托，不以死争之，何以下见先帝！"勣称疾。无忌等入，上曰："武昭仪有子，欲立为后，何如？"遂良对曰："皇后名家子，先帝为陛下娶之。临崩，执陛下手谓臣曰：'朕佳儿佳妇，今以付卿。'非有大故，不可废也。"上不悦而罢。明日又言之，遂良曰："陛下必欲易皇后，请择令族，何必武氏。武氏经事先帝，众所共知，万代之后，谓陛下为何如！臣今忤陛下意，罪当死。"因置笏于殿阶，叩头流血曰："还陛下笏，乞放归田里。"上大怒，命引出。昭仪在帘中大言曰："何不扑杀此獠！"无忌曰："遂良受先朝顾命，有罪不可加刑。"于志宁不敢言。韩瑗因泣涕极谏，上不纳。瑗又上疏曰："妲己倾殷，褒姒灭周，每览前古，常兴叹息，不谓今日尘黩圣代。陛下不用臣言，臣恐宗庙不血食矣！"来济上表曰："王者立后，上法乾坤，必择礼教名家，幽闲令淑，副四海之望，称神祇之心。汉成以婢为后，卒使社稷倾沦。惟陛下察之！"上皆不纳。

他日李勣入见，上问之曰："朕欲立武昭仪为后，遂良固执以为不可。事当且已乎？"对曰："此陛下家事，何必更问外人！"上意遂决。许敬宗宣言于朝曰："田舍翁多收十斛麦，尚欲易妇；况天子立一后，何豫诸人事而妄生异议！"昭仪令左右以闻。贬遂良为潭州都督。其后韩瑗上疏为遂良讼冤曰："遂良体国忘家，损身徇物，风霜其操，铁石其心，社稷之旧臣，陛下之贤佐。无罪斥去，内外咸嗟！愿鉴无辜，稍宽非罪。"上不听。

纲　冬十月，废皇后王氏为庶人，立昭仪武氏为皇后。

目　百官朝后于肃仪门。故后王氏、淑妃萧氏，并囚于别院，上尝念之，间行至其所，呼之。王后泣对曰："至尊若念畴昔，使得再见日月，幸甚。"上曰："朕即有处置。"武后闻之，大怒，遣人断去手足，投酒瓮中，曰："令二妪骨醉！"数日而死，又斩之。后数见王、萧为祟，如死时状，故多在洛阳，不敢归长安。

纲　以中书侍郎李义府参知政事。

目　义府容貌温恭，与人语，必嬉怡微笑，而狡险忌刻，故时人谓义府笑中有刀；又以其柔而害物，谓之“李猫”。

纲　丙辰，显庆元年，春正月，以太子忠为梁王，立代王弘为皇太子。

目　弘，武后所生也，生四年矣。初，许敬宗奏曰：“在东宫者，所出本微；今知国家已有正嫡，必不自安，恐悲宗庙之福。”于是遂废忠而立弘。忠既废，官属无敢见者；右庶子李安仁独候见，涕泣拜辞而去。

纲　二月，赠武士彟司徒，赐爵周国公。

纲　秋七月，贬王义方为莱州司户。

目　李义府恃宠用事。洛州妇人淳于氏，美色，系大理狱，义府属大理丞毕正义枉法黜之，将纳为妾。事觉，义府逼正义自缢以灭口。上知而不问。侍御史王义方欲奏弹之，先白其母曰：“义方为御史，视奸臣不纠则不忠，纠之则身危而忧及于亲为不孝，奈何？”母曰：“昔王陵之母，杀身以成子之名。汝能尽忠以事君，吾死不恨！”义方乃奏曰：“义府擅杀六品寺丞；就云自杀，亦由畏义府威，杀身以灭口。如此，则生杀之威，不由上出，渐不可长。”对仗，叱义府令下，义府顾望不退。义方乃三叱，义府始趋出，义方乃读弹文。上以义方毁辱大臣，贬之。

纲　九月，括州暴风，海溢。

纲　丁巳，二年，春三月，以褚遂良为桂州都督，李义府兼中书令。

纲　夏五月，帝始隔日视事。

纲　秋八月，贬韩瑗、来济、褚遂良皆为远州刺史。

目　许敬宗、李义府诬奏韩瑗、来济与褚遂良潜谋不轨，以桂州用武之地授遂良，欲为外援。遂皆坐，贬瑗振州、济台州、遂良爱州、柳奭象州。

纲　以许敬宗为侍中，杜正伦为中书令。

纲　冬十月，以洛阳宫为东都。

纲　以刘祥道为黄门侍郎，知选事。

纲　戊午，三年，冬十一月，贬杜正伦为横州刺史，李义府为普州刺史。

目　李义府有宠于上，诸子孩抱者并列清贯。而义府贪冒无厌，卖官鬻狱，其门如市。中书令杜正伦每以先进自处，由是有隙，讼于上前。上两责之。

纲 鄂公尉迟敬德卒。

纲 爱州刺史褚遂良卒。

纲 己未，四年，夏四月，以于志宁同三品，许圉师参知政事。

纲 削太尉赵公长孙无忌官封，黔州安置。

目 武后以长孙无忌受重赐而不助己，深怨之。以于志宁中立不言，亦不悦。令许敬宗伺其隙而陷之。会人告太子洗马韦季方罪，敕敬宗与侍中辛茂将鞫之。季方自刺，不死，敬宗因诬奏季方欲与无忌谋反。上泣曰："我家不幸，往年高阳公主与房遗爱谋反，今元舅复然，将若之何？朕决不忍加刑于无忌。"敬宗对曰："汉文帝，汉之贤主也，其舅薄昭，止坐杀人，帝使公卿哭而杀之，后世不以为非。今无忌谋移社稷，其罪与昭不可同年而语。陛下少更迁延，臣恐变生肘腋，悔无及矣！"上以为然，竟不引问。诏削无忌官封，黔州安置。敬宗又奏无忌谋逆，由褚遂良、柳奭、韩瑗构扇而成，于志宁亦其党也。于是诏追削遂良官爵，除奭、瑗名，免志宁官。

纲 六月，改氏族志为姓氏录。

目 初，太宗修氏族志，升降去取，时称允当。至是，许敬宗等以其书不叙武氏本望，奏请改之，以后族为第一等，其余悉以仕唐官品高下为准。于是士卒以军功至位五品者，豫士流，时人谓之"勋格"。

纲 秋七月，杀长孙无忌、柳奭、韩瑗。

目 七月，诏御史追柳奭、韩瑗枷锁诣京师，敬宗又遣袁公瑜诣黔州，再鞫长孙无忌，逼令自杀。诏斩瑗、奭。瑗已死，发验而还。

纲 贬高履行为永州刺史，于志宁为荣州刺史。

纲 庚申，五年，夏四月，作合璧宫。

纲 秋七月，废梁王忠为庶人。

纲 冬十月，初令皇后决百司奏事。

目 上初苦风眩，不能视百司奏事，或使皇后决之。后性明敏，涉猎文史，处事皆称旨。由是始委以政事，权与人主侔矣。

纲 辛酉，龙朔元年，夏四月，遣兵部尚书任雅相等征高丽。

纲 六月，徙潞王贤为沛王。

目 沛王贤闻王勃善属文，召为修撰。时诸王斗鸡，勃戏为檄周王鸡文。上见之，怒曰："此乃交构之渐。"斥勃出沛府。

纲 铁勒犯边，诏武卫将军郑仁泰等将兵讨之。

纲 壬戌，二年，春三月，郑仁泰等败铁勒于天山。

目 铁勒九姓闻郑仁泰至，合众十余万以拒之，选骁健者数十人挑战，薛仁贵发三矢，杀三人，余皆下马请降，仁贵悉坑之。度碛北，击其余众，获叶护兄弟三人而还。军中歌之曰："将军三箭定天山，壮士长歌入汉关。"思结、多滥葛等部落先保天山，闻之，皆降。

纲 冬十月，西突厥寇庭州，刺史来济死之。

目 西突厥寇庭州，刺史来济将兵拒之，谓其众曰："吾久当死，幸蒙存全以至今日，当以身报国。"遂不释甲胄，赴敌而死。

纲 癸亥，三年，春正月，以李义府为右相，夏四月，除名，流巂州。

目 义府兼知选事，恃势卖官，怨讟盈路，上从容戒之。义府勃然变色曰："谁告陛下？"缓步而去。上不悦。义府又与术者微服出城，候望气色，或告义府阴有异图。鞫之有实，诏除名，流巂州。朝野称庆。

纲 蓬莱宫成。

目 门曰丹凤，殿曰含元，移仗居之，命故宫曰西内，新宫曰东内，亦曰大明宫云。

纲 甲子，麟德元年，秋七月，诏以三年正月封禅。

纲 冬十二月，杀同三品上官仪，刘祥道罢，梁王忠赐死。

目 初武后屈身忍辱，奉顺上意，故上排群议而立之；及得志，专作威福，上动为所制，不胜其忿。会宦者王伏胜，发其使道士郭行真出入禁中，为厌祷事，上密召上官仪议之。仪因言："后专恣，请废之。"上即命草诏。左右奔告于后，后遽诣上自诉。上羞缩不忍，乃曰："我初无此心，皆上官仪教我。"仪先与伏胜俱事故太子忠，后于是使许敬宗诬奏仪、伏胜与忠谋大逆。仪下狱，及伏胜皆死，赐忠死于流所。右相刘祥道坐与仪善，罢，朝士流贬者甚众。自是，上每视事，则后垂帘于后，政无大小，皆预闻之。天下大权，悉归中宫，天子拱手而已，中外谓之"二圣"。

纲 乙丑，二年，冬十月，车驾发东都，十二月，至泰山。

目 上发东都，至濮阳，左相窦德玄骑从。上问：“濮阳谓之帝丘，何也？”德玄不能对。许敬宗自后跃马而前曰：“昔颛顼居此，故谓之帝丘。”上称善。敬宗退谓人曰：“大臣不可以无学。”德玄曰：“人各有能有不能，吾不强对以所不知，此吾所能也。”李勣曰：“敬宗多闻，信美矣；德玄之言，亦善也。”

张公艺九世同居，北齐、隋、唐皆旌表其门。上幸其宅，问所以能之故，公艺书“忍”字百余以进。上善之，赐以缣帛。

纲 丙寅，乾封元年，春正月，封泰山，禅社首。

纲 车驾还过曲阜，祠孔子。

目 赠太师，祭以少牢。

纲 至亳州，尊老君为太上玄元皇帝。

目 至亳州，谒老君庙，上尊号。

纲 李义府卒。

目 自义府之贬，朝士日忧其复入；至是，众心乃安。

纲 夏四月，车驾还京师。五月，铸乾封泉宝钱。

纲 秋七月，以刘仁轨为右相。

目 初，仁轨为给事中，按毕正义事，李义府怨之，出为青州刺史。会讨百济，仁轨当浮海运粮，遭风失船，命监察御史袁异式往鞫之。义府谓曰：“君能办事，勿忧无官。”异式至，谓仁轨曰：“君宜早自为计。”仁轨曰：“仁轨当官失职，国有常刑，公以法毙之，无所逃命。若使遽自引决以快仇人，窃所未甘！”乃具狱以闻。上命除名，以白衣从军自效。及为大司宪，异式惧，不自安，仁轨沥觞告之曰：“仁轨若念畴昔之事，有如此觞！”既知政事，荐为司元大夫。监察御史杜易简谓人曰：“斯所谓矫枉过正矣！”

纲 九月，刘祥道卒。

目 子齐贤嗣，齐贤为人方正，上甚重之，为晋州司马。将军史兴宗从猎苑中，因言晋州产佳鹞，请使齐贤捕之。上曰：“刘齐贤岂捕鹞者邪！”

纲 冬十二月，以李勣为辽东大总管，伐高丽。

纲 丁卯，二年，春正月，耕藉田。

目 有司进耒耜，加以雕饰。上曰："耒耜农夫所执，岂宜如此之丽！"命易之。既而耕之，九推乃止。

纲 戊辰，总章元年，夏四月，彗星见于五车。

目 彗星见，上避正殿，减膳，彻乐。许敬宗等奏请复常，曰："彗星见东北，高丽将灭之兆也。"上曰："朕之不德，谪见于天，岂可归罪小夷！且高丽之百姓，亦朕之百姓也。"不许，彗寻灭。

纲 秋七月，李勣拔平壤，高丽王藏降，高丽悉平。

目 薛仁贵破高丽于金山，乘胜将攻扶余城，诸将以其兵少，止之。仁贵曰："兵不必多，顾用之何如耳？"遂为前锋，以进与高丽战，大破之，遂拔扶余城。

侍御史贾言忠奉使自辽东还，上问："诸将孰贤？"言忠对曰："薛仁贵勇冠三军，庞同善持军严整，高侃忠果有谋，契苾何力沉毅能断；然夙夜小心，忘身忧国，皆莫及李勣也。"勣等进攻大行城，拔之，诸军皆会，进至鸭绿栅，破之。围平壤，月余，高丽王藏降，高丽悉平。

纲 冬十二月，置安东都护府。

纲 京师、山东、江、淮旱，饥。

纲 己巳，二年，春二月，以卢承庆为司刑太常伯。

目 承庆尝考内外官，有一官督运，遭风失米，承庆考之曰："监运损粮，考中下。"其人容色自若，无言而退。承庆重其雅量，改注曰："非力所及，考中中。"既无喜容，亦无愧词。又改曰："宠辱不惊，考中上。"

时渭南尉刘延祐，弱冠，政事为畿县最，李勣谓曰："足下春秋甫迩，遽擅大名，宜稍自贬抑，无为独出人右也！"

纲 秋九月，大风，海溢。

纲 冬十一月，李勣卒。

目 上尝谓侍臣曰："朕虚心求谏而竟无谏者，何也？"李勣对曰："陛下所为尽善，群臣无得而谏。"

勣寝疾，谓弟弼曰："我见房、杜平生勤苦，仅立门户，遭不肖子荡覆无余。吾此诸子，今以付汝，谨察视之。其有志气不伦，交游非类者，皆先挝杀，然后以闻。"

勣为将，有谋善断，从善如流。战胜则归功于下，所得金帛，悉散之将士，故人思致死，所向克捷。临事选将，必訾相其状貌丰厚者遣之。或问其故，勣曰："薄命之人，不足与成功名。"

闺门雍睦而严。其姊尝病，勣亲为作粥，风回，爇其须鬓。姊曰："仆妾幸多，何自苦如是！"勣曰："非然也，顾姊老，勣亦老，虽欲久为姊煮粥，其可得乎！"

常谓人："我年十二三时为亡赖贼，逢人则杀。十四五为难当贼，有所不惬则杀之。十七八为佳贼，临阵乃杀人。二十为大将，用兵以救人死。"卒，谥贞武，孙敬业嗣。

纲 定铨注法。

目 时承平既久，选人益多，司刑少常伯裴行俭，始与员外郎张仁祎设长名姓历牓，引铨注之法。又定州县升降、官资高下。其后遂为永制，无能革之者。

大略唐之选法，取人以身、言、书、判，计资量劳而拟官。始集而试，观其书、判；已试而铨，察其身、言；已铨而注，询其便利；已注而唱，集众告之。然后类以为甲，各给以符，谓之告身。

有刘晓者，上疏论之曰："今选曹以检勘为公道，书判为得人，殊不知考其德行才能，况书判借人者众矣。又礼部取士，专用文章为甲乙，故天下之士皆舍德行而趋文艺，有朝登甲科而夕陷刑辟者，虽日诵万言，何关理体？文成七步，未足化人。取士以德行为先，文艺为末，则多士雷奔，四方风动矣。"

纲 庚午，咸亨元年，秋八月，关中旱，饥。闰月，皇后以旱请避位，不许。

纲 壬申，三年，秋八月，许敬宗卒。

纲 冬十一月，以邢文伟为右史，王及善为左千牛卫将军。

目 太子弘罕接宫臣，典膳丞邢文伟辄减所供膳，上书谏，太子纳之。上闻之曰："直士也。"擢为右史。太子因宴集，命宫臣掷倒，次至右奉裕率王及善，及善曰："掷倒自有伶官，臣若奉令，恐非所以羽翼殿下也。"太子谢之。上闻之，赐及善缣百匹，寻迁左千牛卫将军。

纲 甲戌，上元元年，春三月，以武承嗣为周国公。

纲 秋八月，帝称天皇，后称天后。

纲 九月，追复长孙无忌官爵。

目　以无忌曾孙翼袭爵赵公，听陪葬昭陵。

纲　大酺。

目　大酺，上御翔鸾阁观之。分音乐为东西朋，使雍王贤主东朋，周王显主西朋，角胜为乐，郝处俊谏曰："二王春秋尚少，志趣未定，当推梨让枣，相亲如一。今分二朋，递相夸竞，非所以崇礼义，劝敦睦也。"上瞿然，曰："卿远识，非众人所及也。"遽止之。

纲　乙亥，二年，春三月，天后祀先蚕。

目　天后祀先蚕于邙山之阳；百官及朝集使皆陪位。

时上苦风眩，议使天后摄政。郝处俊谏曰："天子理外，后理内，天之道也。昔魏文帝著令，虽有幼主，不许皇后临朝，所以杜祸乱之萌。陛下奈何以高祖、太宗之天下，不传之子孙而委之天后乎！"中书侍郎李义琰曰："处俊之言至忠，陛下宜听之！"上乃止。

天后多引文学之士元万顷、刘祎之等，使之撰列女传、臣轨、百僚新戒、乐书，凡千余卷。时密令参决表奏，以分宰相之权，时人谓之"北门学士"。

纲　夏四月，太子弘薨，谥孝敬皇帝，立雍王贤为太子。

目　太子弘仁孝谦谨，上甚爱之，中外属心。天后方逞其志，太子奏请，数迕旨。天后怒。太子薨，时人以为天后鸩之也。诏追谥为孝敬皇帝。

纲　秋八月，以戴至德、刘仁轨为左右仆射，张文瓘为侍中，郝处俊为中书令，李敬玄同三品。

目　刘仁轨、戴至德更日受牒诉，仁轨常以美言许之，至德必据理难诘，未尝与夺，实有冤结者，密为奏辨。由是时誉皆归仁轨。或问其故，至德曰："威福者人主之柄，人臣安得盗取！"上闻之，深重之。

有老妪欲诣仁轨陈牒，误诣至德，至德览之未终，妪曰："本谓是解事仆射，乃不解事仆射邪！归我牒！"至德笑而授之。时人称其长者。

文瓘时兼大理卿，囚闻改官，皆恸哭。文瓘性严正，诸奏议，多所纠驳，上甚委之。

纲　吐蕃寇鄯州。

纲　丙子，仪凤元年，秋九月，以狄仁杰为侍御史。

目　将军权善才、中郎将范怀义误斫昭陵柏，当除名；上特命杀之。大理丞狄仁杰奏："罪不当死。"上曰："我不杀，则为不孝。"仁杰固执不已，上怒，令出，仁杰曰："犯颜直谏，自古以为难。臣以为遇桀、纣则难，遇尧、舜则易。夫法不至死，而陛下特杀之，是法不信于人也，人何所措其手足！且张释之有言：'设有盗长陵一抔土，陛下何以处之？'今以一柏杀二将军，后代谓陛下为何如矣！臣不敢奉诏者，恐陷陛下于不道，且羞见释之于地下也。"上怒解，遂贷之。仍擢仁杰为侍御史。

初，仁杰为并州法曹，同僚郑崇质当使绝域。崇质母老且病，仁杰曰："彼母如此，岂可复使之有万里之忧！"诣长史蔺仁基，请代之行。仁基素与司马李孝廉不协，因相谓曰："吾辈岂可不自愧乎！"遂相与辑睦。

纲 丁丑，二年，春正月，耕藉田。

纲 夏四月，河南、北旱。

纲 秋八月，徙周王显为英王。

纲 命刘仁轨镇洮河军。

纲 戊寅，三年，春正月，百官四夷朝天后于光顺门。

纲 以李敬玄为洮河道大总管。

目 刘仁轨有奏请，多为李敬玄所抑，由是怨之。知敬玄非将帅才，荐之使守西边。敬玄固辞。上曰："仁轨须朕，朕亦自往，卿安得辞！"乃以敬玄代仁轨，大发兵讨吐蕃。

纲 夏五月，幸九成宫。

目 山中雨寒，从兵有冻死者。

纲 秋九月，还京师。

纲 李敬玄与吐蕃战，败绩。

目 李敬玄将兵十八万，与吐蕃将论钦陵战于青海之上，副总管刘审礼深入，败没，敬玄按兵不救，狼狈还走，收余众还鄯州。

敬玄之西征也，监察御史娄师德应猛士诏从军，及败，敕师德收集散亡，军乃复振。因命使于吐蕃，吐蕃将论赞婆迎之。师德宣导上意，谕以祸福，赞婆甚悦，为之数年不犯边。

上以吐蕃为忧，悉召侍臣谋之，或欲和亲，或欲严备，俟公私富实而讨之，或欲亟发兵击之。议竟不决。太学生魏元忠上封事曰："理国之要，在文与武。今言文者则以辞华为首而不及经纶，言武者则以骑射为先而不知方略，故陆机著论辩亡，无救河梁之败，养由基射穿七札，不济鄢陵之师，此已然之明效也。古语有之：'兵无强弱，将有巧拙。'故选将当以智略为本，勇力为末。今朝廷用人，类取将门子弟及死事之家，彼皆庸人，岂足当阃外之任！古之名将皆出贫贱而立殊功，未闻其家代为将也。夫赏罚者，军国之切务，近日征伐，虚有赏格而无事实。盖由小才之吏，不知大礼，徒惜勋庸，恐虚仓库。不知士不用命，所损几何！自苏定方征辽东，李勣破平壤，赏绝不行，大非川之败，薛仁贵、郭待封等不即重诛，臣恐吐蕃之平，非旦夕可冀也。又，出师之要，全资马力。请开蓄马之禁，使百姓皆得畜马；若官军大举，增价市之，则皆为官有矣。"上善其言，召见，令直中书省，仗内供奉。

纲鉴易知录卷四六

唐纪

高宗皇帝

纲　己卯，调露元年，春正月，幸东都。司农卿韦弘机免。

纲　夏四月，命太子贤监国。

目　太子处事明审，时人称之。

纲　冬十月，单于府突厥反，遂寇定州。

纲　庚辰，永隆元年，春三月，以裴行俭为定襄道大总管，讨突厥，平之。

纲　秋八月，贬李敬玄为衡州刺史。

纲　废太子贤为庶人，立英王哲为皇太子。

纲　辛巳，开耀元年，春正月，宴百官及命妇于麟德殿。

纲　三月，以刘仁轨为太子少傅。

目　少府监裴匪舒善营利，奏卖苑中马粪，岁得钱二十万缗。上以问刘仁轨，对曰："利则厚矣，恐后代称唐家卖马粪，非嘉名也。"乃止。

匪舒又为上造镜殿，上与仁轨观之，仁轨惊趋下殿。上问其故，对曰："天无二日，土无二主，适视四壁有数天子，不祥孰甚焉！"上遽令剔去。

纲　秋七月，征处士田游岩为太子洗马。

目　游岩隐居泰山，上东封，尝幸其庐。征为洗马，无所规益。右卫副率薛俨以书责之，曰："足下负巢、由之峻节，傲唐、虞之圣主，屈万乘之重，申三顾之荣，将以辅导储贰，渐染芝兰耳。皇太子春秋鼎盛，圣道未明，足下乃唯唯而无一谈，悠悠以卒年岁，何以塞圣主调护之寄乎？"游岩不能答。

纲　冬十月，徙故太子贤于巴州。

纲 壬午，永淳元年，春二月，立皇孙重照为皇太孙。

纲 夏四月，关中饥，上幸东都。

纲 闻喜宪公裴行俭卒。

目 行俭有知人之鉴。初，王勃与杨炯、卢照邻、骆宾王皆以文章有盛名，李敬玄尤重之，行俭曰："士之致远者，当先器识而后才艺。勃等虽有文华，而浮躁浅露，岂享爵禄之器邪！杨子稍沉静，应至令长；余得令终幸矣。"既而勃堕水，炯终于盈川令，照邻恶疾，赴水死，宾王反诛。行俭为将帅，所引偏裨，后多为名将。

纲 五月，洛水溢。关中旱，蝗。

纲 秋七月，作奉天宫。

目 上既封泰山，欲遍封五岳，作奉天宫于嵩山之南。监察御史里行李善感谏曰："陛下封泰山，告太平，致群瑞，与三皇、五帝比隆矣。数年不稔，饿殍相望，四夷交侵，兵车岁驾。陛下宜恭默思道以禳灾谴，更广营宫室，劳役不休，天下莫不失望。"上不纳。自褚遂良、韩瑗之死，中外以言为讳，几二十年；及善感始谏，天下皆喜，谓之"凤鸣朝阳"。

纲 冬十月，突厥骨笃禄寇并州，薛仁贵大破之。

目 突厥余党阿史那骨笃禄、阿史德元珍等招集亡散，据黑沙城反，寇并州。代州都督薛仁贵将兵击之。虏问："唐大将为谁？"应之曰："薛仁贵。"虏曰："吾闻仁贵流象州死矣，何给我也！"仁贵免胄示之面，虏相顾失色，下马列拜，稍稍引去。仁贵因奋击，大破之。

纲 以娄帅德为河源军经略副使。

目 吐蕃寇河源，师德将兵击之于白水涧，八战八捷。上以师德为比部员外郎、左骁骑郎将、充使，曰："卿有文武材，勿辞也！"

纲 癸未，弘道元年，秋七月，诏以来年有事于嵩山；冬十一月，诏罢之。

目 诏罢封嵩山，上疾甚故也。

纲 诏太子监国，以裴炎、刘景先、郭正一兼东宫平章事。

纲 十二月，帝崩，太子即位。尊天后为皇太后。

目 上疾甚，夜召裴炎入受遗诏而崩。遗诏太子即位，军国大事有不决者兼取天后进止。中宗即位，尊天后为皇太后，政事咸取决焉。

纲 以刘仁轨为左仆射，裴炎为中书令，刘景先为侍中。郭正一罢。

中宗皇帝 附武后

纲 甲申，中宗皇帝嗣圣元年。

纲 春正月，立妃韦氏为皇后。以韦弘敏同三品。二月，太后废帝为庐陵王，立豫王旦。

目 中宗欲以后父韦玄贞为侍中；裴炎固争，中宗怒曰："我以天下与韦玄贞何不可！而惜侍中邪！"炎惧，白太后，密谋废立。太后集百官于乾元殿，勒兵宣令，废中宗为庐陵王。中宗曰："我何罪？"太后曰："汝欲以天下与韦玄贞，何得无罪！"乃幽于别所。立豫王旦为皇帝，妃刘氏为皇后，永平王成器为太子，废太孙重照为庶人，改元文明。旦居别殿，不得有所预，政事皆决于太后。

纲 太后以刘仁轨为西京留守。

纲 太后始御紫宸殿。

纲 三月，太后杀故太子贤。

纲 夏四月，太后迁帝于房州，又迁于均州。

纲 闰五月，太后以武承嗣同三品。

纲 秋七月，温州大水。

纲 八月，葬乾陵。

纲 括州大水。

纲 九月，太后改元及服色、官名。

目 太后改元光宅，旗帜皆从金色，八品服碧，东都为神都，尚书省为文昌台，仆射为左、右相，六曹为天、地、四时六官，门下省为鸾台，中书省为凤阁，侍中为纳言，中书令为内史，御史台分为左右肃政台，其余悉以义类改之。

纲 太后立武氏七庙。

目 武承嗣请追王其祖，立武氏七庙，太后从之。裴炎谏，不从。追尊五代祖为公，妣为夫人；高曾祖考为王，妣皆为妃。

纲 英公李敬业起兵扬州，太后遣将军李孝逸击之。

目 时诸武用事，唐宗室人人自危，众心愤惋。会柳州司马英公李敬业及弟敬猷、唐之奇、骆宾王、杜求仁、魏思温，皆失职怨望，乃谋起兵。矫诏杀扬州长史，开府库，赦囚徒，旬日间得胜兵十余万。复称嗣圣元年，敬业自称"匡复上将"。

移檄州县，略曰："伪临朝武氏者，人非温顺，地实寒微。昔充太宗下陈，尝以更衣入侍，洎乎晚节，秽乱春宫。密隐先帝之私，隐图后庭之嬖，践元后于翚翟，陷吾君于聚麀。杀姊屠兄，弑君鸩母，人神之所同嫉，天地之所不容。包藏祸心，窃窥神器。君之爱子，幽之于别室；贼之宗盟，委之以重任。一抔之土未干，六尺之孤何在！"太后见之，问"谁所为？"或对曰："骆宾王。"太后曰："宰相之过也。人有如此才，而使之流落不偶乎！"遣左玉钤卫大将军李孝逸将兵三十万以讨敬业，追削其祖考官爵，发冢斲棺，复姓徐氏。

纲 太后杀侍中裴炎，以骞味道为内史，李景谌同平章事。

目 武承嗣与从父弟三思，以韩王元嘉、鲁王灵夔属尊位重，屡劝太后因事诛之。太后谋于执政，裴炎固争。及李敬业举兵，太后问计于炎，对曰："皇帝年长，不亲政事，故竖子得以为辞。若太后反政，则不讨自平矣。"承嗣因使监察御史崔詧言炎有异图，太后命左肃政大夫骞味道鞫之。凤阁舍人李景谌证炎必反，刘景先、胡元范明其不反，遂并下狱。以骞味道检校内史，李景谌同平章事，斩裴炎于都亭，景先等流贬有差。

纲 李敬业取润州，李孝逸击杀之。

目 初，魏思温说李敬业曰："明公以匡复为辞，宜帅大众鼓行而进，直指洛阳，则天下知公志在勤王，四面响应矣。"薛仲璋曰："金陵有王气，且大江天险，足以为固，不如先取常、润，为定霸之基，然后北向以图中原，进无不利，退有所归，此良策也！"思温曰："山东豪杰以武氏专制，愤惋不平，闻公举事，皆蒸麦为粮，伸锄为兵，以俟南军之至。不乘此势以立大功，乃更蓄缩欲自谋巢穴，远近闻之，其谁不解体！"敬业不从，将兵攻取润州，闻李孝逸将至，回军拒之。

孝逸军至临淮，战不利。监军御史魏元忠曰："天下安危，在此一举。今大军久留不进，万一朝廷更命他将以代将军，将军何辞以逃逗挠之罪乎！"孝逸乃引军而前。元忠请先击敬猷，孝逸从之，引兵击敬猷，敬猷走。敬业勒兵阻溪拒守，孝逸进击之，因风纵火，敬业大败，轻骑走。孝逸追之，其将王那相斩敬业等首来降。

纲 乙酉，二年，春正月，帝在均州。

纲 三月，太后迁帝于房州。

纲 夏五月，太后制百官及百姓，皆得自举。

纲 秋七月，太后以僧怀义为白马寺主。

目 怀义得幸于太后，太后以为白马寺主。出入乘御马，朝贵皆匍匐礼谒，武承嗣、三思皆执僮仆之礼以事之。怀义多聚无赖少年，度为僧，纵横犯法，人莫敢言。御史冯思勖屡以法绳之，怀义遇诸涂，令从者殴之，几死。太后托言怀义有巧思，使入宫营造。补阙王求礼表："请阉之，庶不乱宫闱。"表寝不出。

纲 丙戌，三年，春正月，帝在房州。

纲 太后归政于豫王旦，寻复称制。

目 太后诏复政事于皇帝。睿宗知太后非诚心，奉表固辞；太后复临朝称制。

纲 三月，太后置铜匦，受密奏。

目 太后自徐敬业之反，疑天下人多图己，又自以久专国事，内行不正，知宗室大臣怨望，不服，欲大诛杀以威之。乃盛开告密，有告密者，给马供给，使诣行在所。农夫樵人皆得召见，或不次除官，无实者不问。于是四方告密者蜂起。

有鱼保家者，请铸铜为匦，以受天下密奏。其器一室四隔，上各有窍，可入不可出，太后善之。未几，其怨家投匦告保家尝为徐敬业作兵器，遂伏诛。

胡人索元礼因告密召见，擢为游击将军，令按制狱。元礼性殊忍，推一人必令引数千百人，于是周兴、来俊臣之徒效之。兴累迁至秋官侍郎，俊臣至御史中丞，皆养无赖数百人，意所欲陷，则使数处俱告之，辞状俱同。既下狱，则以威刑胁之，无不诬服。又造告密罗织经一卷，网罗无辜，织成反状，构造布置，皆有支节。其讯囚酷法，有"定百脉"、"突地吼"、"死猪愁"、"求破家"、"反是实"等号。中外畏之，甚于虎狼。

纲 夏六月，太后以岑长倩为内史，苏良嗣、韦待价为左、右相，韦思谦为纳言。

目 良嗣为相，遇怀义于朝堂，怀义偃蹇不为礼；良嗣大怒，命左右批其颊。怀义诉于太后，太后曰："阿师当于北门出入，南牙宰相所往来,勿犯也。"

纲 秋九月,有山出于新丰。

目 雍州言新丰县东南有山涌出,太后改新丰为庆山县。江陵人俞文俊上书言:"天气不和而寒暑并,人气不和而疣赘生,地气不和而埠阜出。今陛下以女主处阳位,反易刚柔,故地气塞隔而山变为灾。陛下谓之'庆山',臣以为非庆也。伏惟侧身修德以答天谴;不然,祸今至矣!"太后怒,流之岭外。

纲 太后以狄仁杰为冬官侍郎。

纲 丁亥,四年,春正月,帝在房州。

纲 夏四月,太后以苏良嗣为西京留守。

目 时尚方监裴匪躬检校京苑,将鬻苑中蔬果以收其利。良嗣曰:"昔公仪休相鲁,犹能拔葵去织妇,未闻万乘之主鬻蔬果也。"乃止。

纲 太后杀同三品刘祎之。

目 祎之窃谓凤阁舍人贾大隐曰:"太后废昏立明,安用临朝称制,不如返政以安天下之心。"大隐密奏之,太后不悦。或诬祎之受金,太后命王本立推之。本立宣敕示之,祎之曰:"不经凤阁、鸾台,何名为敕!"太后怒,赐死。祎之初下狱,睿宗为之上疏申理,亲友皆贺之,祎之曰:"此乃所以速吾死也。"临刑沐浴,神色自若,草谢表,立成数纸。

纲 冬十月,太后罢御史监军。

目 太后欲遣韦待价击吐蕃,韦方质奏请遣御史监军,太后曰:"古者明君遣将,阃外之事悉以委之。比闻御史监军,军中事皆承禀。以下制上,非令典也,且何以责其有功!"遂罢之。

纲 戊子,五年,春正月,帝在房州。

纲 二月,太后毁乾元殿作明堂。

纲 夏五月,太后加号圣母神皇。

目 武承嗣使人作瑞石,文曰"圣母临人,永昌帝业"。使人献之,曰:"获之洛水。"太后喜,命曰"宝图"。诏当拜洛,受图告谢于郊;御明堂,朝群臣。命诸州都督、刺史、宗戚并会神都,先加尊号。

纲 六月,河南巡抚大使狄仁杰奏焚淫祠。

目 仁杰以吴、楚多淫祠,奏焚其一千七百余所,独留夏禹、吴太伯、季札、伍员四祠。

纲 秋八月，琅邪王冲、越王贞举兵匡复，不克而死。太后遂大杀唐宗室。

目 太后潜谋革命，稍除宗室。韩王元嘉、霍王元轨、鲁王灵夔、越王贞及元嘉子黄公撰、元轨子江都王绪、虢王凤子东莞公融、灵夔子范阳王蔼、贞子琅邪王冲，在宗室中皆以才行有美名，太后尤忌之。元嘉等内不自安，密有匡复之志。及太后受图，召宗室朝明堂，诸王递相惊曰："神皇欲因此尽收宗室诛之。"撰诈为皇帝玺书，分告诸王，令各起兵。

冲募兵得五千余人，起博州，先击武水，莘令马玄素闭门拒守。冲因风纵火，焚其南门；风回军却，众惧而散。冲还走博州，为门者所杀。太后遣将军丘神勣击之，至博州，冲已死。

越王贞亦举兵于豫州，太后遣将军曲崇裕等讨之，又命张光辅为诸军节度。贞发属县兵得五千人，拒战而溃，遂自杀。初，诸王往来相约结，未定而冲先发，惟贞狼狈应之，诸王皆不敢发，故败。

贞之将起兵也，遣使告寿州刺史赵瓌，瓌妻常乐长公主，谓使者曰："李氏危若朝露，诸王先帝之子，不舍生取义，欲向须邪！大丈夫当为忠义鬼，无为徒死也。"

及贞败，太后欲悉诛诸王，命监察御史苏珦按之。无验，太后召诘之，珦抗论不回。太后曰："卿大雅之士，朕当别有任使，此狱不必卿也。"使周兴等按之，于是收韩王元嘉、鲁王灵夔、黄公撰、常乐公主于东都，迫使自杀，亲党皆诛。

时狄仁杰为豫州刺史。贞党与当坐者六七百家，当籍没者五千口，仁杰密奏："彼皆诖误，臣欲显奏，似为逆人申理；不言，又乖陛下仁恤之旨。"太后特原之，皆流丰州。道过宁州，宁州父老迎劳之曰："我狄使君活汝邪！"相携哭于德政碑下，三日而后行。

张光辅将士恃功，多所求取，仁杰不之应。光辅怒曰："州将轻元帅邪？"仁杰曰："明公纵将士暴掠，杀已降以为功，恨不得尚方斩马剑，加公之颈，虽死如归耳！"光辅归，奏之，左迁仁杰复州刺史。

霍王元轨、江都王绪、东莞公融、济州刺史薛顗、顗弟绪、绪弟驸马都尉绍，皆坐与二王通谋，为太后所杀。

纲 太后拜洛受图。明堂成，作天堂。

纲 己丑,六年,春正月,帝在房州。

纲 太后大飨万象神宫。

纲 秋九月,太后以僧怀义为新平道大总管,讨突厥。

纲 闰月,太后杀同平章事魏玄同。

目 魏玄同素与裴炎善,时人以其终始不渝,谓之"耐久朋"。周兴素恶玄同,诬之曰:"玄同言后老矣,不若奉嗣君为耐久。"太后怒,赐死于家。或教之告密,冀得召见自陈。玄同叹曰:"人杀鬼杀,等耳,岂能作告密人邪!"乃就死。

彭州长史刘易从,为徐敬真所引,就州诛之。易从为人,仁孝忠谨,将刑于市,吏民怜其无辜,远近奔赴,竞解衣投地,曰:"为长史求冥福。"有司平准,直十余万。

纲 冬十月,太后杀郑王璥等六人。

目 初,太后问陈子昂当今为政之要,子昂上疏,以为:"宜缓刑崇德,息兵革,省赋役,抚慰宗室,各使自安。"辞意婉切,其论甚美。至是,又上疏曰:"太平之朝,上下乐化,不宜有乱臣贼子,自犯天诛。比者大狱增多,逆徒滋广,愚臣顽昧,初谓皆实,去月陛下特察李珍等无罪,又免楚金等死,初有风雨,变为景云。臣乃知亦有无罪之人,枉于疏网者。臣闻阴惨者刑也,阳舒者德也;圣人法天,天亦助圣。今又阴雨,臣恐过在狱官,陛下何不悉召狱囚,自诘其罪!有实者显示明刑,滥者严惩狱吏,使天下咸服,岂非至德克明哉!"

纲 十一月,太后享万象神宫,始用周正。

纲 太后自名曌,改诏曰"制"。

纲 除唐宗室属籍。

纲 庚寅,七年,春正月,帝在房州。

纲 二月,太后策贡士于洛城殿。

目 贡士殿试自此始。补阙薛谦光上疏曰:"选举之法,宜得实才,取舍之间,风化所系。今之选人,咸称觅举,奔竞相尚,喧诉无惭。至于才应经邦,惟令试策;武能制敌,止验弯弧。昔汉武帝见司马相如赋,恨不同时,及置之朝廷,终文园令,知其不堪公卿之任故也。吴起将战,左右进剑,起曰:'将者提鼓挥桴,临难决疑,一剑之任,非将事也。'然则虚文岂足以佐时,善射岂足以克敌!要在文吏察其行能,武吏观其勇略，考居官之臧否，行举者之赏罚而已。”

纲　秋七月，太后流舒王元名于和州，以侯思止、王弘义为侍御史。

目　醴泉人侯思止，素诡谲无赖。恒州刺史裴贞杖一判司，判司使思止告贞与舒王元名谋反，元名废徙和州，贞亦族灭。思止求为御史，太后曰：“卿不识字！”对曰：“獬豸何尝识字，但能触邪耳。”太后悦，从之。

衡水人王弘义素无行，尝从邻舍乞瓜，不与，乃告县官瓜田中有白兔；县官使人搜捕，蹂践立尽。又见闾里耆老作邑斋，遂告以谋反，杀二百余人。太后擢为殿中侍御史。或告胜州都督王安仁谋反，敕弘义按之。安仁不服，弘义即枷上刎其首。朝士人人自危，每朝辄与家人诀曰：“未知复相见否？”

时法官竞为深酷，惟司刑丞徐有功、杜景俭独存平恕，被告者皆曰：“遇来、侯必死，遇徐、杜必生。”有功，名弘敏，以字行。初为蒲州司法，不施敲扑。吏相约有犯徐司法杖者，众共斥之。迨官满，不杖一人，职事亦修。及为司刑丞，酷吏所诬构者，皆为直之，前后所活数十百家。尝廷争狱事；太后厉色诘之，有功神色不挠，争之弥切。太后虽好杀，知有功正直，甚敬惮之。

司刑丞李日知亦尚平恕。少卿胡元礼欲杀一囚，日知以为不可，往复数四，元礼曰：“元礼不离刑曹，此囚终无生理！”日知曰：“日知不离刑曹，此囚终无死法！”乃以所列状上，日知果直。

纲　太后杀南安王颖等十二人，及故太子贤二子。

目　唐之宗室，于是殆尽，其幼弱者亦流岭南。

纲　九月，武氏改国号曰周。称皇帝，以豫王旦为皇嗣，改姓武氏。

目　侍御史傅游艺上表请改国号曰周，赐皇帝姓武氏。太后不许；擢游艺为给事中。于是百官、宗戚、百姓、四夷合六万余人，俱上表如游艺所请，太后可之。御则天楼，赦天下，以唐为周。上尊号曰圣神皇帝，以皇帝为皇嗣，赐姓武氏。立武承嗣为魏王，三思为梁王，士彟兄孙攸暨等十二人皆为郡王。以傅游艺为鸾台侍郎、平章事。游艺期年之中历衣青、绿、朱、紫，时人谓之“四时仕宦”。太后欲以太平公主妻武攸暨，使人杀其妻而妻之。公主多权略，太后以为类己，常与密议天下事。

纲 冬十月，周以徐有功为侍御史。

目 道州刺史李行褒兄弟为酷吏所陷，当族。秋官郎中徐有功固争不能得。周兴奏有功故出反囚，当斩，太后免有功官。然太后雅重有功，寻复起为侍御史。有功伏地流涕固辞曰："臣闻鹿走山林而命悬庖厨，势使之然也。陛下以臣为法官，臣不敢枉陛下法，必死是官矣。"太后固授之，闻者相贺。

纲 辛卯，八年，春正月，帝在房州。

纲 二月，周流其右丞周兴于岭南。

目 初，金吾大将军丘神勣以罪诛，或告右丞周兴与神勣通谋，太后命来俊臣鞫之，俊臣与兴方推事对食，谓兴曰："囚多不承，当为何法？"兴曰："此甚易耳！取大瓮，以炭四周炙之，令囚入中，何事不承！"俊臣索大瓮，如兴法，起谓兴曰："有内状推兄，请兄入此瓮！"兴惶恐服罪。法当死，原之，流岭南，在道为仇家所杀。兴与索元礼、来俊臣竞为暴刻，所杀各数千人，破千余家。元礼残酷尤甚，寻亦为太后所杀。

纲 秋九月，周以武攸宁为纳言，狄仁杰同平章事。

目 太后谓仁杰曰："卿在汝南，甚有善政，卿欲知谮卿者名乎？"仁杰谢曰："陛下以臣为过，臣请改之；知臣无过，臣之幸也，不愿知谮者名。"太后深叹美之。

纲 周杀其同平章事格辅元、右相岑长倩、纳言欧阳通。

目 先是，凤阁舍人张嘉福使洛阳人王庆之等数百人上表，请立武承嗣为皇太子。岑长倩、格辅元以皇嗣在东宫，不宜有此议，由是大忤诸武意，皆坐诛。来俊臣教长倩子引欧阳通，讯之，不服，诈为款，并杀之。太后诏庆之曰："皇嗣我子，奈何废之？"对曰："'神不歆非类，民不祀非族。'今谁有天下，而以李氏为嗣乎！"太后不从。庆之屡求见，太后怒，命凤阁侍郎李昭德杖之。昭德引出门，示朝士曰："此贼欲废我皇嗣，立武承嗣。"命扑之，耳目皆血出，然后杖杀之，其党乃散。昭德因言于太后曰："天皇，陛下之夫；皇嗣，陛下之子。陛下身有天下，当传之子孙为万代业，岂得以侄为嗣乎！自古未闻侄为天子而为姑立庙者也！且陛下受天皇顾托，若以天下与承嗣，则天皇不血食矣。"太后亦以为然。

纲 壬辰，九年，春正月，帝在房州。

纲 周武氏引见存抚使所举人。

目 初，太后遣使存抚四方。至是，引见其所举人，无问贤愚，悉皆擢用，高者试给、舍，次郎、御史、遗补、校书郎。试官自此始。时人为之语曰："补阙连车载，拾遗平斗量；欋椎侍御史，盌脱校书郎。"有举人沈全交续之曰："糊心存抚使，眯目圣神皇。"御史劾之，太后笑曰："但使卿辈不滥，何恤人言！"太后虽滥以禄位收人心，然不称职者，寻亦黜之，或加刑诛。挟刑赏之柄以驾御天下，政由己出，明察善断，故当时英贤亦竞为之用。

纲 周以郭霸为监察御史。

目 郭霸以谄谀拜监察御史。中丞魏元忠病，霸往问之，因尝其粪，喜曰："粪甘则可忧；今苦，无伤也。"元忠大恶之。

纲 周贬狄仁杰、魏元忠为县令。

目 来俊臣罗告同平章事任知古、狄仁杰、裴行本、司农卿裴宣礼、左丞卢献、中丞魏元忠、潞州刺史李嗣真谋反。先是，俊臣请降敕，一问即承反者，得减死。知古等下狱，俊臣以此诱之，仁杰曰："大周革命，万物惟新，唐室旧臣，甘从诛戮。反是实！"俊臣乃少宽之。判官王德寿教仁杰引平章事杨执柔，仁杰曰："皇天后土遣狄仁杰为如此事！"以头触柱，血流被面；德寿惧而谢之。仁杰裂衾帛书冤状，置绵衣中，谓德寿曰："天时方热，请授家人去其绵。"德寿许之。仁杰子得书，持之称变，以闻。太后以问俊臣，俊臣乃诈为仁杰等谢死表上之。

初，平章事乐思晦亦为俊臣等所杀，男未十岁，没入司农。至是上变，得召见，太后问状，对曰："臣父已死，臣家已破，但惜陛下法为俊臣等所弄。陛下不信臣言，乞择朝臣之忠清、陛下素所信任者，为反状以付俊臣，无不承反矣。"太后意稍寤，召见仁杰等，问曰："卿承反何也？"对曰："不承，则已死于拷掠矣。"太后曰："何为作谢死表？"对曰："无之。"出表示之，乃知其诈，于是出此七族。皆贬县令：仁杰彭泽，元忠涪陵。流行本、嗣真于岭南。

纲 夏五月，禁天下屠杀采捕。

目 时江、淮旱饥，民不得采鱼虾，饥死者甚众。拾遗张德生男，私杀羊会同僚，补阙杜肃怀一啖，上表告之。明日，太后对仗，谓德曰：

"闻卿生男，甚喜。"德拜谢。太后曰："何从得肉？"德叩头伏罪。太后曰："朕禁屠宰，吉凶不预。卿自今召客，亦须择人。"出肃表示之。肃大惭，举朝欲唾其面。

纲 秋七月，周左相武承嗣罢，以李昭德同平章事。

目 先是昭德密言于太后曰："魏王承嗣权太重。"太后曰："吾侄也，故委以腹心。"昭德曰："姑侄之亲，何如父子？子犹有篡弑其父者，况侄乎！"太后矍然，遂罢承嗣政事。承嗣亦毁昭德于太后，太后曰："吾任昭德，始得安眠，彼代吾劳，汝勿言也。"

纲 周流其御史严善思于驩州。

目 太后自垂拱以来，任用酷吏，先诛唐宗戚数百人，次及大臣数百家，其刺史、郎将以下，不可胜数。每除一官，户婢窃相谓曰："鬼朴又来矣。"不旬月，辄遭掩捕、族诛。监察御史严善思，公直敢言。时告密者不可胜数，太后亦厌其烦，命善思按问，引虚伏罪者八百五十余人，罗织之党为之不振，乃相与构善思，坐流驩州。太后知其枉，寻复召之。补阙朱敬则上疏曰："李斯相秦，用刻薄变诈以屠诸侯，不知易之以宽和，卒至土崩，此不知变之祸也。汉高祖定天下，陆贾、叔孙通说之以礼义，传世十二，此知变之善也。自文明草昧，天地屯蒙，三叔流言，四凶构难，不设钩距，无以应天顺人，不切刑名，不可摧奸息暴。故开告端，以禁异议。然急趋无善迹，促柱少和声，向时之妙策，乃当今之刍狗也。伏愿览秦、汉之得失，考时事之合宜，窒罗织之源，扫朋党之迹，使天下苍生坦然人悦，岂不乐哉！"太后善之，赐帛三百段。

纲 冬十月，周武氏杀豫王妃刘氏。

目 户婢团儿为太后所宠信，有憾于皇嗣，乃谮皇嗣妃刘氏及德妃窦氏为厌咒。太后杀之，瘗于宫中，莫知所在。德妃父孝谌为润州刺史。有奴妄为妖异，以恐妃母庞氏，因请夜祠祷而发其事。监察御史薛季昶按之，以为当斩，其子希瑊诣侍御史徐有功讼冤，有功论之，以为无罪；季昶奏有功阿党恶逆，罪当绞。令史以白有功，有功叹曰："岂我独死，诸人永不死邪！"既食，掩扉熟寝。太后召有功，谓曰："卿比按狱，失出何多？"对曰："失出，人臣之少过；好生，圣人之大德。"太后默然。由是庞氏得减死，有功亦除名。

纲 周制宰相撰时政记，月送史馆。

纲 癸巳，十年，春正月，帝在房州。

纲 周以娄师德同平章事。

目 师德宽厚清慎，犯而不校。其弟除代州刺史，将行，师德谓曰："吾兄弟荣宠过盛，人所疾也，将何以自免？"弟曰："自今虽有人唾某面，某拭之而已，庶不为兄忧。"师德愀然，曰："此所以为吾忧也！人唾汝面，怒汝也；而汝拭之，则逆其意，而重其怒矣。夫唾，不拭自干，当笑而受之耳。"

纲 周杀其尚方监裴匪躬。

目 匪躬坐私谒皇嗣，腰斩于市，自是公卿以下皆不得见。又有告皇嗣潜有异谋者，太后命来俊臣鞫其左右，左右不胜楚毒，皆欲自诬。太常工人安金藏大呼曰："请剖心以明皇嗣不反。"即引佩刀自剖其胸，五脏皆出。太后闻之，令舆入宫，使医内五脏，以桑皮线缝之，傅以药，经宿始苏。太后亲临视之，叹曰："吾有子不能自明，使汝至此。"即命俊臣停推，睿宗由是得免。

纲 甲午，十一年，春正月，帝在房州。

纲 秋八月，周以杜景俭同平章事。

目 太后出梨花一枝以示宰相，宰相皆以为瑞。杜景俭独曰："今草木黄落，而此更发荣，阴阳不时，咎在臣等。"因拜谢。太后曰："卿真宰相也！"

纲 九月，周贬来俊臣为同州参军，流王弘义于琼州。

纲 周贬其内史李昭德为南宾尉。

纲 冬十一月，周明堂火。

目 太后命怀义作天堂，日役万人，费以亿计，府藏为空。怀义所度力士为僧者满千人，侍御史周矩疑有奸谋，固请按之。太后命流其党，怀义不问。又命杀牛取血，画大像首高二百尺，云怀义刺膝血为之，张于天津桥南。侍御医沈南璆亦得幸于太后，怀义心愠，乃密烧天堂，延及明堂皆尽，风裂血像为数百段。太后讳之，命更造明堂、天堂。怀义内不自安，言多不顺，太后阴使人殴杀之。

以明堂火，制求直言。获嘉主簿刘知几表陈四事。是时官爵易得而法网严峻，故人竞为趋进而多陷刑戮，知几乃著思慎赋，以刺时见志焉。

纲 乙未,十二年,春正月,帝在房州。

纲 冬十一月,周安平王武攸绪弃官隐嵩山。

目 千牛卫将军、安平王武攸绪,少有志行,恬澹寡欲,求弃官,隐于嵩山之阳。太后疑其诈,许之,以观其所为。攸绪遂优游岩壑,冬居茅椒,夏居石室,太后所赐服器皆置不用,买田使奴耕种,与民无异。

纲 丙申,十三年,春正月,帝在房州。

纲 周新明堂成。

纲 冬十月,契丹陷冀州。周以狄仁杰为魏州刺史。

纲 周以姚元崇为夏官侍郎。

目 时契丹入寇,军书填委,夏官郎中姚元崇剖析如流,皆有条理,太后奇之,擢为夏官侍郎。

纲 周以徐有功为殿中侍御史。

目 太后思徐有功用法平恕,擢拜左台殿中侍御史,远近闻者无不相贺。宗城潘好礼著论,称有功蹈道依仁,固守诚节,不以贵贱死生易其操履。设客问曰:"徐公于今,谁与为比?"主人曰:"四海至广,人物至多,或匿迹韬光,仆不敢诬,若所闻见,则一人而已,当于古人中求之。"客曰:"何如张释之?"主人曰:"释之所行者甚易,徐公所行者甚难,难易之间,优劣见矣。张公逢汉文之时,天下无事,守法而已,岂不易哉!徐公逢革命之秋,属惟新之运,人主有疑于上,酷吏恣虐于下;而徐公守死善道,深相明白,几陷囹圄,数挂网罗,岂不难哉!"客曰:"使为司刑卿,乃得展其才矣。"主人曰:"吾子徒见徐公用法平允,谓可置司刑;仆睹其人,方寸之地,何所不容,若其用之,何事不可,岂直司刑而已哉!"

纲 十一月,周以张昌宗为散骑常侍,张易之为司卫少卿。

目 昌宗、易之,年少美姿容,太平公主荐之入侍禁中,皆得幸于太后;常傅朱粉,衣锦绣,赏赐不可胜纪。武承嗣、三思、懿宗、宗楚客、晋卿皆候其门庭,争执鞭辔,谓张易之为"五郎",昌宗为"六郎"。

纲鉴易知录卷四七

唐纪

中宗皇帝　附武后

纲　丁酉，十四年，春正月，帝在房州。

纲　夏四月，周以王及善为内史。

目　王及善已致仕，会契丹作乱，起为滑州刺史。太后召见，问以朝廷得失，及善陈治乱之要十余事。太后曰："外州末事，此为根本，卿不可出。"留为内史。

纲　六月，周来俊臣伏诛。

目　来俊臣倚势贪淫，士民妻妾有美者，百方取之；前后罗织诛人，不可胜计。自言才比石勒。监察御史李昭德素恶之，俊臣遂诬昭德谋反，下狱。又欲罗告诸武及太平公主与皇嗣、庐陵王、南北牙同反。诸武及太平公主共发其罪，系狱，有司处以极刑。奏上，三日不出。王及善曰："俊臣，国之元恶，不去之，必动摇朝廷。"吉顼曰："俊臣聚结不逞，诬构良善，赃贿如山，冤魂塞路，国之贼也，何足惜哉！"太后乃下其奏。昭德、俊臣同弃市，时人无不痛昭德而快俊臣，仇家争啖其肉。士民相贺曰："自今眠者背始帖席矣。"

纲　周以武承嗣、武三思同三品。

纲　秋九月，周以魏元忠为肃政中丞。

纲　冬闰十月，以狄仁杰同平章事。

纲　戊戌，十五年，春三月，帝还东都。

目　武承嗣、三思营求为太子，狄仁杰从容言于太后曰："太宗栉风沐雨，亲冒锋镝，以定天下，传之子孙。大帝以二子托陛下，陛下今乃欲移之他族，无乃非天意乎！且姑侄之与母子孰亲？陛下立子，则千秋万岁后，配食太庙；立侄，则未闻侄为天子而祔姑于庙者也。"太后曰："此朕家事，卿勿预知。"仁杰曰："王者以四海为家，四海之内，何者不为陛下家事！况元首、股肱，义同一体，臣备位宰相，岂得有所不预知乎！”因劝太后召还庐陵王，太后意稍寤。

他日，又谓仁杰曰：“朕梦大鹦鹉两翼皆折，何也？”对曰：“武者，陛下之姓；两翼，二子也。陛下起二子，则两翼振矣。”太后由是无立承嗣、三思之意。

吉顼与张易之、昌宗为控鹤监供奉，顼从容说二人曰：“公兄弟贵宠，天下侧目，不有大功，何以自全？”二人惧，问计。顼曰：“天下未忘唐德，主上春秋高，公何不劝立庐陵王以慰人望！如此，岂徒免祸，亦可以长保富贵矣。”二人以为然，乘间屡为太后言之。太后乃托言庐陵王有疾，遣使召之，及其妃子皆诣行在。承嗣快快，遂发病死。

纲　秋八月，周以狄仁杰兼纳言。

目　太后命宰相各举尚书郎一人，仁杰举其子光嗣，拜地官员外郎，已而称职。太后喜曰：“卿足继祁奚矣。”

通事舍人元行冲，博学多通，仁杰重之。行冲数规谏仁杰，且曰：“凡为家者必有储蓄脯醢以适口，参术以攻疾。仆窃计明公之门，珍味多矣，行冲请备药物之末。”仁杰笑曰：“吾药笼中物，何可一日无也！”

纲　九月，突厥陷赵州，周刺史高睿死之。

纲　周武氏以帝为皇太子、河北道元帅，狄仁杰副之，以讨默啜。

纲　周以苏味道同平章事。

目　味道在相位，依阿取容，尝谓人曰：“处事不宜明白，但摸棱持两端可矣。”时人谓之“苏摸棱”。

纲　冬十月，周以狄仁杰为河北道安抚大使。

目　时河北人为突厥所驱逼者，虏退，惧诛，往往亡匿。仁杰上疏曰：“边尘暂起，不足为忧，中土不安，此为大事。诸为突厥、契丹胁从之人，皆是计逼情危，且图赊死。今且潜窜山泽，露宿草行，罪之则众情恐惧，恕之则反侧自安，伏愿曲赦河北诸州，一无所问。”制从之。仁杰于是抚慰百姓，河北遂安。

纲　周以姚元崇同平章事。

纲　十一月，周以豫王旦为相王。

纲　己亥，十六年，春正月，帝在东宫。

纲　秋八月，周纳言娄师德卒。

目 师德性沉厚宽恕，狄仁杰之入相也，师德实荐之；而仁杰不知，意颇轻之。太后尝问仁杰曰："师德知人乎？"对曰："臣尝同僚，未闻其知人也。"太后曰："朕之知卿，乃师德所荐也，亦可谓知人矣。"仁杰既出，叹曰："娄公盛德，我为其所包容久矣，吾不得窥其际也。"是时，罗织纷纭，师德久为将相，独能以功名终，人以是重之。

纲 冬十一月，周贬吉顼为安固尉。

目 太后以顼有干略，以为同平章事，委以腹心。顼与武懿宗争赵州之功于太后前，顼视懿宗声气陵厉，太后由是不悦，曰："顼在朕前，犹卑诸武，况异时讵可倚邪！"他日，顼奏事，方援引古今，太后怒曰："卿所言，朕饫闻之，无多言！昔太宗有马，肥逸无能制者。朕为宫女，进言曰：'妾能制之，然须三物，一铁鞭，二铁檛，三匕首。鞭之不服则檛其首，檛之不服则断其喉。'太宗壮朕之志。今日卿岂足污朕匕首邪！"顼皇恐，谢。诸武因共发其弟冒官事，由是坐贬。辞日，得召见，涕泣言曰："臣永辞阙庭，愿陈一言。"太后问之，顼曰："合水土为泥，有争乎？"太后曰："无之。"又曰："分半为佛，半为天尊，有争乎？"曰："有争矣。"顼顿首曰："宗室、外戚各当其分，则天下安。今太子已立，而外戚犹为王，此陛下驱之使他日必争，两不得安矣。"太后曰："朕亦知之，然业已如是，不可如何。"

纲 十二月，周以狄仁杰为内史。

纲 庚子，十七年，春正月，帝在东宫。

纲 夏六月，司空、梁文惠公狄仁杰卒。

目 太后信重仁杰，群臣莫及，常谓之"国老"而不名。仁杰好面引廷争，太后每屈意从之。尝从太后游幸，遇风巾坠，马惊不止，太后命太子追执其鞚而系之。屡以老疾乞骸骨，不许。每入见，太后常止其拜，曰："每见公拜，朕亦身痛。"及薨，太后泣曰："朝堂空矣！"自是朝廷有大事，众或不能决，太后辄叹曰："天夺吾国老何太早邪！"

太后尝问仁杰："朕欲得一佳士用之，谁可者？"仁杰曰："有张柬之者，其人虽老，宰相才也。"太后擢为洛州司马。数日，又问，仁杰对曰："前荐柬之，尚未用也。"太后曰："已迁矣。"对曰："臣所荐者可为宰相，非司马也。"乃迁秋官侍郎，卒用为相。仁杰又尝荐夏官侍郎姚元崇，监察御史桓彦范、太州刺史敬晖等数十人，卒成反正之功。或谓仁杰曰："天下桃李，悉在公门矣。"仁杰曰："荐贤为国，非为私也。"中宗复位，赠司空，睿宗时追封梁国公。

纲 冬十月，周复以正月为岁首。

纲 辛丑，十八年，春正月，帝在东宫。

目 是岁，武邑人苏安恒，上疏太后曰："陛下钦先圣之顾托，受嗣子之推让，敬天顺人，二十年矣。今太子春秋既壮，陛下年德既尊，何不禅位东宫，使临宸极，亦何异陛下之身哉！诸武皆得封王，而陛下二十余孙无尺寸之土，此非长久之计也。"疏奏，太后召见，赐食，慰谕而遣之。

纲 三月，雨雪。

目 苏味道以雪为瑞，帅百官入贺。殿中侍御史王求礼止之曰："三月雪为瑞雪，腊月雷为瑞雷乎？"味道不从。既入，求礼独不贺，进言曰："今阳和布气，草木发荣，而寒雪为灾，岂得诬以为瑞！贺者皆谄谀之士也。"太后为之罢朝。

时又有献三足牛者，宰相复贺。求礼飏言曰："凡物反常皆为妖，此鼎足非其人，政教不行之象也。"太后为之愀然。

纲 夏六月，周以李迥秀同平章事。

目 迥秀母本微贱，妻叱媵婢，母闻之不悦，迥秀即时出之。或问"何遽如是？"迥秀曰："娶妻本以养亲；今乃违忤颜色，安敢留也！"

纲 冬十一月，周以崔玄時为天官侍郎。

目 天官侍郎崔玄時，性介直，未尝请谒。执政恶之，改文昌左丞。月余，太后谓玄時曰："闻卿改官，令史设斋自庆，此欲盛为奸贪耳；今还卿旧任。"乃复拜天官侍郎。

纲 周以郭元振为凉州都督。

纲 壬寅，十九年，春正月，帝在东宫。

目 是岁，苏安恒复上疏曰："臣闻天下者，神尧、文武之天下也，陛下虽居正统，实因唐氏旧基。当今太子追回，年德俱盛，陛下贪其宝位而忘母子深恩，将以何颜见唐家之宗庙哉！今天意人事，还归李家。陛下虽安天位，殊不知物极则反，器满则倾。臣何惜一朝之命，而不安万乘之国哉！"太后亦不之罪。

纲 周设武举。

纲 秋九月朔，日食，不尽如钩。

纲 冬十二月，周以张嘉贞为监察御史。

目 侍御史张循宪为河东采访使，有疑事不能决，问侍吏曰："此有佳客，可与议事者乎？"吏言前平乡尉张嘉贞有异才，循宪召见，询之；嘉贞为之条析理分，莫不洗然，循宪因请为奏，皆意所未及。及还，太后善之，循宪具言嘉贞所为，且请以己官授之。太后曰："朕宁无一官自进贤邪！"因召嘉贞与语，大悦，即拜监察御史；擢循宪司勋郎中，赏其得人也。

纲 癸卯，二十年，春正月，帝在东宫。

纲 夏闰四月，周改文昌台为中台。

纲 秋九月朔，日食既。

纲 周贬魏元忠为高要尉，流张说于岭南。

目 初元忠为洛州长史，张易之奴暴乱都市，元忠杖杀之。及为相，太后欲以易之弟昌期为雍州长史，问宰相："谁堪雍州者？"元忠以薛季昶对。太后曰："昌期何如？"元忠曰："昌期少年，不闲吏事，不如季昶。"太后默然而止。元忠又尝面奏："臣承乏宰相，不能尽忠死节，使小人在侧，臣之罪也！"太后不悦。由是诸张深恶之，乃谮元忠尝言："太后老矣，不若挟太子为久长。"太后怒，下元忠狱。

昌宗密引凤阁舍人张说，赂以美官，使证元忠；说许之。太后召说入，凤阁舍人宋璟谓曰："名义至重，鬼神难欺，不可党邪陷正！若获罪流窜，其荣多矣。若事有不测，璟当叩阁力争，与子同死。努力为之，万代瞻仰，在此举也！"殿中侍御史张廷珪曰："朝闻道，夕死可矣。"左史刘知几曰："无污青史，为子孙累！"及入，太后问之，说未对。昌宗从旁迫趣说，使速言。说曰："陛下视之，在陛下前，犹逼臣如是，况在外乎！臣实不闻元忠有是言。"易之、昌宗遽呼曰："张说与元忠同反！"太后问其状，对曰："说尝谓元忠为伊、周；伊尹放太甲，周公摄王位，非欲反而何？"说曰："易之小人，徒闻伊、周之语，安知伊、周之道！伊尹、周公为臣至忠，古今慕仰。陛下用宰相，不使学伊、周，当使学谁邪？"太后曰："说反复，宜并系治之。"他日，更引问说，对如前。

朱敬则抗疏理之曰："元忠素称忠正，张说所坐无名，若令抵罪，失天下望。"竟贬元忠高要尉,流说岭表。元忠入辞,言曰:"臣老,向岭南,十死一生。但陛下他日必思臣言。"因指昌宗、易之曰:"此二小儿,终为乱阶。"

殿中侍御史王晙复奏申理元忠,宋璟谓之曰:"魏公幸已得全,今子复冒威怒,得无狼狈乎!"晙曰:"魏公以忠获罪,晙为义所激,颠沛无恨。"璟叹曰:"璟不能伸魏公之枉,深负朝廷矣。"

太后尝命朝贵宴集,易之兄弟皆位宋璟上。易之素惮璟,欲悦其意,虚位揖之曰:"公方今第一人,何乃下坐?"璟曰:"才劣位卑,张卿以为第一,何也?"天官侍郎郑杲谓璟曰:"中丞奈何卿五郎?"璟曰:"以官言之,正当谓卿。足下非张卿家奴,何郎之有!"举坐悚惕。时自武三思以下,皆谨事易之兄弟,璟独不为之礼。诸张积怒,尝欲中伤之;太后知之,故得免。

纲 甲辰,二十一年,春正月,帝在东宫。

纲 周平章事朱敬则致仕。

目 敬则为相,以用人为先,自余细务不之视。

纲 夏四月,周以天官侍郎崔玄暐同平章事。

纲 周以姚元崇为春官尚书。

纲 秋七月,周以杨再思为内史。

目 再思为相,专以谄媚取容。司礼少卿张同休,易之之兄,尝因宴集戏再思曰:"杨内史面似高丽。"再思欣然,剪纸帖巾,反披紫袍,为高丽舞,举坐大笑。时人或誉张昌宗之美曰:"六郎面似莲花。"再思曰:"不然,乃莲花似六郎耳。"

纲 周贬戴令言为长社令。

目 左补阙戴令言,作两足狐赋以讥杨再思,出为长社令。

纲 九月,周以姚元之为灵武道安抚大使。冬十月,以秋官侍郎张柬之同平章事。

目 元之将行,太后令举外司堪为宰相者,对曰:"张柬之沉厚有谋,能断大事,且其人已老,惟陛下急用之。"太后遂以柬之同平章事,时年且八十矣。

纲 十二月,周以阳峤为右台侍御史。

目 桓彦范、袁恕己共荐阳峤为御史。杨再思曰:"峤不乐搏击之任,如何?"彦范曰:"为官择人,岂必待其所欲!所不欲者,尤须与之，所以长难进之风，抑躁求之路。”乃擢为右台侍御史。

纲　乙巳，神龙元年，春正月，张柬之等举兵讨武氏之乱，张易之、昌宗伏诛。帝复位，大赦。

目　太后疾甚，易之、昌宗居中用事，张柬之、崔玄暐与中台右丞敬晖、司刑少卿桓彦范、相王司马袁恕己谋诛之。柬之谓羽林大将军李多祚曰：“将军富贵，谁所致也？”多祚泣曰：“大帝也。”柬之曰：“今大帝之子为二竖所危，将军不思报大帝之德乎！”多祚曰：“苟利国家，惟相公处分。”遂与定谋。

初，柬之与荆府长史杨元琰相代，同泛江，至中流，语及太后革命事，元琰慨然有匡复之志。及柬之为相，引元琰为右羽林将军，谓曰：“君颇记江中之言乎？今日非轻授也。”柬之又用彦范、晖及右散骑侍郎李湛皆为羽林将军，委以禁兵。易之等疑惧，乃更以其党武攸宜参之，易之等乃安。

俄而姚元之自灵武至都，柬之、彦范相谓曰：“事济矣！”遂以其谋告之。彦范以事白其母，母曰：“忠孝不两全，先国后家可也。”

时太子于北门起居，彦范、晖谒见，密陈其策，太子许之。柬之、玄暐、彦范乃与左威卫将军薛思行等帅羽林兵五百余人至玄武门，遣多祚、湛及内直郎王同皎诣东宫迎太子。斩关而入，斩易之、昌宗于庑下。进至太后所寝长生殿，太后惊起，问曰：“乱者谁邪？”多祚等对曰：“易之、昌宗谋反，臣等奉太子令诛之。”太后见太子曰：“小子既诛，可还东宫。”彦范进曰：“昔天皇以爱子托陛下，今年齿已长，久在东宫，天意人心，久思李氏。愿陛下传位太子，以顺天人之望！”于是以太后制命太子监国，明日，太后传位于太子。中宗复位，大赦，惟易之党不原。

纲　迁太后于上阳宫，上尊号曰则天大圣皇帝。

纲　以张柬之、袁恕己同三品，崔玄暐为内史，敬晖、桓彦范为纳言，李多祚等进官、赐爵有差。

纲　二月，复国号曰唐。流贬周宰相韦承庆、房融、崔神庆于岭南。

纲　以杨再思同三品。

纲　姚元之为亳州刺史。

目　太后之迁上阳宫也，同三品姚元之独呜咽流涕。桓彦范、张柬之谓曰：“今日岂公涕泣时邪！”元之曰：“前日从公诛奸逆，人臣之义也;今日别旧君,亦人臣之义也,虽获罪,实所甘心。”遂出为亳州刺史。

纲 复立韦氏为皇后,赠后父玄贞上洛王。

目 上之迁房陵也,与后同幽闭,备尝艰危,情爱甚笃。尝与后私誓曰:“异时幸复见天日,当惟卿所欲,不相禁御。”至是,上每临朝则后必施帷帐坐于殿上,预闻朝政,如武后在高宗之世矣。桓彦范上表曰:“书称‘牝鸡之晨,惟家之索’。自古帝王,未有与妇人共政而不破国亡身者也。”先是,胡僧慧范与张易之兄弟善,韦后亦重之。至是,复出入宫掖,彦范表言“慧范执左道以乱政”,请诛之。上皆不听。

纲 以武三思为司空。

目 二张之诛也,洛州长史薛季昶谓张柬之、敬晖曰:“二凶虽除,产、禄犹在,去草不去根,终当复生。”二人曰:“大事已定,彼犹机上肉耳,夫何能为!”季昶叹曰:“吾不知死所矣。”朝邑尉刘幽求亦谓柬之等曰:“三思尚存,公辈终无葬地;若不早图,噬脐无及。”不从。上女安乐公主适三思子崇训。上官仪女婉儿者,没入掖庭,辩慧能文,明习吏事。太后爱之,及上即位,使掌制命,益委任之,拜为婕妤。三思通焉,故婉儿党于武氏,又荐三思于韦后,上遂与三思图议政事,柬之等皆受制于三思矣。上使后与三思双陆,而自为点筹;三思遂与后通,由是武氏之势复振。柬之等数劝上诛诸武,不听。上遂以三思为司空,同三品。

纲 三月,征武攸绪为太子宾客。

纲 以安车征武攸绪,既至,除太子宾客;固请还山,许之。

纲 夏五月,赐敬晖等五人王爵,罢其政事。

目 敬晖等畏武三思之谗,以考功员外郎崔湜为耳目。湜见上亲三思而忌晖等,乃悉以晖等谋告三思;三思引为中书舍人。先是殿中侍御史郑愔谄事二张,坐贬,亡入东都,谒三思,初见,哭甚哀,既而大笑。三思怪之,愔曰:“愔始哀大王将戮死而灭族,后乃喜大王之得愔也。大王虽得天子之意,然彼五人皆据将相之权,胆略过人,废太后如反掌,日夜切齿,欲噬大王之肉,此愔所以为大工寒心也。”三思大惧,与之登楼,问自安之策,引为中书舍人,与崔湜皆为三思谋主。三思与韦后日夜谮晖等,云“恃功专权,将不利于社稷。不若封以王爵,罢其政事,外不失尊宠功臣,内实夺之权”。上以为然,封敬晖为平阳王,桓彦范为扶阳王,张柬之为汉阳王,袁恕己为南阳王,崔玄暐为博陵王，皆罢政事。三思令百官修复太后之政，不附武氏者斥之，为五王所逐者复之，大权尽归三思矣。

纲　以宋璟为黄门侍郎。

目　上嘉宋璟忠直，累迁黄门侍郎。武三思尝以事属璟，璟正色拒之曰："今太后既复子明辟，王当以侯就第，何得尚预朝政！独不见产、禄之事乎！"

纲　以杨元琰为卫尉卿。

目　先是元琰知三思浸用事，请弃官为僧，上不许。敬晖闻而笑之。元琰曰："功成名遂，不退将危。此乃由衷之请，非徒然也。"及晖等得罪，元琰独免。

纲　以韦安石为中书令，魏元忠为侍中。

纲　洛水溢。

纲　秋七月，河南、北十七州大水，制求直言。

纲　冬十一月，群臣上皇帝、皇后尊号。

纲　皇太后武氏崩。

目　太后崩于上阳宫，年八十一，遗制去帝号。上居谅阴，以中书令魏元忠摄冢宰三日。元忠素负忠直之望，中外赖之；武三思矫太后遗制，慰谕元忠，赐实封百户。元忠捧制，感咽涕泗，见者曰："事去矣！"

纲　丙午，二年，春正月，制太平、安乐公主各开府置官属。

纲　二月，制僧慧范、道士史崇恩等并加五品阶。

纲　置十道巡察使。

纲　三月，杀附马都尉王同皎。

目　初，宋之问及弟之逊皆坐附会张易之贬岭南，逃归东都，匿于友人王同皎家。同皎疾武三思及韦后所为，每与所亲言之，辄切齿。之逊密告三思，三思使人告同皎与武当丞周憬等谋杀三思，废皇后。皆坐斩；之问、之逊并除京官。

纲　大置员外官。

目　置员外官，自京师及诸州凡二千余人，宦官超迁七品以上员外官者又将千人。魏元忠自端州还，为相，不复强谏，惟与时俯仰，中外失望。酸枣尉袁楚客以书责之，曰："主上新服厥命，惟新厥德，当进君子，退小人，以兴大化，岂可安其荣宠，循默而已！今不早建太子，择师傅而辅之，一失也；公主开府置僚属，二失也；崇长缁衣，借势纳赂，三失也；俳优小人，盗窃品秩，四失也；有司选贤，皆以货取势求，五失也；宠进宦者，殆满千人，六失也；王公贵戚，赏赐无度，竞为侈靡，七失也；广置员外官，伤财害民，八失也；先朝宫女，出入无禁，交通请谒，九失也；左道之人，荧惑主听，窃盗禄位，十失也。凡此十失，君侯不正，谁正之哉！”元忠得书，愧谢而已。

纲 夏五月，葬则天皇后于乾陵。

纲 六月，贬敬晖、桓彦范、张柬之、袁恕己、崔玄暐为远州司马。

目 武三思使郑愔告敬晖等与王同皎通谋，贬晖崖州、彦范泷州、柬之新州、恕己窦州、玄暐白州司马，员外长任，削其勋封。

纲 秋七月，立卫王重俊为皇太子。

纲 敬晖、桓彦范、张柬之、袁恕己、崔玄暐为武三思所杀。

目 武三思阴令人疏皇后秽行，榜于天津桥，请加废黜。上大怒，命李承嘉穷核其事。承嘉奏言：“敬晖等所为，请族诛之。”上可其奏。大理丞李朝隐奏称：“晖等未经推鞫，不可遽就诛夷。”乃长流晖于琼州，彦范于瀼州，柬之于泷州，恕己于环州，玄暐于古州。崔湜说三思遣使矫制杀之。三思问谁可者，湜以大理正周利用先为五王所恶，贬官，乃荐之。三思使摄侍御史，奉使岭外。比至，柬之、玄暐已死，执彦范、晖、恕己，皆杀之。利用还，擢拜御史中丞。

三思既杀五王，势倾人主，常言：“我不知代间何者谓之善人，何者谓之恶人；但于我善者则为善人，于我恶者则为恶人耳。”时宗楚客、宗晋卿、纪处讷、甘元柬皆为三思羽翼。周利用、冉祖雍、李俊、宋之逊、姚绍之皆为三思耳目，时人谓之“五狗”。

纲 冬十月，车驾还西京。

纲 十一月，以窦从一为雍州刺史。

目 太平公主与僧寺争碾硙，雍州司户李元纮判归僧寺。从一惧，命改判。元纮大署判后曰：“南山可移，此判无动！”从一不能夺。

纲 丁未，景龙元年，秋七月，太子重俊起兵诛武三思、武崇训，兵溃而死。

目 皇后以太子重俊非其所生，恶之；武三思尤忌太子。上官婕妤以三思故，每下制敕，推尊武氏。驸马武崇训又教安乐公主请废太子。太子积不能平，与李多祚等矫制发羽林兵三百余人，杀三思、崇训于其第。太子与多祚斩关而入,叩阁索上官婕妤。上乃与韦后、安乐公主、上官婕妤登玄武门楼以避之。上俯谓多祚所将千骑曰:“汝辈皆朕宿卫之士,何为从多祚反!苟能斩反者,勿患不富贵。”于是千骑斩多祚等,余众皆溃,太子亦为左右所杀。

纲 贬魏元忠为务川尉,道卒。

目 元忠以武三思擅权,意常愤郁。及太子重俊起兵,遇元忠子太仆少卿升于永安门,胁以自随;太子死,升为乱兵所杀。元忠扬言曰:“元恶已死,虽鼎镬何伤!但惜太子陨没耳。”宗楚客等共诬元忠,云“与太子通谋,请夷三族”。制不许,乃贬务川尉,行至涪陵而卒。

纲 戊申,二年,春二月,赦。

目 宫中言皇后衣笥裙上有五色云起,上令图以示百官,侍中韦巨源请布之天下,从之,仍赦天下。迦叶志忠奏:“昔神尧未受命,天下歌桃李子;文皇未受命,天下歌秦王破阵乐;则天未受命,天下歌娬媚娘;皇后未受命,天下歌桑条韦,谨上桑条韦歌十二篇,请编之乐府,皇后祀先蚕则奏之。”太常卿郑愔又引而申之。上悦,皆受厚赏。

纲 三月,朔方总管张仁愿筑三受降城。

目 初,朔方军与突厥以河为境,仁愿于河北筑三受降城,首尾相应,以绝其南寇之路。自是,突厥不敢度山畋牧,减镇兵数万人。仁愿建城,不置壅门守具。或问之,仁愿曰:“兵贵进取。寇至,当并力出战,回首望城者斩之,安用守备生其退恧之心也!”其后常元楷为总管,始筑壅门。人以是重仁愿而轻元楷。

纲 夏四月,置修文馆学士。

目 置修文馆学士,选公卿善为文者李峤等二十余人为之。陪侍游宴,赋诗属和,使上官昭容第其甲乙。于是天下靡然,争以文华相尚,儒学忠谠之士莫得进矣。

纲 秋七月,以张仁愿同三品。

纲 始用斜封墨敕除官。

目 安乐、长宁公主、上官婕妤皆依势用事,请谒受赇,降墨敕除官,斜封付中书,时人谓之“斜封官”。其员外、同正、试、摄、检校、判、知官凡数千人。上及皇后、公主多营佛寺。左拾遗辛替否上疏曰:“臣闻古之建官,员不必备,故士有完行,家有廉节,朝廷有余俸,百姓有余食。今陛下百倍行赏,十倍增官,使府库空竭,流品混淆。陛下又以爱女之故，竭人之力，费人之财，夺人之家；爱数子而取三怨，使战士不尽力，朝士不尽忠，人既散矣，独提所爱，何所归乎！君以人为本，本固则邦宁，邦宁则陛下之夫妇母子长相保矣。若以造寺必为理体，养人不足经邦，缓其所急，急其所缓，亲未来而疏见在，失真实而冀虚无；一旦风尘再扰，霜雹荐臻，沙弥不可操干戈，寺塔不足攘饥馑，臣窃惜之。"疏奏，不省。

纲　冬十一月，安乐公主适武延秀。

目　武崇训之弟延秀，美资仪，善歌舞，公主悦之。崇训死，遂以延秀尚焉。

纲　征武攸绪入朝。

目　召武攸绪于嵩山。敕礼官于两仪殿设位，行问道之礼，令攸绪以山服见，不名不拜。攸绪至，趋立辞见班中，再拜而退。屡加宠锡，皆辞不受；亲贵谒候，寒温之外，不交一言。

纲　以婕妤上官氏为昭容。

纲　己酉，三年，春正月，幸玄武门，观宫女拔河。

目　幸玄武门与近臣观宫女拔河。上每与近臣宴集，令各效伎艺以为乐。国子司业郭山恽独歌鹿鸣、蟋蟀。明日，赐山恽敕，嘉美之。又尝宴侍臣，使各为回波辞，谏议大夫李景伯曰："回波尔持酒卮。微臣职在箴规。侍宴既过三爵，喧哗窃恐非仪。"上不悦。萧至忠曰："此真谏官也。"

纲　三月，以韦巨源、杨再思为左右仆射、同三品，宗楚客为中书令，萧至忠为侍中，韦嗣立同三品，崔湜、赵彦昭同平章事。

目　监察御史崔琬对仗弹宗楚客、纪处讷潜通戎狄，受其货赂，至生边患。故事，大臣被弹，俯偻趋出，立于朝堂待罪。至是，楚客更忿怒作色，自陈忠鲠，为琬所诬。上竟不穷问，命琬与楚客结为兄弟以和解之，时人谓之"和事天子"。崔湜通于上官昭容，故引以为相。时政出多门，滥官充溢，人以为三无坐处，谓宰相、御史及员外官也。

纲　夏五月，流郑愔于吉州，贬崔湜江州司马。

目　崔湜、郑愔俱掌铨衡，倾附势要，赃贿狼藉，选法大坏。御史靳恒、李尚隐对仗弹之，下狱，流贬远州。

纲　庚戌，四年，夏五月，宴近臣。

目　国子祭酒祝钦明自请作八风舞，摇头转目，备诸丑态。钦明素以儒学著名，卢藏用曰："祝公五经扫地尽矣。"

纲　六月，皇后韦氏杀帝于神龙殿，以裴谈、张锡同三品，张嘉福、岑羲、崔湜同平章事。立温王重茂。

目　许州参军燕钦融上言："皇后淫乱，干预国政，宗楚客图危社稷。"上面诘之。钦融抗言不挠，楚客矫制扑杀之，上意怏怏，由是后及其党始惧。散骑常侍马秦客、光禄少卿杨均皆幸于后，恐事泄；安乐公主亦欲后临朝，以己为皇太女；乃相与合谋，于饼饺中进毒，中宗崩。

韦氏秘不发丧，召宰相入禁中，征诸府兵屯京城；以裴谈、张锡同三品，张嘉福、岑羲、崔湜同平章事；太平公主与上官昭容谋草遗制，立温王重茂为太子，皇后知政事，相王旦参谋政事。宗楚客曰："相王与皇后，嫂叔不通问，听朝之际，何以为礼！"遂率诸宰相表请罢相王政事。乃发丧，皇后摄政，改元唐隆。太子即位，年十六。宗楚客、叶静能与诸韦劝后遵武后故事，以韦氏子弟领南北军。楚客等上书称韦氏宜革唐命，谋害少帝，深忌相王及太平公主，密与韦温、安乐公主谋去之。

纲　临淄王隆基起兵讨韦氏，并其党皆伏诛。隆基为平王，以钟绍京，刘幽求参知机务，李日知同三品，萧至忠等贬官有差。

目　相王子临淄王隆基罢潞州别驾，在京师阴聚才勇之士，密谋匡复。会兵部侍郎崔日用以楚客谋告隆基，乃与太平公主及公主子薛崇暕、苑总监钟绍京、尚衣奉御王崇晔、前朝邑尉刘幽求、折冲麻嗣宗谋先事诛之。会韦播数搒捶万骑，万骑皆怨。果毅葛福顺、陈玄礼见隆基诉之，隆基讽以诛诸韦，皆踊跃自效。或谓隆基当启相王，隆基曰："我曹为此以徇社稷，事成福归于王，不成以身死，不以累王也。且万一不从，将败大计。"遂不启。微服与幽求等入苑中，逮夜，天星散落如雪，幽求曰："天意若此，时不可失！"于是福顺直入羽林营，斩诸韦典兵者以徇，曰："韦后鸩杀先帝，谋危社稷，今夕当共诛之，立相王以安天下。敢有怀两端助逆党者，罪及三族。"羽林士皆欣然听命。

隆基勒兵入玄武门，诸卫兵皆应之。斩韦后及安乐公主、武延秀、上官昭容。幽求曰："众约今夕共立相王，何不早定！"隆基止之，比晓，内外皆定。隆基乃出见相王，叩头谢不先白之罪。相王曰："社稷宗庙不坠于地，汝之力也。”遂迎相王入辅少帝。

闭城门，收捕诸韦亲党及宗楚客、晋卿、纪处讷、赵履温、张嘉福、马秦客、杨均、叶静能等，皆斩之。尸韦后于市，诸韦襁褓儿无免者。

封隆基为平王，押左右厢万骑，赐崇暕爵立节王。以绍京守中书侍郎，幽求守中书舍人，并参知机务。武氏宗属，诛窜殆尽。以李日知、钟绍京并同三品。隆基二奴王毛仲、李守德，皆超拜将军。诸宰相萧至忠等，贬官有差。

纲 相王旦即位，废重茂复为温王。

纲 立平王隆基为皇太子。

目 上将立太子，以宋王成器嫡长，平王隆基有功，疑不能决。成器辞曰：“国家安则先嫡长，危则先有功；苟违其宜，四海失望，臣死不敢居平王之上。”刘幽求曰：“除天下之祸者当享天下之福。平王拯社稷之危，救君亲之难，论功、语德，无可疑者。”上从之。

纲 加太平公主实封万户。

目 公主沉敏多权略，武后以为类己，独爱幸；及诛张易之，公主有力焉。中宗之世，韦后，安乐皆畏之，又与太子共诛韦氏。既屡立大功，益尊重，上尝与之议政。宰相进退系其一言，荐士骤历清显者，不可胜数，权倾人主，其门如市。

纲 秋七月，追复故太子重俊位号及敬晖、桓彦范、崔玄晔、张柬之、袁恕己、李多祚等官爵。

纲 以宋璟同三品。

目 璟与姚元之协心革中宗弊政，进忠良，退不肖，赏罚尽公，请托不行，纪纲修举，当时翕然以为复有贞观、永徽之风。

纲 八月，罢斜封官。

纲 冬十月，以薛讷为幽州经略节度大使。

纲 十一月，以姚元之为中书令。

纲 葬定陵。

目 朝议以韦后有罪，不应祔葬，乃追谥故英王妃赵氏为和思皇后，招魂祔葬。

纲 许公苏瓌卒。

目 制起复瓌子颋为工部侍郎，颋固辞。上使李日知谕旨，日知还奏曰：“臣见其哀毁，不敢发言。”上乃听其终制。

纲 十二月，以西城、隆昌二公主为女官。

目 以上二女为官，以资天皇、太后之福，欲为造观。谏议大夫宁原悌上疏切谏，上虽不能从而嘉其切直。二公主后改号金仙、玉真公主。

纲 以宋璟为吏部尚书，姚元之为兵部尚书。

纲 贬祝钦明、郭山恽为诸州长史。

目 侍御史倪若水奏弹钦明、山恽乱常改作，希旨病君；于是左授。时侍御史杨孚弹纠不避权贵，权贵毁之，上曰："鹰搏狡兔，须急救之，不尔必反为所噬。御史绳奸慝亦然。苟非人主保卫之，则亦为奸慝所噬矣。"

睿宗皇帝

纲 辛亥，睿宗皇帝景云二年。

纲 春二月，命太子临国，以宋王成器为同州刺史，豳王守礼为豳州刺史，太平公主蒲州安置。

目 初，太平公主以太子年少，意颇易之；既而惮其英武，数为流言，云"太子非长，不可立"。每觇伺其所为，纤悉必闻于上。与益州长史窦怀贞结党，欲危太子，邀韦安石至其第，安石固辞不往。上尝密召安石谓曰："闻朝廷皆倾心东宫，宜察之。"对曰："陛下安得亡国之言！此乃太平之谋耳。太子有功于社稷，仁明孝友，天下所知，愿陛下无惑。"上瞿然曰："朕知之矣，卿勿言。"宋璟与姚元之密言于上曰："宋王陛下之元子，豳王高宗之长孙，公主交构其间，将使东宫不安。请出宋王、豳王皆为刺史，太平公主、武攸暨皆于东都安置。"上曰："朕惟一妹，岂可远置东都！诸王惟卿所处。"顷之，上谓侍臣曰："术者言五日中当有急兵入宫，卿等为朕备之。"张说曰："此必奸人欲离间东宫。愿陛下早使太子监国，则流言自息矣。"元之曰："张说所言，社稷之至计也。"上悦。以宋王成器为同州刺史，豳王守礼为豳州刺史，太平公主蒲州安置，命太子监国。

纲 复斜封官。

目 殿中侍御史崔莅言于上曰："斜封官皆先帝所除，姚元之等建议夺之，彰先帝之过，为陛下招怨。众口沸腾，恐生非常之变。"太平公主亦以为言，上然之。制诸斜封官，并量材叙用。

纲 贬姚元之为申州刺史,宋璟为楚州刺史。寝二王刺史之命。

目 太平公主闻姚元之、宋璟之谋,大怒,以让太子。太子惧,奏二人离间姑、兄,故有是命。

纲 夏五月,召太平公主还京师。

纲 六月,置十道按察使。

纲 冬十一月,召司马承祯至京师,寻许还山。

目 上召天台道士司马承祯,问以阴阳数术。对曰:"道者,损之又损,以至于无为,安肯劳心以学数术乎!"上曰:"理身无为则高矣,如理国何?"对曰:"国犹身也,顺物自然而心无所私,则天下理矣。"上叹曰:"广成之言,无以过也。"承祯固请还山,上许之。尚书左丞卢藏用指终南山谓承祯曰:"此中大有佳处,何必天台!"承祯曰:"以愚观之,此乃仕宦之捷径耳!"藏用尝隐终南,则天时征为左拾遗,故承祯言之。

纲 壬子,太极元年,春正月,以萧至忠为刑部尚书。

目 萧至忠自托于太平公主,公主引为尚书。华州长史蒋钦绪,其妹夫也,谓之曰:"如子之才,何忧不达?勿为非分妄求!"至忠不应。钦绪退而叹曰:"九代卿族,一举灭之,可哀也哉!"至忠素有雅望,尝自公主第门出,遇宋璟,璟曰:"非所望于萧君也。"至忠笑曰:"善乎宋生之言!"遽策马而去。

纲 秋七月,彗星出西方,入太微。

纲 八月,帝传位于太子。太子即位,尊帝为太上皇。

目 太平公主使术者言于上曰:"彗所以除旧布新,又帝座及心前星皆有变,皇太子当为天子。"上曰:"传德避灾,吾志决矣。"公主及其党皆以为不可。太子闻之,固辞。上曰:"汝为孝子,何必待柩前然后即位邪!"太子流涕而出。制传位于太子,太子又上表辞。太平公主劝上自总大政。上乃谓太子曰:"汝以天下事重,欲朕兼理之邪?朕虽传位,岂忘家国!其军国大事,当兼省之。"

玄宗即位,尊睿宗为太上皇。上皇自称曰朕,命曰诰,五日一受朝于太极殿。皇帝自称曰予,命曰制、敕,日受朝于武德殿。三品以上除授及大刑政,乃奏上皇决之。大赦,改元。

纲 立妃王氏为皇后。

纲 流刘幽求于封州。

目　初，河内人王琚预于王同皎之谋，上之为太子也，琚至长安见上。至庭中，故徐行，宦者曰："殿下在廉内。"琚曰："何谓殿下？今独有太平公主耳！"上遽召见，与语，琚曰："韦庶人弑逆，人心不服，诛之易耳。太平公主凶猾无比，大臣多为之用，琚窃忧之。"上引与同榻坐，泣曰"主上同气，唯有太平，言之恐伤主上之意，不言为患日深，为之奈何？"琚曰："天子之孝，当以安宗庙社稷为事，岂顾小节！"上悦。及即位，以为中书侍郎。是时，宰相多太平公主之党，仆射刘幽求与羽林将军张玮谋，使言于上曰："窦怀贞、崔湜、岑羲皆因公主得进，日夜为谋不轨，若不早图，一旦事起，太上皇何以得安！请速诛之。"上以为然。玮泄其谋，上大惧，遽列上其状。有司奏流幽求于封州，张玮于丰州。

纲　冬十二月，刑部尚书李日知致仕。

目　日知在官，不待捶挞而事集。刑部有令史，受敕三日，忘不行。日知怒，欲捶之，既而谓曰："我欲捶汝，天下人必谓汝能撩李日知瞋，受李日知杖，不得比于人，妻子亦将弃汝矣。"遂释之。吏皆感悦，无敢犯者。

纲鉴易知录卷四八

唐纪

玄宗明皇帝

纲　癸丑，玄宗明皇帝开元元年，春二月，御楼观灯，大酺。

目　开门然灯，大酺合乐。上皇与上御门楼临观，以夜继昼，凡月余。左拾遗严挺之上疏谏，以为："酺者因人所利，合醵为欢，今乃损万人之力，营百戏之资，非所以光圣德美风化也。"敕以挺之忠直，宣示百官，厚赏之。晋陵尉杨相如上疏曰："隋氏以纵欲而亡，太宗以抑欲而昌，人主不可不慎择也！夫人主莫不好忠正而恶佞邪，然忠正者常疏，佞邪者常亲，以至于覆国危身而不悟，何哉？忠正者多忤意，佞邪者多顺指，积忤生憎，积顺生爱，此亲疏之所以分也。诚能爱其忤以收忠贤，恶其顺以去佞邪，则太宗之业，将何远哉！"上览而善之。

纲　以高丽大祚荣为渤海郡王。

纲　夏五月，罢修大明宫。

目　修大明宫未毕，敕以农务方勤，罢之。

纲　六月，以郭元振同三品。

纲　秋七月，太平公主谋逆，赐死；萧至忠、岑羲、窦怀贞、崔湜伏诛。

目　太平公主依上皇之势，擅权用事，宰相七人，五出其门，文武之臣，大半附之。与窦怀贞、岑羲、萧至忠、崔湜、薛稷、僧慧范等谋废立，又与宫人元氏谋于赤箭粉中置毒以进。中书侍郎王琚言于上曰："事迫矣，不可不速发。"左丞张说自东都遣人遗上佩刀，荆州长史崔日用入奏事，言于上曰："太平谋逆有日，陛下往在东宫，犹为臣子，若欲讨之，须用谋力。今但下一制书，谁敢不从？万一奸宄得志，悔之何及！"上曰："诚如卿言，直恐惊动上皇。"日用曰："天子之孝在于安四海，若奸人得志，则社稷为墟，安在其为孝乎！请先定北军，后收逆党，则不惊上皇矣。"上以为然,乃与岐王范、薛王业、郭元振、王毛仲、姜皎、李令问、王守一及内给事高力士等定计。以兵三百余人入虔化门,召至忠、羲斩之,怀贞自缢死,戮其尸。

上皇闻变,登承天门楼。郭元振奏,皇帝前奉诰诛窦怀贞等,无他也。上皇乃下诰:"自今军国政刑,一取皇帝处分。"徙居百福殿。太平公主赐死,诸子及党与死者数十人。崔湜与右丞卢藏用俱坐私侍公主,流岭南。寻以湜与逆谋,追赐死。

初,太平公主与湜等谋废立,陆象先独以为不可。公主曰:"废长立少,已为不顺;且又失德,若之何不去!"象先曰:"既以功立,当以罪废。今实无罪,象先终不敢从。"上既诛怀贞等,召象先谓曰:"岁寒知松柏,信哉!"时穷治公主枝党,象先密为申理,所全甚多,然未尝自言,时无知者。

纲 以高力士为右监门将军,知内侍省事。

目 初,太宗定制,内侍省不置三品官,黄衣廪食,守门传命而已。中宗时,七品以上至千余人,然衣绯者尚寡。上在藩邸,力士倾心奉之,及为太子,奏为内给事,至是以诛萧、岑功赏之。是后宦官增至三千人,除三品将军者浸多,宦官之盛自此始。

纲 以张说为中书令。八月,以刘幽求为左仆射、平章军国大事。

纲 罢诸道按察使。

纲 冬十月,引见京畿县令。

目 引见京畿县令,戒以惠养黎元之意。

纲 讲武于骊山。

目 上幸新丰,讲武于骊山之下,征兵二十万,以军容不整,坐兵部尚书郭元振于纛下,将斩之。刘幽求、张说谏曰:"元振有大功于社稷,不可杀。"乃流新州,而斩给事中知礼仪事唐绍。上始欲立威,亦无杀绍之意,将军李邈遽宣敕斩之。上寻罢邈官,废弃终身。时二大臣得罪,诸军震慑失次,惟薛讷、解琬二军不动,上遣轻骑召之,皆不得入其陈。上深叹美之。

纲 以姚元之同三品。

目 上欲以姚元之为相,张说疾之,使御史大夫赵彦昭弹之,上不纳。又使殿中监姜皎言于上曰:"陛下常欲择河东总管而难其人,臣今得之矣。”问为谁，皎曰：“元之文武全才，真其人也。”上曰：“此张说之意，汝何得面欺！”皎叩头首服，即召元之诣行在，拜以为相。

上励精为治，每事访之，元之应答如响，同僚唯诺而已。元之尝奏请序进郎吏，上仰视殿屋，再言之，终不应；元之惧，趋出。罢朝，高力士谏曰：“陛下新总万几，宰臣奏事，当面加可否，奈何一不省察！”上曰：“朕任元之以庶政，大事当奏闻共议之；郎吏卑秩，乃以烦朕邪！”闻者皆服上识人君之体。

张九龄以元之有重望，为上所信任，奏记劝其远谄躁，进纯厚，略曰：“任人当才，为政大体，与之共理，无出此途。向之用人，非无知人之鉴，其所以失溺，在缘情之举。今君侯登用未几，而浅中弱植之徒，已延颈企踵而至，谄亲戚以求誉，媚宾客以取容，岂不有才，所失在于无耻。”元之纳其言。

新兴王晋坐太平公主逆党伏诛，僚吏皆奔散，惟司功李㧑步从，不失在官之礼，仍哭其尸。元之曰：“栾布之俦也。”擢为尚书郎。

纲 十二月，改官名。

目 仆射为丞相，中书为紫微省，门下为黄门省，侍中为监，雍州为京兆府，洛州为河南府，长史为尹，司马为少尹。

纲 以姚崇为紫微令，张说为相州刺史。

目 元之避开元尊号，复名崇。崇既为相，张说惧，乃潜诣岐王申款。他日崇对于便殿，行微蹇。上问：“有足疾乎？”对曰：“臣有腹心之疾，非足疾也。”上问其故。对曰：“岐王陛下爱弟，张说为辅臣，而密乘车入王家，恐为所误，故忧之。”遂左迁说为相州刺史。

纲 刘幽求罢，以卢怀慎同平章事。

纲 甲寅，二年，春正月，定内外官出入恒式。

目 制：“选京官有才识者除都督、刺史，有政迹者除京官，使出入常均，永为恒式。”

纲 以卢怀慎检校黄门监。

纲 置左右教坊。

目 旧制，雅俗之乐，皆隶太常。上以太常礼乐之司，不应典倡优杂伎；乃更置左右教坊，以教俗乐，又选乐工宫女数百人，自教之，谓之“皇帝梨园弟子”。

纲 三月朔，太史奏日食，不应。

目 太史奏太阳应亏不亏，姚崇表贺，请书史册，从之。

纲 复置十道按察使。

纲 夏五月，魏知古罢。

目 知古本起小吏，姚崇荐之，以至为相。崇意轻之，请知古知东都选事，遣吏部尚书宋璟于门下过官；知古衔之。崇二子分司东都，有所请托；知古归，悉以闻。他日，上问崇："卿子何官，才性何如？"崇揣知上意，对曰："臣三子，两在东都为人多欲而不谨；是必以事干知古，臣未及问之耳。"上问："安从知之？"对曰："知古微时，臣常卵而翼之。臣子愚，以为知古容其为非，故敢干之耳。"上于是以崇为无私，而薄知古，欲斥之。崇固请曰："臣子无状，陛下赦之已幸；苟逐知古，累圣政矣。"上久乃许之。知古竟罢为工部尚书。

纲 六月，以宋王成器等为诸州刺史。

目 宋王成器、申王成义，上兄也。岐王范、薛王业，上弟也。豳王守礼，从兄也。上素友爱，近世帝王莫能及。初即位，为长枕大被，与兄弟同寝。听朝罢，多从诸王游。在禁中，拜跪如家人礼，饮食起居，相与同之。业尝疾，上亲为煮药，火爇上须，左右惊救之。上曰："但使饮此而愈，须何足惜！"成器尤恭慎，未尝及时政，妄结交；上愈信重之，故谗间无自而入。群臣以成器等地逼，请循故事出刺外州。乃以成器领岐州，成义领豳州，守礼领虢州，范领济州，业领同州，到官但领大纲，州务皆委上佐。是后，诸王领州者并准此。

纲 秋七月，焚珠玉锦绣于殿前。

目 上以风俗侈靡，制："乘舆服御、金银器玩，令有司消毁，以供军国之用；其珠玉、绵绣，焚于殿前；后妃以下，皆毋得服。自今天下更毋得采珠玉，织锦绣等物。"罢两京织锦坊。

纲 作兴庆宫。

目 宋王成器等请献兴庆坊宅为离宫；许之，仍赐成器等宅，环于宫侧。又于宫西南置楼，西曰："花萼相辉"，南曰"勤政务本"。

纲 八月，以武后鼎铭颁告中外。

目 太子宾客薛谦光，以武后鼎铭有云"上天降鉴，方建隆基"，为上受命之符，献之。姚崇表贺，请宣示史官，颁告中外。

纲 敕诸州修常平仓法。

纲 冬十二月，立皇子嗣真为鄫王，嗣谦为皇太子。

目 上长子嗣真，母曰刘华妃。次子嗣谦，母曰赵丽妃；丽妃以倡进，有宠，故立之。

纲 乙卯，三年，春正月，以卢怀慎为黄门监。

目 怀慎清谨俭素，不营资产，俸赐随散亲旧，妻子不免饥寒，所居不蔽风雨。姚崇谒告十余日，政事委积，怀慎不能决，惶恐，入谢。上曰："朕以天下事委姚崇，以卿坐镇雅俗耳。"崇既出，须臾，裁决俱尽，颇有得色，顾谓紫微舍人齐澣曰："我为相，可比何人？"澣未对。崇曰："何如管、晏？"澣曰："管、晏之法虽不能施于后，犹能没身。公所为法，随复更之，似不及也。"崇曰："然则竟何如？"澣曰："可谓救时之相耳。"崇喜，投笔曰："救时之相，岂易得乎！"怀慎自以其才不及崇，每事推之，时人谓之"伴食宰相"。

纲 夏四月，山东大蝗。

目 山东蝗，民不敢杀，拜祭之，姚崇遣御史督州县捕而瘗之。议者以为蝗多，除不可尽，崇曰："河南、北之人，流亡殆尽，岂可坐视，借使除之不尽，犹胜养以成灾。"上乃从之。卢怀慎以为杀蝗太多，恐伤和气。崇曰："昔楚庄吞蛭而愈疾，孙叔杀蛇而致福，奈何不忍于蝗而忍人之饥死乎！若使杀蝗有祸，臣请当之。"

纲 秋九月，置侍读官。

纲 丙辰，四年，春正月，以鄫王嗣真为安北大都护。陕王嗣升为安西大都护。

目 二王皆不出阁，诸王遥领节度自此始。

纲 以倪若水为汴州刺史。

目 上欲重都督、刺史，选京官才望者为之，然当时犹轻外任。扬州采访使班景倩入为大理少卿，过大梁，若水饯之，望其行尘，久之，谓官属曰："班生此行，何异登仙！"上尝遣宦官诣江南取鸡鹊、鸂鶒等，欲置苑中，所至烦扰。若水言："今农桑方急，而罗捕禽鸟，水陆传送，道路观者，岂不以陛下为贱人而贵鸟乎！"上手敕谢之，纵散其鸟。

纲 山东复大蝗。

目 山东蝗复大起，姚崇又命捕之。倪若水谓："蝗乃天灾，非人力所及，宜修德以禳之。刘聪时，尝捕埋之，为害益甚。”拒不从命。崇牒若水曰：“刘聪伪主，德不胜妖；今日圣朝，妖不胜德。古之良守，蝗不入境。若其修德可免，彼岂无德致然！”因敕使者察捕蝗者勤惰以闻，由是不至大饥。

纲 召新除县令，试理人策。

目 或言于上曰：“今岁选叙太滥，县令非才。”上悉召至殿庭，试理人策。惟韦济词理第一，擢为醴泉令。余二百人不入弟，且令之官；四十五人放归学问。

纲 夏六月，太上皇崩。冬十月，葬桥陵。

目 十一月，黄门监卢怀慎卒。

目 怀慎疾亟，上表荐宋璟、李杰、李朝隐、卢从愿；上深纳之。既薨，家无余蓄，惟老苍头，请自鬻以办丧事。

纲 以源乾曜同平章事。十二月，以宋璟为西京留守。

目 姚崇无居第，寓居罔极寺，以病谒告，上遣使问之，日数十辈。源乾曜奏事称旨，上曰：“此必姚崇之谋。”或不称旨，则曰：“何不与姚崇议之！”

崇子彝、异，颇受赂遗，为时所讥。又崇所亲信主书赵诲受赂，事觉。崇由是请避位，荐广州都督宋璟自代。上将幸东都，以璟为刑部尚书、西京留守，遣内侍杨思勖迎之。璟风度凝远，人莫测其际，在涂不与思勖交言。思勖素贵幸，归，诉于上，上嗟叹良久，益重璟。

纲 闰月，姚崇、源乾曜罢，以宋璟为黄门监，苏颋同平章事。

目 璟为相，务在择人，随材授任，使百官各称其职；刑赏无私，犯颜正谏，上甚敬惮。

突厥默啜自武后世为中国患，朝廷旰食，倾天下之力不能克；郝灵荃得其首，自谓不世之功。璟以天子好武功，恐好事者竞生心儌幸，痛抑其赏，逾年始授郎将；灵荃恸哭而死。

璟与颋相得甚厚，璟每论事则颋助之。璟尝谓人曰：“吾与苏氏父子同居相府，仆射宽厚，诚为国器，若献可替否，则黄门过其父矣。”

姚、宋相继为相，崇善应变成务，璟守法持正；二人志操不同，然协心辅佐，使赋役宽平，刑罚清省，百姓富庶。唐世贤相，前称房、杜，后称姚、宋，他人莫得比焉。二人每进见，上辄为之起，去则临轩送之。及李林甫为相，虽宠任过于姚、宋，然礼遇殊卑薄矣。

紫微舍人高仲舒博通典籍，齐澣练习时务，姚、宋每坐二人以质所疑，既而叹曰："欲知古，问高君，欲知今，问齐君，可以无阙政矣。"

广州请为璟立遗爱碑。璟请禁之，以革谄谀之风，于是他州皆不敢立。山人范知璇献所为文，璟判之曰："观其良宰论，颇涉谄谀；文章若高，宜从举选，不可别奏。"

纲　罢十道按察使。

纲　丁巳，五年，春正月，太庙四室坏。行幸东都。

目　上将幸东都，会太庙四室坏，上素服避殿。以问宋璟、苏颋，对曰："陛下三年之制未终，遽尔行幸，恐未契天心，故灾异为戒；愿且停之。"姚崇曰："太庙屋材，皆苻坚时物，朽腐而坏，适与行会，何足异也！百司供拟已备，不可失信；但迁神主于太极殿，更修太庙耳。"上大喜，从之。遂幸东都。

纲　秋九月，复旧官名。令史官随宰相入侍，群臣对仗奏事。

目　贞观之制，中书、门下及三品官入奏事，必使谏官、史官随之，有失则匡正，美恶必记之；诸司皆正衙奏事，御史弹百官，服豸冠，对仗读弹文；故大臣不得专君，而小臣不得为谗慝。及许敬宗、李义府用事，政多私僻，奏事官多俟仗下，于御座前屏人密奏，监察御史及待制官远立以俟其退；谏官、史官皆随仗出，仗下后事，不复预闻。武后以法制群下，谏官、御史得以风闻言事，互相弹奏，于是多以险诐相倾。宋璟欲复贞观之政，制："自今事非的须秘密者，皆令对仗奏闻，史官自依故事。"

纲　十二月，诏访逸书。

纲　戊午，六年，春正月，禁恶钱。

纲　征嵩山处士卢鸿为谏议大夫，不受。

纲　夏四月，敕度郑铣、郭仙舟为道士。

目　河南参军郑铣、朱阳丞郭仙舟投匦献诗，敕曰："观其文理，乃崇道法；至于时用，不切事情。宜从所好。"度为道士。

纲　秋八月，令州县岁十二月行乡饮酒礼。

纲　冬十一月，帝还西京。

纲　己未，七年，夏五月朔，日食。

目　上素服以俟变，彻乐减膳，命中书、门下察系囚，赈饥乏，劝农功。宋璟奏曰："陛下勤恤人隐，此诚苍生之福。然臣闻日食修德，月食修刑；亲君子，远小人，绝女谒，除谗慝，所谓修德也。君子耻言浮于行，苟推至诚以行之，不必数下制书也。”

纲 秋九月，徙宋王宪为宁王。

纲 庚申，八年，春正月，宋璟、苏颋罢。

目 先是，朝集使往往赍货入京师，将还，多迁官；璟奏一切勒还，以革其弊。璟又疾负罪而妄诉不已者，悉付御史台治之，人多怨之者。会天旱，优人作魃状戏于上前，问魃："何为出？"对曰："奉相公处分。"又问："何故？"对曰："负冤者三百余人，相公悉以系狱，故不得不出尔。"上心以为然。时江、淮间恶钱尤甚，璟使监察御史萧隐之括之。隐之严急烦扰，怨嗟盈路，于是贬隐之官，罢璟、颋，弛钱禁，而恶钱复行矣。

纲 夏五月，复置十道按察使。

纲 以源乾曜为侍中，张嘉贞为中书令。

目 乾曜上言："刑要之家，多任京官，使俊乂之士沉废于外。臣三子皆在京，请出其二。"上从之。于是出者百余人。嘉贞吏事强敏，刚躁自用。引进苗延嗣、吕太一、员嘉静、崔训与论政事。四人颇招权，时人语曰："令公四俊，苗、吕、崔、员。"

纲 六月，瀍、谷溢。

目 漂溺几二千人。

纲 辛酉，九年，春正月，改蒲州为河中府，置中都。

纲 二月，以宇文融为劝农使。

目 监察御史宇文融上言："天下户口逃移，巧伪甚众，请加简括。"源乾曜赞成之。敕有司议招集流移、按诘巧伪之法以闻。制："州县逃亡户口听百日自首，或于所在附籍，或牒归故乡，各从所欲。过期不首，谪徙边州。"以融充使，奏置劝农判官十人，分行天下。其新附客户，免六年赋调。使者竞为刻急，州县承风劳扰，百姓苦之。阳翟尉皇甫憬上疏言之，坐贬。州县希旨，虚张其数，或以实户为客，凡得户八十余万，田亦如之。

纲 夏六月，罢中都。

目 蒲州刺史陆象先政尚宽简，吏民有罪，晓谕遣之。尝谓人曰："天下本无事，但庸人扰之耳。苟清其源，何忧不治！"

纲 秋九月，梁文献公姚崇卒。以张说同三品。

纲 冬十一月，安州别驾刘子玄卒。

目 子玄即知几也，以字行。初，著作郎吴兢撰则天实录，言宋璟激张说使证魏元忠事。后说修史见之，谬曰："刘五殊不相借！"兢起对曰："此兢所为，史草具在，不可使明公枉怨死者。"同僚皆失色。其后说阴祈兢改数字，兢曰："若徇公请，则此史不为直笔，何以取信于后！"

纲 壬戌，十年，春正月，幸东都。

纲 夏五月，伊、汝水溢。

目 漂溺数千家。

纲 六月，博州河决。

纲 秋，安南乱，遣内侍杨思勖讨平之。

纲 始募兵充宿卫。

目 初，诸卫府兵，自成丁从军，六十而免，其家不免杂徭，浸以贫弱，逃亡略尽，百姓苦之。张说建议，请召募壮士充宿卫，不问色役，优为之制，逋亡者必争出应募；上从之。旬日得精兵十三万，分隶诸卫，更番上下。兵农之分，自此始矣。

纲 癸亥，十一年，春正月，帝北巡；诏潞州给复五年；以并州为太原府，置北都。

纲 二月，张嘉贞罢。

目 张说与嘉贞不平，会嘉贞弟嘉祐赃发，说劝嘉贞素服待罪于外，遂左迁幽州刺史。初，广州都督裴伷先下狱，上与宰相议其罪。嘉贞请杖之，说曰："刑不上大夫，为其近君，且所以养廉耻也。盖士可杀不可辱。臣向巡北边，闻姜皎杖于朝堂；皎官登三品，亦有微功，奈何以皂隶待之！往事，不可返，岂宜复蹈前失。"上深然之。嘉贞不悦，退谓说曰："何论事之深也！"说曰："宰相时来则为之，若大臣皆可笞辱，行及吾辈矣！此言非为伷先，乃为天下士君子也。"嘉贞无以应。

纲 三月，帝至西京。

纲 夏五月，置丽正书院。

目 上置丽正书院，聚文学之士，或修书，或侍讲；以张说为使。有司供给优厚，中书舍人陆坚以为无益，徒费，欲奏罢之。说曰："自古帝王于无事之时，莫不崇宫室，广声色；今天子独延礼文儒，发挥典籍，所益者大，所损者微。陆子之言，何不达也！”

纲 冬，始置长从宿卫。

目 命尚书左丞萧嵩，与京兆、蒲、同、岐、华州长官，选府兵及白丁一十二万，谓之“长从宿卫”，一年两番，州县毋得役使。

纲 十二月，改政事堂为中书门下。

纲 甲子，十二年，夏五月，停按察使。

纲 复以宇文融为劝农使。

目 制听逃户自首，辟所在闲田，随宜收租，毋得差科、征役，租调一皆蠲免。遣宇文融巡行州县，议定赋役。

纲 六月，制选台阁名臣为诸州刺史。

目 以上山东旱，命选台阁名臣出为刺史。初，张说引崔沔为中书侍郎。故事，承宣制皆出宰相，侍郎署位而已。沔曰：“设官分职，上下相维，各申所见，事乃无失。侍郎，令之贰也，岂得拱默而已！”由是事多异同，说因是出之。

纲 秋七月，以杨思勖为辅国大将军。

目 溪州蛮覃行璋反，以思勖为招讨使，击擒之，故有是命。

纲 废皇后王氏。

纲 八月，以宇文融为御史中丞。

目 融为御史中丞，乘驿周流天下，事无大小，州县先上劝农使，然后申中书；省司亦待融指㧑，然后处决。上将大攘四夷，急于用度，融以岁终所增缗钱数百万，悉进入官，由是有宠。议者多言烦扰，上令百寮议之。公卿畏融，皆不敢言。户部侍郎杨玚独抗议，以为：“括客免税，不利居人；征籍外田税，使百姓困弊，所得不补所失。”未几，出为华州刺史。

纲 冬十一月，帝如东都。

纲 群臣请封禅。

目 时张说首建封禅之议，而源乾曜不欲为之，由是与说不平。

纲 乙丑，十三年，春二月，以宇文融兼户部侍郎。

目 制以所得客户税钱均充所在常平仓本，又委使司与州县议作劝农社，使贫富相恤，耕耘以时。

纲 更命长从宿卫为彍骑。

目 总十二万人，分隶十二卫、六番。

纲 选诸司长官为诸州刺史。

目 上自选诸司长官有声望者十一人为刺史。命宰相、百官饯于洛滨，供张甚盛，自书十韵诗赐之。左丞杨承令在行中，意怏怏；上怒，贬睦州别驾。

纲 夏四月，更集仙殿为集贤殿。

目 上与中书门下及礼官学士宴于集仙殿。上曰："仙者凭虚之论，朕所不取。贤者济理之具，今与卿曹合宴，宜更名曰集贤。"其书院官五品以上为学士，六品以下为直学士；以张说知院事，右散骑常侍徐坚副之。

纲 秋九月，禁奏祥瑞。

纲 冬十月，作水运浑天成。

纲 十一月，封泰山。

目 车驾发东都，百官、四夷从行。有司辇载供具，数百里不绝。上备法驾，至山足，御马登山。与宰相及祠官俱登，问礼部侍郎贺知章曰："前代玉牒之文，何故秘之？"对曰："或密求神仙，故不欲人见。"上曰："吾为苍生祈福耳。"乃出玉牒，宣示群臣。于是亲礼昊天上帝于山上，群臣祀五帝、百神于山下。明日，祭皇地祇于社首。又明日，御帐殿，受朝觐，赦天下，封泰山神为天齐王。

纲 以王毛仲为开府仪同三司。

目 上初即位，牧马有二十四万匹，以王毛仲为闲厩使，张景顺副之。至是有马四十三万。上之东封，以数万匹从，别色为群，望之如云锦。加毛仲开府仪同三司。

纲 车驾还，幸孔子宅。

纲 至宋州。

目 宴从官于宋州。上谓张说曰："怀州刺史王丘，饩牵之外，一无他献。魏州崔沔供帐无锦绣，示我以俭。济州裴耀卿表数百言，莫非规谏。且曰：'人或重扰，则不足以告成。'朕常寘之座隅。如三人者，不劳人以市恩，直良吏矣。"顾谓刺史寇泚曰："比亦屡有以酒馔不丰诉于朕者，知卿不借誉于左右也。"自举酒赐之。由是以丘为尚书左丞，沔为散骑侍郎，耀卿为定州刺史。

纲 十二月，帝还东都。

纲 分吏部为十铨，亲决试判。

目 上疑吏部选试不公，御史中丞宇文融密奏，请分为十铨。以礼部尚书苏颋等十人掌之。试判将毕，遽召入禁中决定，尚书侍郎皆不得预。左庶子吴兢表言："陛下曲受谗言，不信有司，非居上临人推诚感物之道。昔汉之贤相，尚不对钱谷之数，不问斗死之人；况万乘之君，岂得下行铨选之事乎！"上虽不即从，明年复故。

纲 大有年。

纲 丙寅，十四年，夏四月，以李元纮同平章事。张说罢。

纲 秋七月，河南、北大水。

纲 八月，魏州河溢。

纲 以杜暹同平章事。

纲 丁卯，十五年，夏五月，夏至，赐贵近丝，人一綟。

目 上命妃嫔以下宫中育蚕，以知女功。至是，以其丝赐贵近。

纲 秋七月，冀州河溢。

纲 许文宪公苏颋卒。

纲 冬十月，帝还西京。

纲 戊辰，十六年，春二月，以张说兼集贤院学士。

目 说虽罢政事，专文史之任，朝廷每有大事，上常遣中使访之。

纲 改旷骑为羽林飞骑。

纲 冬，以萧嵩同平章事。

纲 己巳，十七年，春三月，限明经、进士及第每岁毋过百人。

目 国子祭酒杨玚奏："流外出身，每岁二千余人，而明经、进士不能居其什一，则是服勤道业之士不如胥吏之得仕也。臣恐儒风浸坠，廉耻日丧。若以出身人太多，则应诸色裁损。"又奏："主司帖试名经，不求大指，专取难知，问以孤经绝句，或年月日；请自今并帖平文。"上甚然之。

纲 夏五月，复置按察使。

纲 秋八月，以帝生日为千秋节。

目 八月五日，上以生日宴百官于花萼楼下。丞相源乾曜、张说表请以是日为千秋节，布于天下，咸令宴乐。移社就之。

纲　工部尚书张嘉贞卒。

目　嘉贞不营家产，有劝其市田宅者，曰："吾贵为将相，何忧寒馁！比见朝士广占良田，身没之日，适足为无赖子弟酒色之资，吾不取也。"

纲　贬宇文融为汝州刺史。

目　融以治财赋得幸，广置诸使，竞为聚敛，由是上心益侈，百姓苦之。在相位，谓人曰："使吾居此数月，则海内无事矣。"信安王祎以军功有宠，融疾之，使御史李寅弹之。祎闻之，先以白上。明日，寅奏果入，上怒，融坐贬。既而国用不足，上复思之。会有飞状告融赃贿隐没官钱事，坐流岩州，道卒。然是后言财利以取贵仕者，皆祖之。

纲　庚午，十八年，春正月，以裴光庭为侍中。

纲　二月，初令百官休日选胜行乐。

纲　夏四月，以裴光庭兼吏部尚书。

目　先是，选司注官，惟视其人之能否，或不次超迁，或老于下位，有出身二十余年不得禄者。光庭始奏用循资格，各以罢官若干选而集，官高者选少，卑者选多，无问能否，选满则注，非负谴者，有升无降；庸愚皆喜，谓之"圣书"，而才俊之士无不怨叹。宋璟争之不能得。

纲　六月，以忠王浚领河北道行军元帅，帅十八总管讨奚、契丹。

目　浚即陕王嗣升，更封改名也。契丹可突干弑其王李邵固，叛降突厥。制以忠王浚领元帅，御史大夫李朝隐、京兆尹裴伷先副之，帅十八总管以讨奚、契丹。命浚与百官相见，张说谓人曰："吾尝观太宗画像，雅类忠王，此社稷之福也。"然浚竟不行。

纲　冬十月，是岁天下奏死罪二十四人。

纲　辛未，十九年，春正月，王毛仲有罪，赐死。

目　初，毛仲以严察干力有宠，百官附之辐凑。毛仲嫁女，上问："何须?"毛仲顿首谢曰："臣万事已备，但未得客。"上曰："知卿所不能致者一人耳，必宋璟也，朕为汝召客。"明日，诏宰相与诸达官谓之。日中璟乃至，先执酒，西向拜谢，饮不尽卮，遽称腹痛而归。其刚直之操，老而弥笃如此。

毛仲骄恣日甚，龙武将军葛福顺倚其势，多为不法，毛仲求兵部尚书不得，怏怏，上由是不悦。时上宠任宦官，杨思勖、高力士尤贵幸，毛仲视之若无人。毛仲妻产子，三日，上命力士赐之甚厚，且授儿五品官。毛仲抱儿示力士曰："此岂不堪作三品邪！"力士归，奏之，上大怒曰："昔诛韦氏，此贼心持两端；今日乃敢以赤子怨我！"力士因言："北门奴，官太盛，不早除之，必生大患。"上恐其党惊惧为变，贬毛仲、福顺等于远州，追赐毛仲死。自是宦官势盛，力士尤为上所宠信，表奏皆先呈之，小事即决，势倾内外。

纲 以诗、书赐吐蕃。

目 吐蕃使者称公主求毛诗、春秋、礼记、正字。于休烈上疏曰："东平王，汉之懿亲，求史记、诸子，汉犹不与。况吐蕃，国之寇仇，今资之以书，使知权略，愈生变诈，非中国之利也。"裴光庭等奏："吐蕃久叛新服，因其有请，赐以诗、书，庶使渐陶声教，化流无外。休烈徒知书有权略变诈之语，不知忠、信、礼、义皆从书出也。"遂与之。

纲 上躬耕于兴庆宫侧。

纲 三月，置太公庙。

目 令两京诸州各置太公庙，以张良配享，选古名将以备十哲；以二、八月上戊致祭，如孔子礼。

纲 癸酉，二十一年，春三月，裴光庭卒。

纲 以韩休同平章事。

目 上问萧嵩可以代光庭者，嵩欲荐散骑常侍王丘，丘让于韩休。嵩言之，上以为相。休为人陗直，不干荣利，始嵩以为恬和易制，故引之。及与共事，守正不阿，嵩渐恶之。宋璟叹曰："不意韩休乃能如是！"上或宴乐游猎，小有过差，辄谓左右曰："韩休知否？"言终，谏疏已至。左右曰："韩休为相，陛下殊瘦于旧，何不逐之！"上叹曰："吾貌虽瘦，天下必肥。萧嵩奏事，常顺指，既退，吾寝不安；休常力争，既退，吾寝乃安。吾用休为社稷耳，非为身也。"

纲 夏六月，制选人有才行者，委吏部，临时擢用。

目 时虽有此制，而有司以循资格便于己，犹踵行之。

纲 冬十月，左丞相宋璟致仕，归东都。

纲 萧嵩、韩休罢。

纲 以裴耀卿同平章事，起复张九龄同平章事。

目 休数与嵩争论于上前，面折嵩短。嵩因乞骸骨，上曰："朕未厌卿，卿何为遽去？"对曰："陛下未厌臣，故臣得从容引去；或已厌臣，首领且不保,安能自遂!”因泣下。上亦为之动容,乃皆以为丞相,罢政事。时九龄居母丧,自韶州入见,求终丧;不许。

纲 分天下为十五道,置采访使。

目 京畿、都畿、关内、河南、河东、河北、陇右、山南东、山南西、剑南、淮南、江南东、江南西、黔中、岭南,凡十五道,各置采访使,以六条简察非法;两畿以中丞领之,余皆择贤刺史领之。惟变革旧章,乃须报可;自余听便宜从事,先行后闻。

纲鉴易知录卷四九

唐纪

玄宗明皇帝

纲 甲戌，二十二年，春正月，幸东都。

纲 二月，秦州地震。

纲 夏五月，以裴耀卿为侍中，张九龄为中书令，李林甫同三品。

目 张九龄请不禁铸钱，敕百官议之。裴耀卿等曰："一启此门，恐小人弃农逐利，而滥恶更甚。"秘书监崔沔曰："若税铜折役，计估度庸，则官冶可成，而私铸无利矣。且钱之为物，贵以通货，利不在多，何待私铸然后足用乎！"左监门录事参军刘秩曰："夫人富不可以赏劝，贫不可以威禁。若许私铸，贫者必不能为之；臣恐贫者益贫而役于富，富者益富而逞其欲也。"上乃止。

林甫柔佞多狡数，深结宦官及妃嫔家，伺候上动静，无不知之，由是每奏对，常称旨。时武惠妃宠倾后宫，生寿王瑁，太子浸疏薄。林甫乃因宦官言于惠妃，愿尽力保护寿王；妃德之，阴为内助。

纲 上芟麦于苑中。

目 上种麦苑中，帅太子以下亲往芟之，谓曰："此所以荐宗庙，不敢不亲，且欲使汝曹知稼穑艰难耳。"

纲 以方士张果为银青光禄大夫。

目 初，张果自言有神仙术，尧时为侍中，多往来恒山中。相州刺史韦济荐之，上遣玺书迎入禁中。以为光禄大夫，号通玄先生，厚赐遣归。后卒，好事者以为尸解；上由是颇信神仙。

纲 冬十二月，幽州节度使张守珪斩奚、契丹王屈烈及可突干。

目 上美守珪之功，欲以为相。张九龄曰："宰相代天理物，非赏功之官也。"上曰："假以名而不使任其职，可乎？"对曰："惟器与名不可以假人，君之所司也。守珪才破契丹，即以为相；若尽灭奚、厥，将以何官赏之!”乃以为羽林大将军、兼御史大夫,赐二子官,赏赉甚厚。

纲 乙亥,二十三年,春正月,耕藉田,御楼酺宴。

目 上耕藉田,九推乃止;公卿以下皆终亩。上御五凤楼酺宴,时命三百里内刺史、县令各率所部音乐集楼下,较胜负。怀州刺史以车载乐工数百,皆衣文绣。鲁山令元德秀惟遣乐工数人,连袂歌于蒍。上曰:“怀州之人,其涂炭乎!”立以刺史为散官。德秀性介洁质朴,士大夫服其高。

纲 三月,张瑝、张琇杀殿中侍御史杨汪以复父仇;敕杖杀之。

目 初,汪既杀张审素,审素二子瑝、琇皆幼,坐流岭表;寻逃归,手杀汪于都城。系表于斧,言父冤状;欲之江外杀与汪同谋者,为有司所得。议者多言二子稚年孝烈,宜加矜宥;张九龄亦欲活之。裴耀卿、李林甫以为坏法,不可。上然之,乃下敕曰:“国家设法,期于止杀。各伸为子之志,谁非徇孝之人!展转相仇,何有限极!宜付河南府杖杀。”士民怜之,为作哀诔,敛钱葬之。

纲 冬十二月,册寿王妃杨氏。

纲 丙子,二十四年,春二月,皇太子更名瑛。

目 诸皇子皆更之,忠王浚改曰玙。

纲 三月,敕礼部侍郎掌贡举。

目 旧制,考功员外郎掌贡举。有进士陵侮之,议者以员外郎位卑,不能服众;敕委礼部侍郎。

纲 夏四月,张守珪使讨击使安禄山讨奚、契丹,败绩。

目 张守珪使平卢讨击使安禄山讨奚、契丹,败绩,守珪奏请斩之。禄山临刑呼曰:“大夫欲灭奚、契丹,奈何杀禄山!”乃更执送京师。张九龄批曰:“昔穰苴诛庄贾,孙武斩宫嫔。守珪军令若行,禄山不宜免死。”上惜其才,赦之。九龄固争曰:“失律丧师,不可不诛。且其貌有反相,不杀必为后患。”上曰:“卿勿以王夷甫识石勒,枉害忠良。”竟赦之。禄山本营州杂胡,初名阿荦山。母再适安氏,冒其姓。后其部落破散,遂与安氏子思顺逃来。狡黠善揣人情,守珪爱之,养以为子。又有史窣干者,与禄山同里闬,亦以骁勇闻。守珪奏为果毅,累迁将军,后入奏事,上与语,悦之,赐名思明。

纲 秋八月,张九龄上千秋金鉴录。

目 千秋节，群臣皆献宝镜。九龄以为以镜自照见形容，以人自照见吉凶。乃述前世兴废之源，为书五卷，谓之千秋金鉴录，上之；赐书褒美。

纲 冬十月，帝还西京。

目 上过陕州，以刺史卢奂有异政，题赞于听事而去。

纲 十一月，赐朔方节度使牛仙客爵陇西县公。

目 仙客前在河西，能节用度，勤职业，仓库充实，器械精利；上嘉之，欲加尚书。张九龄曰："不可。尚书，古之纳言，唐兴以来，惟旧相及扬历中外有德望者乃为之。仙客本河、湟使典，今骤居清要，恐羞朝廷。"上曰："然则但加实封，可乎？"对曰："封爵所以劝有功也。边将实仓库，修器械，乃常务耳，不足为功。欲赏其勤，赐之金帛可也；裂土封之，恐非其宜。"上默然。李林甫曰："仙客，宰相才也，何有于尚书！九龄书生，不达大体。"上悦，乃赐仙客爵，食实封三百户。

纲 裴耀卿、张九龄罢为左右丞相，以李林甫兼中书令，牛仙客同三品。

目 初，上欲以李林甫为相，问于张九龄，九龄对曰："宰相系国安危，陛下相林甫，臣恐异日为庙社之忧。"上不从。是时上在位岁久，渐肆奢欲，怠于政事，而九龄遇事无细大皆力争之。

上之在藩也，赵丽妃生太子瑛，皇甫德仪生鄂王瑶，刘才人生光王琚。及即位，幸武惠妃，生寿王瑁，丽妃等爱皆弛。太子与瑶、琚以母失职，有怨望语。驸马都尉杨洄尚咸宜公主，常伺三子过失以告惠妃。惠妃泣诉于上，上大怒，欲皆废之。九龄曰："陛下享国长久，子孙蕃昌，天下之人，方以为庆。今三子皆已成人，不闻大过，奈何一旦以无根之语废之乎！且太子天下本，不可轻摇。昔晋献公听骊姬之谗杀恭世子，三世大乱；汉武帝信江充之诬罪戾太子，京城流血；晋惠帝用贾后之谮废愍怀太子，中原涂炭；隋文帝纳独孤后之言黜太子勇，立炀帝，遂失天下。由此观之，不可不慎。陛下必欲为此，臣不敢奉诏。"上不悦，林甫退而私谓宦官之贵幸者曰："此主上家事，何必问外人！"上犹豫未决。惠妃密使宫奴谓九龄曰："有废必有兴，公为之援，宰相可长处。"九龄叱之，以其语白上；上为之动色，故讫九龄罢相，太子得无动。

林甫日夜短九龄于上，上浸疏之。林甫引萧炅为户部侍郎。炅素不学，尝读“伏腊”为“伏猎”。中书侍郎严挺之言于九龄曰：“省中岂容有‘伏猎侍郎’！”乃出炅刺岐州，故林甫怨挺之。上积前事，以耀卿、九龄阿党；并拜丞相罢政事。而以林甫为中书令，牛仙客同三品，领节度如故。贬挺之为洺州刺史。上即位以来，所用之相，姚崇尚通，宋璟尚法，张嘉贞尚吏，张说尚文，李元纮、杜暹尚俭，韩休、张九龄尚直，各有所长也。

九龄既得罪，朝廷之士，皆容身保位，无复直言。林甫欲蔽主擅权，明谓诸谏官曰：“今明主在上，群臣将顺之不暇，乌用多言！诸君不见立仗马乎？食三品料，一鸣辄斥去，悔之何及！”补阙杜琎尝上书言事，黜为下邽令。自是谏争路绝矣。

仙客既为林甫所引进，专给唯诺而已。林甫城府深密，人莫窥其际。好以甘言啖人而阴中伤之，不露辞色。凡为上所厚者，始则亲结之，及位势稍逼，辄以计去之。虽老奸巨猾，无能逃其术者。

纲　丁丑，二十年，春正月，置玄学博士。

目　每岁依明经举。

纲　二月，立明经问义，进士试经法。

目　敕曰：“进士以声韵为学，多昧古今；明经以帖诵为功，罕穷旨趣。自今明经问大义十条，对时务策三首；进士试大经十帖。”

纲　夏四月，杀监察御史周子谅，贬张九龄为荆州长史。

目　子谅弹牛仙客非宰相才。上怒甚，命擽于殿庭，绝而复苏，仍杖之朝堂；流瀼州，至蓝田而死。李林甫言：“子谅，九龄所荐也。”乃贬九龄荆州长史。

纲　废太子瑛、鄂王瑶、光王琚而杀之。

目　杨洄又谮太子、鄂王、光王潜构异谋，上召宰相谋之。李林甫对曰：“此陛下家事，非臣等所宜预。”上意乃决。使宦官宣制于宫中，废为庶人，寻赐死。

纲　秋七月，大理寺奏有鹊来巢。赐李林甫爵晋国公，牛仙客豳国公。

目　大理少卿徐峤奏：“今岁天下断死刑五十八，狱院由来杀气太盛，鸟雀不栖，今有鹊巢其树。”于是百官以刑措表贺。上归功宰辅，故有是命。

纲 冬十一月，开府仪同三司、广平文贞公宋璟卒。

纲 戊寅，二十六年，春正月，令天下州、县、里皆置学。

纲 夏六月，立忠王玙为太子，改名亨。

目 李林甫数劝上立寿王瑁。上以忠王玙年长，孝谨、好学，意欲立之，犹豫不决。常忽忽不乐。高力士请其故，上曰："汝揣我何意！"力士曰："得非以郎君未定邪？"上曰："然。"对曰："但推长而立，谁复敢争！"上曰："汝言是也！"由是遂立玙为太子，更名亨。

纲 己卯，二十七年，秋八月，追谥孔子为文宣王。

目 先是，祀先圣、先师，周公南向，孔子东向坐。制："自今孔子南向坐，被王者之服，释奠用宫悬。"赠弟子为公、侯、伯。

纲 庚辰，二十八年，春正月，荆州长史张九龄卒。

目 上虽以九龄忤旨逐之，然爱重其人，每宰相荐士，辄问曰："风度得如九龄不乎？"

纲 冬十一月，是岁户、口之数。

目 户，八百四十一万二千八百；口，四千八百一十四万三千六百。西京、东都米斛直钱不满三百，绢匹亦如之。海内富安，行者万里不持寸兵。

纲 辛巳，二十九年，春正月，立赈饥法。

目 制曰："承前饥馑，皆待奏报，然后开仓。道路悠远，何救悬绝！自今委州县及采访使给讫奏闻。"

纲 夏闰四月，得玄元皇帝像。

目 上梦玄元皇帝云："吾像在京城西南百余里。"遣使求，得之于盩厔。迎至兴庆宫。

纲 秋七月，洛水溢。

目 溺死者千余人。

纲 八月，以安禄山为营州都督。

目 禄山倾巧，善事人，人多誉之。上左右至平卢者，禄山皆厚赂之，由是上益以为贤。又赂采访使张利贞，利贞盛称之。上乃以为营州都督，充平卢军使。

纲 壬午，天宝元年，春正月，以安禄山为平卢节度使。

目 是时，天下声教所被之州三百三十一，羁縻之州八百，置十节度、经略使以备边，安西节度抚宁西域，治龟兹城；北庭节度防制突骑施、坚昆，治北庭都护府；河西节度断隔吐蕃，突厥，治凉州；朔方节度捍御突厥，治灵州；河东节度与朔方掎角以御突厥，治太原府；范阳节度临制奚、契丹，治幽州；平卢节度镇抚室韦、靺鞨，治营州；陇右节度备御吐蕃，治鄯州；剑南节度西抗吐蕃，南抚蛮獠，治益州；岭南五府经略绥静夷、獠，治广州；此外又有长乐经略，福州领之；东莱守捉，莱州领之；东牟守捉，登州领之：凡镇兵四十九万人，马八万余匹。开元之前，每岁供边兵衣、粮费不过二百万；天宝之后，益兵浸多，每岁用衣千二十万匹，粮百九十万斛，公私劳费，民始困矣。

纲 群臣请加尊号。

目 陈王府参军田同秀言："玄元皇帝告以'藏灵符，在尹喜故宅'。"上遣使得之。群臣上表，以"宝符潜应年号，请于尊号加'天宝'字"，从之。

纲 二月，改官名。

目 侍中、中书令为左、右相，丞相改为仆射；东、北都皆为京，州为郡，刺史为太守。

纲 以田同秀为朝散大夫。

目 时人皆疑宝符同秀所为也。

纲 三月，以韦坚为江、淮租庸转运使。

目 坚，太子之妃兄也。督江、淮租运，岁增巨万，上以为能，故擢任之。王铁亦以善治租赋为户部员外郎。

纲 以卢绚、严挺之为员外詹事。

目 李林甫为相，凡才望功业出己右者，必百计去之；尤忌文学之士，或阳与之善，而阴陷之。世谓林甫"口有蜜，腹有剑"。上尝陈乐于勤政楼下，垂帘观之。兵部侍郎卢绚谓上已起，垂鞭按辔，横过楼下；绚风标清粹，上目送之。林甫知之，乃召绚子弟谓曰："交、广藉才，上欲以尊君为之，若惮远行，则当左迁；姑以宾、詹分务东洛，何如？"绚惧，请之，乃除华州刺史。未几，诬其有疾，除员外詹事。

上又尝问林甫："严挺之可用，今安在？"挺之时为绛州刺史。林甫退，召挺之弟，谕以"上意甚厚，盍称疾求还，可以见上"。挺之从之。林甫以其奏白上云："挺之老疾，宜且授以散秩，以便医药。"上叹咤久之；亦以为员外詹事。

纲 秋七月，牛仙客卒，以李适之为左相。

纲 癸未，二年，春正月，安禄山入朝。

目 安禄山入朝；上宠待甚厚，谒见无时。禄山奏言："去秋营州虫食苗，臣焚香祝天云：'臣若操心不正，事君不忠，愿使虫食臣心；若不负神祇，愿使虫散。'即有群鸟从北来，食虫立尽。请宣付史馆。"从之。

李林甫领吏部尚书，日在政府，选事悉委侍郎宋遥、苗晋卿。时选人集者以万计，遥、晋卿以御史中丞张倚得幸于上，擢其子奭为首。禄山言于上，上召入面试之，奭手持试纸，终日不成一字，时人谓之"曳白"。于是三人皆坐贬。

纲 甲申，三载，春正月，改"年"曰"载"。

纲 二月，以安禄山兼范阳节度使。

目 河北黜陟使席建侯称禄山公直；李林甫、裴宽亦顺旨称誉其美。由是禄山之宠益固。

纲 冬，初令百姓十八为中，二十三成丁。

纲 乙酉，四载，春正月，帝闻空中神语。

目 上谓宰臣曰："朕于宫中为坛，为百姓祈福，自草黄素置案上，俄飞升天，闻空中语云：'圣寿延长。'又炼药成，置坛上，及夜欲收，又闻空中语云：'药未须收，此自守护。'"群臣表贺。

纲 秋七月，册寿王妃韦氏。八月，以杨太真为贵妃。

目 初，武惠妃薨，后宫无当意者。或言寿王妃杨氏之美。上见而悦之，乃令妃自以其意乞为女官，号太真；更为寿王娶郎将韦昭训女。潜内太真宫中，不期岁，宠遇如惠妃，宫中号曰"娘子"，凡仪体皆如皇后。至是册为贵妃；赠其父玄琰兵部尚书，以从兄铦为殿中少监，锜为驸马都尉，三姊皆赐第京师，宠贵赫然。杨钊者，贵妃之从祖兄也，不学无行。从军于蜀，至长安，见诸妹，引之见上，得出入禁中，授金吾兵曹参军。

纲 九月，以韦坚为刑部尚书，杨慎矜为租庸转运使。

纲 安禄山讨奚、契丹，破之。

纲 冬，安禄山奏立李靖、李勣庙。

目 禄山奏："臣讨契丹，至北平郡，梦先朝名将李靖、李勣从臣求食。”遂命立庙。又奏:“荐享之日,庙梁产芝。”

纲 以王鉷为京畿采访使。

目 初,上在位久,用度日侈,又不欲数于左、右藏取之。鉷知上旨,岁贡额外钱帛百亿万,贮于内库,以供宴赐,曰:“此皆不出于租、庸、调。”上以鉷为能富国,益厚遇之。中外叹怨。至是,以为御史中丞、京畿采访使。

纲 丙戌,五载,春正月,贬韦坚为缙云太守,皇甫惟明为播州太守。

目 李适之性疏率,李林甫尝谓之曰:“华山有金矿,采之可以富国,上未之知也。”他日,适之言之。上以问林甫,对曰:“臣久知之,但华山陛下本命,王气所在,凿之非宜,故不敢言。”上以林甫为爱己,谓适之曰:“自今奏事,宜先与林甫议之。”适之由是束手,而与韦坚益亲,林甫愈恶之。

初,太子之立,非林甫意。林甫恐异日为己祸,欲动摇之。陇右节度使皇甫惟明尝为忠王友,时破吐蕃,入献捷,见林甫专权,劝上去之。林甫知之,使杨慎矜密伺其所为。会正月望夜,太子出游,与坚相见,坚又与惟明会于景龙观。慎矜遂告坚与惟明谋立太子。收下狱,林甫使慎矜等鞫之。上亦疑坚与惟明有谋,而不显其罪,皆贬之。太子表请与妃离昏。

纲 以王忠嗣为河西、陇右、朔方、河东节度使。

目 忠嗣始在朔方、河东,每互市,高估马价,诸胡闻之,争以马求市,由是胡马少,唐兵益壮。忠嗣杖四节,控制万里,天下劲兵重镇皆在掌握,与吐蕃战于青海、积石,皆大捷。又讨吐谷浑于墨离军,虏其全部而归。

纲 夏四月,李适之罢。

目 韦坚等既贬,适之惧,自求散地,罢政事。初,适之与林甫有隙。适之领兵部尚书,林甫使人发兵部铨曹奸利事,收吏六十余人,付京兆。京兆尹萧炅使法曹吉温鞫之。温置吏于外,先取二重囚讯之,号呼之声所不忍闻。吏闻之大惧,引入皆自诬服,顷刻狱成。

始太子文学薛嶷荐温才,上召见,顾嶷曰:“是一不良人,朕不用也。”及林甫欲除不附己者,求治狱吏。炅荐温于林甫,林甫大喜。又有罗希奭者,为吏深刻,林甫引为殿中侍御史。二人皆随林甫所欲,深浅锻炼，成狱，无能自脱者。时人谓之“罗钳吉网”。

纲　秋七月，加岭南经略使张九章三品，以王翼为户部侍郎。

目　杨贵妃方有宠，中外争献珍玩。九章、翼所献精美，九章加三品，翼为户部侍郎。民间歌之曰：“生男勿喜女勿悲，君今看女作门楣。”妃欲得生荔枝，岁命岭南驰驿致之。尝以妒悍不逊，送归铦第。上遂不食，及夜，高力士奏请迎妃归院，遂开禁门而入。后复以忤旨遣归。吉温因宦官言于上曰：“陛下何爱宫中一席之地，使之就死而辱之于外舍邪！”上亦悔之，遣中使赐以御膳。妃对使者涕泣曰：“金玉珍玩，皆陛下所赐，惟发者父母所与。”乃剪发一缭而献之。上遽召还，宠待益深。

纲　冬，杀骁卫兵曹柳勣、赞善大夫杜有邻。

目　有邻女为太子良娣，其长女为勣妻。勣喜结交豪俊，淄川太守裴敦复、北海太守李邕皆与定交。勣与妻族不协，欲陷之，为飞语告有邻妄称图谶，交构东宫，指斥乘舆。林甫令吉温鞫之，乃勣首谋。遂与有邻皆杖死，太子亦出良娣为庶人。

纲　丁亥，六载，春正月，杀北海太守李邕及皇甫惟明、韦坚等，王琚、李适之自杀。

目　江华司马王琚，性豪侈，与李邕皆自谓耆旧，久在外，意快快，李林甫恶其负材使气，欲因事除之。别遣罗希奭按邕与裴敦复，皆杖死。邕才艺出众，卢藏用常语之曰：“君如干将、莫邪，难与争锋，然终虞缺折耳。”邕不能用。

林甫又奏分遣御史赐皇甫惟明、韦坚等死。希奭所过，杀迁谪者，李适之仰药，琚自缢。

纲　以安禄山兼御史大夫。

目　禄山体肥，腹垂过膝。外若痴直，内实狡黠。其在上前，应对敏给，杂以诙谐，上尝戏指其腹曰：“此胡腹中何所有？其大乃尔！”对曰：“更无余物，止有赤心耳！”上悦。

又尝命见太子，禄山不拜，左右趣之拜，禄山曰：“太子何官？”上曰：“此储君也，朕千秋万岁后，代朕君汝者也。”禄山曰：“臣愚，向者唯知有陛下一人，不知乃更有储君。”不得已，然后拜。上以为信然，益爱之。

禄山得出入禁中，因请为贵妃儿。上与贵妃共坐，禄山先拜贵妃。

上问何故，对曰："胡人先母而后父。"上悦。

纲 冬十月，将军董延光攻吐蕃石堡城，不克。十一月，以哥舒翰充陇右节度使，贬王忠嗣为汉阳太守。

目 王忠嗣以部将哥舒翰为大斗军副使，李光弼为河西兵马使。翰本突骑施别部酋长，光弼，契丹王楷洛之子也，皆以勇略为忠嗣所重。每岁积石军麦熟，吐蕃辄来获之，无能御者。翰先伏兵于其侧，虏至，断其后，夹击之，无一人得返，自是不敢复来。

上欲使忠嗣攻吐蕃石堡城，忠嗣上言："石堡险固，吐蕃举国守之，非杀数万人不能克；臣恐所得不如所亡，不如厉兵秣马，俟其有衅，然后取之。"上意不快。

将军董延光请行，上命忠嗣分兵助之。忠嗣不得已奉诏，而不尽如其所欲。李光弼曰："大夫以多杀士卒之故，不欲成延光之功。今以数万众授之而不立重赏，士卒安肯为之尽力乎！然此天子之意也，彼无功，必归罪于大夫。大夫何爱数万段帛，不以杜其谗口乎！"忠嗣曰："今以数万之众争一城，得之未足以制敌，不得亦无害于国，故忠嗣不欲为之。忠嗣今受责，天子不过以一将军归宿卫，其次不过黔中上佐；忠嗣岂以数万人之命易一官乎！"光弼曰："大夫能行古人之事，非光弼所及也。"延光过期不克，言忠嗣沮挠军计，上怒。敕征忠嗣入朝，委三司鞫之。

上闻哥舒翰名，召见，悦之，以为陇右节度使。翰之入朝也，或劝多赍金帛以救忠嗣。翰曰："若直道尚存，王公必不冤死；如其将丧，多赂何为！"三司奏忠嗣罪当死，翰力陈其冤，上感悟，贬忠嗣汉阳太守。

纲 十二月，以天下岁贡赐李林甫。

目 命百官阅岁贡物于尚书省，悉以车载赐林甫。上或时不视朝，百司悉集林甫第门，台省为空。林甫子岫为将作监，颇以盈满为惧，尝从林甫游后园，指役夫言曰："大人久处钧轴，怨仇满天下，一朝祸至，欲为此得乎！"林甫不乐曰："势已如此，将若之何！"先是，宰相皆以德度自处，驺从不过数人。林甫自以多结怨，常虞刺客，出则步骑百余人，为左右翼；居则重关复壁，如防大敌，一夕屡徙床，虽家人莫知其处。

纲 以高仙芝为安西四镇节度使。

目　仙芝，本高丽人，从军安西。骁勇善骑射，累官四镇节度副使。小勃律王及其旁二十余国，皆附吐蕃，贡献不入，讨之不克。制仙芝为行营节度使，讨之。仙芝虏小勃律王及吐蕃公主而还，上以仙芝为安西四镇节度使。仙芝署封常清判官，任以军事。

自唐兴以来，边帅皆用忠厚名臣，不久任，不遥领，不兼统，功名著者往往入为宰相。其四夷之将，虽才略如阿史那社尔、契苾何力，犹不专大将之任，皆以大臣为使以制之。及开元中，天子有吞四夷之志，为边将者十余年不易，始久任矣；皇子则庆、忠诸王，宰相则萧嵩、牛仙客，始遥领矣；盖嘉运、王忠嗣专制数道，始兼统矣。

李林甫欲杜边帅入相之路，以胡人不知书，乃奏言："文臣为将，怯当矢石，不若用寒族胡人；胡人则勇决习战，寒族则孤立无党，陛下诚以恩洽其心，彼必能为朝廷尽死。"上悦其言，始用安禄山。至是，诸道节度使尽用胡人，精兵咸戍北边，天下之势偏重，卒使禄山倾覆天下，皆出于林甫专宠固位之谋也。

纲　戊子，七载，夏四月，以高力士为骠骑大将军。

目　力士承恩岁久，中外畏之，太子亦呼之为兄，诸王公呼之为翁，驸马辈直谓之爷。自李林甫、安禄山辈皆因之以取将相。然性和谨少过，不敢骄横，故天子终亲任之，士大夫亦不疾恶也。

初，上自东都还。李林甫、牛仙客知上厌巡幸，乃增近道粟赋及和籴以实关中。数年，蓄积稍丰，上谓力士曰："朕不出长安近十年，天下无事，朕欲悉以政事委林甫，何如？"对曰："天子巡狩，古之制也。且天下大柄，不可假人，彼威势既成，谁敢复议之者。"上不悦。力士自是亦不敢深言天下事矣。

纲　五月，赐安禄山铁券。

纲　以杨钊判度支事。

目　钊善窥上意所爱恶而迎之，以聚敛骤迁，一岁中领十五使，恩幸日隆。

纲　冬十一月，以贵妃姊为国夫人。

纲　己丑，八载，春二月，帅群臣观左藏，赐杨钊金紫。

目　是时州县殷富，仓库积粟帛，动以万计。钊请令粜变为轻货，输京师；屡奏帑藏充牣，古今罕俦，故上帅群臣观之，赐钊紫衣金鱼。上由是视金帛如粪壤,赏赐无限。

纲 夏五月,停折冲府上下鱼书。

目 先是,折冲府皆有木契、铜鱼,朝廷征发,下敕书、契、鱼,都督、郡府参验皆合,然后遣之。自募置彍骑,府兵日坏,死亡不补,器械耗散略尽。府兵入宿卫者谓之侍官,言其为天子侍卫也。其后本卫多以假人,役使如奴隶;长安人羞之,至以相诟病。其戍边者,又多为边将苦使,利其死而没其财。由是应为府兵者皆逃匿,至是无兵可交。李林甫遂奏停折冲府上下鱼书;是后府兵徒有官吏而已。彍骑之法,天宝以后,稍亦变废,应募者皆市井负贩、无赖子弟,未尝习兵。时承平日久,议者多谓中国兵可销,于是民间挟兵器者有禁;子弟为武官,父兄摈不齿。猛将精兵,皆聚于西北边,中国无武备矣。

纲 庚寅,九载,春二月,以姚思艺为检校进食使。

目 时诸贵戚竞以进食相尚,上命宦官姚思艺为检校进食使,水陆珍羞数千盘,一盘费中人十家之产。

纲 夏五月,赐安禄山爵东平郡王。

目 唐将帅封王自此始。

纲 秋八月,以安禄山兼河北道采访处置使。

纲 冬十月,安禄山入朝。

纲 赐杨钊名国忠。

纲 辛卯,十载,春正月,为安禄山起第于亲仁坊。

目 命有司为安禄山起第于亲仁坊,敕令但穷壮丽,不限财力。禄山置酒新第,上命宰相赴之。日遣诸杨与之游宴。禄山生日,上及杨妃赐予甚厚。后三日,召入禁中,贵妃以锦绣为大襁褓,裹之,使宫人以彩舆舁之。上闻,问故,左右以贵妃洗禄儿对。上赐贵妃洗儿金银钱,复厚赐禄山,尽欢而罢。自是禄山出入宫掖,通宵不出,颇有丑声闻于外,上亦不疑也。

纲 以安禄山兼河东节度使。

目 禄山领河东,奏户部郎中吉温为副使,知留后,以大理司直张通儒为判官,委以军事。

林甫与禄山语,每揣知其情,先言之,禄山惊服。每见,虽盛冬,常汗沾衣。林甫引与坐于中书厅,抚以温言,自解披袍以覆之。禄山忻荷,言无不尽,谓林甫为“十郎”。既归范阳,刘骆谷每自长安来,必问:

“十郎何言?”得美言则喜;或但云“语安大夫,须好检校!”即反手据床曰:“噫嘻,我死矣!”

禄山既兼领三镇,日益骄恣。自以曩时不拜太子,见上春秋高,颇内惧;又见武备堕弛,有轻中国之心,孔目官严庄、掌书记高尚因为之解图谶,劝之作乱。禄山以尚、庄、通儒及将军孙孝哲为腹心,史思明、安守忠、李归仁、蔡希德、牛廷玠、向润容、李庭望、崔乾祐、尹子奇、何千年、武令珣、能元皓、田承嗣、田乾贞、阿史那承庆为爪牙。

纲 秋八月,武库火。

纲 冬十一月,以杨国忠领剑南节度使。

纲 壬辰,十一载,春三月,改吏、兵、刑部为文、武、宪部。

纲 夏,户部侍郎京兆尹王𫓧伏诛。

目 𫓧权宠日盛,领二十余使。宅旁为使院,文案盈积,吏求署一字,累日不得前,虽李林甫亦畏避之。𫓧弟户部郎中焊,凶险不法,召术士任海川,问:“我有王者之相否?”海川惧,亡匿。𫓧恐事泄,捕得,托以他事杖杀之。事发,𫓧赐自尽,焊杖死于朝堂。

纲 以安思顺为朔方节度使。

纲 冬十一月,李林甫卒。

目 上晚年自恃承平,以为天下无复可忧,遂深居禁中,专以声色自娱,悉委政事于林甫。林甫媚事左右,迎合上意,以固其宠;杜绝言路,掩蔽聪明,以成其奸;妒贤嫉能,排抑胜己,以保其位;屡起大狱,诛逐贵臣,以张其势。自皇太子以下,畏之侧足。凡在相位十九年,养成天下之乱,而上不之寤也。

纲 以杨国忠为右相,兼文部尚书。

目 国忠为人强辩而轻躁,无威仪。既为相,裁决机务,果敢不疑;攘袂扼腕,公卿以下,颐指气使,莫不震慑。凡领四十余使。台省官有时名,不为己用者皆出之。或劝陕郡进士张彖谒之,彖曰:“君辈倚杨右相如泰山,吾以为冰山耳!若皎日既出,君辈得无失所恃乎!”遂隐居嵩山。

纲 以吉温为御史中丞。

目 杨国忠荐之也。温诣范阳辞安禄山,禄山令其子庆绪送至境。温至长安,凡朝廷动静辄报禄山,信宿而达。

纲 癸巳，十二载，春正月，杨国忠注选人于都堂。

目 故事，兵、吏部尚书知政事者，选事悉委侍郎以下，三注三唱，仍过门下省审，自春及夏，乃毕。至是，国忠欲自示精敏，乃遣令史先于私第密定名阙。召左相陈希烈及给事中、诸司长官皆集尚书都堂，唱注一日而毕，曰："今左相、给事中俱在座，已过门下矣。"其间资格差谬甚众，无敢言者。于是门下不复过官，侍郎但掌试判而已。

纲 二月，追削李林甫官爵，剖其棺。

目 杨国忠说安禄山使阿布思部落降者诣阙，诬告李林甫与阿布思谋反。上信之，下吏按问；林甫婿谏议大夫杨齐宣惧为所累，证成之。时林甫尚未葬，制削官爵；子孙皆流岭南、黔中；剖棺，抉含珠，褫金紫，更以小棺如庶人礼葬之。

纲 秋八月，以哥舒翰兼河西节度使。

目 禄山以李林甫狡猾逾己，故畏服之。及杨国忠为相，视之蔑如也，由是有隙。国忠屡言禄山有反状；上不听。国忠欲厚结陇右节度使哥舒翰与共排安禄山，奏以翰兼河西节度。是时，中国盛强，自安远门西尽唐境，凡万二千里，闾阎相望，桑麻翳野，天下称富庶者莫如陇右。翰每遣使入奏，常乘白橐驼，日驰五百里。

纲 冬十月，以中书舍人宋昱知选事。

目 前进士刘乃遗昱书曰："禹、稷、皋陶同居舜朝，犹曰载采有九德，考绩亦九载。近代主司，察言于一幅之判，观行于一揖之间，何古今迟速不侔之甚哉！借使周公、孔子今处铨廷，考其辞华，则不及徐、庾，观其利口，则不若啬夫，何暇论圣贤之事业乎！"

纲 甲午，十三载，春正月，安禄山入朝。

目 是时杨国忠言禄山必反，且曰："陛下试召之，必不来。"上使召之，禄山即至。见上泣曰："臣本胡人，陛下宠擢至此，为国忠所疾，臣死无日矣！"上怜之，赏赐巨万，由是国忠之言不能入矣。太子亦言禄山必反，上不听。

纲 加安禄山左仆射。

目 上欲加安禄山同平章事，已令太常张垍草制。杨国忠曰："禄山虽有军功，目不知书，岂可为宰相！制书若下，恐四夷轻唐。"上乃以禄山为仆射。唐初诏敕，皆中书、门下官有文者为之。乾封以后，始召文士草诸文辞，常于北门候进止，时人谓之“北门学士”。上即位，始置翰林院，密迩禁庭，延文章之士，下至僧、道、书、画、琴、棋、数术之工，皆处之，谓之待诏。刑部尚书张均及弟垍，皆翰林院供奉。

纲 二月，以杨国忠为司空。

纲 三月，安禄山归范阳。

目 禄山辞归范阳。上解御衣以赐之，禄山惊喜。恐杨国忠奏留之，疾驱出关。乘船而下，昼夜兼行，日数百里。

初，上令高力士饯禄山，还，上问：“禄山慰意乎？”对曰：“观其意怏怏，必知欲命为相而中止也。”上以告国忠。国忠曰：“此议他人不知，必张垍兄弟告之也。”上怒，贬均、垍官。

纲 夏六月朔，日食，不尽如钩。

纲 剑南留后李宓击南诏，败没。

目 宓击南诏，全军皆没。杨国忠隐其败，更以捷闻，益发中国兵讨之，前后死者几二十万人，无敢言者。

上尝谓高力士曰：“朕今老矣，朝事付之宰相，边事付之诸将，夫复何忧！”力士对曰：“臣闻云南数丧师，又边将拥兵太盛，陛下将何以制之！臣恐一旦祸发，不可复救，何谓无忧也！”上曰：“卿勿言，朕徐思之。”

纲 秋八月，陈希烈罢，以韦见素同平章事。

纲鉴易知录卷五十

唐纪

玄宗明皇帝

纲　乙未，十四载，春二月，安禄山请以蕃将代汉将，从之。

目　禄山使副将何千年入奏，请以蕃将三十二人代汉将。韦见素谓杨国忠曰："禄山久有异志，今又有此请，其反明矣。"明日，入见，上迎谓曰："卿等疑禄山邪？"见素因极言禄山反已有迹，所请不可许，上不悦，竟从禄山之请。

他日，国忠、见素言于上曰："臣有策可坐消禄山之谋。若除禄山平章事，召诣阙，以贾循、吕知诲、杨光翙分领范阳、平卢、河东节度，则势自分矣。"上从之。已草制而不发，更遣中使辅璆琳以珍果赐禄山，潜察其变。璆琳受禄山厚赂，还，盛言禄山无二心。上谓国忠等曰："朕推心待之，必无异志。朕自保之，卿等勿忧也！"事遂寝。

纲　哥舒翰入朝。

纲　秋七月，安禄山表请献马，遣中使谕止之。

纲　冬十月，帝如华清宫。

纲　十一月，安禄山反，遣封常清如东京募兵以御之。

目　禄山专制三道，阴蓄异志，殆将十年，以上待之厚，欲俟上晏驾然后作乱。会杨国忠屡言禄山且反，数以事激之，欲其速反以取信于上。禄山由是决意遽反。会有奏事官自京师还，禄山诈为敕书，示诸将曰："有密旨，令禄山将兵入朝讨杨国忠。"众愕然相顾，莫敢异言。于是发所部兵及奚、契丹凡十五万，反于范阳。命贾循守范阳，吕知诲守平卢，高秀岩守大同；大阅誓众，引兵而南。时承平久，百姓不识兵革，河北州县望风瓦解。

上闻禄山已反，乃召宰相谋之。杨国忠扬扬有得色，曰："今反者独禄山耳，将士皆不欲也。不过旬日，必传首诣行在。"上以为然。安西节度使封常清入朝，上问以讨贼方略，常清大言："请诣东京，开府库，募骁勇，挑马箠度河，计日取禄山之首献阙下！"上悦。以为范阳、平卢节度使。乘驿诣东京募兵，旬日，得六万人；乃断河阳桥，为守御之备。

纲　帝还京师，安庆宗伏诛，以郭子仪为朔方节度使。

纲　十二月，以高仙芝为副元帅，统诸军屯陕。

目　以荣王琬为元帅，高仙芝副之，统诸军东征。仙芝以五万人发京师，遣宦者边令诚监其军，屯于陕。

纲　禄山陷荥阳，杀其太守崔无诐。

纲　封常清与贼战于武牢，败绩，禄山遂陷东京。留守李憕、御史中丞卢奕死之。

纲　高仙芝退保潼关，河南多陷。

纲　制太子监国。

目　上议亲征，制太子监国。谓宰相曰："逆贼横发，朕当亲征，且使太子监国。事平之日，朕将高枕无为矣。"杨国忠大惧，退谓三夫人曰："太子素恶吾家，若一旦得天下，吾与姊妹并命在旦暮矣！"使说贵妃，衔土请命于上，事遂寝。

纲　平原太守颜真卿起兵讨贼。

目　初，真卿知禄山且反，因霖雨，完城浚壕，料丁壮，实仓廪；禄山以其书生，易之。及反，牒真卿将兵防河津，真卿遣平原司兵李平间道奏之。上始闻河北郡县皆从贼，叹曰："二十四郡，曾无一人义士邪！"及平至，大喜曰："朕不识颜真卿作何状，乃能如是！"真卿使亲客密怀购贼牒诣诸郡，由是诸郡多应者。召募勇士，旬日至万余人，谕以举兵讨禄山，继以涕泣，士皆感愤。

饶阳太守卢全诚据城不受代；禄山使张献诚将兵万人围饶阳。

纲　杀高仙芝、封常清，以哥舒翰为副元帅。

目　边令诚数以事干仙芝，仙芝不从。令诚入奏事，遂言："常清以贼摇众，而仙芝弃陕地数百里，又盗减粮赐。"上大怒，遣令诚赍敕即军中斩仙芝及常清。上以哥舒翰有威名，且素与禄山不协，召见，拜兵马副元帅，将兵八万以讨禄山。

纲　禄山遣兵寇振武，郭子仪使兵马使李光弼、仆固怀恩击破之。进围云中，拔马邑。

纲 常山太守颜杲卿起兵讨贼，河北诸郡皆应之。

目 禄山之至藁城也，常山太守颜杲卿力不能拒，与长史袁履谦往迎之。禄山辄赐杲卿金紫，质其子弟，使仍守常山；又使其将李钦凑将数千人守井陉口，以备西军。杲卿归途中，指其衣谓履谦曰："何为着此？"履谦悟其意，乃阴与杲卿谋起兵讨禄山。至是，将起兵，会从弟真卿自平原遣甥卢逖潜告杲卿，欲连兵断禄山归路，以缓其西入之谋。杲卿以禄山命召李钦凑，使帅众受犒；醉而斩之，悉散井陉之众。贼将高邈、何千年适至，皆擒之。杲卿用千年策，张献诚解围遁去。杲卿乃使人入饶阳城，慰劳将士。于是河北诸郡响应，凡十七郡皆归朝廷，兵合二十余万；其附禄山者，惟范阳、卢龙、密云、渔阳、汲、邺六郡而已。

杲卿又密使人入渔阳招贾循，郏城人马燧说循曰："禄山负恩悖逆，终归夷灭。公若以范阳归国，倾其根柢，此不世之功也。"循然之，犹豫不时发。别将牛润容知之，以告禄山，禄山召循，杀之。马燧亡入西山，隐者徐遇匿之，得免。

禄山欲攻潼关，至新安，闻河北有变而还。

纲 丙申，十五载，春正月，安禄山僭号。

目 禄山自称大燕皇帝，改元圣武，以达奚珣为侍中，张通儒为中书令，高尚、严庄为中书侍郎。

纲 以李随为河南节度使，许远为睢阳太守。

纲 贼将史思明陷常山，颜杲卿死之。复陷九郡，进围饶阳。

目 杲卿起兵才八日，守备未完，史思明、蔡希德引兵皆至城下。杲卿告急于太原尹王承业，承业拥兵不救。杲卿昼夜拒战，粮尽矢竭；城遂陷。贼执杲卿及袁履谦等送洛阳。杲卿至洛阳，禄山数之曰："我奏汝为判官，不数年超至太守，何负于汝而反？"杲卿骂曰："汝本营州牧羊羯奴，天子擢汝为三道节度使，恩幸无比，何负于汝而反？我世为唐臣，禄位皆唐有，虽为汝所奏，岂从汝反邪！我为国讨贼，恨不斩汝，何谓反也？臊羯狗，何不速杀我！"禄山大怒，并履谦缚而剐之。二人比死，骂不绝口。颜氏死者三十余人。

思明既克常山，引兵击诸郡之不从者，于是邺、广平、巨鹿、赵、上谷、博陵、文安、魏、信都等郡复为贼守。卢全诚独不从，思明等围之。

纲 以李光弼为河东节度使。

目　上命郭子仪罢围云中，还朔方，益发兵进取东京；选良将分兵先出井陉，以定河北。郭子仪荐光弼以为河东节度使，分朔方兵万人与之。

纲　二月，李光弼入常山，执贼将安思义。遂与史思明战，大破之。

纲　真源令张巡起兵雍丘讨贼。

目　先是，谯郡太守杨万石以郡降安禄山，逼真源令张巡为长史，使西迎贼。巡至真源，帅吏民哭于玄元皇帝庙，起兵讨贼，乐从者数千人；巡选精兵千人西至雍丘，与贾贲合。初，雍丘令令狐潮以县降贼，引精兵攻雍丘；贲出战，败死。巡力战却贼，因兼领贲众。潮复与贼将李怀仙等四万余众奄至城下。巡使千人乘城；自帅千人，分数队，开门突出。巡身先士卒，直冲贼陈，人马辟易，贼遂退。明日，复进，蚁附攻城，巡束蒿灌脂，焚而投之，贼不得上。积六十余日，大小三百余战，带甲而食，裹疮复战，贼遂败走，军声大振。

纲　以李光弼为河北节度使。

纲　加颜真卿河北采访使。真卿击魏郡，拔之。

目　先是，清河客李萼，年二十余，为郡人乞师于真卿曰："公首唱大义，河北诸郡恃公以为长城。今清河，公之西邻，国家平日聚江、淮、河南钱帛于彼以赡北军。昔讨默啜，兵甲皆贮其库。窃计财足以三平原之富，兵足以倍平原之强。公诚资以士卒，抚而有之，以二郡为腹心，则余郡如四支，无不随所使矣。"真卿曰："吾兵新集未练，何暇及邻！然子之请兵，欲何为乎？"萼曰："清河非力不足，而借公之师也，亦以观大贤之名义耳。今仰瞻高意，未有决辞定色，仆何敢遽言所为乎！"真卿奇之，欲与之兵。众以为萼年少，轻虑，必无所成，真卿不得已辞之。

萼就馆，复为书说真卿曰："清河去逆效顺，奉粟帛器械以资军，公乃不纳而疑之。仆回辕之后，清河不能孤立，必有所系托，将为公西面之强敌，公能无悔乎？"真卿大惊，遽诣其馆，以兵六千借之；送至境，执手别。因问之曰："兵已行矣，可以言子之所为乎？"萼曰："闻朝廷遣程千里将兵十万出崞口，贼据险拒之，不得前。今当引兵先击魏郡，执其守将；分兵开崞口，以出千里之师，因讨汲、邺以北至于幽陵；然后帅诸同盟，合兵十万，南临孟津，分兵循河，据守要害，制其北走之路。计官军东讨者不下二十万，河南义兵西向者亦不减十万。公但当表朝廷坚壁勿战，不过月余，贼必有内溃相图之变矣。”真卿曰：“善！”命参军李择交等将其兵，会清河、博平兵五千人军于堂邑。禄山所署魏郡太守袁知泰逆战，大败，遂克魏郡，军声大振。

纲 以贺兰进明为河北招讨使。

目 时北海太守贺兰进明亦起兵，真卿以书召之并力，进明将步骑五千渡河，真卿陈兵逆之，相揖，哭于马上，哀动行伍。进明屯平原城南，真卿每事咨之，由是军权稍移于进明，真卿不以为嫌，复以堂邑之功让之；敕加进明河北招讨使。

纲 夏四月，郭子仪、李光弼与史思明战于九门，败之，进拔赵郡。

纲 五月，郭子仪、李光弼与史思明战于嘉山，大破之，复河北十余郡。

目 郭子仪、李光弼还常山，史思明收散卒数万踵其后。子仪选骁骑更战，三日，贼疲，乃退。禄山复使蔡希德将步骑二万人北就思明，又使牛廷玠发范阳等郡兵，合五万余人。子仪至恒阳，深沟高垒以待之；贼来则守，去则追之，昼则耀兵，夜斫其营，贼不得休息。数日，子仪、光弼议曰：“贼倦矣，可以出战。”战于嘉山，大破之，斩首四万级，捕虏千余人。思明奔博陵；光弼就围之，军声大振。于是河北十余郡皆杀贼守将而降。渔阳路再绝，贼往来者，多为官军所获，贼众家在渔阳者，无不摇心。禄山大惧，召高尚、严庄诟之曰：“汝教我反，以为万全。今守潼关，数月不能进，北路已绝，诸军四合，万全何在？”尚、庄惧，数日不敢见。田乾真说禄山曰：“自古帝王经营大业，皆有胜败，岂能一举而成！尚、庄皆佐命元勋，一旦绝之，诸将谁不内惧！”禄山即置酒酣宴，待之如初。遂议弃洛阳走归范阳，计未决。

纲 六月，哥舒翰与贼战于灵宝，大败，贼遂入关。

目 是时，天下以杨国忠召乱，莫不切齿。王思礼密说哥舒翰使抗表请诛国忠，翰曰：“如此，乃翰反，非禄山也。”或说国忠：“朝廷重兵尽在翰手，翰若援旗西指，于公岂不危哉！”国忠大惧，募万人屯灞上，令所亲杜乾运将之，名为御贼，实备翰也。翰闻之，亦恐为国忠所图，乃表请灞上军隶潼关，召乾运斩之，国忠益惧。

会有告贼将崔乾祐在陕，兵不满四千，皆羸弱无备，上遣使趣翰进兵复陕、洛。翰奏曰："禄山久习用兵，岂肯无备！是必羸师以诱我，若往，正堕其计中。且贼远来，利在速战；官军据险，利在坚守。况贼势日蹙，将有内变；因而乘之，可不战擒也。要在成功，何必务速！今诸道征兵尚多未集，请且待之。"国忠疑翰谋己，言于上，以贼方无备而翰逗留，将失机会。上以为然，续遣中使趣之，项背相望。翰不得已，抚膺恸哭，引兵出关，遇贼于灵宝西原。乾祐先据险，南薄山，北阻河，隘道七十里。翰使王思礼等将精兵五万居前，庞忠等将余兵十万继之，翰以兵三万登河北阜望之，鸣鼓以助其势。乾祐所出兵不过万人，兵既交，贼偃旗如欲遁者，官军懈，不为备。贼乘高下木石，击杀士卒甚众。道隘，乾祐遣精骑自后击之，官军大败；后军自溃，河北军望之亦溃。独翰与麾下百余骑走入关。乾祐进攻潼关，克之。蕃将火拔归仁等执翰，降贼，俱送洛阳。禄山问翰曰："汝常轻我，今定何如？"翰伏地对曰："臣肉眼不识圣人。"禄山以翰为司空。谓归仁不忠，斩之。于是河东、华阴、冯翊、上洛防御使皆弃郡走。

纲　帝出奔蜀。

目　哥舒翰麾下来告急，上始惧，召宰相谋之。杨国忠首唱幸蜀之策，上然之，以崔光远为西京留守。既夕，命龙武大将军陈玄礼整比六军。黎明，上独与贵妃姊妹、皇子、妃、主、皇孙及亲近宦官、宫人出延秋门，妃、主、皇孙之在外者皆委之而去。

上至咸阳望贤宫，日向中，上犹未食，民献粝饭，杂以麦豆；皇孙辈争以手掬食之，须臾而尽。

有父老郭从谨进言曰："禄山包藏祸心，固非一日；有告其谋者，陛下往往诛之，使得逞其奸逆，致陛下播越。是以先王务延访忠良以广聪明，盖为此也。臣犹记宋璟为相，数进直言，天下赖以安。自顷以来，在廷之臣以言为讳，阙门之外陛下皆不得知。草野之臣，必知有今日久矣，但九重严邃，区区之心无路上达。事不至此，臣何由得睹陛下之面而诉之乎！"上曰："朕之不明，悔无所及！"慰谕而遣之。命军士散诣村落求食。夜将半，乃至金城县。

纲　次于马嵬，杨国忠及贵妃杨氏伏诛。

目　明日，至马嵬驿，将士饥疲，皆愤怒。陈玄礼以祸由杨国忠，欲诛之，因李辅国以告太子，未决。会吐蕃使者二十余人遮国忠马，诉以无食，军士呼曰："国忠与胡虏谋反！"追杀之，以枪揭其首于驿门外，并杀韩国、秦国夫人。上闻喧哗，出门慰劳，令收队，军士不应。上使高力士问之，玄礼对曰："国忠谋反，贵妃不宜供奉，愿陛下割恩正法。"上曰："朕当自处之。"入门，倚杖倾头而立。久之，京兆司录韦谔前言曰："今众怒难犯，安危在晷刻，愿陛下速决！"因叩头流血。上曰："贵妃常居深宫，安知国忠反谋？"高力士曰："贵妃诚无罪，然将士已杀国忠，而贵妃在陛下左右，岂敢自安！愿陛下审思之，将士安则陛下安矣。"上乃命力士引贵妃于佛堂缢杀之。舆尸寘驿庭，召玄礼等入观之。玄礼等乃免胄释甲，顿首谢罪，军士皆呼万岁，于是始整部伍为行计。国忠妻子及虢国夫人走陈仓，县令薛景仙诛之。

纲 发马嵬，留太子东讨贼。

目 明日，将发马嵬，朝臣惟韦见素一人，乃以韦谔为御史中丞，充置顿使。将士皆曰："国忠将吏皆在蜀，不可往。"谔曰："不如且至扶风，徐图去就。"众以为然，上乃从之。父老遮道请留，上命太子宣慰之。父老曰："至尊既不肯留，某等愿帅子弟从殿下东破贼，取长安。若殿下与至尊皆入蜀，使中原百姓谁为之主？"须臾聚至数千人。太子不可，涕泣，跋马欲西。建宁王倓与李辅国执鞚谏曰："逆胡犯阙，四海分崩，不因人情，何以兴复！殿下不如收西北边之兵，召郭、李举河北，与之并力东讨逆贼，克复二京，削平四海，使社稷危而复安，宗庙毁而更存，扫除宫禁以迎至尊，岂非孝之大者。何必区区温凊为儿女之恋乎！"广平王俶亦劝太子留。父老共拥太子马，不得行。太子乃使俶驰白上。上曰："天也！"命分后军二千人及飞龙厩马从太子，谕之曰："太子仁孝，可奉宗庙，汝曹善辅佐之。"又使谕太子曰："汝勉之，勿以吾为念。西北诸胡，吾抚之素厚，汝必得其用。"且宣旨欲传位太子，太子不受。

纲 帝至扶风。

目 上至扶风，士卒流言不逊，陈玄礼不能制。会成都贡春彩十余万匹至，上命陈之于庭，召将士谕之曰："朕昏耄，托任失人，致逆胡乱常，须远避其锋。卿等仓猝从朕，不得别父母妻子，茇涉至此，劳苦至矣，朕甚愧之。蜀路阻长，郡县褊小，人马众多，或不能供，今听卿等各还家，朕独与子孙、中官前行入蜀，亦足自达。今日与卿等诀别，可共分此彩以备资粮。若归，见父母及长安父老，为朕致意，各好自爱也！”因泣下沾襟。众皆哭曰：“臣等死生从陛下，不敢有贰！”上良久曰：“去留听卿。”自是流言始息。

纲 太子至平凉。

纲 帝至河池，以崔圆同平章事。

纲 陈仓令薛景仙杀贼将，克扶风而守之。

纲 贼将孙孝哲陷长安。

目 禄山不意上遽西幸，止崔乾祐兵留潼关，凡十日，遣孙孝哲将兵入长安，杀妃、主、皇孙数十人，王、侯、将、相扈从车驾家留长安者，诛及婴孩。陈希烈以晚节失恩，怨上，与张均、张垍等皆降于贼。禄山以希烈、垍为相，自余朝士皆授以官。于是贼势大炽。既陷长安，贼将日夜纵酒，专以声色宝贿为事，无复西出之意，故上得安行入蜀，太子北行亦无追迫之患。

纲 郭子仪、李光弼引兵入井陉。刘正臣袭范阳，不克。

目 郭子仪、李光弼闻潼关不守，引兵入井陉，留王俌守常山。刘正臣将袭范阳，未至，史思明击败之。

纲 帝至普安，以房琯同平章事。

目 上之发长安也，群臣多不知，至咸阳，谓高力士曰：“朝臣谁当来，谁不来？”对曰：“张均、张垍受恩最深，且连戚里，是必先来。时论皆谓房琯宜为相，陛下不用，又禄山尝荐之，恐或不来。”上曰：“事未可知。”及琯至，上问均兄弟，对曰：“臣帅与偕来，逗留不进；观其意，似有所蓄而不能言也。”上顾力士曰：“朕固知之矣。”即日以琯为相。陈希烈罢相，上许以垍代之，垍拜谢。既而不用，故垍怀怏怏。

纲 秋七月，太子即位于灵武，尊帝为上皇天帝，以裴冕同平章事。

目 初，太子至平凉，朔方留后杜鸿渐、水陆运使魏少游、判官崔漪、卢简、李涵相与谋曰：“平凉散地，非屯兵之所，灵武兵食完富，若迎太子至此，北收诸城兵，西发河、陇劲骑，南向以定中原，此万世一时也。”乃使涵奉笺于太子。会河西司马裴冕至平凉，亦劝太子之朔方。鸿渐自迎太子于平凉北境，说以兴复之计。少游盛治宫室，帏帐皆仿禁中，饮膳备水陆。太子至，悉命撤之。至是，冕、鸿渐等上太子笺，请遵马嵬之命，不许。笺五上，太子乃许之。是日，即位于灵武，尊帝为上皇天帝，大赦，改元。以杜鸿渐、崔漪并知中书舍人事，裴冕为中书侍郎、同平章事。

时文武官不满三十人，披草莱，立朝廷，制度草创，武人骄慢。大将管崇嗣在朝堂，背阙而坐，言笑自若，监察御史李勉奏弹之，系于有司。上特原之，叹曰："吾有李勉，朝廷始尊。"

纲 上皇制："以太子充天下兵马元帅，诸王分总天下节制。"

纲 上皇至巴西。以崔涣同平章事，韦见素为左相。

纲 李泌至灵武。

目 初，京兆李泌，幼以才敏著闻。玄宗欲官之，不可；使与太子为布衣交。杨国忠恶之，奏徙蕲春，后隐居颍阳。上自马嵬遣使召之，谒见于灵武。上大喜，出则联辔，寝则对榻，如为太子时，事无大小皆咨之，言无不从。上欲以泌为右相，泌固辞曰："陛下待以宾友，则贵于宰相矣，何必屈其志！"上乃止。

纲 上皇至成都。

纲 令狐潮围雍丘，张巡击走之。

目 令狐潮攻雍丘。潮与张巡有旧，于城下相劳苦如平生。潮因说巡曰："天下事去矣，足下坚守危城，欲谁为乎？"巡曰："足下平生以忠义自许，今日之举，忠义何在！"潮惭而退。围守四十余日，朝廷声问不通。潮闻上皇已幸蜀，复以书招巡。大将六人，白巡以兵势不敌，且上存亡不可知，不如降贼。巡阳许诺。明日，堂上设天子画像，帅将士朝之，人人皆泣。引六将于前，责以大义，斩之。士心益劝。

城中矢尽，巡缚藁为人千余，被以黑衣，夜缒城下，潮兵争射之；得矢数十万。其后复夜缒人，贼笑不设备，乃以死士五百斫潮营；潮军大乱，焚垒而遁，追奔十余里。潮益兵围之。巡使郎将雷万春于城上与潮相闻，语未绝，贼弩射之，面中六矢而不动。潮疑其木人，使谍问之，乃大惊，遥谓巡曰："向见雷将军，方知足下军令矣，然其如天道何！"巡谓之曰："君未识人伦，焉知天道！"未几，出战，擒贼将十四人，斩首百余级。贼乃夜遁。自是，数击破贼军。分别其众，凡胡兵悉斩之；胁从者皆令归业。旬日间，民去贼来归者万余户。

纲 以颜真卿为工部尚书。

目 初，真卿闻李光弼下井陉，即敛军还平原。及闻郭、李西入，始复区处河北军事。以蜡丸达表于灵武。以真卿为工部尚书，兼御史大夫，领使如故，并致赦书，亦以蜡丸达之。真卿颁下诸郡，又遣人颁于河南、江、淮。由是诸道始知上即位于灵武，徇国之心益坚矣。

纲 八月，以郭子仪为灵武长史，李光弼为北都留守，并同平章事。

目 子仪等将兵五万，自河北至灵武，灵武军威始盛，人有兴复之望矣。光弼以景城、河间兵五千赴太原。其后上谓李泌曰："今子仪、光弼已为宰相，若克两京，平四海，则无官以赏之，奈何？对曰："古者有功，则锡以茅土，传之子孙。太宗欲复古制，大臣议论不同而止，由是赏功以官。夫以官赏功有二害，非才则废事，权重则难制。向使禄山有百里之国，亦惜之以遗子孙而不反矣。为今计，莫若疏爵土以赏功臣，则虽大国不过二三百里，可比今之小郡，岂难制哉！"上曰："善。"

纲 回纥、吐蕃遣使请助讨贼。

纲 上皇以第五琦为江、淮租庸使。

目 贺兰进明遣参军第五琦入蜀奏事，琦言："今方用兵，财赋为急。财赋所产，江、淮居多。乞假臣一职，可使军无乏用。"上皇以为租庸使。

纲 上皇遣使奉册宝如灵武。

目 灵武使者至蜀，上皇喜曰："吾儿应天顺人，吾复何忧！"制："自今改制敕为诰，表疏称太上皇。军国事皆先取皇帝进止，仍奏朕知；俟克复上京，朕不复预事。"命韦见素、房琯、崔涣奉传国宝及玉册诣灵武传位。

纲 禄山取长安乐工、犀、象诣洛阳。

目 初，上皇每酺宴，先设太常雅乐，继以鼓吹、胡乐、散乐、杂戏；又出宫人舞霓裳羽衣；又教舞马百匹，衔杯上寿；又引犀象入场，或拜，或舞。安禄山见而悦之，至是，命搜捕送洛阳。宴其群臣于凝碧池，盛奏众乐；梨园弟子往往歔欷泣下，贼皆露刃睨之。乐工雷海清不胜悲愤，掷乐器于地，西向恸哭。禄山怒，支解之。

禄山闻向日百姓乘乱多盗库物，既得长安，命大索三日，并其私财尽掠之。民间骚然，益思唐室。民间相传太子北收兵来取长安，日夜望之，或时相惊曰："太子大军至矣！"则皆走，市里为空。贼望见北方尘起，辄惊欲走。京畿豪杰，往往杀贼官吏，遥应官军；诛而复起，相继不绝，贼不能制。至是，四门之外率为敌垒，贼兵力所及者，南不出武关，北不过云阳，西不过武功。江、淮奏请贡献之蜀、之灵武者，皆自襄阳取上津路抵扶风，道路无壅，皆薛景仙之功也。

纲 九月，以广平王俶为天下兵马元帅，李泌为侍谋军国元帅长史。

目 建宁王倓，英果有才略，上欲以为元帅。李泌曰："建宁诚元帅才；然广平，兄也。若建宁功成，岂可使广平为吴太伯乎！"上曰："广平，冢嗣也，何必以元帅为重！"泌曰："广平未正位东宫。今天下艰难，众心所属，在于元帅，若建宁大功既成，陛下虽欲不以为储副，同立功者岂可已乎！太宗、上皇，即其事也。"乃以广平王俶为元帅，诸将皆属。倓闻之，谢泌曰："此固倓之心也！"

上与泌出行军，军士指之，窃言曰："衣黄者，圣人也。衣白者，山人也。"上闻之，以告泌，曰："艰难之际，不敢相屈以官，且衣紫袍以绝群疑。"泌不得已，受之；上笑曰："既服此，岂可无名称！"出怀中敕，以泌为侍谋军国元帅府行军长史。泌固辞，上曰："朕非敢相臣，以济艰难耳。俟贼平，任行高志。"泌乃受。

纲 同罗叛，遣郭子仪发兵讨破之。

纲 遣使征兵回纥。

纲 帝如彭原。

目 李泌劝上"且幸彭原，俟西北兵将至，进幸扶风以应之；于时庸调亦集，可以赡军。"上从之。

至彭原，廨舍隘狭，上与张良娣博打子，声闻于外。李泌言诸军奏报停壅，上乃潜令刻干树鸡为子，不欲有声。良娣以是怨泌。

纲 宝册至自成都。

目 韦见素等至自成都，奉上宝册，上不肯受，曰："比以中原未靖，权总百官，岂敢乘危，遽为传袭！"群臣固请，上不许，寘于别殿，朝夕事之，如定省之礼。

上以见素本附杨国忠，意薄之；素闻房琯名，虚心待之。琯见上言时事，辞情慷慨，上为改容，由是军国事多谋于琯。琯亦以天下为己任，知无不为；诸将拱手避之。

上皇赐张良娣七宝鞍，李泌曰："今四海分崩，当以俭约示人，良娣不宜乘此。请撤其珠玉付库吏，以赏战功。"上遽从之。建宁王倓泣于廊下，上惊，问之，对曰："臣比忧祸乱未已，今陛下从谏如流，不日当见陛下迎上皇还长安，是以喜极而悲耳。”

上又谓泌曰：“良娣，上皇所念。朕欲使正位中宫，何如？”对曰：“陛下在灵武，以群臣望尺寸之功，故践大位，非私己也。至于家事，宜待上皇之命，不过晚岁月之间耳。”良娣由是恶泌及倓。

上尝从容与泌语及李林甫，欲敕诸将克长安日，发其冢，焚骨扬灰。泌曰：“陛下方定天下，奈何仇死者！彼枯骨何知，徒示圣德之不弘耳。且方今从贼者，皆陛下之仇也，若闻此举，恐阻其自新之心。”上不悦，曰：“此贼昔日百方危朕，奈何矜之！”对曰：“臣岂不知此！顾以上皇春秋高，闻陛下此敕，必以为用韦妃之故。万一感愤成疾，是陛下以天下之大，不能安君亲也。”言未毕，上流涕被面曰：“朕不及此。”

纲　制谏官言事勿白宰相。

纲　冬十月朔，日食既。

纲　加第五琦山南等道度支使。

目　琦作榷盐法，用以饶。

纲　以房琯为招讨节度等使，与贼战于陈涛斜，败绩。

目　房琯喜宾客，好谈论，多引拔知名之士，而轻鄙庸俗，人多怨之。北海太守贺兰进明诣行在，上命琯以为御史大夫，琯以为摄御史大夫。进明入谢，上怪之，进明因言与琯有隙，且曰：“晋用王衍为三公，祖尚浮虚，致中原板荡。今房琯专为迂阔大言以立虚名，所引用皆浮华之党，真王衍之比也！陛下用为宰相，恐非社稷之福。”上由是疏之。

琯请自将兵复两京，上许之。琯请以李揖为司马，刘秩为参谋，悉以戎务委之。曰：“贼曳落河虽多，安能当我刘秩！”二人皆书生，不闲军旅。遇贼将安守忠于咸阳之陈涛斜。琯效古法，用车战，以牛车二千乘，马步夹之；贼顺风鼓噪，牛皆震骇。纵火焚之，人畜大乱，死伤四万余人。上大怒。李泌为之营救，上乃宥之，待琯如初。

纲　史思明攻陷河北诸郡，饶阳裨将张兴死之。

目　史思明陷河间、景城，又使其将攻平原，颜真卿力不敌，弃郡走。思明攻清河、博平，皆陷之。进围信都，乌承恩以城降。

饶阳裨将张兴，力举千钧，性复明辨；贼攻饶阳，弥年不能下。及诸郡皆陷，思明并力围之，外救俱绝，城陷。擒兴，谓曰：“将军真壮士，能与我共富贵乎？”兴曰：“兴，唐之忠臣，固无降理。今数刻之人耳，愿一言而死。”思明曰:“试言之。”兴曰:“主上待禄山,恩如父子,群臣莫及,不知报德,乃兴兵指阙,涂炭生人。大丈夫不能剪除凶逆,乃北面为之臣乎,且足下所以从贼,求富贵耳,雠如燕巢于幕,岂能久安!何如乘间取贼,转祸为福,长享富贵,不亦美乎!”思明怒,锯杀之,骂不绝口,以至于死。思明还博陵。

纲 回纥遣葛逻支将兵入援。十一月,与郭子仪合击同罗,破之。

纲 十二月,安禄山遣兵陷颍川,执太守薛愿、长史庞坚,杀之。

目 上问李泌:“今敌强如此,何时事定?”对曰:“以臣料之,不过二年,天下无寇矣。”上曰:“何故?”对曰:“贼之骁将不过史思明、安守忠、田乾真、张忠志、阿史那承庆等数人而已。今若令李光弼自太原出井陉,郭子仪自冯翊入河东,则思明、忠志不敢离范阳、常山,守忠、乾真不敢离长安,是以两军縶其四将也,从禄山者独承庆耳。愿敕子仪勿取华阴,使两京之道常通,陛下军于扶风,与子仪、光弼互出击之,彼救首则击其尾,救尾则击其首,使贼往来数千里,疲于奔命,我常以逸待劳,贼至则避其锋,去则乘其弊,不攻城,不遏路。来春复命建宁为范阳节度大使,并塞北出,与光弼南北掎角以取范阳,覆其巢穴。贼退则无所归,留则不获安,然后大军四合而攻之,必成擒矣。”上悦。

张良娣与李辅国相表里,皆恶泌。建宁王倓谓泌曰:“先生举倓于上,得展臣子之效,无以报德,请为先生除害。”泌曰:“何也?”倓以良娣为言。泌曰:“此非人子所言,愿王置之。”倓不从。

纲 张巡移军宁陵,与贼将杨朝宗战,大破之。

纲 于阗王胜将兵入援。

目 胜闻乱,使弟曜摄国事,自将兵五千入援。上嘉之,以为殿中监。

纲鉴易知录卷五一

唐纪

肃宗皇帝

纲 丁酉，二载，春正月，上皇以李麟同平章事，命崔圆赴彭原。

纲 安庆绪杀禄山。

目 禄山自起兵以来，目渐昏，至是不复睹物；又病疽，性益躁暴，左右使令，小不如意，动加箠挞，或时杀之。严庄虽贵用事，亦不免箠挞，阉竖李猪儿被挞尤多，左右人不自保。既而嬖妾生子庆恩，欲以代庆绪。庆绪惧，庄谓之曰："事有不得已者，时不可失。"庆绪从之。又谓猪儿曰："汝不行大事，死无日矣！"猪儿亦许诺。庄与庆绪夜持兵立帐外，猪儿执刀直入帐中，斫禄山腹，遂死。庄宣言禄山疾亟，立庆绪为太子，袭伪号，然后发丧。

纲 杀建宁王倓。

目 李辅国本飞龙小儿，粗闲书计，上委信之。辅国外恭谨而内狡险，见张良娣有宠，阴附之。建宁王倓数于上前诋讦二人罪恶，二人谮之曰："倓恨不得为元帅，谋害广平王。"上怒，赐倓死。于是广平王俶内惧，谋去辅国及良娣。李泌曰："王不见建宁之祸乎？但尽人子之孝。良娣妇人，委曲顺之，亦何能为！"

纲 帝如保定。

纲 贼将尹子奇寇睢阳。张巡入睢阳，与许远拒却之。

目 安庆绪以子奇为河南节度使。子奇以兵十三万趣睢阳，许远告急于张巡，巡自宁陵引兵入睢阳。巡有兵三千人，与远兵合，合六千八百人。贼悉众逼城，巡督励将士，昼夜苦战，一日或二十合。凡十六日，擒贼将六十余人，杀士卒二万余，众气自倍。远谓巡曰："远懦不习兵，公智勇兼济；远请为公守，公请为远战。"自是之后，远但调军粮，修战具，居中应接而已，战斗筹划，一出于巡；贼遂夜遁。

纲 郭子仪平河东，贼将崔乾祐败走。

纲 二月，帝至凤翔。

目 上至凤翔旬日，陇右、河西、安西、西域兵皆会，江、淮庸、调亦至。长安人闻车驾至，从贼中自拔而来者，日夜不绝。李泌请如前策，遣安西、西域之众并塞东北，取范阳。上曰："朕切于晨昏之恋，不能待此决矣。"

纲 庆绪使史思明守范阳。

目 庆绪以史思明为范阳节度使。先是安禄山得两京珍货，悉输范阳。思明拥强兵，据富资，益骄横，浸不用庆绪之命；庆绪不能制。

纲 三月，韦见素、裴冕罢，征苗晋卿为左相。

纲 上皇遣中使祭始兴文献公张九龄。

目 上皇思张九龄之先见，为之流涕，遣中使至曲江祭之，厚恤其家。

纲 尹子奇复寇睢阳，张巡击走之。

目 尹子奇复引兵攻睢阳。张巡谓将士曰："吾受国恩，所守，正死耳。但念诸君捐躯力战而赏不酬勋，以此痛心耳。"将士皆激励请奋。巡乃椎牛飨士，尽军出战。贼望见兵少，笑之。巡执旗，帅诸将直冲贼阵，贼乃大溃。明日，贼又合军至城下，巡出战，昼夜数十合，屡摧其锋，而贼攻围益急，巡于城中夜鸣鼓严队，若将出击者；贼闻之，达旦儆备。既明，巡乃寝兵绝鼓。贼以飞楼瞰城中，无所见，遂解甲休息。巡与南霁云、雷万春等十余将各将五十骑开门突出，直冲贼营，斩贼将五十余人，杀士卒五千余人。巡欲射子奇而不识，剡蒿为矢，中者喜谓巡矢尽，走白子奇，乃得其状。使霁云射之，中其左目，几获之，子奇乃走。

纲 夏四月，以郭子仪为司空、天下兵马副元帅，与贼战于清沟，败绩。

目 初，关内节度使王思礼军武功，贼安守忠等攻之。兵马使郭英乂战不利，思礼退军扶风，贼游兵至大和关，去凤翔五十里，凤翔大骇。上以子仪为司空、副元帅。子仪将兵赴凤翔，贼李归仁以铁骑五千邀之；子仪使其将仆固怀恩等伏兵击之，杀伤略尽。安守忠伪遁，子仪悉师逐之。贼以骁骑九千为长蛇阵，官军击之，首尾为两翼，夹击，官军大溃。子仪退保武功。

是时，府库无蓄积，朝廷专以官爵赏功，诸将出征，皆给空名告身，听临事注名，有至开府、特进、异姓王者。诸军但以职任相统摄，不复计官爵高下。及是，复以官爵收散卒，由是官爵轻而货重，大将军告身一通，才易一醉。凡应募入军者，一切衣金紫，名器之滥，至是而极焉。

纲 房琯罢，以张镐同平章事。

目 琯性高简，时国家多难，而琯不以职事为意，日与刘秩、李揖高谈释、老，或听门客董庭兰鼓琴，庭兰因是大招权利。御史劾之，罢为太子少师。以镐同平章事。上常使僧数百人为道场于内，镐谏曰："帝王当修德以弭乱，未闻饭僧可致太平也！"上然之。

纲 贬郭子仪为左仆射。

目 子仪诣阙请自贬，以为左仆射。

纲 秋七月，尹子奇复寇睢阳。

目 子奇复征兵数万，攻睢阳。城中食尽，将士人廪米日一合，杂以茶纸、树皮为食。士卒消耗至千六百人，皆饥病不堪斗，遂为贼所围。时许叔冀在谯郡，尚衡在彭城，贺兰进明在临淮，皆拥兵不救。城中日蹙，巡乃令南霁云犯围而出，告急于临淮。进明爱霁云勇壮，具食延之，霁云泣曰："睢阳之人不食月余矣！霁云虽欲独食，且不下咽。大夫坐拥强兵，曾无分灾救患之意，岂忠臣义士之所为乎！"因啮落一指，以示进明曰："霁云既不能达主将之意，请留一指以示信归报。"座中皆为泣下。霁云去至宁陵，与城使廉坦同将步骑三千人，且战且行，至城下，大战，坏贼营，死伤之外，仅得千人入城。城中将吏知无救，皆恸哭。贼围益急。

初，房琯为相，恶进明，以为河南节度使，而以许叔冀为之都知兵马使，俱兼御史大夫，叔冀遂不受其节制。故进明不敢分兵，非惟疾巡、远功名，亦惧为叔冀所袭也。

纲 九月，广平王俶、郭子仪收复西京。

目 上劳飨诸将，遣攻长安，谓郭子仪曰："事之济否，在此行也！"对曰："此行不捷，臣必死之。"回纥怀仁可汗遣其子叶护等将精兵四千余人来至凤翔；广平王俶将朔方等军及回纥、西域之众十五万，发凤翔。俶见叶护，约为兄弟，叶护大喜，谓俶为兄。至长安城西，陈于香积寺北沣水之东。李嗣业为前军，郭子仪为中军，王思礼为后军。

贼将十万陈于其北，李归仁出挑战，官军逐之，逼于其陈；贼军齐进，官军却。李嗣业帅前军各执长刀，如墙而进，身先士卒，所向摧靡。贼伏精骑于陈东，欲袭官军之后，侦者知之，仆固怀恩引回纥就击，尽杀之。李嗣业又与回纥出贼陈后，与大军夹击，自午至酉，斩首六万级，贼遂大溃。安守忠、李归仁与张通儒、田乾真等皆遁。大军入西京。

初，上欲速得京师，与回纥约曰："克城之日，土地、士庶归唐，金帛、子女归回纥。"至是，叶护欲如约。广平王俶拜于叶护马前曰："今始得西京，若遽俘掠，则东京之人皆为贼固守，不可复取矣，愿至东京乃如约。"叶护惊跃下马答拜，曰："当为殿下径取东京。"即与仆固怀恩引回纥、西域之兵自城南过，营于浐水之东。军、民、胡虏见俶拜者皆泣曰："广平王真华、夷之主！"上闻之喜曰："朕不及也！"俶整众入城，百姓老幼夹道欢呼悲泣。俶留长安，镇抚三日，引大军东出。

纲 遣使请上皇还京师。

目 捷书至凤翔，上即日遣中使啖庭瑶奏上皇。召李泌曰："朕已表请上皇东归，朕当还东宫，复修人子之职。"泌曰："上皇不来矣。"上惊，问故。泌曰："理势自然。"上曰："为之奈何？"泌曰："今请更为群臣贺表，言自马嵬请留，灵武劝进，及今成功，圣上思恋晨昏，请速还京师就孝养之意，则可矣。"上即使泌草表。立命中使奉以入蜀，因就泌饮酒，同榻而寝。泌曰："臣今报德足矣，复为闲人，何乐如之！"上曰："朕与先生久同忧虑，今方同乐，奈何遽去！"泌曰："臣有五不可留，愿陛下听臣去，免臣于死。"上曰："何谓也？"对曰："臣遇陛下太早，陛下任臣太重，宠臣太深，臣功太高，亦太奇。此其所以不可留也。"上曰："且眠矣，异日议之。"对曰："陛下不听臣去，是杀臣也。"上曰："不意卿疑朕如此，岂朕而办杀卿邪！"对曰："陛下不办杀臣，故臣求归；若其既办，臣安得复言！且杀臣者，非陛下也，乃'五不可'也。陛下向日待臣如此，臣于事犹有不敢言者，况天下既安，臣敢言乎！"上良久曰："卿以朕不从卿北伐之谋乎！"对曰："非也，乃建宁耳。"曰："建宁为小人所教，欲害其兄，图继嗣，朕以社稷大计，不得已而除之，卿不知邪？"对曰："若有此心，广平当怨之。广平每与臣言其冤，辄流涕呜咽。且陛下昔欲用建宁为元帅，臣请用广平。建宁若有此心，当深憾臣；而以臣为忠，益相亲善，陛下以此可察其心矣。"上乃泣下曰："先生言是也。然既往不咎，朕不欲闻之。"泌曰："臣非咎既往，乃欲陛下慎将来耳。

昔天后有四子，长曰太子弘，天后方图称制，恶其聪明，鸩杀之，立次子贤。贤内忧惧，作黄台瓜辞，冀以感悟天后。天后不听，贤亦废死。其辞曰：‘种瓜黄台下，瓜熟子离离。一摘使瓜好，再摘使瓜稀，三摘犹为可，四摘抱蔓归！’今陛下已一摘矣，慎无再摘！”上愕然曰：“安有是哉！朕当书绅。”对曰：“陛下但识之于心，何必形于外也！”是时广平王有大功，良娣忌而谮之，故泌言及之。泌复固请归山，上曰：“俟将发此议之。”其后成都使还，言上皇初得上表，彷徨不能食，欲不归；及群臣表至，乃大喜，命食作乐，下诰定行日。上召李泌告之曰：“皆卿力也。”

纲　冬十月，尹子奇陷睢阳，张巡、许远死之。

目　尹子奇久围睢阳，城中食尽，议弃城东走。张巡、许远谋曰：“睢阳，江、淮之保障，若弃之去，贼必乘胜长驱，是无江、淮也。且我众饥羸，走必不达。古者战国诸侯，尚相救恤，况密迩群帅乎！不如坚守以待之。”茶纸既尽，遂食马；马尽，罗雀掘鼠；雀鼠又尽，巡出爱妾，杀以食士。城中知必死，莫有叛者，所余才四百人。贼登城，将士病，不能战。巡西向再拜曰：“臣力竭矣，生既无以报陛下，死当为厉鬼以杀贼！”城遂陷，巡、远俱被执。子奇问曰：“闻君每战眥裂齿碎，何也？”巡曰：“吾志吞逆贼，但力不能耳。”子奇以刀抉视之，所余才三四。并南霁云、雷万春等三十六人皆被杀。巡且死，颜色不乱。生致许远于洛阳。

巡初守睢阳时，卒仅万人，城中居人亦且数万，巡一见问姓名，其后无不识者。前后大小战凡四百余，杀贼卒十二万人。巡行兵不依古法，教战陈，令本将各以其意教之。人或问其故，巡曰：“今与胡虏战，云合乌散，变态不恒，数步之间，势有同异。临期应猝，在于呼吸之间，而动询大将，事不相及，非知兵之变者也。故吾使兵识将意，将识士情，投之而往，如手之使指。兵将相习，人自为战，不亦可乎！”器械、甲仗皆取之于敌，未尝自修。推诚待人，无所疑虑；临危应变，出奇无穷；号令明，赏罚信，与众共甘苦寒暑，故下争致死力。

张镐闻睢阳围急，倍道亟进，且檄谯郡太守闾丘晓救之；晓不受命。镐至睢阳，城已陷三日矣。镐召晓，杖杀之。

纲　广平王俶、郭子仪等收复东京。

目　张通儒等收余众走保陕，安庆绪悉发洛阳兵，使严庄将之，就通儒以拒官军。子仪等与贼遇于新店，贼依山而陈，子仪等初与之战，不利。回纥自南山袭其背，于黄埃中发十余矢。贼惊顾曰："回纥至矣！"遂溃。官军与回纥夹击之，贼大败走。仆固怀恩等分道追之。庆绪帅其党走河北；杀所获唐将哥舒翰、程千里等三十余人而去。许远死于偃师。

广平王俶入东京。回纥纵兵大掠，意犹未厌，俶患之。父老请率罗锦万匹以赂回纥，回纥乃止。

纲 李泌归衡山。

目 泌求归山不已，上固留之，不能得，乃听归衡山。敕郡县为筑室于山中，给三品料。

纲 帝发凤翔，遣韦见素奉迎上皇。

纲 严庄来降，以为司农卿。

纲 陈留人杀尹子奇，举城降。

纲 帝入西京。上皇发蜀郡。

纲 安庆绪走保邺郡。

纲 以甄济为秘书郎，苏源明知制诰。

目 初，汲郡甄济有操行，隐居青岩山，安禄山为采访使，奏掌书记。济察禄山有异志，诈得风疾，舁归家。禄山反，使蔡希德引行刑者二人，封刀召之，济引首待刃；希德以实病白禄山，乃免。后庆绪亦使强舁至洛阳，会官军平东京，济起，诣军门上谒。俶遣诣京师，上命馆之于三司，令受贼官爵者列拜以愧其心，以济为秘书郎。

国子司业苏源明亦称病不受禄山官，上擢为考功郎中、知制诰。

纲 十二月，上皇还西京。

目 上皇至凤翔，命悉以兵甲输郡库。上发精骑三千奉迎。

上皇至咸阳，上备法驾迎于望贤宫。上皇发行宫，上乘马前引，不敢当驰道。上皇入御含元殿，慰抚百官；乃诣长乐殿谢九庙主，恸哭久之；即日出居兴庆宫。上累表请避位还东宫，上皇不许。

纲 立广平王俶为楚王。加郭子仪司徒，李光弼司空，功臣进阶赐爵有差。

纲 追赠死节之士。

目 李憕、卢奕、颜杲卿、袁履谦、许远、张巡、张介然、蒋清、庞坚等皆加追赠官，其子孙、战亡之家，给复三载。

议者或罪张巡以守睢阳不去，与其食人，曷若全人。其友人李翰为之作传，表上之，曰："巡以寡击众，以弱制强，保江、淮以待陛下之师，其功大矣。且巡所以固守者，以待诸军之救也。救不至而食尽，既尽而及人，岂其素志哉！设使守城之初已有食人之计，损数百人以全天下，臣犹曰功过相掩，况非其素志乎！"众议由是始息。

纲 复郡名、官名。

纲 以良娣张氏为淑妃。

纲 史思明、高秀岩各以所部来降。

目 安庆绪忌思明之强，遣阿史那承庆、安守忠往征兵，因密图之。承庆、守忠以五千劲骑自随，至范阳，思明引入内厅乐饮，别遣人收其甲兵。囚承庆等，遣其将窦子昂奉表以所部十三郡及兵八万来降，河东节度使高秀岩亦以所部来降。上大喜，以思明为归义王、范阳节度使，遣内侍李思敬与乌承恩往宣慰，使将所部兵讨庆绪。承恩所至，宣布诏旨，沧、瀛、安、深、德、棣等州皆降，虽相州未下，河北率为唐有矣。

纲 制陷贼官以六等定罪。

目 诸陷贼官以六等定罪，重者刑之于市，次赐自尽，次杖一百，次三等流、贬。斩达奚珣等十八人，陈希烈等七人赐自尽。上欲免张均、张垍死，上皇不可，上叩头流涕曰："臣非张说父子，无有今日。若不能活均、垍死，何面目见说于九泉。"上皇曰："垍，为汝长流岭南；均为贼毁吾家事，决不可活。"上泣而从命。

纲 戊戌，乾元元年，春正月，上皇加帝尊号，帝复上上皇尊号。

纲 二月，以李辅国兼太仆射。

目 辅国依附张淑妃，势倾朝野。

纲 贼将能元皓举所部来降。

纲 大赦，改元。

目 尽免百姓今载租、庸，复以载为年。

纲 三月，徙楚王俶为成王。立淑妃张氏为皇后。

纲 夏五月，停采访使，改黜陟使为观察使。

纲 张镐罢。

目 镐闻史思明请降，上言："思明凶险，因乱窃位，人面兽心，难以德怀，愿勿假以威权。"又言："滑州防御使许叔冀，狡猾多诈，临难必变，请征入宿卫。"上以镐为不切事机，罢为荆州防御使。

纲 立成王俶为皇太子，更名豫。

目 张后生兴王佋，才数岁，欲以为嗣，上疑未决，从容谓知制诰李揆曰："成王长，且有功，朕欲立为太子，卿意如何？"揆再拜贺曰："此社稷之福，臣不胜大庆。"上意始决。

纲 崔圆、李麟罢，以王玙同平章事。

纲 赠颜杲卿太子太保，谥曰忠节。

纲 六月，立太一坛。

纲 史思明反，杀范阳副使乌承恩。

目 李光弼以史思明终当叛乱，而乌承恩为思明所亲信，阴使图之。又劝上以承恩为范阳节度副使，赐阿史那承庆铁券，令共图思明。上从之。承恩多以私财募部曲，又数衣妇人服诣诸将说诱之，思明闻而疑之。会承恩入京师，上使内侍李思敬与俱宣慰范阳。谋泄，思明执承恩，索其装囊，得铁券及光弼牒，思明遂杀承恩，因思敬表言之。上遣中使慰谕思明曰："此非朝廷与光弼之意，皆承恩所为，杀之甚善。"思明表求诛光弼。

纲 秋七月，初铸大钱。

目 铸当十大钱，文曰"乾元重宝"。

纲 郭子仪、李光弼入朝。八月，以子仪为中书令，光弼为侍中。

纲 命郭子仪等九节度讨安庆绪，以宦官鱼朝恩为观军容使。

目 安庆绪之初至邺也，犹据七郡，兵粮丰备，专以缮台沼、酣饮为事。上命朔方郭子仪及淮西鲁炅，兴平李奂，滑濮许叔冀，镇西、北庭李嗣业，郑蔡季广琛，河南崔光远七节度使讨之；又命河东李光弼、泽潞王思礼二节度使，将所部兵助之。上以子仪、光弼皆元帅，难相统属，故不置元帅，但以宦官鱼朝恩为观军容宣慰处置使。观军容之名自此始。

纲 冬十月，郭子仪等拔卫州，遂围邺城。

纲 以侯希逸为平卢节度副使。

目 平卢节度使王玄志卒，上遣中使往抚慰将士，因就察军中所欲立者，授以旌节。高丽人李怀玉为裨将，杀玄志之子，推侯希逸为军使。朝廷因以希逸为节度副使。节度使由军士废立自此始。

纲 己亥，二年，春正月，史思明自称燕王。

纲 镇西节度使李嗣业卒于军。

纲 二月，月食既。

目 先是百官请加皇后尊号，上以问中书舍人李揆，对曰："自古皇后无尊号，惟韦后有之，岂足为法！"上惊曰："庸人几误我！"会月食，事遂寝。后与李辅国相表里，干预政事，上颇不悦，而无如之何。

纲 三月，九节度之兵溃于相州。

目 郭子仪等九节度围邺城，庆绪坚守以待思明。而官军无统御，进退无所禀；城久不下，上下解体。思明引大军直抵城下，刻日决战。官军步骑六十万陈于安阳河北，李光弼、王思礼、许叔冀、鲁炅先战，杀伤相半；郭子仪承其后，未及布陈，大风忽起，吹沙拔木，天地昼晦，咫尺不辨，两军大惊，官军溃而南，贼溃而北，子仪断河阳桥，保东京。战马万匹，惟有三千；甲仗十万，遗弃殆尽。诸道兵溃归。

纲 史思明杀安庆绪，还范阳。

纲 苗晋卿、王玙罢，以李岘、李揆、吕諲、第五琦同平章事。

纲 以郭子仪为东畿等道元帅。

纲 夏四月，史思明僭号。

纲 制停口敕处分。

目 初，李辅国自上在灵武，侍直帷幄，宣传诏命。及还京师，制敕必经辅国押署，然后施行，宰相百司皆因辅国关白，口为制敕，付外施行。御史台、大理寺重囚，或推断未毕，辅国一时纵之，莫敢违者。李揆见之，执子弟礼，谓之"五父"。及李岘为相，于上前叩头，论制敕应出中书，具陈辅国专权乱政之状，上感悟，制："停口敕处分。诸务各归有司。或有追摄，须经台府。"辅国由是忌岘。

纲 五月，贬李岘为蜀州刺史。

纲 秋七月，召郭子仪还京师，以李光弼为朔方节度使、兵马元帅。

目 鱼朝恩恶郭子仪，因其败，短之于上。上召子仪还京师，以李光弼代之。士卒涕泣，遮中使请留子仪。子仪绐之曰："我饯中使耳，未行也。"因跃马而去。光弼以骑五百驰赴东都，夜，入其军。光弼治军严整，始至，号令一施，士卒、壁垒、旌旗、精彩皆变。是时朔方将士乐子仪之宽，惮光弼之严。

纲 以王思礼为河东节度使。

纲 赐仆固怀恩爵太宁郡王。

目 怀恩从郭子仪为前锋，勇冠三军，前后战功居多，故赏之。

纲 八月，更铸大钱。

纲 冬十月，李光弼与史思明战于河阳，大败之。

目 史思明至汴州，节度使许叔冀与战不胜，遂降之。思明乘胜西攻郑州，李光弼至洛阳，牒河南尹帅吏民避贼，而帅军士诣河阳。光弼夜至河阳，按阅守备，部分士卒，无不严办。

思明入洛阳，城空，无所得。遂引兵攻河阳，使骑将刘龙仙挑战，慢骂光弼。光弼顾诸将曰："谁能取彼？"仆固怀恩请行。光弼曰："此非大将所为。"裨将白孝德请挺身取之。光弼壮其志，因问所须。对曰："愿选五十骑为后继，而请大军鼓噪以增气。"光弼抚其背而遣之。孝德挟二矛，策马乱流而进。半涉，怀恩贺曰："克矣。"光弼曰："何以知之？"对曰："观其揽辔安闲，是以知之。"龙仙易之，慢骂如初。孝德瞋目大呼，运矛跃马搏之。城上鼓噪，五十骑继进。龙仙走堤上。孝德追及，斩之以归。

思明有良马千余匹，每日出于河南渚浴之，循环不休。光弼命索军中牝马，得五百匹，絷其驹而出之，思明马见之，悉浮渡河，尽驱入城。

思明屯兵于河清，欲绝光弼粮道，光弼军于野水渡以备之。既夕，还河阳，留兵千人，使将雍希颢守其栅，曰："贼将高庭晖、李日越皆万人敌也，至勿与之战。降，则与之俱来。"诸将莫谕其意，皆窃笑之。既而思明果谓日越曰："李光弼长于凭城，今出在野，汝以铁骑宵济，为我取之。不得，则勿返。"日越将五百骑晨至栅下，问曰："司空在乎？"希颢曰："夜去矣。"日越曰："失光弼而得希颢，吾死必矣。"遂请降。希颢与之俱见光弼，光弼厚待之，任以心腹。高庭晖闻之，亦降。或问光弼："降二将，何易也？"光弼曰："思明常恨不得野战，闻我在外，以为必可取。日越不获我，势不敢归。庭晖才勇过于日越，闻日越被宠任，必思夺之矣。"

思明复攻河阳，时光弼屯中潬。贼将周挚攻之，光弼以短刀置靴中，曰："战，危事。吾，国之三公，不可死贼手，万一不利，诸君死敌，我自刭，不令诸君独死也。”郝廷玉、仆固怀恩更前决战，诸将齐进致死，呼声动天地，贼众大溃，思明及挚皆遁去。

纲 庚子，上元元年，春正月，以李光弼为太尉兼中书令。

纲 夏闰四月，以王思礼为司空。

纲 五月，以苗晋卿行侍中。

纲 晋卿练达吏事，而谨身固位，时人比之胡广。

纲 以刘晏为户部侍郎，充度支、铸钱、盐铁等使。

纲 六月，敕小钱一当十，其重轮者当三十。

目 三品钱行浸久，属岁荒，米斗至钱七千，人相食。乃敕开元钱与乾元小钱皆当十，其重轮者当三十。

纲 秋七月，李辅国迁太上皇于西内。

目 上皇爱兴庆宫，自蜀归即居之。陈玄礼，高力士侍卫。上皇多御长庆楼，父老过者往往瞻拜，呼万岁，上皇常于楼下置酒食赐之，又尝召将军郭英乂等上楼赐宴。李辅国言于上曰："上皇居兴庆宫，日与外人交通，玄礼、力士谋不利于陛下。臣不敢不以闻。”上泣曰："圣皇慈仁，岂容有此！”对曰："上皇固无此意，其如群小何！陛下当为社稷大计，消乱于未萌，岂得徇匹夫之孝！且兴庆浅露，非至尊所宜居。大内深严，奉迎居之，有何不可。”上泣不应。会上不豫，辅国矫称上语，迎上皇游西内，辅国将射生五百骑，露刃遮道，奏曰："皇帝以兴庆宫湫隘，迎上皇迁居西内。”上皇惊，几坠马。遂如西内。刑部尚书颜真卿首帅百寮上表，请问上皇起居；辅国恶之，奏贬蓬州长史。高力士流巫州，陈玄礼勒致仕。上皇日以不怿，因不茹荤，辟谷，浸以成疾。其后上稍悔寤，恶辅国，欲诛之，畏其握兵，竟不能决。

纲 命郭子仪出镇邠州。

纲 制："郭子仪统诸道兵取范阳，定河北。”不果行。

目 制下旬日，为鱼朝恩所沮，事竟不行。

纲 辛丑，二年，春二月，李光弼与史思明战于邙山，败绩。河阳、怀州皆陷。

目 或言："洛中将士皆燕人，久戍思归，上下离心，急击之，可破也。”鱼朝恩以为信然，屡言之，上敕李光弼等进取东京。光弼奏："贼锋尚锐，未可轻进。”仆固怀恩勇而愎，麾下皆蕃、汉劲卒，恃功，多不法。光弼一裁之以法，怀恩不悦，乃附朝恩，言东都可取。由是中使相继督光弼出师，光弼不得已，将兵会朝恩等攻洛阳。陈于邙山，光弼命依险而陈，怀恩陈于平原，光弼曰："依险则可进可退；若陈平原，战而不利则尽矣。思明不可忽也。"命移于险，怀恩复止之。史思明乘其未定，薄之，官军大败。走保闻喜，河阳、怀州皆没于贼。朝廷闻之，大惧，益兵屯陕。

纲 贬李揆为袁州长史，以萧华同平章事。

纲 三月，史朝义杀史思明。

目 史思明猜忍好杀，群下人不自保。朝义，其长子也，无宠。爱少子朝清，使守范阳。常欲杀朝义立朝清为后。既破李光弼，欲乘胜西入关，使朝义袭陕，自将大军继之。朝义数进兵，皆败。思明诟怒，欲斩之。朝义忧惧，召思明宿卫将曹将军者与之谋，遂以兵入，射思明，杀之。朝义即伪位，使人至范阳杀朝清。

纲 贬李光弼为开府仪同三司。

纲 夏四月，复以李光弼为太尉，统八道行营，镇临淮。

纲 秋七月朔，日食既，大星皆见。

纲 八月，加李辅国兵部尚书。

目 辅国求为宰相，上曰："以卿之功，何官不可为，其如朝望未孚何！"辅国乃讽仆射裴冕等使荐己。冕曰："吾臂可断，宰相不可得！"上大悦；辅国衔之。

纲 九月，置道场于三殿。

目 上以天成地平节，于三殿置道场，以宫人为佛菩萨，北门武士为金刚神王，召大臣膜拜围绕。

纲 制去尊号及年号，以建子月为岁首。

纲 制除五品以上官，令举一人自代。

纲 冬建子月，受朝贺，如正旦仪。

纲 以元载为度支、盐铁、转运等使。

纲 上朝太上皇于西内。

目 先是山人李唐见上，上方抱幼女，谓唐曰："朕念之，卿勿怪也。"对曰："太上皇思见陛下，计亦如陛下之念公主也。"上泫然泣下，然畏张后，不敢诣西内，至是始往朝。

纲 壬寅，宝应元年，春建卯月，河东军乱，杀其节度使邓景山。

目 初,管崇嗣代王思礼为河东节度使,为政宽弛。上以邓景山代之。有裨将抵罪当死,诸将请之,不许;其弟请代之,亦不许;请入一马以赎罪,乃许之。诸将怒曰:“我辈曾不及一马乎!”遂杀景山。上以景山抚御失所,以致乱,遣使慰谕以安之。诸将请以兵马使辛云京为节度使,从之。

纲 行营兵杀都统李国贞、节度使荔非元礼。

纲 绛州粮赐不充,朔方行营都统李国贞屡以状闻;朝廷未报,军中咨怨。又以国贞治军严,突将王元振因谋作乱,帅众执国贞,杀之。镇西、北庭行营兵亦杀其节度使荔非元礼,推裨将白孝德为帅,朝廷因而授之。

纲 建辰月,赐郭子仪爵汾阳王,知诸道行营。

目 绛州诸军剽掠不已,朝廷忧其与太原乱军合,非新进诸将所能镇服,以郭子仪为汾阳王,知诸道行营,发京师粟帛数万以给绛军。时上不豫,群臣莫得进见。子仪请曰:“老臣受命,将死于外,不见陛下,目不瞑矣。”上召入卧内,谓曰:“河东之事,一以委卿。”

子仪至军,王元振自以为功。子仪曰:“吾为宰相,岂受一卒之私邪!”收元振及其党四十人,皆杀之。辛云京闻之,亦按诛杀邓景山者数十人。由是河东诸镇率皆奉法。

纲 萧华罢,以元载同平章事,领度支、转运使如故。

纲 夏建巳月,楚州得宝玉十三枚。

纲 太上皇崩。

目 太上皇崩,年七十八。上自仲春寝疾,闻上皇登遐,疾转剧,乃命太子监国。

纲 复以建寅为正月。

纲 帝崩,李辅国杀皇后张氏。

目 初,张后与辅国相表里,专权用事,晚更有隙。内射生使程元振党于辅国。上疾笃,后召太子谓曰:“辅国久典禁兵,阴与程元振谋作乱,不可不诛。”太子泣曰:“陛下疾甚危,不告而诛,必致震惊,恐不能堪也。”太子出,后召越王系,选宦官授甲,以诛辅国。元振知其谋,密告辅国。以兵送太子于飞龙厩,勒兵收系,迁后于别殿。明日,上崩。辅国等杀后并系及兖王僴。

纲 太子即位。

纲 辅国引太子素服与宰相见，遂即位，辅国恃功益横，明谓上曰："大家但居禁中，外事听老奴处分。"上内不平，以其方握禁兵，外尊礼之。号为"尚父"而不名，事无大小皆咨之，群臣出入皆先诣辅国，辅国亦晏然处之。

纲 以李辅国为司空，兼中书令。

纲 敕大小钱皆当一。

纲 六月，进李辅国爵博陆王。

纲 秋七月，郭子仪入朝。

目 时程元振用事，忌子仪功高任重，数谮之。子仪不自安，奏请解副元帅、节度使。遂留京师。

纲 以程元振为骠骑大将军。

纲 九月，以来瑱同平章事。

纲 贬裴冕为施州刺史。

纲 回纥举兵入援。冬十月，以雍王适为天下兵马元帅，讨史朝义。大败之，取东京及河阳，贼将薛嵩、张忠志以州降。

目 上遣中使刘清潭使回纥，修旧好，且征兵讨史朝义。回纥登里可汗起兵至三城，见州县皆为丘墟，有轻唐之志，乃困辱清潭。清潭遣使言状，京师大骇。初，肃宗以仆固怀恩女妻登里。上令怀恩往见之，为言唐家恩信不可负。可汗悦，自陕州大阳津渡河，与诸道俱进。制以雍王适为天下兵马元帅，会诸道节度使及回纥于陕州，进讨史朝义。上欲以郭子仪为适副，程元振、鱼朝恩等沮之而止。加仆固怀恩同平章事，领诸军节度行营以副适。

诸军发陕州，仆固怀恩与回纥为前锋，郭英乂、鱼朝恩为殿，李抱玉自河阳入；李光弼自陈留入，会于洛阳，陈于横水。怀恩遣骁骑及回纥并南山出贼栅东北，表里合击，大破之。朝义悉其精兵十万救之，官军击之不动；镇西节度使马璘单骑奋击，大军乘之而入，贼众大败。朝义将轻骑数百东走。怀恩进克东京及河阳城，获伪中书令许叔冀。怀恩留回纥营河阳，使其子玚帅步骑万余逐朝义，至郑州，再战皆捷。汴州降。

回纥入东京，肆行杀掠。朝义自濮州北渡河，怀恩追败之于卫州。

贼将田承嗣等将兵四万与朝义合，复来拒战，仆固玚击破之。于是朝义邺郡节度使薛嵩以四州降于李抱玉，恒阳节度使张忠志以五州降辛云京。怀恩皆令复位。由是抱玉、云京各表怀恩有贰心，朝廷宜密为备。

纲 盗杀李辅国。

目 上在东宫，以李辅国专权，心甚不平；及嗣位，以辅国有杀张后之功，不欲显诛之，夜遣盗入其室，窃辅国首及一臂而去。敕有司捕盗，遣中使存问其家，仍赠太傅。

纲 十一月，以张忠志为成德军节度使，赐姓名李宝臣。

纲 以仆固怀恩为河北副元帅。

纲 诸军围史朝义于莫州。

纲鉴易知录卷五二

唐纪

代宗皇帝

纲　癸卯，代宗皇帝广德元年，春正月，以刘晏同平章事，度支等使如故。

纲　流来瑱于播州，杀之。

目　初，来瑱在襄阳，程元振有所请托，不从。及为相，元振谮瑱言涉不顺，与贼合谋。坐削官爵，流播州，赐死。由是藩镇皆切齿于元振。

纲　贼将田承嗣以莫州降，李怀仙杀史朝义，传首京师。

目　史朝义屡出战，皆败。田承嗣说朝义令往幽州发兵，朝义从之。承嗣即以城降。时朝义范阳节度使李怀仙已请降，朝义至，不得入。独与胡骑数百东奔，欲入奚、契丹，怀仙遣兵追及之；朝义穷蹙，缢于林中，怀仙取其首以献。仆固怀恩与诸军皆还。

纲　以薛嵩、田承嗣、李怀仙为河北诸镇节度使。

目　以史朝义降将薛嵩为相、卫、邢、洺、贝、磁六州节度使，田承嗣为魏、博、德、沧、瀛五州都防御使，李怀仙仍故地为卢龙节度使。时河北诸州皆已降，嵩等迎仆固怀恩拜于马首，乞行间自效；怀恩恐贼平宠衰，故奏留嵩等及李宝臣分帅河北，自为党援。朝廷亦厌苦兵革，苟冀无事，因而授之。

纲　回纥归国。

纲　以梁崇义为山南东道节度留后。

纲　三月，葬泰陵、乔陵。

纲　夏四月，敕议举孝廉。

目　礼部侍郎杨绾上疏曰："古之选士必取行实。自隋炀帝始置进士科，犹试策而已；至高宗时，考功员外郎刘思立始奏进士加杂文，明经加帖括，从此成俗。公卿以此待士，长老以此训子，其明经则诵帖括以侥幸，又令举人投牒自应，如此，欲其返淳朴，崇廉让，何可得也！"请置孝廉科，令县令取行著乡闾、学知经术者，荐之于州。刺史考试，升之于省。任占一经，问经义二十条，对策三道，上第注官，中第出身，下第罢归。其道举亦非理国所资，望与明经、进士并停。"上命诸司通议，或以为："明经进士，行之已久，不可遽改。"事虽不行，识者是之。

纲 秋九月，遣使征仆固怀恩入朝，不至。

目 初，仆固怀恩受诏，与回纥可汗相见于太原；河东节度使辛云京恐其合谋袭军府，闭城自守，亦不犒师。怀恩怒，具表其状，不报。中使骆奉仙至太原，云京厚结之，使言怀恩反状已露。怀恩亦奏请诛云京、奉仙，诏和解之。

怀恩自以兵兴已来，所在力战，一门死王事者四十六人，女嫁绝域，说喻回纥，再收两京，平定河南、北，功无与比，而为人构陷，愤怨殊深，上书自讼曰："臣罪有六：昔同罗叛乱，臣为先帝扫清河曲，一也；男玢陷虏亡归，臣斩之以令众士，二也；二女远嫁，为国和亲，三也；身与男玚，为国效命，四也；河北新附，抚安反侧，五也；说喻回纥，使赴急难，六也。臣既负六罪，诚合万诛。思得一奉天颜，又以来瑱之死，深畏中官谗口，虚受陛下诛夷。臣奏奉仙，非不摭实，陛下竟无处置，宠任弥深。窃闻四方遣人奏事，陛下皆云与骠骑议之，远近无不疑阻。倘不纳愚恳，臣实不敢保家，陛下岂能安国！惟陛下图之。"上遣裴遵庆诣怀恩喻旨，讽令入朝。怀恩竟不奉诏。

纲 冬十月，吐蕃入寇。上如陕州。吐蕃入长安，关内副元帅郭子仪击之，吐蕃遁去。

目 自安禄山反，边兵精锐者皆征发入援，谓之行营。留兵单弱，数年之间，胡虏蚕食，自凤翔以西，邠州以北，皆为左衽矣。至是，吐蕃入大震关，尽取河西、陇右之地。边将告急，程元振皆不以闻。十月，虏至奉天、武功，京师震骇。诏以雍王适为关内元帅，郭子仪副之，出镇咸阳以御之。

子仪闲废日久，部曲离散，至是召募，得二千骑而行，至咸阳，吐蕃帅吐谷浑、党项、氐、羌三十余万众渡渭。子仪使判官王延昌入奏，请益兵，程元振遏之，竟不召见。吐蕃渡便桥，上仓猝不知所为，出幸陕州，官吏六军逃散。子仪遽自咸阳归长安。吐蕃入长安，纵兵焚掠，长安中萧然一空。子仪引三十骑，自御宿川循山而东。谓王延昌曰："六军逃溃，多在商州，速往收之。"延昌径入商州抚谕之。诸将方纵兵暴掠，闻子仪至，皆大喜听命。得四千人，军势稍振。子仪乃泣谕将士以共雪国耻，取长安，皆感激受约束。子仪使羽林大将军长孙全绪将二百骑出蓝田，全绪至韩公堆，昼则击鼓张旗帜，夜则多然火以疑吐蕃。吐蕃惧，百姓又绐之曰："郭令公自商州将大军至矣！"吐蕃惶骇，悉众遁去。诏以子仪为西京留守。

纲 十一月，削程元振官爵，放归田里。

目 骠骑大将军程元振专权自恣，人畏之甚于李辅国。诸将有大功者，元振皆忌嫉欲害之。吐蕃入寇，元振不以时奏，致上狼狈出幸。上发诏征诸道兵，李光弼等皆忌元振，莫有至者，中外切齿，莫敢言。

太常博士柳伉上疏曰："犬戎犯阙度陇，不血刃而入京师，劫宫闱，焚陵寝，武士无一人力战者，此将帅叛陛下也；陛下疏元功，委近习，日引月长，以成大祸，群臣在庭，无一人犯颜回虑者，此公卿叛陛下也；陛下始出都，百姓填然，夺府库，相杀戮，此三辅叛陛下也；自十月朔召诸道兵，尽四十日，无只轮入关，此四方叛陛下也。陛下必欲存宗庙，安社稷，独斩程元振首，驰告天下，然后削尊号，下诏引咎。如此，而兵不至，人不感，天下不服，臣请阖门寸斩以谢陛下。"上犹以元振尝有保护功，削官爵，放归田里。

纲 十二月，上还长安。

目 车驾发陕州，左丞颜真卿请上先谒陵庙，然后还宫，元载不从，真卿怒曰："朝廷岂堪相公再坏邪！"载由是衔之。上至长安，郭子仪帅百官诸军奉迎，伏地待罪。上劳之曰："用卿不早，故及于此。"

纲 以鱼朝恩为天下观军容宣慰处置使，总禁兵。

纲 苗晋卿、裴遵庆罢，以李岘同平章事。

纲 甲辰，二年，春正月，流程元振于溱州。

纲 立雍王适为皇太子。

纲 以魏博为天雄军。

纲 仆固怀恩反，寇太原。

目 怀恩谋取太原；辛云京觉之，乘城设备。怀恩使其子玚攻之，大败而还。

纲 以郭子仪为河中节度等使。

目 上谓子仪曰："怀恩父子负罪实深。闻朔方将士思公如枯旱之望雨，公为朕镇抚河东，汾上之师必不为变。"乃以子仪为关内、河东副元帅、河中节度等使。怀恩将士闻之，皆曰："吾辈从怀恩为不义，何面目见汾阳王。"

纲 仆固玚为其下所杀。怀恩走云州。

目 仆固玚围榆次，其将焦晖、白玉攻杀之。怀恩闻之，入告其母。母曰："吾语汝勿反，国家待汝不薄，今众心既变，祸必及我，将如之何！"怀恩不对而出。母提刀逐之曰："吾为国家杀此贼，取其心以谢三军。"怀恩疾走，得免，遂与麾下三百渡河，北走云州。都虞候张维岳闻怀恩去，乘传至汾州，抚定其众，杀焦晖、白玉而窃其功，以告子仪。子仪奏维岳杀玚，传首诣阙。群臣入贺，上惨然不悦，曰："朕信不及人，致勋臣颠越，深用为愧，又何贺焉！"命辇怀恩母至长安，给待优厚，月余，以寿终；以礼葬之，功臣皆感叹。子仪如汾州，怀恩之众数万悉归之，咸鼓舞涕泣，喜其来而悲其晚也。

纲 刘晏、李岘罢。以王缙、杜鸿渐同平章事。

纲 三月，以刘晏为河南、江、淮转运使。

目 自丧乱以来，汴水堙废，漕运者自江、汉抵梁、洋，迂险劳费。兵火之后，中外艰食，关中米斗千钱，百姓捋穗以给禁军，官厨无兼时之积。晏乃疏浚汴水，遗元载书，具陈漕运利害，令中外相应。自是每岁运米数十万石以给关中。唐世称漕运之能者，推晏为首，后来者皆遵其法度云。

纲 秋七月，税青苗钱，给百官俸。

纲 临淮武穆王李光弼卒。

目 上之幸陕也，李光弼竟迁延不至；上恐遂成嫌隙，以其母在河中，数遣中使存问之。吐蕃退，除光弼东都留守；光弼辞以就江、淮粮运，引兵归徐州。上迎其母至长安，厚加供给，使其弟光进掌禁兵，遇之加厚。

光弼治军严整，指顾号令，诸将莫敢仰视，谋定而后战，能以少制众，与郭子仪齐名。及在徐州，拥兵不朝，诸将田神功等不复禀畏，光弼愧恨成疾而卒。诏以王缙都统诸道行营。

纲 仆固怀恩引回纥、吐蕃入寇，诏郭子仪出镇奉天。

目 怀恩至灵武，收合散亡，其众复振。上厚抚其家。下诏曰："怀恩勋劳，著于帝室，疑隙之端，起自群小；君臣之义，情实如初。但当诣阙，更勿有疑。"怀恩竟不从，遂引回纥、吐蕃十万众入寇，京师震骇。会郭子仪自河中入朝，诏子仪出镇奉天。召问方略，对曰："怀恩勇而少恩，士心不附，所以能入寇者，因思归之士耳。怀恩本臣偏裨，其麾下皆臣部曲，必不忍以锋刃相向，无能为也。"

纲 冬十月，怀恩逼奉天。郭子仪出兵，怀恩退。

目 怀恩与回纥、吐蕃进逼奉天，诸将请战，郭子仪曰："虏深入，利速战，吾坚壁以待之，彼必以吾为怯而不戒，乃可破也。若遽战而不利，则众心离矣。敢言战者斩！"既而夜出，陈于乾陵之南，虏始以子仪为无备，欲袭之，忽见大军，惊愕，遂不战而退。

纲 十二月，加郭子仪尚书令，不受。

目 子仪以太宗为此官，近皇太子亦为之，不敢当。遂不受，还镇河中。

纲 乙巳，永泰元年，春正月，以李抱真为泽潞节度副使。

目 抱真以山东有变，上党为兵冲，而荒乱之余，土瘠民困，无以赡军，乃籍民每三丁选一壮者，免其租、徭，给弓矢，使农隙习射，岁暮都试，行其赏罚。比二年，得精兵二万，既不费廪给，府库充实，遂雄视山东，步兵为诸道最。

纲 三月，命文武之臣十三人于集贤殿待制。

纲 旱。

纲 夏四月，以裴谞为左司郎中。

目 河东租庸使裴谞入奏事，上问："榷酤之利，岁入几何？"谞不对。复问，对曰："臣自河东来，所过见菽粟未种，农夫怨愁，臣以为陛下见臣，必先问人之疾苦，乃责臣以营利，臣是以未敢对也。"上谢之，拜左司郎中。

纲 剑南节度使严武卒。

目 武三镇剑南，厚赋敛，穷奢侈，专杀戮，母数戒之，武不从。及死，母曰："吾今始免为官婢矣！"然吐蕃畏之，不敢犯其境。

纲 畿内麦稔。

目 京兆尹第五琦请税百姓田，十亩收其一，曰：“此古什一之法也。”上从之。

纲 平卢将李怀玉逐其节度使侯希逸，诏以怀玉为留后，赐名正己。

目 平卢节度使侯希逸，好游畋，营塔寺。兵马使李怀玉得众心，希逸忌之，因事解其军职。希逸宿于城外，军士闭门，奉怀玉为帅。希逸奔滑州，召还京师。以郑王邈为节度使，怀玉知留后，赐名正己。时成德李宝臣、魏博田承嗣、相卫薛嵩、卢龙李怀仙收安、史余党，各拥劲卒数万，治兵完城，自署将吏，不供贡赋，与山南东道梁崇义及正己皆结为婚姻，互相表里。朝廷专事姑息，不能复制。

纲 秋九月，置百高座，讲仁王经。

目 内出仁王经二宝舆，以人为菩萨、鬼神之状，导以音乐卤簿，百官迎，从至资圣、西明寺讲之。

纲 仆固怀恩诱回纥、吐蕃杂虏入寇，怀恩道死。召郭子仪屯泾阳。冬十月，回纥受盟而还，吐蕃夜遁。

目 仆固怀恩诱回纥、吐蕃、吐谷浑、党项、奴剌数十万众俱入寇，令吐蕃趣奉天，党项趣同州，吐谷浑、奴剌趣盩厔，回纥继吐蕃之后，怀恩又以朔方兵继之。

子仪奏：“请使诸道节度各出兵以阨其冲要。”上从之。诸道多不时出兵，淮西李忠臣得诏，亟命治行。诸将请择日，忠臣怒曰：“父母有急，岂可择日而后救邪！”即日就道。

怀恩中涂遇暴疾死，大将范志诚领其众。怀恩拒命三年，再引胡寇，为国大患，上犹为之隐，曰：“怀恩不反，为左右所误耳！”

吐蕃十万至奉天，京师闻之，始罢百高座讲；召郭子仪使屯泾阳。会大雨旬日，虏不能进，大掠而去。十月，复讲经。

吐蕃退至邠州，遇回纥，复相与入寇，合兵围泾阳，子仪严备不战。时二虏闻怀恩死，已争长，不相睦。子仪使牙将李光瓒说回纥，欲与共击吐蕃。回纥不信，曰：“郭公在此，可得见乎？”光瓒还报，子仪曰：“今众寡不敌，难以力胜。昔与回纥契约甚厚，不若挺身说之，可不战而下也。”诸将请选铁骑五百卫从，子仪曰：“此适足为害耳。”郭晞扣马谏曰：“大人，国之元帅，奈何以身为虏饵！”子仪曰：“今战，则父子俱死而国家危；往以至诚与之言，或幸而见从，则四海之福也！不然，则身没而家全。”以鞭击其手曰：“去！”遂与数骑出，使人传呼曰：“令公来！”回纥大惊。太师药葛罗执弓注矢立于阵前。子仪免胄释甲投枪而进，诸酋长相顾曰：“是也！”皆下马罗拜。子仪亦下马，前执药葛罗手，让之曰：“汝回纥有大功于唐，唐之报汝亦不薄，奈何负约，深入吾地，弃前功，结后怨，背恩德而助叛臣乎！且怀恩叛君弃母，于汝何有！今吾挺身而来，听汝杀之，我之将士必致死与汝战矣。”药葛罗曰：“怀恩欺我，言天可汗已晏驾，令公亦捐馆，中国无主，我是以来。今皆不然，怀恩又为天所杀，我曹岂肯与令公战乎！”子仪因说之曰：“吐蕃无道，所掠之财不可胜载，马牛杂畜长数百里，此天之赐汝也。全师而继好，破敌以取富，为汝之计，孰便于此？不可失也。”药葛罗曰：“吾为怀恩所误，负公诚深，今请为公尽力以谢过。然怀恩之子，可敦兄弟也，愿勿杀之。”子仪许之。回纥观者为两翼，稍前，子仪麾下亦进，子仪挥手却之，因取酒与其酋长共饮。药葛罗使子仪先执酒为誓，子仪酹地曰：“大唐天子万岁，回纥可汗亦万岁！两国将相亦万岁！有负约者，身陨阵前，家族灭绝。”杯至药葛罗，亦酹地曰：“如令公誓！”于是诸酋长大喜曰：“军中巫言，此行安稳，不与唐战，见一大人而还，今果然矣。”遂与定约而还。吐蕃闻之，夜遁。

纲　闰月，郭子仪还河中。

目　子仪在河中，以军食常乏，乃自耕百亩，将校以是为差。于是士卒皆不劝而耕，野无旷土，军有余粮。

纲　丙午，大历元年，春正月，敕复补国子学生。

目　自安、史之乱，国子监室堂颓坏，军士多借居之。祭酒萧昕上言：“学校不可遂废。”故有是诏。

纲　二月，贬颜真卿为峡州别驾。

目　元载专权，恐奏事者攻讦其私，乃请：“百官论事，皆先白宰相，然后奏闻。”真卿上疏曰：“谏官、御史，陛下之耳目。今使论事者先白宰相，是自掩其耳目也。太宗著司门式云：‘其无门籍人，有急奏者，皆令门司与仗家引奏，无得关碍。’所以防壅蔽也。李林甫为相，深疾言者，下情不通，卒成幸蜀之祸。陵夷至于今日，其所从来者渐矣。夫人主大开不讳之路，群臣犹莫敢尽言，况今宰相大臣裁而抑之，则陛下所闻见者不过三数人耳。天下之士从此钳口结舌，陛下见无复言者，以为天下无事可论，是林甫复起于今日也！陛下倘不早寤，渐成孤立，后虽悔之，亦无及矣！”载以为诽谤，贬之。

纲 以马璘兼邠宁节度使。

目 以四镇、北庭行营节度使马璘兼领邠宁。璘以段秀实为都虞候，卒有能引弓重二百四十斤者，犯盗当死，璘欲死之，秀实曰：“将有爱憎而法不一，虽韩、彭不能为理。”璘善其议，竟杀之。璘处事或不中理，秀实争之。璘或怒甚，秀实曰：“秀实罪若可杀，何以怒为！无罪杀人，恐涉非道。”璘摄衣起，良久，置酒召秀实谢之。自是事皆咨秀实而后行，声称甚美。

纲 秋八月，以鱼朝恩判国子监事。

目 命鱼朝恩判国子监。中书舍人常衮言：“成均之任，当用名儒，不宜以宦者领之。”不听，命宰相百官送上。朝恩执易升高座，讲“鼎折足”，以讥宰相。王缙怒，元载怡然。朝恩曰：“怒者常情，笑者不可测也。”

纲 冬十月，上生日，诸道节度使上寿。

目 上生日，诸道节度使献金帛、器服、珍玩、骏马为寿，共直缗钱二十四万。常衮上言：“节度使非能男耕女织，必取之于人。敛怨求媚，不可长也。请却之。”上不听。

纲 丁未，二年，春二月，郭子仪入朝。

目 上礼重子仪，常谓之大臣而不名。其子暧尚升平公主，尝与争言，暧曰：“汝倚乃父为天子邪？我父薄天子不为！”公主恚，奔车奏之。上曰：“此非汝所知。彼诚如是，彼欲为天子，天下岂汝家所有邪！”慰谕令归。子仪闻之，囚暧，入待罪。上曰：“鄙谚有之：‘不痴不聋，不为家翁。’儿女子闺房之言，何足听也！”子仪归，杖暧数十。

纲 秋七月，鱼朝恩作章敬寺。

目 鱼朝恩以赐庄为章敬寺，以资太后冥福，穷壮极丽，奏毁曲江及华清宫馆以给之。卫州进士高郢上书曰：“先太后圣德，不必以一寺增辉。国家永图，无宁以百姓为本。舍人就寺，何福之为！且古之明主，积善以致福，不费财以求福；修德以消祸，不劳人以禳祸。今徇左右之过计，伤皇王之大猷，臣窃为陛下惜之！”不报。

纲 冬十二月，郭子仪入朝。

目　时盗发子仪父冢，捕之，不获。人以鱼朝恩素恶子仪，疑其使之。子仪入朝，朝廷疑其为变；及见上，上语及之，子仪流涕曰：“臣久将兵，不能禁暴，军士多发人冢。今日及此，乃天谴，非人事也。”朝廷乃安。

子仪禁无故军中走马。南阳夫人乳母之子犯禁，都虞候杖杀之。诸子泣诉，子仪叱遣之。明日，以事语僚佐而叹息曰：“子仪诸子，皆奴材也。不赏父之都虞候，而惜母之乳母子，非奴材而何？”

纲　戊申，三年，春正月，上幸章敬寺，度僧尼千人。

纲　夏四月，征李泌于衡山。

目　泌既至，复赐金紫，为之作书院于蓬莱殿侧。上时过之，除拜方镇、给、舍以上，军国大事皆与之议。欲以泌为相，泌固辞。

纲　秋七月，内出盂兰盆，赐章敬寺。

目　内出盂兰盆，赐章敬寺。设七庙神座，书尊号于旛上，百官迎谒于光顺门。自是岁以为常。

纲　八月，以王缙领河东节度使。

纲　冬十二月，以马璘为泾原节度使。

纲　己酉，四年，春正月，郭子仪入朝。

目　子仪入朝，鱼朝恩邀之游章敬寺。元载恐其相结，密使告子仪曰：“朝恩谋不利于公。”子仪不听。将士请束甲以从者三百人，子仪曰：“我国之大臣，彼无天子之命，安敢害我！若受命而来，汝曹欲何为！”乃从家僮数人而往。朝恩惊问其故。子仪以所闻告，且曰：“恐烦公经营耳。”朝恩抚膺流涕曰：“非公长者，能无疑乎！”

纲　夏五月，以仆固怀恩女嫁回纥。

纲　六月，郭子仪徙镇邠州。

目　子仪迁邠州，其精兵皆自随，余兵使裨将将之，分守河中。

纲　冬十月，杜鸿渐卒。

目　鸿渐病甚，令僧削发，遗令为塔以葬。

纲　以裴冕同平章事，十二月卒。

目　元载以冕老病，易制，故举以为相。受命之际，蹈舞仆地，未几而卒。

纲　庚戌，五年，春三月，鱼朝恩伏诛。

目　朝恩专典禁兵，势倾朝野，陵侮宰相。每奏事，以必允为期；朝廷政事有不预者，辄怒曰："天下事，有不由我者邪！"上闻之，不怿。元载乘间奏朝恩专恣不轨，请除之；上令载为方略。朝恩入朝，常使射生将周皓将百人自卫，又使陕州节度使皇甫温握兵于外以为援；载皆以重赂结之。徙温为凤翔节度使，外重其权，实内温以自助也。温至京师，载留之，因与温、皓密谋诛朝恩。既定计，白上。上曰："善图之，勿反受祸！"上以寒食宴贵近于禁中。宴罢，朝恩将出，上责其异图，皓与左右缢杀之，以尸还其家，赐钱以葬。

纲　以杨绾为国子祭酒，徐浩为吏部侍郎。

目　元载既诛鱼朝恩，上宠任益厚，载遂志气骄溢；自谓有文武才略，弄权舞智，政以贿成。吏部侍郎杨绾典选平允，性介直，不附载。岭南节度使徐浩贪佞，倾南方珍货以赂载。载以绾为国子祭酒，引浩代之。

载有丈人来从载求官，但赠河北一书而遣之。丈人不悦，行至幽州，私发书视之，无一言，惟署名而已。丈人不得已试谒，判官闻有载书，大惊，立白节度使，遣大校以箱受书，馆之上舍，赠绢千匹。其威权动人如此。

纲　秋七月，以李泌为江西观察判官。

目　上悉知元载所为，以其任政日久，欲全始终，因独见，深戒之；载犹不悛，上由是稍恶之。载以李泌有宠于上，忌之。会江西观察使魏少游求参佐，上谓泌曰："元载不容卿，朕今匿卿于魏少游所，俟朕决意除载，当有信报卿，可束装来。"乃以泌为江西判官，且属少游使善待之。

纲　辛亥，六年，秋八月，以李栖筠为御史大夫。

目　元载所拟官多非法，恐为有司所驳，奏：凡别敕除六品以下官，乞令吏部、兵部无得检勘，上亦从之。然益厌其所为，思得士大夫之不阿附者为腹心，渐收载权。内出制书，以栖筠为御史大夫，宰相不知，载由是稍绌。

纲　壬子，七年，秋七月，卢龙将吏杀其节度使朱希彩；冬十月，诏以朱泚代之。

纲　癸丑，八年，秋九月，召郇模入见。

目　晋州男子郇模，以麻辫发，持竹筐苇席，哭于东市。人问其故，对曰："愿献三十字，一字为一事；若言无所取，请以席裹尸，贮筐中，弃于野。"京兆以闻。上召见，赐新衣，馆于客省。其言"团"者，请罢诸州团练使也；"监"者，请罢诸道监军使也。

纲　冬十月，吐蕃寇泾、邠，郭子仪遣浑瑊拒却之。

目　吐蕃寇泾、邠，浑瑊将步骑五千战于宜禄。宿将史抗等不用命；官军大败。马璘亦败，为虏所隔。段秀实发城中兵出，陈东原，吐蕃稍却。璘乃得还。郭子仪谓诸将曰："败军之罪在我，不在诸将。然朔方兵精闻天下，今为虏败，何以雪耻？"浑瑊曰：今日之事，惟理瑊罪，不则，再见任。"子仪赦其罪，使将兵趣朝那。虏欲掠汧、陇。盐州刺史李国臣曰："虏乘胜必犯郊畿，我掎其后，虏必返顾。"乃引兵趣秦原，鸣鼓而西。虏闻之，至百城，返，浑瑊邀之于隘，尽复得其所掠；马璘亦出精兵袭虏辎重，杀数千人，虏遂遁去。

纲　元载奏请城原州。

目　初，元载尝为西州刺史，知河西、陇右山川形势。言于上曰："四镇、北庭既治泾州，无险要可守。陇山高峻，南连秦岭，北抵大河。今国家西境尽潘原，而吐蕃戍摧沙堡，原州居其中间，当陇山之口，其西皆监牧故地，草肥水美，平凉在其东，独耕一县，可给军食，故垒尚存，吐蕃弃而不居。每岁夏，吐蕃畜牧青海，去塞甚远，若乘间筑之，二旬可毕。移京西军戍原州，移郭子仪军戍泾州，为之根本，分兵守石门、木峡，渐开陇右，进达安西，据吐蕃腹心，则朝廷可高枕矣。"并图地形献之。会田神功入朝，上问之，对曰："行军料敌，宿将所难，陛下奈何用一书生语，欲举国从之乎！"载寻得罪，事遂寝。

纲　甲寅，九年，春二月，郭子仪入朝。

纲　秋九月，卢龙节度使朱泚入朝。

目　初，朱泚遣弟滔奉表请入朝；上喜，为筑第京师以待之。泚至蔚州，有疾，诸将请还，泚曰："死则舆尸而前！"至京师，宴犒甚盛。泚请留阙下，以弟滔知留后；许之。

纲　乙卯，十年，春正月，田承嗣反，陷相州。

纲　郭子仪入朝。

目　子仪尝奏除州县官一人，不报，僚佐以为言。子仪谓曰："兵兴以来，方镇跋扈，凡有所求，朝廷必委曲从之；盖疑之也。今子仪所奏，朝廷以其不可行而置之，是不以武臣相待而亲厚之也；诸君可贺矣，又何怪焉！”闻者皆服。

纲 田承嗣陷洺、卫州。

纲 夏四月，敕贬田承嗣，发诸道兵讨之。

目 初，李宝臣、李正己皆为田承嗣所轻。及承嗣拒命，宝臣、正己皆表讨之；于是贬承嗣永州刺史，命诸道进兵讨之。时朱滔方恭顺，与宝臣及河东节度使薛兼训攻其北，正己与淮西节度使李忠臣等攻其南。承嗣以诸道兵四合，惧，请束身归朝。宝臣与朱滔攻沧州，不克。承嗣将卢子期攻磁州，城几陷；宝臣与昭义节度使李承昭共击，擒子期送京师，斩之。

纲 冬十月，李正己按兵不进。李宝臣袭卢龙军。

目 初，李正己遣使至魏州，田承嗣囚之，至是，礼而遣之，籍境内户口、甲兵、谷帛之数以与正己，曰：“承嗣老矣，溘死无日，诸子不肖，今为公守耳，岂足以辱师乎！”正己遂按兵不进。于是诸道兵皆不敢进。上嘉李宝臣之功，遣中使马承倩赍诏劳之；宝臣遗之百缣，承倩诟詈，掷出道中。王武俊说宝臣曰：“今公在军中新立功，竖子尚尔，况寇平之后，召归阙下，一匹夫耳，不如释承嗣以为己资。”宝臣遂有玩寇之志。

承嗣知范阳宝臣乡里，心常欲之，因刻石云：“二帝同功势万全，将田为侣入幽、燕”，密令瘗宝臣境内，使望气者言彼有王气，宝臣掘而得之。又令客说之曰：“公与朱滔共取沧州，得之，则地归国，非公所有。公能舍承嗣之罪，请以沧州归公，而从公取范阳以自效。”宝臣喜，谓事合符谶，遂与承嗣通谋。选精骑二千，夜袭卢龙军，滔不虞有变，战败，走免。承嗣闻之，引军南还，使谓宝臣曰：“河内有警，不暇从公，石上谶文，吾戏为之耳！”宝臣惭惧而退。

纲 十一月，田承嗣将吴希光以瀛州降。

纲 丙辰，十一年，冬十二月，泾原节度使马璘卒。

纲 丁巳，十二年，春三月，诛元载，贬王缙为括州刺史。

目 元载、王缙俱纳贿赂，又以政事委群吏。上欲诛之，独与元舅金吾大将军吴凑谋之。会有告载、缙夜醮图不轨者，上命凑收之。命吏部尚书刘晏与御史大夫李涵等同鞫之，皆伏罪，赐自尽。刘晏谓李涵曰："故事，重刑覆奏，况大臣乎！且法有首从，宜更禀进止。"涵等从之。上乃诛载而贬缙。载妻子皆伏诛，有司籍载家财，胡椒至八百石，他物称是。遣中使发载祖父墓，斫棺弃尸，毁其庙主。

纲 夏四月，以杨绾、常衮同平章事。

目 绾性清简俭素，制下之日，朝野相贺。郭子仪方宴客，闻之，减坐中声乐五分之四。京兆尹黎乾驺从甚盛，即日省之，止存十骑。中丞崔宽第舍宏侈，亟毁撤之。

初，元载以仕进者多乐京师，恶其逼己，乃薄其俸，于是京官不能自给，常从外官乞贷。至是，绾、衮乃奏增之。

开元中，诏宰相共食实封三百户，谓之堂封。及载、缙为相，日赐御馔可食十人，遂为故事。衮奏停之。又欲辞堂封，同列不可而止。时人讥衮，以为"朝廷厚禄，所以养贤；不能，当辞位，不当辞禄"。

纲 秋七月，司徒、文简公杨绾卒。

目 上方倚杨绾，使厘革弊政，会绾有疾，卒，上痛悼之甚，谓群臣曰："天不欲朕致太平，何夺朕杨绾之速也！"

纲 以颜真卿为刑部尚书。

纲 九月，以段秀实为泾原节度使。

目 秀实军令简约，有威惠，奉身清俭，室无姬妾，非公会，未尝饮酒听乐。

纲 霖雨，度支奏河中有瑞盐。

目 先是，秋霖，河中府池盐多败。户部侍郎韩滉奏雨不害盐，仍有瑞盐。上疑其不然，遣谏议大夫蒋镇往视之。京兆尹黎乾奏秋霖损稼，滉奏乾言不实；上命御史按视，还奏，"所损凡三万余顷"。渭南令刘澡附滉，称县境不损；御史赵计奏与澡同。上曰："霖雨溥博，岂得渭南独无！"更命御史朱敖视之，损三千余顷。上叹息久之，曰："县令，字人之官，不损犹应言损，乃不仁如是乎！"贬澡南浦尉，计沣州司户，而下问滉。蒋镇还奏"瑞盐如滉言"，仍上表贺，请置神祠。上从之，赐号宝应灵庆池，时人丑之。

纲 戊午，十三年，春正月，敕毁白渠碾硙。

目 敕毁白渠支流碾硙以溉田。升平公主有二硙，请存之。上曰："吾欲利苍生，汝识吾意，当为众先。"公主即日毁之。

纲　夏六月，陇右献猫鼠同乳。

目　陇右节度使朱泚献猫鼠同乳不相害者以为瑞；常衮帅百官贺。中书舍人崔祐甫不贺，曰："物反常为妖。猫捕鼠，乃其职也，今同乳，妖也。何以贺为！宜戒法吏之不察奸、边吏之不御寇者，以承天意。"上嘉之。祐甫知选事，数以公事与常衮争，衮由是恶之。

纲　冬十二月，郭子仪入朝。

目　子仪入朝，命判官杜黄裳主留务。李怀光阴谋代子仪，矫为诏书，欲诛大将温儒雅等。黄裳察其诈，以诘怀光；怀光伏罪。于是诸将之难制者，黄裳矫子仪之命，皆出之于外，军府乃安。

子仪尝以副使张昙刚率轻己，孔目官吴曜因而构之。奏昙扇动军众，诛之。掌书记高郢力争，子仪不听，奏贬郢。既而僚佐多以病求去，子仪悔之，悉荐于朝，曰："吴曜误我。"遂逐之。

纲　以路嗣恭为兵部尚书。

目　上召李泌入见，语以元载事，曰："与卿别八年，乃能除此贼。不然，几不见卿。"对曰："陛下知群臣有不善，则去之；含容太过，故至于此。"上因言："路嗣恭初平岭南，献琉璃盘，径九寸，朕以为至宝。及破载家，得嗣恭所遗载盘，径尺。当议罪之。"泌曰："嗣恭为人，小心，善事人，精勤吏事而不知大体。昔为县令，有能名；陛下未暇知之，而为载所用，故为之尽力。陛下诚知而用之，彼亦为陛下尽力矣。且嗣恭新立大功，陛下岂得以一琉璃盘罪之邪！"上意乃解，以嗣恭为兵部尚书。

纲鉴易知录卷五三

唐纪

代宗皇帝

纲　己未，十四年，春正月，以李泌为澧州刺史。

目　常衮言于上曰："陛下久欲用李泌，昔汉宣帝欲用人为公卿，必先试理人，请且以为刺史，使周知人间利病，俟报政而用之。"

纲　二月，田承嗣卒。

目　以其侄悦为魏博留后。

纲　三月，淮西将李希烈逐其节度使李忠臣，诏以希烈为留后。

纲　夏五月，帝崩，太子即位。

目　上崩，遗诏以郭子仪摄冢宰。德宗即位，动遵礼法，食马齿羹，不设盐、酪。

纲　闰月，贬崔祐甫为河南少尹。

纲　贬常衮为潮州刺史，以崔祐甫同平章事。

目　时郭子仪、朱泚虽以军功为宰相，皆不预朝政，衮独居政事堂，代二人署名奏贬祐甫。既而二人表其非罪，上问："卿向言可贬，何也？"二人对"初不知"。上以衮为欺罔，贬为潮州刺史，而以祐甫代之，闻者震悚。时上居谅阴，委政祐甫，所言皆听。而群臣丧服，竟从衮议。

初，至德以后，天下用兵，官爵冗滥。元、王秉政，贿赂公行。及衮为相，思革其弊，四方奏请，一切不与；而无所甄别，贤愚同滞。祐甫欲收时望，作相未二百日，除官八百人，前后相矫，终不得其适。上尝谓祐甫曰："人或谤卿，所用多涉亲故，何也？"对曰："臣为陛下选择百官，不敢不详慎。苟平生未之识，何以谙其才行而用之。"上以为然。

纲　诏罢四方贡献，又罢梨园。

纲　尊郭子仪为尚父，加太尉，兼中书令。

目 上以山陵近，禁屠宰。子仪之隶人犯禁，金吾将军裴谞奏之。或谓曰："君独不为郭公地乎？"谞曰："此乃所以为之地也。郭公勋高望重，上新即位，以为群臣附之者众，吾故发其小过，以明郭公之不足畏。上尊天子，下安大臣，不亦可乎！"

纲 诏天下毋得奏祥瑞。纵驯象，出宫女。

目 泽州上庆云图，上曰："朕以时和年丰为嘉祥，以进贤显忠为良瑞，如卿云、灵芝、珍禽、奇兽、怪草、异木，何益于人！布告天下，自今有此，毋得上献。"

先是，外国累献驯象，上曰："象费豢养而违物性，将安用之！"命纵于荆山之阳，及豹、貀、斗鸡、猎犬之类，悉纵之；又出宫女数百人。于是中外皆悦，淄青军士，至投兵相顾曰："明主出矣，吾属犹反乎！"

纲 以李希烈为淮西节度使。

目 代宗优宠宦官，奉使四方者，还问所得颇少，则以为轻我命；由是中使所至，公求赂遗，重载而归。上素知其弊，遣中使邵光超赐希烈旌节；希烈赠之仆、马及缣七百匹。上怒，杖光超而流之。于是中使之未归者，皆潜弃所得于山谷，虽与之莫敢受。

纲 以马燧为河东节度使。

纲 以刘晏判度支。

目 初，第五琦始榷盐以佐军用，及刘晏代之，法益精密。初岁入钱六十万缗，末年所入逾十倍，而人不厌苦。计一岁征赋所入总一千二百万缗，而盐利居其大半。以盐为漕佣，自江、淮至渭桥，率万斛，佣七千缗，自淮以北，列置巡院，择能吏主之，不烦州县而集事。

纲 六月，诏："冤滞听诣三司使及挝登闻鼓。"

纲 遣使慰劳淄青将士。

目 李正己畏上威名，表献钱三十万缗；上欲受之恐见欺，却之则无辞。崔祐甫请遣使慰劳淄青将士，因以赐之，使将士人人戴上恩，诸道知朝廷不重货财。上悦，从之。正己惭服，天下以为太平之治，庶几可望焉。

纲 秋七月，毁元载、马璘、刘忠翼之第。

目 安、史乱后，法度堕弛，将相宦官竞治第舍，各穷其力而后止，时人谓之"木妖"。上素疾之，故毁其尤者。

纲 以张涉为右散骑常侍。

目 上之在东宫也，国子博士张涉为侍读，即位之夕，召入禁中，事皆咨之；明日，以为翰林学士，亲重无比。至是，以为散骑常侍，学士如故。

纲 八月，以杨炎、乔琳同平章事。

目 上方励精求治，不次用人，卜相于崔祐甫，祐甫荐炎器业，上亦素闻其名，故自道州司马用之。琳，粗率喜诙谐，无他长，与张涉善，涉称其才可大用，上信而用之；闻者无不骇愕。既而祐甫病，不视事。

纲 沈既济上选举议。

目 议曰："选举之法三科：曰德也，才也，劳也。然安行徐言，非德也；丽藻芳翰，非才也；累资积考，非劳也。今乃以此求天下之士，固未尽矣。臣谓五品以上及群司长官，宜令宰臣进叙，吏部、兵部得参议焉。其六品以下或僚佐之属，许州、府辟用；其或选用非公，则吏部、兵部察而举之，加以谴黜，则众才咸得，而官无不治矣。"

纲 冬十月，吐蕃、南诏入寇，遣神策都将李晟等击破之。

纲 葬元陵。

纲 十一月，乔琳罢。

目 琳以衰老耳聋，论议疏阔，罢政事，上由是疏张涉。

纲 十二月，立宣王诵为皇太子。

纲 诏财赋皆归左藏。

目 旧制，天下金帛皆贮于左藏，太府四时上其数，比部覆其出入。及第五琦为度支使，奏尽贮于大盈内库，使宦官掌之，天子亦以取给为便。由是以天下公赋为人君私藏，有司不复得窥其多少，殆二十年。宦官蚕食其中，蟠结根据，牢不可动。杨炎顿首于上前曰："财赋者，国之大本，生民之命，重轻安危，靡不由之，是以前世皆使重臣掌其事，犹或耗乱不集。今独使中人出入盈虚，大臣皆不得知，政之蠹弊，莫甚于此。请出之以归有司。度宫中岁用，量数奉入。如此，然后可以为政。"上即日下诏，从之。炎以片言移人主意，议者称之。

纲 遣关播招抚湖南盗贼。

目 湖南贼帅王国良阻山为盗，遣都官员外郎关播招抚之。播辞行，上问以为政之要，对曰："为政之本，必求有道贤人与之为理。"上曰:“朕比已下诏求贤,又遣使搜访矣。”对曰:“此唯得文词干进之士耳,安有有道贤人肯随牒举选乎!”上悦。

德宗皇帝

纲 庚申,德宗皇帝建中元年,春正月,始作两税法。

目 唐初,赋敛之法曰租、庸、调,有田则有租,有身则有庸,有户则有调。玄宗之末,版籍浸坏,至德兵起,所在赋敛,迫趣取办,无复常准。下户旬输月送,不胜困弊,率皆逃徙,其土著者百无四五。至是,杨炎建议作两税法:先计州县每岁所用及上供之数而赋于人,量出以制入。户无主、客,以见居为簿;人无丁、中,以贫富为差;为行商者,在所州县税三十之一。居人之税,秋夏两征之。其租、庸、调杂徭悉省,皆总于度支。上用其言,仍诏两税外辄率一钱者,以枉法论。

纲 罢转运、租庸、盐铁等使,贬刘晏为忠州刺史。

纲 二月,命黜陟使十一人分巡天下。

纲 以段秀实为司农卿。

目 崔祐甫有疾,多不视事;杨炎独任大政,专以复恩雠为事,奏用元载遗策城原州。炎欲发两京、关内丁夫浚丰州陵阳渠,以兴屯田。上遣中使访之泾原节度使段秀实,秀实以为:“边备尚虚,未宜兴事以召寇。”炎怒,以为沮己,征秀实为司农卿。使李怀光兼泾原,既而渠竟不成。

纲 以朱泚为泾原节度使。

目 杨炎欲城原州,命李怀光居前督作,朱泚、崔宁各将万人翼其后。诏下泾州为城具,其将士怒曰:“吾属始居邠州,甫营耕桑,有地著之安。徙屯泾州,披荆榛,立军府;坐席未暖,又投之塞外。吾属何罪而至此乎!”又以怀光严刻,皆惧。别驾刘文喜因众心不安,据泾州不受诏,复求段秀实或朱泚为帅。诏以泚代怀光。

纲 三月,张涉坐赃,放归田里。

纲 以韩洄判度支,杜祐权江、淮转运使。

纲 夏四月,上生日,不受献。

纲 六月,门下侍郎同平章事崔祐甫卒。

纲 筑奉天城。

目 术士桑道茂上言:“陛下不出数年,暂有离宫之厄,臣望奉天有天子气，宜高大其城，以备非常。”上命京兆发丁夫数千，杂六军之士筑奉天城。

纲 秋七月，杀忠州刺史刘晏。

目 荆南节度使庾准希杨炎指，奏晏与朱泚书求营救，辞多怨望；炎证成之，上密遣中使缢杀之，天下冤之。

初，安、史之乱，天下户口什亡八九，所在宿重兵，其费不赀，皆倚办于晏。晏有精力，多机智，变通有无，曲尽其妙。常以厚直募善走者，置递相望，觇报四方物价，不数日皆达，食货轻重之权，悉制在掌握，国家获利而天下无甚贵甚贱之忧。

晏以为“办集众务，在于得人，故必择通敏、精悍、廉勤之士而用之。”常言“士陷赃贿，则沦弃于时，名重于利，故士多清修；吏虽洁廉，终无显荣，利重于名，故吏多贪污”。其句检簿书，出纳钱谷，事虽至细，必委之士类；吏惟书符牒，不得轻出一言。

晏又以为户口滋多，则赋税自广，故其理财常以养民为先。诸道各置知院官，每旬月具雨雪丰歉之状以告，丰则贵籴，歉则贱粜，或以谷易杂货供官用，而于丰处卖之。知院官始见不稔之端，先申至，某月须如干蠲免，某月须如干救助，及期，晏不俟州、县申请，即奏行之，不待困弊、流殍，然后赈之也，由是户口蕃息。始为转运使，时天下见户不过二百万，其季年乃三百余万，非晏所统亦不增也。其初财赋岁入不过四百万缗，季年乃千余万缗。

晏专用榷盐法充军国之用。晏以为，官多则民扰，故但于出盐之乡置官收盐，转鬻于商人，任其所之，其去盐乡远者，转官盐于彼贮之。或商绝盐贵，则减价鬻之，谓之常平盐，官获其利而民不乏盐。其始江、淮盐利不过四十万缗，季年乃六百余万缗，由是国用充足而民不困弊。

先是，运关东谷入长安者，以河流湍悍，率一斛得八斗至者，则为成劳，受优赏。晏以为江、汴、河、渭，水力不同，各随便宜，造运船，教漕卒，缘水置仓，转相受给。自是每岁运谷或至百余万斛，无斗升沉覆者。船十艘为一纲，使军将领之，十运无失，授优劳官。于扬子置场造船，艘给千缗。或言：“用不及半，请损之。”晏曰：“不然，论大计者不可惜小费，凡事必为永久之虑。今始置船场，执事者多，当先使之私用无窘，则官物坚完矣。若遽与之屑屑较计，安能久行乎！异日必有减之者;减半以下犹可也,过此则不能运矣。”后五十年,有司果减其半。及咸通中,有司计费而给之,无复羡余,船益脆薄,漕运遂废。

晏为人勤力,事无闲剧,必于一日中决之。后来言财利者,皆莫能及。

纲 冬十月,贬薛邕为连山尉。

目 大历以前,赋敛、出纳、俸给皆无法,长吏得专之;重以元、王秉政,货赂公行,天下不按赃吏者殆二十年。上以宣歙观察使薛邕文雅旧臣,征为左丞;邕去宣州,盗隐官物以巨万计,殿中侍御史员寓发之,贬连山尉。于是州县始畏朝典。上初即位,疏斥宦官,亲任朝士,而张涉、薛邕继以赃败,宦官、武将皆曰:“南牙文臣,赃至巨万,而谓我曹浊乱天下,岂非欺罔邪!”于是上心始疑,不知所倚仗矣。

纲 辛酉,二年,春正月,成德节度使李宝臣卒,子惟岳自称留后。

目 李宝臣欲以军府传其子惟岳,以其年少暗弱,豫诛诸将之难制者数十人。及卒,孔目官胡震、家僮王他奴劝惟岳匿丧,诈为宝臣表,请继袭,不许;乃发丧,自称留后。使将佐共奏求旌节,又不许。初,宝臣与李正己、田承嗣、梁崇义相结,期以土地传子孙,故承嗣之死,宝臣力为悦请继袭。至是,悦屡为惟岳请,上亦不许;或曰:“不与必为乱。”上曰:“贼本无资以为乱,皆藉我土地,假我位号,以聚其众耳。向日因其所欲而命之多矣,而乱益滋,是爵命不足以已乱而适足以长乱也。”竟不许。

田悦乃与李正己各遣使诣惟岳,潜谋勒兵拒命。正己发兵万人屯曹州,悦亦完聚,与崇义、惟岳相应,河南士民骚然惊骇。诏以永平节度使李勉为都统,备之。

纲 以杨炎、卢杞同平章事。

目 杞貌丑,色如蓝,有口辩;上悦之。郭子仪每见宾客,姬妾不离侧。杞尝往问候,子仪悉屏侍妾。或问其故,子仪曰:“杞貌陋而心险,妇人见之必笑,他日杞得志,吾族无类矣!”

杨炎既杀刘晏,朝野侧目,李正己累表请晏罪。炎惧,遣腹心分诣诸道,密谕以“晏昔尝请立独孤后,上自杀之。”上闻而恶之,由是有诛炎之志,擢杞为相,不专任炎矣。炎素轻杞无学,多托疾不与会食;杞亦恨之。

杞阴狡，欲起势立威，小不附者必欲置之死地，引裴延龄为集贤直学士，亲任之。

纲 发京西兵戍关东。

目 发京西防秋兵万二千戍关东。上御望春楼宴劳之，神策将士独不饮，上使诘之，其将杨惠元对曰："臣等发奉天，军帅张巨济戒之曰：'此行大建功名，凯旋之日，相与为欢。苟未捷，毋饮酒。'故不敢奉诏。"及行，有司缘道设酒食，独惠元所部瓶罂不发。上深叹美，赐书劳之。

纲 夏五月，田悦举兵寇邢、洺。

目 田悦、李正己、李惟岳定计，连兵拒命。悦欲阻山为境，曰："邢、洺如两眼，在吾腹中，不可不取。"乃遣兵马使康愔将兵八千人围邢州，自将兵数万围临洺。邢州刺史李共、临洺将张伾坚壁拒守。

纲 六月，以韩滉为镇海军节度使。梁崇义拒命。诏淮西节度使李希烈督诸道兵讨之。

纲 尚父、太尉、中书令、汾阳忠武王郭子仪卒。

目 子仪为上将，拥强兵，程元振、鱼朝恩谗谤百端，诏书一纸征之，无不即日就道，由是谗谤不行。尝遣使至田承嗣所，承嗣西望拜之曰："此膝不屈于人若干年矣！"李灵曜据汴州，公私物过汴者皆留之，惟子仪物不敢近，遣兵卫送出境。校中书令考凡二十四，家人三千人，八子、七婿皆为显官；诸孙数十人，每问安，不能尽辨，颔之而已。仆固怀恩、李怀光、浑瑊辈皆出麾下，虽贵为王公，尝颐指役使，趋走于前，家人亦以仆隶视之。天下以其身为安危者殆三十年，功盖天下而主不疑，位极人臣而众不疾，穷奢极欲而人不非之，年八十五而终。其将佐为名臣者甚众。

纲 秋七月，杨炎罢，以张镒同平章事。

纲 诏马燧、李抱真、李晟讨田悦，战于临洺，大破之。

目 田悦攻临洺，累月不拔，城中食且尽。张伾饰其爱女，使出拜将士曰："诸军守战甚苦，伾家无他物，请鬻此女为将士一日之费。"众皆哭曰："愿尽死力，不敢言赏。"李抱真告急于朝，诏马燧及神策兵马使李晟将兵讨悦，又诏朱滔讨惟岳。燧等军至临洺，悦悉众力战，悦兵大败，悦夜遁，邢州围亦解。

纲 平虏节度使李正己卒，子纳自领军务。与李惟岳遣兵救田悦。

纲 八月，李希烈与梁崇义战，大破之，崇义死，传首京师。

纲 九月，以张孝忠为成德军节度使。

纲 加李希烈同平章事，以李承为山南东道节度使。

目 初，希烈请讨梁崇义，上亟称其忠。黜陟使李承自淮西还，言于上曰："希烈必立微功；但恐有功之后，更烦朝廷用兵耳！"上不以为然。希烈既得襄阳，遂据之。上乃思承言，以为山南东道节度使。承单骑赴镇，至襄阳，希烈迫胁万方，承不屈，希烈乃大掠而去。

纲 冬十月，杀左仆射杨炎。

目 初，萧嵩家庙临曲江，玄宗以娱游之地，非神灵所宅，命徙之。杨炎为相，立庙复直其地。炎恶京兆尹严郢，卢杞欲陷炎，引以为御史大夫。先是炎有宅在东都，卖以为官廨，郢按之，以为有羡利。吏议以为："监主自盗，当绞。"杞因言："嵩庙地有王气，故玄宗徙之；炎有异志，故取以建庙。"遂贬崖州司马；遣中使护送，缢杀之。

纲 徐州刺史李洧以州降。

目 徐州刺史李洧，正己之从父兄也。举州归国；遣巡官崔程奉表诣阙，乞领徐、海、沂观察使，且曰："今海、沂皆为李纳所有。洧与其刺史王涉、马万通有约，苟得朝廷诏书，必能成功。"程先白张镒。卢杞怒，不从其请。以洧为招谕使。

纲 十一月，刘洽、唐朝臣等，大破青、魏兵于徐州。

纲 壬戌，三年，春正月，马燧等大破田悦等于洹水，博、洺州降。

纲 朱滔、张孝忠与李惟岳战，大败之，赵州降。成德兵马使王武俊杀惟岳，传首京师。

纲 二月，以张孝忠为易、定、沧州节度使，王武俊为恒冀团练使，康日知为深赵团练使，以德、棣隶幽州。

目 时河北略定，惟魏州未下。李纳势日蹙。朝廷谓天下不日可平，以孝忠为易、定、沧州节度使，武俊、日知为恒冀、深赵团练使，以德、棣二州隶朱滔，令还镇。滔固请深州，不许，由是怨望，留屯深州。武俊自以不得为节度使，又失赵、定，不悦。复有诏令武俊以粮三千石给朱滔，马五百匹给马燧。武俊以为魏博既下，朝廷必取恒冀，故分其粮马以弱之，疑，未肯奉诏。田悦闻之，遣判官王侑说朱滔救魏博。滔大喜，即遣侑归报。又遣王郅说王武俊共救田悦，武俊亦喜，许诺，相与刻日举兵南向。

纲 三月，以李洧兼徐、海、沂观察使。

目 刘洽攻李纳于濮州，克其外城。纳于城上涕泣求自新，李勉又遣人说之，纳遣判官房说入见。会中使宋凤朝称纳势穷蹙，不可舍，上乃囚说等，纳遂归郓州，复与田悦等合。朝廷以纳势未衰，始以洧兼徐、海、沂观察使，而海、沂已为纳所据，洧竟无所得。

纲 夏四月，朱滔、王武俊反，发兵救田悦，寇赵州。诏李怀光讨之。

纲 括富商钱。

目 时两河用兵，月费百余万缗，府库不支数月，太常博士韦都宾、陈京建议，"请括富商钱，出万缗者，借其余以供军。"上从之。判度支杜祐大索长安中，长安嚣然，如被寇盗，计所得才八十余万缗。又括僦柜质钱，凡蓄积钱帛粟麦者，皆借四分之一，封其柜窖；百姓为之罢市。计并借商所得，才二百万缗，人已竭矣。

纲 洺州刺史田昂入朝。

目 李抱真、马燧数以事相恨望，怨隙遂深，不复相见。由是诸军逗挠，久无成功，上遣中使和解之。及王武俊逼赵州，抱真分麾下二千人戍邢州，燧大怒，欲引兵归。李晟说燧曰："李尚书以邢、赵连壤，分兵守之，诚未有害。今公遽自引去，众谓公何！"燧悦，乃单骑造抱真垒，相与释憾结欢。会田昂请入朝，燧奏以洺州隶抱真。李晟军先隶抱真，又请兼隶燧，以示协和。

纲 召朱泚入朝，以张镒兼凤翔节度使。

目 朱滔遣人以蜡书遗朱泚，欲与同反；马燧获之，并使者送长安，泚不之知。上驿召泚至，示之，泚顿首请罪。上曰："相去千里，初不同谋，非卿之罪也。"因留之长安，赐赍甚厚，以安其意。

上以幽州兵在凤翔，思得重臣代之。卢杞忌张镒忠直，为上所重，欲出之，乃对曰："凤翔将校皆高班，非宰相无以镇抚，臣请自行。"上俯首未言，杞遽曰："陛下必以臣貌寝，不为三军所伏，固惟陛下神算。"上乃顾镒曰："无以易卿。"镒知为杞所排而无辞以免，因再拜受命。

上初即位，崔祐甫为相，务崇宽大，当时以为有贞观之风；及杞为相，知上性多忌，因以疑似离间群臣，始劝上以严刻御下，中外失望。

纲 六月，李怀光击朱滔、王武俊于惬山，败绩。

目 朱滔、王武俊军至魏州，田悦具牛酒出迎。滔营于惬山，李怀光军亦至，马燧等盛军容迎之。滔以为袭己，遽出陈；怀光欲乘其营垒未就击之。燧请且休士观衅，怀光曰："时不可失。"遂击滔，滔军崩沮；怀光按辔观之，有喜色。武俊引骑横冲之，怀光军分为二；滔引兵继之，官军大败，溺死者不可胜数。燧等与诸军涉水而西，保魏县以拒滔。滔等亦引兵营魏县东南，与官军隔水相拒。

纲 冬十月，以曹王皋为江西节度使。

纲 以关播同平章事。

目 卢杞知上必更立相，恐其分己权，荐播儒厚，可镇风俗；遂以为相。政事皆决于杞，播但敛袵无所可否。上尝从容与宰相论事，播欲有所言，杞目之而止。出谓之曰："以足下端悫少言，故相引至此，向者奈何发口欲言邪！"播自是不敢复言。

纲 十一月，朱滔、田悦、王武俊、李纳皆自称王。

纲 十二月，李希烈自称天下都元帅。

纲 癸亥，四年，春正月，李希烈陷汝州，诏遣颜真卿宣慰之。

目 李元平者，薄有才艺，性疏傲，敢大言，好论兵；关播奇之，荐于上，以为将相之器，以汝州近许，擢元平为别驾，知州事。元平至，即募工徒治城；希烈阴使壮士数百人往应募，继遣其将李克诚将数百骑突至城下，应募者应之于内，缚元平驰去。元平见希烈恐惧，便液污地。希烈骂之曰："盲宰相以汝当我，何相轻也！"遣别将取尉氏，围郑州，东都震骇。

初，卢杞恶太子太师颜真卿，欲出之。真卿谓曰："先中丞传首至平原，真卿以舌舐面血。今相公忍不相容乎！"杞矍然起拜，而恨之益深。至是，上问计于杞，杞对曰："诚得儒雅重臣，为陈祸福，可不劳军旅而服。颜真卿三朝旧臣，忠直刚决，名重海内，人所信服，真其人也！"上以为然。遣真卿宣慰希烈。诏下，举朝失色。

真卿乘驿至东都，留守郑叔则曰："往必不免，宜少留，须后命。"真卿曰："君命也，将焉避之！"遂行。至许，欲宣诏旨，希烈使其养子千余环绕慢骂，拔刃拟之；真卿色不变。遂留不遣。

朱滔等各遣使诣希烈劝进，希烈召真卿示之曰："四王见推，不谋而同，岂吾独为朝廷所忌无所自容邪！”真卿曰：“此乃四凶，何谓四王！相公不自保功业，为唐忠臣，乃与乱臣贼子相从，求与之同覆灭邪！”希烈不悦。他日，又与四使同宴，四使曰：“都统将称大号，而太师适至，是天以宰相赐都统也。”真卿叱之曰：“汝知有骂安禄山而死者颜杲卿乎？乃吾兄也。吾年八十，知守节而死耳，岂受汝曹诱胁乎！”希烈掘坎于庭，云欲坑之，真卿怡然，见希烈曰：“死生已定，何必多端！亟以一剑相与，岂不快公心事邪！”希烈乃谢之。

纲 夏四月，初税间架、除陌钱法。

目 旧制，诸道军出境，则仰给度支；上优恤士卒，每出境，加给酒肉，本道粮仍给其家，一人兼三人之给，故将士利之。各出军才逾境而止，月费钱百三十余万缗，常赋不能供。判度支赵赞乃奏行二法：所谓税间架者，每屋两架为间，上屋税钱二千，中税千，下税五百。敢匿一间，杖六十，赏告者钱五十缗。所谓除陌钱者，公私给与及卖买，每缗官留五十钱，给他物及相贸易者，约钱为率。敢隐钱百者，杖六十，罚钱二千，赏告者钱十缗，赏钱皆出坐者。于是愁怨之声，盈于远近。

纲 秋八月，李希烈寇襄城，诏发泾原等道兵救之。

目 初，上在东宫，闻监察御史陆贽名，即位，召为翰林学士，数问以得失。贽曰：“克敌之要，在乎将得其人；驭将之方，在乎操得其柄。将非其人者，兵虽众不足恃；操失其柄者，将虽材不为用。将不能使兵，国不能驭将，非止费财玩寇之弊，亦有不戢自焚之灾。”又曰：“人者，邦之本。财者，人之心。心伤则其本伤，本伤则枝叶颠瘁矣。”

又论关中形势，以为：“王者蓄威以昭德，偏废则危；居重以驭轻，倒持则悖。王畿者，四方之本也。太宗列置府兵，分隶禁卫，诸府八百余所，而在关中者殆五百焉。举天下不敌关中，则居重驭轻之意明矣。承平渐久，武备浸微，故禄山窃倒持之柄，一举滔天。乾元之后，继有外虞，悉师东讨，故吐蕃乘虚深入，先帝避之东游。是皆失居重驭轻之权，忘深根固柢之虑。追想及此，岂不寒心！今朔方、太原之众，远在山东；神策六军之兵，继出关外。倘有贼臣啖寇，黠虏觑边，未审陛下何以御之！立国之安危在势，任事之济否在人。势苟安，则异类同心；势苟危，则舟中敌国。陛下岂可不追鉴往事，惟新令图，修偏废之柄以靖人，复倒持之权以固国乎！今关辅之间，征发已甚，宫苑之中，备卫不全。万一将帅之中，又如朱滔、希烈，窃发郊畿，惊犯城阙，未审陛下复何以备之！臣愿追还神策六军、节将子弟，明敕泾、陇、邠、宁，更不征发，仍罢间架等税，冀已输者弭怨，见处者获宁，则人心不摇，而邦本固矣。”上不能用。

纲 冬十月，泾原兵过京师，作乱，上如奉天。朱泚反，据长安。

目 上发泾原等道兵救襄城。十月，节度使姚令言将兵五千至京城。军士冒雨，寒甚，多携子弟而来，冀得厚赐遗其家，既至，一无所赐。发至浐水，诏京兆尹王翃犒师，惟粝食菜啖；众怒，蹴而覆之，曰："吾辈将死于敌，而食且不饱，安能以微命拒白刃邪！闻琼林、大盈二库，金帛盈溢，不如相与取之。"乃擐甲张旗鼓噪，还趣京城。上遽命赐帛，人二匹；众益怒，射中使，杀之。遂入城，百姓骇走。

初，京城召募使白志贞募禁兵，东征死亡者皆不以闻，但受市井富儿赂而补之，名在军籍受给赐，而身居市廛为贩鬻。至是，上召禁兵以御贼，竟无一人至者。乃与太子、诸王、公主自苑北门出，王贵妃以传国宝系衣中；宦官窦文场、霍仙鸣帅宦官左右仅百人以从，后宫诸王、公主不及从者什七八。翰林学士姜公辅叩马言曰："朱泚尝为泾帅，废处京师，心常怏怏。今乱兵若奉以为主，则难制矣。请召使从行。"上曰："无及矣！"夜至咸阳，饭数匕而过。群臣皆不知乘舆所之。卢杞、关播、白志贞、王翃、陆贽等追及于咸阳。

贼登含元殿，讙噪，争入府库运金帛。姚令言曰："今众无主，不能持久。朱太尉间居私第，请相与奉之。"众许诺。乃遣骑迎朱泚入宫，居白华殿，自称权知六军。百官出见泚，或劝迎乘舆，泚不悦。源休以使回纥还，赏薄，怨朝廷，入见泚，为陈成败，引符命，劝之僭逆。

上思桑道茂之言，幸奉天。金吾大将军浑瑊继至。瑊素有威望，众心恃之，稍安。检校司空李忠臣、太仆卿张光晟皆郁郁不得志，至是，与工部侍郎蒋镇皆为泚用。

泚以司农卿段秀实久失兵柄，意其必怏怏，遣骑召之。不纳，骑士逾垣入，劫之。秀实乃谓子弟曰："吾当以死徇社稷耳。"乃往见泚，说之曰："犒师不丰，有司之过也，天子安得知之！公宜以此开谕将士，示以祸福，奉迎乘舆，此莫大之功也！"泚不悦。

上征近道兵入援。有上言"朱泚为乱兵所立，且来攻城，宜早修守备"。卢杞切齿言曰："朱泚忠贞，群臣莫及，臣请以百口保其不反。"上亦以为然。又闻群臣劝泚奉迎，乃诏诸道援兵至者皆营于三十里外。

姜公辅谏曰:“今宿卫军寡,有备无患。若泚奉迎,何惮兵多。”上乃悉召援兵入城。

纲 司农卿段秀实谋诛朱泚,不克,死之。

目 秀实与将军刘海滨、泾原将吏何明礼、岐灵岳谋诛朱泚,迎乘舆,未发。泚遣韩旻将锐兵三千,声言迎驾,实袭奉天。秀实谓灵岳曰:“事急矣!”使灵岳诈为姚令言符,令旻且还。窃其印未至,秀实倒用司农印印符,追之,旻得符而还。泚、令言大惊;灵岳独承其罪而死。泚召李忠臣、源休、姚令言及秀实等议称帝事。秀实勃然起,夺休象笏,前唾泚面,大骂曰:“狂贼!吾恨不斩汝万段,岂从汝反邪!”因以笏击泚,中其额,溅血洒地。海滨不敢进,而逸。忠臣前助泚,泚得脱走。秀实知事不成,谓泚党曰:“我不同汝反,何不杀我!”众争前杀之。海滨捕得,见杀。明礼从泚攻奉天,复谋杀泚,亦死。上闻秀实之死,恨委用不至,涕泗久之。

纲 凤翔将李楚琳杀节度使张镒,降于朱泚。

纲 朱泚僭号。

目 朱泚自称大秦皇帝,改元应天。以姚令言、李忠臣为侍中,源休同平章事,蒋镇、樊系、张光晟等拜官有差。立弟滔为皇太弟。休劝泚诛翦宗室以绝人望,杀凡七十七人。系为泚撰册文,即成,仰药而死。泚寻改国号汉。

纲 李希烈陷襄城。

纲 李怀光帅众赴长安。

纲 以萧复、刘从一、姜公辅同平章事。

纲 泚犯奉天,诏韩游瓌、浑瑊拒之。

目 泚自将逼奉天。邠宁留后韩游瓌将兵拒泚,遇于醴泉。遂引兵还,泚亦随至。浑瑊与游瓌血战竟日,贼乃退。造攻具,毁佛寺以为梯冲。游瓌曰:“寺材皆干薪,但具火以待之。”

上与陆贽语及乱故,深自克责。贽曰:“致今日之患,皆群臣之罪也。”上曰:“此亦天命,非由人事。”贽退,上疏曰:“陛下志一区宇,四征不庭,凶渠稽诛,逆将继乱,兵连祸结,行及三年。非常之虞,亿兆同虑。惟陛下独不得闻,至使凶卒鼓行,白昼犯阙。陛下有股肱之臣,有耳目之任,有谏诤之列,有备御之司,见危不能竭其诚,临难不能效其死;所谓群臣之罪,岂徒言欤!臣又闻之,天所视听,皆因于人。人事理而天命降乱者，未之有也；人事乱而天命降康者，亦未之有也。自顷征讨颇频，刑网稍密，物力竭耗，人心惊疑。上自朝列，下达蒸黎，日夕族党聚谋，咸忧必有变故，旋属泾原叛卒，果如众庶所虞。京师之人，动逾亿计，固非悉知算术，皆晓占书，则明致寇之由，未必尽关天命。臣闻理或生乱，乱或资理，有以无难而失守，有以多难而兴邦。今生乱失守之事，则既往不可复追矣；其资理兴邦之业，在陛下克励而谨修之而已。”

纲　将军高重捷及泚兵战，死。

目　将军高重捷与泚骁将李日月战于梁山，破之；乘胜逐北，贼伏兵掩之，斩其首而去。上哭之尽哀，结蒲为首而葬之，泚见其首亦哭曰：“忠臣也！”束蒲为身而葬之。日月亦战死于城下；归其尸。其母不哭，骂曰：“奚奴！国家何负于汝而反？死已晚矣！”及泚败，独日月之母不坐。

纲　十一月，李晟将兵入援。浑瑊击朱泚，破走之，奉天围解。

目　李晟闻上幸奉天，引兵出飞狐道，昼夜兼行。诏以为行营节度使。泚围奉天经月，城中资粮俱尽。时供御才有粝米二斛，每伺贼间，夜缒人于城外，采芜菁根而进之。李怀光以兵五万入援，至蒲城。李晟亦自蒲津济，军于东渭桥。马燧遣其司马王权及子汇将兵五千人屯中渭桥。泚党所据，惟长安城。出战屡败，泚以为忧，乃急攻奉天，造云梯，高广数丈，上容壮士五百人；城中恟惧。浑瑊迎其所来，凿地道积薪蓄火以待之。时士卒冻馁，又乏甲胄，瑊抚谕之，激以忠义，皆鼓噪力战。瑊中流矢，进战不辍。会云梯辗地道，轮陷，不能前却，火从地出，须臾灰烬，贼乃引退。于是三门出兵，太子督战，贼徒大败。

李怀光引兵西，先遣兵马使张韶赍蜡表，间行至奉天，值贼方攻城，驱使填堑，得间入城。上大喜，城中欢声如雷。怀光亦败泚兵于醴泉，泚遂遁归长安。众以为怀光复三日不至，则城不守矣。泚退，从臣皆贺。汴滑兵马使贾隐林进言曰：“陛下性太急，不能容物，若此性未改，虽朱泚败亡，忧未艾也！”上甚称之。

纲　李怀光至奉天，诏引军还取长安。

目　李怀光来赴难，数与人言卢杞、赵赞、白志贞之奸佞，且曰；“天下之乱，皆此曹所为也！吾见上，当请诛之。”杞闻之惧，言于上曰：“怀光勋业，社稷是赖，贼徒破胆，皆无守心，若使之乘胜取长安，则一举可以灭贼,此破竹之势也。今听入朝,留连累日,使贼得成备,恐难图矣!”上以为然。诏怀光直引军屯便桥,与李建徽、李晟、杨惠元共取长安。怀光自以数千里赴难,破泚解围,而咫尺不得见天子,意殊怏怏,曰:“吾今已为奸臣所排,事可知矣!”遂引兵行。

上问陆贽以当今切务。贽上疏曰:“当今急务,在于密察群情而已矣。群情之所甚欲者,陛下先行之,所甚恶者,陛下先去之。欲恶与天下同,而天下不归者,未之有也。理乱之本,系于人心,况当变故危疑之际乎!顷者中外意乖,君臣道隔,郡国之志不达于朝廷,朝廷之诚不升于轩陛。上泽阙于下布,下情壅于上闻,实事不知,知事不实,此群情之所甚恶也。夫总天下之智以助聪明,顺天下之心以施教令,则君臣同志,何有不从!远迩归心,孰与为乱!”疏奏旬日,无所施行。

贽又上疏曰:“臣闻立国之本,在乎得众,得众之要,在乎见情。在易,乾下坤上曰泰,坤下乾上曰否,损上益下曰益,损下益上曰损。夫天在下而地处上,于位乖矣,而反谓之泰者,上下交故也。君在上而臣处下,于义顺矣,而反谓之否者,上下不交故也。上约己而裕于人,人必悦而奉上矣,岂不谓之益乎!上蔑人而肆诸己,人必怨而叛上矣,岂不谓之损乎!是以古先圣王之居人上也,必以其欲从天下之心,而不敢以天下之人从其欲。陛下以明威照临,以严法制断,故远者惊疑而阻命逃死之乱作,近者畏慑而偷容避罪之态生。人各隐情,以言为讳,至于变乱将起,亿兆同忧,独陛下恬然不知,方谓太平可致。陛下以今日之所睹,验往时之所闻,孰真孰虚?何得何失?则事之通塞备详之矣!人之情伪尽知之矣!”

上乃遣中使谕之曰:“朕本性甚好推诚,亦能纳谏。将谓君臣一体,全不堤防,缘推诚信不疑,所以反致患害。谏官论事,例自矜衒,归过于朕以自取名。又多雷同,道听涂说,试加质问,遽即辞穷。所以近来不多对人,非倦于接纳也。”贽以书对曰:“天不以地有恶木而废发生,天子不以时有小人而废听纳。且一不诚则心莫之保,一不信则言莫之行。陛下所谓失于诚信以致患害者,斯言过矣。夫驭之以智则人诈,示之以疑则人偷。上行之则下从,上施之则下报。若诚不尽于己而望尽于人,众必怠而不从矣。不诚于前而曰诚于后,众必疑而不信矣。是知诚信之道,不可斯须而去身。愿陛下慎守而力行之,非所以为悔也!夫仲虺赞扬成汤,不称其无过而称其改过;吉甫歌诵周宣,不美其无阙而美其补阙。是则圣贤唯以改过为能，不以无过为贵。盖以为智者改过而迁善，愚者耻过而遂非；迁善则其德日新，遂非则其恶弥积也。谏官不密，信非忠厚，其于圣德固亦无亏。陛下若纳谏不违，则传之适足增美；陛下若违谏不纳，又安能禁之勿传！且陛下虽穷其辞而未穷其理，能服其口而未服其心也。夫上好胜必甘于佞辞，上耻过必忌于直谏；如是则下之谄谀者顺旨，而忠实之语不闻矣。上骋辩必剿说而折人以言，上眩明必臆度而虞人以诈，如是则下之顾望者自便，而切磨之辞不尽矣。上厉威必不能降情以接物，上恣愎必不能引咎以受规，如是则下之畏懦者避辜，而情理之说不申矣。上情不通于下则人惑而不从其令；下情不通于上则君疑而不纳其诚。诚而不见纳则应之以悖，令而不见从则加之以刑；下悖上刑，不败何待！故谏者多，表我之能好；谏者直，示我之能贤；谏者之狂诬，明我之能恕；谏者之漏泄，彰我之能从。有一于斯，皆为盛德。”上颇采用其言。

纲　十二月，贬卢杞、白志贞、赵赞为远州司马。

目　李怀光顿兵不进，上表暴扬杞等罪恶；众论喧腾，亦咎杞等。上不得已，皆贬为司马。

纲　以陆贽为考功郎中。

目　贽辞曰：“行罚先贵近而后卑远，则令不犯；行赏先卑远而后贵近，则功不遗。望先录大劳，次遍群品，则臣亦不敢独辞。”上不许。

纲鉴易知录卷五四

唐纪

德宗皇帝

纲　甲子，兴元元年，春正月，大赦。

目　陆贽言于上曰："昔成汤以罪己勃兴，楚昭以善言复国。陛下诚能不吝改过，以谢天下，使书诏之辞无所避忌，则反侧之徒革心向化矣。"上然之，故奉天所下书诏，虽骄将悍卒闻之，无不感激挥涕。

上又以中书所撰赦文示贽，贽言："动人以言，所感已浅，言又不切，人谁肯怀！今兹德音，悔过之意不得不深，引咎之辞不得不尽，洗刷疵垢，宣畅郁堙，使人人各得所欲，则何有不从者乎！然知过非难，改过为难；言善非难，行善为难。假使赦文至精，止于知过言善，犹愿圣虑更思所难。"上然之。乃下制曰："致理兴化，必在推诚；忘已济人，不吝改过。小子长于深宫之中，暗于经国之务，积习易溺，居安忘危，不知稼穑之艰难，不恤征戍之劳苦，泽靡下究，情未上通，事既壅隔，人怀疑阻。由昧省己，遂用兴戎，远近骚然，众庶劳止。天谴于上而朕不悟，人怨于下而朕不知，驯致乱阶，变兴都邑，万品失序，九庙震惊，上累祖宗，下负烝庶，痛心靦貌，罪实在予，自今中外书奏，不得言'圣神文武'之号。李希烈、田悦、王武俊、李纳等，咸以勋旧，各守藩维，朕抚御乖方，致其疑惧；皆由上失其道，下罹其灾，朕实不君，人则何罪！宜并所管将吏等一切待之如初。朱滔虽缘朱泚连坐，路远必不同谋，念其旧勋，务在弘贷，如能效顺，亦与维新。朱泚反易天常，盗窃名器，暴犯陵寝，所不忍言，获罪祖宗，朕不敢赦。其胁从将吏百姓等，官军未到以前，并从赦例。赴奉天及收京城将士，并赐名奉天定难功臣。其所加垫陌钱、税间架、竹、木、茶、漆、榷盐之类，悉宜停罢。"赦下，四方人心大悦。后李抱真入朝，为上言："山东宣布赦书，士卒皆感泣，臣见人情如此，知贼不足平也！"

纲 王武俊、田悦、李纳上表谢罪。

纲 李希烈僭号。

目 李希烈自恃兵强，遂谋称帝，遣人问仪于颜真卿，真卿曰："老夫尝为礼官，所记惟诸侯朝天子礼耳！"希烈遂称大楚皇帝，以其党郑贲、孙广、李缓、李元平为宰相。遣其将辛景臻谓颜真卿曰："不能屈节，当自焚！"积薪灌油于其庭。真卿趋赴火，景臻遽止之。

纲 置琼林大盈库于行宫。

目 上于行宫庑下贮诸道贡献之物，榜曰琼林大盈库。陆贽谏曰："天子与天同德，以四海为家，何必挠废公方，崇聚私货，效匹夫之藏，以诱奸聚怨乎！今者攻围已解，衣食已丰，而谣讟方兴，军情稍阻，岂不以患难既与之同忧，而安乐不与之同利乎！诚能近想重围之殷忧，追戒平居之专欲，凡在一库货贿，尽令出赐有功，每获珍华，先给军赏，如此则乱必靖，贼必平，徐驾六龙，旋复都邑。天子之贵，岂当忧贫！是乃散小储而成大储，损小宝而固大宝也。"上即命去其榜。

纲 以萧复为江、淮等道宣慰、安抚使。

目 萧复尝言于上曰："宦官为监军，恃恩纵横。此属但应掌宫掖之事，不宜委以兵权国政。"上不悦。又尝言："陛下践祚之初，圣德光被，自用杨炎、卢杞黩乱朝政，以致今日。陛下诚能变更睿志，臣敢不竭力。傥使臣依阿苟免，臣实不能！"又尝与卢杞同奏事，杞顺上旨，复正色曰："卢杞言不正！"上愕然，退，谓左右曰："萧复轻朕！"命复充山南、荆湖、江、淮等道宣慰、安抚使，实疏之也。

纲 二月，赠段秀实太尉，谥忠烈。

纲 李晟还军东渭桥。

目 李怀光有异志，又恶李晟独当一面，恐其成功；奏请与晟合军，诏许之。晟与怀光会于咸阳西。怀光密与朱泚通谋，事迹颇露，李晟屡奏，恐为所并，请移军东渭桥，上从之。

纲 加李怀光太尉，赐铁券。

目 李晟以为："怀光反状已明，缓急宜有备，蜀、汉之路不可壅，请以裨将赵光铣等为洋、利、剑三州刺史，各将兵以防未然。"上欲亲总禁兵幸咸阳，趣诸将进讨。或谓怀光曰："此汉祖游云梦之策也！"怀光大惧，反谋益甚。诏加怀光太尉，赐铁券，遣使谕旨。怀光对使者投铁券于地曰:"人臣反,赐铁券;怀光不反,今赐铁券,是使之反也!"辞气甚悖。

怀光潜与朱泚通谋,其养子石演芬遣客诣行在告之。事觉,怀光召演芬责之曰:"我以尔为子,奈何负我,死甘心乎?"演芬曰:"天子以太尉为股肱,太尉以演芬为心腹;太尉既负天子,演芬安得不负太尉乎?演芬胡人,不能异心,惟知事一人。苟免贼名而死,死甘心矣!"怀光使左右脔食之,皆曰:"义士也!"以刀断其喉而去。

纲 李怀光反,帝奔梁州。

目 上以怀光附贼,将幸梁州,山南节度使严震遣大将张用诚将兵五千迎卫。用诚为怀光所诱,阴与之通谋。会震继遣牙将马勋奉表,上语之故。勋诣梁州,取震符召用诚,壮士自后擒之,送震杖杀之。

李怀光袭夺李建徽、杨惠元军,杀惠元,建徽走免。怀光又与韩游瓌书,约使为变,游瓌奏之。

怀光遣其将赵升鸾入奉天,约为内应。升鸾诣浑瑊自言,瑊遽以闻,且请决幸梁州。上遂出城,命戴休颜守奉天。休颜徇于军中曰:"怀光已反!"遂乘城拒守。

怀光遣其将孟保、惠静寿、孙福达将精骑趣南山邀车驾,至盩厔,相谓曰:"彼使我为不臣,我以追不及报之,不过不使我将耳。"帅众而东,纵之剽掠。由是百官从行者皆得入骆谷。以追不及还报,怀光皆黜之。

纲 加神策行营节度使李晟同平章事。

目 李晟得除官制,拜哭受命,谓将佐曰:"长安,宗庙所在,天下根本,若诸将皆从行,谁当灭贼者!"乃治城隍,缮甲兵,为复京城之计。是时怀光、朱泚连兵,声势甚盛;晟以孤军处其间,内无资粮,外无救援,徒以忠义感激将士,故其众虽单弱而锐气不衰。

纲 三月,魏博兵马使田绪杀其节度使田悦,权知军事。

目 田悦用兵数败,其下厌苦之。上以给事中孔巢父为魏博宣慰使。巢父,孔子三十七世孙也,性辩博,至魏州,对其众为陈逆顺祸福,悦及将士皆喜。兵马使田绪,承嗣之子也,凶险多过失,悦杖而拘之。悦以归国,撤警备,绪遂与左右杀悦,于是将士皆归绪;因请命于巢父,巢父命绪权知军府。朱滔遣人说绪,许以本道节度使;绪送款于滔。李抱真、王武俊又遣使诣绪,许以赴援。绪召将佐议之,幕僚曾穆、卢南史曰："用兵虽尚威武，亦本仁义，然后有功。幽陵之兵恣行杀掠，今虽盛强，其亡可立而待也。奈何以目前之急，欲从人为反逆乎！不若归命朝廷。天子方蒙尘于外，闻魏博使至必喜，官爵旋踵而至矣。"绪从之，遣使奉表诣行在。

纲 李怀光奔河中。

目 始，怀光方强，朱泚与书，以兄事之，约分帝关中。及怀光已反，其下多叛，泚乃赐以诏书，且征其兵。怀光惭怒，内忧麾下为变，外恐李晟袭之，遂烧营东走。至河中，或劝守将吕鸣岳焚桥拒之，鸣岳以兵少，恐不能支，遂纳之。

纲 车驾至梁州。

目 上在道，民有献瓜果者，上欲以散试官授之，陆贽奏曰："爵位恒宜慎惜，不可轻用。献瓜果者，赐之钱帛可也。"上曰："试官虚名，无损于事。"贽曰："当今所病，方在爵轻，设法贵之，犹恐不重，若又自弃，将何劝人！今之员外、试官，虽则授无费禄，然而突铦锋、排患难、竭筋力、展勤效者，皆以是酬之；若献瓜果者亦以授之，则彼必相谓曰：'吾以忘躯命而获官，此以进瓜果而获官，是国家以吾之躯命同于瓜果矣。'视人如草木，谁复为用哉！今陛下既未有实利以敦劝，又不重虚名而滥施，则后之立功者，将曷用为赏哉！"

上居艰难中，虽有宰相，小大之事，必与贽谋之，故当时谓之"内相"。然贽数直谏，忤上意。卢杞虽贬，上心庇之。贽极言杞奸邪致乱，上虽貌从，心颇不悦。车驾至梁州。山南地薄民贫，盗贼之余，户口减半。严震百方以聚财赋，民不至困穷，而供亿无乏。

纲 凤翔节度使李楚琳遣使诣行在。

目 初，奉天围解，李楚琳遣使入贡，上不得已除凤翔节度使，而心恶之。使者数辈至，上皆不引见。欲以浑瑊代之，陆贽奏曰："楚琳之罪固大，必欲精求素行，追抉宿疵，则是改过不足以补愆，自新不足以赎罪。凡今将吏，岂尽无疵，人皆省思，孰免疑畏，又况阻命胁从之流，安敢归化哉！"上乃善待楚琳使者，优诏存慰之。

上又问贽："近有卑官自山北来者，论说贼势，语多张皇，察其事情，颇似窥觇。若不追寻，恐成奸计。"贽上奏曰："以一人之听览而欲穷宇宙之变态，以一人之防虑而欲胜亿兆之奸欺，役智弥精，失道弥远。项籍纳秦降卒二十万，虑其怀诈而尽坑之，其于防虞，亦已甚矣。

汉高豁达大度，天下之士至者，纳用不疑，其于备虑，可谓疏矣。然而项氏以灭，刘氏以昌，蓄疑之与推诚，其效固不同也。陛下智出庶物，有轻待人臣之心；思用万机，有独驭区寓之意；谋吞众略，有过慎之防；明照群情，有先事之察；严束百辟，有任刑致理之规；威制四方，有以力胜残之志。由是才能者怨于不任，忠荩者忧于见疑，著勋业者惧于不容，怀反侧者迫于及讨，驯致离判，构成祸灾。愿陛下以覆辙为戒，天下幸甚。”

纲 夏四月，以韩游瓌为邠宁节度使。

纲 加李晟诸道副元帅。

目 晟家百口及神策军士家属皆在长安，朱泚善遇之。军中有言及家者，晟泣曰：“天子何在，敢言家乎！”泚使晟亲近以家书遗晟曰：“公家无恙。”晟怒曰：“尔敢为贼为间！”立斩之。军士未授春衣，盛夏犹衣裘褐，终无叛志。

纲 以田绪为魏博节度使。

纲 姜公辅罢为左庶子。

目 上长女唐安公主薨，上欲为造塔，厚葬之。姜公辅表谏，以为：“山南非久安之地，且宜俭薄，以副军须之急。”上谓陆贽曰：“造塔小费，非宰相所宜论。公辅正欲指朕过失，自求名耳。”贽上奏曰：“凡论事者当问理之是非，岂计事之大小！故唐、虞之际，主圣臣贤，而虑事之微，日至万数。然则微之不可不重也如此，陛下又安可忽而勿念乎！若谓谏争为指过，则剖心之主，不宜见罪于哲王；以谏争为取名，则匪躬之臣，不应垂训于圣典。”上意犹怒，罢公辅为左庶子。

纲 以贾耽为工部尚书。

目 先是，耽为山南东道节度使，使行军司马樊泽奏事行在。泽既复命，方大宴，有急牒至，以泽代耽。耽内牒怀中，颜色不变；宴罢，召泽告之，且命将吏谒泽。牙将张献甫怒曰：“行军自图节钺，事人不忠，请杀之。”耽曰：“天子所命，则为节度使矣！”即日离镇，以献甫自随，军府遂安。

纲 韩游瓌引兵会浑瑊于奉天。

纲 李抱真会王武俊于南宫。

目 朱滔攻贝州百余日，马寔攻魏州亦逾四旬，皆不能下。贾林复为李抱真说王武俊曰：“朱滔志吞贝、魏，复值田悦被害，傥旬日不救，则魏博皆为滔有矣。魏博既下，则张孝忠必为之臣。滔连三道之兵，进临常山，明公欲保其宗族，得乎！常山不守，则昭义退保西山，河朔尽入于滔矣。不若乘贝、魏未下，与昭义合兵救之；滔既破亡，则朱泚不日枭夷，銮舆反正，诸将之功，孰居明公之右者哉！”武俊悦，从之。军于南宫东南，抱真自临洺引兵会之。两军尚相疑，抱真以数骑诣武俊营；命行军司马卢玄卿勒兵以俟，曰：“今日之举，系天下安危，若其不还，领军事以听朝命亦惟子，励将士以雪雠耻亦惟子。”言终，遂行。见武俊，叙国家祸难，天子播迁，持武俊哭，流涕纵横。武俊亦悲不自胜，左右莫能仰视。遂与武俊约为兄弟，誓同灭贼。抱真退入武俊帐中，酣寝久之；武俊感激，待之益恭，指心仰天曰：“此身已许十兄死矣！”遂连营而进。

纲　五月，韩滉遣使贡献。

目　山南地热，上以军士未有春服，亦自御夹衣。至是，盐铁判官王绍以江、淮缯帛来至，上命先给将士，然后御衫。韩滉又遣幕僚何士干献绫罗四十担于行在，又运米百艘以饷李晟。时关中斗米五百，及滉米至，减五之四。滉为人强力严毅，自奉俭素，夫人常衣绢裙，破，然后易。

纲　李抱真、王武俊大破朱滔于贝州。

纲　六月，李晟等收复京城。朱泚亡走，其将韩旻斩之以降。

目　李晟大陈兵，谕以收复京城。召诸将谓曰：“贼重兵皆聚苑中，自苑北攻之，溃其腹心，贼必奔亡。”乃牒浑瑊、骆元光等，领兵刻期集于城下。李晟移军于光泰门外，方筑垒，泚兵大至。晟纵兵击之，贼败走。明日，晟使兵马使李演、王佖将骑兵，史万顷将步兵，直抵苑墙。晟先开墙二百余步，贼栅断之。万顷帅众拔栅而入，佖、演继之，贼众大溃，诸军分道并入，贼不能支，皆溃。张光晟劝泚出亡，泚乃与姚令言帅余众西走。光晟降。晟遣兵马使田子奇以骑兵追泚，令诸军曰：“晟赖将士之力，克清宫禁。长安士庶，久陷贼庭，若小有震惊，非吊民伐罪之意。晟与公等室家相见非晚，五日内无得通家信。”

晟遣掌书记于公异作露布上行在，曰：“臣已肃清宫禁，祗谒寝园，钟簴不移，庙貌如故。”上览之泣下，曰：“天生李晟，以为社稷，非为朕也。”

朱泚将奔吐蕃，其众随道散亡，比至泾州，才百余骑。田希鉴闭城拒之，泾卒遂杀姚令言，诣希鉴降。泚独与亲兵北走；宁州刺史夏侯英拒之。泚将梁庭芬射泚坠坑中，韩旻等斩之，诣泾州降。传首行在。诏以希鉴为泾原节度使。

上命陆贽草诏赐浑瑊，使访求奉天所失内人。贽上奏曰："今臣盗始平，疲瘵之民，疮痍之卒，尚未循拊，而首访妇人，非所以副惟新之望也。"上遂不降诏，而遣中使求之。

纲　以李晟为司徒、中书令，浑瑊为侍中，骆元光等迁官有差。

纲　上发梁州。

目　上问陆贽："今至凤翔，诸军甚盛，因此遣人代李楚琳，何如？"贽上奏曰："如此则事同胁执，以言乎除乱则不武，以言乎务理则不诚，用是时巡，后将安入！义者或谓之权，臣窃未喻其理。夫权之为义，取类权衡，今辇路所经，首行胁夺，易一帅而亏万乘之义，得一方而结四海之疑，乃是重其所轻而轻其所重，谓之权也，不亦反乎！夫以反道为权，以任数为智，此古今所以多丧乱而长奸邪也。不如俟奠枕京邑，征授一官，彼将奔走不暇，安敢复劳诛钼哉！"

纲　秋七月，遣给事中孔巢父宣慰河中，李怀光杀之。

纲　车驾还长安。

目　李晟谒见上于三桥，先贺平贼，后谢收复之晚，伏路左请罪。上驻马慰抚，为之掩涕，令左右扶上马。至宫，每闲日，辄宴勋臣，李晟为之首，浑瑊次之，诸将相又次之。

纲　征李泌为左散骑常侍。

目　李泌为杭州刺史，征诣行在，日直西省，朝野属目。上问河中为忧？泌曰："天下事甚有可忧者；若惟河中，不足忧也。陛下已还宫阙，怀光不束身归罪，乃虐杀使臣，窜伏河中，不日必为帐下所枭矣。"

初，上发吐蕃以讨朱泚，许以安西、北庭之地与之；及泚诛，吐蕃来求地，上欲与之。泌曰："安西、北庭之人，势孤地远，尽忠竭力，为国家固守近二十年，诚可哀怜。一旦弃之戎狄，彼必深怨中国，他日从吐蕃入寇，如报私雠矣。况日者吐蕃观望不进，阴持两端，何功之有！"上遂不与之。

纲　八月，颜真卿为李希烈所杀。

目 李希烈闻希清伏诛，忿怒，遣中使至蔡州杀颜真卿。中使曰："有敕。"真卿再拜。中使曰："今赐卿死。"真卿曰："老臣无状，罪当死。不知使者几日发长安？"使者曰："自大梁来。"真卿曰："然则贼耳，何谓敕邪！"遂缢杀之。

纲 以李晟为凤翔、陇右节度等使，进爵西平王。

纲 遣浑瑊等讨李怀光军于同州。

目 上命浑瑊、骆元光讨怀光，怀光遣其将徐庭光军长春宫以拒之，瑊等数战不利。时度支用度不给，议者多请赦怀光，上不许。

纲 马燧讨李怀光，取晋、慈、隰州。以浑瑊为河中节度使，康日知为晋慈隰节度使。

纲 冬十月，以窦文玚、王希迁为监神策军兵马使。

纲 十一月，加韩滉同平章事。

目 议者或言："滉聚兵修城，阴蓄异志。"上疑之，以问李泌，对曰："滉公忠清俭，贡献不绝。镇抚江东，盗贼不起。所以修城为迎扈之备耳。此乃人臣忠笃之虑，奈何更以为罪乎！滉性刚严，不附权贵，故多谤毁，臣敢保其无他。"上曰："外议汹汹，卿弗闻乎！"对曰："臣固闻之。其子皋为郎，不敢归省，正以谤语沸腾故也。"退，遂上章，请以百口保滉。他日，又言于上曰："臣之上章，非私于滉，乃为朝廷计也。"上曰："如何？"对曰："今天下旱、蝗，关中米斗千钱，仓廪耗竭，而江东丰稔。愿陛下早下臣章，以解朝众之惑，而谕韩皋使之归觐，令滉速运粮储，此朝廷大计也。"上即下泌章，令皋归觐，而谕之曰："卿父比有谤言，朕不复信。关中乏粮，宜速致之。"皋至，滉感悦，即日发米百万斛，听皋留五日即还朝，自送至江上，冒风涛而遣之。陈少游闻之，即贡米二十万斛。

会刘洽得李希烈起居注，云"某月日，陈少游上表归顺。"少游闻之惭惧，发疾，卒。大将王韶欲自为留后，韩滉遣使谓之曰："汝敢为乱，吾即日全军渡江诛汝矣！"韶惧而止。上闻之喜，谓李泌曰："滉不惟安江东，又能安淮南，真大臣之器，卿可谓知人！"遂加滉平章事、江淮转运使。滉入贡无虚月，朝廷赖之，使者劳问相继，恩遇始深矣。

纲 马燧取绛州。

纲 乙丑，贞元元年，春正月，赠颜真卿司徒，谥文忠。

纲 以卢杞为澧州别驾。

目 卢杞遇赦，移吉州长史，谓人曰："吾必再入。"未几，上果欲用为饶州刺史。给事中袁高奏："杞极恶穷凶，何可复用！"上不听。补阙陈京、赵需等亦争之，上谓宰相："与杞小州。"乃以杞为澧州别驾。上谓李泌曰："朕已可袁高所奏。"泌曰："累日外人窃议，比陛下于桓、灵；今承德音，乃尧、舜之不逮也！"上悦。杞竟卒于澧州。

纲 三月，马燧贩李怀光兵于陶城。夏四月，燧及浑瑊又破怀光兵于长春宫。

目 马燧败怀光兵于陶城，斩首万余级；分兵会浑瑊，逼河中。破怀光兵于长春宫南，遂围宫城。

时连年旱、蝗，资粮匮竭，言事者多请赦李怀光。李晟上言："赦怀光有五不可：河中距长安才三百里，同州当其冲，多兵则未为示信，少兵则不足堤防，忽惊东偏，何以制之？一也；今赦怀光，必以晋、绛、慈、隰还之，浑瑊既无所诣，康日知又应迁移，土宇不安，何以奖励，二也；陛下连兵一年，讨除小丑，兵力未穷，遽赦其罪，今西有吐蕃，北有回纥，南有淮西，观我强弱，必起窥觎，三也；怀光既赦，则朔方将士皆应叙勋行赏，今府库方虚，赏不满望，是愈激之使叛，四也；既解河中，罢诸道兵，赏典不举，怨言必起，五也。今河中斗米五百，刍藁且尽，陛下但敕诸道围守旬时，彼必有内溃之变，何必养腹心之疾为他日之悔哉！"马燧入朝，奏曰："怀光凶逆尤甚，赦之无以令天下，愿更得一月粮，必为陛下平之。"上许之。

纲 六月，朱滔死，以刘怦为幽州节度使。

纲 秋七月，陕虢军乱，杀其节度使张劝，诏以李泌为都防御转运使。

纲 八月，马燧取长春宫，遂及诸军平河中。李怀光缢死。

目 马燧与诸将谋曰："长春宫不下，则怀光不可得。然其守备甚严，攻之旷日持久，我当身往谕之。"遂径造城下，呼其守将徐庭光，庭光帅将士罗拜城上。燧曰："汝曹徇国立功四十余年，何忽为灭族之计！从吾言，非止免祸，富贵可图也。"众不对。燧披襟曰："汝不信吾言，何不射吾！"将士皆伏泣。燧曰："此皆怀光所为，汝曹无罪。第坚守勿出。"皆曰："诺。"燧等遂进逼河中，怀光举火，诸营不应。

骆元光使入招庭光；庭光骂辱之。及燧还，乃开门降。燧以数骑入城慰抚之，其众大呼曰："吾辈复为王人矣！"浑瑊谓僚佐曰："始吾谓马公用兵不吾逮也，今乃知吾不逮多矣！"

燧帅诸军至河西，河中军士自相惊，皆易其号为"太平"字；怀光不知所为，乃缢而死。

初，怀光之解奉天围也，上以其子璀为监察御史。及怀光屯咸阳不进，璀密言于上曰："臣父必负陛下，愿早为之备。臣闻君、父一也；但今日陛下未能诛臣父，而臣父足以危陛下，故不忍不言。"上惊曰："卿大臣爱子，当为朕委曲弥缝之！"对曰："臣父非不爱臣，臣非不爱其父与宗族也；顾臣力竭，不能回耳。"上曰："然则卿以何策自免？"对曰："臣父败，则臣与之俱死，复有何策哉！使臣卖父求生，陛下亦安用之！"及李泌赴陕，上谓之曰："朕所以欲全怀光，诚惜璀也。卿至陕，试为朕招之。"对曰："陛下未幸梁、洋，怀光犹可降也。今虽请降，臣不敢受，况招之乎！璀固贤者，必与父俱死矣；若其不死，则亦无足贵也。"及怀光死，璀亦自杀。

朔方将牛名俊断怀光首出降。燧自辞行，至是凡二十七日。浑瑊尽得怀光之众。朔方军自是分居邠、蒲矣。

纲　加马燧兼侍中。

纲　赦怀光一子，收葬其尸。罢讨淮西兵。

目　上问陆贽："今复有何事当区处者？"贽以河中既平，虑必有希旨生事之人，请乘胜讨淮西者。李希烈必诱谕其所部及新附诸帅曰："奉天息兵之旨，乃因窘急而言，朝廷稍安，必复诛伐。"如此，则四方负罪者孰不自疑，建中之忧行将复起。乃上奏曰："陛下悔过降号，闻者涕泣，故诸将效死，叛夫请罪，逆泚、怀光相继枭殄。曩以百万之师而力殚，今以咫尺之诏而化洽。是则圣王之敷理道，服暴人，任德而不任兵，明矣；群帅之悖臣礼，拒天诛，图活而不图王，又明矣。今叛帅革面，复修臣礼，然其深言密议固亦未尽坦然，必当聚心而谋，倾耳而听，观陛下所行之事，考陛下所誓之言。若言与事符，则迁善之心渐固；傥事与言背，则虑祸之态复回。所宜布恤人之惠以济威，乘灭贼之威以行惠臣所未敢保者，惟希烈耳。陛下但敕诸镇各守封疆，彼既气夺算穷，不有人祸，则有鬼诛。古所谓不战而屈人之兵者，斯之谓欤！"诏以"李怀光尝有功，宥其一男，归其尸使收葬。诸道与淮西连接者，非被侵轶，不须进讨。李希烈若降，当待以不死；自余一无所问。”

纲 以张延赏为左仆射。

目 初，李晟戍成都，取其营妓以还。西川节度使张延赏怒，追而返之，晟遂与延赏有隙。至是，上召延赏入相，晟表陈其过恶；上重违其意，以延赏为左仆射。

纲 丙寅，二年，春正月，以刘滋、崔造、齐映同平章事。

目 造少与韩会、卢东美、张正则为友，以王佐自许，时人谓之“四夔”。上以造敢言，故不次用之。滋、映多让事于造。造久在江外，疾钱谷诸使罔上之弊，奏罢水陆度支、转运等使，诸道租赋悉委观察使、刺史遣官送京师。令宰相分判六曹：映判兵部，李勉判刑部，滋判吏礼部，造判户、工部；造与户部侍郎元琇善，使判诸道盐、铁、榷酒，韩滉奏论其过失，罢之。

纲 夏四月，淮西将陈仙奇杀李希烈以降，以仙奇为节度使。

目 希烈兵势日蹙，会有疾，仙奇使医毒杀之；因屠其家，举众来降。诏以为淮西节度使。

纲 秋七月，陈仙奇为其将吴少诚所杀，以少诚为留后。

纲 吐蕃入寇，诏浑瑊、骆元光屯咸阳。

纲 九月，置十六卫上将军。

目 初，上与常侍李泌议复府兵，泌言：“府兵平日皆安居田亩，每府有折冲领之，农隙教战。有事征发，则以符契下州府参验发之，至所期处。将帅按阅，有不精者，罪其折冲，甚者罪及刺史。军还，则赐勋加赏，行者近不逾时，远不经岁。高宗以刘仁轨为洮河镇守，使以图吐蕃，于是始有久戍之役。又牛仙客以积财得宰相，边将效之；诱戍卒，使以所赍缯帛寄于府库，而苦役之，利其死而没入其财，故戍卒还者什无二三。然未尝有外叛内侮者，诚以顾恋田园，恐累宗族故也。自开元之末，张说始募长征兵，兵不土著，不自重惜，忘身徇利，祸乱遂生。向使府兵之法不废，安有如此下陵上替之患哉！”上以为然，因有是命，然卒亦不能复也。

纲 李晟遣兵击吐蕃于汧城，败之。

目 尚结赞败走，谓其人曰：“唐之良将，李晟、马燧、浑瑊而已，当以计去之。”入凤翔境，以兵直抵城下，曰：“李令公召我来，何不出犒我！”经宿而退。

纲 冬十一月，韩滉、刘玄佐、曲环俱入朝。

目 先是关中仓廪竭，禁军或自脱巾呼于道曰："拘吾于军而不给粮，吾罪人也！"上忧之甚，会韩滉运米三万斛至陕，李泌奏之。上喜，谓太子曰："吾父子得生矣！"时禁中不酿，命于坊市取酒为乐。又遣中使谕神策六军，军士皆呼万岁。时比岁饥馑，兵民率皆瘦黑，及麦熟，市有醉者，人以为瑞。然人乍饱食，死者甚众。数月，人肤色乃复故。

滉遂入朝，过汴，时宣武节度使刘玄佐久未入朝。滉与约为兄弟，请拜其母；其母喜，为置酒。酒半，滉曰："弟何时入朝？"玄佐曰："久欲入朝，力未能办耳！"滉曰："滉力可及。"乃遗玄佐钱二十万缗，备行装。滉留大梁三日，大出金帛赏劳，一军为之倾动。玄佐惊服，遂与陈许节度使曲环俱入朝。

纲 十二月，以韩滉兼度支、盐铁、转运等使。

纲 李晟入朝。

目 工部侍郎张彧，李晟之婿也。晟在凤翔，以女嫁幕客崔枢，礼重之过于彧；彧怒，遂附于张延赏。上忌晟功名，会吐蕃有离间之言，延赏等腾谤于朝，无所不至。晟闻之，昼夜泣，目为之肿，悉遣子弟诣长安，表请为僧，不许。入朝，称疾，恳辞方镇，亦不许。韩滉素与晟善，上命滉谕旨，使与延赏释怨。引延赏诣晟第谢，因饮尽欢；晟表荐延赏为相。

纲 丁卯，三年，春正月，以张延赏同平章事。

目 李晟为其子请婚于延赏，不许。晟谓人曰："武夫性快，释怨于杯酒间，则不复贮胸中矣；非如文士难犯，外虽和解，内蓄憾如故，吾得无惧哉！"

纲 刘滋罢，以柳浑同平章事。

纲 二月，遣右庶子崔澣使吐番。

纲 镇海节度使、同平章事韩滉卒。

目 滉久在二浙，所辟僚佐，各随其长，无不得人。尝有故人子谒之，滉考其能，一无所长，然与之宴，竟席，未尝左右视。因使监库门，其人终日危坐，吏卒无敢妄出入者。

纲 三月，以李晟为太尉。

目 初，吐藩尚结赞屡遣使求和，上未之许。乃卑辞厚礼求和于马燧。燧信其言，为之请于朝。李晟曰："戎狄无信，不如击之。"张延赏与晟有隙，数言和亲便。上亦素恨回纥，欲与吐蕃击之，遂从燧、延赏计。

延赏又言："晟不宜久典兵。"上乃谓晟曰："朕以百姓之故，与吐蕃和亲决矣。大臣既与吐蕃有怨，宜留辅朕，自择代者。"晟荐都虞候邢君牙，遂以君牙为凤翔尹，加晟太尉，罢镇。

晟在凤翔，尝谓僚佐曰："魏徵好直谏，余窃慕之。"行军司马李叔度曰："此儒者事，非勋德所宜也。"晟敛容曰："司马失言矣。晟任兼将相，知朝廷得失而不言，何以为臣哉！"叔度惭而退。及在朝廷，上有所顾问，极言无隐；而性沉密，未尝泄于人。

纲 夏五月，以浑瑊为会盟使。

目 崔澣见尚结赞，责以负约。尚结赞曰："破朱泚，未获赏，是以来耳。公欲修好，固所愿也。然浑侍中信厚闻于异域，请必使之主盟。"遂遣瑊与盟，许盟于平凉。

纲 闰月，省州县官。

纲 浑瑊与吐蕃盟于平凉，吐蕃劫盟。

目 浑瑊之发长安也，李晟深戒之，以盟所为备不可不严。张延赏言于上曰："晟不欲盟好之成，故戒瑊以严备。我有疑彼之形，则彼亦疑我矣，盟何由成！"上乃召瑊，切戒以推诚待虏，勿为猜疑。瑊奏吐蕃决以辛未盟，延赏集百官，称诏示之曰："李太尉谓和好必不成，今盟日定矣。"晟闻之泣曰："吾生长西陲，备谙虏情，所以论奏，但耻朝廷为犬戎所侮耳！"上始命骆元光屯潘原，韩游瓌屯洛口，以为瑊援。将盟，吐蕃伏精骑数万于坛西，瑊等入幕，易礼服，虏伐鼓三声，大噪而至，瑊自幕后出，偶得他马乘之，虏纵兵追击，唐将卒死者数百人。元光成陈以待之，虏骑乃还。

是日上视朝，谓诸将曰："今日和戎息兵，社稷之福！"柳浑曰："戎狄，豺狼也，非盟誓可结。今日之事，臣窃忧之！"李晟曰："诚如浑言。"上变色曰："柳浑书生，不知边计；大臣亦为此言邪！"皆顿首谢。是夕，韩游瓌表言："虏劫盟者，兵临近镇。"上大惊，谓浑曰："卿书生，乃能料敌如此其审邪！"上欲出幸，大臣谏而止。

纲 六月，以马燧为司徒，兼侍中。

目 初，吐蕃尚结赞恶李晟、马燧、浑瑊，曰："去三人，则唐可图也。"于是离间李晟，因马燧以求和，欲执浑瑊以卖燧，使并获罪，因纵兵直犯长安，会失浑瑊而止。获马燧之侄弇，谓曰："胡以马为命。吾在河曲，春草未生，马不能举足。当是时侍中渡河掩之，吾全军覆没矣。今蒙侍中力，全军得归，奈何拘其子孙？"遣弇与宦官俱文珍等归。上由是恶燧，罢其副元师、节度使，以为司徒，侍中。张延赏惭惧谢病。

纲 以李泌同平章事。

目 泌初视事，与李晟等俱入见。上谓泌曰："朕欲与卿有约，卿慎勿报雠，有恩者朕当为卿报之。"对曰："臣素奉道，不与人为雠。李辅国、元载皆害臣者，今自毙矣。素有善者，率已显达，或多零落，臣无可报也。臣今日亦愿与陛下为约，可乎？"上曰："何不可！"泌曰："愿陛下勿害功臣。李晟、马燧有大功于国，间有谗之者，陛下万一害之，则宿卫之士，方镇之臣，无不愤惋反仄，恐中外之变复生也！陛下诚不以二臣功大而忌之，二臣不以位高而自疑，则天下永无事矣。"上以为然。晟、燧皆起，泣谢。上因谓泌曰："自今凡军旅粮储事，卿主之；吏、礼委延赏；刑法委浑。"泌曰："陛下不以臣不才，使待罪宰相。宰相之职，天下之事咸共平章，不可分也。若各有所主，是乃有司，非宰相矣。"上笑曰："朕适失辞，卿言是也。"

纲 以李自良为河东节度使。

目 自良从马燧入朝，上欲使镇太原。自良固辞曰："臣事燧久，不欲代之。"上曰："卿于马燧，存军中事分，诚为得体，然北门之任，非卿不可。"卒以授之。

纲 复所省州县官。

纲 秋七月，以李升为詹事。

纲 募戍卒屯田京西。

纲 张延赏卒。

纲 八月，柳浑罢为左散骑常侍。

目 初，浑与张延赏议事，数异同，延赏使人谢曰："相公节言，则重位可久矣。"浑曰："为吾谢张公，柳浑头可断，舌不可禁。"由是交恶。上好文雅缊藉，而浑质直无威仪，时发俚语。上不悦。罢之。

纲 幽郜国大长公主,流李升于岭南。

目 公主,肃宗女也,适萧升。女为太子妃,恩礼甚厚,宗戚皆疾之。主素不谨,李升等数人出入其第。或告主淫乱,且为厌祷。上大怒,幽之禁中,流升等岭表,切责太子;太子惧,请与妃离昏。上召李泌告之,且曰:"舒王近已长立,孝友温仁。"泌曰:"陛下惟有一子,奈何欲废之而立侄！且陛下所生之子犹疑之,何有于侄！舒王虽孝,自今陛下宜努力,勿复望其孝矣!"上曰:"卿不爱家族乎?"对曰:"臣惟爱家族,故不敢不尽言。若畏陛下盛怒而为曲从,陛下明日悔之,必尤臣云:'吾独任汝为相,不力谏,使至此;必复杀而子。'臣老矣,余年不足惜,若冤杀臣子,使臣以侄为嗣,臣未知得歆其祀乎!"因呜咽流涕。上亦泣曰:"事已如此,奈何?"对曰:"此大事,愿陛下审图之。自古父子相疑未有不亡国者,且陛下不记建宁之事乎?"上曰:"建宁叔实冤,肃宗性急故耳!"泌曰:"臣昔为此,故辞归,誓不近天子左右;不幸今日复为陛下相,又睹兹事。且其时先帝常怀危惧,臣临辞日,因诵黄台瓜辞,肃宗乃悔而泣。"上意稍解,乃曰:"贞观、开元皆易太子,何故不亡?"对曰:"承乾谋反事觉,太宗使朝臣数十人鞫之,事状显白,然当时言者犹云:'愿陛下不失为慈父,使太子得终天年。'太宗从之,并废魏王泰。且陛下既知肃宗急而建宁冤,则愿陛下深戒其失,从容三日,究其端绪,必释然知太子之无他矣。若果有其迹,愿陛下如贞观之法,并废舒王而立皇孙,则百代之后,有天下者,犹陛下子孙也。至于武惠妃谮太子瑛兄弟杀之,海内冤愤,乃百代所当戒,此又可法乎！幸赖陛下语臣,臣敢以家族保太子。向使杨素、许敬宗、李林甫之徒承此旨,已就舒王图定策之功矣!"上曰:"此朕家事,何预于卿,而力争如此?"对曰:"天子以四海为家。臣今独任宰相之重,四海之内,一物失所,责归于臣。况坐视太子冤横而不言,臣罪大矣。"上曰:"为卿迁延至明日思之。"泌抽笏叩头而泣曰:"如此,臣知陛下父子慈孝如初矣！然陛下还宫,当自审思,勿露此意于左右;露之,则彼皆欲树功于舒王,太子危矣!"上曰:"具晓卿意。"泌归,太子遣人谢泌曰:"若必不可救,欲先自仰药,如何?"泌曰:"必无此虑。愿太子起敬起孝。苟泌身不存,则事不可知耳。"间一日,上开延英殿独召泌,流涕曰:"非卿切言,朕今日悔无及矣！太子仁孝,实无他也。自今军国及朕家事,皆当谋于卿矣。"

泌拜贺，因曰："臣报国毕矣。惊悸亡魂，不可复用，愿乞骸骨。"上慰喻，不许。

纲 九月，回纥求和亲，许之。

纲 冬十月，吐蕃城故原州而屯之。

纲 十二月，大稔，诏和籴粟麦。

目 上畋于新店，入民赵光奇家，问："百姓乐乎？"对曰："不乐。"上曰："今岁颇稔，何为不乐？"对曰："诏令不信。前云两税之外悉无他徭，今非税而诛求者殆过于税。又云和籴，而实强取之，曾不识一钱，始云所籴粟麦纳于道次，今则遣致京西行营，动数百里，车摧牛毙，破产不能支。愁苦如此，何乐之有！"上命复其家。

纲鉴易知录卷五五

唐纪

德宗皇帝

纲　戊辰，四年，春二月，以诸道税外钱帛输大盈库。

纲　夏四月，更命殿前射生曰神威军。

目　左右羽林，龙武、神武、神策、神威凡十军。

纲　六月，征阳城为谏议大夫。

目　城，夏县人，以学行著闻，隐居柳谷，李泌荐之。

纲　冬十月，回纥来迎公主，仍请改号回鹘。

纲　十一月，册回鹘长寿天亲可汗，以咸安公主归之。

纲　己巳，五年，春二月，以董晋、窦参同平章事。

目　李泌此陈衰老，乞更除一相，上曰："朕深知卿劳苦，但未得其人耳。"因从容论即位以来宰相曰："卢杞忠清强介，人言杞奸邪，朕殊不觉。"泌曰："此乃杞之所以为奸邪也。傥陛下觉之，岂有建中之乱乎！"上曰："建中之乱，术士豫请城奉天。此盖天命，非杞所致也。"泌曰"天命，他人皆可以言之，惟君相不可言。盖君相所以造命也。若言命，则礼、乐、政、刑皆无所用矣。纣曰：'我生不有命在天！'此商之所以亡也。"既而泌荐窦参通敏，可兼度支盐铁；董晋方正，可处门下。上皆以为不可。泌疾甚，复荐二人，上遂相之。

参为人刚果陗直，无学术，多权数，敏奏事，诸相出，参独居后，以奏度支事为辞，实专大政，多引亲党置要地，使为耳目；董晋充位而已。然晋为人重慎，所言于上前者未尝泄于人，子弟或问之，晋曰："欲知宰相能否，视天下安危。所谋议于上前者，不足道也。"

纲　三月，中书侍郎、同平章事、邺侯李泌卒。

目　泌有谋略而好谈神仙诡诞，故为世所轻。

纲　辛未，七年，秋八月，以陆贽为兵部侍郎，解内职。

目 窦参恶之也。

纲 壬申,八年,夏四月,赐谏议大夫吴通玄死,贬窦参为柳州别驾。

目 窦参每迁除,多与族子给事中申议之。申招权受赂,时人谓之"喜鹊"。上颇闻之。申恐陆贽进用,阳与谏议大夫吴通玄作谤书以倾贽。上察知之,贬参,赐通玄死。

纲 以赵憬、陆贽同平章事。

目 陆贽请令台省长官各举其属,著其名于诏书,异日考其殿最,并以升黜举者,诏行之。未几,或言于上曰:"诸司所举皆有情故,不得实才。"上密谕贽:"自今除孜,卿宜自择,勿任诸司。"贽上奏曰:"今之宰相则往日之台省长官,今之台省长官乃将来之宰相,岂有为长官之时则不能举一二属吏,居宰相之位则可择千百具僚;物议悠悠,其惑甚矣。盖尊者领其要,卑者任其详,是以人主择辅臣,辅臣择庶长,庶长择佐僚,将务得人,无易于此。夫求才贵广,考课贵精,往者则天欲收人心,进用不次,然而课责既严,进退皆速,是以当代诵知人之明,累朝赖多士之用。然则则天举用之法,虽伤易而得人,而陛下慎简之规,则太精而失士矣。"上竟追前诏不行。

纲 平卢节度使李纳卒。

目 军中推其子师古知留后。

纲 秋七月,以司农少卿裴延龄判度支事。

目 陆贽请以李巽权判度支,上许之。既而复欲用延龄,贽言:"度支准平万货,刻吝则生患,宽假则容奸。延龄诞妄小人,用之恐伤圣鉴。"上不从。

纲 天下四十余州大水。

目 溺死者三万余人。

纲 八月,遣使宣抚诸道。

目 陆贽以大水请遣使赈抚。上曰:"闻所损殊少,即议优恤,恐生奸欺。"贽奏曰:"流俗之弊,多徇谄谀,揣所悦意则侈其言,度所恶闻则小其事,制备失所,恒病于斯。且今遣使巡抚,所费者财用,所收者人心,苟不失人,何忧乏用乎!"上曰:"淮西贡赋既阙,不必遣也。"贽曰:"陛下息师含垢,宥彼渠魁,惟兹下人,所宜矜恤。昔秦、晋雠敌,穆公犹救其饥，而况帝王怀柔万邦，惟德与义。宁人负我，无我负人。”乃遣中书舍人奚陟等宣抚诸道。

纲 九月，减江、淮运米，令京兆边镇和籴。

纲 冬十一月，贬姜公辅为吉州别驾。

目 姜公辅久不迁官，诣陆贽求迁。贽密语之曰：“闻窦相奏拟，上有怒公之言。”公辅惧，请为道士。上问其故，公辅不敢泄贽语，以闻参言为对。上怒，贬公辅，遣中使责参。

纲 癸酉，九年，春正月，初税茶。

目 凡州、县产茶及茶山外要路，皆估其值，什税一，从盐铁使张滂之请也。滂又奏：“税钱别贮，俟有水旱，代民田税。”自是岁收钱四十万缗，未尝以救水、旱也。

纲 三月，贬窦参为驩州司马，寻赐死。

目 初，窦参恶李巽，出为常州刺史。及参贬汴州，节度使刘士宁遗参绢五十匹，巽奏参交结藩镇。上大怒，欲杀参，陆贽曰：“刘晏之死，罪不明白，至使叛臣得以为辞。参之贪纵，天下共知；至于潜怀异图，事迹暧昧。若遽加重辟，骇动不细。”乃更贬参驩州司马。时宦官恨参尤深，谤毁不已，竟赐死于路。窦申杖杀。

纲 夏五月，以赵憬为门下侍郎，与贾耽、卢迈同平章事。

纲 秋七月，诏宰相迭秉笔以处政事。

目 贾耽、陆贽、赵憬、卢邁为相，百官白事，更让不言，乃奏请依至德故事，宰相迭秉笔，旬日一易，诏从之，其后日一易之。

纲 置欠负耗剩染练库。

纲 八月，太尉、中书令、西平忠武王李晟卒。

纲 甲戌，十年，夏六月，昭义节度使李抱真卒。

纲 冬十二月，陆贽罢为太子宾客。

目 陆贽为相，奏论备边六失，以为：“措置乖方，课责亏度，财匮于兵众，力分于将多，怨生于不均，机失于遥制。”上虽不能尽从，心甚重之。

贽又以“郊赦已近半年，而窜谪者尚未沾恩”，乃为三状拟进。上以所拟超越，不从。贽曰：“王者待人以诚，有责怒而无猜嫌，有惩沮而无怨忌。斥远以儆其不恪，甄恕以勉其自新；行法而暂使左迁，念材而渐加进叙。人知复用，谁不增修！如其贬黜，便谓奸凶，恒处防闲，长从摈弃，则悔过者无由自补，蕴才者终不见伸。凡人之情，穷则思变，含凄念乱，或起于兹矣。”

上性猜忌，不委任臣下，官无大小，必自选用；一经谴责，终身不收；好以辩给取人，不得敦实之士。贽又谏曰：“登进以懋庸，黜退以惩过，二者迭用，理如循环。故能使黜退者克励以求复，登进者警饬以恪居，上无滞疑，下无蓄怨。”又曰：“明王不以辞尽人，不以意选士，如或好善而不择所用，悦言而不验所行，进退随爱憎之情，离合系异同之趣，是由舍绳墨而意裁曲直，弃权衡而手揣重轻，虽甚精微，不能无谬。”上不听。

上欲修神龙寺，裴延龄奏：“同州有木数千株，皆可八十尺。”上曰：“开元、天宝间求美材于近畿，犹不可得，今安得有之？”对曰：“天生珍材，固待圣君乃出，开元、天宝何从得之！”又奏：“简阅左藏，于粪土中得银十三万两，杂货百万有余。请入杂库以供别支。”太府少卿韦少华抗表称：“皆月申见在之物，请加推验。”上不许。延龄由是恣为诡谲，处之不疑。上亦颇知其诞妄，但以其好诋毁人，冀闻外事，故亲厚之。群臣畏之，莫敢言，惟盐铁使张滂、京兆尹李充、司农卿李铦以职事相关，时证其妄，而贽独以身当之，日陈其不可用。上不悦，待延龄益厚。

贽以上知待之厚，事有不可，常力争之。所亲或规其太锐，贽曰：“吾上不负天子，下不负所学，他无所恤。”

延龄日短贽于上。赵憬密以贽所讥弹延龄事告之，故延龄益得以为言，上由是信延龄而不直贽。贽与憬约至上前极论延龄奸邪，上怒形于色，憬默而无言。遂罢贽为太子宾客。

纲　乙亥，十一年，夏四月，贬陆贽为忠州别驾。

目　裴延龄谮李充、张滂、李铦党于陆贽。会旱，延龄奏言：“贽等失势怨望，言：‘天旱，民流，度支多欠诸军刍粮。’动摇众心，其意非止欲中伤臣而已。”后数日，上猎苑中，适有军士诉“度支不给马刍”。上意延龄言为信，遽还宫，贬贽为忠州别驾，充、滂、铦皆为诸州长史。

初，阳城自处士征为谏议大夫，拜官不辞。人皆想望风采，曰：“城必谏诤，死职下。”及至，诸谏官纷纷言事细碎，天子益厌之。而城方与客日夜痛饮，人莫能窥其际，皆以为虚得名耳。前进士韩愈作争臣论以讥之，城亦不以屑意。及陆贽等坐贬，上怒未解，中外惴恐，以为罪且不测，无敢救者。城即帅拾遗王仲舒、补阙熊执易、崔邠等守延英门,上疏论延龄奸佞,贽等无罪。上大怒,欲罪之。太子为营救,乃解,令宰相谕遣之。金吾将军张万福闻谏官伏阁,趣往大言贺曰:“朝廷有直臣,天下必太平矣!”遂遍拜城等。万福,武人,年八十余,自此名重天下。时朝夕相延龄,城曰:“脱以延龄为相,当取白麻坏之,恸哭于廷。”李繁者,泌之子也,城尽数延龄过恶,欲密论之,使繁缮写,繁径以告延龄。延龄先诣上,一一自解。疏入,上以为妄,不之省。

纲 秋七月,以阳城为国子司业。

目 坐言裴延龄故也。

纲 八月,司徒、侍中、北平庄武王马燧卒。

纲 丙子,十二年,以窦文场、霍仙鸣为护军中尉。

目 初,上置六统军,视六尚书,以处罢镇者,相承用麻纸写制。至是,文场讽宰相比统军降麻。翰林学士郑絪奏:“故事惟封王、命相用白麻,今不识陛下特以宠文场邪,遂为著令也?”上乃谓文场曰:“朕今用尔,不谓无私。若复降麻,天下必谓尔胁我为之矣。”文场叩头谢。遂焚之,谓絪曰:“宰相不能违拒中人,朕得卿言方寤耳。”

纲 以严绶为刑部员外郎。

目 初,上以奉天窘乏,故还宫以来,专意聚敛。藩镇多以进奉市恩,皆云“税外方圆”,亦云“用度羡余”,其实或增敛百姓,或减刻吏禄,或贩鬻蔬果,往往自入,所进才什一二。李兼在江西有月进,韦皋在西川有日进。其后常州刺史裴肃以进奉迁浙东观察使,刺史进奉自肃始。宣歙判官严绶掌留务,竭府库以进奉,征为刑部员外郎,幕僚进奉自绶始。

纲 秋八月,赵憬卒。

纲 九月,裴延龄卒。

目 中外相贺,上独悼惜之。

纲 冬十月,以崔损、赵宗儒同平章事。

目 损尝为裴延龄所荐,故用之。

纲 十一月,以韦渠牟为谏议大夫。

目 上自陆贽贬官,尤不任宰相,自县令以上皆自选用,中书行文书而已。然深居禁中,所取信者裴延龄、礼部尚书李齐运、司农卿李贺、翰林学士韦执谊及渠牟,皆权倾宰相,趋附盈门。

纲 丁丑，十三年，冬十二月，以宦者为宫市使。

目 先是，宫中市外间物，令官吏主之，随给其直。比岁以宦者为使，谓之宫市，置白望数百人，抑买人物。以红紫染故衣、败缯，尺寸裂而给之，仍索进奉门户及脚价钱。名为宫市，其实夺之。徐州节度使张建封入朝，具奏之；上以问判度支苏弁，弁希宦者意，对曰："京师游手万家，无土著生业，仰宫市取给。"上信之，故凡言宫市者皆不听。

纲 以姚南仲为义成节度使。

纲 戊寅，十四年，秋七月，赵宗儒罢，以郑余庆同平章事。

纲 九月，以于頔为山南东道节度使。

纲 吴少诚叛，侵寿州。

纲 贬阳城为道州刺史。

目 太学生薛约师事司业阳城，坐言事，徙连州，城送之效外；贬道州刺史。城治民如治家，赋税不登，观察使数加诮让，城自署其考曰："抚字心劳，征科政拙，考下下。"观察使遣判官督其赋，城自系狱。判官大惊，驰谒之，城不复归。判官辞去，遣他判官往案之，判官乃载妻子行，中道逸去。

纲 己卯，十五年，秋八月，诏削夺吴少诚官爵，令诸道进兵讨之。

纲 冬十二月，中书令、咸宁王浑瑊卒。

纲 庚辰，十六年，春二月，以韩全义为蔡州招讨使。

纲 夏四月，姚南仲入朝。

目 义成监军薛盈珍有宠，欲夺节度使姚南仲军政。南仲不从，由是有隙。屡毁南仲于上，上疑之。征盈珍入朝，南仲亦请入朝待罪。上召见，问曰："盈珍扰卿邪？"对曰："盈珍不扰臣，但乱陛下法耳。且天下如盈珍辈，何可胜数！虽使羊、杜复生，亦不能行恺悌之政，成攻取之功也。"上默然，竟不罪盈珍，仍使掌机密。

纲 五月，于頔奏贬元洪为吉州长史。

目 山南东道节度使于頔因讨淮西，大募战士，缮甲厉兵，聚敛货财，有据汉南之志。诬邓州刺史元洪赃罪，上为之流端州，頔复奏洪责太重，上复以洪为吉州长史。又怒判官薛正伦，奏贬之；比敕下，頔怒已解，复奏留为判官。上一一从之。

纲 徐泗濠节度使张建封卒。

纲 以张愔为徐州团练使。

目 张愔表求旄节，朝廷不许；加淮南节度使杜祐兼徐泗濠节度使，使讨之。前锋济淮而败，祐不敢进。朝廷不得已，除愔团练使，后名其军曰武宁，以愔为节度使。

纲 以李藩为秘书郎。

目 初，张建封之疾病也，濠州刺史杜兼阴图代之，疾驱至府。幕僚李藩曰："仆射疾危如此，公宜在州防遏，来欲何为！不速去，当奏之。"兼错愕，径归。及是，兼诬奏藩摇动军情，上大怒，密诏杜祐杀之。祐素重藩，出诏示之；藩神色不变。佑曰："吾已密论，用百口保君矣。"上犹疑之，召藩诣长安，望见其仪度安雅，乃曰："此岂为恶者邪！"即除秘书郎。

纲 秋七月，吴少诚袭韩全义于五楼，全义大败，走保陈州。

纲 九月，贬郑余庆为郴州司马。

目 余庆与户部侍郎于頔素善，頔所奏事，余庆多劝上从之。上以为朋比，贬之。

纲 以齐抗同平章事。

纲 冬十月，赦吴少诚，复其官爵。

纲 癸未，十九年，春三月，以杜佑同平章事。

纲 自正月不雨至于秋七月。

纲 齐抗罢。

纲 冬十月，崔损卒。

纲 十二月，以高郢、郑珣瑜同平章事。

纲 贬韩愈为阳山令。

目 京兆尹李实务征求以给进奉，言于上曰："今岁虽旱而禾苗甚美。"由是租税皆不免，人穷至坏屋卖瓦木、麦苗以输官。监察御史韩愈言："京畿百姓穷困，今年税物征未得者，请俟来年。"遂坐贬。

纲 甲中，二十年，秋九月，太子有疾。

目 初，翰林待诏王伾善书，王叔文善棋，俱出入东宫，娱侍太子。叔文诡谲多诈，自言读书知治道，太子尝与诸侍读论及宫市事，曰："寡人方欲极言之。"众皆称赞，独叔文无言。既退，太子自留叔文谓曰："向者君独无言，岂有意邪！"叔文曰："太子职当视膳问安，不宜言外事。陛下在位久，如疑太子收人心，何以自解！"太子泣曰："非先生，寡人无以知此。"遂大爱幸，与伾相依附。因言："某可为相，某可为将，幸异日用之。"密结翰林学士韦执谊及朝士有名而求速进者陆淳、吕温、李景俭、韩晔、韩泰、陈谏、柳宗元、刘禹锡等，定为死友。而凌准、程异等又因其党以进，日与游处，踪迹诡秘，莫有知其端者。

顺宗皇帝

纲 乙酉，二十一年，春正月，帝崩，太子即位。

目 正月朔，诸王亲戚入贺，太子独以疾不能来，上涕泣悲欢，由是得疾。帝崩，仓猝召翰林学士郑䌹、卫次公等草遗诏。宦官或曰："禁中议所立尚未定。"次公遽言曰："太子虽有疾，地居冢嫡，中外属心。必不得已，犹应立广陵王；不然，必大乱。"䌹等从而和之，议始定。太子知人心忧疑，力疾出九仙门，召见诸军使，京师粗安。明日，即位。时顺宗以风疾失音，宦官李忠言、昭容牛氏侍左右；百官奏事，自帷中可其奏。王伾召叔文，坐翰林中使决事。伾入言于忠言，称诏行下，外初无知者。

纲 以韦执谊同平章事。

目 王叔文专国政，首引执谊为相，己用事于中，与相唱和。

纲 以王伾为左散骑常侍，王叔文为翰林学士。

目 伾寝陋、吴语，上所亵狎；而叔文自许，微知文义，好言事，上以故稍敬之。以伾为散骑常侍，仍待诏翰林；叔文为学士。每事先下翰林，使叔文可否，然后宣于中书，韦执谊承而行之。韩泰、柳宗元、刘禹锡等采听谋议，汲汲如狂，互相推奖，僩然自得，以为伊、周、管、葛复出也，荣辱进退，生于造次，惟其所欲，不拘程序。其门昼夜车马如市。

纲 大赦，罢进奉、宫市、五坊小儿。

目 先是，盐铁月进羡余经入益少，五坊小儿张捕鸟雀于闾里者，皆为暴横以取人钱物，至有张罗网于门，或张井上，近之，辄曰："汝惊供奉鸟雀！"即痛殴之，出钱物求谢，乃去。上在东宫知其弊，故即位首禁之。

纲 以王伾为翰林学士。

纲 追陆贽、阳城赴京师，未至，卒。

目 德宗之末，十年无赦，群臣以微谴逐者不复叙用，至是始得量移。追陆贽、阳城赴京师。二人皆未闻追诏而卒。

贽之秉政也，贬李吉甫为明州长史，及贽贬，吉甫徙刺忠州。贽门人以为忧，而吉甫忻然以宰相礼事之。贽遂与深交。吉甫，栖筠之子也。西川节度使韦皋屡表请以贽自代，不从。

纲 以杜佑为度友等使。王叔文为副使。

目 先是叔文与其党谋，得国赋在手，则可以结诸用事人，取军士心，以固其权，又惧人心不服，藉杜佑雅有会计之名，位重而务自全，易可制，故先令佑主其名，而自除为副以专之。叔文不以簿书为意，日夜与其党屏人窃语，人莫测其所为。

纲 立广陵王纯为皇太子。

目 初，上疾久不愈，中外危惧，思早立太子，而王叔文之党欲专大权，恶闻之。宦官俱文珍、刘光琦、薛盈珍等疾叔文等，乃启上召学士郑䌹等入草制。时牛昭容辈以广陵王淳英睿，恶之；䌹不复请，书纸为"立嫡以长"字呈上；上颔之。乃立淳为太子，更名纯。百官睹太子仪表，大喜，相贺，有感泣者，而叔文独有忧色。

先是杜黄裳为裴延龄所恶，留滞台阁，十年不迁，及其婿韦执谊为相，始迁太常卿。黄裳劝执谊帅群臣请太子监国，执谊惊曰："丈人甫得一官，奈何启口议禁中事！"黄裳勃然曰："黄裳受恩三朝，岂得以一官相买乎！"拂衣起出。至是执谊恐太子不悦，故以陆质为侍读，使潜伺太子意，且解之。太子怒曰："陛下令先生为寡人讲经义耳，何为预他事！"质惧而出。质即淳也，避太子名改之。

纲 贾耽、郑珣瑜病，不视事。

纲 夏六月，韦皋表请太子监国。

目 韦皋上表曰："陛下哀毁成疾，请权令太子亲监庶政，俟皇躬痊愈，复归春宫。"又上太子笺曰："圣上亮阴不言，委政臣下，而所付非人。王叔文、王伾、李忠言之徒，辄当重任，堕紊纪纲。树置心腹，恐危家邦，愿殿下即日奏闻，斥逐群小，使政出人主，则四方获安。"俄而荆南裴均、河东严绶笺表继至，意与皋同，中外皆倚以为援，而邪党震惧。

纲 秋七月，太子监国。以杜黄裳、袁滋同平章事，郑珣瑜、高郢罢。

纲 八月,帝传位于太子,自号太上皇。贬王伾为开州司马,叔文为渝州司户。

目 伾寻病死,明年赐叔文死。

纲 太子即位。

目 宪宗初即位,升平公主献女口。上曰:“上皇不受献,朕何敢违!”遂却之。荆南献毛龟,上曰:“朕所宝惟贤。嘉禾、神芝,皆虚美耳,所以春秋不书祥瑞。自今勿复以闻。珍禽奇兽,亦毋得献。”

纲 南康忠武王韦皋卒。

纲 以袁滋为西川节度使。

目 西川节度副使刘辟自为留后,表求节钺,朝廷不许。以滋为节度使,征辟为给事中。

纲 朗州江涨。

目 流万余家。

纲 以郑余庆同平章事。

纲 始令史官撰日历。

目 从监修国史韦执谊之请也。

纲 贬韩泰、韩晔、柳宗元、刘禹锡为诸州刺史。

纲 冬十月,贾耽卒。

纲 葬崇陵。

纲 贬韦执谊为崖州司户。

纲 贬袁滋为吉州刺史。

目 刘辟不受征,阻兵自守;滋畏其强,不敢进。上怒,贬之。

纲 以武元衡为御史中丞。

纲 再贬韩泰等及陈谏、凌准、程异为诸州司马。

纲 十二月,以刘辟为西川节度副使,韦丹为东川节度使。

目 上以初即位,力未能讨刘辟,故因而授之。谏议大夫韦丹上疏曰:“今释辟不诛,明朝廷可以指臂而使者,惟两京耳。此外谁不为叛!”上善其言。以丹镇东川。

纲 以郑絪同平章事。

宪宗皇帝

纲 丙戌,宪宗皇帝元和元年,春正月,太上皇崩。

纲 刘辟反，命神策行营节度使高崇文将兵讨之。

目 辟既得旌节，志益骄，求兼领三川，上不许。辟遂发兵围梓州，推官林蕴力谏辟，辟怒，将斩之，阴戒行刑者使不杀，但数砺刃于其颈，欲使屈服而赦之。蕴叱之曰："竖子，当斩即斩，我颈岂汝砥石邪！"辟曰："忠烈士也！"乃黜之。

上欲讨辟而重于用兵，公卿议者亦以为蜀险固难取，杜黄裳独曰："辟狂戆书生，取之如拾芥耳！臣知神策军使高崇文勇略可用，愿陛下专以军事委之，勿置监军，辟必可擒。"上从之。翰林学士李吉甫亦劝上讨蜀，上由是器之。乃削辟官爵，诏崇文与兵马使李元奕、山南西道严砺讨之。

时崇文屯长武城，练卒五千，常如寇至，受诏即行，器械糗粮一无所阙。军士有食于逆旅，折人匙箸者，崇文斩以徇，刘辟陷梓州，执东川节度使李康。崇文引兵趣梓州，辟归康以求自雪，崇文以康败军失守，斩之。

初，上与杜黄裳论及藩镇，黄裳曰："德宗自经忧患，服为姑息，不生除节帅；有物故者，遣中使察军情所与则授之，未尝出朝廷之意。陛下必欲振举纲纪，宜稍以法度裁制藩镇，然后天下可得而理也。"上深以为然，于是始用兵讨蜀，以至威行两河，皆黄裳启之也。

上尝与宰相论"自古帝王，或勤劳庶政，或垂拱无为，何为而可？"黄裳对曰："王者上承天地宗庙，下抚百姓四夷，夙夜忧勤，固不可自暇逸。然上下有分，纪纲有叙；苟慎选贤才而委任之，有功则赏，有罪则刑，则谁不尽力！明主劳于求人而逸于任人，此虞舜所以无为而治者也。至于簿书狱市烦细之事，各有司存，非人主所宜亲也。昔秦始皇以衡石程书，魏明帝自按行尚书事，隋文帝卫士传餐，皆无补当时，取讥后世，所务非其道也。夫人主患不推诚，人臣患不竭忠。苟上疑其下，下欺其上，将以求理，不亦难乎！"上深然之。

纲 夏四月，以高崇文为东川节度副使。

目 韦丹至汉中，表言："高崇文客军远斗，无所资，若与梓州，缀其士心，必能有功。"故有是命。

纲 策试制举之士。

目 于是元稹、独孤郁、白居易、萧俛、沈传师出焉。

纲 以李巽为度支、盐铁、转运使。

目 杜佑请解盐铁，举巽自代。自刘晏之后，居职者莫能继之。巽掌使一年，征课所入，类晏之多，明年过之，又一年加一百八十万缗。

纲 以元稹、独孤郁、萧俛为拾遗。

目 稹上疏曰："自古人主即位之初，必有敢言之士，苟受而赏之，则君子乐行其道，竞为忠谠；小人亦贪得其利，不为回邪。如是，则上下之志通，幽远之情达，欲无理得乎！苟拒而罪之，则君子括囊以保身，小人迎合以窃位；十步之事，皆可欺也，欲无乱得乎！昔太宗初即位，孙伏伽以小事谏，太宗厚赏之。故当时言事者惟患不深切，未尝以触忌讳为忧也。陛下践祚，今已周岁，未闻有受伏伽之赏者。臣等备位谏列，犹且弥年不得召见，而况疏远之臣乎！"因条奏请次对百官，复正牙奏事，禁非时贡献等十事。又劝上以伾、文为戒，早择修正之士，辅导诸子。上颇嘉纳其言，时召见之。

纲 郑余庆罢。

纲 尊太上皇后为皇太后。

纲 六月，高崇文破鹿头关，连战皆捷。

纲 秋七月，葬丰陵。

纲 八月，平卢节度使李师古卒。

目 师古薨，判官高沐、李公度奉师古异母弟师道以为帅，奉表京师。杜黄裳请乘其未服而分之；上以刘辟未平，以师道为留后。

纲 九月，高崇文克成都，擒刘辟，送京师，斩之。

目 高崇文又败刘辟之众于鹿头关。河东将阿跌光颜将兵会崇文于行营，愆期一日，惧诛，欲深入自赎，军于鹿头之西，断其粮道，于是绵江、鹿头诸将皆以城降。崇文遂长驱直指成都，克之。辟奔吐蕃，崇文使高霞寓追擒之。遂入成都，屯于通衢，市肆不惊，秋毫无犯。槛辟送京师，斩其大将邢泚，余无所问。命军府事，一遵韦南康故事，从容指挥，一境皆平。

辟有二妾，皆殊色，监军请献之，崇文曰："天子命我讨平凶竖，当以抚百姓为先，遽献妇人以求媚，岂天子之意邪！崇文义不为此。"乃以配将吏之无妻者。

杜黄裳建议征蜀，指授方略，皆悬合事宜。及蜀平，宰相入贺，上目黄裳曰："卿之功也！"

辟至长安，并族党悉诛之。

纲 征少室山人李渤为左拾遗。

目 渤辞疾不至，然朝政有得失，辄附奏陈论。

纲 冬十月，以高崇文为西川节度使，柳晟为山南西道节度使。

纲 十一月，以吐突承璀为左神策中尉。

纲 回鹘入贡。

目 始以摩尼偕来，置寺处之。

纲 丁亥，二年，春正月，杜黄裳罢为河中节度使。

目 黄裳有经济大略而不修小节，故不得久在相位。

纲 以武元衡、李吉甫同平章事。

目 吉甫谓中书舍人裴垍曰："吉甫流落江、淮，逾十五年，一旦蒙恩至此，思所以报德，惟在进贤，而朝廷后进，罕所接识，君有精鉴，愿悉为我言之。"垍取笔疏三十余人；数月之间，选用略尽。当时翕然称吉甫为得人。

纲 夏四月，李锜反，制削官爵属籍，发诸道兵讨之。

目 夏、蜀既平，藩镇惕息。镇海节度使李锜不自安，求入朝，上许之。锜实无行意，屡迁行期；称疾，请至岁暮。武元衡曰："锜求朝得朝，求止得止，将何以令四海！"上以为然，下诏征之。锜计穷，遂谋反。杀留后王澹、大将赵琦，使人杀所部五州刺史。制削锜官爵属籍。遣淮南节度使王锷统诸道兵以讨之。

纲 以武元衡为西川节度使，高崇文为邠宁节度使。

目 高崇文在蜀期年，谓监军曰："西川乃宰相回翔之地，崇文岂敢自安！"屡上表称"蜀中安逸，无所陈力，愿效死边陲"，故有是命。

纲 镇海兵马使张子良执李锜，送京师，斩之。

目 有司籍其家财输京师。翰林学士裴垍、李绛言："锜割剥六州以富其家，今以输上京，恐远近失望。愿以赐浙西百姓，代今年租赋。"上嘉叹，从之。

纲 以白居易为翰林学士。

目 居易作乐府百余篇，规讽时事，流闻禁中；上悦之，故有是命。

纲 李吉甫上元和国计簿。

纲 戊子，三年，夏四月，策试贤良、方正、直言极谏举人。

目 牛僧孺、皇甫湜、李宗闵皆指陈时政之失，无所避；考官杨于陵、韦贯之署为上第，上亦嘉之。李吉甫恶其言直，泣诉于上，且言："湜，翰林学士王涯之甥也，涯与裴垍覆策而不自言。"上不得已，罢垍，贬贯之巴州刺史，涯虢州司马，于陵岭南节度使。僧孺等久之不调，各从辟于藩府。

纲 以裴均为右仆射，卢坦为庶子。

目 均素附宦官。尝入朝，逾位而立；御史中丞卢坦揖而退之，均不从。坦曰："昔姚南仲为仆射，位在此。"均曰："南仲何人？"坦曰："是守正不交权幸者。"坦寻改右庶子。

纲 秋七月，以卢坦为宣歙观察使。

目 坦到官，值岁饥，谷价日增。或请抑之，坦曰："宣歙谷少，仰食四方；若价贱，则商船不来，益困矣。"既而米斗二百，商旅辐辏，民赖以生。

纲 以裴垍同平章事。

目 上虽以李吉甫故罢垍学士，然宠信弥厚，故未几复擢为相。尝谓之曰："以太宗、玄宗犹借辅佐以成其理，况如朕不及先圣万倍者乎！"垍亦竭诚辅佐。上尝问垍："为理之要何先？"对曰："先正其心。"

垍器局峻整，人不敢干以私。尝有故人自远诣之，垍厚遇之。其人乘间求京兆判司，垍曰："公才不称此官。垍不敢以私害公。"先朝执政，多恶谏官言时政得失，垍独赏之。

纲 己丑，四年，春正月，南方旱饥，遣使宣慰赈恤。

目 宣慰使郑敬等将行，上戒之曰："朕宫中用帛一匹，皆籍其数，惟赒救百姓，则不计费，卿等宜识此意。"

纲 郑絪罢，以李藩同平章事。

目 藩给事中制敕有不可者，即于黄纸后批之。吏请更连素纸，藩曰："如此，乃状也，何名批敕！"裴垍荐藩有宰相器。上以絪循默，罢之，擢藩为相。藩知无不言，上甚重之。

纲 三月，成德节度使王士真卒。

目 子承宗自为留后。河北三镇，相承各置副大使，以嫡长为之,父没则代领军务。

纲 闰月,立邓王宁为皇太子。

纲 夏四月,起复卢从史为金吾大将军。

目 上欲乘王士真死,除人代之;不从则兴师讨之,以革河北诸镇世袭之弊。李绛曰:“武俊父子相承,四十余年,今承宗又已总军务,一旦易之,恐未即奉诏。又河北诸镇事体正同,必不自安,阴相党助。且今江、淮大水,公私困竭,军旅之事,恐未可轻议也。”中尉吐突承璀自请将兵讨之。时昭义节度使卢从史父丧,朝廷久未起复;从史惧,因承璀进说,请以本军讨承宗。诏起复金吾大将军。

纲 秋七月,贬杨凭为临贺尉。

目 中丞李夷简弹京兆尹杨凭贪污僭侈,贬临贺尉。凭亲友无敢送者,栎阳尉徐晦独至蓝田与别。权德舆谓之曰:“君送杨临贺,诚为厚矣,无乃为累乎!”对曰:“晦自布衣蒙杨公知奖,今日远谪,岂得不与之别!借如明公他日为谗人所逐,晦敢自同路人乎!”德舆嗟叹,称之于朝。后数日,李夷简奏为监察御史,谓之曰:“君不负杨临贺,肯负国乎!”

纲 九月,王承宗表献德、棣二州,诏以承宗为成德节度使。德州刺史薛昌朝为保信节度使,领德、棣二州。承宗袭昌朝,执之以归。

纲 冬十月,削夺王承宗官爵,发兵讨之。以吐突承璀为招讨、处置等使。

纲 十一月,彰义节度使吴少诚卒。

目 初,吴少诚宠其大将吴少阳,名以从弟,出入如至亲。少诚病,少阳杀其子自摄副使、知军事。少诚死,少阳遂自为留后。

纲鉴易知录卷五六

唐纪

宪宗皇帝

纲 庚寅，五年，春正月，卢龙节度使刘济将兵讨王承宗，拔饶阳、束鹿。

纲 吐突承璀讨王承宗，战不利。

纲 贬元稹为江陵士曹。

目 河南尹房式有不法事，东台监察御史元稹奏摄之，擅令停务；朝廷以为不可，罚俸，召还。至敷水驿，有内侍后至，破驿门入，击稹伤面；上复引稹前过，贬之。李绛、崔群言稹无罪。白居易言："中使陵辱朝士，中使不问而稹先贬，恐自今中使出外益暴横，人无敢言者。"上不听。

纲 三月，以吴少阳为淮西留后。

纲 吐突承璀诱卢从史执送京师，以乌重胤为河阳节度使。

目 卢从史阴与王承宗通谋，上甚患之。会从史遣牙将王翊元入奏事，裴垍引与语，为言君臣之义，微动其心，翊元遂输诚，言从史阴谋及可取之状。垍令翊元还本军经营，遂得其都知兵马使乌重胤款要。垍言于上曰："从史必为乱，今与承璀对营而不设备，失今不取，后虽兴大兵，未可以岁月平也。"上许之。承璀乃召从史入营与博，伏壮士擒缚之，驰诣京师。昭义士卒闻之，皆甲以出，乌重胤当军门叱之曰："天子有诏，从者赏，违者斩！"遂皆散。上嘉重胤功，欲即以为昭义帅；李绛以为不可，请授重胤河阳。上乃以重胤镇河阳，而徙河阳节度使孟元阳镇昭义。贬从史为驩州司马。

纲 秋七月，制雪王承宗，复其官爵，加刘济中书令。

纲 九月，罢吐突承璀为军器使。

纲 以权德舆同平章事。

目 上问:"宰相为政,宽猛何先?"权德舆对曰:"秦以惨刻而亡,汉以宽大而兴,先后可见矣。"上善其言。

纲 冬十一月,裴垍罢为兵部尚书。

纲 十二月,以吕元膺为鄂岳观察使。

目 元膺尝欲夜登城,门已锁,守者不为开,左右曰:"中丞也。"对曰:"夜中谁辨真伪,虽中丞亦不可。"元膺乃还。明日,擢为重职。

纲 以李绛为中书舍人。

目 上每有军国大事,必与诸学士谋之。白居易因论事,言"陛下错",上色庄而罢,密召绛谓曰:"居易小臣不逊,须令出院。"绛曰:"陛下容纳直言,故群臣敢竭诚无隐。居易言虽少思,志在纳忠。陛下今日罪之,臣恐天下各思箝口,非所以广聪明,昭圣德也。"上悦,待居易如初。

上尝欲近猎苑中,至蓬莱池西,谓左右曰:"李绛必谏,不如且止。"

绛尝面陈吐突承璀专横,语极恳切。上作色曰:"卿言太过!"绛泣曰:"陛下置臣于腹心耳目之地,若臣畏避左右,爱身不言,是臣负陛下;言之而陛下恶闻,乃陛下负臣也。"上怒解,曰:"卿所言皆人所不能言,真忠臣也。"遂以为中书舍人、学士如故。

纲 辛卯,六年,春正月,以李吉甫同平章事。

纲 二月,李藩罢为太子詹事。

目 上尝与宰相语及神仙,李藩对曰:"秦始皇、汉武帝学仙之效,具载前史,太宗服天竺僧长年药致疾,此古今之明戒也。陛下春秋鼎盛,励志太平,宜拒绝方士之说。苟道盛德充,人安国理,何忧无尧、舜之寿乎!"

纲 以李绛为户部侍郎。

目 宦官恶李绛在翰林,以为户部侍郎,判本司。上问绛:"故事,户部皆进羡余,卿独无进,何也?"对曰:"守土之官,厚敛于人以市私恩,天下犹共非之;况户部所掌,皆陛下府库之物,给纳有籍,安得羡余!若自左藏输之内藏以为进奉,是犹东库移之西库,臣不敢踵此弊也。"上喜其直,益重之。

纲 夏四月,以卢坦判度支。

纲 秋九月,梁悦报仇杀人,杖而流之。

目　富平人梁悦报父仇，杀秦杲，自诣县请罪。敕："复雠，据礼经则义不同天，征法令则杀人者死。宜令都省集义闻奏。"职方员外郎韩愈议曰："律无复雠之条，非阙文也。盖不许，则伤孝子之心，而乖先王之训；许之，则人将倚法专杀，而无以禁止其端。故圣人丁宁其义于经，而深没其文于律，其意将使法吏一断于法，而经术之士得引经而义也。宜定其制曰：'凡复父雠者，事发，具事申尚书省集议奏闻，酌其宜而处之。'则经律无失其指矣。"于是杖悦一百，流循州。

纲　冬十二月，以李绛同平章事。

目　李吉甫为相，多修旧怨，上颇知之，故擢绛为相。吉甫善逢迎上意，而绛鲠直，数争论于上前；上多直绛而从其言，由是二人有隙。

上御延英，吉甫言："天下已太平，陛下宜为乐。"绛曰："汉文帝时，兵木无刃，家给人足，贾谊犹以为厝火积薪之下，不可谓安。今法令所不能制者，河南、北五十余州，犬戎腥膻，近接泾、陇，烽火屡惊，加之水旱时作，仓库空虚，此正陛下宵衣旰食之时，岂得谓之太平，遽为乐哉！"上欣然曰："卿言正合朕意。"退谓左右曰："吉甫专为悦媚；如李绛真宰相也。"

吉甫尝言："人臣不当强谏，使君悦臣安，不亦美乎！"李绛曰："人臣当犯颜苦口，指陈得失，若陷君于恶，岂得为忠！"上曰："绛言是也。"

吉甫又尝言于上曰："赏罚，人主之二柄，不可偏废。今惠泽已深，而威刑未振，中外懈惰，愿加严以振之。"上顾李绛曰："何如？"对曰："王者之政，尚德不尚刑，岂可舍成、康、文、景而效秦始皇父子乎！"上曰："然。"后旬余，于頔入对，亦劝上峻刑。上谓宰相曰："于頔大是奸臣，劝朕峻刑，卿知其意乎？"皆对曰："不知也。"上曰："此欲使朕失人心耳。"吉甫失色，退而抑首不言笑竟日。

纲　太子宁卒。

纲　大稔。

目　是岁天下大稔，米斗有直二钱者。

纲　壬辰，七年，春正月，以元义方为鄜坊观察使。

目　义方媚事吐突承璀。李吉甫欲自托于承璀，擢义方为京兆尹。李绛恶而出之，义方入谢，因言："绛私其同年许季同，以为京兆少尹，故出臣鄜坊，专作威福。"明日，上以诘绛，曰："人于同年固有情乎!”对曰:“同年乃四海九州之人,偶同科第,情于何有!且陛下不以臣愚备位宰相,宰相职在量才授任,若其人果才,虽在兄弟子侄之中,犹将用之,况同年乎!避嫌而弃才,是乃便身,非徇公也。”上曰:“善。”遂趣义方之官。

纲 夏四月,以崔群为中书舍人。

目 上嘉翰林学士崔群谠直,命学士:“自今奏事必取群联署,然后进之。”群曰:“翰林举动,皆为故事。必如是,后来万一有阿媚之人为之长,则下位直言,无从而进矣。”遂不奉诏。

纲 五月,诏蠲淮、浙租赋。

目 上尝与宰相论治道于延英殿,日旰,暑甚,汗透御服。宰相求退,上留之,曰:“朕入禁中,所与处者独宫人、宦官耳,故乐与卿等且共谈为理之要,殊不知倦也。”

纲 秋七月,立遂王恒为皇太子。

纲 八月,魏博节度使田季安卒。

目 魏博牙内兵马使田兴,有勇力,颇读书,性恭逊。季安病,军政废乱,夫人元氏立其子怀谏为副大使,知军务,时年十一;召兴为都知兵马使。上与宰相议魏博事,李吉甫请兴兵讨之。李绛曰:“魏博不必用兵,当自归朝廷。”上意以吉甫议为然。绛曰:“今怀谏乳臭子,不能自听断,军府大权必有所归。诸将不服,怨怒必起,田氏不为屠肆,则悉为俘囚,何足烦天兵哉!”上曰:“善。”

纲 冬十月,魏博兵马使田兴请吏奉贡,诏以兴为节度使。

目 田怀谏幼弱,军政皆决于家僮蒋士则,众皆愤怒。田兴晨入府,士卒大噪,环拜请为留后。兴谓众曰“汝肯听吾言乎?”皆曰:“惟命!”兴曰:“勿犯副大使,守朝廷法令,申版籍,请官吏,然后可。”皆曰:“诺。”兴乃杀蒋士则等十余人,迁怀谏于外,监军以闻。上亟召绛曰:“卿揣魏博若符契。”吉甫请遣中使宣慰以观其变,绛曰:“今田兴奉其土地兵众,坐待诏命,不乘此际推心抚纳,必待敕使至彼,持将士表来,然后与之,则是恩出于下,而其感戴之心非今日比矣。”

吉甫素与枢密使梁守谦相结,守谦亦为之言,上竟遣中使张忠顺如魏。绛复上言:“朝廷恩威得失,在此一举,时机可惜,奈何弃之!计忠顺之行,甫应过陕,乞明旦即降白麻除兴节度使,犹可及也。”上欲且除留后，绛曰："田兴恭顺如此，自非恩出不次，无以深慰其心。"上从之。忠顺未还，制命已至，兴感恩流涕，士众鼓舞。

纲 十一月，遣知制诰裴度宣慰魏博。

目 李绛言："魏博五十余年不沾皇化，一旦来归，不有重赏过其所望，则无以慰士卒之心，使四邻劝慕。请发内库钱百五十万缗以赐之。"宦官以为太多，上以语绛，绛曰："田兴不贪专地之利，不顾四邻之患，归命圣朝，陛下奈何爱小费而遗大计，不以收一道人心！钱用尽更来，机事一失不可复追。借使国家发十五万兵以取六州，期年而克之，其费岂止如此而已乎！"上悦，曰："朕所以恶衣菲食，蓄聚货财，正为欲平定四方；不然，徒贮之府库何为！"十一月，遣知制诰裴度宣慰魏博，颁赏军士，六州百姓给复一年。军士受赐，欢声如雷。成德、兖郓使者数辈见之，相顾失色，叹曰："倔强者果何益乎！"度为兴陈君臣上下之义，兴听之，终夕不倦。

纲 癸巳，八年，春正月，权德舆罢。

纲 赐田兴名弘正。

纲 征西川节度使武元衡入知政事。

纲 甲午，九年，春正月，李绛罢为礼部尚书。

目 上尝谓宰相曰："卿辈当为朕惜官，勿用之私亲故。"李吉甫、权德舆皆谢不敢，李绛曰："崔祐甫有言，非亲非故不谙其才，谙者尚不与官，不谙者何敢复与！但问其才器与官相称否耳；若避亲故之嫌，使圣朝亏多士之美，此乃偷安之臣，非至公之道也。苟所用非其人，则朝廷自有典刑，谁敢逃之！"上以为然。

又尝问绛："人言外间朋党太盛，何也？"李绛对曰："自古人君所甚恶者，莫若朋党，故小人谮君子者必曰朋党。盖言之则可恶，寻之则无迹。以此目之，则天下之贤人君子无能免者，此东汉之所以亡也。愿陛下深察之。夫君子固与君子合，岂可必使之与小人合然后谓之非党邪？"绛屡以疾辞位，至是遂罢。

纲 以吐突承璀为神策中尉。

目 初，上欲相绛，先出吐突承璀为淮南监军。至是，召还承璀，复以为左神策中尉。

纲 夏六月，以张弘靖同平章事。

纲 秋闰七月，彰义节度使吴少阳卒。

目 少阳死，其子元济匿丧，自领军务。

纲 以乌重胤为汝州刺史。

纲 冬十月，李吉甫卒。十二月，以韦贯之同平章事。

纲 乙未，十年，春正月，吴元济反。制削其官爵，发兵讨之。

目 吴元济纵兵侵掠，及东畿。制削其官爵，发十六道兵讨之。

纲 三月，以柳宗元为柳州刺史，刘禹锡为连州刺史。

目 王叔文之党，十年不量移，执政有怜其才欲渐进之者，悉召至京师；谏官争言其不可，上亦恶之，皆以为远州刺史。宗元得柳州，禹锡得播州，宗元曰："播州非人所居，而梦得亲在堂，万无母子俱往理。"欲请于朝，以柳易播。中丞裴度亦以禹锡母老为上言。上曰："为人子不自谨，贻亲忧，此则重可责也。"度曰："陛下方侍太后，恐禹锡在所宜矜。"上良久乃曰："朕所言，以责为子者耳；然不欲伤其亲心。"退，谓左右曰："裴度爱我忠切。"禹锡得改连州。

宗元善为文，尝作梓人传曰："梓人不执斧斤刀锯之技，专以寻引、规矩、绳墨度材视制，指麾众工，各趋其事，不胜任者退之。大厦既成，则独名其功。犹相天下者，立纲纪、整法度，择天下之士使称其职，能者进之，不能者退之，万国既理，而谈者独称伊、傅、周、召，其百官执事之勤劳不得纪焉。或者不知体要，炫能矜名，亲小劳，侵众官，听听于府庭，而遗其大者、远者，是不知相道者也。"

又作种树郭橐驼传曰："橐驼善种树，其言曰：'凡木之性，其根欲舒，其土欲固，既植之，勿动勿虑，去不复顾，则其天全而性得矣。他人不然，根拳而土易，爱之太恩，忧之太勤，旦视而暮抚之，甚者爪其肤以验其生枯，摇其本以观其疏密，而木之性日以离矣。虽曰爱之，其实害之，故不我若也！长人者，好烦其令，若甚怜焉，而卒以祸之，亦犹是已。'"

纲 田弘正遣其子布将兵助讨淮西。

纲 盗焚河阴转运院。

目 李师道数上表请赦吴元济，上不从。师道使大将将二千人趋寿春，声言助官军，实以援元济也。师道素养刺客奸人数十人，说师道曰："用兵所急，莫先粮储。今河阴院积江、淮租赋，请潜往焚之。因劫东都，焚宫阙，亦救蔡一奇也。”师道从之。遣攻河阴转运院，烧钱帛三十余万缗匹，谷二万余斛。人情恇惧，多请罢兵，上不许。

纲 夏五月，遣御史中丞裴度宣慰淮西行营。

目 诸军讨淮西，久未有功，上遣裴度诣行营宣慰，察用兵形势。度还言淮西必可取之状，且曰：“观诸将，惟李光颜勇而知义，必能立功。”既而光颜数败贼军，上以度为知人。知制诰韩愈亦言：“淮西三小州，残弊困剧之余，而当天下之全力，其破败可立而待。然所未可知者，在陛下断与不断耳。”

纲 六月，盗杀中书侍郎同平章事武元衡，击裴度，伤首。

目 上悉以兵事委武元衡。师道客曰：“天子所以锐意诛蔡者，元衡赞之也，请密往刺之。元衡死，则他相不敢主其谋，争劝天子罢兵矣。”师道资给遣之。王承宗亦遣牙将尹少卿奏事，且诣中书为元济游说。元衡叱出之；承宗又上书诋元衡。至是，元衡入朝，有贼自暗中射杀之，取其颅骨而去。又击裴度，伤首，坠沟中。京城大骇，于是诏宰相出入，加金吾骑士，张弦露刃以卫之。王士则告承宗遣卒张晏所为，捕得，鞫之，晏等具服。张弘靖以为疑，上竟诛之，而师道客潜遁去。

纲 以裴度同平章事。

目 或请罢度官，以安恒、郓之心，上怒曰：“若罢度官，是奸谋得成，朝廷无复纲纪。吾用度一人，足破二贼。”遂以度为相。度言：“淮西，心腹之疾，不得不除；且朝廷业已讨之，两河跋扈者，将视此为高下，不可中止。”上以为然，悉以用兵事委度，讨贼愈急。

纲 秋七月，灵武节度使李光进卒。

目 光进与弟光颜友善，光颜先娶，其母委以家事。母卒后，光进乃娶，光颜使其妻奉管钥，籍财物，归于其姒。光进反之曰：“新妇逮事先姑，先姑命主家事，不可易也。”因相持而泣。

纲 八月，李师道遣兵袭东都。捕得，伏诛。

目 李师道置留后院于东都，潜内兵数百人，谋焚宫阙，纵兵杀掠。其小卒诣留守吕元膺告变，元膺发兵围之；贼众突出，望山而遁。东都西南，皆高山深林，民不耕种，专以射猎为生，人皆趫勇，谓之“山棚”。元膺设重购以捕贼。数日，有山棚遇贼，走召其侪，引官军共围获之。按验，得其魁，乃中岳寺僧圆净。捕获，伏诛。元膺鞫圆净党与,始知杀武元衡者乃师道也,元膺密以闻,上业已讨王承宗,不复穷治。

纲 九月,以韩弘为淮西诸军都统。

目 弘欲倚贼自重,不愿淮西速平。时李光颜战最力,弘欲结之,举大梁城索得一美妇人,容色绝世,遣使遗之。光颜乃大飨将士,谓使者曰:“战士数万,皆弃家远来,冒犯白刃,光颜何忍独以声色自娱悦乎!”因流涕,坐者皆泣;乃即席厚赠使者,并妓返之,曰:“为光颜多谢相公,光颜以身许国,誓不与逆贼同戴日月,死无贰矣!”

纲 丙申,十一年,春正月,张弘靖罢为河东节度使。

目 王承宗纵兵四掠,幽、沧、定三镇皆苦之,争上表请讨承宗。上欲许之,弘靖以为“两役并兴,恐国力不支,请并力平淮西,乃征恒冀。”上不为之止,弘靖乃求罢,从之。

纲 制削王承宗官爵,发兵讨之。

纲 二月,以李逢吉同平章事。三月,皇太后崩。

纲 夏四月,以司农卿皇甫镈判度支。

目 镈始以聚敛得幸。

纲 五月,李光颜、乌重胤败淮西兵于凌云栅。

纲 六月,唐邓节度使高霞寓大败于铁城。

纲 秋七月,贬高霞寓,以袁滋为唐邓节度使。

纲 八月,韦贯之罢为吏部侍郎。

纲 葬庄宪皇后。

纲 九月,饶州大水。

目 漂失四千七百户。

纲 冬十一月,以柳公绰为京兆尹。

目 公绰初赴府,有神策小将跃马冲其前导,公绰驻马,杖杀之。明日,入对,上怒诘之,对曰:“京兆为辇毂师表,今视事之初,而小将敢尔唐突,此乃轻陛下诏命,非独慢臣也。臣知杖无礼之人,不知其为神策军将也。”上曰:“何不奏?”对曰:“臣职当杖之,不当奏。”上退谓左右曰:“汝曹须作意,此人朕亦畏之。”

纲 十二月,义成节度使浑镐与王承宗战,大败。

纲 以王涯同平章事。

纲 贬袁滋,以李愬为唐邓节度使。

目 袁滋至唐州,元济围其新兴栅,滋卑辞以请之,元济由是不复以滋为意。朝廷知之,贬滋抚州刺史,以李愬代之。

纲 丁酉,十二年,春三月,淮西文城栅降。

目 李愬谋袭蔡州,表请益兵;诏以步骑二千给之。愬遣大将马少良将十余骑巡逻,遇吴元济捉生虞候丁士良,与战,擒之。士良,元济骁将,常为东边患;众请刳其心,愬许之。士良无惧色,愬命释其缚。士良请尽死以报德。愬署为捉生将。士良言于愬曰:"吴秀琳据文城栅,为贼左臂,官军不敢近者,有陈光洽为之谋主也。光洽勇而轻,好自出战,请为公擒之,则秀琳降矣。"遂擒光洽以归。秀琳果以栅降。愬引兵入据其城。其将李宪有才勇,愬更其名曰忠义而用之。于是军气复振。

纲 夏四月,淮西郾城降。

目 官军逼郾城。李光颜败其兵三万,杀士卒什二三。李愬分兵攻下数栅,元济以董昌龄为郾城令,而质其母。其母谓昌龄曰:"顺死贤于逆生。汝去逆而吾死,乃孝子也;从逆而吾生,是戮吾也。"会官军绝郾城归路,昌龄乃举城降,光颜入据之。元济闻之,甚惧,时董重质守洄曲,元济悉发亲近及守城卒诣重质以拒官军。

纲 五月,罢河北行营。

目 李逢吉及朝士多言"宜并力先取淮西,俟淮西平,乘胜取恒冀,如拾芥耳!"上从之。罢河北行营。

纲 李愬擒淮西将李祐。

目 愬厚待吴秀琳,与谋取蔡。秀琳曰:"非得李祐不可,秀琳无能为也。"祐有勇略,守兴桥栅,时帅士卒刈麦于张柴村,愬召厢虞候史用诚,以三百骑伏林中,诱而擒之以归。将士争请杀之;愬释缚,待以客礼。时时召祐及李忠义屏人语,或至夜分,他人莫敢预闻。诸将恐祐为变,多谏愬,愬待祐益厚。士卒亦不悦,诸军日牒愬,称得贼谍者,言祐为贼内应。愬恐谤先达于上,已不及救,乃持祐泣曰:"岂天不欲平此贼邪,何吾二人相知之深而不能胜众口也!"乃械祐送京师,先密奏曰:"若杀祐,则无以成功。"诏以还愬。愬见之喜,执其手曰:"尔之得全,社稷之灵也!”除散兵马使。

纲 秋七月,以孔戣为岭南节度使。

目 先是,明州岁贡蚶、蛤,水陆递夫劳费,华州刺史孔戣奏罢之。至是,岭南择帅,宰相奏拟数人,上皆不用,曰:“顷有谏进蚶、蛤者,可与也。”乃以戣为岭南节度使。

纲 以裴度兼彰义节度使,充淮西宣慰招讨使。

目 诸军讨淮西,四年不克,馈运疲弊,民至有以驴耕者,上亦病之。宰相李逢吉等竞言师老财竭,意欲罢兵,度独无言。上问之,度曰:“臣誓不与此贼俱生,今请自往督战。且元济势实窘迫,但诸将心不一,不并力迫之,故未降耳。若臣自诣行营,诸将恐臣夺其功,必争进破贼矣。”上悦,从之。度奏刑部侍郎马总为宣慰副使,右庶子韩愈为行军司马。将行,言于上曰:“臣若灭贼,则朝天有期;贼在,则归阙无日。”上为之流涕,御通化门送之。

纲 九月,以崔群同平章事,李逢吉罢。

纲 李愬攻吴房,入其外城。

目 李愬将攻吴房,诸将曰:“今日往亡。”愬曰:“吾兵少,不足战,宜出其不意。彼以往亡,不吾虞,正可击也。”遂往,克其外城而还。

纲 冬十月,李愬夜袭蔡州,擒吴元济,槛送京师。

目 李祐言于李愬曰:“蔡之精兵皆在洄曲,守州城者皆羸卒,可以乘虚直抵其城。比贼将闻之,元济已成擒矣。”愬然之。十月,遣掌书记郑澥白裴度。度曰:“兵非出奇不胜,常侍良图也。”愬乃命祐及李忠义帅突将三千为前锋,自与监军将三千人为中军,李进诚将三千人殿其后。军出,不知所之;愬曰:“但东行!”行六十里,夜,至张柴村,尽杀其戍卒,据其栅。命士卒少休,复夜引兵出;诸将请所之,愬曰:“入蔡州取吴元济!”诸将皆失色。时大风雪,人马冻死者相望。人人自以为必死,然畏愬,莫敢违。夜半,雪愈甚,行七十里,至州城。自吴少诚拒命,官军不至蔡州城下三十余年,故蔡人不为备。四鼓,愬至,无一人知者。祐、忠义𨮁其城以先登,壮士从之;杀守门卒,而留击柝者,使击柝如故。遂开门纳众。鸡鸣,雪止,愬入居元济外宅。或告元济曰:“官军至矣!”元济不信,起,听于庭,闻愬军号令,曰“常侍传语”,应者近万人。始怯曰:“何等常侍,能至于此!”乃帅左右登牙城拒战。

时董重质拥精兵万余人据洄曲。愬曰："元济所望者，重质之救耳！"乃访重质家，厚抚之，遣其子传道持书谕重质；重质遂单骑诣愬降。愬攻牙城，烧其南门，门坏，执元济，槛送京师，且告于裴度。申、光二州，及诸镇兵相继来降。自元济就擒，愬不戮一人，自官吏、帐下、厨厩之卒，皆复其职，使之不疑，然后屯于鞠场以待裴度。

诸将请曰："始公败于朗山而不忧，胜于吴房而不取，冒大风甚雪而不止，孤军深入而不怯，然卒以成功，皆众人所不谕也，敢问其故。"愬曰："朗山不利，则贼轻我不为备矣。取吴房，则其众奔蔡，并力固守，故存之以分其兵。风雪阴晦，则烽火不接，不知吾至。孤军深入，则人皆致死，战自倍矣。夫视远者不顾近，虑大者不计细，若矜小务，恤小败，先自挠矣，何暇立功乎！"众皆服。愬俭于奉己而丰于待士，知贤不疑，见可能断，此其所以成功也。

纲 以李鄘同平章事。

纲 裴度入蔡州。

目 裴度建彰义节，将降卒万余人入城，李愬具櫜鞬出迎，拜于路左。度将避之，愬曰："蔡人顽悖，不识上下之分，数十年矣，愿公因而示之，使知朝廷之尊。"度乃受之。愬还军文城。

度以蔡卒为牙兵，或谏曰："蔡人反仄者尚多，不可不备。"度笑曰："吾为彰义节度使，元恶既擒，蔡人则吾人也，又何疑焉！"蔡人闻之感泣。先是，吴氏父子阻兵，禁人偶语、然烛，有以酒食相过从者罪死。度除其禁，蔡人始知有生民之乐。

纲 十一月，上御门受俘，斩吴元济。

纲 赐李愬爵凉国公，韩弘等迁官有差。

目 愬奏请判官、大将以下官凡百五十员；上不悦，曰："愬诚有奇功，然奏请过多。使如李晟、浑瑊，又何如哉！"遂留中不下。

纲 以李祐为神武将军。

纲 十二月，赐裴度爵晋国公，复入知政事。

纲 戊戌，十三年，春正月，李师道奉表纳质，并献三州。

目 淮西既平，李师道忧惧。幕僚李公度说之，使遣子入侍，并献沂、海、密三州以自赎。从之。上遣左散骑常侍李逊诣郓州宣慰。

纲 二月，修麟德殿，浚龙首池，起承晖殿。

目 上命六军修麟德殿。龙武统军张奉国、大将军李文悦以外寇初平，营缮太多，白宰相，冀有论谏；裴度言之。上怒，贬奉国等。于是浚龙首池，起承晖殿，土木浸兴矣。

纲 李鄘罢为户部尚书。

目 初，吐突承璀为淮南监军，鄘为节度使，性刚严，与承璀互相敬惮，故未尝相失。承璀归，引鄘为相。鄘耻由宦官进。至京师，辞疾不入见，不视事；固辞相位，至是罢。

纲 以李夷简同平章事。

纲 夏四月，王承宗纳质请吏，复献二州。诏复其官爵。

目 裴度之在淮西也，布衣柏耆以策干韩愈曰："元济就擒，承宗破胆矣，愿得奉丞相书往说之，可不烦兵而服。"愈白度，为书遣之。承宗惧，求哀于田弘正，请以二子为质，及献德、棣二州，输租税，请官吏。弘正为之请，上许之。弘正遣使送其二子知感、知信及二州图印至京师。

幽州大将谭忠亦说刘总曰："自元和以来，刘辟、李锜、田季安、卢从史、吴元济，阻兵冯险，自以为深根固蒂，天下莫能为也。然顾盼之间，身死家覆，此非人力所能及，殆天诛也。况今天子神圣威武，苦身焦思，缩衣节食，以养战士，此志岂须臾忘天下哉！今国兵骎骎北来，赵人已献城十二，忠深为公忧之。"总泣曰："闻先生言，吾心定矣。"遂专意归朝廷。

纲 五月，以李光颜为义成节度使。

目 李逊察师道非实诚，归言于上曰："师道顽愚反复，恐必须用兵。"既而师道表言"军情不听纳质割地。"上怒，决意讨之。五月，以光颜镇滑州，谋讨师道也。

纲 秋七月，以李愬为武宁节度使。

纲 诏诸道发兵讨李师道。

纲 李夷简罢为淮西节度使。

目 上方委裴度以用兵，夷简自谓才不及度，求出镇，故有是命。

纲 八月，王涯罢。

纲 以皇甫镈、程异同平章事。

目 淮西既平，上浸骄侈。判度支皇甫镈、盐铁使程异晓其意，数进羡余，由是有宠。又以厚赂结吐突承璀，上遂以为相。制下，朝野骇愕，至于市道负贩者亦嗤之。

裴度耻与小人同列，求退，不许。乃上疏曰："镈、异皆钱谷俗吏，佞巧小人，陛下一旦寘之相位，中外骇笑。臣若不退，天下谓臣无耻。所可惜者，淮西荡定，河北底宁，承宗敛手削地，韩弘舆疾讨贼，岂朝廷之力能制其命哉？直以处置得宜，能服其心耳。陛下建升平之业，十已八九，何忍还自堕坏，使四方解体乎！"上以度为朋党，不之省。由是镈益无所惮。

程异亦自知不合众心，能廉谨谦逊，为相月余，不敢知印秉笔，故终免于过。

其后上语宰相曰："人臣当力为善，何乃好立朋党？"度对曰："方以类聚，物以群分，君子、小人志趣同者，势必相合。君子为徒，谓之同德；小人为徒，谓之朋党；外虽相似，内实悬殊，在圣主辨其所为邪正耳。"

纲 冬十一月，以柳泌为台州刺史。

目 上好神仙，诏天下求方士。宗正卿李道古因皇甫镈荐山人柳泌，云能合长生药。泌言："天台多灵草，诚得为彼长吏，庶几可求。"上以泌权知台州刺史。谏官争论奏，以为"人主喜方士，未有使之临民者。"上曰："烦一州之力而能为人主致长生，臣子亦何爱焉！"由是群臣莫敢言。

纲 己亥，十四年，春正月，遣中使迎佛骨至京师，贬韩愈为潮州刺史。

目 先是，功德使上言："凤翔法门寺塔有佛指骨，相传三十年一开，开则岁丰人安。来年应开，请迎之。"上从其言。至是，佛骨至京师，留禁中三日，历送诸寺，王公士民瞻奉舍施，惟恐弗及。刑部侍郎韩愈上表谏曰："佛者，夷狄之一法耳。自黄帝以至禹、汤、文、武，皆享寿考，百姓安乐，当是时，未有佛也。汉明帝始有佛法，其后乱亡相继，运祚不长。宋、齐、梁、陈、元魏已下，事佛渐谨，年代尤促。惟梁武帝在位四十八年，前后三舍身为寺家奴，竟为侯景所逼，饿死台城。事佛求福，乃更得祸。由此观之，佛不足信亦可知矣！佛本夷狄之人，不知君臣之义，父子之恩。假如其身尚在，来朝京师，陛下容而接之，不过宣政一见，礼宾一设，赐衣一袭，卫而出之于境，不令惑众也。况其身死已久，枯朽之骨，岂宜以入宫禁！乞付有司，投诸水火，永绝根本，断天下之疑，绝后代之惑。佛如有灵，能作祸福，凡有殃咎，宜加臣身。”上得表，大怒，将加愈极刑。裴度、崔群言：“愈虽狂，发于忠恳，宜宽容以开言路。”乃贬潮州刺史。

自战国之世，老、庄与儒者争衡，更相是非。至汉末，益之以佛，然好者尚寡。晋、宋以来，日益繁炽，自帝王至士民，莫不尊信。下者畏慕罪福，高者论难空有。独愈恶其蠹财惑众，力排之，尝作原道篇行于世云。

纲 二月，平卢都将刘悟执李师道，斩之。

目 田弘正、李愬屡败平卢兵。李师道发民治城堑，役及妇人，民惧且怨。都知兵马使刘悟将兵万余人屯阳谷以拒官军，务为宽惠，使士卒人人自便，军中号曰刘父。或谓师道曰：“悟专收众心，恐有他志。”师道潜遣二使赍帖授行营副使张暹，令斩悟。暹素与悟善，怀帖示之。悟召诸将谓曰：“悟与公等不顾死亡以抗官军，诚无负于司空。今司空信谗，来取悟首。悟死，诸公其次矣。且天子所欲诛者独司空一人，今军势日蹙，吾曹何为随之族灭？欲与诸公还入郓州，奉行天子之命，岂徒免危亡，富贵可图也。”有后应者，皆立斩之。众惧，皆曰：“惟都头命！”乃令士卒皆饱食执兵，夜半，听鼓，三声绝，即行。天未明，至城下，子城门已洞开，悟勒兵捕师道与二子，斩之。慰谕军民。函师道父子三首送田弘正营。弘正大喜，露布以闻。淄、青等十二州皆平。自广德以来，垂六十年，藩镇跋扈河南、北三十余州，自除官吏，不供贡赋，至是尽遵朝廷约束矣。裴度纂述蔡、郓用兵以来帝之忧勤机略，因侍宴献之，请内印出付史官。帝曰：“如此，似出朕志，非所欲也。”弗许。

纲 以刘悟为义成节度使。

纲 夏四月，诏诸道支郡兵马，并令刺史领之。

目 横海节度使乌重胤奏曰：“河朔藩镇所以能旅拒朝命者，由诸州县各置镇将领事，收刺史、县令之权也。向使刺史各得行其职，则虽有奸雄如安、史，必不能以一州独反也。臣所领德、棣、景三州，已举牒各还刺史职事，应在州兵并令刺史领之。”故有是诏。其后河北诸镇，惟横海最为顺命，由重胤处之得宜故也。

纲 程异卒。

纲 裴度罢为河东节度使。

目 度在相位，知无不言，皇甫镈之党挤之，诏度以平章事镇河东。

镈专以掊克取媚，人无敢言者，独谏议大夫武儒衡上疏言之。镈自诉于上，上曰："卿欲报怨邪！"镈乃不敢言。

史馆修撰李翱上疏曰："定祸乱者，武功也；兴太平者，文德也。今陛下既以武功定海内，若遂革弊事，复旧制；用忠正而不疑，屏邪佞而不迩；改税法，不督钱而纳布帛；绝进献，宽百姓租赋；厚边兵，以制戎狄；数访问待制官，以通塞蔽；此六者，政之根本，太平所以兴也。陛下既已能行其难，若何不为其易乎！臣恐大功之后，逸欲易生。进言者必曰'天下既平，陛下可以高枕自逸'，则太平未可期也。"

纲 秋七月，宣武节度使韩弘入朝。

纲 以令狐楚同平章事。

目 楚与皇甫镈同年进士，故镈引以为相。

纲 八月，以韩弘为司徒兼中书令，张弘靖为宣武节度使。

纲 魏博节度使田弘正入朝。

纲 以田弘正兼侍中，遣还镇。

纲 冬十月，贬裴潾为江陵令。

目 柳泌至台州，驱吏民采药，岁余，无所得而惧，逃入山中。浙东观察使捕送京师，皇甫镈、李道古保护之，上复使待诏翰林。服其药，日加燥渴。起居舍人裴潾上言曰："除天下之害者受天下之利，同天下之乐者飨天下之福，自黄帝至于文、武，享国寿考，皆用此道也。自去岁以来，所在多荐方士。借令真有神仙，彼必深潜岩壑，惟畏人知。凡候伺权贵之门，以大言自炫奇伎惊众者，皆不轨徇利之人，岂可信其说而饵其药邪！夫药以愈疾，非朝夕常饵之物；况金石酷烈有毒，又益以火气，殆非五藏所能胜也。古者君饮药，臣先尝之，乞令献药者先饵一年，则真伪可辨矣。"上怒，贬潾。

纲 崔群罢为湖南观察使。

目 初，帝问宰相："玄宗之政，先理而后乱，何也？"崔群对曰：

"玄宗用姚崇、宋璟、卢怀慎、苏颋、韩休、张九龄则理，用宇文融、李林甫、杨国忠则乱。故用人得失，所系非轻。人皆以天宝十四年安禄山反为乱之始，臣独以为开元二十四年罢张九龄相，专任李林甫，此理、乱之所分也。愿陛下以开元初为法，以天宝末为戒，乃社稷无疆之福。"皇甫镈深恨之，上寻罢群。

纲 庚子，十五年，春正月，上暴崩于中和殿。闰月，太子即位。

目 初，左军中尉吐突承璀谋立澧王恽为太子，上不许。太子忧之，密问计于其舅司农卿郭钊，钊曰："殿下但尽孝谨以俟之，勿恤其他。"上服金丹，多躁怒，左右宦官往往获罪，有死者，人人自危。至是暴崩于中和殿，时人皆言内常侍陈弘志弑逆；其党类讳之，不敢讨贼，但云药发，外人莫能明也。中尉梁守谦与宦官王守澄等共立穆宗，杀璀及恽。

纲 贬皇甫镈为崖州司户，以萧俛、段文昌同平章事。

纲 柳泌伏诛，贬李道古为循州司马。

纲 尊贵妃郭氏为皇太后。

目 后，郭暧之女也，为广陵王妃。宪宗即位，群臣累表请立为后；宪宗以妃宗门强盛，恐正位之后，后宫莫得进，托以岁时禁忌不许。至是，乃尊为皇太后。

纲 二月，赦天下。

纲 以柳公权为翰林侍书学士。

目 上见公权书迹，爱之，问之曰："卿书何能如是之善?"对曰："用笔在心，心正则笔正。"上默然改容，知其以笔谏也。

纲 夏五月，以元稹为祠部郎中，知制诰。

目 江陵士曹元稹，与监军崔潭峻善，上在东宫，闻宫人诵稹歌诗而善之。及即位，潭峻归朝，荐之，上以为知制诰；朝论鄙之。会同僚食瓜于阁下，有青蝇集其上，武儒衡以扇挥之曰："适从何来，遽集于此!"同僚皆失色，儒衡意气自若。

纲 六月，葬景陵。

纲 以崔群为吏部侍郎。

纲 秋七月，令狐楚罢。

纲 八月，浚鱼藻池。

纲 以崔植同平章事。

纲 九月，大宴。

纲 冬十月，成德节度使王承宗卒，诏以田弘正代之。王承元为义成节度使。

纲 幸华清宫。